1 MONTH OF
FREE
READING

at

www.ForgottenBooks.com

By purchasing this book you are
eligible for one month membership to
ForgottenBooks.com, giving you
unlimited access to our entire
collection of over 1,000,000 titles via
our web site and mobile apps.

To claim your free month visit:
www.forgottenbooks.com/free1209459

ISBN 978-0-364-74623-3
PIBN 11209459

This book is a reproduction of an important historical work. Forgotten Books uses
state-of-the-art technology to digitally reconstruct the work, preserving the original format
whilst repairing imperfections present in the aged copy. In rare cases, an imperfection in
the original, such as a blemish or missing page, may be replicated in our edition. We do,
however, repair the vast majority of imperfections successfully; any imperfections that
remain are intentionally left to preserve the state of such historical works.

Leben und ausgewählte Schriften

der

Väter und Begründer

der

reformirten Kirche.

———

Herausgegeben von

Dr. J. W. Baum, Professor in Straßburg, **R. Christoffel,** Pfarrer in Winterfingen, **Dr. K. R. Hagenbach,** Professor in Basel, **Dr. H. Heppe,** Professor in Marburg, **C. Pestalozzi,** Pfarrer in Zürich, **Dr. C. Schmidt,** Professor in Straßburg, **Dr. E. Stähelin,** Pfarrer in Basel, **Lic. K. Sudhoff,** Pfarrer in Frankfurt a. M., u. A.

———

Eingeleitet von

Dr. K. R. Hagenbach.

———

IV. Theil. Erste Hälfte.

Johannes Calvin. Erste Hälfte.

———

Elberfeld.

Verlag von R. L. Friderichs.

1863.

Calvin.

Johannes Calvin.

Leben und ausgewählte Schriften.

Von

Dr. E. Stähelin.

Erste Hälfte.

Elberfeld.

Verlag von R. L. Friderichs.

1863.

Druck von B. G. Teubner in Leipzig.

Der

hochwürdigen theologischen Fakultät

in Königsberg

als Zeugniß seines herzlichen Dankes

für die von ihr verliehene Würde eines Doktors der Theologie

in brüderlicher Ehrerbietung

gewidmet

von dem

Verfasser.

Vorrede.

Mit herzlichem Danke gegen Gott, der bis hieher geholfen, übergebe ich nach so vielen Verzögerungen und Unterbrechungen meine endlich zum Ziele geführte Arbeit zunächst dem Leserkreise, der sich um die „Väter und Begründer der reformirten Kirche" gesammelt, und im Weitern allen Freunden der Reformations= und Kirchen=Geschichte. Daß dieser letzte Band des Gesammt=Werkes so ungebührlich lange hat auf sich warten lassen und erst nach so weitem Zwischenraume seinen Vorgängern folgt, ist theilweise durch äußere Umstände verschuldet — einen mehrmaligen Stellen=Wechsel binnen kurzer Zeit und eine schwere Krankheit, die mich fast ein Jahr lang von den Studien fern hielt —, theilweise hat sie aber auch in dem Gegenstande selber ihren Grund, dessen fast uner= schöpfliche Fülle, Mannigfaltigkeit und Bedeutung mir erst während der Ausarbeitung des Buches recht zum Bewußtsein kam. Da ich mich nicht dazu entschließen konnte, ihn mit jener Kürze und Knapp= heit zu behandeln, welche die eingehende Erzählung zur bloßen An= deutung oder summarischen Uebersicht werden läßt, ist der Umfang des Werkes um ein Gutes stärker ausgefallen als ursprünglich be= absichtigt war, und es stellte sich als unvermeidlich heraus, es in zwei Bände zu vertheilen. Die ungeschickte Art, wie dies geschehen — wonach das fünfte Buch in der Mitte auseinander gerissen worden ist, — möge man damit entschuldigen, daß dem Herrn Ver= leger wie mir die Nothwendigkeit eines zweiten Bandes erst klar wurde, als die erste Lieferung bis Seite 544 bereits gedruckt, und es demnach nicht mehr möglich war, das ganze genannte Buch von dem ersten Theile abzutrennen. Für die Ausführlichkeit der Arbeit sowohl als für diese dadurch bedingte größere Ausdehnung hoffe ich übrigens auf die freundliche Zustimmung meiner Leser. Denn nicht allein mir wird es so ergehen, daß die Geschichtschreibung nur da ihre volle Anziehung auf mich übt, wo sie die gesammte Fülle des Lebens zur Anschauung bringt, und namentlich auch in die inneren Werkstätten desselben einführt, in welchen das nach Außen Sichtbare entspringt, und seine Gestalt empfängt.

Zumal aber bei dem weitern, über die „gelehrte Welt" um ein Beträchtliches hinausgehenden Kreise darf ich das voraussetzen, für welchen die Sammlung „der Väter und Begründer der reformirten Kirche" nach Plan und Erfolg bestimmt ist. Als ich beim Beginne meiner Arbeit durch den Herrn Verleger zu meiner großen Freude vernahm, wie sein Unternehmen nicht nur unter den sogenannten „Gebildeten", sondern auch unter dem christlichen „Volke" — Landleuten und Handwerkern —*) zahlreiche Freunde und Theilnehmer gefunden, wurde es mir zum rechten Anliegen, Alles so zu halten und auszudrücken, daß es Jedem genießbar und verständlich sein möge. Die Anordnung des Ganzen, bei der ich zum Behufe größerer Klarheit und Uebersichtlichkeit die Zeitfolge fallen ließ und die verschiedenen Seiten der Thätigkeit Calvins eine nach der anderen vorführte, die möglichste Vermeidung aller Citate in fremder Sprache, ja aller weniger bekannten Fremdwörter und Fach-Ausdrücke, endlich der Ton und die Art der Erzählung, zumal in den ersten Abschnitten, werden, wie ich hoffe, hinreichend Zeugniß hierfür ablegen. Es hängt mit den oben erwähnten längeren Unterbrechungen zusammen, daß dies im Verlaufe der Arbeit hie und da etwas anders wurde, und sich wohl bei diesem oder jenem Capitel, dessen Inhalt ohnehin zu populärer Behandlung weniger sich eignete, wieder ein verschiedener Gesichtspunkt in den Vordergrund drängte. Vorzugsweise, wie man sich denken kann, sind es die Stücke, welche mit der Lehre, den theologischen Kämpfen und literarischen Leistungen Calvins sich beschäftigen, von denen das gilt. Doch hoffe ich auch in diesen von meinem ursprünglichen Gedanken nirgends so weit abgekommen zu sein, daß meine Darstellung nicht immer noch den Fachgenossen sehr populär erschiene, und von Allen verstanden werden könnte, die überhaupt für dergleichen Interesse haben und irgendwie im Zusammenhange zu denken im Stande sind.

---

*) Erfahren wir doch aus einer der letzten Nummern der Neuen Ev. Kirchenzeitung, daß diese Biographien sich sogar auf den Tischen der deutschen Colonisten reformirter Abstammung im südlichen Rußland befinden, und unter ihnen von Hand zu Hand gehen. Wenn auch dieser Band dorthin kömmt, möge er den fernen Glaubensgenossen und Brüdern den herzlichen Christengruß des Verfassers und seines gesammten Leserkreises bringen!

— Daß ich die Mittheilungen aus den Schriften des Reformators, die ausdrücklich in dem Plane dieses Werkes liegen, nicht in einen besondern Nachtrag sammelte, sondern in die biographische Erzählung selber verwob, wird man wohl allgemein für das Passendere halten. Die Fülle des sonstigen Stoffes hat mich übrigens genöthigt, dabei etwas sparsamer zu Werke zu gehen als ich gewünscht hätte. Nur von einer Gattung der calvinischen Schriftwerke — nach meiner Ansicht der anziehendsten und charakteristischsten —, seinen Briefen, habe ich so Vieles und Mannigfaltiges aufgenommen, daß der Leser ein vollständiges Bild dieser unvergleichlichen, geist= und lebensvollen Correspondenz erhalten, und um bessetwillen die zahlreichen An=merkungen entschuldigen wird, die dabei nicht zu vermeiden waren.

Freilich nicht nur im literarischen, sondern auch im eigentlich biographischen Interesse habe ich von den Briefen des Reformators, diesen unwillkürlichen Aussagen über sich selbst, einen so reich=lichen Gebrauch gemacht. Denn wenn ich den Grundgedanken nennen soll, der mir bei der Abfassung dieses Lebensbildes Calvins beständig vorschwebte, so war es der: Hinter die Darstellung seiner Wirksamkeit die Darstellung seiner Persönlichkeit nicht in den Hin=tergrund treten zu lassen, und ihn allerwege vorzuführen nicht allein in dem was er that, sondern ebenso in dem was er war. Ist doch das Erstere so viel bekannter und anerkannter als das Letztere! Es wird wohl ein von Vielen getheiltes Urtheil und Bedürfniß sein, was ein Freund beim Beginne meiner Arbeit mir schrieb: „Wie groß Calvin's Werk ist, und wie gewaltig, wie Ehrfurcht gebietend seine Gestalt in der Geschichte dasteht, weiß ich wohl; aber ich weiß diese Gestalt nicht in ihrer Menschlichkeit zu schauen und zu begreifen. Sie erscheint mir wie aus Eis und Granit, wie aus einem andern Geschlechte. Ist dies eine unrich=tige aus nur halber Kenntniß der Wirklichkeit entspringende An=schauung, so wirst Du mir und manchem ähnlich Irrenden einen großen Dienst thun, wenn Du sie durch Deine genauere Darstel=lung in der Weise berichtigst, daß der große Mann auch eine menschliche Seite uns zeigt, und uns damit die geistige und ge=müthliche Annäherung möglich macht, wie wir sie bedürfen, um eine rechte Freude und einen rechten Segen von ihm haben zu können." Die gewöhnliche Auffassung Calvin's, wie sie durch die Geschichtsbücher geht, — auch die verständigeren und gerechteren —, hat es mir zur Genüge bestätigt, daß diesem Wunsche eine mehr

als blos individuelle Bedeutung zukömmt; und indem zugleich mein
eigenes Bedürfniß hinzutrat: diesen merkwürdigen, in seiner Art
fast einzigen Charakter unter den großen Helden des Reiches Gottes
und Führern der menschlichen Entwickelung mir möglichst klar, ver=
ständlich und anschaulich zu machen, habe ich in Forschung und
Darstellung ganz vornehmlich auf diese Seite meiner Aufgabe
die Aufmerksamkeit gerichtet. Und ich darf wohl sagen, wenigstens
was den Gewinn betrifft, den ich selber aus meiner Arbeit zog,
nicht ohne reichlich lohnenden Erfolg. Denn wie hat sich mir bei
solch eindringender Betrachtung das Bild Calvins unter den Hän=
den belebt, verklärt, in so ganz anderen Mensch= und Christen=
Zügen nach dem vollsten Sinne des Wortes gezeigt, als ich es
früher auch meinerseits in mir getragen! Noch zur Zeit da ich an
die genaueren Studien zu dieser Biographie mich machte, war ich
entschlossen, mich nach den Regeln „historischer Objektivität" durch=
aus über meinem Gegenstande zu halten, und den Maßstab rich=
tender Kritik, der mir von so vielen Seiten desselben gefordert
schien, ungescheut und rücksichtslos zur Anwendung zu bringen.
Und in der That wird man in den ersten Abschnitten meiner Arbeit
den Ansätzen zu einem solchen Verfahren hier und da begegnen.
Aber ich kann nicht umhin zu bekennen, daß je weiter ich in der=
selben fortschritt, je mehr der Mann, mit dem ich es zu thun hatte,
in der ganzen Wahrheit seines Wesens und Lebens sich mir ent=
hüllte, ich mich immer weniger im Stande fühlte, meinen Vorsatz
auszuführen. Denn zu welcher überwältigenden geistigen und sitt=
lichen Größe wuchs seine Gestalt vor mir empor! Wie richtete sie
in jedem Stück mich selber, statt daß ich hätte können über sie zum
Richter mich setzen! Wie erschien auch dasjenige an ihr, was ich
mir nicht aneignen und billigen konnte, doch so voller Hoheit,
Kraft und heiliger Würde, daß mir davor meine kleinen kritischen
Werkzeuge in tiefer Beschämung aus den Händen sanken, und
ich mir beim Gedanken an ihre Anwendung nicht anders vor=
kam, als ob ich daran gehen wollte, an einem der in die Wolken
reichenden Berge unserer Alpen mit Hammer und Meißel meine
Kunst zu versuchen, um einen schroffen Vorsprung von ihm abzu=
trennen, oder einen seiner Gipfel gefälliger zu gestalten. Es wurde
mir bald klar, daß statt diesen Mann zur kritischen Behandlung
vorzunehmen, mir vielmehr nur obliegen und geziemen könne, ihn
wahrhaft verstehen zu lernen. Und hierum habe ich denn mit

ganzem Ernste mich bemüht. Meine Kindschaft des neunzehnten
Jahrhunderts habe ich möglichst abzustreifen und mich dagegen ein-
zuleben gesucht in die Zeiten, die Verhältnisse, die Aufgaben, die
Bedingungen des Lebens und Wirkens, in denen Calvin sich bewegte,
gleichsam als einer der Theil nehmenden Gefährten seines Denkens
und Fühlens, wie sie in jenen Tagen ihm zur Seite standen. Und
daß mir, je mehr ich das thun lernte, das Verständniß seiner
Persönlichkeit zunahm, die Widersprüche sich lösten, die Härten
sich erklärten, der ganze Mann immer völliger in seiner majestätischen Einheit und Größe vor Augen trat, werden die Leser hoffentlich aus dem Verlaufe meiner Darstellung inne werden. Sie mögen
es mir zu Gute halten, wenn ich sie in diesen Proceß vielleicht
etwas weitläufiger, als es dem Einen oder Andern erwünscht ist,
mit hineinziehe. Eben jenes oben ausgesprochene Bedürfniß einer,
wenn ich so sagen darf, neuen Durcharbeitung und Gestaltung des
geschichtlichen Calvin, und daneben das Interesse der historischen
Treue und Gerechtigkeit, das ich keinen Augenblick hintan gesetzt
zu haben mir bewußt bin, ließen mir das nothwendig erscheinen.
Denn nicht nur wo sie zur Anklage und Herabsetzung, sondern auch
wo sie zur Rechtfertigung und Bewunderung führt, wird es doch
seine Geltung haben müssen, daß man in der Geschichte der Wahrheit und der ganzen Wahrheit die Ehre zu geben hat. Mag
sein, daß indem man bei gleicher Wahrheitstreue sich doch mehr
auf den Standpunkt des Kritikers oder mehr auf den des Apologe-
ten stellen kann, ich dem Tadel nicht entgehe, zu entschieden den
letztern eingenommen zu haben. Ich kann nur sagen, daß dies
nirgends mit Bewußtsein und Absicht, und überhaupt nur da geschehen ist, wo meine Ueberzeugung mich dazu nöthigte. Zudem
habe ich nicht unterlassen, neben meinem Urtheile durchweg die bezüglichen Aktenstücke selber den Lesern vorzulegen, und sie so in
den Stand zu setzen, mit eigenen Augen zu prüfen und ihre eigene
Meinung sich zu bilden. Ich bin der guten Zuversicht, daß dieselbe im Wesentlichen mit der meinigen zusammentreffen wird, und
hege den herzlichen Wunsch, daß wo dies der Fall ist, das Bild
des unvergleichlichen Gottesmannes auch diesen Beschauern zu der
immer neuen Quelle von Mahnung, Züchtigung, Beschämung,
Stärkung, Erhebung werden möge, zu der es mir geworden.

Was endlich die literarischen Hilfsmittel angeht, deren ich mich
bediente, so bekenne ich gerne und dankbar, daß meine Arbeit in

erster Linie auf dem von dem sel. Henry in seiner großen Biographie Calvins gelegten Grunde ruht. Denn trotz der vielfachen
und fruchtbaren neueren Forschungen, die seit dem Erscheinen seines
Werkes mit der Zeit und dem Leben des Reformators sich beschäftigten, findet sich darin schon so ziemlich Alles zusammengebracht,
was für die Geschichte Calvins von wesentlicher Bedeutung ist; und
die Dienste, die er in dieser Beziehung jedem späteren Bearbeiter
derselben geleistet hat, sind nicht hoch genug anzuschlagen. Aber
freilich: solche spätere Bearbeiter hat er deshalb nicht überflüssig
gemacht. Denn viel mehr als eine Sammlung trefflichen Materials
ist seine Arbeit leider! nicht geworden. Die völlige Unfähigkeit zu
einer einheitlichen und übersichtlichen Conception, die sich darin kund
gibt, macht sie für einen größeren Leserkreis geradezu ungenießbar.
Möge es mir nun gelungen sein, das von ihm Beabsichtigte in der
Weise zum Ziele zu führen, daß ich das kostbare Metall, welches
er an's Licht gefördert, zu einer brauchbaren und erfreulichen Gestalt ausprägte. — Es versteht sich übrigens von selbst, daß ich
daneben auch alles seitdem auf diesem Gebiete Geleistete treulich zu
Rathe zog, und dem Sachkundigen wird die mannigfache Bereicherung
und Praecisirung des Stoffes, die mir dadurch im Vergleich zum
Buche Henry's möglich wurde, nicht entgehen. Ich verweise in
dieser Beziehung namentlich auf die Abschnitte, welche die Glaubens-
kämpfe, die Einwirkung Calvin's auf Frankreich, Italien, Deutschland, die Schweiz behandeln. Unter den Werken, die ich neben
Henry vorzüglich benützte, nenne ich: die beiden Sammlungen der
Calvinischen Briefe von Jules Bonnet (die eine die französischen
Schreiben, die andere eine Auswahl aus der gesammten Correspondenz, aber leider nur bis zum Jahre 1555 in englischer Uebersetzung enthaltend), die Geschichte der Genfer Kirche von Gaberel,
das Leben Beza's von Baum, die Schriften Hundeshagens über die
Bernische Landeskirche zur Reformationszeit und Trechsels über
die Antitrinitarier in der Schweiz. Die beiden letzteren Mono-
graphien habe ich in den bezüglichen Abschnitten meiner Darstellung
durchaus zu Grunde gelegt, nicht ohne mich übrigens durch fortwährende Vergleichung mit den originalen Quellen von ihrer völligen
Zuverlässigkeit und trefflichen Benutzung des Vorhandenen zu überzeugen. Zu eigenem Forschen nach noch weiterem unbekanntem
Stoffe konnte ich mich bei der Natur dieses Werkes, das nicht die
Förderung der historischen Wissenschaft als solcher, sondern vielmehr

die Mittheilung des von ihr Geleisteten an weitere Kreise zum Zwecke hat, um so weniger berufen fühlen, als ich von den Männern, die sich zuletzt hiermit abgegeben, wie Bonnet, Baum, Gaberel, nicht erwarten durfte, daß sie einem Nachfolger in der Durchsuchung der Bibliotheken und Manuscriptschätze noch irgend eine nennens= werthe Ausbeute übrig gelassen. Mit dem jetzt vorhandenen und zugänglich gemachten Materiale ist, glaube ich, für die Geschichte Calvin's so ziemlich geleistet, was überhaupt dafür geleistet werden kann. Das große, hoch erfreuliche Unternehmen, das im vorigen Jahre eingeleitet worden: die gesammte literarische Hinterlassenschaft Calvin's als Fortsetzung des Corpus Reformatorum von Neuem und vollständiger als bisher herauszugeben, mag unter der Leitung der umsichtigen Editoren (Baum, Cunitz und Reuß in Straßburg) wohl noch hie und da einiges Unbekannte, Genauere, Berichtigende liefern, jedenfalls das Studium Calvins auf das Wünschenswertheste erleichtern und in weitere Kreise tragen, wird aber sicherlich keinen Zug seines Bildes wesentlich anders erscheinen lassen, als das heute zu Gebote Stehende ihn aufzeigt.

Ich schließe mit der Bitte, das vorliegende Buch als das auf= nehmen zu wollen, wofür es nach diesen Auseinandersetzungen sich gibt; und mit dem innigen Wunsche, daß es durch Gottes Segen in unserer Kirche und Christenheit etwas hineinleuchten lasse von Calvinischer Treue, Calvinischer Glaubenskraft, Calvinischer Selbst= verleugnung, Calvinischer Rücksichtslosigkeit gegen Fleisch und Blut und Menschen und Welt, wo es die Ehre Gottes, die Vertretung seiner selig machenden Wahrheit, den Aufbau seines heiligen Rei= ches gilt.

Montreux am Genfer=See, 18. October 1862.

E. Stähelin.

Johannes Calvin.

Lebensbeschreibung.

Druck von B. G. Teubner in Leipzig.

Der

hochwürdigen theologischen Fakultät

in Königsberg

als Zeugniß seines herzlichen Dankes

für die von ihr verliehene Würde eines Doktors der Theologie

in brüberlicher Ehrerbietung

gewidmet

von dem

Verfasser.

Vorrede.

Mit herzlichem Danke gegen Gott, der bis hieher geholfen, übergebe ich nach so vielen Verzögerungen und Unterbrechungen meine endlich zum Ziele geführte Arbeit zunächst dem Leserkreise, der sich um die „Väter und Begründer der reformirten Kirche" gesammelt, und im Weitern allen Freunden der Reformations = und Kirchen = Geschichte. Daß dieser letzte Band des Gesammt = Werkes so ungebührlich lange hat auf sich warten lassen und erst nach so weitem Zwischenraume seinen Vorgängern folgt, ist theilweise durch äußere Umstände verschuldet — einen mehrmaligen Stellen = Wechsel binnen kurzer Zeit und eine schwere Krankheit, die mich fast ein Jahr lang von den Studien fern hielt —, theilweise hat sie aber auch in dem Gegenstande selber ihren Grund, dessen fast uner= schöpfliche Fülle, Mannigfaltigkeit und Bedeutung mir erst während der Ausarbeitung des Buches recht zum Bewußtsein kam. Da ich mich nicht dazu entschließen konnte, ihn mit jener Kürze und Knapp= heit zu behandeln, welche die eingehende Erzählung zur bloßen An= deutung oder summarischen Uebersicht werden läßt, ist der Umfang des Werkes um ein Gutes stärker ausgefallen als ursprünglich be= absichtigt war, und es stellte sich als unvermeidlich heraus, es in zwei Bände zu vertheilen. Die ungeschickte Art, wie dies geschehen — wonach das fünfte Buch in der Mitte auseinander gerissen worden ist, — möge man damit entschuldigen, daß dem Herrn Ver= leger wie mir die Nothwendigkeit eines zweiten Bandes erst klar wurde, als die erste Lieferung bis Seite 544 bereits gedruckt, und es demnach nicht mehr möglich war, das ganze genannte Buch von dem ersten Theile abzutrennen. Für die Ausführlichkeit der Arbeit sowohl als für diese dadurch bedingte größere Ausdehnung hoffe ich übrigens auf die freundliche Zustimmung meiner Leser. Denn nicht allein mir wird es so ergehen, daß die Geschichtschreibung nur da ihre volle Anziehung auf mich übt, wo sie die gesammte Fülle des Lebens zur Anschauung bringt, und namentlich auch in die inneren Werkstätten desselben einführt, in welchen das nach Außen Sichtbare entspringt, und seine Gestalt empfängt.

Zumal aber bei dem weitern, über die „gelehrte Welt" um ein Beträchtliches hinausgehenden Kreise darf ich das voraussetzen, für welchen die Sammlung „der Väter und Begründer der reformirten Kirche" nach Plan und Erfolg bestimmt ist. Als ich beim Beginne meiner Arbeit durch den Herrn Verleger zu meiner großen Freude vernahm, wie sein Unternehmen nicht nur unter den sogenannten „Gebildeten", sondern auch unter dem christlichen „Volke" — Landleuten und Handwerkern —*) zahlreiche Freunde und Theilnehmer gefunden, wurde es mir zum rechten Anliegen, Alles so zu halten und auszudrücken, daß es Jedem genießbar und verständlich sein möge. Die Anordnung des Ganzen, bei der ich zum Behufe größerer Klarheit und Ueberfichtlichkeit die Zeitfolge fallen ließ und die verschiedenen Seiten der Thätigkeit Calvins eine nach der anderen vorführte, die möglichste Vermeidung aller Citate in fremder Sprache, ja aller weniger bekannten Fremdwörter und Fach-Ausdrücke, endlich der Ton und die Art der Erzählung, zumal in den ersten Abschnitten, werden, wie ich hoffe, hinreichend Zeugniß hierfür ablegen. Es hängt mit den oben erwähnten längeren Unterbrechungen zusammen, daß dies im Verlaufe der Arbeit hie und da etwas anders wurde, und sich wohl bei diesem oder jenem Capitel, dessen Inhalt ohnehin zu populärer Behandlung weniger sich eignete, wieder ein verschiedener Gesichtspunkt in den Vordergrund drängte. Vorzugsweise, wie man sich denken kann, sind es die Stücke, welche mit der Lehre, den theologischen Kämpfen und literarischen Leistungen Calvins sich beschäftigen, von denen das gilt. Doch hoffe ich auch in diesen von meinem ursprünglichen Gedanken nirgends so weit abgekommen zu sein, daß meine Darstellung nicht immer noch den Fachgenossen sehr populär erschiene, und von Allen verstanden werden könnte, die überhaupt für dergleichen Interesse haben und irgendwie im Zusammenhange zu denken im Stande sind.

---

*) Erfahren wir doch aus einer der letzten Nummern der Neuen Ev. Kirchenzeitung, daß diese Biographien sich sogar auf den Tischen der deutschen Colonisten reformirter Abstammung im südlichen Rußland befinden, und unter ihnen von Hand zu Hand gehen. Wenn auch dieser Band dorthin kömmt, möge er den fernen Glaubensgenossen und Brüdern den herzlichen Christengruß des Verfassers und seines gesammten Leserkreises bringen!

— Daß ich die Mittheilungen aus den Schriften des Reformators, die ausdrücklich in dem Plane dieses Werkes liegen, nicht in einen besondern Nachtrag sammelte, sondern in die biographische Erzählung selber verwob, wird man wohl allgemein für das Passendere halten. Die Fülle des sonstigen Stoffes hat mich übrigens genöthigt, dabei etwas sparsamer zu Werke zu gehen als ich gewünscht hätte. Nur von einer Gattung der calvinischen Schriftwerke — nach meiner Ansicht der anziehendsten und charakteristischsten —, seinen Briefen, habe ich so Vieles und Mannigfaltiges aufgenommen, daß der Leser ein vollständiges Bild dieser unvergleichlichen, geist= und lebensvollen Correspondenz erhalten, und um besselwillen die zahlreichen An= merkungen entschuldigen wird, die dabei nicht zu vermeiden waren.

Freilich nicht nur im literarischen, sondern auch im eigentlich biographischen Interesse habe ich von den Briefen des Reformators, diesen unwillkürlichen Aussagen über sich selbst, einen so reich= lichen Gebrauch gemacht. Denn wenn ich den Grundgedanken nennen soll, der mir bei der Abfassung dieses Lebensbildes Calvins beständig vorschwebte, so war es der: Hinter die Darstellung seiner Wirksamkeit die Darstellung seiner Persönlichkeit nicht in den Hin= tergrund treten zu lassen, und ihn allerwege vorzuführen nicht allein in dem was er that, sondern ebenso in dem was er war. Ist doch das Erstere so viel bekannter und anerkannter als das Letztere! Es wird wohl ein von Vielen getheiltes Urtheil und Bedürfniß sein, was ein Freund beim Beginne meiner Arbeit mir schrieb: „Wie groß Calvin's Werk ist, und wie gewaltig, wie Ehrfurcht gebietend seine Gestalt in der Geschichte dasteht, weiß ich wohl; aber ich weiß diese Gestalt nicht in ihrer Menschlichkeit zu schauen und zu begreifen. Sie erscheint mir wie aus Eis und Granit, wie aus einem andern Geschlechte. Ist dies eine unrich= tige aus nur halber Kenntniß der Wirklichkeit entspringende An= schauung, so wirst Du mir und manchem ähnlich Irrenden einen großen Dienst thun, wenn Du sie durch Deine genauere Darstel= lung in der Weise berichtigst, daß der große Mann auch eine menschliche Seite uns zeigt, und uns damit die geistige und ge= müthliche Annäherung möglich macht, wie wir sie bedürfen, um eine rechte Freude und einen rechten Segen von ihm haben zu können." Die gewöhnliche Auffassung Calvin's, wie sie durch die Geschichtsbücher geht, — auch die verständigeren und gerechteren —, hat es mir zur Genüge bestätigt, daß diesem Wunsche eine mehr

steskräfte, die immer deutlicher an dem Jünglinge zu Tage traten, berechtigten wohl zu den glänzendsten Erwartungen, und Gerard Cauvin war entschlossen, Alles dafür zu thun, damit diese Erwartungen sich verwirklichten. Umsonst verlangte das Capitel von Noyon zu verschiedenen Malen, daß der junge Calvin sich nun endlich wieder in der Heimath einfinde, um die Pflichten seiner Stelle zu erfüllen; der Vater wies das nicht nur ab, sondern bat sich auch noch eine weitere Pfründe für seinen Sohn aus: die Pfarrei zu St. Marteville, die ihm denn auch wirklich am 27. Sept. 1527 nach einer kurzen gelehrten Disputation übertragen wurde, obschon er noch keinerlei Weihen, außer der einfachen Tonsur, empfangen hatte. Der junge Pfarrer ist indeß nie unter seinen Pfarrkindern erschienen und hat zwei Jahre nachher diese Stelle mit der entsprechenden in seinem ursprünglichen Heimathsorte, in Pont l'Eveque, vertauscht; hier predigte er später einige Male; doch läßt sich aus den Worten Beza's, der es uns berichtet, nicht ersehen, ob noch in seiner Stellung als katholischer Pfarrer oder erst in seiner folgenden Thätigkeit als freiwilliger, wandernder Evangelist. Denn auch das letzte ließe sich gar wohl denken. Obwohl in unrechtmäßiger Weise und von einer Seite her, deren Beruf er um jene Zeit nicht mehr anerkennen konnte, das geistliche Amt in dieser Gemeinde ihm war übertragen worden, so mochte er sich doch in seinem Gewissen gebunden fühlen, nachdem er zu besserer Erkenntniß gekommen, seinen Hirtendienst nun wirklich an ihr auszurichten und ihr unter den Ersten mitzutheilen, was Gott ihm geschenkt hatte zur Bekehrung der Seelen und zur Erleuchtung der ganzen Kirche.

In dieser Weise mit den nöthigen Mitteln versehen, wollte nun der junge Gelehrte eben seine theologischen Studien an der Sorbonne*) beginnen, als plötzlich von dem vielbesorgten Vater eine neue Weisung eintraf, die alle bisherigen Pläne umgestaltete. Noch schneller als der Eintritt in die Geistlichkeit schien nämlich der Beruf des Rechtsgelehrten einem ausgeausgezeichneten Talente die Bahn zum Glücke aufzuschließen. Die „Männer von der Robe", wie man die Juristen nannte, beherrschten nicht nur die gesammte Gerichtsbarkeit, sondern gewannen auch auf den Gang der Regierung, deren Edikte erst durch die Anerkennung der Gerichtshöfe vollkommen gültig wurden, gerade um diese Zeit von Tag zu Tag einen größern Einfluß. Die Blüthe des höhern Bürgerstandes drängte sich zu den Beamtungen, die dieses Studium eröffnete, und Calvin wurde dazu bestimmt, an

---

— der findet in Merle d'Aubigné's Reformationsgeschichte III 685 — 88, in der France protestante Artikel Calvin, ganz besonders aber in dem apologetischen Werke Drelincourt's „ la défense de Calvin contre l'outrage fait à sa mémoire" Genf 1667 (deutsch zu Hanau 1671) Alles auf das Ausführlichste besprechen.

*) So hieß die Pariser Universität und namentlich die theologische Fakultät an ihr.

diesem Wetteifer mit Theil zu nehmen: „wer reich und mächtig werden
wolle", meinte sein Vater, „der müsse jetzt offenbar diesen Stand ergreifen".
Der junge Mann, von dem Rechte der väterlichen Autorität auf das Tiefste
durchdrungen, und von Jugend auf an unbedingten Gehorsam gewöhnt,
machte keine Einwendungen. Seinem scharfsinnigen, durchweg auf Gesetz
und Ordnung gerichteten Geiste mochte ohnehin das neue Studium nicht so
übel zusagen; obschon er im Uebrigen offenbar schon andere höhere Bedürfnisse und Wünsche in sich bewegte als die auf Staatsverwaltung und Rechts-
pflege sich beziehen. „Um meinem Vater den Willen zu thun", sagte er später, „wandte ich mich dem Studium der Gesetze zu, und habe es dabei an
keiner Mühe und keinem Fleiße fehlen lassen." Es hat sich auch hier erwahrt, daß der Mensch denkt und Gott lenkt. Die gehofften Schätze und
Ehren hat Calvin durch diese Wendung seines Berufs nicht erlangt, aber
er ist dadurch dazu gekommen, die köstliche Perle zu finden die mehr werth
ist als die ganze Welt; und der Christenheit ist damit der Reformator gegeben worden, dessen sie bedurfte, um das begonnene Werk der Erneuerung
zu einem festen Abschlusse zu bringen.

Denn als er nun von Paris nach den Universitäten übersiedeln mußte,
welche damals für die vorzüglichsten Pflegerinnen der Rechtswissenschaft
galten, zuerst nach Orleans und dann nach Bourges, wurde ihm da noch
ein Anderes zu Theil als nur ein tüchtiger Unterricht in seinem Studien-
fache: er erhielt auf ihnen auch Gelegenheit mit dem lautern Evangelium
bekannt zu werden und die Lehre der Reformation zu prüfen, die damals
schon Deutschland bewegte und auch in Frankreich im Geheimen unzählige
Geister und Herzen beschäftigte.

Zwar zunächst lag ihm vor Allem das Studium der neu erwählten
Wissenschaft am Herzen. Unter der Anleitung des berühmten Pierre de
l'Etoile, „des scharfsinnigsten Rechtsgelehrten Frankreichs", ging er mit solchem Eifer und Erfolge daran, daß er Jedermann als ein Wunder an geistiger Kraft und Rüstigkeit erschien. Auch einer seiner bittersten Feinde[*]
muß von ihm sagen: „über alle seine Mitschüler habe er hervorgeragt durch
die Fähigkeit des Begreifens und die Stärke des Gedächtnisses. Die Aufsätze in denen er Tag für Tag die Vorträge seiner Lehrer zu Papier brachte,
seien von wunderbarer Klarheit und einer seltenen Schönheit der Sprache
gewesen." Bald betrachteten ihn die Professoren nicht mehr als Schüler
sondern als Einen ihres Gleichen. Wenn sie etwa am Lesen verhindert wurden, so schickten sie zu dem neunzehnjährigen Studenten und baten ihn an
ihrer Statt die Lehrstunde abzuhalten; durch einstimmigen Beschluß der Fakultät wurde er zum Doktor ernannt, ohne daß er darum angesucht oder

---

[*] Florimond de Rémond in seiner Histoire de la naissance, progrès
et décadence de ce siècle.

irgend etwas Besonderes dafür zu leisten gehabt hätte*). Aber freilich nicht nur so von selber, gleichsam im leichten Spiele des Geistes, machte sich das Alles. Ohne den Fleiß der Arbeit wird auch das reichste Talent nicht viel zu Stande bringen und es ist ein wahres Wort: daß die beharrliche, geistige Thätigkeit am Ende mehr ausrichtet als die glücklichste Begabung, die mit einer gewissen Bequemlichkeit auf ihre angeborenen Vorzüge sich verläßt. Bei Calvin aber war nun eben Beides im seltensten Maaße vereinigt. Von frühester Jugend hat er seine Talente nicht anders betrachtet denn als Pfunde, über deren Verwendung er Rechenschaft abzulegen habe, und je mehrere derselben ihm anvertraut waren, zu um so rastloserem Fleiße fühlte er sich verpflichtet, damit er ihrer keines im Schweißtuche lasse sondern allen gerecht werde. Seine Studiengenossen aus diesen ersten Jahren erzählen von ihm: „daß er nur wenig gegessen habe, kaum ein Drittheil der Nacht geschlafen. Wenn er früh Morgens aufwachte, wiederholte er sich noch im Bette liegend, Alles was er den Tag vorher gehört und gelesen; er suchte es sich anzueignen, mit seinem bisherigen Wissen in Zusammenhang zu bringen; Niemand durfte in dieser Beschäftigung ihn stören." Es ist freilich nur allzuwahrscheinlich, was Beza bemerkt, daß er durch diese Lebensart sich die Schwäche des Magens und die allgemeine Kränklichkeit zugezogen habe, die seinen frühzeitigen Tod verursachte; aber noch viel gewisser ist, was derselbe Lebensbeschreiber hervorhebt: daß ohne solch ein unbedingtes Unterordnen des Leibes unter den Geist nie der Mann aus ihm geworden wäre, der seit Jahrhunderten der „Theologe" heißt in der protestantischen Kirche, und auch durch seine wissenschaftlichen Leistungen einen Segen gestiftet hat, der sich forterbt von Generation zu Generation und sich noch forterben wird auf manches der kommenden Geschlechter. Es klingt unglaublich, aber Beza versichert es, und Calvins ganzes nachheriges Leben scheint es zu bestätigen, daß er neben dieser angestrengten Arbeit in seinem Berufsfache doch zugleich auch dem Studium der Theologie mit nicht viel geringerem Eifer sich hingab. Vor Allem war es die heilige Schrift, deren Lektüre ihn damals in Anspruch nahm. Einer seiner Verwandten, Robert Olivetan, der den reformatorischen Anschauungen Deutschlands sich zuneigte, war schon seit einiger Zeit damit beschäftigt, die biblischen Bücher in das Französische zu übersetzen, und durch seine Unterhaltungen und Ermahnungen wurde auch Calvin dazu angemacht, sie etwas aufmerksamer in die Hand zu nehmen. Es war nicht anders möglich, als daß er aus ihnen mannigfache Eindrücke empfing, die mit seinen bisherigen religiösen Vorstellungen nicht zusammenstimmten. Hie und da scheint er sich bereits in diesem Sinne geäußert zu haben; wenig-

---

*) Ja es heißt sogar, daß er in der berühmten Ehescheidungsfrage Heinrichs VIII von England neben den ersten Rechtsgelehrten Europas aufgefordert worden sei, sein Gutachten abzugeben.

sind berichtet Beza, daß Alles, was zu Orleans an der neuen Lehre Gefallen fand, an ihn sich angeschlossen habe, und durch seinen Umgang in
diesem Stücke nicht wenig gefördert worden sei. Doch blieb es während seines Aufenthalts in Orleans bei diesen Anfängen der neuen Erkenntniß. In
einem Briefe aus dieser Zeit — dem ersten, der uns von ihm erhalten ist
— findet sich noch nichts, was ein tieferes religiöses Leben anzeigte, und
Manches, was in der nächstfolgenden Zeit sich mit ihm zutrug, deutet vielmehr darauf hin, daß der entscheidende Wendepunkt seiner „Bekehrung",
von dem er selber etliche Male redet, damals noch nicht eingetreten war.

Etwas tiefer wurde er in die Beschäftigung mit den religiösen Dingen
eingeführt, als er dann, nachdem er ungefähr ein Jahr in Orleans studiert,
nach Bourges übersiedelte, um bei dem berühmten Andreas Alciot sich in
seiner Wissenschaft noch weiter auszubilden. Er suchte nach einem Lehrer,
der ihn im Griechischen unterrichten könne, und fand an dem gelehrten deutschen Melchior Wolmar aus Rothweil noch mehr als das. Der gläubige
ernste Mann, auf den die religiösen Bewegungen der Heimath nicht ohne
Einfluß geblieben waren, lehrte seinen Schüler die Evangelien und die
Briefe des Paulus nicht nur lesen sondern auch verstehen. Bald fühlte sich
ihm Calvin auf das innigste befreundet und verbunden, und hat noch acht-
zehn Jahre später, indem er seinen Commentar zum zweiten Corintherbriefe
ihm widmete, in warmen Worten ihm Dank gesagt für all die Liebe und
Förderung, die er von ihm erfahren. In seinem Hause war es auch, daß
er zuweilen einem Knaben begegnete, der durch seinen aufgeweckten Geist und
seine schöne Gestalt Jedermann anzog, ohne daß doch der Eine oder Andere
von ihnen damals eine Ahnung davon gehabt hätte, was sie sich einmal ge-
gegenseitig zu werden bestimmt seien. Erst zwanzig Jahre später sah Calvin
den ehemaligen Zögling seines geliebten Lehrers wieder, als er von einem
Leben der Lust und des Glanzes sich losreißend in Genf anlangte, um von
nun an das Kreuz Christi auf sich zu nehmen und in den Dienst seines
Evangeliums zu treten. Und von diesem Augenblick an ist der Mann der
Freund seines Herzens geworden und die Stütze seines Werkes; es war Niemand anders als Theodor von Beza, mit dem sein Lebensweg schon so frühe
ihn zusammenführte.

Während Calvin in Bourges sich aufhielt, erkrankte sein Vater und
ist wahrscheinlich bald darauf gestorben. Auf dem Krankenlager wurde er
von seinem Sohne noch einmal besucht; ohne daß wir doch aus dem Briefe,
den der Jüngling während dieses Aufenthaltes in Noyon an seinen Freund
Duchemin richtete, irgend eine Andeutung darüber finden, was bei diesem
letzten Zusammensein vorging oder in welchem Verkehre der nun herangewach-
sene Sohn und der sterbende Vater zu einander standen. Im Uebrigen war
dieser Todesfall sicherlich nicht ohne große Bedeutung für das Leben des
künftigen Reformators. Das stärkste Band, das ihn noch hätte in der

Welt und seinem auf die Welt gerichteten Berufe festhalten können, wurde dadurch gelöst; die einzige Rücksicht, die im Stande gewesen wäre, auf sein ängstliches, von dem Rechte der väterlichen Autorität durchdrungenes Gewissen einen bestimmenden Einfluß zu üben, schwand dahin. Der Herr seiner Seele machte ihn frei von Allem, was Menschenknechtschaft heißen mag, damit er nun seine Freiheit ihm darbringen könne und ihm allein sich zum Knechte begeben.

III.

Der Aufenthalt in Paris nach vollendeter Studienzeit. — Wissenschaftliche Ausbildung. — Freundschaftliche Verhältnisse. — Der Commentar zu Seneka's Buch, „Von der Gnade“. (1529 — 32.)

Im Jahre 1529, also im zwanzigsten Jahre seines Alters, konnte Calvin seine eigentliche Studienzeit für vollendet halten. Von Bourges wegziehend, siedelte er nun nach Paris über, ohne damit, wie es scheint, irgend eine bestimmte Absicht zu verbinden. Es war ihm wohl nur darum zu thun, mit dem geistigen Mittelpunkte der Nation — den die Hauptstadt schon damals bildete wie heut zu Tage — in Berührung zu treten und durch den mannigfaltigen, gelehrten Umgang, den die berühmte Universität ihm darbot, seinem wissenschaftlichen Leben neue Bereicherung zuzuführen. Aus dem ersten Jahre seines Aufenthaltes sind uns einige Briefe erhalten, die einzigen Quellen, die über diese ganze Lebenszeit uns etwelche Andeutung geben. In dem frühesten, vom 22. Juni datirt, beschreibt er seinem Freunde Franz Daniel, mit dem er in Orleans zusammen studirt, einen Besuch in dem Frauenkloster, in das Daniels Schwester als Nonne einzutreten im Sinne hatte. „Nach Deinem Wunsche“, sagt er, „besprach ich mich mit der Klosterfrau über den Tag, an dem Deine Schwester ihr Gelübde ablegen könne. Man sagte mir, daß sie die Vollmacht dazu erhalten habe. Aber ich wünschte nun auch zu wissen, in welchem Sinne sie diesen Schritt zu thun gedenke, und prüfte ihre Stimmung, ob ein freiwilliges, geduldiges Aufsichnehmen der Last sich darin ausspreche, oder etwa nur die Ermüdung eines bearbeiteten und abgehetzten Geistes der den Nacken am Ende unter das Geschirr beugt. Recht ernstlich drang ich in sie, mir frei herauszusagen, was sie etwa auf dem Herzen haben möge. Aber nichts Anderes bekam ich zur Antwort, als die Betheuerung der größten Bereitwilligkeit, der keine Beschleunigung schnell genug ist. Als ob sie mit ihrer Puppe spielte, redete sie von dem Gelübde. Natürlich, daß ich sie nicht von ihrem Vorsatze abzubringen suchte, sondern mich darauf beschränkte, sie mit einigen Worten zu ermahnen, auf die eigenen Entschlüsse doch nicht allzuviel Vertrauen zu setzen, sondern vielmehr recht auf Gottes Kraft sich zu stützen, in der wir leben und sind.“ — Es leuchtet ein, daß in alle dem noch nichts zu Tage tritt, was einen wirklichen Bruch mit den Anschauungen des römischen Christenthums verriethe; es ist von da aus noch ein weiter Weg bis zu der

Ueberzeugung des Reformators, der über die Klöster ausrief: „Sie sind Gefängnisse des Satans!" — Aus dem übrigen Inhalt des Briefes sehen wir nur, daß es dem wissensdurstigen jungen Gelehrten vor Allem um seine weitere Ausbildung im Griechischen zu thun war. „Meine Freunde", schreibt er, „haben mir mehrere Wohnungen angeboten, und besonders eine darunter würde ich gern annehmen, wenn sie nicht so weit von des Danesius Hörsaal entfernt läge, mit dem ich am meisten zu verkehren gedenke, den ich am meisten hören werde." Und Danesius war eben der hauptsächlichste Lehrer der griechischen Litteratur, ein Schüler des Lascaris und Buddäus.

In einem andern Briefe an denselben Freund drückt er ihm seinen besten Dank für eine Geldunterstützung aus, die er von ihm empfangen. In überaus ansprechender und liebenswürdiger Weise weiß er das zu thun, ganz in der Art französischer Anmuth und Höflichkeit: „Ich hoffe wohl, daß es mir einmal möglich sein wird, die Schuld wieder abzutragen, aber darum soll mein Name nicht ausgestrichen sein aus Deinem Schuldbuch; und wie wäre das auch möglich, da ja jede Seite desselben mich als Deinen Schuldner aufweist. Ich werde Alles thun, um Deine Ansprüche an mich sicher zu stellen, obwohl ich weiß, daß Du nicht ausleihst, um Gewinn daron zu machen oder wieder zu empfangen, sondern um wohlzuthun. Unterdessen will ich einen gehörigen Vorrath Wein für Deinen Keller besorgen, wenn der Stand der Preise es vortheilhaft erscheinen läßt; sei gewiß, daß ich nichts darin übereile. . . . Das Reisebuch sende ich Dir hiermit wieder zurück, es ist mir über alle Beschreibung nützlich gewesen. Grüße mir den Wolmar auf das Beste und die andern Freunde. Dem Sucquet sage doch, daß ich jetzt die Odyssee wieder brauche, die ich ihm geliehen, und behalte sie dann bis sich eine Gelegenheit zeigt, sie mir zu überschicken; Gott befohlen, theurer Freund, dem ich keinen Gleichen weiß."

In der gleichen Art sind auch die paar übrigen Schreiben gehalten, die wir noch aus dieser Zeit besitzen. Ueberall spiegelt ein dankbares, anhängliches, für Liebe und Freundschaft überaus empfängliches Gemüth sich darin ab, und daneben eine fast ängstliche Genauigkeit in der Besorgung von großen und kleinen Dingen, die ihm aufgetragen sind oder die seine Freunde und ihn selber näher angehen. Nicht einmal einen Gruß nimmt er leicht und schreibt nur so obenhin ihn nieder: „Von allen Freunden grüße nur unsern Framberg mir nicht", kann er Duchemin einmal auftragen, „den ich beschlossen habe, durch mein Stillschweigen zu erweichen, nachdem ich weder durch Liebkosungen noch durch strenge Worte das Geringste von ihm habe erpressen können. Was aber Alles übersteigt: da sein Bruder hiehergekommen, hat er ihm nicht einmal einen Gruß für mich mitgegeben." Um Uebrigen findet sich hie und da auch ein zufälliges Wort, das auf eine Lebensart schließen läßt, welche nicht ganz ohne Theilnahme bleibt an den

Erholungen und Freuden der Jugend. Er bemerkt wohl einmal, er könne jetzt nicht weiter schreiben, da einige seiner Freunde ihn zu einem Spazierritte abholten. Oder er hat auf seinem Zimmer ein kleines Mittagessen zugerichtet und ist verdrießlich, daß die erwarteten Gäste ihm ausbleiben. Kurz, ein recht menschliches Antlitz zeigt uns diese Jugendgestalt des großen Christen, und die hergebrachte Betrachtungsweise irrt durchaus, „wenn sie immer nur von dem harten, strengen Charakter" zu berichten weiß und der erschreckend ernsten Miene, mit der Calvin dagestanden sei inmitten des reichen Lebens. —

Ueber die beiden folgenden Jahre (1530—32) sind wir ohne alle Nachrichten. Jedenfalls hat sich darin nichts von besonderer Bedeutung zugetragen. Der junge Privatgelehrte lebte während dieser Zeit innerlich und äußerlich fort wie bisher, vertieft in seine Studien, im Verkehr mit seinen Freunden, und wohl nur darauf bedacht, diese günstige Lage recht zu genießen und auszubeuten. Erst im Jahre 1832 hören wir wieder etwas von ihm. Mit der ersten Frucht seiner gelehrten Arbeiten trat er da vor das Publikum: mit einem Commentar zu dem Buche Seneka's: „Ueber die Gnade". Man hat in der Herausgabe dieser Schrift den ersten Dienst erkennen wollen, den Calvin der reformirten Sache geleistet, und hat behauptet, der junge Autor habe dadurch Franz I., der wohl auch gelehrte Bücher las, von der grausamen Verfolgung gegen die Neugläubigen abzuwenden gedacht, die eben damals in Paris und den Provinzen mit unerhörter Gewaltsamkeit wüthete. Aber ganz abgesehen davon, daß das Buch selber nicht den geringsten Anhaltspunkt für diese Behauptung bietet, sondern eben ganz einfach als ein gelehrter Commentar erscheint wie andere Auslegungen dieser Art, war Calvin damals auch gar nicht in der innern Verfassung, die zu solcher einer Absicht nöthig gewesen wäre. Die Theilnahme an den religiösen Angelegenheiten war bei ihm offenbar wieder eher in den Hintergrund getreten als lebendiger geworden. Was ihm jetzt am meisten am Herzen lag waren die wissenschaftlichen Interessen, und daneben unverkennbar auch der Gedanke an die Mittel und Wege, durch die er sich selber in der wissenschaftlichen Welt einen Namen machen und eine Stellung gewinnen könne. Denn durch Alles, was er über das Unternehmen schreibt und äußert, zieht sich augenscheinlich diese Sorge. Oder macht es einen andern Eindruck, wenn er in der Vorrede bemerkt, auf große Berühmtheit dürfe er sich freilich keine Hoffnung machen, da er lediglich ein Mann aus dem Volke sei, ohne vornehme Protektion und im Uebrigen auch mit mittelmäßiger Gelehrsamkeit ausgerüstet? Indessen habe er nichtsdestoweniger das Vertrauen, „daß, wenn die Leser auch nicht mit Allem übereinstimmen sollten, ein billiger Beurtheiler ihm doch nicht den schlechtesten Dank für seine Arbeit wissen werde. Wenigstens dürfe er seinerseits das Bestreben von sich bekennen, nach dem Sinne der Besten zu reden."

Und noch deutlicher tritt diese Seite der Sache in den vertrauten Briefen an seine Freunde hervor. Die ganze Aufregung und Unruhe eines jungen Autors, der sich zum ersten Male gedruckt sieht, spricht sich in naiver Weise darin aus. „Endlich ist der Würfel geworfen", schreibt er an seinen Daniel, „meine Commentare zum Seneka sind gedruckt, aber auf meine eigenen Kosten, und ich habe mehr Geld dafür ausgeben müssen als Du glauben kannst. Nun mache ich alle Anstrengungen, um wieder etwas davon zusammenzubringen. Einige Professoren dieser Stadt habe ich dazu angetrieben, des Büchleins in ihren Vorlesungen Erwähnung zu thun. In Bourges habe ich einen Freund dazu gebracht, vom Katheder herab sein Erscheinen öffentlich anzuzeigen. Auch Du kannst mir nicht wenig helfen, und ich verlasse mich dafür auf Deine Freundschaft; besonders da Du ja Deinen Ruf nicht der geringsten Gefahr aussetzest, wenn Du mir diesen Dienst erweisest; im Gegentheile trägst Du vielleicht zum öffentlichen Nutzen damit etwas bei. Ich schicke Dir hundert Exemplare mit, oder so viel Du meinst absetzen zu können." Und in einem andern Briefe an denselben: „Schreibe mir doch vor Allem, ob meine Commentare mit Beifall oder mit Kälte aufgenommen werden? Zugleich müssen wir nun von allen Seiten die Druckkosten wieder zusammenbringen, damit mein Credit nicht leide." — Man sieht, es findet sich in alle dem keine Spur davon, daß das Werk einem religiösen Zweck dienen soll oder dazu bestimmt ist, auf den König zu wirken.

Im Uebrigen zeigt diese Erstlingsschrift eine nicht gemeine Gelehrsamkeit — besonders eine genaue Kenntniß der römischen Litteratur und des Homer —, und daneben schon alle die Vorzüge, welche die späteren Werke Calvins auszeichnen: Klarheit des Stils und der Gedanken, ein großes Geschick der Auslegung, einen Sinn, der sich von dem sittlich Schönen auf das Innigste angezogen fühlt und dafür glüht ihm in jeglichem Herzen Anerkennung zu verschaffen. Gleich in der Vorrede erklärt er: er könne es nicht ertragen, daß man über Seneka vielfach so verächtlich rede, die Gabe der Beredsamkeit ihm völlig abspreche, in der Reihe der Philosophen ihm nur einen untergeordneten Platz anweise, während er doch der Mann sei, der in der Behandlung der sittlichen Fragen Alle übertreffe und wie ein König unter den Andern dastehe. — Dagegen scheint es mir zuviel gesagt, wenn Henry zu verstehen giebt, der Hauptreiz, den Seneka auf Calvin ausgeübt, habe darin bestanden, daß sich an diesem Schriftsteller besonders erkennen lasse, wie weit es der gewissenhafte, natürliche Mensch ohne das Christenthum bringen könne. Nicht nur, daß das Buch keine Andeutung dieser Art enthält, sondern es findet sich darin auch nicht einmal irgend eine Herbeiziehung christlicher Grundsätze und Lebenslehren, so häufig sich dem Erklärer eine Gelegenheit dazu geboten hätte. Selbst bei Stellen des römischen Werkes, welche die Sündhaftigkeit aller Menschen auf das Stärkste ausſprechen, oder die Gnade preiſen, oder von der Vergebung der Sünde handeln, bei denen doch eine Berichtigung oder Vertiefung der heidniſchen Weisheit durch chriſtliche Begriffe ſo nahe gelegen wäre, hat Calvin nichts dergleichen verſucht. Offenbar fehlte es ihm bis jetzt ſelber noch an der Erkenntniß aller der Höhen und Tiefen, welche das Evangelium aufſchließt. Aber die Stunde war nahe, da die Augen ihm ſollten geöffnet werden und er die Herrlichkeit Gottes ſehen.

IV.

Die reformatoriſche Bewegung in Frankreich bis zum Zeitpunkte der Bekehrung Calvins.

Wir haben bisher noch keine Veranlaſſung gehabt, in ausführlicherer Weiſe von der religiöſen Bewegung zu reden, die damals Frankreich wie die ganze abendländiſche Chriſtenheit ergriffen hatte. Denn noch iſt der Mann, von dem wir handeln, in keine nähere Beziehung zu ihr getreten. Weder hat ſie bis dahin eine durchgreifende Wirkung auf ihn ausgeübt, noch hat er ſeinerſeits ſchon die Hand an das Werk gelegt, das im Rathſchluſſe Gottes ihm zugeſprochen war als die große Aufgabe ſeines Lebens. Aber jetzt iſt der Zeitpunkt gekommen, da zuerſt an ihm ſelber der Geiſt ſich mächtig erweiſt, deſſen auserwähltes Rüſtzeug für die Andern er werden ſollte. Aus der Mitte der Bekenner und Blutzeugen tritt das Evangelium auch zu ihm heran, und giebt ſich ihm zu erfahren als die Gotteskraft die einen neuen Menſchen ſchafft, und ſondert ihn aus von der Welt, und zieht ihn hinein in den Umkreis der Gemeinde, damit er nach ſeines Erlöſers Vorbild ſich für ſie heilige auf daß auch ſie durch ihn geheiligt werde in der Wahrheit.

Es waren um die Zeit, an der wir mit unſerer Erzählung ſtehen, um das Jahr 1553, ſchon mehr als zwei Jahrzehnte verfloſſen, ſeit in Frankreich — noch früher als in Deutſchland — eine Anzahl ernſterer, tiefer gehender Geiſter angefangen hatte, ſich zuerſt ſehr leiſe und behutſam, aber bald immer entſchiedener und beſtimmter von dem veräußerlichten und entſtellten Chriſtenthum der römiſchen Kirche abzuwenden und zurückzukehren zu dem Evangelium des Herrn und ſeiner Apoſtel. Der milde, fromme Gottesgelehrte Johannes Lefèvre von Eſtaples war bekanntlich der Erſte geweſen, der in dieſem Sinne auf einen größeren Kreis eingewirkt hatte. Aeußerlich noch völlig zur römiſchen Kirche ſich haltend, und ohne irgendwie den Gedanken einer Trennung von ihr zu hegen, war er doch nach und nach zu der Ueberzeugung gekommen, daß manche ihrer Lehren und Gebräuche mit der Darſtellung der Heiligen Schrift ſehr wenig übereinſtimmten, daß überhaupt dieſe Kirche nur noch in ſehr abgeſchwächtem Maaße und an ſehr verborgener Stätte jenen Schatz der Wahrheit Gottes in ſich bewahre, der dem ſündengeängſtigten Gewiſſen wirklich zum Frieden verhelfen, der die Seele wirklich ſelig machen könne. Er fing an, von ſeinem Lehrſtuhle an der

Parifer Univerfität aus die Studierenden auf die Heilige Schrift hinzuweifen ftatt auf die Legenden der Heiligen oder die dürren Lehrbücher der mittelalterlichen Theologen. Was feit langen Jahrhunderten nicht mehr war verkündigt worden: die paulinifche Lehre von der Rechtfertigung durch den Glauben, das Gerettetwerden allein durch die freie Gnade Gottes (Ephef. 2, 8.), das vernahmen nun mit einem Male gleichfam als etwas Neues und Unerhörtes die Schaaren der erftaunten Jünglinge wieder, die mit liebevoller Bewunderung an ihres verehrten Meifters Munde hingen. Ein Fragen und Suchen begann in ihrer Mitte, ein Zweifeln an dem bisherigen Stande der Dinge, ein Forfchen nach der Wahrheit; eine nicht geringe Anzahl fiel Dem zu, was ihr Lehrer vortrug und was fie in des Paulus Briefen wieder fanden. Und fchon drang die Stimme des evangelifchen Predigers auch über die Lehrfäle der Sorbonne hinaus in die Mitte der gebildeten Stände. Im Jahre 1512 erfchien Lefèvre's Auslegung der paulinifchen Briefe im Drucke, und erregte nicht geringes Auffehen in all' den verfchiedenen Kreifen, die fich mit religiöfen Dingen befchäftigten.

Eine Zeit lang ließen fich noch wenig äußere Wirkungen diefer innern Bewegung wahrnehmen. Wohl traten neben Lefèvre noch einige feiner Schüler auf, wie der feurige Farel, Arnaud und Gérard Rouffel und Andere, die in demfelben Sinne wie ihr Meifter zu lehren anhoben. Wohl hatte man das feit langer Zeit nie erlebte Schaufpiel, fogar einen Bifchof, den edlen Briçonnet von Meaux, die Bibel verbreiten und felber wieder die Kanzel befteigen zu fehen. Wohl begann man auch in den Kreifen des königlichen Hofes an den religiöfen Fragen einen etwas lebhafteren Antheil zu nehmen, und die Prinzeffin Margarethe, die viel bewunderte geiftreiche Schwefter Franz I., galt bald für eine erklärte Anhängerin der neuen Lehrweife. Aber das Alles ging doch an der großen Maffe des Volkes noch ziemlich wirkungslos vorüber; und die Eiferer der römifchen Kirche befchränkten fich auch ihrerfeits mehr nur auf einige verborgene Intriguen und allgemeine Klagen über den Verfall des Glaubens, als daß fie zu offenem Widerftande hervorzutreten und ihre gewohnten Mittel der Unterdrückung in Bewegung zu fetzen gewagt hätten. Denn fie wußten, daß fie den König nicht auf ihrer Seite hatten. Franz I. war ein Mann voll Geift und Gefchmack, wenngleich feinem Charakter nach nichts weniger als ein ausgezeichneter Menfch, der das befchränkte Wefen der Mönche verachtete, und ftolz darauf war die Freiheit der Wiffenfchaft gegen ihren Fanatismus zu befchützen. Verfagten aber die fleifchlichen Waffen den Dienft, was ftand dann der Partei der alten Mißbräuche und der bewußten oder unbewußten Verftockung gegen wahrhaft evangelifches Wefen noch weiter zu Gebote? Den blinden Fanatismus der Menge aufzuregen: dazu war die Zeit noch nicht gekommen, weil der Menge die neue Richtung noch nicht in das Auge fiel. Und eine Geiftesmacht, die fie der Geiftesmacht hätten entgegen setzen können, besaßen sie in keiner Weise. Denn darin bestand ja eben ihr innerster Charakter und besteht immer noch darin: Alles zu fürch= ten und zu hassen was vom Geiste ist. Ziemlich unangefochten konnte so für längere Zeit der Sauerteig des neu verkündeten Evangeliums seine Wirkung üben; — als die entscheidende Stunde kam, da das Verborgene nun an das Licht gerufen wurde, zeigte es sich, was er während dieser Frist des Friedens geleistet und ausgerichtet hatte.

Diese entscheidende Stunde kam heran mit dem Beginne der zwanziger Jahre, in Folge der Bewegungen, welche das Auftreten Luthers in Deutsch= land hervorgerufen hatte. Denn nicht nur „drang", wie ein gleichzeitiges Tagebuch sagt, „die Nachricht hiervon gleich einem Posaunenstoße in die Gemüther aller evangelisch Gesinnten und weckte die Geister auf durch ganz Frankreich hin", sondern es gab dasselbe auch den Feinden der religiösen Er= neuerung endlich den lang gewünschten Anlaß zum offenen Einschreiten an die Hand und entzündete damit den ausgesprochenen Kampf, in dem jetzt die Geister nothwendiger Weise entschlossen Partei ergreifen und sich von einander scheiden mußten. Man weiß daß Luther sich im Jahre 1519 nach der Leipziger Disputation mit Eck dazu hatte bewegen lassen, die Ent= scheidung über die streitigen Punkte den theologischen Fakultäten zu Paris und Erfurt anheim zu stellen. Mit Freuden ergriff die Pariser Fakultät, deren übergroße Mehrheit aus strengen Anhängern des alten Lehrbegriffes bestand, die Gelegenheit, ihre unbefleckte Rechtgläubigkeit vor aller Welt zu beweisen und durch das schärffste Verdammungsurtheil über Luther zugleich ihre einheimischen Gegner zu treffen, die mit dem großen sächsischen Ketzer in so manchem Punkte übereinstimmten. Lefèvre wurde bei dem Könige an= geklagt und, als man hier zunächst nicht zum Ziele kam, durch eine Reihe offener und versteckter Anfeindungen so ermüdet, daß er endlich auf seinen Lehrstuhl an der Sorbonne verzichten mußte. Er ging nach Meaux zu sei= nem Freunde Briçonnet, um die sich nun auch alle die andern reformato= risch gesinnten Männer versammelten, die einst zu seinen Füßen gesessen; und etwa noch ein Jahr lang war es ihnen vergönnt, hier unter dem Schutze des evangelischen Bischofs in dem bisherigen Sinne fortzuwirken. In Schrif= ten und von den Kanzeln herab wurde in der ganzen Diözese das lautere Evangelium verkündet; Lefèvre übersetzte die Bibel in das Französische und Jedermann las sie; „wozu brauchen wir die Heiligen und heiligen Frauen," hörte man die Leute sagen, „da sie ja selber kaum konnten gerettet werden? (1. Petri 4, 18.) Unser einziger Mittler ist Christus."

Aber die Gegner hatten nun Beides kennen lernen: die Gefahr, die ihnen drohte und die Macht, die sie noch immer auszuüben im Stande wa= ren. Briçonnet wurde bei dem Pariser Parlamente*), der Ketzerei ange=

---

*) Diesen Namen führten damals die obersten Gerichtshöfe in Frankreich.

klagt und erhielt eine Vorladung, die nichts Gutes weissagte. Schwach und nachgiebig, wie er war, an das Glück gewöhnt, den Anstrengungen eines entschlossenen Widerstandes nicht gewachsen, ließ er sich alsobald einschüchtern, widerrief alle seine reformatorischen Verordnungen, befahl wieder für die Todten zu beten und die Heiligen anzurufen, und wie er das Lesen der lutherischen Bücher untersagte, so entließ er auch seine bisherigen kühneren und treuer gesinnten Gehülfen aus seinem Dienste.

Aber indem nun die Feinde triumphirten und Alles beendigt glaubten, trat es erst recht zu Tage, welch' eine Macht das reine Evangelium bereits in Frankreich geworden war, und wie tiefe Wurzeln seine Erkenntniß geschlagen hatte in allen Ständen der Bevölkerung und allen Gegenden des Landes. Schon in Meaux selber verläugneten die einfachen Gläubigen nicht wie ihr Hirt und Bischof verläugnet hatte. Theilweise ließen sie sich in die Gefängnisse werfen, theilweise zerstreuten sie sich in die umliegenden Provinzen gleich den Christen der ersten jerusalemitischen Gemeinde beim Ausbruche der Verfolgungen. Einer aus ihrer Mitte, der Wollkämmer Jean Leclerc starb im Jahre 1523 auf dem Scheiterhaufen als der erste Märtyrer der französischen Reformation. Und schon hörte man, daß auch in einer ganzen Reihe anderer Städte, in Maçon, Lyon, Grenoble, Annonay, Toulouse, Bourges, Orleans, Troyes, Rouen und wie die weiteren heißen, die gewaltige neue Predigt sich vernehmen lasse, die nur nach dem Evangelium frage, und nicht nach den Satzungen der Kirche. Sogar im Schooße der hauptstädtischen Bevölkerung fand die aufgeregte Priesterschaft und das Parlament, das sich aus politischen Gründen zu ihrem Werkzeuge gebrauchen ließ, solche Schüler Lefèvres und Anhänger Luthers. Einer um den Andern wurde auf den Greveplatz geschleift um dort den Glauben an seinen Erlöser im Flammentode zu büßen; darunter ein vornehmer Herr des Hofes, eine Zierde der gelehrten Welt, Ludwig von Berquin; mehrere Male hatte ihn der König durch sein Machtwort aus ähnlicher Lage gerettet, endlich mußte er ihn doch der Wuth seiner Feinde überlassen.

Denn die Stellung der obrigkeitlichen Gewalt zu der reformatorischen Bewegung war, ungefähr von dem Jahre 25 an, überhaupt eine andere geworden, als sie es vor Kurzem gewesen. Seit es sich zeigte, daß die neue Lehre von den Kathedern der Gelehrten auch in die Mitte des Volkes herniedergestiegen sei, und das Reich mit einer gänzlichen Veränderung der bisherigen religiösen Zustände bedrohe, war es nicht schwer gefallen, sie dem Könige verdächtig zu machen, und ihr wenigstens in manchen Fällen seine schützende Zuneigung völlig zu entziehen. Ueberdieß hielt ihn die Gefangenschaft in Madrid, nach der unglücklichen Schlacht bei Pavia, gegen ein Jahr lang von der Regierung entfernt: eine Zeit, die die Priesterschaft trefflich benutzte, da das Regiment unterdessen in den Händen der Königin-Mutter Luise von Savoien lag, welche die Sünden ihres wollüstigen Lebens zu sühnen hoffte durch die Ausrottung der evangelischen Predigt und das Blut ihrer Bekenner. Wohl verwandte sich ihr gegenüber die Prinzessin Margaretha bei ihrem Bruder immer und immer wieder für die Freiheit des Evangeliums, und die Personen der Verfolgten — hie und da nicht ohne Erfolg, — aber theilweise war sie durch Alles, was sich rings um sie her zutrug, doch auch selber etwas eingeschüchtert, so daß sie nicht jeder Zeit das volle Gewicht ihres Einflusses geltend zu machen wagte, theilweise gab ihr Franz I nicht das gewünschte Gehör, weil er sich scheute mit dem Clerus in Streit zu gerathen, oder durch eine allzu offenbare Duldung der Evangelischen mit dem Papste zu brechen, an dessen Bündniß ihm in seinen beständigen Kriegen mit Kaiser Karl V überaus viel gelegen war.

Ein merkwürdiges Schauspiel das Frankreich so in diesem Zeitraume der Christenheit darbot. Weder in Rom noch in Wittenberg wußte man recht, wessen man sich zu ihm zu versehen habe, wohin es in der nächsten Zeit sich neigen werde? Auf der einen Seite überall ein Drängen nach besserer Erkenntniß in den religiösen Dingen, ein Zerreißen der römischen Fesseln, ein Abwerfen der Menschensatzungen, ein feuriges Ergreifen der allein rechtfertigenden Versöhnung Christi, der Anbetung Gottes im Geiste und in der Wahrheit, auf der andern ein lauter Aufschrei gegen solchen Frevel aus der Mitte der mächtigsten und einflußreichsten Corporationen, ein nur um so zäheres Sich-Anklammern an das alte Wesen, ein Wüthen mit Feuer und Schwerdt, so weit irgend die Möglichkeit dazu gegeben war, gegen Alles was von dem neuen Geiste sich erfassen ließ. Aber an dieser Gegenwehr steigert sich nur der heilige Muth und Eifer der Gläubigen, nicht nur von den Kanzeln, sondern auch von dem Scheiterhaufen herab und aus den Flammen heraus predigen sie nun das Evangelium ihres Heiles. Statt den Samen des Wortes zu ersticken, trägt ihn die Verfolgung wie ein Sturmwind von einer Gränze des Reiches zur andern. Je verschwenderischer das Blut der Märtyrer vergossen wird, um so mehr erweist es sich als der Same der Kirche. Und dem Allen sieht die höchste Macht des Landes, von deren Entscheidung der Ausgang abzuhängen scheint, unthätig und unentschlossen zu. Sie wird selber von entgegengesetzten Einflüssen hin und her gezogen, es ist als wolle sie die beiden Parteien ungestört ihre Kräfte messen und die Wirkung ihrer eigenthümlichen Waffen erschöpfen lassen, und dabei zuwarten welcher von beiden das Uebergewicht verbleibe?

So kam das Jahr 1533 heran, eines der wichtigsten Jahre in der Geschichte der französischen Reformation. Welch eine Freude ging durch die Herzen der Evangelisch-Gesinnten, welch eine Fülle von Hoffnungen begann sich in ihren Kreisen zu regen, als es in den ersten Monaten des Jahres dem Einflusse der Prinzessin Margaretha gelang, einigen der entschiedensten Bekennern der neuen Lehrweise die Kanzeln der Hauptstadt zu öffnen, und nun das Volk sich schaarenweise zu ihnen hinzudrängte, und belebt, ange-

nat, zum Theil überzeugt und gewonnen wieder von dannen ging! Freilich
ngte das auch die Gegner jetzt im höchsten Maße auf; sie erfüllten die Kirchen mit ihrem Wuthgeschrei, beschimpften die Prinzessin in öffentlichen
Darstellungen, die die Schüler der Sorbonne zum Besten gaben, fanatisirten
den Pöbel und führten ihn gegen die Kanzeln, auf denen Roussel und Courault predigten. Der König, immer noch in der Mitte sich haltend, wies
auf der einen Seite die reformatorischen Prediger an, die Kanzel nicht mehr
zu besteigen, auf der andern schritt er gegen die römischen Unruhstifter mit
den strengsten Strafen ein, und drohte noch Ernsteres an, wenn dergleichen
sich ferner wiederholen sollte. Aber konnte er auf die Länge in dieser neutralen Stellung verharren? Im Oktober sollte er in Marseille mit dem
Papste Clemens VII zusammentreffen, um sich über verschiedene öffentliche
und Familienangelegenheiten mit ihm zu besprechen: — von dem Ausgange
dieser Zusammenkunft erwarteten beide Parteien mit ängstlicher Spannung
seinen Entschluß für oder wider ihre Sache. Die fieberhafte Erregung stieg,
als der König sich auf den Weg machte; während die Sorbonne mit ihren
Anhängern lauter als je nach Feuer und Schwerdt schrie*), schlossen sich
die Evangelischen enger zusammen und musterten ihre Reihen. Viele hohe
Herren in Kirche und Staat und die bedeutendsten Namen der Wissenschaft
fanden sich da auf ihrer Seite, darunter sogar der Erzbischof von Paris
und der Rektor der Universität. Es mußte sich nun zeigen, wohin der Kampf
sich wenden, und auf welchem Wege der Herr seine Sache weiter führen
wolle?

V.

Calvins Bekehrung. (1553.)

„Meine Wege sind nicht eure Wege und meine Gedanken sind nicht
eure Gedanken." Die Hoffnungen, die man auf den König gesetzt hatte,
wurden kläglich zu nichte. Aber ein anderes Werkzeug bereitete sich Gott
in eben diesen Tagen zu. Im Gewühle der neu entzündeten Verfolgung, in
der Mitte der niedergeschlagenen und verstörten Gemeinde tauchte plötzlich
die Gestalt eines neuen Bekenners auf, den die gewaltige Hand von oben
her eben erfaßt hat und hingestellt an diese Stätte; und dieser neue Bekenner wird zum Hirten und Bischof, um den nun eine Gemeinde sich sammelt,
welche die Pforte der Hölle nicht mehr können überwältigen. Das Jahr
1533 ist das Jahr der Bekehrung Johannes Calvins zur Wahrheit des
Evangeliums und zum Heilande seiner Seele.

---

*) Vergl. darüber die treffliche Biographie Gerard Roussel's von Schmidt
p. 92 u. f. „In einer Versammlung," erzählt er da unter Anderm, „in
der man sich über die besten Mittel berieth, durch die man den Einfluß
der Prinzessin Margarethe zu nichte machen könnte, machte ein Mönch,
Toussaint Leman, den Vorschlag, sie ganz einfach in einen Sack zu thun
und in die Seine zu werfen."

Sehr viel ist es gerade nicht, was wir über diese merkwürdige Wendung seines Lebens wissen. „Ich rede nicht gern von mir selber", sagt er in seinem berühmten Sendschreiben an den Cardinal Sadolet, und kaum ist irgend ein anderer großer Mann dieser Aussage so buchstäblich nachgekommen als er. Was war ihm die eigene Person dem unermeßlichen Werke gegenüber, dem sein Leben gehörte? Was war sie vor dem Gotte, dessen unfaßbare Majestät alle Tiefen seiner Seele durchdrang und mit anbetendem Zittern erfüllte? Er hätte geglaubt, Ihm die Ehre zu nehmen, wenn er hätte anfangen wollen, der Welt von sich zu erzählen, diesem werthlosen Gefäße, mit dem sein Bildner macht was er will und das seine Bedeutung lediglich durch den Gebrauch erhält, zu dem der Werkmeister nach seinem freien Belieben es bestimmt. Nur ein oder zwei Male geschieht es in dem Umfange seiner schriftstellerischen Arbeiten, daß ihm beiläufig eine kurze Andeutung über sein früheres Leben entfällt, und namentlich über die Wege, die Gott in diesen entscheidenden Tagen ihn geführt. Das erste Mal in seiner schönen Vorrede zu seiner Auslegung der Psalmen. Indem er da seine Leser auf die Fülle der persönlichen Erfahrungen, die in diesen Liedern zu Tage treten, und auf die unaussprechliche Erhebung der Seele hinweist, welche aus der Gemeinschaft mit so vielen betenden und lobpreisenden Herzen folge*), kömmt er darauf zu sprechen, wie Gott sein Inneres durch mannigfache innere

---

*) Wir erlauben uns einige der ergreifendsten Stellen aus dieser herrlichen Würdigung des Psalmbuchs anmerkungsweise beizufügen, da sie auch auf Calvins eigenes inneres Leben und Kämpfe ein helles Licht zu werfen geeignet sind. „Nicht ohne Grund," heißt es darin, „pflege ich dieses Buch der Schrift gleichsam eine Anatomie aller Theile des menschlichen Herzens zu nennen: indem Niemand irgend eine religiöse Stimmung in sich finden wird, deren Bild ihm aus diesem Spiegel nicht entgegenleuchtete. Ja, alle Schmerzen, Traurigkeiten, Befürchtungen, Zweifel, Hoffnungen, Sorgen, Aengsten, innerlichen Stürme, welche das Menschengemüth nur immer erfüllen und bewegen, hat der heilige Geist uns hier nach dem Leben vor Augen gestellt. Die übrige Schrift enthält was Gott seinen Knechten an Geboten und Weisungen aufgetragen hat, damit sie es uns wieder ausrichten. Aber hier reden nun die Propheten selber mit Gott, und decken die innersten Falten ihres Herzens vor ihm auf; und wir werden dadurch zu Gleichem nachgezogen, sodaß uns keiner unserer Mängel, keine unserer Sündengewohnheiten mehr verborgen bleiben kann. O welch ein Schauspiel da so das Herz heraustritt an das Licht, hervorgezogen aus all' dem Winkeln in denen es sich gewöhnlich versteckt und los gemacht von dem fressenden Roste jeglicher Heuchelei! — Und wenn weiterhin die Anrufung Gottes das Heilmittel unseres Heiles ist: wo anders finden wir eine bessere und sichere Anweisung hiezu, als eben in unserm Buche! Da wird mit Ernst angerufen, zuerst aus dem tiefen Gefühle des Bedürfnisses heraus und dann aus dem festen Glauben an die Verheißungen Gottes. ... Zwar nicht gerade in besonderem Maße werden uns hier die Verheißungen vorgehalten; aber ein Mal um das andere

Führungen dazu bereitet habe, daß es fähig geworden sei dieß Alles zu fassen und zu verstehen. „Wie David habe er zu kämpfen mit innern Schäden und äußern Drängern der Kirche. Und ob er es auch nicht von ferne wage sich mit diesem Manne Gottes zu vergleichen*), welch einen Segen habe er doch davon gehabt, daß ihm in dem Vorbilde dieses Königs und Propheten die Anfänge seiner eigenen Berufung und auch der weitere Gang seines Lebens zur beständigen Nachahmung sei vor Augen gestellt gewesen!" Und von diesen Anfängen, von diesem weitern Lebensgange theilt er dann in seiner gedrängten, keuschen Weise einige der bezeichnendsten Züge mit. — Die andere Stelle dieser Art findet sich in dem schon genannten Schreiben an Sadolet. Um sein Bekenntniß zum Evangelium zu rechtfertigen, setzt er da seinem Gegner mit einigen Worten auseinander, wie seine Seele allmälig zur Erkenntniß der Wahrheit gekommen, und über alle die feindlichen Vorurtheile, Zweifel, Fleischesbedenken Herr geworden sei, die sie in dem alten Wesen zurückhalten wollten. Und diese wenigen Andeutungen genügen nun doch im Ganzen, um uns erkennen zu lassen, in welcher Weise sich bei Calvin die große innere Umwandlung vollzogen hat und auf welchem Wege er

---

tritt ein Beter vor uns, an dem wir sehen wie er aus der hindernden Trägheit seines Fleisches sich losringt, um dem auffordernden Zurufe seines Gottes zu folgen; und daraus lernen dann auch wir, wenn allerlei Gedanken uns verwirren und Verzagtheit uns übernimmt, männlich dagegen erkämpfen und daraus aufstreben, bis unser Geist sich frei empor schwingt zu seinem Gotte. Und nicht nur das: sondern durch unser Zittern und Zagen und Fürchten werden wir nun auch angetrieben zu dem Gebete, indem wir hier den Preis des Trostes winken sehen. Denn an vielen Stellen unseres Buches nehmen wir ja wahr, wie auch diese Knechte Gottes hin und her schwanken in ihren Gebeten und oft fast erliegen unter dem Drucke; und endlich doch die Palme davon tragen, weil sie ausharrten im Glauben.... Aber auch wie wir das Dankopfer des Lobes darbringen sollen, das ein angenehmer und köstlicher Geruch ist vor Gott, wird uns hier in reicher Mannigfaltigkeit kund gethan. Kein Buch hält uns leuchtendere Beweise der besondern Barmherzigkeit Gottes gegen seine Gemeinde vor, keines singt lieblicher den Preis seiner Werke, keines erzählt so viele Erlösungen, keines breitet seine väterliche Güte und Sorge so anschaulich vor uns aus. — Und nicht nur diese allgemeinen Wohlthaten werden uns nahe gebracht, so daß sicherlich alle frommen Gemüther lernen ihre Nothdurft erwarten aus seiner Hand; sondern auch von der Vergebung unserer Sünden allein aus Gnaden wird zu uns geredet, von der Art und Weise wie wir Frieden erlangen; die ganze Wissenschaft von dem ewigen Heile wird uns aufgeschlossen.

*) „Ach! nach wie vielen Tugenden, die ihn schmückten, strecke ich mich erst langsam und mühevoll! mit wie vielen Sünden arbeite ich mich noch ab, von denen er längst befreit war! Indem ich die Stellen lese, in denen sein Glaube, seine Geduld, sein Eifer, sein Liebesdrang, seine Wahrheitsliebe sich ausspricht, preßt mir das schmerzliche Gefühl der Unähnlichkeit unzählige Seufzer aus."

zum Glauben gekommen ist. Es ist das kein anderer Weg als den auch ein
Paulus, ein Augustin, ein Luther gegangen sind; den überhaupt in irgend
einer Art ein Jeder gehen muß, der ein wirklicher Christ werden will und
die seligmachende Erlösung seines Versöhners in sich erfahren. „Diese Männer", sagt ein genauer Kenner der Reformationszeit, „haben nicht ihr theologisches System geändert sondern ihr Leben; sie haben nicht durch allerlei
Verstandesgründe sich lediglich eines Andern belehren lassen, sondern sie haben sich lassen wiedergebären durch den heiligen Geist aus natürlichen
Menschen zu Menschen Gottes."

Freilich werden die Vorbedingungen zu diesem Gange immer und
überall eine Erleuchtung der Erkenntniß, eine Umbildung zunächst der
religiösen Anschauungen sein müssen. Aber daran hatte es, wie wir aus
dem Bisherigen wissen, dem gelehrten jungen Mann schon seit längerer Zeit
nicht gefehlt. Wohl war er, wie er selber sagt, „dem päpstlichen Aberglauben in früheren Jahren so hartnäckig ergeben gewesen als nur irgend einer *)",
hatte sich „vor der Autorität der Kirche gebeugt und die Neuerer verabscheut,
die dieses Heiligthum anzutasten wagten**)", hatte sogar „ihre Gründe nur
ungeduldig angehört und mit einer Art von Leidenschaft wiederlegt***)".
Allein aus dem Allen war er seit seinem Aufenthalte in Orleans und seiner
Bekanntschaft mit der Bibel Olivetans doch so ziemlich heraus. Das Wort
Gottes hatte an ihm in dieser Beziehung den Dienst gethan, den es an Jedem thut, der mit Ernst darin forscht. Und was seine evangelisch gesinnten
Freunde ihm weiter aus diesem Worte darlegten, mußte sein ernster klarer
Verstand bald genug als richtig erkennen, wie sehr es auch seinen natürlichen
Neigungen noch wiederstrebte. „Sobald ich ihren Gründen einmal das Ohr
öffnete", schreibt er an Sadolet, „und mich in eine Untersuchung mit ihnen
einließ, war ich in Kurzem überzeugt, wie unbegründet meine Besorgniß sei,
der Majestät der Kirche etwas zu vergeben. Denn sie zeigten mir klar, welch
ein Unterschied bestehe zwischen einer muthwilligen Trennung von der Kirche
und einem heiligen Eifer, sie von ihren Entstellungen zu reinigen. Bald
sah ich, daß sie auf nichts Anderes abzielten als auf die Erbauung der
Kirche, und damit dem Beispiele so vieler frommer Männer folgten, die ihr
sogar zu euren Heiligen zählt. Von dem Papst aber, der mir als Christi
Stellvertreter und das Haupt der Kirche galt, redeten sie mir so: die Titel,
auf die er seine Ansprüche gründe, seien nichtige Schreckbilder, durch welche
frommgesinnte Gemüther sich die Blicke nicht so sollten verblenden lassen,
daß sie es nicht mehr wagten, die Sache selber in das Auge zu fassen. Wie
sei es möglich, daß der durch das Wort Gottes eingesetzt sei, der sich so in

---

*) Vorrede zu den Psalmen.
**) Antwortschreiben an Sadolet in der Amsterdamer Ausgabe seiner sämmt-
lichen Werke T. 8, p. 114.
***) Vergl. dieselbe Schrift an derselben Stelle.

die Höhe gehoben, während die Welt immer tiefer versank in Unwissenheit und Stumpfheit und geistige Betäubung? Wollten wir wirklich das Reich Christi unter uns, so dürften wir seine Tyrannei nicht länger tragen. Und es fehlten ihnen weder die geschichtlichen noch die biblischen Gründe der entscheidendsten Art, um mir das Alles nicht nur zu behaupten sondern auch zu beweisen.

Und zu diesen Belehrungen von außen hatten sich nun auch die inneren Bedürfnisse gesellt, die ihn völlig auf denselben Weg hinwiesen. Denn ohne Zweifel spricht er das mit in seinem eigenen Namen aus, was er in dem Schreiben an Sadolet denen in den Mund legt, welche die römische Kirche verlassen und dem Bekenntnisse des lautern Evangeliums sich zugewendet haben. „Wohl war ich als ein Christ erzogen worden", läßt er sie da im Hinblick auf ihr früheres Leben ausrufen „und hatte immer, o Herr, den Glauben an dich bekannt. Aber eben nur in dem Glauben war ich unterrichtet worden, der damals der allgemeine war. Dein Wort war unterdrückt; für gewöhnliche Menschen, lehrte man uns, bedürfe es nichts als des blinden Gehorsams gegen die Kirche. Das Wenige aber, das man mir mitgetheilt, war solcher Art, daß es mich weder zu einem rechten Dienste deiner Gottheit anleitete, noch eine gewisse Hoffnung des ewigen Lebens mir verschaffte, noch mich heiligte zu dem was eines Christenmenschen Aufgabe ist. Ich wußte, daß du der einige Gott seist, aber da ich nicht wußte, wie dir dienen, so fiel ich gleich beim ersten Schritt wieder von dir ab. Ich glaubte daß ich durch den Tod deines Sohnes errettet sei von der ewigen Verdammniß, aber ich dachte mir eine Erlösung, deren Kraft sich nie wirksam an mir erweisen müsse. Ich erwartete einen zukünftigen Tag der Auferstehung, aber wenn ich daran dachte, erschrak ich wie vor dem größesten Unheil, das mir drohe. Mit meinen Werken meinte ich dich versöhnen zu müssen, mit Opfer und Fürbitte suchte ich deinen Zorn abzuwenden. Aber wenn ich dieß Alles gethan hatte, so genoß ich doch höchstens einen kurzen Augenblick der innern Ruhe, und war im Grunde meines Gewissens so fern als je von einem dauernden Frieden. So oft ich in mein Inneres einkehrte, oder meine Gedanken zu dir emporheben wollte, durchdrang mich immer wieder eine unnennbare Angst, die keine Sühnung, kein genugthuendes Werk mehr stillen mochte. Und je klarer mir mein Zustand vor Augen trat, von um so schärfern Stacheln wurde mein Gewissen gepeinigt, so daß mir kein anderes Trostmittel mehr übrig blieb, als die unselige Täuschung des Selbstvergessens."

Hatte aber so die Erkenntniß seines Geistes und die Sehnsucht seines Herzens sich einmal denen zugewendet, die eine Erneuerung der Kirche auf Grund des reinen Evangeliums anstrebten, so war es nicht anders

möglich, als daß damit nun auch seine ganze Person und sein Lebensgang sich an einen Scheideweg gestellt sah, an dem es eine bestimmte Par-
theinahme für oder wider, ein bestimmtes Hinüberschreiten auf diese oder
jene Straße galt. Denn jenes halbe Wesen, in dem damals so manche von
der Furcht oder dem Glanze der Welt gefangen gehaltene Geister sich bewegten, das im Herzen dem neuverkündeten Evangelium anhing und äußerlich doch in den Menschensatzungen der alten mächtigen Kirche verharrte,
war eine Unmöglichkeit für diese Seele voller Wahrhaftigkeit und diesen
Charakter voll des tiefsten Ernstes, dem kaum etwas Anderes so sehr Bedürfniß war als eine klar ausgesprochene feste Stellung. Und selbst wenn
ihn nicht schon die eigene Art zu einer bestimmten Entscheidung gedrängt
hätte: wie wäre es möglich gewesen, daß er in den Verhältnissen, in den
Umgebungen, in denen er stand, sich daran hätte genügen lassen: wohl mit
dem Verstande zu erkennen, aber nicht mit dem Herzen zu glauben, nicht mit
dem Leben zu bezeugen? War denn nicht, was den Gegenstand seiner Erkenntniß bildete, vor Allem auf das Herz und Leben berechnet und hatte
als bloße Erkenntniß gar keinen Werth? Sah er es denn nicht tagtäglich mit Augen, was die Anhänger der neuen Lehre darunter verstanden:
das Evangelium kennen und haben? Sah er nicht wie sie durch dasselbe ihr
Gewissen versöhnen ließen, Frieden in sich wirken, ihr Leben herausreißen
aus dem Unflathe der verderbten Zeit und heiligen nach dem Vorbilde des
Erlösers? wie sie fortbekannten in den Verfolgungen und Banden? wie in
den Qualen und Feuerflammen der Tod ihnen offenbar schon verschlungen
war in den Sieg?

Wohl zum ersten Male traten ihm in Paris diese Schauspiele vor
Augen und redeten zu ihm mit ihrer erschütternden Stimme. Es war für
sein Herz nicht verloren, was sie ihm vorhielten. Hatte er bisher mehr nur
mit Gelehrten und im gelehrten Interesse die religiösen Fragen verhandelt,
so drängte es ihn nun auch mit den einfachen Gläubigen in Berührung zu
treten, an denen das Evangelium solche Wirkungen hervorbrachte, den Leuten, die im Grunde nichts Anderes von ihrer neuen Erkenntniß wollten, als
ihrer Seele Seligkeit dadurch schaffen. „Binnen wenigen Monaten war er
mit ihnen Allen bekannt," sagt Beza. Besonders einer aus ihrer Mitte
scheint ihm innerlich näher gekommen und ein Werkzeug Gottes an ihm geworden zu sein in dieser Zeit der Entscheidung: der reiche Kaufmann Etienne
de la Forge, der wenige Jahre darauf den Märtyrertod für Christi Namen
gestorben ist. „Wie oft habe ich Calvin in späterer Zeit seiner erwähnen hören", berichtet Beza, „und nie ohne den Ausdruck der innigsten Bewunderung für sein frommes Wesen." Und auch in Calvins eigenen Schriften
— in seinem Buche gegen die Libertiner*) — findet sich eine Stelle, worin

---

*) Cap. 4.

er das Andenken jenes Mannes segnet, „dieses heiligen Märtyrers des Herrn".

Aber indem sich so von allen Seiten her die Nothwendigkeit einer gründlichen Entscheidung vor Calvins Seele stellte, hob nun erst recht der Kampf der beiden Menschen in ihm an, von denen der eine das Eigenthum Gottes werden will, der andere das Leben zurückhalten in der Welt und dem was von der Welt ist. Zwar nach äußeren hohen Ehren und reichlichem Wohlsein des Fleisches verlangte es den jungen, ernsten Gelehrten nicht. „Ich hätte zu dem Allen leicht kommen können", schrieb er später an Sadolet, „aber darauf war die Sehnsucht meines Herzens nie gerichtet." Dagegen hielt eine gewisse Scheu vor Gefahr und Noth und einem Leben voll Kampf und Unruhe ihn innerlich noch gefangen. In stiller Muße seinen Studien leben zu können, und etwa als ein angesehener Lehrer dabei aller Störung von außen und aller Sorgen der Nahrung überhoben zu sein: das war sein liebster Gedanke, so hatte er sich den Verlauf seines Lebens bisher geträumt. Konnte aber von dergleichen irgend noch die Rede sein, wenn er nun offen und bestimmt zu den Bekennern des verfolgten Evangeliums sich gesellte? „Hätte ich auf meine Vernunftgründe, auf meine Verhältnisse hören wollen," ruft er aus, „nie wäre ich aus der römischen Kirche ausgetreten*)."

Und mußten im Uebrigen nicht auch alle die Feinde gegen eine solche Wendung seines Gemüthes aufstehen, mit denen ein Jeder von uns in dieser entscheidendsten Stunde zu ringen hat? Der natürliche Stolz, die Selbstgerechtigkeit, der Trotz der Sünde, das verzagte Mißtrauen gegen den Erlöser und seine Gnade, die alle Schuld bedeckt? Es ist nicht anders möglich, als daß dem so war; und Calvin deutet es uns selber an, einen wie gewaltigen Kampf diese Mächte des Fleisches in ihm erregten, als der Geist von oben her ihn nun im Innersten erfaßt hatte, und nicht von ihm lassen wollte, bis er sein heiliges Werk völlig an ihm vollzogen. „Nachdem mein Herz schon lange zubereitet war zur ernstesten Prüfung," bekennt er, „hat mir die volle Erkenntniß der Wahrheit mit einem Male, wie ein helles Licht den unaussprechlichen Abgrund der Verirrungen gezeigt, in dem ich mich gewälzt, die Sünde und Schande mit der ich mich befleckt. Ein Entsetzen ergriff meine Seele, da ich solches Elend wahrnahm und das noch viel furchtbarere Elend das mir bevorstand. Und was blieb mir nun übrig, o Herr, mir Elenden und Verworfenen, als unter Thränen und seufzendem Flehen dem alten Leben abzusagen, das Du gerichtet, und mich hinüber zu flüchten auf deinen Weg?" — Und dieser Weg des Herrn, dieser Weg des Heiles hat sich seiner geängsteten Seele denn auch aufgethan, und seinen herrlichen Frieden ihm zu schmecken gegeben. Mit unvergleichlicher Freudigkeit und Sicherheit redet er darüber in der Schrift, der wir diese Bekennt-

---

*) An Sadolet p. 114.

niſſe entnehmen; man fühlt es ihm an, wie dabei ſein Innerſtes mitzeugt, wie ſeine eigenſten Erfahrungen es ſind, die wieder lebendig werden und zu Worte kommen. „Nur einen Hafen des Heiles giebt es für unſere Seelen,“ ruft er aus, „und der iſt die Barmherzigkeit Gottes, die uns in Chriſto dargeboten wird. Denn in ihm ſind alle Stücke unſerer Seligkeit zu Erfüllung und Weſen geworden. Wir ſind durch unſere Sünden Alle verloren vor Gott, aber die eine Gerechtigkeit Chriſti hat uns Alle errettet. Denn durch ſeinen Gehorſam hat er unſere Uebertretungen der Vergeſſenheit anheimgegeben; durch ſein Opfer Gottes Zorn geſühnt; durch ſein Blut unſere Flecken abgewaſchen; durch ſein Kreuz den Fluch von uns hinweggenommen; durch ſeinen Tod für uns genug gethan. In dieſem Sinne ſagen wir: „Wir werden aus Gnaden ſelig, nicht durch unſer Verdienſt, nicht durch unſere Werke. Indem wir durch den Glauben Chriſtum umfaſſen, und gleichſam in ſeine Gemeinſchaft eingehen, nennen wir dieß nach der Sprache der Schrift, „die Rechtfertigung durch den Glauben*).“

Es war eine völlige, durchdringende Bekehrung, die in ſolcher Weiſe mit Calvin vorging. „Gott hat ſie plötzlich gewirkt,“ ſagt er, „plötzlich mein Herz dem Gehorſam ſeines Willens unterworfen**).“ Von jetzt an war er Gottes, nicht mehr ſein eigen. Selten hat ein Menſch ſo unbedingt und rückſichtslos in des Meiſters Hand ſich hingegeben als er es that von dieſen Stunden an, damit ſie mit ihm mache was ihr gut dünke. Was auf ſein Siegel gegraben iſt: eine Hand, die ein brennendes Herz darreicht, — das drückt vollkommen den Sinn und die Geſchichte ſeines weitern Lebens aus. — Und wie ſeine unbedingte Verpflichtung gegen Gott, ſo ſtand auf der andern Seite auch ſeine Gnadenwahl und Verſieglung zum ewigen Leben ihm von nun an unerſchütterlich feſt; „gleichſam durch eine Offenbarung,“ wie Henry ſagt, muß ſich ihm damals die Ueberzeugung gebildet haben, er ſei ein in Jeſu für ewige Zeiten Erwählter. Wohl Kämpfe finden ſich noch in ſeinem ſpätern innern Leben, aber nie die leiſeſte Andeutung eines Zweifels oder einer Anfechtung über dieſen Punkt. Vielmehr ſind alle ſeine Aeußerungen von dieſer Wendung ſeines Lebens an aus der nämlichen Gemüthsverfaſſung heraus geredet als wären ſie zu der nämlichen Zeit niedergeſchrieben. Gleich in den erſten theologiſchen Schriften, die nun folgen, ſpricht dieſelbe überſchwängliche Sicherheit und Feſtigkeit im Glauben an Jeſum als ſeinen Erlöſer ſich aus, welche die letzten Zeilen erfüllt, die wir von ihm haben, welche in den mahnenden und zeugenden Worten des Sterbenden noch einmal aufleuchtet, ehe er ſein Haupt neigt und hinübergeht um vor ſeinen Gott zu treten.

---

*) An Sadolet p. 109.
**) Vorrede zu den Pſalmen.

VI.

Wir haben am Schlusse des vierten Kapitels davon geredet, in welcher
entscheidungsvollen Krisis sich die Sache der französischen Reformation um
diese Zeit befand. Ob die oberste Gewalt im Reiche sich ihr freundlich zeigen
und freien Lauf lassen, oder ob sie sich auf die Seite ihrer Verfolger schlagen und ihr damit die ruhige, naturgemäße Entwicklung unmöglich machen
werde? das stand damals in Frage. Die Entscheidung ließ nicht lange
auf sich warten, und es ist bekannt genug, wie sie ausgefallen ist. Der
König kam von seiner Zusammenkunft mit dem Papste sehr befriedigt zurück; mit dessen Nichte, Catharina von Medici, hatte er seinen Sohn verlobt, und das Erste, wozu er sich nun durch die Gefälligkeit des Papstes
verpflichtet glaubte, war die entschiedene Parteinahme gegen die neue Lehre
und die rücksichtslose Unterdrückung ihrer Anhänger. Kaum war er wieder
in der Hauptstadt angelangt, so erließ er eine Cabinetsordre, die einen besondern Gerichtshof zur Erforschung und Bestrafung der Ketzer einsetzte,
„von denen es wimmle in seiner guten Stadt Paris." Den verdächtigen
Predigern wurde jedes Auftreten auf das Ernstlichste untersagt; die Gefängnisse füllten sich mit „Lutheranern" und „Sakramentirern", wie man
die Evangelischen damals nannte; auf dem Greveplatze wurden von Neuem
die Scheiterhaufen angezündet, und einige der ausgezeichnetesten Mitglieder
der Gemeinde büßten darauf ihren Glauben mit dem Tode.

Das Häuflein der Gläubigen sah sich so plötzlich wieder in der ge-
fährdetsten und verzweifeltsten Lage. Seiner Lehrer beraubt, ohne die Möglichkeit zusammenzuhalten und sich gemeinsam zu erbauen, schien es unrettbar
dem innern und äußern Verfalle Preis gegeben. War doch ohnehin in keiner
Weise eine feste und bestimmte Lehrform vorhanden, die ein unsichtbares
Band zwischen den Einzelnen hätte schlingen, und auch als äußerlich Getrennte sie auf einem gemeinschaftlichen innern Grund hätte vereinigen können. Mußten unter solchen Umständen nicht die zerstreuten Funken nothwendiger Weise ausgetreten werden oder von selber auslöschen, statt sich
weiter zu verbreiten und zu dem heiligen Feuer zusammenzulodern, von dem
der Herr sagte: er sei gekommen es anzuzünden und wollte es brennete schon?

Aber eben da trat nun Calvin ein in die Mitte der Bedrängten. Für
diese Stunde des dringendsten Bedürfnisses hatte der Herr ihn herzuge-
rufen. Denn bei diesem Manne mußte es seiner ganzen Anlage nach, wie

bei Petrus (Luc. 22, 32.) ein und dasselbe sein: „Sich selber bekehrt haben" und „seine Brüder stärken". „Sobald ich etwas geschmeckt hatte von den Kräften der wahren Frömmigkeit," sagt er in der Vorrede zu dem Psalmen=commentare, „entbrannte ich von solchem Verlangen ihre Sache nun auch weiter zu fördern, daß ich alle andern Beschäftigungen, wo nicht ganz bei Seite ließ, so doch nur noch als Nebensache betrieb." Und nicht nur von innen, sondern auch von außen kamen bald die dringendsten Aufforderungen zu solchem Wirken an ihn heran. Die Gläubigen mit denen er in Beziehung trat, erkannten schnell genug was ihnen an ihrem neuen Bekenner war ge=schenkt worden. Ohne daß Calvin es beabsichtigte, ohne daß er recht wußte wie es geschah, war er binnen Kurzem der geistliche Mittelpunkt der haupt=städtischen Gemeinde, die sich um ihn her wieder zusammenschloß und in seiner scharf ausgeprägten, lichtvoll dargelegten Lehre gerade das fand, was ihr nach jeder Seite hin Noth that. „Ehe noch das Jahr zu Ende war," schreibt er in der oben genannten Vorrede, „sah ich mit dem größten Er=staunen Alle zu mir herankommen, denen es um die Erkenntniß des reinen Evangeliums zu thun war, um sich von mir darin unterrichten zu lassen, von mir, der ich selber erst angefangen hatte zu glauben und zu erfahren. Ich nun meines Theils, der ich von etwas schüchternem und ängstlichen Ge=müthe bin und immer die Zurückgezogenheit und Ruhe liebte, begann irgend ein Mittel zu suchen, um mich dem allzugroßen Andrange zu entziehen; aber umsonst; jede einsame Stätte wurde mir wieder zu einer öffentlichen Schule." „Der Mann den Gott zum Reformator geschaffen," bemerkt ein französischer Schriftsteller zu diesen Worten, „begann den Augen der Andern sich zu offenbaren; er selber war noch weit davon entfernt seine Bestimmung zu ahnen."

Je weniger er indessen seinerseits nach solcher Stellung verlangte, sondern ganz und allein durch Gottes Willen sich in sie versetzt sah: um so eifriger und getroster, mit um so größerer Kraft und Selbstverleugnung bewegte er sich in ihr. „Ist Gott für uns, wer mag wider uns sein?" war der Grund=ton, der durch alle seine Predigten hindurchklang; der glaubensstarke Gruß mit dem er jedes Mal die Gemeinde begrüßte, wenn sie, mitten unter den feindlichen Nachstellungen, zur Nachtzeit an irgend einem Orte zusammen=kam um in das Evangelium des Heiles sich zu gründen. „In einer Reihe von Familien," heißt es in der alten Chronik der französisch=reformirten Kirche, „förderte er das Reich Gottes in wunderbarer Weise. Seine Lehr=art hatte dabei nichts Gesuchtes und keine Entfaltung von Gelehrsamkeit — er hat dergleichen immer gehaßt —, aber eine solche Tiefe der Erkenntniß und einen solchen Ernst der Sprache, daß ihn schon damals Niemand hören konnte ohne auf das Lebhafteste ergriffen zu werden."

Auf diese stille Erbauung der bereits gläubig Gewordenen sollte sich indessen, nach den Gedanken Calvins, die Wirksamkeit für die Sache der

Reformation nicht beschränken. Was sie anstrebte erschien ihm als so heilig und einleuchtend, daß er immer noch der Ueberzeugung war, die besten Geister müßten ihr zufallen und die allgemeine Anerkennung ihr zu Theil werden, wenn es nur einmal gelinge, ihren Charakter und das Ziel, auf das sie ausgehe in weitern Kreisen wahrheitsgetreu bekannt zu machen. Nicht geringe Hoffnungen setzte er zu diesem Ende auf die hochgestellten Männer in Wissenschaft und Kirche, die sich im Stillen ihr zuneigten und von denen er manche zu seinen persönlichen Freunden zählte. Namentlich der fromme Rektor der Universität, Wilhelm Cop, ein Mediziner seines Berufes, schien in dieser Beziehung Vieles thun zu können, da seine Würde ihm bei verschiedenen Feierlichkeiten öffentliche Vorträge zur Pflicht machte, welche die gebildeten Kreise sehr zahlreich zu besuchen pflegten. Und so setzte sich denn der junge Reformator, als der festliche Tag der Allerheiligen herannahte, mit diesem seinem Freunde zusammen, und arbeitete eine Rede mit ihm aus, die in leicht verhüllter, aber unverkennbarer Weise die Prinzipien der Reformation auseinandersetzte und als das Ziel dieses Jahrhunderts anpries. Die Zuhörer staunten nicht wenig als sie diese ungewohnte Sprache hörten, einige Barfußermönche, die sich unter ihnen befanden, berichteten die Sache ohne Verzug an den königlichen Gerichtshof; der Rektor wurde vorgeladen, und zugleich auch nach der Wohnung Calvins, dessen Antheil an der Abfassung der Rede bereits verlautet hatte, ein Häschertrupp ausgeschickt. Aber der Eine wie der Andere entkam. Cop rettete sich nach seiner Vaterstadt Basel; Calvin, noch zu rechter Zeit gewarnt, gewann den Verfolgern den Vorsprung ab, und verließ sein Wohnhaus, als sie eben von der andern Seite her davor anlangten. Im Munde des Volkes hat sich die Sage erhalten — und einige Geschichtschreiber erzählen sie nach: er sei von seinen Freunden in einem Korbe aus dem Fenster hinabgelassen worden, und habe sich dann in den Kleidern eines Weinbauern, die Hacke auf dem Rücken, unerkannt aus der Hauptstadt weggebegeben.

So viel ist jedenfalls gewiß, daß er für den Augenblick sich von Paris zurückzog, und nach einer kurzen unstäten Tour durch die Normandie bei seinem Freunde, dem Canonicus Louis du Tillet in Angoulème eine sehr willkommene Freistätte fand. Gegen ein Jahr hat er sich da aufgehalten; unter dem angenommenen Namen Charles von Espeville, den er auch später häufig wieder gebrauchte, in stiller Zurückgezogenheit seinen ernsten Studien lebend, zu denen sein vermöglicher, feingebildeter Beschützer ihm alle nöthigen Mittel an die Hand gab. Es war eine kurze Ruhe- und Vorbereitungs-Zeit, die ihm Gott hier noch gestattete, ehe die eigentliche Arbeit seines Lebensberufes anhob. Und gewiß ist sie ihm auf das Beste zu Statten gekommen. Sein berühmtes Werk des „Christlichen Unterrichts", das zwei Jahre darauf erschien, ist wohl nur durch die Vorstudien möglich gemacht worden, zu denen ihm hier die Muße gegeben war, wenn es gleich nicht richtig ist, was einige katholische Geschichtschreiber behaupten, daß er an dieser Zufluchtsstätte schon die ersten Theile desselben verfaßt habe. „Ich darf sagen, ich kam wieder etwas vorwärts in der Wissenschaft," schreibt er selber an seinen alten Freund Daniel, „und wie sollte ich nicht, da die Güte meines Beschützers ja selbst den trägsten Geist dazu antreiben müßte, seine Wohlthat getreulich zu benützen und die Erkenntniß der Wahrheit vorwärts zu bringen um deretwillen mir solche Freundlichkeit erzeigt wird. Aber wenn ich auch jeden Nerv auf das Aeußerste anstrengte, ich könnte doch nie von ferne vergelten, was man mir hier Gutes erweist. Ich muß sagen: mir ist ein freundliches Theil geworden; und was die Zukunft betrifft, so verlasse ich mich auf den Herrn, dessen Vorsehung Alles zum Voraus bestimmt. Er wird es versehen. Ich habe schon lange gelernt, daß wir Menschen nicht eine Hand breit in die Zukunft blicken können. Wenn ich mir ein leichtes und ruhiges Leben versprach, so trat mit einem Male ein was ich am wenigsten erwartet; und wiederum wenn es scheinen wollte, meine Tage sei nicht gerade die erfreulichste: siehe, so war ein sicheres Nest für mich bereitet über alles Hoffen und Erwarten; und das ist von dem Herrn gethan, der für uns sorgt wenn wir uns ihm anvertrauen." Aber nicht nur mit Worten zeigte sich Calvin seinem edlen Schutzherrn dankbar. Er unterrichtete ihn in der griechischen Sprache, die damals unter den Gelehrten noch bei Weitem nicht so geläufig war wie heut zu Tage, und wie denn seinem Freunde daran lag, daß in der Kirche an der er stand, das Volk eine wahrhaft evangelische Nahrung finde, so verfaßte ihm sein Gast eine Reihe kurzer Betrachtungen, die unter die dienende Geistlichkeit vertheilt und in den Gottesdiensten von ihr vorgetragen wurden*).

Was im Uebrigen von diesem Aufenthalte in Angoulême noch berichtet wird, ist allzuschwach beglaubigt, als daß man es ohne Weiteres nacherzählen dürfte. Doch mag es sein, daß nicht Alles davon aus der Luft gegriffen ist. Es soll nämlich, nach der Aussage einiger katholischer Schriftsteller, Calvin zu dieser Zeit einen ganzen Kreis von angesehenen und gelehrten Leuten um sich gebildet und in mannigfachen Unterhaltungen, die in einer benachbarten Grotte stattfanden, — noch lange nachher hieß sie: „Die Grotte Calvins*)" — diese Alle mehr oder weniger zu seinen Anschauungen

---

*) Beza, Leben Calvins.
**) Nach Crottet (Petite Chronique protestante) heißt sie noch heut zu Tage so. Es beschreibt sie dieser Schriftsteller folgendermaßen: „Sie liegt eine starke Stunde von der Stadt. Nachdem man das liebliche Dorf Saint-Benoit durchschritten und eine Zeit lang einen malerischen Fußsteig verfolgt hat, kömmt man an eine abgelegene Stelle von unfreundlichem Ansehen. Unter einer großen Felsenmasse am Ufer des Clarin, auf dem hie und da einige Bäume stehen, finden sich manche Höhlen von verschiedener Breite und Tiefe. Die eine derselben trägt den Namen Calvins. Der

herüber gezogen haben. „Laſſet uns die Wahrheit ſuchen," ſei die Anrede geweſen, mit der er jede dieſer Verſammlungen begonnen und geſchloſſen. Selbſt das Abendmahl habe er an dieſer verborgenen Stätte mit ſeinem An-hange gefeiert; und als einmal Einer der Anweſenden die Sache der römi-ſchen Meſſe vertreten und auf ihre allgemeine Verbreitung hingewieſen, habe der junge Prediger die Bibel ergriffen und gerufen: „Das iſt meine Meſſe! Wenn du, o Herr, mich am Tage des Gerichtes darüber tadelſt, daß ich ſie nicht mehr mitfeierte, ſo werde ich dir antworten und habe ein Recht zu dieſer Antwort: Herr du haſt mir das nicht geboten. Hier liegt Dein Ge-ſetz, hier liegt die Schrift, die Du mir gegeben haſt, in der ich kein anderes Opfer habe finden können, als das, das am Altar des Kreuzes iſt geſchlachtet worden *)."

Gewiſſer als alle dieſe Erzählungen iſt das: daß wenigſtens auf ſeinen Freund du Tillet Calvin einen großen Einfluß ausübte, und ihn mit derſelben herzlichen Verehrung für ſich erfüllte, welche alle empfanden die je in näherm Umgange mit ihm geſtanden haben. Als er nach anderthalb Jahren Frank-reich verlaſſen mußte, ließ es ſich der vornehme junge Geiſtliche nicht neh-men, das Schickſal ſeines verfolgten Freundes und Lehrers zu theilen. Mit einander kamen ſie nach Genf, und du Tillet hat eigentlich — obwohl ohne es zu wollen — die Veranlaſſung dazu gegeben, daß Calvin in dieſer Stadt zurückgehalten wurde. Aber mit dieſem Aufenthalte begann dann die trau-rige Wendung ihres Verhältniſſes, von der wir ſpäter noch werden zu reden haben. Es erging dem Canonikus von Angoulême wie jenem reichen Jüng-linge im Evangelium: er ging betrübt wieder von dannen, als er nach und Alles erkennen lernte was das Evangelium verlangte, „denn er hatte viele Güter." Es war das nicht die einzige Erfahrung dieſer Art, über die Cal-vin zu trauern hatte auf ſeinem Lebenswege voll Kampf und Noth. Von all den Trübſalen, die da über ihn ergingen, gehörten dieſe gewiß zu den bitterſten. —

Einige kürzere Reiſen wurden von Angoulême aus unternommen. Die erſte, im Mai 1534, nach ſeiner Vaterſtadt Noyon, um hier in aller Form die geiſtlichen Würden niederzulegen und auf die kirchlichen Pfründen zu ver-zichten, die er bisher beſeſſen. Offenbar hatte er dieſen entſcheidenden Schritt nicht thun wollen, ſo lange noch irgend eine Ausſicht auf eine allgemeine Reformation innerhalb der franzöſiſchen Kirche vorhanden war. Jetzt, da

<hr>

Reformator, der uns ſelber ſagt, daß er die „Muße" und die „Verbor-genheit" liebte, konnte keinen einſameren Aufenthalt finden." — Im Uebri-gen überzeugt uns das was Trottet für die Glaubwürdigkeit der eben an-geführten Erzählungen vorbringt in keiner Weiſe.
*) Was dieſe Rede ſehr verdächtig macht, iſt der Umſtand, daß in dem Briefe an Sadolet eine ganz ähnliche Stelle ſich findet, wahrſcheinlich haben wir alſo hier nur eine Reminiscenz derſelben.

Stähelin, Calvin.

jede Hoffnug dieser Art geschwunden, zögerte er keinen Augenblick länger, sich aus einer Stellung los zu machen, auf der zwar seine äußere Existenz allein beruhte, die er aber nur mit Unredlichkeit und Gewissensverletzung sich noch weiter hätte bewahren können.

Der zweite Ausflug ging nach Nérac in Béarn, der kleinen Residenz der Prinzessin Margaretha, jetzt Königin von Navarra. Dort lebten unter dem freundlichen Schutze der fromm gesinnten Fürstin die ersten Anfänger der evangelischen Bewegung in Frankreich, Roussel, d'Arande, vor allem der alte ehrwürdige Lefèvre, der eben sein achtzigstes Jahr erreicht hatte. „Diesen noch zu begrüßen," sagt Beza, „lag Calvin am Herzen." — Und welch' eine Begrüßung, welch' eine Zusammenkunft war das, als nun diese beiden Männer sich die Hände reichten und in das Auge schauten! der Eine, der das Werk Gottes begründet, der Andere, der nun eben die Hand anlegen soll es auszubauen. Der Eine ein altersmüder Greis, der des Tages Last und Hitze redlich getragen und jetzt ausruht an der Friedensstätte, die ihm sein Meister bereitet, bis er ihn zum unvergänglichen Frieden rufen wird; der Andere ein fünf und zwanzigjähriger Jüngling, den der glühende Eifer um das Haus seines Gottes fast verzehrt, gerade sich anschickend hinaus zu treten in den großen Kampf für des Herrn Wahrheit der die Welt bewegt! „Mein lieber Wilhelm," hatte Lefèvre einst zu seinem Schüler Farel gesagt, „Gott wird eine neue Zeit heraufbringen und du wirst Zeuge davon sein." Er sah jetzt, ehe er versammelt wurde zu seinen Vätern, den noch mit eigenen Augen, durch den Gott das auszuführen sich vorgenommen; und als werde sein Blick erleuchtet, und sein Geist prophetisch, weissagte er in hoher Freude, daß dieser junge Mann das Werkzeug sei, durch das der Herr binnen kurzer Zeit sein Reich aufrichten werde in Frankreich *).

Nach einem kurzen Aufenthalte in Angoulême kehrte Calvin im Herbst 1534 nach Paris zurück, wohl in der Hoffnung, seine unterbrochene Wirksamkeit an der Gemeinde wieder aufnehmen, und in dieser Stadt, die von jeher das Geschick Frankreichs bestimmt hat, vielleicht noch ein Weiteres versuchen zu können, das die Sache der Reformation vorwärts bringe. Aber er kam in einen unglücklichen Zeitpunkt. Die durch Verläumdung und Verfolgung auf das Aeußerste gebrachten Evangelischen hatten in der Nacht vom 13. auf den 14. October eine Reihe heftiger Erklärungen gegen die Messe und das römische Abendmahl an den Kirchthüren und Mauern, ja selbst an der Thüre des königlichen Schlafkabinets anschlagen lassen, und dadurch bei Volk und Clerus und Hof eine unglaubliche Erbitterung gegen sich hervorgerufen. Der König schwur sich zu rächen und diese Leute auszurotten, die sogar die Ehrfurcht gegen seine Person so rücksichtslos hintansetzten. Eine Verfolgung wie Frankreich noch keine gesehen brach aus. An

*) Beza, Leben Calvins.

einem einzigen Tage — Franz I. feierte ihn durch eine prächtige Prozession — wurden auf dem Greveplatz sieben Männer und Frauen verbrannt, unter ihnen jener ehrwürdige Freund Calvins, dessen wir im vorigen Kapitel Erwähnung thaten, Etienne de la Forge. Da war nun freilich für die Sache der Reformation zunächst nichts mehr zu hoffen. Ohne Noth an dieser Stätte der Verfolgung und des Todes verweilen, hieß lediglich sich muthwillig in Gefahr begeben. Calvin entschloß sich, sein Vaterland zunächst überhaupt zu verlassen, und sich in einem der evangelischen Länder Deutschlands einen Zufluchtsort zu suchen, an dem er ungestört die theologischen Arbeiten an die Hand nehmen könne, zu denen jetzt Gott selber ihn zu berufen schien, da er die Thüre zu jeder andern Wirksamkeit ihm geschlossen hatte.

Aber ehe er von Neuem aus Paris abreiste — dieses Mal um nie wieder dahin zurückzukehren — kam er noch mit einem Manne in Berührung, dessen Namen mit dem seinigen in der Geschichte unauflöslich verknüpft ist, und zwar damit verknüpft in einer überaus tragischen Weise. Mit dem spanischen Arzte Michael Servet traf er während dieses Aufenthaltes zum ersten Male zusammen. Schon damals streute dieser ruhelose, eitle Mann überall seine unseligen Sätze aus, durch die er die Lehre von der Dreieinigkeit in den frivolsten Ausdrücken bestritt und verwarf. Er geberdete sich dabei als der wahre Reformator, der allein es wage die bisherigen Irrthümer in durchgreifender Weise an der Wurzel zu fassen; und machte sich mit solchen Ansprüchen auch an die Gläubigen der Pariser Gemeinde. Calvin entsetzte sich, da er davon hörte. Noch nicht als ein Boshafter erschien er ihm zu dieser Zeit, sondern als ein Verirrter, den man um jeden Preis zu heilen bestrebt sein müsse. Als der Spanier ihm vorschlug, die Streitfrage vor den Ohren Aller zu verhandeln, ging Calvin ohne Zögern darauf ein, so gefährlich es auch für ihn war, jetzt öffentlich hervorzutreten. Und wäre das Gespräch zu Stande gekommen, vielleicht hätte das große Unglück abgewendet werden können, das bis heute wie eine Schuld an die Geschichte der reformirten Kirche sich hängt, und auf das Andenken ihres größten Reformators seinen dunkeln Schatten wirft. Vielleicht hätten die beiden Männer damals noch anders zu einander geredet, als da sie zwei Jahrzehnte später sich zu Genf auf Tod und Leben gegenüberstanden. Vielleicht hätte Calvin den Unglücklichen nachher milder beurtheilt, wie er ja auch von einem Lälius Sozino zu verschiedenen Malen in mehr mitleidigem als zürnendem Tone redet! — Aber es sollte einen andern Ausgang nehmen, der ganzen evangelischen Kirche zur unvergeßlichen Warnung. — Zur festgesetzten Stunde wartete Calvin umsonst auf seinen Gegner; Servet ließ nichts von sich hören noch sehen; sei es daß er sich vor jedem Aufsehen in dieser Stadt fürchtete, sei es daß ihm die ganze Sache überhaupt nicht so sehr am Herzen lag wie er es vorgab. Wie dem immer sein mag: von dieser Stunde an ging er seinem

3*

dunkeln Geschicke entgegen. Zwanzig Jahre später, als er ihn im Gefängnisse besuchte, rief Calvin ihm diesen Umstand ins Gedächtniß zurück. „Du weißt," sagte er ihm, „daß ich damals Alles für dich zu thun bereit war, und selbst mein Leben nicht zu hoch hielt um dich von deinen Irrthümern abzubringen. An mir lag es nicht, daß nicht alle Frommen dir wieder die Bruderhand reichten und dich als den Ihrigen anerkannten."

VII.

Calvins erstes theologisches Werk über den Seelenschlaf. — Entfernung aus Frankreich.

Im Begriff von seinem Vaterlande, das ihm keinen Raum mehr gönnte, für immer Abschied zu nehmen, brachte Calvin ihm noch die Erstlingsfrucht seiner theologischen Studien dar: das gegen eine anabaptistische Secte gerichtete Buch über das ununterbrochene Fortleben der Seele nach dem Tode*). Neben vielen andern Irrthümern war nämlich aus der Mitte dieser schrankenlosen schwärmerischen Geister auch die Behauptung aufgetaucht: Die Seele des Menschen sterbe zunächst mit seinem Körper, oder versinke wenigstens nach der Sterbestunde in einen todähnlichen fühllosen Schlaf, aus dem sie erst am Tage des jüngsten Gerichtes mit dem Körper wieder in das Leben gerufen werde. — Bei einer größern Zahl als man hätte glauben sollen, fand das Beifall. „Ich hoffte zuerst, diese Thorheit werde nach einiger Zeit wieder in sich selber zusammenstürzen," sagt Calvin in der Vorrede, „aber es kam anders; zu Tausenden fielen die Leute ihr zu. Und da mich nun schon zu verschiedenen Malen fromme Männer darum gebeten hatten, dieser gottlosen Schwärmerei doch einmal Schranken zu setzen, so durfte ich es unter solchen Umständen nicht länger abschlagen, wenn ich nicht mir selber als ein Verräther an der Wahrheit erscheinen wollte."

Der Gegenstand des Werkes — das Schicksal der Seele nach dem Tode, — ist an und für sich interessant genug, und wäre ganz geeignet auch in unsern Kreisen nicht geringe Theilnahme zu erwecken. Aber wie Calvin den Stoff hier behandelt, so daß er lediglich durch biblische Entwicklungen die Meinung der Gegner widerlegt**) und seinerseits nachweist, wie das

---

*) Der vollständige Titel lautet in deutscher Uebersetzung: „Abhandlung, durch die bewiesen wird, daß die Seelen wach bleiben und fortleben wenn sie den Leib verlassen haben; gegenüber dem Irrthume einiger unwissenden Leute, die dafür halten, sie liegen in einem Schlaf bis zum jüngsten Gerichte."

**) Daß nur dieß seine Absicht sei, spricht er selber in der Vorrede aus: „Mehr wissen wollen über die zukünftigen Dinge als die Schrift uns offenbart," sagt er da, „heißt in den Abgrund der göttlichen Geheimnisse niedertauchen, sodaß man darin versinkt. Es reicht vollkommen hin, wenn wir

menschliche Geistesleben überall in der heiligen Schrift als ein ohne Weiteres fortgehendes und unbedingt bewußtes dargestellt werde, müssen wir wohl gestehen, daß die Erörterung für unsere Tage keine große Bedeutung mehr hat. Der Streit, durch den sie hervorgerufen worden, ist längst verklungen, und mit dem was sie beweisen will, sind wir Alle ohnebin schon einverstanden. Was uns aber dennoch dazu veranlaßt dieses Buch in etwas ausführlicherer Weise unserer Darstellung einzufügen, ist der eben erwähnte Umstand, daß es das theologische Erstlingswerk des Reformators ist, und als solches in der merkwürdigsten Weise schon seinen ganzen theologischen Charakter abspiegelt, wie derselbe in den folgenden Jahrzehnten in einem der köstlichsten Schriftwerke nach dem andern, und überhaupt in seiner Gesammtwirksamkeit sich immer von Neuem bemerklich macht. — Schon das ist merkwürdig genug, daß es nicht etwa die Anmaßungen der römischen Kirche sind, gegen die er zuerst seine Feder wendet, wie dieß bei den andern Reformatoren der Fall war; sondern gegen den religiösen Irrthum überhaupt erhebt er seine Stimme, auch wo derselbe aus der Mitte protestantischer Gemeinschaften ihm entgegentritt. Seine ganze Stellung und Aufgabe in dem Werk der Reformation wird durch diesen einen Zug, wie durch eine Weissagung zum Voraus angedeutet: „er war dazu berufen," sagt der große Geschichtschreiber der Schweiz*), „die Burg des Herrn auszubauen, nachdem Luther sie gegründet."

Und all' die Eigenschaften, die zur Erfüllung eben dieses Berufes von Nöthen waren, zeigen sich nun bereits in diesem Erstlingsbüchlein, von dem wir reden.

Es findet sich da schon die wunderbare Einfachheit und Klarheit des Stiles, die noch heutigen Tages das bewundernde Wohlgefallen des Lesers erregt, der Reichthum der Ideen und Wendungen, die strenge Ordnung des Gedankenganges, die eindringende Schärfe der Beweisführungen und Auseinandersetzungen, die man an ihm kennt, die unübertreffliche Meisterschaft in der Auslegung und Benutzung der heiligen Schrift: kurz alles das, was Calvin zu dem größten theologischen Schriftsteller macht, den die Christenheit seit Jahrhunderten besessen, und dem sie bis auf diese Stunde noch keinen Ebenbürtigen an die Seite zu stellen hat. Aber andererseits macht sich auch schon von jener Schattenseite etwas bemerkbar, die besonders an den polemischen Arbeiten des Reformators nicht ganz in Abrede zu stellen ist. Sein Ton ist oft herbe und wegwerfend; seine Benennungen der Gegner — freilich nach der allgemeinen Sitte der Zeit — sind nicht immer sehr abgemessen; er muß in seiner Vorrede zu der zweiten Auflage selber beken-

---

das lernen, was der heilige Geist uns mitzutheilen für gut befunden hat, denn er ist ein trefflicher Lehrmeister, und spricht: „höret mich und eure Seele wird leben."

*) Joh. v. Müller in seiner europäischen Geschichte.

nen, er habe Einiges etwas ärgerlich, ja bitter ausgedrückt, so daß zarte Ohren nicht immer Wohlgefallen daran haben möchten*). Aber wenn er in einer neuen Bearbeitung auch die Ausdrücke etwas mildert, der Sinn bleibt darum doch der alte: streng, rücksichtslos, gleichsam darauf abzielend die Gegner mit Gewalt niederzuschmettern, wenn sie seiner Darlegung sich nicht unterwerfen. „Ihr werdet mich unbezwinglich finden," ruft er ihnen gleich im Anfange zu, „ich bin entschlossen, so gegen Euch zu streiten, daß die Wahrheit euch Allen zu Trotze das Feld behält." — Vor Allem aber leuchtet aus dieser ersten Schrift das Eine schon hervor, was die eigentliche Kraft und Schönheit aller seiner Werke ausmacht und das Geheimniß ihrer unermeßlichen Wirksamkeit in sich schließt: nämlich die Fülle des gewissesten Glaubens an den Erlöser und das unerschütterliche Vertrauen auf die ewige Wahrheit Gottes wie er sie in seiner Offenbarung uns kund gethan hat. „Himmel und Erde werden vergehen aber meine Worte werden nicht vergehen." Calvin zeigt sich schon hier, sagt Bonnet, „als der Mann, der er bleiben wird bis zu seiner letzten Stunde, als der Mann des einen Buches, der Bibel. Streiten durch die Schrift, nichts anderes wissen noch wissen wollen als die Schrift: das war nicht etwa seine theologische Methode, sondern der wesentliche Grund seines Glaubens". — „Ich weiß wohl", bemerkt er in der Einleitung, „welchen Reiz die Neuheit oft auf uns ausübt, und wie sehr sie unsere Ohren lockt; aber es gilt: sich jeder Zeit vorhalten, daß es nur eine Stimme des Lebens giebt, nämlich die, die aus dem Munde des Herrn kömmt. Dieser einen sollen unsere Ohren sich öffnen, wenn es um die Lehre des Heiles sich handelt und geschlossen bleiben für alle andern. Oder heißt das: Christum hören, wenn wir unser Ohr allen möglichen Geschwätzen leihen, wahr oder unwahr, in der Schrift begründet oder nicht? Wenn wir die Menschenlehre aufnehmen als Heilslehre, wo haben wir dann eine Bürgschaft dafür, daß wir nicht auch mit derselben Bereitwilligkeit alle möglichen Lügen verschlingen! Das ist nicht nach dem Beispiele jener, die nachdem sie das Wort gehört, erst noch in der Schrift forschten, ob es sich so verhalte? Diesem schönen Beispiele lasset uns folgen!"

---

*) Ein Beispiel solcher Mißbilligung theilt Calvins Brief an Bibertet in Neufchatel uns mit (von Basel aus geschrieben 11. Sept. 1534): „Du mißbilligst, habe ich gehört", heißt es darin, „das Eine und Andere in meiner Abhandlung über die Unsterblichkeit der Seele. Das beleidigt mich nun nicht nur in keiner Weise, sondern ich freue mich vielmehr herzlich über solch' eine unbedenkliche Geradheit. Denn auch für mich nehme ich die Freiheit des Urtheils in Anspruch, und bin nicht so durchaus verkehrt: daß ich Andern verweigerte was ich für mich selber begehre. Ich will dir also nur sagen, daß ich das Buch überarbeitet habe (es ist diese überarbeitete Redaction, die wir besitzen). Einiges wurde hinzugefügt, Einiges weggelassen, Form und Gedankengang geändert u. s. w". Bonnets englische Ausgaben der Briefe Calvins I, 19.

Aber daneben ist ihm die Schrift doch nicht ein Zeuge, der außer uns steht, und allein von außen her sich uns recht könnte vernehmlich machen, sondern das Zeugniß des Vaters, das er gezeuget hat von seinem Sohn (1. Joh. 5, 10.) ist innerlich Eins mit ihm geworden, und sein Herz zeuget jetzt auch selber mit in seliger Gewißheit, nach jenem Worte der Schrift: „Daß wer an den Sohn glaubet, der habe solches Zeugniß bei ihm." Mit welcher innersten, freudigen Ueberzeugung weiß er und spricht es aus, daß Christus sein Leben und in ihm ist, und daß er darum — weit entfernt lange im Tode zu bleiben — vielmehr den Tod gar nicht schmecken werde! Wie schaut seine Seele hinüber in das himmlische Leben, und streckt sich gleichsam schon hinein in seine Herrlichkeit, als wäre sie ihm gegenwärtig! Wie ist ihm jedes Wort seines Heilandes ein so fester Grund, daß er Welten darauf stellen möchte, und keinen Zweifel, kein Bedenken irgend einer Art mehr kennt, wo ein solches Wort ihm gegeben ist! „Das ist mein Bekenntniß," ruft er einmal aus, „in Adam sind wir Alle gestorben, aber in Christo leben wir Alle. Herrlich und prächtig führt das Paulus aus, da er sagt: „wenn Christi Geist in uns wohne, so sei der Leib zwar todt um der Sünde willen, der Geist aber lebendig, um der Gerechtigkeit willen." O möchten wir doch nur recht mit dem Glauben erfassen welch ein Reich Gottes in den Gläubigen aufgerichtet ist, auch während sie noch in diesem Leben einhergehen. Wir würden dann leicht erkennen, daß das ewige Leben bereits seinen Anfang in ihnen genommen hat. Der hat uns solches verheißen, der nicht trügen kann. „Wer meine Worte höret," sagt er, „der hat das ewige Leben und ist vom Tode zum Leben hindurchgedrungen." Sind wir aber schon im ewigen Leben, wie könnte dieses Leben dann noch durch den Tod unterbrochen werden? Ich glaube was Er gesagt, ich harre dessen, was Er verheißen." Und kurz vorher: „Aber alle andern Gründe gelten mir im Grunde nichts gegen das Eine, daß Christus unser Haupt, nicht in dem dunklen Schatten des Todes blieb, sondern auferstanden ist aus dem Grabe, und der Herr des Todes geworden. Nun lebt aber eben dieser Christus auch in uns, wie denn Paulus sagt, daß unser Leben verborgen sei mit Christo in Gott und anderswo ausruft: „Ich lebe, aber nun nicht mehr ich, sondern Christus lebet in mir." Was bleibt also jenen Träumern übrig als zu rufen: Christus schlafe eben auch in der schlafenden Seele und liege da wie ein Todter? Denn wenn Christus es ist der in ihnen lebt, so muß er es auch sein der in ihnen stirbt. Wenn Christus unser Leben ist, so reißen die, die da behaupten unser Leben endige mit dem Tode, Christum von der Rechten des Vaters hienieder und stürzen ihn in einen zweiten Tod. Wenn er sterben kann, dann freilich ist auch unser Tod gewiß; wenn seines Lebens Länge kein Ende hat, dann können auch unsere Seelen, die ihm eingepflanzt sind, durch keinen Tod ihr Ende schauen. — Aber was machen wir uns so viel Mühe und Arbeit? Haben wir denn nicht sein Wort, und ist dasselbe nicht klar genug:

„Ich lebe und ihr sollt auch leben." Wenn wir leben weil er lebt, nun so lebt auch er nicht mehr, wenn wir dem Tode verfallen. Oder ist seine andere Zusage dunkel: „Wer im Glauben mit mir eins geworden, der bleibt in mir und ich in ihm?" Wohlan denn: trennt erst seine Glieder von Christo, wenn ihr ihnen wollt das Leben absprechen!"

Ein solches Zeugniß rief er noch hinein in sein Vaterland, kaum ein Jahr nachdem er war bekehrt worden und die überschwengliche Kraft des Lebens Christi an sich selber erfahren hatte. Dann ergriff er den Wanderstab und zog gefaßten Muthes hinaus in die fremde Welt, deffen im Glauben gewiß: daß der Herr sein Gott ihm das Land zeigen werde, wo er fürder wohnen solle *).

---

*) Von einer kurzen Wirksamkeit in Poitiers zu der er auf seiner Flucht noch Raum gefunden haben soll, wissen wir weiter nichts als einige Namen derer, die er nach Florimond de Rémond's Ausdruck „damals zu seiner Ketzerei zu verführen verstand." Die folgenden nämlich zählt dieser katholische Polemiker auf: Albert Babinot, Professor der Jurisprudenz, später einer der eifrigsten Verbreiter der evangelischen Lehre in dieser Provinz, Philippe Véron, Staatsanwalt des Obergerichts, der nachher in der Saintage für die Reformation wirkte, Antoine de la Dugie, Rektor der gelehrten Schule, Jean Boisseau, Advokat, Jean Vernon, François Fouquet, Priester, Pierre de la Planche, der Vater des berühmten Schriftstellers dieses Namens, und Charles Le Sage, ein Gelehrter von bedeutendem Rufe.

Zweites Buch.

Calvins Leben und Wirken bis zu seinem Aufenthalte in Straßburg (1535—39).

I.

Reise nach Basel. — Aufenthalt in dieser Stadt. — Die Verläumdungen der Protestanten in Frankreich. — Calvins Zuschrift an König Franz I. (1535—36).

Nicht ohne allerlei Beschwerden und Abenteuer gewann der Flüchtling bei Metz die deutsche Grenze. Wie wir schon erwähnten, begleitete ihn dabei sein Freund du Tillet. Calvin hatte ihn von Paris aus noch besucht, um von ihm Abschied zu nehmen, aber aus dem Abschiede war vielmehr ein neues Zusammenleben geworden. In dem ersten Eifer für die neu gewonnene Erkenntniß und der herzlichen Liebe zu dem Manne, dem er sie verdankte, hatte der vornehme Geistliche dem jungen Gelehrten, der um des Evangeliums willen von einer Stadt in die andere zu flüchten bereit war sich angeschlossen; und so zogen die Beiden nun mit einander in die Fremde, sich die Stätte zu suchen, an der sie ungehindert ihres Glaubens leben könnten. Wie sie die französische Grenze überschritten, hatten sie die erste der kleineren oder größeren Prüfungen zu bestehen, die einer solchen Lebenswendung nicht erspart bleiben. Von einem der Diener du Tillets heimlich bestohlen, sodaß ihnen nicht das Geringste übrig blieb, befanden sich die Reisenden, die in dieser Gegend Niemanden kannten und Niemanden bekannt waren, in nicht geringer Verlegenheit. Es war ein Glück daß ein anderes „kleines Knechtlein," das sie noch begleitete, wenigstens das Seine gerettet hatte, und ihnen die geringe Summe darlieh, die mit knapper Noth bis Straßburg aushielt. Dort fanden sie einige Freunde — mit Bucer z. B. war Calvin schon seit längerer Zeit in Verbindung gestanden *) — durch deren Hülfe es ihm möglich wurde, nach Basel zu kommen, der altberühmten Universität und Handelsstadt, in

------

*) Vergl. Bonnet's Briefsammlung, Englische Ausgabe p. 9, wo freilich das Datum 1532 unzweifelhaft in 33 umzuändern ist.

der fie zunächft ihren Wohnfit zu nehmen gedachten. Gegen Ende des
Jahres 1534 müffen fie dort angelangt fein, und wurden von den Häuptern
der Kirche und der Univerfität, von Simon Grynaeus und Wolfgang Capito
auf das Freundlichfte empfangen. Nach einer Notiz in des Peter Ramus
„Basler Erinnerungen“, war es eine herzlich fromme und vorforgliche Frau,
Katharina Klein mit Namen, bei der Calvin das Unterkommen bereitet
wurde, in dem er bis zum Ende feines Aufenthaltes mit großer Zufriedenheit verblieb. „Die liebe Frau lebte auf,“ fchreibt der berühmte Philofoph,
„wenn fie mir einen Abend lang Alles bis in das Kleinfte erzählen konnte,
was ihr großer Gaft bei ihr getrieben und gelaffen. Und mit welcher Andacht hörte ich zu, und fah das Zimmer an in dem er fein unfterbliches Werk
niedergefchrieben!“ „Die Stadt Bafel und ihre Erinnerung“, fagt des Ramus Biograph*), „wurde für ihn faft zu einem Gegenftande der Verehrung.“ —

Wie wohl war es dem Umhergetriebenen und Verfolgten, als er fich
nun endlich in der Mitte eines wohlgeordneten, evangelifchen Gemeinwefens
befand, umgeben von den frömmften und gelehrteften Männern die er eines
Sinnes mit fich wußte, am Size eines lebendigen kirchlichen und wiffen-
fchaftlichen Lebens, das ihm Alles darbot, weffen er zur langerfehnten Fort-
fetzung feiner Studien bedurfte! Unverzüglich machte er den beften Gebrauch
von diefen Hülfsmitteln. Befonders im Hebräifchen, deffen Anfangsgründe
er in Bourges erlernt hatte, ließ er fich von dem gelehrten Capito unterrichten. — Im Uebrigen fah man ihn wenig mit Andern verkehren und
noch weniger in irgend einer Weife öffentlich auftreten. „Vor Allem lag es
ihm am Herzen verborgen und in der Stille zu bleiben,“ fagt Beza in der
Lebensbefchreibung feines Freundes. — Große Wahrfcheinlichkeit hat es
unter diefen Umftänden nicht, was ein katholifcher Schriftfteller erzählt, daß
er mit Erasmus — durch Bucer's Vermittlung — verfchiedene Male zu-
fammengekommen, und daß der ängftliche Gelehrte, der nichts mehr fürchtete, als die rückfichtslofe Entfchiedenheit in religiöfen Dingen, am Ende
feufzend ausgerufen habe: „O welch eine böfe Peft, die hier mitten in der
Kirche gegen die Kirche ausbricht!“

Aber ganz ging fein Leben doch nicht auf in diefer freundlichen Muße
und ihren Studien. Sein Herz war immer noch in der Heimath; bei
der Gemeine mit der er fo enge und untrennbar fich verbunden hatte, bei
dem großen Gotteswerk das durch Feuer und Blutvergießen hindurch unauf-
haltfam feinen Weg vorwärts ging. Mit Cop, den er in Bafel wiederfand,
mit dem greifen, kranken Corault, deffen feurigen Glaubenseifer keine
Schwachheit des Leibes niederhalten konnte, mag er oft genug zufammenge-

---

*) Ramus, Sa Vie, ses Ecrits et ses Opinions par Charles Waddington,
Paris 1855.

ſeſſen ſein, und der vergangenen Zeiten gedacht, und in die Kämpfe der Zukunft hinausgeblickt und in gemeinſamen Gebeten vor Gott gerungen haben,
daß er ſeinem Evangelium Bahn mache in dem geliebten Vaterland, daß er
ſein gefangen Volk erlöſe! Denn immer trüber und ſchmerzlicher lauteten
die Nachrichten, die von da hinüberkamen. Die Verfolgung die ſich vordem
mehr nur auf Paris beſchränkt hatte, fing an über alle Provinzen ſich auszubreiten; der Hof ſchien der evangeliſchen Bewegung von Tag zu Tag feind-
ſeliger gegenüberzutreten; ohne eine Widerlegung fürchten zu müſſen, erfüllte
der Clerus das Land mit den unwürdigſten Verläumdungen, und nahm alle
Gemüther gegen die Anhänger der neuen Lehre ein als gegen Menſchen, die
alles göttlich Geordnete umzuſtürzen gedächten, damit ſie ungehindert ihren
Vollüſten leben könnten. Als die proteſtantiſchen Fürſten Deutſchlands auf
die Vorgänge in Paris aufmerkſam zu werden begannen und Franz dem I.
Vorſtellungen machten über die grauſame Ungerechtigkeit mit der er gegen
ihre Glaubensgenoſſen verfahre, verſchmähte es auch der König ſelber nicht
ſich dieſer Lügen zu ſeiner Rechtfertigung zu bedienen. Der Sache der Reformation wolle er kein Hinderniß in den Weg legen, ließ er dem Kurfürſten
von Sachſen verſichern; die Leute die er habe hinrichten laſſen, ſeien nicht
Bekenner des Evangeliums, ſondern politiſche Unruhſtifter, Sakraments-
ſchänder und Wiedertäufer, Anhänger deſſelben wüſten Weſens, das auch in
Deutſchland ſo viel Verwirrung verurſache, und mit dem Schwerdte unterdrückt werden müſſe. In Depeſchen, die von Paris ausgingen wurde dieſer
Ton angeſchlagen; vor der Verſammlung zu Schmalkalden redete der
franzöſiſche Geſandte in dieſem Sinne; in einer Anzahl von Flugſchriften,
die durch ganz Europa hin verbreitet wurden, ſtellte man die Sache in dieſer
Weiſe dar. Durften die evangeliſchen Chriſten Frankreichs das ſchweigend
mit anhören? Durften ſie ſo durch die Macht ſchändlicher Lüge ſich trennen
laſſen von ihren Glaubensgenoſſen in der übrigen Welt? Bande und Marter trugen ſie ohne Widerſtand und Klage; dieſe Verläumdungen geduldig
hinzunehmen, war weder möglich noch erlaubt.

Auf das Lebendigſte empfanden das die im Auslande wohnenden
Franzoſen. Konnten ſie ihren Brüdern im Uebrigen nur wenig Beiſtand
leiſten in der Hitze ihrer Bedrängniſſe: das wenigſtens konnten ſie thun:
nach allen Seiten hin ihre Stimmen erheben und Zeugniß dafür ablegen,
daß es das Evangelium Chriſti ſei und nichts Anderes, um das man in
Frankreich kämpfe, das man in Frankreich verfolge und erſticken wolle in
den Flammen der Scheiterhaufen. „Ich wäre mir vorgekommen wie ein
Verräther,“ ruft Calvin aus*), „wenn ich dieſen Lügen nicht auf die aller-
entſchiedenſte Art mich widerſetzt hätte. Der Vorſatz, ſich in der Zurückgezogenheit zu halten, galt da nichts mehr; die Neigung zur ſtillen Ruhe und

---

*) Vorrede zu den Pſalmen.

gelehrten Muße mußten schweigen. Mit der Autorität eines großen Namens oder einer bedeutenden Stellung konnte freilich der sechsundzwanzigjährige einfache Gelehrte, der im Auslande als ein Flüchtling sich verbergen mußte, nicht vor die Welt hintreten; aber der Beruf, den er im Innern fühlte, der Ernst seines Glaubens und die unvergleichliche Kraft seiner geistigen Anlagen ersetzten ihm alles Andere. Es ist ein Schauspiel, dem man nicht anders als mit tiefer Bewegung zusehen kann, wie dieser geringe, verlassene Mann im fremden Lande sich erhebt und gleich den Propheten des alten Bundes, seine gewaltige Mahn- und Strafrede hinüberruft zu dem glänzenden Monarchen, der sich für die Zierde seines Reiches hielt und für den Ruhmestitel Europas. — Hat Franz I. je diese Rede vernommen? Hat er je den Mann, von dem sie ausging, der Ehre werth gehalten, einen Augenblick auf ihn herniederzublicken, und zu hören auf das, was er vorzubringen habe? Wie dem immer sei: Die schimmernde Schminke ist längst abgewischt von dem Bilde des Königs, der so manche Lorbeeren hatte auf sein Haupt setzen wollen, sein erlogener Ruhm dahin, sein Name nur noch wenig genannt unter den Völkern; dagegen dieses Machtwort des Flüchtlings, das an seinem Ohre vorüberging, klingt fort von Jahrhundert zu Jahrhundert, und der Mann der vor ihn hingetreten ist, da noch Niemand seinen Namen kannte, ist von jenem Augenblicke an zu der majestätischen Gestalt im Reiche des Geistes und der Geschichte emporgewachsen, vor der noch heute die Nationen sich beugen als vor ihrem Wohlthäter und Lehrer und Vorbilde. Denn es hat auch in dieser Beziehung das Wort seine Wahrheit „daß die Welt vergeht mit ihrer Lust; wer aber den Willen Gottes thut, der bleibet in Ewigkeit."

Die Schrift nun, die Calvin aus solchem Anlasse an Franz I. richtete, ist, wie bekannt, keine andere als sein berühmtes Buch: „Der Unterricht in der christlichen Religion*)"; denn eben darin vor Allen sollte seine Vertheidigung der Glaubensgenossen bestehen, daß er, wie er selber sagt: ihre Lehre ihrem ganzen Zusammenhange nach schlicht und einfach vor aller Welt darlege, damit ein Jeder selber darüber urtheilen könne. Und ganz besonders den König meinte er zu solcher Prüfung auffordern zu dürfen, denn er sei ja der höchste Richter, von dessen Urtheilsspruch, menschlich geredet, das Schicksal der Evangelischen abhänge; und sollte ein gerechter Richter anders seine Entscheidung fällen als nach gründlicher Erforschung der Streitsache?

So geht denn dem Buche selber jene Zuschrift an den französischen König voraus, die von Allem was Calvin geschrieben hat, wohl das Bekannteste ist, und in der That ihres Gleichen sucht in der schwungvollen Schönheit der Sprache, der Kraft des Ausdruckes und der gediegenen Aufeinanderfolge der Gedanken. „Drei große Vorreden habe dieß geistesmächtige Jahr-

---

*) Institutio Christianae Religionis. Und französisch: Institution de la Religion chrétienne.

hundert hervorgebracht," pflegte man in der gelehrten Welt der nächſtfolgenden Zeit zu urtheilen, „die des berühmten Caſaubonus zu ſeiner Ausgabe des Polybius, die des Thuanus zu ſeiner großen Weltgeſchichte und die Calvins zu ſeinem Buche der Inſtitution." Und es müßte noch heut zu Tage, wie ein franzöſiſcher Schriftſteller bemerkt, eine Darſtellung der franzöſiſchen Litteratur für höchſt unvollſtändig gelten, in der dieſer Zuſchrift nicht eine eingehende Behandlung zu Theil würde*).

„Mächtigſter, berühmteſter König" hebt ſie an, „mein ſehr werther Herr und Fürſt! Johannes Calvin entbietet dir Frieden und Gruß in unſerm Erlöſer. Als ich dieſes Buch zu ſchreiben mir vornahm, dachte ich an Nichts weniger, als daß es deiner Majeſtät jemals vorgelegt werden ſolle. Sondern mein Zweck war nur, einige einfache Grundlehren aufzuzeichnen, um denjenigen eine Anleitung zur Frömmigkeit an die Hand zu geben, die einen Zug der Liebe Gottes in ſich fühlen. Und ganz beſonders für unſere Franzoſen wollte ich arbeiten, von denen ich Viele kennen gelernt habe, die da hungern und dürſten nach Chriſto Jeſu, während doch nur ſehr wenige von ihnen zu einer richtigen Erkenntniß gelangt ſind. Dieſen Zweck bezeugt die Form des Buches ſelber, da ich mich bemühte, ſo einfach als möglich mich darin auszudrücken. Indem ich jedoch ſehen mußte, daß einige Gottloſe in deinem Reiche alſo wüthen, daß der geſunden Lehre daſelbſt kein Zufluchtsort mehr übrig bleibt, ſo ſchien es mir zweckmäßig, durch daſelbe Werk ſowohl Jene zu unterrichten, als auch dir ein Bekenntniß unſeres Glaubens vorzulegen, aus dem du abnehmen kannſt, welches die Lehre iſt gegen die dieſe Wütheriche in ſo unmäßigem Zorn entbrennen, die heut zu Tage dein Reich durch Feuer und Schwert in Verwirrung ſetzen."

„Ja, hier iſt — ich ſchäme mich nicht, es zu bekennen — dieſe Lehre in ihrer Geſammtheit dargeſtellt, von welcher jene mit furchtbarer Stimme erklären, daß ſie mit Bann und Gefängniß, mit Verfolgung und Feuer beſtraft werden müſſe, daß man diejenigen nicht dulden dürfe zu Land noch zu Waſſer, die ſich zu ihr halten. O, ich weiß es wohl, mit welchen abſcheulichen Anklagen ſie dein Ohr und Herz erfüllen, um dir unſere Sache über Alles verhaßt zu machen! Aber du wirſt in deiner Huld und Einſicht erwägen, daß es nirgends mehr eine Unſchuld gäbe, weder in Worten noch in Thaten, wenn die bloße Anklage ſchon hinreichte die Schuld zu erweiſen. Ohne Zweifel wird man dir etwa ſagen, um dich von vornherein gegen die Sache einzunehmen, die ich hier vertrete: ſie ſei ſchon längſt durch gemeinſamen Aus-

---

*) Der bekannte Kritiker Ancillon urtheilt darüber in ſeiner „Melange critique" Baſel 1698: Es habe Jemand den vortrefflichen Ausſpruch gethan: dieſe Widmung ſei eine Anrede, würdig an einen großen König gerichtet zu werden, ein Portal würdig des prächtigen Hauſes (nämlich des Buches ſelber) das es aufſchließe und ein Schriftſtück deſſen werth daß man es mehr als ein Mal leſe."

spruch aller Stände verdammt und durch eine Reihe von Richtersprüchen verurtheilt; aber was sagt ein Solcher hiermit Anderes, als daß sie gewaltsam sei niedergeschlagen worden durch äußere Uebermacht, oder absichtlich unterdrückt durch Lügen und Täuschungen, durch Verläumdung und Verrath? Ja, Gewalt und Gewaltthat ist es, daß man blutige Urtheile über sie aussprach, ehe man sie nur angehört und geprüft hatte. Betrug und Verrath ist es, daß man gegen alle Augenscheine sie brandmarkte als Empörung und Frevel. Und daß wir uns hierüber nicht ohne Ursache beklagen, kannst du ja selber bezeugen, edelster König! Wie viele Lügen und Verläumbungen bringt man dir nicht täglich gegen unsere Lehre vor. Wie soll sie nicht darauf abzielen Staat und Ordnung zu Grunde zu richten, den Frieden zu zerstören, alle Gesetze abzuschaffen, alle Stände und Besitzthümer aufzulösen, Jegliches umzukehren und auf immer zu verwirren! Und das ist noch das Wenigste. Entsetzliche Dinge verbreiten sie über uns unter dem Volke, so daß wir in der That, wenn sie wahr wären mit tausendfachen Scheiterhaufen und Schaffoten müßten bestraft werden. Wer wird sich da noch wundern, daß der allgemeine Haß gegen uns entbrennt, da man solchen Anklagen Glauben schenkt? In diesem Glauben rufen die Stände in gemeinsamem Ausspruch ihre Verdammung über uns. In diesem Glauben sprechen diejenigen, die zu Richtern gesetzt sind, nicht ein gerechtes Urtheil, sondern ihre mitgebrachte Vorurtheile gegen uns aus, und meinen ihre Pflicht reichlich gethan zu haben, wenn sie nur Niemanden zum Richtplatze schicken, der nicht durch sein eigenes Geständniß oder durch Zeugenaussage überwiesen ist. Aber überwiesen: welches Verbrechens? „Nun, eben des Verbrechens dieser verdammten Lehre anzuhängen“, sagen sie. Verdammt? Aber mit welchem Recht verdammt? das ist ja der Punkt, auf den unsere ganze Vertheidigung sich stürzt. Ableugnen wollen wir unsere Lehre nicht, hingegen beweisen, daß sie die wahre ist. Aber siehe, da wird uns nun nicht erlaubt, den Mund aufzuthun.“

„Und so, mächtigster König, habe ich denn Grund genug dich zu bitten, du mögest dich doch recht gründlich bekannt machen mit der Angelegenheit die bis jetzt in ungestümer Heftigkeit ohne Ordnung und irgend welches Rechtsverfahren behandelt worden ist. Glaube nicht etwa, daß ich damit meine eigene Sache zu führen suche, um eine freie Rückkehr in mein Vaterland zu erlangen. Freilich fühle ich wohl die natürliche Liebe die mich dahin zieht, aber wie jetzt die Dinge darin stehen, misse ich es doch ohne allzugroße Trauer. Sondern die Sache, für die ich hier das Wort ergreife, ist die aller Gläubigen und Frommen, ist die Christi selber, welche jetzt so kläglich zerrissen und zertreten wird in deinem Reiche, daß es den Anschein hat, als sei es aus mit ihr. Ich weiß wohl daß das weniger nach deinem Willen geschieht, als durch die Schuld einiger pharisäischer Heuchler. Aber wie dem auch sei: dieser traurige Zustand besteht: die Wahrheit Christi, wenn nicht ganz verschwunden und verloren, ist doch verborgen und vergraben wie eine ſchändliche Sache, die das Licht zu ſcheuen hat, und die geängſtete Kirche, über die tauſend Tode ergehen, der tauſend neue Schrecken drohen Tag für Tag, darf den Mund nicht aufthun noch ein Wort hören laſſen zu ihrer Vertheidigung. Und doch fahren ſie fort mit ihrer Wuth und wollen die halb zerſtörten Mauern noch vollends in Trümmer ſchlagen! Dieß Alles ſteht vor Augen und Keiner tritt hervor, der ſeine Stimme gegen dergleichen Frevel erhebt. Die, welche ſich noch am Meiſten den Anſchein geben wollen, als ſeien ſie der Wahrheit gewogen, bemerken höchſtens etwa, man müſſe mit der Unklugheit und Unwiſſenheit der armen Leute einige Nachſicht haben. So nämlich nennen ſie die gewiſſe Wahrheit Gottes, und ſo drücken ſie ſich aus über die auserwählten Seelen, die der Herr ſo hoch achtete, daß er ihnen die Geheimniſſe der himmliſchen Weisheit offenbarte: — ſie ſchämen ſich Alle des Evangeliums Jeſu Chriſti. Nun aber iſt es deine Aufgabe, durchlauchtigſter König, dein Ohr und dein Herz von einer ſo nothwendigen Verantwortung nicht abzuwenden, zumal, da es ſich um etwas ſo überaus Großes handelt, nämlich darum: Wie Gottes Ehre auf Erden bewahrt, wie die Wahrheit in ihrer Würde erhalten, wie das Reich Chriſti unter uns ſicher gebaut werden könne. Ja, fürwahr! ſie iſt deines Ohres würdig, dieſe Sache, würdig deines prüfenden Urtheiles, würdig deines königlichen Thrones! denn das macht ja den wahren König aus, daß er weiß: ich bin der Diener Gottes, von ihm geſetzt um ſein Reich zu verwalten. Wer dieſe Ueberzeugung nicht in ſich trägt, wer nicht in dieſem Sinne regiert und den Vorſatz hat Gottes Ehre in ſeinem Regimente zu befördern, der iſt nicht ein König ſondern Hauptmann einer Räuberbande. Auch irrt man ſehr, wenn man lange Wohlfahrt hofft für ein Reich das nicht durch Gottes Szepter, nämlich durch ſein heiliges Wort regiert wird. Denn der göttliche Spruch lügt nicht, der verkündigt, daß das Volk werde zügellos werden, wo keine Offenbarung ſei, aber dem der das Geſetz handhabe, dem werde es wohlergehen. (Sprüchwörter 29, 18.) Und an einer ſolchen Erfüllung deiner Aufgabe darf dich nicht etwa die Verachtung unſerer Armuth und Niedrigkeit verhindern. Gewiß: wir erkennen es an, daß wir elend ſind und verachtet, nämlich elende Sünder vor Gott, verachtet und nichts gewerthet von den Menſchen, der Auswurf und Kehricht der Welt, oder was man noch Geringeres finden mag. Sodaß uns nichts übrig bleibt, deſſen wir vor Gott uns rühmen könnten, als ſeine Barmherzigkeit, durch die wir ohne irgend welches Verdienſt ſind errettet worden; noch vor den Menſchen als unſere Schwachheit, das heißt: eben das was man ſonſt für die größte Schmach erachtet."

„Aber trotz alle dem iſt unſere Lehre hoch erhaben und überſchwenglich herrlicher als alle Macht und Herrlichkeit der Welt. Denn ſie iſt nicht unſer, ſondern des lebendigen Gottes und ſeines Chriſtus, den der Vater geſetzt hat zum Könige über Alles, damit er herrſche von einem Meere zum andern, und von der Quelle der Ströme bis an die Enden der Erde. „„Mit dem

Hauche seines Mundes,"" rief der Prophet aus, „„schlägt er die Erde wie mit einer eisernen Ruthe; wie ein Töpfer sein Gefäß, zerschmeißt er sie mit all' ihrer Kraft und Herrlichkeit und wirft die Könige nieder in der Rüstung ihres Erzes, in dem strahlenden Schmuck von Gold und Silber."" Freilich treten uns hier unsere Feinde entgegen, und behaupten daß wir fälschlich das Wort Gottes in Anspruch nehmen, daß wir es vielmehr frevelhaft verdrehen, wie sie sich ausdrücken. Aber prüfe nur unser Bekenntniß, das wir dir hier vorlegen, und du wirst dann, nach deiner hohen Einsicht erkennen, welche satanische Verläumdung das ist, welch eine schaamlose Lüge der keine Wahrheit mehr etwas gilt. Indessen wird es vielleicht gut sein, wenn ich hier schon Einiges voranschicke, um deine Lust zu erwecken zum Lesen dieser Schrift, und dir zum voraus den Weg zu bahnen zu ihrer Prüfung."

Es folgt nun eine gedrängte Darstellung dessen was die evangelisch Gesinnten anstreben und lehren und was hinwiederum ihre Gegner aufstellen und gegen sie festhalten wollen. „Als Paulus erklärte," heißt es darin, „daß jedes Prophetenwort nach der Regel des Glaubens geprüft werden solle, hat er damit eine untrügliche Anweisung aufgestellt an der jede Auslegung der heiligen Schrift geprüft werden kann. Und wenn man nun nach dieser Anweisung unsere Lehre untersucht, so haben wir den Sieg in Händen. Denn was stimmt vollkommener mit dem Glauben überein, als daß wir anerkennen: wir sind bloß von aller Tugend und Gott muß uns bekleiden, leer an allem Guten und Gott muß uns erfüllen, Knechte der Sünde und Gott muß uns frei machen, blind und Gott muß uns erleuchten, gefallen und Gott muß uns aufrichten, schwach und gebrechlich und Gott muß uns stützen: mit einem Worte: wir ermangeln alle des Ruhmes, damit er allein Ruhm habe, und wir in ihm. Wenn wir nun aber dieß und Aehnliches sagen, so schreien unsere Gegner, wir läugneten ich weiß nicht welches natürliche Licht in dem Herzen der Menschen, den freien Willen, das Verdienst eines heiligen Lebens, all' die überschüssigen guten Werke, die sie in Bereitschaft haben, kurz, sie können es nicht ertragen, daß das Lob alles Guten, aller Tugend, aller Gerechtigkeit und Weisheit Gott allein zukommen soll und Niemanden außer ihm. Und doch lesen wir nirgends, daß die Menschen darum getadelt werden, weil sie zu viel aus der Quelle des Lebens schöpfen; im Gegentheile diejenigen straft der Prophet, die an selbst gegrabene Brunnen sich halten, die doch löcherigt sind und kein Wasser geben. (Jeremia 2, 13.)"

Diese löcherichten Brunnen und was sie enthalten schildert Calvin nun des Genaueren, indem er dabei fortwährend das römische Kirchenwesen mit all' seinen Aeußerlichkeiten und seiner innern Leere neben die kräftige Heilsfülle des wahrhaft evangelischen Glaubens und die Anbetung Gottes im Geist und in der Wahrheit stellt, nach welcher die Anhänger des neuen Bekenntnisses streben. Der Ton seiner Rede wird dabei härterer und bitterer als bisher, und kann die tiefe Empörung nicht mehr bemeistern, die sein

Innerstes ergreift, wenn er daran denkt, wie diejenigen, die doch vor Allem ihres Fleisches Lüste suchen, und dem armen Volke mit dem gewissenlosesten Leichtsinn einen Stein darreichen statt des sättigenden Brodes, wie diese nämlichen auch noch Andere daran hindern wollen, den Seelen den Weg des Heils zu verkünden, ja wie sie eben sich als die rechten Christen ausrufen, und diese Andern verfolgen als Betrüger und Uebelthäter. „O Gott", ruft er aus, „derjenige, der am meisten für seinen Bauch besorgt ist, ist auch der eifrigste Vorkämpfer ihres Glaubens! Sie haben nicht einmal den Anschein eines aufrichtigen Eifers, und nichts destoweniger hören sie nicht auf unsere Lehre zu verfluchen, und so weit ihre Stimme Eingang findet alle Welt mit Haß gegen sie zu erfüllen."

Aber fährt er fort, „welche Einwendungen erheben sie denn eigentlich gegen die Lehre des Evangeliums?" Es führt ihn das zum eigentlichen Gegenstande, dessen Behandlung er angekündigt hat: zu der Darlegung und Rechtfertigung der reformatorischen Lehre. Sechs Einwürfe der Gegner macht er namhaft, die zu widerlegen er sich anschickt. „Für's erste" sagt er „nennen sie unsere Lehre eine neue. Zum zweiten werfen sie ihr vor, sie lasse Alles in Ungewißheit und Zweifel. Zum dritten fragen sie, durch welche Wunder sie sei bekräftigt worden? Zum vierten rufen sie aus, ob das recht sei das einstimmige Zeugniß so vieler Kirchenväter von der ältesten Zeit her für nichts zu achten und umzustürzen? Zum fünften legen sie viel Gewicht darauf, daß wir von der „Kirche" uns trennen. Und schließlich machen sie darauf aufmerksam, wie viel verschiedene Meinungen sich unter uns finden, wie viele Spaltungen, Sekten, Unruhen diese Reformation schon veranlaßt habe. „An seinen Früchten" rufen sie aus „sollt ihr den Baum erkennen." —

„Gewiß" fügt Calvin hierauf bei „wird es ihnen nicht schwer auf eine Sache, die Niemand vertheidigen darf, dergleichen Beschuldigungen zu häufen, besonders wenn sie es lediglich mit einer unwissenden und leichtgläubigen Menge zu thun haben. Aber wenn man auch uns zu reden gestatten wollte, so meine ich wohl, daß ihr glühender Eifer, der jetzt in so schäumenden Anfällen sich ergießt, sich einigermaßen abkühlen würde und ein anderes Feld sich suchen."

Und nun redet er, der junge Sachwalter der evangelischen Wahrheit. Einen der Einwürfe nach dem andern nimmt er vor; und wohl jeder unpartheiische Leser wird schließlich das Gefühl Bonnets theilen, der dabei bemerkt: „Ich glaube nicht, daß ich aus einem allzugünstigen Vorurtheile heraus spreche wenn ich sage: daß am Ende seiner Beweisführung nicht ein Stäublein übrig bleibt von den Einwänden, die er zu beantworten hatte *)." Wir können hier diese geistesmächtige Rechtfertigung der reformatorischen Lehre, die über fünf und zwanzig Quartseiten umfaßt, nicht in ihrer ganzen

---

*) In den Artikeln Louis Bonnets über Calvin in der Revue chrétienne Jahrgang 56 p. 400.

Stähelin, Calvin.

Ausdehnung mittheilen, oder in allen ihren Einzelnheiten besprechen. Was den allgemeinen Charakter derselben betrifft, so genügt es zu sagen, daß sie vor allem als ein fortgesetztes Zeugniß-geben der heiligen Schrift sich darstellt, die unter den Händen dieses Meisters ihre ganze, leuchtende Klarheit und unvergleichliche Fähigkeit des Sichtens und Richtens entfaltet. Was wir im Folgenden daraus mittheilen ist ein kürzer gefaßter Auszug, in den wir besonders aufzunehmen suchten was auch für die jetzige Zeit noch Werth hat, und für unsere Zustände sich schickt, wie für diejenigen, unter denen Calvin damals das Wort ergriff. Oder haben wir es nicht noch mit denselben Feinden zu thun wie er? Und ist nicht die tiefe Unwahrhaftigkeit dieser Feinde die nämliche geblieben während der drei Jahrhunderte die seit den Tagen der Reformation verflossen sind?

„Was den ersten Einwand betrifft", sagt Calvin, „daß unsere Lehre eine neue sei, so ist derselbe nichts anderes als eine große Schmähung Gottes, dessen heiliges Wort doch fürwahr nicht den Vorwurf einer Neuerung verdient. Freilich was unsere Gegner betrifft, so zweifeln wir nicht daran, daß unsere Lehre etwas Neues für sie ist: denn fremd und neu ist ihnen Christus selber, fremd und neu ist ihnen sein Evangelium. Aber wer da weiß, daß es nun schon funfzehnhundert Jahre her sind, daß Paulus predigte: „Jesus Christus ist gestorben für unsere Sünde und auferweckt um unserer Rechtfertigung willen", der wird nichts Neues an uns vorfinden. Lange Zeit verborgen und vergessen war dieß allerdings, aber dieses Vergessen ist doch kein Ruhm, sondern eine der schwersten Sünden unseres Geschlechts. Und jetzt, da uns diese Wahrheit wieder zurückgegeben ist durch Gottes unverdiente Gnade, jetzt sollte sie doch wenigstens wieder in ihrer alten Geltung und Bedeutung anerkannt werden."

„Aus derselben Unwissenheit fließt auch die zweite Anklage: unsere Lehre sei unsicher und zweifelhaft. — Ja, unsicher und zweifelhaft in dem Sinne wie der Prophet ausruft: „Der Ochs kennet seinen Herrn und der Esel die Krippe seines Herrn, aber Israel kennet mich nicht und mein Volk vernimmt es nicht!" Unsere Gegner kennen Gottes Wahrheit nicht und vernehmen sie nicht, darum sind sie auch nicht im Stande sie zu fassen und kommen nie zu einer Gewißheit darüber. Aber wohlan! sie mögen doch einmal hertreten, diese Spötter, die uns eines zweifelhaften Glaubens beschuldigen und den ihrigen mit ihrem Blute besiegeln und ihr Leben dafür lassen, wie wir es thun; wir werden dann bald sehen, wie es mit ihrer Gewißheit steht. Unsere Zuversicht ist die: wir rühmen uns unsers Glaubens wider die Schrecken des Todes und das Gericht Gottes."

„Daß sie zum dritten Wunder von uns verlangen ist eine reine Thorheit. Denn wir bringen ja kein neues Evangelium in die Welt, das sich erst durch Wunder zu beglaubigen hätte, sondern wir haben und lehren das alte Evangelium, dem alle die Wunder zugehören, die der Herr und seine Apostel vollbracht haben. Oder berufen sich unsere Feinde ihrerseits auf Wunder, die in diesen Tagen sollen geschehen sein? Wir wissen, wie es mit denselben steht. Zum Theil sind sie erlogen; und wo das nicht der Fall sein sollte, da kennen wir die heilige Geschichte genugsam, um uns aus ihr zu erinnern, daß auch die ägyptischen Zauberer gegen Mose mit Wundern stritten und die Donatisten gegen die Kirche ihrer Zeit. Der Satan thut seine Wunder, wie Gott die seinen thut, und wo nicht die Wahrheit des Herrn durch die Wunder verherrlicht wird, da sind sie sicherlich nicht von ihm gewirkt."

„Was viertens die Autorität der „Väter" angeht, die sie uns entgegensetzen, so thun sie das, wenn man anders die Schriftsteller der ersten christlichen Zeit darunter versteht, mit höchstem Unrecht und offenbarer Unwahrheit. Denn wenn ihre Aussprüche den Streit entscheiden könnten, so käme wahrlich, um mich bescheiden auszudrücken, die bei weitem größere Hälfte des Sieges uns zu und nicht unsern Gegnern. Trotz dem aber mögen wir nicht vornehmlich auf sie uns berufen. Zwar haben sie allerdings viel Weises und Treffliches geschrieben, aber in manchen Stücken ist es ihnen doch ergangen wie es allen Menschen ergeht: sie sind nicht frei geblieben von Verirrungen. Und was geschieht nun? Diese frommen gehorsamen Leute, die sich ihre Söhne nennen, leben lediglich ihren Irrthümern nach; was hingegen in ihren Schriften aus der Wahrheit geboren ist, das beachten sie nicht oder läugnen es ab und verdrehen es, so daß man sagen muß: sie suchen mit Fleiß aus dem Golde den Koth hervor. Und dann verfolgen sie uns mit ihrem Geschrei, als ob wir die Väter verachteten und verwürfen! Die Wahrheit ist diese, daß wir beim Lesen ihrer Schriften jenen Ausspruch des Apostels Paulus vor Augen haben, in dem er uns zuruft: Alles sei unser, aber durch nichts sollen wir uns lassen gefangen nehmen; und Christo sei Alles unterworfen, wir selber wie alle Andern. Wer nun diese Regel nicht beobachtet, der wird nie zu einer Festigkeit im Glauben kommen, da jene heiligen Männer, um die es sich handelt, Vieles noch nicht kannten, in Vielem verschiedener Meinung sind, und oft geradezu sich widersprechen. — Aber wohlan! lasset doch einmal sehen: wie gehorchet denn ihr diesen euern Vätern, die ihr so oft im Munde führet als eure hauptsächlichsten Lehrer und Vorbilder? Während ein Kirchenvater*) sagte: er esse mit Freiheit Fleisch an dem Tage, wo Andere sich dessen enthielten, verfolget ihr diejenigen mit dem Kirchenfluche, welche während der vierzigtägigen Fastenzeit Fleisch kosten. Während ein Kirchenvater**), ja eine ganze Kirchenversammlung***) es für abscheulich erklärten, ein Bildniß Christi oder eines Heiligen in der Kirche aufzustellen, lasset ihr keinen Winkel eurer Kirche ohne Bilder und

*) Spiridion.
**) Epiphanius.
***) Concil. Elibert. c. 36.

4*

Gemälde jeder Art. Während einer der Väter*) bezeugt, daß in dem Nachtmahle Brot und Wein sein Wesen behalte, behauptet ihr, es verwandle
sich in Fleisch und Blut sowie der Priester die weihenden Worte darüber
spreche. Während von den Kirchenvätern der eine**) befahl den vom Sakramente gänzlich zu entfernen, der blos mit einem Theile der Kommunion,
Brot oder Wein, sich zufrieden gäbe, und der andere***) mit allem Eifer
dafür stritt, daß dem christlichen Volke der Kelch nicht vorenthalten werden
dürfe, habt ihr eben dieß, was jene verdammten, zu einem unumstößlichen Gesetze in eurer Kirche gemacht. Aber meine Rede würde sich über das Maaß ausdehnen †) wenn ich noch weiter zeigen wollte, mit welcher Frechheit diese Leute
das Joch der Väter abschütteln, deren Ansehen sie doch für sich in Anspruch
nehmen wollen. Und wahrhaftig! sie wagen es noch uns vorzuwerfen, daß
wir die alten Grenzen überschreiten!"

„Zum fünften meinen sie uns arg in das Gedränge zu bringen, indem
sie sagen: entweder sei die Kirche lange Jahre todt gewesen und also die Verheißungen des Herrn unwahr, oder wir müßten zugeben, daß wir uns jetzt
von ihr getrennt hätten und die Waffen gegen sie erhöben. — Die Kirche!
— Ja, wahrlich! die Kirche Christi hat gelebt und wird leben, so lange
Christus herrscht zur Rechten seines Vaters, da seine Hand ihr Halt ist und
seine Hut ihr Streitheer und seine Kraft ihre Stärke. Denn gewißlich wird
er erfüllen was er zugesagt hat: daß er den Seinen nahe sein wolle bis an
das Ende der Welt. Nein! von dieser Kirche trennen wir uns nicht, gegen
diese Kirche unternehmen wir keinen Krieg. Aber diese Kirche: ist sie etwa
Rom und seine Bischöfe? Kann man sie etwa mit dem Finger zeigen und mit
Händen greifen? Wo war die Kirche in Elias Tagen, da er glaubte, er stehe
allein, weil er nicht wußte von den Siebentausenden, die ihre Kniee nicht gebeugt vor Baal? Wo war die Kirche zu Hilarius Zeit, der Diejenigen blinde
Thoren schalt, die in den Stühlen der Bischöfe oder den Wänden der Tempel die Kirche suchten, und ihnen zurief: „Gerade hier wird einst der Antichrist seinen Sitz aufschlagen!" — Aber die Männer der Kirche können
nicht irren, sagt man uns. Und warum denn nicht? Irrte nicht auch Aaron,
der Hohepriester, mit seinen Söhnen, da er das goldene Kalb machte? Irr-
ten nicht die vierhundert Propheten, die den Ahab betrogen, während der
einzige Micha, der allein und verachtet dastand, die Wahrheit sprach? Oder
redeten Jene, die gegen das Gotteswort des Jeremia sich auflehnten, nicht wie
ihr redet? „Die Priester" riefen sie unter Drohungen aus „können nicht irren im

---

*) Der Papst Gelasius.
**) Wieder Gelasius.
***) Cyprian.
†) Wir haben von den zahlreichen Beispielen, in denen Calvin die Aussprüche
der Kirchenväter und die Praxis der römischen Kirche sich gegenübergestellt
nur den geringsten Theil hier wiedergegeben.

Gesetze und die Weisen können nicht fehlen mit Rathen und die Propheten können nicht unrecht lehren. Kommet her, laßt uns ihn mit der Zunge todt schlagen und nichts geben auf seine Worte*)!" Und doch waren sie in der Lüge, Alle miteinander. Und soll ich euch noch an jene Kirchenversammlung erinnern — Hohepriester und Schriftgelehrten und Pharisäer! — die den Herrn verurtheilten? Als das Concil zu Basel, das so gültig eingesetzt war als möglich, am Ende doch als ketzerisch verdammt wurde: wo war damals die Kirche? Wo war ihre Untrüglichkeit? In Rom oder in Basel? — O König, glaube ihnen nicht, die da Pestseuchen der Kirche sind und nicht die Kirche des Herrn, und deren Lehre die Seele mordet und das Haus Gottes zerstört statt es aufzubauen!"

„Schließlich aber ist es so thöricht als möglich wenn sie uns vorwerfen, die Predigt unserer Lehre habe Aufstände, Verwirrungen, Unruhen aller Art nach sich gezogen und trage bei Manchen üble Früchte; — da doch ganz offenbar nicht unsere Predigt, sondern Satan, der ihr widersteht, dieß Alles erregt. Denn es ist die Natur und das Schicksal des göttlichen Wortes, daß es niemals wirkt, ohne daß Satan auch erwache und geschäftig sei. Dieß ist aber auch das sicherste Zeichen, wodurch es von lügenhaften Lehren unterschieden wird, da diese immer mit willigen Ohren aufgenommen und von der Welt mit lautem Beifall empfangen werden. — Im Uebrigen ist die Anklage nicht neu in der Welt. So wurde ja auch Elias beschuldigt, er sei es, der Israels Ruhe störe. So war ja auch Christus ein Empörer in den Augen der Juden. So klagte man die Apostel an, sie erregten das Volk. Aber was hat Elias geantwortet: „Ich bin es nicht, der Israels Ruhe stört, sondern ihr seid es und eure Sünden." Und diese Antwort ist auch die unsrige. Wenn übrigens einige ängstliche Gemüther Irrthümer und Greuel in unserer Mitte auftauchen sehen, so mögen sie doch an des Petrus Wort sich erinnern, daß die Ungelehrigen und Leichtfertigen selbst durch die Schriften des Paulus sich verwirren ließen „zu ihrer eigenen Verdammniß". Und nannte man nicht den Paulus selber einen Ermahner zum Bösen? Sprachen nicht Etliche, als er die Lehre von der freien Gnade verkündigte: „Wohlan so lasset uns nun Uebels thun, damit die Gnade desto mächtiger werde?" Falsche Brüder schlichen sich ein und erregten allerlei Spaltung und Hader. Viele machten die Freiheit des Geistes zum Deckmantel der Bosheit. Aber was thaten da die Apostel? Verbargen sie etwa deßhalb das Evangelium oder irgend einen Theil desselben? Traten sie vielleicht gar davon ab, weil so viel Streit darüber entstand, weil es so manche Gefahren in sich schloß, weil es so manches Aergerniß verursachte? Unter all diesen Nöthen und Kämpfen gedachten sie dessen, daß Christus der Stein des Anstoßes und des Aergernisses ist zum Fall und zur Auferstehung Vieler und ein Zeichen

*) Jeremia 18, 18.

dem widersprochen wird. Und in dieser Gewißheit gingen sie muthig vorwärts, und schritten mitten hindurch durch Gefahren und Verwirrungen und Aergernisse. Wir müssen uns mit demselben Gedanken trösten, da ja Paulus bezeugt, dieß sei die unerlöschliche Eigenschaft des Evangeliums, daß es den Einen ein Geruch des Lebens zum Leben sei, den Andern ein Geruch des Todes zum Tode. So ergeht es denn auch uns, und es wird nie an Solchen fehlen, die sich zum Verderben verkehren, was das Mittel ihres Heiles werden sollte." —

„Aber ich kehre wieder zu dir zurück, o hochgesinnter König! Laß dich nicht bewegen durch die grundlosen Verläumdungen, durch welche unsere Feinde dein Herz schrecken wollen! Glaube es nicht, daß dieses „neue Evangelium", wie sie es nennen, nichts Anderes bezwecke als eine Gelegenheit zur Empörung und die Freiheit aller Laster. Unser Gott ist nicht ein Gott des Streites, sondern des Friedens. Und der Sohn Gottes ist nicht ein Sündendiener, er, der gekommen ist um die Werke des Teufels zu brechen und zu zerstören. Was aber uns betrifft, so werden wir ungerechter Weise solcher Unthaten angeklagt, zu denen wir nie auch nur den leisesten Verdacht gegeben haben. Oder ist es wahrscheinlich, daß wir die Umwälzung der Staaten im Sinne tragen, — wir aus deren Mitte man nie ein aufrührisches Wort vernahm, wir die wir jeder Zeit einfach und friedlich dahinlebten vor den Augen Aller, so lange wir noch unter deinem Schutze standen, und die wir auch jetzt, da wir aus der Heimath vertrieben sind, nicht aufhören unsern Gott darum anzuflehen, daß er dich und deine Regierung mit Glück und Freude kröne? Oder hat das etwa einen Anschein der Wahrheit für sich, daß wir darauf ausgehen, ungestraft das Böse thun zu dürfen? In unseren Sitten mag manches Tadelnswerthe sich finden, aber wer zeigt uns etwas auf in unserm Lebenswandel, das zu einer solchen Anklage berechtigte? Ja, so kraftlos hat sich das Evangelium Gottlob! nicht an uns erwiesen, daß unser Leben nicht allen diesen Verläumdern ein Vorbild sein könnte in der Keuschheit, der Güte, der Barmherzigkeit, der Mäßigkeit, der Geduld, der Bescheidenheit und allen anderen Tugenden. Wer ein Auge hat die Dinge in ihrer Wahrheit anzuschauen, dem wird es klar werden, daß wir Gott fürchten und ehren mit reinem Herzen und im Leben und Sterben nichts Anderes suchen, als daß sein Name geheiligt werde. Selbst der Mund der Feinde hat dafür Zeugniß ablegen müssen, da sie unsern Brüdern, die sie zum Tode bringen wollten, nichts Anderes vorwerfen konnten als ihren Glauben, der vielmehr des höchsten Lobes würdig ist. Wenn aber Etliche unter dem Vorwande des Evangeliums Empörungen erregen (wovon ich bis jetzt in deinem Reiche noch kein Beispiel kenne), oder wenn Andere die Zügellosigkeit ihres Fleisches mit dem Namen der Freiheit bedecken wollen zu welcher die Gnade uns berufen — wie ich deren mehrere weiß —, so giebt es ja Gesetze und Strafen im Staate, durch welche sie nach

Verdienst strenge gezügelt werden können. Aber laß nur das Evangelium Gottes nicht lästern wegen des Frevels schändlicher Menschen!"

„Und damit, o König, ist dir nun die giftige Bosheit unserer Verläumder offen genug dargelegt, damit du nicht mehr in Gefahr kommest, dein Ohr ihnen zu leihen und durch ihre falschen Reden betrogen zu werden. Vielleicht habe ich nur zu lange geredet, da diese Vorrede fast zu einer völligen Vertheidigungsschrift herangewachsen ist. Meine Absicht war jedoch hierauf nicht gerichtet, sondern ich wollte nur dein Herz dahin neigen, unsere Sache wenigstens einmal anzuhören. Denn ich weiß, es ist uns jetzt entfremdet, ja in Zorn entflammt gegen uns. Aber doch habe ich das Vertrauen, daß wir seine freundliche Gnade wieder gewinnen werden, wenn es dir gefällt für einen Augenblick deinen Groll bei Seite zu setzen und die nachfolgende Darlegung unserer Lehre zu lesen, die bei deiner Majestät unsere Vertheidigung führen soll. Wenn aber die Zuflüsterungen der boshaften Menschen dich so umlagern, daß den Angeklagten keine Möglichkeit zur Vertheidigung übrig bleibt, und jene rasenden Furien fortfahren, ohne daß du es ihnen wehrst, durch Kerker, Geißeln, Folter, Schwerdt und Feuer ihre Grausamkeit auszuüben: nun so werden wir, wie Schafe zur Schlachtbank geschleppt, das Aeußerste erdulden, unsere Seelen fassend in Geduld und harrend auf die starke Hand des Herrn. Denn ohne allen Zweifel wird er erscheinen zu seiner Zeit in der Rüstung seiner Stärke und den Streit für uns anheben, damit er die Elenden erlöse und die Verderber verderbe, die jetzt so trotzig frohlocken in ihrer sichern Ruhe. Der Herr, der König der Könige, möge deinen Thron fest machen in Gerechtigkeit und deinen Stuhl erhöhen durch Recht."

Basel den ersten des Augustmonats 1535 *).

Man sieht, indem man diese Darlegung verfolgt: die Vertheidigung

---

*) Es wird wohl am Passendsten sein, wenn wir an dieses Datum einige Worte über die vielverhandelte Frage anknüpfen, wann und in welcher Sprache die erste Ausgabe der „Institutio" erschienen sei? Bekanntlich war bis vor wenigen Jahren die allgemeine Meinung unter den Sachverständigen die, daß das berühmte Buch im Jahre 1535 zuerst sei gedruckt worden und zwar französisch. So urtheilen Bayle, Sponde, Maimbourg, Basnage, Gerdes, und in neuerer Zeit Henry, Haag und Louis Bonnet. Die Gründe, die man hierfür vorlegt, sind theilweise sehr gewichtig und einleuchtend. Fürs erste beruft man sich auf das obige Datum der Unterschrift, dann auf die Zeitumstände, welche die Herausgabe des Buches gerade in diesem Jahre und in der Sprache Frankreichs nöthig machten; zum dritten auf einige Aeußerungen Calvins selber, nach denen es den Anschein hat, als sei das Buch zuerst anonym herausgekommen, während die lateinische Ausgabe von 36 doch schon Calvins Namen auf dem Titel trägt. — Gegen diese Gründe spricht nun aber auf der andern Seite schon der Umstand, daß trotz der eifrigsten und angestrengtesten Nachforschungen noch Niemand diese angebliche französische Ausgabe von 1535 zu Gesicht bekommen hat. Und noch mehr will bedeuten, daß in

geht, wie es nicht anders sein kann, nach und nach in die Anklage über. Es ist nicht der Anhänger einer Sekte, der hier redet und der sich etwa damit begnügen möchte, wenn man sein Häuflein ungestört dahinleben läßt neben der großen allgemeinen Kirche; sondern es ist ein Reformator, der da seine Stimme erhebt; und was er im Namen des Evangeliums fordert und fordern muß, ist nichts Geringeres als die Neugestaltung der Kirche selber, das Abthun ihrer Irrthümer, die Buße für ihren Abfall, ihre Rückkehr zu der lauteren Wahrheit Gottes. Von allen Reformatoren hält vielleicht Calvin am Meisten immer auf das Ganze seinen Blick gerichtet, und geht nicht nur darauf aus einzelne Seelen zu erleuchten und zu bekehren, sondern in der Kirche als solcher das Licht des Evangeliums wieder auf den Leuchter zu setzen, damit es Allen leuchte die im Hause sind. — Aber war Christus je willkommen in den Palästen des Herodes und Pilatus? Oder sind je die Hohenpriester und Obersten des Volkes ihm zugefallen, in deren Händen das lag, was die Menschen „die Kirche" nennen? — „Die Zeit und die Stunde da ich das Reich Israel wieder aufrichten werde", antwortete der Herr den fragenden Aposteln, „gebührt euch nicht zu wissen; der Vater hat sie seiner Macht vorbehalten!" „Und was es noch aufhält", fügt der Apostel bei, „wisset ihr, denn die Bosheit reget sich schon, aber sie muß auch noch völlig geoffenbaret werden, ehe der Herr kömmt und ihr ein Ende macht mit dem Hauche seines Mundes."

---

einer der ältesten französischen Ausgaben, die im Besitze Jules Bonnets (mit Louis Bonnet nicht zu verwechseln) sich befindet. Calvin selber bemerkt: Zuerst habe ich das Buch in lateinischer Sprache verfaßt, damit es den gebildeten Leuten aller Welt zur Anleitung dienen könne; dann um es besonders unserm französischen Volke zugänglich zu machen, habe ich es auch in unsere Sprache übertragen." Dieser Ausspruch, der übrigens klar genug ist, wird überdieß noch durch die Correspondenz Calvins bestätigt, wonach er im Oktober 1536 eben damit beschäftigt war, sein Werk in das Französische zu übersetzen. — Damit ist die Streitfrage nun unbedingt entschieden und was den Widerspruch der Jahreszahl 36 mit dem Datum der Unterschrift betrifft, so dürfte derselbe einfach so zu lösen sein, daß das Buch allerdings am Ende des Jahres 35 gedruckt, aber nach dem oder den Buchhändlern noch jetzt üblichen Gebrauche um ein Jahr vordatirt wurde. — Wer sich für diese Untersuchung im Genaueren interessirt, der findet in dem 2. und 6. Bande des „Bulletin de la Société de l'histoire du protestantisme français" Alles zusammengestellt, was sich für die eine und andere Meinung sagen läßt. Der Aufsatz in dem 2. Jahrgange, von Henry, (p. 110) redet der französischen Ausgabe von 1535 das Wort. Und die Arbeit in dem 6. Bande von Jules Bonnet (p. 137) geht darauf aus, die lateinische Ausgabe, welche die Jahreszahl 36 trägt, als die erste nachzuweisen. — Wir halten, wie gesagt, den Streit durch diese letztere Darstellung für beendigt. Nach Calvins eigenem unwidersprechlich klaren Zeugnisse steht es nun fest, daß er das Buch zuerst lateinisch und erst 1540 in französischer Bearbeitung herausgegeben hat.

II.

Das Buch: „Der christliche Unterricht". — Grund der Abfassung desselben. — Wirksamkeit und Verbreitung. — Die verschiedenen Bearbeitungen und Ausgaben. — Das sich Gleich-Bleiben der calvinischen Theologie. — Die Lehre von der Prädestination und dem heiligen Abendmahle
nach der ersten und der letzten Ausgabe. — Die Anordnung und der Inhalt
des ganzen Werkes nach der ersten Bearbeitung.

In der Vorrede zu seiner Erklärung der Psalmen drückt Calvin sich
so aus, als ob die ganze Schrift, deren Einleitung wir so eben mitgetheilt
haben, eigentlich nur den apologetischen Zweck gehabt hätte der in dieser
Einleitung zu Tage tritt. „Das war der Anlaß", sagt er da, „warum ich
mein Buch „vom Unterrichte" herausgab: fürs erste hatte ich die Absicht,
meine Brüder, deren Tod köstlich geachtet war von Gott, von ungerechter
Schmach vor den Menschen zu reinigen, und weiter wollte ich, da noch vielen andern Unglücklichen dasselbe blutige Schicksal drohte, zum Wenigsten
die fremden Nationen zum Mitleiden und zur Fürsorge für sie bewegen." —
Aber daß dieser Wunsch doch nicht der einzige Beweggrund seiner Arbeit gewesen, spricht wiederum er selber aus in den ersten Zeilen seiner Zuschrift
an den König. Vielmehr war es ihm, nach diesem Geständnisse und andern
Erklärungen ähnlichen Inhalts, ursprünglich vor Allem darum zu thun:
seinen Glaubensgenossen eine kurzgefaßte Darstellung der ächten evangelischen
Lehre in die Hand zu geben. Denn einer solchen entbehrten sie bis jetzt völlig;
und entbehrten damit, wie wir schon früher ausführten, des geistigen Mit-
telpunktes und der sichern Garantie für eine übereinstimmende Lehrweise,
ohne die keine religiöse Gemeinschaft auf die Dauer bestehen kann; namentlich nicht, wenn sie erst in der Bildung begriffen, ohnehin noch keine Ordnungen irgend einer Art besitzt, und zudem zerstreut an die verschiedensten
Orte nirgends zu Athem kommen kann vor der Hitze der Verfolgung. Es
war die dringendste Gefahr vorhanden, daß wenn dieser Menge von zusam-
menhangslosen Gemeinden und einzelnen Bekehrten nicht bald ein gemeinsames Bekenntniß dargereicht wurde, an dem sie alle ihren Glauben bilden
und desselben sich recht bewußt werden könnten, sie allmälig in die verschiedenartigsten religiösen Richtungen auseinanderfielen, und die gesunde Lehre
des Evangeliums an das überreizte schwärmerische Wesen einbüßten, das
der Reformation überall wie ihr Schatten folgte. Das Leben Calvins
legt Zeugniß genug dafür ab, wie nahe diese Gefahr auch den französischen
Reformirten schon gekommen war, ja wie sie da und dort bereits angefangen hatte das ganze Werk der Erneuerung in Frage zu stellen. Gleich in
seiner ersten Schrift mußte er, wie wir uns erinnern, eben hiegegen sich
wenden.

jede Grenze der Berechnung hinaus*); man darf wohl ohne Uebertreibung behaupten, daß nie ein anderes Buch von dieser wissenschaftlichen Haltung und diesem Umfange eine ähnliche Verbreitung gefunden hat. Ueberdem hat man unzählige Male einzelne Abschnitte besonders herausgegeben. Die Traktate „Von der christlichen Freiheit," „Vom Leben eines Christenmenschen**)" und andere sind lediglich solche Abdrücke aus dem Buche der Institutio, da man überzeugt war, daran das Beste zu besitzen, was über diesen und jenen Punkt dem christlichen Publikum sich überhaupt darbieten lasse. In Gedichten ist es verherrlicht worden, als ein Werk, dem seit der Apostel Zeiten kein anderes an die Seite zu setzen sei***). Katholische und protestantische Schriftsteller haben sich in Ausdrücken der Bewunderung erschöpft, mit der die wunderbar klare Behandlung des Stoffes oder die Tiefe und Macht der Gedanken sie erfüllte. „Dieses eine Buch" rief der berühmte Jurist Salmasius aus „wollte ich lieber geschrieben haben, als alle die mächtigen Bände, die von Hugo Grotius ausgegangen sind." Und der Engländer Pope Blunt ermahnt seine Leser: „Vor Allem beschäftige dich auf das Fleißigste mit dem „christlichen Unterrichte" Calvins. Wohl weiß ich, daß man Mehrere mit dem Namen eines großen Theologen schmückt; aber dieser eine Mann gelte dir für alle Andern. Denn wer hat je gelehrter und gründlicher geschrieben? Wer vertritt die Wahrheit scharfsinniger? wer zerstreut kräftiger die Irrthümer und Ketzereien, stürzt sie zu Boden, tritt sie unter die Füße? Darum wird auch von den Gelehrten als ein Unwissender betrachtet wer Calvin nicht liest; als noch unwissender wer ihn geringschätzt; und als der Unwissendste wer nicht von ihm lernt†)." — So wie es in Frankreich bekannt wurde, hat die katholische Kirche in aller Eile ihr ganzes Rüstzeug dagegen gewandt; der Eine und Andere ihrer Vorkämpfer machte sich wohl auch daran es zu widerlegen††), aber vor Allem griffen sie

---

deutsche Uebersetzung, — nachdem früher die Heidelberger Theologen mehrere geliefert — hat Fr. A. Krummacher 1834 in Elberfeld erscheinen lassen.

*) So ist z. B. die letzte Bearbeitung, die im Jahre 1559 erschien, allein in französischer Sprache, eine Reihe von Jahren Jahr für Jahr von Neuem gedruckt worden, oft an mehreren Orten zu gleicher Zeit und unter solcher Nachfrage, daß die Pressen dem Zudrange kaum genügen konnten.

**) Soeben in deutscher Sprache wieder herausgegeben von Bartels.

***) So z. B. der ungarische Gelehrte Thurius in dem Distichon:
„Nehmt der Apostel heilige Schriften aus! und die Zeiten
Brachten nimmer ein Werk, welches sich diesem vergleicht!"

†) So schrieb auch der berühmte Johannes von Müller von Göttingen aus, wo er theologische Vorlesungen hörte, an seinen Bruder: „Man ist dem Reformirten hier ungemein günstig. Dr. Miller sagte im Colleg: Ein Student der Theologie sollte eher vergessen zu Mittag zu speisen als unterlassen Calvins Institutio zu lesen."

††) So Pighius, noch zu Lebzeiten Calvins, dem der Reformator selber antwortete; später der Jesuit Cotton, der Beichtvater Heinrichs IV.

zu ihren gewohnten Mitteln der Verfolgung und Unterdrückung. Die Sorbonne ließ es durch den Henker verbrennen; durch die strengste Verordnung wurde verboten es zu lesen und zu verbreiten; in den Verhören der Märtyrer erkundigte man sich darnach, ob sie „ihre Irrthümer" aus diesem Buche geschöpft hätten *)?

Calvin hatte einen solchen Erfolg in keiner Weise erwartet. Welch ein Anderer war er geworden in den zwei Jahren, seitdem er sein erstes Buch über Seneka veröffentlicht! Damals lag ihm noch nichts mehr am Herzen als das Bekanntwerden seines Namens und der litterarische Ruhm. Jetzt im Gegentheile kann er in der Vorrede zu den Psalmen von sich bekennen: „mir einen Namen zu machen, als ich meinen „Unterricht" herausgab, lag nicht von ferne in meiner Absicht. Braucht es ein anderes Zeugniß dafür, als daß ich gleich darauf Basel verließ und Niemand zu wissen that, daß ich der Verfasser sei **)?" Und ganz ebenso spricht er in den Vorbemerkungen zu den späteren erweiterten Auflagen sich aus. „Da ich bei der ersten Ausgabe dieses Buches" sagt er in der Edition von 1536 — der letzten von seiner Hand — „keine Ahnung davon hatte, daß es so günstig werde aufgenommen werden, wie es seitdem durch Gottes unaussprechliche Gnade geschehen ist, so hatte ich die Sache etwas leichter genommen und mich vor Allem der Kürze beflissen. Aber da ich mit der Zeit inne wurde, mit welcher Freudigkeit man es empfing, viel mehr als ich je zu wünschen gewagt (um wie viel weniger habe ich es gehofft), so fühlte ich mich um so mehr verbun-

---

*) Polenz, Geschichte des französischen Calvinismus I, p. 333.

**) Es erscheint diese letztere Bemerkung etwas sonderbar, da doch schon die erste Ausgabe von 1536 Calvins Namen auf dem Titel führt. Und dieser Umstand — mit den obigen Worten zusammengehalten — ist eben mit eine Veranlassung dazu geworden, noch eine frühere Ausgabe anzunehmen. Aber Jules Bonnet löst in dem schon besprochenen Aufsatze auch diese Schwierigkeit vollkommen befriedigend. „Es ist allgemein bekannt," sagt er, „daß der junge Reformator in Frankreich seinen wahren Namen unter allerlei angenommenen verborgen hatte wie Passelius, Lucanius, d'Espeville" (nachher kamen hiezu noch die Benennungen Alcuin — sogar eine Ausgabe der Institutio trägt dieselbe, — Deperçan, Calpurnius), „und daß er auch noch längere Zeit in der Fremde diese Namen fortführte. In seinen Briefen aus Basel unterzeichnete er sich z. B. Martianus Lucanius, und als er bald darauf nach Italien verreist, heißt er dabei Charles d'Espeville. Erst als Louis du Tillet bei der Durchreise der beiden durch Genf dem eifrigen Farel den wahren Namen seines Begleiters mittheilte, zerriß der Schleier der halben Anonymität, die bisher den Verfasser der Institutio bedeckt hatte." Es stimmt das vortrefflich mit dem was Calvin in der oben angeführten Stelle weiter sagt: „Auch sonst habe ich es überall verborgen, daß ich der Verfasser bin und gedachte es immer zu thun, bis mich in Genf Farel zurückhielt." Daß dieß Verlangen nun freilich nicht ganz gelang, ersehen wir aus jenen bereits erwähnten Aeußerungen Bucers und Saint-Marthe's, und aus Manchem was später folgt.

den, mich nun beſſer und gründlicher meiner Pflicht gegen diejenigen zu entledigen, die mit ſolch' herzlicher Liebe meine Lehre aufnahmen."

Denn freilich das Buch, das ſolchen Beifall gefunden und eine ſolche
Wirkung hervorgebracht, iſt nicht mehr durchaus das nämliche, das er als
junger Mann von Baſel aus an Franz I. ſchickte. Eine nicht geringe Umwandlung, Bereicherung, Vertiefung hat es im Laufe der Jahre erfahren.
„Ich bekenne, daß ich zu denen gehöre," ſpricht der Verfaſſer mit Auguſtin,
„die da ſchreiben indem ſie lernen und durch das Schreiben vorwärts kommen *)." „Und was mich zu ſolcher Erweiterung hindrängte," erklärt er in
einigen lateiniſchen Verſen, „war der Eifer meiner Leſer. Die ich zuerſt
nur durch ein dünnes Büchlein hatte vertheidigen wollen, haben durch ihre
Lernbegierde einen großen Band daraus gemacht."

Vornehmlich d r e i Bearbeitungen des Werkes laſſen ſich unterſcheiden:
die erſte der Baſeler Ausgabe vom Jahre 1536, die 514 Oktavſeiten zählt
und den Stoff in 6 Kapitel abtheilt **); dann die drei Jahre ſpäter in
Straßburg erſchienene (unter dem Namen Alcuin), die ſchon 17 Kapitel hat
und nach vier Jahren noch mehr erweitert mit 21 Kapiteln und 509 Folio-
blättern herauskam (das Volumen beträgt bereits zum Mindeſten das Sechs-
fache der erſten Ausgabe) ***); und endlich die ganz neue Umarbeitung die

---

*) In den ſpätern Ausgaben findet ſich dieſer Ausſpruch des Kirchenvaters als
Motto unter der Vorrede an den Leſer.

**) Es gelten die Exemplare dieſer erſten Ausgabe für außerordentliche biblio-
graphiſche Seltenheiten. Nach Henry ſollten nur noch drei vorhanden ſein:
auf den Bibliotheken in Braunſchweig, in Zürich und Bern — und ein
unvollſtändiges auf der Bibliothek in Genf. Aber nach und nach finden
ſich doch auch noch einige andere. So hat neulich Jules Bonnet auf der
Bibliothek im Havre eines entdeckt; und mir ſelber iſt es ſo gut geworden
von der Bibliothek in Baſel das Büchlein in ganz vortrefflichem Zuſtande
zu erhalten. — Da es Henry des Genauern beſchreibt (I, 107), ſo können
wir den Freund ſolcher Reliquien, dem auch an der Kenntniß der äußern
Erſcheinung etwas liegt, auf dieſe Schilderung verweiſen.

***) Auch von dieſer Ausgabe liegt ein Exemplar mir vor, und zwar hat das-
ſelbe die Eigenthümlichkeit an ſich die ich ſonſt nirgends finde, daß Calvin
wohl als der V e r f a ſ ſ e r , dagegen der berühmte Straßburger Bürger-
meiſter J o h a n n e s S t u r m als der H e r a u s g e b e r erſcheint. Nämlich
der Titel lautet ſo: Institutio Christianae Religionis nunc vere de-
mum suo titulo respondens.
Autore Calvino
Iohannes Sturmius.
Worauf einige Zeilen folgen — ohne Zweifel von Sturm herrührend —
die das Buch gleichſam bei dem Publikum einführen ſollen. Wir geben
ſie hier in deutſcher Ueberſetzung wieder: „Johannes Calvin iſt ein
Mann von außerordentlichem Scharfſinn, ungemeiner Gelehrſamkeit und
trefflichem Gedächtniß; ein gedankenvoller, klarer Schriftſteller. Am beſten
bezeugt dieß dieſer „Unterricht in der chriſtlichen Religion", den er zuerſt

1559 in Genf gedruckt wurde und bei der es nun sein Verbleiben hatte. „Zwar habe ich nicht nur bei diesen hauptsächlichsten Bearbeitungen," erklärt Calvin selber in der Vorrede zu der schließlichen Edition, „zur Verbesserung des Werkes gethan, was in meiner Macht stand, sondern auch immer und überall so oft es gedruckt wurde es einigermaßen vermehrt und bereichert. Aber ich gestehe, daß ich mir doch nie ganz damit genug that, — obschon ich andererseits keinen Grund hatte mit meiner Arbeit unzufrieden zu sein, — bis es mir nun gelungen ist Alles zu verarbeiten und zu ordnen wie es jetzt vor Augen liegt."

Indem man nun aber diese verschiedenen Bearbeitungen überblickt und vergleichend nebeneinander stellt, macht sich dabei vor Allem Eines bemerkbar, das in der Geschichte der Theologie fast ohne Beispiel dasteht und überaus bezeichnend ist für die ganze Geistesart und den Charakter des Reformators: Was nämlich an seinem Buche im Laufe der Jahre sich verändert, ist nur der Umfang und die Form; dagegen in keiner Weise der Inhalt. Die Gedanken und Ueberzeugungen der ersten Ausgabe sind auch die der letzten; die Grundzüge der Anordnung und Darstellung sind die nämlichen in dem ausführlichen Werke, das der gereifte Mann vier Jahre vor seinem Tode herausgab, wie in dem kurzgefaßten Büchlein, das der Jüngling schrieb zwei Jahre nach seiner Bekehrung und seinem Auftreten als Lehrer an der neugebildeten Gemeinde. In den drei und zwanzig Jahren, die zwischen diesen beiden Zeitpunkten liegen, in Mitten all der Kämpfe, Stürme, Untersuchungen und Erfahrungen die sie ihm brachten, hat wohl seine Erkenntniß an Gehalt gewonnen, der Umkreis seiner Anschauungen sich erweitert, Freunde und Feinde, Bedürfnisse der eigenen Gemeinde und Angriffe von außen her haben ihn immer tiefer hineingeführt in die unerschöpfliche Wahrheitsfülle der heiligen Schrift, — aber zu irgend einer Umgestaltung seiner ersten Ueberzeugungen, zu irgend einer wesentlichen Abänderung seiner Ansichten in diesem oder jenem Punkte fand er in dem Allem keinen Grund. Während Augustin gegen das Ende seines Lebens ein Buch „der Berichtigungen" schreiben mußte, in dem er das Eine und Andere zurückzunehmen hatte was er vordem gelehrt, den einen und andern Gedanken anders zu fassen sich genöthigt sah als er ihn früher vorgetragen; während man bei Luther bekanntlich zwischen dem „frühern" und „spätern" Luther unterscheidet, und

---

nur kurz gefaßt, dann vermehrt und in diesem Jahre völlig ausgearbeitet herausgegeben hat. Ich zweifle, daß irgend etwas der Art vorhanden ist, das sich so vollkommen erweist zur Lehre der Religion, zur Bildung der Sitten, zur Aufhellung der Irrthümer. Wer das in sich aufgenommen hat, was dieser Band enthält, der darf sich für einen wohl unterrichteten Mann halten." — Als Motto steht noch auf dem Titelblatt: Habakuk I: „Wie lange noch o Herr?" Darunter ein Engel, der Waage und Richtmaaß in der Hand hält.

in seinen Erklärungen aus der spätern Periode sehr bemerkbare Abweichungen, ja oft geradezu das Entgegengesetzte von dem findet, was er in der frühern Zeit behauptet hatte; während es kaum einen einzigen bedeutenderen oder unbedeutenderen Theologen und Philosophen giebt, in dessen Leben und Schriftwerken nicht dieselbe Erscheinung sich wiederholte: — ist Calvin schon vollkommen mit sich einig und hat seine Ueberzeugungen schon vollkommen und für immer sich gebildet in einem Alter, in dem bei Andern die Entwickelung erst beginnt, in dem sie erst eintreten in die Schule des Geistes und Lebens!

Man kann im Allgemeinen darüber streiten, ob das ein Vorzug ist oder nicht? Ob es mehr eine wunderbare Klarheit, Gediegenheit, Frühreife des geistigen Lebens beurkundet oder eher auf eine gewisse sich abschließende Einseitigkeit desselben hindeutet, die unfähig ist Neues in sich aufzunehmen und das Alte fahren zu lassen wenn Besseres und Reicheres sich darbietet? Aber was diesen besondern Fall betrifft, so haben sicherlich diejenigen Recht, die in dieser Erscheinung nicht eine Art von geistiger Beschränktheit, sondern vielmehr ein seltenes Beispiel der höchsten Vollendung erblicken, in der menschliche Geistesanlage und christliche Glaubensgewißheit sich darstellen kann. „Kein Theologe, dessen ich zu gedenken weiß," ruft Beza aus, „hat das besessen, daß er an seinem letzten Tage so noch dasselbe lehrte wie in seiner ersten Schrift*)." „Es ist ein Wunder," bemerkt der berühmte Scaliger, „was wir an Calvin wahrnehmen: so viel hat er geschrieben und nie etwas davon zurücknehmen müssen! Urtheilet nun selber, ob das ein großer Mann war!" Und umsonst sucht Bossuet in seinem bekannten Werke**), in dem er die Unbeständigkeit der reformatorischen Lehre nachzuweisen sich abmüht, nach irgend einem Anhaltspunkt für seinen Zweck in den Schriften und der Lehrweise Calvins. „Er hatte eben," erklärt er sich das, „einen geordneteren Geist als Luther und schrieb außerdem erst lange nach dem Beginne der so genannten Reformation, so daß die Streitpunkte schon nach den verschiedensten Seiten hin gründlich behandelt waren und sich leichter verarbeiten und zusammenfassen ließen." — Aber sollte diese Erklärung wirklich hinreichen? Wird nicht vielmehr das in Betracht zu ziehen sein, daß bei Calvin, wie bei wenig Andern, seine Theologie, gleich von Anfang an, ganz und gar auf die Thatsachen der göttlichen Heilsordnung sich gründete, die ja immer die nämlichen bleiben? daß er, wie ein berühmter katholischer Schriftsteller sagt***), „nie etwas erfunden hat", nie den eigenen Gedanken

---

*) Auf der letzten Seite seiner Lebensbeschreibung Calvins.
**) Histoire des Variations.
***) Mignet in seinem „Versuche über die Reformation in Genf." — Der geistreiche Historiker sagt das freilich in tadelndem Sinne, und will mit diesen Worten an der Geistesanlage Calvins einen Mangel an Produktivität und Originalität hervorheben; aber mit Recht bemerkt L. Bonnet: „Calvin würde dieses Urtheil sicherlich als den höchsten Lobspruch aufge=

irgend einen Spielraum gestattet in den göttlichen Dingen, sondern mit unwandelbarer Treue sich immer und überall an das gehalten, was in der Schrift von oben her ihm dargeboten wurde? Und dazu kömmt dann freilich auch die einheitliche, geschlossene, immer nur auf einen Zweck gerichtete Art seines ganzen Lebens und Wesens. Was in seine Erkenntniß einging, das ging ohne Weiteres auch in seinen gesammten Menschen ein; was sein Herz erfahren und glauben gelernt hatte, das wurde alsobald auch zum unveräußerlichen Besitzthum seines Geistes. Wie würde er sich verwundert haben, wenn er etwas von jenen Bekenntnissen unserer Tage gehört hätte, in denen man erklärt, nach dem Verstande ein Heide zu sein aber ein Christ mit dem Gemüthe, oder verwerfend und ungläubig nach den theologischen Ansichten, aber annehmend und zustimmend nach der innern Lebenserfahrung! Bei solchem Sinne allerdings, da müssen die Systeme wechseln, und von einem Augenblick zum andern lösen die verschiedenartigsten Anschauungen in der Seele sich ab. Wer hingegen zu einem Ganzen hindurch gedrungen ist im Leben des Glaubens und der Gemeinschaft Jesu Christi und sein Herz hat fest machen lassen durch Gnade, der ist über dergleichen Wandlungen hinaus, der weiß in jeder Beziehung was und an wen er glaubt, und sein Zeugniß wird sein wie dieser Glaube: fest, beständig, bewährt in sich selber, weder zur Rechten abirrend noch zur Linken, denn es schreitet einher auf gebahntem und sicherem Pfade. —

Und indem nun das Zeugniß Calvins solcher Art ist, dürfen wir also daraus auch zurückschließen auf die Beschaffenheit seines innern Lebens. Von Anfang an muß es bei ihm zu einem Ganzen gekommen sein in der Aneignung des Heiles. Der göttliche Keim, der in ihn gelegt wurde, hatte weiter nichts zu thun als emporzuwachsen und nach allen Seiten hin sich zu entwickeln, sowie aus dem Saamen ein Baum emporwächst nach sicherem Gesetze und seine Zweige entfaltet. Eine Lücke giebt es da nicht noch einen Rückgang irgend welcher Art; wenn die Krone zuweilen hin und her schwankt in dem Winde, so wird dadurch die Wurzel doch nur um so fester und der Stamm gewinnt an Kraft, bis sich am Ende die Stürme an ihm brechen. —

Zwei Punkte besonders erscheinen dazu geeignet, dieses fortwährende sich Gleich-bleiben der calvinischen Theologie, diese merkwürdige Uebereinstimmung seiner anfänglichen mit seiner schließlichen Ueberzeugung nachzuweisen: zuerst die Lehre von der Prädestination, weil das ganze System von ihr umfaßt und getragen wird; und dann die Lehre vom heiligen Abendmahle, weil man wohl zuweilen behauptet hat: hierin sei mit den Ansichten Calvins eine gewisse Veränderung vorgegangen, er habe sich zuerst

---

nommen haben — vorausgesetzt, daß man damit nicht etwa sagen wollte: er habe von Luther und Zwingli seine Ideen empfangen, sondern von Paulus und durch diesen von dem Herrn selber."

mehr an die lutherische Auffassung gehalten und erst nach und nach sich zu der schweizerischen hinüberziehen lassen. — Ehe wir das Werk in seinem Zusammenhange betrachten, stellen wir also nebeneinander, wie er in der ersten und in der letzten Bearbeitung desselben über diese beiden Stücke sich ausdrückt. Bei der Erklärung des vierten Artikels (nach Calvins Eintheilung) in dem apostolischen Glaubensbekenntnisse: „ich glaube eine heilige, allgemeine Kirche, eine Gemeinschaft der Heiligen, Vergebung der Sünden, Auferstehung des Fleisches, ein ewiges Leben" kömmt in der ersten Ausgabe des „christlichen Unterrichts" die Lehre von der Prädestination zur Sprache*).

„Die Ordnung des Heiles," sagt er da, „wird uns von Paulus folgendermaßen beschrieben: Die welche er erwählt hat, die beruft er auch; die die er berufen hat, die rechtfertigt er; die die er gerechtfertigt hat, die verherrlicht er. Und dadurch bezeugt uns nun der Herr nichts Anderes als seine ewige Erwählung, wonach er die Seinigen zum Heile bestimmte noch ehe sie geboren wurden. Darum wird Keiner je in die Herrlichkeit des Himmelreiches eingehen, der nicht in dieser Weise berufen und gerechtfertigt worden ist. Die heilige Schrift, indem sie sich zu unserer Anschauung herabläßt, gebraucht das Wort „Wahl" oft nur in dem Sinne, daß sie die offenbar gewordenen Wirkungen der Berufung und Rechtfertigung damit bezeichnet. Und das ist der Grund, warum sie häufig diejenigen ohne Weiteres unter dem Volke Gottes begreift, in welchen Gott mit seinen Kräften zu wirken beginnt, obschon sie in der That nicht zu den Erwählten gehören; während sie wiederum diejenigen noch nicht zu dem Volke Gottes rechnet, die doch wirklich erwählt sind, aber deren Erwählung noch nicht offenbar geworden ist. In solchen Fällen nimmt sie nicht auf die Vorausbestimmung Gottes Bezug, die nie mit sich selber in Widerspruch kommen kann, sondern sie redet wie die Dinge uns vor Augen stehen. — Die Kirche besteht aus der Zahl der Erwählten; wer ihr also wirklich angehört, der kann unmöglich endlich verloren gehen und dem Verderben anheim fallen. Sein Heil steht auf so festen und gewissen Grundlagen, daß wenn auch der ganze Erdkreis erschüttert würde, es doch nimmermehr wanken kann oder wieder zusammenbrechen. Erstlich steht es fest durch den Rathschluß der Erwählung Gottes, und nur wenn seine ewige Weisheit selber fiele, könnte es wechseln und untergehen. Straucheln wohl, hin und her getrieben werden, ja selbst fallen können die Erwählten, aber unmöglich ganz untersinken, weil Gott ihnen seine Hand unterbreitet. Das ist es was Paulus sagt: „daß seine Gaben und seine Berufung ihn nicht gereuen." Zum Andern hat der Herr die, die er erwählte, seinem Sohne Christo in die Treue und Obhut übergeben, damit er Keinen von ihnen verliere, sondern Alle wieder auferwecke am jüngsten Tage. Wie aber sollten sie sich unter einem solchen Hirten für

---

*) p. 138—141.

immer verirren können? Erfassen können wir nun freilich den unerforschlichen Rath Gottes nicht. Auch ist es nicht unsere Aufgabe, etwa herauszufinden und festzustellen, welche durch seinen ewigen Rath erwählt sind und welche verworfen? Unser Glaube soll sich vielmehr genügen lassen an dieser Verheißung, die ihm so überschwängliche Gewißheit giebt: Gott wird die als seine Kinder anerkennen, die seinen eingeborenen Sohn aufgenommen haben. Nur ein Gottloser könnte sich mit dieser Zuversicht nicht zufrieden geben und begehren noch mehr zu wissen. Und so soll es uns denn genug und übergenug sein, wenn wir in dem einen Herrn das Wohlgefallen des Vaters wieder gewonnen haben, das Leben, das Heil, die Herrlichkeit des Himmelreiches. An dem Einen haben wir Alles, und ruhen in ihm ohne daß uns je wieder etwas zustoßen oder fehlen kann. Er wird aber unser wenn wir uns im Glauben auf ihn verlassen und darauf vertrauen, er werde nie und nimmer von uns weichen. Mit ausgebreiteten Händen bietet er sich uns dar, wir haben weiter nichts zu thun, als diese Hände zu ergreifen. — Wer nun hieran sich nicht genügen läßt, sondern noch nach Weiterem strebt, der fordert den Zorn Gottes gegen sich heraus, und weil er sich frevelnd hineinstürzt in den Abgrund der Majestät Gottes, so kann ihm nichts Anderes widerfahren, als daß er untergeht in seiner ewigen Herrlichkeit. Denn da Christus unser Herr ist, da Christus es ist, in dem der Vater von Ewigkeit her erwählt hat die er zu seinem Eigenthum machen wollte, so haben wir ja ein unwidersprechlich klares Zeugniß dafür, daß wir zu diesen Erwählten, daß wir zu der Kirche Gottes gehören wenn wir mit Christo in Gemeinschaft stehen."

Dieß das Hauptsächlichste aus der Darlegung der ersten Ausgabe. In der letzten (im 3. Buch im 21. Capitel) finden sich die folgenden Grundgedanken über dieselbe Lehre: „Das Evangelium wird nicht Allen gepredigt, und nicht von Allen in gleicher Weise aufgenommen. In dieser Verschiedenheit erscheint ein wunderbares Geheimniß des Gerichtes Gottes, denn es ist kein Zweifel, daß Solches nach seinem Willen geschieht. Und dieses Geheimniß besteht darin: daß Gott die Einen von Ewigkeit her zum Leben erwählt, die Andern dem Tode zu überlassen beschlossen hat. Und dieß thut er nicht etwa nur weil er vorher weiß, wie ein jeder Mensch sich benehmen wird, sondern nach eigener, freier Wahl, die von nichts Anderem ausgeht als von seinem majestätischen, heiligen Willen. Die Werke des Menschen kommen dabei in keiner Weise in Betracht, denn die guten Werke folgen ja erst aus der Kraft, welche durch die Erwählung uns zufließt. Es ist die eine Barmherzigkeit Gottes, es ist die Erwählung aus Gnade, auf der Alles beruht. Wie wird durch diese Erkenntniß unser Stolz gebrochen, wie wird unser Vertrauen befestigt, wie wird unser Heil auf einen so gewissen Grund gestellt!

Aber ebenso ist der Rathschluß der Verwerfung über die Nicht-Erwählten nicht erst durch ihre bösen Werke hervorgerufen worden, sondern geht aus dem freien Belieben Gottes hervor. Er pflanzt gewisse Pflanzen nicht, und diese werden, wie der Herr sagt, ausgereutet werden. Warum Gott das so thut? darauf haben wir keine andere Antwort als: weil er es so will. Weiter fragen können wir nicht; denn der Wille Gottes ist der letzte Grund, das letzte Gesetz aller Dinge. Im Uebrigen ist ja Gott Niemanden etwas Anderes schuldig als das Verderben, da wir Alle von Natur demselben angehören.

Mit den Erwählten verfährt nun Gott so, daß er zuerst seinen Ruf an sie gelangen läßt und sie dann durch diesen Ruf auch wirklich zu sich zieht. Er nimmt das steinerne Herz aus ihnen hinweg, und giebt ihnen ein fleischernes. Es wird ihnen nach und nach möglich Gutes zu thun, ihr Willen wird zu Gott geneigt, sie fangen an ihn zu lieben. Er wird ihr Vater und sie werden seine Kinder. So stimmen Glaube und Liebe mit der Erwählung zusammen; doch müssen wir uns wohl hüten: die Erwählung von ihnen abhängig zu machen. Wer das thäte, der würde des Menschen Willen über Gottes Rathschluß setzen und den Grund der Heilsgewißheit zerstören. Freilich werden wir unsererseits unsere Erwählung erst inne, wenn sich ihre Frucht an uns erweist; aber sobald dieß einmal geschehen ist, so geziemt es uns — ohne vorwitziges Eindringen in den Abgrund des göttlichen Wesens — höher emporzusteigen und die Wirkung von der Ursache zu unterscheiden. Im Uebrigen haben wir ja allerdings die Zuversicht unserer Errettung fort und fort auf das Wort Gottes zu gründen und uns darauf zu verlassen, daß wir ihn anrufen dürfen als unsern Vater. Denn wer hinaufsteigen wollte auf die Wolken um den Rathschluß Gottes zu erkennen, den er uns doch in Herz und Mund gelegt hat, der würde die ganze Ordnung des Herrn zerstören. Und kaum giebt es eine gefährlichere Versuchung des Satans für die Gläubigen als diese. Indem der arme Mensch sich vermißt in die unerforschlichen Geheimnisse der göttlichen Weisheit einzudringen und zu erfahren was über ihn beschlossen ist in dem ewigen Gerichte Gottes, stürzt er sich gleichsam in einen unergründlichen Schlund, in dem er untergeht. Er kann sich nicht mehr losmachen aus den Schlingen, in die er sich verwickelt; er kommt nicht mehr heraus aus dem finstern Abgrund, in den er eingegangen ist. Und das ist einer der unseligsten Zustände für den menschlichen Geist, wenn sein Gewissen des Friedens und der Ruhe verlustig geht, die es in Gott haben sollte. — Darum lasset uns an den Weg der Schrift uns halten, mit der Berufung Gottes beginnen und mit der Berufung Gottes endigen. Das Wort des Friedens ist gewiß über denen, die ihn fürchten; er nimmt ihre Sünden hinweg und thut ihnen wohl für ihr Gutes; selbst das Böse weiß er ihnen zum Besten zu wenden. — Vor Allem aber, wenn wir die Gewißheit der Gnadenwahl Gottes haben wollen, so müssen wir unsern Blick auf Christum richten, in dem allein das Wohlgefallen des Vaters ruht.

Suchen wir Heil, Leben, Unsterblichkeit: wohlan, so lasset uns nirgends anders hingeben als zu ihm, weil er allein der Quell des Lebens ist, der Port des Heiles, der Erbe des himmlischen Reiches. Und worauf anders zielt denn die Erwählung ab, als daß wir, von Gott zu seinen Kindern angenommen, Gnade und Liebe, Heil und Leben erhalten? Nicht in ihnen selber sondern in Christo hat Gott die Seinen erwählt; er kann sie nicht lieben ohne durch ihn, er kann sie nicht schmücken mit der Fülle seines Erbes ohne daß sie zuerst an ihm Antheil genommen haben. — So ist denn Christus wie ein Spiegel, in dem wir unsere Erwählung anzuschauen haben und in dem wir sie anschauen ohne uns täuschen zu können." —

Die Lehre vom Abendmahle weiterhin trägt Calvin in der ersten Ausgabe seines Buches folgendermaßen vor*): „Was wir das Mahl des Herrn oder die Danksagung (Eucharistie) nennen ist eine geistliche Speisung durch unsern Heiland, und unsererseits eine Danksagung für die unermeßliche Wohlthat unserer Erlösung. Wer dieselbe genießt, der wird dadurch versichert, daß das ewige Leben des Himmelreiches ihm eben so wenig fehlen könne, als Christo selber; daß seine Sünden ihn eben so wenig zu verdammen vermögen, als sie den Herrn verdammen, denn sie sind nicht mehr unser sondern des Herrn. Das ist die Verwandlung, die er durch seine unaussprechliche Gnade mit uns vornimmt. Unsere Armuth in sich aufnehmend zieht er uns hinein in seinen Reichthum; unsere Schwachheit aufhebend gründet er uns in seine Kraft; unsere Sterblichkeit läßt er über sich ergehen und reicht seine Unsterblichkeit uns dar. Dieß Alles wird in seinem Sakramente so gewiß gemacht, daß wir nicht daran zweifeln können, es komme uns wahrhaft zu, gleich als wäre Christus selber zugegen und ließe sich mit den Händen angreifen. Denn nicht trügen kann uns das Wort: „Nehmet, esset, das ist mein Leib, der für euch gebrochen wird, dieß ist mein Blut, das vergossen wird zur Vergebung der Sünden." Wenn er uns nehmen heißt so sagt er damit: es solle in unser Wesen eingehen. Indem er spricht: das ist mein Leib, der für euch gegeben, mein Blut, das für euch vergossen wird, weist er uns darauf hin, daß Beides nicht mehr sowohl sein als vielmehr unser sei, da er es nicht um seiner selbst willen, sondern um unsertwillen angenommen hat und wieder ablegen werde. Und wohl ist darauf zu merken daß in diesen Worten „der für euch gegeben, das für euch vergossen wird" eigentlich die ganze Kraft des Sakramentes liegt. Ohne das würde es uns nicht viel nützen, daß der Leib und das Blut des Herrn uns zugetheilt wird. Denn wie wir schon vorhin darauf hindeuteten: die körperlichen Elemente, die in dem Sakramente erscheinen, sind Bilder durch die wir auf das Geistliche hingeführt werden sollen. So verstehen wir alsobald, indem das Brod als Zeichen des Leibes Christi uns dargereicht

*) p. 236 u. f.

wird, daß wie jenes unser leibliches Leben nährt, erhält, bewahrt: so dieser unseres geistlichen Lebens Speise und Bewahrung sein müsse; und indem wir den Wein empfangen, der das Blut uns abbildet, ist es uns augenblicklich klar, daß was der Wein an unserm Leibe thut, daß dieß das Blut Christi an unserer Seele thun werde, nämlich sie ernähren, erquicken, fröhlich machen."

„Wenn wir das in Einfalt fest hielten, würden wir daran überschwänglich genug haben, um unser innerstes Bedürfniß zu befriedigen; und nie wären dann jene jammervollen Streitigkeiten ausgebrochen durch die in frühern Zeiten und leider! auch in unsern Tagen wieder die Kirche so elendiglich ist zerrissen worden. Nun aber wollen vorwitzige Leute durchaus bestimmen, in welcher Weise der Leib Christi dem Brode zugegen sei. Die Einen haben eine wunderliche Verwandlung ausgedacht. Die Andern sagen das Brod selbst sei der Leib. Die Dritten, er sei unter dem Brode verborgen. Wieder Andere, das Brod sei nur ein Zeichen und Abbild desselben. „Indessen ist die Sache doch dessen werth, daß man viel Worte darüber macht und die Gemüther darum erhitzt." Ja, so urtheilt die Menge; aber wer darein einstimmt, der denkt nicht daran, daß doch vor Allem darnach zu fragen ist, wie der Leib Christi der für uns gegeben, wie sein Blut das für uns vergossen ist, wirklich seinen Zweck an uns erfülle und unser werde? — In all der Mannigfaltigkeit und Verwirrung der Meinungen lasset uns auf dieser einen und gewissen Wahrheit Gottes bestehen: das Sakrament ist eine Geistesspeise, nicht für unsern Leib bestimmt, sondern für unsere Seele; und wir sollen Christum darin suchen nicht als ob er mit den leiblichen Gliedern ergriffen werden sollte und könnte, sondern so daß unser inwendiger Mensch weiß, er ist zugegen, und wird mir dargereicht. In Summa verhält sich die Sache also. Unser Fleisch ist durch Christi Auffahrt in den Himmel eingegangen, darauf beruht die Hoffnung auch unserer Auferstehung und Himmelfahrt. Zur Wirklichkeit eines Leibes aber gehört nothwendig daß er eine räumliche Beschränktheit hat, und dieß gilt also auch von Christi verklärtem Leibe. Soll er nicht zu einem Scheinleibe gemacht werden, so kann er offenbar nicht überall sein und an allen Orten zugleich erscheinen. Dagegen übt der Herr, der zur Rechten des Vaters sitzt, überall und unbeschränkt seine Kraft aus, durch die er jeder Zeit den Seinen nahe ist, sie aufrecht erhält, stärkt, belebt, bewahrt, nicht anders als ob er leiblich zugegen wäre. In dieser Weise aber nicht in einer andern wird auch Fleisch und Blut Christi im Sakramente uns dargeboten. Um uns recht klar auszudrücken, sagen wir: wirklich und wirksam werden sie uns dargereicht aber nicht natürlich. Nicht der Stoff des Körpers sondern was in seinem Körper Christus für uns erworben hat. Das ist die Gegenwart des Leibes, welche das Sakrament erfordert."

Daneben stellen wir nun die folgenden Hauptpunkte aus der Darstellung dieser Lehre in der letzten Ausgabe.

„Nachdem uns Gott einmal zu Gliedern seiner Familie angenommen hat, und uns wirklich als Kinder halten will, übernimmt er es, um jede Vaterpflicht an uns zu erfüllen, uns je und je zu stärken und zu nähren während des ganzen Ganges unseres Lebens. Und damit noch nicht zufrieden hat er uns ein Pfand gegeben das uns diese seine Gnade so gewiß macht, daß wir unmöglich mehr durch Zweifel oder Unglauben ihrer verlustig gehen können. Durch die Hand seines Sohnes hat er der Kirche das zweite Sakrament darreichen lassen, das geistliche Mahl, in welchem Jesus Christus uns bezeugt, daß er das lebendige Brod ist, das unsere Seele nährt und zubereitet zu der seligen Unsterblichkeit. Und mit diesem Mahle verhält es sich nun so: die äußern Elemente dabei sind Brod und Wein, welche uns die geistliche Nahrung des Leibes und Blutes unseres Herrn abbilden. Denn da diese Nahrung selber, die Gemeinschaft mit dem Wesen Jesu Christi, unsichtbar, unfaßbar, ein Geheimniß ist, so wird sie uns wenigstens in einem Bilde anschaulich gemacht; ja es werden uns Pfänder dafür gegeben, die sie uns eben so gewiß machen als ob wir sie mit Augen sähen und mit Händen griffen. Darauf zielt also das Sakrament zunächst ab: uns zu versichern, daß der Leib Christi in solcher Weise ein Mal für uns ist geopfert worden, daß wir ihn jetzt empfangen, und in seinem Empfange die Wirkung dieser einmaligen Darbringung empfinden, die für uns geschehen. Und so nennt der Herr denn auch den Kelch „den neuen Bund in meinem Blute". Nämlich um unsern Glauben zu befestigen, erneuert er, so oft er sein heiliges Blut uns zu trinken giebt, seinen Bund gewissermaßen mit uns oder versichert uns vielmehr, daß er fortbestehe und zu jeder Zeit fortbestehen werde. In dieser Weise werden wir durch dieses Sakrament dessen gewiß: Christus ist uns so einverleibt und wir ihm, daß Alles was sein ist auch unser gehört, und Alles was unser ist wiederum sein. Es ist ein bewunderungswürdiger Austausch, den die ewige Liebe so zwischen ihm und uns gestiftet hat! Zur Erde herniedersteigend hat er Bahn zum Himmel gemacht; indem er des Menschen Sohn wird macht er uns zu Kindern Gottes."

„Auf die bloße Darreichung des Leibes Christi, ohne irgend welche höhere Bedeutung, kann es also im Sakramente am allerwenigsten ankommen, sondern die Hauptsache dabei muß die Bestätigung und Erfüllung jener Verheißung sein: „mein Fleisch ist die rechte Speise, und mein Blut der rechte Trank; wer mein Fleisch isset und trinket mein Blut, der wird leben in Ewigkeit." Und darum weist uns denn auch das Sakrament vor Allem zum Kreuze Christi, wo dieses Wort vollständig wahr geworden und gänzlich in Erfüllung gegangen ist. Denn wir empfangen Christum nur mit Frucht wenn wir ihn als den Gekreuzigten empfangen und uns dabei tief durchdringen lassen von der Kraft seines Todes. Nicht erst im Sakramente fängt Jesus an uns zum Brod des Lebens zu werden, sondern schon durch sein Evangelium und seinen Geist thut er solches an uns; nur ist das Sakrament in dieser Beziehung die klarste Predigt, die lebendigste Erweckung des Glaubens, der dringendste Aufruf an unsere Seele, daß wir dessen gedenken was er uns geworden ist, und immer mehr uns werden will."

„Nun hat man sich da vor zwei Abwegen zu hüten. Zuerst davor: daß man die äußern Zeichen zu viel ihrer Bedeutung entleert, sie völlig von den Geheimnissen trennt, mit denen sie doch Eins ausmachen, und so ihre Wirkung abschwächt. Zum Andern davor: daß man die Zeichen für die Sache selber nimmt, und so die innere Kraft der Handlung verdunkelt. Jeder der überhaupt nur religiös gesinnt ist, bekennt, daß Christus das Brod des Lebens sei, durch das die Gläubigen gespeist werden zum ewigen Heile; aber darüber sind nicht Alle einig: in welcher Weise das geschieht? Die Einen sagen: das Fleisch Christi essen und sein Blut trinken heißt mit e i n e m Worte: an ihn glauben. Aber es scheint mir denn doch, als habe der Herr durch sein Wort noch auf etwas Höheres hindeuten wollen. Allerdings ist ein Genuß des Herrn ohne Glauben undenkbar, aber damit ist doch nicht gesagt, daß Essen und Glauben Eins und dasselbe sei. Vielmehr wird dieß die richtige Darstellung der Sache sein: I n d e m w i r g l a u b e n e s s e n w i r d a s F l e i s c h C h r i s t i , u n d d i e s e s E s s e n i s t e i n e F r u c h t d e s G l a u b e n s . Oder wenn es noch klarer ausgedrückt sein will: J e n e n i s t d e r G l a u b e s c h o n d a s E s s e n ; i c h d a g e g e n s a g e : d e r G l a u b e b r i n g t d a s E s s e n z u W e g e . Den Worten nach erscheint der Unterschied nicht groß, in der Sache aber ist er sehr bedeutend. Denn wenn der Apostel lehrt, daß Christus durch den Glauben in unseren Herzen wohne, so wird das Niemand so auslegen, als sei der Glaube schon dieses Einwohnen selber, sondern Jedermann wird einsehen, daß er damit sagen will: d e r H e r r s e i e s d e r s e i n e n G l ä u b i g e n d i e u n a u s s p r e c h l i c h e G n a d e e r w e i s e i n s i e e i n z u g e h e n . Und so verhält es sich nun auch mit der Gabe des Sakramentes in ihrer Beziehung zu unserm Glauben."

„Und so ist auch die Behauptung Jener ungenügend, die zwar wohl von einer gewissen Gemeinschaft mit dem Leibe Christi reden, aber am Ende doch auf nichts Anderes hinauskommen, als daß wir seines Geistes theilhaftig werden. Als ob die Worte „Fleisch und Blut" für nichts daständen! Als ob wir auf das Größte, was irgend genannt werden mag, auf das Einswerden mit dem ganzen Herrn, und das Eingehen seines Fleisches und Blutes in unser Fleisch und Blut ohne Weiteres verzichten sollten! — So viel ist allerdings wahr: der heilige Geist wirkt mit bei dem Sakramente und der Aneignung seiner Gabe, wie denn überall er es ist, der zusammenbringt und vereinigt was noch so weit auseinander liegt. Der Herr sitzt in der Herrlichkeit zur Rechten des Vaters; aber von dort herab theilt er sich uns mit durch seinen Geist, dessen Kraft über alles Denken und Begreifen hinaus geht. Durch diesen Geist wird er mit uns Eins, und wie durch einen Canal das Wasser geleitet wird wohin man es haben will, so strömt durch ihn der Herr und Alles was er besitzt hernieder zu uns. Wir sehen, wie ferne von uns die Sonne ist, und doch ist ihr Licht bei uns und erwärmt und beleuchtet die Erde: warum sollte der Geist Christi nicht eben so herniederleuchten können und sein ganzes Wesen in uns hineintragen? Wo die Schrift daher von unserer Gemeinschaft mit Christo redet, da führt sie die ganze Darreichung und Kraft derselben auf den heiligen Geist zurück."

„Ich sage das auch gegen die, die sich ihrerseits wieder keine andere Gegenwart des Leibes Christi beim Abendmahl denken können, als wenn derselbe mit dem Brode vereinigt ist. Diese schließen also den Geist aus oder stellen seine Kraft in Abrede. Fährt der Herr nicht selber herunter, so ist er nach ihnen auch nicht vorhanden. Als ob er es nicht auch vermöchte, uns zu sich emporzuheben und uns dadurch eben sowohl seine Gegenwart genießen zu lassen! — Freilich, wenn nun Jemand noch mehr von mir wissen will, schäme ich mich nicht zu bekennen, daß das Geheimniß zu hoch ist, als daß mein Geist es völlig fassen, oder meine Worte es ganz ausdrücken könnten. Durch die Erfahrung meines Innern weiß ich darüber im Herzen mehr, als meine Gedanken sich klar machen können. Im Uebrigen halte ich mich getrost an das Wort des Herrn. Er befiehlt mir an seinem Tische Theil zu nehmen und sein Fleisch zu essen und sein Blut zu trinken: wohlan, so biete ich ihm denn meine Seele damit sie solche Nahrung empfange, und zweifle nicht, daß ich sie empfange, daß er mir geben werde was er mir versprochen hat. Nur die thörichten Mißbräuche und Menscheneinbildungen verwerfe ich dabei, die seiner Majestät widersprechen oder die Wahrheit seiner menschlichen Natur aufheben; und das thue ich um so mehr als sie auch mit dem Wort Gottes sich im Widerspruche befinden." —

Was die beiden Lehren selber betrifft, deren Darlegung aus der ersten und aus der letzten Zeit Calvins wir hier nebeneinander gestellt haben, so werden wir später noch auf sie zu reden kommen. Für unsern gegenwärtigen Zweck der Vergleichung der beiden Standpunkte wird es dagegen kaum noch weiterer Bemerkungen bedürfen. Es leuchtet von selber ein, wie sehr die Grundgedanken die nämlichen sind auf dem einen und auf dem andern, wie in der letzten Bearbeitung immer auf die gleichen Punkte das Hauptgewicht gelegt wird die schon in der ersten besonders hervortreten. Die Einheit des Glaubens- und Gedanken-Lebens, der durchweg auf das Praktische der Religion gerichtete Sinn, die kühne Bestimmtheit des Behauptens, die doch wieder mit der heiligsten Scheu vor der unergründlichen Tiefe der Geheimnisse Gottes gepaart erscheint: — das Alles macht sich an dem angebenden Reformator nicht minder deutlich bemerkbar als an dem vollendeten Manne, der durch die Fülle der Jahre und der Erfahrungen hindurchgegangen auf dem Höhepunkte seiner Reise steht und am Ende seiner Laufbahn. Die

Verschiedenheiten, die dem aufmerksamen Auge allerdings sich zeigen, sind mit wenig Ausnahmen lediglich durch das hervorgerufen, was von außen an ihn herankam: durch die neuen Gegner, die zu bekämpfen waren, durch die neuen Einwürfe, die sich im Laufe der Jahre gegen seine Darstellung erhoben, durch die neuen Fragen und Verwicklungen, welche das Leben oder der Zustand der Gemeinde mit sich gebracht hatte. Während er innerlich immer derselbe bleibt, wird er den neuen Bedürfnissen gegenüber immer wieder ein Neuer, damit er überall und Allen zu dienen wisse und doch wenigstens Etliche gewinne. —

Es bleibt uns nun noch übrig unsern Lesern einen Begriff von dem Gesammtcharakter des berühmten Buches zu geben mit dem dieser Abschnitt sich beschäftigt.

In der ersten Ausgabe entspricht dasselbe in der That ganz dem Namen, den Calvin selber ihm beilegt, dem Namen „eines kurzgefaßten Handbuches für diejenigen, die sich in der christlichen Religion zu unterrichten begehren." Wäre der Stoff in Fragen und Antworten abgetheilt, so würde das Büchlein als ein etwas ausführlicher Katechismus zum Volksunterrichte gelten können, der sich in Anordnung und Inhalt nur wenig von andern Katechismen, z. B. dem großen lutherischen unterschiede*); denn was darin behandelt wird ist im Grunde nichts Anderes als die sogenannten vier Hauptstücke, an die überall der erste Unterricht in der christlichen Lehre sich anschließt: die zehn Gebote, das apostolische Glaubensbekenntniß, das Unser-Vater, die Sakramente. Was bei Calvin noch als besonderer fünfter Abschnitt folgt: die Bestreitung der sieben Sakramente der katholischen Kirche, gehört ja im Grunde zu dem vierten Hauptstücke und ist lediglich durch die damaligen Zeitverhältnisse veranlaßt. Die sechste Abtheilung: „Von der christlichen Freiheit, der kirchlichen Gewalt und der bürgerlichen Ordnung" kehrt theilweise auch in andern Katechismen als Schlußanhang wieder**), und ist im Weitern, wie die vorhergehende Erörterung, nur durch die besondern Umstände hervorgerufen, unter denen das Buch erschien. Es gehörte mit zu dem apologetischen Zwecke desselben, daß dem Könige von Frankreich, der die Evangelischen als Empörer ansah, dargelegt wurde, was sie in Wahrheit von den kirchlichen und staatlichen Ordnungen hielten. Mit der Erklärung des Gesetzes beginnt also die Schrift. „Die Summe aller heiligen Wissenschaft," hebt sie an, „besteht in diesen zwei Stücken: in

---

*) So finden sich denn auch in dem eigentlichen Katechismus den Calvin bald darauf herausgab, manche Stellen dieser ersten Bearbeitung der Institutio fast buchstäblich wieder.

**) Z. B. in dem lutherischen „die Haustafel etlicher Sprüche für allerlei Orden und Stände", und im Heidelberger, der freilich, bei anderer Eintheilung, auf die Lehre von den Sakramenten noch die Frage von der Kirchenzucht und „dem Auf- und Zuschließen des Himmelreichs" folgen läßt.

der Erkenntniß Gottes und in der Erkenntniß unserer selbst. Zuerst nun haben wir zu lernen wer Gott ist und wie er sich zu uns verhält." In kurzen, anschaulichen Zügen wird das dann auseinandergesetzt; die Offenbarung des Vaters durch den Sohn und die Heilsordnung wie sie in Christi Werk zu Tage tritt, wird in allgemeinen Umrissen dargestellt, und darauf hingewiesen, wie dieß Alles auf nichts Anderes abziele, als uns hinzuführen zu der völligen Liebe Gottes, die allein uns fähig mache in seine ewige Gemeinschaft einzugehen. „Worin nun aber diese völlige Liebe besteht und sich äußern muß zeigt uns das Gesetz der zehn Worte," zu deren Betrachtung im Einzelnen jetzt übergegangen wird. — Wir theilen Einiges aus der Auslegung derselben mit; die Anklänge an den einen und andern bekannten Katechismus werden sich dabei von selber bemerklich machen*).

„Durch dieses Wort," heißt es zum ersten Gebote, „werden wir davon abgehalten irgendwo anders hin unser Vertrauen zu wenden als zu Gott, dem es ganz und gar zugehören soll, irgendwo anders Hülfe zu suchen, irgend Jemand Anderem Dank zu sagen für ein Gut oder eine Kraft, da von ihm allein Alles uns dargereicht wird. Ja so sehr sollen wir ihn über Alles fürchten und lieben, daß wir ihn allein als unsern Gott anerkennen, und wer unser Gott ist, der ist unser Alles."

Zum zweiten Gebot: „Nachdem das erste uns erklärt, daß nur ein Gott ist, neben dem keine andern zu denken sind, lehrt uns nun dieses zweite, welcher Art er ist und in welcher Weise er verehrt werden soll, indem es uns warnt nicht etwa irgend etwas Fleischliches in sein Wesen hineinzutragen, oder ihn mit unsern Sinnen suchen und ergreifen zu wollen. Das rechte Bild Gottes spricht aus seinem Worte uns an; in diesem Worte zu forschen, aus diesem Worte uns zu unterrichten, dazu ruft also dieses Gebot uns auf.

Zum dritten Gebot: „Auf nichts dringt Gott mehr als auf die

---

*) Daß z. T. der kleine lutherische Calvin bekannt war und ihm bei seiner Arbeit im Sinne lag, scheint mir daraus fast unzweifelhaft hervorzugehen, daß die bekannte schöne Wendung, mit der Luther seine kurze Auslegung eines jeden Gebotes einführt: „Wir sollen Gott fürchten und lieben daß zc.", sich in der Gebots-Erklärung der „Institutio" durchweg wieder findet. Etwas Weiteres freilich dürfte Calvin schwerlich den lutherischen Katechismen entnommen haben, da in dem kleinen ja nur das Nothwendigste zur Sprache kömmt, die Darstellung des großen aber einen ganz andern Charakter an sich trägt als die Darstellung seines Buches. Ist Luther, was man so nennt, praktischer, und entwickelt — besonders bei den Geboten — die Anwendung auf das Leben in ausführlicherer Weise, so erscheinen dagegen bei Calvin die Grundgedanken der göttlichen Aussprüche bei Weitem mehr durchforscht, tiefer gefaßt, in klareren Zusammenhang gebracht. In dieser Beziehung hat die Arbeit Luthers unserm Reformator unmöglich etwas bieten können; hier war er selber der Meister, der alle Bisherigen überragte.

seines Tages. Wenn die Propheten einen Zustand völliger
keit und offenbaren Abfalles von Gott schildern wollen, so sa-
abbath werde nicht mehr gehalten. Nun ist freilich die äußere
Gebotes in dem neuen Bunde des Himmelreiches nicht mehr
ein eigentlicher Inhalt bleibt und ist uns zum Gesetze gemacht
n. Nämlich dieser Inhalt ist der: Wir sollen Gott fürchten
aß in ihm unsere Seele Ruhe findet. Ein unaufhör-
h ist uns also von Gott geboten und verheißen; und zugleich
erklich gemacht, daß wir ihn ganz und völlig nicht eher feiern
s zum siebenten Tage, d. h. dem letzten Tag der Welt, da Gott
Arbeit, und wir eingehen in seine Ruhe. — Was den Sonn-
, den wir jetzt feiern, so ist er nicht in dem Sinne eingesetzt,
or allen andern Tagen heiligen, d. h. für heiliger halten sollen
Denn Gott hat alle Tage gleich geehrt und geschmückt. Dacht, daß wir ihn zum Dienste Gottes verwenden und zur Erer Seelen. Dann wird von diesem Tage aus jeder Tag uns
ag werden und dieß weissagende Abbild des Sabbaths führt
ihren Sabbath ein."

erten Gebote hält sich Calvin lediglich an den Wortlaut:
gen die Eltern. Die Unterwürfigkeit unter die Obrigkeit,
gewöhnlich in diesem Worte noch befohlen befindet, berührt er
be.

sten: „Völlig jungfräulich sich halten können ist eine beson-

ohnehin schon zuerst, und im Uebrigen sorgen wir am Besten für uns selber, wenn wir uns selber in der Liebe zu den Andern vergessen. — Die Gebote zielen nicht auf ein Einzelnes ab, sondern auf ein Recht-beschaffensein unseres gesammten Zustandes. Niemand meine sie durch äußeres Thun erfüllen zu können; wer nicht durchdrungen ist von der Liebe und Alles aus der Liebe heraus thut, der bricht sie in jedem Gedanken und jeder Handlung. — Da nun aber Keiner solche Liebe in sich hat, so sind wir Alle untüchtig und verloren vor Gott. Wir bedürfen einer Vergebung, einer Wiederannahme aus Gnaden, einer Liebe, die sich in uns ausgießt, damit auch wir lieben lernen. So weist uns das Gesetz auf Christum. Indem wir bei ihm dieß Alles finden, was wir nöthig haben, befreit er uns von dem Joche des Gesetzes, aber er hebt es deßhalb nicht auf, noch entbindet er uns von dem Gehorsam dagegen. Im Gegentheile: in ihm und durch ihn können wir nun auf den Wegen des Gesetzes wandeln; es macht uns zu Kindern des Vaters, wirkt in uns das ewige Leben, und in der Kraft dieser Kindschaft und dieses ewigen Lebens halten wir nun das väterliche Gesetz. — So unendlich Vieles und Großes empfangen wir von dem Herrn, und sollten uns nun ihm undankbar erweisen durch das Nichtthun seines Willens, oder könnten der Meinung sein, solcher Undank schade uns nichts und verdamme uns nicht?" Auf diese Weise ist Calvin bei Christo und dem neuen Bunde der Erlösung und Erfüllung angelangt, und legt nun an der Hand des apostolischen Glaubensbekenntnisses dessen Inhalt des Nähern auseinander.

„Vom Glauben" ist dieses zweite Capitel überschrieben, denn der Glaube ist ja die Seele des neutestamentlichen Lebens, ist die Kraft, durch die das Getrennte wieder Eins wird und das Unmögliche möglich.

„Die erste Stufe des Glaubens," hebt er an, „ist das Annehmen und Fürwahrhalten des göttlichen Zeugnisses (freilich noch etwas durchaus Bedeutungsloses, das den Namen „Glauben" eigentlich gar nicht verdient), — die andere das Vertrauen auf Gott als auf unsern Gott, und auf Christum als auf unsern Erlöser, so daß wir an dem guten Willen Gottes gegen uns nicht mehr zweifeln, sondern ganz gewißlich überzeugt sind: er werde uns Alles geben, wessen wir für Leib und Seele bedürfen*)."

---

*) Ganz unzweifelhaft ist zu den herrlichen Fragen 21 und 26 des Heidelberger Katechismus („Was ist wahrer Glaube?" und „Was glaubst du beim ersten Artikel des Bekenntnisses?") diese Stelle aus Calvins Institutio benutzt worden. Denn nicht nur die Gedanken, sondern auch ihre Anordnung und der Wort-Ausdruck stimmen stellenweise bis in das Einzelnste überein. Der Leser, der sich hierfür interessirt, nehme seinen Katechismus (am besten in lateinischer Ausgabe) zur Hand, und vergleiche die genannte Stelle mit den folgenden Sätzen, die wir hier im Originale wörtlich wiedergeben. Altera est (sc. fidei forma) qua non modo Deum et Christum esse credimus, sed etiam in Deum credimus et Christum, vere ipsum pro Deo nostro ac Christum pro salvatore agnoscentes.

dann zuerst die Besprechung von der Lehre von der Dreieinig-
er nichts darbietet, was besonders hervorzuheben wäre. Nur
Hinblicke auf spätere Vorgänge bemerkenswerth sein, daß Cal-
„der gottlosen Irrthümer" Servets mit einem kurzen bittern
nung thut. Denn auf Niemanden anders als auf diesen Mann
gemünzt sein, wenn er gleich am Anfange der Darstellung sich
t: „Da einige Gottlose, um unsern Glauben von Grund aus
chon diesen seinen ersten Anfang antasten, und darüber spotten,
Gott in drei Personen bekennen, so wäre hier der Ort, ihre
recht zu weisen. Weil wir uns aber vorsetzten die Gelehrigen
ht mit den Widerspenstigen Streit zu führen, so werden wir uns
n jene Heerhaufen wenden, die schon in Schlachtordnung stehen."
Auslegung der einzelnen Artikel, die von den Personen der
handeln, müssen wir wohl vorübergehen, so viel Tiefes, Be-
Herzerquickendes sie auch bietet, wenn wir nicht länger als
aß unserer Darstellung gestattet, bei diesem einen Buche ver-
Die Lehre ist dabei durchweg die allgemein kirchliche; ledig-
ordnung und Behandlung findet sich hie und da etwas Neues;
., schon in dieser ersten Bearbeitung das Werk Christi nach
Amte des Königs, Hohenpriesters und Propheten unterschieden
Betrachtungsweise, die bekanntlich Calvin als der Erste in die
geführt hat, in der sie seitdem volles Bürgerrecht genießt. —
der Erklärung eines Artikels trägt Calvin eine ganz neue

verstehen, und nun zu behaupten der Herr sei in dieses hinabgestiegen, um da-
durch der Gewalt und Herrschermacht des Teufels gleichsam den letzten Stoß
zu geben. — Die Reformirten die sich damit nicht befreunden konnten, meinten vielmehr: die Hölle bedeute überhaupt den Aufenthaltsort der von der
Erde entrückten Seelen, sei derselbe nun der Ort der Verdammniß oder der
Ort der Seligkeit, und so heiße der Satz: „Christus sei hinabgefahren zur
Hölle" nichts Anderes als: „Christus ist wahrhaftig gestorben und in das
Paradies eingegangen" (so Zwingli, Leo Judä, Peter Martyr, Bullinger
u. A.)*).

Weder die eine noch die andere dieser Auffassungen eignet nun Calvin
sich an. Er geht von dem Grundsatze aus, daß mit einer Hingabe des Herrn
nur in den körperlichen Tod nichts ausgerichtet gewesen wäre, daß
vielmehr um dem gerechten Urtheile Gottes ein Genüge zu thun, die ganze
Wucht der ewigen Strafen von ihm empfunden werden mußte. Und daß
auch dieß in der That geschehen sei, sagt er, werde nun eben durch den in
Rede stehenden Artikel des apostolischen Glaubensbekenntnisses bezeugt. „Das
hinabgefahren zur Hölle," schreibt er, „bedeutet: er ist von Gott mit Höllenqual getroffen worden und hat den ganzen Jammer und Schrecken des göttlichen Gerichtes in sich empfunden. Nicht als hätte der Vater jemals ihm
gezürnt; sondern um unsertwillen hat er Solches erfahren. Aus dieser
tiefsten Seelennoth heraus kommt sein Schrei: „Mein Gott, mein Gott,
warum hast du mich verlassen." Das heißt doch wahrlich hinabgefahren sein
zur Hölle: so zu leiden und so sich von dem Vater verlassen zu fühlen. Von
irgend einem bestimmten Orte ist in dem Allem nicht die Rede. — Hie und
da möchten Einige diesen Artikel gerne weglassen, aber er ist doch in keiner
Weise überflüssig, da er das tiefste Geheimniß der tiefsten Wahrheit uns
kund thut."

Die Richtigkeit oder Unrichtigkeit dieser Erklärung haben wir hier nicht
zu beurtheilen. Wir fügen nur noch hinzu, was übrigens bekannt genug ist,
daß die spätere reformirte Theologie sich derselben fast durchweg anschloß.
Durch den Heidelberger Katechismus, der ihr ebenfalls folgte, hat sie sogar
ein symbolisches Ansehen in unserer Kirche erlangt. —

Unter dem Artikel von der Kirche kömmt hierauf die Darstellung der
Heilsordnung an die Reihe. Das Eigenthümliche derselben: die ewige Erwählung zum Heile oder zum Verderben, die ihren Kern und Mittelpunkt
bildet, haben wir in ausführlicherer Wiedergabe mitgetheilt, so daß es einer
weitern Erörterung nicht mehr bedarf. Es ist damit die Lehre von dem Erlösungswerk abgeschlossen, und Calvin geht nun von der Lehre von der Aneignung desselben über zu der Lehre von den Gnadenmitteln.

---

*) Vergl. darüber die tüchtige Arbeit von Güder: „Die Lehre von der Er-
scheinung Jesu Christi unter den Todten." Bern 1853 p. 219—270.

Da nimmt denn, wie sich's gebührt, das Gebet die erste Stelle ein, dessen Wesen und rechte Beschaffenheit an dem vorbildlichen Gebete des Herrn nachgewiesen wird. „Aus dem was wir bisher miteinander betrachteten," führt Calvin diesen Abschnitt ein, „ist es uns zur Genüge klar geworden, wie gänzlich verarmt der Mensch ist und wie völlig entblößt von allem wahrem Guten. Eigene Mittel das Heil sich zu verschaffen und es in sich zu fördern hat er keine. Darum muß er nothwendiger Weise aus sich selber hinausgehen, wenn er nach irgend einer Hülfe sich sehnt, die seinen eigenen Mangel ersetze, und sich anderswo suchen was ihm Noth thut." Und dazu fordert denn auch der Herr selber ihn auf. „Komm zu mir, bitte von mir, sage mir, was ich dir geben soll" — diese Gnadenrufe aus Gottes Munde ziehen sich durch die ganze heilige Schrift hindurch. Ein Christenthum ohne Gebet ist also nicht denkbar, da ohne Bitten sich nichts empfangen läßt, und ohne Empfangen Niemand etwas besitzt. Und wiederum giebt es kein anderes Bitten, das wirklich empfängt, als das durch den Sohn und in dem Sohne; denn in ihm allein ist die Fülle der himmlischen Güter uns dargeboten und das verheißende Wort Gottes Ja und Amen an uns.

Damit wir nun aber auch bis in das Genaueste und Einzelne hinein wissen, wie und was wir zu beten haben, so hat der Herr in seiner unermüdeten Fürsorge uns Armen und Unverständigen gleichsam ein Muster davon gegeben und Alles was dabei in Betracht kömmt, wie auf einer Tafel uns aufgezeichnet." In einer überaus trefflichen Auslegung der einzelnen Bitten wird dieses Muster dann entwickelt und der Seele des Lesers eingeprägt.

Aber nicht nur durch das Gebet kommen die Gnadengaben des ewigen Lebens uns zu. Der Herr hat auch ungebeten Wege festgestellt und Mittel bereitet, durch die er sein Heil, ja die Gemeinschaft seiner eigenen Person in in uns ausgießt: — nämlich die Sakramente. Es sind dieß äußere Zeichen, durch die uns Gott innerlich versiegelt und gewiß gemacht was er in seinem Worte uns ansagte, so daß unser schwacher Glaube eine Festigkeit gewinnt, in der ihn nichts mehr erschüttern kann. Sie sind das Wort, das uns so nahe tritt, daß wir es sehen und mit Händen greifen.

Das erste derselben: die Taufe begreift dreierlei in sich. Zum ersten ist sie das Sinnbild unserer Reinigung, das Zeugniß daß alle unsere Sünden abgethan worden, so daß sie nicht mehr vor Gott erscheinen dürfen. Wer nur ein Zeichen in ihr sehen will, wie etwa das Feldzeichen, das der Fürst seinen Soldaten giebt, der erschöpft ihre Bedeutung nicht. Aber auch noch einen andern Trost bringt sie. Sie begräbt uns mit Christo in seinen Tod und erweckt uns in ihm zu einem neuen Leben. Nämlich in der Weise, daß durch die Taufe Christus seines Sterbens uns theilhaftig macht mit Allem was daraus folgt, mit Allem was dazu gehört. Wie der Zweig aus der Wurzel, der er eingepflanzt ist, Leben und Nahrung zieht, so gewinnt der,

der die Taufe im Glauben annimmt, den Tod seines alten Menschen aus des Herrn Tod und die Auferstehung zum geistlichen Leben aus des Herrn Auferstehung. Durchaus unrichtig ist dagegen die Ansicht, daß wir durch die Taufe von der Erbsünde gereinigt werden. Vielmehr wird durch sie nur die Verdammniß aufgehoben, die der Erbsünde anklebt, indem wir nun die Versicherung haben, daß eine Vergebung der Sünde da ist. Und so oft wir im Laufe des Lebens wieder sündigen, so oft dürfen und sollen wir wieder unserer Taufe gedenken und mit dieser Erinnerung unser Herz bewaffnen, so daß es der Sündenvergebung gewiß bleibt nnd seine Freudigkeit bewahrt.

Zum dritten empfängt unser Glauben aus der Taufe den Trost: daß uns zuverlässig bezeugt wird: wir seien nicht nur in Christi Leben und Tod eingepflanzt, sondern so verbunden mit ihm, daß uns alle seine Güter zu Theil werden. Darum hat er auch die Taufe an seinem eigenen Leibe geweiht und geheiligt, damit er sie mit uns gemein habe, und uns so in jeder Art erweise durch welch ein festes und inniges Band er sich mit uns verknüpft hat. Wie Paulus es sagt: „wir sind Gottes Kinder, denn wir haben in der Taufe Christum angezogen."

Ueberdieß ist aber dieses Sakrament ein Kennzeichen des Christen vor den Menschen. Wir bekennen in ihr öffentlich daß wir zu dem Volke Gottes wollen gerechnet werden und der allgemeinen Christenheit angehören, die einen und denselben Gott anruft. Ja, wir geloben damit, daß nicht nur unsere Herzen Gottes Lob aushauchen sollen, sondern auch unsere Zungen, ja alle Glieder unseres Körpers es verkündigen: daß wir unseres Gottes Wesen darstellen wollen wo und wie wir können." —

Ueber die Auffassung der Abendmahlslehre, die nun folgt, haben sich unsere Leser bereits aus dem Vorhergehenden unterrichtet. Nachdem Calvin noch die schon erwähnte Bestreitung der fünf andern Sakramente der römischen Kirche daran geknüpft hat, geht er zu dem dritten und letzten Theile seiner Darstellung über, den er die „Betrachtung der rechten christlichen Freiheit" nennt. „Denn unmöglich könne daran vorübergehen," bemerkt er, „wer ein Compendium der christlichen Lehre schreiben wolle."

Auch hier giebt die Einleitung die Grundgedanken an, die die ganze Auseinandersetzung beherrschen. „Es giebt zweierlei Arten von Leuten, welche sich zum Evangelium bekennen," heißt es darin. „Die Einen können kaum irgend etwas thun oder lassen, ohne daß ihr Gewissen dabei in Angst geräth; alle Augenblicke stocken sie und thun den Schritt wieder rückwärts den sie schon vorwärts gethan hatten; aus dem Schwanken und Zittern kommen sie nie heraus. — Bei Andern hinwiederum, sobald sie nur das Wort „christliche Freiheit" hören, wallen die Begierden auf und die ungeordnetsten Bewegungen entstehen in ihnen; in die zügelloseste Willkür stürzen sie sich hinein; allen Gehorsam gegen Gott und seine Gebote lassen sie fahren unter dem

Vorwande dieser Freiheit. — Wie sollen wir uns nun verhalten unter diesen entgegenstehenden Gefahren? Offenbar dürfen wir weder ein so nothwendiges Stück der christlichen Lehre unterdrücken, noch auch zu den unsinnigen Einwürfen irgend einen Anlaß geben, die man dagegen erhebt."

„Die christliche Freiheit besteht, meiner Meinung nach, in drei Stücken.

Zuerst darin: daß die christlichen Gewissen in der Freudigkeit ihrer Rechtfertigung vor Gott durch den Glauben über das Gesetzeswesen hinauskommen, und alle Gerechtigkeit aus dem Gesetze dahinten lassen und vergessen. Wir müssen erkennen lernen, daß es zunächst nicht darum sich handelt, ob wir Heilige und Gerechte sind, sondern lediglich darum: wie wir vor Gottes Augen als Heilige und Gerechte erscheinen. Wir erscheinen aber als Solche in Christo, nicht im Gesetze, durch den Glauben und nicht durch die Werke. Das Gesetz treibt uns wohl noch zum Guten; aber doch hängt von ihm unser Schicksal nicht mehr ab; sein Joch liegt nicht mehr auf unserm Nacken."

„Das zweite Stück der christlichen Freiheit, das aus dem ersten sich ergiebt, ist dieses: daß die Gewissen nicht mehr gezwungen dem Gesetze gehorchen, sondern freiwillig und aus sich selber Gottes Willen thun. An einem Beispiele wird uns das schnell und leicht klar werden. Die Hauptvorschrift des Gesetzes ist: daß wir unsern Gott lieben sollen von ganzem Herzen, von ganzer Seele und aus allen Kräften. Damit dieß nun aber geschehen kann, muß die Seele zuerst von jedem andern Sinn und Gedanken befreit sein, das Herz von allen Gelüsten gereinigt, die Kräfte auf einen Punkte gesammelt und einem Ziele zugewendet. Wo aber ist dieß der Fall? Ist irgend einer so gefördert in Gottes Wegen daß dieß bei ihm Statt fände? Ach nein! auch in die Gottesliebe der Frömmsten reichen doch immer noch des Herzens Leidenschaften und des Fleisches Begierden hinein; der Geist ist willig, aber das Fleisch widerstrebt, und zieht uns gar oft wieder dahin ab, wo wir nicht hin wollen. Was sollen wir nun thun, da wir fühlen, wie wir so nichts weniger als das Gesetz erfüllen? Unsere Herzen müssen lernen Gott als ihren Vater anschauen, von ihm sich „Kinder" rufen lassen, ihm als Kinder antworten und gehorchen. Ein Kind wird von seinem Vater anders behandelt als ein Knecht von seinem Herrn. Ein Kind erfährt Nachsicht und hat Vertrauen, und in diesem Vertrauen leistet es, was es aus Zwang nie hätte leisten können. — Das ist es was Paulus sagt, daß die Sünde nicht mehr über uns herrschen solle, weil wir nicht mehr unter dem Gesetze seien sondern unter der Gnade."

„Zum dritten macht es das Wesen der christlichen Freiheit aus, daß wir das Verhältniß zu Gott nicht in der Beobachtung irgend welcher äußern Dinge suchen, die an und für sich gleichgültig (Adiaphora) sind, die je nach Lage und Bedürfniß bald gethan, bald unterlassen werden können. Es thut Noth, daß wir auch hierüber zur Klarheit kommen. Denn sonst wird unsere Seele nie Ruhe finden, nie herauskommen aus abergläubischem Wesen.

Wie viele machen sich ein Gewissen über Speise und Trank, über das Feiern oder Nichtfeiern gewisser Tage und dergleichen mehr! Und doch hat dieß Alles an und für sich gar keine Bedeutung, und gewinnt erst dadurch eine sehr unheilvolle Bedeutung, daß wir darauf achten. Die Gewissen fallen dadurch in Schlingen, aus deren Gewirre sie sich nicht mehr herausfinden, und der ganze Trost des Heils geht an unzählige selbstgemachte Satzungen und Sünden wieder verloren."

Von diesen drei Gesichtspunkten aus wird nun das Wesen der christlichen Freiheit im Weitern entwickelt und in seinen einzelnen Wirkungen zur Anschauung gebracht; ihr rechter Gebrauch festgestellt, vor ihrem Mißbrauche gewarnt, die Aergernisse, die sich an sie hängen könnten, aus dem Wege geräumt. — Dann geht die Auseinandersetzung über zur Frage: in welchen Verhältnissen steht sie nun aber zu den großen, gottgeordneten Mächten der Kirche und des Staates?

„Es versteht sich von selbst, daß die Kirche die Freiheit nicht wieder aufheben darf, die ihr Haupt den Gewissen der Gläubigen verliehen hat. Aber deßhalb hat sie doch eine Macht, Alles anzuordnen und zu Allem heranzuziehen was zur Erbauung dient. Sie hat, um es mit einem Worte zu sagen, Dienst am Worte Gottes und die Verwaltung seiner Geheimnisse. Nichts Anderes ist den Aposteln und ihren Nachfolgern übertragen als die Völker zu lehren den Weg zum Reiche Gottes, und zwar Solches sie zu lehren nicht etwa nach eigenem Meinen und Gutdünken; sondern einfach wiedersagen sollen sie was sie von ihrem Herrn und Meister gehört. Thun sie das, so können sie nicht fehlen noch irren, und das christliche Gewissen wird ihnen gern und willig gehorchen, denn es gehorcht in ihm seinem Herrn und Meister. — Daraus folgt denn freilich auch, daß die Kirche das Recht hat, Lehren auszubilden und zu beurtheilen. Nicht aus sich wird sie das thun, nicht aus sich denken, nicht aus sich behaupten; sie wird ihrem Wissen eine Gränze setzen wo der Herr seiner Offenbarung eine Gränze gesetzt hat, sie wird Allem mißtrauen, was irgendwie als ein Fündlein der eigenen Vernunft ihr erscheint. Aber wo sie auf das klare Wort Gottes sich stützt, da wird sie hinwiederum auch ihrer Sache gewiß sein und ohne irgend ein Schwanken oder Nachlassen darauf beharren. So ist es denn ganz natürlich, daß Christus geboten hat: „Wer sie nicht hören will, den achte als einen Zöllner und Heiden." Aber zugleich hat er beigefügt — und Eines ergänzt und erklärt das Andere —: „Wo zwei oder drei versammelt sind in meinem Namen, da bin ich mitten unter ihnen." — Freilich bedarf die Kirche neben der Lehre und um der Lehre willen auch sonstiger Einrichtungen. „Sehet zu," sagt Paulus, „daß Alles ordentlich zugehe." Es findet sich solch eine Verschiedenheit unter den Menschen, solch eine Mannigfaltigkeit der Ansichten, Stimmungen, Urtheile, Neigungen, daß nothwendiger Weise für jede Gemeinschaft feste Gesetze und Ordnungen da sein müssen,

Verschiedenheiten, die dem aufmerksamen Auge allerdings sich zeigen, sind mit wenig Ausnahmen lediglich durch das hervorgerufen, was von außen an ihn herankam: durch die neuen Gegner, die zu bekämpfen waren, durch die neuen Einwürfe, die sich im Laufe der Jahre gegen seine Darstellung erhoben, durch die neuen Fragen und Verwicklungen, welche das Leben oder der Zustand der Gemeinde mit sich gebracht hatte. Während er innerlich immer derselbe bleibt, wird er den neuen Bedürfnissen gegenüber immer wieder ein Neuer, damit er überall und Allen zu dienen wisse und doch wenigstens Etliche gewinne. —

Es bleibt uns nun noch übrig unsern Lesern einen Begriff von dem Gesammtcharakter des berühmten Buches zu geben mit dem dieser Abschnitt sich beschäftigt.

In der ersten Ausgabe entspricht dasselbe in der That ganz dem Namen, den Calvin selber ihm beilegt, dem Namen „eines kurzgefaßten Handbuches für diejenigen, die sich in der christlichen Religion zu unterrichten begehren." Wäre der Stoff in Fragen und Antworten abgetheilt, so würde das Büchlein als ein etwas ausführlicher Katechismus zum Volksunterrichte gelten können, der sich in Anordnung und Inhalt nur wenig von andern Katechismen, z. B. dem großen lutherischen unterschiede*); denn was darin behandelt wird ist im Grunde nichts Anderes als die sogenannten vier Hauptstücke, an die überall der erste Unterricht in der christlichen Lehre sich anschließt: die zehn Gebote, das apostolische Glaubensbekenntniß, das Unser-Vater, die Sakramente. Was bei Calvin noch als besonderer fünfter Abschnitt folgt: die Bestreitung der sieben Sakramente der katholischen Kirche, gehört ja im Grunde zu dem vierten Hauptstücke und ist lediglich durch die damaligen Zeitverhältnisse veranlaßt. Die sechste Abtheilung: „Von der christlichen Freiheit, der kirchlichen Gewalt und der bürgerlichen Ordnung" kehrt theilweise auch in andern Katechismen als Schlußanhang wieder**), und ist im Weitern, wie die vorhergehende Erörterung, nur durch die besondern Umstände hervorgerufen, unter denen das Buch erschien. Es gehörte mit zu dem apologetischen Zwecke desselben, daß dem Könige von Frankreich, der die Evangelischen als Empörer ansah, dargelegt wurde, was sie in Wahrheit von den kirchlichen und staatlichen Ordnungen hielten.

Mit der Erklärung des Gesetzes beginnt also die Schrift. „Die Summe aller heiligen Wissenschaft," hebt sie an, „besteht in diesen zwei Stücken: in

---

*) So finden sich denn auch in dem eigentlichen Katechismus den Calvin bald darauf herausgab, manche Stellen dieser ersten Bearbeitung der Institutio fast buchstäblich wieder.

**) Z. B. in dem lutherischen „die Haustafel etlicher Sprüche für allerlei Orden und Stände", und im Heidelberger, der freilich, bei anderer Eintheilung, auf die Lehre von den Sakramenten noch die Frage von der Kirchenzucht und „dem Auf- und Zuschließen des Himmelreichs" folgen läßt.

der Erkenntniß Gottes und in der Erkenntniß unserer selbst. Zuerst nun haben wir zu lernen wer Gott ist und wie er sich zu uns verhält." In kurzen, anschaulichen Zügen wird das dann auseinandergesetzt; die Offenbarung des Vaters durch den Sohn und die Heilsordnung wie sie in Christi Werk zu Tage tritt, wird in allgemeinen Umrissen dargestellt, und darauf hingewiesen, wie dieß Alles auf nichts Anderes abziele, als uns hinzuführen zu der völligen Liebe Gottes, die allein uns fähig mache in seine ewige Gemeinschaft einzugehen. „Worin nun aber diese völlige Liebe besteht und sich äußern muß zeigt uns das Gesetz der zehn Worte," zu deren Betrachtung im Einzelnen jetzt übergegangen wird. — Wir theilen Einiges aus der Auslegung derselben mit; die Anklänge an den einen und andern bekannten Katechismus werden sich dabei von selber bemerklich machen*).

„Durch dieses Wort," heißt es zum ersten Gebote, „werden wir davon abgehalten irgendwo anders hin unser Vertrauen zu wenden als zu Gott, dem es ganz und gar zugehören soll, irgendwo anders Hülfe zu suchen, irgend Jemand Anderem Dank zu sagen für ein Gut oder eine Kraft, da von ihm allein Alles uns dargereicht wird. Ja so sehr sollen wir ihn über Alles fürchten und lieben, daß wir ihn allein als unsern Gott anerkennen, und wer unser Gott ist, der ist unser Alles."

Zum zweiten Gebot: „Nachdem das erste uns erklärt, daß nur ein Gott ist, neben dem keine andern zu denken sind, lehrt uns nun dieses zweite, welcher Art er ist und in welcher Weise er verehrt werden soll, indem es uns warnt nicht etwa irgend etwas Fleischliches in sein Wesen hineinzutragen, oder ihn mit unsern Sinnen suchen und ergreifen zu wollen. Das rechte Bild Gottes spricht aus seinem Worte uns an; in diesem Worte zu forschen, aus diesem Worte uns zu unterrichten, dazu ruft also dieses Gebot uns auf.

Zum dritten Gebot: „Auf nichts dringt Gott mehr als auf die

---

*) Daß z. E. der kleine lutherische Calvin bekannt war und ihm bei seiner Arbeit im Sinne lag, scheint mir daraus fast unzweifelhaft hervorzugehen, daß die bekannte schöne Wendung, mit der Luther seine kurze Auslegung eines jeden Gebotes einführt: „Wir sollen Gott fürchten und lieben daß 2c.", sich in der Gebots=Erklärung der „Institutio" durchweg wieder findet. Etwas Weiteres freilich dürfte Calvin schwerlich den lutherischen Katechismen entnommen haben, da in dem kleinen ja nur das Nothwendigste zur Sprache kömmt, die Darstellung des großen aber einen ganz andern Charakter an sich trägt als die Darstellung seines Buches. Ist Luther, was man so nennt, praktischer, und entwickelt — besonders bei den Geboten — die Anwendung auf das Leben in ausführlicherer Weise, so erscheinen dagegen bei Calvin die Grundgedanken der göttlichen Aussprüche bei Weitem mehr durchforscht, tiefer gefaßt, in klarerem Zusammenhang gebracht. In dieser Beziehung hat die Arbeit Luthers unserm Reformator unmöglich etwas bieten können; hier war er selber der Meister, der alle Bisherigen überragte.

Heilighaltung seines Tages. Wenn die Propheten einen Zustand völliger Religionslosigkeit und offenbaren Abfalles von Gott schildern wollen, so sagen sie: der Sabbath werde nicht mehr gehalten. Nun ist freilich die äußere Form dieses Gebotes in dem neuen Bunde des Himmelreiches nicht mehr gültig, aber sein eigentlicher Inhalt bleibt und ist uns zum Gesetze gemacht wie den Juden. Nämlich dieser Inhalt ist der: Wir sollen Gott fürchten und lieben, daß in ihm unsere Seele Ruhe findet. Ein unaufhörlicher Sabbath ist uns also von Gott geboten und verheißen; und zugleich wird uns bemerklich gemacht, daß wir ihn ganz und völlig nicht eher feiern werden, als bis zum siebenten Tage, d. h. dem letzten Tag der Welt, da Gott ruht von der Arbeit, und wir eingehen in seine Ruhe. — Was den Sonntag anbetrifft, den wir jetzt feiern, so ist er nicht in dem Sinne eingesetzt, daß wir ihn vor allen andern Tagen heiligen, d. h. für heiliger halten sollen als sie sind. Denn Gott hat alle Tage gleich geehrt und geschmückt. Dagegen ist es recht, daß wir ihn zum Dienste Gottes verwenden und zur Erbauung unserer Seelen. Dann wird von diesem Tage aus jeder Tag uns ein heiliger Tag werden und dieß weissagende Abbild des Sabbaths führt uns in den wahren Sabbath ein."

Beim vierten Gebote hält sich Calvin lediglich an den Wortlaut: Gehorsam gegen die Eltern. Die Unterwürfigkeit unter die Obrigkeit, die man sonst gewöhnlich in diesem Worte noch befohlen befindet, berührt er mit keiner Silbe.

Zum sechsten: „Völlig jungfräulich sich halten können ist eine besondere Gabe Gottes. Wer sie hat, mag sie bewahren. Wer sie nicht hat, dem bietet Gott ein Hülfsmittel in der Ehe, und Niemand soll ihn nun versuchen und dieses Hülfsmittel von sich weisen, während er doch desselben bedarf."

Zum zehnten: „Sollen wir uns nicht gelüsten lassen irgend etwas von unseres Nächsten Eigenthum an uns zu bringen, so liegt darin offenbar auch, daß wir für das Seinige sorgen sollen und sein Glück befördern, wo und wie wir immer können. Denn ein Jeder, der seinen Beruf, durch den er Andern dienen soll, nicht vollständig erfüllt, vergreift sich an ihnen und bringt ihnen Schaden. So die Obrigkeit, die nicht recht für das Volk sorgt, so das Volk das der Obrigkeit nicht giebt was ihr gebührt. So die Aufseher und Hirten der Gemeinde die sie nicht weiden mit allem Fleiß, und wiederum die Gemeinde die ihren Hirten nicht Ehre zollt und ihnen nicht mit Liebe entgegen kömmt. So die Eltern die ihre Kinder vernachlässigen, die Diener die ihren Herrn nicht abwarten wie sie sollten; und was irgend noch für weitere Pflichten und Obliegenheiten des Lebens sich nennen lassen."

„So ist der Zweck des Gesetzes leicht zu erkennen: es lehrt die Liebe, die Liebe zu Gott und die Liebe zu den Brüdern. Die Liebe zu uns selber lehrt es nicht. Keine Silbe findet sich darin, die uns sagte, was wir um unserer selber willen thun oder lassen sollen. Denn an uns selber denken wir ohnehin schon zuerst, und im Uebrigen sorgen wir am Besten für uns selber, wenn wir uns selber in der Liebe zu den Andern vergessen. — Die Gebote zielen nicht auf ein Einzelnes ab, sondern auf ein Recht=beschaffensein unseres gesammten Zustandes. Niemand meine sie durch äußeres Thun erfüllen zu können; wer nicht durchdrungen ist von der Liebe und Alles aus der Liebe heraus thut, der bricht sie in jedem Gedanken und jeder Handlung. — Da nun aber Keiner solche Liebe in sich hat, so sind wir Alle untüchtig und verloren vor Gott. Wir bedürfen einer Vergebung, einer Wiederannahme aus Gnaden, einer Liebe, die sich in uns ausgießt, damit auch wir lieben lernen. So weist uns das Gesetz auf Christum. Indem wir bei ihm dieß Alles finden, was wir nöthig haben, befreit er uns von dem Joche des Gesetzes, aber er hebt es deßhalb nicht auf, noch entbindet er uns von dem Gehorsam dagegen. Im Gegentheile: in ihm und durch ihn können wir nun auf den Wegen des Gesetzes wandeln; es macht uns zu Kindern des Vaters, wirkt in uns das ewige Leben, und in der Kraft dieser Kindschaft und dieses ewigen Lebens halten wir nun das väterliche Gesetz. — So unendlich Vieles und Großes empfangen wir von dem Herrn, und sollten uns nun ihm undankbar erweisen durch das Nichtthun seines Willens, oder könnten der Meinung sein, solcher Undank schade uns nichts und verdamme uns nicht?" Auf diese Weise ist Calvin bei Christo und dem neuen Bunde der Erlösung und Erfüllung angelangt, und legt nun an der Hand des apostolischen Glaubensbekenntnisses dessen Inhalt des Nähern auseinander.

„Vom Glauben" ist dieses zweite Capitel überschrieben, denn der Glaube ist ja die Seele des neutestamentlichen Lebens, ist die Kraft, durch die das Getrennte wieder Eins wird und das Unmögliche möglich.

„Die erste Stufe des Glaubens," hebt er an, „ist das Annehmen und Fürwahrhalten des göttlichen Zeugnisses (freilich noch etwas durchaus Bedeutungsloses, das den Namen „Glauben" eigentlich gar nicht verdient), — die andere das Vertrauen auf Gott als auf unsern Gott, und auf Christum als auf unsern Erlöser, so daß wir an dem guten Willen Gottes gegen uns nicht mehr zweifeln, sondern ganz gewißlich überzeugt sind: er werde uns Alles geben, wessen wir für Leib und Seele bedürfen*)."

---

*) Ganz unzweifelhaft ist zu den herrlichen Fragen 21 und 26 des Heidelberger Katechismus („Was ist wahrer Glaube?" und „Was glaubst du beim ersten Artikel des Bekenntnisses?") diese Stelle aus Calvins Institutio benützt worden. Denn nicht nur die Gedanken, sondern auch ihre Anordnung und der Wort=Ausdruck stimmen stellenweise bis in das Einzelnste überein. Der Leser, der sich hierfür interessirt, nehme seinen Katechismus (am besten in lateinischer Ausgabe) zur Hand, und vergleiche die genannte Stelle mit den folgenden Sätzen, die wir hier im Originale wörtlich wiedergeben. Altera est (sc. fidei forma) qua non modo Deum et Christum esse credimus, sed etiam in Deum credimus et Christum, vere ipsum pro Deo nostro ac Christum pro salvatore agnoscentes.

Es folgt dann zuerst die Besprechung von der Lehre von der Dreieinigkeit, die weiter nichts darbietet, was besonders hervorzuheben wäre. Nur das mag im Hinblicke auf spätere Vorgänge bemerkenswerth sein, daß Calvin hier schon „der gottlosen Irrthümer" Servets mit einem kurzen bittern Worte Erwähnung thut. Denn auf Niemanden anders als auf diesen Mann kann es doch gemünzt sein, wenn er gleich am Anfange der Darstellung sich vernehmen läßt: „Da einige Gottlose, um unsern Glauben von Grund aus umzustürzen, schon diesen seinen ersten Anfang antasten, und darüber spotten, daß wir Einen Gott in drei Personen bekennen, so wäre hier der Ort, ihre Lästerungen zurecht zu weisen. Weil wir uns aber vorsetzten die Gelehrigen anzuleiten, nicht mit den Widerspenstigen Streit zu führen, so werden wir uns jetzt nicht gegen jene Heerhaufen wenden, die schon in Schlachtordnung stehen."

An der Auslegung der einzelnen Artikel, die von den Personen der Dreieinigkeit handeln, müssen wir wohl vorübergehen, so viel Tiefes, Belehrendes und Herzerquickendes sie auch bietet, wenn wir nicht länger als das Gleichmaß unserer Darstellung gestattet, bei diesem einen Buche verweilen sollen. Die Lehre ist dabei durchweg die allgemein kirchliche; lediglich in der Anordnung und Behandlung findet sich hie und da etwas Neues; wie denn z. B. schon in dieser ersten Bearbeitung das Werk Christi nach dem dreifachen Amte des Königs, Hohenpriesters und Propheten unterschieden wird; — eine Betrachtungsweise, die bekanntlich Calvin als der Erste in die Dogmatik eingeführt hat, in der sie seitdem volles Bürgerrecht genießt. —

Nur bei der Erklärung eines Artikels trägt Calvin eine ganz neue Auffassung vor, bei dem „hinabgefahren zur Hölle". Die katholische Kirchenlehre hatte dieß Wort buchstäblich genommen, die „Hölle" für das allgemeine Todtenreich erklärt, und als den Zweck des „Hinabfahrens" die Erlösung der vorchristlichen Frommen aus ihrem bisherigen Mittelzustande und ihre Einführung in die volle Seligkeit des Himmelreiches bezeichnet. — Das war nun von Luther und Zwingli, Bullinger und Melanchthon einstimmig verworfen worden, da sie überhaupt nichts wissen wollten von einem allgemeinen Todtenreiche und „Mittelzustande" der abgeschiedenen Geister. Weniger übereinstimmend waren dagegen die Erklärungen, die sie dann ihrerseits über den fraglichen Artikel aufstellten. Auf der lutherischen Seite, wo man die kirchliche Tradition so viel als möglich festzuhalten suchte, entschloß man sich dazu, unter der „Hölle" geradezu das Reich der Verdammten zu

---

Hoc vero est: non modo verum reputare id omne quod de Deo ac Christo vel scriptum est vel dicitur, sed spem omnem ac fiduciam in uno Deo ac Christo reponere: (Vergl. Frage 21) hacque confirmatione sic affirmatos esse, ut de bona Dei erga nos voluntate nihil dubitemus, ut certo persuasi simus, quicquid nobis necesse est tum in animae tum in corporis usus, ab eo nobis datum iri. (Vergl. Frage 26.)

verstehen, und nun zu behaupten der Herr sei in dieses hinabgestiegen, um dadurch der Gewalt und Herrschermacht des Teufels gleichsam den letzten Stoß zu geben. — Die Reformirten die sich damit nicht befreunden konnten, meinten vielmehr: die Hölle bedeute überhaupt den Aufenthaltsort der von der Erde entrückten Seelen, sei derselbe nun der Ort der Verdammniß oder der Ort der Seligkeit, und so heiße der Satz: „Christus sei hinabgefahren zur Hölle" nichts Anderes als: „Christus ist wahrhaftig gestorben und in das Paradies eingegangen" (so Zwingli, Leo Judä, Peter Martyr, Bullinger u. A.)*).

Weder die eine noch die andere dieser Auffassungen eignet nun Calvin sich an. Er geht von dem Grundsatze aus, daß mit einer Hingabe des Herrn nur in den körperlichen Tod nichts ausgerichtet gewesen wäre, daß vielmehr um dem gerechten Urtheile Gottes ein Genüge zu thun, die ganze Wucht der ewigen Strafen von ihm empfunden werden mußte. Und daß auch dieß in der That geschehen sei, sagt er, werde nun eben durch den in Rede stehenden Artikel des apostolischen Glaubensbekenntnisses bezeugt. „Das hinabgefahren zur Hölle," schreibt er, „bedeutet: er ist von Gott mit Höllenqual getroffen worden und hat den ganzen Jammer und Schrecken des göttlichen Gerichtes in sich empfunden. Nicht als hätte der Vater jemals ihm gezürnt; sondern um unsertwillen hat er Solches erfahren. Aus dieser tiefsten Seelennoth heraus kommt sein Schrei: „Mein Gott, mein Gott, warum hast du mich verlassen." Das heißt doch wahrlich hinabgefahren sein zur Hölle: so zu leiden und so sich von dem Vater verlassen zu fühlen. Von irgend einem bestimmten Orte ist in dem Allem nicht die Rede. — Hie und da möchten Einige diesen Artikel gerne weglassen, aber er ist doch in keiner Weise überflüssig, da er das tiefste Geheimniß der tiefsten Wahrheit uns kund thut."

Die Richtigkeit oder Unrichtigkeit dieser Erklärung haben wir hier nicht zu beurtheilen. Wir fügen nur noch hinzu, was übrigens bekannt genug ist, daß die spätere reformirte Theologie sich derselben fast durchweg anschloß. Durch den Heidelberger Katechismus, der ihr ebenfalls folgte, hat sie sogar ein symbolisches Ansehen in unserer Kirche erlangt. —

Unter dem Artikel von der Kirche kömmt hierauf die Darstellung der Heilsordnung an die Reihe. Das Eigenthümliche derselben: die ewige Erwählung zum Heile oder zum Verderben, die ihren Kern und Mittelpunkt bildet, haben wir in ausführlicher Wiedergabe mitgetheilt, so daß es einer weitern Erörterung nicht mehr bedarf. Es ist damit die Lehre von dem Erlösungswerk abgeschlossen, und Calvin geht nun von der Lehre von der Aneignung desselben über zu der Lehre von den Gnadenmitteln.

---

*) Vergl. darüber die tüchtige Arbeit von Güder: „Die Lehre von der Erscheinung Jesu Christi unter den Todten." Bern 1853 p. 219—270.

Da nimmt denn, wie sich's gebührt, das Gebet die erste Stelle ein, dessen Wesen und rechte Beschaffenheit an dem vorbildlichen Gebete des Herrn nachgewiesen wird. „Aus dem was wir bisher miteinander betrachteten," führt Calvin diesen Abschnitt ein, „ist es uns zur Genüge klar geworden, wie gänzlich verarmt der Mensch ist und wie völlig entblößt von allem wahrem Guten. Eigene Mittel das Heil sich zu verschaffen und es in sich zu fördern hat er keine. Darum muß er nothwendiger Weise aus sich selber hinausgehen, wenn er nach irgend einer Hülfe sich sehnt, die seinen eigenen Mangel ersetze, und sich anderswo suchen was ihm Noth thut." Und dazu fordert denn auch der Herr selber ihn auf. „Komm zu mir, bitte von mir, sage mir, was ich dir geben soll" — diese Gnadenrufe aus Gottes Munde ziehen sich durch die ganze heilige Schrift hindurch. Ein Christenthum ohne Gebet ist also nicht denkbar, da ohne Bitten sich nichts empfangen läßt, und ohne Empfangen Niemand etwas besitzt. Und wiederum giebt es kein anderes Bitten, das wirklich empfängt, als das durch den Sohn und in dem Sohne; denn in ihm allein ist die Fülle der himmlischen Güter uns dargeboten und das verheißende Wort Gottes Ja und Amen an uns.

Damit wir nun aber auch bis in das Genaueste und Einzelne hinein wissen, wie und was wir zu beten haben, so hat der Herr in seiner unermüdeten Fürsorge uns Armen und Unverständigen gleichsam ein Muster davon gegeben und Alles was dabei in Betracht kömmt, wie auf einer Tafel uns aufgezeichnet." In einer überaus trefflichen Auslegung der einzelnen Bitten wird dieses Muster dann entwickelt und der Seele des Lesers eingeprägt.

Aber nicht nur durch das Gebet kommen die Gnadengaben des ewigen Lebens uns zu. Der Herr hat auch ungebeten Wege festgestellt und Mittel bereitet, durch die er sein Heil, ja die Gemeinschaft seiner eigenen Person in in uns ausgießt: — nämlich die Sakramente. Es sind dieß äußere Zeichen, durch die uns Gott innerlich versiegelt und gewiß gemacht was er in seinem Worte uns ansagte, so daß unser schwacher Glaube eine Festigkeit gewinnt, in der ihn nichts mehr erschüttern kann. Sie sind das Wort, das uns so nahe tritt, daß wir es sehen und mit Händen greifen.

Das erste derselben: die Taufe begreift dreierlei in sich. Zum ersten ist sie das Sinnbild unserer Reinigung, das Zeugniß daß alle unsere Sünden abgethan worden, so daß sie nicht mehr vor Gott erscheinen dürfen. Wer nur ein Zeichen in ihr sehen will, wie etwa das Feldzeichen, das der Fürst seinen Soldaten giebt, der erschöpft ihre Bedeutung nicht. Aber auch noch einen andern Trost bringt sie. Sie begräbt uns mit Christo in seinen Tod und erweckt uns in ihm zu einem neuen Leben. Nämlich in der Weise, daß durch die Taufe Christus seines Sterbens uns theilhaftig macht mit Allem was daraus folgt, mit Allem was dazu gehört. Wie der Zweig aus der Wurzel, der er eingepflanzt ist, Leben und Nahrung zieht, so gewinnt der,

der die Taufe im Glauben annimmt, den Tod seines alten Menschen aus des Herrn Tod und die Auferstehung zum geistlichen Leben aus des Herrn Auferstehung. Durchaus unrichtig ist dagegen die Ansicht, daß wir durch die Taufe von der Erbsünde gereinigt werden. Vielmehr wird durch sie nur die Verdammniß aufgehoben, die der Erbsünde anklebt, indem wir nun die Versicherung haben, daß eine Vergebung der Sünde da ist. Und so oft wir im Laufe des Lebens wieder sündigen, so oft dürfen und sollen wir wieder unserer Taufe gedenken und mit dieser Erinnerung unser Herz bewaffnen, so daß es der Sündenvergebung gewiß bleibt und seine Freudigkeit bewahrt.

Zum dritten empfängt unser Glauben aus der Taufe den Trost: daß uns zuverlässig bezeugt wird: wir seien nicht nur in Christi Leben und Tod eingepflanzt, sondern so verbunden mit ihm, daß uns alle seine Güter zu Theil werden. Darum hat er auch die Taufe an seinem eigenen Leibe geweiht und geheiligt, damit er sie mit uns gemein habe, und uns so in jeder Art erweise durch welch ein festes und inniges Band er sich mit uns verknüpft hat. Wie Paulus es sagt: „wir sind Gottes Kinder, denn wir haben in der Taufe Christum angezogen."

Ueberdieß ist aber dieses Sakrament ein Kennzeichen des Christen vor den Menschen. Wir bekennen in ihr öffentlich daß wir zu dem Volke Gottes wollen gerechnet werden und der allgemeinen Christenheit angehören, die einen und denselben Gott anruft. Ja, wir geloben damit, daß nicht nur unsere Herzen Gottes Lob aushauchen sollen, sondern auch unsere Zungen, ja alle Glieder unseres Körpers es verkündigen: daß wir unseres Gottes Wesen darstellen wollen wo und wie wir können." —

Ueber die Auffassung der Abendmahlslehre, die nun folgt, haben sich unsere Leser bereits aus dem Vorhergehenden unterrichtet. Nachdem Calvin noch die schon erwähnte Bestreitung der fünf andern Sakramente der römischen Kirche daran geknüpft hat, geht er zu dem dritten und letzten Theile seiner Darstellung über, den er die „Betrachtung der rechten christlichen Freiheit" nennt. „Denn unmöglich könne daran vorübergehen," bemerkt er, „wer ein Compendium der christlichen Lehre schreiben wolle."

Auch hier giebt die Einleitung die Grundgedanken an, die die ganze Auseinandersetzung beherrschen. „Es giebt zweierlei Arten von Leuten, welche sich zum Evangelium bekennen," heißt es darin. „Die Einen können kaum irgend etwas thun oder lassen, ohne daß ihr Gewissen dabei in Angst geräth; alle Augenblicke stocken sie und thun den Schritt wieder rückwärts den sie schon vorwärts gethan hatten; aus dem Schwanken und Zittern kommen sie nie heraus. — Bei Andern hinwiederum, sobald sie nur das Wort „christliche Freiheit" hören, wallen die Begierden auf und die ungeordnetsten Bewegungen entstehen in ihnen; in die zügelloseste Willkür stürzen sie sich hinein; allen Gehorsam gegen Gott und seine Gebote lassen sie fahren unter dem

Vorwande dieser Freiheit. — Wie sollen wir uns nun verhalten unter diesen entgegenstehenden Gefahren? Offenbar dürfen wir weder ein so nothwendiges Stück der christlichen Lehre unterdrücken, noch auch zu den unsinnigen Einwürfen irgend einen Anlaß geben, die man dagegen erhebt."

„Die christliche Freiheit besteht, meiner Meinung nach, in drei Stücken. Zuerst darin: daß die christlichen Gewissen in der Freudigkeit ihrer Rechtfertigung vor Gott durch den Glauben über das Gesetzeswesen hinauskommen, und alle Gerechtigkeit aus dem Gesetze dahinten lassen und vergessen. Wir müssen erkennen lernen, daß es zunächst nicht darum sich handelt, ob wir Heilige und Gerechte s i n d, sondern lediglich darum: wie wir vor Gottes Augen als Heilige und Gerechte e r s c h e i n e n. Wir erscheinen aber als Solche in Christo, nicht im Gesetze, durch den Glauben und nicht durch die Werke. Das Gesetz treibt uns wohl noch zum Guten; aber doch hängt von ihm unser Schicksal nicht mehr ab; sein Joch liegt nicht mehr auf unserm Nacken."

„Das zweite Stück der christlichen Freiheit, das aus dem ersten sich ergiebt, ist dieses: daß die Gewissen nicht mehr g e z w u n g e n dem Gesetze gehorchen, sondern f r e i w i l l i g und aus sich selber Gottes Willen thun. An einem Beispiele wird uns das schnell und leicht klar werden. Die Hauptvorschrift des Gesetzes ist: daß wir unsern Gott lieben sollen von ganzem Herzen, von ganzer Seele und aus allen Kräften. Damit dieß nun aber geschehen kann, muß die Seele zuerst von jedem andern Sinn und Gedanken befreit sein, das Herz von allen Gelüsten gereinigt, die Kräfte auf e i n e n Punkte gesammelt und e i n e m Ziele zugewendet. Wo aber ist dieß der Fall? Ist irgend einer so gefördert in Gottes Wegen daß dieß bei ihm Statt fände? Ach nein! auch in die Gottesliebe der Frömmsten reichen doch immer noch des Herzens Leidenschaften und des Fleisches Begierden hinein; der Geist ist willig, aber das Fleisch widerstrebt, und zieht uns gar oft wieder dahin ab, wo wir nicht hin wollen. Was sollen wir nun thun, da wir fühlen, wie wir so nichts weniger als das Gesetz erfüllen? Unsere Herzen müssen lernen Gott als ihren Vater anschauen, von ihm sich „Kinder" rufen lassen, ihm als Kinder antworten und gehorchen. Ein Kind wird von seinem Vater anders behandelt als ein Knecht von seinem Herrn. Ein Kind erfährt Nachsicht und hat Vertrauen, und in diesem Vertrauen leistet es, was es aus Zwang nie hätte leisten können. — D a s ist es was Paulus sagt, daß die Sünde nicht mehr über uns herrschen solle, weil wir nicht mehr unter dem Gesetze seien sondern unter der Gnade."

„Zum dritten macht es das Wesen der christlichen Freiheit aus, daß wir das Verhältniß zu Gott nicht in der Beobachtung irgend welcher äußern Dinge suchen, die an und für sich gleichgültig (Adiaphora) sind, die je nach Lage und Bedürfniß bald gethan, bald unterlassen werden können. Es thut Noth, daß wir auch hierüber zur Klarheit kommen. Denn sonst wird unsere Seele nie Ruhe finden, nie herauskommen aus abergläubischem Wesen.

Wie viele machen sich ein Gewissen über Speise und Trank, über das Feiern oder Nichtfeiern gewisser Tage und dergleichen mehr! Und doch hat dieß Alles an und für sich gar keine Bedeutung, und gewinnt erst dadurch eine sehr unheilvolle Bedeutung, daß wir darauf achten. Die Gewissen fallen dadurch in Schlingen, aus deren Gewirre sie sich nicht mehr herausfinden, und der ganze Trost des Heils geht an unzählige selbstgemachte Satzungen und Sünden wieder verloren."

Von diesen drei Gesichtspunkten aus wird nun das Wesen der christlichen Freiheit im Weitern entwickelt und in seinen einzelnen Wirkungen zur Anschauung gebracht; ihr rechter Gebrauch festgestellt, vor ihrem Mißbrauche gewarnt, die Aergernisse, die sich an sie hängen könnten, aus dem Wege geräumt. — Dann geht die Auseinandersetzung über zur Frage: in welchen Verhältnissen steht sie nun aber zu den großen, gottgeordneten Mächten der Kirche und des Staates?

„Es versteht sich von selbst, daß die Kirche die Freiheit nicht wieder aufheben darf, die ihr Haupt den Gewissen der Gläubigen verliehen hat. Aber deßhalb hat sie doch eine Macht, Alles anzuordnen und zu Allem heranzuziehen was zur Erbauung dient. Sie hat, um es mit einem Worte zu sagen, Dienst am Worte Gottes und die Verwaltung seiner Geheimnisse. Nichts Anderes ist den Aposteln und ihren Nachfolgern übertragen als die Völker zu lehren den Weg zum Reiche Gottes, und zwar Solches sie zu lehren nicht etwa nach eigenem Meinen und Gutdünken; sondern einfach wiedersagen sollen sie was sie von ihrem Herrn und Meister gehört. Thun sie das, so können sie nicht fehlen noch irren, und das christliche Gewissen wird ihnen gern und willig gehorchen, denn es gehorcht in ihm seinem Herrn und Meister. — Daraus folgt denn freilich auch, daß die Kirche das Recht hat, Lehren auszubilden und zu beurtheilen. Nicht aus sich wird sie das thun, nicht aus sich denken, nicht aus sich behaupten; sie wird ihrem Wissen eine Gränze setzen wo der Herr seiner Offenbarung eine Gränze gesetzt hat, sie wird Allem mißtrauen, was irgendwie als ein Fündlein der eigenen Vernunft ihr erscheint. Aber wo sie auf das klare Wort Gottes sich stützt, da wird sie hinwiederum auch ihrer Sache gewiß sein und ohne irgend ein Schwanken oder Nachlassen darauf beharren. So ist es denn ganz natürlich, daß Christus geboten hat: „Wer sie nicht hören will, den achte als einen Zöllner und Heiden." Aber zugleich hat er beigefügt — und Eines ergänzt und erklärt das Andere —: „Wo zwei oder drei versammelt sind in meinem Namen, da bin ich mitten unter ihnen." — Freilich bedarf die Kirche neben der Lehre und um der Lehre willen auch sonstiger Einrichtungen. „Sehet zu," sagt Paulus, „daß Alles ordentlich zugehe." Es findet sich solch eine Verschiedenheit unter den Menschen, solch eine Mannigfaltigkeit der Ansichten, Stimmungen, Urtheile, Neigungen, daß nothwendiger Weise für jede Gemeinschaft feste Gesetze und Ordnungen da sein müssen,

6*

wenn nicht Alles in unzählige Bruchtheile auseinander gehen soll. Weit entfernt, dergleichen Einrichtungen zu verwerfen, behaupten wir vielmehr, daß ohne sie die Kirche auseinanderfällt und sich in Staub auflöst. Aber auf der andern Seite ist dabei doch auch wohl zu beachten, daß man solche Dinge nicht für Theile der Heilslehre erklären oder die Gewissen dadurch binden darf. Oder ist es etwa für das Weib das Fundament der Religion, daß „es nicht lehre in der Versammlung" wie Paulus es ihr gebietet? Und bei dem Manne — macht es ihn etwa selig, wenn er mit unbedecktem Haupte betet, wie derselbe Apostel ihn dazu anweist? — Das rechte Verhalten ist hier einfach dieß: an das Angenommene und zum Gebrauch Gewordene sich halten, insofern es nicht der Lehre des Heiles widerstrebt und dadurch das Gesetz verletzt, und nicht in unbescheidener Vermessenheit klüger sein wollen als die ganze Gemeinde des Herrn. Will dieß Einer dennoch: nun so mag er für sich selber zusehen was Gott zu seinem Eigensinn sagt. Was uns betrifft, so sprechen wir mit Paulus: „Wir haben nicht die Weise darüber zu zanken und die Gemeinen Gottes auch nicht."

„Die Ordnung des Staates weiterhin berührt die Christen nicht unmittelbar, denn mit dem ewigen Heile hat der Staat nichts zu thun. Daß er in geistlichen Dingen keine Macht hat über das Gewissen des Gläubigen ist von selber klar; in den weltlichen hat ihm dieser zu gehorchen, wie jeder andere Bürger. Die mißverstehen die christliche Freiheit durchaus, die auch im Aeußern keinen Fürsten, keine Obrigkeit mehr über sich anerkennen wollen. „Wer frei ist," sagt der Apostel, „der werde allerdings nicht eines Menschen Knecht; aber wer ein Knecht ist, der lasse es auch nicht seine Hauptsorge sein, ein Freier zu werden."

„Damit wollen wir nun aber keineswegs sagen, das ganze Staatswesen sei etwas so Weltliches und von der Sünde Durchdrungenes, daß es den Christen gar nichts angehe! Vielmehr ist es dazu bestimmt, so lange wir noch hienieden unter den Menschen wallen, unser Leben für die menschliche Gesellschaft tauglich zu machen, unsere Sitten nach der Gerechtigkeit zu bilden, die hier unten gilt, uns gegenseitige Verträglichkeit zu lehren, gemeinen Frieden und Ruhestand herzustellen und zu erhalten. Ist es denn nicht Gott selber, der uns zu Pilgrimen gesetzt hat auf dieser Erde? Wer nun die rechte Art und Ordnung des Pilgerns den Menschen wegnehmen will, der nimmt ihnen nichts Geringeres hinweg als ihre Menschenart überhaupt*). — Denn was ist eigentlich der Staat, und was macht seine Aufgabe aus? Nicht nur dazu ist er da um einem jeden Menschen seinen freien Athem zu verbürgen, seine Speise, seinen Besitz, sondern auch über die höchsten Güter soll er seine schützende Hand halten. Er soll das Aufkommen der Abgötterei verhindern, die Lästerungen des Namens Gottes, die

---

*) Qui ipsa ab homine tollunt, suam illi eripiunt humanitatem.

Schmähungen der Wahrheit. Mit einem Worte: Den Christen soll er ihr öffentlich bezeugtes Christenthum bewahren, und den Menschen ihre Menschheit."

Im Nähern ist dann die Ordnung des Staates diese: er besteht aus drei Elementen: aus der Obrigkeit welche die Gesetze beschützt und ausführt; aus den Gesetzen nach denen die Obrigkeit zu regieren hat, und aus dem Volk das von den Gesetzen regiert wird und der Obrigkeit gehorchen soll. Die Obrigkeit ist von Gott eingesetzt, und wird nur von Gott gerichtet, wo sie seinen ewigen Gesetzen oder den Gesetzen des Staates zuwider handelt. Der Einzelne, der Privatmann, darf nimmermehr ihre Majestät schmähen, oder sich daran vergreifen. „Dagegen etwas Anderes ist es, wenn die heilsame Ordnung besteht, daß auch das Volk seine gesetzmäßigen Behörden hat, die der Willkür der Fürsten einen Damm entgegensetzen, wie z. B. bei den Lazedämoniern die Ephoren neben den Königen standen, oder bei den Römern die Tribunen neben den Consuln. In diesem Falle mögen die so Berufenen thun was ihres Amtes ist und der Tyrannei des Fürsten entgegen treten. Ja sie würden sich einer schweren Sünde schuldig machen und das Volk schändlich um die Freiheit betrügen, zu deren Hütern Gott sie eingesetzt, wenn sie das nicht thäten; wenn sie sich ruhig darein schickten, daß der Fürst über Gebühr seine Macht erhebt, und den Geringern nimmt was ihnen gebührt *)."

„In Summa," schließt dieser Abschnitt und mit ihm das Buch, „darin besteht des Christen Freiheit: „Ihr seid theuer erkauft, darum begebet euch nicht zu Knechten den sündigen Lüsten der Menschen und noch viel weniger euerer eigenen Sünde und Gottlosigkeit." —

Wir unterlassen es — wiewohl nicht ohne einige Selbstüberwindung — diesem Auszuge aus der ersten Ausgabe des unübertrefflichen Werkes nun noch eine Uebersicht über die Anordnung und den Inhalt der schließlichen Bearbeitung an die Seite zu stellen. Wir müßten fürchten, diejenigen unserer Leser die für dergleichen weniger Sinn haben, der Sache überdrüssig zu machen; und den Andern stehen Quellen genug zu Gebote, aus denen sie solche Kenntniß schöpfen können **). Im Uebrigen werden wir ohnehin noch

---

*) Da vielleicht der eine und andere Leser diese merkwürdige Stelle, die wahrlich auch für unsere Zeit geschrieben ist, im Originale zu lesen und zu citiren wünscht, so bemerke ich daß sie in der Schluß=Ausgabe der Institutio, die durch Tholuck's Wiederabdruck in Aller Hände ist, Wort für Wort eben so sich findet wie in der ersten Bearbeitung. Sie steht dort Lib. IV. Cap. XX. Sectio 31. Oder Band II, p. 495.

**) So bei Henry I von p. 291 an, in der France protestante III, 145 u. ff. bei Sayous (Études littéraires sur les écrivains français de la

mehr als ein Mal auf das Buch in seiner vollendeten Gestalt zurückzukommen haben.

Nur die Bemerkung sei uns noch gestattet, daß wie sehr auch das Werk sich im Laufe der Jahre mit neuen bedeutenden Gedanken, Entwicklungen, Begründungen erfüllt, und nach dieser Seite hin unzweifelhaft gewonnen hat, es dennoch vielleicht noch manchem Anderen ergehen möchte, wie es uns gegangen ist: brächte eine glückliche Fügung die erste Bearbeitung in seine Hände, so würde ihn diese im Grunde mit noch lebhafterer Genugthuung und Bewunderung erfüllen, als der gewaltige Band, der ihm bisher als Calvins Institutio bekannt war. Die Durchsichtigkeit der Darstellung, der frische, lebendige Fluß der Entwicklung, das klare zu Tage Treten des leitenden Grundgedankens, wie sie in dem kleinen Büchlein sich in so hohem Grade bemerklich machen, erscheinen in den spätern Editionen mannigfach verdunkelt und gehemmt durch die unermeßliche Fülle des Stoffes, die sich in die Behandlung eindrängt. Ueber den zahllosen Einwürfen der Gegner und ihrer Widerlegung kömmt da der Autor mit seinen eigenen Meinungen und Festsetzungen oft kaum noch recht zur Sprache; die Art der Polemik ist überdieß für unsern Geschmack nicht immer erquicklich und für unsere theologischen Bedürfnisse nicht immer ausreichend; hie und da wird der Leser den Wunsch nach einer Abkürzung und gedrängten Zusammenfassung kaum unterdrücken können. Aber wer dürfte und könnte eine solche vornehmen? Nur wer etwas von Raphaels Kunst und Geist in sich fühlt mag zu Pinsel und Farbe greifen, um ein Gemälde Raphaels wieder aufzufrischen! — Ist es da nicht ein überaus günstiger Umstand, daß Calvin selber geleistet hat, was ein anderer schwerlich zu leisten im Stande wäre? daß wir die allertrefflichste und erschöpfendste Zusammenfassung seines Meisterwerkes von seiner eigenen Hand besitzen? Es will uns dünken, es wäre eine der allerersten und dringendsten Pflichten der reformirten Theologie, der Wissenschaft und der Gemeinde dieselbe wieder zurückzugeben und so das Buch vom „christlichen Unterrichte" endlich dem Schicksale zu entreißen, das es mit Klopstocks Messiade theilt: daß Jedermann seinen Titel kennt und seinen Ruhm erhebt, und doch nur sehr Wenige es lesen, nur sehr Wenige wirklich Antheil empfangen an dem überschwänglichen Segen, der fort und fort für das christliche Erkennen und Leben daraus quillt.

Réformation) T. I, 124—138, und in der Tholuck'schen Ausgabe am Schlusse 559—567. Daß wir den Inhalt der ersten Bearbeitung in verhältnißmäßig so ausführlicher Weise zur Darstellung gebracht haben, wird durch die ungemeine Seltenheit derselben genügend gerechtfertigt erscheinen.

III.

Die französische Bibel. — Die ersten französischen Bibelübersetzungen. — Der Druck der Bibel-Olivetans zu Neufchatel durch die Bemühungen der Waldenser. — Mitarbeit Calvins an den folgenden Ausgaben. — Seine Vorrede. — Letzte Ueberarbeitung im Verein mit den Genfer Freunden. — Der Charakter und die Bedeutung der französisch-protestantischen Bibel.

Während seines Aufenthalts zu Basel beschäftigte Calvin außer der Abfassung des Buches vom „christlichen Unterrichte" auch noch eine andere litterarische Arbeit von noch größerer Bedeutung und noch weiter reichendem Segen: die Bearbeitung einer französischen Uebersetzung der heiligen Schrift. Es leuchtet ein daß die Zurückgabe des so lange vorenthaltenen Wortes Gottes an die Gemeinde der gesammten Gläubigen den Reformatoren im Grunde als das Erste erscheinen mußte, was zur Erneuerung der Kirche im Geiste des Herrn und seiner Apostel Noth thue. — Denn woher sollte die Freiheit von den menschlichen Satzungen kommen, wenn nicht aus der Erkenntniß der Heilsordnung Gottes und dem willigen Eingehen in sie? Wodurch sollte die „neue Predigt" von der Rechtfertigung allein durch den Glauben und dem Mittleramte des einen Christus sich den Völkern beglaubigen, wenn nicht durch das Zeugniß der Schrift, an dem ein Jeder selber prüfen konnte, „ob sich's wirklich also hielte *)?"

Wir haben gesehen, wie schon lange vor Calvin der fromme Lefèvre es sich hatte angelegen sein lassen, seinem Volk die heilige Schrift in der eigenen Sprache zugänglich zu machen. Und was an seiner Uebersetzung noch mangelhaft erschien, hatte der gelehrte Robert Olivetan, jener Oheim Calvins, dessen wir auch schon erwähnten, bereits zu verbessern unternommen. Lange Zeit waren indessen die Mittel nicht zur Hand gewesen, diese neue Bearbeitung zum Drucke zu befördern. Von den entlegenen Gebirgsthälern Südfrankreichs und Norditaliens aus, in denen das arme evangelische Völklein der Waldenser unter beständigem Druck und unaufhörlicher Gefahr blutiger Ausrottung seines Glaubens lebte, mußten sie endlich dargereicht werden, wenn das Unternehmen zum gewünschten Ziele kommen sollte.

Welch eine Bewegung hatte es in diesen Thälern erzeugt, in denen man seit Jahrhunderten gelernt hatte, sich nur noch an das reine Evangelium halten und nicht mehr an die „Kirche", als Anfangs leise, dann immer lauter und lauter etwas zu ihnen hinüberklang von dem was draußen in der Welt vorgehe, und was im Grunde ganz auf das Nämliche abziele was sie besaßen und theurer achteten als das Leben. In aller Eile, in einer Stimmung unaussprechlicher Freude und Hoffnung, sandten sie Einige der Ihrigen aus,

---

*) Apostelgeschichte 17, 11.

um sich genauer über diese Vorgänge zu unterrichten, und wenn sie die Sache so fänden, wie man sie darstelle, sich mit den neuen Glaubensgenossen in Verbindung zu setzen. Wie die Abgeordneten der Böhmen zu Luther, so kamen diese Aeltesten der Waldenser zu Zwingli, Bucer und Oekolampad; und als sie sich mit ihnen unterredet hatten, die Verkündigung des Wortes in der Kirche vernommen, es mit angesehen wie das Abendmahl wieder nach der Einsetzung des Herrn dargereicht wurde, war es ihnen als erblickten sie jetzt das Kommen des Reiches Gottes mit Augen, als sähen sie die Auferstehung der Todten. Auf das dringendste baten sie die Schweizer, sie nun auch ihrerseits in ihrer Abgelegenheit zu besuchen und den Bruderbund zu besiegeln. Man gewährte ihnen die Bitte; und am 12. September 1532 fand zu Angrogne die merkwürdige Versammlung Statt, in der die ältesten Bekenner des Evangeliums, welche die damalige Welt in sich barg, nun feierlich in die neue evangelische Gemeinschaft eintraten, zu der sie von dieser Stunde an gerechnet wurden bis auf den heutigen Tag. Bei dieser Gelegenheit war es, daß die Herausgabe der neuen französischen Bibelübersetzung zur Sprache kam. Wie unbemittelt die Thalbewohner auch waren: sie zeigten sich bereit „freudig und von ganzem Herzen" Alles aufzubieten und nöthigenfalls ihr bestes Besitzthum hinzugeben, um den kostbaren Schatz darum zu kaufen, dem kein anderer sich vergleichen lasse; 500 Goldthaler wurden binnen kurzer Zeit gesammelt und nach Neufchatel geschickt, wo der Druck vor sich gehen sollte*).

Aber je köstlicher diese Schärflein der Aermsten unter den Armen vor Gottes und der Menschen Augen sein mußten, um so mehr scheute sich der bescheidene Olivetan sie zu der Herstellung einer Uebersetzung zu verwenden, die noch bei Weitem nicht zu leisten schien, was geleistet werden mußte. Statt in die Druckerei nach Neufchatel sandte er das Manuscript an seinen gelehrteren Neffen nach Angoulême und ersuchte ihn, es noch einmal durchzusehen und die nöthigen Verbesserungen darin anzubringen. Es erhellt aus den schriftlichen Aeußerungen der beiden Männer nicht recht, in wie weit Calvin für den Augenblick diesen Wünschen nachkam. Beza zwar in seiner Kirchengeschichte nennt ihn ohne Weiteres als Mitarbeiter schon der ersten Ausgabe; aber nach der Vorrede Olivetans und einem Briefe des Reformators selber aus der Zeit da sie herauskam, kann seine Mitwirkung doch nicht sehr bedeutend gewesen sein. „Schon lange hätte ich mich hinter die Sache machen sollen," schreibt er an Bibertet, „aber andere Studien und meine gewohnte Langsamkeit haben mich leider! nie recht dazu kommen lassen. In-

---

*) Vergl. über den ganzen rührenden Hergang dieser Angelegenheit außer den gelehrten Notizen, die Henry beibringt, die schönen Bemerkungen von Bonnet, Revue chrétienne 1857 p. 337 u. f., und den Aufsatz „la première édition de la Bible française" in dem schon mehrmals citirten Pariser Bulletin, I, p. 76 u. f.

deſſen will ich von jetzt an mir wenigſtens e i n e Stunde täglich dafür auf-
ſparen, und ſobald ich einige Bemerkungen zuſammengebracht habe, ſie an
dich oder Olivetan abgehen laſſen.“ Die erſte Ausgabe des Neuen Teſta-
mentes, an der ſo Calvin wahrſcheinlich nur wenig Theil hat, erſchien im
Jahre 1534. „Ich habe es ſo gut gemacht als ich konnte,“ bemerkt Olivetan dazu, „aber ich bin ein kleiner und geringer Ueberſetzer. Wie die arme
Frau im Evangelium habe ich für die geringe, kleine Gemeinde Gottes nichts
darzubringen als zwei Heller, die mein ganzes Gut ausmachen. Andere
werden nach mir kommen, ſo hoffe ich’s, und die Lücken ausbeſſern und den
Weg gerader machen.“

Der Erſte, der nach ihm kam, war nun eben Calvin. Als ſchon im
Jahre 35 das Neue Teſtament von Neuem aufgelegt werden mußte, und
das Alte ihm beigefügt werden konnte, muß ſein Antheil an dem Ganzen
bereits ein ſehr nennenswerther geweſen ſein, da er damit beauftragt wurde,
die empfehlende Einleitung dazu abzufaſſen. „An alle Kaiſer, Könige, Fürſten und Völker, die unter Chriſti Herrſchaft ſtehen“ iſt ſie gerichtet. „Wir
bieten euch hier ein Buch,“ ſagt er darin, „das der Privilegien und Erlaub-
nißſcheine, mit denen ihr ſonſt, nach Fug und Recht, die Bücher billiget
und begleitet, nicht bedarf. Denn nicht von Menſchen ſtammt es her und
nimmt darum auch kein Zeugniß von Menſchen. Es iſt das Offenbarungs-
wort und die ewige Wahrheit des höchſten Fürſten, des Herrn über Himmel;
Erde und Meer, des Königs der Könige, das Diplom der Privilegien, die
er uns verleiht, ein Schriftſtück das nicht erſt der Ehre bedarf, ſondern
ſeinerſeits Ehre fordert, Ehre von allen Völkern und Geſchlechtern und
Ständen, von der Geſammtheit und von den Einzelnen. Aber gerade deß-
balb laſſen einige loſe Stimmen ſich hören, die es für eine Entwürdigung
erklären, daß man dem gemeinen Volke die Geheimniſſe Gottes zugänglich
mache. So viele Jahrhunderte, ſo große Geiſter und Gelehrte, ſagen ſie,
hätten an ihrem Verſtändniſſe gearbeitet ohne völlig damit zu Stande zu
kommen: was könnten da einfältige Leute ausrichten, denen jede Kunſt und
Wiſſenſchaft abgehe? Aber wenn der Herr einſt ſeine Propheten berief von
den Hürden der Schafe hinweg, und ſeine Apoſtel aus den Fiſcherkähnen:
warum ſollte er nicht auch jetzt ähnliche Jünger ſich erwählen? Ja von wem
haben jene ſtolzen Schriftgelehrten ihre ganze Weisheit, als eben von dieſen
Einfältigen und Geringen, die aber von Gott belehrt waren? Nicht als ob
ich den Unterſchied von Lehrern und Lernenden in der Kirche aufheben wollte;
vielmehr haben wir der Güte Gottes zu danken, daß er ihr Propheten und
Prediger und Ausleger gegeben hat, die nie in ihr ausſterben ſollen. Sondern dieß nur verlange ich, daß dem gläubigen Volke geſtattet werde, ſeinen
Gott zu hören, der zu ihm redet und vor Allem aus ſ e i n e r Rede ſich zu
unterrichten.“

Neben dieſer allgemein gehaltenen Vorrede, die das Ganze des Buches bei dem Publikum einführen soll, findet sich dann vor dem Neuen Testamente noch eine besondere Einleitung, die ebenfalls von Calvin herrührt. Sie hat offenbar den Zweck, den Leser von dem Alten Bunde in den Neuen hinüberzuleiten, und ihm das Verhältniß klar zu machen, in dem die vorbereitende Oekonomie Gottes zu der Erfüllung und Vollendung steht, die in Christo angebrochen ist. „Christus ist des Gesetzes Ende", ist die Ueberschrift, die der Abschnitt trägt, und der Grundgedanke, der durch ihn hindurchgeht. Nachdem zuerst die Bestimmung des Menschen mit einigen Worten ist festgestellt worden — „er soll ein Abglanz der Herrlichkeit Gottes sein und in der neuen Schöpfung seine Ehre verkündigen"— führt Calvin in einem großartigen Ueberblicke die gesammte religiöse Geschichte der Menschheit vor, den zunehmenden Abfall von dem ursprünglichen Berufe, das immer erneute, bald züchtigende, bald erbarmungsvolle Hineingreifen Gottes, um die Abgewichenen wieder zu ihrem Ausgangspunkte zurückzuführen, die schließliche Erfolglosigkeit aller dieser Gottesthaten, die an der Verdunklung der menschlichen Erkenntniß und der Uebermacht des fleischlichen Verderbens scheiterten. „Juden und Heiden waren am Ende Gott entfremdet; sollten sie wieder zu ihm berufen werden, so bedurfte es eines neuen Bundes, der auf fester unzerbrüchlicher Grundlage ruhe. Solch ein Bund aber war nicht möglich ohne einen Mittler, der sich hineinstellte zwischen Gott und die von ihm getrennten Menschen, und sie wieder mit einander vereinigte." In einer unvergleichlich schönen Ausführung, voll des tiefsten Verständnisses des Schriftzusammenhanges, wird nun dieses Mittlers Werk und Art geschildert. „Durch das ganze Alte Testament erkennt man die Fußstapfen des Herannahenden, schon den Adam begann er aufzurichten; dem Abraham hat er sich von Neuem geoffenbart, dem Isaak seine Offenbarung bestätigt. Von Jahrhundert zu Jahrhundert ahnen ihn weiter die Propheten; dem gesammten Israel thun sie ihn kund, von Mund zu Mund geht die Verheißung, wird vernommen, wird wiederholt und bekräftigt. Und eben auf ihn und nichts Anderes als ihn zielte nun auch das Gesetz mit allen seinen vielfältigen Gebräuchen, Sühnungen, Opfern; sein Werk sollte es zum Voraus abbilden, nach seiner Erlösung die Menschenseelen zum Voraus dürsten lehren. — Dann als die Zeit erfüllet war, ist er gekommen, und hat in der höchsten Vollendung Alles geleistet, wessen es zum Heile der gesammten Menschheit bedurfte. Von Israels Berufung ging nun die Berufung Aller aus, seine Apostel sandte der Erlöser aus, um jetzt der ganzen Welt die große Botschaft des neuen Bundes kund zu thun. So ist zu dem Alten Testament das Neue hinzugekommen, auf dieses sich berufend und daraus hervorwachsend, aber zugleich es erfüllend *)."

---

*) Es sind die in Anführungszeichen eingeschlossenen Sätze keineswegs etwa wörtliche Anführungen, sondern nur eine in direkter Rede mitgetheilte höchst dürftige Zusammenfassung der reichen Entwicklung, in der Calvin von Punkt zu Punkt vorwärts schreitet.

„Das ist demnach der neue Bund: der Sohn Gottes in dem alle Verheißungen Ja und Amen sind, sich selber uns darbietend und damit alle Schätze des Himmels uns eröffnend, alle Reichthümer des ewigen Lebens uns hingebend. Hier ist der rechte Isaak, für uns zum Opfer gebracht. Hier Jakob, der wahrhaftig wacht über das Heil seiner Familie und seiner Heerde. Hier Joseph, der fromme und barmherzige Bruder, der auf dem Königsthron seine blöden, verworfenen Brüder im Staube nicht verachtet. Hier Melchisedek, der Hohepriester, der mit seinem Opfer, das ewiglich gilt, Alles vollendet. Hier Moses, der höchste Gesetzgeber, von dem das Gesetz ausgeht und eingegraben wird in die fleischernen Tafeln des Herzens. Hier Josua, der treue Führer, der die Seinigen hineingeleitet in das verheißene Erbe. Hier David, der hochberühmte Held, der alle Gewalt der Widersacher gebrochen und unter die Füße getreten hat. Hier Salomo, der glänzende Herrscher, unter dem das Volk in Frieden wohnt. Hier der gewaltige Simson, der durch des eigenen Todes Grauen das ganze Volk der Feinde mit einem Male zu nichte macht. Kurz was du dir immer Heilsames ersinnen magst oder Köstliches in deinem Herzen begehren, das Alles kömmt dir in Christo entgegen und ist dein eigen. Da wird das Krumme gerade, der Fluch zum Segen, das Harte erweicht, der Zorn gesühnt, die Finsterniß Licht, die Ungerechtigkeit zur Gerechtigkeit, die Schwäche zur Kraft, die Trostlosigkeit getröstet, die Verachtung selber verachtet, die Verzagtheit muthig, die Schuld bezahlt, die Trauer Freude, das Unglück Heil, die Verwirrung gelöst, die Trennung geheilt, das Unedle edel, die Gewalt erfährt Gewalt, die Rache wird ihrerseits gerächt, die Verdammniß ihrerseits verdammt und verworfen, der Abgrund geht unter, der Arge stürzt hinab, der Tod erstirbt, in Unsterblichkeit verwandelt sich die Sterblichkeit."

„Die Summe aber aller Lehre und Offenbarung ist die, daß wir aus der Schrift den einen Christus erkennen lernen, und uns von ihm zurückführen lassen zu dem Vater, in welchem die Fülle aller Vollkommenheit wohnt. Ja, das ist Anfang und Ende jeder wahren Weisheit, und diese Weisheit zu erlangen, in dieser Weisheit zu wandeln ist des Menschen erster und letzter Beruf. Nicht ein Engel, noch ein Mensch, nicht ein Lebender, noch ein Todter soll uns davon auch nur ein Jota abbrechen; und wer es doch versucht, wer irgend etwas dazu hinzusetzt, oder irgend etwas davon hinwegnimmt, der ist wahrlich des Gerichtes schuldig vor Gott und seiner Gemeinde." —

Mit dieser ersten Betheiligung Calvins an dem Werke der Bibelübersetzung war das Unternehmen im Grunde in seine Hände übergegangen. Je mehr man ihn von Jahr zu Jahr als den Mann erkannte, der über alle Andern hervorrage und im höchsten Maße den Beruf empfangen habe, die Kirche zu bauen und zu leiten: um so mehr wurde natürlicherweise jede wichtige und bedeutende Arbeit auf seine Schultern abgelegt. Die Kirche ergriff den Gott ihr gegeben, und nöthigte ihn, ihr einen der Dienste nach dem

andern zu leiſten, deren ſie zu ihrer Herſtellung bedurfte. — Die nächſte Ausgabe der franzöſiſchen Bibel die im Jahre 1540 zu Lyon herauskam, erſchien
ſchon geradezu unter Calvins Namen; und durch Beza erfahren wir, daß
er ſich während der vier Jahre, die ſeit dem erſten Drucke verſtrichen waren,
unabläſſig damit beſchäftigt hatte, ihre Ausdrücke zu verbeſſern und dem
Genius der Sprache genauer anzupaſſen. Nach einer Reihe neuer Abdrücke,
die keine weiteren Veränderungen ſcheinen erfahren zu haben, wurde dann
im Jahre 1551 eine völlige Reviſion der Arbeit vorgenommen, bei der Calvin — wie einſt Luther von Bugenhagen und Melanchthon — von den gelehrten Genoſſen, die ihn umgaben, namentlich von Beza ſich unterſtützen
ließ. Der berühmte Buchdrucker der franzöſiſchen Reformation, Robert Ste-
phanus in Genf, hat dieſe letzte Bearbeitung gedruckt, und ſie zu Lebzeiten
Calvins noch verſchiedene Male aufgelegt. Sie iſt die eigentliche, allgemein
gebrauchte Bibel der reformirten Kirche Frankreichs geworden.

Freilich ein vollkommenes Werk iſt dieſe Ueberſetzung trotz alle dem nicht.
Der deutſchen läßt ſie ſich bei Weitem nicht an die Seite ſtellen. Sie iſt
aus zu vielen Werkſtätten hervorgegangen, und von zu vielen Händen berührt
worden, als daß ſie den Eindruck machen könnte, den eine Arbeit aus einem
Guſſe hervorbringt. Umſonſt haben in ſpätern Jahrhunderten Bertram,
Diodati, Demarets, Martin, Oſterwald, die Geſellſchaft der Geiſtlichen in
Genf ſich an der Hinterlaſſenſchaft Olivetans und Calvins noch weiter ver-
ſucht: ſie haben es nicht dazu gebracht, dem franzöſiſchen Volk die heilige
Schrift in einer Sprache darzubieten, in der es ein Muſter ſeiner Redeweiſe
erkannt hätte, an welches ein Jeder ſich anzuſchließen habe, wie die deutſche
Nation in der Uebertragung Luthers ein ſolches gefunden hat.[1]

Wenn man die Meiſterſchaft Calvins in der Behandlung ſeiner Mutter-
ſprache*) und ſein tiefes Eindringen in den Sinn der Schrift erwägt, von

---

*) Es iſt unzweifelhaft daß er für die Ausbildung derſelben nicht viel weniger
leiſtete als Luther für die der Deutſchen. „Unſere franzöſiſche Sprache,"
ſagte z. B. Pasquier kurz nach ſeinem Tode von ihm, „verdankt ihm unendlich viel; eine Reihe der ſchönſten Wendungen und trefflichſten Ausdrücke, die jetzt in ihr gebräuchlich ſind, ſtammen von Calvin her." „Er
hat ſie ſo gut geſchrieben als irgend Einer ſeines Jahrhunderts," muß ſogar Boſſuet von ihm bekennen. „Der Umfang und die Schnelligkeit ſeiner
Einwirkung auf unſere Sprache läßt ſich gar nicht berechnen," bemerkt
Sayous unter den neueren Kritikern; „die moderne Syntax des Franzöſiſchen
datirt größtentheils von ihm." (Vergleiche hierüber den Abſchnitt ſeines
ſchon citirten Werkes am Ende des zweiten Bandes: Influence des écrivains de la Réformation ſur la langue française.) Im Allgemeinen
gelten Calvin, Montaigne, Pascal und etwa als Vierter Amyot, der
Ueberſetzer des Plutarch, (welche Zuſammenſtellung!) für die größten Pro-
ſaiſer Frankreichs, von der Zeit an, da — vornehmlich auch durch die beiden Erſten — der Uebergang des Altfranzöſiſchen in die jetzige Sprach-
form ſich vollzogen hat.

dem er so manches unvergängliche Zeugniß gegeben, so kann man allerdings nicht umhin es mit Henry auf das Lebhafteste zu bedauern, daß er nicht ganz allein Hand an das Werk gelegt und so Frankreich mit einer Gabe beschenkt hat, die vielleicht alle seine übrigen Gaben noch übertroffen hätte an tief greifender Wirksamkeit und dauerndem Erfolg. Aber doch dient vielleicht auch dieß in irgend einer Weise zum Besten, und ist nicht ohne Absicht so geordnet worden von dem Haupte der Gemeine. Eine entschieden protestantisch gefärbte Bibelübersetzung (wie z. B. die lutherische unzweifelhaft es ist) wäre ja offenbar eine neue Scheidewand, welche die französischen Reformirten von der Menge ihrer übrigen Volksgenossen trennte, und könnte ihnen die Einwirkung auf diese augenscheinlich nur erschweren. In solcher Einwirkung aber liegt zum großen Theile der Beruf der französischen reformirten Kirche für die Gegenwart und Zukunft. Weniger als in irgend einem andern Lande hat in Frankreich die Reformation schon ihre letzten Gränzen erreicht. Sie darf noch hoffen, sie darf noch darnach streben, daß die Fülle der Nation in sie eingehe, oder wenigstens lerne zu ihren hauptsächlichsten Grundsätzen sich bekennen. Möglich, daß wenn dieß durch Gottes Gnade einmal geschehen sollte, dann auch ein wahrhaft nationales Bibelwerk aus dem Genius dieser französischen Sprache hervorgeht, die bis jetzt, trotz all ihrer Schönheit und Feinheit, doch zu den ernsten und heiligen Dingen nur ungern sich bietet und mit Mühe das rechte Wort für sie findet. Wie nach den meisten andern Seiten hin, so auch nach dieser muß das Werk Calvins seine Vollendung auf dem vaterländischen Boden erst noch von der Zukunft erwarten.

IV.

Calvins Abreise von Basel. — Aufenthalt in Italien. — Verhältniß zur Herzogin Renata von Ferrara. — Seelsorgerlicher Verkehr mit ihr bis an seinen Tod. — Weitere Früchte und Spuren seiner Wirksamkeit in Italien (1536).

Der Zeit nach war die Arbeit an der Bibelübersetzung der Abfassung des Buches vom „christlichen Unterrichte" noch vorangegangen. Kaum war der Druck dieses letztern zu Ende gebracht, so verließ Calvin das gastliche Basel und wandte sich, immer noch von du Tillet begleitet, gegen den Schluß der schönen Jahreszeit (1535) über die Alpen nach Italien. Was ihn zu dieser Reise veranlaßte, läßt sich nicht genau bestimmen. Es ist eine bloße Vermuthung, die nirgends durch geschichtliche Zeugnisse bestätigt wird, wenn einige neue Historiker andeuten: sein eben erschienenes Werk habe in den evangelischen Kreisen der Halbinsel solches Aufsehen erregt, daß man den Verfasser alsobald aufgefordert habe, sich persönlich einzufinden. Vielmehr wird es das Natürlichste sein, bei der einfachen Aussage Beza's stehen zu bleiben: wonach es ihn selber verlangte, das klassische Land der Künste und

Wiſſenſchaften zu durchſtreifen, und bei dieſer Gelegenheit zugleich die Herzogin von Ferrara kennen zu lernen, die geiſtvolle, fromme Tochter Lud-
wigs des XII., auf die damals ſo viele Augen hoffend und fürchtend ſich
richteten. —

Man weiß, wie die von Zürich und Wittenberg ausgehende Bewegung
ſchon in den erſten Jahren ihres Beſtandes ſich auch nach Italien hinüber
verpflanzt hatte. Beſonders in den Kreiſen der Gebildeten und der höheren
Geiſtlichkeit waren ihr da mannigfach verwandte Geſinnungen entgegengekommen; in Neapel, Venedig, Lucca, Modena bildeten ſich im Stillen
Vereine, in denen man die Schriften der Reformatoren las und ſich mehr
oder weniger in den Anſchauungen bewegte, die jenſeits der Alpen alle Geiſter beſchäftigten*). Eine dieſer Stätten reformatoriſchen Sinnes und Strebens war denn auch Ferrara, wo das altfürſtliche Haus der Eſte herrſchte
und ſein glänzendes Hofleben entfaltete. Neben einem geiſtesfriſchen, kunſt-
liebenden Gemahle ſtand da eine Fürſtin, die ihm an wiſſenſchaftlicher Bildung und Befähigung in keiner Weiſe etwas nachgab, während ſie ihn bei
Weitem übertraf an der Kraft des Charakters und dem auf das Höchſte
gerichteten Adel des Gemüthes. Schon in ihrem ſiebzehnten Jahre dem
fremden Fürſten verlobt und ihrer Heimath entführt, hatte ſie doch während
ihres Aufenthaltes am Pariſer Hofe Zeit genug gefunden ſich in inniger
Verbindung mit Margarethe von Valois in die religiöſen Fragen hineinzu-
leben, und in ihre junge Seele das Beſte von dem aufzunehmen, was ihre
gefeierte Verwandte beſchäftigte. Von einem Lefèvre, Rouſſel, Briçonnet
hatte auch ſie gelernt, was wirkliches Chriſtenthum ſei und worin die Religion des Evangeliums beſtehe. Die Verfolgungen die über die Evange-
liſch-Geſinnten ergingen, der getroſte Muth des Glaubens mit dem ſie
die Unterdrückten Alles erdulden ſah was man über einen Menſchen Bitteres verhängen mag, hatten einen tiefen Eindruck auf ſie gemacht**). Von den
Ideen der Reformation erfüllt und ihren Trägern auf das Herzlichſte zugethan, war ſie an den Hof ihres Gatten übergeſiedelt, acht Jahre bevor
Calvin den italieniſchen Boden betrat. Wenigſtens den Gleichgeſinnten
blieb ihre Geſinnung da nicht lange ein Geheimniß. Die hochgebildeten
Männer Italiens, die die Schriften des Paulus und Johannes ſtudierten,
verſammelten ſich um ſie her. Die Ausgezeichnetſten unter ihren franzöſiſchen

---

*) Vergl. darüber die treffliche Schilderung, im 7. Bande dieſes Werkes,
dem Leben Peter Martyr's von Schmidt, Cap. 2.

**) Vergl. darüber das Leben der Olympia Morata von Jules Bonnet. In
franzöſiſcher 2. Ausgabe p. 8 u. f. Ueberdieß den Artikel, der von ihr
handelt in der France protestante Band VIII, p. 410 und Macrie, Histoire de la Réforme en Italie an verſchiedenen Stellen. Im Uebrigen
wartet die berühmte und vielgeprüfte Frau, nach jeder Seite hin eine der
anziehendſten Geſtalten des Jahrhunderts, erſt noch ihres Biographen.

Landsleuten, denen ihre religiöse Ueberzeugung in der Heimath keine sichere
Stätte mehr übrig ließ, wandten sich der hochherzigen Tochter ihres Königs
zu, unter deren Schutz sie die Freiheit fanden nach der sie sich sehnten, und
die liebevolle Fürsorge deren sie bedurften. Die ganze hochangesehene Familie von Soubise, eine der vornehmsten unter dem französischen Adel, hatte
sich so in Ferrara eingefunden: Mutter, Sohn und Tochter, Alle ausgezeichnet durch Geist und frommen Sinn, die Tochter durch ihre wissenschaftliche Bildung die bewunderte Zierde jedes Kreises in den sie eintrat, der
Sohn einer der bedeutendsten Führer der französischen Reformation in späteren Tagen. Ihnen war der berühmte Dichter Clement Marot gefolgt, der
Uebersetzer der Psalmen, mit seinem Freund Jamet, dem Herrn zu Cham-
brun, den die Herzogin zu ihrem Secretär annahm; und wie manche Andere
noch, die hier Alle wiederfanden was sie in dem Vaterlande hatten meiden
müssen! Dem Herzoge, der die Gelehrten liebte und seinen kleinen Hof durch
wissenschaftlichen Ruhm groß zu machen gedachte, empfahlen sich die Ankömmlinge durch ihre feine Bildung oder ihre gefeierten Namen, und so ließ
er für die erste Zeit seine Gattin gewähren, ohne viel nach den religiösen
Ansichten der einheimischen oder fremden Gäste zu fragen.

In diesen Kreis trat nun Calvin: vielleicht von vornherein mit dem
Gedanken, der Prediger dieser kleinen hirtenlosen Gemeinde zu werden, die
durch die hervorragende Stellung aller ihrer Glieder eine so hohe Bedeutung
für die Förderung des Reformationswerkes gewinnen konnte. War es ihm
versagt, auf dem heimathlichen Boden dem heiligen Amte obzuliegen, dem
er sich nun einmal geweiht hatte: so fand er hier in der Fremde wenigstens
die Kinder seiner Heimath wieder; in ihrer Mitte mußte es ihm zu Muthe
werden als nehme er jetzt wieder auf was ihm vor Kurzem die Gewalt der
Menschen aus den Händen gewunden! — Wie dem übrigens immer sei: so
viel ist jedenfalls gewiß, daß er bald der anerkannte Lehrer und Seelsorger
der gewählten Versammlung wurde, die sich hier zusammengefunden hatte.
Der Herzog, dem er sich als Herr von Espeville vorstellen ließ, empfing ihn
auf das Freundlichste, und für seine Gemahlin war er gerade der Mann,
dessen sie zur Ermuthigung und tieferen Befestigung in ihrem Glauben bedurfte. Ihrer Religiosität aus Margarethens Schule fehlte noch die klare
Erkenntniß und der gewisse Grund der gesunden evangelischen Lehre: Niemand besser als Calvin war im Stande, ihr über diesen Mangel hinweg-
zuhelfen. Aus ihrem spätern Verkehre mit ihm ersehen wir, was er in diesen
Tagen ihr Alles muß geworden sein, wenn uns auch jede nähere Mittheilung
über seine damalige Einwirkung auf sie abgeht. Wie auf die zuverlässigste
Stütze lehnt sie sich von nun an auf ihn in jeder Angst und Noth, die über
sie ergeht. In den unzähligen Verwicklungen, in die ihr seltsam gewendetes
Leben sie hineinführt, streckt sie bittend ihre Hand aus nach seinem Rathe
und seiner Leitung. Er ist der Mann ihres Vertrauens, dem sie über Alles

mehr als ein Mal auf das Buch in seiner vollendeten Gestalt zurückzukommen haben.

Nur die Bemerkung sei uns noch gestattet, daß wie sehr auch das Werk sich im Laufe der Jahre mit neuen bedeutenden Gedanken, Entwicklungen, Begründungen erfüllt, und nach dieser Seite hin unzweifelhaft gewonnen hat, es dennoch vielleicht noch manchem Anderen ergehen möchte, wie es uns gegangen ist: brächte eine glückliche Fügung die erste Bearbeitung in seine Hände, so würde ihn diese im Grunde mit noch lebhafterer Genugthuung und Bewunderung erfüllen, als der gewaltige Band, der ihm bisher als Calvins Institutio bekannt war. Die Durchsichtigkeit der Darstellung, der frische, lebendige Fluß der Entwicklung, das klare zu Tage-Treten des leitenden Grundgedankens, wie sie in dem kleinen Büchlein sich in so hohem Grade bemerklich machen, erscheinen in den spätern Editionen mannigfach verdunkelt und gehemmt durch die unermeßliche Fülle des Stoffes, die sich in die Behandlung eindrängt. Ueber den zahllosen Einwürfen der Gegner und ihrer Widerlegung kömmt da der Autor mit seinen eigenen Meinungen und Festsetzungen oft kaum noch recht zur Sprache; die Art der Polemik ist überdieß für unsern Geschmack nicht immer erquicklich und für unsere theologischen Bedürfnisse nicht immer ausreichend; hie und da wird der Leser den Wunsch nach einer Abkürzung und gedrängten Zusammenfassung kaum unterdrücken können. Aber wer dürfte und könnte eine solche vornehmen? Nur wer etwas von Raphaels Kunst und Geist in sich fühlt mag zu Pinsel und Farbe greifen, um ein Gemälde Raphaels wieder aufzufrischen! — Ist es da nicht ein überaus günstiger Umstand, daß Calvin selber geleistet hat, was ein anderer schwerlich zu leisten im Stande wäre? daß wir die allertrefflichste und erschöpfendste Zusammenfassung seines Meisterwerkes von seiner eigenen Hand besitzen? Es will uns dünken, es wäre eine der allerersten und dringendsten Pflichten der reformirten Theologie, der Wissenschaft und der Gemeinde dieselbe wieder zurückzugeben und so das Buch vom „christlichen Unterrichte" endlich dem Schicksale zu entreißen, das es mit Klopstocks Messiade theilt: daß Jedermann seinen Titel kennt und seinen Ruhm erhebt, und doch nur sehr Wenige es lesen, nur sehr Wenige wirklich Antheil empfangen an dem überschwänglichen Segen, der fort und fort für das christliche Erkennen und Leben daraus quillt.

Réformation) T. I, 124—138, und in der Tholuck'schen Ausgabe am Schlusse 559—567. Daß wir den Inhalt der ersten Bearbeitung in verhältnißmäßig so ausführlicher Weise zur Darstellung gebracht haben, wird durch die ungemeine Seltenheit derselben genügend gerechtfertigt erscheinen.

III.

Die franzöſiſche Bibel. — Die erſten franzöſiſchen Bibelüberſetzungen. — Der Druck der Bibel-Olivetans zu Neufchatel durch die Bemühungen der Waldenſer. — Mitarbeit Calvins an den folgenden Ausgaben. — Seine Vorrede. — Letzte Ueberarbeitung im Verein mit den Genfer Freunden. — Der Charakter und die Bedeutung der franzöſiſch = proteſtantiſchen Bibel.

Während ſeines Aufenthalts zu Baſel beſchäftigte Calvin außer der Abfaſſung des Buches vom „chriſtlichen Unterrichte" auch noch eine andere litterariſche Arbeit von noch größerer Bedeutung und noch weiter reichendem Segen: die Bearbeitung einer franzöſiſchen Ueberſetzung der heiligen Schrift. Es leuchtet ein daß die Zurückgabe des ſo lange vorenthaltenen Wortes Gottes an die Gemeinde der geſammten Gläubigen den Reformatoren im Grunde als das Erſte erſcheinen mußte, was zur Erneuerung der Kirche im Geiſte des Herrn und ſeiner Apoſtel Noth thue. — Denn woher ſollte die Freiheit von den menſchlichen Satzungen kommen, wenn nicht aus der Erkenntniß der Heilsordnung Gottes und dem willigen Eingehen in ſie? Wodurch ſollte die „neue Predigt" von der Rechtfertigung allein durch den Glauben und dem Mittleramte des einen Chriſtus ſich den Völkern beglaubigen, wenn nicht durch das Zeugniß der Schrift, an dem ein Jeder ſelber prüfen konnte, „ob ſich's wirklich alſo hielte *)?"

Wir haben geſehen, wie ſchon lange vor Calvin der fromme Lefèvre es ſich hatte angelegen ſein laſſen, ſeinem Volk die heilige Schrift in der eigenen Sprache zugänglich zu machen. Und was an ſeiner Ueberſetzung noch mangelhaft erſchien, hatte der gelehrte Robert Olivetan, jener Oheim Calvins, deſſen wir auch ſchon erwähnten, bereits zu verbeſſern unternommen. Lange Zeit waren indeſſen die Mittel nicht zur Hand geweſen, dieſe neue Bearbeitung zum Drucke zu befördern. Von den entlegenen Gebirgsthälern Südfrankreichs und Norditaliens aus, in denen das arme evangeliſche Völklein der Waldenſer unter beſtändigem Druck und unaufhörlicher Gefahr blutiger Ausrottung ſeines Glaubens lebte, mußten ſie endlich dargereicht werden, wenn das Unternehmen zum gewünſchten Ziele kommen ſollte.

Welch eine Bewegung hatte es in dieſen Thälern erzeugt, in denen man ſeit Jahrhunderten gelernt hatte, ſich nur noch an das reine Evangelium halten und nicht mehr an die „Kirche", als Anfangs leiſe, dann immer lauter und lauter etwas zu ihnen hinüberklang von dem was draußen in der Welt vorgehe, und was im Grunde ganz auf das Nämliche abziele was ſie beſaßen und theurer achteten als das Leben. In aller Eile, in einer Stimmung unausſprechlicher Freude und Hoffnung, ſandten ſie Einige der Ihrigen aus,

---

*) Apoſtelgeſchichte 17, 11.

müssen, um dem Sohne Gottes nachzufolgen. Behalten Sie nun nur auch für die Zukunft denselben Muth, und wie lange Ihre Pein auch noch dauern mag: werden Sie nicht irre an der Hoffnung der einstigen Erlösung; denn es ist gewiß, daß der Herr endlich Ihr Geschrei erhören wird, wenn Sie nicht müde werden Ihn zu bitten daß er Ihnen die Hand reiche. Darüber nur lassen Sie sich betrüben, daß es Ihnen nicht gelingen will, Alles was in und an Ihnen ist zur Verherrlichung seines Namens zu verwenden. O eine solche Betrübniß ist hundert Mal wünschenswerther als die guten Stunden, die diejenigen sich machen, die mit ihrer Armseligkeit in seinem Dienste sich ohne Weiteres zufrieden geben. Aber auch bei der bloßen Betrübniß darf es nicht bleiben, achten Sie vielmehr mit der angestrengtesten Aufmerksamkeit auf jede günstige Gelegenheit, die Gott Ihnen darbietet, um wieder einen Schritt vorwärts zu thun. Lassen Sie sich die Mühe nicht verdrießen, Tag für Tag alle die Mittel in Anwendung zu bringen, die uns weiter führen können auf dem geraden Wege. Und wie weit Sie auch noch vom Ziele sind: halten Sie sich vor, daß Sie doch nicht vergeblich sich darnach strecken, denn der Erfolg unseres Laufes ist gewiß, wenn wir nur fortwährend die vorgezeichnete Bahn verfolgen, und diese Gewißheit muß uns Kraft geben alle Versuchungen zu überwinden." — „Wenn die gegenwärtige Prüfung," schreibt er ihr später, „Ihnen hart und fast unerträglich vorkömmt, so erwägen Sie doch recht in Ihrem Herzen, was Petrus sagt: „wenn das vergängliche Gold durchs Feuer bewährt werden muß, damit es als ächt und lauter sich herausstelle, um wie viel mehr wird der Glaube, der bei Weitem köstlicher ist, solch einer Bewährung bedürfen." (1. Petr. 1, 7.) Und wenn Sie meinen, die Last nicht mehr tragen zu können in Ihrer Schwachheit, so flüchten Sie sich zu ihm, der da verheißen hat daß Alle die auf ihn vertrauen dem Baume gleichen sollen, der gepflanzt ist an den Wasserbächen, der seine Frucht bringet zu seiner Zeit und seine Blätter verwelken nicht. Denn es ist gewiß, daß er uns nie läßt versucht werden über unser Vermögen, und wenn er dem Satan Freiheit läßt über uns hereinzubrechen, so vermehrt er doch auf der andern Seite je und je unsere Kraft des Widerstandes bis wir Sieger bleiben. Nun, gnädige Frau, lassen Sie sich nicht überraschen, und hüten Sie sich wohl durch irgend einen Anschein von Verstellung das eigene Herz zu verwirren und hinauszufallen aus dem Zusammenhang mit dem herrlichen Sieg des Erlösers. — Ich höre, daß Sie in Ihrem Gewissen in Zweifel darüber sind, wie Sie bei der Verleihung der geistlichen Stellen sich zu benehmen haben, die auf Ihren Gütern Ihnen zusteht*). Thun Sie da einfach was die Lage der Dinge von Ihnen erfordert. Betrachten Sie die ganze Sache als eine fremde Angelegenheit;

---

*) Es scheint, daß die Herzogin noch Güter in Frankreich besaß, deren Oberverwaltung ihr selber anheimgegeben war.

übertragen Sie die Pfründe irgend einem gut gesinnten Abbé, und lassen Sie nur etwa in seinen Bestallungsbrief die Verwahrung einfließen: daß Sie nicht geneigt sind sich dadurch mit der Kirche in ihrem gegenwärtigen Zustande in Verbindung zu setzen. Denn einen wirklich guten Gebrauch von diesen Gütern zu machen, dazu sehe ich jetzt nicht die geringste Möglichkeit."

Indessen neigten sich die Tage ihrer Prüfung in Ferrara dem Ende zu. Im Jahre 1559, sechzehn Jahre nachdem Calvin sie kennen gelernt hatte und ihr Seelsorger geworden war, starb ihr Gemahl, und sie schickte sich an Italien zu verlassen, um nach ihrem Vaterlande zurückzukehren. Freilich erwarteten sie auch da höchst verwickelte und versuchliche Verhältnisse, in welche ihr treuer Freund nicht anders als mit Sorgen und Bangen sie konnte eintreten sehen.

Denn der Herzog von Guise, der entschiedenste Widersacher der evangelischen Bewegung am französischen Hofe, war ihr Schwiegersohn; und gerade in dem Augenblicke, da sie sich aufmachte, den heimathlichen Boden wieder zu betreten, hatte er als der allmächtige Vormund des knabenhaften, unselbstständigen Königs Franz II. einen eigentlichen Vertilgungskrieg gegen Alles begonnen was der Reformation sich zuneigte. Es blieb kein Geheimniß, daß nichts destoweniger eben von ihm aus die Aufforderung zur Rückkehr an die Herzogin ergangen war; man werde sie unmittelbaren Antheil an der Regierung nehmen lassen, hatte er ihr geschrieben; aber wie läßt es sich denken daß man dieß irgendwie ernstlich meinte, oder daß man auch ihrer religiösen Ueberzeugung einen Einfluß auf die Leitung der Dinge zu gestatten im Sinne hatte? Der Herzog von Guise hätte ja dadurch sein Werk mit eigenen Händen zerstört, seine angelegentlichsten Entwürfe selber durchkreuzt! Vielmehr schien es offenbar, daß er seine Schwiegermutter entweder zum Abfall zu bewegen und auf seine Seite hinüber zu ziehen gedenke, oder daß er sich doch ihres hochangesehenen Namens hoffe bedienen zu können, um sein verhaßtes Regiment populärer zu machen und den Anklagen der Gegner damit den Mund zu schließen. Sollte Renata zu dergleichen sich gebrauchen lassen? sollte sie all' diesen Versuchungen und Verwicklungen sich aussetzen, in denen lediglich ihre Seele Schaden nehmen konnte ohne daß irgend eine Wahrscheinlichkeit einer heilsamen Einwirkung in Aussicht stand? Zudem hatte die bedrängte Frau in den letzten Tagen ihres Gemahles sich wieder zu einem Akte der Schwäche verführen lassen, der genugsam zeigte, wie nöthig sie es habe auf ihrer Hut zu sein. Der sterbende Herzog hatte von ihr ein eidliches Versprechen verlangt, hinfort jede direkte Verbindung mit Calvin abzubrechen, und in dem Drange der Umstände, in dem natürlichen Wunsche einer letzten Bitte zu entsprechen, hatte sie diese Zusicherung gegeben.

Dieß Alles hält Calvin ihr vor in dem letzten Briefe, den er nach Ferrara an sie richtet. „Sie haben mit ihrem abgezwungenen Gelöbnisse,

7*

schweres Unrecht gethan und Gott beleidigt; ich dringe nicht in Sie, mir wieder zu schreiben, aber wenn Sie es zu thun wünschen, so wissen Sie daß einen offenbar Gott- und Gewissen-losen Eid halten doppelte Sünde ist. Mit dieser Erklärung halte ich mich meiner Pflicht gegen Sie für entledigt." — "Was nun Ihre Reise betrifft, so kann ich Ihnen nicht verhehlen, daß mir nicht viel damit gewonnen scheint, wenn man einem Abgrunde entflieht, um in einen andern hineinzustürzen. Denn ich sehe nicht, wie diese Veränderung Ihre Lage verbessern könnte. Die Regierung, in die man Sie hineinziehen will, befindet sich im Augenblicke in solcher Verwirrung, daß alle Welt sich dagegen erhebt. Ich glaube wohl, gnädige Frau, daß wenn man Sie daran Theil nehmen ließe, und auf Sie hörte, die Sachen eine bessere Wendung nehmen würden; aber das ist es offenbar nicht, worauf man ausgeht. Man will sich mit Ihrem Namen decken, um das Elend noch anhaltender zu machen, das sich kaum noch ertragen läßt. In solche Verwicklung sich hineinbegeben, heißt nun aber offenbar Gott versuchen. Wahrlich, gnädige Frau, ich wünsche Ihnen Glück und Gedeihen von ganzem Herzen. Aber wenn die Hoheit und Größe der Welt Ihnen zum Hindernisse wird auf dem Wege des Heils, so wäre ich ein Verräther, wenn ich das Schwarze Ihnen als Weiß darstellte. Ja, wenn Sie fest entschlossen wären, sich mit allem Freimuthe auszusprechen und mit anderer Entschiedenheit aufzutreten als bis jetzt, so würde ich Gott bitten, Sie noch viel mehr in die Mitte der Geschäfte zu stellen, als man es Ihnen gegenwärtig anbietet. Aber wenn Sie lediglich Ja und Amen sagen wollen zu jedem Unrechte vor Gott und den Menschen, so kann ich Sie nur bitten: hüten Sie sich, daß das Zweite nicht noch ärger werde denn das Erste war! Damit will ich Sie nun freilich nicht veranlassen, unter dem Drucke zu bleiben, in dem Sie jetzt sich befinden, und etwa innerlich einzuschlummern. Es ist in dieser Beziehung genug und übergenug an dem was in den vorigen Tagen geschah! Um was ich Sie bitte ist vielmehr dieß: sich in eine solche Verfassung zu setzen, daß Sie mit Bewußtsein der Sache Gottes dienen, und geradezu auf das Ziel losgehen, nicht aber sich in Netze zu verstricken, die Sie schwerlich werden zerreißen können. Wie dem aber immer sei, gnädige Frau, Sie haben nun lange genug innerlich hingeschtet, und wenn Sie nicht bald ein ernstliches Erbarmen mit sich selber haben, so ist zu befürchten, daß es zu spät wird Sie von Ihrem Uebel zu erretten. Außer dem was Gott Ihnen schon lange vorgehalten hat in seinem Worte, mahnt Sie nun auch die Zahl Ihrer Jahre*), recht entschieden sich einzuprägen, daß unser Erbtheil nicht hienieden liegt und daß Jesus Christus es wohl werth ist, Frankreich und Ferrara zu vergessen um seinetwillen. Der Herr hat Sie zur Wittwe gemacht, um die hemmende Bande zu lösen, um Sie ganz zu sich zu

---

*) Die Herzogin stand damals in ihrem neunundvierzigsten Jahre.

ziehen. Wie gerne möchte ich dieß Alles nicht nur so auf einmal Ihnen vorhalten, sondern weitläufig und Tag für Tag von Neuem, Auge in Auge mit Ihnen durchsprechen. Aber ich muß es Ihrem eigenen Nachdenken überlassen, sich das Weitere noch auszuführen, das ich hier nicht niederschreiben konnte."

Ohne Zweifel hat dieser überaus ernste Brief mit seiner rückhaltslosen durchdringenden Sprache, wie die hochgeborne Königstochter sie wohl noch selten vernommen hatte, nicht wenig dazu beigetragen, ihr die entschiedene freimüthige Haltung zu geben, die sie nun in den neuen Verhältnissen zeigte in Mitten so vieler Anfechtungen und Gefahren. Obschon sie bei ihrer Ankunft am Hofe Alles in der schlimmsten Verfassung antraf, den Prinzen von Condé, das Haupt der Reformirten, gefangen und zum Tode verurtheilt, die evangelische Bewegung überall verfolgt und unterdrückt, die oberste Leitung der Dinge ganz und gar in den Händen der bittersten Feinde der Reformation, zögerte sie doch keinen Augenblick, ihren Glauben offen zu bekennen, das Geschehene zu tadeln, in allen Stücken sich auf die Seite derer zu stellen, die zu einem Fegopfer der Leute gemacht wurden und zu einem Abschaum der Erde. Mit Freuden kann Calvin Gott Dank dafür sagen, daß er sie so in seiner Furcht und seinem Gehorsam erhalte, daß die verfolgte Gemeinde eine Trösterin an ihr habe und die armen Glieder Christi eine Wohlthäterin in ihr gefunden, die nicht müde werde ihnen Gutes zu thun. „Aber bei alle dem," fährt er fort, „werden Sie es doch freundlich aufnehmen, wenn ich aus der Liebe die ich zu Ihnen hege, und der Sorge für Ihr Heil heraus, das mich erfüllt, mich bestrebe, Ihnen so viel als möglich zu immer tieferer Befestigung in der seligmachenden Wahrheit zu verhelfen. Weiß ich doch, daß Sie gerne sich belehren, ja mahnen lassen an Ihre Pflicht, und willig hinnehmen was Sie als Gottes Stimme erkennen. Wohlan, gnädige Frau, wenn Sie vordem gelernt haben, daß man um auf dem geraden Wege zu gehen alle weltlichen Seitenblicke unterlassen muß, so sind Sie jetzt dazu berufen dieß thatsächlich ins Werk zu setzen*). Was Sie vom Dienste Gottes abziehen oder darin aufhalten will, wissen Sie ja selber. — Da hilft nur ein Mittel: sich fest anklammern an seine Verheißungen und in die Kraft seines Geistes sich flüchten, die den Sieg geben wird in allen Widerwärtigkeiten. — Besonders beharren Sie auch in den Wohlthaten an unsern Armen. Die Solches thun sind Mitarbeiter an der Wahrheit Gottes, und das ist der höchste, unschätzbarste Titel, den ein Mensch sich erwerben kann. O wenn Sie hierin den rechten Muth fassen, wie er sich gebührt, so hoffe ich: Gott werde Sie der Art wachsen lassen an hoher und standhafter Gesinnung, daß alle Gläubigen wie aus einem Munde Ihre Rückkehr nach Frankreich segnen und fröhlich bezeugen: der

---

*) Vous en estes à ceste heure à la pratique.

Herr habe sich ihrer erbarmt, indem er Ihre Person ihnen zusandte, und ihnen die Hand gereicht, indem er Ihre Füße auf den heimathlichen Boden zurückführte in den Tagen Ihres Alters. Da nun aber bloß menschliche Kraft zu solchem Wirken nimmer ausreicht, so bitte ich Sie, gnädige Frau, daß Sie täglich sich dazu antreiben und reizen durch die heiligen Ermahnungen, welche die Schrift uns hierüber giebt."

Ein eigener Prediger, den die Fürstin um diese Zeit von Genf aus sich erbat und erhielt, machte die fortgehende Seelsorge, die Calvin bisher an ihr geübt, weniger nöthig. „Es bedarf jetzt meiner Schreiben nicht mehr wie bisher," äußert er sich selber einmal, „da Sie nun in Ihrem Hause einen Mann haben, der es wohl versteht Sie zu ermahnen." Indessen traten im Laufe der Dinge Zustände ein, in denen sie doch wieder am Liebsten zu dem alt vertrauten Lehrer ihre Zuflucht nahm, dessen Wort eine Bedeutung für sie hatte, wie das keines Andern. Im Jahre 1562 brach in Frankreich der offene Krieg der beiden Religionsparteien aus; und der Schwiegersohn der Herzogin war es, der durch das Hinwürgen einer wehrlosen reformirten Gemeinde in Vassy das Zeichen dazu gab. Sein Namen wurde dadurch zu einem Worte des Abscheues wo nur immer eine protestantische Zunge sich regte. Frauen und Kinder schrien in ihren Gebeten um Rache gegen den Schlächter, die ihre Brüder gemordet und ihnen Allen das gleiche Schicksal zudenke.

Wie mußte es da der unglückseligen Prinzessin zu Muthe werden, als sie so in der Mitte stand zwischen ihren nächsten Angehörigen und den Genossen ihres Glaubens für die ihr Herz brannte. Ihre Liebsten trachteten ihren Liebsten nach dem Leben, die am innigsten mit ihr verbunden waren fluchten denen, die durch die engsten Bande der Natur ihr zugehörten. Leider sind uns nur wenige der Briefe zugänglich, durch die sie in dieser schmerzlichen Bedrängniß dem treuen Seelsorger ihr Herz ausschüttete. Nur aus seinen tröstenden, aufrichtenden, ermahnenden Antworten sehen wir, wie es ihr dabei zu Muthe war, was äußerlich und innerlich über sie erging. Während ihre Verwandten sie in ein Kloster zu sperren drohten, wenn sie nicht katholisch werde, und die eigene Tochter sich zur Trägerin solcher Drohungen hergab *), meinte sie auf der andern Seite in den Verwünschungen der Glaubensgenossen gegen das Guisische Haus auch ihren Namen zu vernehmen; „sie müsse für alle frommen Leute ein Gegenstand des Hasses und des Abscheues sein," hörte man sie sagen, „da sie die Schwiegermutter ihres tödtlichsten Feindes heiße." „Im Gegentheile," antwortete ihr da Calvin, „nur um so mehr sind Sie geliebt und geehrt, da man inne wird, wie Sie dieser Umstand

---

*) Es kam so weit daß ein Offizier ihres Schwiegersohnes ihr Schloß zu beschießen drohte, wenn sie es nicht freiwillig öffne und die Reformirten herausgebe die darin eine Zuflucht gefunden; worauf sie die Antwort gab: sie werde sich auf die Zinne stellen und die Erste sein, die sich tödten lasse.

in keiner Weise von dem offenen Bekenntniſſe des lautern Chriſtenthums zurückhält, und zwar von einem Bekenntniſſe, das nicht nur in Worten ſich zeigt ſondern auch in klaren Werken und Thaten." — „Denn es iſt mir wohl bekannt," hatte er ihr ſchon früher ſchreiben können, „wie Gott Sie geſtärkt hat in Mitten der härteſten Kämpfe und wie muthvoll Sie durch ſeine Gnade allen Verſuchungen widerſtanden. Sie ſchämten ſich nicht die Schmach Chriſti zu tragen, und wem in der Bedrängniß und Verfolgung kein anderer Zufluchtsort mehr offen ſtand, dem war Ihr gaſt‑ liches Haus geöffnet. Eine Fürſtin nach dem Sinne der Welt möchte ſich wohl wenig darüber freuen, wenn ihr Palaſt ein Spital hieße und eine Herberge der Armen, aber Sie wüßte ich nicht mehr zu ehren als indem ich Ihrem Schloſſe ſolchen Namen gebe. Es iſt mir ſchon oft der Gedanke ge‑ kommen, gnädige Frau, daß Gott ihnen ſolche Prüfungen für Ihr Alter aufgeſpart habe um gleichſam die Rückſtände einzuziehen, die er um Ihrer Schwachheit willen in vergangenen Zeiten an Sie zu fordern hat. Sie ver‑ ſtehen daß ich das nach der Menſchen Weiſe rede, da Sie ja tauſend Mal mehr thun könnten, und doch immer eine unnütze Magd blieben, die noch lange nicht gethan hat was ſie zu thun ſchuldig iſt." —

Aber auch mitten in dieſer herzlichen Anerkennung vergißt er nie der ernſten Pflicht der Zurechtweiſung und Ermahnung, wo er wahrzunehmen glaubt, daß in das neue Leben etwa wieder Töne des alten Menſchen hin‑ einklingen, oder daß die natürlichen irdiſchen Verhältniſſe irgendwie Miene machen der Entſchiedenheit des religiöſen Bekenntniſſes Eintrag zu thun. In demſelben Briefe, dem das freundliche Lob entnommen iſt das wir eben mittheilten, giebt Calvin der Fürſtin ſehr ernſte Worte zu hören über ein ſkandalöſes Verhältniß, das ſie — wiſſend oder unwiſſend — unter der Dienerſchaft ihres Hauſes dulde. Ein anderes Mal ſpricht er es ihr unver‑ bohlen aus, daß ihre Tochter, die Herzogin von Guiſe, am Ziele des Ver‑ derbens anlangen werde, wenn ſie in der bisherigen Weiſe auf dem Wege fortwandle, den ſie ſeit einiger Zeit eingeſchlagen. „Wie gerne," ruft er aus, „möchte ich Ihnen, gnädige Frau, den Kummer dieſer Rede erſparen; aber darf ich es, ſo lange ich noch hoffen mag, daß Sie durch Ihren Zuſpruch etwas bei ihr ausrichten und ſie ſo zurückbringen können von dem Kriege gegen Gott, in dem ſie untergehen müßte?" — Als der Hausgeiſtliche der Herzogin ſich darüber beklagte, daß man ihm die Durchführung der kirch‑ lichen Disciplin in der kleinen Hofgemeinde mannigfach erſchwere, kamen von Calvin die dringendſten Vorſtellungen an die fürſtliche Hausfrau. „Ihr Haus," ſchreibt er ihr, „ſollte ein Spiegel ſein für die Gelehrigen und eine Stätte des Gerichtes für die Unverbeſſerlichen und fleiſchlich Geſinnten. Und dazu iſt denn durchaus von Nöthen, daß Keiner, der dazu gehört, wie hoch er auch geſtellt ſei und wie ſehr er auch Ihres Vertrauens genieße, ſich der Ordnung entziehe, die der Sohn Gottes ſelber gegeben hat, oder es ver‑

schmähe unter das Joch der Zucht seinen Nacken zu beugen. Gewiß, gnädige Frau, haben Sie unsern Bruder in seinen dahin zielenden Bemühungen
mit Ihrer Autorität zu unterstützen gesucht. Aber die Höfe der Fürsten sind
s o l c h e r Gefahr des Verderbens unterworfen, daß es sicherlich nicht überflüssig ist, Sie immer von Neuem zum Ernste und Eifer in diesem Stücke
zu ermahnen. Besonders hüten Sie sich auch vor den Verdächtigungen, die
man etwa gegen unsern Bruder Ihnen vorbringen mag, denn das ist zu
allen Zeiten eine der gefährlichsten Listen des Satans: zuerst die Diener
des Evangeliums verächtlich zu machen, um dann das Evangelium selber
seiner Ehre und Kraft zu berauben. Und halten Sie es ja nicht etwa für
einen Vorzug, wenn Ihr Haus eine Ausnahmsstellung einnimmt unter den
christlichen Gemeinden, so daß was in diesen gilt bei Ihnen nicht müßte
beobachtet werden. Der größte Vorzug ist vielmehr der: in allen Dingen
ein einfaches Glied sein der Kirche des Herrn und mit heiligem Sinne in
den Ordnungen dieser Kirche verbleiben. Nicht als ob ich Ihnen das oberste
Richteramt über Ihre Leute entziehen wollte; nur um das bitte ich Sie, daß
Sie nicht in den Gang der k i r c h l i c h e n Disciplin eingreifen, deren ganzes
Ansehen zu Grunde ginge, wenn man Ihre höheren Beamten derselben entzogen sähe.“

In einem andern Briefe nimmt übrigens der Reformator auch wieder
die Partei der Fürstin gegen ihren Prediger, als dieser unbesonnen eingreifen will ehe die Schuld um die es sich handelt gehörig an das Licht gestellt
ist; oder in seinem Eifer gegen das römische Wesen sich zu Rathschlägen
hinreißen läßt, die dem milden gerechten Sinne der Herzogin auf das Tiefste
widerstrebten. „Ich lobe Ihre Tugend und Ihren hohen Sinn, der ein solches Begehren rundweg abschlug,“ läßt er sich gegen sie vernehmen, „und
stimme ganz damit überein, daß die Art wie Herr de Coulonges*) sich in
den fraglichen Angelegenheiten benahm, mehr aus Ehrgeiz und weltlicher
Eitelkeit scheint hervorgegangen zu sein als aus der Demuth die einem Geistlichen geziemt. Ich muß bei dieser Gelegenheit gestehen, gnädige Frau, daß
ich sehr fürchte Gott werde uns die Gnadenfrist, die er uns für den Augenblick geschenkt, nicht lange genießen lassen, da die Meisten von uns sich so
selbstsüchtig und eigensinnig zeigen, daß sie gar nicht mehr wissen was das
heißt: seinen Nächsten in Geduld und Demuth ertragen. Was Sie betrifft,
so bitte ich Sie dringend: Lassen Sie um der Fehler willen, die Ihnen
mißfallen, Ihre Liebe nicht etwa erkalten; zeigen Sie auch denen einen barmherzigen Sinn, die nicht wissen was das ist; fahren Sie fort Gutes zu
thun unter allen Umständen und werden Sie nicht müde, denn das ist Gottes Wille an Sie.“

---

*) Eben der Geistliche der Fürstin. Der größere Theil der reformirten Geistli-
chen französischer Zunge gehörte damals dem Adel an.

Als ein lieblicher Beweis wie mit dieser seelsorgerlichen Beziehung ein zartes persönliches Freundschaftsverhältniß Hand in Hand ging, mag es wohl der Erwähnung werth sein, daß Calvin sich bei dieser Gelegenheit die Freiheit nahm, der Fürstin ein Geschenk zu übersenden, „von dem er hoffen dürfe, es mache ihr Freude, da der Gegenstand selten sei und schwerlich in ihrem Besitze". Es bestand dasselbe in einer goldenen Medaille, die der Vater der Herzogin, Ludwig XII., bei Gelegenheit seiner Streitigkeiten mit dem Papste Julius II. hatte schlagen lassen. „Ich will den Namen Babylons austilgen" las man darauf als Devise. „Es ist dieß Verheißungswort," bemerkt Calvin dazu, „das schönste Neujahrsgeschenk, das ich Ihnen machen kann." (Der Brief ist am 8. Januar 64 geschrieben.) „Auf das Herzlichste danke ich Ihnen dafür," antwortete die Fürstin, „ich habe wirklich ein solches Stück bis jetzt noch nie zu Gesicht bekommen. Und ich mußte Gott loben daß mein königlicher Vater solch einen Wahlspruch sich gewählt hat. Wenn ihm selber die Gnade nicht gewährt wurde denselben auszuführen, so behält es vielleicht Gott einem seiner Nachkommen vor, dieß an seiner Statt zu thun."

In den peinlichsten und schmerzlichsten Zwiespalt zwischen ihren natürlichen Neigungen und der Anhänglichkeit an ihr Bekenntniß und die Genossen ihres Bekenntnisses gerieth übrigens die fürstliche Frau bei der Ermordung ihres Schwiegersohnes vor den Mauern von Orleans. Man weiß daß ihm da ein reformirter Fanatiker, Poltrot, durch einen meuchlerischen Schuß das Leben nahm, als er eben im Begriff war diesen letzten großen Mittelpunkt der protestantischen Bewegung einzunehmen, und wie er gedroht hatte von Grund aus zu zerstören. Wenn man sich erinnert welche Gräuel des Verrathes und Blutvergießens der Herzog von Guise gegen die Reformirten begangen, und wie viel für eine bessere Gestaltung ihres Schicksales von seinem Tode abhing, so wird man sich kaum darüber verwundern können daß der bei Weitem größere Theil der französischen Protestanten an der gräßlichen That zunächst weniger das Verbrechen in das Auge faßte als die gerechte Strafe, die darin lag, und die ersehnte Erlösung, die sie zu bringen verhieß. Ein Ruf des Dankes und der Freude ging durch ihre Reihen; die eifrigsten Prediger zögerten nicht, von dem klaren Strafgerichte Gottes zu reden, das den auf Erden Verworfenen nun der ewigen Verwerfung überliefert habe. Bis zur Herzogin drangen diese Stimmen; es scheint daß sie sogar unter ihrem Hausgesinde laut wurden, daß auch ihr eigener Geistlicher sich nicht scheute in diesem Sinne sich vor ihr auszusprechen. Man kann sich denken, wie ihr darüber zu Muthe wurde, wie sie sich von den entgegengesetztesten Stimmungen hin- und hergerissen fühlte und Augenblicke hatte, wo sie fast zweifelte an der Wahrheit der Lehre, die solche Urtheile der härtesten Lieblosigkeit gestatte. In tiefer Erregung und Trauer wandte sie sich an Calvin und breitete seinem Urtheile Alles das unter was ihr

Herz bewegte. „Ich will meinen Schwiegersohn nicht entschuldigen," sagt
sie, „aber ist es recht daß man jetzt, da er nicht mehr lebt, auch noch sein
Andenken mit dem bittersten Hasse verfolgt? Ich gestehe Ihnen offen, daß
ich nimmer glauben kann: solche Worte des Zornes kommen von Gott. Ich
weiß daß er ein Verfolger war, aber ich weiß nicht und glaube auch nicht,
daß er von Gott verworfen wurde, denn er hat in seinen letzten Stunden
Zeichen eines andern Sinnes gegeben. Und wenn er noch viel unglücklicher
und verworfener gewesen wäre, als er es war, so sollte man doch nicht an
solchen Urtheilen Gefallen finden."

Es ist überaus schön, zugleich voll ungeschminkten Ernstes der Wahrheit und zarter Schonung des mütterlichen Herzens, was Calvin ihr hierauf
antwortet. „Gnädige Frau," redet er sie an, „vor Allem bitte ich Sie im Namen Gottes, doch auch Ihrerseits Maaß zu halten und nicht in leidenschaft-
liches Wesen zu gerathen, denn wie leicht glaubt ein Jeder, es geschehe ihm
zu viel! Und Ihr Brief ist ja wohl ein Zeugniß dafür, daß die Erregung
Sie vergessen läßt, was Ihnen doch sonst bekannt genug ist. Oder wissen Sie
es nicht daß David durch sein Beispiel uns allerdings lehrt, die Feinde
Gottes hassen auch während wir über sie weinen, auch während wir ihnen
persönlich Böses mit Gutem vergelten? Ja er erscheint in dieser Gesinnung
als ein Vorbild des Herrn selber, von dem es heißt: „Der Eifer um seines
Vaters Haus habe ihn gefressen." So redet auch Paulus, so sogar Johannes, von dem Sie nur das Wort der Liebe scheinen behalten zu haben, da er
sagt: „Grüßet den auch nicht, der euch abwendig machen will." So, gnädige Frau, haben Sie denn wohl dadurch, daß Sie selber den Bogen nach
der einen Seite hin überspannten, die allzuscharfe Anspannung nach der
andern Seite hin veranlaßt, und die mit denen Sie sprachen zu einer Heftigkeit gereizt, die im Grunde doch die Schrift nicht verfälscht hat. — Ich
komme nun zu der in Rede stehenden Thatsache selbst, die ich so kurz als möglich behandeln will. Sie sind nicht die Einzige, gnädige Frau, die in diesen
entsetzlichen Verwirrungen Angst und Bitterkeit zu erfahren hatte. Diese
Traurigkeit war Ihnen gemein mit allen Kindern Gottes, und wenn wir
auch sagen konnten: „Wehe dem, durch welchen Aergerniß kömmt!", so
war doch Grund genug zu Seufzern und Klagen vorhanden, da eine gute
Sache überaus schlecht geführt wurde. Wenn nun aber das Geschehene
allen Guten zu Herzen ging, so konnte der Herr von Guise, der das schreckliche Feuer angezündet, unmöglich verschont bleiben. Ich gestehe, was mich
betrifft, daß ich zwar von ganzem Herzen um seine Erleuchtung und Bekehrung zu beten pflegte, aber doch auch häufig wünschte, Gott möge seine
Hand an ihn legen und die Kirche von ihm befreien, wenn er nicht anders
werden wolle. Im Uebrigen kann ich versichern, daß ich Alles that was
möglich war, um ihm das Schicksal zu ersparen, das ihn jetzt erreicht hat.
Schon vor dem Kriege stellten sich Verschiedene bei mir ein, die ihn aus der

Welt schaffen wollten; nichts Anderes als meine Ermahnung hat sie davon zurückgehalten.

Bei alle dem ist es nun aber zu weit gegangen, wenn man ihn ohne Weiteres verdammt, es müßte denn ein ganz sicheres und unfehlbares Zeichen der Verwerfung sich wahrnehmen lassen. Man muß sich in diesen Dingen wohl hüten vor jeder Voreiligkeit und Vermessenheit, denn es ist nur Einer, vor dessen Richterstuhl Alle offenbar werden. — Indessen bitte ich Sie, gnädige Frau, sich nicht zu sehr über das Wort zu erzürnen: „für Jemanden nicht beten"*). Es gilt da zu unterscheiden zwischen den verschiedenen Arten des Gebetes und der Fürbitte. Ich kann bitten, daß Jemand errettet werde; aber deßhalb bitte ich doch nicht für ihn in allen Dingen und in allen seinen Vorhaben wie für ein Glied der Gemeinde. Wir flehen zum Herrn, daß er die auf den guten Pfad ziehe, die auf der Straße der Verdammniß wandeln, und flehen wiederum, daß er unsere Brüder behüte und segne auf allen ihren Wegen. Lassen Sie mich einen Zug aus dem Leben der Königin von Navarra**) erzählen, der hier recht an seinem Platze ist. Als der König, ihr Gemahl, sich gegen das Evangelium wandte, unterließ ihr Hausgeistlicher mit einem Male die kirchliche Fürbitte für ihn. Sie erzürnte sich darüber und hielt ihm vor, daß er schon um der Unterthanen willen sich diese Aenderung nicht erlauben sollte. Da antwortete er: lediglich um dem Könige keine Schande anzuthun verfahre er so; denn wenn er im Gebete seiner erwähnen würde, so könnte er dieß ja nur in dem Sinne thun daß er um seine Bekehrung betete, und das heiße doch seinen Fall vor aller Welt offenbar machen. Wollte er hingegen darum bitten, daß Gott ihn erhalte in Heil und Gedeihen, so klänge das wie ein Spott und wäre eine Entweihung des Gebets. Die Königin, als sie diese Antwort vernommen, ging still hinweg, und nachdem sie von einigen Andern, die sie um Rath fragte, dasselbe gehört, ließ sie die Sache auf sich beruhen. Gnädige Frau, ich weiß daß diese Fürstin gerne Ihre Schülerin sein möchte, wie ja Ihr reiferes Alter und Ihre Tugenden es auch verdienen; ich bitte: schämen Sie sich nun nicht, in diesem Stück auch wiederum von ihr zu lernen. Und urtheilen Sie zum Schlusse nun selber, ob es recht wäre nur an den Einen Mann zu denken und nicht an die Hunderttausende die durch ihn gefallen

---

*) Ohne Zweifel haben die Prediger, über welche die Herzogin sich beklagt, den Herzog von Guise als einen Solchen bezeichnet, für den man nicht mehr beten solle noch dürfe.

**) Johanna von Navarra, die eifrige Bekennerin des Evangeliums, Mutter Heinrichs IV., deren Gemahl, König Anton, sich anfangs ebenfalls der evangelischen Bewegung angeschlossen hatte, später zur unsäglichen Betrübniß seiner Gattin, die er darüber fast persönlich mißhandelte, wieder davon abfiel, und sogar die Waffen gegen die Reformirten führte. Im ersten Religionskrieg, etwa anderthalb Jahr vor dem Datum des obigen Briefes, war er bei der Belagerung von Rouen um das Leben gekommen.

sind? ob man die Liebe so beschränken darf, daß man den Frommen über das Geringe zürnt und ihm das Schwerste hingehen läßt? Das Rechte in dem Allem ist: das Böse hassen ohne uns dabei an die Personen zu halten und einen Jeden seinem Richter anheimstellen. — O daß es mir doch so gut würde, persönlich mit Ihnen reden zu dürfen! ich hoffe daß ich Sie dann ganz beruhigen könnte. Unterdessen bitte ich Sie, das doch wohl zu erwägen, was ich hier angedeutet, damit ihr Friede nicht mehr gestört und Ihr Geist nicht mehr erregt werde durch das eine oder andere Wort, das Sie vielleicht noch zu hören bekommen."

Völlig zufrieden gestellt zeigte sich nun freilich die Fürstin durch diese Erörterung nicht. In einem folgenden Briefe muß Calvin darüber klagen, daß sie seine Worte in Betreff des Herzogs von Guise gerade in ihrer umgekehrten Bedeutung aufgefaßt habe; aber ihr herzliches, hingebendes Vertrauen zu ihm wurde darum doch keinen Augenblick getrübt. Auf die strengsten Vorhaltungen hin vermochte sie ihm demüthig dafür zu danken, „daß er nicht aufhöre, ihr treffliche Ermahnungen zu geben, die sie immer mit Freuden empfange und vernehme; sie habe keine andere Bitte, als daß er damit fortfahre sein Leben lang." „Ganz die Ihrige" pflegte sie ihre Briefe zu unterzeichnen. Und in der That „sein Leben lang" ließ Calvin nicht nach in dem guten Werke, das er einmal an ihr angefangen hatte. Der letzte französische Brief, den wir von ihm besitzen, von seinem Todtenbette aus diktirt, drei und zwanzig Tage vor seinem Hinschiede ist an die Herzogin von Ferrara gerichtet.

————

Wir haben bereits darauf hingedeutet daß diese edle Frau im Uebrigen nicht die einzige Frucht des Aufenthaltes und der Wirksamkeit Calvins in Ferrara war, so kurze Zeit derselbe auch dauerte. Die ganze Familie Soubise, die mit ihr seiner Belehrung genoß, hat einen ähnlichen Segen davon geerntet. Unwandelbar ist sie von da an dem Bekenntnisse des Evangeliums treu geblieben und hat von diesem Bekenntnisse in seltener Weise im Leben und Verhalten Zeugniß abgelegt. Zwar von dem weiteren Leben der Mutter wissen wir wenig mehr, denn daß sie einige Jahre darauf als fromme Protestantin gestorben ist. Dagegen die Tochter, die berühmte Anna von Parthenay, spätere Gräfin von Pons und Marenne*), hatte Zeit und Ge-

---

*) Lilio Giraldi, der ihr einen seiner Dialoguen widmete, konnte ihr vorhalten: sie sei nicht nur im Lateinischen, sondern auch im Griechischen so wohlbewandert, daß sie die schwierigsten Autoren ohne Weiteres zu verstehen vermöge, über Alles was man sich denken könne sei sie in diesem Stücke gelehrt. Was solle man ferner von ihrem poetischen Talente sagen? von ihrer wunderbaren Gabe für die Musik, die alle Meister in Erstaunen setze? Und doch seien das nur beiläufige Dinge, nur Gaben des Vergnü-

legenheit genug, die neu gewonnene Erkenntniß im Wandeln und Wirken zu bewähren. Erst durch die Belehrung Calvins, dessen Umgang sie während der Monate ihres Zusammenlebens mit ihm mit unermüdlichem Eifer suchte, ist sie dem Evangelium gewonnen worden, und mit ihr ihr künftiger Gatte, der damals als Befehlshaber der französischen Garde an dem Hofe zu Ferrara sich aufhielt. Nach Frankreich zurückgekehrt haben sie sich dann gemeinsam für die Sache des Evangeliums in bewundernswerther Weise thätig erwiesen. Die sämmtlichen Vasallen ihrer Güter wurden durch sie dem reformirten Bekenntnisse gewonnen. Nach ihrem Tode (1554) erkaltete dann freilich nach und nach der Eifer ihres Gemahles, und durch eine leichtsinnige Heirath, zu der man ihn verleitete, gelang es dem Hofe, ihn endlich völlig wieder zu der römischen Partei hinüberzuziehen. Um so standhafter dagegen erwies sich dem reformirten Glauben der Bruder der Gräfin, der Prinz Johann von Soubise, der neben einem Coligny und de la Noue unter den großen Helden der französischen Reformation seinen Platz einnimmt. „Noch mehr als durch die Dienste, die er ihr im Felde leistete,“ wird von ihm bezeugt, „bewährte er sich durch die heilige Haltung seines Lebens als ihr Anhänger.“ Er war noch jung an Jahren als er Calvin in Ferrara kennen lernte; aber doch schon reif genug, um aus seinem Unterrichte einen Schatz für sein inneres Leben zu gewinnen, der ihm nie wieder verloren ging. „Ihr gehorsamer Sohn und treuer Freund“ unterzeichnet er sich in seinen späteren Briefen an ihn, die von einer wahrhaft kindlichen Hochachtung und Dankbarkeit und einem unbegränzten Vertrauen zu dem verehrten Lehrer zeugen. In der schwierigsten Lage seines Lebens, da er Lyon für die reformirte Sache besetzt hielt und nicht wußte: sollte er es nach dem Wunsche des Prinzen von Condé dem Hofe wieder überliefern, oder vielmehr für seine Glaubensgenossen behaupten, überließ er die Entscheidung lediglich dem Gutachten Calvins, dem er sich unbedingt zu unterwerfen versprach. Und als dieser ihn ermahnte: nach den Worten der Schrift zu thun und mit Geduld sich darein zu fügen, wenn Gott das Schwerdt wieder wegnehme aus den Händen des Kriegsmannes, gab er in der That seine glänzende Stellung auf, und zog sich in seine Stammgüter zurück, wo er zwei Jahre nach dem Hinschiede seines Lehrers mit getrostem Muthe sich zum Sterben niederlegte.

Nur Einer unter den Gästen Ferrara's scheint wenig oder keine Frucht aus dem Zusammenleben mit dem großen Prediger gewonnen zu haben: der Dichter Clement Marot. Durch seine Uebersetzung der Psalmen hatte er sich den Haß des Clerus zugezogen und war genöthigt worden aus Frankreich zu weichen; aber von einer ernsten religiösen Ueberzeugung erfüllt war er

---

gens. Als das Wunderbarste an ihr erscheine ihre durchdringende Kenntniß der heiligen Schrift, so daß die Theologen vom Fache von ihr zu lernen begehrten.

darum mit nichten, und ist es auch später, soviel wir urtheilen können, nie geworden. Noch einmal wurde er in der folgenden Zeit — zu Genf — mit Calvin zusammengeführt, aber ohne daß er in seinem leichtsinnigen fleischlichen Wesen mehr Nutzen daraus gezogen hätte als bei der ersten Begegnung. Beza, der ihm sonst sehr gewogen ist, muß doch bekennen: daß seine am Hofe gebildeten Sitten bis an das Ende in der gleichen unchristlichen Haltung sich bewegten. In dem ernsten Genf Calvins war kein Raum für solch einen Wandel; er ist von da nach Piemont hinüber gezogen und dort gestorben wie er gelebt hatte. „Wäre er ein Deutscher gewesen," sagt ein neuerer Schriftsteller von ihm, „so würde er ohne Zweifel einer der Schüler und Bewunderer des Erasmus geworden sein: einer jener Humanisten, die wie die Reformatoren das römische Wesen verwarfen, aber nicht wie sie das Evangelium ergriffen mit dem Hunger und Durste einer nach Erlösung sich sehnenden Seele." —

Etwa ein halbes Jahr hatte sich Calvin in Ferrara aufgehalten, als jene schon besprochene Wendung in der Haltung des Herzogs eintrat, die ihn mit seinen Schicksalsgenossen nöthigte Stadt und Land zu verlassen. Einer nicht ganz sichern Quelle nach*) soll er zuvor noch Venedig und selbst Rom besucht und in seinem brennenden Eifer es unternommen haben auch hier den Saamen des Evangeliums auszustreuen. Von der Inquisition, die aufmerksam auf ihn wurde, zurückgedrängt, habe er sich endlich noch an der Gränze, die Italien von der Schweiz scheidet, in dem piemontesischen Alpenthale von Aosta einige Zeit festgesetzt, und dort ziemlich offen und mit großem Beifalle seine Lehre gepredigt, bis die Verfolgungen ihn auch von dieser Stätte vertrieben. — Es liegt dieß Alles im Dunkeln, da weder Calvin selber noch sein Freund Beza irgend welche Andeutung darüber geben. Nur so viel ist gewiß, daß sich in Aosta noch heutigen Tages eine Säule findet, die an den Aufenthalt des Reformators in dieser Gegend erinnert und die triumphirende Inschrift trägt: „Dieß Denkmal ist zum Gedächtniß der Flucht Calvins im Jahre 1541 errichtet, und zweihundert Jahre später durch den Eifer der treu gebliebenen Frömmigkeit erneuert worden**)."

*) Demay erzählt es. Beza dagegen erwähnt der Sache mit keinem Wort.
**) Zu dieser Thatsache kömmt nach den neuesten Forschungen noch ein anderes Dokument, das über die Thätigkeit Calvins in Aosta ausführlichen Aufschluß giebt, das ohne Weiters zu benützen wir aber dennoch Anstand nehmen, weil sich eine Menge thörichter Dinge darin finden, und wir nicht im Stande sind über die Glaubwürdigkeit des Uebrigen uns ein Urtheil zu bilden. Es besteht dasselbe aus einer „Geschichte von Aosta", die sich im Manuskripte auf der Bibliothek Karl Albert in Turin befindet. Den auf den Aufenthalt Calvins bezüglichen Abschnitt hat Gaberel in der 2. Auflage seiner Histoire de l'Église de Genève tom. I. pièces justifi-

Die Reise des Flüchtlings wandte sich zunächst noch einmal nach seinem Vaterlande. Nicht als ob er wieder seinen Wohnsitz darin aufzuschlagen gedacht hätte — die Verhältnisse luden im Augenblicke weniger als je dazu ein —, sondern einfach um die schließliche Ordnung seiner Angelegenheiten und eine Unterredung mit einigen Gliedern seiner Familie war es ihm zu thun. Er fand in der That in Noyon die Geschwister, und hatte die Freude seinen Bruder Anton und seine Schwester Maria für die Sache des Evangeliums zu gewinnen. Mit ihm verließen sie die Heimath, als er sich wieder zur Abreise aufmachte, und auch einige ferner Stehende, darunter der höchste Beamte der Stadt mit seiner Familie, schlossen dem kleinen Auswanderungszuge sich an. — Es deutet das vielleicht darauf hin, daß dieser letzte Besuch Calvins in seinem Vaterlande doch nicht lediglich ein Privatbesuch sondern auch wieder eine Missionsreise war soweit die Verhältnisse es gestatteten. Irgend etwas Bestimmteres wissen wir darüber nicht, nur die Frucht, die wir wahrnehmen, kann uns auf eine vorangegangene Arbeit zurückschließen lassen.

Nicht ohne Schmerz überschritt er die Gränzen des vaterländischen Landes, über die er nie mehr den Fuß setzen sollte. „Man treibt mich aus dem Lande meiner Geburt," schreibt er an einen Freund; „jeder Schritt nach der Fremde kostet mich Thränen. Es mag aber sein! Verdient es die Wahrheit nicht in Frankreich zu wohnen, so mag ich es auch nicht. Ich will mir ihr Loos gefallen lassen." Sein Sinn war, sich wieder an seinen früheren Wohn-

---

catives p. 100 abgedruckt. Wir theilen Einiges daraus anmerkungsweise mit. „Gegen Ende des Februar 1536 drang Calvin heimlich in unser Thal ein und kam bis zu den Mauern der Stadt Aosta. In der Scheune eines gewissen Bibiano verborgen, die ein Edelmann Bernhard Bourelon ihm angewiesen hatte, versuchte er von da aus seine falsche Lehre durch Emissäre (?) auszustreuen, so daß er in der That Manche zum Abfalle bewog, selbst Leute aus den besten Familien. Ja er hatte sogar die Frechheit, Briefe zu verbreiten, in denen er die Einwohner aufforderte, sich frei zu machen, und ihnen versprach, sie dann mit den protestantischen Schweizerkantonen zu verbinden (!!). Aber die unendliche Güte Gottes hat das Land vor einem so großen Unglücke bewahrt. Die Gebete der gläubigen Priester, die unaufhörlichen Prozessionen, denen nicht nur das geringe Volk, sondern auch die Bischöfe und die höchsten Herren vom Adel beiwohnten, in Sack und Asche mit nackten Füßen, endlich der Bund mit dem Wallis gegen jede Neuerung in der Religion thaten der Verbreitung des Giftes Einhalt. Fast hätte man Calvin und diejenigen die ihm anhingen verhaften können, wenn seine Emissäre ihm nicht Nachricht von dem Anschlage gegeben hätten; über Schneefelder und Flüsse konnten sie sich retten. Zum Andenken dieses herrlichen Schutzes Gottes ließ die Gemeinde der Bürger in der Mitte der Stadt, wo die vier Hauptstraßen zusammentreffen, ein großes Kreuz errichten, das noch besteht als ein unvergängliches Zeugniß der Standhaftigkeit im Glauben. Ueberdieß wurde allen Familienvätern geboten, den Namen Jesu über ihre Thüren malen zu lassen."

fitz, Straßburg oder Basel, zurückzuziehen, und dort von Neuem durch Wort und Schrift der Sache der Reformation zu dienen wie die Gelegenheit sich dazu biete.

Aber woran hängen doch oft die Geschicke der Menschheit und die Gestaltung der Welt! Während auf die äußerlich großen Ereignisse die Augen sich richten, von denen doch im Grunde eine sehr geringe Wirkung ausgeht, tritt irgend ein kleiner Umstand ein, den Niemand bemerkt, und an diesen knüpft die waltende Hand Gottes ihre durchgreifendsten, folgenreichsten Bestimmungen an. Was weiß oder spürt Europa jetzt noch von dem verheerenden Kriege, der im Sommer des Jahres 1536 zwischen Franz I. und Karl V. wüthete und als die große Angelegenheit des Welttheiles erschien? Nur von Einem seiner Folgen wird es noch immer bewegt und wird noch lange Zeit davon bewegt werden: von der höchst unscheinbaren Thatsache, daß der flüchtige Mann aus Noyon mit seinen Begleitern, dem die Unruhen die Straße durch Lothringen versperrten, sich einen andern Weg nach seinem Reiseziele suchen mußte und nach Genf sich wandte. — Wenn irgendwo in einem Menschenleben die unmittelbar eingreifende Lenkung Gottes, die alle Fäden menschlichen Wollens und Thuns zu ihrem Gewebe verschlingt, sichtbar zu Tage tritt: so sicherlich in dieser geringfügigen Abänderung, die der Reiseplan eines französischen Auswanderers erfuhr.

V.

Genf. — Gründung und frühere Geschichte der Stadt. — Ihr Verhältniß zu den Bischöfen und den Herzögen von Savoyen. — Bruch der Stadt mit Savoyen (1526). — Bruch mit den Bischöfen. — Erste protestantische Bewegungen. — Farel und Froment in Genf. — Difinitiver Sieg der Reformation (1535). — Sittlicher Zustand der Stadt um diese Zeit. — Schwierigkeiten der Begründung der neuen Ordnung.

An der Gränze der germanischen Welt, wo Frankreich und Italien, die Gebirgszüge des Jura und der Alpen sich berühren, liegt, wie in einen äußersten Winkel hinausgebaut, die Stadt Genf am Ende des Lemansees und dem Ausflusse der Rhone; in einer der schönsten Gegenden die unser Welttheil aufweist, in einer der günstigsten Stellungen die man finden mag was die lebendige Theilnahme an dem allgemeinen Leben der Völker angeht. Drei große Nationen treffen da zusammen und reichen sich die Hand. Was eine jede bewegt, was eine jede darzubieten hat, fluthet hinüber in das kleine Gemeinwesen, das zwischen ihnen liegt, und theilt von ihm aus den anderen sich mit.

Schon lange vor den Zeiten der Cäsaren, in Zuständen von denen keine geschichtliche Kunde zu uns herüberreicht, ist die Stadt an dem Ufer ihres unvergleichlichen Sees erbaut worden und schnell zu einer bemerkenswerthen Blüthe emporgestiegen. Mit der Eroberung Galliens und Helvetiens dem römischen Reiche einverleibt, hat sie dann alle die wechselnden Schicksale desselben mit durchgemacht, bis sie endlich bei seinem Zusammensturze dem Volke der Burgunder anheimfiel, und bald zum Mittelpunkte seiner Wohnsitze wurde. Von dieser Zeit her datirt die bleibende Einführung des Christenthums in dieser Gegend, und der Aufbau einer neuen Civilisation, die zugleich aus dem Geiste des Evangeliums, aus der reichen Begabung des germanischen Stammes und dem Erbtheile der römischen Bildung hervorging *).

Im Weiteren war es die Geschichte des beginnenden und fortschreitenden Mittelalters, die die Stadt nun ergriff und in ihre Bahnen hineinzog. Von der fränkischen Monarchie Karls des Großen ging sie an die neu-burgundische über, und von dieser an das deutsche Reich. Die Art ihrer Existenz war dabei dieselbe wie die unzähliger anderer städtischer Gemeinwesen in diesen Jahrhunderten. Mit der Selbstregierung der Bürger lagen die Ansprüche der Grafen, die in der Nähe ihre Burgen hatten, und des Bischofs, der auf den Höhen von St. Peter residirte, in beständigem Streite. Dem letztern schien endlich der größte Theil der Macht zuzufallen. Die Bürger, die in Gemeinschaft mit dem Kapitel ihn wählten, brachten ihm die einen und andern ihrer Freiheiten zum Opfer, und gegen die Anfechtungen der Grafen rief er die Herzöge des benachbarten Savoyens zu Hülfe, die diese Gegner nach und nach völlig verdrängten, freilich nicht ohne nun ihrerseits an die Stelle derselben zu treten. Das Schloß auf der Insel wurde von ihnen besetzt, und mit dem Beginne des 14. Jahrhunderts galt Genf im Grunde für eine savoyische Stadt, in der die Herzöge öfter residirten, obgleich sie dem Titel nach nur ihre Schutzherren (Vidâmes) waren.

Es gereichte keineswegs zum Vortheile des Gemeinwesens, daß durch diese Veränderung auch die bischöfliche Würde nach und nach in die Hände des savoyischen Hauses überging. In dem Zeitraume von dem zwölften bis zum Ende des vierzehnten Jahrhunderts hatte sich Genf im Allgemeinen wohlmeinender, eifriger, ja sogar evangelisch gesinnter Oberhirten zu erfreuen gehabt; aber mit dem ersten Bischofe aus der savoyischen Fürstenfamilie (1418) trat ein anderer Zustand der Dinge ein. Der Bischofsitz wurde jetzt zu einer Art von Erbtheil für die jüngern Prinzen des Turiner Hofes, und verlor damit nach jeder Seite hin seine bisherige Bedeutung für den Staat und die Kirche. Die Theilnahme des Kapitels und der Bürgerschaft an der Wahl wurde aufgehoben; die kirchlichen Pflichten traten in den Hintergrund und wichen dem politischen Bestreben, die Stadt immer unbedingter unter die Botmäßigkeit der savoyischen Fürsten zu bringen. Es kam vor daß zwölfjährige Knaben zu Bischöfen ernannt wurden, die dann lediglich

---

*) Vergleiche über die religiöse Geschichte der Stadt das treffliche Werk Gaberel's „Histoire de l'Église de Genève". Bis jetzt sind zwei Bände erschienen. Zweite Auflage 1858.

die Einkünfte des Bisthums verzehrten und in der ungescheutesten Weise ihren fleischlichen oder tyrannischen Gelüsten lebten. Dem Beispiele ihrer Häupter folgte binnen Kurzem die Priesterschaft. Außer Rom mochte es kaum eine andere Stadt der Welt geben, in der die Geistlichkeit so völlig von ihrem Berufe abgefallen war und in den lüderlichsten Lebensgenüssen sich bewegte, wie in dem savoyisch gewordenen Genf.

Nicht ohne zunehmende Erbitterung sah die Bürgerschaft all' diesen Veränderungen zu. Sie hatten keine Lust, aus der Stellung einer freien Reichsstadt in die einer savoyischen Provinzialstadt hinabzusteigen, und waren ebensowenig gemeint, ihre Güter und Töchter einem verachteten Clerus zum Genusse zu überlassen, der von Tag zu Tag gieriger die Hände darnach ausstreckte*). Schon mehrmals hatten sie gegen die unrechtmäßigen Ansprüche Savoyens sich zu schützen gesucht. Wenigstens das Institut eines „allgemeinen Rathes", den die Gesammtheit der Bürger bildete, eines Rathes der Zwanzig, der aus diesem hervorging, und vier oberster Syndiken, welchen die eigentliche Regierung anvertraut war, hatten sie sich nicht nehmen lassen; gegen die Eingriffe der benachbarten Fürsten wie gegen die Anmaßung des Bischofes und die Zügellosigkeit seiner Geistlichkeit setzten sich diese Behörden seit einer Reihe von Jahren unaufhörlich zur Wehre.

Da kam es im Jahre 1526 zunächst auf dem politischen Gebiete zum offenen Kampfe und zur Entscheidung. Ein gewaltsamer Versuch des Herzogs von Savoyen und seines bischöflichen Verwandten: die republikanischen Ordnungen der Stadt aufzuheben und sie geradezu dem benachbarten Fürstenthume einzuverleiben, endigte mit der völligen Niederlage der Angreifer und dem gänzlichen Bruche der bisherigen Beziehungen zwischen Savoyen und Genf. Der Herzog mußte mit seinen Truppen die Stadt verlassen, und eine entschieden republikanische Verfassung, an deren Spitze ein vom Volke gewählter Rath von zweihundert Mitgliedern stand, wurde eingeführt. Unter der thätigen Mithülfe von Bern und Freiburg vollzog sich dieser folgenreiche Wechsel der Dinge. Dem Bischofe blieben lediglich die Rechte, die an seine geistlichen Würden sich knüpften, und der leere Titel „eines Fürsten von Genf".

Aber auch mit dieser geistlichen Gewalt hielt es nicht mehr lange an. Die Reformation nahte sich. Während Bern den Genfern half der savoyischen Herrschaft sich entziehen, war es schon von der Predigt Zwingli's angefaßt und in einer Umgestaltung seiner kirchlichen Zustände begriffen. Bald pflanzte sich die Bewegung von ihm aus auch in die umliegenden französi-

---

*) „Im Jahre 1502," erzählt Gaberel, „mußten die Polizeibeamten die Thüren der Klöster mit Gewalt erbrechen, um die jungen Mädchen den Mönchen zu entreißen, die sie am offenen Tage auf der Straße aufgegriffen und hinter die Klostermauern geschleppt hatten." Aehnliche Beispiele ließen sich noch unzählige anreihen. Vergl. Gaberel I, 53—60.

schen Landschaften fort. Neuenburg wurde davon berührt, die Bevölkerung des Waadtlandes fing an dafür und dawider Partei zu nehmen. Indem Genf mit Bern in politisch-militärische Verbindung trat, öffnete es damit nothwendiger Weise auch den neuen religiösen Anschauungen seine Thore, die der mächtige Verbündete zu bekennen begann. Man kann sich denken, welch einen wohlbereiteten und empfänglichen Boden sie hier fanden. Der tiefe Widerwillen, den man gegen die sittenlose Geistlichkeit hegte, wirkte zusammen mit dem politischen Mißtrauen, das der Bischof sich zugezogen; erst wenn diesem jede Art von Einfluß genommen war, und die Stadt auch in religiöser Beziehung unabhängig dastand, schien ihre Freiheit völlig gesichert.

Es läßt sich nicht daran zweifeln, daß vor Allem diese Betrachtungen es waren, welche die Herzen zunächst der neuen Predigt zuwandten. Auf der e i n e n Seite eine verwilderte Priesterschaft, der man Frauen und Töchter mit Gewalt aus den Händen reißen muß*), eine Religion der schamlosesten Gelderpressung, die kirchliche Gewalt im offenen Bund mit den verrätherischen Landesfeinden, — auf der andern ein Christenthum, das von keiner Menschenherrschaft mehr etwas will, das nur auf die Herzen abzielt, das Hand in Hand mit freier Wissenschaft und ernster Sittenstrenge seiner Diener sich darstellt, zudem mit den Freunden und Befreiern verbündet wie das alte Wesen mit den Gegnern und Bedrückern: wie hätte da die Neigung der Gemüther schwanken können oder die allgemeine Stimmung lange unentschieden bleiben? Ehe nur das r e l i g i ö s e Element, das den Herzpunkt der Reformation ausmacht, seine Kraft entfalten konnte, war schon durch ihre sittliche und politische Haltung ihr Sieg an dieser Stelle entschieden.

Wir können nicht in alle die Einzelnheiten des Kampfes eingehen, der sich nun entspann. Ueber fünf Jahre lang stemmte sich der zahlreiche Clerus, von Savoyen in jeder Weise unterstützt, gegen das Eindringen der neuen Ueberzeugungen. Ein Tumult folgte dem andern; nicht nur mit öffentlichen Reden und Bannbullen sondern auch mit Schwerdtern und Feuergewehren focht man gegen einander. Wenn die savoyischen Truppen der Stadt die Lebensmittel abschnitten, so brachen dafür die bernerischen Hülfsvölker ringsumher die Schlösser des feindselig gesinnten Adels. Indessen war die neuerungslustige Partei damit im Nachtheile: daß sie noch nicht recht zu sagen wußte, was sie denn an die Stelle des Alten zu setzen gedenke das sie umstürzen wollte. Erst der P r o t e s t der Reformation war bis jetzt in Genf eingedrungen, aber noch nicht das E v a n g e l i u m, das sie verkündigte. Die Prediger der deutschen Schweiz fühlten sich durch die Sprachverschiedenheit gehindert in der französischen Stadt aufzutreten, und was von

---

*) Ganz kurz vor dem Jahre 1526 hatte das Volk sich genöthigt gesehen, sogar den Palast des Bischofs zu stürmen, um ihm eine ehrbare Tochter abzunehmen, die er auf der Straße hatte rauben lassen. — Gaberel I, 59.

Frankreich hinüberkam, war höchstens hie und da ein dem Kloster entsprungener Mönch, der wohl auf das Papstthum zu schmähen und die Menge durch seine glühenden Ergüsse zu erbittern verstand, aber in keiner Weise dazu ausreichte einen festen Grund evangelischer Lehre zu legen.

Dieß änderte sich nun mit dem Jahre 1532. Von den Waldenser Thälern aus, wo er eben einer Synode beigewohnt hatte, kam gegen Mitte September ein französischer Flüchtling in die Stadt, der ganz dazu geschaffen war, die bewegte Menge mit dem rechten Worte anzufassen und ihrem ziellosen Veränderungstriebe die Richtung zu geben, die allein zum Heile führen konnte. Es war Wilhelm Farel, der unermüdliche Apostel der Reformation in den französischen Sprachgebieten, dem unter unzähligen Nöthen und Gefahren schon so Vieles in den umliegenden Landschaften gelungen war*). Indem er mit den genferischen „Lutheranern" in Verbindung trat und ihren innern Zustand erforschte, bemerkte er bald woran es ihnen fehle. „Sie haßten die Priester und aßen an den Festtagen Fleisch." Viel weiter erstreckte sich die Reformation noch nicht, deren sie sich rühmten. Aber schnell bildete sich ein kleiner Kreis um ihn, der nun auch das Weitere zu vernehmen begehrte, was er ihnen aus dem Evangelium vorzutragen habe. Seine Belehrung fand unter diesen Erstlingen die beste Statt und breitete von ihrer Versammlung mit reißender Schnelligkeit sich weiter aus. Großen Schaden brachte es nicht, daß es der Geistlichkeit für dießmal noch gelang ihn wieder zu vertreiben. Die neu gebildete Gemeinde entwickelte auch in seiner Abwesenheit eine nachhaltige Lebenskraft; die Sendboten, die er an seine Stelle schickte, namentlich der junge Froment, setzten sein Werk mit furchtloser Beharrlichkeit fort; und noch war kein halbes Jahr vergangen, so konnte er es wagen mit seinem Freunde Viret wieder in die Mitte des wilderregten Volkes zurückzukehren um seinen Dienst von Neuem an ihm zu versehen. Ihre öffentlichen Predigten in Häusern und auf Plätzen, die man ihnen nun nicht mehr verwehren konnte, brachten eine unbeschreibliche Wirkung hervor. Eine öffentliche Disputation, zu der ein unvorsichtiger Mönch sich hinreißen ließ, endigte mit ihrem vollständigen Siege; ein nächtlicher Ueberfall, den der Bischof gegen die Stadt versuchte, nahm den kläglichsten Ausgang und erbitterte die Bürgerschaft nur noch mehr gegen den Hirten, der statt des Evangeliums Feuer und Schwerdt in den Händen halte. Den gleichen Erfolg hatte es, wie man sich denken kann, als man daran ging, die beiden Prediger mit Froment zu vergiften. Die Verwünschungen welche die dazu verwendete Magd gegen ihre geistlichen Verführer ausstieß, da sie das Schaffot bestieg, machten auf die Zuhörer einen unauslöschlichen Eindruck.

---

*) Für alles Nähere was diesen merkwürdigen Mann betrifft, den eigentlichen Helden der französischen Reformation, auch für das Genauere über seine damalige Wirksamkeit in Genf, verweisen wir auf sein Lebensbild, das der neunte Band dieses Unternehmens enthalten wird.

Als der todtenblaffe Viret, der sein Leben lang an den Folgen des Giftes zu leiden hatte, zum ersten Male wieder predigte, drängte das Volk sich glückwünschend um ihn herum und bedeckte seine Stimme mit ermunterndem Zuruf. Welch ein Schlag war es da für den Clerus, daß man gerade um diese Zeit auch die merkwürdigen Apparate entdeckte, mit denen die Mönche von Notre Dame und die Geistlichen von St. Gervais bisher allerlei Wunder gewirkt und das Volk zu schrecken versucht hatten. Die Reliquien wurden unter dem Eindrucke dieser Offenbarungen aus den Kirchen gerissen, und triumphirend führte das Volk die evangelischen Prediger in die gereinigten Gotteshäuser ein.

Von nicht geringer Bedeutung war es, daß gerade in diesen Tagen der Entscheidung die Bernertruppen einrückten, die der Rath gegen die immer feindseligeren Angriffe des Herzogs und des Bischofs zu Hülfe gerufen. Die Obrigkeit, die sich bisher so gut als möglich neutral zu halten gesucht hatte, bekam dadurch den Muth, sich etwas mehr der allgemeinen Stimmung anzunähern.

Auf den starken Arm Berns gestützt ließ man es geschehen, daß das katholische Freiburg im Zorne den Bundesvertrag zerriß, und schritt dazu durch eine feierliche öffentliche Verhandlung zwischen den hauptsächlichsten Vorkämpfern der beiden Parteien den obschwebenden Streit „ein für alle Mal" zu entscheiden. Aber unter welchen Auspizien für die Altgläubigen begann dieß Gespräch! Einer ihrer bedeutendsten Männern, der Canonicus Bernard, hatte schon vorher sein Priestergewand ausgezogen und auf das Bestimmteste erklärt, die neue Lehre stimme mit der Schrift überein. Sein College Caroli, auf den die Geistlichkeit die größten Hoffnungen setzte, sah sich im Laufe der Unterredung zu dem gleichen Zeugnisse bewogen. Lediglich der Barfüßer Chapius versuchte einige Einwendungen, ohne doch auch nur bei den eigenen Parteigenossen den Eindruck hervorbringen zu können als vermöge er seine Sätze gegen die Entwicklungen Virets und Farels zu behaupten. Es war der achte Juni 1535 an dem dieses Gespräch Statt fand das den Sieg der Reformation in Genf für immer entschied. Etwas mehr als ein Monat ging noch über verschiedenen Unterhandlungen hin; dann erklärte der Rath, der die Bürger Mann für Mann um ihre Meinung hatte befragen laffen, durch ein feierliches Dekret von 26. August 1535 „die päpstliche Religion für abgeschafft, und die Annahme der reformirten Religion die auf das Evangelium sich gründet."

Aber wie viel leichter ist es doch eine religiöse Reformation in einem Rathsdekrete zu beschließen als sie in den Herzen und dem Leben einer Bevölkerung durchzuführen! Man kann sich denken daß der Erlaß der Obrigkeit weder die wild bewegten Gemüther mit einem Male zu beruhigen die Kraft hatte, denen durch die jahrelangen täglichen Kämpfe die Unruhe und Erhitzung des Parteigetriebes fast zu einem Bedürfnisse geworden war, noch auch den Gesinnungen und den Gewohnheiten des Wandels plötzlich eine andere Richtung zu geben vermochte. Und welche Gesinnungen, welche Gewohnheiten waren das! Unzählige hatte die zunehmende Verachtung, die sie gegen die Priesterschaft und das römische Wesen empfanden, der Religion überhaupt entfremdet und einem mehr oder weniger bewußten Unglauben in die Arme getrieben. Andern war durch das Beispiel der gränzenlosen Lüderlichkeit, das ihnen der Clerus gegeben, wenigstens das sittliche Gefühl überaus getrübt worden oder völlig abhanden gekommen. Es ist fast unglaublich, was nach dieser Seite hin über das damalige Leben Genfs uns berichtet wird. Die lüderlichen Weibspersonen waren nicht nur geduldet, sondern in ihrem Gewerbe sogar förmlich anerkannt und beschützt. Ein eigenes Quartier hatte man ihnen eingeräumt und eine eigene Verfassung ihnen erlaubt. Jedes Jahr wählten sie sich aus ihrer Mitte eine Königin, die dann im Beisein der Rathsmitglieder auf das Evangelienbuch den Eid leistete, ihr Amt nach Recht und Herkommen verwalten zu wollen. — Die Geister waren durch das Alles jeder Zucht und innerlichen Ordnung völlig entfremdet. Das Wort Freiheit trugen sie auf den Lippen, und setzten Gut und Blut daran, sie sich zu erwerben oder zu bewahren; aber es war die Freiheit des Fleisches, die sie damit meinten, die schrankenlose Ungebundenheit in allen Stücken, die sie sich nicht wollten nehmen lassen. Einer ihrer Mitbürger, der berühmte Bonnivard, der für seinen evangelischen Sinn und seine Freiheitsliebe ernsterer Art so viel hatte dulden müssen*), hat es ihnen schon bei dem ersten Anfange ihrer Bewegung gegen die römische Kirche vorgehalten: daß sie in ihrem gegenwärtigen Zustande zu nichts weniger taugten als zu einem reformirten und auf das Evangelium gegründeten Gemeinwesen. „O wie viel Spreu kömmt bei euch auf ein einziges gutes Körnlein," hat er ihnen zugerufen, „auf e i n e n Bürger der sich ernstlich reformiren will: wie Viele die nur die Freiheit wollen Alles thun zu dürfen! Was wollt Ihr eigentlich mit der Reformation, ihr grundverdorbenen Leute? Ihr klagt die Priester und Mönche an, weil sie Spieler, Wüstlinge, Trunkenbolde sind; aber seid ihr es nicht gerade so wie sie? Ihr wollet die Diener des Papstes fortjagen und Diener des Evangeliums an ihre Stelle setzen; wohl, das wird an und für sich ein großer Gewinn sein, aber nicht ein Gewinn für euch, die ihr euer Glück in die schamlosen Genüsse des Fleisches setzt. Eure gegenwärtigen Priester erlauben euch diese; wenn ihr dagegen Prediger des Evangeliums hättet, so würden sie euch zwar erlauben was der Papst verbietet, aber dafür die Beobachtung der Gebote Gottes von euch fordern, die wahrlich schwerer zu halten sind als die päpstlichen Satzungen."

Und zu diesen inneren Schwierigkeiten kam nun auch noch ein Anderes.

---

*) Bekanntlich hat Byron ihm eines seiner schönsten Gedichte gewidmet: „Der Gefangene im Schloße Chillon."

Die Priester waren vertrieben — aber woher die Prediger nehmen, die sie ersetzen sollten? Die Messe war weggethan, die Gotteshäuser von den Bildern und Reliquien gereinigt, — aber was sollte nun an ihre Stelle treten? welche Art des Gottesdienstes? welche neue kirchliche Einrichtung? Damit daß das Papstthum öffentlich und förmlich abgeschafft worden, war offenbar nur erst Raum gemacht für ein Neues, aber das Neue noch nicht hergestellt. Es galt nun Schulen einzurichten, ein kirchliches Amt zu gründen, das Volk zur Kenntniß der heiligen Schrift zu führen, in jeder Beziehung eine neue Ordnung aufzubauen an der Stelle der alten, die in Trümmer gelegt war. Nun war freilich Farel mit seinen Genossen da; aber er fühlte bald, daß er für diese mannigfaltigen und schwierigen Aufgaben nicht ausreiche. Seine Natur war mehr dazu gemacht Bahn zu brechen als aufzubauen, im Sturme heiliger Begeisterung die Gemüther zu überwältigen und fortzureißen, als sie durch beharrliche Pflege festzuhalten und zu erziehen. Ein Mann der Schule, des Lehrens, des Begründens und Anordnens war er in keiner Weise; neben den unschätzbaren Vorzügen, die ihn schmückten, fehlten ihm doch die schöpferische Kraft und die gemessene Sicherheit des Charakters, ohne die es unmöglich war zu leisten was unter diesen Verhältnissen geleistet werden mußte.

Ueber ein Jahr lang that er nichts destoweniger sein Möglichstes um wenigstens das unerläßlich Nothwendige zu Stande zu bringen. Er verfaßte ein Glaubensbekenntniß, damit es der neuen Kirche nicht an einer festen Regel der Lehre fehle*); er suchte Prediger heranzuziehen und die kirchlichen Verhältnisse zu ordnen; mit unglaublichem Eifer widmete er sich der Verkündigung des Wortes; zwei Mal an jedem Tage wurde in den vier Hauptkirchen der Stadt die Schrift ausgelegt. Auf seine Mahnung dekretirte der Rath die Errichtung einer Gemeindeschule, zu der auch die Aermsten freien Zutritt haben sollten. Aus den Klostergütern deckte man die Kosten, die dieß verursachte, und verwandte den Rest zu wohlthätigen Stiftungen.

Aber wie wenig war doch mit all' diesen Anordnungen geholfen! Das neue Glaubensbekenntniß wurde von Unzähligen so gut verworfen als die Messe. In der Kirche ließ man die Geistlichen predigen und ging daran vorbei. Fast noch lauter als früher hörte man Nachts die unzüchtigen Gesänge der lüderlichen Banden welche die Stadt durchzogen. Vor den Ohren der Behörde ließen einige hochgestellte Männer sich vernehmen: sie würden in Zukunft gar keinen Gottesdienst mehr besuchen, sondern leben wie es ihnen gefalle, ohne an irgend eine Zurechtweisung sich zu kehren**)."

Ueberaus trüb und bange wurde es unter all dem Farel zu Muthe. Er meinte oft unter der Last erliegen zu müssen die er trage, und glaubte

---

*) Man findet dasselbe bei Gaberel 2. Auflage tom. I. pièces justificatives p. 120.

**) Aus den Registern des Raths vom 4. und 8. Sept. und 25. Nov. 1536. Bei Gaberel I, 200.

mit Händen zu greifen, daß Alles was er dulde und wirke doch keine Frucht bringe. Sollte vielleicht das Letzte ärger werden als das Erste war? dieser wichtige unter so langen Kämpfen gewonnene Punkt, an den sich die größten Hoffnungen knüpften, wieder verloren gehen? die Sache des Evangeliums Schmach leiden vor aller Welt? so viele Seelen verderben, nachdem es eben erst den Anschein gehabt, als wollten sie den Weg des Heiles betreten? Von ganzem Herzen seufzte der treue Mann nach dem Kommen eines Stärkeren als er, in dessen Hände er das Werk niederlegen könne, für das er selber sich zu schwach fühlte. — Wie Johannes der Täufer muthet er den Beschauer an, indem er in gläubigem Vertrauen des Größeren harrt dem er die Bahn gebrochen. Wie gerne wollte er seinerseits abnehmen und ihn zunehmen lassen, wenn nur dieses Volk gerettet wurde, das verschmachtete und in der Irre ging wie Schafe die keinen Hirten haben.

VI.

Calvin in Genf festgehalten.

Bei dieser Lage der Verhältnisse langte Calvin auf seiner Reise nach Basel gegen Ende August des Jahres 1536 in Genf an. Er gedachte hier lediglich zu übernachten, und dann so schnell als möglich in der Frühe des folgenden Tages weiter zu reisen*). Aber der Herr der Kirche hatte ein Anderes beschlossen. Louis du Tillet, der sich, wie es scheint, unmittelbar von Ferrara aus nach Genf gewandt hatte, war von der Ankunft seines Freundes unterrichtet worden, und konnte es sich nicht versagen, Farel und Viret im Vertrauen davon in Kenntniß zu setzen, daß der Verfasser des „christlichen Unterrichtes" sich in diesem Augenblick in der Stadt befinde. Wie Farel das vernimmt, wird es ihm, als empfange er die Antwort Gottes auf sein Bitten und Seufzen. Mit einem Male fühlt er sich von der klaren, bestimmten Ueberzeugung durchdrungen: das ist der Mann, den Gott uns sendet um sein Werk in dieser Stadt auszurichten. Mit Erstaunen sah ihn Calvin am späten Abende bei sich eintreten, mit noch größerem Erstaunen vernahm er die Zumuthung, die allen seinen Gedanken und Plänen so ferne lag, sich hier bleibend niederzulassen und seine nächste Thätigkeit dem Ordnen dieser verworrenen Zustände zu widmen. Mit einer Art von Schrecken wies er das weit von sich weg. „Er sei ein junger Mann," antwortete er, „der für solch eine Stellung nicht tauge. Noch könne er sich nicht an ein bestimmtes Amt und eine Kirche binden, sondern wolle zunächst für das Allgemeine wirken. Zudem sei er mit seinen Studien noch lange nicht am Ziele; es thue ihm zunächst Noth, sich noch einige Jahre in die Stille zurückzuziehen und da mit

---

*) Der Angabe Beza's, daß er Viret und Farel besucht habe, widerspricht Calvins eigene Darstellung in der Vorrede zu den Psalmen, der wir im Obigen folgen.

Muße weiter zu arbeiten." Aber Farel war nicht geneigt, dergleichen Gründe gelten zu lassen, wo es um eine so klare Pflicht, um eine so offenbare Fügung Gottes sich handelte. Auf das Lebhafteste drang er in den jungen Mann, Alles zu vergessen was er nach eigenen Gedanken sich vorgenommen, seine Zaghaftigkeit daran zu geben an die Kraft von oben her, dem rufenden Herrn zu antworten: „Hier bin ich, sende mich!" Aber Calvin konnte sich nicht entschließen, auf seine Betrachtungsweise einzugehen. „Er kenne sich selber am Besten," sagte er, „er wisse daß die Schüchternheit seines Charakters und die Art seiner Geistesanlagen ihn zu dieser Stellung untauglich machten." Ein heiliger Zorn ergriff Farel als er ihn so reden hörte. „Da er sah, daß er mit seinen Vorstellungen nichts ausrichtete," erzählt Calvin selber, „so hob er die Hand zum Fluchen auf und der Beschwörung im Namen Gottes." „Du redest von deinen Studien und deiner Ruhe," rief er mit jener Donnerstimme ihm zu, die schon so oft in dem Gottesdienste die versammelte Gemeinde bis in das Mark erschüttert hatte, „nun wohl, ich erkläre dir im Namen des lebendigen Gottes, daß wenn du in so großer Noth der Kirche deine Hülfe uns versagst, und dich selber mehr suchst als Christum, — daß dann Gott deine Studien und deine Ruhe verfluchen wird." „Von unnennbarem Schrecken ergriffen," sagt Calvin, „ließ ich alsobald allen Widerstand fallen." Noch zwanzig Jahre später ging ihm ein Zittern durch die Seele, wenn er dieser Stunde gedachte. „Es war mir," schreibt er, „als sähe ich die furchtbare Hand Gottes, die mich vom Himmel her ergreife und zurückhalte." Er gelobte Farel, sobald er seinen Bruder Anton nach Basel gebracht habe, wieder nach Genf zurückzukehren und ihm in der Arbeit der Neubegründung der Kirche jeden Beistand zu leisten, der in seiner Macht stehe. „Nur durch das Versprechen einer bestimmten Thätigkeit," schreibt er, „konnte ich mich noch nicht binden; ich war meiner Furchtsamkeit und Scheu vor den Menschen mir allzusehr bewußt."

Nachdem die Reise nach Basel in höchster Eile abgemacht war*), erschien er in den ersten Tagen des Novembers wieder in der Stadt, deren Namen von nun an mit dem seinigen unauflöslich verbunden bleiben sollte. Er war jetzt 27 Jahre alt, äußerlich unscheinbar und so zart von Körper, daß man auf den ersten Anblick weder von seiner Kraft noch von seiner Entschlossenheit sich viel versprach. Sein blasses, scharf geschnittenes Gesicht, seine schlichte Haltung, die hagere Gestalt, die den Eindruck machte als sei sie nur Nerv und Organ des Denkens, schien in der That sein Urtheil zu bestätigen, daß er mehr zum Gelehrten tauge als zum Wirken in der Gemeinde. Nicht das Geringste hatte er an sich was man von einem Manne des Volkes erwartet.

---

*) In einem Briefe an Daniel vom 13. Okt. erzählt er, daß er einige Gemeinden, die ihn ersucht hatten auf seiner Durchreise etliche Tage bei ihnen zu verweilen, durch seine abschlägige Antwort höchlich verletzte. — Engl. Ausgabe der Briefe Calvins I, 21.

Sehr zurückhaltend und bescheiden trat er denn auch auf, wie Einer der auf einem unbekannten Boden seinen ersten Versuch macht, und nichts weniger begehrt, als die Augen der Menge auf sich zu ziehen. Auf seine Bitte that Farel dem Magistrate einfach zu wissen, daß ein gewisser Johannes Calvin sich dazu entschlossen habe in Genf zu bleiben, und gerne seine Dienste der Kirche widmen wolle, wenn man ihn irgend tauglich dazu erachte. Ohne eben viel Gewicht darauf zu legen, nahm der Rath diese Mittheilung entgegen; „jener Franzose“*) nennt ihn das Protokoll vom 5. Sept. das dieser Anzeige erwähnt. Nicht einmal ein Gehalt wurde ihm für's Erste ausgesetzt; erst fünf Monate später finden wir, daß man beschließt ihm ein kleines Geschenk von sechs Sonnenthalern zu machen, „da er bisher noch so viel als nichts empfangen**).“ Das Amt das er zunächst versah war das eines Lehrers der Theologie, der ohne eigentliche Anstellung (denn noch gab es in Genf keine Akademie) diejenigen unterrichtete, die aus irgend einem Grunde tiefer in die Schrift einzudringen wünschten, als es durch den bloßen Besuch der Gottesdienste geschehen konnte. Daneben beschäftigte er sich, wie wir aus einem Briefe ersehen, vornehmlich mit der Uebersetzung seines Buches vom christlichen Unterrichte in das Französische. Es dauerte noch einige Monate bis er von der Bürgerschaft auch zum Prediger gewählt wurde, ohne doch seine Lehrerstelle darum aufzugeben, deren Pflichten er vielmehr durch sein ganzes Leben hindurch als eine seiner hauptsächlichsten Aufgaben betrachtet hat.

VII.

Calvins erste Wirksamkeit in Genf in Verbindung mit Farel und Viret. — Disputation in Lausanne. — Der Genfer Catechismus. — Denkschrift Calvins über die Ordnung der kirchlichen Verhältnisse. — Annahme der Sittenordnungen durch das Volk. — Rücksichtslose Vollziehung derselben. — Verhältniß Calvins zu seinen Collegen. — (1537.)

Das Erste von Bedeutung was Calvin in seinem neuem Berufskreise leistete, war seine Theilnahme an dem großen Religionsgespräche in Lausanne. Dem Biographen des Farel wird es obliegen, dasselbe nach seiner Veranlassung und seinem Verlaufe ausführlicher zu beschreiben; denn Farel galt damals noch durchweg als der erste Mann und der Wortführer, Calvin erschien nur als sein Gehülfe. Auf den Antheil, den er in dieser bescheidenen Stellung an der folgenreichen Verhandlung nahm, müssen wir unsere Besprechung derselben beschränken***).

---

*) Iste Gallus.
**) Rathsprotokoll vom 13. Februar 1537.
***) Die Geschichte des Gesprächs findet sich am Ausführlichsten, genau nach den Akten dargestellt, in Ruchat's Histoire de la Réformation de la Suisse. Band IV, p. 181—364.

Die Disputation war von Bern angeordnet worden, deſſen Truppen ſoeben die Savoviſchen aus der Gegend vertrieben hatten, und das nun wie politiſch, ſo auch religiös, die neu gewonnene Landſchaft mit ſich zu vereinigen wünſchte. Doch blieb den römiſch Geſinnten alle mögliche Freiheit des Angriffs und der Vertheidigung auf dem eröffneten Kampfplaße; und man kann nicht anders ſagen, als ſie haben mit entſchloſſenem Muthe und nach beſtem Vermögen davon Gebrauch gemacht. Nicht weniger als ſieben volle Tage dauerte die Verhandlung. Zehn Theſen Farels bildeten dabei die Grundlage, deren Vertheidigung ihr Verfaſſer ſelber, Viret und Caroli abwechſelnd übernahmen. „Bis zum fünften Tage," heißt es in der offiziellen Berichterſtattung, „beobachtete Johannes Calvin vollkommenes Stillſchweigen. Er brach es endlich — als man eben von der Gegenwart des Leibes im Abendmahle redete — um einige Behauptungen zu widerlegen bei denen den Uebrigen die nöthigen Kenntniſſe abgingen." Es handelte ſich um die Anſchauungen der Kirchenväter über die fragliche Lehre. Wie er ſchon in der Vorrede zum chriſtlichen Unterrichte gethan, erhob er ſich zuerſt mit Eifer gegen die Anklage, als ob er mit ſeinen Geſinnungsgenoſſen die heiligen Lehrer der alten Kirche geringſchäße. „Wahrhaftig," rief er aus, „wir leſen ſie mehr als ihr und lernen mehr von ihnen; aber freilich ihrem Urtheile uns unbedingt unterwerfen können wir nicht, weil das Wort Gottes uns das verbietet. Wie aber dürfet ihr behaupten, daß wer ihre unbedingte Autorität nicht anerkenne, damit auch jede Autorität verwerfe, ſelbſt die der Geſeße und der Obrigkeit? Mag der Papſt ſolch' eine Gewalt für ſich in Anſpruch nehmen; jene trefflichen Männer haben es nie und nimmer gethan; ihr nehmet ihnen ihren beſten Ruhm und ſtellet ſie in e i n e Reihe mit dem Antichriſten, indem ihr ihnen Solches zumuthet."

Mit einer wahrhaft bewundernswerthen Gelehrſamkeit — da er lediglich aus dem Gedächtniſſe ſprach — ging er dann daran die Anſicht der vornehmſten Kirchenväter über den in Rede ſtehenden Punkt darzulegen. Beſonders auf Tertullian, Chryſoſtomus und Auguſtin berief er ſich dabei. Die Stellen, die er anführte, gehören zu den klarſten und entſchiedenſten, die die geſammte patriſtiſche Literatur über dieſes Dogma aufzuweiſen hat. Mit einer kurzen Rückweiſung auf das Neue Teſtament und einige Worte des Paulus, deren Sinn er auseinander legte, ſchloß er ſeine Rede.

„Die Gegner," ſagt die amtliche Aufzeichnung, „die eben noch troßige Geſichter gemacht hatten, da Farel ihnen nicht zu antworten wußte, waren wie zu Boden geworfen von der Kraft dieſer Beweiſe, ſie verſtummten ohne Erwiederung. Ein Barfüßermönch aber, Johann Tandy, der beſonders aufmerkſam geweſen war, ſtand plößlich auf und wie verzückt in ſich ſelbſt rief er vor der ganzen Verſammlung aus: er habe jeßt die Wahrheit geſehen und wiſſe was das Evangelium lehre. Würde er ſich nicht dazu bekennen, ſo würde er die Sünde gegen den heiligen Geiſt begehen. Er bat das Volk um Verzeihung, daß er es so lange irre geführt, warf sein Ordenskleid ab und bat Gott mit lauter Stimme, daß er seinen Mitbrüdern die gleiche Gnade erweise." - -

Ueber denselben Gegenstand ergriff Calvin später noch einmal das Wort, um die Geschichte Gregors VII. zu erzählen, auf den die Gegner sich beriefen. Als sehr unparteiischer Historiker zeigte er sich dabei freilich nicht; er hielt sich einfach an die Beschuldigungen der kaiserlich Gesinnten gegen diesen Papst. Aber einen großen Eindruck machte es doch, daß er so aus dem Stegreife den Feinden in jeder Position zu begegnen wußte. Sie fingen dieser Gelehrsamkeit gegenüber an ihre kühnen Behauptungen zurückzuziehen und verloren am Ende den Muth. Die Reformation wurde in Lausanne und im Waadtlande angenommen, wie sie in Genf war angenommen worden; und mit fröhlichem Dankgebete kehrten die Prediger in der ersten Hälfte des Oktober zu ihren Gemeinden zurück." „Der Herr gebe," schrieb Calvin, „daß nun nicht nur aus den Kirchen, sondern auch aus den Herzen die Götter weichen müssen, die den rechten Gott verbargen."

Mit frischem Muthe gingen die trefflichen Männer nun in Genf an die fast unabsehbare Arbeit, die dringend nach ihren fleißigen Händen verlangte. Es zeigte sich dabei bald welch' eine unschätzbare Hülfe man an dem neuen Mitarbeiter gewonnen hatte. Zu seinen Erklärungen der Schrift, die er Tag für Tag in den weiten Räumen der Peterskirche vortrug, drängte sich die Menge mit einem unglaublichem Interesse. Als er nach seiner Wahl zum Pfarrer das erste Mal gepredigt hatte, ging das Volk mit lautem Beifallrufen neben ihm her; er mußte denen, die ihn dießmal nicht hatten hören können, versprechen gleich am folgenden Tage wieder aufzutreten.

Als eines der dringendsten Bedürfnisse stellte sich neben der mündlichen Belehrung die Abfassung eines Lehrbuches zum Volks- und Jugendunterrichte heraus. Es verstand sich von selbst, daß man Calvin damit beauftragte diesem Mangel abzuhelfen; und nur wenige Tage brauchte es für seinen immer regen Geist, dem die Gegenstände von selbst in der rechten Ordnung sich darstellten, um damit zu Stande zu kommen. Das Büchlein, das er so niederschrieb — zunächst von noch sehr geringem Umfange —, ist kein anderes als die erste Ausgabe des berühmten Genfer Catechismus, der bekanntlich binnen kurzer Zeit eine Bekenntnißschrift der gesammten reformirten Kirche und die Grundlage fast aller ihrer spätern Lehrbücher dieser Art geworden ist*). Dem Inhalte nach giebt er sich augenblicklich als eine populäre Bearbeitung des Buches „vom christlichen Unterrichte" zu erkennen, aus dem wohl hie und da ein Satz fast wörtlich herübergenommen

---

*) Vergl. hierüber das fünfte Kapitel von Sudhoffs Ursinus und Olevianus, das besonders auch über das Verhältniß des Heidelberger Catechismus zu seinem Genferischen Vorbilde sehr interessante Aufschlüsse enthält.

wurde. Was die Form betrifft, so findet die Eintheilung in Fragen und Antworten, in der uns die Schrift jetzt vorliegt, in dieser frühesten Gestalt sich noch nicht, sondern das Ganze erscheint, dem damaligen Stande der Dinge entsprechend, mehr als ein Hülfsmittel zum Selbstunterrichte, denn als eine Anleitung zum Unterrichte Anderer*).

Erst fünf Jahre später (1541), beim Beginn seiner zweiten Wirksamkeit in Genf, arbeitete Calvin sie zu der Fassung um, in welcher sie in den allgemeinen Gebrauch der reformirten Kirche übergegangen ist: in Abtheilungen für fünf und fünfzig Sonntage, die ganz ausdrücklich auf die Belehrung der Katechumenen angelegt sind. Die Fragen sind dabei mit höchster psychologischer Einsicht gestellt, die Antworten durchweg verständlich, klar, bestimmt; der strenge Gedankenzusammenhang, in dem ihr Wechsel fortschreitet, ist ein so natürlicher, daß er auch den Geist des Kindes mit sich ziehen und ihm einen Eindruck geben muß von der unauflöslichen Zusammengehörigkeit aller christlichen Lehrstücke. — Der Grundgedanke ist, wie überall bei Calvin, die Beziehung der menschlichen Seele zu Gott und ihrem himmlischen Berufe. Von der Ordnung der ersten Bearbeitung weicht diese spätere darin ab, daß nicht mehr vom Gesetze zum Glauben, sondern (wie im Heidelberger) vom Glauben zum Gesetze übergegangen wird.

„Welches ist der Hauptzweck des menschlichen Lebens?" lautet die erste Frage. „Daß die Menschen Gott erkennen, der sie geschaffen hat." — „Aus welchem Grunde sagst du das?" „Weil er uns dazu geschaffen und auf die Welt gesetzt hat, damit er in uns verherrlicht werde. Und in

---

*) Die Ordnung der darin enthaltenen Abschnitte ist folgende: Alle Menschen sind zur Verehrung Gottes geschaffen. — Der Unterschied zwischen falscher und wahrer Gottesverehrung. — Von der rechten Erkenntniß Gottes. — Von dem Wesen des Menschen. — Von dem freien Willen. — Von Sünde und Tod. — Von der Wiederherstellung zu Heil und Leben. — Vom Gesetze des Herrn (Erklärung der zehn Gebote). — Von der Summa des Gesetzes. — Von der Wirkung des Gesetzes. — Das Gesetz ist der Zuchtmeister auf Christum. — Christus wird durch den Glauben von uns ergriffen. — Von der Erwählung und Vorausbestimmung. — Vom wahren Glauben. — Der Glaube ist ein Geschenk Gottes. — In Christo werden wir gerechtfertigt durch den Glauben. — Durch den Glauben werden wir geheiligt zum Gehorsam des Gesetzes. — Von Buße und Wiedergeburt. — Wie die guten Werke und die Gerechtigkeit aus dem Glauben sich zu einander verhalten. — Das apostolische Glaubensbekenntniß (seine Erklärung). — Von der Hoffnung. — Vom Gebet. — Erklärung des Gebetes des Herrn. — Vom Beharren im Gebete. — Von den Sakramenten. — Was das Sakrament ausmacht. — Von der Taufe. — Vom Abendmahl. — Von den Hirten der Kirche und ihrer Gewalt. — Von den menschlichen Traditionen. — Von der Excommunication. — Von der bürgerlichen Obrigkeit. — Als Anhang dazu gedruckt ist das Glaubensbekenntniß Farels.

der That, es ist billig, daß unser Leben, dessen Ursprung er ist, zu seiner Verherrlichung angewandt werde."

Im Jahre 1545 erschien die lateinische Uebersetzung, von Calvin selber verfaßt, „damit auch andere Kirchen von dem Büchlein Gebrauch machen könnten und so in einem der wichtigsten Stücke eine Uebereinstimmung unter den Zusammengehörigen angebahnt werden möge*)," an die binnen Kurzem unzählige weitere Ausgaben in allen Gestalten und Sprachen sich anschlossen. Bald als Anhang zum „christlichen Unterrichte" finden wir es, bald in Verbindung mit der Liturgie und den Psalmbüchern. Wiederholte Uebertragungen in das Italienische (1551 und 56), Spanische (1550), Englische (1550), Schottische, Belgische, Polnische, Ungarische, Deutsche (zum ersten Male 1563 in Verbindung mit dem Heidelberger), Baskische, Griechische, Hebräische geben die Bücherkenner uns an. In den Kreisen derer, die man gewöhnlich das Volk nennt, hat das kleine Buch ohne Zweifel nicht weniger für die Ausbreitung der reformirten Lehre und die religiöse Befestigung ihrer Bekenner geleistet als das Werk vom christlichen Unterrichte in den gebildeten Ständen und den theologischen Schulen.

Aber dem Unterrichte in der Lehre mußte nun auch das Halten derselben und ein ihr gemäßes Leben folgen. Denn Calvin am allerwenigsten war gemeint, sich mit einer allgemeinen Zustimmung des Verstandes zu begnügen, oder eine Gemeinde als eine christliche anzuerkennen, in der man wohl mit dem Munde Christum bekenne, aber im Uebrigen sich benehme, als ob man nichts von ihm wisse. Als das Erste was Noth thue, erschien ihm da eine unzweideutige Verpflichtung Aller: das von Herzen annehmen und festhalten zu wollen was die frühere Confession Farels und jetzt sein Catechismus enthalte. Er wandte sich mit seinen Freunden an den Rath und forderte ihn auf, durch eine feierliche Eidesleistung der Bürgerschaft diese Schriften gleichsam als das religiöse Grundgesetz des Staates anerkennen zu lassen, das in keinen Stücken mehr gebrochen werden dürfe. Und gerne ging dieser darauf ein; denn so faßte man damals den Begriff des Staates, daß er zugleich auf dem religiösen Bekenntnisse und der bürgerlichen Verfas-

*) „Da es uns zukommt," heißt es in der Zueignung der Schrift „an die treuen Diener Christi in Ostfriesland", „auf alle Weise dahin zu streben, daß unter uns leuchte jene von Paulus so sehr empfohlene Einheit des Glaubens: so muß vornehmlich diesem Zweck das feierliche Glaubensbekenntniß gelten, das mit der Taufe verbunden ist. Daher wäre nicht nur zu wünschen, daß eine vollkommene Uebereinstimmung in der Lehre von der Gottseligkeit unter Allen bestände, sondern auch, daß alle Kirchen eine Form des Catechismus hätten. Ich habe mich darum der lateinischen Sprache bedient, damit derselbe ein öffentliches Zeugniß sei, woran die durch weite Entfernung des Ortes von einander getrennten Gemeinden, welche eine übereinstimmende Lehre in Christo haben, sich gegenseitig erkennen."

sung beruhe. Zuerst die Rathsmitglieder selber beschworen die Confession, „Gott die Ehre gebend durch das Bekenntniß zu der Wahrheit." Dann traten die Bürger in ihrer vollen Zahl herzu je zehn und zehn, und thaten dasselbe. Wer von nun an dem Inhalte dieser Schriften widersprach oder irgendwie dagegen auftrat, verfiel in bürgerliche und geistliche Strafen. Diejenigen die den Eid verweigerten verloren das Bürgerrecht*), nachdem der größte Theil der katholisch Gesinnten schon auf die feierliche Abschaffung der päpstlichen Religion hin aus der Stadt ausgewandert war.

Aber das war nur das Eine und bei Weitem minder Schwere was geschehen mußte. Mit Zustimmung seiner Freunde entschloß sich Calvin, zu dem Glaubensbekenntnisse auch noch eine Kirchenordnung und eine daran sich knüpfende Ordnung des Lebens einzuführen, ohne die das Reformationswerk immer nur auf dem Gebiete der Gedanken stehen bleiben und nie zu thatsächlicher Wirkung gelangen werde. Die merkwürdige Denkschrift ist uns aufbehalten, in der er zu diesem Zwecke gemeinschaftlich mit Farel an den Magistrat sich wandte und die Einrichtungen vor ihm entwickelte, die er zum Bestande einer reformirten Kirche für unerläßlich hielt**). Vor Allem auf die Verwaltung des heiligen Abendmahls, bei der Zucht und Ordnung am meisten scheint gefehlt zu haben, richtet er die Aufmerksamkeit der Behörden. „Es ist außer Zweifel," sagt er, „daß eine Kirche noch nicht für fest gegründet und geordnet gelten kann, so lange das heilige Mahl des Herrn nicht oft in ihr gefeiert und fleißig besucht wird, dabei aber zugleich so überwacht, daß Niemand wagen darf dazu heranzutreten, der nicht mit heiligem Sinne erscheint und gebührender Ehrfurcht." Jeden Sonntag möchte er dasselbe gefeiert wissen, so oft die Gemeinde in ihrer Gesammtheit versammelt sei, als das eigentliche Siegel der Verheißung Gottes „durch das die Gläubigen unbeschreiblichen Trost und die mannigfaltigste Frucht empfangen." Denn in diesem Sinne offenbar sei es von dem Herrn eingesetzt worden, nicht um nur zwei oder drei Male im Jahre begangen zu werden, als wäre es etwas ganz Besonderes. Freilich könnte eine so häufige Feier unter den jetzigen Verhältnissen mancherlei Uebelstände mit sich bringen; aber so viel dürfte man doch ohne alle Gefahr wagen, das heilige

---

*) So war es beschlossen, ohne daß doch in der That diesem Beschlusse unverzüglich Folge gegeben wurde. Einige vornehme Männer, die dem Rathe antworteten: „Die Artikel der Reformation wollten sie wohl beschwören, aber nicht die zehn Gebote, die allzuschwer zu halten seien," mußten trotzdem mit ihrem Anhange in der Stadt geduldet werden; ein Umstand, dem die traurigen Verwicklungen der Folgezeit zum großen Theile zuzuschreiben sind.

**) Siehe dieselbe bei Gaberel I, pièces justif. 102. Sie ist hier zum ersten Male veröffentlicht. Das Original ist dem Autor in dem Genfer Archive zu Gesichte gekommen.

Mahl wenigstens jeden Monat abwechselnd in einer der drei Pfarrkirchen darzureichen. Für die Aufrechterhaltung der Ordnung bei diesen Gelegenheiten müßten die Behörden dem Geistlichen freie Hand geben. Und zu dieser Ordnung gehöre nun ganz vornehmlich, daß der Tisch des Herrn, diese Vereinigungsstätte der Glieder Christi mit ihrem Haupte und untereinander, nicht von denen befleckt und entweiht werde, die durch ihr ganzes Benehmen genugsam anzeigten wie wenig sie mit dem Herrn gemein hätten. Es müsse möglich sein solche davon zurückzuhalten, die Excommunication, wie die Apostel und die alte Kirche sie geübt, müsse wieder eingeführt werden. Freilich nicht in der Weise, wie sie unter dem Papstthume bestand, da die Bischöfe sich allein solches Recht angemaßt. Dasselbe stehe vielmehr der Gemeinde zu, und dieser Gemeinde gelte es also zu den geeigneten Organen zu verhelfen. Eine Anzahl frommer und tauglicher Männer sollten aus der Bürgerschaft gewählt werden, welche die Andern zu überwachen, und wo sie grobe Verfehlungen an ihnen wahrnähmen, sie gemeinsam mit dem Geistlichen darüber zur Rede zu stellen hätten. Helfe das nichts, so solle man die Sache der versammelten Gemeinde zur Anzeige bringen; und wenn die Schuldigen auch dann noch in ihrem bösen Wesen beharren wollten, so müsse zur Ausschließung derselben vom Abendmahle fortgeschritten werden.

Ein Zweites was Calvin verlangt, ist eine würdigere Einrichtung des Gottesdienstes, namentlich die Einführung eines gemeinschaftlichen Gesanges. Denn wie sehr ermahne Paulus den Herrn in Gemeinschaft zu loben mit Psalmen und Lobgesängen und geistlichen, lieblichen Liedern. Wenn lediglich der Geistliche im Namen der Versammlung ein Gebet spreche, so habe Alles einen überaus kalten und todten Anstrich. Wie ganz anders wenn im Anstimmen der Lieder die Herzen zu Gott sich erhöben und seine Hülfe anriefen, und Lob sagten seinem heiligen Namen. Da werde es sich dann herausstellen, welch' eines unaussprechlichen Trostes der Papst die Kirche beraubt habe, als er den Gemeindegesang in ein unverständliches Gemurmel verwandelte, und das Wort Gottes werde mit einem Male wieder lebendig werden in den Herzen und auf den Lippen.

Die Psalmen des alten Testaments, wie Marot sie bereits in französische Verse gebracht hatte, werden zu diesem Behufe vorgeschlagen. Die Einführung der großen und schwierigen Neuerung soll nur nach und nach und mit großer Vorsicht von Statten gehen, damit sie nicht eine Unordnung zur Folge habe, die vielmehr Störung als Erbauung hervorbringe. Einen Chor von Kindern möchte Calvin für den Anfang gebildet wissen, mit denen man das zu singende Lied Sonntag für Sonntag einübe. Diese Kinderstimmen sollten dann zunächst die Stütze und den Mittelpunkt des Gesanges ausmachen; die Gemeinde nur mit dem Herzen folgen, bis sich allmählig auch in ihrer Mitte ein Mund aufthue, der der Melodie zu folgen wisse.

Der dritte Punkt, auf den die Denkschrift dringt, ist ein gründlicher geordneter religiöser Unterricht für die Kinder. Durch die Abfassung des Catechismus sei die nothwendige Grundlage für denselben hergestellt; der Rath möge nun nur die Eltern auf das Ernstlichste dazu anweisen, daß sie diese „Summe der Lehre" den Kindern von frühe an einprägten, und sie regelmäßig zu dem Geistlichen schickten, der die Kleinen darin prüfen solle.

Zuletzt wird auch eine andere Ordnung in den Ehesachen verlangt. Denn unmöglich könnten doch die päpstlichen Satzungen und die willkürlichen Ausnahmen von diesen Satzungen, die von Rom ausgegangen, noch fernere Geltung haben. Das Wort Gottes müsse auch hier an die Stelle der Menschengesetze treten, und um diesem zu seinem Rechte zu verhelfen, sollte eine besondere Behörde für die ehelichen Angelegenheiten eingesetzt werden, aus einigen Mitgliedern des Rathes und einigen Mitgliedern der Geistlichkeit bestehend, die bis auf Weiteres ganz einfach an die Aussprüche der heiligen Schrift sich halte.

Die Denkschrift schließt dann mit einem warmen Worte der Ermahnung an die Männer, denen Gott die Obhut über seine Gemeinde anvertraut habe. „Seid fleißig in Allem," ruft sie ihnen zu, „was eures Amtes ist, was euch gut erscheint um das Volk in Zucht zu halten und das Reich Gottes zu fördern. Durch Schwierigkeiten lasset euch nicht abschrecken; ihr habt einen Helfer, der alle Hindernisse übermag, der wird euch an eurer Hand ergreifen, wenn ihr ihm die Hand reicht, und Jegliches hinausführen zu einem guten Ende!"

Nicht so völlig wie die Reformatoren es gewünscht hätten, nahm der Rath diese Vorschläge an. Die monatliche Feier des heiligen Abendmahles wies er ab, und verwarf die Kundmachung einer jeden Excommunication vor versammelter Gemeinde. Das Uebrige ließ er mit geringfügigen Modifikationen gelten, und fügte, um dem Andringen der Prediger zu entsprechen, noch einige andere Verordnungen hinzu, die auf die Heilighaltung des Sonntages, auf die Verhinderung des Spieles und der lüderlichen Gesänge an öffentlichen Plätzen sich bezogen.

Und ohne Verzug wurden diese Mandate in Kraft gesetzt. Eltern, die ihre Kinder nicht in die Schule schicken wollten, wurden aus der Liste der Bürger gestrichen, denn „wer die Nothwendigkeit und den Segen des Unterrichtes nicht einsehe, sei nicht werth Glied eines freien Staates zu sein." Die Spielhäuser wurden geschlossen, die öffentlichen Tänze, die in die schamlosesten Orgien auszuarten pflegten, in jeder Weise verhindert. Und schonungslos, ohne irgend welche Rücksicht, wurde der zur Strafe gezogen, der sich hiegegen verging. Ein Mann der heimlich fortfuhr sein Spielhaus zu halten, mußte es sich gefallen lassen auf dem Pranger ausgestellt zu werden mit den Karten am Halse. Einige Personen, die eine unwürdige Maskerade veranstaltet hatten, wurden genöthigt auf ihren Knieen zu St. Peter das Aergerniß abzubitten vor versammelter Gemeinde. Eine Putzmacherin kam zwei Tage ins Gefängniß, weil sie eine junge Frau in höchst unbescheidener Weise aufgeputzt hatte; und die Mutter mit zwei Freundinnen, die beim Anziehen mitgeholfen und dann mit der Geschmückten ausgegangen waren, hatten sich derselben Strafe zu unterziehen. Einen Ehebrecher führte der Henker nebst dem Weibe, mit dem er gesündigt, durch die ganze Stadt, hin und zurück, und wies ihn dann aus. — Nicht als ob die Prediger dieß Alles unterschiedslos als etwas durchaus Verdammliches angesehen hätten! Calvin sagt wohl einmal: „Die Erholungen an und für sich table er nicht, das Tanzen und Kartenspiel sei an und für sich betrachtet kein Verbrechen, aber wie leicht gewinne es die Herrschaft über diejenigen, die sich ihm häufig hingäben; und zumal wo das Unreine längere Zeit Gewohnheit gewesen sei, müsse man Alles vermeiden, was in Gefahr bringe wieder darein zurückzufallen." Zudem erscheinen die angewendeten Strafen nicht so hart, wenn man ersieht, daß mit ihrem Vollzuge die Sache abgethan war, und weiter kein ehrenrühriger Makel auf dem Betroffenen, der sich reumüthig erwiesen hatte, hängen blieb. Ein Mitglied des obersten Rathes, der um eines sittlichen Vergehens willen sich einer sehr schweren Buße hatte unterziehen müssen, wurde doch das folgende Jahr wieder in die Behörde gewählt, ohne daß die Prediger das irgendwie mißbilligt hätten.

Und so nahm denn auch das Volk am Anfange die strenge Zucht williger hin als man hätte erwarten sollen. Nicht wenig trug dazu bei, daß es die höchsten Häupter betroffen sah, wie die niedrigsten, daß hier keine Familienverbindung etwas galt, keine politische Rücksicht, kein früheres Verdienst. „Das ist eines schlechten Bürgers Art," antwortete Calvin einem Fehlenden, der sich mit seinen vormaligen Leistungen entschuldigen wollte, „sein Blut für das Vaterland vergießen und dann die Freiheit zum Sündigen als Lohn dafür begehren. Ein solcher hat offenbar nicht für sein Land gearbeitet, sondern zu jeder Zeit nur sich selber im Auge gehabt." Mit freudiger Genugthuung sahen die Geistlichen auf den kaum gehofften Erfolg. Etwas mehr als ein halbes Jahr durften sie der Meinung sein: das Schwerste sei jetzt überstanden; das auf den rechten Weg geleitete Werk werde nun Schritt für Schritt vorwärts gehen bis endlich der freiwillige innere Trieb an die Stelle der äußern Nöthigung trete. —

Es war überhaupt trotz aller Mühen und Kämpfe eine schöne Zeit, welche die berühmten Männer, die sich hier zusammengefunden hatten, während dieser ersten Frist ihres Aufenthaltes in Genf miteinander verlebten. Zu Farel, Viret und Calvin war auch der alte Courault, der schon in Paris für die Sache des Evangeliums Schmach und Bande erduldet hatte, herzugekommen; ein Greis unter dessen weißen Haaren der begeisterte Muth der Jugend glühte und dessen erloschene Augen ihn nicht abhielten auf das Klarste zu erkennen, um was es sich handle und welchen Weg man einzuschlagen habe. Er hat besonders in den folgenden Stürmen seinen Freunden

auf das Treueste und Wirksamste zur Seite gestanden. — Aber den engsten
Kreis, von dem Alles ausging, und den die innigste Liebe und Glaubensgemeinschaft zusammenhielt, bildeten doch die drei vorgenannten Männer.
Sie waren sehr verschiedener Natur; besonders Farel und Calvin nach ihren
Anlagen sich geradezu entgegengesetzt; aber nur um so mehr ergänzten sie sich
gegenseitig und mit herzlichem Danke fand Einer an dem Andern, was ihm
selber abging. Mit Rührung gedenkt Calvin dieser Tage in der Widmung
seines Commentars zum Titus-Briefe, über den er die Namen der beiden
älteren Männer setzt: „der trefflichen Diener Christi; seiner vielgeliebten
Brüder und Mitarbeiter am Werke des Herrn." „Fast wie Titus zu Paulus,
stehe er zu ihnen," sagt er da; „unter großen Mühen und Arbeiten hätten sie
den Grund gelegt zu dieser Kirche von Genf; er sei dann gekommen und habe
eine Zeit lang mit ihnen gearbeitet und sei nun ihr Nachfolger geworden.
Möge er in demselben Geiste wirken können wie sie! Von jener Zeit aber
des Zusammenlebens sollten diese Zeilen aller Welt ein Zeugniß ablegen,
ein Zeugniß der herzlichen Liebe und heiligen Vereinigung, die sie verbinde."
„Denn ich glaube nicht," ruft er aus, „daß es jemals einen Freundeskreis
gab, der in solcher Freundschaft und innigsten Gemeinschaft unter sich verkehrte, wie wir es in unserm Amte thun durften. Ich erinnere mich nicht
des geringsten Verdrusses, der jemals zwischen uns kam, es schien mir als
seien wir nur eine Person. Und auch jetzt noch, da wir getrennt sind und
Jeder seinen eigenthümlichen Wirkungskreis hat, stehen wir in der engsten
Gemeinschaft miteinander, und die Gnade Gottes läßt diese Gemeinschaft
dazu dienen, auch die Gläubigen und die Kirche in der Einheit zu erhalten." —

Und mit welcher Innigkeit und Dankbarkeit bestätigt Farel seinerseits
dieses Zeugniß und erwidert des Freundes Liebe! Obschon der bei Weitem
ältere Mann und anfangs auch der angesehenere und geehrtere, tritt er alsobald vor dem jungen noch unerprobten Genossen zurück, sobald er ihn näher
kennen lernt, und beugt sich mit unverhehlter Demuth vor ihm, als dem bei
Weitem Größeren und Gesegneteren. Mit unbegränztem Vertrauen hängt er
ihm an, folgt seinen Wegen, stimmt dem zu was er vornimmt, holt sich bei
ihm Rath, frägt zuerst nach seinem Urtheile, wo er über irgend eine Angelegenheit eine andere Stimme zu vernehmen wünscht. In ihrem Briefwechsel erscheinen sie zugleich als ihre wechselseitigen Seelsorger: — ein
wunderbares Verhältniß des gegenseitigen Mahnens und Tröstens, Rathens
und Zurechtweisens, Aufmunterns und Züchtigens in dem wir sie von diesen
ersten Jahren an unabläffig erblicken!

„Gewiß," ruft Beza aus*), „es war ein schöner Anblick, diese drei außer-
ordentlichen Männer mit so inniger Uebereinstimmung im Werke Gottes und

---

*) Leben Calvins.

doch mit so verschiedenen Gaben geschmückt in der Kirche des Herrn wirken zu sehen und zu hören. Farel zeichnete sich durch eine gewisse Seelengröße und einen heiligen Heldenmuth aus; von dem Donner seiner Rede blieb Niemand unerschüttert, seine glühenden Gebete konnte man nicht anhören ohne sich dadurch gleichsam in den Himmel emporgehoben zu fühlen. Viret dagegen war mit einer solchen Lieblichkeit des Sprechens begabt, daß wer ihm zuhörte nicht anders konnte als an seinen Lippen hängen; und Calvin, so viele Worte er ertönen ließ, mit so vielen Gedanken erfüllte er auch die Seele seiner Zuhörer, so daß es mir oft in den Sinn kam: in der Vereinigung dieser Drei müßte die höchste Vollkommenheit des evangelischen Lehrers bestehen."

Aber nicht lange sollte es ihnen vergönnt sein, so in lieblicher Gemeinschaft und gesegnetem Frieden zusammenzuwirken. Schon am Ende des ersten Jahres war Viret, dessen die Lausanner Kirche bedurfte, aus dem Kreise ausgeschieden, wenn er gleich noch durch häufige Besuche den persönlichen Verkehr fortzusetzen bemüht war. Schon glaubte auch Calvin zu bemerken, daß ihm eine Partei der Bürgerschaft und sogar einige seiner Collegen im Stillen entgegenarbeiteten*). Die Tage des Kampfes und der Bewährung waren im Anzuge, die zuerst das Werk der Freunde unterbrachen und in Frage stellten, und dann auch sie selber auseinander führten, ohne daß es ihnen je wieder vergönnt worden wäre, in solcher Weise gemeinsam die Kirche ihres Gottes zu bauen.

VIII.

Die Streitigkeit mit Caroli und der Kampf mit den Anabaptisten (1537).

Es war ein unerfreuliches Jahr für die Prediger, das Jahr 1537. „Kaum waren einige Monate vergangen," schreibt Calvin, „als uns auf der einen Seite die Wiedertäufer angriffen, und auf der andern ein frevelhafter Apostat, der von einigen Großen im Geheimen unterstützt wurde, uns viel zu schaffen machte." Es ist jener Peter Caroli, den er mit dieser Beziehung im Auge hat, dessen wir bereits Erwähnung thaten als eines der ersten Vorfechter der römischen Partei in Genf, der bei Gelegenheit des entscheidenden Religionsgespräches seine bisherige Stellung aufgab und sich offen zu den Grundsätzen der Reformation bekannte. Freilich in ganz offener Weise hatte er das schon damals nicht gethan. Er hatte sich geweigert die Akten der Disputation zu unterschreiben, und bald vernahm man von seinen Vertrauten, daß er dazu keinen andern Grund gehabt habe als die Eifersucht gegen Farel und Viret, die er den Triumph eines Sieges über ihn nicht wollte genießen lassen. Denn so hatte er sich von jeher gezeigt: innerlich

---

*) Beza in dem Leben Calvins.

überzeugungslos, eitel, voll Begierde durch immer neue Behauptungen die Aufmerksamkeit auf sich zu ziehen, und dann vor jeder gefährlichen Folge solches Auftretens sich doch wieder durch irgend eine zum Voraus ausgedachte Ausflucht zu retten *). Farel und Viret hatten ihn schon in Paris von dieser Seite kennen gelernt, und auch manche höchst widerwärtige sittliche Verirrung von ihm vernommen. Indessen hofften sie, ihn durch Beispiel und ernsten Zuspruch bessern zu können. Zunächst nahmen sie sich seiner eher an, als daß sie ihm irgend ein Hinderniß in den Weg gelegt hätten. — Aber wie sehr sollten sie in ihren freundlichen Erwartungen getäuscht werden! Nachdem Caroli sich in Neufchatel verheirathet und einige Zeit in Basel zugebracht hatte, wurde er auf seine dringende Bewerbung hin von der Berner Regierung, unter deren Herrschaft das Waadtland stand, neben Viret als Pfarrer von Lausanne angestellt. Im Augenblicke zeigte er da wieder seine alte ungebrochene Natur. Alles in der neubegründeten Kirche sollte geändert werden, die Verfassung umgestaltet, die Lehre selbst die eine und andere Modifikation erfahren. Nicht anders sah der ehrgeizige Mann sich an, denn als eine Art von Bischof über die romanischen Lande, die von Rom abgefallen waren.

Natürlich war man in Bern nicht gewillt, das zu dulden. Man ließ ihm zu wissen thun, daß er sich durchweg nach seinem Collegen Viret zu richten habe, und bedeutete diesem er möge den unruhigen, unerfahrenen Menschen durch seine Rathschläge im Zaum halten und leiten. Begreiflich, daß die ganze bittere Empfindlichkeit Caroli's sich nun gegen seinen Amtsgenossen wendete. In jeder Weise suchte er ihn mit seinen Genfer Freunden herunterzusetzen und der öffentlichen Meinung verdächtig zu machen. Von sich selber gab er zu verstehen: er halte eine Vermittlung zwischen der alten und neuen Lehre bereit; wenn man ihm nur freie Hand lassen wollte, so würden Papisten und Reformirte bald wieder Eines sein. So mild und freundlich als möglich sprach ihm Viret darüber zu, dem es vor Allem daran lag, den Gemeinden den Frieden zu bewahren, dessen sie zu ihrer Befestigung so dringend bedurften, und „kein neues Feuer in ihnen anzünden zu lassen," wie ein Schreiben des Genfer Consistoriums sich ausdrückt. Auch hielt Caroli in der That einige Zeit an sich, so lang er den verehrten Collegen unmittelbar neben sich stehen sah. Aber kaum hatte dieser zu einem Besuche in Genf sich für einige Wochen von Lausanne wegbegeben, so brach er öffentlich los. Durch eine Reihe von Thesen, die er von der Kanzel ablas, be-

---

*) Eine vortreffliche Schilderung seines Wesens findet sich in Hundeshagens: „Conflikte des Zwinglianismus, Calvinismus und Lutherthums in der Bernerischen Landeskirche," p. 110 u. f. — Die ausführlichste, aus den Akten geschöpfte Darstellung des ganzen Streites enthält das schon erwähnte Werk Ruchats, Band V. In der Correspondenz Calvins (Bonnets englische Ausgabe) vergl. darüber die Briefe XIII — XV.

hauptete er, die Fürbitte für die Todten müsse wieder in die die kirchlichen Gebräuche eingeführt werden, freilich nicht in dem alten Sinn, wonach man ihnen dadurch Sündenvergebung zu erwerben gedenke, sondern nur in der Absicht, daß Gott den Tag des Gerichts zum Besten der Heiligen und der hingeschiedenen Glieder des Leibes Christi beschleunigen möge. Die Genfer geriethen in nicht geringe Aufregung als sie das vernahmen. Nicht als ob ihnen die Sache selber so besonders anstößig gewesen wäre, sie erklärten sie einfach für eine Thorheit über die zu streiten es sich nicht der Mühe lohne*); aber um so empfindlicher berührte es sie, daß durch dergleichen Ausgeburten einer eiteln Neuerungssucht die Ruhe der Gemeinden gestört, und dem ohnehin schon so dornenvollen Werke der Umgestaltung der Kirchen neue Hindernisse in den Weg gelegt werden sollten**). „Es war ausgemacht," schreibt Calvin an Megander in Bern, „und alle Brüder hatten dem beigestimmt, daß nichts Neues oder Ungewohntes vor das Volk gebracht werden sollte, ehe man sich gemeinsam darüber besprochen und verständigt hatte. Und du weißt wohl wie gerecht und vernünftig das ist; denn wo bliebe sonst der Friede und die Einheit der Lehre? Und nun kömmt dieser Unruhstifter, der vor Allem daran denken sollte das Andenken an sein früheres Sündenleben auszulöschen, und geht recht eigentlich darauf aus, dem Urtheile aller Brüder Trotz zu bieten und die Kirche Christi durch seine Einfälle zu verwirren." In aller Eile reisten Viret und Calvin nach Lausanne, um den Funken wieder auszutreten, ehe er zu einer Flamme geworden. Eine Abordnung der Berner Geistlichkeit, die gerade in Lausanne eintraf, schloß sich an sie an. Von ihnen Allen wurde Caroli aufgefordert, seine Sätze zurückzuziehen und sich in Zukunft bescheiden zu verhalten. Nach einer langen Verhandlung mußte er sich hiezu bequemen; Calvin, der nicht anders als in der mildesten und freundlichsten Weise sich ausgedrückt hatte, brachte es durch seine Fürbitte zu Wege, daß ihm dabei jede Demüthigung erlassen wurde die seinen Stolz hätte verletzen können.

Indem Jedermann die Sache hiemit für abgethan hielt und die Versammlung eben auseinander gehen wollte, erhob sich nun aber Caroli plötzlich und erklärte mit tragischer Geberde und auffallendem Pathos, daß er noch etwas vorzubringen habe, das er nicht länger auf dem Gewissen behalten könne. Nämlich sowohl die Genfer Prediger als auch sein College Viret lehrten nicht schriftgemäß von der Dreieinigkeit und seien im Grunde Arianer***).

*) Calvin an Megander. Bonnet I, 23 u. f.
**) „Wahrlich," schreibt Calvin, „es war nöthig auch dieß noch auf die Bahn zu bringen, da uns sonst schon so viele Schwierigkeiten von allen Seiten bedrängen."
***) Es ist ganz irrig wenn Henry durch eine Unklarheit Ruchats veranlaßt, diese Szene nach Bern verlegt. Aus den Briefen Calvins stellt sich unzweifelhaft heraus, daß sie in Lausanne sich zutrug.

Man kann sich denken welch' ein Erstaunen die Versammlung bei dieser schweren und unerwarteten Anklage ergriff. Calvin war der Erste der die Fassung wieder gewann. Mit rückhaltslosen Worten hielt er Caroli seine Heuchelei, seine Zweizüngigkeit, die Unmoralität seines Lebenswandels vor; „gestern habe er ihn noch zu Tische geladen und ihn lieber Bruder betitelt, und jetzt erhebe er solch' eine Anklage der verderblichsten Ketzerei gegen ihn." Zu seiner und seiner Freunde Rechtfertigung zog er dann einfach ihr gemeinsames Glaubensbekenntniß in dem neu verfaßten Catechismus hervor und forderte Caroli auf, aus diesen Schriften seinen Vorwurf zu begründen. Dieser berief sich darauf daß die Worte: „Person" und „Trinität" darin nicht gebraucht würden, und erklärte, er könne sich von der Rechtgläubigkeit der Prediger nicht überzeugen bis sie das Athanasianische Symbol unterzeichneten. „Ich erwiederte," schreibt Calvin, „es sei meine Gewohnheit nicht, irgend etwas ausdrücklich anzunehmen als das Wort Gottes, es sei denn daß ich genügend darüber nachgedacht habe und die Umstände es erforderten. Und nun erkenne die thörichte Wuth dieses Thieres. „Das," rief er aus, „sei eine Rede unwürdig eines Christen!"

Die anwesenden Berner wußten nicht was sie von dem Allem halten sollten. Sie baten den Streit für heute fallen zu lassen; es solle in Kurzem eine Generalsynode einberufen werden, die die Sache nach gehöriger Prüfung endgültig entscheide.

Im Innersten empört und erregt reiste Calvin nach Genf zurück. Es war das erste Mal, daß ihm dergleichen widerfuhr; und kaum mochte ihm etwas ferner gelegen sein als der Gedanke, daß man irgendwie seine Rechtgläubigkeit in Zweifel ziehen könne. „Dieser unselige Verläumder hat uns einen Flecken eingebrannt," klagt er gegen Megander, „der unmöglich kann geduldet werden. Und kaum kannst du glauben, wie ernstlich durch diesen Schlag die Grundlagen gefährdet werden, die wir mit so vieler Mühe bisher gelegt haben. Schon sagt man den Unwissenden, wir seien in der Lehre selber nicht einig, wir sollten uns zuerst untereinander verständigen, ehe wir Andere zu uns hinüber ziehen wollten. Unser Volk heißt bereits Diese und Jene Betrüger, die es abschlagen für die Todten zu bitten. Du siehst was weiter aus diesen Anfängen entstehen kann, wenn man nicht mit aller Eile dazu thut." — Und hatte nicht Calvin in der That bemerken müssen wie die Berner Prediger sich eines aufsteigenden Verdachtes gegen ihn nicht ganz zu erwehren vermochten, als sie Caroli's zuversichtliche Anklage vernahmen? Noch war sein Ruf nicht fest genug begründet, noch war er selber in dieser neuen Umgebung nicht genügend bekannt, um eine Beschuldigung solcher Art einfach der allgemeinen Verachtung überlassen zu können. Gelang es ihm nicht, sich öffentlich und vollständig davon zu reinigen, so war es vorüber mit dem bisherigen Vertrauen und jeder Aussicht auf weitere Wirksamkeit. Er brannte vor Begierde, dieß zu thun. „Wende Alles an," schreibt er seinem

Berner Freund, „damit die Versammlung unverzüglich zu Stande kommt, du kannst diese Angelegenheit nicht zu eifrig betreiben; Worte sagen es nicht und es völlig einzusehen bist du nicht im Stande, welche dringende Gefahr unserer Kirche droht, wenn man nur einen Augenblick verliert."

Die Berner ließen sich in der That die Sache angelegen sein. Schon am 11. Mai trat auf Befehl aus der Hauptstadt eine zahlreiche Synode in der Kirche des heiligen Franziskus in Lausanne zusammen. Ueber hundert Prediger aus den romanischen Territorien Berns, zwanzig aus der Grafschaft Neufchatel wohnten ihr bei. Von Genf erschienen Calvin, Farel und Courault. Da die Versammlung nur als Bernerische Landessynode betrachtet werden sollte, so überging man zunächst die Genfer und forderte Viret auf sich mit Caroli auseinanderzusetzen. In dem Glaubensbekenntnisse, das der Angefochtene hierauf ablas, fehlten wieder die Schulausdrücke: Dreieinigkeit, Substanz, Person, weil die Reformatoren sich ihrer als unbiblischer nicht gerne bedienten, sondern lieber auf die unmittelbaren Aussprüche der heiligen Schrift zurückgingen. Im Uebrigen war es in jedem Stücke so bestimmt und rechtgläubig gehalten, daß die Anwesenden ihre vollste Zustimmung dazu zu Protokoll gaben. Nur Caroli war nicht befriedigt. In einer langen bittern Rede wiederholte er seine früheren Verdächtigungen, und trug darauf an, sich mit nichts Anderem zufrieden zu geben als mit der Unterschrift der drei ökumenischen Symbole durch die Angeschuldigten. Da riß Calvin die Geduld. Ein empörenderes Schauspiel war ihm noch nie vorgekommen als dieser innerlich durchaus überzeugungslose, verworfene Mensch, der mit heuchlerischer Miene die treuesten Gottesmänner des Abfalles vom Glauben anklagte, um in der allgemeinen Verwirrung für seine schändlichen Lüste etwas zu gewinnen. Mit blitzenden Augen und zitternden Lippen erhob er sich von seinem Sitze, und einer jener glutsprühenden Ströme der vernichtendsten Entrüstung und Gegenanklage, wie sie bei solchen Gelegenheiten zuweilen aus seinem Munde kamen, ergoß sich über den schamlosen Lügner gegen Gott und die Menschen. „Du willst eine Rechtfertigung und Erklärung von uns," rief er nach einer längeren Schilderung seines Benehmens aus, „wohlan erkläre doch du selber zuerst ob du an einen Gott glaubst? Aber was bedarf es da deiner Erklärung! Vor Gott und diesen Brüdern bezeuge ich, der ich dich wohl kenne, und dich bis in das Herz durchschaue, daß du nicht mehr Glauben hast, als ein Hund oder ein Schwein." Er wandte sich dann zu der Versammlung und legte in seinem und seiner Amtsbrüder Namen ein ausführliches Glaubensbekenntniß ab, das zwar auch den Charakter biblischer Einfachheit fest hielt, aber sowohl in seinem Sachinhalte als in der ausdrücklichen Verwerfung Aller, die die kirchliche Lehre von der Trinität angefochten hatten, sich deutlich genug ausdrückte. Aber Caroli ließ sich dadurch noch nicht zum Schweigen bringen. Indem er sich daran hielt, daß in dieser Darlegung Jehovah und Christus als e i n e und dieselbe Person bezeichnet seien*), wandelte er nun seinen früheren Vorwurf des Arianismus in den des Sabellianismus um und bestand darauf, daß er mit keiner andern Genugthuung sich begnügen könne, als mit der Unterzeichnung der drei Symbole. Die Prediger verweigerten das auf das Bestimmteste, nicht als ob sie dieselben an und für sich verwürfen, sondern erstens weil Caroli dadurch ihren bisherigen Glauben verdächtig zu machen, und sich den Schein eines Sieges zu geben beabsichtigte; zweitens weil sie nicht geneigt seien durch ihr Beispiel eine solche Tyrannei in der Kirche einzuführen, daß einer schon darum für einen Ketzer gelten müsse, weil er nur sich weigere mit den Worten oder nach dem Gefallen eines Andern zu reden. Und als Caroli dagegen anführte daß es doch in dem Symbole des Athanasius heiße: Wer irgend selig werden will, muß so von der Sache halten, so scheute sich Calvin nicht, gerade heraus zu erklären: „eben dieß sei mit ein Grund, warum er dieses Symbol nicht unterschreiben werde. Er und seine Freunde hätten den Glauben an Einen Gott beschworen und nicht den Glauben dieses vermeintlichen Athanasius, dessen Sätze eine wahre christliche Kirche nie genehmigt haben würde**)."

Gewiß ein edles Wort freimüthigen Zeugnisses unter diesen Umständen, das der Vorstellung kaum entspricht, die man gewöhnlich von Calvins dogmatischer Strenge sich macht. Aber diese Strenge war eben eine Strenge des Gewissens, die die ewige Heilswahrheit wohl von menschlichen Formeln zu unterscheiden weiß. Und wer mag daran zweifeln, daß das kühne Urtheil in der That aus der Seele des lebendigen evangelischen Christenthums herausgesprochen ist?

Die Synode stimmte ihm denn auch vollkommen bei. Die Angeschuldigten wurden für durchaus gerechtfertigt erklärt und ihr Bekenntniß für orthodox; über Caroli dagegen das Urtheil gefällt, er habe sich als ein bosbafter Verläumder erwiesen, der des Predigtamtes unwürdig sei.

Aber man hatte es mit einem zähen Manne zu thun, der seine Sache nicht verloren gab, so lange noch irgend eine Instanz übrig blieb, bei der er mit seinen Sophismen etwas auszurichten hoffen konnte. Caroli appellirte von dem Spruche der Lausanner nach Bern, wo gerade die allgemeine Lan-

---

*) In einem Brief an Grynaeus spricht Calvin sich hierüber so aus: „Allerdings wenn man den Unterschied zwischen dem Vater und dem Worte aufmerksam erwägt, wird man sagen müssen, daß dieses von jenem kömmt. Wenn man dagegen das Wesen des Wortes in das Auge faßt, insofern es Gott ist mit dem Vater, so gilt Alles auch von ihm was wir von diesem behaupten. Und was bedeutet nun Jehovah?" „Ich bin der ich bin" wie der Herr es Mose erklärte. Der Apostel Paulus legt diese Worte Christo in den Mund. Doch was nehme ich mir die Mühe, dir dergleichen auseinanderzusetzen?"

**) Schreiben der Genfer an die Berner Prediger. Aus den Manuscripten der Genfer Bibliothek bei Henry I, 180.

desſynode verſammelt war; und unverzüglich mußten ſeine Gegner vor dieſes neue Forum ihm folgen. In Gegenwart des zahlreich verſammelten großen Rathes gingen da die Verhandlungen vor ſich. Aber welch eine andere Wendung nahmen ſie als der Verläumder erwartet hatte. Die Rechtfertigung der Beklagten wurde ohne Weiteres anerkannt, und nun forderte der Rath die drei Männer auf, ihrerſeits über Caroli auszuſagen was ſie von ihm wüßten. Dem elenden Menſchen entfiel das Herz als er dieß hörte. Mit der Miene tiefer Zerknirſchung fing er ſelber an ſeine Sünden herzuzählen, von denen er wohl wußte daß ſie ſeinen Gegnern nur allzugut bekannt ſeien: ſeine einſtigen Ausſchweifungen mit dem andern Geſchlechte, ſeine Heucheleien in Paris, ſeine Theilnahme an der Verfolgung der Evangeliſchen in Frankreich. Als er geendigt hatte wurde ihm geantwortet, er bleibe ſeines Amtes entſetzt und ſei aus dem Gebiete von Bern verwieſen. Es klingt unglaublich daß er nichts deſtoweniger am folgenden Tage den Streit von Neuem anhob und den Predigern wieder allerlei Demüthigungen zumuthete, die ihren frühern Glauben in ein verdächtiges Licht zu ſtellen geeignet waren. Die bürgerliche Obrigkeit mußte ſich endlich einmiſchen, und den ruchloſen Friedeſtörer in Gewahrſam nehmen. Aus dieſem entwich er den Tag darauf, ging in Solothurn wieder in die Meſſe, ſchmähte auf die Reformirten und gab ſich überall, wo er hinkam, das Anſehen eines zweiten Athanaſius, wie Calvin ſich ausdrückt, der um der Vertheidigung des wahren Glaubens willen verfolgt werde. Er iſt dann ſpäter nach Rom gepilgert und hat ſich dem Papſt als ein Mann dargeſtellt, den das wüſte Leben und die verderblichen Lehren der Neugläubigen aus ihrer Gemeinſchaft vertrieben hätten. Seine Ehe wurde durch ein päpſtliches Breve als ein Concubinat aufgehoben, und er ſelber wieder in den Schooß der römiſchen Kirche aufgenommen, die ihm zugleich alle ſeine Würden und Benefizien zurückerſtattete. Wir werden übrigens ſpäter ſeiner noch einmal zu erwähnen haben.

So ſchien denn die ebenſo widerwärtige als läſtige Sache abgethan; in allen Inſtanzen hatten die Beſchuldigten gegen ihren Ankläger gewonnen. Aber wie viel leichter iſt es doch die Geiſter in Bewegung zu ſetzen als ſie wieder zu beruhigen, und den Saamen des Verdachtes in die Gemüther zu ſtreuen als ihn wieder auszureuten. Den geſetzten Bernern hatte die Art der Franzoſen überhaupt mißfallen; Megander nennt ſie in einem vertraulichen Briefe geradezu Lärmmacher und hartnäckige Köpfe. Und zudem kam es ihnen ſonderbar vor, daß ſie die altgewohnten kirchlichen Ausdrücke für die Lehre der Dreieinigkeit ſo beharrlich von ſich abwieſen. Durch die ganze deutſche Schweiz und das angränzende Deutſchland hin hatte ſich das Gerücht von dem Streite verbreitet. In Baſel redete man von dem Arianismus der Genfer; in Zürich zeigte man ſich beſorgt; Bucer in Straßburg wußte nicht was er von der Sache denken ſollte. Mußte das nicht auf den Gang des Reformationswerkes überhaupt die ſchlimmſte Rückwirkung üben? Bern war nicht gemeint das zuzugeben. In ziemlich herrischer Weise ließ es sich nach Genf vernehmen, es höre daß Calvin und Farel Jedermann von dem Ausdrucke „Trinität" und „Person" abwendig zu machen suchte; es ermahne sie hievon abzulassen, sonst werde es andere Maßregeln ergreifen müssen. — Für den Augenblick freilich wurde dieses Mißverhältniß wieder ausgeglichen. Auf einer neuen Synode, die ursprünglich um anderer Dinge willen im September in Bern zusammenkam, vereinigten sich die Genfer unter Bucers Vermittlung mit den Bernern zu einem Vergleiche, wonach die streitigen Ausdrücke gebilligt und zum Gebrauche empfohlen wurden; doch solle, wer sich daran stoße, nicht als ein Irrender sondern als ein Schwachgläubiger angesehen werden. — Aber in einer sehr günstigen Weise hatte sich Calvin den mächtigen Berner Nachbarn bei seiner ersten Berührung mit ihnen doch nicht dargestellt. Auf der einen und andern Seite blieb noch ein Rest von Mißtrauen zurück, der leider! nie wieder ganz ausgerottet worden ist, und schon in der nächsten Zeit die unglücklichsten Verwirrungen herbeiführte. —

Es war recht ein Vorbild dessen, was Calvins in Genf wartete, daß er während dieser bittern Tage der Anklage und Rechtfertigung, und in Mitten der unzähligen Sorgen und Arbeiten, die aus der allgemeinen Lage der Dinge ihm erwuchsen, auch noch nach einer andern Seite hin sich zur Wehre zu setzen hatte, von der dem neuen kirchlichen Gemeinwesen die Gefahr der gründlichsten Zerrüttung und Verwüstung drohte. Jene Wiedertäufer ohne Ernst der Lehre und ohne Zucht des Lebens, die schon die Kirchen der deutschen und schweizerischen Reformation mit endlosem Hader erfüllt, und sie hie und da der völligen Auflösung nahe gebracht hatten, waren in Genf erschienen; und es war klar, daß sie kaum irgendwo anders einen empfänglicheren Boden für ihr schwärmerisches, dem Fleische schmeichelndes Wesen finden konnten, als in dieser freiheitsdurstigen, leicht beweglichen Bevölkerung, die das Joch der neuen Ordnung nur mit Widerwillen ertrug und sich jeden Augenblick bereit zeigen konnte es wieder abzuwerfen. Es scheint, daß die Ankömmlinge der Lehre, von der sie den Namen haben, der Lehre von der Taufe der Erwachsenen, in Genf kaum erwähnten. Die Umstände schienen sie vielmehr dazu einzuladen, ohne Weiteres mit ihren tiefergehenden Anschauungen an das Licht zu treten und den geneigten Zuhörerkreisen von der Leiblichkeit der Seele, von der Freiheit des Fleisches, von der Abschaffung aller bürgerlichen und geistlichen Ordnung zu reden. Und in der That fanden sie damit nicht geringen Anklang. Mit Schrecken hörten die Reformatoren, daß die Bürger sich zu ihnen drängten, daß sich bereits eine ganze Schaar von Anhängern um sie bilde. Sie verlangten von dem Magistrate, daß er sie unverzüglich diesen neuen Feinden gegenüberstelle, um in öffentlicher Disputation den völligen Ungrund und die Verderblichkeit ihrer Behauptungen Jedermann einleuchtend zu machen. Der Rath der seine Genfer kannte, bedachte sich einen Augenblick. „Bei der Erregtheit und Empfindlichkeit der

Geister," sagte er, „sei dieß Mittel einigermaßen gefährlich, beſſer ſei es wohl, wenn man mit den Irrlehrern nur im engern Kreiſe der Behörden verhandle." Aber beſonders Farel wollte nichts hievon wiſſen. Auf ſein dringendes Anſuchen gewährte endlich die Obrigkeit ſeinen Wunſch, und am 18. März traten ſich die beiden Theile vor allem Volk gegenüber. Drei Tage lang dauerte das Geſpräch, in dem vornehmlich die Fragen von der Kindertaufe, von dem Rechte der Excommunication und der Natur der Seele zur Verhandlung kamen. Zumal über den letzten Punkt drückte Calvin in überaus ſchlagender und lichtvoller Weiſe ſich aus. Was man ſeither tauſend Mal und unter den verſchiedenſten Formen für die Unſterblichkeit der Seele vorgebracht hat, faßte er in eine gedrängte Beweisführung zuſammen, auf die ſeine Gegner nur wenig zu antworten vermochten. Aber indem ſie verſtummen mußten, trat ein, was der Rath vorausgefürchtet. Ein großer Theil der Zuhörer rief ihnen dennoch Beifall zu; hie und da gab ein Anweſender unzweideutig zu verſtehen, er denke nicht mehr daran, ſich eines Andern überzeugen zu laſſen. Der Magiſtrat hielt es für das Beſte das Geſpräch abzubrechen „in Betracht daß der Glaube Einiger ſchwanke, obwohl die Fremden ihre Behauptungen in keiner Art zu beweiſen wüßten;" und indem er die Wiedertäufer für überwunden erklärte nach den Gründen der Schrift, verbannte er ſie für ewige Zeiten aus der Stadt.

Aber damit war nun allerdings die Sache noch nicht beendigt. Mehrere Monate lang gingen die beiden Reformatoren von Haus zu Haus um ſich mit einem Jeden beſonders zu beſprechen, der mit den Irrlehrern in Verbindung geſtanden; und es gelang ihnen in der That durch dieſes Mittel der herzlichſten Sorge und Liebe Einige der Abgefallenen wieder zu gewinnen. „Der Teufel," ſagt Beza, „hatte die Kirche in ihrem Beginn unterdrücken wollen, allein Gott gab es nicht zu." Was im Verborgenen freilich noch übrig blieb und fortwucherte von dem ausgeſtreuten Giftſaamen: wer konnte es wiſſen? Die nächſtfolgenden Ereigniſſe deuten darauf hin, daß dieſer Nachwirkungen nicht wenige waren, und daß es noch ſtärkerer Heilmittel bedurfte als der Unterredungen Calvins und Farels, um denſelben ein Ende zu machen.

IX.

Einwirkung auf franzöſiſche Zuſtände. — Die Schriften gegen jede Theilnahme der Evangeliſchen an dem römiſchen Kirchenweſen. (Gegen die Pſeudonikodemiten und das Sendſchreiben an Gerard Rouſſel.)

Uebrigens waren das nicht die einzigen Sorgen und Geſchäfte, die Calvin um dieſe Zeit in Anſpruch nahmen. Während in der nächſten Umgebung Eines um das Andere auf ihn einſtürmte, und Aufgaben und Schwierigkeiten in unerhörter Weiſe ſich drängten, trug er doch auch ſein früheres Arbeitsfeld, die evangelische Gemeinde der französischen Heimath, immer noch auf dem Herzen, und fand Zeit und Kraft genug seinen Dienst des Lehrers und Seelsorgers mit aller Treue an ihr zu versehen. Aus seiner Correspondenz sehen wir, wie sehr ihn die Bildung einer neuen Gemeinde beschäftigt, wie ernstlich er es sich angelegen sein läßt, sie mit einem tauglichen Prediger zu versehen und die rechte Lehre in ihr zu erhalten*). Bricht eine Verfolgung aus, so ist er unermüdet in Tröstung, in Fürsorge, in dem Bemühen das Schreckliche zu mildern soweit es in eines Menschen Hand steht. In einem Briefe vom 13. November 1537 wendet er sich an die Geistlichkeit von Straßburg und Basel und bittet sie auf das Dringendste darum, bei ihren Regierungen eine Fürsprache für die unglückliche Gemeinde in Nismes auszuwirken, gegen die eben eine der heftigsten Verfolgungen wüthete. „O fürwahr," schreibt er, „wir müssen keine Gelegenheit vorübergehen lassen, den Brüdern ein Gutes zu thun. Denn nicht nur ruft uns der Herr mit lauter Stimme zu ihrer Hülfe auf, sondern er klagt auch daß wir ihn selber verlassen und vergessen, wenn wir sie verlassen**)."

Indessen war auch noch andere als nur solche leibliche Hülfeleistung nöthig. Die eigenthümliche Lage dieser Gemeinden unter dem blutigsten Kreuze brachte neben mancher Stärkung und Bewahrung auch eigenthümliche Versuchungen und Gefahren für ihr inneres Leben mit sich. Viele, die innerlich der evangelischen Wahrheit anhingen, meinten doch zu einem offenen Bekenntnisse derselben unter den gegenwärtigen Umständen nicht verpflichtet zu sein. Um den Verfolgungen auszuweichen besuchten sie vielmehr die Messe und geberdeten sich äußerlich als Katholiken wie alle Andern; der Gott, der das Herz ansehe, sagten sie, werde ihnen das nicht hoch anrechnen, die Seele, mit der sie zu ihm sich kehrten, werde er doch in seine Gnade aufnehmen. Andere gab es, namentlich Geistliche, die dafür hielten es sei besser zunächst in der alten Kirche auszuhalten, als sie zu verlassen, da sonst jede Einwirkung auf sie unmöglich werde. In solchem Sinn dürfe man sich dann schon in das Eine und Andere fügen, was im Grunde allerdings dem Gewissen widerspreche. Auch die höchsten Stellen und Aemter der römischen Kirche ließen sich ja doch irgendwie in evangelischem Sinne verwalten: sollte es da unbedingte Pflicht sein, ihnen zu entsagen wenn man sie besitze, oder sie auszuschlagen wenn man dazu berufen werde? — Einer der hauptsächlichsten Beförderer der früheren evangelischen Bewegung in Frankreich, Gerard Roussel, hatte sich diese Frage soeben mit einem entschiedenen „Nein" beantwortet, und den Bischofssitz von Oleron angenommen, den Margaretha von Valois ihm antrug. Da und dort erregte dieß Kopfschütteln und Fragen und Verwirrung der Ueberzeugungen; es war zu fürchten daß dieses Beispiel und

---

*) Vergl. z. B. Brief XIV in Bonnets englischer Buchsammlung.
**) Bonnet, Brief XVI.

einige andere ähnlicher Art auf die ganze Gemeinschaft der reformirt Gesinnten eine unheilvolle Rückwirkung ausüben werde.

Man kann sich denken wie wenig dieß dem ernsten heiligen Sinne des
Reformators entsprach, den die durchdringende Furcht vor Gott gegen jede
Furcht vor den Menschen unzugänglich machte. „Vornehmlich ein Doppeltes
hatte der Herr ihm gegeben," sagt Beza, „eine wunderbare Klarheit des
Geistes, die augenblicklich das innerste Wesen einer Sache erkannte, und
dann eine solche Geradheit des Gewissens, daß ihm jede eitle Ausflucht zu-
wider war und es nie vermochte die reine Wahrheit ihm zu verschleiern*)."
Beides lehnte sich in ihm auf, als er davon vernahm, was seine Brüder in
Frankreich für recht und erlaubt wollten gelten lassen.

Gegen die ersten Verirrungen erhob er sein gewaltiges Zeugniß in der
kleinen Schrift: „Gegen die Pseudonikodemiten, welche die christliche Reinheit nicht bewahren, sondern sich beflecken mit den Heiligthümern der Gottlosen"**), die im März des Jahres 37 in Basel erschienen ist. Sie ist in
Form eines Briefes abgefaßt, der dem Empfänger Aufschluß darüber geben
soll, wie er in Mitte des götzendienerischen und verderbten Wesens, in dem
er leben müsse, sein Gewissen rein und unbefleckt erhalten könne. „Du er-
suchst mich um solche Auskunft," sagt Calvin, „und wie gerne gebe ich sie
dir, da ich mit tiefem Leidwesen wahrnehme, wie so Manche, die schon etwas
geschmeckt haben wollen von dem gütigen Worte Gottes, doch diesem Bekenntnisse in keiner Weise entsprechen und in der dringendsten Gefahr stehen wieder völlig verloren zu gehen. Und warum das? Weil sie mehr an das Heil
ihres Fleisches denken, als an Gottes Wohlgefallen, mehr die Gunst der
Menschen suchen als die Zustimmung des heiligen Herrn. Darum heucheln
sie, darum verletzen sie ihr Gewissen, darum treiben sie es endlich so weit,
daß wenn Jemand das Evangelium schmäht, sie, statt ihren Glauben zu bekennen, mit Gesicht und Winken, mit der Haltung des Körpers und sogar
mit offenem Worte ihre Beistimmung dazu geben. O elendes Wesen! o unwürdige und verächtliche Verleugnung, auf welcher nothwendiger Weise der
Fluch Gottes liegen muß, der von dem rechten Pfade uns wieder verstößt,
Schritt für Schritt weiter zurück, bis wir am Ende bei einem Zustande anlangen, da das Letzte ärger wird als das Erste war."

Mit ernsten Worten weist er dann nach, wie, wer wirklich vor Gott
wandle, unmöglich in ein solches Verhalten hineingerathen könne. Denn
nirgends habe doch der Herr dergleichen gebilligt. In alle möglichen Feinde
und Gefahren habe er seine Propheten hineingesandt, habe Israel in die
schwierigsten Lagen gebracht, und immer verlangt daß es dabei allein und
ausschließlich auf ihn schaue und auf ihn sich verlasse. Wer anders handle,

---

*) Vorrede zu den kleinen Schriften Calvins.
**) In den vermischten Schriften der Amsterdamer Ausgabe 409.

dem fehle es offenbar an dem Glauben, auf dem doch jede Zugehörigkeit zum Heile beruhe. Mit der klaren Weisung Gottes liege die Weichlichkeit von Fleisch und Blut im Kampfe, und dieser Kampf werde bei Jenen gegen Gottes Wort und zu Gunsten des Fleisches entschieden. Aber hier sei jedes Vernünfteln, jedes Sich-hin- und her-Wenden und Abdingen von der Forderung Gottes unzweifelhaft Sünde. Es gelte mit Cyprian zu sprechen: „In so heiliger Angelegenheit bleibt kein Raum für das eigene Bedenken," und dann wie er, ohne auch nur das Unbedeutendste gegen sein Gewissen zu thun, die Marter auszuhalten und sein Haupt auf den Block zu legen mit dem einen Gedanken: „Ich halte mich an eines Gottes Gebot, der mir befiehlt ihn zu bekennen allerwege."

Aus den bezüglichen Stellen des Alten (Exod. 28, 1. Könige 19, Jesaj. 45, Dan. 3) und Neuen Testaments (1. Cor. 6 und 8, 2. Cor. 6, u. a.) wird dann nachgewiesen wie es in der That Gottes unzweideutiger Wille sei, daß wir jeder Theilnahme an anders geartetem, götzendienerischem Wesen uns enthalten; und wie von dieser Enthaltsamkeit bei Weitem mehr als es für den Augenblick scheine das Gedeihen unseres inneren Lebens abhänge. „Viele von den Obersten," heiße es bei Johannes, „glaubten an ihn, aber wegen den Pharisäern bekannten sie es nicht, daß sie nicht in den Bann gethan würden." „So wurden sie nie Christi Erlöste, weil sie die Ehre bei den Menschen mehr liebten als die Ehre Gottes. O unselige Ehrbegierde! Wissen wir denn nicht, daß wer sein Leben in dieser Welt behalten will, daß der es verlieren wird in Ewigkeit? Wie wird es da erst dem ergehen, der auf etwas noch viel Geringeres so viel Werth legt, daß er seines Gottes Ehre darüber hintansetzt!"

Mit eben so viel Entschiedenheit als Besonnenheit untersucht er dann, wie weit denn die Pflicht des Bekennens zu gehen habe, und wo die Verleugnung eines evangelischen Gewissens unvermeidlicher Weise anfange? Nicht ein Jeder, sagte er, habe den Beruf öffentlich für die Wahrheit aufzutreten. Das sei vor Allem Sache der Lehrer, und Niemand solle sich muthwillig in Versuchung begeben. Auch ließen sich unmöglich bestimmte Regeln dafür aufstellen, wie der Gläubige sich unter den Ungläubigen benehmen müsse; wann er mit seiner Ueberzeugung hervortreten solle, und wann sie für sich behalten? Hierüber müsse das Gewissen eines Jeden entscheiden, und dieß Gewissen werde nicht irre gehen, wenn es sich daran gewöhne, vor Allem Gottes Sache vor Augen zu haben, nicht die eigene. Was die Gebräuche der römischen Kirche betreffe, so sei zu unterscheiden zwischen denen, die nicht gerade eine Sünde in sich schließen, und denen, die gleichsam an der Stirne schon das offenbare Brandmal der Gottlosigkeit tragen. Zu den ersteren gehörten die Feste, der Cölibat und mancherlei Vorschriften und Ceremonien, die, als gebietende Satzungen auferlegt, allerdings nicht mehr christlich, sondern nach des Apostels Ausspruch wahrhaft teuflisch seien.

Aber doch sei die Sache, die darin gefordert werde, an und für sich dem Christen durchaus erlaubt; und warum sollte er nun nicht zu einer gewissen Zeit thun dürfen, was ihm jeder Zeit frei stehe? Anders aber verhalte es sich mit der Verehrung der Bilder, mit dem Empfange der Oelung, mit dem Kaufen des Ablasses, mit dem Gebrauche des Weihwassers, mit der Theilnahme an dem Meßopfer, welches das Kreuz Christi breche und das heilige Abendmahl zum Schauspiel mache. Diese Dinge liefen den deutlichsten Geboten Gottes zuwider, und wer sich damit einlasse, schlage also diesen in das Angesicht, und ziehe damit den Fluch auf sich herab, der auf solche bewußte Uebertretung gesetzt sei. Und welch' eine Entweihung, welch' eine Verhöhnung des Glaubens und Zertretung des Gewissens sei es nun besonders, unter diesen Umständen die heiligste Handlung, die es gebe, den Genuß des Abendmahls zu begehen!

Was endlich das Betreten der römischen Kirchen betreffe und das Zugegensein bei dem Gottesdienste, so habe er nichts dagegen, wenn man das Beispiel des Naemann befolge, der nach seiner Bekehrung zum Gott Israels doch noch seinen König in den Tempel des Götzen begleitet habe. Doch müsse man dieses Beispiel auch richtig verstehen. Denn Naemann habe sicherlich seinem Fürsten und dem ganzen Volke seinen neugewordenen Glauben kund gethan, und sich von Allem fern gehalten, was irgend auf eine wirkliche Verehrung der Götter sich bezogen.

Zuletzt weist Calvin noch darauf hin wie man auch an den Andern dadurch sich versündige, daß man ihren Irrthümern sich anbequeme, während man doch im Gegentheile die Pflicht hätte, sie durch ein offenes Bekenntniß der Wahrheit auf dieselbe aufmerksam zu machen, — und schließt dann mit einer herrlichen Anrede an den „theuren Bruder", dem er sein Büchlein geschickt, in welcher er alles Dargelegte zu der eindringlichsten Ermahnung zusammenfaßt. „Führe dein ganzes Leben so, daß überall dein Glauben hindurchleuchtet und auch ohne Worte offenbar wird. Laß von dir ausgehen einen Glanz der Frömmigkeit, der Güte, der Mäßigkeit, der Liebe, der Keuschheit, des Strebens nach Unschuld, so daß auch die Abergläubischsten, sie mögen wollen oder nicht, dich als einen Knecht Gottes anerkennen müssen, obgleich du das nicht mitmachst was sie für Religion halten. Vor Allem vergiß dabei auch nicht, für deine Familie Sorge zu tragen, nicht nur in leiblicher Beziehung, sondern auch so, daß du die Deinen gewissenhaft in der Furcht Gottes erziehst und in heiliger Zucht haltest. Denn nicht nur die natürliche Pflicht aller Menschen hast du hiezu; auch der Herr befiehlt es dir: sein sollen sie werden, die er dir anvertraut hat, und wer sie ihm nicht zuführt in freudigem Bekenntnisse, ist nach des Apostels Worte ärger als ein Heide, selbst wenn er für seine Person der Frömmigkeit sich befliße. Ich meine das auch von den Dienstboten. Wohl schreibt man ihnen nicht viel Gutes zu und es ist ein altes Sprüchwort: „so viele Knechte, so viele

Feinde find in meinem Haufe." Aber bei dir fei es nicht fo. Denn ur-
fprünglich find fie keineswegs unfere Feinde, fondern wir machen fie gewöhnlich dazu durch unfere eigenen Fehler, dadurch daß wir fie hingehen laffen
wie Thiere, ohne Unterricht, ohne Kenntniß Gottes, ohne irgend ein Anhalten zur Frömmigkeit. Wir vergeffen daß fie unfere Mitknechte find, uns
zugetheilt von dem einen himmlifchen Herrn. Wie anders, wo eines Chriften Haus, wie es fein foll, eine kleine Gemeinde ift, in der der großen Kirche
Abbild gefchaut wird, wo man um Alle fich kümmert, Keinem feine Frömmigkeit verhehlt, Keinen ohne Belehrung läßt! Und laß dich hiervon nicht
durch die Furcht abfchrecken, daß deine Dienftboten etwa deinen Glauben
verrathen, daß du dein Leben hiedurch in ihre Hände giebft! Wenn du
treue wohlmeinende Menfchen zu dir nimmft, und dann gemeinfchaftlich
mit ihnen Gott zu dienen, den Saamen feines Wortes in fie auszuftreuen
verfuchft: fo fei im Uebrigen getroft, der Herr wird die Sache verfehen, und
es ficherlich fo wenden, daß der Gehorfam gegen feine Gebote dich nicht ge-
reut. — Wenn du endlich noch keine Familie haft, fo fieh bei der Wahl einer
Gattin wohl zu, daß du dich nicht in üble Schlingen verftrickeft, wenn du
eine Frau von anderer Religion dir nimmft. Obfchon ich eigentlich nicht
fagen kann: „fiehe wohl zu", denn von den Labyrinthen, in die man dadurch
hineingeräth, hat eigentlich nur der eine Ahnung, der das Elend fchon an
fich erfahren hat. Nein, fürchte dich lieber zuvor und hüte dich, als daß du
folches zu erfahren begehreft. Wohl kenne ich zwar die Rede: „Wenn fie
auch noch jetzt anders gefinnt ift, fo wird fie doch bald zu mir hinüber kommen." Aber dergleichen traue nicht in keckem Leichtfinn dir zu; das kann
nur der Herr, deffen befondere Gabe ein treues Weib ift. Wer darf aber
diefe Gabe von ihm erwarten, ja wer weiß nicht zum Voraus, daß fie ihm
verfagt bleibt, wenn er fein Gebot mißachtet: „Ziehe nicht an einem Joche
mit den Ungläubigen!" — So haft du nun, was du von mir oder vielmehr durch meine Hand von Gott dir erbateft: einen zurechtweifenden Rath,
der freilich deinem Fleifche nicht wird lieblich fchmecken, aber gut und heil-
fam ift für deine Seele. Und ich bitte dich: höre darauf und gehorche ihm,
fonft wirft du dahin kommen, daß du des Herrn Joch von deinem Nacken
wirfft, und fein feligmachendes Evangelium abfchwörft dir zum Verderben.

„Ja, mein geliebter Bruder! vor Gott und feinen heiligen Engeln bezeuge ich es dir: es handelt fich hier um dein Heil! Es handelt fich um das
Wort des Herrn, daß wer ihn verleugne vor den Menfchen, daß er den
auch verleugnen werde, wenn er herniederfteigen werde zum Gerichte. Und
was fordere ich denn von dir als das Allereinfachfte und Selbftverftänd-
lichfte? daß du den Glauben Gottes nicht befleckeft mit fchändlicher Abgötterei, daß du deinen Leib, den er fich zum Tempel geweiht, nicht ent-
würdigft durch gottlofe Gebräuche, daß du deinen Namen nicht fetzeft unter
gottesläfterliche Worte! Ift es zu viel gefordert wenn ich fage: lieber follen

wir unser Blut vergießen laſſen als dergleichen auf uns laden? O fürwahr dieſe kurze Spanne Leben halten wir zu hoch, wenn wir ſo daran
kleben daß es ſchließlich in der Verdammniß endigen muß; und viel zu ſehr
fürchten wir uns vor dem Tode, wenn wir das ewige Leben darum hingeben
um nur ihm zu entgehen. Und was willſt du lieber hören: daß Menſchen
dich einen Ketzer, Abtrünnigen, Gottloſen nennen, oder daß der Herr an
jenem großen Tage zu dir ſpricht: „Du biſt meiner nicht werth"? O wir
Elendeſten, wir zehnfach Elendeſten unter allen Menſchen, wenn wir allein
auf dieſes Leben hoffen!

„Aber Eines wendeſt du vielleicht noch ein: Dir wird es leicht, ſagſt
du wohl, aus deiner ſichern Ruhe heraus ſolche männliche Feuerworte zu
ſchleudern; im kühlen Schatten vom Kriege philoſophiren iſt nicht ſchwer;
wenn du an Ort und Stelle wäreſt, ſo würde es dir wohl anders zu Muthe
werden. — Und was ſoll ich hiezu ſagen? Zwar verſehe ich mich zu der
Gnade deſſen in dem wir alles vermögen eines Beſſern, und bin der gewiſſen
Zuverſicht, daß wenn er mich auf den Kampfplatz ſtellt, er mir den Geiſt,
den er mir gegeben hat, auch bewahren wird bis zum letzten Athemzuge;
aber doch möchte ich nicht daß du auf mich deine Augen richteſt. Denn ich
halte dir ja nicht nur vor was ich hier ausgedacht habe in meiner ſchatti-
gen Ruhe, ſondern was die unbeſiegten Märtyrer Gottes dir zurufen aus
Kreuz und Feuer und Schwerdt und eiſernen Banden. Sie ſind uns mit ſolchem Beiſpiele des Bekenntniſſes zur Wahrheit vorangegangen, nicht damit
wir nun im Stiche laſſen was ſie uns ſo bezeugt und verſiegelt übergaben,
ſondern damit wir vielmehr von ihnen lernen, wie wir auf Gottes Kraft
geſtützt unüberwindlich daſtehen ſollen gegen die ganze Schlachtreihe des
Todes und der Hölle, der Welt und des Teufels." —

Zugleich mit dieſer Schrift, zu einer Broſchüre mit ihr vereinigt, erſchien noch ein zweites Sendſchreiben, das gegen jene andere Erſchlaffung
und Verdunklung des evangeliſchen Sinnes gerichtet iſt, deren wir oben Erwähnung thaten. Es führt den Titel: „Ueber die Pflicht eines Chriſten-
menſchen in Betreff der Annahme oder Zurückweiſung der chriſtlichen Aemter in der päpſtlichen Kirche", und wendet ſich unmittelbar an Gerard
Rouſſel ſelber*), der durch die Annahme der Biſchofswürde die nächſte
Veranlaſſung dazu gegeben hatte. — Gleich in den erſten Zeilen ſpricht das
Gefühl ſich aus, das der Reformator über dieſe eigenthümliche Lebenswen-

---

*) Nicht an einen gewiſſen René oder Ruffus, wie Henry, ich weiß nicht
durch welchen Irrthum dazu verleitet, angiebt. Ein Namen ſteht freilich
nicht über der Schrift; die Anrede lautet nur: „Johannes Calvin an
ſeinen einſtigen Freund, jetzt einen hohen Herrn". Aber von jeher hat
es Niemand in Zweifel gezogen und aus dem Briefe ſelber geht es auch
auf das Allerunzweideutigſte hervor, daß kein Anderer als Rouſſel hiermit
gemeint iſt.

dung seines alten Freundes empfindet. „Nicht ohne Zögern," schreibt er ihm, „ergreife ich die Feder, denn wie muß es dir vorkommen, wenn in den Strom der Glückwünsche, der dich jetzt umrauscht, plötzlich eine ernste Stimme hineintönt, die eben das an dir beklagt, worüber die Andern dich glücklich preisen. Ist es doch kein Zweifel, daß alle die, die des Menschen Würde zumeist nach dem Glanze seiner Stellung und dem Umfange seiner Mittel beurtheilen, dich zu dieser Stunde als einen höchst begünstigten Mann bewundern, gleichsam als ein Schooßkind des Glückes, da die Würde eines Bischofs dir zugefallen ist mit all den Ehren und Reichthümern, die dazu gehören. Aber ich kann ihnen leider nicht beistimmen. Indem ich ein wenig darüber nachdenke, was alle Dinge im Grunde werth sind, vermag ich mich vielmehr dessen nicht zu erwehren, daß ich ein tiefes Mitleiden empfinde mit deinem Elend; und das um so mehr als es unter dem Schein des Glückes an dich herantritt und so sein eigentliches Wesen dir verbirgt. Aber ich bitte dich: entferne doch einmal diesen Schleier, und frage dich mit ernstem nüchternen Urtheile: was soll das Amt eines Bischofs sein? wie stellt das Wort Gottes einen solchen hin? Vor Allem wird das Wort des Apostels dir einfallen: „Siehe darauf, daß du das Amt das du von dem Herrn empfangen hast in seinem Sinne erfüllest*)". Du hörst in diesem Wort von einem „Amte", und „ein Amt" heißt nicht, du sollst dir dienen, sondern Andern: der Kirche Christi, der Erbauung der Gemeinde, der Wahrheit des Wortes Gottes. Und wehe dem der dieß in zweideutigem, gleichgültigem Sinne thut! Hat doch der Herr gesagt, als Wächter bestelle er die, die er zu Hirten der Gemeinde gesetzt, damit sie unablässig auf der Mauer stehen und ausschauen, sein Volk zu warnen vor Allem was Verderbliches ihm nahen könnte**). O welch ein Ernst liegt in diesen Worten! Sie sollten hinreichen das Gewissen eines Jeden so zu schärfen daß bei einer solchen Pflicht keine Sicherheit noch Feigheit, keine Geringschätzung noch Nachlässigkeit mehr möglich ist. Denn wie unermeßlich viel will das doch sagen: über das Heil seiner Mitmenschen wachen! Etwas Größeres giebt es nicht im Himmel und auf Erden: alle Nerven sollten sich dazu anspannen, die ganze Kraft des Geistes sich darauf wenden, Leib und Seele in dieser Arbeit aufgehen. Zugleich aber sind die Hirten zu Verwaltern eingesetzt, welche die Geheimnisse der ewigen Barmherzigkeit vertheilen, ja das Haus Gottes erbauen und herrichten sollen. Darum heißen sie das Salz der Erde und das Licht der Welt und die Boten Gottes und sogar des Herrn Mitarbeiter. Was soll ich hierüber sagen? Es läßt sich dieß nicht mehr beschreiben, nur das Herz entbrennt in heiligem Eifer indem es davon vernimmt."

---

*) Col. 4, 17.
**) Jesaj. 62, 6. Ezech. 3, 17.

In einer überaus ernsten, Mark und Bein eines jeden geistlichen Lesers durchdringenden Darlegung führt Calvin dann diese verschiedenen Pflichten des Hirten im Nähern aus, und zeigt wie es schlechtweg unmöglich sei, daß der Träger einer katholischen Bischofswürde, wie sich diese nun einmal gestaltet habe, dieselben erfüllen könne. Denn sein Amt sei verweltlicht, in unzählige irdische Dinge verflochten, mit Ausübung schriftwidriger Ceremonien überladen, vielmehr als ein S ch ä n d e r des Heiligthums stehe er da, wenn er z. B. die Messe lese, denn als sein Hüter und Pfleger. Und nun gar für i h n: welch' eine Stellung sei das! für i h n der ja dieß Alles innerlich auch verwerfe, der all' diesen Betrug, diesen Aberglauben, diese Gotteslästerung durchschaue! — Und für dergleichen gebe er nun die Predigt des Evangeliums auf, der er bisher gedient! „Wehe mir wenn ich nicht das Evangelium verkündigte!" rief Paulus aus, „denn das ist mir befohlen." „Und meinst du dieses Wehe von dir ablehnen zu können, da doch der Apostel es über sich selber ausspricht? Er erklärte, er sei Allen ein Schuldner, den Gelehrten und Ungelehrten, zu denen er als Botschafter gesandt sei. Bist du das als Bischof weniger? Und wenn er den Ephesischen Vorstehern bezeugen konnte, er sei rein an ihrem Blute, weil er ihnen in keinem Stücke etwas vorenthalte von der Wahrheit Gottes, wie wirst du solches Zeugniß von dir ablegen können, wenn kaum irgend eine klare Sylbe von dem seligmachenden Evangelium von deinem Munde ausgehen darf? Und doch wird ja das Blut eines Jeden, der durch dein Verschweigen verloren geht, von deiner Hand gefordert werden! Und nun denke mit mir ein wenig darüber nach, wie viele Seelen auch nur in den wenigen Monaten, seit denen du den Bischofssitz einnimmst, durch deine Schuld verloren gegangen sind und täglich noch verloren gehen. Kannst du das mit Ruhe überlegen? Hast du Zeit zu schlafen und die Dinge gehen zu lassen wie sie gehen? Unseliger Mann, brennt es dich nicht auf deinem Gewissen, täglich Seelenmörder zu sein, das Blut an deinen Händen kleben zu sehen, von dem der Herr Tropfen für Tropfen Rechenschaft verlangen wird? Es ist nicht anders möglich als daß dich das mit Entsetzen erfülle; du weißt, daß du nicht wirst bestehen können in solchem Gerichte. — Darum auf, zur Posaune, zu der Waffe, du Hüter, der du die Wache haben sollst! Gedenke dessen, welch ein Urtheil du einst selber über alle diese Dinge sprachst! Gedenke deiner frühern Frömmigkeit, die ich einst mit bewunderte, und deren Beispiel von unermeßlichem Nutzen für mich war! Wenn noch ein Rest davon in deinem Herzen wohnt, so beschwöre ich dich bei diesem Ueberbleibsel: laß dich nicht länger verblenden durch den Glanz und Weihrauch der Welt! wache auf aus deiner weichlichen Ruhe! werde nicht ein Mitschuldiger aller der Gräuel, welche die Kirche des Papstes beflecken! Geselle dich nicht den Gottlosen zu, die ihre Hände in das Blut derer tauchen, die du einst deine Brüder nanntest! — Und wenn du wissen willst, welchen Weg du hiezu einzuschlagen hast, so sage ich dir: raffe dich gleich zu dieser Stunde empor und gehe aus! Das Beste wäre es, wenn du anfingest, frei und offen das Evangelium zu verkündigen, denn welche Gabe und welche Gelegenheit hast du hiezu, und Unrecht ist es offenbar, solche Gelgenheit die Gott uns bietet vorübergehen zu lassen. Aber wenn du dich für untauglich hiezu erachtest, so ist es besser, du legest dein Amt nieder, als es in unwürdiger, treuloser Weise zu verwalten. Stündest du in der wirklichen Kirche Christi oder auch nur vor einem Häuflein, das du durch deinen Dienst dem Herrn zugeführt, so würde ich dir nimmermehr das anrathen, denn einem Ruf Gottes sich zu entziehen ist nicht eines Christen Sache. Aber an den Platz, an dem du jetzt stehest, hat nicht Gott, sondern der Satan dich berufen; und ich sehe nichts was dich hindern könnte, dich wieder davon zurückzuziehen. Ach! freilich kenne ich eure Klage, - daß dieß allzuviel, daß dieß Uebermenschliches gefordert heiße. „Wie?" ruft ihr aus, „wir sollen unser ganzes Glück in Rauch aufgehen lassen, und uns nackt hinausstürzen, wie aus einem brennenden Hause! Was soll da aus uns Elenden werden? Die wir bisher ruhig und sicher wohnten in dem Unsrigen: sollen wir nun als Ausgestoßene in unbekannte Länder irren und an fremde Thüren klopfen?" Ich antworte euch hierauf nur das Eine: Wenn ihr so sprecht, so seid ihr keine Christen. Denn für den Christen giebt es nur das Eine was Noth thut: „wer gestohlen hat, der stehle nicht mehr, sondern schaffe mit seinen Händen, daß er habe zu geben den Dürftigen." Ohne Zweifel ist es nothwendig, dafür zu sorgen, daß wir Nahrung und Kleidung haben; aber wie viel nothwendiger ist es noch, sich ein reines Gewissen zu bewahren. Und wenn das Verlassen der Heimath, das Aufgeben einer glänzenden Stellung hart ist: um wie viel härter ist es doch, überall das innere Gericht in sich herum zu tragen. — So steht es aber: willst du Theil haben an dem verheißenen Erbe Gottes, so mußt du den Weg des Moses gehen, der viel lieber erwählte mit dem auserwählten Volke Ungemach zu leiden, denn die zeitliche Ergötzung der Sünde zu haben, und achtete die Schmach Christi für größeren Reichthum, denn die Schätze Egyptens, denn er sah an die Belohnung. — Freilich kenne ich wohl die gemeine Weichlichkeit unserer Natur, daß wir Nachsicht für uns in Anspruch nehmen und dann auch gerne Nachsicht mit Andern haben. Auch wenn wir straucheln und fallen, wollen wir doch für christliche Brüder gehalten werden. Und es mag das sein, so lange wir in unserm Straucheln wenigstens den Weg des Herrn nicht verlassen, uns alsobald wieder aufraffen von unserm Falle, wieder gut machen unsere Schwachheit, nicht zurückweichen vor den Hindernissen, sondern uns redlich Mühe geben sie zu übersteigen und durch das Alles hindurch unsern Blick unverwandt auf das Himmelreich gerichtet halten als auf das Ziel unseres Laufes. Die so verfahren, die fürwahr! umfassen wir auch in ihrem Fallen und Fehlen mit brüderlicher Liebe und schließen sie freundlich in unsere Arme; freilich nicht in dem Sinne, als würden wir ihre Gebrechen gelten lassen, und ihre Verirrungen hegen, sondern weil wir die nicht von uns wegtreiben wollen, die der Herr immer noch als die Seinigen anerkennt. Aber was hast du mit diesen gemein? Du dessen Leben keinen Schein christlichen Laufes mehr aufweist, ja sich völlig abgewendet hat von dem Wege des Herrn? So lange du also das Blut der Armen aussaugst durch Lug und Betrügereien um dir damit Ueberfluß zu verschaffen, so lange du den Hirten spielst um die Heerden auf dürre Haiden zu führen und zu verderben, so lange du unter der Schaar derer dich finden lässest, die Christus Diebe, Räuber und Mörder nennt in seiner Kirche: so magst du von dir denken was du willst: mir wirst du nicht mehr als ein rechtschaffener Mann gelten und noch viel weniger als ein Christ."

Auf den Mann selber, an den diese Worte gerichtet waren, schienen sie freilich nicht den gewünschten Eindruck gemacht zu haben, denn Roussel blieb nach wie vor Bischof von Oleron und ist als solcher gestorben. Wobei freilich zu seiner Entschuldigung anzuführen ist, daß er bei seiner mystischen unklaren Sinnesweise unmöglich dieselben Ueberzeugungen über das römische Wesen haben konnte wie Calvin, und darum sich durch Manches wenig getroffen fühlen mochte, was sein alter Freund ihm in das Gewissen rief*). — Aber im Uebrigen sind diese beiden Schriften des Reformators doch nicht ohne mannigfache und spürbare Frucht geblieben. Nicht nur zeugt ihre nachmalige Uebersetzung in das Deutsche und Böhmische**) davon, daß sie auch anderweitig als in Frankreich einem Bedürfnisse entgegenkamen und Anklang fanden, sondern es ist auch gewiß nicht zu viel gesagt, wenn wir die Entschiedenheit des Bekennens und des Meidens aller Befleckung mit dem „päpstlichen Sauerteige", durch welche die französischen Reformirten der nächsten Zeit in so hohem Grade sich auszeichneten, zum großen Theile den Einwirkungen zuschreiben, die von Calvin aus in diesem Sinne auf sie ausgingen***). Und was insbesondere die Unverträglichkeit eines römischen Kirchenamtes mit dem reformirten Bekenntniß anbetrifft, so ist es ja bekannt genug, mit welch rücksichtsloser Strenge dieselbe späterhin von der französischen Gemeinde auch ihren höchsten geistlichen Gönnern gegenüber geltend gemacht wurde. Cardinäle und Bischöfe mußten ihre Würde niederlegen, ehe sie in ihrem Kreise Aufnahme fanden; und lieber wies man den einen oder andern dieser hochgestellten Männer, der sich der protestantischen Partei anschließen wollte, ohne Weiteres zurück, als daß man ihnen erlaubt hätte, etwas von Dem in den neuen Stand mit hinüberzunehmen was sich mit dem

---

*) Vergl. darüber C. Schmidt, Gerard Roussel p. 118 u. f.
**) Vergl. darüber Henry III, p. 195.
***) Die eben besprochenen Schriften sind nämlich nicht die einzigen dieser Art. Wir werden später noch einige andere von ähnlichem Inhalte zu erwähnen haben.

Evangelium nun einmal durchaus nicht zu vertragen schien. Freilich wandte hierauf Dieser und Jener sich wieder ab; aber wie hätte das auf das Urtheil Calvins irgend einen Einfluß üben können, der in keiner Weise auf der Menschen sondern allein auf Gottes Kraft sein großes Werk zu stützen begehrte, und darum keine andere Rücksicht kannte als die: seine lautere Wahrheit in allen Stücken rein und unbefleckt zu erhalten?

X.

Die Kämpfe in Genf bis zur Vertreibung der Prediger. — Erster Widerstand der Bürgerschaft gegen die Reformationsordnung. — Wahl feindlich gesinnter Magistrate. — Zunehmende Entschiedenheit der Prediger. — Durch Bern angeregter Streit über die Kirchengebräuche. — Synode zu Lausanne. — Unversöhnliche Stimmung der Berner und der Magistrate. — Letzte Aufforderung an die Prediger sich zu unterwerfen. — Volkstumulte. — Predigten Calvins und Farels am Osterfeste. — Ihre Absetzung und Verbannung (1538).

Wir haben gesagt, daß es eine Zeit lang den Anschein hatte, als werde das Volk der kleinen Republik sich im Allgemeinen der neuen kirchlichen Ordnung unterwerfen, und mehr oder weniger willig in die Wege der ächten, durchgreifenden Reformation eingehen, die seine treuen geistlichen Leiter anstrebten. Aber lange dauerte dieser Anschein nicht. Noch waren die Magistrate und Prediger mit den wiedertäuferischen Bewegungen nicht völlig zu Ende gekommen, als sich bereits auch von anderer Seite her ein lauter und immer lauterer Widerspruch gegen ihre Bestrebungen erhob. Man erinnert sich, daß der Rath die Bürger aufgefordert hatte persönlich ihre Zustimmung zu dem Glaubensbekenntnisse der Reformation auszusprechen, und daß der bei Weitem größere Theil auf dieses Ansinnen scheinbar eingegangen war. Bei einer wiederholten Untersuchung der Lage der Dinge (September 1537) stellte es sich nun aber heraus, daß die Zustimmung doch keine so allgemeine gewesen wie man gemeint hatte; ein nicht geringer Theil hatte sich der Eidesleistung entzogen, ein anderer nahm das gegebene Wort zurück; die Bewohner einer ganzen Straße, der „Rue des Allemands“, erklärten, daß sie weder die Stadt zu räumen, noch auch diesem neuen Gewissenszwange sich zu fügen gedächten: sie hätten die Freiheit theuer genug erkauft, sie wollten sie sich bewahren.

Während die Magistrate diesem unerwarteten Widerstande gegenüber rathlos dastanden, und ziemlich vergeblich alle Künste der freundlichen Zusprache und Ueberredung versuchten, drangen die Geistlichen unter diesen Umständen mit doppeltem Eifer darauf, daß ihnen das uneingeschränkte Recht der Ausschließung vom heiligen Abendmahl zuerkannt werde, als das einzige Mittel die Gläubigen von den Ungläubigen zu scheiden und eine gewisse Ordnung in den kirchlichen Verhältnissen zu erhalten. Die Behörde schlug das ab, da die Erregung der Gemüther im Augenblick zu groß sei, um einen Versuch dieser Art zu gestatten; und die Prediger ließen es sich nach einigem Bedenken gefallen, um nicht Alles in Frage zu stellen. Das erste Abendmahl, das im Jahre 1538 gefeiert wurde, ging unter allgemeiner Theilnahme und in Frieden vorüber. Die verbündeten Berner ermahnten in wiederholten Briefen zur Eintracht und zum Zusammenhalten. Einen Augenblick schien es, als würden die Gegner sich bereitwillig zeigen ihren Widerspruch fallen zu lassen und sich ihrem Gemeinwesen auf seinem neuen Wege wieder anzuschließen.

Aber schon in dem nächsten Monate, mit Beginn des Februars 1538, gewann wieder Alles eine andere Gestalt. Die Amtsdauer der bisherigen Syndik's, die sich den sittlich-religiösen Reformen im Allgemeinen geneigt gezeigt hatten, war abgelaufen, und an ihre Stelle wählte die Bevölkerung — ein bedenkliches Zeichen der Stimmung, die in ihr die Oberhand gewonnen! — die erklärtesten Feinde der Prediger und der gegenwärtigen Ordnung der Dinge.

Calvin und Farel waren wie vom Blitz getroffen bei dieser unerwarteten Wendung. Es war ihnen im Augenblick klar, daß jetzt der offene Kampf auf Leben und Tod sich nicht mehr werde vermeiden lassen, und sie waren entschlossen ihn anzunehmen. Hatten sie bisher dem freundlich gesinnten Magistrate gegenüber in dem Einen und Andern sich gefügt, und wohl auch in Dingen nachgegeben, die ihnen im Uebrigen als eine sehr ernste Gewissenspflicht vorkamen: so waren sie einig darüber, daß das jetzt ein Ende nehmen müsse, daß man diesen ausgesprochenen G e g n e r n des Evangeliums und seiner Zucht auch nicht den geringsten Eingriff in das Gebiet der Kirche gestatten dürfe, nicht im Geringsten ihnen weichen, wo es um die Ehre des Herrn und die Selbstständigkeit der christlichen Gemeinde sich handle.

Bange genug war es ihnen freilich dabei zu Muthe; nicht für ihre eigene Person, sondern für das Werk, das Gott ihnen anvertraut hatte. „Ich kann es dir nicht stark genug sagen, in welch' unseliger Lage wir uns befinden," schreibt Calvin unter dem 28. März an Bullinger; „seit langer Zeit hatten wir mit Verwirrungen aller Art zu kämpfen, jetzt lastet sie centnerschwer auf dieser Kirche, über die der Herr uns gesetzt hat*)." — Von Tag zu Tage nahm die Unordnung und öffentliche Sittenlosigkeit wieder zu, seitdem der Magistrat ihr nicht mehr entgegentrat. Die Straßen widerhallten des Nachts von Neuem von unzüchtigen Liedern; in den gefüllten Schenken hörte man kaum mehr etwas Anderes als Spottreden über die Prediger und lästernde Drohungen gegen Alle die mit ihnen es hielten. Wohl erneuerte der Rath auf die Vorstellung der Reformatoren die alten Edikte: unter Trompetenschall verkündigte man sie auf Plätzen und Kreuzwegen; aber die Menge nahm sie mit Lachen auf, sie wußte wohl, daß die

---

*) Bonnet I, 42.

Männer, die die Macht in Händen hatten, nicht daran dachten sie wirklich auszuführen.

Unter diesen Umständen kam im unglücklichsten Augenblicke noch eine Einwirkung von außen herzu, die, ohne es gerade zu wollen, das glimmende Feuer zum hellen Brande anfachte und das gespannte Verhältniß zum völligen Bruche brachte. Es war dieß eine Anforderung des Berner Rathes, wonach die Genfer Kirche einige ihrer eigenthümlichen Gebräuche aufgeben und denjenigen sich anbequemen sollte, die in der Bernerischen Landeskirche eingehalten wurden. In Bern feierte man außer dem Sonntage noch einige Feste, in Genf keine. In Bern bediente man sich der Taufsteine bei der Taufe und der Oblaten im Abendmahl, in Genf hatte man erstere abgeschafft, und genoß beim Abendmahle gewöhnliches, gesäuertes Brod. In Bern gestattete man den Bräuten bei der Einsegnung einen Haarschmuck zu tragen; in Genf hatten dieß die Prediger, wie wir oben sahen, strenge verboten. Theilweise nahm man in Bern an der einen oder andern dieser Genfer Ordnungen, in denen sich ein übertriebener Rigorismus auszusprechen schien, wirklich Anstoß. Theilweise wünschte man wohl auch die Vorwürfe der Gegner zu entkräften, die unaufhörlich auf die unzähligen Differenzen im Großen und Kleinen zwischen den reformirten Kirchen hinwiesen. Und endlich ist es außer allem Zweifel daß das geheime Mißtrauen, das ein Theil der Berner Geistlichkeit seit den letzten Verwicklungen gegen die Genfer Prediger hegte, mit bei der Zumuthung im Spiele war. Die Genfer sollten es empfinden, daß sie im Grunde von dem guten Willen der Berner abhingen, und nicht eine selbstständige Stellung einzunehmen sondern sich nach dem zu richten hätten was ihnen von dort her zukomme*). Ohnehin war in Bern der damals einflußreichste Mann der Berner Kirche, der leidenschaftliche und gewaltthätige Kunz, entschieden lutherisch gesinnt, und darum den Genfer Gebräuchen noch in ganz besonderer Weise abhold. Schon seit einiger Zeit war er in dem benachbarten Waadt gegen die Genfer und ihre Anhänger offen und heimlich als Feind aufgetreten; jetzt griff er auch in ihren eigenen Wohnsitz hinüber, und gedachte seine Macht ihnen fühlbar zu machen.

Der Genfer Rath, als die Forderung der Berner bei ihm anlangte, nahm sie in seiner gegenwärtigen Stimmung mit Freuden entgegen, so eifersüchtig er auch sonst die Selbstständigkeit der kleinen Republik dem mächtigen Verbündeten gegenüber zu wehren bemüht war. Denn er sah darin einen Anlaß, den Predigern Weisungen zu geben, und von sich aus ein Wort in die kirchlichen Angelegenheiten zu sprechen. Aber um so weniger waren Calvin und Farel geneigt sich dem Begehren zu fügen, das in ganz unberechtigter Weise an sie gestellt wurde. Nicht als ob ihnen die streitigen Punkte als sehr bedeutend erschienen wären, aber das meinten sie nicht zu-

---

*) Vergl. das schon genannte Buch Hundeshagens p. 125 u. f.

en daß eine feindlich gesinnte weltliche Behörde es sich heraus-
ie erste beste Anforderung von außen hin die kirchlichen Ge-
iächtig zu ändern. Farel machte sich selber nach Bern auf den
Sachlage darzustellen, und für den Augenblick um ein Zurück-
zeitigen Begehrens zu bitten. Aber er fand bei Kunz einen
g, und richtete auch bei dem Rathe in keiner Weise Etwas
nzige wozu derselbe sich verstand, war die Einberufung einer
'ausanne, auf der man die Sache noch weiter besprechen werde;
ilvin und Farel nur unter der Bedingung daran Theil nehmen
sie wirklich geneigt seien sich nachgiebig zu erzeigen; sonst
gesondert mit ihnen verhandeln.

z trat die Synode zusammen; und die Geistlichen des franzö-
landes, die sie bildeten, schlossen einstimmig an die Berner
che sich an. Auch Calvin und Farel, da sie hier mit einer
Behörde zu thun hatten, zeigten sich nichts weniger als hart-
über alle Punkte kamen sie mit den Bernerischen Abgeordneten
iber die Feier der Wochenfeste blieb noch eine Differenz, in der
re Anschauung offenbar auf der Seite der Berner war. Doch
aß sie auch hierin nachgeben wollten, wenn die allgemeine
ynode, die auf den nächsten Mai nach Zürich einberufen war,
rn übereinstimmen sollte. Dieser wollten sie die Entscheidung
es ja in keiner Weise um eine Angelegenheit sich handle, die
ntschieden werden müsse. Jeder Schein unwürdigen Zwanges

ihnen unzweifelhaft gewiß, daß sie unter diesen Umständen noch viel weniger als bisher auch nur einen Finger breit nachgeben dürften, wenn die kirchlichen Ordnungen nicht zum Spielballe jedes lärmenden Volkshaufens sollten herabgewürdigt werden. Der alte, blinde Courault, war der Erste, der sich auf der Kanzel in diesem Sinne aussprach. Das Predigen wurde ihm untersagt, man drohte ihm mit Gefängniß wenn er nicht gehorche; acht Tage später stand er trotzdem wieder an seiner Stelle zu St. Peter und wurde nun wirklich verhaftet. Darüber ergriff nun wieder die evangelisch Gesinnten eine nicht geringe Aufregung. Von einem langen Zuge ihrer Anhänger begleitet begaben sich die Prediger (20. April 1538) vor den Rath der Syndik's um gegen die Gefangennehmung ihres Collegen zu protestiren. „Ihr habt übel und ungerecht gehandelt," rief Farel aus, „denken Sie daran, meine Herren, daß Sie ohne mich nicht auf diesen Stühlen säßen!" — „Ob man es uns erlaubt oder verbietet," sagten die andern Geistlichen, „wir werden dennoch predigen, denn so ist es uns befohlen." Die Magistrate erklärten sich geneigt, Courault los zu geben, wenn die Prediger in den hauptsächlichsten Streitpunkten nachgeben wollten. „Wir werden lediglich thun," antworteten diese, „was Gott uns gebietet."

Am Nachmittag desselben Tages — es war den Sonnabend vor Ostern — sandte der Rath noch einmal zu Farel und Calvin. Nur diesen letztern trafen die Abgesandten an. Als sie ihm die feierliche Frage vorlegten, ob er morgen das Abendmahl' nach dem Berner Ritus auszutheilen gedenke, verweigerte er jede Antwort. Unmittelbar darauf erhielt er von dem Magistrate einen Befehl, der ihm verbot, am morgenden Festtage die Kanzel zu besteigen; man werde zur Abhaltung des Gottesdienstes einige Prediger aus dem benachbarten Waadtlande kommen lassen. Die Reformatoren kamen in aller Eile zusammen um sich über ein gemeinsames Verhalten zu verständigen; sie vereinigten sich zu dem Entschlusse, aller Verbote ungeachtet an ihrem Posten zu erscheinen, aber nicht um das Abendmahl zu halten, sondern um das Volk in einer ernsten Strafpredigt zur Buße zu rufen.

Es war eine wilde Nacht, die dem Ostertage voranging. Die Menge die von dem Vorhaben der Prediger Kunde erhalten, erfüllte die Straßen mit lärmendem Getümmel, und sobald der Morgen graute, drängte sich Alles gegen die beiden Kirchen zu St. Peter und St. Gervais, in deren ersterer Calvin, in der zweiten Farel predigen sollte. Um die Kanzel herum schaarten sich die Freunde der Geistlichen, um sie vor dem Aeußersten zu schützen, mit blitzenden Augen rühmten sich die Gegner, sie würden den Befehlen der Obrigkeit Gehorsam zu verschaffen wissen.

Indessen wagte es doch Niemand, die beiden Männer anzutasten, als sie nun die Kanzel betraten. Mit fester Stimme erklärten beide, daß sie das Abendmahl nicht austheilen könnten; doch nicht sowohl aus Abneigung gegen den anbefohlenen Ritus, als weil der Zustand der Gemeinde d e r Art sei, daß das heilige Mahl nur entweiht, nur zum Gerichte würde genossen werden. Mit rückhaltlosem Ernste schilderten sie dann die gegenwärtige Lage der Stadt, die freche Sittenlosigkeit und Gottlosigkeit, die wieder das Haupt erhoben, die Verachtung des Evangeliums, die überall sichtbar werde, die vielfältige Schmach, die man unaufhörlich dem Herrn und seiner Kirche anthue. Nie und nimmermehr, wiederholten sie, würden sie solch' eine Bevölkerung als eine christliche anerkennen, und die höchsten Gnadengüter des Christenthums ihr vor die Füße werfen. Ein wildes Wuthgeschrei unterbrach sie jeden Augenblick indem sie so redeten. Hie und da sah man die bloßen Schwerdter blinken, mit Lebensgefahr brachten die Freunde Calvins ihn durch die erhitzten Volkshaufen nach seiner Wohnung zurück.

Beim ersten Grauen des folgenden Tages (22. April) versammelte sich der größere Rath — der Rath der zweihundert — und faßte den Beschluß, die Prediger wegen Mißachtung der Obrigkeit abzusetzen, und sie nur noch so lange zu dulden bis Andere an ihre Stelle getreten seien.

Die allgemeine Bürgerversammlung, die die letzte Instanz bildete, trat dem nach einer stürmischen Debatte mit überwiegender Mehrheit bei. „Binnen drei Mal vier und zwanzig Stunden sollten die drei Männer (auch Courault) die Stadt und ihr Gebiet für immer geräumt haben." „Der Huissier des Rathes," heißt es in dem Protokoll, „that das alsobald dem Meister Calvin zu wissen. Wohlan, antwortete dieser, wenn wir Menschen gedient hätten, so wären wir jetzt übel belohnt; aber wir dienen einem größern Meister, der einem Jeden geben wird nach dem er gehandelt hat."

XI.

Die Stimmung der Prediger bei ihrer Abreise. — Sie wenden sich an Bern um Vermittlung. — Verwerfung derselben durch die Genfer. — Die Synode in Zürich nimmt sich ihrer von Neuem an. — Erneute Vermittlungsversuche Berns. — Gesteigerte Feindschaft der Genfer gegen Calvin und Farel und Erneuerung des Ausweisungsbeschlusses. — Calvin in Basel. — Versöhnliche Stimmung gegen die Genfer. — Berufung nach Straßburg. — Annahme des Rufes nach längerem Bedenken. — Neue Verhandlungen mit Genf. — Ihr Scheitern. — Uebersiedlung nach Straßburg (1538).

Leichter und fröhlicher als seit langer Zeit athmeten die Vertriebenen im ersten Augenblicke auf als sie die Mauern der zuchtlosen Stadt im Rücken hatten. Besonders Calvin freute sich über die in Sturm erlangte Freiheit „mehr als eigentlich löblich war", wie er später einmal selber sich ausdrückte*).

Denn die äußern Kämpfe und Unruhen, so sehr sie auch wider seine Neigung gingen, waren doch noch lange nicht das Bitterste gewesen, was er

---

*) Vorrede zu den Psalmen.

in Genf hatte durchmachen müssen. Noch bei Weitem mehr hatten die i n n e r e n Sorgen und Aengsten um seine Gemeinde sein treues Seelsorger-Gewissen gepeinigt. Für Alles was gesündigt wurde, fühlte er sich mitverantwortlich; „über eine jede Seele, die da umkomme, werde Rechenschaft von ihm verlangt werden," und doch hatte man es ihm nirgends recht zulassen wollen alles das zu thun was er zur Erziehung und Leitung dieser Seelen für nöthig hielt. „Mit der Predigt des Wortes allein*)," hat er einige Wochen später geschrieben, „schien unsere Pflicht uns noch lange nicht abgethan. Ach! mit viel größerer Sorgfalt müssen ja diejenigen behandelt werden, deren Blut, so sie durch unsere Lässigkeit verloren gehen, von uns wird gefordert werden. Und wenn uns nun überhaupt schon diese Sorge auf der Seele brannte, so quälte und marterte sie uns noch viel heftiger so oft das Abendmahl auszutheilen war. Denn obgleich der Glaube Vieler uns sehr zweifelhaft, ja geradezu verdächtig erschien, drängten sie sich doch Alle ohne Unterschied herzu. Und vielmehr den Zorn Gottes schluckten sie dabei herunter, als daß sie des Sakramentes des Lebens theilhaftig geworden wären." — „So oft ich daran denke," äußert er später, „wie unglücklich ich in Genf gewesen bin, erzittre ich in meinem Innern. Es waren Foltern, auf die da mein Gewissen gespannt war, ich kann es nicht aussprechen, welche quälende Unruhe Tag und Nacht mich erfüllte."

Aber bei einem Manne wie Calvin konnte der Gedanke an sich selber und die Erleichterung der eigenen Seele, — wie natürlich und wohlberechtigt dieß Gefühl auch im ersten Augenblick war, — doch nicht lange der vorwaltende bleiben. Er hatte ja sein Herz Gott zum Opfer bringen lernen: er hatte seine Person mit Allem was dazu gehörte rückhaltlos dahingegeben zu einem Werkzeuge der Erbauung der Kirche Christi und der Förderung der evangelischen Wahrheit. Und war nun nicht durch seine Vertreibung aus Genf diesem höchsten Interesse, diesem seinem innigsten Anliegen ein unberechenbar schwerer Schlag versetzt? Wie mußte es den treuen Männern zu Muthe werden, wenn sie daran dachten, daß jetzt wahrscheinlicher Weise alles das wieder untergehen werde, was sie mit so schwerer Mühe, unter so vielem Seufzen und Gebet aufzubauen angefangen! Ohne Lehrer, ohne Ordnung, ohne Ernst der Gesinnung, wie sie jetzt Genf hinter sich ließen, schien es kaum anders möglich als daß es nach einer kurzen Zeit der Zerrüttung wieder in die Hände der römischen Partei zurückfalle, die ohnehin immer noch an seinen Thoren lauerte den vertriebenen Bischof an der Spitze und von Savoyen unterstützt! Und welch' ein unersetzlicher Verlust war es für das ganze Werk der Reformation wenn dieß geschah! Nicht nur um die e i n e Stadt handelte es sich hier, sondern mit ihr auch um den Schlüssel und Zugang zu Frankreich und Italien. Es war die Reformation in der gesamm-

---

*) In der Vorrede zu dem in Basel gedruckten Katechismus.

ten romanischen Welt, die in diesem Augenblick mehr oder weniger in Frage stand. Weder für Calvin noch für Farel war das ein Geheimniß; von Anfang an hatten sie die einzige Bedeutung dieser mitten in das Feindesland hineingeschobenen und doch vor ihm gesicherten Ruhestätte erkannt. — Durften sie nun aus irgend einer Rücksicht auf das eigene Wohlsein oder einem Gefühle gerechter Entrüstung dieselbe ohne Weiteres dem selbsterwählten Schicksale überlassen, und unbekümmert die Straße ziehen, auf die man mit Hohn und Spott sie hinausgestoßen? Sie waren entschlossen nicht so zu handeln. Hatte Calvin sich einst nur ungern und durch „Gottes ausgereckte Hand" in Genf zurückhalten lassen, so war er doch nicht gemeint zu dulden, daß der Menschen frevelnder Muthwillen wieder scheide was Gott zusammengefügt hatte. Unverzüglich wandte er sich mit seinem Freunde nach Bern, um dort die Vermittlung des mächtigen Bundesgenossen anzurufen, der das Unheil mehr oder weniger angestiftet hatte, und darum auch am Besten im Stande schien es wieder gut zu machen.

In der That erschrak man in Bern nicht wenig, als die Prediger mit ihren schlimmen Neuigkeiten anlangten. Denn so gerne man auch ihre eigensinnige Selbstständigkeit einigermaßen gebeugt gesehen hätte, so lag doch die Durchführung der Genfer Reformation viel zu sehr im allseitigen Interesse des benachbarten protestantischen Staates, als daß er nicht durch jede Störung und Bedrohung derselben auf das Empfindlichste berührt worden wäre. Schon seit einiger Zeit hatte der Rath eingesehn, wie ungeschickt und unzeitgemäß seine Einmischung in die Verhältnisse der kaum begründeten Kirche gewesen war, und hatte sich noch im letzten Augenblick alle Mühe gegeben, den unvorsichtig angeschürten Brand wieder zu löschen. Jetzt, da das Unglück dennoch geschehen, bemühte er sich mit verdoppeltem Eifer, seine Folgen wieder auszugleichen. Schon am 27. April ging ein sehr ernster Brief an die Genfer Magistrate ab, der ihnen das höchste Erstaunen und die volle Mißbilligung ihrer Verbündeten über ihr Benehmen ausdrückte. Mit hoher Anerkennung wurde darin Calvins und Farels Erwähnung gethan. „Wenn wir euch baten," sagten die Berner, „euch in den Kirchengebräuchen mit uns in Uebereinstimmung zu setzen, so thaten wir das doch nur in freundschaftlicher Absicht, nicht um Verwirrung zu erregen oder eure Geistlichen zu etwas zu nöthigen was ja doch im Grunde gleichgültiger Natur ist*)." — Aber es ist bekanntlich leichter, die bösen Geister wach zu rufen, als sie wieder zu bannen. Die Antwort der Genfer war wie man sie von Leuten erwarten konnte, die noch in wilder Aufregung begriffen und nur den Antrieben ihrer Leidenschaftlichkeit zu folgen gewohnt sind. Unter den bittersten Anklagen gegen Calvin und Farel wiederholten sie ihren unabänderlichen Entschluß, diese Männer ihre Stadt nicht mehr betreten zu lassen.

---

*) Ruchat V, 67.

Es ist ein Zeichen nicht geringer Demuth und Selbstverleugnung um des gemeinen Besten willen, daß die Prediger sich entschlossen trotz dieser beleidigenden Abfertigung doch weiterhin noch Alles zu versuchen was in ihrer Macht stand, um wieder eine Versöhnung anzubahnen. Wir haben bereits gelegentlich der Conferenz der schweizerischen Kirchen-Abgeordneten Erwähnung gethan, die gerade um diese Zeit nach Zürich einberufen war, um eine gemeinsame Antwort auf einen Brief Luthers in der Abendmahlssache abzufassen*) Ihr hatten, wie man sich erinnern wird, Calvin und Farel die Entscheidung in dem Streite über die Kirchengebräuche anheimgeben wollen; auch jetzt noch, nachdem derselbe in so unerwarteter Weise zu einem Ausgange gekommen, wandten sie sich ihr zu, um von dieser angesehenen kirchlichen Versammlung sowohl ein Urtheil über ihr Verhalten zu vernehmen, als auch wo möglich sie zum Schiedsrichter und Friedensstifter in dem unseligen Zwiste zu berufen. Die beiden Männer machten dabei den besten Eindruck. In diesem freundlichen Bruderkreise der Gleichgesinnten und Genossen des Glaubens ließ sich nichts mehr wahrnehmen von der hie und da vielleicht allzuherben und schroffen Art, mit der sie unter den Feinden des Evangeliums und seiner Ordnungen aufgetreten waren. So sehr sie es auch bekannten, daß ihnen Unrecht geschehen, und daß man eigentlich nicht ihre Personen sondern Gottes Sache in ihnen verfolge, so schämten sie sich doch nicht, offen zu bekennen, daß auch sie aus Unerfahrenheit und irriger Gereiztheit Manches gethan was sie anders hätten thun sollen. Sie seien wohl in dem Einen und Andern zu strenge gewesen, oder hätten zu viel Gewicht darauf gelegt. Hinsichtlich all' dieser Punkte erbäten sie sich das Urtheil der Brüder und wollten gerne sich weisen lassen. In Betreff der Kirchengebräuche wiederholten sie die Erbietungen, die sie schon auf der Lausanner Synode gemacht hatten, und die denn auch wirklich von der Versammlung vollkommen befriedigend erfunden wurden. Die Feier der außersonntäglichen Festtage gab man ihnen mit allgemeiner Zustimmung frei, „da eine gezwungene Einführung derselben der in Basel entworfenen Confession und der christlichen Freiheit zuwider wäre."

Als die Frage von der Wiederherstellung des Friedens mit den Genfern zur Sprache kam, erklärten freilich die Vertriebenen frei heraus, daß sie unter denselben Bedingungen wie bisher ihre Wirksamkeit in keinem Falle übernehmen könnten: denn ganz unmöglich sei es, mit Segen einer Kirche vorzustehen, die keine kirchliche Disziplin anerkenne, in keine Parochien geordnet sei, keine Regel habe nach der die Prediger berufen würden, ja in der sogar der Rath sich das Recht zuschreibe, von sich aus die Ordination der Geistlichen durch Handauflegung zu vollziehen. Mit bittenden Worten

---

*) Vergl. über dieselbe die Biographie Bullingers (Band V. dieses Werkes) p. 207.

wandten sie sich hierauf an die Berner, und gingen sie darum an, doch auch in ihrem an Genf gränzenden Gebiete eine strengere Sittenordnung einzuführen, und namentlich das Singen der unzüchtigen Lieder zu verbieten, damit nicht die Muthwilligen in der Stadt auf die Erlaubniß oder Gleichgültigkeit der Nachbarn sich berufen könnten.

Einhellig erkannte die Versammlung die Wichtigkeit dieser Vorschläge an, und erklärte ihre volle Zustimmung zu den vierzehn Artikeln, in die Calvin dieselben zusammengefaßt hatte*). Auch das sprach sie aus, daß Calvin und Farel nicht aus Eigensinn für unbedeutende Dinge stritten, daß vielmehr „ihr Gemüth zur Förderung christlich ehrbarer Sachen geneigt sei"**). Im Uebrigen empfahl sie ihnen „christliche Sanftmüthigkeit bei diesem unerbauenen Volke", und verhieß ihnen alle Unterstützung. Ein Schreiben nach Genf ging ab, das in den dringendsten Worten auf eine Verbesserung der kirchlichen Zustände und die Wiederaufnahme der Prediger drang; und den Bernern als den Nächst-Betheiligten wurde aufgetragen, dieses Anstnnen durch eine mündliche Botschaft zu unterstützen, die in allen Dingen ein freundliches Schiedsrichteramt üben solle***).

Frohen und dankbaren Herzens verließen die beiden Prediger mit diesem Bescheide die Versammlung, und wandten sich wieder nach Bern zurück, um von hier aus die verheißene Fürsprache und Hülfe in Empfang zu nehmen. Aber wie bitter wurden sie da enttäuscht! Statt Tage der Aufrichtung waren es Tage der tiefsten Demüthigung und Kränkung, die ihrer warteten. Die Umtriebe ihres alten Gegners Kunz, des lutheranisirenden Hauptes der Landeskirche, durchkreuzten überall die wohlwollenden Absichten der Regierung, und ließen die beiden Männer bis auf die Hefe den Kelch der Erniedrigung leeren, der den Ausgestoßenen und Hülfe Suchenden so häufig dargereicht wird. Indem sie in Kunzens Wohnung erschienen — zu wiederholten Malen vorgefordert und abgewiesen —, empfing er sie mit Beschimpfungen und Anklagen, denen gegenüber sie nur mit Mühe ihre ruhige Fassung bewahren konnten. Als sie einmal widersprachen und etwas zu ihrer Rechtfertigung vorbrachten, sprang er so wuthkochend auf und tobte ihnen entgegen, daß selbst der eiserne Farel erzitterte und noch zwölf Jahre später seinen Freunden bekannte: es überfalle ihn jedesmal wieder ein Grauen, wenn das Bild des rasenden Mannes vor seine Seele trete†).

---

*) Den Wortlaut derselben stehe bei Henry I, Beilage.

**) Kirchhofer, Leben Farels p. 242.

***) Ueber den Antheil Bullingers an diesen Entscheiden, sein Urtheil in dieser Angelegenheit und den freundlichen Verkehr, in den er dadurch mit Calvin trat, vergl. den oben citirten Band p. 244 und 45.

†) In Calvins Briefsammlung p. 101. Ueber die ganze Verhandlung mit Kunz vergl. den ausführlichen Brief Calvins an Bullinger bei Henry I, Beilage 9.

Und nicht viel besser erging es ihnen bei einigen andern einflußreichen Geistlichen. In der unedelsten Weise ließen die Berner Theologen jetzt an den
hülflosen Vertriebenen die ungünstige Meinung aus, die sie seit den Verhandlungen mit Caroli sich über sie gebildet hatten*).

Indessen setzte der Rath doch am Ende seine freundlicheren Absichten
durch. Gerne hätte er zwar Calvin und Farel dazu gebracht, nun nachträglich noch den sämmtlichen Gebräuchen sich zu fügen, gegen die sie in
Genf sich gesträubt, und die jetzt dort in voller Uebung waren; aber als
die beiden Männer auf das Standhafteste erklärten, an den Zürcher Be-
schlüssen unbedingt festhalten und lieber Alles erdulden zu wollen, als die
Umtriebe einer gottlosen Partei durch ihre Zustimmung zu billigen: besaß
die Regierung Selbstverläugnung genug, auch unter diesen Umständen der
übernommenen Verpflichtung treu zu bleiben und sich auf das Ernstlichste
um eine Versöhnung zu bemühen. Von einer besondern Gesandtschaft des
Rathes sollten Calvin und Farel geradezu in die Stadt zurückgeführt, Zeit
und Ort, um Rechenschaft von ihrem Amt zu geben, bestimmt, und falls
ihnen nichts zur Last fiele, ihre Wiedereinsetzung bewerkstelligt werden.
„Alles das was man in Zürich betreffs der Genfer Kirche beschlossen,“
schreibt Calvin an Bullinger, „hat dabei freilich der Rath nicht zu vertreten
übernommen. Aber wie dem immer sei: lieber wollen wir uns jeder neuen
Gefahr aussetzen, als irgend etwas unversucht lassen, was durch das Interesse des Evangeliums und unsere Verpflichtung gegen die Kirche erfordert
wird. So reisen wir denn jetzt ab; möge der Herr unser Unternehmen zu
einem guten Ziele führen; denn allein zu ihm schauen wir in unserm Thun
und befehlen den Ausgang rückhaltslos in seine Hände.“

Aber schon hatte eine schändliche Intrigue Kunzens jede Wahrscheinlichkeit eines Erfolges von vornherein zerstört. Die in Zürich aufgestellten
Artikel, die in manchem Punkte nicht eben sehr ehrenvoll für die Genfer lauteten und der Majorität unmöglich so ohne Weiteres genehm sein konnten,
waren bis jetzt durchaus geheim gehalten worden, damit sie von den Feinden
der Prediger nicht zu neuer Aufreizung benutzt würden; und allerseits hatte
man sich darüber verständigt, daß sie dem Volke nur in Gegenwart Calvins
und Farels vorgelegt werden sollten, die dann im Stande wären die etwaigen
Bedenken und Einwürfe dagegen sogleich zu besprechen und zu beseitigen.
Nun aber hatte Kunz sich heimlich eine Abschrift verschafft und sie dem Syndik Peter Vandel, einem der vornehmsten Gegner der Prediger, in aller Eile
zugesendet. Unter der Bevölkerung wurden alsobald dunkle Andeutungen
der „neuen Tyrannei“ verbreitet, die man einführen wolle; man hörte Vandel sich rühmen, er trage das Urtheil der Prediger in der Tasche, er fürchte

---

*) Vergl. darüber Hundeshagen 136—138.

die Boten Berns nicht. Sowie daher die Reisenden der Stadt sich näherte
kam ihnen eine obrigkeitliche Botschaft entgegen, die ihnen den Eintritt u
tersagte. Calvin und Farel meinten hierauf nicht hören zu dürfen: sie sei
in einer guten Sache, und wollten dieß nun auch vertreten vor denen, d
ihnen Gott auf das Gewissen gelegt. Aber die Bernerischen Abgeordnet
hielten sie zurück, und zu ihrem Heile. Denn nur eine kurze Strecke weit
lauerte eine bewaffnete Bande auf sie, und an den Thoren hatte sich die e
regte Menge gesammelt wie beim drohenden Einbruche eines Feindes. S
zog denn die Botschaft, der sich von Lausanne an Viret angeschlossen hatt
allein in Genf ein. Die Räthe mit denen sie zunächst in Verkehr trat, e
klärten, es müsse die Sache dem Volke vorgetragen werden, und an dies
wandten sich nun die Gesandten mit den eindringlichsten Reden. Sie stellt
das Unrecht vor, so treffliche und berühmte Männer verwiesen zu habe
drangen darauf daß man wenigstens ihre Vertheidigung anhöre, und si
nicht schäme den Fehler wieder gut zu machen, wenn sich ein Fehler herau
stellen sollte; besonders erinnerten sie auch das Volk daran, was Farel fü
Genf schon gethan und gelitten habe. Auf die Versammlung machten die
Erinnerungen sichtlichen Eindruck; mit der besten Hoffnung traten die A
geordneten aus ihrem Kreise zurück. Da erhob sich plötzlich Bandel, zog zu
höchsten Erstaunen der Berner die Zürcherischen Artikel aus der Tasche, u
erklärte sie in so gehässiger Weise, daß das Wuthgeschrei, in das seine Pa
teigenossen darüber ausbrachen, sich alsobald durch die ganze Menge hin ve
breitete. Besonders drei Stücke wurden übel aufgenommen: zuerst um d
Bernern zu schmeicheln, die Erwähnung des dortigen Rathes ohne die übl
chen Ehrentitel; dann daß die Prediger die Genfer Kirche ihre Kirche nan
ten; endlich am meisten die Erwähnung des Kirchenbannes. „Seht da,
hieß es, „sie erfrechen sich, unsere Kirche ihre Kirche zu heißen, als ob s
ihr Eigenthum wäre! Sehet wie sie so verächtlich von den gnädigen Herre
in Bern sprechen; sehet wie gerne sie Despoten wären! Denn was ist d
Bann anders als eine despotische Herrschaft über Kirche und Volk? Liebe
wollen wir sterben als sie anhören!“ Als Einige sich erhoben — unter ihne
der nachmals in ganz anderer Weise bekannt gewordene Ami Perrin — un
doch auch die Apologie der Prediger zu hören begehrten, zog man gegen s
die Schwerdter, und drohte sie in die Rhone zu werfen. Die ganze Nacht hin
durch schwärmten betrunkene Banden durch die Stadt, die die Prediger b
sterten; ein Kessel mit siedendem Oel, der auf dem Marktplatze hergericht
wurde, sollte dazu dienen „den Vater Farel abzuschmoren“, wenn er es wa
gen würde, seinen Fuß in die Stadt zu setzen*).

---

*) In dem oben erwähnten Briefe Calvins an Bullinger (Henry I, B. 9) ha
ben wir von seiner eigenen Hand die ausführlichste Erzählung aller diese
Ereignisse. Vergl. dazu Gaberel I, 301 u. f.

So blieb denn den Predigern nichts anderes übrig als wieder umzu= wenden und nach Bern zurückzukehren. Aber auch hier war ihres Bleibens nicht. So wie sie merkten, daß man die Absicht hatte ihnen ein kirchliches Amt anzutragen, beeilten sie sich die Stadt zu verlassen, ohne auch nur von dem Rathe Abschied genommen zu haben; denn so lange Kunz an der Spitze der Geistlichkeit stand, war auf diesem Boden an keine gedeihliche Wirksam= keit in Frieden und Eintracht zu denken *). Während Farel nach Neuenburg ging, das von da an die Stätte seiner Wirksamkeit wurde, wandte Calvin sich wieder nach seinem alten Zufluchtsorte Basel, in dessen mildgesinnten, brüderlich=frommen Kreisen er hoffen durfte die Ruhestätte für Leib und Seele zu finden, die ihm nach all' den Kämpfen, Anstrengungen und Bitter= keiten der letzten Zeit so überaus Noth that. Fast wäre er auf der Reise in den angeschwollenen Wassern der Aare, über die er setzen mußte, um das Leben gekommen, „doch haben wir am Ende," schreibt er mit wehmüthiger Ironie an Viret, „den Fluß noch barmherziger gefunden als die Menschen, denn diese haben uns gegen Recht und Pflicht zur Wanderung gezwungen, jener dagegen hat durch Gottes Gnade es so mit uns gemacht, daß uns kein Leides widerfuhr."

Und in Basel fand er nun wirklich was er suchte und bedurfte. Mit der herzlichsten Gastfreundschaft nahm Grynaeus ihn auf und machte ihm alsobald eine Wohnung bei sich zurecht. Hatte er ihm doch schon während der Unruhen in Genf auf das Dringendste zugeredet, er möge zu ihm kom= men, und nicht länger in einer Stadt bleiben, wo man unter das schmäh= lichste Joch ihn beugen wolle. Denn nur mit tiefem Schmerze könne er daran denken, daß man einen Mann so niederdrücke, um dessen Besitz ein jeder an= dere Ort sich glücklich preisen würde.

Etwa ein Vierteljahr hielt Calvin in der befreundeten Stadt sich auf, „leichter athmend" wie er schreibt, obschon die durchgemachten Strapatzen seinen schwächlichen Leib alsobald auf das Krankenlager warfen**), „und mit entlastetem Gewissen." „Ja wenn ich an alle die Nöthen zurückdenke," schrieb er an du Tillet, „die mich, so zu sagen von der ersten Stunde an, da ich Genf betrat, umringten, so erzittere ich vor nichts so sehr als vor dem Gedanken, die Bürde, die mir jetzt abgenommen ist, etwa wieder einmal übernehmen zu müssen. Bisher war zwar das mein Trost, daß nicht mein Willen sondern Gottes Ruf mich an jener Stelle festgehalten hatte; aber jetzt müßte ich im Gegentheile fürchten, daß ich ihn versuchte, wenn ich der Arbeit mich wieder unterzöge, von der es sich so klar herausgestellt hat, daß meine Kräfte dazu nicht ausreichen. Daneben fallen auch noch andere Gründe ins

---

*) Calvin an Viret bei Bonnet I, 45.
**) Es geht dieß aus dem Briefe an Farel hervor bei Bonnet I, 49.

ich nur mündlich mit dir besprechen könnte. Ich weiß im
iß, daß der Herr mein Führer sein wird in der schwierigen,
e, in der ich mich jetzt befinde, und seiner Führung will ich
ldurch so viel als möglich entgegenkommen, daß ich lediglich
llen schaue und nicht auf mein Urtheil, dessen Unzulänglichkeit
zur Genüge erfahren habe. Dieser Gedanke ist es denn auch,
noch festhält. Ich will hier in Ruhe auf das Zeichen lauschen,
Herr mir kund thut was er mit mir vorhabe*)."

n inneres Leben, das in der letztverflossenen Zeit durch alle die
, Reizungen, Entgegnungen in eine Art von Fieberzustand ge-
fand in dieser Stille des Friedens und der Freundschaft seine
Es macht einen wohlthuenden Eindruck, wie er in seinen
die Verhältnisse innerhalb und außerhalb Genfs sich ausspricht,
noch so manche Kränkung und Bedrängniß verursacht hatten
r Allem am Herzen liegt," schreibt er an Farel, „ist: keinen
zu erregen, keinen neuen Anlaß zu Hader zu geben. Lieber will
gnern völlig aus dem Wege gehen, als durch meine Nachbar-
vie den Verdacht bei ihnen erwecken als gedächte ich ihnen
Gleichem zu vergelten." Seinen getreuen Viret, der ihn be-
mahnt er auf das Dringendste davon ab, damit man nicht in
Anstoß nähme, und etwa eine neue Verschwörung wittere. Was
uen Predigern in Genf vernimmt, die sich durch Schmähungen
rgänger bei dem Volke in Gunst zu setzen suchten, thut ihm

rankheit ihm einige Notizen gegeben, und des Grynaeus Treue gerühmt,
r die Gefahr der Ansteckung nicht achtend, Tag für Tag den darnieder=
genden besucht, fährt er fort: „Auch ich that das, sobald mein Zustand
ir das Ausgehen wieder gestattete; und einige Andere drängten sich sogleich
it mir herzu, um die Gefahr mit mir zu theilen. Nach wenigen Tagen
hen wir daß es mit ihm zu Ende ging, so daß ich nicht mehr an den Kör=
r, sondern nur noch an die Erbauung seiner Seele dachte. Er phanta=
rte ein wenig, hatte aber doch Bewußtsein genug mich zu sich heranzurufen,
d mich dringend zu bitten, daß ich für ihn bete. Denn über den Nutzen
s Gebetes hatte er mich verschiedene Male reden hören. Diesen Morgen
gen fünf Uhr ist er dann heimgegangen zu seinem Gotte." —

Unterdessen war bereits seit längerer Zeit ein Antrag zu einer neuen
tellung und Wirksamkeit an Calvin ergangen. Unter all' den Män=
rn, die man mit dem Ehrennamen der „Reformatoren" benennt, war, wie
r uns erinnern, Keiner früher auf seine Bedeutung und Geistesgröße auf=
rksam geworden als Martin Bucer in Straßburg. Schon gleich nach dem
rscheinen des Buches „vom christlichen Unterrichte" hatte er ihn gebeten,
h doch einmal bei ihnen einzufinden und in den mannigfachen Schwierig=
ten und Verwicklungen, in denen damals die Straßburger Kirche sich
fand, ihr mit seinem Rathe an die Hand zu gehen. Bei den verschiedenen
rhandlungen in Bern und Zürich hatten sich dann die beiden Männer
ch persönlich wieder getroffen, und obwohl keineswegs blind für ihre gegen=
itigen Schwachheiten, sich doch in immer zunehmendem Maaße lieben und
hten gelernt. Sowie daher die Nachricht von der definitiven Vertreibung
alvins aus Genf anlangte, war Bucer im Augenblick entschlossen, Alles
ran zu setzen, um diese ausgezeichnete Kraft für seine Kirche zu gewinnen.

Noch ehe nur der Brief Calvins, der einen nähern Bericht über den
rgang der Sache enthielt, bei ihm angelangt war, hatte er schon in den
ingendsten Ausdrücken an Grynaeus geschrieben, — „ihn beschworen"
ie Calvin sich ausdrückt, — er möge den trefflichen Flüchtling doch sofort
ch Straßburg weiter befördern, und die außerordentlichsten Mittel wagen
ihn diesen Gegenden zu erhalten. „So beweglich bat er und beklagte
s," berichtet Calvin an Viret, „daß dieser Kummer des braven Mannes
sern tiefen Schmerz noch vermehrte." Doch hatte sich Calvin nicht ent=
hließen können, ihm alsobald zu willfahren. Die Aussicht auf die Ueber=
ahme einer neuen öffentlichen Wirksamkeit erfüllte ihn mit einem Schrecken,
en er nicht zu bemeistern vermochte; überdieß war Straßburg eine deutsche
tadt, von der es sich fragte, ob der Franzose sich je darin werde wohl füh=
n können, und die Verhältnisse seiner Kirche und Theologie, über die wir
eich ein Wort werden zu reden haben, boten zudem so viel Eigenthümliches,
nklares, Verwickeltes dar, daß ein Fremder allen Grund hatte, sich zwei
Nal zu besinnen, ob er in sie eintreten, und die Verantwortung dafür mit

übernehmen wolle. „So sehr Bucer auch auf mich eindringt," schrieb darum Calvin noch am 4. August an Farel, „werde ich ihm doch nicht folgen, sofern nicht etwa eine größere Nothwendigkeit mich bestimmt." Aber der Straßburger ließ sich nicht entmuthigen. Indem er den Wunsch Calvins erräth, wieder mit Farel zu arbeiten — was in Straßburg unmöglich hätte sein können — spricht er es ihm offen aus, daß er dieß für nichts weniger als wünschenswerth halte. Denn Jeder von ihnen sei an und für sich schon zu gewaltsamen und schroffen Maaßregeln geneigt genug: stünden sie nun nebeneinander, so würden sie sich unvermeidlicher Weise noch gegenseitig antreiben und erhitzen, und es habe sich in Genf gezeigt wie wenig Gutes hiedurch geschafft werde. Vielmehr sei es nöthig, daß Calvin sich von jeder Umgebung fern halte, wo sein reizbarer Geist durch allzuviele Erregung sich gestört finde. Wie Vieles könne er nun aber in Straßburg wirken, wie viel für sich selber und Andere! Für's Erste würden seine Gegner zum Schweigen gebracht werden, wenn sie ihn als Lehrer in einer Kirche angestellt sähen, die sie achten müßten sie möchten wollen oder nicht. Zum Andern werde seine Mitwirkung auf dem nahe bevorstehenden Religionsgespräche in Deutschland von großem Nutzen sein, offenbar könne er aber an demselben nur Theil nehmen, wenn er im Dienste einer deutschen Kirche stehe. Im Uebrigen gezieme es ihm überhaupt, seine herrlichen Gaben nicht ins Schweißtuch zu vergraben, sondern sie zum Besten derer zu benützen, die derselben so sehr bedürften, die ihn so dringend darum bäten. — Auch Grynaeus ließ deutlich genug merken, daß dieß seine Ansicht war. „Zwar hält er sich einigermaßen zurück," schreibt Calvin, „damit es nicht den Anschein habe, als sei er meiner Beherbergung müde, und wünschte mich entfernt, aber ich sehe wohl wohin seine Meinung geht."

Durch dieß Alles scheinen seine Bedenken endlich überwunden worden zu sein. Und als nun ein neuer noch dringenderer Ruf Bucers an ihn erging, „eine Beschwörung" sagt Calvin selber, „ähnlich derjenigen mit der einst Farel mich erschüttert," wagte er nicht mehr zu widerstehen; „wie Jonas wandte ich mich im Innersten erschreckt der Mahnung zu, die zu einem neuen Lehramte mich zog *)." Gegen Ende September verabschiedete er sich plötzlich von Basel, und reiste „in Drang und Eile, ohne nur seine Angelegenheiten geordnet zu haben", nach Straßburg ab.

Was ihn zu solcher Beschleunigung der Sache trieb, war die Nachricht, daß seine dortigen Freunde zunächst noch neue Unterhandlungen mit den Genfern angeknüpft hatten. Denn wie sehr Bucer ihn auch als Gehülfe auf dem eigenen Arbeitsfelde wünschte: der treue Mann, der wie Wenige die ganze Kirche Christi auf dem Herzen trug, hätte es doch noch lieber gesehen, wenn er den Flüchtling wieder an seinen alten Posten hätte stellen können,

---

*) Vorrede zu den Psalmen.

von dem es immer klarer wurde, daß er ohne seinen Ernst und seine Kraft sich kaum für das Evangelium werde behaupten lassen. Einige Briefe wurden also mit den Genfer Häuptern gewechselt, hie und da eine kurze Hoffnung gewonnen, aber sobald man daran wollte irgend welche Bedingungen zu formuliren, erhoben sich wieder die alten Schwierigkeiten, die nicht zu übersteigen waren. Die Genfer bestanden darauf, daß die Prediger die ersten entgegenkommenden Schritte thun müßten; diese hingegen meinten der ersten Schritte nun schon genug gethan zu haben, ohne daß man ihnen entgegengekommen, und verlangten ferner vor Allem auch Garantieen für die Zukunft. „Wir müssen in der That," schreibt Calvin darüber an Farel, „mit tiefer Demüthigung bekennen, daß der gegenwärtige, betrübte Zustand der uns anvertrauten Kirche theilweise unserer eigenen Ungeschicklichkeit, Nachlässigkeit, Sorglosigkeit, unseren eigenen mannigfachen Fehltritten zur Last fällt; aber auf der andern Seite ist es doch auch unsere Pflicht, unser unbeflecktes Gewissen denen gegenüber zu bezeugen, die durch offenbare Bosheit und Feindseligkeit dieses Unheil anrichteten. Ohne Umschweif gestehen wir darum vor Gott und den Menschen, daß unsere Fehler die Züchtigung verdienten, die uns traf; aber d a s können wir nimmermehr zugeben, daß w i r es sind, die die unglückliche Kirche so zu Grunde richteten, wie sie jetzt zu Grunde gerichtet ist. Wir können das nimmermehr zugeben, sage ich, denn unser Gewissen urtheilt anders, und ich weiß: auch Gott urtheilt anders. So ist denn unter den gegenwärtigen Verhältnissen jedes Uebereinkommen unmöglich, wie sehr sich auch Bucer darum bemühe. Der Herr, h o f f e i c h, w i r d uns e i n s t e i n e n a n d e r n u n d b e s s e r n Weg öffnen*)."

Auch die Straßburger mußten sich am Ende davon überzeugen, wobei es ihnen freilich zu nicht geringem Troste gereichte, daß sie den Vertriebenen nun wenigstens in i h r e m Besitze hatten. Am zweiten Sonntage des September predigte Calvin zum ersten Male vor der kleinen französischen Gemeinde, der auch mancher Andere sich angeschlossen hatte, der den berühmten Franzosen zu sehen begehrte. Es war das sein Eintritt in den neuen Wirkungskreis, dem er nun für einige Jahre angehören sollte, und der ihm, nach Gottes offenbarer Fügung, zur großen Hochschule bestimmt war, auf welcher an seine Heranbildung zum Lehrer so vieler Nationen die letzte und vollendende Hand gelegt wurde.

---

*) Brief an Farel bei Bonnet I, 56.

Drittes Buch.

Calvin in Straßburg.

(1539—1541.)

I.

Unter den großen Ausgangspunkten und Feuerheerden der Reformation, zu denen es neben Wittenberg, Zürich und Genf unzweifelhaft gehört, nahm Straßburg eine ganz besondere Stellung ein. Es hat keine eigenthümliche reformatorische Bewegung aus sich geboren wie die andern drei eben genannten Städte, kein Theologe hat in seinen Mauern gewirkt, dem man eine weltgeschichtliche Bedeutung zuschreiben könnte, oder auf den noch jetzt eine der reformatorischen Kirchengemeinschaften ihre Entstehung zurückführte. Mit aller Einfachheit hat Mathäus Zell*), durch Luthers Schriften angeregt, im Jahre 1521 die Predigt des Evangeliums in dem Münster begonnen, ganz ebenso wie unzählige andere seiner Amtsgenossen in den deutschen Gauen, denen die mächtige Stimme von Wittenberg ins Gewissen drang. Mit derselben Anspruchslosigkeit schlossen später Bucer, Capito, Hedio**) sich an ihn an. Keiner von ihnen erhob den Anspruch, etwas Anderes zu sein als ein Diener des neu aufgefundenen Evangeliums, das in der Schweiz wie in Sachsen, von Zwingli wie von Luther wieder war auf den Leuchter gestellt worden. Indessen erschien die mächtige Reichsstadt, sowohl um ihrer geographischen Lage als um ihrer politischen Bedeutung willen, doch bald als einer der wichtigsten Punkte in dem großen Entwicklungsgange der neuen religiösen Bewegung. An den Gränzen Frankreichs gelegen, in der Nähe der Schweiz, an der belebten Weltstraße des Rheins, fanden sich die Anhänger wie die Ideen aus den verschiedensten Gegenden in ihr zu-

---

*) Vergl. über ihn die treffliche Skizze Röhrichs „Mittheilungen aus der Geschichte der evangelischen Kirche des Elsasses", Band III, 83.

**) In Betreff der beiden ersten dieser Männer verweisen wir auf ihre Biographien von Baum im Band III. dieses Werkes.

sammen; und mit der herzlichsten Bereitwilligkeit nahm Straßburg sie auf und gewährte ihnen hinter seinen schützenden Mauern den Zufluchtsort dessen sie bedurften, um zu neuer Arbeit in die umliegenden Länder auszugehen.

Und aus dieser Stellung ließ es sich dann auch nicht herausbringen, als der unselige Abendmahlsstreit, der sich zwischen Luther und Zwingli erhob, die bisherigen Genossen des Glaubens in zwei Parteien zu theilen begann, und an einen Jeden die Forderung zu stellen schien, sich für die eine oder andere Seite zu entscheiden. Während ringsumher Alles mehr oder weniger dieser Forderung folgte, wies Straßburg sie mit aller Entschiedenheit von sich, und erklärte in seiner Weise schon damals — drei Jahrhunderte vor der evangelischen Union — weder lutherisch noch zwinglisch gedenke es zu werden, sondern einfach evangelisch zu bleiben, wie von Anfang an*). Mitten zwischen den streitenden Theilen bewahrte es so einen neutralen Boden; seinen alten Nachbarn und Bundesgenossen in der Schweiz reichte es die Hand wie seinen Landsleuten im nördlichen Deutschland: wer nur immer ein guter Evangelischer war, wurde in seiner Mitte willkommen geheißen und galt als Glied seiner Kirche.

Man kann sich denken, wie man in seinen Kreisen unter diesen Umständen den Bruderstreit beurtheilte, der von Jahr zu Jahr heftiger aufloderte und immer unheilbarer auseinander zu reißen drohte was doch offenbar zusammengehörte. Als das schwerste Unglück das die Reformation betroffen sah man ihn an, recht eigentlich als ein Unkraut „das der Feind gesäet" in das vom Herrn bestellte Ackerland; und indem man sich glücklich schätzte, daß der eigene Boden zunächst noch davon verschont geblieben, empfand man es zugleich als die heiligste Pflicht Alles daranzusetzen, um auch unter den

---

*) Wie Mathäus Zell das in seiner naiven Weise aussprach, als ihn Melanchthon im Jahre 1536 vor vielen Zeugen darüber befragte, was er denn eigentlich von dem Nachtmahle des Herrn halte. „Herr Philippe," antwortete er, „ich will euch meinen Glauben sagen und gieb auf eure Frag diese Antwort: Als Gott der Herr mich zur Erkenntniß seines heiligen Evangeliums hat kommen lassen, da hab ich von dem heiligen Abendmahl Jesu Christi nie anderes geglaubt, gelehrt und geprediget, denn daß darin werde dargereicht Allen die es empfangen und genießen, der wahre Leib- und das wahre Blut Christi, meines Heilandes. Daß ich aber glauben sollte ich müßte den Leib und das Blut im Nachtmahle empfahen: substantialiter, essentialiter, realiter, naturaliter, praesentialiter, localiter, corporaliter, quantitative, qualitative, ubiqualiter, carnaliter: — der Teufel hat diese Wörter aus der Hölle gebracht! Christus hat simpliciter geredet: „Das ist mein Leib, das ist mein Blut." — Dabei bleib ich und glaub nicht anders. Denn wenn es Noth gewesen wäre, alle diese Worte hinzuzusetzen, er würde sie hinzugesetzt haben." — Auf solch Bekenntniß Zells antwortete Herr Philipp mit Beifall: „Du hast recht geredet." Röhrich a. a. O. p. 133.

Brüdern die bittere Wurzel wieder auszureuten, und sie zu einträchtiger Gesinnung und Wirksamkeit zurückzuführen. Dieses Bestreben wurde die eigentliche Seele der Straßburgerischen Theologie und Kirche. Um die streitigen Fragen als solche kümmerte man sich wenig; die Scheu vor dem Zwiespalte, den sie anstifteten, und die herzliche Friedensliebe, die diesen Zwiespalt wieder auszugleichen strebte, überwog alle anderen Rücksichten; und wenn man die fraglichen Lehren auch hier mit allem Eifer in Betracht zog, so geschah es doch eben nur von diesem Gesichtspunkte aus und in diesem Interesse.

Wir können der vielfachen Vermittlungsversuche, die gleich von dem Ausbruche des Streites an bis zu dem Zeitpunkte, an dem wir mit unserer Erzählung stehen, in fast ununterbrochener Folge von Straßburg ausgingen, auch nicht einmal andeutungsweise Erwähnung thun *). Es genügt, wenn wir sagen: daß nachdem Bucer mit der unermüdlichsten Hingabe sein ganzes Leben und Wirken daran gesetzt, er eben um diese Zeit dem ersehnten Ziele etwas näher gekommen schien, und nun mit verdoppeltem Eifer daran ging, Alles zu beschwichtigen und zu beseitigen was noch im Wege stand. Als Calvin nach Straßburg übersiedelte, war man da fast mehr als je von Gedanken und Bemühungen dieser Art erfüllt.

Es leuchtet ein, von welcher Bedeutung das für seine kirchliche Anschauung und Stellung werden konnte. Bis jetzt hatte er nur in engeren Kreisen sich bewegt, nur mit einzelnen Gläubigen oder höchstens mit einzelnen Gemeinden es zu thun gehabt, war dagegen noch nie in nähere Berührung gekommen mit Verhältnissen die in dieser Weise auf das Ganze der evangelischen Kirche abzielten.

Von den seitherigen Verhandlungen zwischen Luther und den Schweizern war er zwar natürlicher Weise unterrichtet, und hatte innerlich lebhaften Antheil daran genommen, auch in seinem theologischen System nicht die Einzel-Gemeinde, sondern die eine und allgemeine Kirche als die Form der christlichen Gemeinschaft und das Ziel ihrer Entwicklung bezeichnet; aber etwas ganz Anderes ist es doch: lediglich Kunde haben von einer Richtung und Bestrebung und seiner allgemeinsten Ueberzeugung nach damit übereinstimmen, und wieder etwas Anderes: hineinversetzt werden in ihre Mitte und sich selber mit bewegen in alle dem was innerlich und äußerlich von ihr ausgeht. Und dazu wurde Calvin jetzt berufen. Aus seinen kleinlichen Genfer Verwirrungen heraus kam er auf einen Schauplatz, auf dem man die Gesammtheit der Dinge mit großartigem Ueberblick in das Auge faßte, und in weitherzigem Sinne von dem Gedanken der Einheit der Kirche erfüllt war wie kaum anderswo in der damaligen protestantischen Welt.

---

*) Vergl. darüber das Leben Bucers, und Pestalozzi's Bullinger namentlich im 4. Abschnitt.

Und nehmen wir nun hiezu noch die perfönlichen Beziehungen, in die Calvin durch feinen Straßburger Aufenthalt zu dem deutfchen Wefen, der deut-fchen Theologie, fo vielen ausgezeichneten Männern der deutfch-evangeli-fchen Kirche kam: fo wird die Wirkung die das Alles auf ihn hervor-gebracht hat in Erweiterung des Geſichtskreiſes und Erkenntniß neuer Aufgaben kaum groß genug anzufchlagen fein. Die Jahre, die er in der deutfchen Reichsſtadt am Rheine verlebte, find in der That als der Zeitpunkt zu bezeichnen, da aus dem franzöſiſchen Gelehrten und Prediger Genfs der Reformator geworden iſt, der von nun an Oſt und Weſt, Nord und Süd mit feinem Blicke und feiner Wirkſamkeit umfaßte, und die Aufgabe der Vermitt-lung und Einigung, die man in Straßburg in äußerlicher, ungenügender Weife in die Hand genommen, wahrhaft zu vollziehen anfing durch in-nerliche Ueberwindung und Verföhnung der Gegenfätze.

Und dazu kömmt, daß er offenbar auch für feine Perfon noch eines weiteren, praktifchen Lernens und Erfahrens bedurfte, wenn er das riefen-hafte Werk der Erziehung und Umbildung ganzer Bevölkerungen wirklich durchführen follte, das ihm als fein Lebensziel vorfchwebte. Denn als er gleichfam vom Studierzimmer und aus lediglich privaten Stellungen hinweg zum erften Male nach Genf kam, war er hiezu augenfcheinlich noch nicht in jeder Weife vorbereitet. Wir haben gehört, wie er felber zu wiederholten Ma-len eingeſtand, daß er da mit einer gewiffen Unficherheit den rechten Weg und das rechte Maaß fich erſt gefucht habe, und bei diefem Suchen allerdings ein und das andere Mal fehl gegangen fei. Für folch' eine Lehrlingfchaft war nun aber das unruhige, widerfpruchsvolle Genf nicht der geeignete Boden, und die Stellung die Calvin dort inne gehabt hatte, die Stellung an der Spitze einer Kirche, nicht der paffende Platz. In Straßburg trat er in bei Weitem friedlichere Zuſtände und befcheidenere Verhältniffe ein. Die prak-tifche Thätigkeit, deren er zur Bildungsfchule bedurfte, ging ihm in keiner Weife ab, und war doch folcher Art daß nicht jeder Mißgriff zu einem Fehl-tritte wurde, fondern fich mit aller Ruhe erproben ließ was nützlich und ausführbar fei in der Leitung einer Gemeinde.

Und fo war denn nach jeder Seite hin Alles wie zugerichtet für ihn, damit er zu der Aufgabe, die nach den erften Verfuchen ihm nun fchon viel klarer vor Augen ſtehen mußte als früher, völlig fich ausbilden, feine neu erwachte Kraft bewähren, über die rechten Wege fich klar werden könne. Wie er während feines Straßburger Aufenthaltes den Lebensjahren nach aus dem Jünglingsalter hinüber ging in das vollkommene Mannesalter, fo auch in feinem ganzen innern Wefen und vornehmlich in der Haltung feines Charakters. Welch' ein Anderer kam er drei Jahre fpäter nach Genf zurück als da er aus feinen Thoren ausgetrieben worden! Es hat fich auch hier bewährt, daß Gott zum Guten gewendet was die Menfchen gedachten böfe zu machen.

die Boten Berns nicht. Sowie daher die Reisenden der Stadt sich näherten, kam ihnen eine obrigkeitliche Botschaft entgegen, die ihnen den Eintritt untersagte. Calvin und Farel meinten hierauf nicht hören zu dürfen: sie seien in einer guten Sache, und wollten dieß nun auch vertreten vor denen, die ihnen Gott auf das Gewissen gelegt. Aber die Bernerischen Abgeordneten hielten sie zurück, und zu ihrem Heile. Denn nur eine kurze Strecke weiter lauerte eine bewaffnete Bande auf sie, und an den Thoren hatte sich die erregte Menge gesammelt wie beim drohenden Einbruche eines Feindes. So zog denn die Botschaft, der sich von Lausanne an Viret angeschlossen hatte, allein in Genf ein. Die Räthe mit denen sie zunächst in Verkehr trat, erklärten, es müsse die Sache dem Volke vorgetragen werden, und an dieses wandten sich nun die Gesandten mit den eindringlichsten Reden. Sie stellten das Unrecht vor, so treffliche und berühmte Männer verwiesen zu haben, drangen darauf daß man wenigstens ihre Vertheidigung anhöre, und sich nicht schäme den Fehler wieder gut zu machen, wenn sich ein Fehler herausstellen sollte; besonders erinnerten sie auch das Volk daran, was Farel für Genf schon gethan und gelitten habe. Auf die Versammlung machten diese Erinnerungen sichtlichen Eindruck; mit der besten Hoffnung traten die Abgeordneten aus ihrem Kreise zurück. Da erhob sich plötzlich Bandel, zog zum höchsten Erstaunen der Berner die Zürcherischen Artikel aus der Tasche, und erklärte sie in so gehässiger Weise, daß das Wuthgeschrei, in das seine Parteigenossen darüber ausbrachen, sich alsobald durch die ganze Menge hin verbreitete. Besonders drei Stücke wurden übel aufgenommen: zuerst um den Bernern zu schmeicheln, die Erwähnung des dortigen Rathes ohne die üblichen Ehrentitel; dann daß die Prediger die Genfer Kirche ihre Kirche nannten; endlich am meisten die Erwähnung des Kirchenbannes. „Seht da," hieß es, „sie erfrechen sich, unsere Kirche ihre Kirche zu heißen, als ob sie ihr Eigenthum wäre! Sehet wie sie so verächtlich von den gnädigen Herren in Bern sprechen; sehet wie gerne sie Despoten wären! Denn was ist der Bann anders als eine despotische Herrschaft über Kirche und Volk? Lieber wollen wir sterben als sie anhören!" Als Einige sich erhoben — unter ihnen der nachmals in ganz anderer Weise bekannt gewordene Ami Perrin — und doch auch die Apologie der Prediger zu hören begehrten, zog man gegen sie die Schwerdter, und drohte sie in die Rhone zu werfen. Die ganze Nacht hindurch schwärmten betrunkene Banden durch die Stadt, die die Prediger lästerten; ein Kessel mit siedendem Oel, der auf dem Marktplatze hergerichtet wurde, sollte dazu dienen „den Vater Farel abzuschmoren", wenn er es wagen würde, seinen Fuß in die Stadt zu setzen*).

---

*) In dem oben erwähnten Briefe Calvins an Bullinger (Henry I, B. 9) haben wir von seiner eigenen Hand die ausführlichste Erzählung aller dieser Ereignisse. Vergl. dazu Gaberel I, 301 u. f.

So blieb denn den Predigern nichts anderes übrig als wieder umzu-
wenden und nach Bern zurückzukehren. Aber auch hier war ihres Bleibens
nicht. So wie sie merkten, daß man die Absicht hatte ihnen ein kirchliches
Amt anzutragen, beeilten sie sich die Stadt zu verlassen, ohne auch nur von
dem Rathe Abschied genommen zu haben; denn so lange Kunz an der Spitze
der Geistlichkeit stand, war auf diesem Boden an keine gedeihliche Wirksamkeit in Frieden und Eintracht zu denken*). Während Farel nach Neuenburg
ging, das von da an die Stätte seiner Wirksamkeit wurde, wandte Calvin
sich wieder nach seinem alten Zufluchtsorte Basel, in dessen mildgesinnten,
brüderlich-frommen Kreisen er hoffen durfte die Ruhestätte für Leib und
Seele zu finden, die ihm nach all' den Kämpfen, Anstrengungen und Bitterkeiten der letzten Zeit so überaus Noth that. Fast wäre es auf der Reise in
den angeschwollenen Wassern der Aare, über die er setzen mußte, um das
Leben gekommen, „doch haben wir am Ende," schreibt er mit wehmüthiger
Ironie an Viret, „den Fluß noch barmherziger gefunden als die Menschen,
denn diese haben uns gegen Recht und Pflicht zur Wanderung gezwungen,
jener dagegen hat durch Gottes Gnade es so mit uns gemacht, daß uns kein
Leides widerfuhr."

Und in Basel fand er nun wirklich was er suchte und bedurfte. Mit
der herzlichsten Gastfreundschaft nahm Grynaeus ihn auf und machte ihm
alsobald eine Wohnung bei sich zurecht. Hatte er ihm doch schon während
der Unruhen in Genf auf das Dringendste zugeredet, er möge zu ihm kommen, und nicht länger in einer Stadt bleiben, wo man unter das schmäh-
lichste Joch ihn beugen wolle. Denn nur mit tiefem Schmerze könne er daran
denken, daß man einen Mann so niederdrücke, um dessen Besitz ein jeder andere Ort sich glücklich preisen würde.

Etwa ein Vierteljahr hielt Calvin in der befreundeten Stadt sich auf,
„leichter athmend" wie er schreibt, obschon die durchgemachten Strapatzen
seinen schwächlichen Leib alsobald auf das Krankenlager warfen**), „und
mit entlastetem Gewissen." „Ja wenn ich an alle die Nöthen zurückdenke,"
schrieb er an du Tillet, „die mich, so zu sagen von der ersten Stunde an, da
ich Genf betrat, umringten, so erzittere ich vor nichts so sehr als vor dem
Gedanken, die Bürde, die mir jetzt abgenommen ist, etwa wieder einmal
übernehmen zu müssen. Bisher war zwar das mein Trost, daß nicht mein
Willen sondern Gottes Ruf mich an jener Stelle festgehalten hatte; aber jetzt
müßte ich im Gegentheile fürchten, daß ich ihn versuchte, wenn ich der Arbeit
mich wieder unterzöge, von der es sich so klar herausgestellt hat, daß meine
Kräfte dazu nicht ausreichen. Daneben fallen auch noch andere Gründe ins

---

*) Calvin an Viret bei Bonnet I, 45.
**) Es geht dieß aus dem Briefe an Farel hervor bei Bonnet I, 49.

welche würdig und welche unwürdig sind? Nach alle dem zeige ich noch mit wenigen Worten, wie nützlich und förderlich diese Ordnung zugleich ist für das Seelenheil und das innere Leben eines Jeden." — Und mit solcher Pünktlichkeit wurde an dieser Einrichtung festgehalten, daß Calvin von der Reise nach Worms aus an seinen Stellvertreter schreibt: Da die Ankündigung der Abendmahlsfeier, wie er höre, erst etwas spät ergangen sei, so möchten sie für dieses Mal die Communion lieber verschieben; denn überaus wichtig sei es, das in keiner Weise in Verfall bringen zu lassen was sich bisher so segensreich erwiesen.

Daß es bei solchem Verfahren hie und da in der That zu einem Ausschließen von dem heiligen Tische gekommen ist, deuten verschiedene Aeußerungen uns an. Von einem Studenten z. B. „der einen ganzen Monat lang die Predigt versäumte und in Spiel und Trunk sich umhertrieb," berichtet Calvin an Farel*), daß er ihm auf der Stelle in den Weg getreten sei, als derselbe seine Ruchlosigkeit sogar so weit habe treiben wollen, sich in solchem Zustande zu „dem heiligsten Sakramente" hinzuzunahen. Auf die Vorstellungen, die an ihn gerichtet wurden, antwortete der junge Mann mit Trotz: „er sei kein Papist, und habe also keine Beichte abzulegen." „Aber doch ein Christ willst du sein," erwiederte ihm Calvin, „und wenn du das Bekenntniß deiner Sünden zurückweisest ohne das es keine Vergebung giebt, so schließest du damit dich selber aus von dem Tische des Erlösers." — Ueber die kirchliche Form und Art, die bei dergleichen Anlässen beobachtet wurden, erfahren wir im Uebrigen nichts Näheres.

In diesen mehr äußerlichen Anordnungen und Bewahrungsmitteln ging nun aber die pastorale Thätigkeit und die Fürsorge Calvins für seine neu gebildete Gemeinde keineswegs auf. Als ein nicht geringer Beweis von Treue muß es schon erscheinen, daß er, in Mitten zahlloser Obliegenheiten, es sich nicht verdrießen ließ Tag für Tag das kleine Häuflein um sich zu versammeln und einen vollständigen Gottesdienst mit ihm zu halten. Und einen noch höhern Begriff von seiner seelsorgerlichen Wirksamkeit giebt die Art und Weise, wie gelegenheitlich seine durchdringende Vertrautheit mit den Zuständen und Bedürfnissen eines jeden einzelnen Gemeindegliedes sich kund thut. Während er in Worms unter den Lehrern und Vorkämpfern der europäischen Christenheit sitzt, und die Interessen der gesammten evangelischen Kirche zu vertreten hat, vergißt er doch dabei die ihm anvertrauten Seelen keinen Augenblick und kümmert sich um Alles und Jedes was mit ihnen vorgeht. Die Erschöpfung der Armenkasse, die sein Stellvertreter Parent ihm melden muß, macht ihm bittere Sorge; „befriedige eben nur die dringendsten Bedürfnisse," antwortet er ihm, „und suche in dieser Weise wenigstens so lange auszuhalten, bis ich wieder zurückkehre; wir wollen dann

---

*) In der englischen Briefsammlung Bonnets I, p. 111.

Krankheit ihm einige Notizen gegeben, und des Grynaeus Treue gerühmt, der die Gefahr der Ansteckung nicht achtend, Tag für Tag den darniederliegenden besucht, fährt er fort: „Auch ich that das, sobald mein Zustand mir das Ausgehen wieder gestattete; und einige Andere drängten sich sogleich mit mir herzu, um die Gefahr mit mir zu theilen. Nach wenigen Tagen sahen wir daß es mit ihm zu Ende ging, so daß ich nicht mehr an den Körper, sondern nur noch an die Erbauung seiner Seele dachte. Er phantasirte ein wenig, hatte aber doch Bewußtsein genug mich zu sich heranzurufen, und mich dringend zu bitten, daß ich für ihn bete. Denn über den Nutzen des Gebetes hatte er mich verschiedene Male reden hören. Diesen Morgen gegen fünf Uhr ist er dann heimgegangen zu seinem Gotte." —

Unterdessen war bereits seit längerer Zeit ein Antrag zu einer neuen Stellung und Wirksamkeit an Calvin ergangen. Unter all' den Männern, die man mit dem Ehrennamen der „Reformatoren" benennt, war, wie wir uns erinnern, Keiner früher auf seine Bedeutung und Geistesgröße aufmerksam geworden als Martin Bucer in Straßburg. Schon gleich nach dem Erscheinen des Buches „vom christlichen Unterrichte" hatte er ihn gebeten, sich doch einmal bei ihnen einzufinden und in den mannigfachen Schwierigkeiten und Verwicklungen, in denen damals die Straßburger Kirche sich befand, ihr mit seinem Rathe an die Hand zu gehen. Bei den verschiedenen Verhandlungen in Bern und Zürich hatten sich dann die beiden Männer auch persönlich wieder getroffen, und obwohl keineswegs blind für ihre gegenseitigen Schwachheiten, sich doch in immer zunehmendem Maaße lieben und achten gelernt. Sowie daher die Nachricht von der definitiven Vertreibung Calvins aus Genf anlangte, war Bucer im Augenblick entschlossen, Alles daran zu setzen, um diese ausgezeichnete Kraft für seine Kirche zu gewinnen.

Noch ehe nur der Brief Calvins, der einen nähern Bericht über den Hergang der Sache enthielt, bei ihm angelangt war, hatte er schon in den dringendsten Ausdrücken an Grynaeus geschrieben, — „ihn beschworen" wie Calvin sich ausdrückt, — er möge den trefflichen Flüchtling doch sofort nach Straßburg weiter befördern, und die außerordentlichsten Mittel wagen um ihn diesen Gegenden zu erhalten. „So beweglich bat er und beklagte uns," berichtet Calvin an Viret, „daß dieser Kummer des braven Mannes unsern tiefen Schmerz noch vermehrte." Doch hatte sich Calvin nicht entschließen können, ihm alsobald zu willfahren. Die Aussicht auf die Uebernahme einer neuen öffentlichen Wirksamkeit erfüllte ihn mit einem Schrecken, den er nicht zu bemeistern vermochte; überdieß war Straßburg eine deutsche Stadt, von der es sich fragte, ob der Franzose sich je darin werde wohl fühlen können, und die Verhältnisse seiner Kirche und Theologie, über die wir gleich ein Wort werden zu reden haben, boten zudem so viel Eigenthümliches, Unklares, Verwickeltes dar, daß ein Fremder allen Grund hatte, sich zwei Mal zu besinnen, ob er in sie eintreten, und die Verantwortung dafür mit

darf: daß nämlich unsere Gemeinde so trefflich zusammenhält und meine Abwesenheit keinerlei Störung mit sich bringt; in Mitten all' der Sorgen und Kümmernisse, in denen ich mich hier befinde, klingt mir solche Botschaft wie ein fröhlich machendes Trostwort."

Die Predigerstelle an der französischen Gemeinde war nun aber nicht das einzige Amt, das er in Straßburg zu versehen hatte. Kaum war er zwei Monate in der Stadt, so sah er sich durch die allgemeine Aufforderung, obschon sehr gegen seinen Willen*), dazu genöthigt, auch Vorlesungen an der Akademie zu halten. Hauptsächlich in der Erklärung der Schrift bestand damals der theologische Unterricht; und so trat er denn mit der Erläuterung des Evangeliums des Johannes seine Lehrerstelle an, dem er zunächst den Brief an die Römer folgen ließ. Die Art wie er dabei verfuhr und die Gesichtspunkte von denen seine Exegese ausging, lassen sich in seinen gedruckten Commentaren erkennen, die in Aller Händen sind, und in der Vorrede zu der Erklärung des Römerbriefes hat er überdieß ausführlichere Rechenschaft darüber gegeben. Wir werden in einem der nächsten Abschnitte darauf zurückkommen, wenn wir die Bedeutung der exegetischen Leistungen Calvins im Zusammenhange beleuchten.

Was uns im Uebrigen von der akademischen Thätigkeit Calvins berichtet wird, beschränkt sich auf sehr Weniges. Aus seinen Briefen und den Andeutungen Beza's erfahren wir nur, daß er zum mindesten d r e i M a l in der Woche seine Vorlesungen hielt, den theologischen Disputationen, die in den höheren Schulen als ein Hauptbildungsmittel betrachtet wurden, regelmäßig beiwohnte oder sie leitete, und gelegentlich etwa auch gegen katholische Polemiker in öffentlichen Gesprächen die Grundsätze der evangelischen Theologie siegreich vertrat. Nach dem Zeugnisse Sturms erwies er sich in alle dem so trefflich und ausgezeichnet, daß viele junge Leute und sogar gelehrte Männer um diese Zeit aus Frankreich nach Straßburg herüberkamen, nur um Calvin zu hören**).

So wenig er indessen seine pfarramtlichen Pflichten schon durch seine Kanzelreden erschöpft zu haben glaubte, so wenig ließ er seine Vorträge auf dem Katheder die einzige Art und Weise sein auf die jungen Männer einzuwirken, die zu dem „köstlichen Bischofsamte" sich vorbereiteten. Es stimmt mit dem Bilde, das man gewöhnlich von Calvin sich macht, wenig überein, ist aber nach verschiedenen Zeugnissen nichts destoweniger eine unzweifelhafte Thatsache: daß er an dem gesammten Leben und Treiben seiner Studenten den lebhaftesten Antheil nahm, und mit dem einen und andern unter ihnen in einem so nahen, liebevollen Verhältnisse stand, wie es bei den Universitätszuständen unserer Tage wohl selten sich findet.

---

*) Brief an Farel von 1539, bei Bonnet I, 82.
**) Antipap. IV, p. 21. Henry I, 226.

Aus einer Aeußerung Castellio's und verschiedenen brieflichen Zeugnis= sen geht hervor, daß er wenigstens später, da er verheirathet war, gewöhn= lich einige der jungen Leute in seinem Hause und an seinem Tische hatte, und in jeder Weise ihre Heranbildung überwachte. Die Unarten, die etwa unter ihnen vorkamen, machten ihm so viel Sorge, wie die Unordnungen, die sich in seiner Gemeinde ereigneten. Mit allem Ernste dringt er darauf, daß man ihnen Schranken setze, und die Leute zum Ernste in ihrem Stu= dium und zur Gemeinschaft des kirchlichen Lebens anhalte, das allein die ungeordneten und überschäumenden Begierden zu zügeln im Stande sei. Da= neben versteht er aber doch genug von dem jugendlichen Wesen, um wohl zu wissen, daß man es nicht allzustrenge halten, und in die knappen Maaße des vollkommenen Mannesalters einzwängen dürfe. „Einigen freien Raum müs= sen wir ihnen ja wohl lassen für ihren Unverstand," fügt er einmal wohlwol= lend bei, „und es wäre gewiß Unrecht, die Bande der Disziplin so straff an= zuziehen, daß es ihnen nicht mehr frei stünde hie und da einigermaßen den Thoren zu spielen wie dieses Alter es liebt*)."

Aber den tiefsten Blick in die Gemeinschaft, in der er mit einigen die= ser jungen Männer stand, lassen die Briefe uns thun, in denen er die schmerzliche Botschaft von dem plötzlichen Dahinsterben eines unter ihnen bespricht, der als Student in seinem Hause gewohnt hatte, und nun im März 1541 sammt seinem Hofmeister von der Pest hinweggerafft wurde, welche eben damals über das lange verschonte Straßburg hereingebrochen war. Calvin befand sich gerade auf dem Regensburger Reichstage, mitten im Gedränge der wichtigsten politischen und kirchlichen Angelegenheiten, als die Nachricht ihm zukam. Wie einem Vater der vernimmt, daß ein Kind ihm gestorben, wurde es ihm dabei zu Muthe. „Ich bin so voller Trauer und Schmerz," schreibt er an Farel, „daß es mich dünken will, es könne nichts Anderes auf der Welt mich mehr so tief darniederdrücken. Und nicht nur um die Ver= storbenen haben wir ja zu klagen; sondern ganz besonders liegt mir auch der jüngere Bruder Louis'**) auf dem Herzen, der in Zeit von vier Tagen zu= gleich den theuern Genossen, an dem er mit der zärtlichsten Liebe hing, und den treuen Lehrer verloren hat, den er wie einen Vater verehrte." — „Den Tod Ihres Sohnes und seines Erziehers," schreibt er gleich darauf an Herrn von Richebourg, den Vater, „hat mich so erschüttert, daß ich mehrere Tage nichts thun konnte als seufzen und weinen. Und obgleich ich vor Gott mich noch so aufrecht erhalten konnte durch die trostreiche Kraft, mit der er in solchen Augenblicken unserer Seele zu Hülfe kömmt, so war ich doch vor Menschen fast wie ein Nichts, für Alles was mir oblag war ich so untüchtig wie ein halb=

---

*) An Farel. Bei Bonnet I, 186.
**) Louis de Richebourg hieß der Verstorbene; sein jüngerer Bruder Karl wohnte mit ihm in Calvins Hause.

todter Mann. O so ist er denn dahingerafft worden in der Blüthe seiner Jahre, der treffliche Jüngling, den ich lieb hatte wie mein eigenes Kind, und der seinerseits wiederum mich mit so zärtlicher Anhänglichkeit erfreute wie einen zweiten Vater. Und daneben schwebte auch Ihr Karl mir immer vor Augen; denn wie konnte ich mir ihn anders denken als im tiefsten Kummer und aufgelöst im Weinen, da sein weiches Herz an Niemanden mehr gehangen als an den Beiden, die ihm nun geraubt worden! Nur eines tröstete mich ein wenig, daß er nämlich wenigstens meinen Bruder um sich hatte, von dem ich hoffen durfte, er werde ihm eine nicht geringe Hülfe sein in seiner Prüfung, und doch konnte ich hieran nicht denken, ohne mir zu gleicher Zeit zu sagen: sind aber nicht auch sie selber dieser Gefahr ausgesetzt, die uns eben diese schmerzlichen Wunden schlug? Bis weitere Briefe ankamen, die mich versicherten, daß Malherbe außer Gefahr, Karl, mein Bruder, meine Frau und die Andern gerettet seien, würde ich der Seelenangst völlig unterlegen sein, wenn ich nicht in Gottes Willen mich hätte übergeben und immer und immer wieder aufrichten können durch das Gebet und die Betrachtung seines heiligen Wortes.

„Ich erzähle Ihnen das, damit Sie bei den Tröstungen, die ich Ihnen bringen möchte, nicht etwa denken: bei den Schmerzen Anderer sich stark zu erweisen und Muth einzusprechen, sei freilich eine leichte Sache. Nein! wahrlich es ist nicht ein fremdes Leid, in das ich ein Wort der Stärkung hineinrufe; sondern wie mir geholfen worden ist durch den von dem alle gute Gabe kömmt, so wünschte ich daß auch Ihnen geholfen würde, daß auch Sie die Gnaden empfingen, die ja für uns Alle in gleicher Weise bereit stehen. — Erwarten Sie nicht, daß ich hier jene Gemeinplätze der Tröstung vorbringe, die unter den Menschen gewöhnlich sind: daß man nämlich den Tod des Sterblichen nicht beweinen dürfe, oder daß es Ihre Pflicht sei, auch in diesen trüben Tagen jene Kraft der Seele zu zeigen, die Ihre treffliche Natur, Ihr gebildeter Geist, Ihr reifes Alter, Ihre vielfache Erfahrung, Ihr bewährter Ruf von Ihnen verlange, oder daß Sie endlich mit der alten Erfahrung sich beruhigen sollten, der zu Folge auch das bitterste Leid nach einiger Zeit seinen Stachel wieder verliere. Dieß Alles und was noch weiter solcher Art ist lasse ich. Denn es giebt nur eine unfehlbare Quelle des Trostes, auf die wir Christen angewiesen sind: diejenige die aus dem innern Glauben fließt, von dem ich weiß, wie reichlich er in Ihnen vorhanden ist. Daß diese Ihr Herr und Meister recht reichlich in Ihnen strömen lasse, das allein sei Ihr Sehnen und Bitten.

„Den Sohn, den der Herr Ihnen für einige Zeit geliehen, hat er von Ihnen zurückgefordert. Er hat das gethan, nicht der „blinde Tod", nicht das „harte Geschick", nicht die „grausame Bestimmung"; und was Er thut, das thut er, wie wir wissen, nicht unbedacht, nicht zufällig, nicht auf irgend einen äußern Antrieb, sondern nach seinem klaren festen Rath, der jeder

Zeit nur beschließt was in sich selber recht und gut ist, und gut und wohlthätig auch für uns. Ist es nun schon Sünde, über das zu murren was von der Gerechtigkeit und der vollkommenen Einsicht ausgeht: um wie viel mehr würde der sich undankbar erzeigen, der die Güte vergißt die mit dieser Gerechtigkeit sich verbindet, der das eigene Heil vergißt, auf welches allein diese Gerechtigkeit und Güte abzielt? Und haben denn die Gläubigen nicht das Recht, aller Bekümmernisse sich zu begeben im Hinblick darauf, daß Alles von Gott gethan ist und er Alles ordnet? Ist doch nichts unfruchtbarer und peinlicher als wenn man sich fortwährend mit den Fragen quält: „Warum habe ich die Sache so gemacht und nicht anders? warum bin ich hiehergekommen?" und was dergleichen mehr ist. Solche Fragen sind gut und recht, wenn es sich dabei um die Erkenntniß irgend einer Sünde handelt. Wo dieß aber nicht der Fall ist, da ist auch kein Raum für solche Klagen. Und als Gott Ihnen den Sohn geschenkt, da wußten Sie ja wohl, wie er nur unter der Bedingung das gethan, daß dieser Sohn auch in Ihrer Hand sein Eigenthum bleibe. Nun nahm er ihn hinweg, sowohl weil es gut war für ihn aus der Welt zu scheiden, als auch weil er Sie durch dieses Leid zu läutern gedachte und Ihre Geduld zu prüfen. Wenn Sie die Gnade, die hierin liegt, nicht alsobald erkennen, so lassen Sie es doch ja Ihr Erstes sein, recht darum zu bitten, daß Ihre Augen in diesem Stücke aufgethan werden. Und wenn selbst dieß Gebet Ihnen nicht gleich erhört wird: nun so unterwerfen Sie sich auch hierin in Geduld und Glauben, und halten Sie fest daran, daß seine Weisheit höher ist als Ihre Schwachheit.

„Was aber Ihren Sohn betrifft, so werden Sie wohl, wenn Sie in Ihrer Seele erwägen, wie schwer es ist in dieser höchst traurigen Zeit den rechten Weg durch das Leben zu gehen, ihn glücklich preisen, daß er so frühzeitig bewahrt und erlöst worden ist von all' den Gefahren die schon auf ihn lauerten. Er ist wie Einer, der hinausschiffte auf das stürmische Meer, und ehe er noch recht in die Wellen und Wogen kam, schon einlaufen durfte in den sicheren Hafen. Und von einem Verluste kann ja doch wahrlich nicht die Rede sein, wenn wir ein Reihe kurzer Lebensjahre eintauschen gegen ein bei Weitem besseres Leben. Zu solchem aber hatte Gott, der Vater unser Aller, Ihren Ludwig von frühe an erwählt; und dabei Ihnen selber die herrliche Gabe zugedacht, daß Sie noch bei Lebzeiten die reife Frucht Ihrer getreuen Erziehung schauen durften, so daß Sie wissen, auch mir gilt jener Segen: „ich werde dein Gott sein und der Gott deiner Kinder." Von Kind an, soweit seine Jahre es nur immer erlaubten, war er in allem Guten unterrichtet, und hatte schon solche Fortschritte darin gemacht, daß wir für die Zukunft das Allerbeste von ihm hoffen durften. Sein Lebenswandel und Benehmen erwarb sich das allgemeine Lob; hatte er irgendwie gefehlt, so ließ er gern und willig sich zurechtweisen, ja auch strafen, und war dankbar für jede Anweisung, die man ihm gab. Aeußerte er bisweilen ein heftiges Gemüth, so ging es doch nie bis zur Hartnäckigkeit, und bald war er wieder zurecht gebracht. Bei Weitem aber das Erfreulichste an ihm war seine herzliche Frömmigkeit, die den Weg des Heiles nicht nur erkannte, sondern auch ging nach dem Maaße ihres Glaubens. Mit solchen Wohlthaten hat Gott Ihren Sohn überschüttet. Und sollte diese Erinnerung nun nicht noch reichlicher Sie trösten und erquicken als sein Heimgang Sie schmerzen kann? Auch mir selber wäre ja wohl, wenn Ludwig und Claudius nie hiehergekommen wären, das tiefe Leid erspart geblieben, das ich jetzt um ihretwillen empfinde. Aber wahrlich um diesen Preis hätte ich nicht auf ihre Bekanntschaft verzichten mögen! Auch heute noch bin ich dessen gewiß, daß nicht ihr eigener Sinn sondern Gottes Hand sie zu mir geführt hat, damit das herzliche Freundschaftsband sich unter uns knüpfe, das von dem ersten bis zum letzten Tage nie wieder ist zerrissen worden. Ich freue mich daß sie unter meinem Dache lebten, und da sie denn sterben mußten, so freue ich mich auch, daß sie unter meinem Dache starben, in Ruhe, ungestört, in Mitten lieblicher Tröstungen und auf den eigenen Lippen den Namen des Erlösers. Aus der Gemeinschaft ihrer Brüder sind diese heiligen Seelen eingegangen in die Gemeinschaft mit Christo. Darum wird ihr Gedächtniß mir theuer sein bis zum Ende meiner Tage, und nicht nur theuer sondern auch lieblich und aufrichtend.

„Aber was hilft es mir, sagen Sie vielleicht, daß ich einen Sohn hatte, der so schöne Hoffnungen gab, da er nun doch von mir hinweggenommen ist in der Blüthe seiner Jugend? Als ob nicht Christus durch seinen Tod das errungen hätte, daß die Lebendigen und die Todten in gleicher Weise ihm zugehören! Er hat die Macht, sie zu rufen wann er will und wohin er will; und wenn Ihr Sohn, nach unserer Meinung, nur ein kurzes Leben hatte, so muß es uns genug sein zu wissen: er hat den Lauf vollendet den der Herr ihm zugemessen. Wie sollten wir also klagen: er sei in der Blüthe seines Alters gestorben, da er doch schon ein Herangereifter war vor den Augen des Herrn? Davon bin ich überzeugt: daß wen der Herr abruft, der ist auch zur Reife gekommen, sonst müßten wir ja mit ihm hadern als ob er Jemanden hinwegnähme vor der rechten Zeit. Es ist dieß wahr für Jeden; aber hauptsächlich für Ludwig, der gerade so lange lebte, bis er sich in klarer unzweideutiger Weise als ein Glied des Leibes Christi erwies, und dann von uns entrückt und verpflanzt wurde, sobald diese Frucht sich an ihm gezeigt. Er ist nur hinweggenommen aus dem Reiche des Scheins, aus dem verschwindenden schwankenden Schatten dieses Lebens, dagegen aufgenommen in die wesenhafte Unsterblichkeit, wo Sie ihn wieder erhalten werden in der herrlichen Auferstehung des Reiches Gottes. Denn sie haben Beide so gelebt und sind so gestorben, daß ich nicht zweifle, sie seien nun bei dem Herrn; und was wir hiebei zu thun haben ist einfach dieß: uns zu strecken nach demselben Ziele. Ja, der Herr wird uns zusammenfassen, sie und uns, in die nämliche unauflösliche Gemeinschaft, in die nämliche unvergleichliche Theilnahme an seiner Herrlichkeit.

„Auch daher wird sicherlich ein nicht geringer Trost Ihnen kommen, wenn Sie bedenken, was Ihnen geblieben ist. Ihr Karl lebt Ihnen noch, von dem wir Alle so urtheilen, daß Keiner von uns sich nicht einen solchen Sohn wünschte. Ich sage das nicht um Ihnen zu schmeicheln, oder Ihrem Vaterherzen wohl zu thun; sondern der junge Mann ist wirklich voller Frömmigkeit und Gottesfurcht, aller Weisheit Anfang und Ende; dabei von trefflichem Herzen, von anziehendem Benehmen, von seltener Haltung und Bescheidenheit. Sie wissen, daß ich das nicht nur nach Hörensagen versichere; ich kenne ihn von Grund aus, und habe ihn jederzeit genau überwacht und beobachtet. Ludwig hatte allerdings eine schnellere Fassungskraft, aber Karl übertrifft ihn dafür bei Weitem an Klarheit des Urtheils und eindringender Einsicht. Jener wußte schneller anzuwenden was er gehört oder gelesen; bei diesem geht es langsamer aber nachhaltiger. Der Eine bewegte sich leicht und gewandt in Wissen, Kunst und Leben; der Andere überlegt mehr und erscheint beständiger; schon der Ausdruck seines äußern Wesens deutet hierauf hin. Ludwig mit seinem sanguinischen Temperamente war lebhafter und heiterer; Karl, der einen melancholischen Zug in seinem Charakter hat, kömmt nicht so leicht aus seiner Ruhe heraus. Er war immer der Zurückgezogenere und Nachgiebigere von den Brüdern, und wenn sein Bruder heftig wurde, so wußte er durch seine sanfte Art ihn bald zu entwaffnen. Sie mögen sich also selber sagen, welch' ein Trost und Gut Ihnen bleibt, und werden dabei zur Erkenntniß kommen, daß Sie auch nach dieser Seite hin noch reiche Veranlassung haben Gott zu danken.

„Bei alle dem, werden Sie mir sagen, ist es schwer, die väterliche Liebe so zu unterdrücken, daß man über den Verlust eines Sohnes nicht mehr traure. Aber das will ich auch nicht, daß Sie nicht mehr trauern. In Christi Schule lernen wir fürwahr nichts von der Philosophie, die uns gebietet jedes Menschengefühl zu unterdrücken und unser Herz in einen Stein zu verwandeln. Alles was ich Ihnen vorhielt, soll vielmehr nur dazu dienen Ihren Schmerz zu lindern und ihm die rechte Richtung zu geben, damit wenn Sie sich ausgeweint, wie die Natur und das Vaterherz es verlangen, Sie nicht in der Trauer bleiben und darin untergehen. — Auch Bucer und Melanchthon habe ich gebeten, an Sie zu schreiben, theurer und werther Herr, und hoffe daß das Zeugniß ihrer Liebe Ihnen wohl thun wird. Möge Christus der Herr Sie und all' die Ihrigen behüten und leiten durch seinen heiligen Geist, bis Sie dorthin gelangen, wohin Ludwig und Claudius Ihnen vorausgegangen sind." —

II.

Das Erste wozu Calvin sich in Straßburg berufen sah, war die Sammlung und Ordnung einer französischen Gemeinde. Schon lange hatte sich das Bedürfniß einer solchen herausgestellt, da mit der Zunahme der Verfolgungen die Glaubensgenossen aus dem Nachbarlande immer zahlreicher in die schützende Reichsstadt hinüberströmten. Nur an dem geeigneten Manne hatte es bisher noch gefehlt, und sowie nun der Magistrat die Ankunft Calvins vernahm, zögerte er keinen Augenblick ihm alles was er zu dem Unternehmen bedurfte, zur Verfügung zu stellen. Die Kirche St. Nicolas wurde den Franzosen zu ihrem Gottesdienste eingeräumt, dem Prediger ein kleiner Gehalt ausgesetzt, und den fremden Gästen die vollste Freiheit gegeben, ihre kirchlichen Angelegenheiten nach ihrer eigenen Ueberzeugung zu ordnen. Es ist außer Zweifel daß Calvin hievon vollen Gebrauch machte, und es seine erste Sorge sein ließ die neu gebildete Gemeinde mit einer vollständigen Verfassung und Disziplin auszustatten*). Doch ist diese Arbeit selber uns nicht aufhehalten; nur einige briefliche Aeußerungen geben uns Auskunft darüber, welcher Art sie war und wie sie ausgeführt wurde. Die Einrichtung des Gottesdienstes und die Verwaltung des Abendmahles scheint demnach völlig dem entsprochen zu haben, was er vor Kurzem für die Genfer Kirche von dem dortigen Rathe gefordert hatte. Als stehende Organe der Gemeinde finden sich Presbyter und Diakone erwähnt mit denen die Prediger jeden Donnerstag zu Gebet, Bibelbetrachtung und Berathung sich vereinigten, und die bald so herangebildet erschienen, daß sie bei einer zeitweiligen Abwesenheit Calvins zu seiner und der Gemeinde vollen Zufriedenheit seine Stelle vertraten. Was weiter sich noch bemerklich macht, ist die umsichtige Fürsorge für die Armen, die als eine Pflicht der Gemeinde sich darstellt so gut als die Abhaltung des Gottesdienstes, und die ganz außerordentliche Sorgfalt mit der die Austheilung des Sakramentes behandelt wird. „Bisher," schreibt er an Farel, „hatten die Leute die Gewohnheit, nur so ohne Weiteres hineinzulaufen zu dem Abendmahle. Als ich nun zu Ostern die heilige Handlung für den nächsten Sonntag ankündigte, bemerkte ich zugleich, daß Niemand werde zugelassen werden, der sich nicht vorher zur Prüfung bei mir gemeldet habe. Ich weiß wohl, es wird nicht leicht sein dieß einzuführen, denn unsere

---

*) Beza, im Leben Calvins.

französischen Landsleute sind in diesem Punkte so nachlässig und thöricht daß
der böse Geist kaum wieder aus ihnen auszutreiben ist." Als man in den
Umgebungen Farels an diesem Verfahren Anstoß nahm, und eine Art Erneuerung der römischen Ohrenbeichte darin sehen wollte, legte Calvin in
einem folgenden Briefe ausführlicher dar, wie er sich dabei zu benehmen
pflege. „Wenn der Tag der Abendmahlsfeier herankömmt," schreibt er,
„fordere ich vor Allem von der Kanzel herab diejenigen die zu communiciren
gedenken auf, sich unverzüglich bei mir zu melden, und bemerke zu gleicher
Zeit warum ich dieß verlange: nämlich erstens, um Solche, denen es etwa
an einer genügenden Erkenntniß der Heilswahrheit fehlen sollte, noch weiter
zu unterrichten und zu belehren, zum Andern um denen, die einer besondern
Ermahnung bedürfen, ans Herz zu legen was ich für nöthig halte, und endlich um die Herzen derer aufzurichten und zu trösten, die irgendwie verzagt
und in Gewissensängsten sind. Bei dieser Einrichtung haben wir nun aber
allerdings sehr darüber zu wachen, daß die Einfältigen und Unverständigen,
die zwischen der Ordnung Christi und der Tyrannei des Antichristes nicht
den gehörigen Unterschied zu machen wissen, nicht etwa meinen, man wolle
ihnen ein neues Joch der Knechtschaft auflegen. Ich gebe mir darum alle
Mühe, jeder derartigen Auffassung der Sache vorzubeugen. Nicht nur erkläre ich auf das Unzweideutigste daß ich die päpstliche Beichte durchaus
verwerfe, sondern verbreite mich auch ausführlich über die Gründe, warum
ich sie verwerfen muß; dann wiederhole ich im Allgemeinen, wie sehr solche
Irrthümer, die sich in die Kirche Christi eingeschlichen haben, zu verabscheuen
sind, und wie es überhaupt schlechterdings unstatthaft ist durch irgend eine
menschliche Einrichtung die Gewissen zu binden, da der Herr der einzige
Gesetzgeber sei, dessen Gebote uns unbedingt verpflichten. Hierauf weise ich
nach, daß ich mit den eben erwähnten Forderungen unserer Christenfreiheit in
keiner Weise zu nahe trete, da ich darin nichts verlange was der Herr nicht uns
selber angedeutet hat. „Denn wer die höchste Gemeinschaft der Kirche sucht,"
sage ich, „der wird sich doch auch nicht schämen dürfen seinen Glauben vor
ihr zu bekennen, und welch' eine Schmach, welch' ein betrübter, ungebührlicher
Zustand wäre es weiter für die Kirche selber, wenn sie zu dem größten Geheimnisse das ihr anvertraut ist, auch die hinzulassen müßte von denen sie
durchaus keine Kenntniß hat, oder in deren Gesinnung sie sogar nach der
einen oder andern Seite hin ein ernstliches Mißtrauen setzen muß? Und
nicht nur um die Kirche handelt es sich, sondern erwäget doch auch was dem
Geistlichen befohlen ist! Er soll die Gnadengabe verwalten und darreichen, aber unter der ausdrücklichen Bedingung, daß er sie nicht vor Hunde
und Schweine werfe, daß er sie nicht unterschiedlos Würdigen und Unwürdigen dahingebe; wie kann er nun aber dem nachkommen, und in der rechten
Weise seiner verantwortungsvollen Pflicht sich entledigen, wenn nicht eine
feste Ordnung ihm die Möglichkeit darbietet, sich darüber zu unterrichten,

welche würdig und welche unwürdig sind? Nach alle dem zeige ich noch mit wenigen Worten, wie nützlich und förderlich diese Ordnung zugleich ist für das Seelenheil und das innere Leben eines Jeden." — Und mit solcher Pünktlichkeit wurde an dieser Einrichtung festgehalten, daß Calvin von der Reise nach Worms aus an seinen Stellvertreter schreibt: Da die Ankündigung der Abendmahlsfeier, wie er höre, erst etwas spät ergangen sei, so möchten sie für dieses Mal die Communion lieber verschieben; denn überaus wichtig sei es, das in keiner Weise in Verfall bringen zu lassen was sich bisher so segensreich erwiesen.

Daß es bei solchem Verfahren hie und da in der That zu einem Ausschließen von dem heiligen Tische gekommen ist, deuten verschiedene Aeußerungen uns an. Von einem Studenten z. B. „der einen ganzen Monat lang die Predigt versäumte und in Spiel und Trunk sich umhertrieb," berichtet Calvin an Farel*), daß er ihm auf der Stelle in den Weg getreten sei, als derselbe seine Ruchlosigkeit sogar so weit habe treiben wollen, sich in solchem Zustande zu „dem heiligsten Sakramente" hinzuzunahen. Auf die Vorstellungen, die an ihn gerichtet wurden, antwortete der junge Mann mit Trotz: „er sei kein Papist, und habe also keine Beichte abzulegen." „Aber doch ein Christ willst du sein," erwiederte ihm Calvin, „und wenn du das Bekenntniß deiner Sünden zurückweisest ohne das es keine Vergebung giebt, so schließest du damit dich selber aus von dem Tische des Erlösers." — Ueber die kirchliche Form und Art, die bei dergleichen Anlässen beobachtet wurden, erfahren wir im Uebrigen nichts Näheres.

In diesen mehr äußerlichen Anordnungen und Bewahrungsmitteln ging nun aber die pastorale Thätigkeit und die Fürsorge Calvins für seine neu gebildete Gemeinde keineswegs auf. Als ein nicht geringer Beweis von Treue muß es schon erscheinen, daß er, in Mitten zahlloser Obliegenheiten, es sich nicht verdrießen ließ Tag für Tag das kleine Häuflein um sich zu versammeln und einen vollständigen Gottesdienst mit ihm zu halten. Und einen noch höhern Begriff von seiner seelsorgerlichen Wirksamkeit giebt die Art und Weise, wie gelegenheitlich seine durchdringende Vertrautheit mit den Zuständen und Bedürfnissen eines jeden einzelnen Gemeindegliedes sich kund thut. Während er in Worms unter den Lehrern und Vorkämpfern der europäischen Christenheit sitzt, und die Interessen der gesammten evangelischen Kirche zu vertreten hat, vergißt er doch dabei die ihm anvertrauten Seelen keinen Augenblick und kümmert sich um Alles und Jedes was mit ihnen vorgeht. Die Erschöpfung der Armenkasse, die sein Stellvertreter Parent ihm melden muß, macht ihm bittere Sorge; „befriedige eben nur die dringendsten Bedürfnisse," antwortet er ihm, „und suche in dieser Weise wenigstens so lange auszuhalten, bis ich wieder zurückkehre; wir wollen dann

---

*) In der englischen Briefsammlung Bonnets I, p. 111.

vollenden. Er hatte eben die Erklärung des Jesaia geschlossen, als er abgerufen wurde, so daß noch die Bücher der Richter, Ruth, Samuels, Könige, Chronika, Esther, Nehemia, Esra und die Salomonischen Schriften übrig blieben. Ueber einige jener Bücher hat er eigentliche Commentare geliefert (Bücher Mose, Psalmen, Jesaia, Josua), andere in Vorlesungen erklärt, die von seinen Zuhörern nachgeschrieben und herausgegeben wurden (kleine Propheten, Daniel, Jeremia, Ezechiel), wieder andere in Bibelstunden ausgelegt (Deuteronomium, Hiob, 1. Buch Samuel) *).

Durchaus von gleichem Werthe sind, wie man sich denken kann, alle diese Arbeiten nicht. Unter denjenigen über die neutestamentlichen Schriften machen die Commentare zu den Briefen, und namentlich die zu den Paulinischen Briefen weitaus als die gelungensten sich bemerklich. Auch der etwas schwierige Stoff der Apostelgeschichte ist mit bewundernswerther Fähigkeit, überall das religiöse Moment hervorzuziehen und in dem Gange der geschichtlichen Begebenheiten aufzuzeigen, behandelt. Ungenügender, schon um ihrer Kürze willen, ist die Auslegung der Evangelien, so viel Schönes sie auch im Einzelnen enthält, und so bedeutend die trefflich gelungene Vereinigung der synoptischen Berichte zu einer fortdauernden Erzählung für den damaligen Stand der biblischen Wissenschaften erscheint. In der Reihe der alttestamentlichen Commentare wird allgemein der zu den Psalmen als die Krone und das Meisterwerk anerkannt, und auch in unsern Tagen immer noch benutzt und neu aufgelegt. Unter den übrigen ragen vornehmlich die 159 Homilien über den Hiob hervor, die Coligny zum Beispiel so hoch hielt, daß er jeden Morgen und jeden Abend eine derselben zu lesen pflegte. Freilich werden diese letztern vielleicht mehr unter die Predigten zu rechnen sein, als unter die Arbeiten der „Schriftauslegung" im gewöhnlichen Sinne des Wortes. —

Was die Methode und die allgemeinen Grundsätze seiner Auslegung betrifft, so wissen wir aus seinem eigenen Munde, welch' ein Ziel ihm dabei vorschwebte. Denn gleich bei dem ersten Schritte, den er auf diesem Gebiete thut, in der Widmung des Römerbriefes an Grynaeus, spricht er sich selber hierüber aus. „Ich erinnere mich," schreibt er, „daß wir vor drei Jahren verschiedene Male miteinander untersuchten, welches wohl die beste Art sein möchte, die heilige Schrift auszulegen. Und bald waren wir über diesen Punkt völlig derselben Meinung. Das Erste was einem Ausleger Noth thut, sagten wir uns, ist zusammenfassende Kürze und durchsichtige Klarheit. Denn da es seine einzige Pflicht ist, den Geist des Schriftstellers deutlich

---

*) Die chronologische Reihenfolge ist diese: Jesaia (1551), 1. Buch Mose (1554), Psalmen (1557), Hosea (1557), übrige kleine Propheten (1559), Daniel (1561), Hiob (1563), und Jeremia (1563). Nach Calvins Tode wurden theils von Beza, theils von Budaeus und Jonvillers herausgegeben: der Commentar zu Josua und die Vorlesungen über Ezechiel.

darf: daß nämlich unsere Gemeinde so trefflich zusammenhält und meine Abwesenheit keinerlei Störung mit sich bringt; in Mitten all' der Sorgen und
Kümmernisse, in denen ich mich hier befinde, klingt mir solche Botschaft wie
ein fröhlich machendes Trostwort."

Die Predigerstelle an der französischen Gemeinde war nun aber nicht
das einzige Amt, das er in Straßburg zu versehen hatte. Kaum war er
zwei Monate in der Stadt, so sah er sich durch die allgemeine Aufforderung,
obschon sehr gegen seinen Willen*), dazu genöthigt, auch Vorlesungen an
der Akademie zu halten. Hauptsächlich in der Erklärung der Schrift bestand
damals der theologische Unterricht; und so trat er denn mit der Erläuterung
des Evangeliums des Johannes seine Lehrerstelle an, dem er zunächst den
Brief an die Römer folgen ließ. Die Art wie er dabei verfuhr und die Gesichtspunkte von denen seine Exegese ausging, lassen sich in seinen gedruckten
Commentaren erkennen, die in Aller Händen sind, und in der Vorrede zu
der Erklärung des Römerbriefes hat er überdieß ausführlichere Rechenschaft
darüber gegeben. Wir werden in einem der nächsten Abschnitte darauf zurückkommen, wenn wir die Bedeutung der exegetischen Leistungen Calvins im
Zusammenhange beleuchten.

Was uns im Uebrigen von der akademischen Thätigkeit Calvins berichtet wird, beschränkt sich auf sehr Weniges. Aus seinen Briefen und den
Andeutungen Beza's erfahren wir nur, daß er zum mindesten drei Mal in
der Woche seine Vorlesungen hielt, den theologischen Disputationen, die in
den höheren Schulen als ein Hauptbildungsmittel betrachtet wurden, regelmäßig beiwohnte oder sie leitete, und gelegentlich etwa auch gegen katholische
Polemiker in öffentlichen Gesprächen die Grundsätze der evangelischen Theologie siegreich vertrat. Nach dem Zeugnisse Sturms erwies er sich in alle
dem so trefflich und ausgezeichnet, daß viele junge Leute und sogar gelehrte
Männer um diese Zeit aus Frankreich nach Straßburg herüberkamen, nur
um Calvin zu hören**).

So wenig er indessen seine pfarramtlichen Pflichten schon durch seine
Kanzelreden erschöpft zu haben glaubte, so wenig ließ er seine Vorträge auf
dem Katheder die einzige Art und Weise sein auf die jungen Männer einzuwirken, die zu dem „köstlichen Bischofsamte" sich vorbereiteten. Es stimmt
mit dem Bilde, das man gewöhnlich von Calvin sich macht, wenig überein,
ist aber nach verschiedenen Zeugnissen nichts destoweniger eine unzweifelhafte
Thatsache: daß er an dem gesammten Leben und Treiben seiner Studenten
den lebhaftesten Antheil nahm, und mit dem einen und andern unter ihnen
in einem so nahen, liebevollen Verhältnisse stand, wie es bei den Universitätszuständen unserer Tage wohl selten sich findet.

---

*) Brief an Farel von 1539, bei Bonnet I, 82.
**) Antipap. IV, p. 21. Henry I, 226.

recht aus **einem** Gusse nirgends den Eintrag gethan hat, der sonst so häufig als die unerfreuliche Folge exegetischer Gelehrsamkeit erscheint. Daß er dem Pellicanus das Beste in seinen Arbeiten verdanke, wie Semmler vermuthete, ist von sachkundigen Männern, die sich die Mühe nahmen, seine Commentare mit denen Calvins zu vergleichen*), auf das Entschiedenste in Abrede gestellt worden, und widerlegt sich übrigens schon von selber durch die ganze Haltung seiner Auslegung, bei der in keiner Weise etwas zusammengeleimt erscheint, sondern Alles aus **einem** Stücke herausgearbeitet.

Indessen würde man doch sehr irren, wenn man aus diesen Andeutungen etwa den Schluß ziehen wollte: die Exegese Calvins werde demnach mehr eine Umschreibung des Textes sein und ein freies Wiedergeben des Schriftinhaltes nach eigenem Gutdünken, wie es z. B. in Bibelstunden geschieht, als eine eigentliche Erklärung desselben, die sorgfältig von Wort zu Wort, von Vers zu Vers weiter schreitet. Nach der Haltung seiner meisten Zeitgenossen die auf diesem Gebiete gearbeitet haben, lag solch' ein Verfahren allerdings in dem Geschmacke der Zeit, wie denn namentlich Luthers Exegese, und zum größten Theile auch die Melanchthons diesen Charakter an sich trägt**). Auf die geschichtlichen Verhältnisse und die grammatische Ge-

---

*) So namentlich Tholuck in seiner bekannten Abhandlung: „Die Verdienste Calvins als Ausleger der heiligen Schrift", der wir im Folgenden noch Manches entnehmen werden. — Sie findet sich im „Litterarischen Anzeiger für christliche Theologie" 2c. Jahrgang 1831. Nr. 42 und 43.

**) Freundlich urtheilt Calvin in der schon erwähnten Widmung über die Arbeiten dieses Letztern: „Er hat erreicht was er wollte, nämlich die nothwendigsten Punkte aufzuhellen. Aber indem er sich nur an das Hauptsächlichste machte, hat er gar Manches unberührt gelassen, das doch auch nicht zu verachten ist. Offenbar wollte er auch Andern die Freude lassen sich an dem Gegenstande zu versuchen." Auch Bullingers wird rühmend gedacht, „der sich mit Recht großes Lob erwarb, da er in sehr angenehmer Weise zugleich gelehrt und klar erscheint." Von Bucer heißt es: Er habe den früheren Leistungen die Krone aufgesetzt; doch sei er zu weitläufig, um von denen, die wenig Zeit zu solchen Beschäftigungen hätten, gelesen werden zu können, und wiederum zu hoch für die Geringen oder nicht so tief Eindringenden. „Denn kaum hat er einen Stoff ergriffen, so strömt die unglaubliche Fruchtbarkeit seines Geistes eine solche Fülle aus, daß er sich nicht mehr halten kann und kein Ende findet." — Ueber einige andere Exegeten urtheilt er in einem Briefe an Viret ungefähr aus der nämlichen Zeit (19. Mai 1540): „Capito liest über Jesaia, und könnte dir zur Erklärung der Propheten nützlich werden, aber er dictirt den Zuhörern nichts. Zwingli ist nicht ohne Geschicklichkeit; da er sich jedoch zu viele Freiheit nimmt, so verirrt er sich oft weit von dem Sinne des Propheten. Luther giebt sich nicht eben viele Mühe, den Wortsinn oder die Begebenheiten der Geschichte aufzusuchen, sondern ist zufrieden, wenn er nur fruchtbringende Lehrsätze aus dem Texte zieht. Keiner noch hat sich mit diesem Werke (nämlich der Erklärung des Jesaia) ausführlicher beschäf-

todter Mann. O so ist er denn dahingerafft worden in der Blüthe seiner Jahre, der treffliche Jüngling, den ich lieb hatte wie mein eigenes Kind, und der seinerseits wiederum mich mit so zärtlicher Anhänglichkeit erfreute wie einen zweiten Vater. Und daneben schwebte auch Ihr Karl mir immer vor Augen; denn wie konnte ich mir ihn anders denken als im tiefsten Kummer und aufgelöst im Weinen, da sein weiches Herz an Niemanden mehr gehangen als an den Beiden, die ihm nun geraubt worden! Nur eines tröstete mich ein wenig, daß er nämlich wenigstens meinen Bruder um sich hatte, von dem ich hoffen durfte, er werde ihm eine nicht geringe Hülfe sein in seiner Prüfung, und doch konnte ich hieran nicht denken, ohne mir zu gleicher Zeit zu sagen: sind aber nicht auch sie selber dieser Gefahr ausgesetzt, die uns eben diese schmerzlichen Wunden schlug? Bis weitere Briefe ankamen, die mich versicherten, daß Malherbe außer Gefahr, Karl, mein Bruder, meine Frau und die Andern gerettet seien, würde ich der Seelenangst völlig unterlegen sein, wenn ich nicht in Gottes Willen mich hätte übergeben und immer und immer wieder aufrichten können durch das Gebet und die Betrachtung seines heiligen Wortes.

„Ich erzähle Ihnen das, damit Sie bei den Tröstungen, die ich Ihnen bringen möchte, nicht etwa denken: bei den Schmerzen Anderer sich stark zu erweisen und Muth einzusprechen, sei freilich eine leichte Sache. Nein! wahrlich es ist nicht ein fremdes Leid, in das ich ein Wort der Stärkung hineinrufe; sondern wie mir geholfen worden ist durch den von dem alle gute Gabe kömmt, so wünschte ich daß auch Ihnen geholfen würde, daß auch Sie die Gnaden empfingen, die ja für uns Alle in gleicher Weise bereit stehen. — Erwarten Sie nicht, daß ich hier jene Gemeinplätze der Tröstung vorbringe, die unter den Menschen gewöhnlich sind: daß man nämlich den Tod des Sterblichen nicht beweinen dürfe, oder daß es Ihre Pflicht sei, auch in diesen trüben Tagen jene Kraft der Seele zu zeigen, die Ihre treffliche Natur, Ihr gebildeter Geist, Ihr reifes Alter, Ihre vielfache Erfahrung, Ihr bewährter Ruf von Ihnen verlange, oder daß Sie endlich mit der alten Erfahrung sich beruhigen sollten, der zu Folge auch das bitterste Leid nach einiger Zeit seinen Stachel wieder verliere. Dieß Alles und was noch weiter solcher Art ist lasse ich. Denn es giebt nur eine unfehlbare Quelle des Trostes, auf die wir Christen angewiesen sind: diejenige die aus dem innern Glauben fließt, von dem ich weiß, wie reichlich er in Ihnen vorhanden ist. Daß diese Ihr Herr und Meister recht reichlich in Ihnen strömen lasse, das allein sei Ihr Sehnen und Bitten.

„Den Sohn, den der Herr Ihnen für einige Zeit geliehen, hat er von Ihnen zurückgefordert. Er hat das gethan, nicht der „blinde Tod", nicht das „harte Geschick", nicht die „grausame Bestimmung"; und was Er thut, das thut er, wie wir wissen, nicht unbedacht, nicht zufällig, nicht auf irgend einen äußern Antrieb, sondern nach seinem klaren festen Rath, der jeder

Zeit nur beschließt was in sich selber recht und gut ist, und gut und wohlthätig auch für uns. Ist es nun schon Sünde, über das zu murren was
von der Gerechtigkeit und der vollkommenen Einsicht ausgeht: um wie viel
mehr würde der sich undankbar erzeigen, der die Güte vergißt die mit dieser
Gerechtigkeit sich verbindet, der das eigene Heil vergißt, auf welches allein
diese Gerechtigkeit und Güte abzielt? Und haben denn die Gläubigen nicht
das Recht, aller Bekümmernisse sich zu begeben im Hinblick darauf, daß
Alles von Gott gethan ist und er Alles ordnet? Ist doch nichts unfruchtbarer und peinlicher als wenn man sich fortwährend mit den Fragen quält:
„Warum habe ich die Sache so gemacht und nicht anders? warum bin ich
hiehergekommen?" und was dergleichen mehr ist. Solche Fragen sind gut und
recht, wenn es sich dabei um die Erkenntniß irgend einer Sünde
handelt. Wo dieß aber nicht der Fall ist, da ist auch kein Raum für solche
Klagen. Und als Gott Ihnen den Sohn geschenkt, da mußten Sie ja wohl,
wie er nur unter der Bedingung das gethan, daß dieser Sohn auch in Ihrer
Hand sein Eigenthum bleibe. Nun nahm er ihn hinweg, sowohl weil es
gut war für ihn aus der Welt zu scheiden, als auch weil er Sie durch dieses
Leid zu läutern gedachte und Ihre Geduld zu prüfen. Wenn Sie die Gnade,
die hierin liegt, nicht alsobald erkennen, so lassen Sie es doch ja Ihr Erstes
sein, recht darum zu bitten, daß Ihre Augen in diesem Stücke aufgethan
werden. Und wenn selbst dieß Gebet Ihnen nicht gleich erhört wird: nun
so unterwerfen Sie sich auch hierin in Geduld und Glauben, und halten Sie
fest daran, daß seine Weisheit höher ist als Ihre Schwachheit.

„Was aber Ihren Sohn betrifft, so werden Sie wohl, wenn Sie in
Ihrer Seele erwägen, wie schwer es ist in dieser höchst traurigen Zeit den
rechten Weg durch das Leben zu gehen, ihn glücklich preisen, daß er so frühzeitig bewahrt und erlöst worden ist von all' den Gefahren die schon auf ihn
lauerten. Er ist wie Einer, der hinausschiffte auf das stürmische Meer, und
ehe er noch recht in die Wellen und Wogen kam, schon einlaufen durfte in
den sicheren Hafen. Und von einem Verluste kann ja doch wahrlich nicht
die Rede sein, wenn wir ein Reihe kurzer Lebensjahre eintauschen gegen ein
bei Weitem besseres Leben. Zu solchem aber hatte Gott, der Vater unser
Aller, Ihren Ludwig von frühe an erwählt; und dabei Ihnen selber die
herrliche Gabe zugedacht, daß Sie noch bei Lebzeiten die reife Frucht Ihrer
getreuen Erziehung schauen durften, so daß Sie wissen, auch mir gilt jener
Segen: „ich werde dein Gott sein und der Gott deiner Kinder." Von Kind
an, soweit seine Jahre es nur immer erlaubten, war er in allem Guten unterrichtet, und hatte schon solche Fortschritte darin gemacht, daß wir für die
Zukunft das Allerbeste von ihm hoffen durften. Sein Lebenswandel und
Benehmen erwarb sich das allgemeine Lob; hatte er irgendwie gefehlt, so ließ
er gern und willig sich zurechtweisen, ja auch strafen, und war dankbar für
jede Anweisung, die man ihm gab. Aeußerte er bisweilen ein heftiges Ge-

12*

müth, so ging es doch nie bis zur Hartnäckigkeit, und bald war er wieder zurecht gebracht. Bei Weitem aber das Erfreulichste an ihm war seine herzliche Frömmigkeit, die den Weg des Heiles nicht nur erkannte, sondern auch ging nach dem Maaße ihres Glaubens. Mit solchen Wohlthaten hat Gott Ihren Sohn überschüttet. Und sollte diese Erinnerung nun nicht noch reichlicher Sie trösten und erquicken als sein Heimgang Sie schmerzen kann? Auch mir selber wäre ja wohl, wenn Ludwig und Claudius nie hiehergekommen wären, das tiefe Leid erspart geblieben, das ich jetzt um ihretwillen empfinde. Aber wahrlich um diesen Preis hätte ich nicht auf ihre Bekanntschaft verzichten mögen! Auch heute noch bin ich dessen gewiß, daß nicht ihr eigener Sinn sondern Gottes Hand sie zu mir geführt hat, damit das herzliche Freundschaftsband sich unter uns knüpfe, das von dem ersten bis zum letzten Tage nie wieder ist zerrissen worden. Ich freue mich daß sie unter meinem Dache lebten, und da sie denn sterben mußten, so freue ich mich auch, daß sie unter meinem Dache starben, in Ruhe, ungestört, in Mitten lieblicher Tröstungen und auf den eigenen Lippen den Namen des Erlösers. Aus der Gemeinschaft ihrer Brüder sind diese heiligen Seelen eingegangen in die Gemeinschaft mit Christo. Darum wird ihr Gedächtniß mir theuer sein bis zum Ende meiner Tage, und nicht nur theuer sondern auch lieblich und aufrichtend.

„Aber was hilft es mir, sagen Sie vielleicht, daß ich einen Sohn hatte, der so schöne Hoffnungen gab, da er nun doch von mir hinweggenommen ist in der Blüthe seiner Jugend? Als ob nicht Christus durch seinen Tod das errungen hätte, daß die Lebendigen und die Todten in gleicher Weise ihm zugehören! Er hat die Macht, sie zu rufen wann er will und wohin er will; und wenn Ihr Sohn, nach unserer Meinung, nur ein kurzes Leben hatte, so muß es uns genug sein zu wissen: er hat den Lauf vollendet den der Herr ihm zugemessen. Wie sollten wir also klagen: er sei in der Blüthe seines Alters gestorben, da er doch schon ein Herangereifter war vor den Augen des Herrn? Davon bin ich überzeugt: daß wen der Herr abruft, der ist auch zur Reife gekommen, sonst müßten wir ja mit ihm hadern als ob er Jemanden hinwegnähme vor der rechten Zeit. Es ist dieß wahr für Jeden; aber hauptsächlich für Ludwig, der gerade so lange lebte, bis er sich in klarer unzweideutiger Weise als ein Glied des Leibes Christi erwies, und dann von uns entrückt und verpflanzt wurde, sobald diese Frucht sich an ihm gezeigt. Er ist nur hinweggenommen aus dem Reiche des Scheins, aus dem verschwindenden schwankenden Schatten dieses Lebens, dagegen aufgenommen in die wesenhafte Unsterblichkeit, wo Sie ihn wieder erhalten werden in der herrlichen Auferstehung des Reiches Gottes. Denn sie haben Beide so gelebt und sind so gestorben, daß ich nicht zweifle, sie seien nun bei dem Herrn; und was wir hiebei zu thun haben ist einfach dieß: uns zu strecken nach demselben Ziele. Ja, der Herr wird uns zusammenfassen, sie und uns, in die nämliche unauflösliche Gemeinschaft, in die nämliche unvergleichliche Theilnahme an seiner Herrlichkeit.

„Auch daher wird sicherlich ein nicht geringer Trost Ihnen kommen, wenn Sie bedenken, was Ihnen geblieben ist. Ihr Karl lebt Ihnen noch, von dem wir Alle so urtheilen, daß Keiner von uns sich nicht einen solchen Sohn wünschte. Ich sage das nicht um Ihnen zu schmeicheln, oder Ihrem Vaterherzen wohl zu thun; sondern der junge Mann ist wirklich voller Frömmigkeit und Gottesfurcht, aller Weisheit Anfang und Ende; dabei von trefflichem Herzen, von anziehendem Benehmen, von seltener Haltung und Bescheidenheit. Sie wissen, daß ich das nicht nur nach Hörensagen versichere; ich kenne ihn von Grund aus, und habe ihn jederzeit genau überwacht und beobachtet. Ludwig hatte allerdings eine schnellere Fassungskraft, aber Karl übertrifft ihn dafür bei Weitem an Klarheit des Urtheils und eindringender Einsicht. Jener wußte schneller anzuwenden was er gehört oder gelesen; bei diesem geht es langsamer aber nachhaltiger. Der Eine bewegte sich leicht und gewandt in Wissen, Kunst und Leben; der Andere überlegt mehr und erscheint beständiger; schon der Ausdruck seines äußern Wesens deutet hierauf hin. Ludwig mit seinem sanguinischen Temperamente war lebhafter und heiterer; Karl, der einen melancholischen Zug in seinem Charakter hat, kömmt nicht so leicht aus seiner Ruhe heraus. Er war immer der Zurückgezogenere und Nachgiebigere von den Brüdern, und wenn sein Bruder heftig wurde, so wußte er durch seine sanfte Art ihn bald zu entwaffnen. Sie mögen sich also selber sagen, welch' ein Trost und Gut Ihnen bleibt, und werden dabei zur Erkenntniß kommen, daß Sie auch nach dieser Seite hin noch reiche Veranlassung haben Gott zu danken.

„Bei alle dem, werden Sie mir sagen, ist es schwer, die väterliche Liebe so zu unterdrücken, daß man über den Verlust eines Sohnes nicht mehr traure. Aber das will ich auch nicht, daß Sie nicht mehr trauern. In Christi Schule lernen wir fürwahr nichts von der Philosophie, die uns gebietet jedes Menschengefühl zu unterdrücken und unser Herz in einen Stein zu verwandeln. Alles was ich Ihnen vorhielt, soll vielmehr nur dazu dienen Ihren Schmerz zu lindern und ihm die rechte Richtung zu geben, damit wenn Sie sich ausgeweint, wie die Natur und das Vaterherz es verlangen, Sie nicht in der Trauer bleiben und darin untergehen. — — Auch Bucer und Melanchthon habe ich gebeten, an Sie zu schreiben, theurer und werther Herr, und hoffe daß das Zeugniß ihrer Liebe Ihnen wohl thun wird. Möge Christus der Herr Sie und all' die Ihrigen behüten und leiten durch seinen heiligen Geist, bis Sie dorthin gelangen, wohin Ludwig und Claudius Ihnen vorausgegangen sind." —

III.

Calvins litterarische Thätigkeit während seines Straßburger
Aufenthaltes. — Die Umarbeitung des Buches „vom christlichen
Unterrichte". — Die Herausgabe des Commentars zum Römerbriefe. —
Seine Bedeutung als Ausleger der heiligen Schrift.

Mit seiner Wirksamkeit als Geistlicher und theologischer Lehrer steht
in engem Zusammenhange die litterarische Thätigkeit Calvins während
seines Aufenthalts in Straßburg. Denn die Schriftwerke der Reformatoren
sind ja überhaupt im Grunde lediglich Gelegenheitsschriften, wie die besondere Stellung und Aufgabe dieser Männer es nothwendiger Weise mit sich
brachte. Nicht die Wissenschaft auch nicht die Theologie zu erneuern
waren sie zunächst berufen, sondern der Kirche die evangelische Wahrheit
zurückzugeben; und diesem Interesse, keineswegs etwa dem des Forschens
und Erkennens an sich, dienten also auch ihre schriftstellerischen Arbeiten.
Irgend ein kirchliches Bedürfniß mußte jederzeit es sein, das ihre Blicke
diesem oder jenem Gegenstand zuwandte und sie zur Behandlung desselben
aufforderte; sei es nun, daß die Verunstaltung des Christenthums in dem
alten Kirchenwesen aufgedeckt und die reformirte Lehre dagegen vertheidigt
werden mußte, oder daß es galt einen neuen Irrthum, der in die Gemeinden eindringen wollte, zurückzuweisen, oder daß für die evangelisch Gesinnten selber weitere Belehrungen nöthig waren: wie ein tieferes Einführen in
die heilige Schrift, eine Anweisung zum Verständniß der christlichen Heilslehre in ihrem Zusammenhange, eine Aufklärung über einzelne Punkte derselben, und was dergleichen mehr ist.

Alles was wir an Werken der reformatorischen Männer, wenigstens der
ersten Generation derselben besitzen, wird sich in die eine oder andere dieser
Abtheilungen einfügen lassen. Erst nach ihnen, in der Zeit einer verhältnißmäßigen Ruhe, da es mehr darauf ankam, das Gewonnene zu sichern und
auszubauen als noch Weiteres zu erwerben und auszubilden, treten wieder
theologische Arbeiten hervor, die es mit bestimmten wissenschaftlichen Studien
und Interessen als solchen zu thun haben. Auf reformirter Seite ist Theodor
Beza einer der Ersten und Ausgezeichnetsten, an dem diese Wendung sich bemerklich macht.

Von diesem Gesichtspunkte eines kirchlichen und christlichen Zeitbedürf-
nisses aus sind denn auch die schriftstellerischen Leistungen Calvins durchweg zu betrachten. Mit einigen derselben, die in die Zeit seines Straßburger Aufenthaltes fallen — der Schrift über das Abendmahl des Herrn und
dem Sendschreiben an Sadolet —, werden wir uns erst in den folgenden Abschnitten beschäftigen können, da die Veranlassungen, denen sie ihr Entstehen verdanken, einer ausführlicheren Besprechung bedürfen. Weiterhin

war es zunächst eine Umarbeitung und Erweiterung seines in Genf nieder-
geschriebenen Catechismus welche ihn in Anspruch nahm*) — eine Arbeit
auf die seine pastoralen Erfahrungen ihn hinweisen —, und vor Allem die
zweite Ausgabe seines Buches „vom christlichen Unterrichte", das ihm jetzt
da er mit den jungen Leuten, die sich zum evangelischen Predigtamte vorbereiteten, persönlich in Berührung kam, in seiner bisherigen Gestalt viel zu
unvollständig erschien, um allen ihren Bedürfnissen zu genügen. Wir haben
bei unserer Besprechung des Buches zur Zeit seines erstmaligen Erscheinens
dieser Bearbeitung bereits gedacht, und dabei bemerkt, wie es eben hier im
Wesentlichen die vollendete Form gewonnen in der es den folgenden Geschlechtern überliefert ist. Der Leser, der an der streng geschlossenen Ordnung der Darstellung und der sichern, allseitigen Ausführung des Gedan-
kenstoffes sich erfreut, wird kaum vermuthen, daß er eine Arbeit vor sich
hat, die im Strudel aller möglichen Beschäftigungen tausendfach unterbrochen, durch Hindernisse jeder Art hindurch zu Stande gebracht wurde.
Und doch sehen wir aus den Briefen Calvins, daß dem so war, und daß er
zuweilen fast daran verzweifelte, „je die Wünsche und Erwartungen all' der
guten Leute" befriedigen zu können, die ihn um die Arbeit angegangen hatten. Als sie endlich dennoch zu Stande kam, betrachtete sie, wie wir sahen,
der Straßburger Bürgermeister Johannes Sturm gleichsam als ein Ehren-
geschenk an die Stadt und Akademie, und ließ sie mit einer öffentlichen
Empfehlung in die Welt ausgehen, in der er sie „ein Werk ohne Gleichen"
nennt, „zur Befestigung in der Religion, zur Bildung der Sitten, zur
Ueberwindung des Irrthums."

Der biblischen Vorlesungen Calvins an der Akademie haben wir bereits gedacht. Aus ihnen und vielleicht auch aus den Erbauungsstunden
ähnlicher Art, die er vor der Gemeinde hielt, ist das erste exegetische Werk
hervorgegangen, das er veröffentlichte: Die Erklärung des Briefes Pauli
an die Römer. Vom 18. Oktober 1539, also vom zweiten Jahre seines
Aufenthaltes in Straßburg, ist die Zuschrift datirt, durch die er das Buch
seinem Freunde Grynaeus in Basel zueignete. Daß er gerade diese biblische
Schrift sich als die erste zur Bearbeitung auswählte wird Niemanden verwundern; denn das Lehrsystem Calvins ist eigentlich kein anderes als das des
Römerbriefes; und selbst wer die Calvinische Lehre nicht für so vollkommen
schriftgemäß hält, um dieß zuzugeben, wird wenigstens ohne Weiteres das Andere eingestehen: daß der Verfasser des „christlichen Unterrichtes" vor Allem
auf den Römerbrief sich gründet und seine eigenthümlichen Ansichten aus
ihm schöpft, auch wenn dieselben hie und da auf einem Mißverständnisse
des apostolischen Wortes beruhen sollten. Die ganze Heilsordnung, wie
Calvin sie aufgestellt: die Gnadenwahl, der durch und durch geistige Cha-

---

rafter des Evangeliums, der jedes Aeußere von sich stößt sofern es bean-
sprecht mitzuwirken zur Rechtfertigung vor dem Heiligen, die unergründbare
Majestät und Tiefe Gottes, der da thut was er will, die große Wahrheit:
„wir heben durch den Glauben das Gesetz nicht auf, sondern im Gegentheile wir richten es auf" (Röm. 3, 31) — alle diese besonders charakteri-
stischen Züge des Calvinischen Lehrsystems erscheinen wie einfache Abspiege-
lungen dessen was der Paulinische Brief aussagt. Und wenn man nun noch
die streng logische Form hinzunimmt, in welcher der Apostel diesen Inhalt
vorträgt *), damit der ganze Rathschluß Gottes in seinem Zusammenhange sich erkennen lasse, und alle einzelnen Erscheinungen seines Reiches
von diesem aus durch uns begriffen und gerichtet werden können: so wird
es erklärlich genug, daß von diesem verwandten Geiste die Geistesart Calvins
sich so überaus mächtig angezogen fühlte, und er urtheilen konnte: nie genug
könne man diese Schrift lesen, erklären, der Gemeinde vorlegen. Denn sie
sei der Schlüssel des Wortes Gottes, und wer sie verstehe, vor dem seien
die Pforten des Heiligthums aufgethan, so daß er hindurchdringe bis zu
seinen geheimsten Schätzen **)."

Indessen war es doch nicht dieses biblische Buch allein, das er mit der
hingebendsten Liebe und Treue durchforschte und der Gemeinde auslegte.
Vielmehr zeigte es sich bald, daß unter dem Vielen was von dem Herrn der
Kirche dem großen Manne aufgetragen war, ganz vornehmlich auch das
sich befand: ein Erklärer seines Wortes zu werden, wie bis jetzt kaum einer
aufgestanden war in der Christenheit; so daß auch nach dieser Seite hin das
neu begründete Haus Gottes durch ihn ausgebaut würde und unerschütterlich fest gemacht in dem ewigen Grunde der Erkenntniß auf dem es ruht. —
Wir versuchen es hier, die exegetischen Leistungen Calvins in ihrer Gesammtheit zu überschauen und ihr eigenthümliches Wesen uns klar zu machen.

Was zuerst den äußern Umfang derselben betrifft, so erstrecken sie sich
über die sämmtlichen Bücher des Neuen Testamentes mit Ausnahme der
Apokalypse ***), die er absichtlich bei Seite ließ; während bei dem Alten Testamente, nachdem er zuerst an die Psalmen und Propheten sich gemacht hatte,
nur der Tod ihn daran hinderte, auch die Reihe der historischen Bücher zu

---

*) In der „Inhaltsangabe", die dem Commentare vorangeht, hebt Calvin die-
  sen Vorzug noch ganz ausdrücklich hervor.

**) Vergl. die Widmung an Grynaeus und die ersten Zeilen der Inhaltsangabe.

***) Auf den Römerbrief folgten acht Jahre später (1547) die Corintherbriefe,
  dann im folgenden Jahre: die an die Galater, Epheser, Philipper, Co-
  losser, und kurze Zeit darauf (48 die an Timotheus, 49 der an Titus)
  die Pastoralbriefe. 1549 und 50 erschienen die Auslegungen des Hebräer-
  briefes, der Briefe an die Thessalonicher und des Briefes des Jakobus.
  Ein Jahr später die der übrigen katholischen Briefe (1551), dann die
  Apostelgeschichte (1552), die drei synoptischen Evangelien und das Evangelium Johannes (1553).

rollenden. Er hatte eben die Erklärung des Jesaia geschlossen, als er abgerufen wurde, so daß noch die Bücher der Richter, Ruth, Samuels, Könige,
Chronika, Esther, Nehemia, Esra und die Salomonischen Schriften übrig
blieben. Ueber einige jener Bücher hat er eigentliche Commentare geliefert
(Bücher Mose, Psalmen, Jesaia, Josua), andere in Vorlesungen erklärt, die
von seinen Zuhörern nachgeschrieben und herausgegeben wurden (kleine Propheten, Daniel, Jeremia, Ezechiel), wieder andere in Bibelstunden ausgelegt (Deuteronomium, Hiob, 1. Buch Samuel) *).

Durchaus von gleichem Werthe sind, wie man sich denken kann, alle
diese Arbeiten nicht. Unter denjenigen über die neutestamentlichen Schriften machen die Commentare zu den Briefen, und namentlich die zu den Paulinischen Briefen weitaus als die gelungensten sich bemerklich. Auch der etwas
schwierige Stoff der Apostelgeschichte ist mit bewundernswerther Fähigkeit,
überall das religiöse Moment hervorzuziehen und in dem Gange der geschichtlichen Begebenheiten aufzuzeigen, behandelt. Ungenügender, schon um ihrer
Kürze willen, ist die Auslegung der Evangelien, so viel Schönes sie auch
im Einzelnen enthält, und so bedeutend die trefflich gelungene Vereinigung
der synoptischen Berichte zu einer fortdauernden Erzählung für den damaligen Stand der biblischen Wissenschaften erscheint. In der Reihe der
alttestamentlichen Commentare wird allgemein der zu den Psalmen als
die Krone und das Meisterwerk anerkannt, und auch in unsern Tagen immer
noch benutzt und neu aufgelegt. Unter den übrigen ragen vornehmlich die
159 Homilien über den Hiob hervor, die Coligny zum Beispiel so hoch
hielt, daß er jeden Morgen und jeden Abend eine derselben zu lesen pflegte.
Freilich werden diese letztern vielleicht mehr unter die Predigten zu rechnen
sein, als unter die Arbeiten der „Schriftauslegung“ im gewöhnlichen Sinne
des Wortes. —

Was die Methode und die allgemeinen Grundsätze seiner Auslegung
betrifft, so wissen wir aus seinem eigenen Munde, welch' ein Ziel ihm dabei
vorschwebte. Denn gleich bei dem ersten Schritte, den er auf diesem Gebiete
thut, in der Widmung des Römerbriefes an Grynaeus, spricht er sich selber hierüber aus. „Ich erinnere mich,“ schreibt er, „daß wir vor drei Jahren verschiedene Male miteinander untersuchten, welches wohl die beste Art
sein möchte, die heilige Schrift auszulegen. Und bald waren wir über diesen
Punkt völlig derselben Meinung. Das Erste was einem Ausleger Noth thut,
sagten wir uns, ist zusammenfassende Kürze und durchsichtige Klarheit.
Denn da es seine einzige Pflicht ist, den Geist des Schriftstellers deutlich

---

*) Die chronologische Reihenfolge ist diese: Jesaia (1551), 1. Buch Mose
(1554), Psalmen (1557), Hosea (1557), übrige kleine Propheten (1559),
Daniel (1561), Hiob (1563), und Jeremia (1563). Nach Calvins Tode
wurden theils von Beza, theils von Budaeus und Jonvillers herausgegeben: der Commentar zu Josua und die Vorlesungen über Ezechiel.

zu machen, so entfernt er sich offenbar von seiner Aufgabe in dem Maaße als er seine Leser auf andere Dinge führt, oder wenigstens über das hinausgeht was der Schriftsteller sagt. Darum wünschten wir daß einer von denen, welche heut zu Tage das Gebiet der Theologie bearbeiten, sich einmal das Doppelte zum Zweck mache: zuerst klar und fließend zu schreiben, dann aber auch die Leser nicht aufzuhalten durch allzu weitläufige Erklärungsweise. Was ich nun hierin geleistet, überlasse ich dir und den Deinigen zu beurtheilen."

Wie dieses Urtheil des Grynaeus ausfiel, wissen wir nun freilich nicht; aber unzweifelhaft ist es nach dem einstimmigen Urtheile der gesammten Christenheit seit drei Jahrhunderten, daß Calvin das wirklich in seltener Vollendung erreicht hat, was er sich hier als Ziel vorsteckte. Von alle dem was gemeiniglich das Studium der biblischen Commentare so mühselig und theilweise unerquicklich macht: von dem Gewirre der verschiedenen Meinungen, die aufgeführt, besprochen, widerlegt, anerkannt werden, von der schweren Rüstung der Gelehrsamkeit, in der die Erklärung sich langsam und peinlich einher schleppt, von der weitläufigen Begründung und Rechtfertigung seiner Auffassung, mit der der Ausleger gewöhnlich den Leser ermüdet und die Aufmerksamkeit von dem Texte selber abzieht: von alle dem ist in den exegetischen Arbeiten Calvins nichts zu finden. Ruhig und klar in ununterbrochenem Zusammenhange fließt die Auslegung dahin, einen Gedanken des Textes nach dem andern ergreifend und mit sich führend, wie ein Strom ergreift und mit sich weiter trägt was in seinem Wege liegt. Ganz von selber scheinen die Ergebnisse zu Tage zu kommen; auch bei den schwierigsten Stellen bemerkt man nichts von einem Studium, das über ihnen gebrütet, oder einem mühsamen Suchen und Forschen, das sich an ihnen abgearbeitet. Nicht als ob Calvin etwa solches Studium verachtet und es im Vertrauen auf die eigene Begabung an dem gewissenhaften Forschen und Vergleichen hätte fehlen lassen! Vielmehr ist es für den Kenner deutlich genug, daß dieser schlichten einfachen Auslegung die sorgfältigste Geistesarbeit nach jeder Seite hin zu Grunde liegt*), und hie und da wird ein Chrysostomus und Origenes auch namentlich angeführt. Aber die wahre Kunst in diesen Stücken besteht ja eben darin: dem Leser die vorbereitende Arbeit zu verbergen, die für ihn weiter kein Interesse haben kann, und ihm nur die reifgewordene Frucht darzubieten. — Und wie nun dieses dem großen Manne in unvergleichlicher Weise gelungen ist, so läßt sich sicher auch das Andere von ihm behaupten: daß das Vergleichen und Benützen des von den Vorgängern Geleisteten der Selbständigkeit seiner Auslegung und ihrer Entstehung

---

*) Wie er denn in der Vorrede zu seiner Erklärung der Synoptiker bemerkt: „Wie viel Schweiß ich übrigens dabei vergossen habe, ist nicht nöthig weitläufig auseinanderzusetzen."

recht aus einem Gusse nirgends den Eintrag gethan hat, der sonst so häufig als die unerfreuliche Folge exegetischer Gelehrsamkeit erscheint. Daß er dem Pellicanus das Beste in seinen Arbeiten verdanke, wie Semmler vermuthete, ist von sachkundigen Männern, die sich die Mühe nahmen, seine Commentare mit denen Calvins zu vergleichen*), auf das Entschiedenste in Abrede gestellt worden, und widerlegt sich übrigens schon von selber durch die ganze Haltung seiner Auslegung, bei der in keiner Weise etwas zusammengeleimt erscheint, sondern Alles aus einem Stücke herausgearbeitet.

Indessen würde man doch sehr irren, wenn man aus diesen Andeutungen etwa den Schluß ziehen wollte: die Exegese Calvins werde demnach mehr eine Umschreibung des Textes sein und ein freies Wiedergeben des Schriftinhaltes nach eigenem Gutdünken, wie es z. B. in Bibelstunden geschieht, als eine eigentliche Erklärung desselben, die sorgfältig von Wort zu Wort, von Vers zu Vers weiter schreitet. Nach der Haltung seiner meisten Zeitgenossen die auf diesem Gebiete gearbeitet haben, lag solch' ein Verfahren allerdings in dem Geschmacke der Zeit, wie denn namentlich Luthers Exegese, und zum größten Theile auch die Melanchthons diesen Charakter an sich trägt**). Auf die geschichtlichen Verhältnisse und die grammatische Ge-

---

*) So namentlich Tholuck in seiner bekannten Abhandlung: „Die Verdienste Calvins als Ausleger der heiligen Schrift", der wir im Folgenden noch Manches entnehmen werden. — Sie findet sich im „Litterarischen Anzeiger für christliche Theologie" 2c. Jahrgang 1831. Nr. 42 und 43.

**) Freundlich urtheilt Calvin in der schon erwähnten Widmung über die Arbeiten dieses Letztern: „Er hat erreicht was er wollte, nämlich die nothwendigsten Punkte aufzuhellen. Aber indem er sich nur an das Hauptsächlichste machte, hat er gar Manches unberührt gelassen, das doch auch nicht zu verachten ist. Offenbar wollte er auch Andern die Freude lassen sich an dem Gegenstande zu versuchen." Auch Bullingers wird rühmend gedacht, „der sich mit Recht großes Lob erwarb, da er in sehr angenehmer Weise zugleich gelehrt und klar erscheint." Von Bucer heißt es: Er habe den früheren Leistungen die Krone aufgesetzt; doch sei er zu weitläufig, um von denen, die wenig Zeit zu solchen Beschäftigungen hätten, gelesen werden zu können, und wiederum zu hoch für die Geringen oder nicht so tief Eindringenden. „Denn kaum hat er einen Stoff ergriffen, so strömt die unglaubliche Fruchtbarkeit seines Geistes eine solche Fülle aus, daß er sich nicht mehr halten kann und kein Ende findet." — Ueber einige andere Exegeten urtheilt er in einem Briefe an Viret ungefähr aus der nämlichen Zeit (19. Mai 1540): „Capito liest über Jesaia, und könnte dir zur Erklärung der Propheten nützlich werden, aber er dictirt den Zuhörern nichts. Zwingli ist nicht ohne Geschicklichkeit; da er sich jedoch zu viele Freiheit nimmt, so verirrt er sich oft weit von dem Sinne des Propheten. Luther giebt sich nicht eben viele Mühe, den Wortsinn oder die Begebenheiten der Geschichte aufzusuchen, sondern ist zufrieden, wenn er nur fruchtbringende Lehrsätze aus dem Texte zieht. Keiner noch hat sich mit diesem Werke (nämlich der Erklärung des Jesaia) ausführlicher beschäf-

nauigkeit wurde da gemeiniglich wenig Rückſicht genommen; was der fromme Sinn oder das polemiſche Bedürfniß gerade in einer Stelle fand, legte man als ihre Erklärung dar, mochte es nun in die Zeit und den Gedankengang des heiligen Schriftſtellers paſſen oder nicht. Die allegoriſche Deutung hatte freien Spielraum; die erbauliche Anwendung und dogmatiſche Erörterung unterbrach einmal über das andere den Zuſammenhang des Textes.

Man kann wohl ſagen daß vor Allem Calvin es war, der die Herrſchaft dieſer auf die Länge unhaltbaren und gefährlichen Methode brach, und die reformatoriſche Theologie in dieſem Stücke auf die richtige Bahn zurückführte*).

Seine Auslegung iſt wie man ſie nennt eine „grammatiſch ‑ hiſtoriſche", d. h. nicht mit irgend welcher voraus beſtimmten Meinung tritt er an ſeine Schriftſtelle heran, ſo daß er etwa ſchon von vornherein wüßte, was er in ihr finden wird und will, ſondern nach den Regeln der Grammatik und des Lexicons ermittelt er zuerſt einfach ihren Wortverſtand, und ſucht dann denſelben aus den geſchichtlichen Verhältniſſen und Anſchauungen heraus zu begreifen, in denen der Verfaſſer ſchrieb. Das Eigene bleibt auf dieſem Wege durchweg ausgeſchloſſen aus der Erklärung, ausgeſchloſſen jede Künſtelei, jeder falſche Tiefſinn, dem das ſchlichte Schriftwort nicht hoch genug erſcheint ſo wie es lautet. Was dem Leſer dargelegt wird ſind die Gedanken der Männer Gottes, die da geredet haben getrieben von dem heiligen Geiſte, und nichts Anderes als ihre Gedanken, ſo rein und voll ſie der Ausleger nur immer zu faſſen vermag. Es tritt das namentlich bei ſeiner Erklärung des Alten Teſtaments hervor, die er, als der Erſte nach langen Jahrhunderten, wieder mit zugleich ächt wiſſenſchaftlichem und ächt religiöſem Geiſte behandelte. Denn theils verſtand man ſeit dem Beginn des eigentlichen Mittelalters an die Sprache nicht mehr genügend**), um dem Texte

---

tigt als Oekolampad, doch trifft auch er nicht immer das durchaus Richtige." (Bonnet 1, 164.)

*) Allerdings muß man ſchon Zwingli das Zeugniß geben, daß ſeine Exegeſe wenigſtens hie und da von den oben genannten Ausſchweifungen ſich ziemlich freier hielt und im Ganzen und Großen das war, was wir unter „Bibelerklärung" im wiſſenſchaftlichen Sinne des Wortes verſtehn. Aber weder der Gehalt noch der Einfluß ſeiner Leiſtungen auf dieſem Felde reichten eben an die Calvins; und es iſt ihm in dieſen Stücken ergangen wie in allen andern: was er angebahnt und begonnen, hat Calvin aufgenommen und zur Vollendung geführt.

**) Dieß behauptet nun freilich der berühmte katholiſche Kritiker Richard ‑ Simon auch von Calvin, und ſcheut ſich ſogar nicht zu ſagen: er habe vom Hebräiſchen nicht viel mehr gewußt als die Buchſtaben. Aber dieſe Behauptung iſt für den, der auch nur einen der altteſtamentlichen Commentare Calvins durchgeſehen hat, geradezu lächerlich. Denn ſehr häufig finden ſich da ziemlich eingehende Wort ‑ und Satz ‑ Erklärungen, die ohne

sein Recht anthun zu können, theils wollte man es sich nicht nehmen lassen, immer und überall schon das Neue Testament in dem Alten zu suchen, und die Stufe der Vorbereitung in die der Erfüllung hinüberzuziehen. Was Wahres hieran ist, hat Calvin nicht verkannt; aber unwahr und beschämend zugleich erschien ihm der ängstliche Eifer, mit dem man in Gesetz und Propheten nur immer auf eine neue Bestätigung der besonderen christlichen Heilswahrheiten ausging. Oder wurden diese etwa in Zweifel gestellt, wenn die eine und andere Beweisstelle für sie hinweg fiel, die man im Alten Testamente zu finden meinte? In seiner getrosten Glaubensgewißheit hatte Calvin sich diese Frage bald beantwortet. Es war ihm klar, daß er auch hier einfach auf die Meinung des Schriftstellers zu sehen habe, auf die Zeit, der er angehörte, auf den Gesammtcharakter der alttestamentlichen Erkenntniß, und sich dann mit dem Sinne zu begnügen, der aus diesen Erwägungen hervorging. Man müsse sich ja vor den Juden schämen, sagt er mehr als ein Mal, wenn man durch offenbar unrichtige Auslegung ihrer Schriften schon das ausgebildete Christenthum aus denselben herauszulesen behaupte. So wünsche er denn doch eine sicherere Beweisstelle für das Dogma von der Dreieinigkeit als das dreimalige „Heilig!" das die Seraphim im sechsten Capitel des Jesaia Gotte zurufen. Oder wer aus dem Ausdrucke „den Geist seines Mundes" der in Psalmen und Propheten sich finde (Ps. 33, 6 und Jesai. 11, 4) die Gottheit des heiligen Geistes beweisen wolle, wie die Kirchenväter es gegen die Sabellianer gethan, der irre offenbar ab von dem Sinne des heiligen Schriftstellers. — Weiter hat er z. B. den exegetischen Muth und die für jene Zeit wahrhaft bewundernswerthe Unbefangenheit in der berühmten Rede Gottes, 1. Mose 3, 15 „derselbige soll dir den Kopf zertreten und du wirst ihn in die Ferse stechen," keineswegs eine direkte Weissagung auf Christi Erscheinung und siegreichen Sühnungstod zu erblicken, sondern nur die allgemeine Verheißung: daß in dem Kampfe zwischen Satan und Menschheit der endliche Sieg doch nicht jenem sondern vielmehr dieser verbleiben werde *). Ebenso urtheilte er zu Jesaia 4, 2, daß

---

eine bedeutende Kenntniß der Sprache gar nicht denkbar wären. Von einem der gelehrtesten neueren Exegeten, Meyer, ist das denn auch vollständig anerkannt worden. Er rühmt seine „leichten und glücklichen Auseinandersetzungen des grammatischen Sinnes" gerade in den alttestamentlichen Commentaren, „seine gelegentlich eingestreuten guten Sprachbemerkungen, seine Geschicklichkeit den Sinn der heiligen Urkunde aufzufassen" u. s. w.

*) Nachdem er zuerst die unsinnige Erklärung der römischen Exegeten zurückgewiesen, die Maria zur Schlangentreterin machen wollen, fährt er fort: „Die Worte des Moses sind klar; über ihre Meinung jedoch stimme ich mit den anderen Auslegern nicht überein. Denn sie nehmen den „Saamen" ohne Weiteres für Christum, so daß der Sinn dann dieser wäre: aus dem Saamen des Weibes werde Einer erstehen, der der Schlange das Haupt zertrete. Mit dieser Erklärung wird nun aber, so gerne ich mich ihr auch

*) Vergl. darüber das 2. Buch Kap. II dieses Bandes.

des „Herrn Zweig" nicht ohne Weiteres Christum bedeute, wie man gewöhnlich annehme, sondern dem Zusammenhange nach nur eine wunderbare
und ganz ungewohnte Fruchtbarkeit aussage, die „die Uebrigen des Volks"
erfreuen werde. Und selbst bei den prophetischen Stellen, die im Neuen Testamente angeführt werden als solche von denen es heißt: „auf daß erfüllet
würde das Wort der Weissagung," behält er sich die exegetische Freiheit, sie
nach ihrem ursprünglichen Sinne und Zusammenhange zu erklären und bei
der einen oder andern darauf hinzuweisen, wie hier nicht von einer eigentlichen Weissagung die Rede sein könne, sondern nur von einer Aehnlichkeit der neutestamentlichen Begebenheit mit der alttestamentlichen, oder des
Werkes Christi mit einem prophetischen Worte. So erklärt er z. B. Matth.
2, 15 (das Wort des Jeremia das bei Gelegenheit des Kindermordes in
Bethlehem angeführt wird), Joh. 2, 17 („der Eifer um dein Haus hat mich
gefressen"), viele unter den alttestamentlichen Citaten die in den Paulinischen Briefen, namentlich in den Briefen an die Römer und Hebräer
vorkommen. Bei einer Stelle des Letztern (2, 6—8) gesteht er offen zu, daß
der Verfasser die Psalmenstelle, die er anführe, in einem andern Sinne nehme
als der ursprüngliche Dichter; „aber," sagt er, „warum sollte er nicht die
Worte des David dazu verwenden, den Punkt noch weiter auszuführen und
zu schmücken den er behandelt? Er verfährt hier wie Paulus im zehnten
Kapitel des Römerbriefes, da er das Wort des Mose anführt: „Wer wird
hinauf gen Himmel fahren u. s. w.," wobei er ja ebenfalls eine offenbare
Umänderung und Umdeutung der alttestamentlichen Stelle vornimmt." —
„Wie dringt doch Calvin in den Geist der Propheten ein," ruft indem er
dergleichen liest, der mit allen Menschen unzufriedene Scaliger aus, „kein
Anderer versteht das so!"

Hieher gehört denn auch die freimüthige Art und Weise mit der Calvin

---

anschlösse, dem Worte „Saamen" allzugroße Gewalt angethan. Denn wer
wird zugeben können daß dieses Wort das eine Menge in sich schließt
(nomen collectivum) hier nur auf einen einzelnen Menschen sich beziehe? Der Sinn muß also vielmehr der sein: unaufhörlich wird der Kampf
zwischen Satan und Menschheit währen, aber in der Folge der Zeiten
wird der Sieg doch dem Menschengeschlechte bleiben. Denn „Saamen"
heißt doch ganz im Allgemeinen: Nachkommen, Sprößlinge. Und aus
diesem eigentlichen Sinn läßt sich dann weiterhin allerdings die oben genannte Erklärung ableiten. Denn da die Erfahrung lehrt, daß wir Adams-
söhne weit davon entfernt sind den Teufel unter die Füße zu treten: so
werden wir freilich auf ein Haupt zurückgehen müssen, das Solches für
uns vollendet. Wir werden uns halten müssen an die Art und Weise des
Sieges, welche die Schrift uns beschreibt: Nachdem Satan die Menschen-
kinder gebunden und gebunden gehalten nach seiner List, wird ein Stärke-
rer auftauchen der ihn überwindet, und mit ihm wird nun überwinden die
ganze Kirche Gottes deren Haupt er ist."

die Frage nach den Verfassern einzelner biblischer Bücher bespricht. Zwar zeigt er nicht gerade eine Vorliebe für dergleichen Untersuchungen, wie denn seine Zeit bei Weitem weniger davon bewegt wurde und ihrer weniger bedurfte als die unsrige. Auch ist er weit davon entfernt irgendwie die eigene subjektive Empfindung zum Maaßstabe zu machen, der an die überlieferten Schriften anzulegen sei und über ihre Aechtheit oder Unächtheit zu entscheiden habe, wie Luther sich das bekanntlich zuweilen erlaubte. Aber ebensowenig äußert er eine ängstliche Sorgfalt, immer und überall an den hergebrachten Angaben festzuhalten, und auf dem apostolischen Ursprunge auch solcher Bücher zu bestehen, bei denen ihr ganzer Charakter nach Stil und Inhalt und die geschichtlichen Zeugnisse dagegen streiten. Wo dieß letztere seiner Ueberzeugung gemäß der Fall ist, da spricht er es offen aus, immer jedoch in einer so zarten, von heiliger Ehrfurcht getragenen Form, daß die Einrede mehr nur als ein wohlbegründeter Zweifel erscheint, denn als ein entschiedenes Urtheil, das auf allgemeine Gültigkeit Anspruch macht. So sagt er über den zweiten Brief des Petrus der bekanntlich schon in der alten Kirche nicht durchweg als eine apostolische Schrift anerkannt wurde: „Trotz dieses Zweifels der Alten, den bereits Eusebius uns mittheilt, dürfen wir von dem Lesen dieses Briefes uns nicht abhalten lassen. Denn jener Schriftsteller nennt uns ja die Männer nicht, die diesen Zweifel erheben, und wie sollten wir den Worten einiger Unbekannten nur so schlechtweg Glauben schenken? Von größerer Bedeutung freilich ist was Hieronymus schreibt: daß die Verschiedenheit des Stiles die zwischen diesem und dem ersten Briefe des Petrus sich bemerklich mache, Viele dazu gebracht habe ihn einem andern Verfasser zuzuschreiben. Und dieser Meinung kann nun auch ich mich nicht entziehen, denn der Unterschied der Sprachweise weist allzu deutlich darauf hin, daß in diesen beiden Schriften nicht der eine und selbe Mann redet. Auch noch andere Gründe kommen hinzu, die ich hier weiter nicht erwähnen will. Bei alle dem aber enthält der Brief so wenig etwas das des Apostels Petrus unwürdig wäre, daß man im Gegentheile vom ersten bis zum letzten Buchstaben die Kraft, den Ernst und die Lieblichkeit des Geistes darin wahrnimmt der die Apostel erfüllte ... So geht denn meine Ueberzeugung dahin: daß man die Schrift für ein wahrhaft biblisches Buch zu halten und sogar ihren Ursprung auf Petrus zurückzuführen habe; doch so, daß nicht er selber ihn schrieb, sondern daß Einer seiner Schüler aus seinem Munde abnahm und in eine kurze Schrift niederlegte was das Bedürfniß der Gemeinde gerade erforderte." — Aehnlich spricht er über den Brief des Judas sich aus. — Von dem an die Hebräer bemerkt er, daß er den Apostel Paulus unmöglich für den Verfasser halten könne, da die ganze Lehr- und Schreib-Art, die in der Schrift zu Tage trete, das entschiedenste Zeugniß gegen diese Annahme ablege. Die Beweise, die er hiefür beibringt, sind für den damaligen Stand der kritischen und historischen Wissenschaft höchst scharfsinnig und bedeutend. Im Wesentlichen ist man bis auf diese Stunde noch nicht darüber hinausgekommen. — Deßhalb will er nun aber doch nicht gelten lassen, daß diese Schrift irgendwie dürfe verdächtigt werden als ob sie nicht in das Neue Testament gehörte. Er nennt solche Gedanken: eine List des Satans, der uns ein kostbares Gotteswort rauben wolle, und bezeugt „daß in der ganzen heiligen Schrift kein Buch sich finde, das klarer und herzlicher von dem Opfer des Herrn spreche, das herrlicher seine Würde lobpreise und uns deutlicher Aufschluß gebe über den Zweck des Gesetzes nach allen Seiten hin, sowie über die abschließende Vollendung desselben in Christo Jesu."

Dieselbe Unbefangenheit und Mäßigung zeigt Calvin dann weiter auch wo es um einzelne zweifelhafte Stellen oder Lesarten im Neuen Testamente sich handelt, obwohl auf diesem Gebiete seine Leistungen nicht heranreichen an die des Erasmus und Beza, weil ihm offenbar die ganze Sache als eine minder wichtige und eingreifende erschien. Die meisten der Stellen oder Lesarten, welche die jetzige kritische Wissenschaft mit entschiedener Uebereinstimmung für unächte oder aus ihrem ursprünglichen Zusammenhange gekommene erklärt, hat auch er schon angezweifelt. Doch verfährt er dabei mit solcher Zurückhaltung, daß er nicht einmal das sicherlich unapostolische Einschiebsel in dem fünften Kapitel des ersten Johannes-Briefes (V. 7. „Denn drei sind die da zeugen im Himmel" 2c.) aus dem Texte zu entfernen wagt.

Daneben wiederholt sich nun auch in seiner Erklärung des Neuen Testamentes die Erscheinung, die wir schon beim Alten hervorgehoben: daß er es nämlich durchweg verschmäht seinem Texte Gewalt anzuthun oder ein vereinzeltes Wort aus dem Zusammenhange abzulösen, um dadurch eine Beweisstelle für seine dogmatischen Ueberzeugungen oder seine polemischen Behauptungen zu gewinnen. Zu Joh. 10, 30: „Ich und der Vater sind Eins" bemerkt er z. B. ganz offen, daß die alten Ausleger sich getäuscht hätten, die hieraus die Wesensgleichheit Christi mit dem Vater folgern wollten. Denn offenbar sei es doch, daß Christus in diesem Zusammenhang von etwas Anderm rede, nämlich lediglich von seiner innerlichen Willens- und Sinnes-Einheit mit Gott. — Bei Math. 16, 18 („Und auf diesen Felsen" 2c.), bei dessen Auslegung die protestantischen Erklärer zu allen möglichen Künsteleien ihre Zuflucht zu nehmen pflegten, nur um dem Petrus keinen Vorzug irgend einer Art zugeben zu müssen, lenkt Calvin zuerst, und für lange Zeit als der Einzige, wieder auf den natürlichen Weg ein, und gesteht ohne Umschweife, daß dem Petrus damit allerdings eine ganz besondere Vortrefflichkeit vor Andern zugesagt werde, wie es ja übrigens immer in dem Reich Gottes geschehe, daß der Eine mehr empfange als der Andere und sich vor ihm auszeichne. —

„Es hängt diese dogmatische Unbefangenheit," sagt Tholuck, „bei Calvin zusammen mit seinem besonders glücklichen exegetischen Takte, welcher es-

ihm eben auch unmöglich machte, gezwungene Erklärungen anzunehmen.
Wie sehr ihm aller Zwang zuwider war, ergiebt sich unter Anderm auch
daraus, daß er es verschmäht hat, wie die Lutherischen Theologen es meistens
thun, den Johannes in die Geschichtsreihe der drei ersten Evangelien ein-
zuzwängen. Dieselbe Abneigung vor allem Gezwungenen und Unsichern ist
es, die ihn abgehalten hat die Apokalypse zu commentiren. Wenn der christliche Ausleger unserer Zeit im Neuen Testamente und selbst im Alten Stellen
begegnet, wo die gewöhnliche orthodoxe Auffassung einen gar zu starren und
abstoßenden Sinn darstellt: er schlage Calvin nach, und in der Regel wird
ihm hier der starre Begriff lebendig und ansprechend aus dem Zusammenhange heraus entwickelt entgegentreten."

Aber bei all' dieser „Neuheit", wenn wir so sagen dürfen, und selbstständigen Eigenthümlichkeit seiner Exegese, ist Calvin doch weit davon entfernt das Neue und Originale etwa mit einer gewissen Absichtlichkeit zu
suchen, und die bisher in der Kirche gültigen Auffassungen geringschätzig
bei Seite zu lassen. Vielmehr bleibt er sich dessen wohl bewußt, daß es für
den Einzelnen immer seine ernsten Bedenken haben muß von dem abzuweichen
was sich der Mehrzahl der gelehrten und gläubigen Schriftausleger der verschiedensten Zeiten als Inhalt einer Stelle ergeben hat, und weigert sich in
keiner Weise diesem Bedenken alle Rechnung zu tragen, die ihm gebührt.
„Niemals," sagt er in der schon erwähnten Vorrede zum Römerbriefe, „niemals stattet Gott seine Diener mit solcher Fülle aus, daß schon ein Einzelner
allen Verstand und alle Einsicht hätte, deren es bedarf. Sondern ein Jeder
ist so begabt, daß seine Begabung ihn einerseits auf die Demuth und andererseits auf die Gemeinschaft mit seinen Brüdern hinweist. Und wenn es
nun auf dem Gebiete der Schrifterklärung hienieden allerdings nicht wohl
möglich ist, zu einer fortwährenden Uebereinstimmung aller Auslegungen zu
kommen, so hat man sich doch sehr davor zu hüten, daß man nicht etwa aus
Neuerungssucht, oder aus Abneigung gegen einen Andern, oder aus kleinlichem
Ehrgeize, oder sonst aus einem Grunde ähnlicher Art das Frühere aufgebe
und etwas Anderes an die Stelle setze. Nur die Nothwendigkeit und die
Nothwendigkeit allein darf uns hiezu bringen." —

Wenn aus allen diesen Gründen Tholuck ihm ganz vorzugsweise das
Prädikat „eines einleuchtenden und gefälligen Auslegers" zuerkennt, so durfte
er sich für dieses Urtheil auch noch auf die überaus schöne durchsichtige und
ebenmäßige Sprache berufen, in der diese Arbeiten Calvins sich bewegen.
Sein Latein ist zwar nicht durchweg das Altrömische — was auch unmöglich
gewesen wäre, da er es ja hier mit Begriffen zu thun hatte die einem Römer
zu Cicero's Zeiten nie in den Sinn und Mund gekommen sind —, aber auch
nicht das entstellte Latein mancher Kirchenväter und mittelalterlicher Scho-
lastiker; sondern gleichsam eine ganz neue Schöpfung, in der römische Ele-
ganz und Klarheit mit evangelischem Tiefsinn und dem Ausdrucke der innig-

ſten chriſtlichen Wärme zu einem wohlgefügten Ganzen ſich verbinden
möchten wenige Kirchenlehrer ſein," ſagt Tholuck, „die ſich in dieſer ƺ
mit ihm vergleichen ließen." Und dieſelben Vorzüge zeigt in ihrer Ar
die franzöſiſche Bearbeitung ſeiner Commentare. Mag man in
oder der lateiniſchen Ausgabe ſie vor ſich haben, ſo wird man, was die ɛ
betrifft, kaum irgend welche andern Schriften aus jener Zeit mit
Leichtigkeit und Genugthuung leſen.

Seinen eigentlichen Werth jedoch erhält dieß Alles erſt dadurch,
dieſen vollendeten Formen immer und überall der lebendigſte religiöſe
ſich kund thut, ein Herz, das in der Offenbarung Gottes lebt und wel
ſelber etwas in ſich hat von dem Geiſte der Apoſtel und Propheten, in
Verſtändniß es einführt. Wir haben bereits geſehen wie Calvin in der ƺ
zu ſeinem berühmteſten altteſtamentlichen Commentare, zu dem über die
men, in dieſer Beziehung ſich ausſpricht: „Niemand kann ſie auslegen
er dort, „als wer ſie ſelbſt an ſich erfahren hat." Und wie das denn ni
von den Pſalmen ſondern überhaupt von einem jeglichen Worte Gottes ɡ
wird kein Leſer der Calviniſchen Schrifterklärungen darüber in Zweifel b
daß er hier einen Lehrer vernimmt, der durchweg aus der eigenſten Erke
und Erfahrung herausredet, Zeugniß ablegt „von dem was er geſehe
gehöret hat." So wenig es Calvins Sitte iſt, eigentliche Predigten a
Auslegung anzuknüpfen, ſo deutlich fühlt man es doch jedem Satze ab,
niederſchreibt, daß er im Innerſten davon durchdrungen iſt: es iſt das
des Heiles, das Wort, das die verlorenen Seelen ſelig machen ſoll, m
ich es hier zu thun habe; es findet ſich nichts darin das nicht nütze wö
Lehre, zur Strafe, zur Beſſerung, zur Züchtigung in der Gerechtigkeit.
dieß in ſeinen an die Gemeinde gerichteten Bibelbetrachtungen (aus
wie wir oben bemerkten, die Erklärung des erſten Buches Samuel un
Hiob hervorgingen) am meiſten zu Tage tritt, verſteht ſich von ſelber.
doch nicht auf ſie allein beſchränkt ſich dieſer heilserfüllte, ſeelſorgerliche
Wo man nur immer einen ſeiner Commentare aufſchlägt, wird man ſich
wohl fühlen von einem Hauche der Belehrung über Gottes Geheimniſſ
Ermahnung, der Tröſtung, der innigſten Glaubensüberzeugung, die wied
ſelbe Ueberzeugung in das Herz des Leſers hinüberträgt. Wenn er im
Teſtament, wie wir es vorhin ſagten, die eine und andere einzelne Stel
man gewöhnlich als Weiſſagung auf Chriſtum deutet, nicht ſo unmittelb
ihn bezieht, ſo leuchtet ihm dafür der Erlöſer und ſein Reich überall un
Allem entgegen was ſchon in jener Zeit der Vorbereitung zwiſchen
und ſeinem Volk ſich zutrug oder von dem Munde Gottes geredet w
Aus den einfachſten Zügen der altteſtamentlichen Erzählung weiß er in
ungezwungenen Weiſe ein Element dieſer Art herauszufinden. In den ƺ
fahrniſſen Iſraels ſchaut er die Schickſale der neuteſtamentlichen ƺ
Was die Pſalmen von den Frommen und Gottloſen ihrer Tage ɡ

wiederholt sich ihm immer von Neuem und er leitet seine Leser an, solche Wiederholungen mit dem rechten Blicke aufzufassen und in der rechten Weise sich zur Warnung oder zum Troste gereichen zu lassen. In wie manchen prophetischen Stellen sieht er die Zustände, Gefahren, Hoffnungen, Triumphe der neutestamentlichen Gemeinde vorgebildet, und führt diese Gemeinde dazu hin, damit sie daran stark werde im Glauben und erkenne was zu ihrem Frieden dient. Denn er hat es nicht nur äußerlich gelernt, sondern faßt und weiß es auch selber in seinem Innern was der Apostel sagt: „Alles aber was damals geschehen ist, ist uns zum Vorbilde geschehen und geschrieben uns zur Warnung, auf welche das Ende der Welt gekommen ist." —

Und noch vollkommener thut, wie man sich denken kann, in der Erklärung des Neuen Testamentes dieser Sinn sich kund. Es wird sich Niemand dabei dem Eindrucke entziehen können, dem Tholuck Worte giebt: daß Calvin sich recht eigentlich versenke in den Geist der Apostel, und, wie man es ihm deutlich abfühle, Eins mit demselben werde. „Die ganze neutestamentliche Geschichte," sagt dieser Gelehrte, „wird unter seinen Händen lebendig. Er lebt in jedem handelnd und sprechend auftretenden Individuum, in den bösen wie in den guten, und erklärt ihre Reden aus ihren Verhältnissen und ihrer Seele heraus. Vornehmlich in der Apostelgeschichte zeigt sich diese Kunst bewunderungswürdig. Die Paulinischen Reden weiß er da so zu erklären, daß sie auf eine ganz ungezwungene Weise zugleich zu einer Predigt für den Leser werden. Nur selten in Abschweifungen, gewöhnlich im unmittelbaren Zusammenhange, mit der Erklärung der Schriftworte selbst, trägt er allgemeine, weitgreifende religiöse Beobachtungen und Bemerkungen vor."

In einigen der Vorreden, mit denen er seine Commentare zu begleiten pflegt, spricht Calvin selber es aus, was er durch seine Arbeit den Lesern zu werden wünscht, und wie er die Schrift möchte angesehen und gebraucht wissen. „Sollten wir aus diesem Propheten nicht lernen," ruft er z. B. in seiner Widmung zu Jesaja aus, „daß es nicht der Menschen sondern Gottes Werk ist das wir treiben, wenn wir die Trümmer der Kirche wieder sammeln und bauen? und schöpfen wir hieraus nicht den Trost, daß unsere eigene Schwachheit und Unzulänglichkeit uns nicht muthlos machen darf, weil der Herr selber an die Hand nehmen wird, was er gebietet und verordnet? Das sollen wir uns in das Herz prägen; und dann nicht auf die unermeßliche Größe unseres Unternehmens schauen, sondern auf den Gott und Herrn von dem es ausgeht, damit keine Schwierigkeit uns bange mache, und keine Noth uns dazu bringe, die Hände wieder sinken zu lassen." Und dann wendet er sich an den König selber (Eduard VI. von England) dem die Widmung gilt: „Du bist es, erlauchtester Fürst, zu dem der Herr durch den Mund seines Knechtes Jesaja redet. Er fordert dich auf mit Allem was du hast und vermagst, seinem Reiche zu dienen und ein Schutzherr und Pfleger zu werden seiner bedrängten Kirche. Denn nicht leicht sollst du das „Wehe" nehmen, das der Prophet über diejenigen Herrscher ausruft, die das versäumen. Was du von Cyrus liefeft, das beziehe auf dich, und reiche, wie er, deine Hand der bedrängten Gemeinde die sich mühsam emporarbeitet. Haft du doch ohnehin so Manches vor ihm voraus, bist von Gott seiner Erkenntniß gewürdigt, bist von ihm zum Sohne angenommen und emporgehoben unter die Ersten. So lerne nun auch mit um so festerem Vertrauen und brennenderem Eifer wandeln in der Bahn, die dir hier vorgezeichnet ift." —

Besonders schön sind in dieser Beziehung die Widmungen zu Daniel und Jeremias, die an „die sämmtlichen Gläubigen Frankreichs" sich richten, die Bedrängteften unter den Bedrängten und Geprüfteften unter den Geprüften. Die traurigen Zeiten jener Propheten mit ihren Klagen und Verheißungen, ihren Züchtigungen und Errettungen hält er seinen Glaubensgenoffen vor als einen Spiegel der göttlichen Treue und Weisheit, die auch durch die Nöthen und Kämpfe hindurch unverrückt dieselbe bleibe, und Keinen untergehen laffe, der Glauben halte, oder wenigstens sich gläubig wieder aufraffe wenn er zu schwanken begonnen im Ueberdrange des Jammers. „Wenn in den traurigften Zeiten Israels," sagt er, „da die Gemeinde innerlich und äußerlich verwüftet war, eine Schreckensherrschaft aufgerichtet, das Land verheert, die Städte niedergebrannt, ein Jeder mit dem Tode bedroht: wenn unter diesen Umständen die Weiffagung des Daniel die frommen Gemüther aufrecht erhielt, obschon sie doch noch wenig wußten von dem Heile und nur einen Schatten besaßen der ewigen Wahrheit: wie sollte dann dieses Wort uns nicht dasselbe leisten, uns, denen die Klarheit der Erfüllung leuchtet und das aufgedeckte Angesicht Gottes in seinem Sohne! Was wir aber von diesem Worte vernehmen ift das — und es ist dieß für uns so nützlich wie für jene Tage —: daß wenn Alles untergeht und der Glanz der Königreiche dahinschwindet wie ein Rauch, doch Chrifti Reich fortbestehen wird für immer. Jetzt freilich herrschen noch Viele seiner Feinde; ihr seid umftrickt von heimlichen Verschwörungen und offenen Angriffen, wie wilde Thiere brachen sie auf euch ein, und es ist in der That nichts Wunderbares daran, daß diejenigen zaudern und den Muth verlieren, die vor Allem auf den augenblicklichen Erfolg der Dinge zu sehen gewohnt sind. Aber getroft! es heißt in dem Propheten, daß ein Stein herniederrollte der Alles zermalmte was sich wider ihn ftemmte, und dieser Stein war nicht von eines Menschen Hand gerollt. Ja, deffen seid eingedenk! und harret geduldig unter den gegenwärtigen Ungewittern und Drohungen, bis die Nebel auseinander fliehen wenn die Kraft Gottes erscheint."

Fein und trefflich ist auch die Art, wie er das ewige Königthum Chrifti und seine Erhabenheit über Alles, die in dem Hebräerbriefe so stark betont wird, dem König Sigismund von Polen zur ernsten Mahnung zu wenden weiß, indem er seine Erklärung dieses biblischen Buches ihm zueignet. „Es wird das für Ew. Majestät ein neuer Grund sein," schreibt er, „das Reich des Erlösers in Ihren Landen aufzurichten, die sich ohnehin darnach sehnen. Sie haben eine weite und edle Herrschaft mit manchem köstlichen Gute ausgestattet; aber doch wird sie erst dann eines festen und dauerhaften Glückes genießen, wenn sie Christum als ihren eigentlichen Herrn und obersten Regenten annimmt, und in jeder Beziehung unter seine Leitung und Beschirmung sich stellt. Denn das königliche Szepter seinem Szepter zu unterwerfen ist wahrhaftig keine Erniedrigung, sondern vielmehr die allerherrlichste Erhöhung und Ehre, die gedacht werden kann. Solch' eine Dienstbarkeit ist mehr als königlich, und erhebt uns bis zum Range der Engel. Freilich haben wir dann auch seine Kämpfe zu führen; aber wer wollte sich hiervor fürchten unter diesem unbesiegbaren Herzoge, bei dem jeder Angriff in einen Sieg und jede Schlacht in einen Triumph ausgeht?" —

Solcher Art ist also — um zum Schlusse alles Gesagte noch einmal zusammenzufassen — die Exegese Calvins: Zugleich sich genau anschließend an die Buchstaben der Schrift und ihre geschichtlichen, bestimmten Verhältnisse, und zugleich tief eindringend in ihre allgemeine Art und Bedeutung, durch die sie das Buch für alle Zeiten und Völker wird und die Heilsbotschaft für eine jede Seele bis an das Ende der Welt. Zugleich frei ist sie und gebunden, zugleich wissenschaftlich und erbaulich, zugleich des Erklärers eigene selbstständige Gedankenarbeit und eingetaucht in die Gedanken der gesammten christlichen Kirche. Sie ist, wie ein neuester Beurtheiler sagt *), „das Muster des rechten Ebenmaaßes, in welchem alle Momente einer gesunden Auslegung der Bibel zusammenwirken." „Calvin," fährt er fort, „bleibt unübertroffen im Reformationszeitalter **) in der Entwicklung des Inhaltes aus dem Zusammenhange und aus dem Ganzen des göttlichen Wortes, so wie in der Unbefangenheit, mit welcher er bei aller Ehrfurcht vor dem Inspirationscharakter desselben doch die menschlich-historische Seite an ihm, namentlich auch den Unterschied und die Mannigfaltigkeit seiner Theile in Rechnung bringt."

Und so haben seine Commentare denn auch eine Wirkung hervorgebracht wie kein anderes seiner Werke mit Ausnahme des Buches vom christlichen Unterricht. Die zahllosen Auflagen derselben sowohl in lateinischer als französischer Sprache, die noch im Laufe des sechszehnten Jahrhunderts sich in fast ununterbrochener Reihe folgten, beweisen zur Genüge, daß sie in der That — wie er selber es beabsichtigt hat — nicht nur von den Gelehrten zur Hand genommen wurden, sondern ganz vornehmlich auch von den Gemeindegliedern, von „der ganzen Menge der armen Märtyrer", wie ein altes Zeugniß sich ausdrückt. Selbst die Katholiken sind in solcher Anerkennung nicht zurückge-

---

*) Lauberer in der theol. Realencyklopädie. Art.: „Hermeneutik."
**) Oder wie Reuß sagt (Geschichte des N. T. 2. Auflage p. 526): „ohne alle Frage der größte Exeget des Jahrhunderts."

nauigkeit wurde da gemeiniglich wenig Rückficht genommen; was der fromme Sinn oder das polemische Bedürfniß gerade in einer Stelle fand, legte man als ihre Erklärung dar, mochte es nun in die Zeit und den Gedankengang des heiligen Schriftstellers paffen oder nicht. Die allegorische Deutung hatte freien Spielraum; die erbauliche Anwendung und dogmatische Erörterung unterbrach einmal über das andere den Zusammenhang des Textes.

Man kann wohl sagen daß vor Allem Calvin es war, der die Herrschaft dieser auf die Länge unhaltbaren und gefährlichen Methode brach, und die reformatorische Theologie in diesem Stücke auf die richtige Bahn zurückführte*).

Seine Auslegung ift wie man fie nennt eine „grammatisch-historische“, d. h. nicht mit irgend welcher voraus bestimmten Meinung tritt er an seine Schriftstelle heran, so daß er etwa schon von vornherein wüßte, was er in ihr finden wird und will, sondern nach den Regeln der Grammatik und des Lexicons ermittelt er zuerst einfach ihren Wortverstand, und sucht dann denselben aus den geschichtlichen Verhältnissen und Anschauungen heraus zu begreifen, in denen der Verfaffer schrieb. Das Eigene bleibt auf diesem Wege durchweg ausgeschloffen aus der Erklärung, ausgeschloffen jede Künstelei, jeder fälsche Tiefsinn, dem das schlichte Schriftwort nicht hoch genug erscheint so wie es lautet. Was dem Leser dargelegt wird sind die Gedanken der Männer Gottes, die da geredet haben getrieben von dem heiligen Geiste, und nichts Anderes als ihre Gedanken, so rein und voll fie der Ausleger nur immer zu faffen vermag. Es tritt das namentlich bei seiner Erklärung des Alten Testaments hervor, die er, als der Erste nach langen Jahrhunderten, wieder mit zugleich ächt wiffenschaftlichem und ächt religiösem Geiste behandelte. Denn theils verstand man seit dem Beginn des eigentlichen Mittelalters an die Sprache nicht mehr genügend**), um dem Texte

---

tigt als Oekolampad, doch trifft auch er nicht immer das durchaus Richtige.“ (Bonnet 1, 164.)

*) Allerdings muß man schon Zwingli das Zeugniß geben, daß seine Exegese wenigstens hie und da von den oben genannten Ausschweifungen fich ziemlich freier hielt und im Ganzen und Großen das war, was wir unter „Bibelerklärung“ im wiffenschaftlichen Sinne des Wortes verstehn. Aber weder der Gehalt noch der Einfluß seiner Leistungen auf diesem Felde reichten eben an die Calvins; und es ist ihm in diesen Stücken ergangen wie in allen andern: was er angebahnt und begonnen, hat Calvin aufgenommen und zur Vollendung geführt.

**) Dieß behauptet nun freilich der berühmte katholische Kritiker Richard Simon auch von Calvin, und scheut fich sogar nicht zu sagen: er habe vom Hebräischen nicht viel mehr gewußt als die Buchstaben. Aber diese Behauptung ist für den, der auch nur einen der alttestamentlichen Commentare Calvins durchgesehen hat, geradezu lächerlich. Denn sehr häufig finden fich da ziemlich eingehende Wort- und Satz-Erklärungen, die ohne

in Recht anthun zu können, theils wollte man es sich nicht nehmen laffen,
̇mer und überall schon das Neue Testament in dem Alten zu suchen, und
̇e Stufe der Vorbereitung in die der Erfüllung hinüberzuziehen. Was
̇ahres hieran ist, hat Calvin nicht verkannt; aber unwahr und beschämend
̇gleich erschien ihm der ängstliche Eifer, mit dem man in Gesetz und Pro-
̇eten nur immer auf eine neue Bestätigung der besonderen christlichen
̇eilswahrheiten ausging. Oder wurden diese etwa in Zweifel gestellt, wenn
̇e eine und andere Beweisstelle für sie hinweg fiel, die man im Alten Testa-
̇ente zu finden meinte? In seiner getrosten Glaubensgewißheit hatte Cal-
̇n sich diese Frage bald beantwortet. Es war ihm klar, daß er auch hier
̇nfach auf die Meinung des Schriftstellers zu sehen habe, auf die
̇eit, der er angehörte, auf den Gesammtcharakter der alttestamentlichen Er-
̇nntniß, und sich dann mit dem Sinne zu begnügen, der aus diesen Er-
̇ägungen hervorging. Man müsse sich ja vor den Juden schämen, sagt er
̇ehr als ein Mal, wenn man durch offenbar unrichtige Auslegung ihrer
̇chriften schon das ausgebildete Christenthum aus denselben herauszulesen
̇haupte. So wünsche er denn doch eine sicherere Beweisstelle für das Dogma
̇n der Dreieinigkeit als das dreimalige „Heilig!" das die Seraphim im
̇chsten Capitel des Jesaia Gotte zurufen. Oder wer aus dem Ausdrucke
̇en Geist seines Mundes" der in Psalmen und Propheten sich finde
̇ßf. 33, 6 und Jesai. 11, 4) die Gottheit des heiligen Geistes beweisen
̇olle, wie die Kirchenväter es gegen die Sabellianer gethan, der irre offen-
̇ar ab von dem Sinne des heiligen Schriftstellers. — Weiter hat er z. B.
̇m exegetischen Muth und die für jene Zeit wahrhaft bewundernswerthe
̇nbefangenheit in der berühmten Rede Gottes, 1. Mose 3, 15 „derselbige
̇oll dir den Kopf zertreten und du wirst ihn in die Ferse stechen," keineswegs
̇ne direkte Weissagung auf Christi Erscheinung und siegreichen Sühnungs-
̇od zu erblicken, sondern nur die allgemeine Verheißung: daß in dem Kampfe
̇ischen Satan und Menschheit der endliche Sieg doch nicht jenem sondern
̇elmehr dieser verbleiben werde *). Ebenso urtheilte er zu Jesaia 4, 2, daß

---

eine bedeutende Kenntniß der Sprache gar nicht denkbar wären. Von
einem der gelehrtesten neueren Exegeten, Meyer, ist das denn auch vollständig anerkannt worden. Er rühmt seine „leichten und glücklichen Auseinandersetzungen des grammatischen Sinnes" gerade in den alttestamentlichen
Commentaren, „seine gelegentlich eingestreuten guten Sprachbemerkungen,
seine Geschicklichkeit den Sinn der heiligen Urkunde aufzufaffen" u. f. w.

*) Nachdem er zuerst die unsinnige Erklärung der römischen Exegeten zurück-
gewiesen, die Maria zur Schlangentreterin machen wollen, fährt er fort:
„Die Worte des Moses sind klar; über ihre Meinung jedoch stimme ich
mit den anderen Auslegern nicht überein. Denn sie nehmen den „Saamen"
ohne Weiteres für Christum, so daß der Sinn dann dieser wäre: aus dem
Saamen des Weibes werde Einer erstehen, der der Schlange das Haupt
zertrete. Mit dieser Erklärung wird nun aber, so gerne ich mich ihr auch

des „Herrn Zweig" nicht ohne Weiteres Christum bedeute, wie man ge= wöhnlich annehme, sondern dem Zusammenhange nach nur eine wunderbare und ganz ungewohnte Fruchtbarkeit aussage, die „die Uebrigen des Volkes" erfreuen werde. Und selbst bei den prophetischen Stellen, die im Neuen Te= stamente angeführt werden als solche von denen es heißt: „auf daß erfüllet würde das Wort der Weissagung," behält er sich die exegetische Freiheit, sie nach ihrem ursprünglichen Sinne und Zusammenhange zu erklären und bei der einen oder andern darauf hinzuweisen, wie hier nicht von einer eigentli= chen Weissagung die Rede sein könne, sondern nur von einer Aehnlich= keit der neutestamentlichen Begebenheit mit der alttestamentlichen, oder des Werkes Christi mit einem prophetischen Worte. So erklärt er z. B. Matth. 2, 15 (das Wort des Jeremia das bei Gelegenheit des Kindermordes in Bethlehem angeführt wird), Joh. 2, 17 („der Eifer um dein Haus hat mich gefressen"), viele unter den alttestamentlichen Citaten die in den Pauli= nischen Briefen, namentlich in den Briefen an die Römer und Hebräer vorkommen. Bei einer Stelle des Letztern (2, 6—8) gesteht er offen zu, daß der Verfasser die Psalmenstelle, die er anführe, in einem andern Sinne nehme als der ursprüngliche Dichter; „aber," sagt er, „warum sollte er nicht die Worte des David dazu verwenden, den Punkt noch weiter auszuführen und zu schmücken den er behandelt? Er verfährt hier wie Paulus im zehnten Kapitel des Römerbriefes, da er das Wort des Mose anführt: „Wer wird hinauf gen Himmel fahren u. s. w.," wobei er ja ebenfalls eine offenbare Umänderung und Umdeutung der alttestamentlichen Stelle vornimmt." — „Wie dringt doch Calvin in den Geist der Propheten ein," ruft indem er dergleichen liest, der mit allen Menschen unzufriedene Scaliger aus, „kein Anderer versteht das so!"

Hieher gehört denn auch die freimüthige Art und Weise mit der Calvin

anschlösse, dem Worte „Saamen" allzugroße Gewalt angethan. Denn wer wird zugeben können daß dieses Wort das eine Menge in sich schließt (nomen collectivum) hier nur auf einen einzelnen Menschen sich be= ziehe? Der Sinn muß also vielmehr der sein: unaufhörlich wird der Kampf zwischen Satan und Menschheit währen, aber in der Folge der Zeiten wird der Sieg doch dem Menschengeschlechte bleiben. Denn „Saamen" heißt doch ganz im Allgemeinen: Nachkommen, Sprößlinge. Und aus diesem eigentlichen Sinn läßt sich dann weiterhin allerdings die oben ge= nannte Erklärung ableiten. Denn da die Erfahrung lehrt, daß wir Adams= söhne weit davon entfernt sind den Teufel unter die Füße zu treten: so werden wir freilich auf ein Haupt zurückgehen müssen, das Solches für uns vollendet. Wir werden uns halten müssen an die Art und Weise des Sieges, welche die Schrift uns beschreibt: Nachdem Satan die Menschen= kinder gebunden und gebunden gehalten nach seiner List, wird ein Stärke= rer auftauchen der ihn überwindet, und mit ihm wird nun überwinden die ganze Kirche Gottes deren Haupt er ist."

die Frage nach den Verfassern einzelner biblischer Bücher bespricht. Zwar zeigt er nicht gerade eine Vorliebe für dergleichen Untersuchungen, wie denn seine Zeit bei Weitem weniger davon bewegt wurde und ihrer weniger bedurfte als die unsrige. Auch ist er weit davon entfernt irgendwie die eigene subjektive Empfindung zum Maaßstabe zu machen, der an die überlieferten Schriften anzulegen sei und über ihre Aechtheit oder Unächtheit zu entscheiden habe, wie Luther sich das bekanntlich zuweilen erlaubte. Aber ebensowenig äußert er eine ängstliche Sorgfalt, immer und überall an den hergebrachten Angaben festzuhalten, und auf dem apostolischen Ursprunge auch solcher Bücher zu bestehen, bei denen ihr ganzer Charakter nach Stil und Inhalt und die geschichtlichen Zeugnisse dagegen streiten. Wo dieß letztere seiner Ueberzeugung gemäß der Fall ist, da spricht er es offen aus, immer jedoch in einer so zarten, von heiliger Ehrfurcht getragenen Form, daß die Ein- rede mehr nur als ein wohlbegründeter Zweifel erscheint, denn als ein ent- schiedenes Urtheil, das auf allgemeine Gültigkeit Anspruch macht. So sagt er über den zweiten Brief des Petrus der bekanntlich schon in der alten Kirche nicht durchweg als eine apostolische Schrift anerkannt wurde: „Trotz dieses Zweifels der Alten, den bereits Eusebius uns mittheilt, dürfen wir von dem Lesen dieses Briefes uns nicht abhalten lassen. Denn jener Schriftsteller nennt uns ja die Männer nicht, die diesen Zweifel erheben, und wie sollten wir den Worten einiger Unbekannten nur so schlechtweg Glauben schenken? Von größerer Bedeutung freilich ist was Hieronymus schreibt: daß die Ver- schiedenheit des Stiles die zwischen diesem und dem ersten Briefe des Petrus sich bemerklich mache, Viele dazu gebracht habe ihn einem andern Verfasser zuzuschreiben. Und dieser Meinung kann nun auch ich mich nicht entziehen, denn der Unterschied der Sprachweise weist allzu deutlich darauf hin, daß in diesen beiden Schriften nicht der eine und selbe Mann redet. Auch noch andere Gründe kommen hinzu, die ich hier weiter nicht erwähnen will. Bei alle dem aber enthält der Brief so wenig etwas das des Apostels Petrus unwürdig wäre, daß man im Gegentheile vom ersten bis zum letzten Buch- staben die Kraft, den Ernst und die Lieblichkeit des Geistes darin wahr- nimmt der die Apostel erfüllte ... So geht denn meine Ueberzeugung dahin: daß man die Schrift für ein wahrhaft biblisches Buch zu halten und sogar ihren Ursprung auf Petrus zurückzuführen habe; doch so, daß nicht er selber ihn schrieb, sondern daß Einer seiner Schüler aus seinem Munde abnahm und in eine kurze Schrift niederlegte was das Bedürfniß der Gemeinde ge- rade erforderte." — Aehnlich spricht er über den Brief des Judas sich aus. — Von dem an die Hebräer bemerkt er, daß er den Apostel Paulus unmög- lich für den Verfasser halten könne, da die ganze Lehr- und Schreib-Art, die in der Schrift zu Tage trete, das entschiedenste Zeugniß gegen diese An- nahme ablege. Die Beweise, die er hiefür beibringt, sind für den damaligen Stand der kritischen und historischen Wissenschaft höchst scharfsinnig und

bedeutend. Im Wesentlichen ist man bis auf diese Stunde noch nicht darüber hinausgekommen. — Deßhalb will er nun aber doch nicht gelten lassen,
daß diese Schrift irgendwie dürfe verdächtigt werden als ob sie nicht in das
Neue Testament gehörte. Er nennt solche Gedanken: eine List des Satans,
der uns ein kostbares Gotteswort rauben wolle, und bezeugt „daß in der
ganzen heiligen Schrift kein Buch sich finde, das klarer und herzlicher von
dem Opfer des Herrn spreche, das herrlicher seine Würde lobpreise und uns
deutlicher Aufschluß gebe über den Zweck des Gesetzes nach allen Seiten hin,
sowie über die abschließende Vollendung desselben in Christo Jesu."

Dieselbe Unbefangenheit und Mäßigung zeigt Calvin dann weiter auch
wo es um e i n z e l n e zweifelhafte Stellen oder Lesarten im Neuen Testamente sich handelt, obwohl auf diesem Gebiete seine Leistungen nicht heranreichen an die des Erasmus und Beza, weil ihm offenbar die ganze Sache
als eine minder wichtige und eingreifende erschien. Die meisten der Stellen
oder Lesarten, welche die jetzige kritische Wissenschaft mit entschiedener Uebereinstimmung für unächte oder aus ihrem ursprünglichen Zusammenhange
gekommen erklärt, hat auch e r schon angezweifelt. Doch verfährt er dabei
mit solcher Zurückhaltung, daß er nicht einmal das sicherlich unapostolische
Einschiebsel in dem fünften Kapitel des ersten Johannes-Briefes (V. 7.
„Denn drei sind die da zeugen im Himmel" 2c.) aus dem Texte zu entfernen wagt.

Daneben wiederholt sich nun auch in seiner Erklärung des Neuen Testamentes die Erscheinung, die wir schon beim Alten hervorgehoben: daß
er es nämlich durchweg verschmäht seinem Texte Gewalt anzuthun oder
ein vereinzeltes Wort aus dem Zusammenhange abzulösen, um dadurch
eine Beweisstelle für seine dogmatischen Ueberzeugungen oder seine polemischen
Behauptungen zu gewinnen. Zu Joh. 10, 30: „Ich und der Vater sind
Eins" bemerkt er z. B. ganz offen, daß die alten Ausleger sich getäuscht
hätten, die hieraus die Wesensgleichheit Christi mit dem Vater folgern wollten. Denn offenbar sei es doch, daß Christus in diesem Zusammenhang von
etwas Anderm rede, nämlich lediglich von seiner innerlichen Willens- und
Sinnes-Einheit mit Gott. — Bei Math. 16, 18 („Und auf diesen Fel-
sen" 2c.), bei dessen Auslegung die protestantischen Erklärer zu allen möglichen
Künsteleien ihre Zuflucht zu nehmen pflegten, nur um dem Petrus keinen Vorzug irgend einer Art zugeben zu müssen, lenkt Calvin zuerst, und für lange
Zeit als der Einzige, wieder auf den natürlichen Weg ein, und gesteht ohne
Umschweife, daß dem Petrus damit allerdings eine ganz besondere Vortreff-
lichkeit vor Andern zugesagt werde, wie es ja übrigens immer in dem Reich
Gottes geschehe, daß der Eine mehr empfange als der Andere und sich vor
ihm auszeichne. —

„Es hängt diese dogmatische Unbefangenheit," sagt Tholuck, „bei Calvin zusammen mit seinem besonders glücklichen exegetischen Takte, welcher es-

Thoren! wirſt du ſagen, als ob die nächſten Freunde Luthers die Einzigen
wären, die ihm günſtig ſind!" — Und ähnlich drückt er auch in einem
Schreiben an den oben genannten Zebedäus ſelber ſich aus, das einige Monate ſpäter abgefaßt iſt. In ſeinem entſchiedenen Zwinglianismus hatte dieſer Mann ſein unbegränztes Mißtrauen gegen Bucer, Luther und die Lutheraner, ſeine Unzufriedenheit mit dem Gange der Vereinigungsverſuche
und der von Calvin in Bern aufgeſtellten Confeſſion offen ausgeſprochen,
und es auf das Entſchiedenſte wiederholt, daß man von der Zwingliſchen
Auffaſſung um keinen Schritt zurücktreten dürfe. Gegen dieſe Behauptungen erhebt ſich nun Calvin mit allem Ernſte. Wenn Bucer das Eine und
Andere zurückgenommen worin er irrig vom Abendmahle gelehrt, ſagte er,
ſo habe er das mit allem Rechte gethan. Und es wäre nur zu wünſchen daß
Zwingli eben ſo verfahren wäre, deſſen Meinung in dieſem Stücke falſch und
verderblich geweſen ſei. Wolle man ſeinen Irrthum mit Gewalt aufrecht erhalten, ſo ſei es Pflicht, denen die das wollten in jeder Weiſe entgegenzutreten. Warum halte man doch ſo viel darauf, auf Zwingli durchaus keinen
Vorwurf kommen zu laſſen? Klar ſei es ja, daß er in ſeinem wohlberechtig-
ten Eifer gegen jeden fleiſchlichen Genuß viel zu weit gegangen ſei, und jede
weſenhafte Gemeinſchaft mit dem Herrn aufgegeben oder doch wenigſtens
ſehr verdunkelt habe. Freilich ſei es zu bedauern, daß auch Luther nichts
zurücknehme, nichts mildere, ſondern hartnäckig in jedem Punkte ſeine Meinung feſthalte. Aber ſeine Privatmeinung ſei eben auch nicht das maaß-
gebende, ſondern allein an d a s müſſe man ſich halten was die Schrift
lehre *). —

Anderwärts beklagt er ſich übrigens auch über Luther mit aller Offenheit, wo er es nicht gerade mit entſchiedenen einſeitigen Gegnern deſſelben zu
thun hat. „Was ich von ihm denken ſoll,". ſchreibt er in dem vorerwähnten
Briefe an Bucer, „weiß ich nicht, obſchon ich von ſeiner Frömmigkeit die
beſte Meinung habe. Aber nicht unwahrſcheinlich erſcheint mir doch was
ſelbſt ſeine Freunde eingeſtehen, daß ſeiner Standhaftigkeit eine gute Doſis
von Eigenſinn beigemiſcht iſt. Denn welch' eine Eitelkeit wäre es, wenn er
wirklich, wie man von Wittenberg uns berichtet, ſich dahin geäußert hätte:
daß er nun faſt alle unſere Kirchen dazu gebracht habe ihren Irrthum einzu-
ſehen. Es iſt unter ſolchen Umſtänden verzeihlich, daß die Schweizer die
Vereinigungsverſuche mit unfreundlichen Augen anſehen, der beleidigende
und rückſichtsloſe Trotz Luthers zwingt ſie dazu **)."

---

*) Bei Henry I, Beilage 7.
**) Aehnlichen Inhalts iſt was Calvin ſpäter noch bei verſchiedenen Gelegen-
heiten über ſeinen großen deutſchen Vorgänger äußerte. Wir ſetzen die bezüglichen Auslaſſungen hier anmerkungsweiſe bei, da es unſern Leſern
wohl nicht unerwünſcht ſein wird, in überſichtlicher Zuſammenſtellung dieſe
merkwürdigen Urtheile vor ſich zu haben. Zuerſt kömmt er wieder auf

sten christlichen Wärme zu einem wohlgefügten Ganzen sich verbinden
möchten wenige Kirchenlehrer sein," sagt Tholuck, „die sich in dieser ℰ
mit ihm vergleichen ließen." Und dieselben Vorzüge zeigt in ihrer Ai
die französische Bearbeitung seiner Commentare. Mag man in
oder der lateinischen Ausgabe sie vor sich haben, so wird man, was die ℰ
betrifft, kaum irgend welche andern Schriften aus jener Zeit mit
Leichtigkeit und Genugthuung lesen.

Seinen eigentlichen Werth jedoch erhält dieß Alles erst dadurch,
diesen vollendeten Formen immer und überall der lebendigste religiöse
sich kund thut, ein Herz, das in der Offenbarung Gottes lebt und wei
selber etwas in sich hat von dem Geiste der Apostel und Propheten, ii
Verständniß es einführt. Wir haben bereits gesehen wie Calvin in der ℒ
zu seinem berühmtesten alttestamentlichen Commentare, zu dem über di
men, in dieser Beziehung sich ausspricht: „Niemand kann sie auslegen,
er dort, „als wer sie selbst an sich erfahren hat." Und wie das denn ni
von den Psalmen sondern überhaupt von einem jeglichen Worte Gottes ᵍ
wird kein Leser der Calvinischen Schrifterklärungen darüber in Zweifel b
daß er hier einen Lehrer vernimmt, der durchweg aus der eigensten Erke
und Erfahrung herausredet, Zeugniß ablegt „von dem was er gesehe
gehöret hat." So wenig es Calvins Sitte ist, eigentliche Predigten ai
Auslegung anzuknüpfen, so deutlich fühlt man es doch jedem Satze ab,
niederschreibt, daß er im Innersten davon durchdrungen ist: es ist das
des Heiles, das Wort, das die verlorenen Seelen selig machen soll, u
ich es hier zu thun habe; es findet sich nichts darin das nicht nütze wä
Lehre, zur Strafe, zur Besserung, zur Züchtigung in der Gerechtigkeit.
dieß in seinen an die Gemeinde gerichteten Bibelbetrachtungen (aus
wie wir oben bemerkten, die Erklärung des ersten Buches Samuel ur
Hiob hervorgingen) am meisten zu Tage tritt, versteht sich von selber.
doch nicht auf sie allein beschränkt sich dieser heilserfüllte, seelsorgerliche
Wo man nur immer einen seiner Commentare aufschlägt, wird man sich
weht fühlen von einem Hauche der Belehrung über Gottes Geheimniß
Ermahnung, der Tröstung, der innigsten Glaubensüberzeugung, die wied
selbe Ueberzeugung in das Herz des Lesers hinüberträgt. Wenn er im
Testament, wie wir es vorhin sagten, die eine und andere einzelne Stel
man gewöhnlich als Weissagung auf Christum deutet, nicht so unmittelb
ihn bezieht, so leuchtet ihm dafür der Erlöser und sein Reich überall un
Allem entgegen was schon in jener Zeit der Vorbereitung zwischen
und seinem Volk sich zutrug oder von dem Munde Gottes geredet i
Aus den einfachsten Zügen der alttestamentlichen Erzählung weiß er in
ungezwungener Weise ein Element dieser Art herauszufinden. In den ℒ
fahrnissen Israels schaut er die Schicksale der neutestamentlichen ℐ
Was die Psalmen von den Frommen und Gottlosen ihrer Tage ᵍ

wiederholt sich ihm immer von Neuem und er leitet seine Leser an, solche Wiederholungen mit dem rechten Blicke aufzufassen und in der rechten Weise sich
zur Warnung oder zum Troste gereichen zu lassen. In wie manchen prophetischen Stellen sieht er die Zustände, Gefahren, Hoffnungen, Triumphe der
neutestamentlichen Gemeinde vorgebildet, und führt diese Gemeinde dazu hin,
damit sie daran stark werde im Glauben und erkenne was zu ihrem Frieden
dient. Denn er hat es nicht nur äußerlich gelernt, sondern faßt und weiß
es auch selber in seinem Innern was der Apostel sagt: „Alles aber was damals geschehen ist, ist uns zum Vorbilde geschehen und geschrieben uns zur
Warnung, auf welche das Ende der Welt gekommen ist." —

Und noch vollkommener thut, wie man sich denken kann, in der Erklärung des Neuen Testamentes dieser Sinn sich kund. Es wird sich Niemand
dabei dem Eindrucke entziehen können, dem Thloluck Worte giebt: daß Calvin
sich recht eigentlich versenke in den Geist der Apostel, und, wie man es ihm
deutlich abfühle, Eins mit demselben werde. „Die ganze neutestamentliche Geschichte," sagt dieser Gelehrte, „wird unter seinen Händen lebendig. Er lebt
in jedem handelnd und sprechend auftretenden Individuum, in den bösen wie
in den guten, und erklärt ihre Reden aus ihren Verhältnissen und ihrer Seele
heraus. Vornehmlich in der Apostelgeschichte zeigt sich diese Kunst bewunderungswürdig. Die Paulinischen Reden weiß er da so zu erklären, daß
sie auf eine ganz ungezwungene Weise zugleich zu einer Predigt für den Leser
werden. Nur selten in Abschweifungen, gewöhnlich im unmittelbaren Zusammenhange, mit der Erklärung der Schriftworte selbst, trägt er allgemeine,
weitgreifende religiöse Beobachtungen und Bemerkungen vor."

In einigen der Vorreden, mit denen er seine Commentare zu begleiten
pflegt, spricht Calvin selber es aus, was er durch seine Arbeit den Lesern zu
werden wünscht, und wie er die Schrift möchte angesehen und gebraucht
wissen. „Sollten wir aus diesem Propheten nicht lernen," ruft er z. B. in
seiner Widmung zu Jesaja aus, „daß es nicht der Menschen sondern Gottes
Werk ist das wir treiben, wenn wir die Trümmer der Kirche wieder sammeln und bauen? und schöpfen wir hieraus nicht den Trost, daß unsere
eigene Schwachheit und Unzulänglichkeit uns nicht muthlos machen darf,
weil der Herr selber an die Hand nehmen wird, was er gebietet und verordnet? Das sollen wir uns in das Herz prägen; und dann nicht auf die unermeßliche Größe unseres Unternehmens schauen, sondern auf den Gott und
Herrn von dem es ausgeht, damit keine Schwierigkeit uns bange mache, und
keine Noth uns dazu bringe, die Hände wieder sinken zu lassen." Und dann
wendet er sich an den König selber (Eduard VI. von England) dem die
Widmung gilt: „Du bist es, erlauchtester Fürst, zu dem der Herr durch den
Mund seines Knechtes Jesaja redet. Er fordert dich auf mit Allem was du
hast und vermagst, seinem Reiche zu dienen und ein Schutzherr und Pfleger
zu werden seiner bedrängten Kirche. Denn nicht leicht sollst du das „Wehe"

*wo findest du etwas darin, das der Einfalt der Schrift widerstreitet? Es ist im Grunde nur der rechthaberische Sinn, der auch schon den Schein irgend einer Nachgiebigkeit fürchtet, welcher seinen Bemühungen sich in den Weg stellt. Wenn wir eine Schlinge von Luthers Seite besorgen, warum zerreißen wir sie nicht dadurch daß wir unsererseits ganz einfach uns zu Allem bekennen, was die Schrift lehrt, so daß dann auch er genöthigt wird sich rückhaltlos auszusprechen? O daß wir doch einmal davon abließen durch das Wiederaufwärmen der alten Streitigkeiten immer wieder die Gemüther zu erbittern. In thörichter Weise hat Carlstadt einst die Wittenberger Kirche in Bewegung gesetzt; und unser ernstliches Bestreben muß nun darauf gerichtet sein, nicht jede Meinungsverschiedenheit zu einer bleibenden kirchlichen Trennung zu steigern. Denn wahrlich! es ist nicht heilsam sich leichtfertig von denen zu scheiden, die Gott uns nun einmal beigesellt, die er uns zu Genossen des Glaubens gegeben hat. Vielmehr sollte das Herz sich uns umwenden so oft wir uns hiezu gezwungen sehen."

Und in demselben Sinne äußerte er sich auch gegen den einflußreichen Bullinger in Zürich. „Was, lieber Freund," schreibt er ihm, „könnte uns jetzt in unsern Briefen angelegentlicher beschäftigen, als das Bestreben, die brüderliche Gesinnung unter uns auf alle mögliche Weise zu erhalten? Wir sehen ja wohl, wie wichtig es nicht nur für uns sondern für die ganze christliche Kirche ist, daß alle diejenigen, denen der Herr irgend eine bedeutende Wirksamkeit darin übertragen hat, durch wahre Eintracht zusammenhalten.

Weise aufkommen konnte wenn er nicht jenes päpstliche Reich brach und niederwarf, das damals nicht nur das mächtigste von allen war, sondern auch alle übrigen gefangen hielt und beherrschte." —

Gewiß ist Luther selten,zugleich liebevoller und unparteiischer beurtheilt worden als es in diesen Ausführungen seines Kampf= und Glaubensgenossen geschieht. Noch heut zu Tage wird der geschichtskundige evangelische Christ Satz für Satz und Wort für Wort derselben unterschreiben müssen, und sich dabei von Herzen freuen über das Gefühl der innern Zusammengehörigkeit, der Einheit und Gemeinsamkeit im Geiste, aus dem solche Worte hervorgingen. Nicht nur Luthern sondern auch sich selbst und dem zukünftigen Werke der Union auf dem Grunde des e i n e n Evangeliums hat Calvin damit ein unvergängliches Denkmal errichtet. Möchte nun nur auch von denen, die weil sie nach Luthers Namen sich nennen, für seine Nachfolger und Erben sich halten, dem großen Reformator der reformirten Kirche Gleiches mit Gleichem vergolten und eine ähnliche brüderliche Gerechtigkeit erwiesen werden! Es ist wahrlich an der Zeit daß jener Klageruf Calvins endlich einmal seine Geltung verliere, nachdem er seit drei Jahrhunderten immer und immer wieder sich erwahrt hat: „O Luther, wie wenige Nachahmer deiner Trefflichkeit hast du hinterlassen, dagegen wie viele Affen deiner unbedachten Ruhmredigkeit und deines unseligen Ungestüms!" (II. Defensio de Sacramentis adversus Westphalum p. 629.)

Hierauf hat auch der Satan sein Augenmerk, der weil er dem Reiche Christi auf alle Arten Verderben schmiedet, auf nichts mehr hinarbeitet als daß er Streitigkeiten unter uns stifte, und uns alle auf irgend eine Art einander entfremde. Darum ist es unsere Pflicht, diesen Künsten entgegenzuwirken, und je mehr der Feind sich bestrebt unsere Verbindung zu zerreißen, mit desto mehr Beharrlichkeit und regerm Fleiße müssen wir bemüht sein sie zu erhalten. Namentlich wir Prediger sollen hiezu beitragen. Und was nun uns Beide betrifft, so bin ich überzeugt, daß unsere Verbindung auf dem Grunde auf dem sie jetzt begründet ist, immer rein erhalten werden kann bis an unser Ende. — Freilich herrscht zwischen dieser Kirche (der Straßburger) und der eurigen jetzt Streit und Mißstimmung; ich wüßte eigentlich selbst nicht recht warum, wenn nicht die Ueberbleibsel jenes früheren Zwistes immer noch unsern Seelen anklebten. Hier wünscht man sehnlichst daß dieß anders werde, auch will man kein anderes Band der Eintracht als die reine Wahrheit Gottes. Von Capito's Aufrichtigkeit seid ihr selber überzeugt, und auch für Bucer bin ich Bürge, daß ihr keine Ursache habt irgend einen Argwohn gegen ihn zu hegen. Denn bei all' der besondern Schärfe und Einsicht seines Urtheils giebt es doch Niemanden, der es sich ernstlicher angelegen sein ließe, sich in der Einfalt des Wortes Gottes zu halten, und die Spitzfindigkeiten mehr verabscheute, die von ihr abführen. Gerne wird er sich also, wo er geirrt haben sollte, von euch zurecht weisen lassen. Aber zeigt uns zum Wenigsten, daß es euch auch am Herzen liegt in Verbindung mit uns zu stehen. Die Streitfrage selbst läßt sich nicht in einem Briefe abthun; doch kann ich mich des Wunsches nicht enthalten, sie einmal mündlich mit dir recht durchnehmen und untersuchen zu dürfen, damit ich auch weiß was es denn eigentlich ist das eine völlige Vereinigung zwischen diesen und euch verhindert. Da ich aber das Hinderniß, es mag nun bestehen worin es wolle, als eine unwürdige Ursache der Trennung ansehe, so bitte ich dich, lieber Bullinger, ja ich beschwöre dich ein Mal über das andere: laß uns doch alle Abneigung und Streitsucht von uns thun, ja auch jeden Schein einer Beleidigung vermeiden. Verzeihe mir wenn ich hier drängend und ängstlich werde. Denn ich thue das nicht weil ich etwa an deiner Vorsicht oder deinem guten Willen zweifelte; aber so sehr liegt mir die Sache am Herzen, daß ich selbst da noch bange bin wo ich doch gegründete Hoffnung haben darf. Und wenn du nun bedenkst, welche Gefahren uns in dieser unglücklichen Zeit auf allen Seiten bedrohen und im Wege stehen, so wirst du mir diese wohlgemeinte Rede hoffentlich mit deiner alten Freundschaft zu Gute halten."

Es leuchtet aus diesen Aeußerungen alsobald von selber ein, welches Interesse es war, das Calvin in solcher Weise auf Bucers Seite hinüberzog und ihn immer entschiedener mit seinen Bestrebungen befreundete. Nämlich kein anderes als das der Einheit der gesammten evangelischen Chri-

wiederholt und sogar davon redet: „Chriſtus ziehe durch
eiſt unſere Seelen zu ſich in die Höhe, und wiſſe ſich ſo mit
igen *).“ Aber mit dieſen Ausſprüchen will er, ihrem klaren
ze nach, unzweifelhaft nichts Anderes an das Herz legen als
tz: daß nicht auf das B r o d ſondern hinauf gen H i m m e l
ommunicanten ſich zu richten habe, weil ſie eben von d o r t
von den Elementen aus Chriſtum empfange. Das „Sich
des Herzens“ bezieht ſich lediglich auf die fromme, nach dem
ende Stimmung mit der wir das Abendmahl begehen ſol-
„Hinaufgezogenwerden durch die Kraft Chriſti“ iſt ganz ein-
iſende Antwort auf die Einwürfe Weſtphals: daß eine Mit-
i an uns ſich nicht denken laſſe, ſo lange er räumlich von uns
e **).

Die Antwort die Calvin auf jene Frage ertheilt: „Durch
tlung empfangen wir denn die verklärte Menſchheit des
nichts Phantaſtiſches, Unklares, Gezwungenes; ſondern er-
Grunde ganz von ſelbſt aus dem was das Chriſtenthum über
Beiſe lehrt, wie der Herr überhaupt in ſeine Gläubigen ein-
nung in ihnen mache. Denn wodurch geſchieht dieß nach der
t? Doch offenbar durch den h e i l i g e n Geiſt, den mitthei-
der Alles was des Erlöſers iſt ergreift und es hineinträgt in
Herzen und darin verklärt. Iſt dieß nun aber anerkannter

---

entlich im 11. Art. der Zürcher Uebereinkunft, in ſeinem Cate-
in der zweiten Vertheidigungsſchrift gegen Weſtphalen, p. 60

Maaßen immer und überall sein Amt, so daß es schlechterdings keine Theilnahme an dem göttlichen Wesen giebt außer durch ihn, wie sollte dann nicht
auch in dem Abendmahle er es sein, der Solches thut, und die wunderbare
Gemeinschaft zwischen der hinzunahenden Seele und dem sich mittheilenden
Erlöser vermittelt? Ohne alles lange Suchen und Begründen, als etwas
ganz Selbstverständliches hatte Calvin von Anfang an es ausgesprochen —
sein Schriftchen vom Abendmahle des Herrn schließt wie wir gesehen haben
damit — daß der heilige Geist das Band sei, durch das die geheimnißvolle
Verbindung des gottmenschlichen mit dem menschlichen Wesen im Sakramente sich vollziehe. Und wie er nun näher befragt und gedrängt wird und
die Möglichkeit klar machen soll daß etwas Leibliches durch den Geist mitgetheilt werde, führt er weiter aus: daß Geist und Leib des verklärten Herrn
ja überhaupt nicht zu trennen seien, sondern zusammen den Gottmenschen
ausmachen, der in uns übergehen will. Nicht um einen materiellen Körper
handle es sich in dieser Sache, überhaupt nicht um einen Stoff, sondern um
eine Kraft die aus Christo zu uns herniedersteigt; denn Kraft sei das verklärte Wesen des Herrn. Wie die Sonne ihre Leben erzeugende Wärme aus-
gieße in die Samenkörner und sie dadurch lebendig mache, obwohl sie doch
ihren Platz am Himmel nicht verlasse — so ströme die lebendig machende
Person Christi in uns hernieder, seine volle Person durch des heiligen Geistes unsichtbare Wirkung, und lasse an uns in Erfüllung gehen das Wort:
„Wer mein Fleisch isset und trinket mein Blut, der bleibet in mir und ich in
ihm und hat das ewige Leben." — „Und wenn ich von der Kraft Christi
rede," sagt er, „die in uns herabkomme, so will ich damit nicht etwas Anderes
unterschieben für Leib und Blut; nur fasse ich Leib und Blut nicht als
einen todten Körper, sondern als einen solchen der mit ganz neuen
Eigenschaften himmlischer Verklärung ausgestattet ist. Von diesem behaupte ich, daß er ganz ebenso unsere Seelen belebe zum geistlichen Leben wie
das natürliche Brod unsern natürlichen Menschen ernährt. Und da nun die
räumliche Geschiedenheit zwischen dem Leibe des Herrn uud unserer Seele
dem im Wege zu stehen scheint: so erkläre ich mir die Sache so, daß Christus mit seiner Kraft zu uns hernieder kömmt*)." „Wer das für
unmöglich erachtet," fügt er in dem Buche vom christlichen Unterricht hinzu,
„der ist ein Thor, der das Unendliche mit seiner Elle messen will und keinen
Begriff davon hat, wie die Wirkung des heiligen Geistes über alle unsere
Sinne hinaus geht**)."

---

*) Zweite Schrift gegen Westphal p. 82.

**) Diese Anschauung Calvins von der Wirkung des heiligen Geistes im
Abendmahle, durch welche allein die Einheit der evangelischen Heilsordnung kann aufrecht erhalten werden, stellt Ebrard auf das Beste durch
folgende Tafel dar:

en wir nun all' die verschiedenen Züge der Darlegungen Calvi...
eilige Abendmahl schließlich noch einmal zusammen, so ergiebt si...
Gesammtresultat die folgende Lehre: 1) Beim Genuße des hei...
mahles findet eine wirkliche, wesenhafte Mittheilu...
Communicanten statt. 2) Das was der Herr mittheilt ist...
ch Gottheit und Menschheit, nach Geist und Leib; es...
mmtperson des für uns gekreuzigten und auferweckten, je...
und zur Rechten des Vaters sitzenden Gottmenschen. 3) Brod u...
o Bilder dieser Person und ihres Versöhnungswerkes, aber a...
leich auch Pfänder durch die wir jener Mittheilung gewiß w...
aft der verheißenden Einsetzungsworte. 4) Die Mittheilung sell...
n der Weise, daß das Wesen des Herrn, das durch und du...
t, sich in den Mittelpunkt unseres unsterblichen Wesens hernied...
h nicht auf irgend eine räumliche Art (so daß diese Kraft sich hi...
egen müßte durch den zwischen uns und Christo liegenden Raum...
durch einen über alle Raumverhältnisse weit e...
Allmachtsakt des heiligen Geistes. 5) Nicht uns...
ist es, der diese Mittheilung vom Himmel bewirkt, sondern una...
n uns findet dieselbe Statt, auch wenn der Communicant gerade...
wäre*), aber den sich uns mittheilenden Christus in sich en...

„Nicht so steht die Sache:

Christus

theilt sich außer dem Sakramente, theilt sich im Sakramente du...

mittheilung des Herrn an den Communicanten festhalten ohne daß sie doch in sinnlicher Weise vermittelt wurde, und an einen jeden Hinzutretenden ohne Unterschied seiner innern Beschaffenheit — seines Glaubens oder Unglaubens — erging? Und wenn solch eine Auffassung in der That gedacht werden könnte: war dann durch sie nicht auch Luthers Hauptinteresse gewahrt: jene wohlberechtigte Sorge: dem Worte des Herrn seine volle Bedeutung zu geben und von einer wirklichen Lebensvereinigung des Communicanten mit der Person des Erlösers kein Jota einzubüßen? Freilich das ganze unbiblische Rüstzeug mit dem er diese Grundgedanken überbaut und verdunkelt hatte, mußte man dann fallen lassen. Von einer Vereinigung des verklärten Christus mit den sinnlichen Elementen, von einer mündlichen Nießung des geistlichen Leibes, von dem Genusse der heiligen Lebensspeise auch durch die Gottlosen und Ungläubigen konnte und durfte dann nicht mehr die Rede sein. Verlor aber die Lutherische Lehre irgend etwas von ihrem Gehalte und Troste wenn sie auf diese Außenwerke verzichtete, die sie doch eigentlich nur zu ihrer Vertheidigung aufgeführt hatte? Und die Lehre Zwingli's: wurde sie nicht reicher, voller, gewann sie nicht was ihr noch gefehlt hatte und kam zur vollkommenen Uebereinstimmung mit der Schrift: wenn sie von ihrem Ausgangspunkte den Schritt weiter that, der von der bloßen Erinnerungsgemeinschaft mit Jesu zu der wirklichen Wesensgemeinschaft mit ihm führt? — Man kann sagen daß Zwingli hinter der Aussage der Schrift zurückgeblieben, Luther darüber hinausgegangen war: — wenn es gelang den Einen vorwärts zu führen bis zu ihrem festen Boden, und den andern darauf zurück zuführen: so waren die beiden Auffassungen damit offenbar nur gewachsen an Wahrheitsgehalt, und zugleich ihre Einigung hergestellt*).

Nun hatte Calvin, wie wir uns erinnern, schon in seinem Buche „vom christlichen Unterrichte" die vermittelnde, den beiderseitigen Wahrheitsmomenten gerecht werdende Lehre vorgetragen, auf die wir oben hindeuteten. Und zwar damals noch ohne jeden Gedanken daran, eine Vermittlung zwischen der Zwinglischen und Lutherischen Auffassung dadurch anzubahnen. Denn weder mit der einen noch mit der andern war er um jene Zeit schon in Berührung gekommen. Was er dort niederschrieb war einfach sein eigenes theologisches Bekenntniß, das er sich und Andern klar zu machen das Bedürfniß fühlte, nachdem er kurz vorher von dem Bekenntnisse der alten Kirche sich abgewendet hatte. Nichts ist darum unhistorischer als die Behauptung, die man heut zu Tage zuweilen wieder hört, seine Sakramentslehre sei eigentlich nur eine Zusammensetzung aus Lutherischen und Zwinglischen Elementen, und gehe im Wesentlichen auf nichts Anderes aus als auf eine künstliche,

---

*) Wer Ausführlicheres hierüber zu lesen wünscht vergl. Ebrard, das Dogma vom heiligen Abendmahl II. an verschiedenen Stellen, und Schenkel, der Unionsberuf des evangelischen Protestantismus p. 278 u. f.

unwahre Vereinigung der beiden ſtreitenden Parteien. Gerade das Umgekehrte iſt richtig. Seine Auffaſſung dieſer Frage war lediglich ein Produkt ſeiner ſelbſt, und weit entfernt alſobald als eine Friedensſtifterin zwiſchen den Gegnern aufzutreten, hatte ſie ſich vielmehr von Anfang an nach beiden Seiten hin zu rechtfertigen und ſich ihren Platz zwiſchen ihnen erſt zu erkämpfen.

Aber indem das geſchah, indem Calvin in ſeinen folgenden Lebensführungen Zwinglianismus und Lutherthum und ihren Streit mit einander genauer kennen lernte, ſeine eigene Lehre in Beziehung zu ihnen ſetzte, die Grundgedanken aufſuchte, die er mit ihnen theilte wie die Punkte in denen er von ihnen abwich, und dabei zu dem Reſultate kam, daß er in ſeinem Syſteme das Weſentliche und die Wahrheiten beider zuſammenfaſſe: war ihm ja damit ganz von ſelber nun auch die weitere Aufgabe geſtellt, die Vermittlung zwiſchen ihnen zu übernehmen. Denn wer ſich bewußt iſt, das Mittel zu beſitzen, einem unſeligen Streite ein Ende zu machen, und zwar ihm ſo ein Ende zu machen, daß kein Theil dabei verliert, ſondern beide gewinnen: durfte und ſollte der daſſelbe für ſich behalten und den verwüſtenden Zwiſt unbekümmert weiter toben laſſen? Wenigſtens einem Manne, dem die brüderliche Einheit der Kirche Chriſti ein ſo ernſtliches Herzensanliegen war, wie Calvin, ſollte man dergleichen nicht zumuthen! — Wir wiederholen es: aus der Beſchaffenheit ſeiner Abendmahlslehre ging ſeine Vermittlerſtellung hervor, und nicht aus dem Wunſche als Vermittler aufzutreten iſt ſeine Abendmahlslehre entſtanden; nur hat er der Rolle des Einheitsſtifters, die ihm ſo durch die Natur der Dinge zufiel, ſich dann allerdings auch mit ganzem Eifer und ganzer Hingebung unterzogen. —

In dieſem Sinne alſo legte er nun in der Schrift „über das Abendmahl des Herrn" ſeine Auffaſſung der evangeliſchen Chriſtenheit von Neuem vor, und in ausführlicherer Geſtalt als er es bisher gethan hatte. „Da das Sakrament des heiligen Abendmahls," hebt er an, „in der letzten Zeit der Gegenſtand ſehr verſchiedener und nichts weniger als friedlicher Erörterungen geweſen iſt, ſo kann es nicht anders ſein, als daß viele ſchwache Gemüther hin und her ſchwanken und nicht wiſſen was ſie davon halten ſollen, oder auch in zweifelsvoller Ungewißheit abwarten ob es nicht unter den Dienern Gottes zu einer Schlichtung dieſer Streitigkeiten und irgend welcher Uebereinſtimmung kommen wird? Da habe ich es denn für nützlich erachtet, und bin auch von verſchiedenen Seiten her auf das Dringendſte darum gebeten worden die Hauptpunkte dieſer Lehre in aller Kürze an das Licht zu ſetzen."

Gleich bei ihrer prinzipiellen Seite, die auch in der Polemik zwiſchen Luther und Zwingli immer mehr in den Vordergrund getreten war, faßt er dann die Streitfrage an: „warum und zu welchem Zwecke hat der Herr das heilige Abendmahl eingeſetzt?" „Gott," antwortet er darauf, „hat uns vermittelst der Taufe zu einem geistlichen Leben berufen." Dieses Leben will er uns im Himmel einst in Vollkommenheit, aber auch schon jetzt auf der Erde, obgleich noch unvollendet, mittheilen. Zu diesem Ende hat er uns wiedergeboren durch den Samen der Unsterblichkeit in seinem Worte, welches er durch seinen heiligen Geist in unsern Herzen versiegelt. Nun muß aber das Leben, das in dieser Weise entstanden ist, weiter auch gepflegt und erhalten werden. Und wie kann das geschehen? Offenbar nicht durch vergängliche und verwesliche Speisen, die den Bauch nähren; denn was würden solche der Seele nützen? Sondern durch ein geistiges Brod; und dieses geistige Brod ist nichts Anderes als wiederum das Wort, durch das der Herr uns wiedergeboren hat. Denn in diesem Worte wird Jesus Christus selber uns dargereicht und zu eigen gegeben. Er aber ist die wahre Seelenspeise; durch irgend etwas Anderes kann unser innerer Mensch niemehr genährt werden; auf ihn allein sind wir angewiesen, „das Brod und das Wasser des Lebens" heißt er in der Schrift.

Was nun aber vom Worte gesagt wird, das gilt auch von dem Sakramente des Abendmahles. Auch hier wird Christus uns mitgetheilt wie durch das Wort. Er hat es aber zu dem Worte noch hinzugefügt, weil wir so schwach und kleinmüthig sind, daß wir dem Worte allein nicht rechten Glauben schenken, wie sehr es uns auch gepredigt werde. Zu dieser Schwachheit hat nun der Vater dadurch sich herabgelassen, daß er auch noch ein besonderes Zeichen uns gab, das sich sinnlich wahrnehmen läßt und das Wesen unserer Verheißungen uns abbildlich vor die Augen stellt, damit unsere Zweifel und Bedenklichkeiten um so leichter überwunden werden und unsere Seelen um so kräftiger ihn ergreifen. Denn ohne das hätte unser unwissender, in den göttlichen Dingen so unverständiger Geist es nie erfassen können, daß der Leib und das Blut Christi uns mitgetheilt worden. Jetzt aber haben wir ein Unterpfand und Siegel das uns mit der gewissesten Zuversicht solches Heiles erfüllt.

Und zwar ist es der ganze, der gekreuzigte und auferstandene Heiland, welcher im Abendmahle sich selbst uns mittheilt. Der gekreuzigte damit unsere Sünden und Frevel hinweggenommen werden; der auferstandene damit wir vom Verderben des Todes befreit, der himmlischen Unsterblichkeit wieder theilhaftig werden. Diesen besondern Trost entnehmen wir aus dem Abendmahle unseres Herrn, daß es uns zum Kreuze und zur Auferstehung Christi führt, damit wir wissen: wir werden obgleich böse und ungerecht, doch von dem Herrn angenommen und gerecht erkannt; wir werden obwohl in namenloses Elend versunken, dennoch in ihm der Fülle der Seligkeit theilhaftig. In uns selbst haben wir nichts Gutes, nichts das zum Heile erforderlich ist; das Abendmahl giebt uns das gewisse Zeugniß, daß wir das Alles nun in dem gestorbenen und auferstandenen Erlöser erlangt haben und besitzen.

So ist denn **Christus** der Inhalt des Abendmahles; und zwar in der doppelten Weise: daß er sowohl **seine Person** uns darin mittheilt, aus der ja alle Heilsgüter entspringen, als auch diese Heilsgüter selbst die Früchte seines Werkes auf Erden. Man kann unmöglich Eines von dem Andern trennen oder nur an das Eine sich halten und das Andere übergehen. Denn auf das Innigste sind Person und Werk verbunden. Auch die Einsetzungsworte weisen deutlich darauf hin. „Nicht seinen Leib und sein Blut nur so ohne Weiteres heißt der Herr uns da genießen, sondern seinen Leib für uns gebrochen, sein Blut für uns vergossen. Das will sagen: ihn als unsern Erlöser, ihn selbst mit all' dem was er für uns gethan, was er uns erworben hat." — Dieß führt ihn nun auf die Frage, „die in älterer und neuerer Zeit so oft angeregt worden ist," wie nämlich die Worte zu verstehen seien, worin Christus Brod und Wein seinen Leib und sein Blut nennt. „Die Antwort wird uns nicht schwer fallen," sagt er, „wenn wir den Gedanken im Auge behalten, den wir vorhin ausführten: daß der Nutzen, den wir aus dem Abendmahle ziehen sollen, gänzlich verschwindet, wenn nicht Christus selbst als die Grundlage und die Substanz des Sakramentes uns gegeben wird. In keinem Falle dürfen wir also in Abrede stellen, daß wir darin die wahrhaftige Gemeinschaft mit Christo empfangen. Und wenn ferner diese Gemeinschaft mit Christo in der Weise vermittelt wird, daß wir aller Gnadengüter und Wohlthaten, die er uns durch seinen Tod erworben, theilhaftig werden, so genügt es nicht, daß wir an seinem Geiste, wir müssen auch an seiner **Menschheit** Theil haben, in welcher er, um unsere Schulden zu bezahlen, einen vollkommenen Gehorsam Gott dem Vater geleistet hat. Auch gehört ja das Eine zu dem Andern. Denn wenn er sich uns giebt, so thut er es, damit wir ihn ganz besitzen. Sowie nun die Schrift lehrt, daß sein Geist unser Leben ist, so sagt er selbst, daß **sein Fleisch unsere Speise und sein Blut unser Trank** sei. Das soll uns im Abendmahle bezeugt werden, wenn es heißt: „nehmet hin und esset, das ist mein Leib, nehmet und trinket, das ist mein Blut."

Wenn man nun aber weiter fragt, wie sich denn Fleisch und Blut zu den Elementen des Brodes und des Weines verhalten? — was ja bekanntlich ganz besonders ein Gegenstand des Streites war, — so antwortet Calvin: „Brod und Wein sind lediglich die sichtbaren **Zeichen,** die den Leib und das Blut Christi **darstellen.** Sie heißen aber Leib und Blut, weil sie gewissermaßen die Werkzeuge sind durch die der Herr Jesus uns diese mittheilt. Die Art und Weise wie wir am Leibe und Blute Christi im Abendmahle Theil haben, ist an sich ein Geheimniß, „wie die Schwachheit unserer Natur es erfordert." Mit Recht wird darum das Brod Leib genannt, da uns derselbe mitgetheilt wird indem man jenes mit der Hand uns darreicht."

„Aus einer solchen persönlichen Selbstmittheilung Christi im Abendmahle erfolgt nun für uns von selber die Verpflichtung, daß wir den Namen des Herrn der so Großes an uns gethan hat, auch in Lob und Danksagung verherrlichen, und, dem Leibe Christi als Glieder unverleibt, in einem neuen, reinen und gottgeheiligten Leben wandeln. Empfangen wir im Sakramente **den ganzen Christus** vermittelst der Kraft seines heiligen Geistes: wohlan, so muß sein **heiliges Werk** in uns sich auch immer mehr erfüllen und vollenden. Um ihn aber würdig zu empfangen dazu ist erforderlich **ihm auch würdig zu nahen.** Um den Reinen in uns aufzunehmen, **müssen wir uns selbst möglichst gereinigt haben.** Giebt es aber unter uns keine **völlig Reinen,** sind auch viele im Glauben noch schwach, im Leben mangelhaft: nun so will ja Gott im Abendmahls-Sakramente eben **unserer Schwachheit** zu Hülfe kommen, und deßhalb ist denn namentlich eine bußfertige und gläubige Gesinnung von unserer Seite nöthig, damit wir das Abendmahl mit wahrem Segen genießen*).

Auch was Calvin weiter „über die **Zeit** da wir zum Tische des Herrn gehen sollen" bemerkt, ist nicht ohne Bedeutung, und setzt den hohen Werth den er auf das Sakrament legt, in das hellste Licht. Zwar etwas allgemein Gültiges, sagt er, lasse sich darüber nicht feststellen. Denn dergleichen Dinge seien nicht durch Gesetze zu gebieten. Aber wenn man auf das Ziel sehe, zu dem der Herr uns durch das Abendmahl führen wolle, so werde man doch erkennen daß es weit häufiger gebraucht werden sollte, als es gewöhnlich geschehe. Denn je größer unsere Schwachheit sei, um so mehr bedürften wir des Trostes und der Kräftigung, der Befestigung im Glauben und der Förderung in der Heiligung, wie das Abendmahl sie uns darbiete. In jeder wohlgeordneten Kirche sollte darum das Abendmahl so oft als möglich gefeiert werden, so oft die Empfänglichkeit der Gemeinde es nur immer zuläßig mache. Und wenigstens von den großen Communionen, zu denen Alle hinzunahten, solle Niemand sich fern halten, wenn nicht ganz besondere Gründe ihn verhinderten. Ein großer Theil der Entschuldigungen, die man in solchen Fällen vorzubringen pflege, sei durchaus grundlos und thöricht. „Die Einen sagen, sie seien unwürdig an dem Tische des Herrn zu erschei-

---

*) „Ja wenn wir nicht schwach, kleingläubig und unvollkommen wären," sagt er da weiter; gleichsam schon zum Voraus sich verantwortend gegen die Lutherischen Polemiker, die ihm später vorwarfen, er nehme dem Abendmahl den Sündentrost und mache es zur Speise für die Heiligen, — „dann würde das Sakrament unnütz und seine Einsetzung überflüssig gewesen sein.... Gerade um so häufiger müssen wir es gebrauchen, je mehr das Gefühl unserer Krankheit uns drückt. Das Abendmahl nicht zu genießen unter dem Vorwande daß man noch schwach im Glauben und zu wenig gefördert sei im christlichen Leben, wäre ganz dasselbe als wenn Jemand die Arznei nicht nehmen wollte, darum weil er krank ist." Durchaus ebenso redet er in dem „christlichen Unterrichte" über diesen Punkt.

wo findest du etwas darin, das der Einfalt der Schrift widerstreitet? Es ist im Grunde nur der rechthaberische Sinn, der auch schon den Schein irgend einer Nachgiebigkeit fürchtet, welcher seinen Bemühungen sich in den Weg stellt. Wenn wir eine Schlinge von Luthers Seite besorgen, warum zerreißen wir sie nicht dadurch daß wir unsererseits ganz einfach uns zu Allem bekennen, was die Schrift lehrt, so daß dann auch er genöthigt wird sich rückhaltslos auszusprechen? O daß wir doch einmal davon abließen durch das Wiederaufwärmen der alten Streitigkeiten immer wieder die Gemüther zu erbittern. In thörichter Weise hat Carlstadt einst die Wittenberger Kirche in Bewegung gesetzt; und unser ernstliches Bestreben muß nun darauf gerichtet sein, nicht jede Meinungsverschiedenheit zu einer bleibenden kirchlichen Trennung zu steigern. Denn wahrlich! es ist nicht heilsam sich leichtfertig von denen zu scheiden, die Gott uns nun einmal beigesellt, die er uns zu Genossen des Glaubens gegeben hat. Vielmehr sollte das Herz sich uns umwenden so oft wir uns hiezu gezwungen sehen."

Und in demselben Sinne äußerte er sich auch gegen den einflußreichen Bullinger in Zürich. „Was, lieber Freund," schreibt er ihm, „könnte uns jetzt in unsern Briefen angelegentlicher beschäftigen, als das Bestreben, die brüderliche Gesinnung unter uns auf alle mögliche Weise zu erhalten? Wir sehen ja wohl, wie wichtig es nicht nur für uns sondern für die ganze christliche Kirche ist, daß alle diejenigen, denen der Herr irgend eine bedeutende Wirksamkeit darin übertragen hat, durch wahre Eintracht zusammenhalten.

Weise aufkommen konnte wenn er nicht jenes päpstliche Reich brach und niederwarf, das damals nicht nur das mächtigste von allen war, sondern auch alle übrigen gefangen hielt und beherrschte." —

Gewiß ist Luther selten, zugleich liebevoller und unparteiischer beurtheilt worden als es in diesen Ausführungen seines Kampf= und Glaubensgenossen geschieht. Noch heut zu Tage wird der geschichtskundige evangelische Christ Satz für Satz und Wort für Wort derselben unterschreiben müssen, und sich dabei von Herzen freuen über das Gefühl der innern Zusammengehörigkeit, der Einheit und Gemeinsamkeit im Geiste, aus dem solche Worte hervorgingen. Nicht nur Luthern sondern auch sich selbst und dem zukünftigen Werke der Union auf dem Grunde des einen Evangeliums hat Calvin damit ein unvergängliches Denkmal errichtet. Möchte nun nur auch von denen, die weil sie nach Luthers Namen sich nennen, für seine Nachfolger und Erben sich halten, dem großen Reformator der reformirten Kirche Gleiches mit Gleichem vergolten und eine ähnliche brüderliche Gerechtigkeit erwiesen werden! Es ist wahrlich an der Zeit daß jener Klageruf Calvins endlich einmal seine Geltung verliere, nachdem er seit drei Jahrhunderten immer und immer wieder sich erwahrt hat: „O Luther, wie wenige Nachahmer deiner Trefflichkeit hast du hinterlassen, dagegen wie viele Affen deiner unbedachten Ruhmredigkeit und deines unseligen Ungestüms!" (II. Defensio de Sacramentis adversus Westphalum p. 629.)

Hierauf hat auch der Satan sein Augenmerk, der weil er dem Reiche Christi auf alle Arten Verderben schmiedet, auf nichts mehr hinarbeitet als daß er Streitigkeiten unter uns stifte, und uns alle auf irgend eine Art einander entfremde. Darum ist es unsere Pflicht, diesen Künsten entgegenzuwirken, und je mehr der Feind sich bestrebt unsere Verbindung zu zerreißen, mit desto mehr Beharrlichkeit und regerm Fleiße müssen wir bemüht sein sie zu erhalten. Namentlich wir Prediger sollen hiezu beitragen. Und was nun uns Beide betrifft, so bin ich überzeugt, daß unsere Verbindung auf dem Grunde auf dem sie jetzt begründet ist, immer rein erhalten werden kann bis an unser Ende. — Freilich herrscht zwischen dieser Kirche (der Straßburger) und der eurigen jetzt Streit und Mißstimmung; ich wüßte eigentlich selbst nicht recht warum, wenn nicht die Ueberbleibsel jenes früheren Zwistes immer noch unsern Seelen anklebten. Hier wünscht man sehnlichst daß dieß anders werde, auch will man kein anderes Band der Eintracht als die reine Wahrheit Gottes. Von Capito's Aufrichtigkeit seid ihr selber überzeugt, und auch für Bucer bin ich Bürge, daß ihr keine Ursache habt irgend einen Argwohn gegen ihn zu hegen. Denn bei all' der besondern Schärfe und Einsicht seines Urtheils giebt es doch Niemanden, der es sich ernstlicher angelegen sein ließe, sich in der Einfalt des Wortes Gottes zu halten, und die Spitzfindigkeiten mehr verabscheute, die von ihr abführen. Gerne wird er sich also, wo er geirrt haben sollte, von euch zurecht weisen lassen. Aber zeigt uns zum Wenigsten, daß es euch auch am Herzen liegt in Verbindung mit uns zu stehen. Die Streitfrage selbst läßt sich nicht in einem Briefe abthun; doch kann ich mich des Wunsches nicht enthalten, sie einmal mündlich mit dir recht durchnehmen und untersuchen zu dürfen, damit ich auch weiß was es denn eigentlich ist das eine völlige Vereinigung zwischen diesen und euch verhindert. Da ich aber das Hinderniß, es mag nun bestehen worin es wolle, als eine unwürdige Ursache der Trennung ansehe, so bitte ich dich, lieber Bullinger, ja ich beschwöre dich ein Mal über das andere: laß uns doch alle Abneigung und Streitsucht von uns thun, ja auch jeden Schein einer Beleidigung vermeiden. Verzeihe mir wenn ich hier drängend und ängstlich werde. Denn ich thue das nicht weil ich etwa an deiner Vorsicht oder deinem guten Willen zweifelte; aber so sehr liegt mir die Sache am Herzen, daß ich selbst da noch bange bin wo ich doch gegründete Hoffnung haben darf. Und wenn du nun bedenkst, welche Gefahren uns in dieser unglücklichen Zeit auf allen Seiten bedrohen und im Wege stehen, so wirst du mir diese wohlgemeinte Rede hoffentlich mit deiner alten Freundschaft zu Gute halten."

Es leuchtet aus diesen Aeußerungen alsobald von selber ein, welches Interesse es war, das Calvin in solcher Weise auf Bucers Seite hinüberzog und ihn immer entschiedener mit seinen Bestrebungen befreundete. Nämlich kein anderes als das der Einheit der gesammten evangelischen Christenheit, als der tiefe Widerwillen gegen jeden trennenden Zwist unter Brüdern, und die innige Sehnsucht: diejenigen auch äußerlich zusammengehalten zu sehen durch das Band des Friedens und der Gemeinschaft, die innerlich offenbar zusammengehörten als e i n e s Evangeliums Bekenner und e i n e s Glaubens Genossen. Der in Straßburg waltende Geist, wie wir ihn oben schilderten, hatte auch ihn ergriffen. Er hatte hineinblicken lernen in den ganzen Umfang der Spaltung, in alle die unseligen Folgen, die sie unvermeidlicher Weise nach sich ziehen mußte, und mit diesem Uebel verglichen kamen ihm die Lehrunterschiede, um die es sich handelte als etwas so Unbedeutendes vor, daß er von einem Jeden, der Christum lieb hatte, glaubte fordern zu dürfen: er möge zunächst darüber hinwegsehen und dennoch die Hand zum Frieden bieten, bis es einmal dem Geiste des Herrn gefallen werde, auch die Herzen zusammen zu führen in einerlei Sinn. Darf man ihm das zum Vorwurfe machen, wie es damals von Zwinglischer Seite wohl etwa geschehen ist, und heut zu Tage von Lutherischer Seite zu geschehen pflegt? Ist denn wirklich die Erkenntniß mehr als die Liebe? und das rückhaltslose Behaupten der eigenen Ueberzeugung — auch wo es nothwendiger Weise zum Widerspruche und Hader führt — die erste Pflicht des christlichen Glaubensernstes? Man müßte einen guten Theil des ersten Briefes an die Corinther ausstreichen aus der heiligen Schrift, wenn man das vertreten wollte. Calvin war es unzweifelhaft, daß es in diesen Dingen ein Schweigen und sich Zurückziehen aus Liebe geben kann, das wahrlich weit entfernt ist von einer Untreue gegen die anvertraute göttliche Wahrheit.

Uebrigens stand für ihn persönlich in diesem Falle — in dem Streite über die Abendmahlslehre — die Sache nicht einmal so, daß er irgend etwas von seiner Ueberzeugung hätte verschweigen oder hintansetzen müssen, um für die Herstellung einer brüderlichen Einigung arbeiten zu können. Es war ihm vielmehr gewiß daß die entgegenstehenden Meinungen in der Wirklichkeit keineswegs so unvereinbar seien, als sie auf den ersten Anblick es schienen. Er glaubte erkannt zu haben, worin der Irrthum auf der einen und andern Seite liege, und war sich bewußt, daß er in seiner eigenen Anschauung der Sache gerade d a s festhalte und zu E i n e m zusammenschließe, um was es jeder der beiden Parteien am Meisten zu thun war. Wie hätte er da an einer Versöhnung verzweifeln können! Wie hätte er nicht vielmehr die Hoffnung festhalten sollen, daß wenn man nur einmal den alten erbitternden Streiterinnerungen von beiden Seiten den Abschied gebe, und mit unbefangenem willigen Sinne die Frage gleichsam von vorn an wieder zur Hand nehme, man dann bei der Lösung anlangen werde, ehe man sich's vermuthe und wie von selber?

Er entschloß sich das Wort unter die Kämpfenden hineinzurufen das hiezu führen konnte. Im Jahre 1540 erschien seine kleinere Schrift „Vom Abendmahle des Herrn," eine einfache Darlegung dessen was Calvin selber über diesen Punkt lehrte; aber so gehalten, daß die Parteien daraus erkennen sollten, wie in seiner Auffassung die ihrigen sich begegnen und vereinigen. Es war dieß das erste Mal, daß er so als der Vermittler zwischen Lutherthum und Zwinglianismus auftrat: beiden die Hand reichend und darnach trachtend sie in einem Dritten zusammenzufassen zu der einen evangelischen Kirche. Sein ganzes Reformationswerk hat später dieselbe Richtung genommen und demselben Ziele zugestrebt. Ein großer Theil der unvergänglichen Bedeutung Calvins für die Mitwelt und Nachwelt beruht eben auf dieser Stellung. Noch ist der protestantischen Christenheit nicht das volle Erbe zugekommen, das er ihr damit bereitete, aber wir sind doch daran es in Empfang zu nehmen, und der Herr der Gemeinde wird sicherlich den Tag herbeiführen, da auch diese Weissagung ihre Erfüllung findet.

V.

Calvins Abendmahlslehre. — Versöhnende und einigende Stellung derselben zwischen der Zwinglischen und Lutherischen. — Seine Schrift „vom Abendmahle des Herrn". — Luthers Aeußerungen über die Lehre Calvins.

Die Abendmahlslehren Luthers und Zwingli's sind in den verschiedenen Bänden dieses Werkes schon so mannigfach dargestellt worden*), daß der Leser uns eines ausführlicheren Eingehens auf dieselben gerne überheben wird. Zudem sind ja ihre hervortretendsten Eigenthümlichkeiten allgemein bekannt, und lassen in wenigen Worten sich wiedergeben. Zwingli ging von dem Interesse aus, alles Zauberhafte, Ungeistige, an die Sinne sich Wendende aus der heiligen Handlung zu entfernen. Es war ihm daran gelegen, der Rechtfertigung und Beseligung allein durch den Glauben ihr volles Recht zu wahren, und darum die Vorstellung von Grund aus zu beseitigen als ob in dem Abendmahlsgenusse noch ein zweiter Weg aufgethan sei, auf dem man auch ohne Glauben und ohne heiligen Geist — nur durch leibliches Essen und Trinken — zur Gemeinschaft mit Christo gelange. Er läugnete deßhalb mit aller Entschiedenheit, daß wirklich der Leib Christi im Abendmahl dargeboten werde, mit Brod und Wein sich verbinde und in den Mund des Genießenden eingehe; und setzte die Bedeutung des Sakramentes lediglich darein, daß der gläubige Empfänger in ihm den versöhnenden Kreuzestod Christi gleichsam vor Augen gemalt sehe, dadurch gestärkt werde im Glauben, und in diesem gehobenen Glauben nun doppelt reichlich und gewiß alle Früchte des großen Liebesopfers empfange: die Vergebung der Sünden, die Gemeinschaft mit dem Erlöser, die Kraft der Heiligung, die Hoffnung des Lebens. „Solches thut zu meinem Gedächtnisse" war ihm demnach das Wort, in dem er den Schlüssel zur rechten Auffassung des

---

*) Vergl. z. B. die Biographie Zwingli's Abschnitt 7. Cap. 5.

Abendmahles fand, und wenn es heißt: „das ist mein Leib und mein Blut," so erklärte er das für eine bildliche Rede und umschrieb das „ist" durch „bedeutet". —

Luthern dagegen lag es vor Allem am Herzen, der göttlichen Verheißung in dem Stiftungsworte ihre unverkümmerte Bedeutung zu lassen, und eine wahrhafte Mittheilung des Wesens Christi an den Empfänger des Abendmahles festzuhalten. Nicht ein bloßer Schall der Erinnerung sollte das Wort sein: „mein Leib für euch gegeben, mein Blut für euch vergossen," sondern Christum selbst in seiner vollen gottmenschlichen Persönlichkeit wollte und mußte er sich an dem heiligen Tische gegenwärtig denken, an jeglichem Empfänger in der That das wirkend was das stiftende Wort aussagt. Um diesem Glauben nun aber eine recht feste und gewisse Unterlage zu geben, meinte er darauf bestehen zu müssen, daß die verklärte Leiblichkeit Christi nicht nur mit der Person des Genießenden sondern auch schon mit den Elementen (Brod und Wein) sich verbinde und in, mit und unter diesen dem Genießenden dargereicht werde. Also mit dem Munde, gleich irgend einer andern Speise, empfange der Abendmahlsgast den wirklichen wesenhaften Leib des Herrn, wie es auch im Uebrigen mit seinem Glauben und seinem innern Zustande beschaffen sei. Mit großem Eifer betonte er darum Zwingli gegenüber das Wort „ist" in der Einsetzungsrede, und behauptete, daß sich gar nichts Anderes dabei denken lasse, denn eine wunderbare Veränderung der Elemente, in die Christi Leib und Blut eingehe, sobald es darüber gesprochen werde. —

· Weit genug scheinen diese Auffassungen der beiden Reformatoren auseinander zu liegen. Und doch konnte es einem so scharf denkenden, jede Frage in ihrer Wurzel fassenden Geiste wie Calvin nicht zweifelhaft sein, daß sie eigentlich nur in den Irrthümern, nicht aber in den Wahrheiten, welche ein Jeder von ihnen vertrat, einander widersprächen. Irrig war — d. h. von der einfachen, klaren Schriftlehre sich entfernend —, daß Zwingli in seinem Eifer für die Reinhaltung des Sakramentes von allem zauberhaften, materiellen Wesen sich dazu hatte fortreißen lassen, die persönliche Gegenwart des Erlösers in der heiligen Handlung und seine wahrhafte Selbstmittheilung an den gläubigen Genießer in Abrede zu stellen. Dagegen dieser sein Eifer selber war vollkommen berechtigt. Denn wohin kam man, wenn man das Sakrament loslöste von der ganzen übrigen Heilsordnung des Evangeliums und der Gesinnung des Empfängers? Unvermeidlicher Weise fiel man dann in die schwere Verirrung der römischen Kirche zurück, die schon der äußern Theilnahme an der Communion eine erlösende und heiligende Wirkung zuschreibt, und damit das Christenthum wieder hinab zu ziehen droht in das heidnische Werk- und Zauber-Wesen.

Ließ sich nun aber was Zwingli wollte, nicht auch erreichen und bewahren ohne daß man so weit ging wie er? Ließ sich denn nicht eine Selbstmittheilung des Herrn an den Communicanten festhalten ohne daß sie doch in sinnlicher Weise vermittelt wurde, und an einen jeden Hinzutretenden ohne Unterschied seiner innern Beschaffenheit — seines Glaubens oder Unglaubens — erging? Und wenn solch eine Auffassung in der That gedacht werden konnte: war dann durch sie nicht auch Luthers Hauptinteresse gewahrt: jene wohlberechtigte Sorge: dem Worte des Herrn seine volle Bedeutung zu geben und von einer wirklichen Lebensvereinigung des Communicanten mit der Person des Erlösers kein Jota einzubüßen? Freilich das ganze unbiblische Rüstzeug mit dem er diese Grundgedanken überbaut und verdunkelt hatte, mußte man dann fallen lassen. Von einer Vereinigung des verklärten Christus mit den sinnlichen Elementen, von einer mündlichen Nießung des geistlichen Leibes, von dem Genusse der heiligen Lebensspeise auch durch die Gottlosen und Ungläubigen konnte und durfte dann nicht mehr die Rede sein. Verlor aber die Lutherische Lehre irgend etwas von ihrem Gehalte und Troste wenn sie auf diese Außenwerke verzichtete, die sie doch eigentlich nur zu ihrer Vertheidigung aufgeführt hatte? Und die Lehre Zwingli's: wurde sie nicht reicher, voller, gewann sie nicht was ihr noch gefehlt hatte und kam zur vollkommenen Uebereinstimmung mit der Schrift: wenn sie von ihrem Ausgangspunkte den Schritt weiter that, der von der bloßen Erinnerungsgemeinschaft mit Jesu zu der wirklichen Wesensgemeinschaft mit ihm führt? — Man kann sagen daß Zwingli hinter der Aussage der Schrift zurückgeblieben, Luther darüber hinausgegangen war: — wenn es gelang den Einen vorwärts zu führen bis zu ihrem festen Boden, und den andern darauf zurück zuführen: so waren die beiden Auffassungen damit offenbar nur gewachsen an Wahrheitsgehalt, und zugleich ihre Einigung hergestellt*).

Nun hatte Calvin, wie wir uns erinnern, schon in seinem Buche „vom christlichen Unterrichte" die vermittelnde, den beiderseitigen Wahrheitsmomenten gerecht werdende Lehre vorgetragen, auf die wir oben hindeuteten. Und zwar damals noch ohne jeden Gedanken daran, eine Vermittlung zwischen der Zwinglischen und Lutherischen Auffassung dadurch anzubahnen. Denn weder mit der einen noch mit der andern war er um jene Zeit schon in Berührung gekommen. Was er dort niederschrieb war einfach sein eigenes theologisches Bekenntniß, das er sich und Andern klar zu machen das Bedürfniß fühlte, nachdem er kurz vorher von dem Bekenntnisse der alten Kirche sich abgewendet hatte. Nichts ist darum unhistorischer als die Behauptung, die man heut zu Tage zuweilen wieder hört, seine Sakramentslehre sei eigentlich nur eine Zusammensetzung aus Lutherischen und Zwinglischen Elementen, und gehe im Wesentlichen auf nichts Anderes aus als auf eine künstliche,

---

*) Wer Ausführlicheres hierüber zu lesen wünscht vergl. Ebrard, das Dogma vom heiligen Abendmahl II. an verschiedenen Stellen, und Schenkel, der Unionsberuf des evangelischen Protestantismus p. 278 u. f.

unwahre Vereinigung der beiden streitenden Parteien. Gerade das Umgekehrte
ist richtig. Seine Auffassung dieser Frage war lediglich ein Produkt seiner
selbst, und weit entfernt alsobald als eine Friedensstifterin zwischen den Gegnern aufzutreten, hatte sie sich vielmehr von Anfang an nach beiden Seiten
hin zu rechtfertigen und sich ihren Platz zwischen ihnen erst zu erkämpfen.

Aber indem das geschah, indem Calvin in seinen folgenden Lebensführungen Zwinglianismus und Lutherthum und ihren Streit mit einander
genauer kennen lernte, seine eigene Lehre in Beziehung zu ihnen setzte, die
Grundgedanken aufsuchte, die er mit ihnen theilte wie die Punkte in denen
er von ihnen abwich, und dabei zu dem Resultate kam, daß er in seinem
Systeme das Wesentliche und die Wahrheiten beider zusammenfasse: war
ihm ja damit ganz von selber nun auch die weitere Aufgabe gestellt, die Vermittlung zwischen ihnen zu übernehmen. Denn wer sich bewußt ist, das
Mittel zu besitzen, einem unseligen Streite ein Ende zu machen, und zwar
ihm so ein Ende zu machen, daß kein Theil dabei verliert, sondern beide gewinnen: durfte und sollte der dasselbe für sich behalten und den verwüstenden
Zwist unbekümmert weiter toben lassen? Wenigstens einem Manne, dem die
brüderliche Einheit der Kirche Christi ein so ernstliches Herzensanliegen war,
wie Calvin, sollte man dergleichen nicht zumuthen! — Wir wiederholen es:
aus der Beschaffenheit seiner Abendmahlslehre ging seine
Vermittlerstellung hervor, und nicht aus dem Wunsche als
Vermittler aufzutreten ist seine Abendmahlslehre entstan-
den; nur hat er der Rolle des Einheitsstifters, die ihm so durch die Natur
der Dinge zufiel, sich dann allerdings auch mit ganzem Eifer und ganzer
Hingebung unterzogen. —

In diesem Sinne also legte er nun in der Schrift „über das Abendmahl des Herrn" seine Auffassung der evangelischen Christenheit von Neuem
vor, und in ausführlicherer Gestalt als er es bisher gethan hatte. „Da das
Sakrament des heiligen Abendmahls," hebt er an, „in der letzten Zeit der
Gegenstand sehr verschiedener und nichts weniger als friedlicher Erörterungen
gewesen ist, so kann es nicht anders sein, als daß viele schwache Gemüther
hin und her schwanken und nicht wissen was sie davon halten sollen, oder
auch in zweifelsvoller Ungewißheit abwarten ob es nicht unter den Dienern
Gottes zu einer Schlichtung dieser Streitigkeiten und irgend welcher
Uebereinstimmung kommen wird? Da habe ich es denn für nützlich erachtet,
und bin auch von verschiedenen Seiten her auf das Dringendste darum
gebeten worden die Hauptpunkte dieser Lehre in aller Kürze an das Licht
zu setzen."

Gleich bei ihrer prinzipiellen Seite, die auch in der Polemik zwischen
Luther und Zwingli immer mehr in den Vordergrund getreten war, faßte
er dann die Streitfrage an: „warum und zu welchem Zwecke hat der
Herr das heilige Abendmahl eingesetzt?" „Gott," antwortet er

darauf, „hat uns vermittelst der Taufe zu einem geistlichen Leben berufen." Dieses Leben will er uns im Himmel einst in Vollkommenheit, aber auch schon jetzt auf der Erde, obgleich noch unvollendet, mittheilen. Zu diesem Ende hat er uns wiedergeboren durch den Samen der Unsterblichkeit in seinem Worte, welches er durch seinen heiligen Geist in unsern Herzen versiegelt. Nun muß aber das Leben, das in dieser Weise entstanden ist, weiter auch gepflegt und erhalten werden. Und wie kann das geschehen? Offenbar nicht durch vergängliche und verwesliche Speisen, die den Bauch nähren; denn was würden solche der Seele nützen? Sondern durch ein geistiges Brod; und dieses geistige Brod ist nichts Anderes als wiederum das Wort, durch das der Herr uns wiedergeboren hat. Denn in diesem Worte wird Jesus Christus selber uns dargereicht und zu eigen gegeben. Er aber ist die wahre Seelenspeise; durch irgend etwas Anderes kann unser innerer Mensch niemehr genährt werden; auf ihn allein sind wir angewiesen, „das Brod und das Wasser des Lebens" heißt er in der Schrift.

Was nun aber vom Worte gesagt wird, das gilt auch von dem Sakramente des Abendmahles. Auch hier wird Christus uns mitgetheilt wie durch das Wort. Er hat es aber zu dem Worte noch hinzugefügt, weil wir so schwach und kleinmüthig sind, daß wir dem Worte allein nicht rechten Glauben schenken, wie sehr es uns auch gepredigt werde. Zu dieser Schwachheit hat nun der Vater dadurch sich herabgelassen, daß er auch noch ein besonderes Zeichen uns gab, das sich sinnlich wahrnehmen läßt und das Wesen unserer Verheißungen uns abbildlich vor die Augen stellt, damit unsere Zweifel und Bedenklichkeiten um so leichter überwunden werden und unsere Seelen um so kräftiger ihn ergreifen. Denn ohne das hätte unser unwissender, in den göttlichen Dingen so unverständiger Geist es nie erfassen können, daß der Leib und das Blut Christi uns mitgetheilt worden. Jetzt aber haben wir ein Unterpfand und Siegel das uns mit der gewissesten Zuversicht solches Heiles erfüllt.

Und zwar ist es der ganze, der gekreuzigte und auferstandene Heiland, welcher im Abendmahle sich selbst uns mittheilt. Der gekreuzigte damit unsere Sünden und Frevel hinweggenommen werden; der auferstandene damit wir vom Verderben des Todes befreit, der himmlischen Unsterblichkeit wieder theilhaftig werden. Diesen besondern Trost entnehmen wir aus dem Abendmahle unseres Herrn, daß es uns zum Kreuze und zur Auferstehung Christi führt, damit wir wissen: wir werden obgleich böse und ungerecht, doch von dem Herrn angenommen und gerecht erkannt; wir werden obwohl in namenloses Elend versunken, dennoch in ihm der Fülle der Seligkeit theilhaftig. In uns selbst haben wir nichts Gutes, nichts das zum Heile erforderlich ist; das Abendmahl giebt uns das gewisse Zeugniß, daß wir das Alles nun in dem gestorbenen und auferstandenen Erlöser erlangt haben und besitzen.

was verhandelt wurde; seine Stellung war überhaupt mehr
gelehrten Vertrauens-Mannes, bei dem die Freunde sich ge
neue Waffen zum Kampfe holen, als die eines eigentlichen
an den amtlich angeordneten Gesprächen. „Doch auch in dieser
Beza*), „war er wahrlich nicht unnütz für die Kirche und na
e Frankreichs. Melanchthon und Cruciger freuten sich hoch über
rt." Der erste Akt, den die anwesenden protestantischen Theolo
en hatten, war die Unterzeichnung der Augsburgischen Confes
erkannten reformatorischen Bekenntnisses im Reiche, mit dessen
ie Katholiken allein unterhandeln wollten. Wie alle Andern un
alvin ohne Zögern, ja „willig und von ganzem Herzen" wie er
; denn wenn es auch nicht die abgeänderte (in der Abendmahls
reformirten Auffassung sich nähernde) Form derselben war, die
wurde — was ungewiß ist —: wie hätte es ihm irgend ein Be
können, zu der Schrift seines Freundes Melanchthon sich zu be
m er in dem fraglichen Streitpunkte so völlig Eins sich wußte,
piele seiner Straßburger Collegen zu folgen, mit denen er ge
Namen eines Augsburgischen Confessionsverwandten trug? Wer
dieser Unterschrift der Verstellung oder Unredlichkeit anklagen
es neuerdings gethan hat, beweist seinen völligen Mangel an
hl in die damaligen confessionellen Verhältnisse als auch in den
calvinischen Lehre**).
chichte der Regensburger Verhandlungen selber gehört nicht
Calvin im Einzelnen dabei geleistet hat, läßt sich theils aus

mahle erfolgt nun für uns von selber die Verpflichtung, daß wir den Namen des Herrn der so Großes an uns gethan hat, auch in Lob und Danksagung verherrlichen, und, dem Leibe Christi als Glieder unverleibt, in einem neuen, reinen und gottgeheiligten Leben wandeln. Empfangen wir im Sakramente den ganzen Christus vermittelst der Kraft seines heiligen Geistes: wohlan, so muß sein heiliges Werk in uns sich auch immer mehr erfüllen und vollenden. Um ihn aber würdig zu empfangen dazu ist erforderlich ihm auch würdig zu nahen. Um den Reinen in uns aufzunehmen, müssen wir uns selbst möglichst gereinigt haben. Giebt es aber unter uns keine völlig Reinen, sind auch viele im Glauben noch schwach, im Leben mangelhaft: nun so will ja Gott im Abendmahls-Sakramente eben unserer Schwachheit zu Hülfe kommen, und deßhalb ist denn namentlich eine bußfertige und gläubige Gesinnung von unserer Seite nöthig, damit wir das Abendmahl mit wahrem Segen genießen*).

Auch was Calvin weiter „über die Zeit da wir zum Tische des Herrn gehen sollen" bemerkt, ist nicht ohne Bedeutung, und setzt den hohen Werth den er auf das Sakrament legt, in das hellste Licht. Zwar etwas allgemein Gültiges, sagt er, lasse sich darüber nicht feststellen. Denn dergleichen Dinge seien nicht durch Gesetze zu gebieten. Aber wenn man auf das Ziel sehe, zu dem der Herr uns durch das Abendmahl führen wolle, so werde man doch erkennen daß es weit häufiger gebraucht werden sollte, als es gewöhnlich geschehe. Denn je größer unsere Schwachheit sei, um so mehr bedürften wir des Trostes und der Kräftigung, der Befestigung im Glauben und der Förderung in der Heiligung, wie das Abendmahl sie uns darbiete. In jeder wohlgeordneten Kirche sollte darum das Abendmahl so oft als möglich gefeiert werden, so oft die Empfänglichkeit der Gemeinde es nur immer zuläßig mache. Und wenigstens von den großen Communionen, zu denen Alle hinzunahten, solle Niemand sich fern halten, wenn nicht ganz besondere Gründe ihn verhinderten. Ein großer Theil der Entschuldigungen, die man in solchen Fällen vorzubringen pflege, sei durchaus grundlos und thöricht. „Die Einen sagen, sie seien unwürdig an dem Tische des Herrn zu erschei-

---

*) „Ja wenn wir nicht schwach, kleingläubig und unvollkommen wären," sagt er da weiter; gleichsam schon zum Voraus sich verantwortend gegen die Lutherischen Polemiker, die ihm später vorwarfen, er nehme dem Abendmahl den Sündentrost und mache es zur Speise für die Heiligen, — „dann würde das Sakrament unnütz und seine Einsetzung überflüssig gewesen sein.... Gerade um so häufiger müssen wir es gebrauchen, je mehr das Gefühl unserer Krankheit uns drückt. Das Abendmahl nicht zu genießen unter dem Vorwande daß man noch schwach im Glauben und zu wenig gefördert sei im christlichen Leben, wäre ganz dasselbe als wenn Jemand die Arznei nicht nehmen wollte, darum weil er krank ist." Durchaus ebenso redet er in dem „christlichen Unterrichte" über diesen Punkt.

nen. Aber damit erklären fie fich dann überhaupt für unwürdig Chriften zu fein und Gott im Gebete anzurufen. Denn wenn fie nicht Glieder Chrifti fein können, fo kann ja Gott auch nicht ihr Vater fein, zu dem fie beten dürfen. Lieber follen fie doch mit allen Mitteln gegen die Hinderniffe an- kämpfen,' die ihnen der Teufel in den Weg legt! Die Andern geben vor daß fie fo viele Unvorbereitete zum Sakramente hinzunahen fehen, daß es ihnen nicht möglich fei mit all' diefen Unwürdigen durch die Communion in Ge- meinfchaft zu treten. Allein der Apoftel weift uns ja nicht an, Andere zu prüfen fondern uns felber. Zudem ift es nicht Sache des Einzelnen, fon- dern der kirchlichen Behörden irgend Jemanden von dem Tifche des Herrn auszufchließen, und am wenigften darf man aus folchen Gründen fich felber da- von ausfchließen. — Noch Andere halten den häufigen Gebrauch des Sakra- mentes für überflüffig und fagen wohl: wenn wir Chriftus einmal in uns aufgenommen haben, fo bedürfe diefe Gemeinfchaft ja keine fo häufige Erneue- rung. Dieß ift lediglich ein Scheingrund. Denn dieß geiftige Brod fättigt uns ja nicht auf ein Mal ganz und für immer, fondern es will vielmehr zunächft ein immer größeres Verlangen in uns erwecken nach reicherer und reicherer Fülle der himmlifchen Güter. Während wir hienieden wallen, wer- den wir niemals fchon voll von Chrifto und durchaus fatt in ihm, wohl aber müffen wir fort und fort uns von ihm nähren laffen."

Nach einer Widerlegung der römifchen Lehre von der Meffe eilt die Schrift dann zum Schluffe. Sie fchließt damit, daß fie es ausdrücklich aus- fpricht, wie der Wunfch nach Vermittlung und Schlichtung des „unfeligen vom Teufel angezettelten Streites" ihre Abfaffung veranlaßt habe, und wie aus ihrer Darftellung nun hervorgehen werde, worin man auf beiden Seiten gefehlt, worin man von beiden Seiten fich einander nähern müffe. Es ift ein feltenes Mufter milder und billiger Beurtheilung in Mitten eines bren- nenden Haders was Calvin in diefer Beziehung bemerkt. „Zunächft," fagt er, „bitte und befchwöre ich alle Gläubigen im Namen Gottes, kein Aerger- niß daran zu nehmen, daß diefer Streit gerade unter denen entbrannt ift, welche die reine Lehre des Evangeliums wieder aufgerichtet haben und unfere Anführer gewefen find in der Rückkehr zur Wahrheit. Es ift ja nichts Neues daß der Herr es zuläßt, daß feine Diener etwas nicht wiffen und mit einan- der ftreiten. Er will fie darum nicht für immer im Irrthum laffen, fondern nur eine Zeit lang um fie zu demüthigen. ... Als nun Luther zu lehren begann, behandelte er den Gegenftand vom Abendmahle fo, daß er, was die leibliche Gegenwart Chrifti betrifft, diefelbe völlig ftehen zu laffen fchien wie fie da- mals Alle verftanden. Denn obgleich er die römifche Verwandlungslehre ver- warf, gab er doch das Brod für den Leib Chrifti aus, weil es mit demfelben verbunden fei. Er bediente fich überdies dabei mancher harten Vergleiche, wie es ja nicht anders möglich war, wenn er feinen Gedanken klar machen wollte. Denn es ift nicht leicht, einen fo fchwierigen Gegenftand an's Licht zu setzen, ohne hin und wieder einige ungeeignete Ausdrücke zu gebrauchen. Hierauf standen Zwingli und Oekolampadius auf, welche, da sie den Betrug des Teufels erkannten, der jener seit sechs Jahrhunderten verbreiteten Lehre von der fleischlichen Gegenwart zum Grunde liegt, eine so wichtige Sache nicht mit Stillschweigen übergehen zu dürfen glaubten; zumal da mit diesem Irrthum abscheuliche Abgötterei verbunden ist, daß das Brod angebetet wird als sei Christus darin eingeschlossen. Da es nun aber sehr schwierig war, eine alte und tiefgewurzelte Meinung aus dem Herzen der Menschen zu reißen, so boten sie alle ihre Kräfte auf, sie zu bekämpfen, indem sie darauf hinwiesen wie ungereimt es sei, nicht zu erkennen, daß Christus nach der heiligen Schrift gen Himmel gefahren mit seiner menschlichen Natur, und daß er dort bleiben werde bis er wiederkomme die Welt zu richten. Indem sie nun aber das so scharf hervorhoben, unterließen sie zu erklären, welche Gegenwart Christi wir denn im Abendmahle glauben müssen, und was es für eine Bewandtniß habe mit der Gemeinschaft des Leibes und Blutes, deren wir darin theilhaftig werden. Darum meinte Luther, daß sie nichts als leere Zeichen ohne alle geistige Substanz bestehen ließen, und hob an sich ihnen öffentlich zu widersetzen und sie der Ketzerei zu beschuldigen. Nachdem nun der Streit einmal entbrannt war, wurde er im Laufe der Zeit immer heftiger und brach am Ende in helle Flammen aus, so daß die Parteien sich schroffer denn billig war ungefähr fünfzehn Jahre gegenüberstanden, während welcher Zeit Keiner den Andern mit ruhigem und gerechten Sinne anhören mochte. Denn obwohl sie einmal zusammenkamen, so war doch die Aufregung der Gemüther so groß, daß sie unverrichteter Dinge auseinander gingen. Anstatt eine Verständigung herbeizuführen entfernten sie sich mehr von einander, nur darauf bedacht ihre Meinung zu vertheidigen und die entgegengesetzte zu widerlegen."

„Wir sehen also, worin Luther worin auch Oekolampad und Zwingli gefehlt haben. Luther hätte von Anfang an erklären sollen, daß es nicht seine Absicht sei, die räumliche Gegenwart in der Weise zu lehren, wie sie die Papisten träumen, geschweige denn zu verlangen daß das Sakrament an Gottes Statt angebetet werde. Ferner hätte er sich jener harten und schwer zu lassenden Vergleiche enthalten oder sie doch wenigstens mit Mäßigung gebrauchen und so deuten sollen, daß das Aergerniß vermieden wurde. Endlich, nachdem es zum Streite gekommen, hat er alles Maaß überschritten, sowohl in der Art und Weise seine Meinung zu behaupten, als auch durch die Bitterkeit der Ausdrücke mit denen er die Andern tadelte. Denn statt sich so auszudrücken, daß seine Meinung annehmlich erscheinen konnte, bediente er sich, seiner gewohnten Heftigkeit gemäß, im Gegentheile der übertriebensten Worte, welche diejenigen unmöglich zu ertragen vermochten, die ohnehin schon nicht geneigt waren seiner Auffassung Glauben zu schenken."

„Die Andern wiederum fehlten darin, daß sie bei der Bekämpfung jener abergläubischen und fanatischen Lehre der Papisten von der räumlichen Gegenwart und der daraus folgenden Anbetung so beharrlich stehen blieben, daß sie ihre Kräfte fast nur auf die Zerstörung des Irrthums, nicht aber auf die Festsetzung dessen was zu erkennen heilsam war verwandten. Denn wenn sie die Wahrheit auch nicht läugneten, so lehrten sie dieselbe doch nicht so deutlich als die Sache es erforderte. Ich meine, während sie mit allzugroßem Eifer der Behauptung Eingang verschaffen wollten, daß Brod und Wein nur deßhalb Leib und Blut Christi genannt werden, weil sie deren Zeichen seien, bedachten sie nicht, daß zugleich hinzugefügt werden müsse: mit diesem Zeichen sei aber nichts desto weniger eine wesenhafte Sache verbunden. Auch haben sie es nicht deutlich genug ausgesprochen, daß sie keineswegs die Absicht hätten, die wahrhaftige Gemeinschaft mit dem Leibe und Blute Christi zu läugnen, zu welcher der Herr uns in diesem Sakramente führt.“

„So wurde denn in der That auf beiden Seiten gefehlt, da man sich gegenseitig nicht anhören wollte, um der Wahrheit, — auf welcher Seite sie sich auch herausstellen möchte, — leidenschaftslos zu folgen. Aber um dessentwillen dürfen wir nun nicht aus den Augen setzen was diesen Männern gegenüber uns geziemt, dürfen nicht vergessen was für Gnadengaben und Wohlthaten ihnen Gott geschenkt und durch ihre Hand uns mitgetheilt hat. Wollen wir hiefür dankbar sein, so haben wir fürwahr allen Grund uns jeder Schmähungen und Verwünschungen zu enthalten, und ihnen diese Fehler und noch größere zu verzeihen. Nicht anders als mit der größten Bescheidenheit und Ehrfurcht dürfen wir von ihnen denken und sprechen, zumal da es Gott gefallen hat diesen Streit jetzt einigermaßen zu besänftigen bis er einst ganz beendet sein wird.“

„Diese Darlegung habe ich geben wollen, weil bisher noch keine Formel veröffentlicht worden ist, die die nothwendige Verständigung herbeigeführt hätte. Bis Gott diese uns schenkt, muß uns eine brüderliche Freundschaft und Verbindung unter den Kirchen genügen, die da auf dem einstimmigen Bekenntnisse unser Aller beruht: daß wir bei gläubigem Empfange des Sakramentes der Substanz des Leibes und Blutes Christi in Wahrheit theilhaftig werden. Wie dieß geschehe? mögen Andere deutlicher auseinandersetzen. Im Uebrigen gilt es einfach festzuhalten, daß jede fleischliche Vorstellung ausgeschlossen und unser Geist in den Himmel erhoben werde, damit wir nicht meinen, unser Herr Jesus Christus sei aus dem Himmel verstoßen und in verwesliche Elemente eingeschlossen. Und wiederum damit die Wirkung jenes heiligen Geheimnisses nicht vermindert werde, müssen wir glauben daß dieß Alles geschehe durch die geheime und wunderbare Kraft Gottes und daß sein Geist das Band dieser Gemeinschaft sei, welche auch deßwegen eine geistige genannt wird*)."

Eine weitere Ausdehnung dieser an und für sich schon so klaren Darstellung wird Niemand für nöthig erachten. Nur in einem Punkte bedarf sie noch einer Ergänzung aus den spätern Aeußerungen Calvins, wenn man seine Abendmahlslehre in ihrer Gesammtheit will vor Augen haben. So schlechthin zurückweisen wie er in dem eben mitgetheilten Schluße seines Schriftchens es thut, läßt sich nämlich die Frage doch nicht: wie und auf welchem Wege der von ihm behauptete Genuß des Leibes und Blutes Christi vor sich gehe? — Daß dieselben in Brod und Wein eingeschloßen seien, hatte er verworfen; daß der verklärte Herr kraft seiner Gottheit auch mit seiner leiblichen Natur allgegenwärtig sei und Alles in Allem erfülle, wie Luther es später lehrte, verwarf er gleichfalls, und bestand, wie wir gesehen haben, darauf, daß sein Auffahren in den Himmel und sein dereinstiges Wiederkommen zum Gerichte nicht das leere Schein-Schauspiel sein könne, zu dem es durch diese Meinung werden müßte**). Aber wenn er diese Lösungen der Frage nicht wollte gelten laßen; welch' eine andere blieb dann noch übrig? Und mußte nicht, wenn er diesen Punkt völlig unerörtert ließ, nothwendig der Verdacht entstehen, er sei im Grunde doch einerlei Ansicht mit Zwingli, und nehme nur eine Gegenwart der Gottheit Christi im Abendmahle an, nicht aber auch eine Gegenwart und Mittheilung seiner verklärten Menschheit? In der That wurde das später häufig genug ihm vorgeworfen***), und damit eine weitere Ausführung seiner Lehre auch nach dieser Seite hin ihm gleichsam abgenöthigt. Aber diese Ausführung besteht nun doch nicht in dem was man gewöhnlich dafür ausgiebt†): daß er sich nämlich durch die sonderbare Annahme aus der Verlegenheit gezogen habe: da der Leib Christi nicht herabkommen könne auf Erden, so werde unsere Seele im Momente des Abendmahlgenußes wirklich und wahrhaft hinaufgehoben zu ihm — gleichsam aus unserm Körper entrückt —, und gehe dort im Himmel die Vereinigung mit ihm ein. Es ist allerdings ganz wahr, daß Calvin verschiedene Male jenes „Empor die Seele, hinauf zu dem Herrn!" das die alte Kirche den Abendmahlsgästen zuzurufen pflegte

---

*) Wer das treffliche Schriftchen nach seiner ganzen Ausdehnung möchte kennen lernen, dem ist es durch die neuliche Uebersetzung Mathieu's (Pasewalk, C. C. Braune. 1858) nun auch in deutscher Sprache dargeboten; die oben wörtlich mitgetheilten Stellen sind zum größern Theile dieser Uebersetzung entnommen.

**) Vergl. hiezu was wir aus der ersten Ausgabe des Buches vom christlichen Unterrichte über die Abendmahlslehre mittheilten.

***) Wie ja dieser Vorwurf auch heut zu Tage allem klaren Augenschein zu Trotz noch nicht verstummt ist.

†) Besonders seit Plank, der zuerst eine Stelle Calvins in dieser Weise mißverstand.

mit Nachdruck wiederholt und sogar davon redet: „Christus ziehe durch den heiligen Geist unsere Seelen zu sich in die Höhe, und wisse sich so mit ihnen zu vereinigen *)." Aber mit diesen Aussprüchen will er, ihrem klaren Zusammenhange nach, unzweifelhaft nichts Anderes an das Herz legen als seinen alten Satz: daß nicht auf das Brod sondern hinauf gen Himmel die Seele des Communicanten sich zu richten habe, weil sie eben von dort her und nicht von den Elementen aus Christum empfange. Das „Sich Aufschwingen des Herzens" bezieht sich lediglich auf die fromme, nach dem Himmel trachtende Stimmung mit der wir das Abendmahl begehen sollen; und das „Hinaufgezogenwerden durch die Kraft Christi" ist ganz einfach eine abweisende Antwort auf die Einwürfe Westphals: daß eine Mittheilung Christi an uns sich nicht denken lasse, so lange er räumlich von uns geschieden bliebe **).

Nein! Die Antwort die Calvin auf jene Frage ertheilt: „Durch welche Vermittlung empfangen wir denn die verklärte Menschheit des Herrn?" hat nichts Phantastisches, Unklares, Gezwungenes; sondern er giebt sich im Grunde ganz von selbst aus dem was das Christenthum über die Art und Weise lehrt, wie der Herr überhaupt in seine Gläubigen eingehe und Wohnung in ihnen mache. Denn wodurch geschieht dieß nach der heiligen Schrift? Doch offenbar durch den heiligen Geist, den mittheilenden Gott, der Alles was des Erlösers ist ergreift und es hineinträgt in der Menschen Herzen und darin verklärt. Ist dieß nun aber anerkannte

---

*) So namentlich im 11. Art. der Zürcher Uebereinkunft, in seinem Cate-
chismus, in der zweiten Vertheidigungsschrift gegen Westphalen, p. 6
und 62, und dem bezüglichen Capitel des „christlichen Unterrichtes", das
wir im Auszuge bereits mitgetheilt haben.

**) Auf das Deutlichste geht das aus einer andern Stelle in der zweiten Ver-
theidigungsschrift gegen Westphal hervor. „Im Alten Testamente heißt
es," sagt er da (p. 87), „Gott wohne zwischen den Cherubim, und dort
hätten ihn also die heiligen Väter suchen müssen. Dennoch meine David
wenn er dazu aufforderte vor seinem Angesichte zu erscheinen, ganz unzweifelhaft die Bundeslade und das Heiligthum das sie umschließe. Um
so ermahne nun auch er die frommen Gemüther nicht etwa in der Weise
zu Gott emporzusteigen daß sie dabei von Taufe und Abendmahl sich ab-
wendeten. Vielmehr warne er sie auf das Ernstliche davor, sich in eitel
Gemüthserregungen und Phantasien zu verlieren; sondern auf den Stufen sollten sie emporschreiten, die Gott selber nicht ohne weise Absicht
dazu verordnet." — Was Calvin mit seiner Antwort an Westphal will
ist ganz einfach, den rationalistischen Kleinglauben dieses glaubenseifrigen
Lutheraners beschämen, „der den Leib Christi nicht für mittheilbar hält
wenn er nicht irgendwie in den Mund oder in den Bauch gebracht wird.
„Ich meinerseits," ruft ihm Calvin darauf zu, „übersteige mit dem
Glauben alle Hindernisse, weil was uns unbegreiflich erscheint doch
nicht unmöglich ist für die Allmacht Christi und des heiligen Geistes."

Maaßen immer und überall sein Amt, so daß es schlechterdings keine Theilnahme an dem göttlichen Wesen giebt außer durch ihn, wie sollte dann nicht
auch in dem Abendmahle er es sein, der Solches thut, und die wunderbare
Gemeinschaft zwischen der hinzunahenden Seele und dem sich mittheilenden
Erlöser vermittelt? Ohne alles lange Suchen und Begründen, als etwas
ganz Selbstverständliches hatte Calvin von Anfang an es ausgesprochen —
sein Schriftchen vom Abendmahle des Herrn schließt wie wir gesehen haben
damit — daß der heilige Geist das Band sei, durch das die geheimnißvolle
Verbindung des gottmenschlichen mit dem menschlichen Wesen im Sakramente sich vollziehe. Und wie er nun näher befragt und gedrängt wird und
die Möglichkeit klar machen soll daß etwas Leibliches durch den Geist mitgetheilt werde, führt er weiter aus: daß Geist und Leib des verklärten Herrn
ja überhaupt nicht zu trennen seien, sondern zusammen den Gottmenschen
ausmachen, der in uns übergehen will. Nicht um einen materiellen Körper
handle es sich in dieser Sache, überhaupt nicht um einen Stoff, sondern um
eine Kraft die aus Christo zu uns herniedersteigt; denn Kraft sei das verklärte Wesen des Herrn. Wie die Sonne ihre Leben erzeugende Wärme aus-
gieße in die Samenkörner und sie dadurch lebendig mache, obwohl sie doch
ihren Platz am Himmel nicht verlasse — so ströme die lebendig machende
Person Christi in uns hernieder, seine volle Person durch des heiligen Geistes unsichtbare Wirkung, und lasse an uns in Erfüllung gehen das Wort:
„Wer mein Fleisch isset und trinket mein Blut, der bleibet in mir und ich in
ihm und hat das ewige Leben." — „Und wenn ich von der Kraft Christi
rede," sagt er, „die in uns herabkomme, so will ich damit nicht etwas Anderes
unterschieben für Leib und Blut; nur fasse ich Leib und Blut nicht als
einen todten Körper, sondern als einen solchen der mit ganz neuen
Eigenschaften himmlischer Verklärung ausgestattet ist. Von diesem behaupte ich, daß er ganz ebenso unsere Seelen belebe zum geistlichen Leben wie
das natürliche Brod unsern natürlichen Menschen ernährt. Und da nun die
räumliche Geschiedenheit zwischen dem Leibe des Herrn und unserer Seele
dem im Wege zu stehen scheint: so erkläre ich mir die Sache so, daß Christus mit seiner Kraft zu uns hernieder kömmt*)." „Wer das für
unmöglich erachtet," fügt er in dem Buche vom christlichen Unterricht hinzu,
„der ist ein Thor, der das Unendliche mit seiner Elle messen will und keinen
Begriff davon hat, wie die Wirkung des heiligen Geistes über alle unsere
Sinne hinaus geht **)."

---

*) Zweite Schrift gegen Westphal p. 82.

**) Diese Anschauung Calvins von der Wirkung des heiligen Geistes im
Abendmahle, durch welche allein die Einheit der evangelischen Heilsordnung kann aufrecht erhalten werden, stellt Ebrard auf das Beste durch
folgende Tafel dar:

Faſſen wir nun all' die verſchiedenen Züge der Darlegungen Calvins über das heilige Abendmahl ſchließlich noch einmal zuſammen, ſo ergiebt ſich uns als Geſammtreſultat die folgende Lehre: 1) **Beim Genuße des heiligen Abendmahles findet eine wirkliche, weſenhafte Mittheilung an den Communicanten ſtatt.** 2) Das was der Herr mittheilt iſt er ſelbſt nach Gottheit und Menſchheit, nach Geiſt und Leib; es iſt die Geſammtperſon des für uns gekreuzigten und auferweckten, jetzt verklärten und zur Rechten des Vaters ſitzenden Gottmenſchen. 3) Brod und Wein ſind **Bilder** dieſer Perſon und ihres Verſöhnungswerkes, aber als ſolche zugleich auch **Pfänder** durch die wir jener Mittheilung gewiß werden in Kraft der verheißenden Einſetzungsworte. 4) Die Mittheilung ſelbſt geſchieht in der Weiſe, daß das Weſen des Herrn, das durch und durch Kraft iſt, ſich in den Mittelpunkt unſeres unſterblichen Weſens hernieder ſenkt, doch nicht auf irgend eine räumliche Art (ſo daß dieſe Kraft ſich hindurch bewegen müßte durch den zwiſchen uns und Chriſto liegenden Raum!) ſondern durch einen über alle Raumverhältniſſe weit erhabenen Allmachtsakt des heiligen Geiſtes. 5) **Nicht unſer Glaube iſt es,** der dieſe Mittheilung vom Himmel bewirkt, ſondern unabhängig von uns findet dieſelbe Statt, auch wenn der Communicant geradezu gottlos wäre*), aber den ſich uns mittheilenden Chriſtus in ſich em-

---

„Nicht ſo ſteht die Sache:

Chriſtus

theilt ſich außer dem Sakramente durch den heiligen Geiſt unſern Gedanken mit.	theilt ſich im Sakramente durch äußere Zeichen unſerm Leibe mit.

ſondern ſo:

Chriſtus theilt ſich unſerm Geſammtweſen mit durch den heiligen Geiſt

außer dem Sacramente ſo, daß die ſubjective Empfindung ſeiner objectiven Mittheilung mancherlei Schwankungen unterliegt.	in dem Sacramente ſo, daß wir objective Gewißheit ſeiner objectiven Mittheilung erhalten durch ſichtbare Siegel mit deren Empfang dieſe Mittheilung verbunden iſt."

Die Ausführungen Ebrards über dieſen Punkt ſind überhaupt ganz vortrefflich, und ſtellen den wirklichen Sachbeſtand mit einer Klarheit feſt, dem gegenüber nicht mehr neu aufgewärmte Entſtellungen ſondern thatſächliche Widerlegungen folgen ſollten, wenn man ſich denn nicht will überwunden geben. Vergl. Ebrards Dogma vom Abendmahl II, vornehmlich den Abſchnitt von 550—570.

*) Denn das geht doch unwiderſprechlicher Weiſe daraus hervor, wenn er in der erſten Vertheidigungſchrift gegen Weſtphal bemerkt: daß die Sonne leuchte, ſei allerdings noch nicht genug zum Sehen, man

angen können allerdings nur diejenigen, in welchen ein Glaubens-Zu-
nd vorhanden ist. Die Andern stoßen seine reale Mittheilung positiv
rück; während die Ersteren, welcher Grund von Glaubensleben auch
ner in ihnen vorhanden sei, durch jene neue Mittheilung Christi an sie
ter darin gefördert werden*). —

Wir sind davon ausgegangen daß die Lehre Calvins die höhere Versöh-
ug zwischen dem Zwinglianismus und dem Lutherthum bilde, und kommen
t noch mit einigen kurzen Worten darauf zurück, ihr Verhältniß zu diesen
den entgegenstehenden Meinungen im Nähern aufzuzeigen. Da leuchtet es
n ein, daß man etwa sagen kann: **sie habe auf Zwingli's Wegen
reicht was Luther wollte.** Denn auf Zwingli's Wegen geht Calvin
her sowohl was die exegetische Grundlage betrifft, die Erklärung der Ein-
ungsworte, als auch in dem noch viel wichtigern Punkte, **daß er mit ihm
e Lehre vom Abendmahle unter den leitenden Gesichts-
nkt der Lehre von der Rechtfrtigung allein durch den Glau-
n stellt.** Daß der Ungläubige die Gabe des Abendmahls nicht em-
mgen könne, muß er behaupten wie Zwingli; daß es nicht zweierlei Arten
: Mittheilung Christi und seiner Einwohnung in die Seele gebe, eine
rch den heiligen Geist und eine durch die sinnlichen Elemente des Brodes
d Weines, hält er fest wie der Zürcher Reformator. An das klare Wort
: Schrift sich haltend ist er auch darin mit ihm einig, daß Christi Leib.
umlich begränzt, daß er in den Himmel aufgehoben worden, und darum
ht seinem Stoffe nach auch hier unten sein könne auf Erden und allgegen-
rtig Alles durchdringen. Aber indem Calvin in all' diesen Sätzen nun
h nicht nur das Verneinende im Auge behält, sondern jeder Verneinung
h ihre entsprechende positive Aussage zugesellt, indem er die Begriffe,
t denen Zwingli operirt hatte, durchweg vertieft und sie realer faßt, in-
u er namentlich auch zu einer höhern Auffassung der verklärten Mensch-
t Christi sich erhebt als sie bei Luther und Zwingli zu finden ist: ergiebt
) ihm am Ende doch aus all' den Vordersätzen, die er mit Zwingli theilt,
: eine große Hauptsatz Luthers: daß am Tische des Herrn eine wesen-
st gegenwärtige persönliche Selbstmittheilung Christi an die Communi-

---

müsse auch Augen haben. Nichts desto weniger hänge doch wahrlich das
Leuchten der Sonne nicht von den Augen ab, sondern ohne alle Rücksicht
auf dieselben entsende sie ihre Strahlen. Um nun durch ihre Wärme
zum Leben geweckt zu werden, müsse man allerdings lebensfähig sein;
aber ströme sie deßhalb nur über dieses ihre Hitze aus? Nein, auch über
den todten Körper, in dem sie dann freilich das gerade Gegentheil des
Lebens wirke: die völlige Verwesung. — So nun verhalte es sich
mit der Mittheilung Christi im Sakramente. An die geistlich Blinden
und Todten ergehen sie wie an die Sehenden und Lebendigen; aber nur
die Letztern können sie aufnehmen. Vergleiche auch Ebrard II, 551 und f.
*) Vergl. auch Ebrard II, 563 u. f.

ichter," schreibt ihm da Calvin*), „der sagt daß der Unwillel
e. Mir hilft im Gegentheile mein bekümmertes Herz so weni
daß es mich fast sprachlos macht. Ich finde keine Worte um aus
vie es mir ist; indem ich daran denke, in welcher Angelegenhei
dich schreiben soll, vergehen mir fast die Sinne, und ich möcht
n als reden. Ist es doch nur zu klar wie die Feinde jubeln übei
wischen dir und den Magdeburger Theologen**). Freilich bietel
kein freundliches Schauspiel; und wenn du ganz ohne Schuld
n lieber Philippus, so müßte man so schnell als möglich darau
em Treiben ein Ende zu machen. Aber verzeihe mir, wenn id
kann, daß du ohne Tadel bist. Und wenn ich sogar das sagen
mst du dir denken wie die Andern urtheilen. Indem ich dir das
anderseße mit aller Offenheit, erfülle ich nur die Pflicht eines
ndes an dir, und wenn ich mich etwas härter ausdrücken sollt
lich, so sei überzeugt, daß doch meine alte Liebe und Hochachtung
ht abgenommen haben. Ich weiß ja ohnehin, daß dir nichts lie-
ngeschminkte Offenherzigkeit, die nicht in Schmeichelei, sondern
re Liebe zeigt. Vor mir und vor Andern suche ich dich freilich zu
t so gut es nur immer geht. Aber vor dir selber will ich das
vielmehr klage ich vor dir dich an, damit ich nicht wie die An-
inter deinem Rücken verurtheilen müsse. Du behauptest freilich:
die Reinheit der Lehre fest, und gebest nur in Aeußerlichkeiten
giebst du nicht Manches nach, was offenbar gegen das Wort

)ung besonders bestehe und zu Tage trete, so wird man mit Schenkel ant-
rten müssen: darin, daß Calvin die Einheit der Person Christi
s des Gottmenschen verstanden und zum Ausgangspunkt seiner Lehre
ronnen hat wie Keiner der Andern: „Wenn Zwingli sich geneigt zeigt,
: göttliche Seite von der menschlichen zu trennen, und Luther, die mensch-
he zu vergotten, so faßt dagegen Calvin in einer großen Glaubensan-
auung beide Seiten in eine persönliche Lebenseinheit zusammen, und weder
: eine noch die andere Natur, sondern die Gesammtheit der ganzen, beide
eiten in sich zusammenschließenden Person ist es, von welcher der heilsame
enuß des Abendmahls bei ihm ausgeht*)."

Es ist bekannt, daß von der einen Seite her, nämlich von der zwing-
ch-schweizerischen, man diesen Stand der Dinge auch wirklich anerkannt
t, und bereitwillig auf den Fortschritt eingegangen ist, zu dem Calvin
e Anleitung gegeben. Dagegen auf der andern, der lutherisch-deutschen,
m ein ähnliches Resultat nur sehr stückweise und verkümmert zu Stande,
id bis auf den heutigen Tag ertönt ein lauter Schlachtruf gegen die cal-
nische Lehre aus der Mitte derer, die an Luthers Aussprüchen festzuhalten
id keinen Buchstaben von seinem Bekenntnisse abzuweichen für die erste Pflicht
ies evangelischen Christen halten. Und doch haben sie in diesem Stücke
ren großen Meister nicht so vollständig auf ihrer Seite, als sie es wohl
:inen und behaupten. Zwar in aktenmäßiger, schriftlicher Weise hat Luther
er die Auffassung Calvins nie sich ausgesprochen, da er zu kurze Zeit noch
ben ihm stand, um in ein bestimmtes Verhältniß zu ihm und seinem Re-
rmationswerke treten zu können. Dagegen hat er wenigstens Melanch-
ons spätere Auffassung, die mit derjenigen Calvins fast durchweg über-
istimmt, stillschweigend geduldet, ohne je ihr ausdrücklich zu widersprechen;
id weiter auch über Calvin und seine Schriften selber einige gelegentliche
:ußerungen fallen lassen, die nichts weniger als jenen schlechthin abweisen-
n, verwerfenden Sinn athmen, der bei den spätern und neuesten Luthera-
rn gegen den Genfer Reformator Mode geworden ist.

Die Vorgänge, auf die wir Bezug nehmen, sind nämlich diese. In
iem Brief an Farel, 12. Dec. 1539, schreibt ihm Calvin: „Neulich ist
rato einer unserer Chalkographen von Wittenberg zurückgekehrt, und
achte einen Brief von Luther an Bucer mit, worin also geschrieben war:
rüße mir den Sturm und Calvin auf das Achtungsvollste, deren Schrift-

---

als einer Kraft seiner Zeit um mehr als drei Jahrhunderte voraus-
geeilt war, und darum von den gleichzeitigen und folgenden Geschlechtern nicht durchaus begriffen werden konnte. Mit der Würdigung der
Lehre Calvins steht also das aufrichtige Eingeständniß nicht im Widerspruche, daß das reformirte Dogma einer wesentlichen Correctur und Wei-
terbildung bedürfe."

*) Unionsberuf p. 315.

chen ich mit einem befondern Vergnügen gelefen." („Nun erinnere Did
fährt Calvin in einer wieder durchgeftrichenen Parenthefe fort: „was
darin über das Abendmahl fage. Bedenke auch Luthers Freimüthigkeit!
Melanchthon aber fchrieb alfo: Luther und Pomeranus haben Stu
und Calvin grüßen laffen. Calvin fteht fehr hoch in Gnaden
Folgendes aber ließ Melanchthon durch den Boten fagen: Einige u
Luthern aufzureizen hätten ihm bemerkt: er würde von mir mit den S
nen fehr gehäffig bezeichnet. Er habe daher die bezügliche Stelle durch
lefen und ohne Zweifel gefühlt, daß er hier angegriffen werde. Aber endli
habe er ihnen geantwortet: „Ich hoffe, er felbft wird einft beffer von u
denken, aber es ift billig, daß wir von einem fo trefflichen Geifte etwas e
tragen!" („Wenn wir durch eine folche Mäßigung nicht gebrochen we
den," ruft Calvin in einer zweiten ausgeftrichenen Parenthefe aus, „fo ft
wir Felfen! Ich bin gebrochen"!)**)

Die Schrift, von der hier die Rede ift, kann nun freilich nicht d
Büchlein über das Abendmahl gewefen fein, da es im November 1539 no
nicht erfchienen war; fondern ohne Zweifel ift es die erfte Ausgabe des B
ches vom „chriftlichen Unterrichten", die Luther nach diefem Briefe zur Ha
bekommen und fo freundlich beurtheilt hat. Für die Sache felber ift di
indeffen gleichgültig. Die Abendmahlslehre Calvins und feine Beftreitun
der lutherifchen Säße von der räumlichen Gegenwart und dem Genuffe d
Ungläubigen tritt in dem einen diefer Werke fo klar und deutlich zu Ta
wie in dem andern, und die polemifche Sprache ift in dem „chriftlichen U
terricht" wohl eher noch fchärfer und rückfichtslofer als in der zu Straßbu
verfaßten Vermittlungsfchrift.

Aber auch über diefe haben wir nun weiter ein Urtheil Luthers, d
weit entfernt, die auf den Frieden gerichtete Abficht Calvins zu verwerfen, vi
mehr ganz unzweideutig darauf eingeht und ihr alles Gelingen wünfcht.
einem fernern Briefe nämlich, den Calvin noch zu Luthers Lebzeiten fchrieb**
berichtet er über jenes Büchlein „vom Abendmahle": „Auch Luther hat es
Geficht bekommen und durchaus gebilligt! Denn als es aus dem Franzöfifch
in das Lateinifche überfeßt worden war, brachte es Moriß Goltfch im Jah

---

*) Calvinus magnam gratiam iniit.
**) Das Facfimile des Briefes fiehe bei Henry I, 267.
***) Das genaue Datum wiffen wir nicht, da der Brief uns nur von Hofpiniu
in feiner Historia sacramentaria erhalten ift. Daß fich hier das Datu
1540 dabei findet (während Calvin doch darin einen Vorfall von 15-
erzählt), ift wohl weniger ein unbegreifliches Verfehen des Gefchich
fchreibers, als ein einfacher Fehler des Druckers, der 0 ftatt 6 las.
Uebrigen bemerkt Hofpinian dazu: Der Brief fei zu einer Zeit gefchriebe
da Calvin noch von keinem Menfchen öffentlich einer falfchen Abendmahl
lehre bezüchtigt gewefen fei.

45 von der Frankfurter Frühlingsmesse nach Wittenberg, und händigte dort Luthern ein, als dieser ihn nach den buchhändlerischen Neuigkeiten agte. Da wird mir nun von den zuverlässigsten Zeugen gemeldet, daß er im Lesen in die Worte ausgebrochen sei: „Wahrhaftig! dieser Mann urteilt nicht übel. Ich für meinen Theil wenigstens nehme an was er von mir gt. Wollten die Schweizer dasselbe thun, sodaß eine jede Partei mit nst ihr Unrecht anerkennte und wieder zurücknähme, so hätten wir jetzt n Frieden in diesem Streite."*)

---

*) Aus dieser wirklichen Thatsache ist wahrscheinlich durch Ausschmückung und Erweiterung die bekannte Erzählung bei Pezel (Ausführliche Erzählung vom Sakramentsstreit p. 137 — 139) entstanden, der es in dieser Form freilich allzusehr an gültiger historischer Bürgschaft fehlt, als daß der Geschichtschreiber sich ihrer ohne Weiteres bedienen könnte. Sie lautet also: „Sofern Calvins Buch durch Galasio lateinisch gemacht, auf's neue 1545 in den Druck ausgegangen und nach Wittenberg gebracht worden, da ist Montags nach Quasimodogeniti Dr. Luther nach gehaltener Lection, die er über Genesin damals noch that, in des Buchführers Moritz Goltschen Buchladen gegangen, hat den Buchführer, weil der von der Fastenmeß erst heim kommen, willkommen geheißen und mit diesen Worten ferner angesprochen: „Moritz, was sagen sie gutes Neues in Frankfurt, wollen sie den Erzkezer Luther schier verbrennen?" Darauf Moritz Goltsch diese Antwort gegeben: „Davon höre ich nichts, ehrwürdiger Herr! Ein Büchlein aber habe ich mit herein gebracht, welches Joh. Calvinus vom Abendmahl des Herrn hiebevor französisch geschrieben, jetzo aber auf's Neue lateinisch ausgegangen ist. Sie reden draußen von Calvino, daß er zwar ein junger, doch ein frommer und gelehrter Mann sein soll. In solchem Büchlein soll derselbe Calvinus anzeigen, worin Euer Ehrwürden, worin auch Zwinglius und Oecolampadius im Streit vom heiligen Abendmahle sollen zu weit gegangen sein." Da solches Moritz Goltsch nicht recht ausgeredet, hat Dr. Luther alsobald geantwortet: „Lieber, gebet mir das Büchlein her." Darauf ihm der Buchhändler eines in Riemen gefaßtes Exemplar in octavo gegeben, welches Dr. Luther in die Hände genommen, sich niedergesetzet und die ersten drei Blätter nach dem Titel gelesen, nachmals die letzten funftehalb am Ende zu lesen angefangen, die er mit sonderlichem Fleiß durchlesen und endlich also gesagt: „Moritz, es ist gewiß ein gelehrter und frommer Mann, dem hätte ich anfänglich wohl dörffen die ganze Sache von diesem Streit heimstellen. Ich bekenne meinen Theil; wenn das Gegentheil dergleichen gethan hätte, wären wir balde anfangs vertragen worden; denn so Oecolampadius und Zwinglius sich zum ersten also erklärt hätten, wären wir nimmer in so weitläufftige Disputationen gerathen." Solches hat neben vielen andern Studenten die umb Dr. Luthern der Zeit gestanden, auch Mathias Stoius, der damals Dr. Luthers Tischgenoß gewesen, nachmals aber der Arznei Doctor und des alten Herzog von Preußen Leibmedicus worden ist, mit angehöret, der es im Beisein vieler Fürnehmen vom Adel hochgedachtem Herzogen in Preußen Margraf Albrecht vielmals erzählet hat."

Es sind diese prophetischen Friedensblitze — wenn wir so sagen d[ür]fen — mitten durch die Nacht des immer noch andauernden Haders [so] durch allzu wohlthuend und erfreulich, als daß wir es uns versagen kö[nn]ten, den eben angeführten Zeugnissen auch noch ein weiteres beizufüg[en,] obwohl es nicht speciell auf Calvin sich bezieht. Ehe Luther nämlich zu je[ner] Reise nach Eisleben sich aufmachte, von der nur noch seine leibliche H[ülle] nach Wittenberg zurückkehren sollte, hatte er noch eine Zusammenkunft [mit] Melanchthon, in der sich nach dessen eigenem Berichte das folgende Gespr[äch] zwischen ihnen zutrug: „Lieber Philipp," äußerte sich Luther gegen [das] Ende der Unterredung, „ich muß es bekennen, der Sache vom Abendm[ahl] ist viel zu viel gethan." Worauf Melanchthon erwiederte: „Herr Dokt[or,] so lasset uns eine Schrift stellen, worin die Sache gelindert werde, auf [daß] die Wahrheit bleibe und die Kirche wieder einträchtig werde!" „Ja," sa[gte] Luther, „ich habe das oft und vielfältig gedacht, aber so würde die gan[ze] Lehre verdächtigt. Ich will's dem allmächtigen Gott befohlen haben. Th[ut] ihr auch etwas nach meinem Tode*)."

---

*) Obschon nicht nur die schroffen Lutheraner, die Luthern von jeder versöhn[li]chen Stimmung wie von einem Schandflecken meinen rein waschen zu m[üs]sen, sondern auch Männer wie Galle (Charakteristik Melanchthons [u. a.] u. s. f.) und Plank diese Geschichte für eine Fabel erklären, und sich in [der] That manche gewichtige Einwendungen aus innern Gründen dagegen erheben läßt, setzen wir sie doch getrost hieher, da sie in neuerer [Zeit] eine auf Dokumente beruhende Grundlage historischer Glaubwürdig[keit] erhalten hat, gegen die jene „innern Gründe" kaum noch wer[den] aufkommen können. Bisher kannte man nämlich die Erzählung b[loß] aus Pezel und Hospinian, die sie von Alessus, einem Freunde Luth[ers] und Melanchthons erfahren hatten, aber auch nicht aus seinem eige[nen] Munde, sondern erst durch zweite oder dritte Hand. Und dieß vorn[em]lich findet Plank bedenklich; man habe so, meint er, nirgends ei[nen] rechten, den betreffenden Verhältnissen nahe stehenden Gewährsmann, den man sich halten könnte. Dieser Gewährsmann ist nun aber d[urch] einen neueren Forscher gefunden. In der Erlanger Reformirten Kirch[en]zeitung (Nr. 40, Jahrgang 1853) wird nämlich von Kohlmann in B[re]men eine neulich entdeckte Handschrift eines der nächsten Freunde M[e]lanchthons, des bekannten Hardenberg, mitgetheilt, die seine Erlebnisse [in] Bremen von 1547—1550 darstellt, und dabei auch die Schilderung ei[nes] Verhöres enthält, das er wegen seiner melanchthonisch-calvinischen Abe[nd]mahlslehre vor dem Rathe zu bestehen hatte. Da liest man unter Ande[rm] nun Folgendes (die Schrift ist ursprünglich niederdeutsch geschrieben, [den] betreffenden Abschnitt hat Kohlmann in das Hochdeutsche übersetzt): „[Als] des Dings mir so viel wurde (Hardenberg erzählt), sagte ich: Li[eben] Herrn, daß Herr Jacobus klaget, er höre daß man etwas heimlich wi[der] des Herrn Luthers Lehre vom Sakrament rede, kann ich wohl versteh[en] und bekenne, daß ich ihm als meinem Freunde vertrauet habe, daß [ich] nebst Herrn Herbert von Langen (damals Domherr zu Bremen) von d[em] Herrn Philipp Melanchthon zu Wittenberg gehört habe: wie nämlich L[uther]

Und Melanchthon hat, wie wir wissen, denn auch wirklich gar Manches
than, was zu dem gewünschten Ziele hätte führen können, wenn seine Be-
rebungen nicht von anderer Seite her in so unseliger Weise wären durch-
reuzt worden. Sein Verhältniß zu Calvin, wie es während des Straßbur-
r Aufenthaltes dieses Letztern sich bildete, gehört zu den lieblichsten und
ohlthuendsten Zügen der gesammten Reformationsgeschichte, und weder an
m einen noch an dem andern der beiden Männer liegt die Schuld, daß es
diglich bei dieser persönlichen Gemeinschaft blieb, daß nicht auch eine Ge-
einschaft ihrer Kirchen und Völker, eine Gemeinschaft der ganzen evange-
schen Christenheit daraus geworden ist. —

VI.

Calvin als Abgeordneter Straßburgs auf den deutschen
Reichs- und Kirchenversammlungen. — Calvin und Melanchthon. — Calvins Stellung zur Straßburger Kirche. — Reichstag zu Frankfurt. — Zusammentreffen mit Melanchthon. — Erörterungen
der beiden Männer über die Abendmahlsfrage, über Kirchenzucht, über
Cultusformen (1539). — Die Congresse zu Hagenau und zu Worms
(1540). — Der Reichstag zu Regensburg (1541). — Stellung Calvins
auf demselben. — Nähere Verbindung mit Melanchthon. — Nebeneinan-
derstellung ihrer beiderseitigen Charaktere. — Der Briefwechsel zwischen
ihnen. — Ihre Differenz in der Prädestinationslehre. — Die Vorrede

---

Luther ihn zu sich gefordert, ehe er nach Eisleben gezogen wo er starb, und
hätte dem Philipp gesagt:" 2c. (Es folgt nun das ganze Gespräch wörtlich
so wie wir es im Texte mittheilen.) „Dieses hat Philippus dem Herrn Herbert von Langen und mir also gesagt, so wahr Gott Gott ist. Dieses sagte ich
dem Herrn Jacob und das konnte er nicht verdauen" u. s. w. — Nach der
Veröffentlichung dieses Aktenstückes bleibt nun augenscheinlich nichts Anderes
mehr übrig, als entweder die obige Erzählung als geschichtliche Wahrheit
anzunehmen, oder Melanchthon — und wo nicht ihn — Hardenberg für
einen Lügner, ja für einen geradezu Gewissenlosen und Meineidigen zu erklären, der fälschlich Gott zum Zeugen angerufen. Ist dieß Letztere aber
denkbar — auch ganz abgesehen von dem moralischen Werthe dieser frommen
Männer, — während Herbert von Langen auf den Hardenberg sich berief,
neben ihm in Bremen lebte und jeden Augenblick befragt werden konnte?
Zudem lesen wir nicht, daß die Anwesenden, so sehr die Erzählung sie frap-
pirte und verdroß, den geringsten Versuch gemacht hätten, ihre Richtigkeit
anzuzweifeln. — Das Zeugniß des Alesius, das Pezel anführt, rückt durch
dieß Dokument nun in die zweite Stelle hinab, und die originale Erklärung
Hardenbergs nimmt die erste ein; aber für die Wahrhaftigkeit dieser legt
jenes doch ein sehr bedeutendes Gewicht in die Waagschale. Die Sache
beruht jetzt auf zweier trefflicher Zeugen Mund, und der gewissenhafte
Geschichtschreiber, der vor Allem die äußere Beglaubigung in Betracht zu
ziehen hat, wird sicherlich für die Zukunft eine andere Stellung dazu ein-
nehmen müssen, als bisher.

Calvins zu Melanchthons „Loci communes." — Seine Mahnungen zu größerer Entschiedenheit und Mannhaftigkeit. — Zeitweiliges Erkalten ihres Freundschaftsverhältnisses. — Schließliche Wiederannäherung. — Melanchthons Tod und Calvins Klage über den Heimgegangenen.

So war denn Calvin in jedem Stücke in den Geist und die Haltung der Straßburger Kirche eingegangen, und wurde auch von ihr wiederum als ein vollkommen Zugehöriger, als eines ihrer ausgezeichnetsten Glieder anerkannt. Auch äußerlich galt er als ein solches, seitdem er im Juli 1539 sich das Bürgerrecht der Stadt erworben und dabei der Zunft zu Schneidern hatte zutheilen lassen*). Die Schweizer gaben ihn fast auf, und äußerten sich hie und da ziemlich verdrießlich über ihn**). Wo man von ihm wußte und redete, zählte man ihn ganz einfach zu den Dienern und Theologen der Augsburgischen Confession, zu der ja Straßburg sich bekannte; und Calvin hatte nichts hiegegen einzuwenden, sobald man diese Confession nur in dem Sinne faßte, wie seine Collegen Bucer und Capito und ihr Verfasser Melanchthon selber sie verstanden. Noch längere Zeit hat man ihn in Deutschland so gut wie die Straßburger und in demselben Sinne wie sie als lutherischen Theologen betrachtet. Der eifrig anti-zwinglische Brenz hat noch im Jahre 1548 in den freundschaftlichsten Ausdrücken an ihn geschrieben und ihn um seine Fürbitte angesprochen.

Und da zögerten nun die Straßburger auch nicht lange, die Dienste des neuen Mitbürgers, dem sie keine Gleichen an die Seite zu setzen hatten, zum gemeinen Frommen in vollem Maße in Anspruch zu nehmen.

Schon im Jahre 1539 wurde er mit Bucer und Sturm nach Frankfurt geschickt, als der Kaiser, um freie Hand für den Türkenkrieg zu gewinnen, eine vorläufige Abkunft mit den protestirenden Reichsständen suchte, und zu dem Ende auch eine freundliche Verhandlung über die religiösen Fragen zwischen den streitenden Theilen in Anregung brachte***). Doch waren die Theologen für dieß Mal noch zu früh gekommen. Die politischen Umstände, die zuerst erledigt werden mußten, ließen für die religiösen Besprechungen keine Zeit mehr übrig, und man begnügte sich nach dieser Seite hin mit der Verabredung, im Laufe des nächsten Jahres eine neue Versammlung zu halten, die dann ganz ausschließlich der Einigung in der Religion gewidmet werden sollte.

Indessen blieb für Calvin persönlich die Reise doch nicht ohne Frucht. Er traf in Frankfurt endlich einmal mit Melanchthon zusammen, wie er es schon so lange sich gewünscht hatte, und konnte nach Herzenslust alle die kirchlichen und dogmatischen Fragen mit ihm durchsprechen, die den beiden

---

*) Vergl. die hierauf bezüglichen Dokumente bei Henry I, 225, Anm. 3.
**) Einzelne dieser Aeußerungen bei Henry I, 265.
***) Vergl. Ranke's Geschichte der deutschen Reformation IV, 122—134.

Männern zumeist auf den Herzen lagen*). Schon vorher hatte er bei ihm brieflich angefragt, ob er mit der Abendmahlslehre, die er bisher vorgetragen, sich in Uebereinstimmung befinde oder etwas daran zu tadeln habe, da es vielen würdigen Männern sehr daran gelegen sei dieß zu wissen? Er legte ihm jetzt einige Artikel vor, die in kurzer Zusammenfassung seine Ansichten enthielten, und erlebte die Freude, daß Melanchthon sie ohne Weiteres auch als den Ausdruck seiner eigenen Ueberzeugung anerkannte. Nicht so tröstlich lautete freilich was er sonst noch von ihm erfuhr. Zu einer allgemeinen, dauernden Verständigung, äußerte Melanchthon, sei trotz alle dem nur wenig Hoffnung, denn es gebe bei ihnen Leute, die eben etwas Derberes und handgreiflicheres in dem Sakramente wollten, und zwar mit einer Hartnäckigkeit, um nicht zu sagen: einer Tyrannei, die wenig Gutes in Aussicht stelle. Er selber fühle sich nicht mehr sicher, seit man etwas von seinen abweichenden Meinungen zu ahnen beginne. Der einzige Trost beruhe auf der Gnade Gottes, der seine Kirche nicht werde untergehen lassen. „Was wir sonst noch Alles miteinander besprachen," fährt Calvin in seinem Schreiben fort, „kann ich dir jetzt nicht seiner ganzen Ausdehnung nach wiederholen. In der einen oder andern vertrauten Stunde, da wir wieder von Mund zu Mund miteinander werden verkehren können, soll es dann den Gegenstand unserer Unterhaltung ausmachen. Nur das Eine: über den Mangel an aller Ordnung in unseren Kirchen klagte er auf das Bitterste. Es gereicht dir das vielleicht zum Troste, da du sonst zuweilen meinst, du seist der Einzige der diese Last zu tragen hat. Wir sind alle der Ueberzeugung, daß eine Besserung sich hier nicht erwarten läßt, bis Volk und Obrigkeit einmal den rechten Unterschied machen lernen zwischen dem Joche Christi und der päpstlichen Tyrannei." Aus einem spätern Briefe an Farel sehen wir übrigens daß es besonders auch die Form des Cultus war, über die Calvin mit dem neu gewonnenen Freunde sich unterhielt, da bekanntlich in diesem Punkt die Schweizer und die Sachsen ebenfalls ziemlich weit auseinander gingen. Hier war nun Calvin ganz auf der Seite der Schweizer. „Ich habe es Philipp gerade heraus gesagt," schreibt er, „daß das Uebermaß ihrer Ceremonien mir durchaus mißfalle, ja daß es mir scheinen wolle, sie erneuerten fast das Judenthum indem sie denselben einen so bedeutenden Platz einräumten. Als ich ihm stark zusetzte, antwortete er, er könne mir nicht gerade widersprechen, sondern müsse vielmehr zugeben, daß sie nach dieser Seite hin des Guten zu viel hätten, darunter auch manches Kindische und Unnütze. Indessen habe man eben ihren kirchlichen Rechtsgelehrten, die an jeder bestehenden Einrichtung kleb-

---

*) Es war dieß einer der hauptsächlichsten Gründe gewesen, die ihn zu der Reise bewogen. Vergl. seine ausführlichen Briefe an Farel vom März 1539 bei Bonnet I. 92 (104), die auch über die Verhandlungen selber manche Notizen enthalten.

ten, das Eine und Andere nachgeben müssen. Im Uebrigen halte auch Luther selber nicht viel von der Sache; ihr Uebermaß von Ceremonien sei ihm nicht lieber als unsere übermäßige Nüchternheit. Das ist auch Bucers Meinung, der die lutherischen Ceremonien lediglich vertheidigt, damit sie nicht zu einem neuen Zankapfel zwischen uns und ihnen werden. Den lateinischen Gesang billigt er durchaus nicht, Bilder verabscheut er, gewiß will er nichts wiederherstellen was wir abgeschafft haben. Ich meinerseits stimme ihm nun vollkommen bei, daß es thöricht wäre uns auch hierüber wieder zu entzweien *)."

Ueber Melanchthon selber läßt er übrigens schon bei diesem ersten Anfang der Bekanntschaft etwas von der Klage einfließen, die er später so oft wiederholen mußte: daß es ihm nämlich, mehr als gut sei, an dem Freimuthe und der Bestimmtheit fehle, die seine Stellung erfordere. „Die Fürsten wollen ihn nicht nach England schicken," schreibt er in dem ersten der angeführten Briefe, „obwohl der König es wünscht, weil sie die Weichheit seines Wesens fürchten. Und in der That weiß man nie recht was seine Ueberzeugung ist und was nicht, ob er sie nur verbirgt oder gar zuweilen anders redet als er es denkt. Freilich hat er mir auf das Feierlichste geschworen, daß man mit Unrecht ihm dergleichen zutraue; und ich glaube selber, daß wenn ich ihn einmal genauer kennen lernte, ich zu ihm so gut Vertrauen fassen würde als zu Bucer; namentlich wo es um Angelegenheiten sich handelt, die am besten durch Güte und Freundlichkeit zu schlichten sind." —

Im Jahre 1540 kam der zu Frankfurt beschlossene Convent wirklich zu Hagenau zusammen; und wieder wurde Calvin abgeordnet, um die Straßburger Kirche darauf zu vertreten. Aber es leuchteten keine günstigen Sterne über der Verhandlung. Die erwählten Schiedsrichter fanden sich gar nicht ein; die meisten der Fürsten folgten ihrem Beispiele; zu einem eigentlichen Gespräche war nichts vorbereitet, und das einzige Resultat, zu dem man sich am Ende vereinigte, war die Festsetzung einer neuen Versammlung, für die alles so genau als möglich bestimmt wurde. Nach Verlauf von zehn Wochen sollte sie in Worms zusammentreten; eilf Mitglieder von jeder Seite sollten das Wort führen, und die Augsburger Confession mit der Apologie dabei zu Grunde gelegt werden. Damit ging man wieder auseinander; die protestantischen Theologen wenigstens über den einen Punkt vergnüglich gestimmt, daß sich keinerlei Uneinigkeit zwischen ihnen gezeigt hatte, und sie alle darin übereingekommen waren: Das Erste, um was es sich jetzt für sie handle, müsse die Einrichtung einer festen Zucht und Ordnung in der Kirche sein. „Dieß ist in der That das Wichtigste was wir für den Augenblick zu thun haben," schreibt Calvin, „das Andere wird in kurzer Zeit sich finden **)."

---

*) Bei Bonnet I, 112 u. f.
**) Brief an de Failly, vom 28. Juli 1540.

Aber auch die Wormſer Verſammlung hatte kein beſſeres Geſchick als die bisherigen. Die zwei Monate, die Calvin mit ſeinen Freunden ſich dort aufhielt, nicht nur als Abgeſandter Straßburgs, ſondern auch als Bevollmächtigter der Herzoge von Lüneburg *), verfloſſen unter vergeblichen Bemühungen, die immer neuen Schwierigkeiten aus dem Wege zu räumen, durch die der päpſtliche Nuntius das Geſpräch zu verhindern ſuchte. Als es endlich doch zu einer Unterredung zwiſchen Eck und Melanchthon kam, und die Ueberlegenheit des proteſtantiſchen Vertreters ſich dabei unzweifelhaft herausſtellte, lief plötzlich ein kaiſerliches Schreiben ein, das dem ganzen Unternehmen ein Ende machte und die Parteien auf den Reichstag in Regensburg vertröſtete, der für das folgende Jahr einberufen war.

„Unſere Gegner haben die Dinge für dieſes Mal ſo einzurichten gewußt,“ ſchreibt Calvin an den Genfer Magiſtrat **), „daß nichts zu Stande kommen konnte; wir müſſen uns bereit halten, ihnen von Neuem gegenüber zu treten, und da mich Gott nun einmal dazu berufen hat, nach meinen geringen Kräften zu der Sache mitzuwirken, ſo darf ich für den Augenblick mich in kein anderes Geſchäft einlaſſen ***).“

Ungern genug trat er übrigens die neue Wanderung nach Regensburg an, von der er unaufhörlich vorausſagte, ſie werde ſo wenig Nutzen bringen als alle frühern †). „Wider meinen Willen ſchleppen ſie mich hin,“ ſchrieb er bei ſeiner Abreiſe an Farel, „ich werde nur Zeit verlieren, da die Deutſchen ihre Reichstage ſo ſehr in die Länge ziehen; und übrigens fühle ich wohl, daß ich zu dergleichen Verrichtungen nicht paſſe, was auch die Freunde hierüber urtheilen mögen.“ Jedenfalls muß der junge Franzoſe, mit ſeiner immer noch etwas ſchüchternen, zurückhaltenden Art eine eigenthümliche Erſcheinung geweſen ſein unter all' den Fürſten und vornehmſten Gelehrten des deutſchen Reiches, in deren Mitte er ſich ſo mit einem Male geſtellt ſah. Da man ſich zuweilen der deutſchen Sprache bediente, ſo verſtand er nicht

---

*) Sturmius Antipap. IV, 20. „Ich höre,“ heißt es da, „daß Einige ſchreiben, Calvin ſei aus eigenem Antriebe nach Worms gereiſt, nicht durch einen Beſchluß des Rathes geſendet. Aber damit irren ſie entweder, oder reden abſichtlich Unwahres. Vielmehr iſt dieß das Richtige: Dem Jacob Sturm gefiel der Geiſt Calvins, und unſerer Stadt konnte ſeine Verwendung in Mitte ſo großer Männer nur zum Ruhme gereichen. Der andere Grund war der: daß die Herzöge von Lüneburg Calvin und mich ernannt hatten, damit wir in ihrem Namen der Unterredung beiwohnten, was aus den Akten hervorgeht.“

**) Bei Bonnet I, 190.

***) Ueber den Gang der Verſammlung vergl. die treffliche Darſtellung Ranke's a. a. O. 196—204.

†) „Gewiß,“ ſchreibt er gleich beim Beginn der Verhandlungen von Regensburg aus, „wenn irgend etwas Wünſchenswerthes erreicht wird, ſo geſchieht es ſo gegen alle meine Hoffnung und Erwartung.“ Bonnet I, 232.

einmal immer was verhandelt wurde; seine Stellung war überhaupt mehr diejenige eines gelehrten Vertrauens-Mannes, bei dem die Freunde sich guten Rath und neue Waffen zum Kampfe holen, als die eines eigentlichen Theilnehmers an den amtlich angeordneten Gesprächen. „Doch auch in dieser Rolle," sagt Beza*), „war er wahrlich nicht unnütz für die Kirche und namentlich für die Frankreichs. Melanchthon und Cruciger freuten sich hoch über seine Gegenwart." Der erste Akt, den die anwesenden protestantischen Theologen zu vollziehen hatten, war die Unterzeichnung der Augsburgischen Confession, als des anerkannten reformatorischen Bekenntnisses im Reiche, mit dessen Zugehörigen die Katholiken allein unterhandeln wollten. Wie alle Andern unterschrieb sie Calvin ohne Zögern, ja „willig und von ganzem Herzen" wie er später bezeugt; denn wenn es auch nicht die abgeänderte (in der Abendmahlslehre mehr der reformirten Auffassung sich nähernde) Form derselben war, die ihm vorgelegt wurde — was ungewiß ist —: wie hätte es ihm irgend ein Bedenken machen können, zu der Schrift seines Freundes Melanchthon sich zu bekennen, mit dem er in dem fraglichen Streitpunkte so völlig Eins sich wußte oder dem Beispiele seiner Straßburger Collegen zu folgen, mit denen er gemeinsam den Namen eines Augsburgischen Confessionsverwandten trug? Wer Calvin wegen dieser Unterschrift der Verstellung oder Unredlichkeit anklagen mag, wie man es neuerdings gethan hat, beweist seinen völligen Mangel an Einsicht sowohl in die damaligen confessionellen Verhältnisse als auch in den Charakter der calvinischen Lehre**).

Die Geschichte der Regensburger Verhandlungen selber gehört nicht hieher. Was Calvin im Einzelnen dabei geleistet hat, läßt sich theils aus den Andeutungen Sturms theils aus seinen eigenen Briefen mehr errathen

---

*) Im Leben Calvins.

**) „Im Jahre 1541," sagt Ebrard (Dogma vom Abendmahl II, 450) mit Recht, „gab es noch keine reformirte und noch keine lutherische Kirche in nachmaligem Sinne. Sondern es gab eine Kirche Augsburgischer Confession im Reich und andere Kirchen z. B. die zwinglische in Zürich, außer dem engern Verbande des eigentlichen Reiches. Die ganze Richtung nun, welche später in Folge des westphälischen Streites und der Concordienformel als calvinische oder reformirte Kirche von den Lutheranern ausgeschieden wurde, war 1541 noch nicht ausgeschieden, sondern befand sich (soweit sie im Reiche existirte) noch im Schooße der protestantischen Stände, d. h. der Stände Augsburgischer Confession, und befand sich nicht heimlich und erschlichen darin, sondern ganz offen und nachdem sie mit ihrer Meinung längst herausgerückt war. Auch Luther und die übrigen protestantischen Stände erkannten diese ihre Stellung an. Natürlich, daß sie also bei vorkommenden offiziellen Fällen die Confession nur auch mit zu unterschreiben hatten. Es ging dieß aber um so eher an, da dieselbe über den Differenzpunkt zwischen der lutherischen und der bucerisch melanchthonisch = calvinischen Lehre nichts bestimmt, und nur die Gegenwart im Abendmahle, nicht aber die Gegenwart im Brode ausspricht."

45 von der Frankfurter Frühlingsmeſſe nach Wittenberg, und händigte dort Luthern ein, als dieſer ihn nach den buchhändleriſchen Neuigkeiten agte. Da wird mir nun von den zuverläſſigſten Zeugen gemeldet, daß er im Leſen in die Worte ausgebrochen ſei: „Wahrhaftig! dieſer Mann urtheilt nicht übel. Ich für meinen Theil wenigſtens nehme an was er von mir. gt. Wollten die Schweizer daſſelbe thun, ſodaß eine jede Partei mit rnſt ihr Unrecht anerkennte und wieder zurücknähme, ſo hätten wir jetzt m Frieden in dieſem Streite."*)

---

*) Aus dieſer wirklichen Thatſache iſt wahrſcheinlich durch Ausſchmückung und Erweiterung die bekannte Erzählung bei Pezel (Ausführliche Erzählung vom Sakramentsſtreit p. 137 — 130) entſtanden, der es in dieſer Form freilich allzuſehr an gültiger hiſtoriſcher Bürgſchaft fehlt, als daß der Geſchichtſchreiber ſich ihrer ohne Weiteres bedienen könnte. Sie lautet alſo: „Sofern Calvins Buch durch Galaſto lateiniſch gemacht, auf's neue 1545 in den Druck ausgegangen und nach Wittenberg gebracht worden, da iſt Montags nach Quaſimodogeniti Dr. Luther nach gehaltener Lection, die er über Geneſin damals noch that, in des Buchführers Moritz Goltſchen Buchladen gegangen, hat den Buchführer, weil der von der Faſtenmeß erſt heim kommen, willkommen geheißen und mit dieſen Worten ferner angeſprochen: „Moritz, was ſagen ſie gutes Neues in Frankfurt, wollen ſie den Erzketzer Luther ſchier verbrennen?" Darauf Moritz Goltſch dieſe Antwort gegeben: „Davon höre ich nichts, ehrwürdiger Herr! Ein Büchlein aber habe ich mit herein gebracht, welches Joh. Calvinus vom Abendmahl des Herrn hiebevor franzöſiſch geſchrieben, jetzo aber auf's Neue lateiniſch ausgegangen iſt. Sie reden draußen von Calvino, daß er zwar ein junger, doch ein frommer und gelehrter Mann ſein ſoll. In ſolchem Büchlein ſoll derſelbe Calvinus anzeigen, worin Euer Ehrwürden, worin auch Zwinglius und Oecolampadius im Streit vom heiligen Abendmahle ſollen zu weit gegangen ſein." Da ſolches Moritz Goltſch nicht recht ausgeredet, hat Dr. Luther alſobald geantwortet: „Lieber, gebet mir das Büchlein her." Darauf ihm der Buchhändler eines in Riemen gefaßtes Exemplar in octavo gegeben, welches Dr. Luther in die Hände genommen, ſich niedergeſetzet und die erſten drei Blätter nach dem Titel geleſen, nachmals die letzten funftehalb am Ende zu leſen angefangen, die er mit ſonderlichem Fleiß durchleſen und endlich alſo geſagt: „Moritz, es iſt gewiß ein gelehrter und frommer Mann, dem hätte ich anfänglich wohl dörffen die ganze Sache von dieſem Streit heimſtellen. Ich bekenne meinen Theil; wenn das Gegentheil dergleichen gethan hätte, wären wir balde anfangs vertragen worden; denn ſo Oecolampadius und Zwinglius ſich zum erſten alſo erklärt hätten, wären wir nimmer in ſo weitläufftige Diſputationen gerathen." Solches hat neben vielen andern Studenten die umb Dr. Luthern der Zeit geſtanden, auch Mathias Stoius, der damals Dr. Luthers Tiſchgenoß geweſen, nachmals aber der Arznei Doctor und des alten Herzog von Preußen Leibmedicus worden iſt, mit angehöret, der es im Beiſein vieler Fürnehmen vom Adel hochgedachtem Herzogen in Preußen Margraf Albrecht vielmals erzählet hat."

mich doch niemals reuen, daß ich hergekommen bin. Hältst du mich für nicht ganz bei Verstand indem ich so rede? Es mag dir so scheinen, obwohl ich ganz gut weiß, was ich sage; und du wirst mich besser verstehen, wenn ich mich wieder einmal mündlich mit dir unterhalten kann. Unsere Freunde, die die Commission bilden*), verständigten sich ohne Schwierigkeit mit den Gegnern über die Lehre von der Erbsünde und über die Meinung vom freien Willen, bei der man Augustin folgte. Mit der Rechtfertigung ging es schon viel schwerer. Indessen vereinigte man sich auch hier über eine gemeinsame Formel, und du wirst erstaunt sein zu sehen, wie viel die Katholiken nachgaben. Meiner Ansicht nach gab man freilich auch ihnen Einiges zu, indem man sich unbestimmter ausdrückte als gut ist; ich bin überzeugt, du wirst, wenn du die Schrift zu Gesicht bekömmst, hierin einer Meinung mit mir sein. Dann kam die Lehre von der Kirche an die Reihe, in deren allgemeiner Bestimmung beide Theile übereinstimmten; dagegen in der Frage über ihre Gewalt ging man so weit auseinander, daß man diesen Gegenstand zunächst mußte bei Seite liegen lassen. Bei den Sakramenten kam es zu hartem Aufeinanderstoßen. Wie ein unübersteiglicher Fels stand die Lehre vom Abendmahle im Wege. Die Unsrigen verwarfen die Transsubstantiation mit Allem was daran hängt. Die Gegner wollten dieß in keiner Weise zugeben. Mein College**), der in seinem Eifer für eine Uebereinkunft alles Andere vergißt, begann darüber unwillig zu werden und zu murren, daß man diese spitzfindigen Fragen so zur Unzeit aufwerfe. Melanchthon bemühte sich eher, da die Sache so übel stand, alle Hoffnung einer Uebereinkunft von vorneherein abzuschneiden. Nachdem die Unsrigen sich berathen, versammelten sie uns Alle, um unsre Meinung zu hören, und Einer nach dem Andern mußte sein Votum abgeben. Es war nur eine Stimme, daß die Transsubstantiation eine leere Menschenerfindung sei, die Aufbewahrung der geweihten Hostien ein Aberglauben, ihre Anbetung eine Abgötterei oder wenigstens äußerst gefährlich, da sie durchaus keinen Grund habe im Wort Gottes. Ich setzte meine Ueberzeugung lateinisch auseinander. Obschon ich die Voten der Andern nicht verstanden hatte, sprach ich mich entschlossen und ohne mich von der Furcht, Aergerniß zu geben, irgendwie zurückhalten zu lassen, gegen jede Art von örtlicher Gegenwart aus; den Akt der Anbetung erklärte ich für etwas geradezu Unerträgliches. Denn glaube mir: in solchen Verhandlungen ist ein kühner, entschiedener Sinn von Nöthen, der die Andern stärkt und ihnen Muth macht. Bitte nur den Herrn recht ernstlich darum, daß er diesen Geist des Muthes uns erhalte. Melanchthon setzte dann eine Schrift auf, die Granvella***) übergeben, aber mit barschen Worten von ihm zurück-

---

*) Von protestantischer Seite waren es Melanchthon, Bucer und Pistorius.
**) Bucer.
***) Dem bekannten Cardinal der römischen Kirche und Minister Carls V.

gewiesen wurde. Was werden unter diesen Umständen noch für weitere Schwierigkeiten folgen*)!"

„Die Verhandlungen sind wieder aufgenommen," schreibt er am folgenden Tag; „mich will dünken, wenn wir mit einem halben Christus zufrieden wären, würden wir leicht zu einer Verständigung kommen. Melanchthon und Bucer haben zweideutige und geschminkte Formeln über die Transsubstantiation angefertigt, um die Gegner durch eine Art von Schein zu befriedigen, ohne doch in der That etwas nachzugeben. Ich konnte mich hiemit nicht einverstanden erklären, obschon sie einen gewissen Grund haben, so zu handeln. Denn sie hoffen, daß wenn nur einmal der wahren Lehre die Thür geöffnet sei, so werde sie dann schon von selber das Irrthümliche von sich abstoßen. Daß sie im Uebrigen Beide von einem trefflichen Geiste beseelt sind, kann ich dir und allen Frommen bezeugen. Bucer dauert mich, daß er so in seiner Friedensliebe den Haß aller Theile auf sich lädt. Weil er sich seiner guten Absichten so bewußt ist, giebt er sich weniger Mühe, seinen guten Ruf zu bewahren, als nothwendig wäre. Denn auf das Zeugniß des eigenen Gewissens sollten wir uns doch wahrlich nicht in dem Maße verlassen, daß wir darüber die Meinung der Brüder ganz aus den Augen setzen. Doch das sind Dinge, die ich dir, mein lieber Farel, lediglich im Vertrauen klage; trage Sorge, daß du dich nicht öffentlich darüber ausläßest. Nur eines freut mich, wie ja gewöhnlich in Mitten des Uebels auch etwas Gutes sich findet, daß nämlich Niemand ernstlicher gegen den „brotenen Gott," wie er ihn nennt, ankämpft als der Würtemberger Brenz."

Die Sache verlief indessen doch am Ende wie Calvin es vorausgesehen. Einige der Hindernisse, auf die man gestoßen war, erwiesen sich als durchaus unübersteiglich; der Türkenkrieg kam dazwischen und veranlaßte den Kaiser, die Verhandlungen über die religiösen Fragen wieder zu verschieben, und den Ständen die schleunigste Vornahme der politischen zu empfehlen. „Sobald ich sah, daß hiedurch eine gute Gelegenheit zum Entwischen geboten wurde," schreibt Calvin, „ließ ich sie nicht ungenützt vorübergehn und entrann so eilig als möglich." Gegen Mitte Juli traf er wieder in Straßburg ein.

Sein Verhältniß zu Melanchthon war während dem durch all' diese Zusammenkünfte und Besprechungen über die höchsten Angelegenheiten ein immer vertrauteres und vertrauteres geworden. Die beiden Männer hatten sonst nicht gerade viel Gleichartiges in ihrem Wesen. Melanchthon erscheint als eine zarte, leicht zu verletzende Natur, nicht gerade ausgezeichnet durch besondere Festigkeit des Charakters und der Ueberzeugung; selbst in seiner Theologie neigt er sich mehr einer gewissen Unbestimmtheit zu als scharfen Formulirungen, die jede andere Anschauung durchaus ausschließen. Mit

---

*) Bonnet I, 236.

mehr Recht als bei irgend einem andern der Reformatoren hat man von ihm eine Geschichte der Veränderung seines Lehrbegriffes schreiben können. Aber wenn hierin unzweifelhaft etwas Mangelhaftes lag, das zuweilen in nicht eben erfreulicher Weise sich geltend machte, so wurde diese Schattenseite doch reichlich wieder aufgewogen durch die mannigfachen Vorzüge, die mit ihr zusammenhingen. Seine herzliche Friedensliebe im Geiste des hohenpriesterlichen Gebets, die Demuth seines Sinnes, die heilige Weichheit und Keuschheit seines Gemüths sind durch tausend Züge seines Lebens und Urtheile seiner nächsten Freunde weltbekannt geworden. Er ist ohne Widerrede eine der freundlichsten und am meisten zum Herzen sprechenden Erscheinungen in jener harten Kampfzeit, da auch die Besten oft der Regeln eines heiligen Krieges vergaßen und mit trotziger Heftigkeit, mit Eigensinn und ungehöriger Ueberhebung über Andere ihre Sache führten. — Calvin dagegen theilte weder diese Mängel noch diese Vorzüge. Nicht zwar von Natur, aber aus Prinzip, wenn wir so sagen dürfen, war er einer der stärksten, am festesten gegründeten Menschen, die es jemals gegeben hat. Alles in ihm strebte nach möglichst scharfer Bestimmtheit und Geschlossenheit. Daß es bei ihm zu irgend einem Schwanken oder Nachgeben in seiner Ueberzeugung hätte kommen können, vermag man sich nicht vorzustellen. Den Frieden auf dem Grunde der Glaubensgemeinschaft liebte auch er, und hat ihm nachgetrachtet als dem köstlichsten Gute, aber einen bedeutenden Punkt wirklicher Ueberzeugung darum in Frage stellen zu lassen, war ihm unmöglich. In solchem Falle kehrte er lieber wieder auf den Kampfplatz zurück, und führte dann den Streit so scharf und entscheidend durch als nur irgend ein Anderer. Daß in seinem Wesen etwas Unbeugsames, Durchgreifendes, ja sogar Hartes lag, läßt sich nicht in Abrede stellen; die Heftigkeit seiner Gemüthsart und die Unzugänglichkeit seines Benehmens sind fast sprichwörtlich geworden, und Niemand hat, was Wahres daran war, häufiger eingestanden und beklagt, als Calvin selber. Aber freilich leuchtete über allem dem und durch das Alles hindurch auch wieder eine Fähigkeit der innigsten Liebe, Treue, Hingabe aus ihm hervor, wie sie in der That selten sich findet. Wen er einmal in sein Herz geschlossen, den hielt er mit derselben Kraft und Beharrlichkeit darin fest, mit dem er sonst den Feinden gegenüberstand. Er erscheint überall als ein ganzer Mann, der sein Alles einsetzt: in Frieden wie im Kampf, im Anhängen wie im Verwerfen.

Es war ohne Zweifel zuerst die Gemeinsamkeit ihrer Eintrachtsbestrebungen und ihrer dogmatischen Ueberzeugungen in der streitigen Hauptfrage, die diese beiden Männer zu einander führte. Aber sowie sie sich nun einmal gefunden hatten, fühlten sich unverkennbar auch ihre Persönlichkeiten zu einander hingezogen. Nicht Melanchthon, sondern Calvin als der jüngere und noch bei Weitem unberühmtere Mann, erscheint als der Erste der solch ein Freundschaftsverhältniß sucht. Aus der einen und andern Aeußerung geht hervor, daß ihm das zarte, demüthige, fast jungfräuliche Wesen des bewunderten Mannes, das mit dem hohen Ansehen, welches sein Name in der ganzen Welt genoß, in so eigenthümlichem Gegensatze stand, einen überaus wohlthuenden, beinahe rührenden Eindruck machte. Er sah ihn innerlich gedrückt und geängstigt durch die Verhältnisse, die ihn umgaben, hülflos in seinen Drangsalen, nach einem neuen Haltpunkt sich ausstreckend, seitdem die Stütze, die er bisher an Luther gehabt, sich ihm immer mehr in ein Rohr zu verwandeln drohte, das ihm die Hand durchbohre. Aber dabei erschien doch jeder Zug an ihm der höchsten Verehrung werth; wer ihn in Frankfurt, Worms und Regensburg an der Spitze der evangelischen Theologen die reformatorischen Glaubenssätze vertreten hörte, erkannte in ihm immer noch den großen „Lehrer Deutschlands".

So stellte sich denn Calvin zu ihm auf der einen Seite wie ein Jünger zu seinem Meister, und auf der andern wie eine neue Stütze, an die die schwächere Natur des verehrten Lehrers sich anlehnen konnte. Wir sahen eben, wie er schon auf den Reichsversammlungen, da ihr persönliches Verhältniß sich bildete, den Anfang damit machte, diese doppelte Rolle zu übernehmen. Sie tritt dann weiter auch in ihrem Briefwechsel zu Tage, nachdem Calvin unter der Last seiner Geschäfte in Genf wieder Zeit gefunden hatte, sich einigermaßen den deutschen Verhältnissen zuzuwenden. Das erste Schreiben an Melanchthon, das uns nach der Regensburger Zusammenkunft in der Sammlung seiner Briefe begegnet*), ist vom Anfang des Jahres 1543 datirt, und eine Antwort auf einen Brief des fernen Freundes, der ihm nach langen Irrfahrten endlich durch einen befreundeten Reisenden zugekommen war. „Aber wie spät und nachlässig der Mann auch seine Pflicht that," ruft Calvin mit Freuden aus, „er erhielt augenblicklich Verzeihung als er mir sagte, er habe mir ein Blatt von dir zu überbringen. Könnten wir doch in der That, wie du es wünschest, öfter miteinander verkehren, sei es auch nur durch Briefe. Auf deiner Seite wäre dabei freilich der Vortheil nicht; aber was mich betrifft, so kannst du dir nicht denken, welchen Trost ich aus dem milden, lieblichen Geist deiner Briefe schöpfe. Was hier Alles auf mir liegt und mich bedrängt, mag ich dir nicht sagen; und dazu bin ich noch ferne von dir und einigen andern Freunden, deren Umgang und Ermunterung mir so überaus erquicklich und hülfreich sein würde. Indessen bleibt uns doch zuletzt dieß Eine, was keine Trennung und Entfernung uns nehmen kann: die gewisse Zuversicht jener Gemeinschaft, die Christus gestiftet hat mit seinem Blut, und geweiht und besiegelt in unserm Herzen durch seinen heiligen Geist, sodaß wir schon hienieden uns lieben können in der seligen Hoffnung, an die du in deinem Briefe erinnerst: daß wir dereinst im Him-

---

*) Höchst wahrscheinlich waren indessen schon verschiedene andere vorausgegangen.

mel werden zusammenwohnen für immer in einer Liebesfreude, die kein Ende mehr nimmt und einer Freundschaft, die nicht mehr aufhört. „Sei Gott befohlen," schließt er nach einigen Mittheilungen über verschiedene Gegenstände, „sei Gott befohlen, du höchst trefflicher Mann, den ich immer im Sinne haben und ehren werde in dem Herrn! Möge der Herr dich noch lange Zeit aufrecht erhalten zum Ruhme seines Namens und der Erbauung seiner Kirche! Noch Eines: ich wundere mich, warum du deine Arbeit über Daniel fort und fort unter Schloß und Riegel behältst? Gewiß, ich ertrage es nicht ruhig, und will es in Zukunft nicht ruhig ertragen, solch einer Gabe für immer beraubt zu bleiben. Noch einmal Gott befohlen, du und deine ganze Familie, die der Herr behüte*)!"

Auch ein öffentliches Zeugniß ihrer Verbindung legte Calvin um diese Zeit ab, indem er seine Schrift gegen Pighius (eine Vertheidigung der Prädestinationslehre) mit den herzlichsten Worten dem deutschen Freunde zueignete, und unumwunden es aussprach, wie viel er in jedem Stücke ihm gelte. „Wohl," hebt er an, „fürchte ich mich ein wenig, — wie es ja nicht anders billig ist — vor deinem klaren Geistesblicke und seinem scharfen Urtheile; aber doch würde ich nicht eben viele Entschuldigungen beifügen, wenn ich das Büchlein unserer freundschaftlichen Verbindung gemäß, dir privatim zuschickte. Jetzt da ich öffentlich deinen Namen darüber setze, wird man freilich sagen, ich habe mir zu viel herausgenommen. Darum muß ich ja wohl dieser Leute wegen erklären, wie ich hiezu komme. Für's erste nämlich weiß ich, daß aus zwei Gründen diese Schrift dir angenehm sein wird. Einmal weil du mich, der sie geschrieben hat, liebst, und dann weil sie die Vertheidigung der reinen und gesunden Lehre enthält, die Niemand eifriger und kräftiger vertritt als du. Dazu kömmt drittens, daß ich mich bemüht habe so einfach und klar als möglich zu schreiben. Das aber wird dir gefallen, der du ja ein Meister bist in der kindlichen Klarheit, die alle Künsteleien verabscheut, und den Gegenstand ganz lauter vor Augen stellt. Endlich aber weißt du wohl, daß du selber mich auffordertest, wenn Pighius nicht müde werde in seinen Angriffen, solle ich einmal ernstlich gegen ihn auftreten. Mögen nun die Menschen urtheilen wie sie wollen, mir liegt nur an e i n e m Urtheile aus ihrer Mitte: an dem Deinigen."

Der Brief ist uns erhalten, in dem Melanchthon diese Widmung beantwortet. „Wie ehrenvoll hast du meiner Erwähnung gethan," schreibt er ihm, „und wie fromm und beredt die Sache behandelt! Sowohl von meiner Dankbarkeit als über die Streitfrage selber möchte ich ausführlich, wie wir es gewohnt, so oft wir beisammen waren, mit dir sprechen können. Obgleich ich mir nicht so viel Talent und Gelehrsamkeit zuschreiben kann, wie du es mir beilegen willst, und es uns, zumal in der Kirche des Herrn, vor

---

*) Bonnet I, 349.

Allem geziemt unsere Untüchtigkeit anzuerkennen, so freue ich mich doch außerordentlich über dein Wohlwollen gegen mich, und sage dir Dank, daß du das Zeugniß deiner Liebe an eine so ausgezeichnete Stelle, den Anfang deines herrlichen Werkes, hast hinstellen wollen. Auch dein Zeugniß: daß ich die Einfachheit liebe und suche, hat mir wie ich offen gestehe, recht wohlgethan. Denn ich kann mit gutem Gewissen versichern, daß mitten unter all den verwirrenden Streitigkeiten mein Bestreben immer dahin ging, das was wahrhaft Nutzen bringt, daraus herauszufinden und deutlich und klar aufzustellen. Die Zeiten sind freilich trübe und die Gegner überaus eifrig uns zu zerstören, aber wir wissen ja, daß Gott mitten unter den Bewegungen der Welt seine Kirche wunderbar bewahrt. Wir wollen darum unsere Seele nicht beugen noch brechen lassen, sondern wie der bekehrte Schächer am Kreuz, bis zum letzten Athemzuge laut bekennen und predigen die Lehre vom Sohne Gottes, die verborgene Weisheit, die der Kirche anvertraut ist; die Tiefe des menschlichen Verderbens, die Buße, das feste Vertrauen auf die verheißene Barmherzigkeit um des Sohnes willen, die wahre Anbetung, die Gnadenmittel die nicht entweiht werden können, das wahre Regiment der Kirche nach der Apostel und Propheten Weise, endlich das ewige Leben. Auf diese größten und hauptsächlichsten Punkte möchte ich auch vor Allem die herrliche Gabe deiner Rede hinlenken. So wirst du die Unsrigen stärken, die Gegner niederwerfen, Allen aufhelfen, denen noch zu helfen ist. Denn wessen Rede ist wohl heut zu Tage in dem Kampfe kraftvoller und leuchtender? Meine Schreibweise ist entweder aus Mangel an Begabung oder durch den innern Kummer, der die Kraft meiner Natur verzehrt hat, zu rauh und unscheinbar geworden. Darum freue ich mich außerordentlich, daß du dich durch einen innern Trieb des göttlichen Geistes veranlaßt fühlst, dich auf die Auslegung des Wortes Gottes zu legen, und muntere dich auf durch die Stimme des Apostels, der dem Timotheus schreibt: „Vernachlässige nicht die Gabe, die dir verliehen ist." Wohl scheine ich hiemit den antreiben zu wollen, der ohnehin schon vorwärts eilt, aber das ist ja in der Kirche unsere Aufgabe, uns gegenseitig zu ermahnen und zu trösten, wie denn auch Paulus sagt: er wünsche gestärkt zu werden durch die Gemeinschaft der andern Heiligen. Je mehr Feinde wir haben, desto stärker muß unser Bündniß sein, denn allein die vereinte Kraft ist mächtig. — Was nun die in deinem Buche behandelte Frage selber betrifft, die Frage von der Prädestination, so hatte ich in Tübingen einen gelehrten Freund, Franciscus Stadianus, der zu sagen pflegte, er halte Beides für richtig: daß Alles geschehe wie die göttliche Vorsehung es bestimmt habe, und daß dennoch alle Dinge sich nach ihren eigenen Gesetzen ereignen; er freilich wisse sich das nicht zusammen zu reimen. Da ich nun den Satz festhalte, daß Gott nicht Urheber der Sünde sei, sie auch nicht wollen könne, nehme ich in der Schwachheit meiner Einsicht dasselbe an, damit die Ungelehrten dabei

16

bleiben, daß David z. B. durch seinen eigenen Willen zum Sündigen hin
gerissen worden. Auch bin ich überzeugt, daß er den heiligen Geist hätte b
halten können, als er ihn hatte, und daß überhaupt in diesem Kampf
der Wille einigen Spielraum habe. Freilich kann man die Frag
noch genauer behandeln, aber diese Darstellung wird sicherlich für die G
müther die heilsamste sein. Laß uns unsern eigenen Willen ankla
gen, wenn wir fallen, nicht in Gott wollen wir die Ursach
suchen und uns gegen ihn erheben. Laß uns bedenken, daß Go
helfen will, und dem beisteht, der aufrichtig kämpft. „Wolle du nur,“ sa
Basilius, „und Gott wird dir entgegenkommen.“ Ein heiliger Eifer en
stehe also in uns, und Gottes unendliche Güte werde von uns gepriesen, d
Hülfe verheißt und sie gewährt, doch freilich nur den Bittenden, die t
glauben. Dieß sagt uns das Wort Gottes, und dabei laß uns bleiben u
nicht nach Weiterm verlangen, dann werden wir auch beistimmen könne
wenn der geheime Rathschluß des Heiligen uns gezeigt werden wird. Nic
als ob ich dir hiemit etwas vorschreiben wollte, dir dem gelehrtesten und
Allem was zur Frömmigkeit dient erfahrensten Manne; weiß ich doch ohn
dieß, daß du im Allgemeinen mit meiner Ansicht übereinstimmst, aber han
greiflicher ist die Sache in dieser Weise ausgedrückt und dem gemeinen G
brauche besser angepaßt *).“

Indessen ist es trotz dieses mildernden und das Vorangehende ha
entschuldigenden Satzes klar genug, daß Melanchthon an dem Inhalte d
ihm gewidmeten Schrift, an der Darstellung und Vertheidigung der stre
durchgeführten Gnadenwahl, nicht eben sonderliches Gefallen hatte. Er gie
dieß auch sonst gelegentlich zu verstehen; in einem Briefe an Camerari
aus dem Jahre 1552 äußert er sich sogar ziemlich aufgebracht über die Ge
fer, die die Frage auf die äußerste Spitze trieben, und mit Gewalt die A
erkennung ihrer Meinung erzwingen wollten **). Und nun war Calvin for
nicht gerade geneigt, in diesem Punkte nachzugeben oder eine abweichen
Meinung zu übersehen. Wir werden später davon zu reden haben, wie
kaum über irgend einen andern eifersüchtiger wachte und ihn entschieden
gegen alle Einwendungen vertrat. Daß er gegen Melanchthon sich ande
verhielt und sein herzliches Vertrauen zu ihm durch diese Differenz nicht i
Geringsten stören ließ, ist ein sprechendes Zeugniß dafür, wie hoch er v
ihm dachte und wie er auch einen wehthuenden Widerspruch am Ende wo

---

*) In der Briefsammlung der Werke Calvins p. 174. Das Corpus Refo
matorum, das 8 Bände Melanchthonischer Briefe enthält, ist leider! zu
Aufsuchen und Nachschlagen gar nicht zu benützen, da es unbegreiflich
Weise nirgends ein Register hat! Ich bin also, da ich nicht alle die ac
Bände Blatt für Blatt durchsehen kann, lediglich auf die Briefe M. c
C. angewiesen, die in den Werken dieses Letztern sich finden.

**) Corpus Reformatorum VII, p. 390.

zu ertragen vermochte, sobald er nur gewiß war, daß derselbe aus keiner an=
dern Quelle komme als aus der Liebe Christi und dem aufrichtigen Eifer für
die evangelische Wahrheit. Ja, Calvin hat noch mehr gethan als nur diesen
Widerspruch schweigend hingenommen. Er hat sogar das dogmatische Haupt=
werk Melanchthons, seine berühmten Loci Communes, in denen doch die
Prädestinationsfrage in demselben Sinne behandelt ist, wie in den obigen
brieflichen Aeußerungen, in das Französische übersetzen lassen, und selber
mit einer Vorrede herausgegeben, die in der wärmsten Sprache Alles zusam=
menfaßt, was man nur immer zur Empfehlung eines Buches sagen kann.
„Zwar bedarf dasselbe meines Zeugnisses nicht,“ heißt es darin, „denn der
Name des Verfassers ist bekannt in der ganzen Welt, und er ist eher gewohnt,
die Bücher der Andern zu empfehlen, als daß die seinigen das nöthig hätten.
Aber für die Ungelehrten in unserer Nation ist es vielleicht doch ersprießlich,
wenn sie darauf hingewiesen werden, welch eine Frucht sie aus diesem Buche
ziehen können, damit sie einen rechten Eifer für das Studium desselben
gewinnen. Ich übergehe hier die Person des Verfassers und seine herrlichen
Gaben, die ihn wahrlich der Verehrung aller Frommen würdig machen, und
rede nur von seiner Schrift. Und da fasse ich nun Alles in das Eine zusam=
men: Daß man darin eine kurze Sammlung alles dessen finden wird, was
ein Christ wissen muß, um den Weg zur Seligkeit zu wandeln. Und zwar in
der einfachsten Weise ist dieß dargestellt, so tief gelehrt der Verfasser auch
ist. Er hat sich herabgelassen zu den Niedrigen und nur auf die Erbauung
der Seele sein Augenmerk gerichtet. Uns Allen hat er damit ein Beispiel
gegeben, dem wir nachfolgen sollen; denn je einfacher man die christliche
Lehre darstellt, um so angemessener und eindringlicher stellt man sie dar.
Darum hat er es nun freilich auch unterlassen, alle Punkte bis in ihre letzten
Spitzen zu verfolgen; er hat sich begnügt, darzulegen, was er für das Heil
der Menschen für nöthig hielt, und das übergangen, worüber man in Un=
kenntniß bleiben kann, ohne seine Seele zu gefährden. Namentlich in der
Lehre vom freien Willen ist er so verfahren, deren Auseinander=
setzung vielleicht nicht Jedermann befriedigen wird. Denn es hat den
Anschein, als ob er dabei auch dem Menschen einen Antheil am
Heile einräume. Doch thut er dieß in einer Weise, welche die volle
Gnade Gottes durchaus unangetastet bestehen und uns selber nichts übrig
läßt, dessen wir uns rühmen könnten. Irgendwie an seiner Meinung zu
stoßen haben wir uns also nicht, und ich habe der Sache überhaupt nur
erwähnt, um die Leser davor zu warnen, daß sie nicht allzuleicht Aergerniß
nehmen. — Mit der Prädestination verhält es sich ebenso. Um alle unnütze
Neugierde, die so gerne an diese Lehre sich hängt, von vornherein abzuschnei=
den, hat der Verfasser lieber nur das hervorgehoben, was zu wissen schlech=
terdings nothwendig ist; das Uebrige läßt er im Dunkeln, da er von einer
Erörterung desselben keine Frucht für das innere Leben erwartet. Nun soll

16*

freilich, nach meiner festen Ueberzeugung, kein Jota von dem unterdrückt werden, was Gott in seinem Worte uns zu offenbaren für gut erachtet hat, was auch die Folgen davon sein mögen. Aber wer lediglich als Lehrer für Andere schreibt, darf wohl hie und da eine Rücksicht nehmen, und Dieses oder Jenes übergehen von dem er für seinen Zweck keinen Nutzen sieht. Kurz, wenn die Leser mit demselben nüchternen, bescheidenen Sinne das Buch beurtheilen, mit dem der Verfasser es geschrieben hat, so wird Alles gut gehen und nichts wird sie hindern, einen großen Gewinn daraus zu ziehen. Machet euch daran mit gelehrigem Geiste, und lasset es euch ein Führer zu der reinen Wahrheit Gottes werden, an die allein wir uns halten sollen; die Menschen dürfen uns jeder Zeit nicht mehr sein als Wegweiser und Werkzeuge, die uns hiezu dienen*)."

Es ist dieß unseres Wissens das einzige Beispiel, daß einer der Reformatoren in solcher Weise das Werk eines andern vertrat und es in den Kreis seiner Anhänger hinüber verpflanzte, zumal ein Werk, das in einigen der wichtigsten Punkte ziemlich deutlich von seinem eigenen Lehrbegriffe abwich. Und mit Recht macht Henry darauf aufmerksam**), wie das Edle und Großartige dieses Verhältnisses noch mehr dadurch bezeichnet werde: daß die Loci Melanchthons die einzige Schrift waren, die in den Gemeinden Frankreichs eine Rivalin seines Buches „Vom christlichen Unterrichte" hätte werden können. Nicht nur literarisch mochten sie es vielleicht in Schatten stellen, da sie kürzer und leichter verständlich geschrieben waren, sondern auch in Bezug auf die dogmatischen Ueberzeugungen konnten sie den eigenthümlichen Lehrsätzen Calvins Abbruch thun, denen sonst auf französischem Boden kaum ein ernstlicher Gegner drohte. Aber weder das Eine noch das Andere hat er in Betracht gezogen. „So wenig Ehrgeiz, Ruhmsucht und kleinliches Wesen," sagt Henry, „war in dem Herzen dieser seltenen Männer, die an nichts Anderes als an das Heil der Welt dachten. Auch Frankreich sollte Melanchthon lieben lernen wie er, und sich durch sein Werk zu dem Herrn bekehren. Wahrlich, hier möchten wir wieder mit Scaliger sprechen: ich überlasse es euch, zu urtheilen, ob der Mann groß war." —

Mit der Zunahme der Spannung zwischen Luther und Melanchthon um der Abendmahlslehre willen, die den zarten, friedliebenden Mann oft über Gebühr niederdrückte und einschüchterte, nimmt nun freilich sein Briefwechsel mit Calvin hie und da einen andern Ton an. Während Melanchthon in unaufhörlichen Klagen sich ergießt, kann Calvin oft seine Ungeduld nicht mehr bemeistern; er möchte ihm etwas von seinem entschiedenen Freimuthe in die Seele hauchen, und findet es unverantwortlich, daß ein Mann,

---

*) Die Vorrede ist wieder abgedruckt im zweiten Jahrgange des „Bulletin de la société de l'histoire du protestantisme français p. 124 u. f.
**) I, 376.

deſſen Wort ein ſo bedeutendes Gewicht in die Waagſchale werfen würde, durch bloße Menſchenfurcht ſich davon abhalten laſſe, ein öffentliches Zeugniß für die erkannte Wahrheit abzulegen. „Zeige mir einen Rath, mein lieber Calvin!" hatte Melanchthon in Mitten ſeiner Bedrängniſſe (1545) an ihn geſchrieben. „Denn hier wächſt der Kampf, den ich früher vermieden. Umſonſt habe ich mich, um den Frieden zu erhalten, ſo gemäßigt als möglich ausgedrückt: es wird jetzt das Härteſte von mir verlangt. Nachdem ich ſo lange Zeit ohne Streitluſt in theologiſchen Händeln und nicht ohne Erfolg dahin gewirkt habe, viele verwickelte Sachen zu entwirren, muß ich jetzt Verbannung und andere Leiden erwarten. Darum flehe ich, daß du mich mit recht dringendem Gebete vor Gott vertreteſt." — „Könnte doch das herzliche Mitgefühl, das ich mit deinem Kummer habe," antwortet Calvin, „es mir möglich machen, dein Leiden zu erleichtern. Aber du trägſt auch ſelber einige Schuld daran. Du klagſt über Luthers Heftigkeit und rückſichtslos unduldſames Weſen; aber muß dieſer Fehler denn nicht nothwendiger Weiſe fort und fort wachſen, wenn Jeder vor ihm erzittert und in Allem ihm nachgiebt? Bedenke doch, in welch einen Zuſtand die Kirche dadurch kömmt! Nicht nur uns ſelber, ſondern auch ihr ſind wir es ſchuldig, unſern Mund aufzuthun und es kühn herauszuſagen, daß wir keine Knechte werden wollen. Und frage dich auch, ob der Herr dich nicht vielleicht dazu in dieſe Bedrängniß geführt hat, damit du veranlaßt werdeſt, ein um ſo völligeres Bekenntniß von dem abzulegen was du für das Richtige hältſt. Es iſt ja in der That die Wahrheit; und ich erkenne es gerne an, daß du bisher durch deine milde, friedliche Art viel dafür gethan haſt, die Geiſter von Streit und Hader fern zu halten oder wieder davon zurückzubringen. Ich billige dieſe deine Klugheit und Mäßigung. Aber iſt es darum recht vor jeder Berührung der ſtreitigen Fragen zurückzuſcheuen wie vor einer verborgenen Klippe, nur um bei Niemandem anzuſtoßen? Läſſeſt du dadurch nicht eine Menge Seelen in Verwirrung und Ungewißheit, die auf dich blicken und warten als auf den Mann ihres Vertrauens? Und überdieß iſt es ja in der That, wie ich dir ſchon mehrmals ſagte, nicht eben rühmlich für uns, wenn wir uns weigern die nämliche Lehre auch nur mit Dinte zu unterzeichnen, die ſo viele Heiligen ohne Zögern mit ihrem Blute beſiegeln *)."

Und noch ernſter redet er in einem folgenden Briefe (1550), als Melanchthon nach der Niederlage der Proteſtanten im Schmalkaldiſchen Kriege nun auch noch den römiſchen Zumuthungen gegenüber unbegreiflich ſchwach und nachgiebig ſich bewies, und namentlich die Ceremonien der katholiſchen Kirche ſich Stück für Stück wieder aufzwingen ließ, als Dinge, von denen ja doch am Ende das Heil der Seele nicht abhänge. „Es geht mir nicht wie

---

*) Bei Bonnet I, 442.

dem alten Dichter," schreibt ihm da Calvin*), „der sagt daß der Unwillen beredt mache. Mir hilft im Gegentheile mein bekümmertes Herz so wenig zum Reden, daß es mich fast sprachlos macht. Ich finde keine Worte um auszudrücken, wie es mir ist; indem ich daran denke, in welcher Angelegenheit ich jetzt an dich schreiben soll, vergehen mir fast die Sinne, und ich möchte lieber weinen als reden. Ist es doch nur zu klar wie die Feinde jubeln über den Streit zwischen dir und den Magdeburger Theologen**). Freilich bietet ihr Wüthen kein freundliches Schauspiel; und wenn du ganz ohne Schuld wärest, mein lieber Philippus, so müßte man so schnell als möglich darauf denken, ihrem Treiben ein Ende zu machen. Aber verzeihe mir, wenn ich nicht finden kann, daß du ohne Tadel bist. Und wenn ich sogar das sagen muß, so kannst du dir denken wie die Andern urtheilen. Indem ich dir das jetzt auseinandersetze mit aller Offenheit, erfülle ich nur die Pflicht eines treuen Freundes an dir, und wenn ich mich etwas härter ausdrücken sollte als gewöhnlich, so sei überzeugt, daß doch meine alte Liebe und Hochachtung für dich nicht abgenommen haben. Ich weiß ja ohnehin, daß dir nichts lieber ist als ungeschminkte Offenherzigkeit, die nicht in Schmeichelei, sondern im Ernst ihre Liebe zeigt. Vor mir und vor Andern such' ich dich freilich zu rechtfertigen so gut es nur immer geht. Aber vor dir selber will ich das nicht thun; vielmehr klage ich vor dir dich an, damit ich nicht wie die Andern dich hinter deinem Rücken verurtheilen müsse. Du behauptest freilich: du haltest die Reinheit der Lehre fest, und gebest nur in Aeußerlichkeiten nach. Aber giebst du nicht Manches nach, was offenbar gegen das Wort Gottes ist? Und machst du nicht denen Vorwürfe, die sich dem widersetzen? ... Es ist wahr, daß ihr jetzt mannigfach gefährdet seid; der Herr hat uns nun tiefer hineingeführt in den Kampf, als wir es vor einigen Jahren glaubten. Aber soll uns das zu etwas Anderem veranlassen, als zu einem nur um so männlichern Widerstande? Besonders du in deiner Stellung solltest so denken. Denn das Erzittern eines Feldherrn ist ja schmählicher als die Flucht einer ganzen Armee von gemeinen Soldaten. Wenn du nur einen Schritt weichst, so richtest du dadurch mehr Unheil an, als hundert gewöhnliche Menschen durch völligen Abfall. Und wenn ich auch vollkommen überzeugt bin, daß du vor dem Tode nicht erbebst, und aus Scheu davor keinen Zoll breit von dem rechten Pfade dich abtreiben ließest, so fürchte ich doch nur allzusehr, daß eine andere Art von Scheu die Herrschaft über dich gewonnen habe. Ich weiß, wie du dich vor den Vorwürfen der Menschen fürchtest und zumal vor dem Vorwurfe der Hartnäckigkeit. Aber wir sollen daran denken, daß auch der gute Ruf von den Knechten Christi nicht höher geachtet werden

---

*) Bonnet II, 257.
**) Die den oben genannten Concessionen Melanchthons sich mit stürmischer Heftigkeit widersetzten.

darf als das Leben. Wir sind nicht mehr als Paulus, der furchtlos seinen Weg ging „durch gute und böse Gerüchte." Freilich ist es bitter als ein störrischer eigensinniger Geist ausgeschrieen zu werden, und den Vorwurf sich zuzuziehen, daß man lieber die ganze Welt wolle untergehen sehen als im geringsten Punkte nachgeben. Aber deine Ohren sollten auf solche Reden schon lange nicht mehr achten. Ich habe eine bessere Meinung von dir, als daß ich dich für einen Ehrgeizigen achtete, der an dem Hauche der Volksgunst hängt. Aber ich muß glauben, daß du zu dir sprichst: wie? sollte man den Bestand der Dinge in Gefahr bringen um ungefährlicher Kleinigkeiten willen? muß man nicht mit allen Mitteln den Frieden suchen? welch' eine Thorheit ist es, für irgend etwas Anderes einzustehen als für das innerste Wesen des Evangeliums selber! So sprichst du, so läßt du zu dir sprechen, und dein hoher Sinn, von dem ich ja wohl weiß, daß du ihn besitzest, fängt an sich zu beugen und zu weichen. O du verstehst wohl, warum ich so eifrig werde! Lieber wollte ich ja hundertmal mit dir sterben, als dich dein eigenes Gotteswerk überleben sehen! Indessen fürchte ich für dieses nichts, ich fürchte nur für dich selber; ich fürchte, daß du den Feinden einen nur allzuerwünschten Vorwand gebest, dir nach jeder Seite hin weh zu thun. Vergieb mir diese bittern Klagen, die doch nichts ändern können! Gott behüte dich, herrlicher Mann, den ich immer auf dem Herzen tragen werde. Möge der Herr nicht ablassen dich zu leiten durch deinen heiligen Geist und dich aufrecht zu erhalten durch seine Kraft!"

Was dieses freimüthige Wort unmittelbar gewirkt hat, wissen wir nicht. Aber daß Melanchthon die tadelnde Mahnung des um so viel jüngern Freundes nicht etwa empfindlich und zürnend aufnahm*), geht daraus hervor, daß wir ihren Briefwechsel nach wie vor und in dem alten freundlichen Ton sich gelegentlich weiter fortsetzen sehen; wobei Melanchthon selber es ist, der ihn nach einiger Unterbrechung wieder eröffnet. Aus dem Drange der Unruhen des durch Kurfürst Moritz angeregten Krieges heraus schreibt er an Calvin in paar Zeilen, in denen er ihm sein beschwertes Herz ausschüttet, gleich als wünschte er eine neue stärkende und aufrichtende Mahnung von seinem kräftiger gearteten Freunde.

„Verehrter Mann, geliebtester Bruder," ruft er ihm zu*), „wie oft würde ich an dich schreiben, wenn ich zuverlässigere Boten fände! Denn ich möchte mich über alle wichtigen Dinge mit dir unterhalten, weil ich sowohl dein Urtheil sehr hoch achte, als auch die Redlichkeit und die Reinheit deiner

---

*) Wem fällt hiebei nicht jenes Wort des Augustinus ein, da er von der Zurechtweisung des Petrus durch Paulus in Antiochien redet und beifügt: „Welcher von Beiden war der größere? der, der solch' einen Mann öffentlich in das Angesicht tadeln durfte, oder der, der solchen Tadel willig hinnahm und sich demüthigte vor der Wahrheit?"

**) Briefsammlung in der Amsterdamer Ausgabe p. 66.

Seele kenne. Jetzt lebe ich wie der Esel unter den Wespen; aber vielleicht werde ich in Kurzem aus diesem sterblichen Leben zu jener himmlischen Gesellschaft dort oben gelangen. Wenn ich am Leben bleibe, habe ich neue Exile zu erwarten; tritt das ein, so bin ich entschlossen, mich an dich zu wenden. Die Studien sind jetzt durch die Pest und den Krieg unterbrochen. Wie oft traure und seufze ich über die Ursachen dieses Wüthens unter den Fürsten. O daß doch der Herr selber diesen Jammer linderte und die Ursachen hinweg nähme!" — „Nichts Lieberes konnte mir widerfahren," antwortet Calvin, „als deinen Brief zu empfangen. Denn auch ich bin ja durch unzählige Sorgen und Bekümmernisse hart genug mitgenommen; und wenigstens das hat mir in deinem Schreiben wohl gethan, daraus zu ersehen, daß du noch lebst und es dir körperlich so wohl geht als dein Alter und deine zarte Natur es erlauben. — Deine Briefe haben mich überzeugt, daß in deiner Liebe zu mir durchaus nichts verändert ist. Es war mir hinterbracht worden, daß du durch meine etwas zu freimüthige Aufmunterung, die freilich einen ganz andern Eindruck auf dich machen sollte, so beleidigt worden seist, daß du den Brief in Gegenwart einiger Personen zerrissen habest. Nun konnte ich das allerdings nicht recht glauben, aber ich fürchtete doch, auf das eine und andere Anzeichen hin, daß du mir einigermaßen zürntest. Wie freue ich mich daher, daß unsere Freundschaft noch immer ungestört besteht, die sowie sie aus dem frommen Gefühl unserer beiden Herzen erwachsen ist, auch nie von uns darf gefährdet, sondern vielmehr mit aller Treue und Beharrlichkeit bis ans Ende muß bewahrt werden. Denn auch für den Nutzen oder Schaden der Kirche hängt ja hieran nicht wenig. Du siehst wie viele Augen auf uns gerichtet sind; wie die Feinde, um unserer Streitigkeiten willen uns anklagen und die Schwachen Anstoß daran nehmen. O wie thöricht wäre es doch überhaupt, wenn wir, ohnehin schon gezwungener Weise fast von aller Welt getrennt, nun auch noch untereinander uns schieden gleich nach dem ersten Beginne der neuen Lehre! — Und wenn wir auch dieß Alles aus den Augen lassen, beurtheile du doch selbst nach deinen eigenen Gefühlen: wie bitter es mir sein müßte, dem Manne entfremdet zu sein, den ich so einzig liebe und verehre, und den Gott, um ihn als ein Licht der Kirche hinzustellen, nicht nur mit den außerordentlichsten Gaben herrlich geschmückt, sondern auch als seinen ersten Diener gebraucht hat, um die größten Angelegenheiten zu leiten. Und gewiß ist es eine merkwürdige Verblendung, daß die heilige Einheit unter uns so leichthin verachtet wird, durch welche doch das himmlische Leben hier auf Erden sich abbilden soll."

Auf den Punkt, in dem die beiden Freunde wirklich auseinandergingen, kömmt hierauf Calvin zu reden. Er klagt über seine Widersacher in Genf, die die Lehre von der Gnadenwahl nicht wollten gelten lassen, und klagt darüber, daß sie dabei auch des verehrten Namens des Melanchthon sich bedienten, „entweder um das Maaß der auf mich gehäuften Vorwürfe immer höher zu steigern, oder mich durch die Furcht einer Trennung vor dir zu beugen." Freilich habe er mit seinen Collegen erklärt, daß Melanchthon im Grunde dieselbe Ansicht habe wie sie; aber dabei quäle ihn doch der Gedanke, daß man nach ihrem beiderseitigen Tode immer wieder dieselbe Verläumbung eines geheimen Zwiespaltes zwischen ihren Meinungen vorbringen und die Kirche dadurch verwirren werde. „Denn unläugbar ist es ja doch — und es betrübt mich das · sehr — daß wir nicht in einerlei Weise uns ausdrücken und lehren. Ich weiß sehr wohl, daß wenn es nur auf menschliches Ansehen ankäme, ich mich hierin dir fügen müßte, und Niemand verlangen könnte daß du zu mir herabsteigest. Aber von dergleichen Rücksichten ist ja unter Dienern Christi nicht die Rede. Da sieht man vielmehr nur auf Eines: daß man nämlich in der einen Wahrheit Gottes übereinstimme. Und mich hindert nun, daß ich es offen sage, mein Gewissen in diesem Stücke der Lehre dir beizutreten. Du hältst dich immer an die allgemeinen, an Alle gerichteten Verheißungen in der Schrift, und gewiß stellt diese Niemand in Abrede. Aber woher kömmt es denn, daß sie nicht bei Allen Kraft haben? Daher daß Gott nicht Allen seine Kraft mittheilt! Die Sache ist klar genug; und da es eben so klar ist, daß du sie anders zu behandeln suchst, so wird Niemand wissen, was er denken soll. Mir macht es nicht wenig Sorge und Schmerzen, daß du in diesem Stücke dir selber so wenig treu bleibst. Höre ich doch, daß als dir unsere Vereinigungsschrift mit den Zürichern vorgelegt wurde, du sogleich die Feder genommen und den Satz ausgestrichen habest, der mit vieler Mäßigung die Erwählten Gottes von den Verworfenen unterscheidet; was wahrlich ganz abgesehn von andern Rücksichten, der Sanftmuth deines Geistes völlig zuwider ist. — Ach wenn wir doch einmal miteinander über diese Dinge sprechen könnten. Deine Reinheit, deine klare Offenherzigkeit, deinen milden Sinn kenne ich ja wohl; deine Frömmigkeit ist aufgedeckt vor den Engeln und der ganzen Welt; und so würde sich ja, ich bin es gewiß, der ganze Umstand zwischen uns leicht schlichten lassen. Hätte ich nur irgend eine Gelegenheit, zu dir hinzueilen! oder wenn das eintritt, was du befürchtest*), dürfte ich dann doch wirklich dich noch einmal sehen und umarmen, ehe ich aus dieser Welt scheiden muß!" —

Indessen lag es in der Natur der Sache, daß dieser Umstand sich eben doch nicht so leicht beilegen ließ. Ein Mal um das Andere kömmt Calvin in dem Fortgang der Correspondenz wieder darauf zurück, und der leise Verdruß über die Fortdauer dieser Lehrverschiedenheit, der durch die freundlichen Ermahnungen zuweilen hindurchschimmert**), mag mit ein Grund gewesen sein, daß er auch die fortdauernde schwächliche Haltung seines Freun-

---

*) Seine Vertreibung aus Sachsen.
**) Vergl. namentlich auch den Brief vom 18. Sept. 1554. A. a. O. p. 82.

des sowohl gegen die römischen Anforderungen als auch gegen die lutherischen Eiferer in der Abendmahlssache je länger, je schonungsloser beurtheilt
Freilich freute es ihn herzlich, als Melanchthon ihm in einem besonde
Briefe seine vollste Zustimmung zu dem Verfahren gegen Servet zu erke
gab, und ihn von Neuem über die „Brodvergötterei" sein Herz ausschü
die Christum im Abendmahle in die Elemente bannen wolle*). Aber u
er ihm für dieses Vertrauen dankt, fügt er doch hinzu: er wollte, er
in seinen frühern Briefen noch ernstlicher und offener zu ihm geredet, als er
es gethan. Denn bis jetzt scheine es nicht, als ob seine Ermahnungen große
Wirkung gehabt hätten. Was helfe es, immer nur im Geheimen einem
Freunde klagen, und nie entschieden mit seiner Ueberzeugung hervortreten, wie
es doch die Pflicht eines Christen sei? „Wenn dir gleich das Aeußerste
droht," ruft er ihm zu, „so mußt du dir doch endlich auch einmal vorhalten,
was du eigentlich Christo schuldest, damit du das offene Bekenntniß der
Wahrheit nicht länger unterdrückest, und dadurch die gottlosen Verwirrer
gleichsam unter den Schutz deines Stillschweigens nehmest**)." Und fast von
Brief zu Brief steigert sich nun diese Sprache, obwohl Melanchthon den ernsten Mahner hie und da durch das Versprechen zu begütigen sucht, daß er
nun in allem Ernste daran denke, sein Schweigen zu brechen und seine Meinung ohne Umschweif kund zu thun. Denn er fühle wohl, daß er das Gott
und der Kirche in der That schuldig sei***). „Führe diesen Vorsatz nun auch
aus," antwortet Calvin ihm hierauf — „und denke an den, unter dessen
Augen wir streiten. Wie? die heiligen Engel schauen auf uns, der Väter
ganze ehrwürdige Schaar, die gesammte Kirche der Gegenwart, und wir
sollten zögern, schwanken, uns träge und muthlos erfinden lassen? Wahrlich, ich dringe nicht in dieser Weise in dich, um etwa mir selber den Kampf
zu erleichtern und ein Theil des Hasses von mir hinweg auf dich abziehen
zu lassen. Vielmehr möchte ich ja, wenn es möglich wäre, um meiner herzlichen Liebe und Verehrung willen, den Haß, der dich schon getroffen
hat, auch noch auf meine Schultern hinübernehmen; aber ich kann es dir
nicht erlassen, daß du Gott und der Kirche deine Schuld bezahlst, daß du
den Zweifeln der Frommen ein Ende machst, daß du deine eigene Ehre
rettest †)."

Eine leise Verstimmung und Erkältung des Verhältnisses zwischen den
beiden Männern scheint hierauf in der That eingetreten zu sein. Wir haben
schon erwähnt, daß Melanchthon über das Verhalten Calvins in der Prädestinationsfrage ungehalten war, und sich gelegentlich in diesem Sinne aus-

---

*) Briefsammlung in der Amsterdamer Ausgabe p. 98.
**) A. a. O. 97.
***) Corpus Reformatorum.
†) A. a. O. 100.

sprach*): und Calvin seinerseits wurde immer ungeduldiger, je länger das versprochene, offene Hervortreten des Freundes sich verzögerte, und es endlich klar wurde, daß es nie und nimmer dazu kommen werde. Während der Briefwechsel zwischen ihnen stockt, finden sich in den anderweitigen Briefen Calvins ziemlich gereizte und hart klingende Aeußerungen über ihn. „Es liegt ihm nichts daran die Wahrheit durch sein Schweigen zu verrathen," heißt es in einem Schreiben an Peter Martyr**). — „Seine Schwachheit und Schläfrigkeit hat einen unglaublichen Grad erreicht," klagt er an Farel, „nicht einmal die äußerste Nothwendigkeit kann ihm ein Wort auspressen***)." „Von Philippus versichere ich dich," schreibt er an Bullinger, „daß er langsam und furchtsam ist und allzuviel an sich selber denkt†)."

Erst nach drei vollen Jahren wendet sich dann Calvin wieder an ihn selber. „Diese ganze Zeit hindurch hast du meinen letzten Brief mir nicht beantwortet," schreibt er ihm im August 1557; „warum, weiß ich nicht, obschon ich allerdings aus deinem Stillschweigen schließen mußte, daß dir mein Andringen nicht ganz angenehm sei, und du meine Freundschaft zurückweisen wollest. Nun höre ich zu meiner Freude aus sicherer Quelle, daß dieß nicht der Fall ist, und wage es darum, wieder an dich zu schreiben. Aber etwas Anderes als die alten Ermahnungen wüßte ich freilich nicht an dich zu richten. Denke doch, daß wenn du fort und fort zögerst; der Tod über dich kommen und die Erfüllung deiner Wünsche dir ein für alle Mal unmöglich machen könnte. Welch' ein Schandfleck††) der Feigheit bliebe dann auf deinem Namen liegen, der wohl Allem was du je gelehrt hast, die Autorität und das Vertrauen raubte." Selbst durch öffentliche Aufforderungen in seinen Schriften suchte Calvin in diesem Sinne auf ihn zu wirken. Wiederholt berief er sich vor aller Welt darauf, daß Melanchthon seine Abendmahlslehre in allen Stücken theile. „Wenn er mir nur mit einem Wörtlein widerspricht," sagt er in seiner zweiten Vertheidigungsschrift gegen Westphal, „so will ich augenblicklich schweigen;" „ich betheure laut und hundert Mal," ruft er ein ander Mal aus, „daß man mich in dieser Frage so wenig von Philippus als von meinen eigenen Eingeweiden trennen kann!" Aber jeder Versuch blieb vergeblich. Die liebliche wie die weniger liebliche Seite in Melanchthons Natur, sein zunehmendes Alter, das ihn mehr und mehr

---

*) „Ich gestehe," schreibt ihm einmal Calvin, „daß als ich vor sechs Monaten die Briefe deines Gesellschafters Languet las, ich mich etwas verletzt fühlte, da er berichtet, wie wenig freundschaftlich, ja selbst beleidigend du von meiner Lehre sprächest." Und auch Beza in seiner Lebensbeschreibung Calvins nimmt Melanchthon solche Aeußerungen noch übel.

**) Brief vom Aug. 1554, Amsterdamer Ausgabe p. 83.

***) Aus derselben Zeit. Genfer Manuscript bei Henry III, Beilage 1.

†) Jahr 1555. a. a. O.

††) infamia.

nach Frieden und Stille sich sehnen ließ, die unerhörte Bitterkeit und Rohheit, mit der die lutherischen Zeloten den Streit führten: Alles vereinigte sich dazu, ihn mit einem unüberwindlichen Widerwillen gegen jedes bestimmte Hervortreten zu erfüllen und gleichsam stark zu machen gegen die Zumuthungen seiner Freunde. Weder brieflich noch in Schriften ließ er auf die Ermahnung Calvins etwas von sich hören, und mit einer gewissen Resignation schreibt dieser endlich an Zuleger*) August 1558, man müsse sich eben darein ergeben, daß er von furchtsamerem Charakter sei. So wolle er ihm denn nicht mehr wehe thun in seinen alten Tagen.

Trotz dieser nachsichtigen Stimmung tauchten indessen neue Klagen auf, als Melanchthon sich auf dem Wormser Religionsgespräch (1557 und 1558) wieder über alles Maß schwach und unbestimmt zeigte und sogar dazu bringen ließ, „die Zwinglische Lehre und alle Meinungen zu verdammen, welche gegen die Augsburger Confession gingen." Ein Mal über das andere hatte Calvin ihm während der Verhandlungen geschrieben, um ihm sowohl gegen die katholischen als gegen die ultralutherischen Dränger Muth zu machen; was die letztern betraf, so glaubte er des Verhaltens seines Freundes sicher zu sein, und meinte gewiß, er werde ihn öffentlich als seinen Glaubensbruder anerkennen und mit vertreten. Als nun Alles so ganz anders kam, äußerte er mit bittern Klagen gegen Bullinger (23. Februar 1558): „Der ganze unglückliche Ausgang des Gesprächs verdrießt mich noch lange nicht so sehr, wie mir des Philippus Schwanken widerwärtig und beschwerlich ist. Wohl weiß ich ja, wie nachgiebig und schlaff er immer gewesen ist, und mußte, wie muthlos und träge er sich auch jetzt noch verhalte; aber er ist weiter gegangen als ich es je geargwohnt hätte."**)

Es thut wohl, daß wir solchen Aeußerungen gegenüber wieder bestimmte Zeugnisse dafür haben, daß durch das Alles die Liebe und Freundschaft der beiden großen Männer in ihrem tiefsten Grunde doch nicht zerstört worden ist. Es war eben eine Christenfreundschaft, eine Freundschaft in der Wahrheit, die sie mit einander verband, und wie diese auf der einen Seite die Pflicht der rückhaltslosesten Mahnung und Zurechtweisung mit sich führt, so erweist sie sich auf der andern auch wieder erhaben über jede dauernde Gereiztheit und Empfindlichkeit, die aus solcher Zurechtweisung oder aus der Wahrnehmung der gegenseitigen Mängel fließen mag. In demselben Briefe, in dem Calvin über Melanchthons langes Schweigen sich beklagte und mit so ernster Rede seine stärksten Mahnungen wiederholte, sagte er ihm doch auch wieder das Freundlichste und Liebevollste was man sich sagen kann; dankt ihm auf das Beste dafür, daß er immer noch in Treue festhalte an der alten Freundschaft, bittet ihn, daß ihm nach wie vor

---

*) Berner Manuscripte bei Henry. III. Beilage p. 110.
**) Genfer Manuscripte bei Henry III, 319.

gestattet sein möge, seine Sorgen und Schmerzen nach jeder Seite hin in des Freundes Busen auszuschütten. Nur einen Wunsch, ruft er aus, habe er noch hienieden, nämlich den, ehe der Herr sie Beide in sein himmlisches Reich nehme, noch einmal den fröhlichen Anblick seiner Gegenwart auf dieser Erde zu genießen, und etwas Erleichterung an seinem Herzen zu finden, indem sie zusammen die Uebel beweinten, denen sie nicht abzuhelfen könnten. — Und wenig Wochen darauf berichtet er ihm auf das Eingehendste über alle seine persönlichen und körperlichen Verhältnisse, wie man es nur gegen den vertrautesten Freund zu thun pflegt, von dem man weiß daß er an dem Kleinsten Antheil nimmt. Er beschreibt ihm seine Krankheit, seine Heilmittel, welche Speisen er nehmen darf, und wie der Wein ihm schmeckt, der sein Labsal ist. Die Gefahren, denen Genf von Frankreichs Seite gerade entgegen ging, schildert er ihm mit den lebhaftesten Farben. „Es wird dich in deinen Leiden einigermaßen trösten," sagt er ihm in einem Anfluge von wohlgemeinter Ironie, „wenn du siehst, daß Andere eben auch ihren Theil davon zu tragen haben." — „Was aber auch geschehe," fährt er dann fort, nachdem er den Abendmahlsstreit und des Freundes Verhalten darin kurz berührt, „laß uns die Bruderfreundschaft treu bewahren, deren Band keine Listen des Satans je zerreißen werden. Was wenigstens mich betrifft, so wird meine Seele nie um irgend einer Kränkung willen von der heiligen Freundschaft und Hochachtung lassen, mit welcher ich dich umfaßt habe. Leb wohl, sehr berühmtes Licht der Kirche und vorzüglicher Lehrer! Gegenseitig wollen wir uns dem Schutze Gottes fleißig empfehlen; du siehst, wie wir hinein geworfen sind in den Rachen der Wölfe. Meine Amtsbrüder und der zahllose Haufen der Frommen grüßen dich ehrfurchtsvoll."

Es waren das wohl die letzten Zeilen, wenigstens die letzten, die uns aufbewahrt sind, die Melanchthon von Calvin erhielt. Am 19. April 1560 hat der vielgeprüfte Mann endlich eingehen dürfen in den Frieden bei seinem Erlöser, nach dem er sich in den Kämpfen und Widerwärtigkeiten dieser Zeit so oft gesehnt. Es liegt uns kein Brief Calvins vor, der von dem Eindrucke Kunde gäbe, den die Trauerbotschaft auf ihn machte. Aber was seine Seele dabei bewegte, und sie immer wieder bewegte, so oft er des heimgegangenen Freundes gedachte, spricht er auf der ersten Seite seiner Schrift gegen Heßhusius, die er ein Jahr nach Melanchthons Tode geschrieben hat: „O Philipp Melanchthon," sagt er da mit schmerzlicher Klage, „dich rufe ich an, der du nun mit Christo lebest bei Gott, und uns dort erwartest, bis wir dereinst mit dir werden zu jener seligen Ruhe versammelt sein. Wie hundert Mal hast du gesagt, wenn du müde von deiner Arbeit und von deinen Sorgen erdrückt, dein Haupt an meinen Busen legtest: „„O daß ich doch an diesem Herzen sterben dürfte!"" Und ich meinerseits habe tausend Male gewünscht, daß es uns doch geschenkt werden möchte, zusammen zu leben. Gewiß, du würdest dann stärker gewesen sein in den unvermeidlichen Kämpfen, muthiger in der Verachtung des Hasses und aller Anklage und Verläumdung! Dann wäre auch der gottlose Sinn so Mancher niedergehalten worden, dem jetzt deine Schlaffheit, wie sie sie nannten, nur Muth gemacht hat zu erneuten Schmähungen."*)

VII.

Calvin und die Wiedertäufer. Erneuter Streit mit Caroli.

Die Zeit seines Aufenthaltes in Straßburg war für Calvin im Ganzen eine Zeit des Friedens und der Ruhe, wenn man sie mit seinem übrigen, in fast unaufhörlichen Kämpfen und Stürmen sich bewegenden Leben sie vergleicht. Doch blieb er auch in diesem Jahre nicht völlig davon verschont. Denn das ist nun einmal unvermeidlicher Weise der Charakter einer Epoche, wie die Reformation sie war, einer Epoche, in der ein neues Weltalter anbricht: daß zunächst eine allgemeine Verwirrung die Menschheit ergreift und Jedermanns Hand gegen Jedermann ist. Die Bande der alten Autorität sind gelöst, und die der Freiheit ungewohnten Geister bedürfen einer gewissen Zeit dazu, bis sie den rechten Gebrauch dieses neuen Gutes erlernt haben. Indem die bisherigen Anschauungen ihr Ansehen und ihre Herrschaft einbüßen, dünkt ein Jeder sich dazu berufen, seine eigene Ansicht, wie sie vielleicht gerade im Momente in ihm aufsteigt, an ihre Stelle zu setzen und in der Welt zur Geltung zu bringen. Was irgend an unruhigen, haltlosen, ungesunden Bestandtheilen die Zeit in sich trägt, wird auf den Plan treten um sein Glück zu versuchen; und nur durch beständigen Kampf und die Aufbietung aller Kräfte wird es den berechtigten, ihres Zieles mit Klarheit sich bewußten Elementen der Bewegung gelingen, dieselbe in den Schranken festzuhalten, die in der Wahrheit begründet sind, und solcher Ausschreitungen sich zu erwehren. — Es erklärt sich hieraus leicht, warum das Reformationszeitalter ein so durch und durch bewegtes und hadervolles war, und auch das Leben der Reformatoren selber als eine ununterbrochene Reihe von Streitigkeiten erscheint, die nicht nur gegen den alten Zustand der Dinge, sondern auch gegen so Manches, was aus der Mitte der eigenen Partei sich erhob, gerichtet sind. Hieran stoßen sollte man sich nicht, wie es so häufig geschieht; und noch weniger diesen Männern einen unduldsamen Eigensinn oder eine besondere Vorliebe für Zank und Hader zuschreiben; sondern vielmehr die unabweisliche Nothwendigkeit solches Verfahrens sich klar machen, und mit ehrfurchtsvoller Bewunderung aufschauen zu einer Kraft der gewissesten Ueberzeugung und einer Tiefe des sittlichen Ernstes, die der erregten Geisterfluth einen Damm entgegen zu setzen wußte, an dem ihre schäumenden Wellen sich brachen, wo sie hinausströmen

---

*) Amsterdamer Ausgabe I, 724.

wollten über Gottes Willen und Ordnung. — Daß dabei der dringenden Gefahr gegenüber hie und da auch zu dringenderen und durchgreifenderen Mitteln gegriffen wurde, als wir sie jetzt anwenden würden und billigen mögen, oder daß der Widerstand in einzelnen Fällen seines Zieles verfehlte und nach einer unrechten Seite sich wandte, ist ja freilich unbestreitbar; aber es ist eine alte Wahrheit: daß wer in dem Drang und Getümmel einer Schlacht steht, kaum ganz rein daraus zurückkehren, sondern etwas an sich tragen wird von ihrem Staube und Blute.

Die ersten Ruhestörer, mit denen Calvin in Straßburg es zu thun hatte, nachdem er kaum sich dort niedergelassen, waren seine alten Gegner aus Genf, jene Wiedertäufer, die überall waren und Alles in Frage stellten. Doch erlebte er dies Mal mehr Freude als Verdruß an ihnen, wie viel sie ihm auch zu schaffen machten. Einen ihrer Hauptführer, der berühmte Hermann von Lüttich, der in Genf mit ihm disputirt hatte, war von seinen Gründen und der ganzen Erscheinung des Mannes so bewegt worden, daß er jetzt mehr als ein Rath und Belehrung Suchender denn als ein zu neuem Streit Gerüsteter zu ihm kam; und mit Freuden kann Calvin schon im Jahre 1539 an Farel melden, daß er sich nach kurzer Besprechung, in Betreff des freien Willens, der Gottheit und Menschheit Christi, der Wiedergeburt, der Kindertaufe und anderer streitiger Punkte, durchaus willig gezeigt habe, ihrer Lehre beizutreten. Nur als von der Prädestination die Rede gewesen, habe er gezaudert und erklärt, daß er den Widerspruch zwischen der Aussage unseres Gewissens und der unbedingten Vorherbestimmung Gottes sich nicht zu lösen vermöge. „Dennoch bat er, daß dieß doch nicht ein Hinderniß sein möge, ihn und seine Kinder in die Kirchengemeinschaft aufzunehmen. Ich reichte ihm die Hand im Namen der Kirche und bewillkommte ihn mit der Sanftmuth und Freundlichkeit, die sich gegen denjenigen geziemt, der um Vergebung bittet. Seither habe ich nun auch seine kleine Tochter getauft, die schon mehr als zwei Jahre alt ist. Wenn mich nicht Alles trügt, so ist er ein frommer gottesfürchtiger Mann. Als ich ihn ermahnte, daß er nun auch Andern wieder auf den rechten Pfad helfe, sagte er: „Das Geringste, was ich thun kann, ist, daß ich jetzt eben so ernstlich die Kirche wieder aufbaue, als ich sie habe zerstören helfen.“ Auch Hans, der zu Ulm ist, hat Reue gezeigt, doch wollen wir uns dieser Siege nicht überheben.“*)

Freilich machte nachher eben dieser Hermann wieder einige Schwierigkeiten, ohne jedoch mit der Kirchenlehre von Neuem zu brechen**). Und noch entschiedener als er, folgte eine Anzahl seiner Anhänger dem Beispiele, das er gegeben. „Der Graf Johannes,“ schreibt Calvin im Beginne des Jahres 1540, „hat mir endlich auch sein Kind zur Taufe überbracht, nachdem ich

---

*) Brief an Farel bei Bonnet I, 86.
**) Brief an Farel a. a. O. p. 148.

lange mit seiner Schwachheit Geduld gehabt. Er bezeugte, daß er sich durch die Verstocktheit derer, die durchaus nicht wollten belehrt werden, nicht mehr wolle zurückhalten lassen." Von Andern erfahren wir ihre Namen nicht, da Calvin die Angelegenheit in den uns erhaltenen Briefen nicht weiter berührt, obwohl es manche Anzeigen unzweifelhaft machen, daß derer nicht wenige waren, die sich überzeugen und wieder für die Kirche gewinnen ließen. Wenigstens vom Gemahle seiner nachherigen Gattin, Johannes Storder von Lüttich, der lange Jahre ein angesehenes Haupt der Sekte gewesen, wissen wir das mit Bestimmtheit; und wo so die Meister vorangingen, werden die Jünger wohl nicht zurückgeblieben sein. — Es bestätigte sich hier wieder, was die Erfahrung so häufig schon erwiesen, daß dem wahrhaft aus Gott gebornen, nach jeder Seite hin ganzen und entschiedenen Christenthume gegenüber jede Sektirerei sich bald überwunden giebt, weil ihr da die berechtigten Anklagen ausgehen und für alle ihre Bedürfnisse die Befriedigung sich findet.

Nicht so friedlich und erfolgreich lief eine andere Angelegenheit ab, die Calvin während der Jahre 1539 und 1540 vielfach beschäftigte, und besonders auch in seinen Briefen aus dieser Zeit einen bedeutenden Raum einnimmt. Auch hier war es wieder ein schon einmal zurückgetriebener Feind und Friedensstörer, mit dem er es zu thun hatte: Caroli war im Oktober 1539 auf seinen Irrfahrten nach Straßburg gekommen.

Wir haben diesen Mann im vorigen Buche verlassen, wie er aus dem Gefängnisse in Bern entwichen und in Solothurn zu der katholischen Kirche zurückgetreten war. Aber in keiner Weise fühlte er sich in ihr wohl. Nachdem er sich einige Zeit in Frankreich herumgetrieben, kehrte er in die Schweiz zurück, und wandte sich mit der Bitte an Farel, ihn doch wieder als Freund und Glaubensgenossen anzunehmen. Der edle warmherzige Mann, aller frühern Beleidigungen vergessend, war sogleich hiezu bereit. In Neuenburg kam er mit ihm zusammen, und als Caroli seine vormaligen Anklagen widerrufen und Reue darüber bezeugt hatte, gab ihm Farel etwas rasch und unbesonnen alsobald wieder den Handschlag der Versöhnung und Kirchengemeinschaft. Indessen fand das keineswegs die Beistimmung der nächst Betheiligten. Die Neuschchateller Collegen Farels weigerten sich, den Abtrünnigen, dem sie nicht trauten, als ihren Bruder anzuerkennen, und die Berner Regierung erklärte, daß sie ihn nicht im Lande dulden werde, bis er öffentliche Abbitte geleistet für das was er gegen sie geschrieben. Darauf wollte Caroli sich nicht einlassen. Mit trotzigem Muthe, auch Farel zürnend, der doch unaufhörlich Alles für ihn gethan, was möglich war, verließ er das schweizerische Gebiet, und wandte sich nach Straßburg*).

Die Aufnahme, die er da erfuhr, war zunächst keine unfreundliche,

---

*) Vergl. Ruchats Reformationsgeschichte der Schweiz tom. V, p. 130.

obwohl man die Voreiligkeit Farels mit einiger Ueberraschung vernommen hatte. Eher scherzend als klagend schreibt Calvin darüber an den unbedachten Freund, und behandelt die ganze Sache als etwas ziemlich Gleichgültiges, das hoffentlich einen guten Ausgang nehmen werde.

Aber es sollte ihm mehr Bitteres daraus erwachsen als er ahnte. Sowie Caroli in Straßburg eintraf, forderten ihn Sturm und Bucer vor sich, um ihn über das Vergangene zur Rede stellen und ihm namentlich auch ein friedliches Verhältniß zu Calvin zur Pflicht zu machen. Calvin war hiemit völlig einverstanden, und willigte auch gern darein, von der ersten Besprechung sich ferne zu halten, da er fürchtete, im Angesichte des Gegners und seiner zweideutigen Darstellungen möchte der alte Groll etwa wieder erwachen. Und allerdings: entstellt und zweideutig genug war die Erzählung, die Caroli den Straßburgern nun auftischte. „Die gerechteste Sache von der Welt," sagte er, „habe er gegen die Genfer vertheidigt. Er habe nur von ihnen verlangt, daß sie die drei altkirchlichen Symbole unterschrieben; aber das habe sich schlechterdings nicht bei ihnen erreichen lassen*)." Die Straßburger bemerkten ihm hierauf, das sei denn doch kein Grund gewesen, zu den Papisten überzugehen; wurden aber allerdings einigermaßen betroffen durch das was sie über ihren Collegen hörten. Sie ließen Calvin holen, und dieser fühlte bald, daß er in Betreff jener Symbole sich in der That in einer etwas peinlichen Lage befinde. „Uns über diesen Punkt zu rechtfertigen," schrieb er an Farel, „wurde mir schwerer als das Andere. Denn es war wirklich nicht ganz klug und recht, daß wir das verwarfen, was außer allem Streit sein sollte, da es durch die Zustimmung der gesammten Kirche anerkannt ist. Leicht war es freilich auseinanderzusetzen, daß wir sie nicht verachtet, noch weniger gemißbilligt, sondern nur eben unsere Unterschrift verweigert hatten, weil jener kein Recht besaß, sie zu fordern; aber ein Schein von Verdacht blieb doch immer auf uns liegen, sie mißbilligten alle unser Verfahren."

Und so meinten denn die Straßburger Freunde wohl, Calvin nicht gerade Unrecht zu thun, wenn sie als Dokument der offiziellen Versöhnung eine Schrift aufsetzten, in der beide Theile sich ungefähr gleich gestellt wurden: Caroli zwar für sein Vergehen Abbitte that, aber auch Calvin nun nachträglich das sich gefallen ließ, was sein Ankläger damals von ihm gefordert hatte. In gleicher Weise sollten die beiden Männer sie unterzeichnen. Calvin hatte sich unterdem wieder entfernt, ohne einen Gedanken an die tief verletzende, und in der That höchst ungerechte Demüthigung, welche seine Freunde, die weder den Charakter Caroli's noch den ursprünglichen Hergang des Streites genauer kannten, in der besten Meinung ihm zu bereiten sich anschickten. Spät in der Nacht kam man noch zu ihm und über-

---

*) Brief an Farel bei Bonnet I, 127.

Seele kenne. Jetzt lebe ich wie der Esel unter den Wespen; aber vielleicht werde ich in Kurzem aus diesem sterblichen Leben zu jener himmlischen Gesellschaft dort oben gelangen. Wenn ich am Leben bleibe, habe ich neue Exil zu erwarten; tritt das ein, so bin ich entschlossen, mich an dich zu wenden. Die Studien sind jetzt durch die Pest und den Krieg unterbrochen. Wie oft traure und seufze ich über die Ursachen dieses Wüthens unter den Fürsten. O daß doch der Herr selber diesen Jammer linderte und die Ursachen hinweg nähme!" — „Nichts Lieberes konnte mir widerfahren," antwortet Calvin, „als deinen Brief zu empfangen. Denn auch ich bin ja durch unzählige Sorgen und Bekümmernisse hart genug mitgenommen; und wenigstens das hat mir in deinem Schreiben wohl gethan, daraus zu ersehen, daß du noch lebest und es dir körperlich so wohl geht als dein Alter und deine zarte Natur es erlauben. — Deine Briefe haben mich überzeugt, daß in deiner Liebe zu mir durchaus nichts verändert ist. Es war mir hinterbracht worden, daß du durch meine etwas zu freimüthige Aufmunterung, die freilich einen ganz andern Eindruck auf dich machen sollte, so beleidigt worden seist, daß du den Brief in Gegenwart einiger Personen zerrissen habest. Nun konnte ich das allerdings nicht recht glauben, aber ich fürchtete doch, auf das eine und andere Anzeichen hin, daß du mir einigermaßen zürntest. Wie freue ich mich daher, daß unsere Freundschaft noch immer ungestört besteht, die sowie sie aus dem frommen Gefühl unserer beiden Herzen erwachsen ist, auch nie von uns darf gefährdet, sondern vielmehr mit aller Treue und Beharrlichkeit bis ans Ende muß bewahrt werden. Denn auch für den Nutzen oder Schaden der Kirche hängt ja hieran nicht wenig. Du siehst wie viele Augen auf uns gerichtet sind; wie die Feinde, um unserer Streitigkeiten willen uns anklagen und die Schwachen Anstoß daran nehmen. O wie thöricht wäre es doch überhaupt, wenn wir, ohnehin schon gezwungener Weise fast von aller Welt getrennt, nun auch noch untereinander uns schieden gleich nach dem ersten Beginne der neuen Lehre! — Und wenn wir auch dieß Alles aus den Augen lassen, beurtheile du doch selbst nach deinen eigenen Gefühlen: wie bitter es mir sein müßte, dem Manne entfremdet zu sein, den ich so einzig liebe und verehre, und den Gott, um ihn als ein Licht der Kirche hinzustellen, nicht nur mit den außerordentlichsten Gaben herrlich geschmückt, sondern auch als seinen ersten Diener gebraucht hat, um die größten Angelegenheiten zu leiten. Und gewiß ist es eine merkwürdige Verblendung, daß die heilige Einheit unter uns so leichthin verachtet wird, durch welche doch das himmlische Leben hier auf Erden sich abbilden soll." —

Auf den Punkt, in dem die beiden Freunde wirklich auseinandergingen, kömmt hierauf Calvin zu reden. Er klagt über seine Widersacher in Genf, die die Lehre von der Gnadenwahl nicht wollten gelten lassen, und klagt darüber, daß sie dabei auch des verehrten Namens des Melanchthon sich be dienten, „entweder um das Maaß der auf mich gehäuften Vorwürfe immer höher zu steigern, oder mich durch die Furcht einer Trennung vor dir zu beugen." Freilich habe er mit seinen Collegen erklärt, daß Melanchthon im Grunde dieselbe Ansicht habe wie sie; aber dabei quäle ihn doch der Gedanke, daß man nach ihrem beiderseitigen Tode immer wieder dieselbe Verläumdung eines geheimen Zwiespaltes zwischen ihren Meinungen vorbringen und die Kirche dadurch verwirren werde. „Denn unläugbar ist es ja doch — und es betrübt mich das · sehr — daß wir nicht in einerlei Weise uns ausdrücken und lehren. Ich weiß sehr wohl, daß wenn es nur auf menschliches Ansehen ankäme, ich mich hierin d i r fügen müßte, und Niemand verlangen könnte daß du zu m i r herabsteigest. Aber von dergleichen Rücksichten ist ja unter Dienern Christi nicht die Rede. Da sieht man vielmehr nur auf Eines: daß man nämlich in der e i n e n Wahrheit Gottes übereinstimme. Und mich hindert nun, daß ich es offen sage, mein Gewissen in diesem Stücke der Lehre dir beizutreten. Du hältst dich immer an die allgemeinen, an Alle gerichteten Verheißungen in der Schrift, und gewiß stellt diese Niemand in Abrede. Aber woher kömmt es denn, daß sie nicht bei Allen Kraft haben? Daher daß Gott nicht Allen seine Kraft mittheilt! Die Sache ist klar genug; und da es eben so klar ist, daß du sie anders zu behandeln suchst, so wird Niemand wissen, was er denken soll. Mir macht es nicht wenig Sorge und Schmerzen, daß du in diesem Stücke dir selber so wenig treu bleibst. Höre ich doch, daß als dir unsere Vereinigungsschrift mit den Zürichern vorgelegt wurde, du sogleich die Feder genommen und den Satz ausgestrichen habest, der mit vieler Mäßigung die Erwählten Gottes von den Verworfenen unterscheidet; was wahrlich ganz abgesehn von andern Rücksichten, der Sanftmuth deines Geistes völlig zuwider ist. — Ach wenn wir doch einmal miteinander über diese Dinge s p r e c h e n könnten. Deine Reinheit, deine klare Offenherzigkeit, deinen milden Sinn kenne ich ja wohl; deine Frömmigkeit ist aufgedeckt vor den Engeln und der ganzen Welt; und so würde sich ja, ich bin es gewiß, der ganze Umstand zwischen uns leicht schlichten lassen. Hätte ich nur irgend eine Gelegenheit, zu dir hinzueilen! oder wenn das eintritt, was du befürchtest*), dürfte ich dann doch wirklich dich noch einmal sehen und umarmen, ehe ich aus dieser Welt scheiden muß!" —

Indessen lag es in der Natur der Sache, daß dieser Umstand sich eben doch nicht so leicht beilegen ließ. Ein Mal um das Andere kömmt Calvin in dem Fortgang der Correspondenz wieder darauf zurück, und der leise Verdruß über die Fortdauer dieser Lehrverschiedenheit, der durch die freundlichen Ermahnungen zuweilen hindurchschimmert**), mag mit ein Grund gewesen sein, daß er auch die fortdauernde schwächliche Haltung seines Freun-

---

*) Seine Vertreibung aus Sachsen.
**) Vergl. namentlich auch den Brief vom 18. Sept. 1554. A. a. O. p. 82.

y die Fehler ihrer Geliebten anbeten. — Die einzige Schönh
uck auf mich macht, ist die, wenn eine Frau sanft sich zeigt, keu
, haushälterisch, geduldig, und die Pflege ihres Mannes ihr
e ist. Wenn diejenige, die du mir nennst, diesem Bilde entspri
ie Sache in's Werk, damit dir nicht ein Anderer zuvorkom
hingegen nicht dafür, daß sie solchen Ansprüchen genüge, so
e Sache als abgethan." Es war vielleicht diese bestimmte Weisu
bedenklich machte, oder es kam irgend ein anderes Hinderniß
— jedenfalls hat auf dießmal das Unternehmen keine weit
ehabt; und die Verhandlungen der unermüdeten Freunde, ne
lich auch Calvins Herz eine eigene Meinung zu haben sich erlau
d von Neuem an. „In Mitten all' der Unruhen, die uns u
eißt es in einem Brief an Farel vom 6. Febr. 1540, „habe
Zeit und Kühnheit genug, mich wieder mit Heirathsgedanken zu
. Man hatte mir ein junges Mädchen von Adel mit einem Vermö
gen, das bei weitem über die Verhältnisse meines Standes
er zwei Gründe hielten mich zurück: ein Mal, daß sie un
nicht kennt*), und dann fürchte ich auch, daß sie ihren Stand
hung nicht wird vergessen können. Ihr Bruder, ein sehr from
en die Liebe zu mir gegen das eigene Interesse völlig blind ma
das Eifrigste in mich; und seine Frau fügte ihre Bitten zu den
zu, sodaß ich fast gezwungen worden wäre, meine Einwilligung
enn der Herr mich nicht frei gemacht hätte. Denn als ich die
tellte, daß das Fräulein unsere Sprache erlernen müsse, bat sie

jprach*): und Calvin seinerseits wurde immer ungeduldiger, je länger das
versprochene, offene Hervortreten des Freundes sich verzögerte, und es endlich klar wurde, daß es nie und nimmer dazu kommen werde. Während der
Briefwechsel zwischen ihnen stockt, finden sich in den anderweitigen Briefen
Calvins ziemlich gereizte und hart klingende Aeußerungen über ihn. „Es
liegt ihm nichts daran die Wahrheit durch sein Schweigen zu verrathen,"
heißt es in einem Schreiben an Peter Martyr**). — „Seine Schwachheit
und Schläfrigkeit hat einen unglaublichen Grad erreicht," klagt er an Farel,
„nicht einmal die äußerste Nothwendigkeit kann ihm ein Wort auspressen***)."
„Von Philippus versichere ich dich," schreibt er an Bullinger, „daß er langsam und furchtsam ist und allzuviel an sich selber denkt†)."

Erst nach drei vollen Jahren wendet sich dann Calvin wieder an ihn
selber. „Diese ganze Zeit hindurch hast du meinen letzten Brief mir nicht
beantwortet," schreibt er ihm im August 1557; „warum, weiß ich nicht, obschon ich allerdings aus deinem Stillschweigen schließen mußte, daß dir
mein Andringen nicht ganz angenehm sei, und du meine Freundschaft zurückweisen wollest. Nun höre ich zu meiner Freude aus sicherer Quelle, daß
dieß nicht der Fall ist, und wage es darum, wieder an dich zu schreiben.
Aber etwas Anderes als die alten Ermahnungen wüßte ich freilich nicht an
dich zu richten. Denke doch, daß wenn du fort und fort zögerst, der Tod
über dich kommen und die Erfüllung deiner Wünsche dir ein für alle Mal
unmöglich machen könnte. Welch' ein Schandfleck††) der Feigheit bliebe dann
auf deinem Namen liegen, der wohl Allem was du je gelehrt hast, die Autorität und das Vertrauen raubte." Selbst durch öffentliche Aufforderungen
in seinen Schriften suchte Calvin in diesem Sinne auf ihn zu wirken. Wiederholt berief er sich vor aller Welt darauf, daß Melanchthon seine Abendmahlslehre in allen Stücken theile. „Wenn er mir nur mit einem Wörtlein
widerspricht," sagt er in seiner zweiten Vertheidigungsschrift gegen Westphal, „so will ich augenblicklich schweigen;" „ich betheure laut und hundert
Mal," ruft er ein ander Mal aus, „daß man mich in dieser Frage so wenig
von Philippus als von meinen eigenen Eingeweiden trennen kann!" Aber
jeder Versuch blieb vergeblich. Die liebliche wie die weniger liebliche Seite
in Melanchthons Natur, sein zunehmendes Alter, das ihn mehr und mehr

---

*) „Ich gestehe," schreibt ihm einmal Calvin, „daß als ich vor sechs Monaten
    die Briefe deines Gesellschafters Languet las, ich mich etwas verletzt fühlte,
    da er berichtet, wie wenig freundschaftlich, ja selbst beleidigend du von
    meiner Lehre sprächest." Und auch Beza in seiner Lebensbeschreibung Cal-
    vins nimmt Melanchthon solche Aeußerungen noch übel.
**) Brief vom Aug. 1554, Amsterdamer Ausgabe p. 83.
***) Aus derselben Zeit. Genfer Manuscript bei Henry III, Beilage 4.
†) Jahr 1555. a. a. O.
††) infamia.

nach Frieden und Stille sich sehnen ließ, die unerhörte Bitterkeit und Roheit, mit der die lutherischen Zeloten den Streit führten: Alles vereinigte sich dazu, ihn mit einem unüberwindlichen Widerwillen gegen jedes bestimmte Hervortreten zu erfüllen und gleichsam stark zu machen gegen die Zumuthungen seiner Freunde. Weder brieflich noch in Schriften ließ er auf die Ermahnung Calvins etwas von sich hören, und mit einer gewissen Resignation schreibt dieser endlich an Zuleger*) August 1558, man müsse sich eben darein ergeben, daß er von furchtsamerem Charakter sei. So wolle er ihm denn nicht mehr wehe thun in seinen alten Tagen.

Trotz dieser nachsichtigen Stimmung tauchten indessen neue Klagen auf, als Melanchthon sich auf dem Wormser Religionsgespräch (1557 und 1558) wieder über alles Maß schwach und unbestimmt zeigte und sogar dazu bringen ließ, „die Zwinglische Lehre und alle Meinungen zu verdammen, welche gegen die Augsburger Confession gingen." Ein Mal über das andere hatte Calvin ihm während der Verhandlungen geschrieben, um ihm sowohl gegen die katholischen als gegen die ultralutherischen Dränger Muth zu machen; was die letztern betraf, so glaubte er des Verhaltens seines Freundes sicher zu sein, und meinte gewiß, er werde ihn öffentlich als seinen Glaubensbruder anerkennen und mit vertreten. Als nun Alles so ganz anders kam, äußerte er mit bittern Klagen gegen Bullinger (23. Februar 1558): „Der ganze unglückliche Ausgang des Gesprächs verdrießt mich noch lange nicht so sehr, wie mir des Philippus Schwanken widerwärtig und beschwerlich ist. Wohl weiß ich ja, wie nachgiebig und schlaff er immer gewesen ist, und mußte, wie muthlos und träge er sich auch jetzt noch verhalte; aber er ist weiter gegangen als ich es je geargwohnt hätte."**)

Es thut wohl, daß wir solchen Aeußerungen gegenüber wieder bestimmte Zeugnisse dafür haben, daß durch das Alles die Liebe und Freundschaft der beiden großen Männer in ihrem tiefsten Grunde doch nicht zerstört worden ist. Es war eben eine Christenfreundschaft, eine Freundschaft in der Wahrheit, die sie mit einander verband, und wie diese auf der einen Seite die Pflicht der rückhaltslosesten Mahnung und Zurechtweisung mit sich führt, so erweist sie sich auf der andern auch wieder erhaben über jede dauernde Gereiztheit und Empfindlichkeit, die aus solcher Zurechtweisung oder aus der Wahrnehmung der gegenseitigen Mängel fließen mag. In demselben Briefe, in dem Calvin über Melanchthons langes Schweigen sich beklagte und mit so ernster Rede seine stärksten Mahnungen wiederholte, sagte er ihm doch auch wieder das Freundlichste und Liebevollste was man sich sagen kann; dankt ihm auf das Beste dafür, daß er immer noch in Treue festhalte an der alten Freundschaft, bittet ihn, daß ihm nach wie vor

---

*) Berner Manuscripte bei Henry. III. Beilage p. 110.
**) Genfer Manuscripte bei Henry III, 349.

gestattet sein möge, seine Sorgen und Schmerzen nach jeder Seite hin in des Freundes Busen auszuschütten. Nur einen Wunsch, ruft er aus, habe er noch hienieden, nämlich den, ehe der Herr sie Beide in sein himmlisches Reich nehme, noch einmal den fröhlichen Anblick seiner Gegenwart auf dieser Erde zu genießen, und etwas Erleichterung an seinem Herzen zu finden, indem sie zusammen die Uebel beweinten, denen sie nicht abhelfen könnten. — Und wenig Wochen darauf berichtet er ihm auf das Eingehendste über alle seine persönlichen und körperlichen Verhältnisse, wie man es nur gegen den vertrautesten Freund zu thun pflegt, von dem man weiß daß er an dem Kleinsten Antheil nimmt. Er beschreibt ihm seine Krankheit, seine Heilmittel, welche Speisen er nehmen darf, und wie der Wein ihm schmeckt, der sein Labsal ist. Die Gefahren, denen Genf von Frankreichs Seite gerade entgegen ging, schildert er ihm mit den lebhaftesten Farben. „Es wird dich in deinen Leiden einigermaßen trösten," sagt er ihm in einem Anfluge von wohlgemeinter Ironie, „wenn du siehst, daß Andere eben auch ihren Theil davon zu tragen haben." — „Was aber auch geschehe," fährt er dann fort, nachdem er den Abendmahlsstreit und des Freundes Verhalten darin kurz berührt, „laß uns die Bruderfreundschaft treu bewahren, deren Band keine Listen des Satans je zerreißen werden. Was wenigstens mich betrifft, so wird meine Seele nie um irgend einer Kränkung willen von der heiligen Freundschaft und Hochachtung lassen, mit welcher ich dich umfaßt habe. Leb wohl, sehr berühmtes Licht der Kirche und vorzüglicher Lehrer! Gegenseitig wollen wir uns dem Schutze Gottes fleißig empfehlen; du siehest, wie wir hinein geworfen sind in den Rachen der Wölfe. Meine Amtsbrüder und der zahllose Haufen der Frommen grüßen dich ehrfurchtsvoll."

Es waren das wohl die letzten Zeilen, wenigstens die letzten, die uns aufbewahrt sind, die Melanchthon von Calvin erhielt. Am 19. April 1560 hat der vielgeprüfte Mann endlich eingehen dürfen in den Frieden bei seinem Erlöser, nach dem er sich in den Kämpfen und Widerwärtigkeiten dieser Zeit so oft gesehnt. Es liegt uns kein Brief Calvins vor, der von dem Eindrucke Kunde gäbe, den die Trauerbotschaft auf ihn machte. Aber was seine Seele dabei bewegte, und sie immer wieder bewegte, so oft er des heimgegangenen Freundes gedachte, spricht er auf der ersten Seite seiner Schrift gegen Heßhus aus, die er ein Jahr nach Melanchthons Tode geschrieben hat: „O Philipp Melanchthon," sagt er da mit schmerzlicher Klage, „dich rufe ich an, der du nun mit Christo lebest bei Gott, und uns dort erwartest, bis wir dereinst mit dir werden zu jener seligen Ruhe versammelt sein. Wie hundert Mal hast du gesagt, wenn du müde von deiner Arbeit und von deinen Sorgen erdrückt, dein Haupt an meinen Busen legtest: „„O daß ich doch an diesem Herzen sterben dürfte!"" Und ich meinerseits habe tausend Male gewünscht, daß es uns doch geschenkt werden möchte, zusammen zu leben. Ge-

wiß, du würdeſt dann ſtärker geweſen ſein in den unvermeidlichen Käm
muthiger in der Verachtung des Haſſes und aller Anklage und Verl
dung! Dann wäre auch der gottloſe Sinn ſo Mancher niedergehalten
den, dem jetzt deine Schlaffheit, wie ſie ſie nannten, nur Muth gemach
zu erneuten Schmähungen."*)

VII.

Calvin und die Wiedertäufer. Erneuter Streit mit Caroli.

Die Zeit ſeines Aufenthaltes in Straßburg war für Calvin im G
eine Zeit des Friedens und der Ruhe, wenn man mit ſeinem übrigen, in
unaufhörlichen Kämpfen und Stürmen ſich bewegenden Leben ſie vergl
Doch blieb er auch in dieſem Jahre nicht völlig davon verſchont. Denn
iſt nun einmal unvermeidlicher Weiſe der Charakter einer Epoche, wie di
formation ſie war, einer Epoche, in der ein neues Weltalter anbricht: da
nächſt eine allgemeine Verwirrung die Menſchheit ergreift und Jederm
Hand gegen Jedermann iſt. Die Bande der alten Autorität ſind gelöſt
die der Freiheit ungewohnten Geiſter bedürfen einer gewiſſen Zeit dazu, b
den rechten Gebrauch dieſes neuen Gutes erlernt haben. Indem die bishe
Anſchauungen ihr Anſehen und ihre Herrſchaft einbüßen, dünkt ein Jede
dazu berufen, ſeine eigene Anſicht, wie ſie vielleicht gerade im Momente in
aufſteigt, an ihre Stelle zu ſetzen und in der Welt zur Geltung zu bringen.
irgend an unruhigen, haltloſen, ungeſunden Beſtandtheilen die Zeit in
trägt, wird auf den Plan treten um ſein Glück zu verſuchen; und nur i
beſtändigen Kampf und die Aufbietung aller Kräfte wird es den berechti
ihres Zieles mit Klarheit ſich bewußten Elementen der Bewegung geli
dieſelbe in den Schranken feſtzuhalten, die in der Wahrheit begründet
und ſolcher Ausſchreitungen ſich zu erwehren. — Es erklärt ſich hie
leicht, warum das Reformationszeitalter ein ſo durch und durch bew
und hadervolles war, und auch das Leben der Reformatoren ſelber als
ununterbrochene Reihe von Streitigkeiten erſcheint, die nicht nur gegen
alten Zuſtand der Dinge, ſondern auch gegen ſo Manches, was au
Mitte der eigenen Partei ſich erhob, gerichtet ſind. Hieran ſtoßen
man ſich nicht, wie es ſo häufig geſchieht; und noch weniger dieſen S
nern einen unduldſamen Eigenſinn oder eine beſondere Vorliebe für
und Hader zuſchreiben; ſondern vielmehr die unabweisliche Nothwend
ſolches Verfahrens ſich klar machen, und mit ehrfurchtsvoller Bewunde
aufſchauen zu einer Kraft der gewiſſeſten Ueberzeugung und einer Tiefe de
lichen Ernſtes, die der erregten Geiſterfluth einen Damm entgegen zu
wußte, an dem ihre ſchäumenden Wellen ſich brachen, wo ſie hinausſtr

---

*) Amſterdamer Ausgabe I, 724.

wollten über Gottes Willen und Ordnung. — Daß dabei der dringenden Gefahr gegenüber hie und da auch zu dringenderen und durchgreifenderen Mitteln gegriffen wurde, als wir sie jetzt anwenden würden und billigen mögen, oder daß der Widerstand in einzelnen Fällen seines Zieles verfehlte und nach einer unrechten Seite sich wandte, ist ja freilich unbestreitbar; aber es ist eine alte Wahrheit: daß wer in dem Drang und Getümmel einer Schlacht steht, kaum ganz rein daraus zurückkehren, sondern etwas an sich tragen wird von ihrem Staube und Blute.

Die ersten Ruhestörer, mit denen Calvin in Straßburg es zu thun hatte, nachdem er kaum sich dort niedergelassen, waren seine alten Gegner aus Genf, jene Wiedertäufer, die überall waren und Alles in Frage stellten. Doch erlebte er dies Mal mehr Freude als Verdruß an ihnen, wie viel sie ihm auch zu schaffen machten. Einen ihrer Hauptführer, der berühmte Hermann von Lüttich, der in Genf mit ihm disputirt hatte, war von seinen Gründen und der ganzen Erscheinung des Mannes so bewegt worden, daß er jetzt mehr als ein Rath und Belehrung Suchender denn als ein zu neuem Streit Gerüsteter zu ihm kam; und mit Freuden kann Calvin schon im Jahre 1539 an Farel melden, daß er sich nach kurzer Besprechung, in Betreff des freien Willens, der Gottheit und Menschheit Christi, der Wiedergeburt, der Kindertaufe und anderer streitiger Punkte, durchaus willig gezeigt habe, ihrer Lehre beizutreten. Nur als von der Prädestination die Rede gewesen, habe er gezaudert und erklärt, daß er den Widerspruch zwischen der Aussage unseres Gewissens und der unbedingten Vorherbestimmung Gottes sich nicht zu lösen vermöge. „Dennoch bat er, daß dieß doch nicht ein Hinderniß sein möge, ihn und seine Kinder in die Kirchengemeinschaft aufzunehmen. Ich reichte ihm die Hand im Namen der Kirche und bewillkommte ihn mit der Sanftmuth und Freundlichkeit, die sich gegen denjenigen geziemt, der um Vergebung bittet. Seither habe ich nun auch seine kleine Tochter getauft, die schon mehr als zwei Jahre alt ist. Wenn mich nicht Alles trügt, so ist er ein frommer gottesfürchtiger Mann. Als ich ihn ermahnte, daß er nun auch Andern wieder auf den rechten Pfad helfe, sagte er: „Das Geringste, was ich thun kann, ist, daß ich jetzt eben so ernstlich die Kirche wieder aufbaue, als ich sie habe zerstören helfen." Auch Hans, der zu Ulm ist, hat Reue gezeigt, doch wollen wir uns dieser Siege nicht überheben."*)

Freilich machte nachher eben dieser Hermann wieder einige Schwierigkeiten, ohne jedoch mit der Kirchenlehre von Neuem zu brechen**). Und noch entschiedener als er, folgte eine Anzahl seiner Anhänger dem Beispiele, das er gegeben. „Der Graf Johannes," schreibt Calvin im Beginne des Jahres 1540, „hat mir endlich auch sein Kind zur Taufe überbracht, nachdem ich

---

*) Brief an Farel bei Bonnet I, 86.
**) Brief an Farel a. a. O. p. 148.

lange mit seiner Schwachheit Geduld gehabt. Er bezeugte, daß er sich durch die Verstocktheit derer, die durchaus nicht wollten belehrt werden, nicht mehr wolle zurückhalten lassen." Von Andern erfahren wir ihre Namen nicht, da Calvin die Angelegenheit in den uns erhaltenen Briefen nicht weiter berührt, obwohl es manche Anzeigen unzweifelhaft machen, daß derer nicht wenige waren, die sich überzeugen und wieder für die Kirche gewinnen ließen. Wenigstens vom Gemahle seiner nachherigen Gattin, Johannes Storder von Lüttich, der lange Jahre ein angesehenes Haupt der Sekte gewesen, wissen wir das mit Bestimmtheit; und wo so die Meister vorangingen, werden die Jünger wohl nicht zurückgeblieben sein. — Es bestätigte sich hier wieder, was die Erfahrung so häufig schon erwiesen, daß dem wahrhaft aus Gott gebornen, nach jeder Seite hin ganzen und entschiedenen Christenthume gegenüber jede Sektirerei sich bald überwunden giebt, weil ihr da die berechtigten Anklagen ausgehen und für alle ihre Bedürfnisse die Befriedigung sich findet.

Nicht so friedlich und erfolgreich lief eine andere Angelegenheit ab, die Calvin während der Jahre 1539 und 1540 vielfach beschäftigte, und besonders auch in seinen Briefen aus dieser Zeit einen bedeutenden Raum einnimmt. Auch hier war es wieder ein schon einmal zurückgetriebener Feind und Friedensstörer, mit dem er es zu thun hatte: Caroli war im Oktober 1539 auf seinen Irrfahrten nach Straßburg gekommen.

Wir haben diesen Mann im vorigen Buche verlassen, wie er aus dem Gefängnisse in Bern entwichen und in Solothurn zu der katholischen Kirche zurückgetreten war. Aber in keiner Weise fühlte er sich in ihr wohl. Nachdem er sich einige Zeit in Frankreich herumgetrieben, kehrte er in die Schweiz zurück, und wandte sich mit der Bitte an Farel, ihn doch wieder als Freund und Glaubensgenossen anzunehmen. Der edle warmherzige Mann, aller frühern Beleidigungen vergessend, war sogleich hiezu bereit. In Neuenburg kam er mit ihm zusammen, und als Caroli seine vormaligen Anklagen widerrufen und Reue darüber bezeugt hatte, gab ihm Farel etwas rasch und unbesonnen alsobald wieder den Handschlag der Versöhnung und Kirchengemeinschaft. Indessen fand das keineswegs die Beistimmung der nächst Betheiligten. Die Neuffchateller Collegen Farels weigerten sich, den Abtrünnigen, dem sie nicht trauten, als ihren Bruder anzuerkennen, und die Berner Regierung erklärte, daß sie ihn nicht im Lande dulden werde, bis er öffentliche Abbitte geleistet für das was er gegen sie geschrieben. Darauf wollte Caroli sich nicht einlassen. Mit trotzigem Muthe, auch Farel zürnend, der doch unaufhörlich Alles für ihn gethan, was möglich war, verließ er das schweizerische Gebiet, und wandte sich nach Straßburg*).

Die Aufnahme, die er da erfuhr, war zunächst keine unfreundliche,

---

*) Vergl. Ruchats Reformationsgeschichte der Schweiz tom. V, p. 130.

obwohl man die Voreiligkeit Farels mit einiger Ueberraschung vernommen hatte. Eher scherzend als klagend schreibt Calvin darüber an den unbedachten Freund, und behandelt die ganze Sache als etwas ziemlich Gleichgültiges, das hoffentlich einen guten Ausgang nehmen werde.

Aber es sollte ihm mehr Bitteres daraus erwachsen als er ahnte. Sowie Caroli in Straßburg eintraf, forderten ihn Sturm und Bucer vor sich, um ihn über das Vergangene zur Rede stellen und ihm namentlich auch ein ziemliches Verhältniß zu Calvin zur Pflicht zu machen. Calvin war hiemit völlig einverstanden, und willigte auch gern darein, von der ersten Besprechung sich ferne zu halten, da er fürchtete, im Angesichte des Gegners und seiner zweideutigen Darstellungen möchte der alte Groll etwa wieder erwachen. Und allerdings: entstellt und zweideutig genug war die Erzählung, die Caroli den Straßburgern nun auftischte. „Die gerechteste Sache von der Welt," sagte er, „habe er gegen die Genfer vertheidigt. Er habe nur von ihnen verlangt, daß sie die drei altkirchlichen Symbole unterschrieben; aber das habe sich schlechterdings nicht bei ihnen erreichen lassen*)." Die Straßburger bemerkten ihm hierauf, das sei denn doch kein Grund gewesen, zu den Papisten überzugehen; wurden aber allerdings einigermaßen betroffen durch das was sie über ihren Collegen hörten. Sie ließen Calvin holen, und dieser fühlte bald, daß er in Betreff jener Symbole sich in der That in einer etwas peinlichen Lage befinde. „Uns über diesen Punkt zu rechtfertigen," schrieb er an Farel, „wurde mir schwerer als das Andere. Denn es war wirklich nicht ganz klug und recht, daß wir das verwarfen, was außer allem Streit sein sollte, da es durch die Zustimmung der gesammten Kirche anerkannt ist. Leicht war es freilich auseinanderzusetzen, daß wir sie nicht verachtet, noch weniger gemißbilligt, sondern nur eben unsere Unterschrift verweigert hatten, weil jener kein Recht besaß, sie zu fordern; aber ein Schein von Verdacht blieb doch immer auf uns liegen, sie mißbilligten alle unser Verfahren."

Und so meinten denn die Straßburger Freunde wohl, Calvin nicht gerade Unrecht zu thun, wenn sie als Dokument der offiziellen Versöhnung eine Schrift aufsetzten, in der beide Theile sich ungefähr gleich gestellt wurden: Caroli zwar für sein Vergehen Abbitte that, aber auch Calvin nun nachträglich das sich gefallen ließ, was sein Ankläger damals von ihm gefordert hatte. In gleicher Weise sollten die beiden Männer sie unterzeichnen. Calvin hatte sich unterdem wieder entfernt, ohne einen Gedanken an die tief verletzende, und in der That höchst ungerechte Demüthigung, welche seine Freunde, die weder den Charakter Caroli's noch den ursprünglichen Hergang des Streites genauer kannten, in der besten Meinung ihm zu bereiten sich anschickten. Spät in der Nacht kam man noch zu ihm und über-

---

*) Brief an Farel bei Bonnet I, 127.

brachte ihm die Artikel. „Als ich sie gelesen," schreibt er an Farel — und
es ist dieß einer der merkwürdigsten Briefe, die wir von ihm besitzen, und
eine der Stunden, in denen sein natürlicher Charakter am anschaulichsten zu
Tage tritt — „als ich sie gelesen, und besonders eine Stelle darin, kam
ich so in Aufregung, daß ich mich nicht erinnere, in diesem ganzen Jahre eine
so bittere Stunde durchgemacht zu haben. Gleich am folgenden Morgen rief
ich Sturm zur Hülfe und setzte ihm meine Beschwerden auseinander. Er
sprach mit Bucer, und sie baten mich nach dem Hause Zells zu kommen, um
ihnen im Zusammenhange zu erklären, worüber ich mich eigentlich gräme.
Da habe ich nun recht schwer gesündigt, daß ich mich nicht in
Schranken zu halten wußte, denn so völlig hatten Aerger und
Zorn von mir Besitz genommen, daß ich nach allen Seiten hin
meine Bitterkeit aussprudelte. Und freilich war ja einige Ursache
zur Entrüstung vorhanden, wenn ich nur in ihrem Ausdruck etwelche Mäßigung bewahrt hätte. Heftig klagte ich, daß sie mit diesen Artikeln nur Caroli
hätten rein waschen wollen, daß sie mich gar nicht angehört, daß sie mich
wie einen Verurtheilten behandelten, der sie selber zu Feinden haben werde,
wenn er sich nicht unterwerfe. Was mich aber am meisten reizte, war dieß
daß Caroli darin sagte: er stelle die Beleidigungen dem Herrn anheim, durch
die man ihn zum Abfalle von der reformirten Sache getrieben, und Alles, was
die Artikel sonst noch verhandelten, gehe also mehr mich an als ihn selber.
Der Schluß meiner Rede war, daß ich lieber umkommen wolle, als dieß
unterschreiben. Hierauf entstand ein solcher Eifer und ein Geschrei auf ihrer
und meiner Seite, daß ich gegen Caroli selber nicht hätte bitterer sein können, wenn er zugegen gewesen wäre. Fast mit Gewalt riß ich mich endlich
los und stürzte aus dem Zimmer; Bucer mir nach, der mich mit den freundlichsten Worten zu besänftigen suchte und endlich wirklich wieder zu den
Andern hineinzog. Ich sagte, ich wollte die Sache noch überlegen, ehe ich
eine bestimmte Antwort gebe.

„Als ich nach Hause kam, ergriff mich ein krampfhafter
Fieberanfall und es blieb mir kein anderer Trost mehr, als
Seufzer und Thränen. Was mir aber am allermeisten wehe that, war
daß ich dir eigentlich das ganze Uebel zu verdanken habe.
Denn zu wiederholten Malen rückten sie mir deine Sanftmuth vor, da du
sogleich den Caroli mit Freundlichkeit umfaßt habest, während ich so starr-
köpfig sei, daß ich mich keinen Fußbreit ihm entgegenbringen lasse. Besonders Bucer versuchte alles Mögliche, um mich zu besänftigen, aber mitten
darin erinnerte er mich dann wieder mit einer gewissen Anzüglichkeit an dein
Beispiel. Es ist nicht zu entschuldigen wie unbedacht und leichtsinnig du
dich in dieser Angelegenheit benahmest, und wenn ich ganz offen heraus
sagen soll was ich denke, so fehlt es dir noch gar sehr an Ernst, Beständigkeit und Klugheit. Denn du bist recht eigentlich vor Caroli nieder-

gefallen, wie es dir und ihm nicht geziemte, und haft das auch nicht wieder gut gemacht, als du selber merkteft, daß du zu weit gegangen seift. Es ist mir wahrlich kein Troft, daß ich so auf dich abwälzen kann und muß, was mich jetzt peinigt. Hätte ich dich vor mir gehabt, so hätte sich auf dich meine ganze Heftigkeit ergoffen, die sich nun gegen Andere gewendet.

„Nachdem ich mich wieder etwas gesammelt, rief ich dem Jakobus *) zu mir und fragte ihn aus, was man mit ihm vorgenommen habe. Manches was er mir sagte, erregte meine Galle von Neuem. Endlich verlangte ich, daß Caroli die Gelegenheit genauer bezeichne, bei der denn, wie er sagte, fremde Schuld ihn zum Abfall getrieben habe; und daß er im Uebrigen ausdrücklich die Bedingungen wiederhole, unter denen du ihn zu Bonneville wieder aufgenommen haft. Wahrlich! wenn du nicht die Sache vorher verdorben hätteft, so würde ich eine sicherere Grundlage herzuftellen gewußt haben. Schreibe es also dir zu, wenn etwas fehlerhaft ift. Erftens bift du übereilt zu Werke gegangen, und haft kein öffentliches Bekenntniß seines Fehlers von ihm gefordert; und ferner haft du mir über den Hergang der Sache nicht einmal zeitige Nachricht gegeben. Indeffen hoffe ich, daß die Verföhnung wie fie jetzt befteht, Dauer haben wird, nachdem fie mir fo viel Mühe und Leid verurfacht. Haben wir ihn nun einmal wieder aufgenommen, fo bleibt uns nichts Anderes übrig, als treu und beftändig an der Vergebung feftzuhalten, die wir ertheilten, und ihn nicht etwa von Neuem zurückzuftoßen. Wirke in diefem Sinn auf deine Collegen, damit fie ihn nicht durch Schmähungen reizen. Eine Abschrift der Artikel wirft du erhalten; Caroli hat fich darin durch die ftärkften Verpflichtungen gebunden, keinen neuen Frevel anzuftiften. Und nun erhaltet dem Manne auch eure Gunft und Sanftmuth, nachdem ihr in fo unzeitiger Weife ihm einmal damit entgegengekommen feid. — Da ich weiß, daß du mit meiner rückfichtslofen Art hinlänglich vertraut bift, fo füge ich weiter keine Entschuldigungen über den Ton diefes Briefes hinzu.“

Indeffen diese Entschuldigungen kamen nach, und zwar in der lieblichften und freundlichften Weise, sobald über dem aufgeregten natürlichen Wesen, das freilich auch in diesen Zeilen immer noch nachzittert, der Chrift in dem großen Manne wieder zu Worte kommen konnte. „Verzeihe mir, mein herzlich geliebter Bruder,“ heißt es in dem nächften Schreiben**), „daß ich dir seit jenem ftürmischen, faffungslosen Briefe, den die erfte Glut des noch frischen Zornes mir auspreßte, nicht mehr geschrieben. Kaum weiß

---

*) Ich kann nicht herausfinden, wer hiemit gemeint ift. Auf Sturm, der Jakob heißt, paßt der Zusammenhang kaum, eher scheint von einem Begleiter Caroli's die Rede zu sein.
**) Bei Bonnet I, 133.

ich noch, was ich damals auf das Papier warf. Doch so viel weiß ich, daß ich meine Ausdrücke nicht eben mäßigte, weil es gleichsam mein einziger Trost in meinen Leiden war, dich verantwortlich zu machen für all das Unheil. Nun entschuldigst du dich lang und breit über den Gegenstand; doch die beste Entschuldigung liegt in der freundlichen Bitte um Vergebung, die du an mich richtest. Meine Lage war wirklich überaus schlimm, da sie außerhalb meiner Gegenwart mit Caroli verkehrt hatten, deine Autorität mir entgegenhielten und am Ende gar noch in Betreff der Lehre von der Trinität einen leisen Verdacht gegen uns schöpften. Besonders Capito half da ohne es zu wollen den Gegnern, da er behauptete früher einen Brief von dir empfangen zu haben, in dem du eine von der kirchlichen abweichende Ansicht zugestehest. Es ist unglaublich wie lang und hart sie über diesen Punkt mir zusetzten." „Was ich aber auch immer an dich schreibe, mein Lieber," fügt er in einem folgenden Briefe hinzu, „ob ich mit dir zanke, dich schelte, warne, mich gegen dich wende, dich anklage, so nimm dieß Alles ebenso an, als ob du es mit dir selber thätest. Jene Angelegenheit aber wollen wir jetzt dem Herrn anheimstellen, der wird durch seine Gnade wieder gut machen, was wir etwa darin gesündigt haben *).‟

Unterdessen verließ Caroli Straßburg nach einigen Tagen wieder, nachdem er durch den Umgang mit Bucer und Sturm den verlorenen guten Namen glaubte zurückgewonnen zu haben, und ging nach Metz, um dort eine Anstellung zu suchen. Calvin hielt zunächst an seinem Vorsatze fest, nun das Beste von ihm zu hoffen und ihm mit Freundlichkeit zu begegnen. „Er wird dort nicht viel Uebels thun können," schrieb er an Farel, „selbst wenn er wollte. Aber ich glaube auch, daß er es nicht im Sinn hat, und besonders vor dir nun alle Achtung empfindet. Was mich betrifft, so habe ich ihn sogar einem Freunde empfohlen, aber freilich mit der ausdrücklichen Bemerkung, daß ich das nur thue, weil er Reue bezeigt, weil er zu uns zurückgekehrt, weil er sein Vergehen eingestanden und um Verzeihung gebeten. Wir hofften, setzte ich hinzu, daß dieß Alles von Herzen geschehen sei. Zugleich bat ich, daß wenn er nun als ein Diener Christi sich benehme, man ihm die vergangenen Beleidigungen nicht mehr nachtragen möge."

Aber sowie man den eitlen, gewissenlosen Mann zu Metz näher kennen lernte, verlor man bei dem besten Willen alle Lust sich näher mit ihm einzulassen. Von Jedermann aufgegeben und zurückgewiesen, auch äußerlich in Noth und Bedrängniß, wandte er sich endlich wieder an Calvin, dem er Großherzigkeit genug zutraute, das Böse mit Gutem zu vergelten, und bat ihn dringend, ihm irgendwo eine Anstellung in der Kirche zu verschaffen, die ihm ein sicheres Unterkommen gewähre. Freilich verläugnete er auch in dieser Lage sein altes widerwärtiges Wesen nicht. Sein Bittbrief war voll Prahlerei

---

*) Bei Bonnet I, 147.

und Selbstliebe, mit allerlei Vorwürfen untermischt, und scheute sich nicht anzudeuten, daß Calvin und Farel nur in ihrem eigenen Interesse handelten, wenn sie durch solche Begünstigung ihm den Mund schlössen, da er im Stande sei, ihnen Böses oder Gutes zuzufügen nach seinem Willen.

Die Antwort, die Calvin ihm hierauf giebt, ist ein Muster jenes heiligen christlichen Ernstes, der Hand in Hand geht mit der Liebe, die sich nicht erbittern läßt und sich nicht freuet der Ungerechtigkeit, sondern der Wahrheit. „Gnade sei mit dir," redet er ihn an*), „von Gott und unserm Herrn Jesu Christo, der dir und uns Weisheit geben kann und den Willen das Rechte zu thun. Lieber hätte ich dich hier Angesicht in Angesicht gesehen, als einen Brief von dir zu bekommen, und namentlich einen solchen wie du ihn mir geschrieben hast. Du sagst, du habest die Kirche Christi nicht verwirrt ohne guten Grund, als ob es je eine Berechtigung geben könnte, für solch ein unseliges Unterfangen. Wenn es auch wahr wäre, daß du von den Brüdern nicht so freundlich behandelt wurdest, als du es erwarten mochtest: durftest du deßhalb ohne Weiteres solch einen Lärm darüber erheben? Kannst du sagen, daß es der Geist Gottes war, der dich zu diesem Zanke trieb? Wahrlich ich möchte nicht alte Vorwürfe erneuern; es wäre mir das Liebste, ich dürfte schweigen. Aber wenn du fort und fort Alle für Satansdiener erklärst, von denen du dich irgendwie beleidigt glaubst: so urtheile doch selber, ob wir das mit Ruhe hinnehmen können? Du schreibst es Farel und mir zu, und willst deine Entrüstung damit entschuldigen, daß die Brüder in Neuenburg sich weigerten dich aufzunehmen. Aber nicht nur ist dieß vollkommen unwahr, sondern es kann auch — selbst wenn es wahr wäre — für einen Christen in keiner Weise ein Grund sein, sich einem Rachegefühle zu überlassen wie du es thust, und immer von Neuem die Flamme des Haders zu entzünden. Erkanntest du mich nicht früher als einen Bruder an, dem du dein vollstes Vertrauen bezeugtest: was hat sich denn nun zugetragen, daß du mich mit einem Male zu einem Ketzer machst, mit dem du keine Gemeinschaft mehr haben dürfest? Heißt das nicht Gottes heiligen Namen mißbrauchen? Du rufest aus, es sei dir nichts Anderes übrig geblieben, als aller Welt unsere Unversöhnlichkeit kund zu thun; aber, ich bitte dich, überlege doch selber, wie lächerlich du dich mit solcher Behauptung machst, während Jedermann hört, wie du mitten im Frieden ohne alle Veranlassung in die Kriegstrompete stoßest. Im Uebrigen aber: wann hast du denn eigentlich diese hartnäckige Unbeugsamkeit bei uns gefunden? Ich darf wohl sagen, daß ich meinerseits dir nie etwas Uebels zufügte, während ich wohl Grund genug hätte, mich über dich zu beklagen. Aber nimmer habe ich einen Rachegedanken in mir gehegt, nimmer hast du gehört, daß ich dir irgend eine Kränkung zu bereiten bemüht war..... Du bist jetzt nach Metz gegangen, und was war das Erste

---

*) Bei Bonnet I, 174.

das du thateſt? Unter den Widerſachern Chriſti (den Papiſten) rühmteſt du überall herum, du ſeiſt vollkommen im Stande und gerüſtet uns der Ketzerei zu überführen! Und in demſelben Athemzuge rühmſt du dich wieder: bei alle dem führeſt du nichts gegen das Evangelium im Schilde. Aber wie beweiſeſt du das? Heißt das: dem Evangelium ſich freundlich erzeigen, wenn man offen Krieg führt gegen ſeine Diener und ihnen alle möglichen Hinderniſſe in den Weg wirft? Du wirſt kaum behaupten dürfen, daß ſolch ein Menſch überhaupt von dem Evangelium etwas wiſſe. Lieber Bruder! ſiehe doch wieder und wieder zu was du thuſt. Unſer Dienſt in der Kirche des Herrn iſt in keiner Weiſe von ihm ſelber zu trennen; wenn du etwa noch hieran zweifelſt: ich wenigſtens weiß und fühle das im innerſten Grunde meines Gewiſſens. Du magſt dir vorſpiegeln was du willſt: Du wirſt dich am Ende davon überzeugen müſſen, daß du wie Paulus gegen den Stachel löckſt, indem du uns angreifſt. Was kannſt du uns übrigens ſchaden und wer hört auf dich? Wahrlich nicht die Frommen und Einſichtigen, ſondern die, die du ſelber für Irrgläubige hältſt und verachteſt. — O ſo laſſe denn ab von der unglücklichen Bahn, die du betreten haſt, und denke nicht länger daran, durch ungerechte und grundloſe Anklagen Anderer deine eigenen Vergehen zu rechtfertigen. Wenn du zunächſt auch nur das thuſt, ſo will ich mich ſchon zufrieden geben. Auch möchte ich keineswegs, daß du den Muth und die Hoffnung verlöreſt. Denn ſobald wir einmal recht davon überzeugt ſein können, daß du es aufrichtig meinſt, ſind wir von ganzem Herzen bereit, alles Vergangene zu vergeben und aus dem Gedächtniſſe auszulöſchen, dir Freundſchaft und Wohlwollen zu erzeigen, wo und wie wir können. Ich wollte, du könnteſt mir in das Herz ſehen, damit du dich recht davon überzeugteſt, wie ich mich darnach ſehne, dich zuerſt wieder mit Gott verſöhnt zu wiſſen und dann wieder mit uns. Aber glaube es mir: nie wirſt du dem Herrn mit Segen dienen können, bis du dieſes argwöhniſche, bittere, ſelbſtgerechte Weſen ablegeſt. Und ſo weißt du nun wie es ſteht: willſt du dich wirklich mit uns verſöhnen: wohlan unſere Arme ſtehen offen, dich als Bruder zu empfangen und kein Dienſt ſoll dir fehlen, der in unſerm Vermögen ſteht. Dagegen auf die Bedingungen, die du jetzt als Preis einer Verſöhnung uns vorſchlägſt: wie könnten wir auf dieſe eingehen? Für's Erſte weißt du ja wohl, daß die kirchlichen Stellen nicht nur ſo zu unſerer Verfügung ſtehen; und zum Andern: wie dürften wir es über das Gewiſſen bringen, dich jetzt zu empfehlen, da wir gar nicht wiſſen wie es innerlich mit dir ſteht? Ueberlege dir das ſelber; halte dir Alles vor, woran ich in dieſem Briefe dich erinnerte, gedenke deſſen was das Evangelium und die Liebe von dir fordert. Und wenn dieſes Schreiben dir etwas hart erſcheinen ſollte, ſo erinnere dich doch, welchen Inhaltes das deinige war, obſchon ich wahrlich zu vergeſſen ſuchte, was mich darin hätte reizen können, und nur an deine Seele dachte, als ich die Feder zur Hand nahm. Lebe wohl, mein theurer Bruder in dem Herrn, wenn du es erlauben willst, daß ich dich als Bruder liebe und achte. Möge Christus unser Heiland dich leiten durch seinen Geist des Rathes und der Weisheit, damit du glücklich hinauskommest aus all den gefährlichen Klippen, in die du hineingerathen bist, und dein Fahrzeug wohlbehalten den Hafen erreiche. Auch Farel läßt dich grüßen und bitten, daß du dich ernstlich zu dem Herrn bekehrest, damit dann das alte Band der Freundschaft und brüderlicher Verbindung sich wieder zwischen uns knüpfe."

Nicht anders als mit tiefem Leidwesen schreibt man es nieder, daß diese Sprache der beweglichsten, herablassendsten Liebe und Ermahnung bei dem unglücklichen Mann so wenig ausrichtete als die frühern Züchtigungen und Demüthigungen. Durch seine Eitelkeit und Anmaßung verwirrte er die Kirche zu Metz, in der er sich endlich festzusetzen gewußt, wie er die Kirchen in der französischen Schweiz zu verwirren versucht hatte. Seine alten Anklagen gegen Calvin und Farel erneuerte er nach einiger Zeit mit immer zunehmender Erbitterung. Auf nichts Geringeres schien er auszugehen, als seine Gemeinde überhaupt von dem Zusammenhange mit den protestantischen Brüdern loszureißen und sie lediglich sich selber zu unterwerfen. Noch im Jahre 1543 sah Calvin sich genöthigt, persönlich nach Metz aufzubrechen, um dergleichen zu verhindern und in öffentlichem Gespräche dem „gottlosen Zerstörer" zu widerstehen*). Aber schon war der Arm der weltlichen Gerechtigkeit ihm zuvorgekommen. Auf die wiederholten Beschwerden des Berner Senats und der protestantischen Fürsten Deutschlands, die er in seinen Predigten nicht besser behandelt hatte als die theologischen Gegner, wurde ihm nicht nur die Kanzel, sondern auch der weitere Aufenthalt untersagt. — Wie es ihm von da an weiter ergangen, und welch' ein Ende es mit ihm genommen hat, haben wir bereits mit einigen kurzen Worten angedeutet, als wir jener früheren, durch ihn hervorgerufenen Verwicklung Erwähnung thaten.

VIII.

Calvins Privatleben in Straßburg. — Seine Armuth und ökonomischen Bedrängnisse. — Trübe Stimmungen. — Auflösung seines Freundschaftsverhältnisses mit du Tillet. — Ueberhäufung mit Geschäften. — Häusliche Vorkommnisse und Widerwärtigkeiten. — Heirathsgedanken und Pläne. — Seine Verehelichung mit Idelette de Bure. — Eheliches Zusammenleben mit ihr bis an ihren Tod.

Mitten unter all' den ernsten Angelegenheiten und Erörterungen, die die Briefe Calvins erfüllen, finden sich gelegentlich doch auch einige Andeu-

---

*) Vergl. die Briefe I, p. 359 und 361 bei Bonnet.

tungen über sein persönliches Ergehen und jene Kleinigkeiten des Daseins, ohne die wir uns nie ein anschauliches Lebensbild zu entwerfen vermögen.

Wie in Genf so auch in Straßburg hatte der überaus uneigennützige und genügsame Mann die ihm angetragenen Aemter übernommen, ohne daß ihm zunächst irgend eine fixe Besoldung dafür ausgesetzt war. Kost und Logis scheinen ihm im Anfange von seinen Freunden auf ihre Kosten besorgt worden zu sein, in einem Hause, das die Familie Duvergnier bewohnte*), und in dem er übrigens, wie wir aus einem späteren Brief ersehen, nicht nur Angenehmes erfuhr. Für seine übrigen Bedürfnisse gewährte ihm eine kleine Summe, die er noch von seinem väterlichen Erbe besaß und der Verkauf einiger Geräthschaften die unumgänglich nöthigen Mittel. Später erhielt er einen geringen Gehalt, der freilich auch für den bescheidensten Unterhalt so wenig ausreichte, daß er sein einziges noch übriggebliebenes Gut, seine Bibliothek daran setzen mußte, um bestehen zu können, da es nun einmal schlechterdings gegen seine Grundsätze war, irgend etwas von dem Staat oder der Gemeinde zu verlangen, das sie ihm nicht von selber darreiche. „Die Directoren der Hochschule,“ schreibt er im Juli 319, „wollten allerdings meine Besoldung vermehren, und mir ein Stipendium von 100 Gulden zuweisen; aber das Collegium der Domherrn am Münster schützte den Mangel der kaiserlichen Einwilligung vor, da die Stiftungen eigentlich dem Reiche gehören, und so ist nichts aus der Sache geworden**).“

Höchst merkwürdig ist nun die fast peinliche Sorgfalt und Genauigkeit, mit der er bei aller Gleichgültigkeit und Unbekümmertheit um Geld und Gut doch die Angelegenheiten dieser Art alsobald sich angelegen sein läßt, sowie es dabei um das Interesse seiner Freunde oder für ihn selber um die Möglichkeit sich handelt, in ehrenhafter Weise und ohne Belästigung Anderer durch die Welt zu kommen. Keinen ängstlicheren und zuverlässigeren Schuldner konnte es geben, aber auch schwerlich einen gewissenhafteren Haushalter, der besser zusammenhielt was er besaß und überall darauf sah, daß nichts umkomme. Auf den ersten Anblick macht es einen etwas sonderbaren Eindruck, daß der Mann, dem die größten Angelegenheiten anvertraut sind und Völker und Kirchen auf der Seele liegen, dazwischen wieder wegen eines Thalers Briefe wechselt, den er zurückzahlen oder empfangen soll. Aber es giebt ein Wort des Herrn, das von der Treue im Kleinen redet, und uns daran mahnt, daß nur wer im Geringsten treu sei, es auch im Großen sein werde; und wenn irgendwo so findet hier dieses Wort seine Anwendung. Der Charakter Calvins, das Geheimniß seiner Kraft und des Segens, der ihn begleitet, wird aus diesen kleinen Zügen uns so klar und anschaulich,

---

*) Nach Bonnets Aufsatz über Idelette de Bure im Bulletin der „Société pour l'histoire du protestantisme français“ IV, 638.
**) Bonnet I, 125.

wie aus dem Größten, das er durchgeführt hat und dessen Folgen die Welt umgestalteten.

„Ich sende dir hiermit eine Rechnung," schreibt er so in dem eben erwähnten Briefe an Farel, „über die Summe, die du mir zur Reise nach Hagenau liehest; obschon du eigentlich kein Recht darauf hast, auch nur einen Pfennig zurückzuerhalten, denn es wäre deine Pflicht gewesen, mich an meine Schuldigkeit zu mahnen. Für mein langes Zögern habe ich freilich gute Gründe, aber jetzt wäre es zu spät sie vorzubringen. Wenn meine Kiste aus Genf ankömmt, so sei doch so gut sie hieher an Wendelin*) zu besorgen, im Falle nicht schon du einen Käufer für die Bücher findest. Doch gieb sie nicht wohlfeiler als mindestens neun und zehn Batzen das Stück, wenn nicht vielleicht Jemand eine große Anzahl miteinander nimmt. In diesem Falle magst du den Preis nach deinem eigenen Ermessen bestimmen; denn der Transport hat schon viel gekostet, und wird noch mehr kosten bis die Bücher bei dir anlangen." — „Die Waldenser Brüder," schreibt er ein ander Mal an denselben, „sind mir noch einen Kronthaler schuldig, einen Theil davon habe ich ihnen geliehen und einen andern dem Boten gegeben. Jetzt habe ich ihnen geschrieben, sie sollten dir das Geld auszahlen. Wenn sie es gethan haben, so behalte es, damit ich von meiner Schuld um so viel loskomme; was übrig ist, werde ich bezahlen sobald ich komme. So stehe ich jetzt, daß ich keinen Heller zahlen kann. Es ist zu verwundern, wie viel Geld mir durch unvorhergesehene Ausgaben aufgezehrt wird, und von dem Meinigen muß ich doch leben, wenn ich meinen Brüdern nicht zur Last fallen will**)." In einem folgenden Briefe***) klagt er: „Ich mag hier bleiben oder fortgehen, so drängen mich viele Sorgen und Mühseligkeiten. Ich gestehe, daß es mir wohl thut zu sehen, wie meine Brüder so freundlich gegen mich sind und meinem Mangel durch das Ihrige abhelfen wollen. Aber so sehr mich solche Beweise der Liebe erfreuen, bin ich doch entschlossen, deine und ihre Güte nicht in Anspruch zu nehmen, so lange nicht die unbedingte Nothwendigkeit mich dazu zwingt. Wendelin, der mein Büchlein verlegt, wird mir so viel geben, daß ich für den Augenblick auskommen kann. Und der Erlös der Bücher, die noch in Genf sind, wird meinen Hauswirth bis zum nächsten Winter befriedigen. Für das Weitere wird der Herr sorgen. Als ich noch in Frankreich war, hatte ich viele Freunde, von denen — den einzigen zu Tillet ausgenommen — Keiner mir etwas anbot, obschon sie ihr Anerbieten sicherlich nichts gekostet hätte, da ich nie darauf eingegangen wäre. Jetzt begnüge ich mich mit deinem und der Brüder Wohlwollen, und ver-

---

*) Ein Straßburger Buchhändler und der damalige Verleger der Schriften Calvins.
**) Bei Henry I, 404.
***) Bei Bonnet I, 111.

spreche euch, eure Hülfe in Anspruch zu nehmen, wenn es je nothwendig wird. Daß der Kronenthaler verloren ging, thut mir leid; ich habe übrigens Niemanden darüber anzuklagen, als meine eigene Nachlässigkeit, wenn es gleich als eine Entschuldigung gelten mag, daß ich dem Boten nicht die Unredlichkeit zutraute, das Geld zu unterschlagen." — „Mein Verleger in Genf," schreibt er in einem spätern Brief, „klagt mir daß meine Bücher nicht abgehen, und daß ihm ein großer Theil der Exemplare nutzlos auf dem Lager liegt. Ich habe ihm nun geschrieben, daß er dir hundert derselben für meine Rechnung senden möge. Schreibe mir doch unverzüglich, ob er das gethan hat, denn lieber will ich selber in Verlegenheit kommen, als daß ich ihn lasse Schaden leiden." —

Was wir sonst über seine persönlichen Zustände und Stimmungen erfahren, ist nicht eben viel. In der ersten Zeit müssen die Erinnerungen an die jüngste Vergangenheit und der Aufenthalt in der fremden Stadt mit der fremden Sprache das Herz ihm oft schwer gemacht haben, zumal wenn etwa noch eine trübe Nachricht von außen her sich zu der Bitterkeit der Einsamkeit und Verbannung gesellte. Durch die früheren Briefe die er aus Straßburg schrieb, klingt ein Mal über das andere solch' ein wehmüthiger, klagender Ton. „Die Nachricht von Couraults *) Tod," schreibt er einen Monat nach seiner Ankunft an Farel, „hat mich so übernommen, daß mein Gram keine Grenzen kennt. Was ich auch vornehme, ich kann die Nachricht nicht darüber vergessen, sie erfüllt alle meine Gedanken. Und die rastlose Qual des Tages ist doch nur ein Vorspiel der noch jammervolleren und peinlicheren Gedanken, die mich des Nachts übernehmen. Es ist nicht nur der Mangel an Schlaf, der mich so herunterbringt, sondern auch eine tiefe Schwermuth, die sich über mich lagert und meine Gesundheit noch mehr zerrüttet. Und jetzt vor Allem dieser traurige Todesfall! über alle Maaßen traurig, wenn es gegründet ist was Einige fürchten **). O wohin soll es in Zukunft noch kommen, wenn schon der Beginn der neuen Zeit von solchen Schandthaten befleckt wird! Ich fürchte daß die Gerechtigkeit Gottes ein großes Unheil über die Kirche wird hereinbrechen lassen. Und ist denn nicht schon das genug, daß solch' ein Mann der Kirche hinwegstirbt, die ohnehin Mangel leidet an treuen Dienern? O mein lieber Bruder! Was Anderes könnten wir thun als unser Elend bejammern, wenn wir nicht einen festen und gewissen Trost hätten? Denn die Wahrheit des Herrn wird ja stehen bleiben, unangetastet und unerschüttert; und so wollen wir als seine Diener aushalten auf der Mauer bis zum Ende, bis das herrliche Reich Christi, das jetzt verzerrt und verdunkelt ist, hervorbrechen wird in seinem vollen Glanze."

---

*) Unmittelbar vorher sein College in Genf, wie unsere Leser sich erinnern werden.

**) Daß nämlich Courault während seiner Gefangenschaft in Genf ein Gift bekommen habe, dessen Folgen ihm den Tod gebracht.

Auch einen andern Freund noch verlor Calvin in diesen Jahren, und zwar in noch schmerzlicherer Weise als durch den Tod. Louis du Tillet, der ihn in Angoulême aufgenommen und mit Wohlthaten überschüttet, der sich an ihn und seinen Glauben so innig angeschlossen hatte, der mit ihm um des Gewissens willen aus Frankreich geflohen und der Gefährte aller seiner Wendungen geworden war, bis sie in Genf die vorläufige Ruhestätte gefunden, zog sich jetzt von dem reformirten Bekenntnisse wieder zurück, und erklärte seinem Freunde, daß er alle weitere Verbindung mit ihm abbrechen müsse, wenn er seiner Aufforderung ein Gleiches zu thun, sich nicht fügen könne. Es scheint daß das wilde, zuchtlose Wesen, das ihm in Genf begegnet war, in seinem feingebildeten, vornehmen Geiste ein Mißtrauen und allmählich einen Widerwillen gegen die reformatorische Bewegung erregt hatte, der sich nicht mehr überwinden ließ. Zudem war es ihm fast unerträglich in der Fremde zu leben; und seine evangelische Ueberzeugung zeigte sich bei Weitem nicht so fest, daß sie ihn über alle die Nöthen und Bedenken hätte hinwegheben können, in die er sich verwickelt sah. So machte er sich denn, kurz vor der Vertreibung Calvins aus Genf, auf den Weg nach der Heimath, ohne jedoch seinen Freund zunächst davon in Kenntniß zu setzen, mit welchen Gedanken er sich trage. Ein reiches Geldgeschenk, das er dem bedrängten Manne zurückließ, war der letzte Liebesdienst, den er ihm leistete.

Noch aus Genf ist der erste Brief datirt, den Calvin an ihn schrieb, als es ihm bald darauf klar geworden war, was diese Trennung zu bedeuten habe. „Was mich zunächst am meisten quälte", sagt er ihm, „war die Furcht, daß ich etwa durch mein persönliches Benehmen dich abgestoßen und von uns weggetrieben habe. Denn allerdings ließ ich es ja oft an der schuldigen Rücksicht und Zartheit mangeln, und überließ mich im Verkehre mit dir meiner natürlichen Rauheit und Unhöflichkeit mehr als erlaubt war. Aber daß dieß allein deinen Entschluß hervorgerufen habe, kann ich im Grund doch nicht glauben; da du ja ohnehin in allen Stücken die freundlichste Nachsicht mit meinen Schwächen bewiesest. Und so bin ich denn durch deinen Schritt auf das Höchste und Schmerzlichste überrascht worden. Ich hielt dich für so entschlossen und fest gegründet in dieser Sache, daß Niemand dich mehr darin wankend machen könne. Nun ist es dennoch geschehen, und fürwahr! was ich von den Gründen erfahre, die dich dazu bewogen, erscheint mir überaus ungenügend und unstichhaltig."

Nach einer eingehenden Widerlegung dieser Bedenken, in denen Calvin sich besonders auch der Behauptung entgegensetzt, daß die Irrthümer der römischen Kirche am Ende nicht so viel zu bedeuten hätten, und dem Christen immer noch erlaubten in ihrem Schooße zu verbleiben*), fährt er dann mit

---

*) Es scheint daß Bucer und Capito mit denen du Tillet auf seiner Durchreise in Straßburg sich besprochen hatte, ihm diesen Satz einigermaßen

tiefbewegtem, überströmenden Herzen also fort: „Uebrigens halte ich fest daran, daß es dir Ernst ist mit der Furcht Gottes, und die leichten Mißverständnisse, die jetzt zwischen uns auftauchen, können die Erfahrungen eines jahrelangen Zusammenlebens nicht umstoßen. Aber deinem Unternehmen in irgend welchem Sinne Beifall geben, kann ich darum doch nicht. Ja, lieber möchte ich des bittersten Todes sterben, als auch nur durch ein Wort diese That billigen, von der ich fest überzeugt bin, daß sie verdammlich ist in sich selber, und zudem ein schmerzliches Aergerniß für unzählige Andere. Streiten will ich weiter nicht mit dir. Lieber bitte ich den Herrn recht herzlich darum, daß es ihm gefallen möge die Anstöße aus deinem Wege hinwegzuräumen, damit die Bahn des Heiles wieder offen vor dir daliege, und du sie betreten könnest, wenn die rechte Stunde von Neuem dir schlägt. — Bitte du auch für mich, da du ja meine Schwachheiten kennst, und wohl weißt, welche Nöthen und Schwierigkeiten mich jetzt umgeben. Du hast schon viel für mich gethan, und was dein war, gehörte auch mein. Wolle Gott, daß ich dir das recht vergelten könne durch unvergängliche Wohlthat.“

Die Antworten du Tillets*) sind nicht minder freundschaftlich gehalten und von der alten Liebe und Verehrung durchdrungen. Er bezeugt Calvin, daß er ihn nach wie vor für einen Christen halte, daß er seine hohen Gaben und seinen heiligen Eifer vollkommen anerkenne, aber wenigstens für die eigene Person keinen Beruf in sich fühle, denselben Weg einer Trennung von der Kirche und eines durchaus neuen Aufbau's der Christenheit einzuschlagen. Und als Calvin dann aus Genf vertrieben wird, glaubt er darin eine Bestätigung alles dessen zu erkennen, was er über die unausbleiblichen Folgen der ungerechtfertigten Ausscheidung aus der Kirche längst voraus

---

zugaben, wohl ohne daß sie wußten, welche praktische Folgerungen der Mann, mit dem sie redeten, daraus zu ziehen gedenke. Calvin der, wie wir gesehen haben, diese Männer damals überhaupt noch für etwas unentschieden und allzu nachgiebig hielt, drückt darüber mit großem Ernste sich aus: „Ich wollte,“ sagt er „ich hätte in ihrer Gestalt zu dir reden können. Denn gewiß halte ich besser Farbe als sie. Ihre ganze Art läßt mich, bei aller Verehrung die ich sonst für sie habe, gar sehr wünschen, daß sie etwas mehr Festigkeit besäßen. Und wie viel Ansehen man übrigens auch genießen mag: wie hat man doch das Recht, mit dem Gute der Nächsten freigebig zu sein, um wie viel weniger mit dem Gute der Wahrheit Gottes, das er uns anvertraut hat, damit wir es unverletzt bewahren als einen heiligen Schatz. Ich bitte den Herrn, uns Allen es recht einzuprägen, daß es nicht ein halber Dienst ist, was er von uns will, wie unsere Thorheit ihm einen solchen etwa zutheilen möchte, sondern daß er darauf besteht: wir sollen ganz und gar nach seinem Willen uns richten.“ Der Brief findet sich im französischen Original in Bonnets Sammlung der französischen Briefe Calvins I, 1.

*) Vergl. die kleine Schrift von Crottet: Der Briefwechsel zwischen Calvin und du Tillet.

gesehen. „Ich glaube gern", schrieb er ihm, „daß das Geschehene zunächst von übel gesinnten Menschen angestiftet ist, die nur ihre eigenen sündlichen Absichten, und keineswegs die Sache Gottes dabei im Auge hatten. Aber doch wird es dir eine Mahnung sein müssen — zürne mir nicht daß ich das ausspreche — dich ernstlich zu prüfen, ob der Herr nicht hiermit den Stab bricht über dein bisheriges Thun und dich demüthigen will vor seinem Angesicht, damit du die herrlichen Talente und Gnaden mit denen er dich ausgestattet hat, hinfort in besserer Weise zu seinem Ruhme gebrauchest und zum Heile seiner Erwählten."

„Schon ehe du mich ermahntest, in mich zu gehen und mich zu demüthigen," antwortet ihm Calvin hierauf von Straßburg aus, „hat der Herr selber mich hiezu aufgefordert, so daß ich in keinem Falle dir zürnen könnte über deine Vorstellungen, wenn ich nicht meinem eigenen Gewissen widersprechen wollte. Ja, der Herr hat mir allerdings Gelegenheit gegeben, so manchen Fehler zu erkennen und zu bereuen. Und ich habe mich nicht damit begnügt, dieß nur mir selber einzugestehen, sondern auch vor Andern habe ich es offen ausgesprochen, wo sich irgend eine Gelegenheit dazu bot. Auch bitte ich meinen Erlöser herzlich darum, daß er Tag für Tag sie mir deutlicher offenbare; aber das muß ich feierlich sagen: die Fehler, deren du mich anklagst, die hält mir weder mein Gewissen noch der Herr vor. Ich weiß, daß ich von ihm berufen bin; ich weiß, daß meine Augen nicht verblendet sind; ich weiß, daß es nicht mein Eigenwille ist, dem ich folge, und nicht mein eigenes Werk, das ich treibe. — Was nun das Verwerfungsurtheil über Andere betrifft*), von dem du klagest, daß es unter uns im Schwange gehe, so laß mich über diesen Punkt mit aller Offenheit zu dir reden, auch auf die Gefahr hin, daß ich dich beleidige, und ich wünschte wohl, daß du etwas von dem, was ich sage, dir zu Herzen nähmest. Denn indem du in deinem ganzen Briefe die Finsterniß zu Licht zu machen dich bestrebst, verdammst und verwirfst du ja selber alle diejenigen, die entschlossener und entschiedener als du den Weg des Heiles gehen. — Ich will hier nicht einen Streit anheben, aber sage doch selber: ist das recht und billig, wenn du von deinem ruhigen Studierzimmer aus auf die dein verächtliches Urtheil schleuderst, die tagtäglich vor aller Welt und in Leiden jeder Art ihren Glauben bezeugen? Ich weiß wohl: böse meinst du es mit dem Allem nicht, aber es ist ein anderer Geist als der Geist Gottes, der dabei aus dir redet. — Du schreibst, du wollest mir, wenn ich nach Frankreich zurückkehre, mit Freuden Alles liefern, was meine Bedürfnisse erfordern und trägst selbst für den Augenblick ein Geschenk mir an, wenn ich es nöthig haben sollte. Es ist dieß ein Anerbieten, das deine ungeschwächte Liebe mir beweist, und für das

---

*) Es ist hier, dem Zusammenhange nach, von dem Urtheile über das römische Wesen die Rede.

ich nicht dankbar genug sein kann. Aber annehmen darf ich es nicht. Für den Augenblick kostet meine Nahrung mich nichts, und das Uebrige bestreite ich aus dem Verkaufe meiner Bücher. Du hast mir seiner Zeit einen Theil derselben geschenkt, und ich zweifle nicht, daß du mir wieder neue schenktest, wenn ich ihrer bedürfte. Wie wehe thut es mir, daß ich trotzdem so zu dir reden muß! Hättest du nur über meine Person dich mißbilligend geäußert, so wäre ich leicht darüber hinweggegangen, aber du hast auch an der Wahrheit Gottes und an ihren Dienern dich vergriffen, und darauf durfte ich nicht schweigen. — Einer meiner Mitkämpfer steht jetzt bereits vor Gott*), um da Rechenschaft zu geben über das was er hienieden mit uns gearbeitet hat. Wenn wir einmal ihm dorthin nachfolgen, so wird es sich dann herausstellen, auf welcher Seite die Leichtfertigkeit und das Abweichen von Gottes Wegen war. Vor diesen Richterstuhl rufe ich alle die Weisen, die da meinen ihr einfaches Wort reiche hin uns das Urtheil zu sprechen, und die Engel Gottes werden dort Zeugniß ablegen, welche diejenigen sind, die von der Gemeinschaft der Heiligen sich trennten."

Das war nun aber ernster geredet als du Tillet es vertragen mochte. Nicht gerade in bitterm Ton, aber doch unverkennbar gereizt und beleidigt, schrieb er Calvin zurück: wenn er in Zukunft sich nicht gemäßigter ausdrücke und die römische Kirche nicht als eine wahrhaft christliche anerkennen wolle, so werde es ihm am liebsten sein, wenn er ihn überhaupt mit weiteren Briefen, und jedenfalls mit Briefen, wie dieser letzte es gewesen, verschone. Denn aus solchen Reden schöpfe er weder Nutzen noch Trost, sondern nur Unruhe und Verdruß. Im Uebrigen könne er ihn versichern, daß er ·nach wie vor sein ganzes Leben lang ihm alles Gute wünsche und Alles für ihn thun werde, was er für sich selber gethan wünsche. „Indem ich mich in aller Demuth und Liebe dir empfehle," schließt er, „bitte ich unsern Herrn, er möge dich so in seinen Wegen führen und leiten, daß wir endlich in seiner Herrlichkeit uns wieder zusammenfinden als seine Erwählten."

Es waren das die letzten Worte, die zwischen den beiden Männern gewechselt wurden. Immer entschiedener und entschiedener gingen von da an ihre Wege auseinander: der du Tillets wieder mitten hinein in die römische Kirche, deren Ehren und Würden sich von Neuem auf seinem Haupte sammelten; der Calvins davon hinweg zur Begründung einer ganz neuen Gemeinschaft, die den ausgesprochensten Gegensatz gegen das römische Kirchenwesen bildet, den es innerhalb der Christenheit giebt. Wie hätten sie da je sich wieder versöhnen und das zerrissene Band wieder anknüpfen können. „Nur Einer von meinen französischen Freunden," ruft Calvin später einmal aus, „hat das Seinige mit mir getheilt; und dieser hat mich am Ende verlassen und

---

*) Courault.

als einen Ueberläufer der Kirche angeklagt. Er verkaufte seine Güte um einen zu hohen Preis; er verlangte fast von mir daß ich widerrufe."

Neben diesen innern schmerzlichen Erlebnissen verfloß sein äußeres Leben im Allgemeinen sehr gleichmäßig und ruhig, wenn man die schon erwähnten häufigen Reisen zu den verschiedenen Religionsgesprächen in Abrechnung bringt. Die ungemeine Arbeitslast, die auf ihm lag, ließ ihm wenig Zeit zu andern Dingen übrig; und wenn er auch die Zeit gehabt hätte, so fehlte ihm doch das Interesse und die Freude an dem was mit seinem Berufe in keinem Zusammenhange stand. Als etwas ganz Außerordentliches bemerkt er es schon, daß er einmal bei einem Nachtessen im Freundeskreise bis nach acht Uhr Abends verweilte. „Wohl gelabt," schreibt er, „kehrte ich zurück, aber einen besonnenen Brief mußt du jetzt nicht von mir erwarten, sondern wie von einem Manne, der den Kopf nicht recht frei hat zum Schreiben*)." — In einem frühern Briefe schildert er Farel gelegentlich, was zuweilen Alles über ihn kömmt. „Das ist ein Tag," ruft er aus, „wie ich mich kaum eines andern in diesem ganzen Jahre zu entsinnen weiß! Zuerst hatte ich etwa 20 Bogen meines Buches durchzusehen, die der Bote mitnehmen wollte; dann kam meine gewöhnliche Vorlesung an der Universität, dann die Predigt, vier Briefe, die beantwortet werden mußten, lagen auf dem Schreibtische; einige Zwistigkeiten waren in's Reine zu bringen, und mehr als zehn Mal kamen unter alle dem Leute zu mir, denen ich Rede und Antwort geben mußte. Entschuldige mich darum, wenn mein Brief kurz und ungeordnet ausfällt**)." Ein ander Mal in der ersten Woche seiner Ehe — berichtet er von einem ernsten Unwohlsein, das ihn überaus gehindert und ihm manche bittere Stunde bereitet habe. „Als man deinen Brief mir brachte," schreibt er an Farel, „lag ich so elend darnieder, daß ich kaum einen Finger bewegen konnte. Am dritten September bekam ich ein überaus heftiges Kopfweh, auf das ich indessen wenig achtete, da ich längst daran gewöhnt bin. Und in der That, als ich mich am Sonntage, der darauf folgte, im Morgengottesdienste etwas warm gesprochen hatte, löste sich der Fluß einigermaßen, aber nur um in einen Husten überzugehen, der mich auf der Stelle überfiel, und mich mit einem heftigen Fieber bis Dienstag unaufhörlich quälte. Nichtsdestoweniger predigte ich an diesem Tage wie gewöhnlich, aber ich vermochte nur mit der größten Mühe zu sprechen und mitten im Reden wurde es mir übel. Denn Tags zuvor hatte ich eben einen harten Verdruß gehabt. Die Haushälterin, die sich oft mehr herausnimmt als ihr gebührt, hatte meinem Bruder einige grobe Worte gesagt, die sie durchaus nicht zurücknehmen wollte. Er machte nun zwar keinen Lärm darüber, verließ aber das Haus und gelobte feierlich, daß er nicht

---

*) An Farel bei Bonnet I, 144.
**) Bei Bonnet I, 108.

mehr zurückkehren werde, so lange sie bei mir bliebe. Auf das hin ging auch sie, da sie mir anmerkte wie weh mir das Alles that, und nur ihr Sohn blieb zurück. Nun habe ich die Gewohnheit daß wenn ich ärgerlich, oder sonst ungewöhnlich aufgeregt bin, ich übermäßig schnell und viel esse und mein Mittagsmahl wahrhaft hinunterschlinge. Auch dieß Mal erging es mir so, und die Folge davon war, daß ich Dienstags an einem durchaus verdorbenen Magen litt. Da giebt es nun bekanntlich kein besseres Mittel als zu fasten, und wie oft habe ich mir schon damit geholfen; aber um den Sohn der Haushälterin nicht auf den Gedanken zu bringen, daß ich etwa durch solche Enthaltsamkeit ihn wegtreiben wolle, setzte ich mich lieber der Gefahr aus, mir wieder Schaden zu thun. Wie ich nun Dienstag Abends, nach neun Uhr vom Nachtessen aufstehen wollte, bekam ich eine Ohnmacht. Man brachte mich zu Bette; ein Fieberanfall folgte auf den andern, ich meinte in Flammen zu liegen und in meinem Kopfe ging Alles durch einander. Donnerstags erst konnte ich aufstehen, aber ich fühlte mich so schwach in allen Beinen und Gliedern, daß ich endlich zugestehen mußte, ich sei ernstlich krank. So strenge Diät ich auch hielt, die Fieberanfälle kamen wieder und immer stärker; ein Schweiß brach aus meinem Körper, der das ganze Bett durchnäßte. Und nun erklärte sich ein Wechselfieber mit stechenden Schmerzen, die bald milder bald heftiger sich einstellten und mir alle Kraft raubten. Das ist der Grund, warum ich dir bisher noch nicht schreiben und nicht besorgen konnte, was du wünschest." —

Wir haben eben der Verehelichung Calvins beiläufig erwähnt. Und ohne Zweifel ist diese das Wichtigste, was aus seinem Privatleben während des Straßburger Aufenthaltes sich berichten läßt. Schon seit einiger Zeit, so ziemlich seit seiner Ankunft in Straßburg, waren seine Freunde daran, ihm eine Lebensgefährtin zu verschaffen, durch die ihm die häusliche Einrichtung und Pflege zu Theil werde, deren er bei seiner Unlust mit den Aeußerlichkeiten des Lebens sich zu befassen, weniger als ein Anderer entbehren konnte. Nach den Bedürfnissen des Herzens wurde damals minder gefragt, als es bei uns jetzt Sitte ist; auch Calvin spricht sich nirgends darüber aus, in wie weit er nach dieser Seite hin die Gemeinschaft eines weiblichen Gemüthes sich herbeiwünschte. Zunächst in dem Sinne des alttestamentlichen Einsetzungswortes: „sie soll dir eine Gehülfin sein," faßte man die Ehe; und von Calvin im Besondern ist es zudem vielleicht nicht ganz unrichtig, was Henry einmal bemerkt: er scheine mehr Sinn für das Verhältniß zu Männern, für die Freundschaft gehabt zu haben, als für das Verhältniß zu Frauen, für das was man die „Liebe" zu nennen pflege.

So ging denn auch seine Verheirathung nicht aus einer persönlichen Neigung hervor, sondern erscheint vielmehr als eine christliche Vernunftheirath im edleren Sinne des Wortes. Nicht er selber sucht sich die Braut,

ndern er überläßt es den Freunden, die mehr Bekanntschaft haben und ge=
schickter sind, ihm eine ausfindig zu machen, die für ihn passe. Und wenn
sie gefunden scheint, sind wieder sie es, die Alles in Gang und Ordnung
bringen; er bespricht die Sache nur ganz beiläufig und fast wie eine fremde
Angelegenheit *). „Eine vortreffliche Gelegenheit hieherzukommen," schreibt
schon am 28. Februar 1539 **) an Farel, nachdem er bisher von nichts
dergleichen auch nur die leiseste Andeutung gegeben hatte, „giebt dir meine
bevorstehende Vermählung. Wir hoffen die Braut werde bald nach Ostern
herkommen. Mache es doch ja möglich zu erscheinen; die genauere Zeit
und den Tag können wir ja ganz nach deinem Belieben bestimmen. Denn
Jemand einer von euch muß da sein, um die Verbindung zu verherrlichen und
den Segen darüber zu sprechen." Wer diese Braut war und woher sie kom=
men sollte, bleibt völlig im Dunkeln; nur so viel ist gewiß, daß das ange=
regte Hochzeitsfest nicht zu Stande kam, und Calvin noch über ein Jahr
lang nach dem Osterfeste 1539 als unverheiratheter Mann lebte. Farel
nahm ihm auf das hin die Angelegenheit in die Hand und machte verschie=
dene Vorschläge. In das Detail derselben ließ Calvin sich nicht ein, aber
was er im Allgemeinen von einer Frau wünsche und erwarte, hielt er doch
für gut, dem eifrigen Freiwerber auseinanderzusetzen. „An das halte dich,"
schreibt er ihm unter dem 19. Mai, „daß ich keiner von den verliebten Tho=
ren bin, die über einem hübschen Gesichte alles Andere vergessen und am

---

*) Freilich hat er dann, nebenbei gesagt, seinen Freunden gelegentlich auch
wieder denselben Dienst erwiesen, und sich dabei im Eifer der Freundschaft
fast angelegentlicher und theilnehmender um das bekümmert, was ge=
wöhnlich den Mann zum Weibe zieht, als bei seiner eigenen Wahl. So
war er im Jahre 1546 bemüht, seinem Freunde Viret eine Frau zu verschaf=
fen; und die Art wie er sich nun dabei benimmt, ist eine überaus zarte und
liebliche. „Je mehr wir nachforschen," schreibt er ihm, „desto mehr Zeug=
nisse finden sich für das junge Mädchen, die ihr zum Schmucke dienen. Ich
sehe heute bei einem Abendessen den Vater, und werde unter einem höfli=
chen Vorwande Gelegenheit nehmen mit ihm zu sprechen. Am besten
wäre es, wenn du mir erlaubtest sie gleich zu fordern. Zweimal habe ich
sie gesehen, und sie ist in der That äußerst sittsam und angenehm. Ihre
Gesichtszüge und die ganze Haltung des Körpers sind wunderbar schön,
und von ihren Sitten sprechen alle so, daß der kleine Johann mir sagte,
er sei in sie verliebt. Der Herr leite dich durch seinen Rath, und segne
uns in einem Unternehmen von so großer Wichtigkeit." Nach einem zwei=
ten Briefe will er sogar eine vorläufige persönliche Zusammenkunft zwischen
ihnen veranstalten. — „Es giebt keinen Menschen auf Erden," schließt er,
„dem seine eigene Sache mehr am Herzen läge, als mir diese."

**) Henry setzt diese Briefe, wie so manche andern aus diesem Jahre, in das
Jahr 1540, ein Versehen das sich aus der Auslassung der Jahreszahl in den
Datumsbestimmungen der calvinschen Briefe leicht erklären läßt, aber be=
greiflicher Weise doch zu mancherlei Verwirrung führt. — In der sorgfältig
geordneten Briefsammlung Bonnets sind diese Fehler jetzt durchweg verbessert.

Ende auch die Fehler ihrer Geliebten anbeten. — Die einzige Schönheit, die Eindruck auf mich macht, ist die, wenn eine Frau sanft sich zeigt, keusch, bescheiden, haushälterisch, geduldig, und die Pflege ihres Mannes ihr die Hauptsache ist. Wenn diejenige, die du mir nennst, diesem Bilde entspricht, so setze die Sache in's Werk, damit dir nicht ein Anderer zuvorkomme. Hältst du hingegen nicht dafür, daß sie solchen Ansprüchen genüge, so betrachte die Sache als abgethan." Es war vielleicht diese bestimmte Weisung, die Farel bedenklich machte, oder es kam irgend ein anderes Hinderniß dazwischen: — jedenfalls hat auf dießmal das Unternehmen keine weitern Folgen gehabt; und die Verhandlungen der unermüdeten Freunde, neben denen endlich auch Calvins Herz eine eigene Meinung zu haben sich erlaubt, heben bald von Neuem an. „In Mitten all' der Unruhen, die uns umgeben," heißt es in einem Brief an Farel vom 6. Febr. 1540, „habe ich doch noch Zeit und Kühnheit genug, mich wieder mit Heirathsgedanken zu beschäftigen. Man hatte mir ein junges Mädchen von Adel mit einem Vermögen vorgeschlagen, das bei weitem über die Verhältnisse meines Standes ausgeht. Aber zwei Gründe hielten mich zurück: ein Mal, daß sie unsere Sprache nicht kennt*), und dann fürchte ich auch, daß sie ihren Stand und ihre Erziehung nicht wird vergessen können. Ihr Bruder, ein sehr frommer Mann, den die Liebe zu mir gegen das eigene Interesse völlig blind macht, drang auf das Eifrigste in mich; und seine Frau fügte ihre Bitten zu den seinigen hinzu, sodaß ich fast gezwungen worden wäre, meine Einwilligung zu geben, wenn der Herr mich nicht frei gemacht hätte. Denn als ich die Bedingung stellte, daß das Fräulein unsere Sprache erlernen müsse, bat sie sich erst Bedenkzeit aus. Und so beauftragte ich alsobald meinen Bruder, mit einem meiner Freunde um eine Andere anzuhalten, die mir ohne alles Geld doch eine schöne Mitgift bringen wird, wenn sie anders auch nur von ferne ihrem Rufe entspricht. Ihr Lob ist wenigstens in aller Mund. Wenn nun, wie ich hoffe, meine Anfrage günstig aufgenommen wird, denke ich, daß wir spätestens am zehnten März Hochzeit halten werden."

Aber die Sache nahm kein besseres Ende als die bisherigen Versuche. Schon hatten die Abgesandten Calvins ein Verlobungsversprechen gegeben und erhalten, als ihm verschiedene Dinge über das Mädchen zu Ohren kamen, die es ihm zur Pflicht machten, das kaum geknüpfte Band unverzüglich wieder zu lösen. „Was ich jetzt thun will, weiß ich nicht," schreibt er, „vielleicht ist es das Beste, wenn ich die Bemühungen dieser Art überhaupt aufgebe**)."

Indessen während er diesem Vorsatze nachkam, führte Gott ihm diejenige zu, die für ihn bestimmt war. Unter jenen Wiedertäufern, die Calvin zur Kirche zurückbrachte, nannten wir auch einen Johannes Storder aus

---

*) Also eine Deutsche, wahrscheinlich aus einer Straßburger Patrizierfamilie.
**) Brief an Farel vom 21. Juni 1540, bei Bonnet I, 105.

Lüttich, der kurz nach seiner Umkehr von der Pest hinweggerafft wurde. Mit einem Fräulein aus Geldern, Idelette von Büren*), war er verheirathet gewesen; und die hinterlassene Wittwe, der die Rückkehr in ihre Heimath verschlossen war, lebte nun in Straßburg in tiefer Zurückgezogenheit, mit nichts Anderm beschäftigt, als mit der Erziehung ihrer Kinder und dem Heile ihrer Seele. So lernte Bucer sie kennen, und überrascht von der feinen Geistesbildung und der frommen Demuth der einsamen Frau, machte er alsobald seinen Freund auf diese Perle aufmerksam. Wie ihre Bekanntschaft mit Calvin im Nähern sich anknüpfte, wie er sie förmlich erwählte und sie auf seine Wahl einging, das Alles bleibt unberichtet. Das Einzige, was wir wissen — und auch darüber findet sich in den Briefen Calvins sonderbarer Weise nirgends eine Andeutung —, ist die Thatsache, daß im September 1540 die Hochzeit mit einem gewissen Gepränge Statt fand. Einige Consistorien der französischen Schweiz hatten besondere Abgeordneten dazu geschickt. Ob wirklich Farel es war, der sie traute, wie Calvin so oft es gewünscht, wird uns nirgends gemeldet.

Und er hatte seine Wahl nicht zu bereuen. Schon in den ersten Wochen seines ehelichen Lebens fühlte er sich so zufrieden und glücklich, daß er über das vorhin erwähnte Unwohlsein, das ihn damals befiel, halb scherzend bemerken konnte: „es sei wohl gesendet worden, damit ihre Honigwochen nicht allzufröhlich würden und ihre Freude nicht die Schranken überschreite. Gott habe sie ohne Zweifel durch solche Widerwärtigkeit auf das rechte Maaß zurückbringen müssen**)." Bald darauf kam die ernstere Prüfung jener Pest, die, während Calvin selber in Regensburg abwesend war, in der jungen Haushaltung den anvertrauten de Richenbourg mit seinem Lehrer hinwegraffte und Alles mit Noth und Verwirrung erfüllte. Wie der ferne Hausherr über den Tod des Schülers und Freundes trauerte, haben wir bereits gesehen; „aber fast noch ärger als dieß," fügt er in dem Briefe an Farel hinzu, „ist mir die bittere Angst, wie es mit denen stehe, die noch übrig sind. Tag und Nacht sehe ich meine Frau vor Augen, die in Mitten der Bedrängnisse nun dasteht ohne Hülfe und Rath, da ihr Gatte fern ist. Mein Haus ist übrigens völlig verödet; mein Bruder hat sich mit Karl (von Richenbourg) in ein benachbartes Dorf geflüchtet, meine Frau sich auch zu ihm zurückgezogen, der Jüngste von des Claudius Schülern liegt ebenfalls krank."

Von da an verstummen die Nachrichten über seine Frau für längere Zeit. Während mehr als eines Jahres findet sich in den Briefen, die er schreibt oder erhält, nicht ein Wort das sie beträfe, nicht eine Andeutung ihres Daseins. Wer die Art Calvins nicht kennt, mag wohl darüber er-

---

*) Ueber das Nähere ihrer Herkunft vergl. den Jahrgang 1860 des „Bulletin pour l'histoire du protestantisme français" p. 26.
**) An Farel bei Bonnet I, 180.

staunen und vielleicht auf den Gedanken kommen, er habe über den Zustand seines ehelichen Lebens und die Befriedigung, die seine Gattin ihm gewährte, wenig Erfreuliches zu sagen gehabt. Aber dem steht doch sehr entschieden entgegen, daß der mit Lobsprüchen so überaus karge, durch und durch wahrheitsgetreue Mann, wo er je seiner Jdelette zur Seltenheit erwähnt, nicht anders von ihr redet, als mit der herzlichsten Hochachtung und Zuneigung, und nach ihrem Tode betheuert, wie er nie eine Tugend an ihr vermißt habe, sondern Alles von ihr empfangen, was nur ein Mann von der besten Frau empfangen könne. Die Lösung des Räthsels ist vielmehr die: daß eben auch hier wieder zu Tage tritt, und hier am allerauffallendsten, was wir schon verschiedene Male uns sagten: für Calvin hatte im Grunde nur Gottes Werk und Reich ein wahrhaftes Interesse, in dem sein ganzes Wesen leben, an das sein ganzes Innere sich hingeben konnte. Was seine eigene Person mit ihren Verhältnissen, Neigungen, Schicksalen anging, war ihm viel zu unbedeutend, als daß er darüber hätte Worte machen sollen. Ja, er hielt es nicht einmal für Recht, sich in seinen Gedanken und Empfindungen rückhaltslos damit zu beschäftigen. Gerade indem er von seiner Frau redet, klagt er wohl einmal über die Zärtlichkeit und Schwachheit seines Herzens, die er nur durch die ganze Kraft seines Geistes in Schranken halten könne. — Denn was durfte ihm dergleichen gelten im Vergleiche mit seiner unermeßlichen Aufgabe? oder wie seine Seele fesseln, die der furchtbare Ernst eines Kampfes ergriffen hatte, indem es um die Wahrheit Gottes auf Erden und das Heil unzählbarer Generationen sich handelte? Es ist ganz wahr, was ein neuer französischer Schriftsteller sagt[*]): „unter den Märtyrern, in deren Mitte Calvin fortwährend stand im Geiste, ist er auch selber zum Märtyrer geworden; er fühlte und lebte wie der Mann, dem alles Irdische verschwindet, und der nur noch seinen Psalm anstimmt und mit seinem Auge in Gottes Auge schaut, weil er weiß, daß er am folgenden Morgen den Scheiterhaufen besteigen wird."

Da konnte denn freilich seine Ehe, wie reich und vollständig sie auch in ihrem innersten Grunde sein mochte, nach außen hin sich nicht sehr wahrnehmbar machen, oder gar das farbige, lebensfrische Bild darbieten wie das eheliche Leben Luthers. Wenn dieser mit seiner Käthe scherzte und mit seinen Kindern spielte im fröhlichen Lebensmuthe des Gatten und des Vaters, so werden wir dagegen Calvin viel eher uns denken müssen mit seiner geistvollen feingebildeten Frau im ernsten Zwiegespräche sitzend, von dem keine der christlichen, kirchlichen, theologischen Fragen ausgeschlossen bleibt, die ihn gerade bewegen. Oder wie ein neuerer Schriftsteller es ausmalt[**]): er leitet

---

[*]) Michelet, Histoire de France au seizième siècle, la Réforme.

[**]) Jules Bonnet in seinem schon citirten hübschen Aufsatze über Jdelette de Bure (im 4. Band des genannten Bulletin), der allerdings nach französi-

fie an, die Gehülfin zu werden seines Berufs: die Kranken zu besuchen, die Betrübten zu trösten, die zahlreichen Fremdlinge zu empfangen, die an seine gastliche Thüre klopfen. „Es dünkt uns, wir sehen sie an seinem Bette wachen in den Nächten seiner Krankheit," fährt die anmuthige Schilderung fort, „oder das müde Haupt ihm halten, dessen Schmerzen ihn quälen, so daß er zu jeder Arbeit untüchtig wird. Wenn trübe Stunden und niederschlagende Nachrichten über ihn kommen, tröstet und ermuntert sie ihn. In ihrer einsamen Kammer liegt sie auf den Knien und betet, wenn die Empörung tobt durch die Straßen der Stadt und das Tod drohende Wuthgeschrei gegen die Geistlichen sich von allen Seiten erhebt. Das sind die Sorgen, die Idelette's Leben erfüllen. Und ihre liebste Freude wiederum ist: an ihres Gatten Lippen zu hängen, wenn er zu ihr redet von dem Wege des Heils, seine Freunde Farel, Viret, Beza zu beherbergen mit herzlicher Gastfreundschaft, ihn auf seinen seltenen Spaziergängen nach Cologny oder Bellerive zu begleiten, oder ihrerseits in Lausanne die fromme Elisabeth Furtaz zu besuchen, die Gattin Virets, die sie lieb hat wie eine Schwester, und über deren Verlust sie nur allzubald trauern muß. Hier bringt sie die Tage zu, in denen ihr Gatte etwa abwesend ist, wie im Mai 1545, da er nach Zürich reist, um den verfolgten Waldensern Freunde zu gewinnen; hieher eilt sie, um der Freundin bei ihrer Niederkunft behülflich zu sein und muß dann darüber klagen, daß sie um ihrer Kränklichkeit willen ihr vielmehr eine Last gewesen, die der beständigen Hülfe der Andern bedurfte."

Leider! war es ihr versagt, auch in dieser zweiten Ehe Mutter zu werden; obwohl es für Calvin nach seiner ganzen Art und Haltung vielleicht kaum ein Mißgeschick genannt werden darf, daß er keine Kinder zu erziehen hatte. Drei, die ihm im Laufe der Jahre geboren wurden, starben bald nach ihrer Geburt wieder weg zum tiefsten Schmerze, wie man sich denken kann, der ohnehin unaufhörlich kränkelnden Frau. „Meine Gattin," schreibt Calvin darüber an Viret, „läßt euch Allen, namentlich auch deiner Frau und deiner Tante herzlich danken für die freundschaftlichen und heiligen Tröstungen die sie ihr zukommen ließen. Schreiben könnte sie nur, wenn man ihr die Hand führte, und das Diktiren würde sie allzusehr angreifen. Der Herr hat uns gewiß eine schwere Wunde geschlagen durch den Verlust unseres kleinen Sohnes, den wir bitter fühlen. Aber er ist Vater, und weiß was seinen Kindern Noth thut." Zwei Jahre darauf, als sie mit einem Töchterlein niederkam, wurde sie auch körperlich sehr hart geprüft. „In welcher Angst schreibe ich dir!" heißt es in einem Briefe an Viret, „meine

---

fischer Art manche romanhafte Ausschmückung enthält; indessen doch auch aus dem Grunde schon für den Historiker beachtenswerth ist, weil er aus der Feder des Mannes kömmt, der unter den jetzt Lebenden wohl für den genauesten Kenner der Geschichte Calvins gelten muß.

Haupt erhoben und ihm die Stunde vorausbezeichneten, da
ßte Stadt in ihrer Zerrüttung und Verzweiflung in seine Hand
erde. In aller Eile ernannte ihn der Papst zum Cardinal,
ße Standeserhöhung der Eitelkeit der Genfer zu schmeicheln;
erenz in Lyon, zu der die Erzbischöfe von Vienne, Besançon,
nzahl Bischöfe und die Cardinäle Tournon und Sadolet mit
Collegen zusammentraten, sollte in aller Form die Wege und
en, „die alte Religion" in der Stadt am Lemansee wieder her-
n Genf aus setzte man sich mit ihr in Verbindung. Eines der
tglieder erschien persönlich in ihrer Mitte und tauschte die
ersprechungen mit den Prälaten aus. Schon glaubte man sich
fördert, um in offenem Aufrufe die bestimmte Verurtheilung
ion und die feierliche Einladung zur Rückkehr in die römische
zu dürfen.
bekanntlich Sadolet, den man mit dieser Zuschrift beauftragte.
Rechtlichkeit und Frömmigkeit wird ihm nirgends versagt. Er
ht unberührt geblieben von den reformatorischen Ueberzeugun-
eine Vertiefung der Kirchenlehre anstrebten; und sicherlich wird,
ief an die Genfer liest, auch in Anerkennung der ausgesuchtesten
t und freundlichsten Mäßigung ihm nicht vorenthalten. Es ist
ner Strafpredigt in dem was er ihnen sagt, sondern von den
ten strömt Alles über, von den herzlichsten Betheuerungen, von
n Verheißungen. Die Bevölkerung Genfs trägt keine Schuld
in den letzten Jahren Unheilvolles vorgekommen ist; es sind
on außen, „verschlagene gottlose Menschen, die überall Streit
und Eintracht hassen," die sie unversehens überraschten und
nd nun sitzt die Kirche da, weinend und klagend über den Ver-
geliebter Kinder, und das Herz wendet sich ihr um, indem sie
tung und Verstörung mit ansieht, in die sie durch ihr unbe-

landen. „Ich kann dir nie vergeſſen, was du da gethan haſt," ruft Calvin in Jahr ſpäter ihm zu, als er zum Erweiſe ſeiner Dankbarkeit ſeinen Com-mentar zum zweiten Briefe an die Theſſalonicher ihm widmet, „die Erinne-rung an meine liebe Frau iſt in meinem Geiſte unauflöslich verknüpft mit der Erinnerung an dich; nicht nur weil du ſie überhaupt ſo ſorgfältig be-handelt und einmal aus einer ſchweren Krankheit gerettet haſt, ſondern auch weil ich in ihren letzten Zeiten dich fortwährend allen möglichen Fleiß, alle Treue und Arbeit aufwenden ſah, um ihr zu helfen*)." Aber es führte das Alles zu keinem Ziele. In den erſten Tagen des April 1549 wurde der Zuſtand der Kranken ſo, daß jede Hoffnung mußte aufgegeben werden. Die Freunde Calvins, Beza, Hottmann, Des Gallars, Laurent de Normandie eilten herbei, um ſie noch einmal zu ſehen und Abſchied von ihr zu nehmen. Ihre Seele war ſchon los gelöſt von der Welt, wie ihr Gatte bezeugt. „Und wie ſie nie ängſtlich geſorgt hatte um irdiſche Dinge," fährt er in einem Brief an Viret fort, „ſo vermied ſie auch während der ganzen Krankheit mir die Sorge zu zeigen, die ihr allein noch am Herzen liegen konnte, die Sorge für ihre Kinder aus erſter Ehe. Indeſſen fürchtete ich, daß dieß zarte Verſchweigen ſie doch innerlich quäle, und fing ſomit von ſelber drei Tage vor ihrem Tode von der Sache zu ſprechen an, indem ich ſie verſicherte, daß ich für die Hinterlaſſenen thun werde, was in meinen Kräften ſtehe. Sie antwortete ſogleich: ſie habe ſie ſchon Gott empfohlen; und auf meine Er-wiederung: dieſes verhindere nicht, daß ich Sorge für ſie trüge, ſagte ſie: „das bin ich ſchon von vornherein überzeugt, daß du nicht Kinder verlaſſen wirſt, die Gott anempfohlen ſind. Geſtern aber erfuhr ich auch, daß als eine Freundin ſie aufforderte, mit mir über ihre Kinder zu ſprechen, ſie ihr kurz antwortete: Das Eine, was Noth thut, iſt, daß ſie gottesfürchtig und fromm ſind. Es iſt nicht von Nöthen, meinen Mann verſprechen zu laſſen, daß er ſie in einer keuſchen Zucht und der Furcht Gottes auferziehe. Wenn ſie fromm ſind, wird er ihnen ſchon unaufgefordert Vater ſein, wenn ſie es nicht ſind, ſo verdienen ſie nicht, daß ich für ſie bitte. — Und dieſe Seelen-röße wird wahrlich mehr auf mich einwirken als alle Empfehlungen." —

Iſt es nicht, als hörten wir aus dieſen Aeußerungen, faſt den einzigen, die uns von Idelette überliefert ſind, Calvins eigene Denkungsart und Glaubensfreudigkeit heraus, die alle menſchlichen Vermittlungen verſchmäht? Wenn es nicht der Einfluß ihres Gatten war, der ihren Sinn ſo bildete, ſo wird man ſagen müſſen, daß die beiden Charaktere wohl in ſeltener Weiſe ſich zuſammenſchickten und miteinander übereinſtimmten.

---

*) „Da du nun keine andere Belohnung von mir annehmen willſt," ſchließt die Zuſchrift, „ſo wünſche ich, daß wenigſtens dieſes Büchlein deinen Namen trage, um von unſerer Freundſchaft und gegenſeitiger Liebe ein Zeugniß abzulegen."

Als die Freunde bei ihr eintraten, und mit ihr die gesammte Geistlich
keit der Stadt, warfen sie sich vor Allem nieder zum gemeinsamen Gebet
„Dann trat Einer von ihnen vor*), und ermahnte sie in ihrer Aller Namen
zum Glauben und zur Geduld. Nur wenige Worte konnte sie in ihrer
Schwachheit erwiedern, aber ihre Geberden und der Ausdruck ihres Gesicht
zeigten an, welche Gedanken ihre Seele bewegten. Auch ich sprach hierau
einige Worte, die sich auf ihren Zustand bezogen. — An ihrem Sterbetage
am Morgen des 6. April, sprach unser Bruder Bourgouin ihr Worte de
Stärkung und des Trostes zu. Während er redete rief sie von Zeit zu Zeit
so daß Alle leicht sehen konnten, ihr Herz sei weit über diese Erde erhaben
„O herrliche Auferstehung! o Gott Abrahams und aller unserer Väter!..
O du Hoffnung der Gläubigen, seit Anbeginn der Welt, auf dich hoffe auc
ich." Mit wenig Worten, die sie gleichsam ausstieß in ihrem Kampfe, sprac
sie aus was ihren Geist beschäftigte. Um sechs Uhr Abends wurde ich vo
Hause weggeholt, während sie, in ein anderes Bett gelegt, immer schwäche
wurde, und da sie fühlte, daß die Stimme ihr ausgehe, noch schnell hinzu
fügte: „Lasset uns beten, wir Alle, betet, betet für mich." In diesem Augen
blicke trat ich wieder in das Haus ein, sie konnte nicht mehr reden, gab mi
aber noch Zeichen des Trostes, der ihr Herz erfüllte. Nachdem ich Einige
zu ihr gesagt von der Gnade Jesu Christi, von der zukünftigen Seligkei
von unserm Beisammenleben und unserm Heimgehen, sammelte ich mic
zum Gebete, welches sie wie die belehrenden Worte mit vollem Bewußt
sein aufmerksam anhörte. Vor acht Uhr entschlief sie ruhig, sodaß di
um ihr Bett Stehenden den letzten Augenblick ihres Lebens kaum erkenne
konnten."

So endete dieser Ehebund, auf dessen verschwiegene Verborgenheit nu
eben diese letzten Stunden und die schmerzliche Klage des Hinterlassenen ei
gewisses Licht für die Nachwelt werfen. Denn jetzt, da die Geliebte todt is
strömt der Mund ihres Gatten mit einem Male von ihr über in der Weh
muth des frischen Schmerzes, den er nicht mehr zurückzudrängen vermag. „Ic
suche so viel wie möglich meine Traurigkeit zu überwinden," schreibt er a
Viret; „und meine Freunde thun wetteifernd was sie können, um mich z
trösten. Aber weder ihre Sorgfalt noch meine Anstrengungen können aus
richten was zu wünschen wäre, obgleich der Trost der mir daraus fließt, mi
doch so wohl thut, daß ich es kaum sagen kann. Du kennst mein Herz, un
weißt, daß ich in meiner Schwachheit den Schmerz nicht zu ertragen ver
möchte, wenn ich mich ihm irgendwie überließe. Von der besten Lebensge
fährtin bin ich getrennt, die wenn mir das Härteste begegnet wäre, nicht nu
Verbannung und Mangel, sondern auch den Tod auf das Willigste mit mi
getheilt hätte. Während ihres Lebens war sie mir eine treue Gehülfin in de

---

*) Brief Calvins an Farel vom 11. April 1549.

schäften meines Berufes. Nie hat sie auch nur im Kleinsten etwas Ande-
s gewollt als ich." — "Sie war eine Frau von seltenem Wesen, von selte-
m Beispiel," betheuert er bald darauf in öffentlicher Schrift*); und noch
ben Jahre nachher, da er an Richard de Valeville, den Prediger der fran-
ischen Gemeinde zu Frankfurt, der seine Frau verloren hatte, einen Trost-
ief schreibt, drückt er dasselbe tiefe Leid aus, das ihm immer wieder neu
rde in der Erinnerung. "Ich weiß es aus eigener Erfahrung," sagt er
n, "wie schmerzhaft und brennend die Wunde sein muß, die der Tod deiner
fflichen Frau dir verursacht hat. Wie schwer ist es mir doch gefallen, mei-
s Schmerzes Meister zu werden. Aber du kennst ja die Mittel die dir
fen. Nicht der kleinste der Trostgründe ist der (obwohl unser irdischer
eil dadurch noch mehr betrübt wird), daß du eine so lange Zeit deines
bens mit einer Frau zugebracht hast, deren Gemeinschaft du dich freust
ederzufinden, wenn du in das ewige Leben eingehst. Ueberdieß hat sie dich
rch ihr Beispiel gelehrt, mit dem rechten Sinne dem Tode entgegengehn.
ser Haupttrost aber wird immer die wunderbare Vorsehung Gottes sein,
rch die unsere Trübsale zu unserm Heile dienen, und er uns von den Per-
nen, die wir lieben, nur trennt, um uns mit ihnen wieder zu verbinden in
nem himmlischen Reiche. Möge der Herr die Traurigkeit deiner Einsam-
t durch die Gnade seines Geistes mildern, dich leiten und deine Arbeit
nen**)." —

---

*) Tractatus de scandalis.

**) Es wird dem Leser vielleicht von Interesse sein, auch eines der Trostschrei-
ben seiner Freunde, die auf die Trauernachricht hin bei Calvin einliefen,
hier vorzufinden. Wir wählen das Virets, mit dessen Familie das Haus
Calvins seit seiner Rückkehr nach Genf am engsten und freundschaftlichsten scheint verbunden gewesen zu sein. (In der Briefsammlung in Calvins
Werken p. 52.) "Was ich von allen meinen Genfer Freunden wie aus
einem Munde höre: daß du nämlich in dieser bittern Prüfung und Trauer
dich mit wunderbarer Fassung und Festigkeit aufrecht erhältst, macht solch
einen Eindruck auf mich, daß ich dir eher ein Glückwunsch- als ein Bei-
leids-Schreiben übersenden möchte, und das um so mehr, da ich ja allerdings "die Zärtlichkeit" deines Herzens durch und durch kenne. Denn in
der That lieber mit diesem Namen als mit dem der "Weichheit" möchte
ich deine Art bezeichnen. Ist es doch wahrlich nicht die Haltung einer
weichen Seele, die du jetzt zeigst! Aber bewundernd und anbetend stehe
ich da, indem ich die Macht des göttlichen Geistes anschaue, der in dir
wirkt und sich als den rechten Tröster an dir erweist. Ich weiß es ja
wohl, wie tief diese Wunde dir geht, wie dir, was deine Person betrifft,
nichts Schwereres hätte begegnen können; und wenn nun schon fremde
Schmerzen dich so tief zu bewegen pflegen, wie muß es dir zu Muthe geworden sein bei diesem Schlage, der dich selber traf. Glaube mir: die
Kraft die du da beweisest, ist nichts Geringes und kein gewöhnliches
Zeugniß der göttlichen Gnade, die über dir waltet. Um so beschämter stehe

Ende auch die Fehler ihrer Geliebten anbeten. — Die einzige Schönheit, die Eindruck auf mich macht, ist die, wenn eine Frau sanft sich zeigt, keusch, bescheiden, haushälterisch, geduldig, und die Pflege ihres Mannes ihr die Hauptsache ist. Wenn diejenige, die du mir nennst, diesem Bilde entspricht, so setze die Sache in's Werk, damit dir nicht ein Anderer zuvorkomme. Hältst du hingegen nicht dafür, daß sie solchen Ansprüchen genüge, so betrachte die Sache als abgethan." Es war vielleicht diese bestimmte Weisung, die Farel bedenklich machte, oder es kam irgend ein anderes Hinderniß dazwischen: — jedenfalls hat auf dießmal das Unternehmen keine weitern Folgen gehabt; und die Verhandlungen der unermüdeten Freunde, neben denen endlich auch Calvins Herz eine eigene Meinung zu haben sich erlaubt, heben bald von Neuem an. „In Mitten all' der Unruhen, die uns umgeben," heißt es in einem Brief an Farel vom 6. Febr. 1540, „habe ich doch noch Zeit und Kühnheit genug, mich wieder mit Heirathsgedanken zu beschäftigen. Man hatte mir ein junges Mädchen von Adel mit einem Vermögen vorgeschlagen, das bei weitem über die Verhältnisse meines Standes ausgeht. Aber zwei Gründe hielten mich zurück: ein Mal, daß sie unsere Sprache nicht kennt*), und dann fürchte ich auch, daß sie ihren Stand und ihre Erziehung nicht wird vergessen können. Ihr Bruder, ein sehr frommer Mann, den die Liebe zu mir gegen das eigene Interesse völlig blind macht, drang auf das Eifrigste in mich; und seine Frau fügte ihre Bitten zu den seinigen hinzu, sodaß ich fast gezwungen worden wäre, meine Einwilligung zu geben, wenn der Herr mich nicht frei gemacht hätte. Denn als ich die Bedingung stellte, daß das Fräulein unsere Sprache erlernen müsse, bat sie sich erst Bedenkzeit aus. Und so beauftragte ich alsobald meinen Bruder, mit einem meiner Freunde um eine Andere anzuhalten, die mir ohne alles Geld doch eine schöne Mitgift bringen wird, wenn sie anders auch nur von ferne ihrem Rufe entspricht. Ihr Lob ist wenigstens in aller Mund. Wenn nun, wie ich hoffe, meine Anfrage günstig aufgenommen wird, denke ich, daß wir spätestens am zehnten März Hochzeit halten werden."

Aber die Sache nahm kein besseres Ende als die bisherigen Versuche. Schon hatten die Abgesandten Calvins ein Verlobungsversprechen gegeben und erhalten, als ihm verschiedene Dinge über das Mädchen zu Ohren kamen, die es ihm zur Pflicht machten, das kaum geknüpfte Band unverzüglich wieder zu lösen. „Was ich jetzt thun will, weiß ich nicht," schreibt er, „vielleicht ist es das Beste, wenn ich die Bemühungen dieser Art überhaupt aufgebe**)."

Indessen während er diesem Vorsatze nachkam, führte Gott ihm diejenige zu, die für ihn bestimmt war. Unter jenen Wiedertäufern, die Calvin zur Kirche zurückbrachte, nannten wir auch einen Johannes Storder aus

---

*) Also eine Deutsche, wahrscheinlich aus einer Straßburger Patrizierfamilie.
**) Brief an Farel vom 21. Juni 1540, bei Bonnet I, 105.

dem Ruhme ihres Gatten, gleichwie ihr demüthiges und stilles Leben geräuschlos dahinfloß in der Erfüllung der einfachen Pflichten, die den Beruf des Weibes ausmachen. Weniger genannt als Catharina von Bora, war sie doch tiefer und ernster als diese. Sie hat vom Leben nur seine Entsagungen kennen lernen, und von der Mutterwürde nur ihr Leid. Ein anderes Lob hat sie nicht gesucht, als das: hinter ihrem Gatten zu verschwinden während seines Lebens, und dieses Darangeben der eigenen Person fortzusetzen bis in ihre letzten Stunden. Um so mehr ist es die Pflicht des Geschichtschreibers, diese demüthige und verborgene Gestalt emporzuheben aus ihrer freiwilligen Erniedrigung, die unverdiente Vergessenheit gut zu machen, die an ihren Namen sich heftete, und ihn einzuzeichnen an die Seite jenes tugendsamen Weibes der heiligen Schrift, die viel edler ist denn die köstlichsten Perlen, die ihrem Mann Liebes thut, und kein Leides ihr Leben lang, und deren Werke sie loben immerdar (Sprüche Cap. 31)."

IX.

Calvin und Genf. — Sein Schreiben an die zurückgebliebenen Gläubigen. — Zustand der Genfer Kirche seit seiner Vertreibung. — Gefahr von Seiten der innern und auswärtigen Katholiken. — Die Lyoner Versammlung und der Brief Sadolets. — Calvins Antwort an Sadolet. — Politische Wirren. — Verrätherische Plane der Begünstiger des Katholicismus. — Ihre Niederlage. — Protestantische Reaktion in der Bürgerschaft. — Rückberufung Calvins. — Sein Widerstreben und Zögern. — Verstärkte Bemühungen der Genfer unter Vermittlung Farels und der Schweizerkirchen. — Calvin giebt nach und kehrt nach Genf zurück. — Seine Stimmungen und Vorsätze. — Verwendung für Farel in Neuenburg. — Ankunft in Genf. — Aufnahme von Seiten des Rathes und der Bürgerschaft. — Bild seiner Erscheinung und Haltung um diese Zeit (1541).

Indem Calvin in Straßburg so Mannigfaltiges unternahm und erlebte, und dieser neuen Heimath in jeder Weise anzugehören schien, war im Stillen ein guter Theil seines Herzens und Interesses doch immer noch bei seiner alten Gemeinde, die ihn von sich ausgetrieben hatte. Nichts ist merkwürdiger als in seiner Correspondenz den Widerstreit zu verfolgen, der in dieser Beziehung seine Seele bewegte. Während er auf der einen Seite es nicht stark genug ausdrücken kann, wie sehr ihn jeder Gedanke an eine Rückkehr in „diesen Abgrund der Verwirrung" erschrecke, wie viel wohler er sich in seinen jetzigen Verhältnissen fühle*) wie bitter schon die bloße Erinnerung

*) „Vor meinen Augen steht immerfort der weite Schlund, in den ich herabstürzen müßte, und der mich sicherlich in sich hineinzöge bis er mich ganz verschlänge. Auch hier habe ich meinen Theil von Unruhe und Nöthen, aber sie greifen mich nur an und überwältigen mich nicht." Brief an Farel vom 20. April 1539.

án die vergangenen Jahre ihm fei, vermag er ſich doch auf der andern Seite nicht loszumachen von dieſen Erinnerungen und Allem was daran hängt; eine geheime Macht zieht ihn immer wieder hin zu der Stätte „die er fliehen möchte,“ er kann nicht anders als der Hirte und Prediger Genfs ſein, obwohl Genf nichts von ihm wiſſen will und er nichts von Genf. Denn ein höheres Band hat eben dieſe Beiden mit einander verknüpft als Menſchen-Willen und Menſchen-Wahl, und wie ſie auch von der einen und andern Seite her es zu zerreißen ſuchen, es erweiſt ſich ſtärker als alle ihre Bemühungen und Wünſche.

Gleich einer der erſten Briefe, die Calvin von Straßburg aus geſchrieben hat*), war an die verlaſſene Gemeinde gerichtet, oder vielmehr an „die treu gebliebenen Trümmer der zerſtörten Kirche von Genf, ſeinen theuren Brüdern im Herrn.“ Denn nicht Alle hatten ja mit eingeſtimmt, als man gegen die Prediger ſich erhob. So kurze Zeit der Wirkſamkeit Calvins und Farels auch vergönnt geweſen war: ſie hatte doch ſchon hingereicht, eine Anzahl der empfänglicheren Herzen feſt zu gründen in das Bekenntniß und die Zucht des Evangeliums; und hinter den Vertriebenen war ein Häuflein zurückgeblieben, in dem ihr Sinn ungebrochen fortlebte, verbunden mit der dankbarſten Liebe und Verehrung für dieſe Männer, „ihre Lehrer und Väter in Chriſto.“ Und mit der gleichen Liebe und Treue waren denn dieſe auch ihnen wiederum zugethan. „Nein! die Menſchen ſollen das Band nicht zerreißen können, das uns verbindet,“ ruft Calvin ihnen zu, „denn ich weiß es gewiß, daß Gott ſelber es geweſen iſt, der durch ſeine Berufung uns zuſammenführte. Und ſo will ich der Eure bleiben, wie auch die Feinde vielleicht läſtern mögen und ſagen, ich gehe damit nur darauf aus, eine Partei zu bilden und neue Spaltung hineinzutragen in eure Kirche. Gott iſt mir Zeuge, daß ich das nicht will, daß nichts mehr mir am Herzen liegt, als euer Aller Frieden und Eintracht. Aber ſollte ich euch denn nicht meine Liebe bezeugen, nicht euer gedenken vor dem Herrn, nicht die Vorwürfe der Menſchen mit ihrer Schmach geringer achten als die Pflicht, die aus Gottes Hand uns zukömmt? Unſer Troſt in dem Allen iſt, daß wir ihnen keine Urſache geben zur Klage, wie auch unſer Herr nicht kam um irgendwie Anſtoß zu geben, ſondern um ein Weg zu werden, auf dem Alle wandeln könnten ohne Fehle.“

Als ein rechter Hirte und Wächter über ihre Seelen hält er ihnen dann vor, welchen Weg ſie in den gegenwärtigen verwickelten Umſtänden zu gehen haben, um in keiner Weiſe Schaden zu leiden oder zu thun. Sie ſollen, ſagt er ihnen, nicht etwa bitter werden gegen die, die ſie beleidigen und ſchmähen. Denn nicht dieſe Menſchen ſeien es im Grunde, von denen ſie angegriffen würden, ſondern der Böſe von Anfang an ſei der eigentliche Feind, der

---

*) 1. Okt. 1538. In der franzöſiſchen Briefſammlung I, 11.

Jener sich nur als seiner Werkzeuge bediene. Und so müßten sie sich denn wohl hüten zu den Waffen zu greifen, mit denen man gegen Menschen kämpfe, und etwa auf Erwiderung des Uebels zu sinnen, sondern die Waffen allein hätten sie anzuziehen, die gegen den Fürsten der Finsterniß taugten und die bösen Geister in der Luft. „Denn wo wir gegen die Menschen streiten würden, wäre der Sieg über sie sehr zweifelhaft, gewiß aber wäre, daß wir während dieser Zeit unserer Seits von dem Satan besiegt würden.“

Auch daran sollten sie denken, daß was ihnen jetzt widerfahre, des Herrn Wille und Schickung sei. Das werde ihren Blick abwenden von den Feinden und ihn auf ihren eigenen Zustand kehren. Vor dem Angesichte Gottes werde ein Jeder sich zu prüfen haben, in wie weit er etwa auch selber Schuld trage an dieser Heimsuchung, in wie weit er durch seine Nachlässigkeit, seine Gleichgültigkeit gegen Gottes Wort, seine Trägheit im Gehorsam gegen dasselbe sich dieß Alles zugezogen. Denn nur dann, wenn man in solcher Weise die Trübsal auffasse, bringe sie die friedsame Frucht der Gerechtigkeit, zu der der barmherzige Gott den Seinen verhelfen wolle.

Und er dürfe wohl sagen, daß er auch selber sein Geschick nicht anders ansehe, als von diesem Gesichtspunkte aus. „Vor Menschen habe ich zwar ein gutes Gewissen, und wüßte mich wohl zu reinigen vor der Welt; aber etwas Anderes ist es, wenn man vor dem Angesichte Gottes steht. Da muß ich wohl anerkennen, daß er mich so gedemüthigt hat, um mir meine Unwissenheit, meine Unklugheit und so manche andere Schwachheit, die ich in mir fühle, vor Augen zu stellen, und ich zögere keinen Augenblick, dieß auch vor der Kirche des Herrn zu gestehen. Aber um deßwillen wird er uns doch nicht ganz niederwerfen oder verlassen. Die er lieb hat, die züchtigt er, und auch was wir gefehlt haben, wird er uns zum Guten wenden. Denn sein Zorn gegen die Seinen währt einen Augenblick, sagt der Prophet, aber seine Gnade und Barmherzigkeit für und für. Daran haltet fest, darauf stützet Eure Hoffnung, und werdet in dieser Hoffnung stark um die Züchtigung seiner Hand geduldig zu ertragen, bis der Tag kömmt, da er sein Angesicht auch wieder leuchten läßt.“

Und wie in dem Sinne dieses Briefes, in dem Sinne solcher Friedfertigkeit, Geduld und demüthigen Selbstverläugnung berieth Calvin seine Genfer Freunde nun auch in den einzelnen Fällen und Verwicklungen, die sich aus ihrer eigenthümlichen Lage für sie ergaben. Die Männer die an die Stelle der vertriebenen Prediger getreten waren, flößten nämlich diesem bessern Theile der Gemeinde nicht gerade großes Zutrauen ein. Man nahm es ihnen übel, daß sie sich an Plätze drängten, die in solcher Weise erledigt worden waren, und überzeugte sich bald, daß auch im Uebrigen ihre Lehre und ihr Leben mit diesem ungeistlichen, charakterlosen Benehmen nur allzusehr harmonire. Der Eine von ihnen redete so unbedachte Dinge, während er auf der Kanzel stand, daß er durch den allgemeinen Unwillen mehr als

ein Mal genöthigt wurde, sie am nächsten Sonntage wieder öffentlich zurückzunehmen. Ein Anderer kam in den Verdacht, daß er kaum an einen
persönlichen Gott glaube, und erklärte die bekanntesten Stellen der evangelischen Schriften in einer Weise, deren Widersinn auch den Einfältigsten
einleuchtend war. Ein Dritter galt zwar für gutmeinend und aufrichtig, war
aber dabei so völlig entblößt von aller Begabung und Erkenntniß, daß die
versammelte Gemeinde die Kirche alsobald zu verlassen pflegte, wenn sie ihn
auf die Kanzel treten sah statt eines seiner Collegen*).

Sollten die Frommen solchen Hirten sich fügen und von ihnen sich weiden lassen? Ja, waren diese Männer überhaupt nur für wirkliche Hirten
zu halten und nicht vielmehr für jene Diebe und Mörder, die anderswo als
durch die Thüre hineinsteigen, und von denen der Herr sagt, daß die Schafe
ihrer Stimme nicht folgen, sondern vor ihnen fliehen? Es war natürlich,
daß eine nicht geringe Anzahl der treugebliebenen Gemeindeglieder sich mit
allem Eifer zu dieser letzteren Ueberzeugung bekannte, und sich namentlich nicht
dazu entschließen mochte, das Abendmahl aus solchen Händen zu empfangen.
Ohnehin wurde es ja unter den gegenwärtigen Umständen ohne alle Kirchenzucht verwaltet, und die Menge, die sich zu dem Tische des Herrn drängte,
glich oft mehr einem Volkshaufen, der in seiner tumultuarischen Weise eine
Demonstration macht, als einer Gemeinde Jesu Christi, die den Trank und
die Speise zum ewigen Leben zu empfangen begehrt. — Aber dieß Alles
machte auf Calvin keinen Eindruck. Er fand es sehr begreiflich, er billigte
es sogar, daß seine Freunde das erste und zweite Mal sich fern hielten und
einen Augenblick überlegten, ob nicht überhaupt eine Trennung von dieser
verunstalteten Kirche in ihrer Pflicht liege. „Die Aufregung jener Tage,“
schreibt er, „erklärt und entschuldigt dergleichen Gedanken vollkommen, und
sie sind ein Zeugniß eures Ernstes.“ Aber in ihrer zurückgezogenen Stellung
zu verharren, oder in irgend einer Weise die Trennung wirklich zu vollziehen,
davon mahnte er diese Gesinnungsgenossen auf das Dringendste ab. „Solch'
eine Abneigung sollen Christen gegen jede Spaltung haben,“ antwortete er
Farel, durch den die Genfer ihn um seine Meinung befragt hatten, „daß sie
nur wo ganz eigentlich das Evangelium in Gefahr steht, zu diesem Mittel
sich entschließen. Im Uebrigen sollen sie so viel Ehrfurcht haben vor dem
Dienste des Wortes und Sakramentes, daß wo sie dieß Beides erblicken, sie
auch überzeugt sind, die Kirche sei vorhanden. Mögen die Vermittler dieser
Gnadengaben nach ihrer persönlichen Beschaffenheit sein wie sie wollen, es
ist immer eine Gnade Gottes, daß sie überhaupt nur da sind, und Pflicht
ist es, die Einheit nicht zu zerreißen. Auch an der einen und andern Unbestimmtheit in der Lehre darf man sich nicht stoßen, denn wo ist eine Kirche,
die sich rühmen darf, ganz rein und vollkommen in dieser Beziehung dazu-

---

*) Gaberel Histoire de l'Eglise de Génève I, 300.

sieben? Es genügt wenn die großen Grundwahrheiten bekannt werden und ihren Platz behaupten, auf die Gott die Kirche gründete. Ebensowenig darf man dadurch an der Gemeinschaft sich hindern lassen, daß man bemerkt, der Geistliche sei nicht in rechtmäßiger Weise an seine Stelle gekommen, sondern habe sich frevelhaft in sie eingedrängt, indem er einen Bessern daraus austrieb. Denn es kann unmöglich die Sache jedes Einzelnen sein, hierüber zu urtheilen, wenn nicht alle Gewissen verwirrt werden sollen. Um die Sakramente, die Einheitsbande der Kirche, zu verwalten, müssen Geistliche da sein; und wer ihres Amtes sich bedient, der läuft damit doch wahrlich keine Gefahr, etwa auch für ihre Personen oder ihr Benehmen verantwortlich zu werden. Vielmehr zeigen die Gläubigen durch solches Verfahren die Geduld und Nachsicht, die dem Christen in allen Stücken geziemt*)."

Ja, er mißbilligte es sogar alles Ernstes, als Anton Saunier, der Rektor des neugegründeten Collegiums, seinem eigenen Beispiele folgte, und bei dem Weihnachtsabendmahl von 1538, bei dessen Austheilung er mithelfen sollte, es verweigerte, dasselbe nach dem Berner Ritus zu administriren. Der eifrige Mann hatte wohl keinen andern Grund dieß zu thun, als die Rücksicht auf die vertriebenen Prediger, deren Benehmen er ja zu verurtheilen schien, wenn er sich dem unterzog, was sie so hartnäckig zurückgewiesen hatten. Allein Calvin wollte nichts von solcher Rücksicht wissen. Daß er damals zu weit gegangen sei, hatte er schon längst eingesehen und bekannt, und Keiner sollte, um die Ehre seines Namens zu schonen, in denselben Fehler verfallen, und die Gemeinde noch mehr zerrütten. „Ich bitte dich dringend, theurer Bruder," schrieb er an Farel, „thue Alles was du kannst, um solches Umsich-Greifen der Spaltung und Verwirrung zu verhindern. Weise unsere Brüder an, auf irgend einen Streit über die fraglichen Gebräuche sich gar nicht mehr einzulassen, und sich doch ja so zu benehmen, daß überall christlicher Friede und Eintracht von ihnen gefördert wird."

Indessen gelang es diesen Ermahnungen nicht durchweg, die erregten Gemüther in der richtigen Bahn zu erhalten. Saunier z. B. ließ durch die Bitte Calvins sich nicht dazu bewegen, seinen Sinn zu ändern, und folgte den Predigern in ihre Verbannung**). Andere wurden fast irre an ihrem frühern Seelsorger, und klagten ihn an, daß er die Reinheit der Kirche nicht mehr im Auge behalte, und vereinigen wolle, was doch nicht zusammengehöre. „Wenn es nach meinem natürlichen Menschen ginge," antwortet ihnen Calvin, „so würde ich nichts Eiligeres zu thun haben, als euch beizustimmen und zu einer Trennung anzutreiben, aber in meinem Gewissen kann ich davon nicht loskommen, daß man sich nicht eigenmächtig scheiden dürfe von einer Kirche Christi, die so verderbt ihre Glieder und so befleckt ihre Lehre auch

---

*) An Farel, bei Bonnet I, 77.
**) Gaberel I, 306.

sein möge, sich doch nicht völlig losgesagt hat von dem Bekenntnisse des Heiles, das Paulus für das Fundament erklärte. Und nicht von mir aus sage ich das, sondern ich folge damit nur dem Beispiele des Herrn selber, der sich nicht weigerte, mit den Juden Theil zu nehmen an ihrem Gottesdienste trotz all' ihrer kläglichen Unwissenheit und Gottlosigkeit*)."

Und noch ernster redet er zu ihnen in einem zweiten, wahrhaft apostolischen Sendschreiben an die Gesammtheit des „zerstreuten Ueberrestes der Kirche Christi in Genf." „Nichts hat mich so bekümmert seit jenen schweren Tagen unserer Austreibung," ruft er ihnen zu, „als euer fortwährender Streit und Hader mit denen, die unsere Nachfolger wurden. Nicht ohne großen Schmerz und inneres Entsetzen konnte ich es hören, daß ihr auf eine Spaltung hinarbeitet und sogar das kirchliche Amt vernachlässigt und der Verachtung Preis gebt. Es war mir dieß bitterer als Worte es ausdrücken können. Jetzt höre ich freilich — und mit welcher Freude höre ich es —, daß dieses Unheil im Begriff steht vorüberzugehen und in Eintracht und Frieden sich zu verwandeln. Es ist mir das ein Pfand dafür, daß sich nun die Sache überhaupt wieder zum Bessern wenden wird und das Reich Christi wieder einziehen in eure Stadt. Denn wo Streit und Zwietracht ist, da ist keine Hoffnung einer Besserung. Um so mehr aber fühle ich mich gedrungen, euch in solchem Vorsatze zu bestärken, und nach meinem geringen Vermögen das Meinige beizutragen zu einer recht gründlichen Versöhnung. Was ich euch früher in diesem Sinne schrieb, wurde nicht besonders freundlich von euch aufgenommen; aber das soll mich nicht hindern, meine Pflicht zu erfüllen, um wenigstens meine eigene Seele zu erretten. Wie ich es mit euch meine, wißt ihr ja wohl; es ist Keiner unter euch, der mir irgend einen andern Beweggrund zuschreiben wird, als den innigen Wunsch, euch auf den rechten Weg zu leiten. Und da ist denn das Erste, daß ich euch wieder und wieder vorhalte, welcher Ehre sie werth sind und welche Gnaden der Herr denen übertragen hat, die er in seiner Kirche zu Hirten und Dienern des Wortes bestellte. Wir sollen ihnen gehorchen mit Furcht und Zittern, schreibt uns der Apostel, wir sollen sie aufnehmen als seine Botschafter und Gesandten, die uns das Heil verkündigen an seiner Stadt. So lange ich bei euch war, habe ich diese Wahrheiten nur wenig hervorgehoben, um allen Verdacht eines Eigennutzes zu vermeiden; jetzt aber, da ich vor jedem solchen Gedanken geschützt bin, sage ich euch frei heraus was zu sagen ist. Hätte ich zu Geistlichen zu reden, so würde ich ihnen vorzugsweise vorhalten was die Pflicht von ihnen erfordert euch gegenüber, da ja allerdings ein Jeder seine Aufgabe hat und Rechenschaft geben muß von seinem Verhalten. So aber habe ich es mit euch zu thun, und gewiß ist es am besten, daß ein Jeder in das Auge fasse, nicht was die Andern ihm, sondern was er den Andern schul-

---

*) Brief an Farel vom 15. März 1539. Bonnet I, 93.

ig ift. Daß ihr eure Hirten prüft, und unterscheidet zwischen den getreuen
nb ungetreuen, will ich euch ja freilich nicht verwehren, es ist des Christen
echt und Pflicht. Aber nur nicht in einem Geiste des Eigensinns und der
erbitterung; sondern indem ihr dabei das Doppelte im Sinne behaltet:
erst, daß eure Geistlichen nicht ohne den Willen Gottes da sind, der sich
ixfer erwiesen hat als der Böse, und nicht zugab, daß ihr ganz verlassen
ribet oder wieder zurücksinket unter das Joch des Antichrists. Es ist eher
ie Züchtigung und Heimsuchung des Herrn, die über euch ergeht, als eine
eschädigung und Zerstörung. Und immer wieder ermahne ich euch darum:
htet eure Gedanken nicht so sehr gegen die Gottlosen als auf eure eigenen
rsönlichen Sünden, die ja eine noch viel strengere Bestrafung verdient hat=
l. Dieß ist das einzige Mittel, Gnade und Erlösung zu erlangen von dem
anne, der auf euch liegt. Und während ihr euch anklagt, so vergesset auf
r andern Seite auch nicht dem Herrn zu danken für das was er euch im=
er noch Gutes erweist; ihm zu danken für diese Hirten, die immer noch
re Seelen weiden und die Kirche aufrecht erhalten. — Das Andere, das
r zu bedenken habt, ist dieß, daß das nothwendige Urtheil über die Geist=
hen (denn eine Tyrannei möchte ich ja freilich nicht in die Kirche bringen)
h lediglich darnach richten muß, ob sie wirklich das Wort des Herrn pre=
gen oder nicht? Thun sie es n i c h t: dann freilich sind sie nicht mehr als
ixten zu betrachten, denen man zu gehorchen hat. Aber in diesem Falle be=
ndet ihr euch nicht. Ich weiß daß die Brüder, die gegenwärtig ein Amt
ter euch haben, im Ganzen das Evangelium verkünden, und sehe also
ht, wie ihr euch vor dem Herrn verantworten könnt, wenn ihr sie vernach=
ßigt oder verwerfet. Ihr erwiedert vielleicht, dieses oder Jenes in ihrer
hre und ihrem Benehmen sei doch offenbar tadelnswerth; aber ich bitte
d beschwöre euch bei unserem Herrn Jesu Christi: erwäget solches Urtheil
h wohl, ehe ihr euch darauf steifet! Vergesset nicht, welche Liebe wir uns
genseitig schuldig sind, welche Nachsicht, welche Zurückhaltung im Richten,
d wie ihr hiezu doppelt verpflichtet seid, wo es um diejenigen sich handelt,
Gott über euch gesetzt. Und weiter bedenkt, daß überhaupt Niemand
rchaus vollkommen ist und nichts an sich vermissen läßt. — Darin aber
gt sich der Sinn des Christen, daß wo er nur ein Herz erkennt, das in
ahrheit Gott fürchtet, er im Uebrigen Geduld hat mit seinen Schwächen.

„Und so bitte und ermahne ich euch denn, theuerste Brüder, in dem
amen und der Kraft unseres Herrn Jesu Christi, daß ihr Herz und Geist
wendet von Allem was menschlich ist, und euch ganz und gar hinkehrt zu
n einen Erlöser und seinen heiligen Geboten. Was Er unverletzt zu
ten befohlen hat, das lasset durch keine Betrachtung irgend einer Art
h anfechten, oder in Frage stellen! Wenn ihr mit euren Hirten zankt und
eitet, so verdunkelt ihr damit den hellen Schein seiner Herrlichkeit, und
f ihn selber fällt Verachtung und Vorwurf. Denket also daran, daß ihr

nicht Menschen bekämpft, sondern Gott selber, wenn ihr weiter so fortfahret wie bisher. Und dünkt es euch denn überhaupt etwas so Geringes, Spaltungen und Zerwürfnisse hervorzurufen oder zu hegen in der Kirche des Herrn? Schlägt denn kein Christenherz in eurer Brust, das sich darüber entsetzt und lieber alles Andere erduldet? — O wenn ihr mich für einen Bruder haltet, so verschließt eure Ohren der Mahnung nicht: wieder Eins zu werden und den Dienst des Wortes nicht zu verwerfen, auf dem der Bestand der Kirche und der Förderung auch eures eigenen Heils beruht. In solcher Hoffnung grüße ich euch aus tiefstem Herzen und flehe unsern Herrn Jesum an, euch zu beschützen in der Burg seiner heiligen Kraft, auf euch auszugießen seine Gaben in immer reicherer Fülle, die Kirche wieder herzustellen in eurer Mitte, und ganz besonders euch zu geben seinen lieblichen Geist der Sanftmuth und Geduld, sodaß wir, Eins und verbunden mit Ihm, mit einander sein Reich bauen und fördern in jedem Stücke." —

Gewiß ein Schreiben von seltener Art, und ein seltenes Beispiel, das der treffliche Christ darin giebt! Wie anders pflegen die Weisungen an Parteigenossen zu lauten, die sonst von Verbannten ausgehen, und zu wie Anderm fühlt auch in der That das natürliche Herz eines ungerecht Vertriebenen sich aufgefordert. Aber in diesem Mann ist alle Verbitterung, aller Verdruß, aller Parteieifer, alle Rücksicht auf die eigene Person überwunden und verschlungen in der dringenden Liebe zu der Kirche seines Erlösers und den Seelen der Brüder, in der Liebe die nicht nach Schaden trachtet, nicht das Ihre sucht, nicht der Ungerechtigkeit sich freuet, sondern der Wahrheit, die da Alles glaubt, Alles hofft, Alles verträgt. Kaum irgendwo sonst in dem ganzen Leben Calvins ist der Ernst seines Eifers für Gottes Werk und Gemeinde so greifbar und unverholen zu Tage getreten, als bei dieser Gelegenheit. Wer sein eigenes Herz kennt, und sich dabei in seine damalige Lage und Stimmung hineinversetzt, wird sicherlich nach dieser Seite hin keiner andern Charakteristik seines Wesens mehr bedürfen.

Und wohl that es Noth, zu halten was noch zu halten war und die auflösende Zerrüttung nicht auch über den Kreis der Treugebliebenen sich ausdehnen zu lassen. Denn mit Riesenschritten eilte im Uebrigen Alles dem Untergange entgegen, was die Prediger mit ihren besten Kräften begründet und in's Werk gesetzt. Im ersten Jahre hatte man wenigstens das äußere Gerüste ihrer Einrichtungen noch geschont und zumal der Landbevölkerung gegenüber sogar die disziplinarischen Verfügungen noch mit einem gewissen Ernste geltend gemacht*). Aber das dauerte nur so lange, als man um der Berner willen den Schein der Ordnung zu wahren für nöthig hielt.

---

*) „Die Staatsregister von 1538," sagt Gaberel (I, 302), „zeigen mehrere Verurtheilungen von der gleichen Art auf, wie Calvin und Farel sie verlangt hatten. Freilich sind die Strafen gelinder geworden, und was vor Allem

Sowie man dieß erreicht glaubte, traten die unbeschränkten Freiheitsgelüste, denen die Prediger hatten weichen müssen, unverholen und immer unverholener zu Tage, und brachten in jeder Weise die Wirkung hervor, die von ihnen zu erwarten war. Schon in den ersten Monaten des Jahres 1539 ließ eine Bestrafung der sittlichen Vergehungen, die nicht gerade krimineller Art waren, sich nicht mehr durchsetzen. Vielmehr fingen die früher Bestraften an, nun ihrerseits Klage zu erheben, und forderten die Aufhebung der wider sie ergangenen Urtheile und die Rückerstattung der von ihnen bezahlten Geldbußen. Am 28. März kam es dann zu einer förmlichen Auflehnung gegen den bisherigen Stand der Dinge. Eine große Anzahl Bürger, einen gewissen Chamoy an der Spitze, erschien vor dem Rathe, und verlangte geradezu die feierliche Lösung von dem Eide, den sie vor einem Jahre auf das Glaubensbekenntniß und die Kirchenordnung hatten schwören müssen. Der Magistrat hielt es für das Klügste, sie ohne Antwort wieder heim zu schicken; aber er hatte ihnen damit Antwort genug gegeben; von jetzt an hielt sich Niemand mehr für verpflichtet.das zu halten oder auch nur irgend wie zu respektiren, worauf der Bestand der gegenwärtigen Staats = und Kirchen-Einrichtungen beruhte.

Aus einer Schilderung der Männer, die um diese Zeit die Regierungsbehörde bildeten*), ersieht man am besten, welches die verschiedenen Richtungen und Meinungen waren, die damit die Freiheit bekamen, sich nun nach Belieben zu äußern und in Geltung zu setzen. Der Eine von ihnen, Claude Richardet, ließ sich nie in der Kirche erblicken und hielt überhaupt jeden Gottesdienst für überflüssig. Ein Anderer meinte, die Messe sei keine schlimme Einrichtung und dürfe sich wohl noch mit der reformirten Predigt vergleichen. Ein Dritter war geneigt, die Selbstständigkeit Genfs an die Bernerische Oberhoheit daran zu geben. Ein Vierter trat als der erklärte Sachverwalter aller widerchristlichen Bewegungen auf, die sich in dem Volke bemerklich machten. Jedes sittenlose Treiben erschien unter solchen Regenten wieder erlaubt und autorisirt. Die Gotteshäuser verödeten, das Abendmahl nach dem Berner Ritus wurde bald beklatscht, bald verhöhnt; die aufblühende Schule, die Calvin in das Leben gerufen, verlor ihre Lehrer und ging endlich ein, trotz der Klage der Prediger und der lauten Vorwürfe der Berner Regierung.

Niemand beobachtete das Alles mit größerer Genugthuung, als der vertriebene Bischof Pierre de la Baume, dessen heimliche Anhänger jetzt wie-

---

in die Augen fällt: sie richten sich gar sehr nach dem Ansehen der Person. Für die Städter hat man höchstens ermahnende Worte, dagegen das Landvolk, das sich zu tanzen erlaubt, wird hart gestraft; und nie hat Calvin strenger geredet als der Syndikus .Richardet in seinen Proklamationen, die er an die Einwohner der Genferischen Dörfer richtete.“

*) Bei Gaberel I, 200.

der offen das Haupt erhoben und ihm die Stunde vorausbezeichneten, da die müde gehetzte Stadt in ihrer Zerrüttung und Verzweiflung in seine Hand zurückfallen werde. In aller Eile ernannte ihn der Papst zum Cardinal, um durch diese Standeserhöhung der Eitelkeit der Genfer zu schmeicheln; und eine Conferenz in Lyon, zu der die Erzbischöfe von Vienne, Besançon, Turin, eine Anzahl Bischöfe und die Cardinäle Tournon und Sadolet mit ihrem Genfer Collegen zusammentraten, sollte in aller Form die Wege und Mittel berathen, „die alte Religion" in der Stadt am Lemansee wieder herzustellen. Von Genf aus setzte man sich mit ihr in Verbindung. Eines der Regierungsmitglieder erschien persönlich in ihrer Mitte und tauschte die feierlichsten Versprechungen mit den Prälaten aus. Schon glaubte man sich weit genug gefördert, um in offenem Aufrufe die bestimmte Verurtheilung der Reformation und die feierliche Einladung zur Rückkehr in die römische Kirche wagen zu dürfen.

Es war bekanntlich Sadolet, den man mit dieser Zuschrift beauftragte. Das Lob der Rechtlichkeit und Frömmigkeit wird ihm nirgends versagt. Er war sogar nicht unberührt geblieben von den reformatorischen Ueberzeugungen, soweit sie eine Vertiefung der Kirchenlehre anstrebten; und sicherlich wird, wer seinen Brief an die Genfer liest, auch in Anerkennung der ausgesuchtesten Geschicklichkeit und freundlichsten Mäßigung ihm nicht vorenthalten. Es ist nichts von einer Strafpredigt in dem was er ihnen sagt, sondern von den süßesten Worten strömt Alles über, von den herzlichsten Betheuerungen, von den lieblichsten Verheißungen. Die Bevölkerung Genfs trägt keine Schuld an dem, was in den letzten Jahren Unheilvolles vorgekommen ist; es sind Unruhstörer von außen, „verschlagene gottlose Menschen, die überall christlichen Frieden und Eintracht hassen," die sie unversehens überraschten und verführten. Und nun sitzt die Kirche da, weinend und klagend über den Verlust so vieler geliebter Kinder, und das Herz wendet sich ihr um, indem sie all' die Zerrüttung und Verstörung mit ansieht, in die sie durch ihr unbedachtes Wesen geriethen. Deßhalb macht sie sich jetzt auf, und ruft durch die Stimme des Schreibers mit aller Treue und Liebe ihnen wieder zu was zu ihrem Heile dienen kann.

In schöner Ausführung wird dann die Herrlichkeit und der Beruf des Christenthums überhaupt dargestellt, und eine erste leise Bestreitung der reformatorischen Heilslehre hieran geknüpft. „Denn wohl durch den Glauben allein erreichen wir das höchste Gut, aber nicht durch einen Glauben, der der Liebe entbehrt oder überhaupt keine Wirkungen nach sich zieht. Die Hauptsache bleibt doch immer: daß wir in Christo Jesu berufen werden zu guten Werken." Im Uebrigen ist vor Allem das in's Auge zu fassen, daß das Christenthum mit all' seinen überschwenglichen Gütern sich nicht trennen läßt von der Kirche. Der Herr selbst hat dafür gesorgt, daß diese Erkenntniß nie verdunkelt werde, da er seine Kirche ausstattete mit ruhm-

vollen Blutzeugen, mit herrlichen Lehrern, mit offenbaren Siegen über jede An-
feindung und Verfolgung. Das christliche Leben kann lediglich als ein Leben
in ihr gedacht werden. Wiedergeburt und Erhaltung, Kraft und Nahrung,
Heiligung und Wiederaufrichtung geht von ihr aus; wer auf ihrem Boden
sich bewegt, bewegt sich auch beim schwersten Falle doch immer noch auf der
Stätte göttlichen Erbarmens. — Wie kann man denn nichts destoweniger
dazu kommen, sie zu verlassen und ihr den Rücken zu kehren? Gerade so, wie
Satan dazu kam, dem Himmel den Rücken zu wenden: aus Hochmuth und
Selbstverblendung. Aber welch' eine Verantwortung, die man damit auf sich
lädt, und welch' ein jammervolles Geschick, das man dadurch eintauscht um
unvergängliche Seligkeit. „Ihr werdet es mir ja doch zugeben: etwas Aergeres kann uns nicht geschehen, als seine Seele verlieren; und darum auch keine
größere Pflicht und nichts was des angestrengtesten Fleißes würdiger wäre
als hievor sich zu hüten." Da ist es auch keine Entschuldigung, daß man
von Andern verführt worden ist. Freilich wird die Verführer die härtere
Strafe treffen, aber sind denn die Verführten unschuldig? Hatten sie nicht
auch Augen, um zu sehen, und Verstand, um zu prüfen? Wer aber die Augen
aufthut, der sieht ja auf der einen Seite diese eine von Christo gegründete,
ewige katholische Kirche, immer vom Geiste Gottes geleitet, immer Segen
spendend und begründend, und auf der andern einige unbeständige, namenlose, verbitterte Menschen, die sich hin und her treiben und nicht wissen wo
zur Ruhe kommen. Unter diesen Umständen kann doch für den Verständigen
und Willigen die Wahl nicht schwer werden. Er sieht sich an einem Scheide-
wege stehen, dessen einer Arm offenbar zum Leben, der andere zum ewigen Tode
führt. Und stelle man sich nun zwei Seelen vor, von denen die eine diesen,
die andere jenen Weg einschlägt. Sie kommen an vor dem furchtbaren Richterstuhle des Höchsten, und werden gefragt, ob sie Christen waren? Sie be-
jahen es Beide. Ob sie in der rechten Weise an Christum geglaubt? Beide
sagen: Ja! Aber was sie geglaubt? wie sie geglaubt? Sie sollen ein Bekenntniß ablegen ihres rechten Glaubens. Der in der katholischen Kirche Schooß
aufgewachsen und darin geblieben ist, antwortet: „Ich habe in Allem den Geboten der Kirche gehorcht, wie deinen eigenen, o Herr, gleich meinen Vätern und
Vorvätern, gleich Allen die mit mir und lange vor mir weit und breit den Chri-
stennamen trugen, und es als eine Schändung des Heiligthums ansahen, von
jenen zu weichen. In dieser Weise habe ich dein Wohlgefallen gesucht. Wohl
traten Neuerer auf, die die heilige Schrift viel in dem Munde und den
Händen führten, und wollten mich aus der Kirche heraus reißen, aber ich
habe nicht auf sie geachtet, ich habe ausgehalten in der Gemeinschaft der
heiligen Väter und Lehrer von Alters her, und bin auch den Anstößen und
Aergernissen nicht gewichen, welche in der gegenwärtigen Zeit Manche mir
gaben, die der Mitgliedschaft der Kirche sich rühmten. Denn ich habe dafür
gehalten: der Lebenswandel eines Jeden gehöre vor dein Gericht, aber die

Lehre sei sicherlich heilig, da du in deinem Evangelium verheißen hast, sie rein und heilig zu bewahren." — Der Andere wird vorgefordert und antwortet: „Was mich betrifft, so hat mich der Anblick der tief verdorbenen Sitten der Geistlichen, und der Gleichmuth, mit dem man aus Ehrfurcht gegen die Religion dieselben ertrug, gerechter Weise so sehr erzürnt, daß ich ihr entschiedener Widersacher wurde. Zudem sah ich mich überall zurückgesetzt, der ich doch viel ausgezeichneter war in Wissenschaft und Theologie, als die meisten Anderen; Unwürdige sah ich mit Ehren überhäuft und Würdige übergangen, und so, ich gestehe es, gesellte ich mich denen zu, welche diejenigen angriffen, die ja auch dir selber mißfallen müssen. Und da ich ihre Gewalt nicht brechen konnte, ohne zuerst die Gesetze der Kirche kraftlos zu machen, so habe ich viel Volk dazu gebracht, die kirchlichen Ordnungen zu verlassen, die es vordem heilig gehalten. Den Concilien nahm ich ihre Autorität; die Väter erklärte ich für unverständig und irrend, die Päpste für Tyrannen und Betrüger; Fasten, Festtage, Beichte, Absolution, knechtische Gelübde habe ich abgeschafft; der Glauben allein, sagte ich, selbst ohne die guten Werke, welche die Kirche so sehr rühmt und empfiehlt, verleihe uns Gerechtigkeit und Heil, denn durch dein Blut habest du ja alle Schuld und Strafe ein für alle Mal gebüßt. Auch habe ich die heiligen Schriften genauer durchgegangen als die Alten, und zwar namentlich um in ihnen Waffen gegen jene Gegner zu finden. Vieles ist mir in dieser Weise gelungen; habe ich die Kirche nicht ganz umstürzen können, so ist es doch mein Verdienst, daß sie tief erschüttert ist und Unzählige sich von ihr trennten." — Wenn er so redet und wahr redet (obwohl er allerdings noch Manches von Ehrgeiz, Habsucht, Betrug, Aufruhr bei sich behielt), was meinen wir, welch' ein Urtheil wird über diese Beiden ergehen? Wird nicht derjenige, der der Kirche Glied geblieben, ohne Irrthum dastehn? Zuerst: weil die vom heiligen Geiste geleitete Kirche überhaupt nicht irren kann; und dann weil man unmöglich einen etwaigen Irrthum dem zurechnen dürfte, der mit aufrichtigem und in Gott demüthigem Herzen lediglich dem Glauben seiner Vorfahren folgte; dagegen der Andere, der nur auf den eigenen Verstand vertraute, dem keiner der heiligen Väter etwas galt, und keine Versammlung der Bischöfe ehrwürdig erschien, der mehr darauf ausgegangen war, niederzureißen und zu verkleinern als zu bewahren und aufzubauen: worauf soll der sich stützen? wo Schutz suchen? wo einen Beistand finden vor Gottes Gericht, daß er nicht in die Finsterniß hinausgeworfen werde, wo Heulen und Zähneknirschen ist? Und wird nicht schon dieß Eine hinreichen ihn zu verdammen, daß er die Kirche Christi zerrissen hat, jenes untrennbare, heilige Gewand des Herrn, an das selbst die Kriegsknechte nicht wagten, Hand zu legen? Ist nicht die Einheit der Seinen das letzte Gebet des Herrn gewesen? Hat er sie nicht als das Merkmal aufgestellt, an dem die Welt erkennen solle, welche von ihm gesandt sind? Für den, der sich an ihr vergreift, kann es also keine Entschuldigung geben, und ebensowenig für die, die solchen Frevlern freiwillig anhangen und ihren verkehrten Wegen folgen. Von welcher Seite man also auch den Abfall von der alten Kirche betrachten mag: Alles ladt die Abgewichenen zur Rückkehr ein: Unsere Personen können sie vielleicht haffen und unsern Wandel tadeln, aber unsere Lehre nicht. Auch der Mund deffen, der hier redet, ist unrein und unwürdig, aber es ist dennoch Gottes Stimme die sich daraus vernehmen läßt, und die Gemeinde des Herrn und das Lob der Menschen wird denen folgen, die ihr gehorchen."

Man sieht: gerade neu ist das nicht, was Sadolet vorbringt. Schon gegen Luther waren dieselben Argumente von dem Alter der katholischen Kirche und ihrer Einheit geltend gemacht worden, und die evangelische Christenheit hat sie seitdem mehr als drei Jahrhunderte hindurch immer und immer von Neuem in den mannigfachsten Variationen vernehmen müssen. Aber die salbungsvolle einschmeichelnde Art, in der sie hier vorgetragen wurden, und die direkte Adresse an die Genfer, ja an die Seele jedes Einzelnen unter ihnen, die der Verfasser denselben gab, schienen doch eine Beantwortung gebieterisch zu erheischen. Während die geheimen Anhänger der alten Kirche die Flugschrift mit empfehlenden Worten von Haus zu Haus trugen, und der Rath, dem sie unmittelbar aus des Schreibers Hand zugegangen war, wenigstens beschloß, dem Cardinale öffentlich seinen Dank auszusprechen für seine freundliche Sorge, wurde doch auch eine ernstliche Erwiderung nicht außer Acht gelassen. Einer der Geistlichen (Dr. Morand) erhielt von Obrigkeitswegen den Auftrag, der höflichen Anklage „so kurz gefaßt als möglich" eine höfliche Rechtfertigung entgegenzustellen; und ehe das noch geschehen konnte, war schon durch besondere Eilboten ein Exemplar dem vormaligen Prediger in Straßburg übermacht worden, dem in allen großen Fragen und Gefahren ganz von selber die bittenden Blicke des besseren Theiles der Bürgerschaft sich wieder zuwandten.

„Im ersten Augenblicke war ich nicht sehr geneigt, eine Antwort zu übernehmen," schreibt Calvin an Farel, „aber da ich mir die Sache näher überlegte, und die Freunde in mich drangen, entschloß ich mich am Ende doch dazu. Gerade jetzt bin ich mitten in der Arbeit, etwa sechs Tage wird sie mir zu thun geben*)." Und wie er die Feder dazu ansetzte, ergriff ihn nun auch der Geist der Liebe und der Kraft, des Ernstes und des heiligsten Feuereifers in einem Maße, wie er kaum aus irgend einer andern Schrift des Reformators uns entgegenleuchtet**). Es ist als thue sein Herz und Mund doppelt weit sich auf, da ihm Gelegenheit gegeben wird, für die einzu

---

*) Bei Bonnet I, 127.
**) „Wer die Schönheit und Gewalt seines Stiles kennen lernen will," sagt Alexander Morus, „der lese seine Antwort an Sadolet. Das Herz wird ihm dabei im Innersten bewegt werden, besser und heiliger wird er davon hinweggehen."

treten, die ihn von sich ausgestoßen. Bei dem gemeinsamen Angriffe, der
gleich auf sie und ihn geschieht, bei der Versuchung welche an die Seelen
antritt, die ihm einstmals anbefohlen waren, ist alles Vorgegangenen verges
im Innersten fühlt er sich wieder als ihren Hirten und sie als seine Gemei
„Du hast fein zu ihnen geredet," ruft er nach einigen einleitenden Wo
seinem Gegner zu, dessen Talent und wissenschaftliche Bedeutung er übrig
vollständig anerkennt, „alles Süße und Liebliche hast du ihnen gesagt
dich wohl gehütet, sie zu verwunden, um sie so geschickt wieder zurückzufü
unter das Joch, dem sie entflohen sind. Dagegen auf diejenigen, durch d
Arbeit sie zu solcher Freiheit kamen, hast du deinen bittern Groll reic
ausgegossen, und sie feierlich angeklagt als Verwirrer und Verstörer,
unter dem Scheine der Gottseligkeit Stadt und Kirche zu Grunde ric
Nun, Sadolet, ich meinerseits bekenne, daß ich Einer von denen bin,
du so bekämpfst und schmähest. Zwar nur in die Arbeit Anderer bin
eingetreten — Farel und Viret hatten schon vor mir das heilige Wer
die Hand genommen —, aber was ich thun konnte, dieß Werk zu mehren
zu befestigen, habe ich in jeder Weise gethan, und bekenne mich mit Frei
zu diesem Thun. Wäre es indessen nur meine Person, die du auf solche
angegriffen, so würde ich das sicherlich deinem sonstigen Rufe und geleh
Verdienste zu Gute halten. Aber es handelt sich um mehr. Es handelt
um mein Amt, von dem ich gewiß weiß, daß es durch Gott selber geg
det und mir übertragen ist, und nicht mehr Geduld, sondern Treulosi
wäre es, da mich zu beugen und stille zu sitzen. Zuerst als Lehrer, dann
Hirte habe ich in jener Kirche gearbeitet und meine ganze Treue und got
schenkte Kraft habe ich in ihren Dienst gelegt. Es mag meinem Amte
gefehlt haben: Klugheit und Gelehrsamkeit, Scharfsinn und Fleiß,
was du sonst willst; aber wahrlich! daß ich mit all' der Aufrichtigk
die in der Sache Gottes sich geziemt, dabei zu Werke ging, dessen bir
mir bewußt, das bezeuge ich vor Christo, meinem Richter und seinen h
gen Engeln und der Gemeinde selber, die mich hörte und sah. Und ob
auch für jetzt gelöst bin vom äußerlichen Dienste an ihr, so trage ich sie
immer noch mit väterlicher Liebe auf meinem Herzen, und fühle mich mit
vergänglichen Banden an die geknüpft, über die mich Gott einmal g
hat. Ich kann sie nicht verlassen, indem du sie mit List umstricken willst;
kann nicht ruhig zusehen, ob die werden verführt werden oder nicht, d
Heil mir Gott zu meiner größten Lebensaufgabe gemacht hat. Ich stehe
die zu schützen, denen ich zum Wächter bestellt bin, und das Leben dene
erhalten, die mir auf die Seele gelegt sind."

Was im Weitern auf die einzelnem Beweisgründe Sadolets geant
tet wird, werden wir schon von selber vermuthen. „Daß es nichts Gef
licheres für die Seele gebe als der Irrthum und einen verderbten Got
dienst," wie der Cardinal behauptet hatte, giebt Calvin ihm ohne Weit

ern Ton gewöhnen mögen. Indessen ist es wahrlich nicht solche Selbst-
t, sondern das Gefühl meiner Unfähigkeit, um das es hier sich handelt.
u zu welchem Zweck berufen sie mich wohl überhaupt zurück? Nur etwa
Noth weil alle Andern sie verließen? Oder um mich zum Sturmbock
Partei zu machen? — Du siehst, welche Fragen alle in Betracht kom-
und mich ängstigen; und doch, je mehr ich mich geneigt fühle,
Abscheu von der ganzen Sache mich abzuwenden, um so
ächtiger werde ich mir selber. — So lasse ich denn zunächst die
legenheit auf sich beruhen, und bitte auch die Freunde, daß sie doch
en Augenblick nicht in mich dringen. — Die Kirche von Genf will ich
ilich in keinem Falle verlassen, denn sie ist mir theurer als mein Leben;
lüchte und Bequemlichkeiten für mich selber suche ich nicht; aber was
es Willen ist, muß mir klar werden, damit ich sicher und mit Segen
en Weg gehen kann."

Indessen gaben die Genfer mit solch' unbestimmten Andeutungen und
eisungen auf die Zukunft sich keineswegs zufrieden. Vielmehr steigerte
mit den Schwierigkeiten ihr Eifer. Bald schienen Volk und Rath nur
von dem einen Wunsche beseelt: ihren Calvin zurück zu empfangen.
at fast etwas Rührendes, durch welche demüthige und reuevolle Beharr-
it sie dabei ihren frühern Leichtsinn wieder gut zu machen strebten.
u in dem Monat October (1540) hat die Regierung fünf verschiedene
lüsse gefaßt, die auf Briefe, Bittschriften, Gesandtschaften an den Ver-
men sich bezogen. Am 13. October wurde Michael Dubois mit Brie-
n Calvin und die Straßburger abgesendet. Am 19. sprach der größere
), der der Zweihundert, und am 20. die allgemeine Bürgerversamm-
sich wiederholt dahin aus: „daß man zur Beförderung der Ehre Got-
lles aufbieten müsse, um den gelehrten Calvin zum Pfarrer in dieser
t zu gewinnen." Den folgenden Tag schickten die Syndiks dem ersten
n ihren eigenen Collegen Ami Perrin nach, den ein Herold begleiten
; und beschlossen überdies, die Kirchen von Bern, Basel und Zürich
hre Fürsprache anzugehen. Und schon acht Tage später wurden einem
n Gesandten zwanzig Goldthaler bewilligt, damit er dieselbe Reise
e „und Meister Calvin von Straßburg zurückhole." — Als das Alles
zum Ziele führte, und Calvin neben der Wormser Reise eine neue Ge-
lschaft nach Regensburg übernahm, beschwor das Volk am ersten Mai
1) in einer feierlichen Versammlung, daß Keiner mehr in seiner Mitte sei,
salvin, Farel und Saunier nicht für treffliche Leute und rechte Gottesmän-
alte; sie möchten doch zurückkommen ohne alles Sorgen und Bedenken*).

) Die Zusammenstellung alles dessen was in den Raths-Protokollen über die
Rückberufung Calvins sich findet, siehe bei Gaberel I, pièces justificatives
p. 113, e. f.

ihm auf als ein Hafen des Heiles, das göttliche Erbarmen in Christo, der alles vollendet hat was zu unserer Rettung gehört. Ihn, den Gehorsamen, den Geopferten, den Gekreuzigten umfaßt die Seele im Glauben, und schließt ihn so enge an sich, daß seine Gerechtigkeit zu des Sünders eigener Gerechtigkeit wird. — Was ist hieran zu tadeln, Sadolet, oder wie sind hiebei die Werke ausgeschlossen? Freilich wo es um die Rechtfertigung eines Menschen sich handelt, da gelten sie uns auch nicht eines Haares werth, so wenig als dem Paulus, wenn er sagt: „Sind es nun die Werke, die das ausrichten, so ist es nicht mehr die Gnade." Wohl aber haben sie ihre Stelle in des Gerechtfertigten Leben und Wandel. Denn wenn derselbe Christum besitzt, und Christus niemals denkbar ist ohne seinen Geist: so folgt ja daraus, daß diese geschenkte Gerechtigkeit nothwendiger Weise immer mit der Wiedergeburt verbunden sein muß. Wo Christus ist, da ist der Geist der Heiligung der ein neues Leben erzeugt; wo nichts sich wahrnehmen läßt von dessen Trieb und Eifer, da ist auch Christus nicht, da ist auch seine Versöhnung nicht. Und wie kannst du nun deinerseits sagen: Die Liebe sei die erste Kraft und die Grund-Bedingung unseres Heiles? O Sadolet, wer hätte je solch ein unverständig-unseliges Wort von dir erwartet?" ....

„Allen euren Irrthümern nun willst du aber damit ihre Bedeutung nehmen, daß du sagst: wir hätten doch in keinem Falle von der Kirche uns trennen und ihre Einheit zerreißen sollen. Du verweisest uns dabei auf euch selber, die ihr ja den einen und andern Mißbrauch anerkennet, und deßhalb nichtsdestoweniger der heiligen Mutter weiter dientet in gehorsamer Demuth und Ehrfurcht. Aber wir unsererseits fragen: ist solcher Gehorsam gegen Unwahrheit, Sünde und Verkehrung des Wortes Gottes eines Christen würdig, oder ihm auch nur erlaubt? Ist das die rechte Demuth, die Gottes heilige Majestät für nichts achtet, indem sie vor den Menschen sich beugt? Oder dürfen wir mehr Ehrfurcht haben vor ihren Satzungen als vor des Höchsten unvergänglichen Geboten? Lasse doch ab, Sadolet, damit daß du dergleichen für Tugenden ausgiebst, die Einfältigen zu berücken, und gestehe mit uns: die rechte Demuth ist: dem Haupte der Kirche die höchste Ehre geben, und den Gliedern nur in so weit, als sie mit dem Haupte zusammenhängen; der rechte Gehorsam: dem Worte Gottes sich unbedingt unterwerfen, und den menschlichen Lehrern und Vorgesetzten nur in so weit als sie mit diesem Worte übereinstimmen. Indem wir aber das thun, ist es da unsere Schuld, daß ihr nicht mehr mit uns zusammengehen wollt, daß ihr dem göttlichen Worte euch entgegensetzet, daß ihr darauf beharret, die Menschen höher zu achten als den Herrn? Du meinst freilich: ohne das zusammenhaltende Band der kirchlichen Autorität werde Alles auseinanderfallen, und der Einzelne, lediglich auf die eigene Ansicht beschränkt, in alle möglichen Irrthümer gerathen. Aber läßt denn überhaupt eine wahrhaft christliche Ueberzeugung auf menschliche Zeugnisse sich gründen und bedarf sie eines menschlichen Autorität? Wird sie nicht vielmehr durch den Finger des lebendigen Gottes unsern Gemüthern so eingegraben, daß nichts sie mehr verdunkeln oder auslöschen kann? Giebt es denn keinen heiligen Geist der in den Herzen redet, und die Gewissen fest macht durch sein Zeugniß? Weiß denn Paulus nicht von einem Glauben, so sicher und gewiß, daß kein Raum mehr übrig bleibt für einen Zweifel, auch wenn der ganze Erdkreis sich gegen ihn erhöbe und ihm widerspräche? Und von diesem Grunde aus schreiben wir denn allerdings auch der Kirche die Fähigkeit zu, ihr Urtheil zu fällen und wollen diese Fähigkeit ihr bewahrt wissen. Die Welt mag sich verwirren wie sie will, und eine Meinung um die andere in ihr auftauchen: die erfahrene Christenseele wird dabei nie so verlassen bleiben, daß sie nicht den geraden Weg zum Heile fände. Ich träume damit nicht eine Genauigkeit in der Erkenntniß der Wahrheit, die nie irren kann im Unterscheiden des Richtigen und Unrichtigen, und gegen Alles um sich das Ohr verschließt, weil sie sich schon selber vollkommen zu genügen meint. Vielmehr gestehe ich offen, daß auch die gläubigen Herzen nicht immer alle Geheimnisse Gottes erfassen, ja oft in sehr klaren Dingen blind sind, weil eben der Herr sie demüthigen will und recht an die Hingabe an ihn gewöhnen. Aber das behaupte ich: daß wer in Gottes Wort sich gründet, nie so irren kann, daß er verloren geht. Denn aus diesem Worte leuchtet immer so viele Wahrheit heraus, daß sie unmöglich Jemandem ganz zweifelhaft und wankend gemacht werden kann, nicht durch Menschen und nicht durch Engel." ...

"Du hast uns übrigens zum Schlusse, um das stärkste Mittel anzuwenden, gleich als Schuldige vor den Richterstuhl Gottes gerufen. Wohlan, mit getrostem Herzen berufe ich dich auch dahin. Aber nicht in der spielenden, unpassenden Weise, wie du es thatst, nicht indem ich dem andern Theile eine Vertheidigung in den Mund lege, die in keiner Weise sich schickt. Denn wenn jener Tag mir vor Augen tritt, wird mein Herz zu gewaltig durchschüttert, als daß ich noch Raum fände zu müßigen Witzeleien. Also mit ganzem Ernst wollen wir in jene Stunde uns versetzen, deren Erwartung nie aus des Menschen Gedächtniß verschwinden sollte, und dessen eingedenk sein, daß sie nicht nur für die Gläubigen kommen wird, sondern auch für die Gottlosen und Frevler und die Verächter des Höchsten. Wir richten unsere Ohren empor zu dem Schall der Posaunen, welche die Asche in den Gräbern erwecken wird. Vor den Richter bringen wir unsere Seelen und Geister, der durch das Licht seines Angesichts aufdeckt Alles was in ihren Tiefen schläft, der alle Geheimnisse des menschlichen Herzens offenbar macht und die Bösen vernichtet durch den bloßen Hauch seines Mundes. Da siehe nun ernstlich zu, was du dann für dich und die Deinigen wirst zu antworten haben. Unserer Sache, da sie auf Gottes Wahrheit gegründet ist, wird wahrlich die rechte Vertheidigung nicht fehlen. Von unsern Personen rede ich dabei freilich nicht; für die ist kein Heil im Rechten, sondern nur im demüthigen Bekennen und flehenden Bitten um Erbarmen; was dagegen unser Amt betrifft, so wird Niemand unter uns sein, der nicht also wird sprechen können:

„Schwer ist es mir geworden, o Herr, den Haß der Anklagen zu ertragen, die auf Erden auf mich gehäuft wurden, aber wie ich mich immer mit ganzem Vertrauen auf dein Gericht berief, so trete ich nun auch vor dich hin. Denn bei dir ist die Wahrheit, auf die ich mich stützte da ich das Werk begann, das ich in deiner Kirche ausgerichtet, durch die ich mich belehren ließ als ich es weiterführte und zum Ziele brachte. Zweier Frevel besonders klagten sie mich an: der Irrlehre und der Trennung von der Kirche. Irrlehre ist in ihren Augen, daß ich den Sätzen, die unter ihnen gültig sind, zu widersprechen wagte. Was aber hätte ich thun sollen? Ich hörte aus deinem Munde, daß kein anderes Wahrheitslicht da sei, uns zu leiten auf deinem Wege, als das uns dein Wort angezündet. Ich hörte daß Alles Eitelkeit sei, was der Menschengeist von sich aus erdacht habe über deine Majestät, über die Verehrung deines Namens, über die Geheimnisse des Glaubens. Und wenn ich meine Augen auf die Menschen wandte, so fand ich in der That bei ihnen Alles sehr verschieden von deinem Worte. Die welche als die Boten des Glaubens galten, verstanden dasselbe nicht, oder kümmerten sich nichts darum. Mit allerlei selbstgemachten Lehren trieben sie das arme Volk umher, und betrogen es mit unnützen Dingen. Sie nannten dich zwar den einen Gott, aber die Ehre, die dir gebührt, theilten sie Andern zu, indem sie unter dem Namen von Heiligen unzählige neue Götter bildeten und aufstellten. Dein Gesalbter wurde zwar als Gott angebetet und behielt den Namen des Erlösers, aber gerade das, worin sein Ruhm besteht, wurde ihm entzogen: ihr Vertrauen setzten sie nicht mehr auf ihn allein, sondern auf die ganze Menge der Heiligen mit ihm und neben ihm. Sein Opfer einmal am Kreuze dargebracht zu unserer Versöhnung, erkannte Niemand mehr als genügend an; Niemand dachte mehr an sein ewiges Hohepriesterthum und die Fürbitte die daran hängt, Niemand an seine Gerechtigkeit, in der allein unsere Gerechtigkeit besteht. So erlosch alle Gewißheit, alle Zuversicht des Heiles, wie sie aus deinem Worte hervorgeht. Für ein anmaßender Thor galt ein Jeder, der auf deine Barmherzigkeit und die Genugthuung deines Sohnes gestützt, sich mit fröhlichem Munde der getrosten Hoffnung der Seligkeit rühmte. Mit der gesunden Lehre von der Taufe und dem Abendmahle ging es nicht anders; durch eine Menge Lügen wurde sie entstellt und verkehrt. Und wie die Leute nun, deinem Worte und deiner Gnade durchaus zuwider — auf die guten Werke sich stützen und durch sie die Seligkeit verdienen wollten: siehe, da mußten sie nicht einmal mehr was wahrhaft gute und vor dir wohlgefällige Werke sind.... Dieß Alles, o Herr, hat dein Geist mich erkennen lehren, und dein Ernst hat mich er-

t der Abneigung und Bangigkeit, die ihn gegenwärtig erfüllte, daß wie
selber sagt: „die Thränen schneller flossen als die Worte," und auch die
zeordneten des lauten Weinens sich nicht mehr enthalten konnten, da sie
: Hoffnung glaubten aufgeben zu müssen*). „Ich muß dabei bleiben,"
eibt er auch noch auf der Rückreise aus Deutschland (aus Ulm 1. März
1) an Viret, „daß es keine Stätte unter dem Himmel giebt, vor der
mehr mich fürchte; nicht weil ich sie etwa haßte, sondern weil ich nichts
Schwierigkeiten erblicke, die zu überwinden meine Kraft nicht ausreichen
d. Je tiefer ich mich in die Sache versenke, um so klarer wird es mir,
the unermeßliche, dornenvolle Aufgabe ich damit auf mich nähme; und
zenig ich mich aus bloßer Bequemlichkeit derselben entziehen möchte, so
muß ich doch fürchten, ich werde nicht im Stande sein, sie zu vollenden.
enfalls müßte ich feste Zusicherungen haben, daß es nicht etwa nur um
Rückkehr eines Geistlichen sich handelt, sondern um die Wiederherstellung
gesammten kirchlichen Verhältnisse, ehe ich einen bestimmten Entschluß
m dürfte." — Auch seine Stellung in Straßburg schien ihm bei der Ent-
idung der Frage gar sehr in Betracht zu kommen. Denn außer Bucer,
jeder Zeit seinen Blick auf das Ganze gerichtet hielt, waren seine Colle-
nichts weniger als geneigt, ihn ziehen zu lassen; und seine Gemeinde
ch sich in demselben Sinne aus. Durfte er nun darüber einfach hinweg-
n? War es denn nicht auch ein Ruf Gottes gewesen, der ihm sein ge-
wärtiges Amt angewiesen? „Ich war damals fest entschlossen," schreibt
m den Prediger Bernard, „nie wieder einen Kirchendienst anzunehmen,
er wenn ich vor Gott augenscheinlich dazu gezwungen würde. Und das
un geschehen, als mich die Straßburger riefen; ich hätte geradezu dem
m entfliehen müssen, wenn ich ihrem Antrage hätte ausweichen wollen.
xe ich da nicht die Pflicht, nun auch wohl zu erwägen was ich thue, ehe ich
ben Posten verlasse? Zunächst fühle ich mich auch in meinem Gewissen
anden, hier auszuhalten."

Aber die Hindernisse fingen allmälig an zu schwinden, und in den im-
dringenderen Aufforderungen, die von allen Seiten her eintrafen, schien
Wille Gottes allzudeutlich zu Tage zu treten, als daß ein Gewissen wie
Calvins noch länger hätte widerstehen können. Auf die mahnenden Zu-
iften der Schweizerkirchen hin ließen die Straßburger sich endlich bereit
en, ihren Ansprüchen auf ihn zu entsagen, und Bucer gehörte sogar zu
tu, die am allerernstlichsten ihm zuredeten; selbst das Beispiel des Jonas
t er ihm vor, um seinen Widerstand zu besiegen**). In demselben Tone
ann Farel zu schreiben, die Zürcher sandten Brief auf Brief, einen
iglicher und gewaltiger als den andern; unter den Mahnungen, die aus

---

*) Brief an Farel bei Bonnet I, 194.
*) Beza, Leben Calvins.

eintrafen, konnte besonders die rührende Zuschrift Jacob Ber…
…estgesinnten unter den Predigern, ihren Eindruck nicht verfehlen
…mittelbare Gebetserhörung der Gemeinde stellte er den Entschl…
…ung dar, Calvin zurückzuberufen. „In einer Predigt hatte i…
…ufgefordert," erzählt er, „sich in demüthigem Gebet an Gott den
…ben, und von ihm durch Christum, den Oberhirten, einen solchen…
…itten, der der Kirche wieder aufhelfen könnte. Und daß ich nicht
…h dachte ich dabei nicht, und hatte keine Hoffnung, daß du dieser
…ürdest. Mit größter Andacht sprach das Volk das Gebet. Des …
…num war der Rath der Zweihundert versammelt, und Alle …
…alvin. Der allgemeine Rath wird am folgenden Tage zusam…
…und Calvin ist wiederum der einzige Name, der gehört wird.
…, den rechtschaffenen, den gelehrten Mann wollen wir zum P…
…rrn haben." Als ich dieß wahrnahm, mußte ich Gott loben und …
…aß es von ihm sei, daß gerade der Stein, den die Bauleute ver…
…ckstein gewählt wurde. Komm also, würdiger Vater in Christ…
…r Unsere; Gott der Herr hat dich uns gegeben. Alle seufzen nac…
…rst sehen, wie angenehm deine Ankunft Jedermann sein wird. …
…zu kommen und Genf zu sehen: ein neues Volk erneuert durch …
…e, ein Werk des Viret*). Ja, würdige unsere Kirche deiner …
…wird Gott, der Herr, aus deiner Hand unser Blut zurückfordern…
…ist der Wächter des Hauses Israel bei uns sein."
…Die ersten Anzeichen, daß durch dieß Alles Calvins eigener Will…
…n wurde und zur rückhaltslosen Hingabe an den Willen Gotte…

du vorgezeichnet haft zum ewigen Leben. Durfte ich da in meinem alten Stande, in meinem Irrthume bleiben? Heißt es nicht, daß der Blinde der dem blinden Leiter folgt, auch in die Grube fallen wird? Wollte ich nicht deinen ernstesten Drohungen verfallen und verloren gehen, so blieb mir nichts Anderes übrig, als mich abzuwenden von dem alten Wesen, und mit geängstetem und zerschlagenem Herzen mich hinflüchtend zu dir, dein barmherziges Vergeben und Vergessen zu erbitten. Und so, Herr, stehe ich jetzt hier vor dir, und bitte dich von Neuem: rechne mir jenen frühern Abfall, jenen vorigen gräulichen Ungehorsam gegen dein Wort nicht zu, nachdem du selbst mich daraus errettet haft durch deine überschwengliche Gnade."

„Und nun, Sadolet, vergleiche mit solcher Rede das was du deinem Gläubigen in den Mund legst, der weiß nur zu sagen: er habe einfach an der Religion festgehalten, die er von seinen Voreltern überkommen. Aber mit dieser Ausrede könnten auch Juden und Türken und Sarazenen vor Gottes Gericht bestehen. Was du dann zum Schlusse noch über uns Prediger sagst, ist eben so unbillig und bitter als ungeschickt und thöricht geredet. Wie haft du z. B. auf den unglücklichen Gedanken kommen können, uns der Geldliebe und des Geizes anzuklagen? Du ein Cardinal der römischen Kirche, von dem Papste mit Reichthümern überschüttet, prangend vom Schweiße der Gläubigen, in Fülle dahin lebend und Glanz, — du wagst so etwas zu sagen von uns armen Geistlichen, von denen Jedermann weiß, daß sie mit Mühe Nahrung und Kleidung haben? Willst du dich denn sogar den Kindern lächerlich machen? und scheust du dich nicht vor dir selber, in solch' offenbarer und bewußter Weise die Unwahrheit zu reden? Oder wenn du uns streitsüchtig nennst, und all' den Zank, der jetzt die Christenheit erfüllt, uns zur Last legst, denkst du denn nicht daran, daß ohne Streit die Wahrheit sich nicht wiederherstellen läßt, daß die Flecken erst müssen abgethan werden von der Braut Christi, ehe sie wieder rein und keusch dasteht, wie ihr Bräutigam sie will? Auch in eurer Mitte war überdieß nicht immer Frieden; und wenn ihr in der letzten Zeit den Schein des Friedens hervorbrachtet, so kam das nur daher, weil ihr das Volk zu solcher Trägheit und Stumpfheit herabgebracht habt, daß es sich um die religiösen Fragen überhaupt nicht mehr kümmerte. Aber was bedarf es vieler Worte? Wir stehen da und geben Rechenschaft von unserm Glauben, und erklären laut, daß wir bereit sind alles zurückzunehmen, wenn man mit Gründen uns eines Bessern überweist. Was kannst du mehr verlangen? Gehe nun hin, wenn du den Muth haft und klage uns an, wir seien Friedensstörer, die die Kirche nicht wollten zur Ruhe kommen lassen. Klage uns an, und rufe zum Hasse gegen uns auf, weil wir dasselbe thun was die Apostel thaten, die den ganzen Erdkreis bewegten mit ihrer neuen Predigt. Rufe es hinaus in die Welt: das Christenthum müsse ausgerottet werden, weil es so viel Streit und Verwirrung hervorbrachte und immer noch hervorbringt! Wir unsererseits aber,

treten, die ihn von sich ausgestoßen. Bei dem gemeinsamen Angriffe, der
gleich auf sie und ihn geschieht, bei der Versuchung welche an die Seelen
antritt, die ihm einstmals anbefohlen waren, ist alles Vorgegangenen verges
im Innersten fühlt er sich wieder als ihren Hirten und sie als seine Gemei
„Du hast fein zu ihnen geredet," ruft er nach einigen einleitenden Wo
seinem Gegner zu, dessen Talent und wissenschaftliche Bedeutung er übrig
vollständig anerkennt, „alles Süße und Liebliche hast du ihnen gesagt
dich wohl gehütet, sie zu verwunden, um sie so geschickt wieder zurückzufü
unter das Joch, dem sie entflohen sind. Dagegen auf diejenigen, durch d
Arbeit sie zu solcher Freiheit kamen, hast du deinen bittern Groll reid
ausgegossen, und sie feierlich angeklagt als Verwirrer und Verstörer,
unter dem Scheine der Gottseligkeit Stadt und Kirche zu Grunde rid
Nun, Sadolet, ich meinerseits bekenne, daß ich Einer von denen bin,
du so bekämpfst und schmähest. Zwar nur in die Arbeit Anderer bin
eingetreten — Farel und Viret hatten schon vor mir das heilige Wer
die Hand genommen —, aber was ich thun konnte, dieß Werk zu mehren
zu befestigen, habe ich in jeder Weise gethan, und bekenne mich mit Frei
zu diesem Thun. Wäre es indessen nur meine Person, die du auf solche
angegriffen, so würde ich das sicherlich deinem sonstigen Rufe und geleh
Verdienste zu Gute halten. Aber es handelt sich um mehr. Es handelt
um mein Amt, von dem ich gewiß weiß, daß es durch Gott selber geg
det und mir übertragen ist, und nicht mehr Geduld, sondern Treulos
wäre es, da mich zu beugen und stille zu sitzen. Zuerst als Lehrer, dann
Hirte habe ich in jener Kirche gearbeitet und meine ganze Treue und go
schenkte Kraft habe ich in ihren Dienst gelegt. Es mag meinem Amte
gefehlt haben: Klugheit und Gelehrsamkeit, Scharfsinn und Fleiß,
was du sonst willst; aber wahrlich! daß ich mit all' der Aufrichtigk
die in der Sache Gottes sich geziemt, dabei zu Werke ging, dessen bi
mir bewußt, das bezeuge ich vor Christo, meinem Richter und seinen h
gen Engeln und der Gemeinde selber, die mich hörte und sah. Und ob
auch für jetzt gelöst bin vom äußerlichen Dienste an ihr, so trage ich sie
immer noch mit väterlicher Liebe auf meinem Herzen, und fühle mich mit
vergänglichen Banden an die geknüpft, über die mich Gott einmal g
hat. Ich kann sie nicht verlassen, indem du sie mit List umstricken willst:
kann nicht ruhig zusehen, ob die werden verführt werden oder nicht, d
Heil mir Gott zu meiner größten Lebensaufgabe gemacht hat. Ich stehe
die zu schützen, denen ich zum Wächter bestellt bin, und das Leben dene
erhalten, die mir auf die Seele gelegt sind."

Was im Weitern auf die einzelnem Beweisgründe Sadolets geant
tet wird, werden wir schon von selber vermuthen. „Daß es nichts Gef
licheres für die Seele gebe als der Irrthum und einen verderbten Go
dienst," wie der Cardinal behauptet hatte, giebt Calvin ihm ohne Weil

zu, zieht aber daraus den sehr natürlichen — den römischen Gegnern freilich keineswegs erwünschten — Schluß: daß also ein Jeglicher um so mehr p r ü fen und u n t e r s u c h e n müsse, was denn die Wahrheit Gottes sei und was daran gehängte Lüge? in welcher Kirche der wahre Gottesdienst sich finde und in welcher nicht? — Sadolet nehme einfach die katholische Kirche als die wahre an, und behaupte wer von ihr abweiche, der habe dadurch allein schon das Urtheil sich gesprochen: „Aber du irrst wenn du meinst, daß wir das Volk abziehen wollen von ihren a l t e n Ordnungen, oder träumst, indem du Wesen der Kirche beschreibst. Denn Eines hast du bei der Beschreibung ihrer Merkmale ausgelassen: i h r e U e b e r e i n s t i m m u n g m i t d e m W o r t e G o t t e s. Diese haben doch der Herr und seine Apostel vor Allem betont. Die Leitung durch den Geist ist ihnen jeder Zeit zugleich eine Leitung durch das Wort, wer des Herrn Stimme hört, der gehört zu seinen Schafen; was erbaut ist auf dem Grund der Apostel und der Propheten, d a s i s t d i e Kirche. Und weißt du nun nicht, daß wir mit dem christlichen Alterthume unvergleichlich mehr Aehnlichkeit und Gemeinschaft haben als ihr? daß wir überhaupt auf nichts Anderes ausgehen als ihren alten Zustand, ihr altes heiliges Antlitz wieder herzustellen, nachdem es zuerst durch mehr oder weniger unverschuldete Unwissenheit, und dann durch des Römischen Papstes Trug und List so schändlich befleckt und unkenntlich gemacht worden ist?"

In drei Hauptpunkten wird dann des Näheren dargelegt, trete das Wesen der Kirche zu Tage. In der Lehre, der Disziplin, den Sakramenten, und viertens in der gottesdienstlichen Form, durch die das Volk seine Frömmigkeit sowohl bezeuge als auch dazu erzogen werde; — in all diesen Stücken zeige sich nun bei dem päpstlichen Christenthume die offenbarste Abweichung von der biblischen Ordnung, während die Reformation überall auf diese zurückgehe und sie wieder zu Ehren bringe. Was die Lehre betreffe, so sei vor Allem zu erwähnen: die R e c h t f e r t i g u n g d u r c h d e n G l a u b e n, die auch Sadolet zur Sprache bringe. Denn an ihr hänge der ganze Ruhm der Versöhnung, die ganze Gemeinschaft mit Gott, der ganze Bestand der Kirche und die ganze Hoffnung des Heils. Aber unredlich und boshaft sei es, nun zu sagen: sie behandelten diese Lehre so, daß für die guten Werke kein Raum mehr bleibe. „Vielmehr ist, wie jeder sehen kann, unsere Meinung die folgende. Zuerst dringen wir darauf, daß der Mensch sich selbst erkennen lerne, und zwar nicht in einer oberflächlichen, betrügerischen Weise, sondern so, daß er sein Gewissen vor Gottes Richterstuhl stellt, und wenn er da seiner Ungerechtigkeit überwiesen wird, sich nun dem ganzen Ernste des Richterspruches unterzieht, der über alle Sünder ergehen muß. Er fühlt sein Elend, seine Verwerfung, seine Verdammniß, und von diesem Gefühle durchdrungen und zerknirscht wirft er sich nieder vor Gott, und in tiefster Demuth alles Eigene aufgebend, gleichsam mitten im Verloren-Geben, ruft er nur noch nach Gnade und Erbarmen. Und das göttliche Erbarmen thut sich ihm auf als ein Hafen des Heiles, das göttliche Erbarmen in Christo, der alles vollendet hat was zu unserer Rettung gehört. Ihn, den Gehorsamen, den Geopferten, den Gekreuzigten umfaßt die Seele im Glauben, und schließt ihn so enge an sich, daß seine Gerechtigkeit zu des Sünders eigener Gerechtigkeit wird. — Was ist hieran zu tadeln, Sadolet, oder wie sind hiebei die Werke ausgeschlossen? Freilich wo es um die Rechtfertigung eines Menschen sich handelt, da gelten sie uns auch nicht eines Haares werth, so wenig als dem Paulus, wenn er sagt: „Sind es nun die Werke, die das ausrichten, so ist es nicht mehr die Gnade." Wohl aber haben sie ihre Stelle in des Gerechtfertigten Leben und Wandel. Denn wenn derselbe Christum besitzt, und Christus niemals denkbar ist ohne seinen Geist: so folgt ja daraus, daß diese geschenkte Gerechtigkeit nothwendiger Weise immer mit der Wiedergeburt verbunden sein muß. Wo Christus ist, da ist der Geist der Heiligung der ein neues Leben erzeugt; wo nichts sich wahrnehmen läßt von dessen Trieb und Eifer, da ist auch Christus nicht, da ist auch seine Versöhnung nicht. Und wie kannst du nun deinerseits sagen: Die Liebe sei die erste Kraft und die Grund-Bedingung unseres Heiles? O Sadolet, wer hätte je solch ein unverständig-unseliges Wort von dir erwartet?" ....

„Allen euren Irrthümern nun willst du aber damit ihre Bedeutung nehmen, daß du sagst: wir hätten doch in keinem Falle von der Kirche uns trennen und ihre Einheit zerreißen sollen. Du verweisest uns dabei auf euch selber, die ihr ja den einen und andern Mißbrauch anerkennetet, und deßhalb nichtsdestoweniger der heiligen Mutter weiter dientet in gehorsamer Demuth und Ehrfurcht. Aber wir unsererseits fragen: ist solcher Gehorsam gegen Unwahrheit, Sünde und Verkehrung des Wortes Gottes eines Christen würdig, oder ihm auch nur erlaubt? Ist das die rechte Demuth, die Gottes heilige Majestät für nichts achtet, indem sie vor den Menschen sich beugt? Oder dürfen wir mehr Ehrfurcht haben vor ihren Satzungen als vor des höchsten unvergänglichen Geboten? Lasse doch ab, Sadolet, damit daß du dergleichen für Tugenden ausgiebst, die Einfältigen zu berücken, und gestehe mit uns: die rechte Demuth ist: dem Haupte der Kirche die höchste Ehre geben, und den Gliedern nur in so weit, als sie mit dem Haupte zusammenhängen; der rechte Gehorsam: dem Worte Gottes sich unbedingt unterwerfen, und den menschlichen Lehrern und Vorgesetzten nur in so weit als sie mit diesem Worte übereinstimmen. Indem wir aber das thun, ist es da unsere Schuld, daß ihr nicht mehr mit uns zusammengehen wollt, daß ihr dem göttlichen Worte euch entgegensetzet, daß ihr darauf beharret, die Menschen höher zu achten als den Herrn? Du meinst freilich: ohne das zusammenhaltende Band der kirchlichen Autorität werde Alles auseinanderfallen, und der Einzelne, lediglich auf die eigene Ansicht beschränkt, in alle möglichen Irrthümer gerathen. Aber läßt denn überhaupt eine wahrhaft christliche Ueberzeugung auf menschliche Zeugnisse sich gründen und bedarf sie eines menschlichen Autorität? Wird sie nicht vielmehr durch den Finger des lebendigen Gottes unsern Gemüthern so eingegraben, daß nichts sie mehr verdunkeln oder auslöschen kann? Giebt es denn keinen heiligen Geist der in den Herzen redet, und die Gewissen fest macht durch sein Zeugniß? Weiß denn Paulus nicht von einem Glauben, so sicher und gewiß, daß kein Raum mehr übrig bleibt für einen Zweifel, auch wenn der ganze Erdkreis sich gegen ihn erhöbe und ihm widerspräche? Und von diesem Grunde aus schreiben wir denn allerdings auch der Kirche die Fähigkeit zu, ihr Urtheil zu fällen und wollen diese Fähigkeit ihr bewahrt wissen. Die Welt mag sich verwirren wie sie will, und eine Meinung um die andere in ihr auftauchen: die erfahrene Christenseele wird dabei nie so verlassen bleiben, daß sie nicht den geraden Weg zum Heile fände. Ich träume damit nicht eine Genauig= keit in der Erkenntniß der Wahrheit, die nie irren kann im Unterscheiden des Richtigen und Unrichtigen, und gegen Alles um sich das Ohr verschließt, weil sie sich schon selber vollkommen zu genügen meint. Vielmehr gestehe ich offen, daß auch die gläubigen Herzen nicht immer alle Geheimnisse Gottes erfassen, ja oft in sehr klaren Dingen blind sind, weil eben der Herr sie de= müthigen will und recht an die Hingabe an ihn gewöhnen. Aber das be= haupte ich: daß wer in Gottes Wort sich gründet, nie so irren kann, daß er verloren geht. Denn aus diesem Worte leuchtet immer so viele Wahrheit heraus, daß sie unmöglich Jemandem ganz zweifelhaft und wankend gemacht werden kann, nicht durch Menschen und nicht durch Engel." ...

„Du hast uns übrigens zum Schlusse, um das stärkste Mittel anzuwen= den, gleich als Schuldige vor den Richterstuhl Gottes gerufen. Wohlan, mit getrostem Herzen berufe ich dich auch dahin. Aber nicht in der spielenden, unpassenden Weise, wie du es thatst, nicht indem ich dem andern Theile eine Vertheidigung in den Mund lege, die in keiner Weise sich schickt. Denn wenn jener Tag mir vor Augen tritt, wird mein Herz zu gewaltig durch= schüttert, als daß ich noch Raum fände zu müßigen Witzeleien. Also mit gan= zem Ernst wollen wir in jene Stunde uns versetzen, deren Erwartung nie aus des Menschen Gedächtniß verschwinden sollte, und dessen eingedenk sein, daß sie nicht nur für die Gläubigen kommen wird, sondern auch für die Gottlosen und Frevler und die Verächter des Höchsten. Wir richten unsere Ohren empor zu dem Schall der Posaunen, welche die Asche in den Gräbern erwecken wird. Vor den Richter bringen wir unsere Seelen und Geister, der durch das Licht seines Angesichts aufdeckt Alles was in ihren Tiefen schläft, der alle Geheimnisse des menschlichen Herzens offenbar macht und die Bösen vernichtet durch den bloßen Hauch seines Mundes. Da siehe nun ernstlich zu, was du dann für dich und die Deinigen wirst zu antworten haben. Un= serer Sache, da sie auf Gottes Wahrheit gegründet ist, wird wahrlich die rechte Vertheidigung nicht fehlen. Von unsern Personen rede ich dabei freilich nicht; für die ist kein Heil im Rechten, sondern nur im demüthigen Bekennen und flehenden Bitten um Erbarmen; was dagegen unser Amt betrifft, so wird Niemand unter uns sein, der nicht also wird sprechen können: .

„Schwer ist es mir geworden, o Herr, den Haß der Anklagen zu ertragen, die auf Erden auf mich gehäuft wurden, aber wie ich mich immer mit ganzem Vertrauen auf dein Gericht berief, so trete ich nun auch vor dich hin. Denn bei dir ist die Wahrheit, auf die ich mich stützte da ich das Werk begann, das ich in deiner Kirche ausrichtet, durch die ich mich belehren ließ als ich es weiterführte und zum Ziele brachte. Zweier Frevel besonders klagten sie mich an: der Irrlehre und der Trennung von der Kirche. Irrlehre ist in ihren Augen, daß ich den Sätzen, die unter ihnen gültig sind, zu widersprechen wagte. Was aber hätte ich thun sollen? Ich hörte aus deinem Munde, daß kein anderes Wahrheitslicht da sei, uns zu leiten auf deinem Wege, als das uns dein Wort angezündet. Ich hörte daß Alles Eitelkeit sei, was der Menschengeist von sich aus erdacht habe über deine Majestät, über die Verehrung deines Namens, über die Geheimnisse des Glaubens. Und wenn ich meine Augen auf die Menschen wandte, so fand ich in der That bei ihnen Alles sehr verschieden von deinem Worte. Die welche als die Boten des Glaubens galten, verstanden dasselbe nicht, oder kümmerten sich nichts darum. Mit allerlei selbstgemachten Lehren trieben sie das arme Volk umher, und betrogen es mit unnützen Dingen. Sie nannten dich zwar den einen Gott, aber die Ehre, die dir gebührt, theilten sie Andern zu, indem sie unter dem Namen von Heiligen unzählige neue Götter bildeten und aufstellten. Dein Gesalbter wurde zwar als Gott angebetet und behielt den Namen des Erlösers, aber gerade das, worin sein Ruhm besteht, wurde ihm entzogen: ihr Vertrauen setzten sie nicht mehr auf ihn allein, sondern auf die ganze Menge der Heiligen mit ihm und neben ihm. Sein Opfer einmal am Kreuze dargebracht zu unserer Versöhnung, erkannte Niemand mehr als genügend an; Niemand dachte mehr an sein ewiges Hohepriesterthum und die Fürbitte die daran hängt, Niemand an seine Gerechtigkeit, in der allein unsere Gerechtigkeit besteht. So erlosch alle Gewißheit, alle Zuversicht des Heiles, wie sie aus deinem Worte hervorgeht. Für ein anmaßender Thor galt ein Jeder, der auf deine Barmherzigkeit und die Genugthuung deines Sohnes gestützt, sich mit fröhlichem Munde der getrosten Hoffnung der Seligkeit rühmte. Mit der gesunden Lehre von der Taufe und dem Abendmahle ging es nicht anders; durch eine Menge Lügen wurde sie entstellt und verkehrt. Und wie die Leute nun, deinem Worte und deiner Gnade durchaus zuwider — auf die guten Werke sich stützen und durch sie die Seligkeit verdienen wollten: siehe, da mußten sie nicht einmal mehr was wahrhaft gute und vor dir wohlgefällige Werke sind.... Dieß Alles, o Herr, hat dein Geist mich erkennen lehren, und dein Ernst hat mich er-

griffen und durchdrungen, daß ich es verabscheuen und mich davon abwen=
den mußte. Ich kehrte zurück zu deinem Wort und was ich daraus ver=
nahm, das habe ich getreu und einfach der Gemeinde zu verkünden versucht.
Um etwas Anderes war es mir nicht zu thun, als den Ruhm deiner Gnade
wieder herzustellen und die Wohlthat Christi wieder vollkommen klar zu
machen."

„Was nun den andern Vorwurf anbetrifft, den ich so oft hören mußte:
daß ich von der Kirche abgefallen, so bin ich auch in diesem Stücke mir
keines Bösen bewußt, wenn man nicht etwa d e n einen Ueberläufer nennen
will, der wenn er die Kriegsleute sich zerstreuen und ihre Reihen verlassen
sieht, die Fahne emporhebt und sie an ihre Posten zurückruft. Denn so
waren die Deinigen, o Herr, alle zerstreut; deine Gebote hörten sie nicht
mehr, kannten nicht mehr ihren Führer und Kriegsdienst und Eidschwur.
Ich aber, um sie wieder zu sammeln, habe nicht etwa ein fremdes Panier
emporgehoben, sondern dein herrliches Feldzeichen, dem ein Jeder folgen
muß, der zu deinem Volke gehören will. Da haben sich aber die Verführer
widersetzt, die ihre Pflicht verletzt hatten, und indem sie immer heftiger gegen
mich auftraten, kam es zum Streite und zur Trennung. — Auf welcher
Seite nun die Schuld ist, das hast du zu entscheiden, o Herr! Immer habe
ich es mit Wort und That bezeugt, wie gerne ich die Einheit erhalten hätte.
Aber freilich war mir nur d a s die rechte Einheit, die in d i r ihren Anfang
und ihr Ende hat. So oft du uns nämlich Frieden und Uebereinstimmung
gebietest, so hast du uns auch gezeigt, daß du das einzige Band bist, sie zu
knüpfen und zu bewahren. Mit diesen Leuten jedoch hätte ich nur Frieden
haben können um den Preis der Verläugnung deiner Wahrheit. Und Alles
mußte mir nun lieber sein, als zu solch frevelhaftem Vertrage mich herab=
zuwürdigen. „Wenn auch Himmel und Erde vergingen," hat ja dein Ge=
salbter uns gesagt, „so solle doch dein ewiges Wort nicht vergehen." Und
so glaubte ich denn nicht von deiner Kirche abgefallen zu sein, weil ich mit
diesen ihren Oberherren im Streite stand. Durch deinen Sohn und seine
Apostel hattest du es uns ja vorausgesagt, daß einst Leute an ihre Stelle
treten würden, denen man in keiner Weise zustimmen dürfe. Wie hätte ich
es also dennoch thun sollen, da ich in ihnen die reißenden Wölfe erkannte?
Immer standen die Beispiele deiner Propheten mir vor Augen, die fort und
fort im Kampfe sich befanden mit den Priestern und falschen Propheten
ihrer Zeit, welche doch sicher die rechtmäßigen Vorsteher Israels waren.
Aber deßhalb giebt ihnen Niemand eine Trennung von der Kirche Schuld;
Jedermann gesteht es viel mehr ein, daß sie in der wahren Einheit derselben
blieben, obwohl die frevelhafte Priesterschaft sie mit ihrem Bannfluche be=
legte, und sie für unwürdig erklärte, noch ferner der Menschheit anzuge=
hören. Durch diese Beispiele fest geworden, habe ich mich denn nicht schrecken
lassen von den Drohungen oder Anklagen wegen des Abfalles von der Kirche,

sondern kühn und beharrlich bin ich denen entgegengetreten, die unte
Namen von Hirten deine Gemeinde mißbrauchten und zu Grunde ri
Wie es mir dabei am Herzen lag, die Einheit deiner Kirche zu er
oder wieder herzustellen, weißt du selbst, o Herr; nur kannte ich
anderes Band solcher Einheit als das der Wahrheit.
mein Leben hätte ich nicht zu theuer geachtet, um den Deinigen den F
zurückzugeben und allen Streit zu schlichten durch dein heiliges Wort.
aber thaten unsere Widersacher? Haben sie nicht in aller Eile zu Feue
Kreuz und Schwerdt ihre Zuflucht genommen? haben sie nicht alle Fri
vorschläge von sich gestoßen und von Anfang an in Waffen und K
ihren besten Schutz gesucht? Da ist denn freilich aus einer Verschied
die freundlich hätte beigelegt werden können, ein solcher Kampf aufgest
wie wir ihn jetzt vor Augen sehen. Menschen haben uns darum viel g
und gerichtet; doch jetzt bin ich von aller Furcht befreit, da wir hi
deinem Richterstuhle stehen, wo Gerechtigkeit und Wahrheit walten
gerichtet wird nach eines Jeden Schuld oder Unschuld.

„Und eben so wenig, o Sadolet, wird es weiterhin denen, die
unsere Predigt belehrt, dergleichen Ueberzeugung sich zuwandten, an de
ten Gründen der Vertheidigung fehlen. „Ich habe, o Herr," werd
sprechen, „mich immer zum christlichen Glauben bekannt, wie ich von
auf darin unterrichtet worden bin. Freilich ohne einen bessern Grun
für zu haben als die allgemeine Sitte und Gewohnheit. Denn dein
das deinem gesammten Volke vorleuchten sollte wie ein Licht, war un
borgen und hinweggenommen. Auch wurde uns unaufhörlich wiede
daß es für uns niedrige und profane Geister einer höhern Erkenntniß
bedürfe, wir hätten uns einfach der Kirche zu unterwerfen und Alles
nehmen was sie uns sage. Nun waren aber die Lehren mit denen ma
abspeiste, solcher Art, daß sie mich weder zur rechten Verehrung deiner
heit anleiteten, noch zu einer gewissen Hoffnung des Heiles den We
zeigten, noch zu einem Manne mich bildeten, der es versteht nach deine
boten zu wandeln. Ich erfüllte Alles, was man mir vorschrieb, kan
dabei zu keiner getrosten Ruhe, zu keinem Frieden des Gewissens. Jn
hielt ich doch darin aus, da mir nichts Besseres dargeboten wurde, b
einem Male eine andere Art der christlichen Verkündigung vor un
tauchte, die zu ihren reinen Anfängen und ihrer ursprünglichen Gestal
zurückzuführen verhieß. Die Neuheit der Sache flößte mir zuerst Mißt
ein, und ich verschloß meine Ohren. Ueberdieß hielt mich die Ehrfurc
der Kirche gefangen. Aber bald lernte ich erkennen, daß jene Männer
lich der Kirche nichts abbrechen wollten von ihrer Majestät und W
keit, daß sie vielmehr ihren eigentlichen Glanz ihr wieder zurückgaben
sie wieder ausstatteten mit ihrer himmlischen Herrlichkeit. Ich hört
Wort, ich vernahm deine Stimme, ich schaute den wahrhaftigen We

u vorgezeichnet haſt zum ewigen Leben. Durfte ich da in meinem alten
Stande, in meinem Irrthume bleiben? Heißt es nicht, daß der Blinde der
em blinden Leiter folgt, auch in die Grube fallen wird? Wollte ich nicht
einen ernſteſten Drohungen verfallen und verloren gehen, ſo blieb mir nichts
anderes übrig, als mich abzuwenden von dem alten Weſen, und mit geäng-
ſtem und zerſchlagenem Herzen mich hinflüchtend zu dir, dein barmherziges
Vergeben und Vergeſſen zu erbitten. Und ſo, Herr, ſtehe ich jetzt hier vor
ir, und bitte dich von Neuem: rechne mir jenen frühern Abfall, jenen vori-
m gräulichen Ungehorſam gegen dein Wort nicht zu, nachdem du ſelbſt
ich daraus errettet haſt durch deine überſchwengliche Gnade."

„Und nun, Sadolet, vergleiche mit ſolcher Rede das was du deinem
Gläubigen in den Mund legſt, der weiß nur zu ſagen: er habe einfach an
er Religion feſtgehalten, die er von ſeinen Voreltern überkommen. Aber
it dieſer Ausrede könnten auch Juden und Türken und Sarazenen vor
Gottes Gericht beſtehen. Was du dann zum Schluſſe noch über uns Pre-
iger ſagſt, iſt eben ſo unbillig und bitter als ungeſchickt und thöricht ge-
det. Wie haſt du z. B. auf den unglücklichen Gedanken kommen können,
us der Geldliebe und des Geizes anzuklagen? Du ein Cardinal der römiſchen Kirche, von dem Papſte mit Reichthümern überſchüttet, prangend vom
Schweiße der Gläubigen, in Fülle dahin lebend und Glanz, — du wagſt ſo
was zu ſagen von uns armen Geiſtlichen, von denen Jedermann weiß, daß
e mit Mühe Nahrung und Kleidung haben? Willſt du dich denn ſogar
n Kindern lächerlich machen? und ſcheuſt du dich nicht vor dir ſelber, in
lch' offenbarer und bewußter Weiſe die Unwahrheit zu reden? Oder wenn
l uns ſtreitſüchtig nennſt, und all' den Zank, der jetzt die Chriſtenheit er-
llt, uns zur Laſt legſt, denkſt du denn nicht daran, daß ohne Streit die
Wahrheit ſich nicht wiederherſtellen läßt, daß die Flecken erſt müſſen abge-
an werden von der Braut Chriſti, ehe ſie wieder rein und keuſch daſteht,
e ihr Bräutigam ſie will? Auch in eurer Mitte war überdieß nicht immer
ieden; und wenn ihr in der letzten Zeit den Schein des Friedens hervor-
achtet, ſo kam das nur daher, weil ihr das Volk zu ſolcher Trägheit und
mpfheit herabgebracht habt, daß es ſich um die religiöſen Fragen über-
upt nicht mehr kümmerte. Aber was bedarf es vieler Worte? Wir ſtehen
und geben Rechenſchaft von unſerm Glauben, und erklären laut, daß wir
eit ſind alles zurückzunehmen, wenn man mit Gründen uns eines Beſſern
erweiſt. Was kannſt du mehr verlangen? Gebe nun hin, wenn du den Muth
ſt und klage uns an, wir ſeien Friedensſtörer, die die Kirche nicht wollten
r Ruhe kommen laſſen. Klage uns an, und rufe zum Haſſe gegen uns
f, weil wir daſſelbe thun was die Apoſtel thaten, die den ganzen Erd-
is bewegten mit ihrer neuen Predigt. Rufe es hinaus in die Welt: das
riſtenthum müſſe ausgerottet werden, weil es ſo viel Streit und Verwir-
ng hervorbrachte und immer noch hervorbringt! Wir unſererſeits aber,

wir stoßen uns nicht daran, daß der Satan dem Werke Christi fort und fort widerstrebt und dadurch Kampf veranlaßt. Wir sind es, nicht ihr, die wir den Sekten uns entgegenstellten und die ganze Wucht des Kampfs trugen, ihr standet müssig dabei und freutet euch über die Verwirrung. — Nun, Sadolet, so gebe denn Gott, daß du und alle Andern dereinst einsehen: es gebe kein anderes Band der kirchlichen Einheit, als daß Christus, der Herr, der uns Gott dem Vater versöhnet hat, uns sammle aus unserer Zerstreuung zu der Einheit seines Leibes, damit wir durch sein Wort und seinen Geist zusammenwachsen in ein Herz und eine Seele."

Der Geschichtschreiber der Genfer Kirche[*]) erzählt, daß dieß Sendschreiben einen nicht geringen Eindruck hervorbrachte in der bewegten und bedrohten Bürgerschaft. Im Augenblick circulirten zahlreiche Abschriften durch die Stadt, eine Uebersetzung in's Französische wurde unverzüglich veranstaltet; eine besondere Anordnung des Rathes befahl den Druck auf öffentliche Kosten, zusammen mit dem Briefe Sadolets, damit Jeder erkenne wie die Verführung zu nichte gemacht sei. — Die Prälatenversammlung in Lyon verlor auf das hin den Muth; einige andere Maßregeln, die sie zur Wiedervereinigung Genfs getroffen, hatten ebenfalls fehlgeschlagen, und so gingen die Herren tief verstimmt aus einander. Drei Jahre darauf ist Pierre de la Baume, der letzte Bischof von Genf, gestorben.

Uebrigens waren die Zustände in dem kleinen Staate immer noch bedenklich genug. Die religiöse Zerfahrenheit spielte sich, wie das unter den bestehenden Verhältnissen nicht anders möglich war, auch auf das politische Gebiet hinüber, und mit dem Bestande der neugegründeten Kirche begann auch die neu errungene Selbständigkeit des Staates in ein höchst besorgliches Schwanken zu gerathen. Auf die nähere Auseinandersetzung der verschiedenen Bestrebungen und Parteikämpfe, um die es sich dabei handelte, können wir uns natürlich nicht einlassen. Es genügt, wenn wir bemerken, daß die Gegner der Reformation sich mehr und mehr auch als die Verräther an der nationalen Sache herausstellten, und theils mit Savoien, theils mit Bern in Unterhandlungen oder Verträge sich einließen, die der freiheitsstolzen Stadt Alles wieder zu entreißen drohten, was sie in den letzten Jahren gewonnen hatte. Schon war ein Abkommen dieser Art von der Regierung abgeschlossen, und die Berner begannen auf Grund desselben die Genferischen Landgemeinden zu besetzen, als die aufgeschreckte Bürgerschaft in aller Eile zusammentrat und sich mit solchem Eifer dagegen erhob, daß für die Anstifter nichts Anderes übrig blieb, als aus dem Rathe auszuscheiden und sich vor Gericht stellen zu lassen, oder die Durchführung des Plans mit Gewalt zu versuchen. Sie wählten das Letztere, versammelten in der Nacht vom 5. auf den 6. Juni (1540) die der Reformation feindlich gesinnten

---

[*]) Gaberel I, 312.

Bürger in ihre Häuser, und begannen am frühen Morgen den Aufstand. Aber sie vermochten nichts auszurichten. Einer der Anführer fiel im Gefechte, ein zweiter wurde gefangen und einige Wochen später auf das Schaffot geschickt, der dritte brach das Genick als er sich über die Stadtmauer in den Graben flüchten wollte, und nicht ohne ein eigenthümliches Gefühl erinnerte sich das Volk, daß es merkwürdiger Weise gerade diese drei Männer gewesen waren, die zu der Austreibung der Prediger am eifrigsten mitgewirkt. Unter der vermittelnden Thätigkeit Basels stellte hierauf die Ruhe äußerlich sich wieder her, und Bern konnte dazu bewogen werden, seine Ansprüche zurückzuziehen. Für die Hoffnung der geheimen Katholiken, die während dieser Verwirrungen sich besonders bemerklich gemacht hatten*), waren diese Vorgänge der Todesstreich. Das Volk hatte jetzt die kennen gelernt, die immer noch zurückschielten nach dem alten Wesen, und wandte von ihnen hinweg mit einem Sinne und gesteigertem Eifer wieder der Sache der Reformation sich zu. An die Stellen der gefallenen oder hingerichteten Syndiks wurden die entschiedensten Männer der evangelischen Gegenpartei gesetzt. In ihren Generalversammlungen erklärte die Bürgerschaft, daß sie bereit sei Alles zu unterstützen, was zur Befestigung des Reformationswerkes dienen könne: aus ihrer eigenen Mitte erging an die Magistrate das Ansuchen, die alten Kirchen- und Sitten-Edikte wieder in Kraft zu setzen und mit aller Strenge zu vollziehen.

Die Prediger, denen bei allem Mangel an wahrhaft religiösem Eifer doch die Befestigung ihrer unsicheren Stellung nicht wenig am Herzen lag, gedachten diesen günstigen Augenblick zu benutzen. Am 17. Juni trugen sie bei dem allgemeinen Bürgerrathe darauf an, daß Alles wieder in den gleichen Stand gesetzt werde wie vor vier Jahren. „Denn damals sei Genf stark und geachtet gewesen und habe allen andern Kirchen als Beispiel gegolten." Aber das Volk fühlte wohl, daß dieß nicht sein Verdienst, sondern das Verdienst der Männer gewesen, die zu jener Zeit an der Spitze der Kirche gestanden, und hatte durchaus keine Lust, in die Hände seiner jetzigen Prediger dieselbe Gewalt niederzulegen, die es einem Calvin und Farel anvertraut hatte. Es weigerte sich bestimmt, den verlangten Schwur auf das vorgelegte Glaubensbekenntniß abzulegen, und gab seinen Geistlichen in sehr unzweideutiger Weise zu verstehen, daß sie vor Allem mit ihrer eigenen Lehre und Lebensart die Verbesserung zu beginnen hätten. Voller Entrüstung erklärten darauf hin zwei von ihnen — Marcourt und Moraud — ihren Austritt aus dem Amte, ohne sich bitter über die „Frechheit einiger Bürger" zu beschweren, während der Rath ihnen jeder Zeit „anständig und geziemend" begegnet sei. An den Uebrigen erlebte man immer unerfreulichere Dinge; bald critisirten sie gegenseitig ihre Predigten in öffentlichen Erklärungen; bald

*) Vergl. Ruchat V, 118.

erregten fie allgemeinen Anftoß durch eine unbedachte Behauptung; bald
ließen fie fich nöthigen an dem einen Sonntage wieder zurückzunehmen
was fie an dem andern geprediget. Natürlich, daß fie unter folchen Um
ftänden auch den letzten Reft von Anfehn und Einfluß verloren. Es kam
vor, daß einzelne Zuhörer der Predigt geradezu widerfprachen und Irr
thümer vorwarfen*); der Rath, den man fonderbarer Weife zum Schieds
richter aufrief, lehnte jede Parteinahme für die gekränkten Geiftlichen ab.
Auch der etwas rafche und unbedachte Froment, jener erfte Kämpfer für
die Reformation in Genf, erhob, um die Verwirrung zu vermehren, fein
Stimme mit allerlei fonderbaren Behauptungen. Der Drucker, bei dem fein
Buch erfchienen war, wurde verhaftet; er felbft an das Collegium der
Berner Geiftlichkeit gefchickt, um von ihm vernommen zu werden**).

. Es konnte gar nicht anders fein, als daß unter diefen Umftänden, in
immer weiterem und weiterem Kreife eine bittere Reue über die Vertreibung
der Prediger fich regte, und der lebhafte Wunfch, fie fobald als möglich wie
der zurück zu erhalten. Bei Calvin hatten einige Freunde fchon im April
1539 in der Stille angefragt, wie er wohl eine Rückberufung aufnehmen
würde. Sie hatten damals zur Antwort bekommen: er allein werde in kei
nem Falle zurückkehren, Farel müßte zugleich dazu eingeladen werden, da
es fonft den Anfchein hätte, als ob man nur feine Perfon begnadigen
nicht aber das verletzte Prinzip wieder gut machen wollte***). Da man
unter den damaligen Verhältniffen folch ein förmlicher Widerruf des Ge
fchehenen in keiner Weife fich hoffen ließ, fo waren die Verhandlungen zu
nächft wieder eingeftellt worden.

. Aber ganz von felber knüpften fie nun von Neuem fich an, fowie der eben
erzählte Wechfel der Stellungen und Gefinnungen eintrat. Ein befreundeter
Buchhändler war der erfte, der Calvin bedeutete, daß man der allgemeinen
Stimmung nach, wohl nächftens die feierliche Zurückberufung der Prediger
erwarten dürfe. „Thue was du kannft, damit dieß nicht gefchieht," fchrieb
Calvin darauf in Eile an Farel, „denn ich werde in keinem Falle folgen

---

*) So erzählt Gaberel (I, 318), daß der Alt=Magiftrat Ami Porral bei
    einer Predigt de la Marre's (7. Sept. 1540) fich laut vernehmen ließ: „Das
    ift Gift, was Meifter Heinrich uns barbietet." Und als dieß Unruhe er
    regte, fuhr er mit erhöhter Stimme fort: „Ja der Prediger hat Unrecht
    von erblicher, wirklicher und erläßlicher Sünde zu reden; denn das fin
    lediglich von den Papiften gefchmiedete Ausdrücke. Auch darf man nicht
    fagen, die Erwählten fündigten nicht mehr. Ebenfo widerfpricht es der
    Schrift, zu behaupten, Jefus fei fröhlicher in den Tod gegangen als
    ein Bräutigam zur Hochzeit. Wie follte das erbaulich fein, da es unwahr
    ift, indem er in dem Evangelium fpricht: „Vater ift es möglich, fo geh
    diefer Kelch an mir vorüber."
**) Ruchat V, 122.
***) Bei Bonnet I, 110.

Hundert Mal lieber will ich sterben, als mich an dieß Kreuz schlagen lassen, auf dem man täglich aus tausend Wunden verblutet*).“ Auch zu der Umwandlung selber, von der ihm berichtet wurde, hatte er noch kein rechtes Vertrauen. „Hoch erfreulich war mir freilich die Nachricht davon,“ äußert er, „aber es fragt sich doch, ob sie ernstlich sich bekehrt und in dem Herrn gereinigt haben? Denn wie bald wird sonst der Frieden wieder gebrochen sein! Und noch sehe ich nicht, daß sie wahrhaft bereuen was sie gesündigt, oder ebenso eifrig die Versöhnung Gottes suchen wie die untereinander**).“

Indessen mußte er sich bald überzeugen, daß sie doch wirklich bereit waren, ihr Unrecht auch durch die That einzugestehen und wieder gut zu machen. Kaum hatten die neuen Magistrate ihr Amt angetreten, so verlangte die allgemeine Stimme Calvin von ihnen zurück, und mit Freuden wurde das im Schooße der Regierung vernommen. Unter dem 21. September erhielt Ami Perrin durch einen einstimmigen Raths-Beschluß den Auftrag, die Angelegenheit so schnell als möglich in Gang zu bringen***).

Aber so leicht ging es nun nicht als die Genfer erwarten mochten. Farel, an den man sich gleichfalls wandte, wurde von Neuenburg geradezu verweigert, und fühlte sich keineswegs verpflichtet, dem Rufe seiner alten Gemeinde eher zu folgen, als dem seiner gegenwärtigen. Und wie Calvin gestimmt war, haben wir eben gesehen. Es hatte ihn nach Genf zurückgezogen, so lange die persönliche Rückkehr undenkbar schien; sowie dagegen die Möglichkeit derselben ernstlich an ihn herantrat, erregte sie seinen stärksten Widerwillen, und gleichsam mit beiden Händen wehrte er die Zumuthung ab als das Bitterste, was ihm widerfahren könnte.

Der ersten bestimmten Anfrage gegenüber fehlte es ihm nicht an einer erwünschten Entschuldigung. Er schickte sich eben zur Abreise an den Wormser Reichstag an, als der Genfer Rathsbote bei ihm eintraf, und konnte sich also darauf berufen, daß er erst diese Verpflichtung erledigen müsse, ehe er an etwas Anderes denken dürfe. „Auch die Geistlichen dieser Kirche, denen ich Euren Brief mittheilte,“ schrieb er an den Genfer Magistrat†), „sind dieser Meinung; sie und ich bitten Euch, an meinen Platz unsern Bruder Peter Viret zu berufen, der Euch ja kein Fremder ist und ein gesegneter Mann Gottes. Später zeigt vielleicht der Herr in irgend einer Weise einen bestimmten Ausweg aus der Verlegenheit, der zu Eurem und unserm Besten

---

*) Bei Bonnet I, 151.
**) Bonnet I, 154.
***) „Il est résolu,“ heißt es in dem Protokoll, „de donner charge au sieur Ami Perrin de trouver moyen s'il pourrait faire venir maître Calvin.“ Den Brief, der hierauf an ihn gerichtet wurde, theilt Henry (I. Beilage 16) mit; er ist sehr freundlich und zuvorkommend, im Uebrigen etwas kanzleimäßig gehalten.
†) Bei Bonnet I, 182.

dient." Auch die Straßburger schrieben in ähnlichem Sinne. „Wir können ihn jetzt nicht ziehen laſſen," ſagen ſie, „ da wir ſeiner für die deutſchen Angelegenheiten allzuſehr bedürfen. Im Uebrigen wünſchen wir Euch Glück, daß Ihr erkannt habt, was Ihr an dieſem ausgezeichneten Werkzeuge Gottes beſaßet, und bezeugen Euch, daß ſein Geiſt ſich immer mit der Sorge für Euer Heil beſchäftigt hat, ſo daß er auch die größten Anſtrengungen, ja ſelbſt ſein Blut darum für nichts geachtet hätte."

Deutlicher aber lautet wie der bedrängte Mann um dieſelbe Zeit gegen Farel ſich ausſpricht. „Daß auch du in mich dringen werdeſt, wußte ich wohl," ſchreibt er ihm, „aber du hätteſt Mitleiden mit mir gefühlt, wenn du würdeſt geſehen haben, welche Noth und Angſt ſich meiner bemächtigte, als die Botſchaft an mich kam, ja wie ich kaum mehr bei mir ſelber war. So oft ich wieder daran denke, in welchem Zuſtande ich dort mein Leben hinbrachte, geht ein Schauder durch meine Seele, wenn man mir von Rückkehr ſpricht. Der unaufhörlichen Unruhe, die uns fortwährend da und dort hinwarf, will ich nicht einmal erwähnen, denn ich weiß ja wohl, daß für einen Nachfolger Chriſti die Welt immer eine Stätte der Angſt und Noth ſein wird. Aber das Andere kann ich nicht vergeſſen: die damalige Bedrängniß meines Gewiſſens, das die ganze Zeit über wie auf die Marterbank geſpannt war. Du weißt ſelber, daß nur die beſtimmte Ueberzeugung, dieß Joch ſei von dem Herrn mir auferlegt, im Stande war, mich dort ſo lange zurückzuhalten. Mit Gewalt unterdrückte ich die immer neu aufſteigenden Gedanken an eine Flucht; denn von dem Ewigen fühlte ich mir Hände und Füße gebunden. Und jetzt, da ſeine Gnade mich frei gemacht hat, ſollte ich von mir ſelber aus mich noch einmal in dieſen Abgrund und Strudel hineinſtürzen, deſſen Schrecken und Gefahren ich ſo gründlich an mir erfahren habe? Niemand wird mir das zumuthen, ja Wenige würden es billigen, wenn ich ſo handelte. Aber ſelbſt abgeſehen von meiner Perſon: wie kann ich denn überhaupt nur hoffen, daß mein Dienſt ihnen irgend einen Nutzen brächte? Du weißt ja wohl, welch ein Geiſt des Trotzes und Widerſpruchs in ihnen wohnt; ſie ſind mir unerträglich und ich ihnen; und vorausſichtlich werden wir uns nie in einander zu finden wiſſen. Zu dem Allen kömmt noch die Beſchaffenheit der gegenwärtigen Geiſtlichkeit. Würde ich nicht mit meinen Collegen mehr mich abzukämpfen haben, als mit denen die draußen ſind! Und was vermögen die Bemühungen eines einzelnen Mannes, wenn ſie von allen Seiten nur auf Hinderniſſe und Gegenbeſtrebungen treffen? — Endlich habe ich, die Wahrheit zu reden, auch ganz und gar die Kunſt verlernt, große Maſſen zu beſtimmen und zu lenken. Hier in Straßburg habe ich es nur mit einer kleinen Zahl zu thun, die mit einer Aufmerkſamkeit und Ehrfurcht mich hört und mir folgt, wie Schüler ſie ihrem Lehrer erweiſen. — Darüber ſchiltſt du mich nun freilich verzärtelt und ſelbſtgefällig, und meinſt: ein ſo verwöhntes Ohr werde ſich allerdings nicht mehr an einen

rauhern Ton gewöhnen mögen. Indeſſen iſt es wahrlich nicht ſolche Selbſt
ſucht, ſondern das Gefühl meiner Unfähigkeit, um das es hier ſich handelt.
Denn zu welchem Zweck berufen ſie mich wohl überhaupt zurück? Nur etwa
aus Noth weil alle Andern ſie verließen? Oder um mich zum Sturmbock
einer Partei zu machen? — Du ſiehſt, welche Fragen alle in Betracht kommen und mich ängſtigen; und doch, je mehr ich mich geneigt fühle,
mit Abſcheu von der ganzen Sache mich abzuwenden, um ſo
verdächtiger werde ich mir ſelber. So laſſe ich denn zunächſt die
Angelegenheit auf ſich beruhen, und bitte auch die Freunde, daß ſie doch
für den Augenblick nicht in mich dringen. — Die Kirche von Genf will ich
ja freilich in keinem Falle verlaſſen, denn ſie iſt mir theurer als mein Leben;
Ausflüchte und Bequemlichkeiten für mich ſelber ſuche ich nicht; aber was
Gottes Willen iſt, muß mir klar werden, damit ich ſicher und mit Segen
meinen Weg gehen kann."

Indeſſen gaben die Genfer mit ſolch' unbeſtimmten Andeutungen und
Hinweiſungen auf die Zukunft ſich keineswegs zufrieden. Vielmehr ſteigerte
ſich mit den Schwierigkeiten ihr Eifer. Bald ſchienen Volk und Rath nur
noch von dem einen Wunſche beſeelt: ihren Calvin zurück zu empfangen.
Es hat faſt etwas Rührendes, durch welche demüthige und reuevolle Beharrlichkeit ſie dabei ihren frühern Leichtſinn wieder gut zu machen ſtrebten.
Allein in dem Monat October (1540) hat die Regierung fünf verſchiedene
Beſchlüſſe gefaßt, die auf Briefe, Bittſchriften, Geſandtſchaften an den Vertriebenen ſich bezogen. Am 13. October wurde Michael Dubois mit Briefen an Calvin und die Straßburger abgeſendet. Am 19. ſprach der größere
Rath, der der Zweihundert, und am 20. die allgemeine Bürgerverſammlung ſich wiederholt dahin aus: „daß man zur Beförderung der Ehre Gottes Alles aufbieten müſſe, um den gelehrten Calvin zum Pfarrer in dieſer
Stadt zu gewinnen." Den folgenden Tag ſchickten die Syndiks dem erſten
Boten ihren eigenen Collegen Ami Perrin nach, den ein Herold begleiten
ſollte; und beſchloſſen überdies, die Kirchen von Bern, Baſel und Zürich
um ihre Fürſprache anzugehen. Und ſchon acht Tage ſpäter wurden einem
dritten Geſandten zwanzig Goldthaler bewilligt, damit er dieſelbe Reiſe
mache „und Meiſter Calvin von Straßburg zurückhole." — Als das Alles
nicht zum Ziele führte, und Calvin neben der Wormſer Reiſe eine neue Ge
ſandtſchaft nach Regensburg übernahm, beſchwor das Volk am erſten Mai
(1541) in einer feierlichen Verſammlung, daß Keiner mehr in ſeiner Mitte ſei,
der Calvin, Farel und Saunier nicht für treffliche Leute und rechte Gottesmänner halte; ſie möchten doch zurückkommen ohne alles Sorgen und Bedenken*).

---

*) Die Zuſammenſtellung alles deſſen was in den Raths - Protokollen über die
Rückberufung Calvins ſich findet, ſiehe bei Gaberel I, pièces juſtificatives
p. 113, e. f.

Zugleich gingen die Briefe und Gesandtschaften unermüdet weiter. Da Calvin in Straßburg nicht zu erreichen war, folgten die Abgeordneten ihm nach auf seiner Reise, und ruhten nicht, bis sie in Worms ihr Anliegen mit den dringendsten Worten ihm persönlich ausgerichtet hatten. An die Straßburger, die Miene machten, ihn für sich zu behalten, schrieb der Rath: sie wüßten wohl, daß von den Schicksalen der Genfer Kirche auch das der ihrigen zum Theil abhänge; im Namen des Herrn flehten sie, ihnen den Prediger zurückzugeben; der Magistrat und das ganze Volk bitte darum; in ihre Hände übergäben sie, so zu sagen, ihr Heil*). — Was sie gegen Farel, Bullinger, die Schweizerkirchen, deren Verwendung sie wiederholt in Anspruch nahmen, äußerten, lautete nicht anders. Auch die Mißtrauischsten wurden am Ende bewegt und umgestimmt, und fingen an, Calvin in dem Sinne der Bittsteller zuzureden**).

Aber je ernstlicher man in ihn drang, um so bitterer sträubte sich Jegliches in ihm, was mit Fleisch und Blut zusammenhing; und über alles Menschenvermögen hinausgehend erschien ihm das Opfer, zu dem er sich entschließen sollte. „Ihr wisset nicht was ihr von mir verlangt," schreibt er an die Zürcher; „denn ganz unglaublich würde es euch dünken, wenn ich auch nur das Geringste von dem was ich dort gelitten habe, euch kund zu thun vermöchte. Nur so viel kann ich euch sagen, daß kein Tag verging, an den ich nicht zehn Mal den Tod mir wünschte, obwohl es mir nie in den Sinn kam, die Gemeinde zu verlassen und mich anders wohin zu wenden. Ich liebe die Genfer von ganzem Herzen, und doch muß ich sagen: lieber über das Meer, lieber an jeden andern Ort als zu ihnen***)." — Bei der Zusammenkunft in Worms mit den Genfer Deputirten rangen die alte Anhänglichkeit und vielleicht ein auftauchendes Pflichtgefühl so gewaltig in ihm

---

*) „Die Abreise unserer Prediger," heißt es in einem andern Brief, „war das größte Unheil, das unsere Stadt betroffen hat; seitdem haben wir nur Zwistigkeiten, Verrath, Mord, Auflösung aller Verhältnisse erlebt ... Auch wünschen wir lebhaft, unser Unrecht gegen Calvin wieder gut zu machen; er ist uns nothwendig. Genf ist der Zufluchtsort der Flüchtlinge aus allen Ländern. Er allein kann der Kirche den Bestand und Glanz geben, dessen sie bedarf. Wenn er wieder kömmt, werden wir Gott preisen, der uns hinausgeführt hat aus der Finsterniß zu seinem wunderbaren Licht."

**) Ueber Bullingers und Zürichs Antheil an der Rückberufung Calvins vergl. Band V des Gesammtwerkes, p. 246. Wie sehr den Zürchern die Sache am Herzen lag, geht daraus hervor, daß sie sogar an einzelne Straßburger sich wandten, die mit Calvin in Verbindung standen und ihre Mitwirkung ansprachen. Das Antwortschreiben eines Ritters Hans Bock von Gensch, der die Hoffnung giebt: „Calvinus werde das beharrliche Erfordern derer von Genf und fürgegebene Besserung der Kirche zu Herzen führen, und verspricht, daß er dazu gerne helfen und einen ehrsamen Rath treulich vermahnen will", theilt Henry mit B. I, Beilage 18.

***) Bei Henry I, Beilage 19.

mit der Abneigung und Bangigkeit, die ihn gegenwärtig erfüllte, daß wie er selber sagt: „die Thränen schneller floßen als die Worte," und auch die Abgeordneten des lauten Weinens sich nicht mehr enthalten konnten, da sie jede Hoffnung glaubten aufgeben zu müssen*). „Ich muß dabei bleiben," schreibt er auch noch auf der Rückreise aus Deutschland (aus Ulm 1. März 1541) an Biret, „daß es keine Stätte unter dem Himmel giebt, vor der ich mehr mich fürchte; nicht weil ich sie etwa haßte, sondern weil ich nichts als Schwierigkeiten erblicke, die zu überwinden meine Kraft nicht ausreichen wird. Je tiefer ich mich in die Sache versenke, um so klarer wird es mir, welche unermeßliche, dornenvolle Aufgabe ich damit auf mich nähme; und so wenig ich mich aus bloßer Bequemlichkeit derselben entziehen möchte, so sehr muß ich doch fürchten, ich werde nicht im Stande sein, sie zu vollenden. Jedenfalls müßte ich feste Zusicherungen haben, daß es nicht etwa nur um die Rückkehr eines Geistlichen sich handelt, sondern um die Wiederherstellung der gesammten kirchlichen Verhältnisse, ehe ich einen bestimmten Entschluß fassen dürfte." — Auch seine Stellung in Straßburg schien ihm bei der Entscheidung der Frage gar sehr in Betracht zu kommen. Denn außer Bucer, der jeder Zeit seinen Blick auf das Ganze gerichtet hielt, waren seine Collegen nichts weniger als geneigt, ihn ziehen zu laßen; und seine Gemeinde sprach sich in demselben Sinne aus. Durfte er nun darüber einfach hinweggehen? War es denn nicht auch ein Ruf Gottes gewesen, der ihm sein gegenwärtiges Amt angewiesen? „Ich war damals fest entschloßen," schreibt er an den Prediger Bernard, „nie wieder einen Kirchendienst anzunehmen, außer wenn ich vor Gott augenscheinlich dazu gezwungen würde. Und das ist nun geschehen, als mich die Straßburger riefen; ich hätte geradezu dem Herrn entfliehen müssen, wenn ich ihrem Antrage hätte ausweichen wollen. Habe ich da nicht die Pflicht, nun auch wohl zu erwägen was ich thue, ehe ich solchen Posten verlaße? Zunächst fühle ich mich auch in meinem Gewissen gebunden, hier auszuhalten."

Aber die Hinderniße fingen allmälig an zu schwinden, und in den immer dringenderen Aufforderungen, die von allen Seiten her eintrafen, schien der Wille Gottes allzudeutlich zu Tage zu treten, als daß ein Gewissen wie das Calvins noch länger hätte widerstehen können. Auf die mahnenden Zuschriften der Schweizerkirchen hin ließen die Straßburger sich endlich bereit finden, ihren Ansprüchen auf ihn zu entsagen, und Bucer gehörte sogar zu denen, die am allerernstlichsten ihm zuredeten; selbst das Beispiel des Jonas hielt er ihm vor, um seinen Widerstand zu besiegen**). In demselben Tone begann Farel zu schreiben, die Zürcher sandten Brief auf Brief, einen dringlicher und gewaltiger als den andern; unter den Mahnungen, die aus

---

*) Brief an Farel bei Bonnet I, 194.
**) Beza, Leben Calvins.

Genf eintrafen, konnte besonders die rührende Zuschrift Jacob Bernards, des Bestgesinnten unter den Predigern, ihren Eindruck nicht verfehlen. Als eine unmittelbare Gebetserhörung der Gemeinde stellte er den Entschluß der Regierung dar, Calvin zurückzuberufen. „In einer Predigt hatte ich das Volk aufgefordert," erzählt er, „sich in demüthigem Gebet an Gott den Herrn zu wenden, und von ihm durch Christum, den Oberhirten, einen solchen Hirten zu erbitten, der der Kirche wieder aufhelfen könnte. Und daß ich nicht lüge: an dich dachte ich dabei nicht, und hatte keine Hoffnung, daß du dieser Hirte sein würdest. Mit größter Andacht sprach das Volk das Gebet. Des andern Tages nun war der Rath der Zweihundert versammelt, und Alle verlangen Calvin. Der allgemeine Rath wird am folgenden Tage zusammenberufen, und Calvin ist wiederum der einzige Name, der gehört wird. „Den Calvin, den rechtschaffenen, den gelehrten Mann wollen wir zum Prediger des Herrn haben." Als ich dieß wahrnahm, mußte ich Gott loben und erkennen, daß es von ihm sei, daß gerade der Stein, den die Bauleute verworfen, zum Eckstein gewählt wurde. Komm also, würdiger Vater in Christo, du bist der Unsere; Gott der Herr hat dich uns gegeben. Alle seufzen nach dir; du wirst sehen, wie angenehm deine Ankunft Jedermann sein wird. Zögere nicht zu kommen und Genf zu sehen: ein neues Volk erneuert durch Gottes Gnade, ein Werk des Viret*). Ja, würdige unsere Kirche deiner Hülfe, sonst wird Gott, der Herr, aus deiner Hand unser Blut zurückfordern, denn du sollst der Wächter des Hauses Israel bei uns sein."

Die ersten Anzeichen, daß durch dieß Alles Calvins eigener Willen gebrochen wurde und zur rückhaltslosen Hingabe an den Willen Gottes sich anschickte, finden sich in den Briefen an Farel aus dem Frühjahr 1541. Die Demuth und Scheu, mit der er sich darin vor dem älteren Bruder verantwortet, weist vielleicht darauf hin, daß er einigermaßen das Gefühl hatte, bisher „gegen den Stachel gelöckt" zu haben, ist aber auf der andern Seite auch eins der schönsten Zeugnisse des überaus zarten, kindlichen, der Wahrheit unbedingt unterworfenen Sinnes, der in dem gewaltigen Manne lebte, welchen doch sonst die Pforten der Hölle nicht zu erschüttern vermochten. „Gewiß", schreibt er ihm unter dem 1. März, „die Donner und Blitze, die du wunderbar, ich weiß kaum warum gegen mich schleuderst, haben mich höchlich bewegt und in Schrecken gesetzt. Ich fürchte ja jenen Ruf nur, will ihm aber nicht entfliehen. Nöthig wäre es da nicht gewesen, daß du mit solch' schonungsloser Gewalt über mich hereinbrachst. Mein letzter Brief, meinst du, schnitt dir alle Hoffnung ab. War dieß wirklich der Fall, so

---

*) Viret war für einige Monate, bis Calvin sich zur Rückkehr entschlossen haben werde, von Lausanne nach Genf übergesiedelt, und versah da die erledigten Stellen. Für das Nähere verweisen wir auf die Biographie Virets im 9. Bande des Gesammtwerkes.

verzeihe, ich bitte dich, meine Unvorsichtigkeit. Ich wollte die Entscheidung nur verschieben, bis meine Reisen vollendet waren. Ich rechne also auf deine Verzeihung, sobald du die Sache besser untersucht und begriffen hast*)." „Sobald als möglich will ich von hier abreisen und nach Straßburg zurückkehren," schreibt er ihm einige Wochen später von Regensburg aus (4. Mai 1541). „Was kannst du mehr von mir verlangen, wenn du anders nicht fast eine Freude daran hast, mich völlig zu brechen durch deine Vorwürfe? Indessen will ich sie tragen, indem ich nur dich bitte, mich doch von nun an etwas glimpflicher zu behandeln. Sobald der Brief der Zürcher bei mir anlangt, will ich in der freundlichsten Weise ihn beantworten. Richte unterdessen auch Viret durch kräftige Ermahnungen auf, daß er aushalte, bis es zu einer Entscheidung kömmt **)."

Die Schreiben, in denen Calvin seine Einwilligung in die zahlreichen Gesuche endlich in bestimmter Weise ausspricht, sind uns nicht erhalten. In einer Zuschrift an Viret vom 25. Juli wird der Rückkehr nach Genf zum ersten Male als einer nun beschlossenen und ausgemachten Sache erwähnt. Und etwa 12 Tage später ist dann der berühmte Brief an Farel geschrieben, in dem die Angelegenheit zum letzten Male zur Sprache kömmt: gleichsam der Scheidebrief an das alte bisherige Leben und der stärkste Ausdruck der Stimmungen und Gedanken, mit denen er in die neue Stellung eintritt, in die Gottes Hand mit Gewalt ihn hineingezwungen. „Was das Unternehmen anbetrifft, zu dem ich mich jetzt anschicke," heißt es darin, „so ist mein Gefühl immer noch das nämliche: stünde mir die Wahl frei nach meinem eigenen Belieben, so würde ich nichts weiter von mir wegweisen, als was ich nun zu thun im Begriffe bin. Aber weil ich mich erinnere, daß ich nicht mir selber angehöre, so opfere ich mein Herz, und bringe es ganz und gar dem Herrn zur Gabe dar. Du brauchst also nicht zu fürchten, daß ich noch hinhalte oder Ausflüchte suche. Unsere Freunde meinen es ernst, und ihre Versprechen lauten aufrichtig. Und ich meinestheils bezeuge dir, daß ich nichts Anderes im Sinne habe als jede Rücksicht auf mich selber daranzugeben, und allein auf das meinen Blick zu richten, was die Herrlichkeit Gottes und den Aufbau seiner Kirche befördern kann. Ich sage das, indem ich weiß, daß ich vor Gott stehe, der aller Herzen Gedanken durchschaut. Seinem Gehorsam unterwerfe ich Willen und Neigung, gebunden und gezwungen durch ihn; und wenn mir selber Rath und Kraft ausgeht, so will ich an die mich halten, von denen ich hoffen darf, daß durch sie der Herr zu mir redet." — Noch sechzehn Jahre später, als er in der Vorrede zu der Psalmenerklärung einen Rückblick auf sein nun bald vollendetes Leben wirft,

---

*) Bei Henry I, 395.
**) Bonnet I, 234.

drückt er über diese Zeit nicht anders sich aus. „Die Nothwendigkeit wurde mir klar," sagt er da, „meinen früheren Posten gegen meinen Willen einzunehmen. Aber obgleich das Heil der Kirche mir so am Herzen lag, daß ich wohl mein Leben für sie gelassen hätte, flüsterte mir doch meine Schüchternheit eine Menge von Ausreden zu, daß ich nicht von Neuem meine Schultern unter diese Last beugen möchte. Endlich siegte das Pflichtgefühl und der Glauben, mit wie viel Kummer freilich, mit wie viel Thränen, mit welcher Angst! Gott ist mir dessen Zeuge und viele fromme Leute, die mich von dieser Qual gerne würden befreit gesehen haben, wenn nicht dieselbe Furcht, die mich drückte, sie auch umstrickt gehalten hätte."

So reiste er ab, gleichsam gelös't von dem was menschliche Art und Natur ausmacht, nur noch ein Werkzeug sich fühlend in Gottes Hand, das seinen Meister bittet, recht rückhaltslosen Gebrauch von ihm zu machen. Etwas überaus Ernstes, man möchte sagen fast Furchtbares mußte dadurch seinem Wesen und seinen Vorsätzen sich beimischen. Hatte er mit sich selber nicht Mitleid gehabt, sondern sich und seinen Willen gebrochen vor Gott: wie sollte er dann noch Mitleid haben mit irgend einer Sünde und Schwachheit, noch irgend einen Willen gelten lassen oder schonen, der dem Höchsten zu widerstreben schien? Hatte er seinerseits Alles geopfert und daran gegeben für Gottes Ruhm und der Brüder Heil: wo gab es dann noch ein Opfer, das er nicht auch von denen fordern durfte, für die er Solches gethan, wenn es dabei um ihre Seligkeit sich handelte und den Aufbau des Reiches des Heiligen? Wahrlich! um irgend etwas Halbes und Kraftloses in das Leben zu rufen oder weiter fortzuführen, hatte er nicht sein Herz an das Kreuz geschlagen und gelobt, es Tropfen um Tropfen verbluten zu lassen! Wer einen solchen Preis zahlt, der hat auch ein Recht auf Frucht und Erfolg, und die Frucht die er begehrte, waren Seelen, die Gottes würden wie die seinige, ein Volk das nach des Ewigen Willen wandle wie er seinem Willen sich unterwarf. „Von jetzt an kenne ich Niemanden und Nichts mehr nach dem Fleische," wie Paulus von sich ausruft, mußte sein Wahlspruch sein, als er Jegliches von sich werfend, was mit Fleisch und Blut zusammenhängt, mit festem Schritte auf das Arbeitsfeld zuging, das Gottes Finger ihm zeigte. Vor seinen Augen stand klar und gewiß, was darin Noth thue und geschehen müsse; er war entschlossen dieß durchzuführen, was es auch kosten möge; die Hindernisse niederzukämpfen, oder im Kampfe unterzugehen, nachdem er ohnehin schon sein „Leben verloren um des Herrn willen" (Matth. 16, 25). —

Es erscheint in der That, wie Henry sagt, als des heiligen Geistes That, wie in diesem Allem der Meister für das Werk gebildet wurde, und das Werk für den Meister. „Der trotzige Leichtsinn der Stadt mußte in den Staub getreten werden: sie mußten ihn erbitten lernen mit Thränen, den sie vertrieben, und jeden Augenblick fürchten, ihn wieder zu verlieren, wenn

sie sich ihm nicht fügten." Aber auch in ihm mußte Alles untergehen was
eigener Art war, und aus der völligen Hingabe an Gott eine neue Kraft
ihm erwachsen, wie er sie vordem nie gekannt und besessen. Es ist hier das
letzte Mal, daß wir in seiner natürlichen Schüchternheit, in Zagen, Angst,
Bedenklichkeiten ihn erblicken; fortan wird er nicht mehr anders vor uns
stehen, denn als der ganze Mann Gottes, der nur das Eine kennt: das Werk
vollenden, das er sich aufgetragen weiß.

Gegen Ende August brach Calvin von Straßburg auf, verweilte in
Basel einige Tage, und wollte eben nach Bern sich wenden, als in Solothurn eine Nachricht bei ihm eintraf, die ihn auf das Schleunigste nach
Neufchatel berief. Gegen seinen Freund Farel nämlich hatte sich dort ein
Sturm erhoben, der seine ganze Wirksamkeit und Stellung auf das Ernstlichste bedrohte. Die äußere Veranlassung dazu ist in einem der Bände dieses Werkes bereits geschildert worden*), und wird wohl in der Lebensbeschreibung Farels noch ausführlicher zur Sprache kommen. Dem Wesen
nach galt es dabei einfach die alte Streitfrage: ob die Kirche auf ihrem Gebiete freie Hand haben solle zu thun was ihr Gewissen und das Wort Gottes ihr vorschreibe, oder ob die bürgerliche Obrigkeit auch in solchen Dingen
über ihr stehe und sie überhaupt behandeln dürfe wie jedes andere dem Staate
unterstellte Institut? Man kann sich denken, wie es Calvin am Herzen lag,
daß das Prinzip nicht niedergetreten werde, um dessentwillen er einst mit
seinen Freunden von Genf gewichen war, und das jetzt in seiner Rückkehr
einen so ehrenvollen Triumph feierte. Nachdem er in Neuenburg den Freund
getröstet und die aufgeregten Gemüther durch sein überwältigendes Ansehn
für den Augenblick zur Ruhe gebracht hatte, eilte er nach Bern, dessen Regierung sich der Kirchenfreiheit wieder so feindlich erwies, wie vormals in
Genf, und trat mit den ernstlichsten Vorstellungen vor die einzelnen Magistrate, wie vor die versammelten Räthe. Daß man ihn da besonders freundlich empfing, kann er nicht gerade rühmen**), aber ohne Wirkung blieb sein
Erscheinen doch nicht. Er brachte es zu Stande, daß eine Rathsbotschaft
zur Untersuchung der Sache abgeordnet wurde, von der die völlige Rechtfertigung Farels sich erwarten ließ, und als diese Hoffnung zunächst ihn täuschte,
und der Streit für den Augenblick nur noch heftiger entbrannte, setzte er auch
noch von Genf aus seine Bemühungen weiter fort, bis endlich das gewünschte
Ziel erreicht war***). „Wir haben es wieder erfahren," schreibt er an Farel,

---

*) In der Biographie des Bullinger p. 247.
**) Vergl. den Brief an Farel von Murten aus, Sept. 1541. Bonnet I, 259.
***) Die Instruction an Viret, die er zu diesem Ende nach Neufchatel sandte,
und einen ausführlichen Brief an Bucer, der den Hergang der Sache berichtet und die Fürsprache auch der Straßburger in Anspruch nimmt, siehe
bei Bonnet I, 262 und 264. — Noch später schreibt er an Farel in derselben
Angelegenheit (5. Febr. 1542) bei Bonnet I, 287.

…t ganz soweit sich fortreißen ließ, so hat er doch zugegeben, da
…is nach demselben Grundsatze verfahren wurde. In der gesamm…
…ntischen Christenheit hingen die Ordnungen und die Diener de…
…Wesentlichen ebenso von der weltlichen Obrigkeit ab wie die bür…
…inrichtungen und Beamteten.

…alvin waltet nun, wie wir gesehen haben, weder jene alte hierar…
… diese neue reformatorische Anschauung ob. An das sich anschlie…
…seine Vorgänger über das göttliche, gleich ursprüngliche Rech…
…s und der Kirche gelehrt hatten, zieht er, konsequenter als si…
…Satze die unbestreitbare Folgerung: daß demnach keine der beide…
… eine Oberherrschaft über die andere sich anmaßen dürfe, sonder…
…rchaus unabhängig und nur ihren eigenen Gesetzen folgend ihre…
…en habe. Es mag paradox klingen, wenn man daran denkt, wi…
…nisse in Genf sich unter seinem Einflusse thatsächlich gestalte…
… doch ist es so: er ist der Erste, der den Grundsatz de…
…g von Kirche und Staat, wenigstens dem Prinzipe nach…
…cht und ausgesprochen hat. Denn was versteht man in die…
…menhange unter Trennung Anderes, als das durchaus selbstän…
…einanderstehen der beiden Ordnungen, da keine zu einer gesetz…
…irkung irgend einer Art auf die andere berechtigt ist? Und nach…
…en sie nun einander nicht zu gebieten noch zu gehorchen; kein…
…äußerlich einigendes Band knüpft sie an einander; wenn sie in…
…nmenhang treten müssen, so doch nur in einen solchen, der durch…

Auseinandersetzung derselben. Die bisherigen Verhältnisse, das augenblickliche Bedürfniß, das Beispiel dieser herrschenden Kirche, die er bekämpfte und mit der das Innerste seiner energischen Natur nichts destoweniger eine gewisse Verwandtschaft hatte, brachte ihn dahin, den direkten Beistand der staatlichen Gewalt, den er im Prinzipe so entschieden zurückweist, nun doch für die kirchlichen Zwecke in Anspruch zu nehmen, und wie das nicht anders möglich ist, ihn durch eine gewisse Unterordnung der Kirche unter den Staat zu erkaufen. Es kam dazu, daß die höchste Staatsbehörde in manchen Stücken auch zur höchsten Kirchenbehörde wurde, und fast unbedingt das Schicksal der kirchlichen Gestaltungen und Verhältnisse in ihrer Hand hielt. Wie oft hat das Verbleiben Calvins in Genf, der Bestand seiner Lehre, die Fortdauer der neu begründeten kirchlichen Einrichtungen davon abgehangen, welche Meinung in den bürgerlichen Rathsversammlungen die Oberhand gewann, welche Syndiks gewählt wurden und was sie beschlossen!

Aber eben dieß drängte nun mit Nothwendigkeit dazu, auf der andern Seite auch wieder den Einfluß der Kirche auf den Staat zu verstärken, und die äußere Abhängigkeit von ihm dadurch auszugleichen, daß er seinerseits in eine möglichst durchgreifende innere Abhängigkeit von dem kirchlichen Geiste gebracht wurde. Wohl sollte Saul der König sein — um an einem allgemein bekannten geschichtlichen Vorbilde die Sache klar zu machen —, der rechtlich auch über Samuel gebot, aber Samuel sollte dabei ihn führen und leiten, und den irdischen König in allen Stücken wandeln lehren nach seinen göttlichen Prophetengedanken. Und indem das nun auch in der Gesetzgebung zum Ausdrucke kam, indem der Genfer Staat ganz bestimmt und rechtlich zu einem Gottesstaate gemacht wurde, dessen eigentliche Obrigkeit der Herr im Himmel sei, dessen eigentliche Aufgabe die Bewahrung seiner Wahrheit und die Verherrlichung seines Namens: läßt es sich ja freilich gar nicht leugnen, daß jene Scheidung von Kirche und Staat, die Calvin im Prinzipe aufstellte, in den thatsächlichen Verhältnissen in ihr grades Gegentheil umschlug. Die beiden Ordnungen wurden auf das Allerstrengste an einander geknüpft und sich gegenseitig über- und untergeordnet; und wenn man genauer zusieht, auf welche Seite die eigentliche faktische Ueberordnung fällt, so ist es allerdings unzweifelhaft, daß der Kirche dieselbe zugetheilt ist. Jene theokratische Anschauung des Mittelalters, wie wir sie vorhin mit einigen Worten zeichneten, lebte so merkwürdiger Weise gerade an der Stelle wieder auf, von der aus sie am entschiedensten bekämpft wurde, und an einem der hervorragendsten Beispiele kam es wieder einmal zur Anschauung, wie wenig auch in dem consequentesten und energischsten Geiste die Prinzipien sich zu behaupten vermögen im Kampfe mit den Anforderungen der thatsächlichen Verhältnisse und dem Einflusse der allgemeinen Zeitanschauungen.

Wir haben damit schon angedeutet, wie wir diese calvinische Theokratie,.

Calvin als er nach Genf zurückkehrte, und damit sein eigentlic
formationswerk antrat, war 32 Jahre alt; seine äußere Erscheinun
und schwächlich bis zur Unansehnlichkeit, aber doch von einem gewiff
der Haltung und des Benehmens, der den gebildeten, hoch geartete
im Augenblicke erkennen ließ, und wie Beza sagt, selbst in seiner K
sich aussprach, an der nie etwas von Ungeschmack oder Unreinlichkei
merken war. Die Züge seines Antlitzes waren sicherlich noch nicht g
jenigen, die in so manchen allbekannten Bildern auf die Nachwelt
men sind; das allzu Ausgeprägte, Abgezehrte, Herbe, das dieselber
war damals ohne Zweifel noch durch eine gewisse Jugendlichkeit; ge
Seine Farbe war bräunlich und blaß, die hellen durchdringenden
aus denen die ganze Lebhaftigkeit seines Geistes leuchtete, machten al
Gesicht lebendig. Seine Gesundheit war schon tief erschüttert; ein
als er würde es kaum gewagt haben, mit einem solchen Körperzuf
einen neuen beschwerlichen Beruf einzutreten; gerade um diese Zei
sich einmal in einem Briefe an Farel die Bemerkung, daß es ihm un
sei, nach dem Abendessen noch die Feder zur Hand zu nehmen, wenn
nicht ganz erschöpfen wolle. Aber auch nach dieser Seite der kör
Schonung und Bequemlichkeit hin hatte er jeder Rücksicht auf di
Person längst den Abschied gegeben. Wo irgend eine Pflicht ihn ri
eine heilige Sache zu vertreten war, hätte Niemand etwas an ihm
nehmen vermocht, das auf eine gebrochene Kraft oder eine abn
Frische hindeutete. — Wie freundlich sein Umgang sein konnte, wie
sein Wesen, wie er es bei all' seinem unveränderlichen Ernste versto
Herzen zu gewinnen, war in seinen bisherigen Wirkungskreisen ge
zu Tage gekommen. Wer in Deutschland ihn hatte kennen lernen u
Freund geworden; nachdem sie ihn zwei Jahre besessen, empfanden fi
als den bittersten Verlust, ihn hingeben zu müssen.

Solcher Art war er, als er eintrat in die große Arbeit der Umge
und des Kampfes, die in Genf seiner wartete. Unsere weitere Aufga
jetzt sein, mit d i e s e r vor Allem uns zu beschäftigen, nachdem wir
Bisherigen besonders hervorgehoben, was auf den Charakter und
sammte Innere des Reformators ein Licht zu werfen geeignet war.

Viertes Buch.

Das Reformationswerk in Genf und die Kämpfe zu seiner Durchführung und Behauptung.

I.

Die Reformation Calvins in ihrer Forderung der Heiligung der Gemeinde und der Herrschaft der göttlichen Gebote über das gesammte Leben des christlichen Volkes (Theokratie). — Die zur Heiligkeit berufene Menschheit. — Die von Gott hiezu eingesetzten Institutionen des Staates und der Kirche. — Die Gleichheit ihres Zieles und die Verschiedenheit ihrer Gebiete und Mittel. — Das Wesen des Staates. — Das Wesen der Kirche. — Ihre Aemter und die Art der Bestellung derselben. — Das Verhältniß der beiden Ordnungen zu einander. — Das Prinzip der Trennung von Kirche und Staat. — Der Charakter ihrer thatsächlichen Vermischung in den Genfer Einrichtungen.

„Außer dem Anschlusse an die vorgefundenen Reformationen," sagt Stahl*), „hat Calvin auch noch selbständig ein neues Prinzip in den Protestantismus gebracht, nämlich den großen praktischen Impuls: Die Verherrlichung Gottes durch die wirkliche volle Herrschaft seines Wortes im Leben der Christenheit. Das Wort Gottes nicht als Urkunde, sondern als die beständige Rede des gegenwärtigen Gottes, — die Gemeinde erfüllt von dieser heiligen Gegenwart, die nichts Unheiliges duldet, — der Wandel der Gläubigen und die Ordnung der Völker Gott und seinem Worte die Ehre gebend und bloß auf die Verwirklichung seines Reiches gerichtet: — das ist die hohe Anschauung, die ihn erfüllt, das ist der eigenthümliche mächtige Beweggrund seiner neuen Reformation."

Wir können uns dem vollständig anschließen; und haben auch in unserer bisherigen Erzählung dieß Prinzip schon mehr als ein Mal zu Tage treten und seine Wirkungen hervorbringen sehen. In dem Buche „vom

---

*) In seinem neuesten Buche „die lutherische Kirche und die Union."

christlichen Unterrichte" ist es an verschiedenen Stellen auf das Ausdrücklichste ausgesprochen. Was Calvin bei seiner ersten Anwesenheit in Genf
erstrebte, war daraus entsprungen. Weil er hievon in keinem Stücke ablassen wollte, war er aus der Stadt vertrieben worden. Aus dieser Anschauung heraus hatte er in Straßburg, auf kleinerem Gebiete, die ihm anvertraute Kirche geordnet und geleitet. — Er kam jetzt nach Genf zurück
unter der ausdrücklich oder stillschweigend zugegebenen Bedingung*), daß
man ihn nun ohne weitere Hemmungen werde thun lassen, was ihm früher
war verweigert worden. Das Erste was er sich vorgesetzt, das Erste was er
in die Hand nahm, war die Umgestaltung des öffentlichen Lebens nach diesem
Gesichtspunkte. — Es ist unerläßlich, wenn nicht das Folgende nur ein
dunkles und verworrenes Bild uns bieten soll, daß wir es versuchen, uns
denselben zu möglichst eindringendem Verständnisse zu bringen.

„Ihr sollt heilig sein, denn ich bin heilig," liest man am Schlusse des
alttestamentlichen Gesetzes, und darf wohl sagen: daß damit in einem
Worte der ganze Grund und Zweck des göttlichen Heilswerkes sich ausgesprochen finde. Denn nicht nur auf die Erkenntniß oder das Gefühl zielt ja doch
dasselbe ab. Es will ein heiliges Wesen schaffen, will eine Gemeinde hervorbringen, die von Gottes Willen durchdrungen und seinem Wesen ähnlich
ist. Daß nun in dem sündigen Menschengeschlechte sich das auf Erden nicht
vollkommen erreichen läßt, ist ja freilich klar genug, und Calvin gesteht es
ein so gut als irgend ein Anderer**). Aber — sagt er — wenn auch nicht
eine vollkommen heilige Gemeinschaft, so doch eine solche, die der Heiligkeit
nachtrachtet, und wahrhaftig nach seinem Willen zu wandeln begehrt,
muß von Gott beabsichtigt sein und sich herstellen lassen. Oder wozu anders
sind seine Gebote gegeben, als daß man nach ihnen sich richte? Wozu anders
hat er Ordnungen bestellt, die ihn vertreten, und ihnen Macht verliehen,
als damit sie darüber wachen, daß sein Gesetz in Geltung bleibe? Denn
als ein Hohn auf sein heiliges Wesen müßte es ja doch erscheinen: ein Volk,

---

*) Die gewöhnliche Meinung ist: Calvin habe sich erst bestimmte Zusagen
in Betreff der Annahme seiner Vorschläge und der Freiheit seines kirchlichen Wirkens ertheilen lassen, ehe er zurückgekehrt sei. Ich finde aber in
den maßgebenden Quellen hievon nirgends etwas. Wohl war es hingegen
von beiden Seiten die natürliche Voraussetzung, daß man sich in
solcher Weise gegen ihn benehmen werde. Indem die Genfer ihn wieder
beriefen, nahmen sie ja damit ihren frühern Widerstand zurück; indem
Calvin wieder kam, kam er, wie sich von selber verstand, als der Alte und
mit den alten Absichten.

**) „Einige behaupten," bemerkt er im 4. Buch der Institutio Cap. 20, „daß
in der Kirche Gottes Alles heilig und vollendet sein müsse, sodaß eigentlich gar keine Gesetze mehr nöthig wären. Aber das ist ein thörichtes Hirn-
gespinnst. Nie wird solch' eine Gemeinde auf Erden sich verwirklichen
lassen."

durchführen lassen, dieses Joch der eisernsten Zucht dem freiheitsdurstigen Volke auf den Nacken zu legen? „Die *einen* Artikel hat man angenommen," heißt es in dem Rathsprotokolle, „die andern bedauert, obwohl Jedermann ihre gute Meinung erkannte." Es erschien unerläßlich, sie wenigstens stellenweise zu mildern; und zwei Monate unterhandelte man darüber mit Calvin, der wohl zuweilen mit seinen Collegen in der Behörde persönlich sich einfand, um ihr Muth einzusprechen*), bis man endlich zu einer Fassung gelangt war, die beide Theile sich gefallen ließen. Am neunten November wurden die „kirchlichen Ordnungen (Ordonnances ecclésiastiques)"—wie man die neuen Verfügungen nannte — durch den Rath der Zweihundert bestätigt, und am zwanzigsten desselben Monats von der Versammlung des gesammten Volkes angenommen, ohne daß eine einzige Stimme sich gegen sie erhoben hätte. In Gesetzeskraft traten sie am 2. Januar des folgenden Jahres 1542. Das Folgende ist der hauptsächlichste Inhalt dieses merkwürdigen Gesetzbuches**).

Nach einer kurzen Einleitung, die den Willen des Herrn als die unvergängliche Grundlage alles menschlichen Ordnens und Wirkens voranstellt, und auch den gegenwärtigen Erlaß durchweg auf denselben zurückgeführt haben will, beginnt es mit den Bestimmungen über das geistliche Amt, an dessen Bestand und Walten der Bestand der Kirche geknüpft sei. Zuerst werden die verschiedenen Abtheilungen desselben aufgezählt, wie wir schon in dem vorigen Capitel sie aufführten: die Lehrer, die Pfarrer, die Diakone, die Aeltesten, und die Weise ihrer Bestellung, wie ihre Pflichten im Näheren entwickelt.

Von den Pfarrern heißt es unter Anderm, daß sie wohl darauf zu achten hätten, ob sie auch wirklich einen innern Beruf zu ihrem Amte fühlten und entschlossen seien, ihm vor den Menschen Ehre zu machen durch ein rechtschaffenes und heiliges Leben? Im Uebrigen sollten sie wohl bewandert sein in den heiligen Wissenschaften, genährt am Evangelium, seinen Aussprüchen sich durchweg unterwerfend, stets bereit, mit aller Freundlichkeit und Sanftmuth Rechenschaft zu geben von ihrer Hoffnung. Keiner solle eine feste Stelle antreten, bis er erst gleichsam ein Noviziat von einigen Jah-

---

*) Rathsregister vom 28. Okt. a. a. O. — „Glaube nicht," schreibt Calvin auch selber an Myconius, „daß wir die Sache ohne die größte Anstrengung durchsetzten. Alles was wir wünschten, haben wir ohnehin nicht erlangt, wir mußten lernen, in diese schlimme und zuchtlose Zeit uns schicken." Bonnet I, 292.

**) Unbegreiflicher Weise findet der Wortlaut desselben in keinem der mannigfachen auf Calvin und die Genfer Kirche bezüglichen Werke, die mir zur Hand sind, sich mitgetheilt. Gaberel druckt nur den Abschnitt der Luxusgesetze buchstäblich ab und giebt von dem Uebrigen eine ausführliche Analyse, an die wir vornämlich uns halten. Auch Henry II, Beilage 5 hat namentlich aus den Briefen Calvins manches hieher gehörige Material gesammelt.

liche Ordnung einsetzte," ruft er aus*), „sondern ihr hauptsächlichster Zweck
ist der: den äußern Dienst Gottes zu nähren und zu erhalten, die
reine Lehre und Religion zu schützen, uns zu bilden zu Jeglichem was lieblich und ehrbar ist und das rechte Zusammenleben der Menschen fördern
kann. Nicht nur Mord und Diebstahl hat die Obrigkeit zu hindern und
zu strafen, sondern ebenso Abgötterei, Lästerungen des Namens und der
Wahrheit Gottes, kurz Alles was überhaupt der Religion schaden und
das Volk von ihr abziehen kann. Wenn die Gesetze um die Ehre Gottes
sich nichts kümmerten und nur auf das Wohlsein der Menschen es absähen,
so hieße das den Pflug vor die Ochsen spannen, und das Hauptsächlichste
vergessen. Freilich wäre dieß Alles überflüssig, so das Reich Gottes uns
innerlich und äußerlich schon völlig durchdränge, oder die Zugehörigkeit
dazu jede Beziehung zu dem irdischen Leben aufhöbe. Aber dieß ist nicht der
Fall. Es ist des Herrn Willen, daß wir auf der Erde wandeln, während
wir unsrer wahren Heimath zustreben; und da wir nun Stab und Stütze
nöthig haben auf solcher Reise, so versündigen die sich an den Bedürfnissen
der menschlichen Natur, die dergleichen hinwegreißen wollen aus unsern
Händen."

Man sieht, fast eine heilwirkende Bedeutung wird hier dem Staate zugetheilt, insofern er wirklich seinem Begriffe entspricht**). Seine Zucht
soll dazu helfen, das von der Kirche erzeugte innere Leben gegen die Angriffe
der Sünde zu schützen und auf dem Wege der Heiligung zu bewahren.
Aber solch ein Leben in irgend einer Weise selber erzeugen, soll und kann er
freilich nicht. Das ist lediglich der Kirche Sache; und zu diesem Zwecke,
auf diesem Gebiete muß sie nun auch dem Staate gegenüber durchaus freie
Hand haben, wie die Seele frei ist und unabhängig von dem Körper, wo es
um ihr Verhältniß zu Gott und um ihr geistiges Leben sich handelt.

Die Anschauung, die Calvin überhaupt von ihrem Wesen hat, ist die folgende: Unsere Sinnlichkeit und Trägheit und die Schwachheit unseres Geistes
bedürfen äußerlicher Mittel und Hülfeleistungen, durch welche der seligmachende
Glaube in uns entstehen und wachsen kann. Zugleich muß die Predigt des
Evangeliums aufrecht erhalten und geordnet werden; und zu diesen beiden

---

*) Inst. IV, 20, p. 82, 3 u. f. und dann besonders wieder §. 9.
**) Sodaß es zu viel gesagt ist, wenn Herzog (Theol. Realencyklopädie, Art.
Calvin) behauptet: „die nach Calvins Ordnung organisirte Kirche ist in
ihrem Wesen vom Staate strenge geschieden, dieser verfolgt rein irdische
Zwecke, indeß die Kirche einem himmlischen Ziele nachstrebt." Vielmehr
ist nach Calvins deutlichsten Aussprüchen, die durch einige anders klingende
gelegentliche Aeußerungen (namentlich in Briefen, in denen keine Darstellung des Systems gesucht werden darf), nicht umgestoßen werden können,
der gemeinsame Endzweck der beiden Institutionen: die Verherrlichung Gottes durch die Heiligung seiner Bekenner.

Zwecken hat der Herr die Kirche eingesetzt, der er den Schatz seines Worts und der Sakramente anvertraute. Sie ist so die Mutter der Gläubigen, die nicht nur sie sammelt und zu Brüdern vereinigt, nicht nur sie nährt, so lange sie noch Kinder sind, sondern sie auch leitet und behütet, bis sie zum vollendeten Mannesalter kommen, d. h. zum letzten Ziele des Glaubens*). Und zwar ist sie unzweifelhaft vorhanden, wo das Wort Gottes rein gepredigt wird und die Sakramente der Einsetzung gemäß verwaltet werden. Allerdings sind nicht Alle, die sie äußerlich umschließt, wirklich auch ihr zugehörig, sondern nur die Erwählten, von denen Gott voraussieht, daß sie beharren werden bis an's Ende, so daß nothwendiger Weise unterschieden werden muß zwischen der eigentlichen Gemeinde des Herrn, die für Menschen unsichtbar, nur dem Ewigen bekannt ist, und der sichtbaren Kirchen-gemeinschaft, die sich wahrnehmen läßt und Jeglichen in sich faßt, welcher sich mit dem Munde zu ihr bekennt und äußerlich Theil hat an ihren Gnadenmitteln. Indessen nimmt diese Mischung von Frommen und Heuchlern, von Guten und Bösen der Kirche nichts von ihrem göttlichen Charakter und Segen oder der Nothwendigkeit ihr anzugehören. Denn fort und fort spendet sie unterschiedslos die ihr anvertrauten Gaben; und wer von ihr sich trennt, trennt sich auch von dem Empfange dieser, trennt sich auch von dem Herrn, er nicht mit dem Einzelnen, sondern nur mit der Gemeinde als solcher sich zu verbinden verheißen hat durch das Band der Ehe. Nur da ist eine Tren-nung erlaubt und geboten, wo die Anstalt, die sich noch „Kirche" nennt, doch in der That nicht mehr Kirche ist, weil die beiden unerläßlichen Kenn-zeichen des reinen Wortes und Sakramentes sich nicht mehr in ihr finden**).

Diese sichtbare Kirchengemeinschaft nun, die der Herr so gestiftet hat, damit sie durch die Gnadenmittel die Seelen zu ihm führe, bedarf zu diesem Ende und zur äußern Zusammenfassung der ihr einverleibten Menschen auch einer festen äußern Einrichtung und geordneten Leitung. Was das Papstthum in dieser Beziehung aufweist: das Herrschen über die Seelen und das Wort Gottes, die Monarchie durch einen angeblichen Stellvertreter Christi, von dem alle Ordnungen und Bestimmungen irgend einer Art in der Kirche ausgehen, ist der Schrift und Geschichte und dem christlichen Gewissen zuwider. Christus hat die oberste, monarchische Leitung seiner Kirche sich selbst vorbehalten, und bis er wieder kommen und sie förmlich und für ewig antreten wird, hat er seinem Worte die oberste Macht ge-geben in der Gemeinde, und lediglich zum Dienste dieses Worts, und zur Ausführung seiner Vorschriften die Aemter bestellt, die in der alten aposto-lischen Kirche sich finden, und von ihr aus sich ununterbrochen fortsetzen sol-len, so lange eine Kirche auf Erden besteht.

---

*) Institutio IV, Cap. I.
**) Institutio IV, Cap. I, §. 11 e. f.

drückt er über diese Zeit nicht anders sich aus. „Die Nothwendigkeit wu[
mir klar," sagt er da, „meinen früheren Posten gegen meinen Willen einzun[
men. Aber obgleich das Heil der Kirche mir so am Herzen lag, daß ich w[
mein Leben für sie gelassen hätte, flüsterte mir doch meine Schüchternheit e[
Menge von Ausreden zu, daß ich nicht von Neuem meine Schultern un[
diese Last beugen möchte. Endlich siegte das Pflichtgefühl und der Glaub[
mit wie viel Kummer freilich, mit wie viel Thränen, mit welcher Angst! G[
ist mir dessen Zeuge und viele fromme Leute, die mich von dieser Qual ge[
würden befreit gesehen haben, wenn nicht dieselbe Furcht, die mich drüd[
sie auch umstrickt gehalten hätte."

So reiste er ab, gleichsam gelöf't von dem was menschliche Art u[
Natur ausmacht, nur noch ein Werkzeug sich fühlend in Gottes Hand, d[
seinen Meister bittet, recht rückhaltslosen Gebrauch von ihm zu machen. [
was überaus Ernstes, man möchte sagen fast Furchtbares mußte dadu[
seinem Wesen und seinen Vorsätzen sich beimischen. Hatte er mit sich sel[
nicht Mitleid gehabt, sondern sich und seinen Willen gebrochen vor Go[
wie sollte er dann noch Mitleid haben mit irgend einer Sünde und Schwa[
heit, noch irgend einen Willen gelten lassen oder schonen, der dem Höch[
zu widerstreben schien? Hatte er seinerseits Alles geopfert und daran gege[
für Gottes Ruhm und der Brüder Heil: wo gab es dann noch ein Opf[
das er nicht auch von denen fordern durfte, für die er Solches gethan, we[
es dabei um ihre Seligkeit sich handelte und den Aufbau des Reiches [
Heiligen? Wahrlich! um irgend etwas Halbes und Kraftloses in das Leb[
zu rufen oder weiter fortzuführen, hatte er nicht sein Herz an das Kreuz [
schlagen und gelobt, es Tropfen um Tropfen verbluten zu lassen! Wer ein[
solchen Preis zahlt, der hat auch ein Recht auf Frucht und Erfolg, und [
Frucht die er begehrte, waren Seelen, die Gottes würden wie die seini[
ein Volk das nach des Ewigen Willen wandle wie er seinem Willen sich u[
terwarf. „Von jetzt an kenne ich Niemanden und Nichts mehr nach d[
Fleische," wie Paulus von sich ausruft, mußte sein Wahlspruch sein, [
er Jegliches von sich werfend, was mit Fleisch und Blut zusammenhän[
mit festem Schritte auf das Arbeitsfeld zuging, das Gottes Finger i[
zeigte. Vor seinen Augen stand klar und gewiß, was darin Noth th[
und geschehen müsse; er war entschlossen dieß durchzuführen, was es a[
kosten möge; die Hindernisse niederzukämpfen, oder im Kampfe untergeh[
nachdem er ohnehin schon sein „Leben verloren um des Herrn wille[
(Matth. 16, 25). —

Es erscheint in der That, wie Henry sagt, als des heiligen Geist[
That, wie in diesem Allem der Meister für das Werk gebildet wurde, [
das Werk für den Meister. „Der trotzige Leichtsinn der Stadt mußte in d[
Staub getreten werden: sie mußten ihn erbitten lernen mit Thränen, d[
sie vertrieben, und jeden Augenblick fürchten, ihn wieder zu verlieren, we[

sie sich ihm nicht fügten." Aber auch in ihm mußte Alles untergehen was eigener Art war, und aus der völligen Hingabe an Gott eine neue Kraft ihm erwachsen, wie er sie vordem nie gekannt und besessen. Es ist hier das letzte Mal, daß wir in seiner natürlichen Schüchternheit, in Zagen, Angst, Bedenklichkeiten ihn erblicken; fortan wird er nicht mehr anders vor uns stehen, denn als der ganze Mann Gottes, der nur das Eine kennt: das Werk vollenden, das er sich aufgetragen weiß.

Gegen Ende August brach Calvin von Straßburg auf, verweilte in Basel einige Tage, und wollte eben nach Bern sich wenden, als in Solothurn eine Nachricht bei ihm eintraf, die ihn auf das Schleunigste nach Neufchatel berief. Gegen seinen Freund Farel nämlich hatte sich dort ein Sturm erhoben, der seine ganze Wirksamkeit und Stellung auf das Ernstlichste bedrohte. Die äußere Veranlassung dazu ist in einem der Bände dieses Werkes bereits geschildert worden*), und wird wohl in der Lebensbeschreibung Farels noch ausführlicher zur Sprache kommen. Dem Wesen nach galt es dabei einfach die alte Streitfrage: ob die Kirche auf ihrem Gebiete freie Hand haben solle zu thun was ihr Gewissen und das Wort Gottes ihr vorschreibe, oder ob die bürgerliche Obrigkeit auch in solchen Dingen über ihr stehe und sie überhaupt behandeln dürfe wie jedes andere dem Staate unterstellte Institut? Man kann sich denken, wie es Calvin am Herzen lag, daß das Prinzip nicht niedergetreten werde, um dessentwillen er einst mit seinen Freunden von Genf gewichen war, und das jetzt in seiner Rückkehr einen so ehrenvollen Triumph feierte. Nachdem er in Neuenburg den Freund getröstet und die aufgeregten Gemüther durch sein überwältigendes Ansehn für den Augenblick zur Ruhe gebracht hatte, eilte er nach Bern, dessen Regierung sich der Kirchenfreiheit wieder so feindlich erwies, wie vormals in Genf, und trat mit den ernstlichsten Vorstellungen vor die einzelnen Magistrate, wie vor die versammelten Räthe. Daß man ihn da besonders freundlich empfing, kann er nicht gerade rühmen**), aber ohne Wirkung blieb sein Erscheinen doch nicht. Er brachte es zu Stande, daß eine Rathsbotschaft zur Untersuchung der Sache abgeordnet wurde, von der die völlige Rechtfertigung Farels sich erwarten ließ, und als diese Hoffnung zunächst ihn täuschte, und der Streit für den Augenblick nur noch heftiger entbrannte, setzte er auch noch von Genf aus seine Bemühungen weiter fort, bis endlich das gewünschte Ziel erreicht war***). „Wir haben es wieder erfahren," schreibt er an Farel,

---

*) In der Biographie des Bullinger p. 247.

**) Vergl. den Brief an Farel von Murten aus, Sept. 1541. Bonnet I, 259.

***) Die Instruction an Viret, die er zu diesem Ende nach Neufchatel sandte, und einen ausführlichen Brief an Bucer, der den Hergang der Sache berichtet und die Fürsprache auch der Straßburger in Anspruch nimmt, siehe bei Bonnet I, 262 und 264. — Noch später schreibt er an Farel in derselben Angelegenheit (5. Febr. 1542) bei Bonnet I, 287.

„daß die Rüstung der Welt und des Fleisches nicht zu fürchten ist, wenn wir Christo von Herzen dienen. Recht ernstlich wollen wir übrigens darum bitten, daß Alle die ihm jetzt noch feindlich gesinnt sind, willig werden zu seinem herrlichen Gehorsam. Es ist dieß besser, als wenn wir sie mit Gewalt überwinden und bezwingen; denn gebessert werden sie auf diesem Wege nicht. So lange es indessen dem Herrn gefällt, uns in seinem Kriege zu üben und keine Rast uns darin zu gestatten, so lange laß uns auch streiten mit entschlossenem und standhaftem Muthe; nur daß wir dabei keiner andern Waffen uns bedienen, als die er selber uns darreicht!" •

Am 13. September traf er dann in Genf ein. Mit unglaublicher Begeisterung, wie im Triumphe, wurde er von dem Volk und dem Magistrate empfangen. Ein Herold war ihm entgegengeschickt worden, sobald man seine Abreise von Straßburg erfuhr; und der Rath hatte es sich nicht verdrießen lassen, ihm selber ein bequemes Logis „mit Garten" auszusuchen und einzurichten*). „Mit solch besonderer Liebe," erzählt Beza, „wurde er von diesem armen Volke aufgenommen, das seinen Fehler erkannte und nach seinem treuen Hirten hungerte, daß man ihm keine Ruhe ließ, bis er versprochen hatte, für immer zu bleiben." — „Da die Herrn von Straßburg die Hoffnung ausgedrückt haben," heißt es in der That in dem Staatsprotokoll vom 13. September, „daß ihnen Meister Calvin nur eine Zeitlang entzogen sei und wieder zu ihnen zurückkehren werde**), so wird beschlossen ihn zu bitten, daß er sich völlig hier niederlasse. Ebenso beschlossen: seine Frau

---

*) Nicht weniger als drei Beschlüsse, die sich hierauf beziehen (vom 29. Aug., 4. September und 9. Sept.) finden sich in dem Rathsprotokoll. „Es ist die Nachricht angelangt." lautet der letzte, „daß Meister Calvin in Neufchatel angelangt ist, und noch diesen Abend hier eintreffen wird. Jacques Des Arts und Jean Chantemps sind beauftragt, ihm das Haus des Herrn von Fréneville zuzurichten."

**) Straßburg hatte wirklich Calvin zunächst den Genfern nur geliehen, ähnlich wie Lausanne den Viret eine Predigerstelle in Genf hatte versehen lassen, bis Calvin eintreffe. Noch am 11. Sept. schrieb der Rath von Straßburg: er habe Calvin im Interesse der allgemeinen Kirche noch einmal gebeten, bei ihnen (den Straßburgern) zu bleiben, da es viel leichter sei, ihn in Genf als hier in Deutschland zu ersetzen, wo zu dieser Zeit die höchsten Interessen der Reformation verhandelt würden. Da er indessen den Genfern bereits die Rückkehr zugesagt, so habe man ihn hierin nicht hindern wollen, wünsche aber sein möglichst baldiges Wiedereintreffen, damit er fortfahren könne, an der großen Arbeit der deutschen Reformation Theil zu nehmen. — Auf das wiederholte dringende Ansuchen der Genfer hin, ließen endlich die Straßburger ihren Anspruch fallen; wollten aber doch Calvin wenigstens immer noch in so weit als den Ihrigen betrachten, daß sie das Bürgerrecht ihm ausdrücklich bestätigten, und seine Amtstitel nebst dem Gehalte ihm ließen. — Es versteht sich von selbst, daß er das Letztere unbedingt ausschlug.

) feinen Hausrath abholen zu laſſen, und hiezu Alles aufzuwenden was
hig iſt*).“ — „Acht Sonnenthaler ausgeſetzt,“ heißt es am vier und
unzigſten, „um dem Meiſter Calvin, Prediger des Evangelinms, einen
d machen zu laſſen.“ — „Was den Gehalt Meiſter Calvins betrifft,“
det ſich endlich einen Monat ſpäter aufgezeichnet, „der ein Mann von gro-
: Gelehrſamkeit iſt, wohl geſchickt die chriſtlichen Kirchen aufzubauen, und
ch von den Durchreiſenden viel in Anſpruch genommen wird, ſo ſollen
a jährlich 500 Gulden gegeben werden, zwölf Maaß Getreide und zwei
aaß Wein, und er ſoll unverzüglich den Eid leiſten.“ — Da war es denn
ilich nicht nöthig, noch eine ausdrückliche Vertheidigungsrede zu halten,
t Calvin es urſprünglich im Sinn gehabt. „Das Volk kam mir zuvor,“
reibt er, „indem es ſeine Schuld eingeſtand und ſich ſelber verdammte.
) wäre ich ja unmenſchlich geweſen, wenn ich auch noch meinerſeits das
rgangene ihm hätte vorrücken wollen. Auch der Freunde habe ich mit kei-
u Worte erwähnt.“ — Wo die Wohnung lag, die damals für ihn einge-
htet worden, iſt nicht zu ermitteln**). Dagegen weiß man mit Beſtimmt-
t, daß Calvin ſpäter und namentlich in der letzten Zeit ſeines Lebens
der Rue des Chanoines gewohnt hat, ganz in der Nähe von St. Peter,
ſen Pfarrer er war. Ueber die ganze Stadt hin und weit hinaus in
t See mit ſeinen herrlichen Geländen ſchaut man von der einen Seite
) Hügels, auf dem die alte Cathedrale ſteht, während nach der andern
: Blick auf die beiden Salèves und die dunkelblaue Bergkette des Jura
) aufthut. In der Nähe war das Stiftshaus von St. Peter, wo von
t an die Conſiſtorial-Verſammlungen gehalten wurden, nicht ferne das
thhaus, in dem man zu den bürgerlichen Berathungen zuſammenkam***).
. der Cathedrale ſelbſt wurde eine neue Kanzel errichtet, die das Predigen
niger anſtrengend machen ſollte. Es iſt die nämliche, die noch jetzt ſteht,
dem zweiten der mächtigen Pfeiler gegen das Chor hin, groß und breit,
r nur wenig über die Zuhörer erhaben —

---

*) „Die drei Pferde und der Wagen,“ lieſt man dann am 11. Oktober, „welche
die Frau des Meiſter Calvin von Straßburg hiehergebracht, und die zu
dieſem Zweck auf öffentliche Koſten gekauft worden waren, ſollen wieder
verſteigert werden.“

*) Erſt nachdem dieß gedruckt war, iſt mir der Aufſatz „De la Demeure de
Calvin“ in der Zeitſchrift für Genfer Geſchichte B. IX, p. 391 bekannt
geworden, der dieſe Wohnung nun freilich genau beſtimmt. Sie lag demnach in der Nähe der ſpäteren, an der Ecke der Rue des Chanoines, mit
der Ausſicht auf einen öffentlichen Garten. Heut zu Tage trägt das Haus
das Aſſekuranz-Numero 121 und gehört dem Herrn Adtien Naville.

*) Dieſe zweite Wohnung trägt jetzt das Numero 122, und iſt, nachdem ſie
bis 1700 reformirtes Pfarrhaus geblieben, ſeit 1834 in den Händen der
katholiſchen Geiſtlichkeit, die das Haus dem Inſtitute der barmherzigen
Schweſtern des Vincentius von Paula zum Wohnſitze anwies.

Calvin als er nach Genf zurückkehrte, und damit sein eigentliches F
formationswerk antrat, war 32 Jahre alt; seine äußere Erscheinung hag
und schwächlich bis zur Unansehnlichkeit, aber doch von einem gewissen A
der Haltung und des Benehmens, der den gebildeten, hoch gearteten Ge
im Augenblicke erkennen ließ, und wie Beza sagt, selbst in seiner Kleidu
sich aussprach, an der nie etwas von Ungeschmack oder Unreinlichkeit zu b
merken war. Die Züge seines Antlitzes waren sicherlich noch nicht ganz di
jenigen, die in so manchen allbekannten Bildern auf die Nachwelt gekon
men sind; das allzu Ausgeprägte, Abgezehrte, Herbe, das dieselben zeige
war damals ohne Zweifel noch durch eine gewisse Jugendlichkeit; gemilde
Seine Farbe war bräunlich und blaß, die hellen durchdringenden Auge
aus denen die ganze Lebhaftigkeit seines Geistes leuchtete, machten allein d
Gesicht lebendig. Seine Gesundheit war schon tief erschüttert; ein Ande
als er würde es kaum gewagt haben, mit einem solchen Körperzustand
einen neuen beschwerlichen Beruf einzutreten; gerade um diese Zeit fin
sich einmal in einem Briefe an Farel die Bemerkung, daß es ihm unmögl
sei, nach dem Abendessen noch die Feder zur Hand zu nehmen, wenn er f
nicht ganz erschöpfen wolle. Aber auch nach dieser Seite der körperlich
Schonung und Bequemlichkeit hin hatte er jeder Rücksicht auf die eige
Person längst den Abschied gegeben. Wo irgend eine Pflicht ihn rief, ol
eine heilige Sache zu vertreten war, hätte Niemand etwas an ihm wahr
nehmen vermocht, das auf eine gebrochene Kraft oder eine abnehmen
Frische hindeutete. — Wie freundlich sein Umgang sein konnte, wie liebe
sein Wesen, wie er es bei all' seinem unveränderlichen Ernste verstand,
Herzen zu gewinnen, war in seinen bisherigen Wirkungskreisen genugsa
zu Tage gekommen. Wer in Deutschland ihn hatte kennen lernen war f
Freund geworden; nachdem sie ihn zwei Jahre besessen, empfanden sie es A
als den bittersten Verlust, ihn hingeben zu müssen.

Solcher Art war er, als er eintrat in die große Arbeit der Umgestaltu
und des Kampfes, die in Genf seiner wartete. Unsere weitere Aufgabe wi
jetzt sein, mit dieser vor Allem uns zu beschäftigen, nachdem wir in d
Bisherigen besonders hervorgehoben, was auf den Charakter und das
sammte Innere des Reformators ein Licht zu werfen geeignet war.

Viertes Buch.

Das Reformationswerk in Genf und die Kämpfe zu seiner Durchführung und Behauptung.

I.

Die Reformation Calvins in ihrer Forderung der Heiligung der Gemeinde und der Herrschaft der göttlichen Gebote über das gesammte Leben des christlichen Volkes (Theokratie). — Die zur Heiligkeit berufene Menschheit. — Die von Gott hiezu eingesetzten Institutionen des Staates und der Kirche. — Die Gleichheit ihres Zieles und die Verschiedenheit ihrer Gebiete und Mittel. — Das Wesen des Staates. — Das Wesen der Kirche. — Ihre Aemter und die Art der Bestellung derselben. — Das Verhältniß der beiden Ordnungen zu einander. — Das Prinzip der Trennung von Kirche und Staat. — Der Charakter ihrer thatsächlichen Vermischung in den Genfer Einrichtungen.

„Außer dem Anschlusse an die vorgefundenen Reformationen," sagt Stahl*), „hat Calvin auch noch selbständig ein neues Prinzip in den Protestantismus gebracht, nämlich den großen praktischen Impuls: Die Verherrlichung Gottes durch die wirkliche volle Herrschaft seines Wortes im Leben der Christenheit. Das Wort Gottes nicht als Urkunde, sondern als die beständige Rede des gegenwärtigen Gottes, — die Gemeinde erfüllt von dieser heiligen Gegenwart, die nichts Unheiliges duldet, — der Wandel der Gläubigen und die Ordnung der Völker Gott und seinem Worte die Ehre gebend und bloß auf die Verwirklichung seines Reiches gerichtet: — das ist die hohe Anschauung, die ihn erfüllt, das ist der eigenthümliche mächtige Beweggrund seiner neuen Reformation."

Wir können uns dem vollständig anschließen; und haben auch in unserer bisherigen Erzählung dieß Prinzip schon mehr als ein Mal zu Tage treten und seine Wirkungen hervorbringen sehen. In dem Buche „vom

---

*) In seinem neuesten Buche „die lutherische Kirche und die Union."

chriftlichen Unterrichte" ist es an verschiedenen Stellen auf das Ausdrücklichste ausgesprochen. Was Calvin bei seiner ersten Anwesenheit in Genf
erstrebte, war daraus entsprungen. Weil er hievon in keinem Stücke ablassen wollte, war er aus der Stadt vertrieben worden. Aus dieser Anschauung heraus hatte er in Straßburg, auf kleinerem Gebiete, die ihm anvertraute Kirche geordnet und geleitet. — Er kam jetzt nach Genf zurück
unter der ausdrücklich oder stillschweigend zugegebenen Bedingung*), daß
man ihn nun ohne weitere Hemmungen werde thun lassen, was ihm früher
war verweigert worden. Das Erste was er sich vorgesetzt, das Erste was er
in die Hand nahm, war die Umgestaltung des öffentlichen Lebens nach diesem
Gesichtspunkte. — Es ist unerläßlich, wenn nicht das Folgende nur ein
dunkles und verworrenes Bild uns bieten soll, daß wir es versuchen, uns
denselben zu möglichst eindringendem Verständnisse zu bringen.

„Ihr sollt heilig sein, denn ich bin heilig," liest man am Schlusse des
alttestamentlichen Gesetzes, und darf wohl sagen: daß damit in einem
Worte der ganze Grund und Zweck des göttlichen Heilswerkes sich ausgesprochen finde. Denn nicht nur auf die Erkenntniß oder das Gefühl zielt ja doch
dasselbe ab. Es will ein heiliges Wesen schaffen, will eine Gemeinde hervorbringen, die von Gottes Willen durchdrungen und seinem Wesen ähnlich
ist. Daß nun in dem sündigen Menschengeschlechte sich das auf Erden nicht
vollkommen erreichen läßt, ist ja freilich klar genug, und Calvin gesteht es
ein so gut als irgend ein Anderer**). Aber — sagt er — wenn auch nicht
eine vollkommen heilige Gemeinschaft, so doch eine solche, die der Heiligkeit
nachtrachtet, und wahrhaftig nach seinem Willen zu wandeln begehrt,
muß von Gott beabsichtigt sein und sich herstellen lassen. Oder wozu anders
sind seine Gebote gegeben, als daß man nach ihnen sich richte? Wozu anders
hat er Ordnungen bestellt, die ihn vertreten, und ihnen Macht verliehen,
als damit sie darüber wachen, daß sein Gesetz in Geltung bleibe? Denn
als ein Hohn auf sein heiliges Wesen müßte es ja doch erscheinen: ein Volk,

*) Die gewöhnliche Meinung ist: Calvin habe sich erst bestimmte Zusagen
in Betreff der Annahme seiner Vorschläge und der Freiheit seines kirchlichen Wirkens ertheilen lassen, ehe er zurückgekehrt sei. Ich finde aber in
den maßgebenden Quellen hiervon nirgends etwas. Wohl war es hingegen
von beiden Seiten die natürliche Voraussetzung, daß man sich in
solcher Weise gegen ihn benehmen werde. Indem die Genfer ihn wieder
beriefen, nahmen sie ja damit ihren frühern Widerstand zurück; indem
Calvin wieder kam, kam er, wie sich von selber verstand, als der Alte und
mit den alten Absichten.

**) „Einige behaupten," bemerkt er im 4. Buch der Institutio Cap. 20, „daß
in der Kirche Gottes Alles heilig und vollendet sein müsse, sodaß eigentlich gar keine Gesetze mehr nöthig wären. Aber das ist ein thörichtes Hirn-
gespinnst. Nie wird solch' eine Gemeinde auf Erden sich verwirklichen
lassen."

s mit seinem Namen sich schmückt und ihm anzugehören behauptet, und
bei mit der That nichts nach ihm fragt, sondern in seiner Mitte birgt was
: ihm ein Gräuel ist! — Das also," fährt er fort, „muß in der Christenheit
Eine Aufgabe der beiden gottgeordneten Anstalten, des Staates und der
che sein: die Menschen zu erziehen zum rechten Glauben und zur Haltung
göttlichen Gebote. Die zwei Institutionen haben eigentlich den gleichen
ck — sowie sie in der ersten Zeit des alten Bundes auch wirklich in
s verschmolzen waren in der Person des Moses —, und unterscheiden
nur darin, daß die Kirche ihre Macht über die Seele ausübt und
das ewige Leben abzielt, der Staat hingegen mit dem äußern Men-
n es zu thun hat, und auf die rechte Anordnung des Lebens in dieser
lt sich beschränkt*). Es folgt daraus von selber, daß sie zusammengehören
zusammenwirken müssen, so wie Leib und Seele zusammengehören und
einander zu einem Ziele hinstreben. Dem Leibe fällt bei den Geschäften
Menschen die thatsächliche Handlung und Ausführung zu; der
sie das bestimmende Wollen, welches die Glieder des Leibes durch-
ngt und leitet. In derselben Weise ist in der gottgefälligen Ordnung der
nschlichen Verhältnisse die bürgerliche Obrigkeit die Macht, welche die
walt des eigentlichen Regierens, Richtens, Ausführens besitzt, und in
se ihre Funktionen hat die Kirche in keiner Weise sich zu mischen. Da-
gen soll sie ihrerseits die bürgerliche Obrigkeit mit ihrem Geiste be-
elen und erfüllen. Denn der Geist, der in ihr waltet, ist ja der Geist
risti; sie ist bestellt zur Auslegerin seiner Gesetze, zur Wirkung seiner
ilszwecke: und Christus ist auch der König des Staates, und kann
n anderes Regiment desselben wollen, als das seinen Geboten entspricht.
irkt der Staat gleichsam von oben herab — menschlich geredet — auf die
rche und hat thatsächliche Gewalt über ihre Ordnungen, so wirkt die
rche wiederum von unten empor auf den Staat, läßt ihren Hauch ein-
men in alle seine Grundsätze, Handlungen, Einrichtungen, giebt ihm
trieb und Richtung, macht ihn zum christlichen Staat im vollen Sinne
s Wortes und die Obrigkeit zur christlichen Obrigkeit."

Es ist besonders diese Seite der Sache, die Calvin häufig und mit
ßer Entschiedenheit hervorhebt. Als „profane Geister," die weder des
aates noch der Kirche Wesen verstehen, erscheinen ihm diejenigen, die
ide so auseinander halten wollen, daß der Staat nichts Anderes zu thun
te als mit den „bürgerlichen Dingen" im engsten Sinne des Wortes
abzugeben, „als," wie er sich ausdrückt, „Gott und Religion hinter
Rücken werfend lediglich den Menschen zu ihrem Rechte zu verhelfen in
: Angelegenheiten dieser Welt." — „Wahrhaftig nicht nur um Essen und
nken und ruhiges Wohnen im Lande handelte es sich, als Gott die staat-

---

*) Vergl. z. B. Institutio lib. IV, Cap. XX, sect. I.

die althergebrachten Geſetze der Stadt und der ſie umgebenden
, dann die reformatoriſchen Prinzipien, die Calvin in das Beſt
trug, und endlich, was übrigens erſt ſpäter hinzukam, die in de
en Provinz Berry üblichen Rechte, welche Germain Colladon
die neue Heimath mit hinüber brachte und zur weiteren Ausb
Geſetzbuches verwandte.

Es iſt nun nicht ſchwer zu erkennen, was vornämlich der zweiten
en, alſo der Einwirkung Calvins angehört. Zunächſt wird h
n ſein die ſehr bemerkliche Beſchränkung des demokratiſche
r entſprechende Verſtärkung des ariſtokratiſchen Elements, wel
derte Verfaſſung im Vergleiche mit der bisherigen offenbar a
Calvin war kein Freund der unbedingten Demokratie; von de
der Volksſouveränität iſt keine Spur in ſeinen Schriften; und
Fragen der Organiſation oder des Regiments zu behandeln hat
tiefes Mißtrauen und einen ausgeſprochenen Widerwillen ge
chaft der Maſſen. In ſeiner kirchlichen Einrichtung hatte er, r
n haben, hievon ganz vorzüglich ſich leiten laſſen, hie und
as Maß hinauf, das ihm ſelber in der Theorie als das richti
bte. Es war ſehr natürlich, daß er nun auf dem politiſchen (
anders zu Werke ging. War bisher die eigentliche Macht des ©
lle Behörden einſetzte und über jegliche Frage endgültig entſch
and der zahlreichſten Verſammlung, des alle Bürger und Ha
en Einwohner in ſich begreifenden „Generalrathes" gelegen, ſod

sie zu behandeln hatten. Er allein war beständig in Thätigkeit und hielt in der Woche vier regelmäßige Sitzungen. Die andern Räthe durften nur auf seine Einberufung hin sich versammeln. Die Ernennung der höchsten Staatsbeamten stand fast ausschließlich bei ihm; für die Wahlen der Syndiks, des Prokurators und einiger Anderen, die dem Generalrathe vorbehalten waren, machte er wenigstens Vorschläge, welche unter keiner Bedingung abgeändert, sondern nur angenommen oder verworfen werden konnten. Ueberdieß durfte diesem, den früher ein jeder Bürger hatte zusammenberufen können, wenn er nur die Kosten der Zusammenkunft tragen wollte, von nun an nichts mehr vorgeschlagen werden, was nicht vorher in dem Rathe der Zweihundert berathen worden, dem Rathe der Zweihundert nichts, was nicht vorher von den Sechzig, und den Sechzig nichts, was nicht von dem kleinen Rathe genehmigt war. Nur noch zwei Mal, im Februar und im November hatte die allgemeine Bürgerversammlung Statt, um die ihr übrig gelassenen Wahlen vorzunehmen „und den Preis des Weins zu bestimmen;" wer etwa, nach alter Sitte, zu einer andern Zeit auf ihre Zusammenkunft antrug, machte sich dadurch binnen Kurzem einer gefährlichen Unzufriedenheit verdächtig und wurde endlich als erklärter Empörer betrachtet.

Es leuchtet ein, daß hiemit die wirkliche Gewalt in die Hände einiger Wenigen sich concentrirte, denen die größeren Räthe mehr nur noch als Controle zur Seite standen, als daß sie ihrer Verwaltung wie früher die bestimmende Richtung zu geben vermocht hätten. Und man kann sich denken, wie bitter das von Vielen empfunden wurde, welch ein Haß auf den Urheber dieser Verordnung sich warf, den „hergekommenen Fremdling, der die eingebornen Genfer ihrer alten Freiheit beraube." Aber hätte Genf wohl, ohne diesen „Raub," auch nur das Letzte was zur Freiheit gehört: seine politische Unabhängigkeit und Selbständigkeit zu bewahren vermocht — zwischen den übermächtigen Drängern rings um es her, die bereit standen jede Schwäche und Verwirrung, die es zeigte, zu seinem Verderben zu benutzen? Wenigstens die kompetentesten Richter in diesem Stücke, wie Ancillon und Montesquieu haben anders geurtheilt, als sie die Genfer aufforderten, auch um dieser Staatseinrichtungen willen den Tag der Geburt Calvins und den Tag seiner Ankunft in Genf als die größten Segenstage der Republik in unvergänglichem Andenken zu behalten.

Neben diesen großen Grundzügen der politischen Organisation umfaßte die legislatorische Thätigkeit Calvins dann weiter auch das gesammte Criminal- und Civil-Recht und selbst die Verordnungen der eigentlichen Administrationen. Es sind Aufsätze von seiner Hand erhalten, aus dieser oder einer spätern Zeit, welche mit den geringsten Kleinigkeiten auf diesem Gebiete sich beschäftigen: Instructionen für den Bauinspektor, den Artillerie-Aufseher, die Wächter der Thürme, Abhandlungen über juristische Proceduren, Anordnungen für Feuersgefahr, polizeiliche Erlasse, und was dergleichen

ist *): höchst merkwürdige Dokumente seines in Alles eindrin
Größte wie das Kleinste mit gleichem Ernste und Verständnisse
Geistes!

) Henry bringt Band II, p. 67, Beilage 3 eine Reihe von Dok
solcher Art aus den Gothaischen Manuscripten bei. Um unsern
einen Begriff von denselben zu geben, theilen wir hier einige kurze
Stücke mit. — „Vom Amt des Bauaufsehers. Er soll ke
vorübergehen lassen, ohne die sämmtlichen städtischen Gebäude zu
suchen. Namentlich auf diejenigen die unbewohnt sind, wie Kirchen
nen und dergleichen hat er seine Aufmerksamkeit zu richten, auch o
er ausdrücklich dazu aufgefordert wird.“ — „Von Gerichtssache
es um einen zweifelhaften Besitz sich handelt, soll man damit b
denselben unter Beschlag zu legen, und diesen Beschlag bis zum be
Spruche fortbestehen lassen, damit der Gang des Prozesses durch k
tergeordneten Fragen verzögert werde.“ — „Von der Art des g
lichen Verhandelns. Nach dem alten Gebrauch sollen die V
lungen in der Landessprache und nicht lateinisch geführt werden.
um überflüssige Kosten und Verschleppungen zu vermeiden, hat das
wo es um Angelegenheiten von nicht mehr als fünf Gulden sich
sich möglichst aller Schreiberelen zu enthalten sowohl in Bet
Anträge und Antworten der Parteien, als auch der Beweisau
Ebenso, um alle boshafte Verzögerungen abzuschneiden, soll es bei
die zehn Gulden nicht übersteigen, bei dem Spruch des Statthal
seiner Beisitzer sein Bewenden haben und keine weitere Appellation
sein. Bei bedeutenderen Beträgen hingegen, oder wo es nicht
einmalige Schulden, sondern um Zinsen und dauernde Verpflichtun

arf offenbar auch die Kirche einer Anstalt dieser Art, die freilich von der weltlichen ganz verschieden sein muß und so weit davon entfernt ist, diese etwa zu stören oder zu schwächen, daß sie im Gegentheile auf das Allerkräftigste sie stärkt und fördert *).“ Nämlich darüber muß gewacht werden, daß die Glieder der Kirche nicht etwa durch ihr Benehmen und ihren Wandel das schmähen und verleugnen, was jene predigt. Thun sie solches, so sind sie ja augenscheinlich nicht mehr wirklich ihre Glieder, und die Kirche verunziert und zerstört sich selbst, wenn sie dieselbe nichtsdestoweniger ohne Besserung fort und fort in ihrem Schooße duldet. Es muß demnach eine Einrichtung vorhanden sein, wodurch sie die von Gottes Geboten und dem Wege eines christlichen Lebens offenbar Abweichenden zuerst ermahnt, straft, zur Buße ruft; und wo dies keinen Erfolg hat, sie aus ihrer Gemeinschaft ausschließt als Solche, die erklärtermaßen nicht mehr dazu gehören und keinen Antheil mehr haben können an ihren Gnadengütern und Verheißungen.

Der Herr selber hat solche Einrichtungen eingesetzt in dem Amte der Schlüssel, und seine Apostel sehen wir in der That davon Gebrauch machen, wenn Paulus bei den Corinthern den blutschänderischen Ehebrecher aus der Gemeinde Christi ausschließt und dem Satan übergiebt zum Verderben des Fleisches, bis er umkehre. Mit dem Strafamte der bürgerlichen Obrigkeit freilich hat dieses kirchliche nichts zu thun. Es bedient sich keiner äußern Mittel; und giebt sich auch nicht damit zufrieden, wenn das Vergehen etwa nur äußerlich gesühnt ist durch das Erleiden einer festgesetzten Züchtigung, sondern auf Reue des Inwendigen geht es aus, auf Umkehr des Herzens, auf Aenderung des Lebens. Und hiezu ist es von solcher Wichtigkeit, daß wenn die Lehre von unserm Erlöser die Seele der Kirche ist, diese Zucht (Disciplin) ihrerseits mit den Nerven verglichen werden kann, welche einen Körper durchziehen, die Glieder vereinigen und ein jedes derselben in seiner rechten Ordnung erhalten. Oder was käme Anderes heraus, als eine völlige Auflösung der Kirche, wenn ihre Glieder sich benehmen und wandeln könnten wie sie wollten? Dieß aber würde geschehen, wenn man sich nur mit der Predigt begnügte, und nicht auch die Ermahnung des Einzelnen, die züchtigende Zurechtweisung und andere Mittel solcher Art hinzufügte. Die kirchliche Disciplin ist also gleichsam ein Zügel, um diejenigen zurückzuhalten und zu bändigen, die sich gegen die Ordnung Gottes empören, und ein Sporn, um die Trägen und Gleichgültigen anzutreiben, zuweilen auch eine Ruthe, um mit christlicher Liebe und brüderlicher Theilnahme die Wohlgesinnten zu strafen, die einen offenbaren Fall thaten **). Die Werkzeuge durch die die Kirche diese Thätigkeit vollzieht, sind — nebst

---

*) Institut. IV, Cap IX.
**) Instit. IV, Cap. 12.

den Geistlichen, denen natürlich die erste Stelle dabei zufällt — die Aeltesten, ein Rath oder eine Versammlung*) gutgesinnter, ernster und heiliger Männer, die die nöthige Autorität zu dem Amte des Strafens besitzen."

Auf allen diesen Gebieten nun muß die Kirche eine völlig freie und selbständige Wirksamkeit besitzen. Nicht irgendwie von außen her (von Seiten des Staates oder der bürgerlichen Obrigkeit) dürfen die Organe ihr gegeben werden, die die verschiedenen Aemter in Vollziehung setzen, sondern lediglich aus sich selber heraus hat sie dieselben zu bestellen, und Niemand darf in diese Bestellung sich mischen oder sie antasten. Die Gemeinde ist die Inhaberin der kirchlichen Vollmacht, und wenn auch die Aemter selbst von dem Herrn eingesetzt sind, nicht von ihr, so daß sie weder etwas davon hinweg noch dazu hinzuthun kann, so werden sie doch von ihr aus mit den nöthigen Personen versehen, und können gleichsam nur in ihrem Auftrag und unter ihrer beständigen Aufsicht verwaltet werden. In welcher Weise die Gemeinde diese ihre Rechte auszuüben hat, hängt von den Umständen ab; jedenfalls aber muß es immer so geschehen, daß jede Unordnung und Willkür vermieden wird, und die Einrichtung nicht in eine Herrschaft der unreifen und unverständigen Masse ausartet. — **)

---

*) Nach der französischen Ausgabe der Institut. conseil ou consistoire. Instit. IV, Cap. 3, 58.

**) So sagt er z. B. über die Wahl der Geistlichen (Inst. IV, 13 — 15): Von der Erwählung der Apostel läßt sich da keine Regel hernehmen, denn, wie sie eine ganz besondere Stellung hatten, wurden sie auch in einer ganz besonderen Weise berufen, die sich nicht nachahmen läßt. Freilich ist ja ein jeder Geistlicher darin dem Paulus gleich, daß er nicht durch Menschen zu seinem Amte bestimmt worden ist, sondern durch Gott. Niemand, den Er nicht berufen, kann den heiligen Dienst seines Wortes in der rechten Weise verrichten. Aber zu diesem innern Berufe muß nun auch ein äußerer kommen, und der kann in unsern Verhältnissen eben nur von Menschen ausgehen. Aber von wem nun? Soll die ganze Gemeinde einen Geistlichen wählen? Oder sollen lediglich die andern Geistlichen und die Aeltesten das thun? Oder ist es am Ende ein Einzelner, der dazu bestellt ist? Die das Letztere wollen, berufen sich auf die Worte des Paulus an Titus und Timotheus (Titus 1, 5. 1 Timoth. 5, 22): „Besetze die Städte hin und her mit Aeltesten" und: „Lege Niemanden die Hände bald auf." Aber wenn sie meinen, daß diese Männer deßhalb eine königliche Herrschaft nach ihrem Wohlgefallen ausgeübt, so irren sie gewaltig. Vielmehr haben offenbar Beide einfach die Wahlversammlungen geleitet, um dem Volke dabei mit ihrem guten Rathe zur Hand zu gehen, und nicht um von sich aus herzustellen was sie gut dünke. Dieß schmiede ich nicht etwa aus meinen eigenen Gedanken, sondern ich schließe es aus einem ähnlichen Vorgange, der uns ausführlicher erzählt wird. Die Apostelgeschichte nämlich berichtet, daß Paulus und Barnabas durch die Gemeinden hin

Und wie auf der einen Seite die Durchdringung des Staates durch
ι christlichen Geist und die Handhabung seiner Gewalt zur Förderung der
re Gottes, so ist nun auf der andern auch wieder diese Unabhängigkeit und
lbständigkeit der Kirche in ihrem Bereiche eines der ersten Anliegen Cal-
s, daß er gegen jede Anfechtung unermüdlich vertritt. „Die bürgerliche
rigkeit," sagt er zu verschiedenen Malen *), „kann und darf nimmermehr für
) in Anspruch nehmen was der Kirche gebührt. Diejenigen, die behaupten,
: Herr habe seiner Gemeinde die eben bezeichnete Gewalt nur anvertraut, bis
einen christlichen Magistrat gebe, der sie seinerseits zur Ausführung bringe,
treten eine durchaus thörichte und unhaltbare Meinung. Denn, um mit
n Aeußerlichsten zu beginnen: wie würde es in diesem Falle werden, wenn
: Obrigkeit gleichgültig und nachläßig wäre oder selber Züchtigung ver-
mte, wie das bei dem Kaiser Theodosius vorkam? Und wie müßte es im
brigen die ganze Stellung der Kirche verrücken, wenn sie diejenigen, die
n Ermahnungen ihrer Geistlichen nicht gehorchen wollen, bei der weltlichen
ewalt verklagte, was doch nothwendig zu geschehen hätte, im Falle diese
der That die Erbin der Rechte wäre, die der Herr der Gemeinde über-
agen. Auch die Geschichte spricht klar genug gegen jene Behauptungen.
enn als die Kaiser und Richter in die Christenheit eintraten, wurde deß-

---

Aelteste setzten, bestimmt aber auch näher, in welcher Weise: nämlich durch
die Stimmen der Gemeindeglieder, wie das griechische Wort (χειροτονέω)
dieß deutlich ausdrückt. Sie also ernannten sie, und das Volk, nach der
Sitte des Landes, hob die Hände auf, um seine Zustimmung zu erklären.
Wie sollte nun Paulus dem Titus befohlen haben, was er für sich selber
nicht in Anspruch nahm? — Und eben so war es im alten Testamente, da
nach göttlicher Ordnung (Lev. 8, 6. Num. 20, 26) die Leviten dem Volke
erst vorgestellt werden mußten, ehe man sie wählte. — Es ist also klar, daß
die Wahl eines Geistlichen nicht geschehen kann ohne die Wahl der Gemeinde; und nur wo sie von Allen geprüft und gebilligt ist, da ist sie rechtmäßig. Im Uebrigen sollen allerdings die Hirten und Vorsteher den Wahl-
akt leiten, damit die Menge nicht willführlich und leichtsinnig dabei verfahre oder sonst Unordnung anrichte."
    Und ebenso spricht er brieflich einige Male sich aus, z. B. in der
Briefsammlung der Amsterdamer Ausgabe S. 131. — Ueber die Theilnahme
der Gemeinde an dem Akte der Kirchenzucht bemerkt er (Inst. IV, 12, 7):
„Die Geistlichen sollen die Erkommunication nie allein aussprechen, sondern
mit Wissen und Zustimmung der Gemeinde. Nicht zwar so, daß die Menge
die Sache in der Hand habe und von sich aus vorschreiten könne, aber
Zeuge soll sie wenigstens sein, um darüber zu wachen, daß Alles in der
rechten Ordnung vor sich gehe." Vergl. dazu auch den Brief an Lifer
(Amsterdamer Ausgabe p. 82): „Nie habe ich es für gut gehalten, den
Geistlichen allein das Recht der Erkommunication einzuräumen. Es erregt
dieß Haß und führt gar zu leicht zur Thrannei; auch haben die Apostel
einen andern Gebrauch uns überliefert."

*) Z. B. Inst. IV, XI, 3 u. 4.

halb die geiſtliche Gerichtsbarkeit keineswegs abgeſchafft, ſondern nur
geordnet, daß ſie mit der weltlichen Gerechtigkeit nirgends zuſammenſt
und nirgends ſich vermiſchte. Iſt die Obrigkeit wahrhaft chriſtlich und tre
ſo wird ſie ſelber nicht daran denken, von der Unterthanenſchaft ſich auszu
nehmen, die allen Kindern Gottes gemeinſam iſt und zu dieſen gehört, da
ſie der Kirche ſich unterwerfen. „Denn was giebt es Ehrenvolleres für ein
Fürſten,“ ſagt Ambroſius, „als ein Sohn der Kirche zu ſein, da er ja wei
daß er nicht über derſelben ſtehen kann?“ Wer alſo die Kirche ihrer G
walt berauben will, um die Macht des Staates deſto höher zu erhebe
widerſpricht nicht nur dem Sinne der Worte Chriſti, ſondern verdamm
auch alle die heiligen Männer, die ſeit der Apoſtelzeit das feſt hielten, wa
der Herr in ihre Hände gelegt. „Man hält uns David und Moſes vor,
ſchreibt er ein ander Mal gleich nach der erſten Zeit nach ſeiner Rückkehr i
Genf, „um uns zu beweiſen, daß auch die kirchliche Macht in den Hände
der weltlichen Obrigkeit ruhe. Als ob dieſe zwei Herrſcher eine ganz g
wöhnliche bürgerliche Regierung geweſen wären, und keine andere Aufgal
gehabt hätten, als die einer ſolchen obliegt Geben uns dieſe Thoren do
Magiſtrate, die dieſen gleichen, nämlich die im vollen Sinne den Geiſt d
Weiſſagung beſitzen und durch Gottes Ruf und Ausrüſtung beide Perſone
in ſich vereinigen: ſolchen werden wir ja gerne die Macht zugeſtehen, di
man von uns fordert. Uebrigens zweiſle ich nicht daran, daß Moſes ſelb
das Prieſteramt verwaltete, ehe Aaron dazu geweiht wurde, und nachh
verordnete er nach den ausdrücklichen Befehlen Gottes, was z
thun war. Auch David ging nicht daran, die Verwaltung der Kirche z
ordnen, ehe er ganz beſonders und perſönlich von Gott dazu aufgeforde
wurde. Die andern frommen Könige haben mit ihrer Macht, wie ſich g
bührt, die beſtehende Ordnung beſchützt, und demnach der Kirche ihre G
richtsbarkeit in geiſtlichen Dingen und die ihr von Gott verliehenen Aemt
überlaſſen*). Hie und da wendet er dann dieſe allgemeinen Grundſätze au
auf die einzelnen Fälle an, die gerade in Frage kommen. Für durchaus ve
werflich erklärt er es, wenn die bürgerliche Obrigkeit die Prediger lediglı
von ſich aus ein- oder abſetzen wolle**), oder wenn ſie durch ihre Aut
rität Eheſcheidungen erlauben, oder wenn ſie die gottesdienſtlichen Anor
nungen mitzubeſtimmen verſuche. Indem er dem Allen gegenüber das rech
Verhältniß von Kirche und Staat feſthalten will, kommt er immer wied
darauf zurück: dieſer habe auf ſeinem Gebiete ſo zu verfahren, daß er i
Allem was er vornehme, die Ehre Gottes und die Förderung der Kirche ı
Auge behalte; der Kirche dagegen liege es ob, das Volk ſo zu erziehen un

---

*) Brief an Myconius bei Bonnet I, p. 293.
**) Brief an Marbach (Amſterdamer Ausgabe p. 84) und in der Zueignung
ſchrift an König Sigismund von Polen.

zu bilden, daß die Durchführung dieser Aufgabe dem Staate möglich gemacht werde*). —

Es sind das Ansichten von der allergrößten Bedeutung, wie sie in einer
so bestimmten, ausgeführten Form und von einer so einflußreichen Stelle
aus noch nie in der christlichen Welt sich hatten vernehmen lassen. Wer
auch nur ein wenig darüber unterrichtet ist, wie man bisjetzt das Wesen
von Kirche und Staat und ihr Verhältniß zu einander aufzufassen pflegte,
wird augenblicklich erkennen, in welch höchst bemerkenswerther Weise diese
Aufstellungen Calvins von dem Herkömmlichen der einen und andern Art
sich unterscheiden, und den lebensfähigsten Ideen der neueren Zeit sich
nähern. Denn was zuerst die mittelalterlichen Anschauungen betrifft, die
bis zum Beginne der Reformation die allgemeine Geltung behauptet hatten,
so ist es bekannt genug, daß sie ein auf seinem eigenen Rechte beruhendes,
selbständiges Staatswesen nach keiner Seite hin anerkannten, sondern nur
von der einen Macht der Kirche wußten, der jedes Andere unterworfen,
der alle Gewalt gegeben sei im Himmel und auf Erden. Die bürgerliche
Obrigkeit galt da nur als die Bestellte und Beauftragte der kirchlichen Autorität; „wie der Mond von der Sonne sein Licht empfange," hat ein Papst
mit der Zustimmung des allgemeinen Zeitbewußtseins gelehrt, „so das Kai-
serthum seine Gewalt von dem römischen Stuhle." Von dem Papste, dem
Statthalter Christi und dem Haupte der Kirche, könne allein ausgehen,
was auf Erden Recht und Ordnung und Gebot heiße; er setze Könige ein
und ab, gebe die Reiche zum Eigenthume und nehme sie zurück.

Wie der gesammten römischen Weltanschauung, so auch dieser von der
völligen Unterordnung des Staates unter die Kirche, hatte sich dann die Reformation entgegengesetzt. Nicht die Kirche allein, sondern den Staat ebensowohl erkannte sie als ein göttliches Institut. Beide trugen nach der über-
einstimmenden Lehre aller ihrer Sprecher in sich selber das Recht zu bestehen
und ihre eigenthümlichen Aufgaben zu vollziehen. Aber in welchem Verhältnisse standen sie nun zu einander, da sie doch offenbar auf einander angewiesen waren und durch tausend unlösbare Bande zusammenhingen? Theilweise durch die Opposition gegen die Herrschaftsansprüche der alten Kirche
dazu gedrängt, theilweise durch die Zeitumstände dazu veranlaßt, ließ die
deutsche wie die schweizerische Reformation es gelten, daß der bisherige
Stand der Dinge in sein vollkommenes Gegentheil verwandelt wurde, und
der Staat nun ebenso die Herrschergewalt über die Kirche erhielt, wie diese
vordem ihre Obmacht über ihn behauptet hatte. Man weiß, wie Zwingli
es gerade heraussagte, daß der Rath der Zweihundert in Zürich auch in
kirchlichen Dingen die oberste Gewalt inne habe**); und wenn Luther in der

---

*) Vergl. z. B. Instit. IV, XI, § 3. Schluß.
**) Vergl. Gesammtwerk Band I, p. 82, 83.

Theorie nicht ganz soweit sich fortreißen ließ, so hat er doch zugegeben, daß in der Praxis nach demselben Grundsatze verfahren wurde. In der gesammten protestantischen Christenheit hingen die Ordnungen und die Diener der Kirche im Wesentlichen ebenso von der weltlichen Obrigkeit ab wie die bürgerlichen Einrichtungen und Beamteten.

Bei Calvin waltet nun, wie wir gesehen haben, weder jene alte hierarchische, noch diese neue reformatorische Anschauung ob. An das sich anschließend was seine Vorgänger über das göttliche, gleich ursprüngliche Recht des Staates und der Kirche gelehrt hatten, zieht er, konsequenter als sie, aus diesem Satze die unbestreitbare Folgerung: daß demnach keine der beiden Ordnungen eine Oberherrschaft über die andere sich anmaßen dürfe, sondern eine jede durchaus unabhängig und nur ihren eigenen Gesetzen folgend ihren Weg zu gehen habe. Es mag paradox klingen, wenn man daran denkt, wie die Verhältnisse in Genf sich unter seinem Einflusse thatsächlich gestaltet haben, und doch ist es so: er ist der Erste, der den Grundsatz der Trennung von Kirche und Staat, wenigstens dem Prinzipe nach, aufgebracht und ausgesprochen hat. Denn was versteht man in diesem Zusammenhange unter Trennung Anderes, als das durchaus selbständige Nebeneinanderstehen der beiden Ordnungen, da keine zu einer gesetzlichen Einwirkung irgend einer Art auf die andere berechtigt ist? Und nach Calvin haben sie nun einander nicht zu gebieten noch zu gehorchen; kein sichtbares, äußerlich einigendes Band knüpft sie an einander; wenn sie in einen Zusammenhang treten müssen, so doch nur in einen solchen, der durch die Natur ihres Wesens von selber gefordert wird.

Und einem Zusammenhange streben sie ja allerdings zu. Sie sollen selbständig neben einander stehen: nur damit sie in ihrer freien, freiwilligen Weise um so inniger sich zusammenschließen und um so erfolgreicher sich unterstützen. Wir haben gesehen: Calvin spricht es geradezu aus, daß Kirche und Staat eigentlich denselben Zweck haben und so wenig ohne einander bestehen können, wie der Leib ohne die Seele und die Seele ohne den Leib. Gerade dadurch daß eine jede Ordnung vollkommen unabhängig auf ihrem Gebiete sich bewegt: gerade dadurch erhält sie die Kraft und Fähigkeit, der andern mit allen ihren Hülfsmitteln zur Seite zu stehen und die Zwecke derselben zu fördern. —

Es leuchtet ein, wie weit dieser Gedanke hinausreicht über den Gesichtskreis und die Verhältnisse der damaligen Zeit! Erst in unsern Tagen hat er angefangen, in dem Bewußtsein der evangelischen Christenheit hie und da eine klare Gestalt zu gewinnen. Das Beste was die jüngste Vergangenheit oder die Gegenwart an kirchlichen Neubildungen hervorgebracht hat, beruht auf ihm.

Freilich müssen wir von vornherein anerkennen, daß es mit der thatsächlichen Durchführung seiner Ideen Calvin weniger geglückt ist, als mit der

Auseinandersetzung derselben. Die bisherigen Verhältnisse, das augenblickliche Bedürfniß, das Beispiel dieser herrschenden Kirche, die er bekämpfte und mit der das Innerste seiner energischen Natur nichts destoweniger eine gewisse Verwandtschaft hatte, brachte ihn dahin, den direkten Beistand der staatlichen Gewalt, den er im Prinzipe so entschieden zurückweist, nun doch für die kirchlichen Zwecke in Anspruch zu nehmen, und wie das nicht anders möglich ist, ihn durch eine gewisse Unterordnung der Kirche unter den Staat zu erkaufen. Es kam dazu, daß die höchste Staatsbehörde in manchen Stücken auch zur höchsten Kirchenbehörde wurde, und fast unbedingt das Schicksal der kirchlichen Gestaltungen und Verhältnisse in ihrer Hand hielt. Wie oft hat das Verbleiben Calvins in Genf, der Bestand seiner Lehre, die Fortdauer der neu begründeten kirchlichen Einrichtungen davon abgehangen, welche Meinung in den bürgerlichen Rathsversammlungen die Oberhand gewann, welche Syndiks gewählt wurden und was sie beschlossen!

Aber eben dieß drängte nun mit Nothwendigkeit dazu, auf der andern Seite auch wieder den Einfluß der Kirche auf den Staat zu verstärken, und die äußere Abhängigkeit von ihm dadurch auszugleichen, daß er seinerseits in eine möglichst durchgreifende innere Abhängigkeit von dem kirchlichen Geiste gebracht wurde. Wohl sollte Saul der König sein — um an einem allgemein bekannten geschichtlichen Vorbilde die Sache klar zu machen —, der rechtlich auch über Samuel gebot, aber Samuel sollte dabei ihn führen und leiten, und den irdischen König in allen Stücken wandeln lehren nach seinen göttlichen Prophetengedanken. Und indem das nun auch in der Gesetzgebung zum Ausdrucke kam, indem der Genfer Staat ganz bestimmt und rechtlich zu einem Gottesstaate gemacht wurde, dessen eigentliche Obrigkeit der Herr im Himmel sei, dessen eigentliche Aufgabe die Bewahrung seiner Wahrheit und die Verherrlichung seines Namens: läßt es sich ja freilich gar nicht leugnen, daß jene Scheidung von Kirche und Staat, die Calvin im Prinzipe aufstellte, in den thatsächlichen Verhältnissen in ihr gerades Gegentheil umschlug. Die beiden Ordnungen wurden auf das Allerstrengste an einander geknüpft und sich gegenseitig über- und untergeordnet; und wenn man genauer zusieht, auf welche Seite die eigentliche faktische Ueberordnung fällt, so ist es allerdings unzweifelhaft, daß der Kirche dieselbe zugetheilt ist. Jene theokratische Anschauung des Mittelalters, wie wir sie vorhin mit einigen Worten zeichneten, lebte so merkwürdiger Weise gerade an der Stelle wieder auf, von der aus sie am entschiedensten bekämpft wurde, und an einem der hervorragendsten Beispiele kam es wieder einmal zur Anschauung, wie wenig auch in dem consequentesten und energischsten Geiste die Prinzipien sich zu behaupten vermögen im Kampfe mit den Anforderungen der thatsächlichen Verhältnisse und dem Einflusse der allgemeinen Zeitanschauungen.

Wir haben damit schon angedeutet, wie wir diese calvinische Theokratie.

die wir nun in ihrem praktischen Wirken uns vorzuführen haben, beurtheilen. Wir können sie nicht anders betrachten, denn als einen ungehörigen Rückfall aus dem Wesen des Neuen Testamentes in die Anschauungen des Alten und alles dessen, was auch in der Christenheit an Mose und das Gesetz sich angeschlossen hatte, statt an Christum und das Evangelium. Und wie manche bittere widerwärtige Frucht, deren Schuld und Last die reformirte Kirche zum Theil heut zu Tage noch zu tragen hat, dann unvermeidlicher Weise im Laufe der Dinge daraus hervorging, werden wir im Folgenden wahrnehmen.

Aber bei alle dem ist es doch eben so ungerecht als ungeschichtlich, Calvin, wie es wohl zuweilen geschieht, ohne Weiteres neben die Hierarchen der römischen Kirche zu stellen und mit dürren Worten zu behaupten, „daß er nicht minder als die Päpste des Mittelalters von der Kirche aus den Staat zu beherrschen gesucht habe*)." Ganz richtig bemerkt dem gegenüber Schenkel**), daß der Gedanke, den der Genfer Reformator durch seine Anordnungen zu verwirklichen bestrebt war, vielmehr den schärfsten Gegensatz bildete zu den Absichten und Zielen, welche die römische Kirche durch ihre hierarchischen Institute zu erreichen gedenkt. Denn auf ein Anderes geht diese doch nicht aus, als das Volk den kirchlichen Institutionen recht rückhaltlos zu unterwerfen und in der unbedingtesten Abhängigkeit von ihnen zu erhalten. Darin sieht sie das Heil der Seelen; und auch die schwersten sittlichen Vergehungen deckt der kirchliche Gehorsam zu. Dagegen sollte bei Calvin umgekehrt Alles dazu dienen, die Gemeinde zur Mündigkeit und Selbständigkeit zu erziehen durch die allseitigste Pflege und Behütung des sittlichen Geistes. Was er im Auge hatte, war nicht eine Kirche, die die Welt beherrsche, sondern eine Gemeinde die da sei ohne Flecken und Runzel; und die auch in der Mischung mit der sündbefleckten Welt ihrer himmlischen Berufung und heiligen Bestimmung über die Sünde zu herrschen, keinen Augenblick vergesse. Wie das alttestamentliche Gesetz der Zuchtmeister auf Christum, so sollte die züchtigende und beherrschende Gewalt, die der Kirche zunächst in die Hände gelegt war, die Erzieherin sein zu jener vollkommenen Freiheit, da das Rechte aus eigenem Antriebe gethan wird und das innere Wollen Eins geworden ist mit der äußern Vorschrift. —

---

*) So neuestens wieder Bluntschli, von dem man ein besseres Verständniß der Sache erwarten sollte, im „deutschen Staats-Wörterbuch" Art. Calvin B. II, p. 322.

**) „Die Reformatoren und die Reformation" (Wiesbaden 1854) p. 124. Der ganze Abschnitt über die calvinischen Staats- und Kircheneinrichtungen, in dem die angezeigte Stelle sich findet, ist höchst lesenswerth und belehrend, wenn wir gleich nicht jede Einzelnheit in der Auffassung des geistreichen Gelehrten vertreten möchten.

· Und zudem: welch einen Unterschied macht es doch aus, ob ein Verfahren wie das in Rede stehende prinzipiell behauptet und durchgeführt wird; oder ob es nur dem augenblicklichen Bedürfnisse und der Lage der Dinge entspringt, während dem Grundsatze nach ein ganz Anderes für das Sachgemäße gehalten und der Gemeinde als das Ideal vor Augen gestellt wird, dessen Verwirklichung ihr obliege? Die Thatsachen selber mit ihrer unwiderleglichen Beweisführung haben in dieser Beziehung die Rechtfertigung Calvins übernommen. Denn indem sie auf der einen Seite darthaten, daß in der That für den Augenblick die Zeit der vollen Freiheit noch nicht gekommen war, und daß die Zuchtruthe in dieses Meisters Hand ein Wunder wirkender Segensstab wurde, haben sie auf der andern auch wieder gezeigt, wie es doch bei der bloßen Zucht nicht sein Verbleiben hatte, sondern wie wahrhaftig im Laufe der Zeit jene bessere Frucht sich aus ihr erzeugte, auf die sie angelegt war. Oder finden wir nicht, wenn wir in der gegenwärtigen Christenheit uns umsehen, überall da die freien Kirchen im rechten Sinne des Wortes, wo der eigentliche Calvinismus seine Wirksamkeit entfaltet und die Völker unter seine strengen Ordnungen genommen hat? Während die römische Hierarchie sich unfähig erwies, den heranwachsenden Geschlechtern zu bieten weffen sie bedurften, während sie sich überlebte, und was ihr anvertraut war mit sich hinabzog in dasselbe überlebte Wesen: hat im Gegentheile was Calvin begründet sich allen Anforderungen der zum Leben und zur Freiheit des Geistes emporstrebenden Christenheit gewachsen gezeigt. Mögen auch die Formen jener zeitweiligen Zucht-Einrichtungen längst zerrissen und auseinandergesprengt sein, so lebt und wirkt doch der Geist, der aus diesen Formen hervorgegangen ist, in reichem Segen immer noch fort, und verwirklicht in stets neuer Gestalt den alten Gedanken des Reformators: christliche Gemeinden die mit Wahrheit diesen Namen tragen, und dem von den Aposteln gezeichneten Vorbilde so nahe kommen, als das möglich ist in der Mitte dieser von Gott gelös'ten Welt. -

Auf das Treffendste faßt das Haag*) zusammen, indem er diese allgemeinen Bemerkungen zunächst auf die Geschichte von Genf anwendet. „Bei allen ihren Fehlern," sagt er, „bewirkten doch die Institutionen Calvins, was er sich vorgesetzt hatte. In weniger als drei Generationen waren die Sitten Genfs völlig umgestaltet. Der Frivolität und Zügellosigkeit folgte jene etwas herbe Sittenstrenge mit dem behutsamen Ernste, der in frühern Tagen die Schüler des Reformators kenntlich machte. Die Geschichte berichtet nur von zwei Männern, die einem ganzen Volke das Siegel ihrer Gedanken bleibend aufzudrücken vermochten: von Lykurgus und Calvin, deren Charaktere in der That Manches mit einander gemein haben. Die Athenienser spotteten über die schwarze Suppe der Spartaner, und Sparta hat Athen

---

*) France protestante III, 123.

erobert. Wie viele Anklagen und Witzeleien hat man nicht gegen den calvinischen Geist Genfs geschleudert, und Genf ist ein Herd des Lichtes und der geistigen Befreiung geworden, von dem selbst Diejenigen Gaben empfangen, die ihn schmähen." —

Gehen wir nun daran, die Einrichtungen, durch die Calvin seine bisher dargelegten Anschauungen zu verwirklichen gedachte, und die im Fortgange der Zeit solche Erfolge hervorbrachten, im Näheren uns vorzuführen.

II.

Die calvinischen Satzungen für das kirchliche und staatliche Leben in Genf. — Ausarbeitung und Annahme der „kirchlichen Ordnungen" (Ordonnances ecclésiastiques). — Die Pflichten der Geistlichen. — Das Consistorium. — Fehlerhafte Zusammensetzung desselben. — Die Cultusformen. — Bestimmungen über die Ehe. — Luxusgesetze. — Antheil Calvins an der bürgerlichen Gesetzgebung. — Veränderungen in der Verfassung. — Verwaltungsangelegenheiten. — Criminelle Gesetzgebung. — Ihre Wirkung auf das Volk. — Aeußerungen der Augenzeugen über die dadurch hervorgerufenen Zustände.

Kaum war Calvin in Genf angelangt, schon am zweiten Tage seiner Ankunft, als er sich anschickte in's Werk zu setzen, was zur Ausführung seiner Gedanken nöthig war. Indem er vor dem versammelten Rathe erschien, um ihn zu begrüßen und seine Dienste ihm anzubieten, erklärte er zugleich auf das Bestimmteste, daß an einen gesegneten Aufbau der Kirche nimmermehr zu denken sei, bis sie mit den Ordnungen ausgestattet werde, die das Wort Gottes vorschreibe und die alte Kirche abbilde. Namentlich auf die Nothwendigkeit der Disziplin wies er mit einigen andeutenden Worten hin, und verlangte die Niedersetzung einer Commission aus der Mitte der Behörde, mit der er über diesen Gegenstand in nähere Verhandlungen treten könne. Ohne Zögern wurde willfahrt und ein Ausschuß von sechs Mitgliedern ihm zugewiesen*).

Schon nach vierzehn Tagen war derselbe mit seiner Arbeit zu Stande gekommen, die aus einem Gesetzesentwurfe von nicht weniger als 168 Artifeln bestand, und legte dem Rathe sie vor. Mit dem besten Willen kam man da entgegen und freute sich darüber, „daß jetzt Jedermann wissen werde, wie er den Willen Gottes und der Gerechtigkeit gemäß sich zu benehmen habe**)!" Aber indem die Räthe die vorgeschlagenen Bestimmungen nun im Genauern sich ansahen, erwachte doch in dem Einen und Andern eine Regung des Widerspruchs, oder zum Mindesten die sorgliche Frage: wie es sich werde

---

*) Brief an Farel bei Bonnet I, 260.
**) Rathsregister über die „Organisation du Consistoire" bei Gaberel I, pièces justif. 117.

durchführen lassen, dieses Joch der eisernsten Zucht dem freiheitsdurstigen Volke auf den Nacken zu legen? „Die einen Artikel hat man angenommen," heißt es in dem Rathsprotokolle, „die andern bedauert, obwohl Jedermann ihre gute Meinung erkannte." Es erschien unerläßlich, sie wenigstens stellenweise zu mildern; und zwei Monate unterhandelte man darüber mit Calvin, der wohl zuweilen mit seinen Collegen in der Behörde persönlich sich einfand, um ihr Muth einzusprechen*), bis man endlich zu einer Fassung gelangt war, die beide Theile sich gefallen ließen. Am neunten November wurden die „kirchlichen Ordnungen (Ordonnances ecclésiastiques)" — wie man die neuen Verfügungen nannte — durch den Rath der Zweihundert bestätigt, und am zwanzigsten desselben Monats von der Versammlung des gesammten Volkes angenommen, ohne daß eine einzige Stimme sich gegen sie erhoben hätte. In Gesetzeskraft traten sie am 2. Januar des folgenden Jahres 1542. Das Folgende ist der hauptsächlichste Inhalt dieses merkwürdigen Gesetzbuches**).

Nach einer kurzen Einleitung, die den Willen des Herrn als die unvergängliche Grundlage alles menschlichen Ordnens und Wirkens voranstellt, und auch den gegenwärtigen Erlaß durchweg auf denselben zurückgeführt haben will, beginnt es mit den Bestimmungen über das geistliche Amt, an dessen Bestand und Walten der Bestand der Kirche geknüpft sei. Zuerst werden die verschiedenen Abtheilungen desselben aufgezählt, wie wir schon in dem vorigen Capitel sie aufführten: die Lehrer, die Pfarrer, die Diakone, die Aeltesten, und die Weise ihrer Bestellung, wie ihre Pflichten im Näheren entwickelt.

Von den Pfarrern heißt es unter Anderm, daß sie wohl darauf zu achten hätten, ob sie auch wirklich einen innern Beruf zu ihrem Amte fühlten und entschlossen seien, ihm vor den Menschen Ehre zu machen durch ein rechtschaffenes und heiliges Leben? Im Uebrigen sollten sie wohl bewandert sein in den heiligen Wissenschaften, genährt am Evangelium, seinen Aussprüchen sich durchweg unterwerfend, stets bereit, mit aller Freundlichkeit und Sanftmuth Rechenschaft zu geben von ihrer Hoffnung. Keiner solle eine feste Stelle antreten, bis er erst gleichsam ein Noviziat von einigen Jah-

---

*) Rathsregister vom 28. Okt. a. a. O. — „Glaube nicht," schreibt Calvin auch selber an Myconius, „daß wir die Sache ohne die größte Anstrengung durchsetzten. Alles was wir wünschten, haben wir ohnehin nicht erlangt, wir mußten lernen, in diese schlimme und zuchtlose Zeit uns schicken." Bonnet I, 292.

**) Unbegreiflicher Weise findet der Wortlaut desselben in keinem der mannigfachen auf Calvin und die Genfer Kirche bezüglichen Werke, die mir zur Hand sind, sich mitgetheilt. Gaberel druckt nur den Abschnitt der Luxusgesetze buchstäblich ab und giebt von dem Uebrigen eine ausführliche Analyse, an die wir vornämlich uns halten. Auch Henry II, Beilage 5 hat namentlich aus den Briefen Calvins manches hieher gehörige Material gesammelt.

ren durchgemacht und dann bewährt habe, daß er diesen Anforderungen genüge und es in jedem Stücke ernst nehme mit seiner wichtigen Pflicht. — Aeußerlich solle er keine körperlichen Fehler und nichts Auffallendes an sich haben, das ihn lächerlich machen könnte.

Mit der Wahl des Pfarrers habe man es so zu halten: daß dieselbe von dem Collegium der im Amte stehenden Geistlichen ausgehe, hierauf der Bestätigung der Obrigkeit unterliege, und endlich der Gemeinde angezeigt werde, die ihre Billigung oder Mißbilligung darüber ausspreche *). Ist er gewählt, so wird er von denen, die ihn geprüft und als bewährt erkannt, durch Handauflegung feierlich eingesegnet, und verpflichtet sich nun: seinem Berufe obzuliegen zu jeder Zeit und in jeder Lage, in friedlichen Tagen und in stürmischen Verhältnissen; auch sein Leben solle er lassen für seine Schaafe, wenn die Umstände es erfordern. Den Gesetzen des Staates, in dem er lebt, hat er sich zu unterwerfen, soweit sie nicht etwa der unerläßlichen Freiheit entgegentreten, die volle Wahrheit des Herrn zu verkünden **). Die sämmtlichen Pfarrer der Stadt — damals fünf an der Zahl —, die Professoren der Theologie an der Akademie ***), und die Pfarrer der Landgemeinden sind zu einem Collegium vereinigt unter dem Namen: „Die ehrwürdige Genossenschaft" (la venerable Compagnie), dem Alles was die allgemeinen Interessen der Kirche betrifft, unterstellt ist. Die theologischen Studien sollen von ihm beaufsichtigt und geleitet, die Candidaten examinirt, der Cultus geordnet, etwaige Lehrstreitigkeiten geschlichtet, und wie wir oben sahen, auch die erledigten Pfarrstellen wieder besetzt werden unter Zustimmung der Obrigkeit und des Volkes. Der Vorsitzende (Moderator) des Collegiums hat neben dem, daß er die Versammlungen einberuft, die Verhandlungen leitet und was weiter zu diesen Präsidialpflichten gehört, auch als Vertreter der Kirche nach außen zu gelten und z. B. bei der Ordination der Neu-Gewählten jeder Zeit die bezügliche Ermahnungsrede zu halten. Zu gleicher Zeit liegt es der „Genossenschaft" ob, die nöthige Zucht und Aufsicht über die eigenen Glieder auszuüben. Jede Woche versammelt sie sich, um eine Predigt anzuhören und zu beurtheilen, die Einer aus ihrer Mitte über einen vorgeschriebenen Text auszuarbeiten hat. Giebt es dann sonst noch irgend etwas zu bitten, zu mahnen, zu erinnern, oder hat einer etwas auf dem Herzen wider den andern, so ist hier Gelegenheit gegeben, und es wird sogar

---

*) Es geschah dieß am Sonntage nach der Wahl von der Kanzel herab, wobei die Anwesenden aufgefordert wurden, es bekannt zu machen, wenn sie etwa bei den Syndiks eine Einwendung einzugeben gedächten. Blieb Alles still, so galt das für das Zeichen der Beistimmung.

**) Wie es im Amtseide hieß: „ Je promets servir tellement à la seigneurie et au peuple que par cela je ne sois aucunement empeché de rendre à Dieu le service que je lui dois en ma vocation."

***) Die beim Erlasse des Gesetzes freilich noch nicht wieder hergestellt war.

zur Pflicht gemacht, dieß rückhaltslos vorzubringen, wie es sich unter Brüdern gezieme.

Neben diesem geistliche Kirchenamt und seine Behörde sollte nun weiter ein kirchliches Amt treten, das mehr von Laien verwaltet wurde: das Amt der Aeltesten mit seiner Organisation im Consistorium*). Wie den Geistlichen das religiöse, so war ihm hauptsächlich das sittliche Leben und Treiben der Gemeinde anbefohlen. Abgesehen davon, daß es auch die zeitlichen Angelegenheiten, namentlich das Vermögen der Kirche**) zu besorgen hatte, war es mit einem Worte ein Sittengericht, und zwar von so eindringender Art und mit so ausgedehnten Befugnissen, daß man nicht mit Unrecht gesagt hat: die ganze äußere Macht der römischen Inquisition erscheine darin vereinigt mit der ganzen innern Gewalt des apostolischen Geistes der Heiligung. Denn nicht nur die thatsächliche Aufführung, sondern auch die Reden, ja die Meinungen der Gemeindeglieder sollte es überwachen, und ohne alle menschliche Rücksicht Jeglichen vorladen und strafen, der in irgend einer Weise gegen das Gesetz Gottes sich vergehe und dadurch seinen Namen schmähe. Jedes Haus, das des Vornehmsten wie des Geringsten mußte seinen Mitgliedern zu allen Zeiten offen stehen, und sie hatten nicht nur

---

*) Eine Benennung, die der bei uns gebräuchlichen „Presbyterium" entspricht.
**) Denn mit großem Ernste spricht sich Calvin, beiläufig gesagt, dagegen aus, daß der Staat dasselbe ohne Weiteres zu seinen Händen nehme. „Das heißt die Kirche berauben," schreibt er aus der ersten Zeit seines zweiten Genfer Aufenthaltes an Viret, „sie bleibt entblößt, und der Magistrat giebt so viel ihm gefällt, als ob es das Seine wäre und er darüber frei schalten und walten könnte. Unterstützet die ungerechte Sache in keiner Weise, sondern stemmt euch dagegen, so sehr ihr es vermöget, obschon ihr nicht viel ausrichten werdet." Und ein ander Mal: „Zu Regensburg habe ich über diese Frage mit Bucer verhandelt. Zweierlei liegt euch ob: erstens ernstlich zu zeigen, daß die Beraubung der Kirche gar viel Aergerniß mit sich führen werde, und zum Andern, daß sie ganz unerlaubt sei. Die Papisten haben jetzt eine gerechte Ursache zur Anklage, und die Prediger können nichts antworten. Mit welcher Stirne sollten sie die Beraubung der Kirche vertheidigen, sie, welche die Kirchenräubereien der Römlinge angriffen, und welch ein Beispiel für die Fürsten, die nur zu eifrig hierin sind! Endlich welche böse Folgen müssen sich daraus ergeben, wenn der Kirche Alles genommen wird! Aber der zweite Grund ist der Angel, um den sich Alles dreht: nicht dem Magistrate gehört was einmal Christo und der Kirche geweiht ist .... Die Inspektion darüber mag er haben, aber die kirchlichen Behörden sollen es verwalten. Wo es nicht anders geht, könnt ihr euch freilich am Ende auch dazu verstehen, dem Magistrat das Recht der Administration zu überlassen, sobald nur die jährliche Einnahme treu vertheilt und dem rechten Zwecke nichts entwendet wird." Und noch einige Jahre später (1515) bezeugt er: er berühre diese Sache oft in seinen Predigten, und rufe Gott und Menschen zu Zeugen an, daß ein schweres Gericht über der Stadt schwebe. Doch dringe er nirgends durch, auch nicht im Rathe, dem er wiederholte Male Vorstellungen gemacht.

das Recht, sondern auch die Pflicht, dasselbe einige Male im Jahre zu betreten, um die Gesinnung und das Verhalten seiner Bewohner zu prüfen. Was sie dabei im Stillen und Geheimen an Vergehungen und Uebelständen entdeckten, sollten sie auch im Stillen und Geheimen rügen und abmachen. Wo hingegen das Aergerniß öffentlich werde, da müsse es auch seine öffentliche Strafe finden und der Schuldige von dem versammelten Consistorium seinen Spruch empfangen. Diese Sprüche verordneten nun verschiedene Kirchenbußen bis zur Ausschließung vom heiligen Abendmahle; und wenn das Uebel gar zu schreiend und eingewurzelt erschien, so daß keine Ermahnung und Strafe mehr etwas ausrichtete, so sollten die Sünder der bürgerlichen Obrigkeit verzeigt werden, der es besser anstehe, strenge äußere Strafen vollziehen zu lassen, als den kirchlichen Behörden, deren Beruf lediglich aus der Liebe erwachse. —

Man sieht, diese letztere Bestimmung ist die erste Abweichung von den Anschauungen über Kirche und Staat, wie Calvin sie in der Theorie entwickelt hatte, die erste ungehörige Heranziehung der bürgerlichen Gewalt zur Ausführung religiöser Zwecke, durch welche die beiden Sphären in höchst bedenklicher Weise mit einander vermischt und in ihrem eigenthümlichen Wesen alterirt werden mußten. Und noch stärker trat das nun in der Bestimmung der Elemente zu Tage, aus denen das Consistorium zusammengesetzt werden sollte. Daß die Prediger Mitglieder desselben waren, entsprach ja freilich durchaus seinem Charakter und Zwecke; aber die übrigen Beisitzer aus dem Laienstande — ihre Zahl war auf zwölf festgestellt — hätten Calvins eigenem Prinzipe zu Folge nothwendig von der kirchlichen Gemeinde ihren Auftrag empfangen und aus ihrer Mitte hervorgehen sollen. Allein dies geschah nun nicht. Offenbar um das Consistorium gleich von Anfang an mit rechtem Ansehn und Einflusse auszustatten, vielleicht auch nur jedem Conflikte zwischen ihm und der bürgerlichen Obrigkeit vorzubeugen, übertrug Calvin die Wahl dieser Zwölfe den regierenden, bürgerlichen Räthen, und zwar mit der ausdrücklichen Festsetzung, daß nur Mitglieder dieser Behörden selber wählbar sein sollten. — So wurde das Consistorium zu einem eigenthümlichen Mittelwesen zwischen Kirche und Staat; seiner Aufgabe nach durchaus kirchlichen Charakters ging es doch in seiner Majorität von der bürgerlichen Obrigkeit aus, mit der es auch fortwährend im engsten Zusammenhange blieb, und sollte die Macht, die aus dieser Verbindung ihm erwuchs, in den Dienst der religiösen Interessen stellen! Zudem fiel jede Theilnahme der Gemeinde an seinen Funktionen weg; weder zu einer Beistimmung noch zu einer Einsprache gegen irgend eine seiner Entscheidungen war dem Volke Raum und Gelegenheit gegeben; „die Aeltesten," heißt es ausdrücklich, „vertreten den ganzen Körper der Kirche."

Was den Reformator dazu gebracht hat, in dieser Weise seinen ursprünglichen Gedanken praktisch zu verlassen und zu verstümmeln, brauchen

r uns nicht erst weitläufig auseinander zu setzen. Es war mit einem
orte: der Drang der Noth, der ihn hiezu trieb. Das Volk, deſſen
rbauung und Heiligung ihm aufgetragen war, ſchien ſich nun einmal nicht
iders von der Herrſchaft der Sünde losmachen und an ein ernſteres Weſen
wöhnen zu laſſen, als durch die Mittel der eindringendſten Zucht und
ſtrafe; und dieſe Zucht und Strafe wiederum war unmöglich durchzuführ-
n ohne die Gewalt des weltlichen Armes. Auch mochte Calvin der getroſten
iffnung ſein, daß er durch den überwiegenden Einfluß, den er auf Alle
isübte, mit denen er in Berührung kam, leicht wieder ausgleichen könne
ias etwa in der Organiſation ſelber Fehlerhaftes liege. Es läßt ſich nicht
erkennen, daß er das ſo eingerichtete Conſiſtorium zunächſt als ein Werk-
eug ſeines Geiſtes ſich dachte, und darum unbedenklicher über die man-
igfachen Mißſtände und Gefahren hinwegging, die dieſe ſonderbare Ordnung der Dinge in ihrem Schooße tragen mußte. Wir werden ſpäter ſehen,
daß dieſe Erwartung ihn doch zuweilen getäuſcht hat, und daß die bürgerliche Obrigkeit, die ſich unaufhörlich zur Vollſtreckung der kirchlichen Urtheile
aufgefordert ſah, ganz naturgemäß nach und nach auch auf dieſe Urtheile
ſelber einen beſtimmenden Einfluß auszuüben begehrte. Einige der bitterſten Conflikte und gefährlichſten Kriſen, die Calvin in Genf zu beſtehen
hatte, ſind hieraus entſprungen.

Es folgen hierauf die Beſtimmungen über den Cultus; und im eng-
ſten Anſchluſſe hieran — gleichſam als die Ordnung des praktiſchen
Cultus im Leben und Wandel — die Regeln für das äußere Verhalten der
Gemeindeglieder, die ſogenannten Luxusgeſetze.

Was die Erſteren betrifft, ſo ſollte mindeſtens zwei Mal des Sonntags in jeder Kirche Gottesdienſt Statt finden. Mit dem Sündenbekennt-
niſſe ſollte begonnen werden, hierauf der Pſalmengeſang folgen, das Gebet,
die Predigt, eine Dankſagung und der Segen*). Kein Bild, kein Gemälde
irgend einer Art, überhaupt nichts was dem Gottesdienſte im Geiſte und in
der Wahrheit durch ſinnliche Eindrücke ein fremdartiges Element beimiſchen
könnte, ſollte im Gotteshauſe geduldet werden.

Neben dieſem Hauptgottesdienſte war noch eine öffentliche Unterrichts-
und Erbauungsſtunde für die Jugend eingerichtet. Es wurde darin zuerſt
ein Abſchnitt der heiligen Schrift ihrer Faſſungskraft gemäß ausgelegt, und
dann ein jeder der Anweſenden aufgefordert, Rechenſchaft über das Gehörte

---

*) Die von Calvin hiefür verfaßten Formulare finden ſich in der Sammlung
ſeiner Werke. Sie ſind übrigens noch nicht zugleich mit den Ordonnanzen,
ſondern erſt zwei Jahre ſpäter, 1543 erſchienen und in Gebrauch geſetzt
worden. — Auch ſonſt erlauben wir uns, um das Zuſammengehörige in
ſeinem Zuſammenhange geben und aufzeigen zu können, in der obigen Darſtellung den einen und andern Anachronismus dieſer Art, wo die geſchicht-
liche Anſchauung nicht darunter leidet.

abzulegen und zu zeigen, wie er es aufgefaßt habe. Bis zum sechzehnten Jahre sollte man gehalten sein, in dieser Weise daran Theil zu nehmen; hatte man dieß Alter erreicht, so erfolgte in der Regel die Zulaffung zum heiligen Abendmahle und damit die eigentliche Aufnahme in die Gemeinde. Doch war das Alter noch keineswegs hinreichend; vielmehr hatten die Prediger die bestimmte Pflicht, einen jeden ihrer Katechumenen vorher in seinem Hause zu besuchen und nach allen Seiten hin auf das Ernstlichste zu prüfen. Und nicht nur die Katechumenen: wer überhaupt zu dem Tische des Herrn zu gehen gedachte, sollte in derselben Art immer von Neuem sich befragen lassen und Rechenschaft geben von seinem Glauben und Hoffen. Es war den Geistlichen untersagt, dabei auf bestimmte Einzelnheiten zu dringen, die an die römische Ohrenbeichte erinnert hätten; dagegen sollten sie es nicht fehlen lassen an den ernstlichsten Vorhaltungen des wahren Wesens des Sakramentes und der unerläßlichen Bedingungen eines gesegneten Genusses. Was die Feier des Abendmahles angeht, so hätte Calvin, wie er schon bei seinem ersten Aufenthalte in Genf es ausgesprochen hatte, gerne die altkirchliche Sitte wieder aufgenommen, wonach es je am ersten Sonntage eines jeden Monats begangen wurde. Aber es war dieß einer der Punkte, in denen er auch dieses Mal nicht durchzudringen vermochte, da dem Volke und Rathe seine Forderung als allzu übertrieben vorkam. Der gesetzliche Erlaß beschränkte die Austheilung auf die drei großen Feste: Weihnachten, Ostern und Pfingsten, wozu als vierter Festtag zu diesem besondern Zwecke ein Sonntag des September hinzugefügt wurde. Bei der heiligen Handlung selber standen dem Geistlichen zwei Mitglieder des Consistoriums zur Seite, die den Kelch darreichten, während er das Brod austheilte; im Uebrigen war der Hergang so ziemlich der nämliche wie er jetzt noch in den meisten der Kirchen üblich ist, die ihren Ursprung oder ihre Umgestaltung auf die calvinische Reformation zurückführen. Die Verordnung spricht aus, daß man dabei absichtlich von Allem sich fern hielt, was an die einstige Feier der römischen Messe hätte erinnern können; denn welch eine Gemeinschaft bestehe zwischen dieser und der Einsetzung Christi? Keine größere als zwischen Nacht und Tag.

Ebenso wurde die Verwaltung der Taufe durchaus auf die ursprüngliche Einfachheit zurückgeführt. Von Haustaufen war keine Rede; in der Kirche, vor versammelter Gemeinde, nach der Predigt sollte sie ertheilt werden; und das Einzige was zu dem schlichten Taufakte hinzugefügt wurde, war eine längere Erklärung der Bedeutung dieses Sakramentes und eine ernste Anrede an die Eltern und Taufpathen, welche die übernommenen Pflichten ihnen zu Gemüthe führten.

Besondere Sorgfalt wurde dem Institute der Ehe zugewandt, das man zu jener Zeit noch vorzugsweise als auf der religiösen Grundlage ruhend betrachtete. Der sinnlichen Leidenschaft und den andern unreinen Motiven, die so häufig auf das Eingehen derselben ihren Einfluß ausüben, sollte ihr

Spielraum entzogen und dafür der ursprüngliche Gedanke Gottes wieder zu
Ehren gebracht werden, wonach sie als Bund der vollen Gemeinschaft und
Gehülfenschaft sich darstelle zwischen zwei nach seinem Bilde gemachten Geschöpfen. — Mit aller Genauigkeit wurde für's Erste festgestellt, wie weit
das Recht der Eltern und wie weit die Freiheit der Kinder in dieser Sache
sich erstrecke. Kam es hierüber zu Streit, wollten die Eltern ihre Autorität
in unbedingter Weise geltend machen, oder riß im Gegentheile eine blinde
Leidenschaft das Kind gegen ihren Willen hin, so war zunächst das Consistorium zum Vermittler bestellt, und wenn seine Stimme nicht gehört wurde,
sollte das bürgerliche Gericht die Frage entscheiden. — Eine andere Bestimmung bezog sich auf die verschiedenen Altersstufen, die mit einander in
eheliche Verbindung treten durften. Denn als dem Wesen und dem Zwecke der
Ehe durchaus zuwider erschien es Calvin, wenn das vorgerückte oder gar
schon überreife Alter entweder um des Gewinnes willen, oder durch widerliche,
sinnliche Lust entzündet, mit der kaum herangereiften Jugend sich verbinden
wolle, mit der es doch unmöglich in eine wahre Gemeinschaft treten könne.
Wir erinnern uns, wie er schon in Straßburg solch einen Fall auf das
Ernstlichste gerügt und vor das Forum der kirchlichen Disziplin hatte ziehen
wollen; jetzt setzte er es durch, daß das Gesetz ausdrücklich einschritt und
diesem verächtlichen Handel, der, wie ein neuerer Schriftsteller bemerkt, noch
heut zu Tage die Völker verunehrt, in dem reformirten Genf ein Ende
machte. . Der Mann, der über sechzig Jahre alt war, durfte keine Frauensperson heirathen, die weniger als die Hälfte seines Alters zählte, und die
Frau, die die Vierzige überschritten, konnte keinen Jüngern zum Gatten sich
wählen, als der zum mindesten sein fünf und dreißigstes Jahr erreicht hatte.
Die Verwandschaftsgrade, die die Heirath verhinderten, erstreckten sich bis
auf die eigentliche Vetterschaft, wobei indessen der Erlaß andeutete, daß
diese Verfügung nur vorübergehender Natur sein solle. Nicht nur die Hochzeit, sondern auch schon die Verlobung wurde dann weiter zu einem religiösen
Akte erhoben. Sie sollte in Gegenwart des Geistlichen vor sich gehen, der
in Verbindung mit den Zeugen den neu Verlobten ihre künftigen Pflichten
auf das Ernstlichste vorzuhalten hatte. Jedes Heirathsversprechen, das dem
einen oder andern Theile auf eine ungehörige Weise abgelockt worden, sei es
durch überwältigendes Zureden oder in einem Augenblicke des sinnlichen
Taumels, wurde ohne Weiteres für ungültig erklärt und auf das Strengste
bestraft. Die Hochzeit sollte in der Kirche gehalten werden, entweder Sonntags vor der Predigt, oder an einem Wochentage in einem besonderen Gottesdienste, wobei sowohl die alte Sitte, das Brautpaar mit rauschender
Musik und Gesang an den Altar zu begleiten, als auch jede übertriebene
Pracht in Kleidung und Aufzug untersagt war. Die Wiederauflösung der
Ehe war nur möglich im Falle des Ehebruches oder wenn etwaige Mißhandlungen Leben und Gesundheit des einen Theils ernstlich gefährdeten.

Was endlich die letzte der Handlungen betrifft, mit denen die Kir
das Menschenleben segnend und weihend begleitet, die Bestattung der U
geschiedenen, so sollte davon Alles wegbleiben, was dem Ernst der Sa
widerspricht, oder darauf ausgeht, den leblosen Staub zu verherrlichen u
der Welt. Nicht einmal eine Ansprache scheint gewöhnlich gehalten word
zu sein; und die Kirchhöfe blieben rein von den prunkenden Denkmäle
die dazu bestimmt sind, menschliche Ehren oder Verdienste den kommend
Geschlechtern kund zu thun.

Es greifen diese Verfügungen zum Theil schon in dem letzten Abschn
der „Ordonnances" hinüber: in die Verordnungen, die überhaupt das äuß
Verhalten nach christlichem Maßstabe regeln und jedes Uebermaß abwehr
sollen, zu dem die Augenlust und die Fleischeslust und die Hoffahrt l
Lebens zu verführen pflegt.

Zuerst die Kleidung wurde da in das Auge gefaßt. Der Gebrau
der edlen Metalle oder kostbaren Steine zum Schmucke derselben wu
durchaus verboten. Ebenso für die niedrigeren Stände, vom Handwer
herab, Gewänder von Sammet und Seide oder kostspieligem Schnitt u
alle Arten von Pelz. Den Männern war es untersagt, lange Haare zu t
gen, den Frauen, ihre Haare köstlich aufzupuzen und mit auffallenden Zi
rathen zu versehen. Fingerringe waren nur den verheiratheten Frauen aus l
höhern Ständen gestattet, nicht mehr als einer, und auch dieser nur am T
ihrer Hochzeit. Die Töchter aus der ärmern Klasse, namentlich die Mäg
sollten in Bezug auf die Farbe ihrer Kleider möglichst bescheiden und i
scheinbar auftreten, jede Art von Roth war ihnen ausdrücklich verbot
Noch strenger natürlich war Alles verpönt, was bei den Frauen besond
irgendwie auf den Reiz der Sinne berechnet ist, wie ausgeschnittene Kleil
entblößte Arme, und was weiter hiezu gehört. „Mit einem Worte," he
es, „Jedermann hat sich anständig und einfach zu halten nach seinem Sta
und Range, und den Andern ein gutes Beispiel christlicher Bescheidenheit
geben, besonders auch die Väter und Mütter in der Art, wie sie ihre Kin
erziehen. Wer das nicht thut und von diesen Verordnungen abweicht, r
fällt das erste Mal in eine Strafe von fünf, das zweite Mal in eine Str
von zehn, und das dritte Mal in eine Strafe von fünfundzwanzig G
den, zudem werden die betreffenden Gegenstände ihm abgenommen, u
das Gericht kann auch noch Weiteres verfügen, was es für Recht h
Unter derselben Strafandrohung ist zugleich den Schneidern strenge unt
sagt, von nun an irgend welche Kleider nach einem neuen Schnitt zu v
fertigen ohne die vorherige Erlaubniß der Obrigkeit, oder überhaupt l
Mithülfe zu leisten, daß diese Verordnungen von Jemanden übertre
werden. „Auf auswärtige Herren und Frauen von hohem Stande, die {
etwa in unserer Stadt aufhalten, findet übrigens die Verfügung keine U
wendung."

Weiter wird dann der Aufwand des geselligen Lebens in die nöthi-
en Schranken eingeschlossen. Kein festliches Mal — auch ein Hochzeitessen
icht — soll aus mehr als einem Gerichte Fleisch und Fisch, fünf andern
infachen Speisen, den Kleinigkeiten, die man dazwischen giebt und acht
Tellern Nachtisch bestehen, von denen überdieß nur einer Backwerk enthal-
en darf. Die kostbaren, getrockneten Früchte, „die man aus dem Süden
ringt," sind ganz verboten bei einer Strafe von sechszig Sols für die
Gastgeber. Ebenso für die geringern Leute alle Arten von Wildpret, Geflügel
und Gebackenem. Was die Zahl der Gäste betrifft, so soll sie bei gewöhn-
ichen Gesellschaften zehn nicht übersteigen; bei Hochzeiten sind nur die Aerm-
ten an diese Zahl gebunden, Reichere dürfen auf zwanzig, die Vornehmsten
uf dreißig steigen, jedoch so, daß bei Allen die Festlichkeit in einem Tage
bgethan ist und in keinem Fall mehr als sechs Diener und sechs Mägde
abei beschäftigt werden. Was die Geschenke angeht, die man besonders
ei dieser Gelegenheit sich zu machen pflegt, so sollen Braut und Bräutigam Niemanden anders beschenken als nur gegenseitig sich selber, und auch
as in bescheidenem Maße, ohne großen Aufwand, bei Strafe von fünfundzwanzig Gulden für jeden Theil, für den gebenden wie für den empfangenden. Zumal das Versenden und Ueberreichen der kostbaren Blumen-
träuße, mit Goldfaden oder geschmückten Bändern zusammengeknüpft, ist
owohl bei diesem als bei jedem andern Anlasse verboten. —

Bei Wochenbetten soll Niemand als die nächste Verwandtschaft und
Bekanntschaft das Haus besuchen, namentlich nicht an dem Tauftage. Die
Wöchnerin soll sich im Bette nicht putzen, nicht die neu erfundenen Ueber-
ürfe und Mäntel tragen, sondern durchaus eingezogen und bescheiden sich
alten: Alles bei Strafe von 60 Sols. — „Und endlich," schließt der
anze Erlaß, „haben wir behufs genauerer Einprägung und Beobachtung
ieser Verordnungen befohlen, daß sie alle fünf Jahre vor der Versammlung
er gesammten Bürger sollen verlesen werden, ohne daß Jemand sich davon
usnehmen oder etwas daran ändern darf, es sei denn zuvor von dem gro-
en und dem kleinen und dem allgemeinen Rathe dieser Stadt vorgeschlagen
und beschlossen." —

Das waren die kirchlichen Gesetze Calvins, die freilich nicht aus dem
Gesichtspunkte unserer Zeit, sondern nach den Anschauungen der seinigen zu
eurtheilen sind, in der man durchweg von der Freiheit der einzelnen Persön-
ichkeit eine viel geringere und von der Pflicht der Obrigkeit, ihre Unterge-
enen nach jeder Seite hin zu überwachen und zu regieren, eine viel höhere
Meinung hatte, als es heut zu Tage der Fall ist. Indessen sind sie doch auch
m ihrem Maßstabe gemessen, außergewöhnlich streng und einschneidend,
und würden vom bloß staatlichen Standpunkte aus kaum sich rechtfertigen
lassen. Aber wir wissen ja auf was es Calvin in Staat und Kirche vor
Allem ankam: auf die Durchführung der göttlichen Gebote und die Heili-

gung des Volkes. Und konnte das nun unter den Umständen, in denen Genf sich damals befand, lediglich durch die freie Predigt des Evangeliums zu Stande kommen? War nicht zu fürchten, daß ehe sein Senfkorn noch recht Wurzel geschlagen und sein Sauerteig noch sattsam gewirkt, es wieder hinweggeschwemmt werde von dem neu sich entfesselnden Strom der freige-`lassenen Sündengewalt, sofern man es nicht mit Zaun und Mauer umgürtete und die feindlichen Mächte in möglichst feste Bande schlug? „Die Bekehrungen, die von innen heraus Charakter und Ueberzeugung ändern," sagt Gaberel ganz richtig, „kommen nicht von einem Tage zum andern und in großen Haufen; wollte Calvin sein Werk sicher stellen und die Alles zerstörende Zügellosigkeit des bisherigen Sinnes brechen, so blieb ihm nichts Anderes übrig, als den Genfern das Opfer ihrer moralischen Freiheit zuzumuthen, als von ihnen zu verlangen, daß sie die Bestimmung über sich selber zunächst in seine Hände niederlegten. Indem das Volk die „Ordonnanzen" annahm, setzte es Calvin zu seinem religiösen Erzieher ein und übertrug ihm all' die Zucht- und Straf-Gewalt, die dazu nöthig war."

Und wohl mag es nun als ein Wunder erscheinen, daß die Genfer Bürgerschaft mit ihrem ungezügelten Freiheitsdurste und ihren verwilderten Sitten dieß Opfer wirklich brachte und freiwillig zu solch einer beispiellosen Selbstbeschränkung sich verstand: Denn von Gewalt oder Ueberraschung war ja dabei keine Rede. Die zweitausend Männer, die am 20. Nov. und 2. Jan. in St. Peter sich versammelten, um über den Vorschlag Artikel für Artikel abzustimmen, und ihn entweder zu verwerfen oder zum Gesetze zu erheben, wußten alle gar wohl, um was es sich handelte. Der Entwurf war ihnen seit Wochen vorgelegen, und kein äußerer Einfluß von irgend einer Seite her wirkte auf ihre Haltung ein. Es war die weise und gewaltige Führung Gottes, die sie zu dem brachte, wozu sonst kaum ein sündiger Mensch sich bringen läßt, und ihre Herzen zu einer Hingabe willig machte, gegen die sie früher mit dem unbeugsamsten Trotze sich zu sträuben pflegten. Denn sie hatten erst durch die Erfahrungen jener unseligen Zeiten, die der Austreibung der Prediger folgten, gleichsam zur Verzweiflung getrieben werden müssen, zur Verzweiflung an ihrem bisherigen Sinne, zur Verzweiflung an ihrer Freiheit ohne sittliche Zucht, zur Verzweiflung an ihren eigenen Kräften, bis sie jetzt willenlos und auf jede Bedingung hin dem sich überlieferten, von dem sie instinctmäßig fühlten, daß er ihnen zum Erretter und festen Halte bestimmt sei. So unterwirft sich etwa ein Kranker, der durch ein ungebundenes Leben seinen Körper zerrüttet hat, am Ende gehorsam dem strengen Regimente des Arztes, und läßt sich alle die Vorschriften gefallen, die seine bisherigen Lüste ihm untersagen, weil er fühlt, daß hierin allein noch die Möglichkeit liegt, seinen völligen Untergang abzuwehren. Was ein Unglück und eine Niederlage geschienen: daß Calvin damals seinen Feinden hatte weichen müssen, war in dieser Weise in einen Grund des Gelingens und Siegens verwandelt worden, auf dem das große Werk des Reformators nun erst recht sich auferbauen konnte.

Freilich ist es eine alte Regel, daß wenn die Rettung aus der ärgsten Bedrängniß geschehen ist, dann der vormalige Sinn und Trotz gerne wieder hervorbricht, und der dem Tode entrissene Wüstling die beschränkende Hand des Arztes unwillig von sich stoßend zurückfällt in seinen früheren Wandel. Es ist auch mit dem Genfer Volk nicht anders gegangen; und die Kämpfe, die Calvin aus seinem ersten Siege erwuchsen, haben auf lange Zeit hinaus sein Leben mit Hader und Verwirrung erfüllt und seine Hand hie und da mit dem Staube und Blute befleckt, ohne den Niemand aus einem Streite auf Leben und Tod zurückkehrt. —

Aber nicht nur diese kirchlichen Verfügungen gingen aus seiner Hand hervor, sondern auch die staatliche Gesetzgebung der kleinen Republik wurde durch seinen Einfluß auf das Wesentlichste umgestaltet. Noch war die schließliche Fassung der „Ordonnanzen" nicht völlig festgestellt, als der Rath ihn am 21. Nov. — kaum einen Monat nach seiner Rückkehr — zum Mitgliede einer Commission ernannte, die mit der Entwerfung einer neuen Verfassung und eines neuen bürgerlichen Gesetzbuches beauftragt wurde*). Denn das im Prinzip bereits angenommene Institut des Sittengerichts machte eine durchgreifende Modifikation der bisher gültigen Ordnungen unerläßlich; und wem passender konnte man dieselbe in die Hand geben als dem großen Juristen-Theologen, der in beiden Wissenschaften gleich ausgezeichnet, es am besten verstehen mußte, die Interessen von Staat und Kirche in einander zu verarbeiten und zu einem zusammenstimmenden Ganzen zu vereinigen? Und in der That nahm Calvin die Aufgabe mit ebensoviel Eifer als Geschick an die Hand. In den Rathsprotokollen findet sich wohl etwa, daß man ihn das eine und andere Mal von der Sonntagspredigt dispensirte, damit er dieser Arbeit um so ungestörter obliegen könne; und als er nach fast zweijähriger Bemühung sie endlich vollendet hatte, ließ man als Zeichen des öffentlichen Dankes ein Faß des besten Weines in seine Wohnung bringen, „damit er sich nun wieder erquicken möge, nachdem er Tag für Tag zum Besten der Stadt so viele Anstrengungen übernommen."

Wir können auf das Nähere dieses merkwürdigen Werkes uns hier nicht einlassen, sondern begnügen uns damit, nur im Allgemeinen die Spuren des Calvinischen Geistes darin nachzuweisen. Denn das sind die drei Bestandtheile, die in der neuen Ordnung der Dinge sich unterscheiden lassen:

*) Sie bestand, wie man aus dem bezüglichen Rathsprotokolle ersieht, zuerst aus noch drei und später aus noch zwei andern Mitgliedern, dem Staatsschreiber Roset und dem Rechtsgelehrten Peter Faber.

zuerst die althergebrachten Gesetze der Stadt und der sie umgebenden Landschaft, dann die reformatorischen Prinzipien, die Calvin in das Bestehende
hineintrug, und endlich, was übrigens erst später hinzukam, die in der französischen Provinz Berry üblichen Rechte, welche Germain Colladon*) von
da in die neue Heimath mit hinüber brachte und zur weiteren Ausbildung
ihres Gesetzbuches verwandte.

Es ist nun nicht schwer zu erkennen, was vornämlich der zweiten dieser
Quellen, also der Einwirkung Calvins angehört. Zunächst wird hiezu zu
rechnen sein die sehr bemerkliche Beschränkung des demokratischen und
die ihr entsprechende Verstärkung des aristokratischen Elements, welche die
veränderte Verfassung im Vergleiche mit der bisherigen offenbar aufzeigt.
Denn Calvin war kein Freund der unbedingten Demokratie; von dem Begriffe der Volkssouveränität ist keine Spur in seinen Schriften; und überall
wo er Fragen der Organisation oder des Regiments zu behandeln hat, zeigt
er ein tiefes Mißtrauen und einen ausgesprochenen Widerwillen gegen die
Herrschaft der Massen. In seiner kirchlichen Einrichtung hatte er, wie wir
gesehen haben, hievon ganz vorzüglich sich leiten lassen, hie und da bis
über das Maß hinauf, das ihm selber in der Theorie als das richtige vorschwebte. Es war sehr natürlich, daß er nun auf dem politischen Gebiete
nicht anders zu Werke ging. War bisher die eigentliche Macht des Staates,
die alle Behörden einsetzte und über jegliche Frage endgültig entschied, in
der Hand der zahlreichsten Versammlung, des alle Bürger und Haus-be-
sitzenden Einwohner in sich begreifenden „Generalrathes" gelegen, sodaß kein
Traktat ohne ihn geschlossen, kein Grundgesetz ohne ihn angenommen werden
konnte, und er durch freie Wahl alljährlich die vollziehenden Gewalten nach
seinem unbeschränkten Ermessen bestellte: so wurde jetzt der Schwerpunkt im
Gegentheil in die höchste und engste Spitze der staatlichen Hierarchie versetzt: in den Rath der Syndiks, der aus nicht mehr als vierundzwanzig
Mitgliedern bestand, von denen nur der kleinste Theil aus der direkten Wahl
der Gesammtbürgerschaft hervorging**). Dieser „kleine Rath" war es, der
dann von sich aus die zwischen ihm und dem „Generalrathe" stehenden Räthe
der Sechzig und der Zweihundert bestellte, und ihnen die Geschäfte vorlegte, die

*) Siehe über ihn die France protest. IV, 5. In der folgenden Darstellung
nehmen wir die im Jahre 1555 von ihm ausgegangenen Veränderungen
um so eher gleich mit hinzu, da es feststeht, daß auch auf seine Arbeiten
die Anschauungen Calvins den bestimmenden Einfluß ausgeübt haben.
**) Der Hergang war im Nähern dieser: Die vier ersten Mitglieder waren
die abgetretenen Syndiks des verflossenen, die vier folgenden die neu erwählten des laufenden Jahres. Die übrigen sechzehn wählte der Rath der
Zweihundert, der aber selbst wieder durch den kleinen Rath ernannt worden
war und seine Wahlfreiheit auf einen Vorschlag von 30 Namen beschränkt
sah, den diese Behörde ihm zukommen ließ.

sie zu behandeln hatten. Er allein war beständig in Thätigkeit und hielt in der Woche vier regelmäßige Sitzungen. Die andern Räthe durften nur auf seine Einberufung hin sich versammeln. Die Ernennung der höchsten Staatsbeamten stand fast ausschließlich bei ihm; für die Wahlen der Syndiks, des Prokurators und einiger Anderen, die dem Generalrathe vorbehalten waren, machte er wenigstens Vorschläge, welche unter keiner Bedingung abgeändert, sondern nur angenommen oder verworfen werden konnten. Ueberdieß durfte diesem, den früher ein jeder Bürger hatte zusammenberufen können, wenn er nur die Kosten der Zusammenkunft tragen wollte, von nun an nichts mehr vorgeschlagen werden, was nicht vorher in dem Rathe der Zweihundert berathen worden, dem Rathe der Zweihundert nichts, was nicht vorher von den Sechzig, und den Sechzig nichts, was nicht von dem kleinen Rathe genehmigt war. Nur noch zwei Mal, im Februar und im November hatte die allgemeine Bürgerversammlung Statt, um die ihr übrig gelassenen Wahlen vorzunehmen „und den Preis des Weins zu bestimmen;" wer etwa, nach alter Sitte, zu einer andern Zeit auf ihre Zusammenkunft antrug, machte sich dadurch binnen Kurzem einer gefährlichen Unzufriedenheit verdächtig und wurde endlich als erklärter Empörer betrachtet.

Es leuchtet ein, daß hiemit die wirkliche Gewalt in die Hände einiger Wenigen sich concentrirte, denen die größeren Räthe mehr nur noch als Controle zur Seite standen, als daß sie ihrer Verwaltung wie früher die bestimmende Richtung zu geben vermocht hätten. Und man kann sich denken, wie bitter das von Vielen empfunden wurde, welch ein Haß auf den Urheber dieser Verordnung sich warf, den „hergekommenen Fremdling, der die eingebornen Genfer ihrer alten Freiheit beraube." Aber hätte Genf wohl, ohne diesen „Raub," auch nur das Letzte was zur Freiheit gehört: seine politische Unabhängigkeit und Selbständigkeit zu bewahren vermocht — zwischen den übermächtigen Drängern rings um es her, die bereit standen jede Schwäche und Verwirrung, die es zeigte, zu seinem Verderben zu benutzen? Wenigstens die kompetentesten Richter in diesem Stücke, wie Ancillon und Montesquieu haben anders geurtheilt, als sie die Genfer aufforderten, auch um dieser Staatseinrichtungen willen den Tag der Geburt Calvins und den Tag seiner Ankunft in Genf als die größten Segenstage der Republik in unvergänglichem Andenken zu behalten.

Neben diesen großen Grundzügen der politischen Organisation umfaßte die legislatorische Thätigkeit Calvins dann weiter auch das gesammte Criminal- und Civil-Recht und selbst die Verordnungen der eigentlichen Administrationen. Es sind Aufsätze von seiner Hand erhalten, aus dieser oder einer spätern Zeit, welche mit den geringsten Kleinigkeiten auf diesem Gebiete sich beschäftigen: Instructionen für den Bauinspektor, den Artillerie-Aufseher, die Wächter der Thürme, Abhandlungen über juristische Proceduren, Anordnungen für Feuersgefahr, polizeiliche Erlasse, und was dergleichen mehr iſt*): höchſt merkwürdige Dokumente ſeines in Alles eindringenden, das Größte wie das Kleinſte mit gleichem Ernſte und Verſtändniſſe ordnenden Geiſtes!

---

*) Henry bringt Band II, p. 67, Beilage 3 eine Reihe von Dokumenten ſolcher Art aus den Gothaiſchen Manuſcripten bei. Um unſern Leſern einen Begriff von denſelben zu geben, theilen wir hier einige kurze Bruchſtücke mit. — „Vom Amt des Bauaufſehers. Er ſoll kein Jahr vorübergehen laſſen, ohne die ſämmtlichen ſtädtiſchen Gebäude zu unterſuchen. Namentlich auf diejenigen die unbewohnt ſind, wie Kirchen, Brunnen und dergleichen hat er ſeine Aufmerkſamkeit zu richten, auch ohne daß er ausdrücklich dazu aufgefordert wird." — „Von Gerichtsſachen. Wo es um einen zweifelhaften Beſitz ſich handelt, ſoll man damit beginnen, denſelben unter Beſchlag zu legen, und dieſen Beſchlag bis zum definitiven Spruche fortbeſtehen laſſen, damit der Gang des Prozeſſes durch keine untergeordneten Fragen verzögert werde." — „Von der Art des gerichtlichen Verhandelns. Nach dem alten Gebrauch ſollen die Verhandlungen in der Landesſprache und nicht lateiniſch geführt werden. Ebenſo um überflüſſige Koſten und Verſchleppungen zu vermeiden, hat das Gericht, wo es um Angelegenheiten von nicht mehr als fünf Gulden ſich handelt, ſich möglichſt aller Schreibereien zu enthalten ſowohl in Betreff der Anträge und Antworten der Parteien, als auch der Beweisaufnahme. Ebenſo, um alle boshafte Verzögerungen abzuſchneiden, ſoll es bei Fällen, die zehn Gulden nicht überſteigen, bei dem Spruch des Statthalters und ſeiner Beiſitzer ſein Bewenden haben und keine weitere Appellation zuläſſig ſein. Bei bedeutenderen Beträgen hingegen, oder wo es nicht nur um einmalige Schulden, ſondern um Zinſen und dauernde Verpflichtungen ſich handelt, iſt das Appelliren geſtattet u. ſ. w." — „Von der Dauer der Prozeſſe. Durchweg iſt darauf zu ſehen, daß Alles ſo ſchnell und ſummariſch als möglich erledigt und jede Hinausſchiebung vermieden werde, ſodaß auch die wichtigſten Angelegenheiten und ſelbſt die ſchriftlich behandelten nicht mehr als höchſtens vier und einen halben Monat dauern. Dieß jedoch nur, wenn keine auswärts wohnenden Zeugen zu vernehmen ſind. Iſt das der Fall, ſo darf zu dem genannten Zeitraum noch die weitere Friſt hinzugefügt werden, welche ihre Berufung und Reiſe in Anſpruch nimmt." — Der Entwurf einer allgemeinen ſtädtiſchen Geſetzgebung, der von Calvins Hand geſchrieben auf der Gothaer Bibliothek ſich findet, enthält beiſpielsweiſe folgende Rubriken: „Vom Kornmarkt, vom Holz- und Kohlen-Markt, von der Metzgerei und dem Fiſchhandel. Von dem Rindermarkt und der Gemüſehalle; von der Beaufſichtigung und dem Rechte der Confiſcation der Waaren. Von den Zöllen, die ſie zu zahlen haben und den Zolleinnahmen. Von Dienſtboten und Tagelöhnern. Von Vormündern und Teſtamentsvollſtreckern u. ſ. w." Man ſieht, wie überaus eingehend und umfaſſend dieſe Arbeiten ſind, und kann nicht genug darüber erſtaunen, daß der Mann, der die Welt zu überſchauen und zu leiten hatte und die höchſten Probleme des menſchlichen Denkens zu löſen und feſtzuſtellen, auch zu ſolchen Einzelheiten, die ſeinem übrigen Berufe ſo ferne zu liegen ſcheinen, noch die nöthige Zeit und Luſt des Geiſtes fand! —

Aber nirgends tritt seine Art und seine Anschauung der Staatsaufgabe so entschieden, und man möchte sagen, so furchtbar zu Tage, als in den Bestimmungen, die wir heut zu Tage unter dem Namen der criminellen Gesetzgebung zusammenfassen. Nicht ohne Grund hat man von ihnen bemerkt, sie seien noch mehr mit Blut geschrieben als die Satzungen Drakons, und kaum anwendbar auf fehlbare Menschen dieser Erde. Denn der Grundsatz, von dem Calvin dabei ausging, war dieser: Alles was vor Gott strafbar erscheine, müsse in einem christlichen Staate, soweit es von Menschen könne wahrgenommen werden, auch vor dem Gesetze als strafbar gelten, und thatsächlich geahndet werden. „Auf nichts habe man ernstlicher sein Augenmerk zu richten," schreibt er später einmal an den Vormund Eduards VI. von England, den Herzog von Somerset, „als daß die Ehre Gottes durch die bürgerlichen Gesetze beschützt werde, so gut als die Sicherheit der Menschen. Es sei unbillig und gottlos, Diebstahl, Mord, Erpressung auf das Strengste zu bestrafen, weil die Menschen dadurch geschädigt würden, und daneben Unzucht, Hurerei, Trunkenheit, Schmähungen des göttlichen Namens ungeahndet hingehen zu lassen, als seien das erlaubte oder gleichgültige Dinge. Denn klar sei es doch was Gott hievon halte. Die Heiden sogar hätten dergleichen nicht geduldet; und wenn nun eine christliche Obrigkeit solchen Freveln zusehe ohne sie zu hindern, was bleibe dann Anderes übrig, als daß Gott selber eingreife und an Allen die Abscheulichkeiten räche, die in der That durch ihre Straflosigkeit die gemeinsame Schuld Aller geworden seien? Darin liege auch die Ursache der vielen und schweren Plagen, die in der gegenwärtigen Zeit die Welt überschwemmten."

So konnte es denn nicht anders sein, als daß ganz neue Categorien strafbarer Handlungen in die Gesetze aufgenommen wurden. Als Majestätsverbrechen galt nicht mehr nun der Hochverrath gegen die bürgerliche Obrigkeit oder der Versuch, die Verfassung des Staates umzustürzen, sondern eben sowohl die offene Auflehnung gegen das Königsrecht Gottes, und das Bestreben, seiner geoffenbarten Wahrheit irgendwie ihre Autorität zu entziehen. Auf das Eine wie das Andere wurde die höchste Strafe gesetzt, die die Gesetzgebung der Zeit kannte: der Feuertod bei lebendigem Leibe. Ebenfalls mit dem Tode wurde bestraft, wer irgend welche Art von Abgötterei trieb*), den göttlichen Namen lästerte, seinen Eltern, den Stellvertretern Gottes, fluchte

---

*) Was damals, wenigstens unter der Form des Zauberwesens noch häufig genug vorkam. So findet sich z. B. in einem Genfer Eheprozesse aus dieser Zeit das Factum, daß ein Bürger seit 15 Jahren eine Figur aus Glas ausgeprägt in seinem Hause aufbewahrte, die er seinen häuslichen Dämon nannte und von der er rühmte, daß sie jede Untreue seiner Frau ihm anzeige. Er hatte das Bild behalten und verborgen, obgleich vom Rath und Consistorium ihm auf das Bestimmteste befohlen worden, es zu zerstören.

abzulegen und zu zeigen, wie er es aufgefaßt habe. Bis zum sechzehnten Jahre sollte man gehalten sein, in dieser Weise daran Theil zu nehmen; hatte man dieß Alter erreicht, so erfolgte in der Regel die Zulassung zum heiligen Abendmahle und damit die eigentliche Aufnahme in die Gemeinde. Doch war das Alter noch keineswegs hinreichend; vielmehr hatten die Prediger die bestimmte Pflicht, einen jeden ihrer Katechumenen vorher in seinem Hause zu besuchen und nach allen Seiten hin auf das Ernstlichste zu prüfen. Und nicht nur die Katechumenen: wer überhaupt zu dem Tische des Herrn zu gehen gedachte, sollte in derselben Art immer von Neuem sich befragen lassen und Rechenschaft geben von seinem Glauben und Hoffen. Es war den Geistlichen untersagt, dabei auf bestimmte Einzelnheiten zu dringen, die an die römische Ohrenbeichte erinnert hätten; dagegen sollten sie es nicht fehlen lassen an den ernstlichsten Vorhaltungen des wahren Wesens des Sakramentes und der unerläßlichen Bedingungen eines gesegneten Genusses. Was die Feier des Abendmahles angeht, so hätte Calvin, wie er schon bei seinem ersten Aufenthalte in Genf es ausgesprochen hatte, gerne die altkirchliche Sitte wieder aufgenommen, wonach es je am ersten Sonntage eines jeden Monats begangen wurde. Aber es war dieß einer der Punkte, in denen er auch dieses Mal nicht durchzudringen vermochte, da dem Volke und Rathe seine Forderung als allzu übertrieben vorkam. Der gesetzliche Erlaß beschränkte die Austheilung auf die drei großen Feste: Weihnachten, Ostern und Pfingsten, wozu als vierter Festtag zu diesem besondern Zwecke ein Sonntag des September hinzugefügt wurde. Bei der heiligen Handlung selber standen dem Geistlichen zwei Mitglieder des Consistoriums zur Seite, die den Kelch darreichten, während er das Brod austheilte; im Uebrigen war der Hergang so ziemlich der nämliche wie er jetzt noch in den meisten der Kirchen üblich ist, die ihren Ursprung oder ihre Umgestaltung auf die calvinische Reformation zurückführen. Die Verordnung spricht aus, daß man dabei absichtlich von Allem sich fern hielt, was an die einstige Feier der römischen Messe hätte erinnern können; denn welch eine Gemeinschaft bestehe zwischen dieser und der Einsetzung Christi? Keine größere als zwischen Nacht und Tag.

Ebenso wurde die Verwaltung der Taufe durchaus auf die ursprüngliche Einfachheit zurückgeführt. Von Haustaufen war keine Rede; in der Kirche, vor versammelter Gemeinde, nach der Predigt sollte sie ertheilt werden; und das Einzige was zu dem schlichten Taufakte hinzugefügt wurde, war eine längere Erklärung der Bedeutung dieses Sakramentes und eine ernste Anrede an die Eltern und Taufpathen, welche die übernommenen Pflichten ihnen zu Gemüthe führten.

Besondere Sorgfalt wurde dem Institute der Ehe zugewandt, das man zu jener Zeit noch vorzugsweise als auf der religiösen Grundlage ruhend betrachtete. Der sinnlichen Leidenschaft und den andern unreinen Motiven, die so häufig auf das Eingehen derselben ihren Einfluß ausüben, sollte ihr

Spielraum entzogen und dafür der ursprüngliche Gedanke Gottes wieder zu Ehren gebracht werden, wonach sie als Bund der vollen Gemeinschaft und Gehülfenschaft sich darstelle zwischen zwei nach seinem Bilde gemachten Geschöpfen. — Mit aller Genauigkeit wurde für's Erste festgestellt, wie weit das Recht der Eltern und wie weit die Freiheit der Kinder in dieser Sache sich erstrecke. Kam es hierüber zu Streit, wollten die Eltern ihre Autorität in unbedingter Weise geltend machen, oder riß im Gegentheile eine blinde Leidenschaft das Kind gegen ihren Willen hin, so war zunächst das Consistorium zum Vermittler bestellt, und wenn seine Stimme nicht gehört wurde, sollte das bürgerliche Gericht die Frage entscheiden. — Eine andere Bestimmung bezog sich auf die verschiedenen Altersstufen, die mit einander in eheliche Verbindung treten durften. Denn als dem Wesen und dem Zwecke der Ehe durchaus zuwider erschien es Calvin, wenn das vorgerückte oder gar schon überreife Alter entweder um des Gewinnes willen, oder durch widerliche, sinnliche Lust entzündet, mit der kaum herangereiften Jugend sich verbinden wolle, mit der es doch unmöglich in eine wahre Gemeinschaft treten könne. Wir erinnern uns, wie er schon in Straßburg solch einen Fall auf das Ernstlichste gerügt und vor das Forum der kirchlichen Disziplin hatte ziehen wollen; jetzt setzte er es durch, daß das Gesetz ausdrücklich einschritt und diesem verächtlichen Handel, der, wie ein neuerer Schriftsteller bemerkt, noch heut zu Tage die Völker verunehrt, in dem reformirten Genf ein Ende machte. Der Mann, der über sechzig Jahre alt war, durfte keine Frauensperson heirathen, die weniger als die Hälfte seines Alters zählte, und die Frau, die die Vierzige überschritten, konnte keinen Jüngern zum Gatten sich wählen, als der zum mindesten sein fünf und dreißigstes Jahr erreicht hatte. Die Verwandschaftsgrade, die die Heirath verhinderten, erstreckten sich bis auf die eigentliche Vetterschaft, wobei indessen der Erlaß andeutete, daß diese Verfügung nur vorübergehender Natur sein solle. Nicht nur die Hochzeit, sondern auch schon die Verlobung wurde dann weiter zu einem religiösen Akte erhoben. Sie sollte in Gegenwart des Geistlichen vor sich gehen, der in Verbindung mit den Zeugen den neu Verlobten ihre künftigen Pflichten auf das Ernstlichste vorzuhalten hatte. Jedes Heirathsversprechen, das dem einen oder andern Theile auf eine ungehörige Weise abgelockt worden, sei es durch überwältigendes Zureden oder in einem Augenblicke des sinnlichen Taumels, wurde ohne Weiteres für ungültig erklärt und auf das Strengste bestraft. Die Hochzeit sollte in der Kirche gehalten werden, entweder Sonntags vor der Predigt, oder an einem Wochentage in einem besonderen Gottesdienste, wobei sowohl die alte Sitte, das Brautpaar mit rauschender Musik und Gesang an den Altar zu begleiten, als auch jede übertriebene Pracht in Kleidung und Aufzug untersagt war. Die Wiederauflösung der Ehe war nur möglich im Falle des Ehebruches oder wenn etwaige Mißhandlungen Leben und Gesundheit des einen Theils ernstlich gefährdeten.

günstig auf den Calvinismus zu sprechen war, „bemerkte ich etwas sehr Wichtiges, das ich eben so wenig vergessen, als ich mich mein ganzes Leben danach sehnen werde. Außer der vollkommenen Form eines Freistaates besitzt die Republik eine besondere Zierde an dem Sittengerichte, das beständig über die Sitten aller Bürger wacht und auch die kleinsten Ausschweifungen rügt und zurückdrängt. Dadurch wird Alles, was das christliche Leben stört und trübt, was zur Sünde verführt oder dem fleischlichen Leichtsinn dient, alle dergleichen Spiele, Redensarten, muthwilligen Dinge, Geilheit, Haß, Streit, Betrug, Geldschneiderei, Schwelgerei, Trägheit, Grobheit, Verachtung der göttlichen Dinge verhütet, nochmehr aber größere Verbrechen, die hier ganz ungewöhnlich und fast unerhört sind. Eine solche Reinigkeit ziert die christliche Religion ganz außerordentlich, ist ihr angemessen und eigen, sodaß wir ihren Mangel bei uns nicht genug beklagen können, und alle Rechtschaffenen an ihrer Wiederherstellung arbeiten sollten. Entfernte mich nicht der Unterschied der Religion von Genf, so hätte mich die Harmonie der Sitten an diese Stadt gefesselt *)." Und diejenigen, für die dieser fernhaltende Religionsunterschied nicht bestand, wurde nun wirklich durch das wunderbare Schauspiel dieser allgemeinen Sittenstrenge im Vereine mit lebendigem Glauben und der lebhaftesten geistigen Regsamkeit in einer Weise angezogen, die Genf für Jahrhunderte hindurch zur eigentlichen Musterschule des christlichen Lebens in der reformirten Welt machte. „Da wird," hieß es, „in allen Tempeln und Häusern das lautere Evangelium verkündigt, da verstummt niemals der liebliche Gesang der Psalmen, da sind Tag und Nacht Hände gefaltet und Herzen erhoben zum lebendigen Gotte. Denn es hat den größten Theil der Bewohner jenes Sehnen ergriffen, von welchem der Prophet in den Worten redet: von Herzen begehre ich deiner des Nachts; dazu mit meinem Geiste wache ich frühe zu dir **)."

„Calvin," sagt einer der bedeutendsten politischen Geschichtschreiber der

---

*) Auch Drelincourt in seiner Vertheidigung Calvins gegen die Schmähschrift des Cardinal Richelieu, die aus der nämlichen Zeit datirt wie die Aeußerungen Andreae's, hebt die gesegnete Wirksamkeit des Consistoriums ganz besonders hervor: „Die Ordnung, die jetzt herrscht," sagt er, „ist die von Calvin eingesetzte. Man kann keine schönere Uebereinstimmung des Staates und der Kirche, der geistlichen und der weltlichen Gewalt sich denken. In allen öffentlichen Handlungen sieht man die Syndiks und die Prediger gemeinsam auftreten. Die Erstern nehmen die rechte Seite ein, die ihnen zukommt als den obersten Magistratspersonen und Vertheidigern der ersten und zweiten Gesetztafel; aber sie haben die Geistlichen zu ihrer Seite, weil sie die Gottseligkeit lieben und sie als unzertrennlich von ihrem Staate ansehen. Ja, hier kann man mit Wahrheit sagen: die Gerechtigkeit und Liebe küssen sich."

**) Herzog in seinem Artikel „Calvin" in der theol. Real-Encyklopädie theilt diese Aeußerung mit, von der ich nicht weiß, woher sie genommen ist.

Weiter wird dann der Aufwand des geselligen Lebens in die nöthigen Schranken eingeschlossen. Kein festliches Mal — auch ein Hochzeitessen nicht — soll aus mehr als einem Gerichte Fleisch und Fisch, fünf andern einfachen Speisen, den Kleinigkeiten, die man dazwischen giebt und acht Tellern Nachtisch bestehen, von denen überdieß nur einer Backwerk enthalten darf. Die kostbaren, getrockneten Früchte, „die man aus dem Süden bringt," sind ganz verboten bei einer Strafe von sechszig Sols für die Gastgeber. Ebenso für die geringern Leute alle Arten von Wildpret, Geflügel und Gebackenem. Was die Zahl der Gäste betrifft, so soll sie bei gewöhnlichen Gesellschaften zehn nicht übersteigen; bei Hochzeiten sind nur die Aermsten an diese Zahl gebunden, Reichere dürfen auf zwanzig, die Vornehmsten auf dreißig steigen, jedoch so, daß bei Allen die Festlichkeit in einem Tage abgethan ist und in keinem Fall mehr als sechs Diener und sechs Mägde dabei beschäftigt werden. Was die Geschenke angeht, die man besonders bei dieser Gelegenheit sich zu machen pflegt, so sollen Braut und Bräutigam Niemanden anders beschenken als nur gegenseitig sich selber, und auch das in bescheidenem Maße, ohne großen Aufwand, bei Strafe von fünfundzwanzig Gulden für jeden Theil, für den gebenden wie für den empfangenden. Zumal das Versenden und Ueberreichen der kostbaren Blumensträuße, mit Goldfaden oder geschmückten Bändern zusammengeknüpft, ist sowohl bei diesem als bei jedem andern Anlasse verboten. —

Bei Wochenbetten soll Niemand als die nächste Verwandtschaft und Bekanntschaft das Haus besuchen, namentlich nicht an dem Tauftage. Die Wöchnerin soll sich im Bette nicht putzen, nicht die neu erfundenen Ueberwürfe und Mäntel tragen, sondern durchaus eingezogen und bescheiden sich halten: Alles bei Strafe von 60 Sols. — „Und endlich," schließt der ganze Erlaß, „haben wir behufs genauerer Einprägung und Beobachtung dieser Verordnungen befohlen, daß sie alle fünf Jahre vor der Versammlung der gesammten Bürger sollen verlesen werden, ohne daß Jemand sich davon ausnehmen oder etwas daran ändern darf, es sei denn zuvor von dem großen und dem kleinen und dem allgemeinen Rathe dieser Stadt vorgeschlagen und beschlossen." —

Das waren die kirchlichen Gesetze Calvins, die freilich nicht aus dem Gesichtspunkte unserer Zeit, sondern nach den Anschauungen der seinigen zu beurtheilen sind, in der man durchweg von der Freiheit der einzelnen Persönlichkeit eine viel geringere und von der Pflicht der Obrigkeit, ihre Untergebenen nach jeder Seite hin zu überwachen und zu regieren, eine viel höhere Meinung hatte, als es heut zu Tage der Fall ist. Indessen sind sie doch auch an ihrem Maßstabe gemessen, außergewöhnlich streng und einschneidend, und würden vom bloß staatlichen Standpunkte aus kaum sich rechtfertigen lassen. Aber wir wissen ja auf was es Calvin in Staat und Kirche vor Allem ankam: auf die Durchführung der göttlichen Gebote und die Heiligung des Volkes. Und konnte das nun unter den Umständen, in denen Genf sich damals befand, lediglich durch die freie Predigt des Evangeliums zu Stande kommen? War nicht zu fürchten, daß ehe sein Senfkorn noch recht Wurzel geschlagen und sein Sauerteig noch sattsam gewirkt, es wieder hinweggeschwemmt werde von dem neu sich entfesselnden Strom der freigelassenen Sündengewalt, sofern man es nicht mit Zaun und Mauer umgürtete und die feindlichen Mächte in möglichst feste Bande schlug? „Die Bekehrungen, die von innen heraus Charakter und Ueberzeugung ändern," sagt Gaberel ganz richtig, „kommen nicht von einem Tage zum andern und in großen Haufen; wollte Calvin sein Werk sicher stellen und die Alles zerstörende Zügellosigkeit des bisherigen Sinnes brechen, so blieb ihm nichts Anderes übrig, als den Genfern das Opfer ihrer moralischen Freiheit zuzumuthen, als von ihnen zu verlangen, daß sie die Bestimmung über sich selber zunächst in seine Hände niederlegten. Indem das Volk die „Ordonnanzen" annahm, setzte es Calvin zu seinem religiösen Erzieher ein und übertrug ihm all' die Zucht- und Straf-Gewalt, die dazu nöthig war."

Und wohl mag es nun als ein Wunder erscheinen, daß die Genfer Bürgerschaft mit ihrem ungezügelten Freiheitsdurste und ihren verwilderten Sitten dieß Opfer wirklich brachte und freiwillig zu solch einer beispiellosen Selbstbeschränkung sich verstand: Denn von Gewalt oder Ueberraschung war ja dabei keine Rede. Die zweitausend Männer, die am 20. Nov. und 2. Jan. in St. Peter sich versammelten, um über den Vorschlag Artikel für Artikel abzustimmen, und ihn entweder zu verwerfen oder zum Gesetze zu erheben, wußten alle gar wohl, um was es sich handelte. Der Entwurf war ihnen seit Wochen vorgelegen, und kein äußerer Einfluß von irgend einer Seite her wirkte auf ihre Haltung ein. Es war die weise und gewaltige Führung Gottes, die sie zu dem brachte, wozu sonst kaum ein sündiger Mensch sich bringen läßt, und ihre Herzen zu einer Hingabe willig machte, gegen die sie früher mit dem unbeugsamsten Troße sich zu sträuben pflegten. Denn sie hatten erst durch die Erfahrungen jener unseligen Zeiten, die der Austreibung der Prediger folgten, gleichsam zur Verzweiflung getrieben werden müssen, zur Verzweiflung an ihrem bisherigen Sinne, zur Verzweiflung an ihrer Freiheit ohne sittliche Zucht, zur Verzweiflung an ihren eigenen Kräften, bis sie jetzt willenlos und auf jede Bedingung hin dem sich überlieferten, von dem sie instinctmäßig fühlten, daß er ihnen zum Erretter und festen Halte bestimmt sei. So unterwirft sich etwa ein Kranker, der durch ein ungebundenes Leben seinen Körper zerrüttet hat, am Ende gehorsam dem strengen Regimente des Arztes, und läßt sich alle die Vorschriften gefallen, die seine bisherigen Lüste ihm untersagen, weil er fühlt, daß hierin allein noch die Möglichkeit liegt, seinen völligen Untergang abzuwehren. Was ein Unglück und eine Niederlage geschienen: daß Calvin damals seinen Feinden hatte weichen müssen, war in dieser Weise in einen Grund des Gelingens und Siegens verwandelt worden, auf dem das große Werk des Reformators nun erst recht sich auferbauen konnte.

Freilich ist es eine alte Regel, daß wenn die Rettung aus der ärgsten Bedrängniß geschehen ist, dann der vormalige Sinn und Trotz gerne wieder hervorbricht, und der dem Tode entrissene Wüstling die beschränkende Hand des Arztes unwillig von sich stoßend zurückfällt in seinen früheren Wandel. Es ist auch mit dem Genfer Volk nicht anders gegangen; und die Kämpfe, die Calvin aus seinem ersten Siege erwuchsen, haben auf lange Zeit hinaus sein Leben mit Hader und Verwirrung erfüllt und seine Hand hie und da mit dem Staube und Blute befleckt, ohne den Niemand aus einem Streite auf Leben und Tod zurückkehrt. —

Aber nicht nur diese kirchlichen Verfügungen gingen aus seiner Hand hervor, sondern auch die staatliche Gesetzgebung der kleinen Republik wurde durch seinen Einfluß auf das Wesentlichste umgestaltet. Noch war die schließliche Faßung der „Ordonnanzen" nicht völlig festgestellt, als der Rath ihn am 21. Nov. — kaum einen Monat nach seiner Rückkehr — zum Mitgliede einer Commission ernannte, die mit der Entwerfung einer neuen Verfassung und eines neuen bürgerlichen Gesetzbuches beauftragt wurde*). Denn das im Prinzip bereits angenommene Institut des Sittengerichts machte eine durchgreifende Modifikation der bisher gültigen Ordnungen unerläßlich; und wem paßender konnte man dieselbe in die Hand geben als dem großen Juristen-Theologen, der in beiden Wissenschaften gleich ausgezeichnet, es am besten verstehen mußte, die Interessen von Staat und Kirche in einander zu verarbeiten und zu einem zusammenstimmenden Ganzen zu vereinigen? Und in der That nahm Calvin die Aufgabe mit ebensoviel Eifer als Geschick an die Hand. In den Rathsprotokollen findet sich wohl etwa, daß man ihn das eine und andere Mal von der Sonntagspredigt dispensirte, damit er dieser Arbeit um so ungestörter obliegen könne; und als er nach fast zweijähriger Bemühung sie endlich vollendet hatte, ließ man als Zeichen des öffentlichen Dankes ein Faß des besten Weines in seine Wohnung bringen, „damit er sich nun wieder erquicken möge, nachdem er Tag für Tag zum Besten der Stadt so viele Anstrengungen übernommen."

Wir können auf das Nähere dieses merkwürdigen Werkes uns hier nicht einlassen, sondern begnügen uns damit, nur im Allgemeinen die Spuren des Calvinischen Geistes darin nachzuweisen. Denn das sind die drei Bestandtheile, die in der neuen Ordnung der Dinge sich unterscheiden lassen:

---

*) Sie bestand, wie man aus dem bezüglichen Rathsprotokolle ersieht, zuerst aus noch drei und später aus noch zwei andern Mitgliedern, dem Staatsschreiber Roset und dem Rechtsgelehrten Peter Faber.

halten habe. Hierauf legte er ein kurzes, ernstes und klares Bekenntniß ab und rief uns zu, wir sollten doch in unserm Amte vor Allem nach rechter Standhaftigkeit und Festigkeit trachten. Wie ein Prophet erschien er uns, als er darauf hinwies, mit welchen Hindernissen wir noch würden zu kämpfen haben, wenn wir das Werk Gottes durchführen wollten. „Aber wie laut auch," rief er aus, „das thörichte Volk schreien mag, fürchtet euch nicht und verlieret nie den Muth." Als Nachmittags meine Frau ihn besuchte, sagte er auch ihr das Nämliche: sie solle gutes Muthes bleiben was auch immer komme, und bedenken, wie nicht der Zufall, sondern der wunderbare Rathschluß Gottes sie hiehergeführt, damit sie auch an ihrem Theile für das Evangelium zeuge. Gleich darauf machte er ein Zeichen, daß die Stimme ihm ausgehe, und flüsterte nur noch: er sterbe in dem vorhin abgelegten Bekenntnisse, indem er mit Simeons Worten hinzusetzte: „Ich fahre jetzt in Frieden, denn meine Augen haben deinen Heiland gesehen und meine Hand hat ihn berührt." Ich begann nun meinerseits zu reden so gut ich es vermochte und er hörte augenscheinlich zu, bis seine fromme Seele zu ihrem Erlöser einging." —

Es ist in dieser Erzählung bereits berührt worden, was dem Reformator zunächst am meisten Sorge machte und seinen Bestrebungen hindernd in den Weg trat: nämlich seine eigenen Collegen. Denn noch dieselben Männer standen im Amte, die während seiner Abwesenheit in den Kirchendienst eingedrungen waren und sich so übel darin bewährt hatten. Und bald zeigte es sich, daß ihr Sinn bei der neuen Gestaltung der Dinge der alte geblieben war. Die unverdiente Großmuth, welche Calvin ihnen bewiesen, da er bei seiner Rückkehr sich enthalten hatte, ihre Entfernung zu verlangen, die wohl auf wenig Widerstand gestoßen wäre*), die Nachsicht welche er immer noch gegen sie walten ließ, die Freundlichkeit, mit der er, nicht ohne manche Selbstüberwindung, fort und fort ihnen begegnete, vermochte nicht sie besser zu stimmen. Ihr gleichgültiges, selbstzufriedenes Wesen, dem die wissenschaftliche Bildung und der religiöse Eifer in gleicher Weise abging, machte sie ohnehin eher zu einem Hindernisse als einer Hülfe in dem großen Werke, mit dem man beschäftigt war. Und bald stellte das noch Schlimmere sich heraus, daß sie den Bestrebungen des Zurückgekehrten im Geheimen geradezu entgegenarbeiteten. Während sie seine Vorschläge in Betreff des Sittenge-

---

*) „Bei meiner Ankunft," schreibt er an Myconius, „stand es in meiner Macht, alle diese Gegner so glänzend ich wollte aus dem Felde zu schlagen, und mit vollen Segeln in dem Hafen meiner Wünsche einzulaufen. Ich habe es nicht gethan, und habe mich auch seither enthalten, scharf gegen sie aufzutreten, obschon ich vielleicht vielen Beifall damit fände. Aber ich mag nicht Streit erregen und den Anschein erwecken, als verfolge ich Einzelne. Möge der Herr mir Kraft geben, in dieser Gesinnung zu verharren." Bonnet I, 291.

richts und der kirchlichen Gesetzgebung öffentlich durchaus zu billigen schienen, oder sich wenigstens wohl hüteten, Widerspruch dagegen zu erheben, mußte Calvin mit Erstaunen und Entrüstung vernehmen, daß sie im Stillen an die einzelnen Rathsmitglieder sich machten und ihnen auf das Dringendste abriethen, die von Gott ihnen anvertraute Gewalt in dieser Weise zu den Füßen der Geistlichen niederzulegen. „Ich kann Keinem von ihnen trauen," ruft er mit bitterer Klage aus, „auch wenn ich es noch so gerne möchte; Keiner von ihnen hat ein Herz für das, was wir in Gottes Auftrag wollen. Doch trage ich sie mit der äußersten Geduld und Milde, damit die Gemeinde nicht durch offenen Zwist geärgert und die kaum geeinigten Herzen alsobald wieder durch Parteiungen auseinander gerissen werden. In der Sache freilich werde ich denen nicht weichen, die so für Fleisch und Welt das Wort führen, und der Herr wird sie sicherlich noch verzehren mit dem Hauche seines Mundes, wenn wir nur unsererseits mit entschlossenem Muthe vorwärts gehen und mit einem Herzen ohne Furcht noch Wanken für das heilige Recht der Kirche einstehen, daß sie ihre Glieder zu richten hat mit dem Gerichte des Geistes. Dieß, wahrlich! muß unverbrüchlich aufrecht erhalten werden, und allzuhelle leuchtet aus dieser evangelischen Ordnung der Zucht der Glanz der göttlichen Wahrheit, als daß die trügerischen Vorwände jener Leichtsinnigen ihn irgendwie zu verdecken vermöchten *)!"

Aber auf die Länge ließen diese innerlich unwahren Verhältnisse, die Alles hemmten und jeden Augenblick in offene Spaltung auszubrechen drohten, sich doch nicht fortsetzen. Was bis jetzt Calvin die Sache erträglich gemacht hatte, war die freundliche, hülfreiche Gegenwart Virets, der in der Zeit der ärgsten Bedrängniß der Genfer Kirche zu Hülfe gekommen und dann von seiner Regierung ermächtigt worden war, dem zurückgekehrten Freunde noch einige Monate zur Seite zu bleiben. Nicht genug kann Calvin es ausdrücken, welche Tröstung und Förderung ihm hieraus erwuchs. „Laßt mir nur Viret," ruft er ein Mal über das andere aus **), so will ich mit Gottes Hülfe Alles ertragen und vollenden. Nimmt man ihn von mir, so sind wir zu Grunde gerichtet, und mit der Herstellung der Kirche ist es vorbei. Wenn der Frieden unter uns erhalten bleibt, so ist es vor Allem seine milde, innige Natur, der das zuzurechnen ist." Nach allen Seiten hin wendet er sich an seine Freunde, an die Basler, Straßburger, Zürcher, Neuenburger, um durch ihre Verwendung bei dem Berner Magistrate eine Verlängerung des Urlaubes für den unentbehrlichen Gehülfen auszuwirken. Wenn es den Anschein hat, als werde die Hoffnung in Erfüllung gehen, strömt er über vor Freude und Dankbezeugung; „um der Sache Christi

---

*) An Myconius, Bonnet I, 292 u. f.
**) So an Bucer (Bonnet I, 268), an Farel (283), an Myconius (289).

willen" bitte er, nun mit doppeltem Eifer Alles daran zu setzen, damit auch
die letzten Hindernisse schwinden *).

Aber seine Bemühungen blieben am Ende doch vergeblich. Die Kirche
zu Lausanne konnte ihren ersten Prediger auf die Dauer nicht entbehren,
und am 12. Juli mußte Viret Genf verlassen, um zu ihr zurückzukehren.
Damit aber war es nun für Calvin unmöglich geworden, seine bisherigen
Collegen länger neben sich stehen zu lassen, wenn er nicht die heiligsten Interessen der Kirche, die jetzt mehr als je treuer und eifriger Arbeiter bedurfte,
Preis geben und sein kaum begründetes Werk selber wieder in Frage stellen
wollte. Es geht aus den Nachrichten, die uns aufbehalten sind, nicht recht
klar hervor, in welcher Weise er die Aenderung ins Werk setzte; wir ersehen
nur aus seinen ersten Briefen an den zurückgekehrten Freund, daß sie unmittelbar nach dessen Abreise vollzogen wurde, und die neu erwählten Geistlichen schon am Ende des Juli in ihrer Wirksamkeit standen. Sie waren
Philipp de Eclesia, Peter Blanchet, Louis Geniston und Treppereau, nebst
einigen Hülfspredigern, die der Rath auf Calvins Verlangen bewilligt; zum
Theil frühere Mönche, von denen er nicht eben die größten Erwartungen
hegte, die aber alles Gute versprachen und in der ersten Zeit wirklich auf
das Erwünschteste sich anließen. „Sie haben nun alle ihre Probe abgelegt,"
heißt es in dem Briefe an Viret; „Philipp zeigt sich als sehr geschickt und
gewandt, Blanchet als ein vortrefflicher Lehrer; Geniston hat als Prediger
einen Erfolg, der alle Erwartungen übersteigt. Wären nur ihre Besoldun-
gen etwas reichlicher! Aber dazu haben wir den Rath nicht bringen können,
daß er mehr als bisher aussetzte **)."

Indessen zeigte es sich bald, daß der Reformator dieser ersten und

---

*) An Myconius in dem mehrmals citirten Briefe: „Für das Verbleiben
  Virets scheint Gottlob! eine günstigere Aussicht sich aufzuthun. Gar herzlich und aus dem Innersten heraus danke ich dir dafür, denn du kennst
  meine Angst, die Berner möchten ihn wieder abberufen, und bitte dich
  dringend, nun das Aeußerste anzuwenden, um die Sache zum Ziele zu führen. So oft ich an seinen Verlust denke, verliere ich allen Muth. Auch
  die Berner Brüder unterstützen mich, wie ich hoffe; ich will es ihnen vergelten wo und wie ich es vermag. Indessen fürchte ich immer noch, der
  Senat werde dem Vorschlage sich nicht sehr geneigt zeigen. Wie aber der
  Ausgang auch immer sein möge: wir wollen jeden Nerv anstrengen, um
  durchzubringen."

**) Bei Bonnet I, 311. „Als ich merkte," schreibt Calvin über diesen letz-
  ten Punkt, „daß sie in dieser Beziehung ihren festen Entschluß gefaßt hatten,
  sprach ich ihnen sehr ernstlich zu über den Gebrauch, den sie von dem Kir-
  chenvermögen machten, sie sollten noch zur rechten Zeit daran denken, daß
  sie Gott und Menschen Rechenschaft darüber abzulegen hätten. Der Papst,
  sagte ich, sei ein Dieb und Berauber des Heiligthumes, wir sollten doch
  wohl zusehen, daß wir nicht seine Nachfolger würden" u. s. w.

zwerften Sorge*) um taugliche Mitarbeiter doch nicht so schnell über-
oben werden sollte. Schon einige Wochen später muß er wenigstens über
Einen von ihnen (er nennt ihn nicht) Farel klagen, seine Predigten ließen
sich kaum anhören, so verworren und schlecht vorgetragen seien sie, später
redet er von widerwärtigen Streitigkeiten über „Mein" und „Dein", durch
die Einige die Gemeinde ärgerten; auch ihre Eitelkeit mache ihm viel zu
schaffen, ja es erscheine hie und da zweifelhaft, ob man sie überhaupt nur
für ehrliche Männer halten dürfe**).

Mit demselben Mißstand hatte er in den Landgemeinden zu kämpfen, die
zu der Stadt gehörten. Die Auswahl der Männer, die zu ihrer Bedienung
sich anboten, war zunächst nicht groß, denn noch gab es keine Generation
von reformirt erzogenen Franzosen, und wie sorgfältig man auch aus-
suchen mochte unter denen, die zur Verfügung standen***) so waren doch diese

---

*) So drückt er sich selber aus in einem Briefe an Melanchthon: „Was mich
weitaus am meisten hindert und ängstigt, sind meine Gehülfen selber."
Bei Bonnet I, 351.

**) An Biret 10. August 1543. Bei Bonnet I, 318.

***) Ein Brief an die Gemeinde in Lyon vom Jahre 1542 giebt genaue Aus-
kunft darüber, mit welch gewissenhafter Umsicht der Reformator in diesem
Stücke zu Werke ging. Es handelte sich um einen ehemaligen Carmelitermönch, der in Lyon mit vielem Beifalle gepredigt, und nun, nach Genf
gekommen, ohne Weiteres eine kirchliche Anstellung verlangte. „Nachdem
ich" erzählt Calvin, „schon gleich nach seiner Ankunft ihn freundlich begrüßt
und aufgenommen, und er in unserer Versammlung erklärt hatte, er sei
hiehergekommen, um der Kirche Gottes zu dienen, baten wir ihn, es nicht
übel zu nehmen, wenn wir nicht gleich am ersten Tage die Kanzel ihm zur
Verfügung stellten, sondern noch eine Weile zuwarteten. Denn fürs Erste
habe der Herr uns die Vorschrift gegeben, Niemanden zum Lehramte hin-
zuzulassen, ehe wir ihn recht und vollständig geprüft, und auf dieser Aufsicht
beruhe ja in der That alle Ordnung in der Kirche. Zum Andern würde die
letzte Verwirrung ärger als die erste, wenn wir Jeden, der sich meldete,
alsobald unter ihre Diener aufnehmen wollten, und auch zu seinen Gunsten dürften wir unmöglich eine Ausnahme machen. Zum Dritten seien wir,
selbst wenn wir die Weisung des Herrn übertreten wollten, durch unsere
kirchlichen Gesetze gebunden, die uns ein ganz anderes Verhalten vor-
schrieben. Wenn wir Geistlichen aber selber sie brächen, wie würde dann
das Volk sie noch halten? Und endlich sei es auch in seinem eigenen Interesse, daß wir so verführen, indem er dadurch Muße bekomme, mit den
Schwierigkeiten und Beschwerden des Amtes sich recht bekannt zu machen
und seine Entschlüsse darnach zu richten. Nichtsdestoweniger wollten wir
ihn nicht länger hinhalten, als die Nothwendigkeit es unbedingt erfordere;
er möge uns unterdessen auch ohne amtliche Stellung als seine Brüder
ansehn, die bereit seien ihm zu dienen, wo sie könnten." — Indessen wies
das der Carmeliter verdrießlich und trotzig zurück. Er habe jetzt, wenn er
wieder zurückkehren wolle, gerade eine Reisegelegenheit, sagte er, die er
nicht zu jeder Zeit wiederfinde; und zudem könne er nicht auf das Unbestimmte

entflohenen Ordensleute und übergetretenen Priester gemeiniglich noch weit davon entfernt, den Anforderungen des evangelischen Predigtamtes irgendwie zu entsprechen. Umsonst wurden die genausten Erkundigungen eingezogen, die Prüfungen verschärft, ein jeder der neuen Ankömmlinge von Calvin selber zu mehrmaliger Unterredung vorgefordert: immer von Neuem erlebte man die traurigsten Enttäuschungen, und mußte zum nicht geringen Schaden der Gemeinde die kaum Berufenen wieder aus dem Gebiete der Republik verweisen, das sie durch ihren Wandel entehrten. Der Eine war so nachlässig in der Seelsorge, daß er Jahre lang keinen Krankenbesuch machte. Ein Anderer duldete und begünstigte alle möglichen Ausschweifungen, denen er sogar sein eigenes Haus öffnete. Drei weitere mußten entsetzt werden, weil sie in öffentlichen Bädern an anständigen Frauenzimmern sich vergriffen hatten. Heinrich de la Mare, der bei jener Erneuerung der Stellen in der Stadt auf das Land versetzt worden war, trieb dort jede Thorheit und Ungebühr, segnete ein Kinderehepaar ein, in dem der eine Theil elf und der andere sieben Jahre zählte, erklärte zum großen Aergerniß der Gemeinde einen gottlosen Flucher für einen rechtschaffenen Christen, und was dergleichen mehr ist. — Mit zwei der oben genannten städtischen Collegen Calvins wurde im Laufe der nächsten Jahre ähnliche Erfahrung gemacht. Philipp von Eclesia ließ sich Wuchergeschäfte zu Schulden kommen, in denen er bis zu hundert Procent Zinsen nahm, und ein Wirthshausleben, von dem keine Ermahnung ihn abbringen konnte; und Treppereau erlaubte sich zu verschiedenen Malen bei öffentlichen Gelegenheiten die ungeziemendsten Schmähreden gegen die Behörden, die die Ungunst derselben auf den ganzen geistlichen Stand herabzuziehen drohten. Dabei waren sie nun keineswegs geneigt, die Zurechtweisungen Calvins anzunehmen, oder nur so ohne Weiteres die Stellen wieder zu räumen, in die sie sich eingedrängt hatten. In einem Briefe

hin lange in Genf verweilen, da sonst der französischen Behörde das Gerücht seines Aufenthaltes zu Ohren kommen möchte und er so für nichts und wieder nichts in ernstliche Ungelegenheiten verwickelt würde. — „Aus dieser Antwort," fährt Calvin fort, „sahen wir wohl, daß er weder wußte was die Kirche noch was der Dienst in der Kirche zu bedeuten habe, und nicht nur jedes Verständnisses, sondern in noch viel höherem Grade auch alles Eifers und Muthes ermangle." — Nach einer Reihe der unangenehmsten Erörterungen, in denen die Prediger die gröbsten und thörichtsten Vorwürfe vor allem Volke zu hören bekamen, endigte schließlich die Angelegenheit mit dem Rückzuge des Carmeliters, der dann freilich seine Verläumdungen auch nach Frankreich hinübertrug, und besonders die Lyoner Gemeinde fast an den Genfern irre machte. — Es ist das ein Beispiel der Sorgen und Widerwärtigkeiten, die der Reformator in diesen Angelegenheiten durchzumachen hatte; und wie häufig wird im Laufe dieser ersten Zeiten Aehnliches sich wiederholt haben! — Den genannten Brief vergl. bei Bonnet, Franz. Briefsammlung I, 57—67.

an Farel vom Mai 1544 muß Calvin klagen, sie läugneten alle gegen sie eingegangenen Beschuldigungen schlechtweg ab, und zwei von ihnen seien dabei offenbar meineidig geworden. In der Versammlung der Geistlichen sei es zu den stürmischsten Auftritten gekommen; seinen Vorstellungen und Bitten habe man mit Hohn geantwortet, und zu alle dem müsse man noch auf das Sorgfältigste sich davor hüten, die Sache nach außen hin bekannt werden zu lassen, damit das Ansehn des geistlichen Standes nicht einen unheilbaren Stoß erleide. „Ja zum zweiten Male erfahre ich es jetzt," ruft er aus, „was das heißt: in Genf wohnen. Ich wußte mir am Ende nicht mehr anders zu helfen, als indem ich vor allen meinen Collegen geradezu erklärte: wenn noch Weiteres dergleichen vorfalle, so bleibe mir nichts übrig als fortzugehen; meine Schultern seien nicht stark genug, solch eine Bürde zu tragen*)." Bis zum Jahre 1546 dauerten diese Widerwärtigkeiten**); von da an scheinen nach und nach tüchtigere Männer, namentlich aus dem benachbarten Frankreich sich eingestellt zu haben, an denen Calvin in der That die Gehülfen fand, die er brauchte. Wenigstens Perrier und Des Gallards, die in der Stadt an die Stelle der beiden Entlassenen traten, leisteten ihm was er wünschen konnte.

Unterdessen that er seinerseits Alles, um die mangelnde oder verkehrte Unterstützung der Andern so wenig als möglich vermissen zu lassen. Jene kirchlichen Verordnungen, die wir im vorhergehenden Capitel darstellten, führte er in einer Weise in das Leben ein, bei der er überall mit der eigenen Person voranging und das Schwierigste auf seine Schultern nahm. Was er in der Verwaltung seines pastoralen Amtes leistete, schien weit über eines Menschen Vermögen zu gehen, wenn man noch seine übrigen zahllosen Beschäftigungen, die die ganze protestantische Welt umfaßten, mit in Betracht zog. Alle andre Woche predigte er Tag für Tag, hielt überdieß wöchentlich drei theologische Vorlesungen, jeden Freitag die sogenannte Congregation, leitete am Donnerstag die Sitzungen des Consistoriums, und war bei alle dem der unermüdlichste Seelsorger, dem kein Krankenbett, keine bekümmerte Seele in der Gemeinde entging, so weit sie nur immer Menschenaugen offenbar werden konnte***). In die am übelsten bedienten Landgemeinden begab er sich von Zeit zu Zeit selbst hinaus, so wenig auch seine Berufspflicht es erheischte, um zu überwachen und besser zu machen was möglich war. Mehr als ein Mal hat er in den kleinen Kirchen zu Sanconex und den Cauxrives gepredigt. Um dem Jugendunterrichte zu Hülfe zu kommen, mit dem es überaus übel bestellt war, arbeitete er mitten im Drange dieser ersten Zeiten und Sorgen jenen für die eigentliche Catechumenen-Belehrung be-

---

*) Bei Bonnet I, 392.
**) Gaberel I, 359, nach den Protokollen des Raths und des Consistoriums.
***) Beza, Leben Calvins.

rechneten Catechismus aus, über den wir in einem früheren Abschnitte das Genauere mittheilten. „Noch naß von der Tinte," wurden ihm dabei, wie er selber erzählt*), die Blätter aus der Hand genommen, um sie in die Druckerei zu tragen. „Gerne," sagt er, „hätte ich Viret, der noch anwesend war, über das Eine und Andere zu Rathe gezogen, aber ich fand nicht einen freien Augenblick dazu." Daran schloß die Fürsorge für eine tüchtige Schulbildung des heranwachsenden Geschlechts überhaupt sich an. Mit allen Mitteln und Bitten drang er in seinen ehemaligen Lehrer, Mathurin Cordier, der vor der Austreibung kurze Zeit in Genf gewirkt und dann mit den verbannten Predigern die Stadt verlassen hatte, nun wieder dahin zurückzukehren, und die Leitung der Schulen von Neuem in seine bewährte Hand zu nehmen. Mit Freuden wolle er ihn, schreibt er dabei an Farel, mit dem Gehülfen, den der treue Mann mitzubringen verspreche, einige Monate selber beherbergen und unterhalten, wenn ihm nicht alsobald eine bestimmte Anstellung werde. „Laß es nicht zu, mein Lieber, daß er die Aufforderung ausschlägt!" ruft er aus, „wir können nicht anders eine rechte Schule herstellen, als wenn er sein eigenes Interesse vergißt und allein dem Herrn zu dienen bereit ist**)." Indessen ging dieser Wunsch für den Augenblick noch nicht in Erfüllung. Erst vier Jahre später, und auch da nur in vorübergehender Weise, ist Cordier nach Genf zurückgekehrt, bis er dann endlich im Jahre 1557 sich bewegen ließ, an der neu begründeten Akademie in eine Stellung einzutreten, die er bis zu seinem Tode ausfüllte. Für jetzt wurde der gelehrte Savoyarde Sebastian Castellio, mit dem wir uns später ausführlicher werden beschäftigen müssen, Calvins Hausgenosse in Straßburg, an den in Rede stehenden Platz berufen. — Nicht besser gelang es mit dem Plane, die tief heruntergekommene höhere Lehranstalt, von der nach all' den vorangegangenen Stürmen kaum noch einige Reste vorhanden waren, gleich in dieser ersten Zeit wieder herzustellen und zu einer Pflanzschule der evangelischen Theologie zu machen. Der Rath, dem Calvin die Sache auf das Dringendste ans Herz legte, ließ sie doch zunächst, wahrscheinlich weil man schon mit genug Anderem beschäftigt war, einfach auf sich beruhen, und verharrte auf wiederholte Anfragen hin in seinem ablehnenden Schweigen, bis es endlich im Jahre 1552 zu den ersten einleitenden Schritten kam, die bekanntlich sieben Jahre später zu der Gründung der berühmten Genfer Akademie führten.

Für die Erwachsenen wurde zu derselben Zeit eine neue Bearbeitung der Bibelübersetzung***) herausgegeben, die dem Bedürfnisse so sehr entsprach,

---

*) In der letzten Anrede an seine Collegen. Bonnet, Sammlung der französischen Briefe II, 578.

**) Bonnet I, 285.

***) Das Nähere darüber haben wir bereits in einem früheren Abschnitte besprochen.

ihre starke Auflage binnen zwei Jahren völlig vergriffen war; und im
rigen die Gottesdienste nicht nur der Art vervielfältigt, daß kein Tag ohne
n derselben vorüberging, sondern auch ihr Charakter so erbaulich und an-
nd als möglich gemacht. Namentlich war es der Gesang, dem der
ormator zu diesem Behufe seine Aufmerksamkeit zuwandte. Wie er schon
ener Denkschrift gethan, in die er während seines ersten Aufenthaltes in
f seine hauptsächlichsten Desiderien zusammengefaßt hatte, erklärte er
von Neuem vor Rath und Gemeinde, daß derselbe einen unerläßlichen
dandtheil des evangelischen Gottesdienstes bilde und „die Seelen wunder-
geschickt mache und entflamme zur Anrufung Gottes *)." Die Schwie-
eit war nur, dem an die heilige Musik ganz ungewöhnten Volk die Lust
1 und die nothwendigsten Kenntnisse beizubringen. Im Jahre 1543 ließ
vin zu diesem Behufe eine Anzahl der Psalmen Marots drucken und mit
elementarsten musikalischen Bestimmungen begleiten **). Dann bean-

---

*) „Unsere Zunge muß Gott loben," sagt er noch weiter im Buche vom christ-
lichen Unterrichte (B. III, Cap. 20, §. 31 und 32); „wie wir ihn im gemeinschaftlichen Glauben verehren, müssen wir auch sein Lob gemeinsam
erheben vor den Menschen. — Doch darf dabei das Ohr nicht etwa mehr
auf die Melodie sich richten, als der Geist auf die Worte. Was lediglich
darauf berechnet ist, jenes zu kitzeln, so z. B. die sogenannte gebrochene
Musik, und der vierstimmige Gesang, geziemt sich keineswegs für die Majestät der Kirche und muß Gott mißfallen."

*) Als ein Zug der ächt reformirten Bibelgesinnung mag dabei angeführt
werden, daß unter den metrisch bearbeiteten Psalmen immer auch der ursprüngliche Text aus der heiligen Schrift abgedruckt war. — In der von
Calvin verfaßten Vorrede zu dem Büchlein finden sich überdieß einige
hübsche Bemerkungen über das Wesen der Musik, die beweisen, daß er mit
seinen Vorgängern im Reformationswerk, Luther und Zwingli, in diesem
Punkte mehr übereinstimmte, als man gewöhnlich anzunehmen geneigt ist.
„Nicht umsonst," sagt er, indem er von dem Durste des Menschenherzens
nach Freude und Wohlsein redet, „nicht umsonst ermahnt uns der heilige
Geist in der Schrift so häufig, uns in Gott zu freuen, und alle unsere
Freude auf ihn zu beziehen, als auf unser wahres Ziel; denn er weiß wohl,
wie sehr wir dazu geneigt sind, unsere Freude in der Eitelkeit zu suchen.
Wie nun aber unser natürliches Wesen uns so hinzieht zu der Welt und
zum Fleische, so thut Gott im Gegentheil Alles, um uns davon abzuwenden und den Sinn für jene geistliche Freude in uns zu erwecken, die er
so sehr uns empfiehlt. Nun ist unter alle dem, was den Menschen erfreuen und ihm Vergnügen machen kann, die Musik das vorzüglichste oder
wenigstens eines der vorzüglichsten Mittel, und wir müssen überzeugt sein,
daß sie aus Gottes Hand zu diesem Zwecke uns zukam. Um so mehr aber
sollen wir uns hüten, sie zu beflecken und zu verderben und in das Gegentheil
dessen zu verwandeln, wozu sie uns gegeben ist. Dieser Gedanke allein schon
muß uns dazu antreiben, ihren Gebrauch wohl zu überwachen, damit nichts
Anderes als was ehrbar ist und wohl lautet dadurch gefördert, und ja kein
Sinnentaumel, ja keine Entfesselung der fleischlichen Begierden durch sie her-

tragte er bei dem Rathe — und drang glücklich damit durch — die Anste
lung eines Musiklehrers, der, wie er es sechs Jahre vorher vorgeschlage
zunächst mit den Kindern diese Gesänge einübte und in der Kirche vortru
Hatte die Gemeinde sie so einige Male gehört, so fingen Einzelne an mit ei
zustimmen, bis nach und nach Alle, die überhaupt zu singen vermochten, si
fähig dazu fühlten.

Von ganz eigenthümlicher Art war ein Gottesdienst, der jeden Freita
in der Cathedrale zu St. Peter abgehalten wurde: die sogenannte Cong
gration*). „Alle Geistlichen," berichtet der berühmte Vergerius währe
seines Genfer Aufenthaltes darüber**), „und viele Bürger wohnen ih
bei. Ein Pfarrer liest einen Text der h. Schrift und erklärt ihn kurz. Hie
auf äußert ein Anderer, was ihm gerade in die Gedanken kommt, und di
sem folgt der Reihe nach jedes beliebige Mitglied der Versammlung, da
seinerseits etwas beizutragen weiß. Du siehst, es ist dieß eine Nachahmun
jener Einrichtungen in der corinthischen Gemeinde, von denen Paulus rede
und ich habe viele Erbauung aus diesen öffentlichen Gesprächen empfan
gen." Jedenfalls waren sie eine treffliche Censur für die Geistlichen, den
dabei nach jeder Seite hin von den Gemeindegliedern Rechenschaft abgefo
dert werden konnte ihres Glaubens und ihrer Hoffnung, und weiterhin ei
außerordentlich erwünschte Gelegenheit, der Gemeinde Manches vorzutrage
und mit ihr durchzusprechen, was für die gewöhnliche Kanzel weniger si
schickte. So hat Calvin in diesen Stunden wohl etwa vor dem einen un
andern falschen Bruder oder der einen und andern Irrlehre gewarnt, der
Eindringen gerade zu befürchten stand, oder diejenigen seiner Dogmen z

---

vorgerufen werde. Aber dazu kömmt nun noch weiter: daß es, wie Pla
sehr richtig bemerkt, kaum etwas Anderes auf der Welt giebt, das sold
einen Einfluß auf die Menschen übt und so wirksam ihre Sitten bildet u
gestaltet. In der That erfahren wir es Alle, mit welcher geheimnißvoll
und fast unglaublichen Macht sie unsere Herzen bewegt und da oder d
hinzieht. Können wir unter diesen Umständen zu vorsichtig sein in der A
ihrer Behandlung? .... Darin aber unterscheidet sich nun die Musik od
der Gesang eines Menschen von dem einer Nachtigall oder Amsel, d
er auch wissen und verstehen soll, was er singt. Daß ferner sein Gesa
vom Herzen kommen muß und er mit vollem Bewußtsein, mit voller Se
ihn anstimmt wie die Engel des Himmels. Damit wir nun aber dieß fo
während vermögen und jeder Zeit zu dem Troste und Segen solch' hei
ger Musik unsere Zuflucht nehmen können, ist es nöthig, daß wir die L
der, die dieses Büchlein enthält, auch in unser Gedächtniß einprägen u
sie nicht mehr daraus entschwinden lassen."

*) Eine Einrichtung, die übrigens fast in der ganzen reformirten Schweiz
kirche der frühern Zeit sich fand. In Zürich und Bern hieß sie die „Pr
phezei".

**) In einem Briefe auf der Zürcher Bibliothek. Mitgetheilt von Gabe
I, 512.

prache gebracht, die die meisten Bedenken erweckten, wie z. B. die Prädesti-
tionslehre, und die Einwürfe zu widerlegen gesucht, die dagegen erhoben
rden. — Welch' ein Segen ohne Gleichen, wenn wir in unsern bewegten,
n so vielen geheimen Zweifeln unterwühlten und nach klaren Ueberzeu-
ngen dürstenden Zeiten noch etwas von dieser Einrichtung besäßen!

Aber was half es, die Gottesdienste lehrreich und erbaulich zu machen,
nn sie nicht auch besucht wurden? Und war etwa zu erwarten, daß die
esammtheit dieses leichtfertigen Volkes freiwillig sich in dem Maße dazu
rbeilassen werde, wie es zu seiner religiösen Heranbildung von Nöthen
ar? Nichts schien natürlicher und heilsamer, als die in die Hände der
rchlichen Behörden gelegte Macht vor Allem dazu anzuwenden, daß wenig-
ens aus Zwang geschehe, was in dieser Zeit der gute Wille noch nicht recht
isten mochte. Höchst einfach und naiv ging man dabei in den Landgemein-
n zu Werke, nicht anders als wie mit Kindern, die der Schule zu entlaufen
neigt sind. Die Ausgänge des Dorfes wurden während der Stunden des
ottesdienstes bewacht und Niemand hinausgelassen. Wer sich dennoch
icht in der Kirche einfand, wurde aufgezeichnet und zur Bestrafung gezogen.
on frühem Morgen an gingen am Sonntage die Pfarrer von Haus zu
aus, auch in die benachbarten Höfe, und führten ihre Bewohner mit sich dem
ottesdienste zu. Die Stadt freilich konnte man nicht völlig in dieser Weise
handeln. Aber darauf wenigstens wurde gedrungen, daß auch während der
Wochengottesdienste alle Verkaufslokale sich schlossen und alle geräuschvolle
rbeit aufhörte, damit Jedermann an die kirchliche Versammlung gemahnt
erde, und Zeit habe ihr beizuwohnen. Wurde Jemand mehrere Sonntage
ntereinander in der Kirche vermißt, so forderte ihn das Consistorium vor,
nd legte ihm wohl etwa die Verpflichtung auf, nun für eine bestimmte Zeit
ag für Tag in den Gottesdiensten, und an den Sonntagen auch noch in dem
ugendunterrichte zu erscheinen. Zu dem Nämlichen wurden diejenigen anhalten, die bei den prüfenden Gesprächen, welche die Geistlichen in ihren
ausbesuchen mit ihnen hielten, eine besondere Unwissenheit in den religiösen
ingen oder noch einen Rest des römischen Aberglaubens an den Tag legten.
elbst wer in seinem Lebenswandel sich Unsittliches zu Schulden kommen
ß, konnte diesem Zuchtmittel unterworfen werden, „da er durch sein Beneh-
en deutlich genug beweise, wie nöthig eine tägliche Warnung und Er-
ahnung aus Gottes Wort ihm sei." Und streng genug war man an die
eobachtung dieser Weisungen gebunden. Wer es versuchte, sich darüber
wegzusetzen, wurde für längere oder kürzere Zeit aus der Stadt verbannt.

Noch ernster nahm man es mit alle dem, was die Würde des Gottes-
nstes verletzte oder eine offene Geringschätzung desselben ausdrückte. Die
nsistorialprotokolle in den Jahren 1541—1546 zeigen in einer Reihe von
illen, wie wenig man damals in Genf Scherz verstand, wo es um heilige
inge sich handelte. Ein junger, vornehmer Herr, der während des Gottes-

dienstes sich zu Pferd auf der Straße treffen ließ, und auf die Frage, warum er nicht in der Kirche sei, die Antwort gab: „Ist denn Platz darin für mein Pferd und mich?" mußte vor der versammelten Gemeinde knieend um Verzeihung bitten für die leichtsinnige Rede. Ein Anderer wurde für drei Monate verbannt, weil er bei dem Geschrei eines Esels bemerkt hatte: „Welch einen schönen Psalm singt der!" Ein Bürger wurde zur Kirchenbuße und einer Geldstrafe verurtheilt, weil er während des Gottesdienstes laut und in unangemessenen Ausdrücken geredet hatte. Ein Fräulein, das beim Kirchengesang nach der Psalmenmelodie ein weltliches Lied gesungen, mußte von seinen Eltern ausgepeitscht werden. Ein junger Mann wurde bestraft, weil er seiner Braut ein Haushaltungsbuch mit den Worten überreichte: „Das ist das beste Psalmbuch."

Man kann sich denken, wie drückend das Alles hie und da empfunden wurde. Als ein Flüchtling aus Lyon einmal dankerfüllt ausrief: „Wie herrlich ist es doch, in dieser Freiheit zu leben," antwortete ihm eine Frau aus dem Volke mit bitterm Hohne: „Ja, wahrhaftig, wir sind hier frei! Früher durften wir in die Messe gehen, und jetzt zwingt man uns, in der Predigt zu sitzen." Aber in welcher Weise man auch immer dazu gelangte: die Kirchen waren doch in der That angefüllt, das Wort Gottes wurde vernommen, die religiöse Erkenntniß nahm augenscheinlich zu, die sittlichen Begriffe prägten den Herzen sich ein; das bisher um seines frivolen Leichtsinns willen berüchtigte Genfer Völklein fing an, die ersten Spuren jener ernsten, christlichen Haltung an sich zu zeigen, durch die es für Jahrhunderte sich einen der schönsten Ehrentitel in der Geschichte erworben hat. „Ich bin selbst erstaunt," ruft Calvin einmal aus, „und alle Andern mit mir, wie gut im Allgemeinen Jegliches von Statten geht in Mitten so vieler Schwierigkeiten. Es ist mir ein großer Trost in meinen Bedrängnissen, daß nicht nur diese Kirche, sondern auch die ganze umliegende Gegend durch meine Gegenwart einen Segen empfängt*)."

Es war übrigens als ob die züchtigende Hand Gottes sich mit der seinigen vereinige, um die Herzen ernst zu stimmen und das große Werk der Buße und Erneuerung zu vollziehen. Eine furchtbare Pestseuche, die um diese Zeit durch einen großen Theil Europa's ihren grauslgen Umgang hielt, hatte sich eben als Calvin nach Genf zurückkehrte, auch dieser Stadt genähert und die Gemüther ihrer Bewohner mit Angst und Bangigkeit erfüllt. Schon Ende Octobers, nur wenig Wochen nach des Reformators Ankunft, hatte man sich deßhalb zu einem großen Bußtage versammelt, an dem Obrigkeit und Volk ihre schweren Verschuldungen vor dem herannahenden Gerichte Gottes bekannten und um die Abwendung desselben flehten. „Für jetzt scheinen wir wirklich verschont zu bleiben," schrieb Calvin, „aber im Frühjahr wer-

---

*) An Melanchthon vom 16. Febr. 1543 bei Bonnet I, 523.

wir wohl nachholen müffen, was uns jetzt gefchenkt wird; oder wie dürf-
wir von der Macht des züchtigenden Gottes Anderes erwarten bei unfe-
fortwährenden und unbegreiflichen Gleichgültigkeit und Stumpfheit*)?"
deffen dauerte die Bewahrung doch gegen ein Jahr. Erft im Herbft 1542
ng die Krankheit in die Stadt ein, aber dann mit ihrer ganzen Heftig-
; fodaß fie hinwegraffte, was fie ergriff**). Die Gerichtshöfe mußten ge-
loffen werden, alle Gefchäfte eingeftellt, das Volk drängte fich zu den Kir-
n, der Rath forderte die Geiftlichen auf, Einen aus ihrer Mitte für das
ital zu ftellen, in das man die Kranken fammelte. Aber wie es von jenen
n gefchilderten Männern kaum anders zu erwarten war, weigerte fich der
ßere Theil, der augenfcheinlichen Lebensgefahr entgegenzugehn***). Nur
lvin, Blanchet und der an der Schule angeftellte Caftellio zeigten fich
eit, und auch von diefen änderte der Letztere wieder feinen Sinn, als
ter den Dreien gerade ihn das Loos für den fchweren Dienft bezeichnete.
f die beftimmte Willensäußerung des Rathes hin, der Calvin nicht daran
gen wollte, und ihm ausdrücklich den Befuch des Krankenhaufes verbot,
eil Staat †) und Kirche feiner nicht entbehren könnten," trat hierauf Blan-
t an feine Stelle, der denn auch wirklich feine Treue mit dem Leben bezahlte.
ollte dieß eintreten," fchreibt Calvin an Viret, „fo muß ich daran, ob-
hl es mir nicht leicht wird im Hinblick auf alles das, was ich noch zu
lenden habe. Aber wir find ja die Schuldner Aller, und dürfen denen
wenigften fehlen, die am dringendften unfer bedürfen. Freilich glaube
nicht, daß wir um eines Theiles der Kirche willen ihre Gefammtintereffen
s den Augen fetzen dürfen. Aber fo lange wir in dem Dienfte des Amtes
en, kann doch ficherlich nichts uns entfchuldigen, wenn wir durch irgend
n Grund uns davon abhalten laffen, denen zu Hülfe zu kommen, die
uns angewiefen find ††)." Indeffen war bei Blanchet's Tode die Seuche

---

*) Bei Bonnet I, 270.

*) Calvin an Viret I, 320.

*) Sie erklärten ganz offen vor dem Rathe: „um ein fo fchweres Amt zu
übernehmen, müffe man feft fein im Glauben und nichts fürchten, ihnen
aber fehle diefer Muth." Und bei einer andern Gelegenheit: „es wäre allerdings ihre Pflicht, in dem Pefthaufe zu dienen, es gebräche ihnen aber die
Kraft dazu." Der Rath befchloß darauf, Gott zu bitten, daß er ihnen doch
für die Zukunft mehr Muth fchenke. Rathsprotokolle vom 1. Juni und
11. Dez. 1543.

†) Chronique de Roset IV. fol. und Sarcon 60. Ein fchlagendes Beifpiel,
wie wenig Calvin in irgend einem Stücke feine eigene Ehre fuchte, liegt
darin, daß er von diefem durch die Rathsprotokolle wohl verbürgten Zuge
nirgends im Geringften redet, auch nicht in dem gleich anzuführenden
Briefe, der die ganze Angelegenheit befpricht. Vielmehr äußert er fich da
fo, als gehöre lediglich Blanchet der Ruhm, fich zum Opfer dargeboten zu
haben.

††) Bonnet I, 334.

so weit gemildert, daß eine weitere geistliche Hülfeleistung nicht mehr v
Nöthen schien, und die spätern Male, da die Krankheit auf längere ol
kürzere Zeit wieder in Genf einkehrte, wußte der Rath es von Neuem zu w
hindern, daß Calvin mit ihr in nähere Berührung kam. „Wir sind bitt
gezüchtigt worden,“ schreibt der Reformator bei dieser Gelegenheit an ein
katholischen Geistlichen, der in öffentlichem Sendschreiben die besondern Ve
heerungen, welche die Seuche in Genf angerichtet, für eine Strafe Gott
wegen der Einführung der Reformation erklärte, „ja wir sind bitter bestra
worden, und bitterer als viele Andere. Aber wahrlich nicht, weil wir Eu
Abgötterei verließen, sondern im Gegentheile nach jenem Worte des Herr
daß der Knecht, der seines Meisters Willen wisse, und ihn doch nicht th
doppelte Strafe leiten werde. Er will uns zu ernstlicher Prüfung unser
Gewissen ermahnen und zur Buße ziehen, und gerne nehmen wir in solche
Sinne an, was du sagst: daß es Zeit sei, zu Gott zurückzukehren, um Ve
gebung und Barmherzigkeit von ihm zu erflehen.*)

Es war wohl mit eine Folge dieser ernsten Heimsuchung, die in d
Jahren 1541 — 1546 die Stadt unaufhörlich bedrohte und gelegentlich no
eine drückende Theuerung der Lebensmittel nach sich zog**), daß auch d
auf das bürgerliche Leben bezüglichen Bestimmungen der „kirchlich
Ordonnanzen“ während dieses ersten Zeitraums viel leichter sich durchführ
ließen, als man hätte erwarten dürfen. Denn als ein auffallend günstig
Verhältniß, besonders im Vergleiche mit den nächstfolgenden Zeiten muß
doch gelten, daß im Laufe dieser sechs Jahre im Ganzen nicht mehr als etw
fünfzig Verurtheilungen um sittlicher Vergehen willen von dem Consistoriu
mußten ausgesprochen werden. Und doch ließ, wie man sich denken kan
die neue, durchaus unter dem Einflusse Calvins stehende Behörde es ni
daran fehlen, die ihr gestellte Aufgabe mit all der Macht, die in ihre Hän
gelegt war, auf das Kräftigste und Rückhaltsloseste zur Vollziehung zu bri
gen. Besonders der Trunkenheit, der Unzucht, der Spielleidenschaft u
dem Wucher: den Lastern, die damals in Genf am meisten im Schwan
waren, ging sie zu Leibe. Calvin hatte dabei oft recht schlimme Tag
er mußte strafen, wo er es am wenigsten erwartet hatte und selber tief
Schmerz darüber empfand; hie und da traf er auf einen Widerstand, d
zu ertragen seinem reizbaren Gemüthe überaus schwer fiel; ein Gefühl d
Ueberdrusses und Ekels, das er kaum meinte überwinden zu können, ergr

---

*) Lettre à Monsieur le curé de .... in der französischen Briefsamml
I, 68. Das ganze sehr anziehende Schreiben ist äußerst lesenswerth.
**) Auch Zeichen am Himmel erschreckten nach den Genfer Chronisten
ohnehin schon von allen Seiten bedrängte und geängstigte Menge. 2
25. Febr. 1543, wird erzählt, habe man in Genf und dem Waadtlan
um Nachmittags 2 bis 4 Uhr drei Sonnen gesehen, die Speere gegen ei
ander zu schleudern schienen, und was dergleichen mehr ist.

ihn wohl zuweilen in diesem unausgesetzten Kampfe gegen die Sünde in ihren gröbsten und widerwärtigsten Formen. Aber das Bewußtsein seiner Pflicht und Bestimmung machte ihn doch immer wieder stark, und ließ ihn unerschütterlich vorwärts schreiten auf dem betretenen Wege. Am meisten verwunderte man sich darüber, wie er so gar kein Ansehn der Person kannte, den Geringsten zur Rechenschaft zog wie den angesehensten Mann, den eifrigsten Anhänger der Reformation, der für die Zurückberufung der Prediger Schmach und Noth erduldet hatte, wie den geheimen Gegner, dem der gegenwärtige Stand der Dinge überhaupt ein Gräuel war*). Und das beschwichtigte denn auch vielfach den Unmuth, der sich etwa regen wollte. Das Volk, das die geachtetsten Anhänger des Reformators, die sich übrigens den auferlegten Strafen im Allgemeinen willig und reuevoll unterzogen, vor der versammelten Gemeinde in der Kirche knieen sah, und Gott und Menschen mit Thränen um Verzeihung bitten für das gegebene Aergerniß, ging bestürzt und von tiefer Scheu ergriffen nach Hause, und pries die heilige Gerechtigkeit, mit der bei all' der fast unerträglichen Strenge verfahren werde. —

Zumeist waren es solche Kirchenbußen, durch die die Vergehungen gesühnt werden mußten; dann aber auch, namentlich wo es um unzüchtige Frauenspersonen sich handelte, Verbannung aus der Stadt, öffentliche Auspeitschung, längeres Gefängniß. Ein Mal kömmt in dieser Zeit der Fall vor, daß ein ehemaliger Canonikus, der einem Mädchen Gewalt angethan hatte, sogar das Schaffot besteigen mußte. — Am erfolgreichsten scheint die Spielwuth, die sogar Pest und Hungersnoth nicht niederzuhalten vermochten, durch das Consistorium in dieser Weise bekämpft worden zu sein. Wer ein Spielhaus hielt, wurde zuerst verwarnt, und wenn er es dennoch nicht aufgab, aus dem Gebiete der Republik verbannt. Excesse, die etwa dabei vorkamen, zogen eine doppelt strenge Ahndung nach sich; Geldstrafen, Gefängniß, die Nöthigung, auf eine gewisse Zeit Tag für Tag den Gottesdienst zu besuchen, trafen Jeden, der sich daran betheiligte. Der Geschichtschreiber der Genfer Kirche berichtet, daß dieß wirklich zum Ziele führte und die verderbliche Leidenschaft binnen Kurzem aus dem Umkreise der Stadt verschwand**). Dem Wucher, der in seinen gehässigsten Formen zur allgemeinen Gewohnheit geworden war, wurde zunächst durch wiederholte Ermahnungen von der Kanzel herab, und endlich durch ein Gesetz gesteuert, das die Geistlichkeit verlangte, wonach jede Zinsnahme, die sechs Prozent überstieg, einer

---

*) Das Protokoll des Consistoriums enthält Verurtheilungen von Mitgliedern der Familien Gerbel, Curtet, Chantemps, Maisonneuve, die sämmtlich zu den eifrigsten Anhängern und Beförderern der reformatorisch gesinnten Partei gehörten.

**) Gaberel I, 362.

namhaften Geldſtrafe unterlag. Auch an den Luxusgeſetzen in Betreff der
Kleidung und des Hausaufwandes, wie wir ſie oben mitgetheilt haben, ließ
man nichts abbrechen. Im Allgemeinen waren es lediglich die Fremden, die ſich
dagegen verfehlten, da in der Stadt ſelber der Detailverkauf der unterſagten
Stoffe auf das Strengſte verhindert wurde. Die Mode der geſchlitzten Pump-
hoſen war es beſonders, die viel Lärm und Unruhe verurſachte. Denn nicht
nur war ſie die Männerkleidung, bei der am meiſten Putz ſich anbringen
ließ, ſondern man kam auch bald dahinter, daß ſie durch eine beſondere
Miſchung der Stoffe und Farben den Gliedern der anticalviniſchen Partei
zum gegenſeitigen Erkennungszeichen diente, und ſelbſt dazu helfen mußte,
geheime Papiere und Waffen unter ihrer weiten Hülle zu verbergen *). „Man
will uns lächerlich machen und der Tyrannei anklagen," ſchreibt Calvin
einmal, „weil wir mit dergleichen es ſo ernſtlich nehmen, aber wir wiſſen
wohl, warum wir das thun, und wie durch die Schlitze dieſer Hoſen, die
an und für ſich ja freilich gleichgültig ſind, alle Art von Ungebundenheit bei
uns ſoll eingeführt werden." Noch mehr als dieß Alles gab die alt-her-
kömmliche Leichtfertigkeit und Frivolität der Zunge in dieſem franzöſiſch-
italieniſchen Völklein zu ſchaffen. Wüſte Geſänge ſtörten die Ruhe der Nacht
oder erklangen des Tags aus den Schenken, freche Reden über die Obrigkeit
und die neue Einrichtung der Dinge wurden gehört; hie und da drangen
die Banden während des Gottesdienſtes in die Nähe der Kirchen und er-
ſchreckten die verſammelte Gemeinde durch ihr plötzliches Geſchrei. Namentlich die Marktweiber des Molard zeichneten in dieſer Beziehung ſich aus.
„Ohne alle Rückſicht auf das Gebot der Räthe," heißt es in einem Rathsprotokolle, „fahren ſie fort mit Fluchen, Anrufungen des Teufels und dem
Singen unzüchtiger Lieder." Man wußte ſich am Ende nicht mehr anders zu
helfen, als durch die Aufrichtung einer Gefängnißſtube in der Mitte des
Platzes, in welche die Fehlbaren augenblicklich eingeſperrt wurden; während
man gegen die Uebrigen mit Geld- und Gefängnißſtrafen verging und die
hartnäckigſten Sänger „außer den Mauern ſingen ließ," d. h. in die Verbannung ſchickte.

Auf das Engſte hing mit den meiſten dieſer Uebelſtände das Wirths-
hausweſen zuſammen, und Calvin überzeugte ſich bald, daß vor Allem hier
Hülfe geſchafft werden müſſe, wenn man wirklich dem Uebel die Axt an die
Wurzel legen wolle. Aber wie war zu helfen? „Schließt man die Schenken
der Stadt," heißt es in einem Protokolle des Conſiſtoriums **), „ſo gehen
ſie auf das benachbarte ſavoiiſche Gebiet und treiben um ſo mehr was ſie
gelüſtet." Mit dem unbefangenſten Verſtändniß der Sache entſchloß ſich

---

*) Calvin an die Brüder in Frankreich. In der Genfer Ausgabe der Briefe
p. 101.
**) Vom 21. April 1545.

alvin dazu, dem Bedürfniſſe der Geſelligkeit, das dem Wirthshausgehen zu-
ächſt zu Grunde liegt, nicht etwa ſchlechtweg ſeine Befriedigung zu verſagen,
ndern es ſo viel als möglich in andere und edlere Bahnen zu leiten. Er
hlug vor, und brachte es zu Stande, daß ſogenannte „Cercles" oder Zünfte
ngerichtet wurden, „Caſino's und Muſeen", wie wir ſie jetzt nennen würden,
o unter der Ordnung feſtgeſetzter Beſtimmungen die jungen Leute wie die
amilienväter des Abends zuſammenkamen und bei einem Glaſe Wein über
Krieg und Frieden und andere dem Lande nützliche Dinge ſich beſprechen
nnten." Die Hauptleute der Stadt ſelber ſuchten die geeigneten Lokale
us, und bald wollte Jedermann Mitglied einer der vier Abtheilungen ſein,
n die man ſich geſondert hatte. Freilich ſchien eine Zeit lang nicht ſehr viel
amit gewonnen; das Trinken und Lärmen des Wirthshauſes lebte in den
euen Sälen wieder auf, wie es in den alten geweſen, bis am Ende (21. Mai
1546) die Syndiks ſich verpflichteten, den Zuſammenkünften abwechſelnd
elber beizuwohnen und damit einen ganz neuen Geiſt in dieſelben brachten.
Sie erwieſen ſich von da an als die wirkſamſten Pflanzſchulen des wahrhaft
patriotiſchen Sinnes, und leiſteten ſo der kleinen Republik manchen un-
ſchätzbaren Dienſt *).

Es mag auf den erſten Augenblick faſt ſonderbar erſcheinen, und doch
eht es mit dieſem ganzen Syſtem der Erneuerung und Umgeſtaltung in
inem engen Zuſammenhange, der keinem Denkenden entgehen wird, daß Cal-
in neben dieſen das ſittliche Gebiet unmittelbar berührender Angelegenheiten,
um auch noch gar manche andere mit allem Ernſte an die Hand nahm, die
m und für ſich ſeinem eigentlichen Berufe ferne genug lagen. Wer ſollte es
. B. glauben, daß Niemand anders als ihm, gleich in dieſen erſten Jahren
ines erneuerten Aufenthaltes, die Stadt die äußere Reinlichkeit verdankte,
ie nach und nach in ihre engen und gewundenen Gaſſen einzukehren begann?
Bei Gelegenheit der Peſtverheerungen drang er darauf, daß aus Häuſern
nd Straßen der Unrath regelmäßig entfernt werde, um den man bisher in
efahrloſen Zeiten wenig ſich bekümmert hatte, und brachte damit eine Um-
andlung ihrer Erſcheinung zu Stande, über welche die Reiſenden ſich nicht
mug verwundern konnten. Zu derſelben Zeit bewog er den Magiſtrat dazu,
m Verkauf der Lebensmittel zu überwachen, und alles Unreife oder Ver-
rbene, das auf den Markt gebracht wurde, in die Rhone werfen zu laſſen.
ls er erfuhr, daß in Genf mehr als es ſonſt zu geſchehen pflegt, die Un-
lücksfälle kleiner Kinder ſich wiederholten, dachte er der Sache nach und
merkte endlich: „In der That was uns am nächſten vor Augen liegt, wird
n wenigſten von uns beachtet, die Fenſter ohne Stützen und Geländer,
ie ſie hier gebräuchlich ſind, verſchulden ohne Zweifel die vielfachen Ver-
tzungen." Auf ſeinen Antrag erließ der Rath eine Verordnung, wo-

---

*) Gaberel I, 365.

nach in Zukunft jede Fensteröffnung „ein solides Geländer bis zur Höhe der Brust" haben mußte, „damit kein Kind mehr dabei Schaden nehmen könne*)." —

Aber unendlich wichtiger als diese Kleinigkeiten, denen sich übrigens noch eine gute Zahl ähnlicher anreihen ließe, wenn der Raum es erlaubte, war was er in diesen Jahren der Noth und Bedrängniß für das industrielle Gedeihen der kleinen Republik zu Wege brachte. Als er nach Genf kam, fanden sich nur wenige größere Werkstätten in der Stadt, und die Handwerker fertigten kaum was zum gewöhnlichsten Bedarfe gehörte. Unter den bürgerlichen Unruhen, den theuern Zeiten, den Handelsstockungen, die die Krankheitsjahre mit sich brachten, drohte auch dieß Wenige noch zu verfallen, und die Armuth wuchs unter den arbeitenden Klassen in erschreckendem Maße. Die Verwendung der verdienstlosen Hände zum Bau der Festungswerke, auf die der Rath verfiel, dauerte nicht lange und erschöpfte die öffentlichen Kassen. Aengstlich schaute man nach irgend einem Mittel sich um, das gründlichere Abhülfe gewähre. Da trat am 29. Dez. 1544 Calvin vor den Rath, legte in einer längern Rede die dringende Nothwendigkeit dar, der um sich greifenden Arbeitslosigkeit zu steuern und den armen Leuten Brod zu schaffen, und schloß mit dem Vorschlage, durch Unterstützung aus den öffentlichen Mitteln die Tuch- und Sammt-Weberei in die Stadt einzuführen, die in der gegenwärtigen Zeit und nach der geographischen Lage Genfs den meisten Erfolg verspreche. Mit aller Bereitwilligkeit ging die Behörde darauf ein, und ersuchte den Reformator, die Mittel und Wege zur Ausführung der Sache in nähere Erwägung zu ziehen. Nach zwei Monaten legte er demgemäß einen detaillirten Plan vor, dessen Hauptbestimmung darin bestand, daß einem geschickten und unternehmenden Manne, dem Syndik Jean Ami Curtet, eine Summe von 12000 Livres aus der Staatskasse vorgestreckt werden sollte, „mit der er eine Werkstätte besagter Art errichte, worin alle Müssigen und die bisher aus Unterstützungen lebten, Arbeit finden könnten." Die Fabriken wurden in der That unverzüglich in das Leben gerufen, und gelangten bald zur höchsten Blüthe. In der Schweiz und in Frankreich gehörten Jahrzehnten hindurch das Tuch und der Sammt aus Genf zu den begehrtesten Artikeln, und legten den Grund zu dem soliden Wohlstand, dessen die Stadt bekanntlich heutzutage noch sich erfreut. Freilich mußte dieser Industriezweig später der übermächtigen Concurrenz Lyons weichen, die von den gesammten Mitteln der französischen Krone getragen, die Anstrengungen der kleinen Republik leicht überflügelte. Aber Sinn und Geschick für dergleichen Thätigkeit waren nun einmal geweckt, und ehe die Seidenfabrikation noch völlig erlosch, war schon eine andere an ihre Stelle getreten: die Uhrenmacherei, durch die Genf jetzt seit mehr als zwei Jahrhunderten so erfolg-

---

*) Gaberel I, 525.

reich weiter schreitet auf dem Wege, den sein großer Gesetzgeber ihm eröffnet hat*).

Um so mehr aber konnte Calvin nun auch darauf dringen, daß jenes apostolische Wort, auf dem alles gesunde religiöse und bürgerliche Leben beruht: „Wer nicht arbeiten will, der soll auch nicht essen," oder wiederum: „wandelt nicht unordentlich, sondern Jeder schaffe das Seine mit seinen Händen, auf daß er sein eigenes Brod esse und habe zu geben dem Dürftigen (Thess. 4, 1 und Eph. 4, 28)," zu seiner vollen Geltung komme. Die Bettelei wurde schlechtweg untersagt; jeder Fremde, der sich dergleichen zu Schulden kommen ließ, augenblicklich aus der Stadt fortgewiesen. Dagegen sorgte man auf der andern Seite um so besser für die wirklich Arbeitsunfähigen und unverschuldet Nothleidenden. Als eine der schönsten Früchte der Wirksamkeit Calvins bezeichnet der Geschichtschreiber der Genfer Kirche den großartigen Sinn für die Wohlthätigkeit und brüderliche Aushülfe, den er in der Bürgerschaft zu erwecken wußte. Während der Bedrängnisse der Pest zeigten sich auch die Hartherzigsten freigebig und die Gleichgültigsten aufopfernd. Zwei Bürger Klebergun — ursprünglich Deutsche, wie es scheint**) —, ließen sich von dem Rathe eine genaue Liste aller Armen einreichen und sandten dann vierhundert Ellen Tuch, um sie zu kleiden. Auf einen Aufruf der Behörde hin wurden von dieser Zeit an dem Armenschaffner alljährlich so bedeutende freiwillige Gaben zur Verfügung gestellt, daß den Betagten und Kranken eine Wochengehalte ausgesetzt und jeder arme Durchreisende nach Bedürfniß mit dem Nöthigsten unterstützt werden konnte. Das Spital nahm überdieß, so viel als möglich, die Verdienst-Unfähigen auf, und es wurde bald einer allgemeinen Ehrensache, zu seiner Erweiterung und besseren Ausstattung etwas beizutragen. Der erste Direktor der Anstalt, Claude Salomon, widmete ihr nicht nur ohne alle Vergütung Zeit und Kraft, sondern schenkte ihr auch sein ganzes Vermögen. Eine Dame aus den höhern Ständen, Cecile Perrel, folgte seinem Beispiele, machte sich, familienlos, wie sie war, aus den Armen und Kranken des Spitals eine neue Familie, der ihr Leben gehörte, und übermachte ihnen ihr gesammtes reiches Gut. Ihnen Allen übrigens ging hier wie überall Calvin selber mit seinem Beispiele voran. Die Rathsprotokolle erwähnen mehr als ein Mal, welche Unkosten die fremden Brüder ihm verursachten, von denen er oft so viele bei sich beherbergte, als sein Haus zu fassen im Stande war. „Ich schicke Ihnen hier einen armen Unglücklichen," lesen wir einmal in einem Billete an den Spitalaufseher Varel, „für den ich dringend bitte, daß Sie ihm Hülfe leisten. Ich habe den Muth, es zu thun, weil der Mann aus der Stadt ist. Wäre er ein Fremder, so

---

*) Gaberel I, 524.
**) Sie heißen bei Ruchat: „ les bons Allemands."

würde ich felber zufehen, wie ich in irgend einer Weife ihm zu helfen vermöchte *).“

Das waren im Wefentlichen die Mittel und Einrichtungen, durch die
Calvin feinen großen Reformationsgedanken der Heiligung der Gemeinde und
der Herftellung eines Volkes, das thatfächlich in den Ordnungen und Geboten des Gottes wandle, zu dem es mit dem Munde fich bekenne, zu verwirklichen unternahm. Und merkwürdig genug erfcheint es, daß es ihm gelang, das nach gewöhnlichem Urtheile Unmögliche oder höchftens auf einen
Augenblick Ausführbare nun doch in fo weit durchzufetzen und feftzuftellen,
daß es lebendige Wurzeln fchlagen und hinreichend erftarken konnte, um den
feindlichen Stürmen zu widerftehen, die fich ja freilich dagegen erheben mußten. Was ihm hiezu Raum machte, war augenfcheinlich die waltende Hand
des Höchften felber, der durch die vorangegangenen Züchtigungen, durch die
Erfchöpfung aller blos weltlichen Hülfsmittel, durch die allgemeine Sehn-
fucht nach einer feften Ordnung der Dinge, endlich durch die fortwährenden
äußern Gefahren, die den kleinen Staat bedrohten, und die innern Bedräng-
niffe der Seuche, der Theuerung, der Verarmung die natürliche Bosheit
und Widerftandsluft der Sünde fo lange gelähmt hielt, bis das Werk feines
Knechtes zu dem Beftande gekommen war, deffen es bedurfte. Jetzt war es
dahin gediehen, daß der unausbleibliche Kampf anheben konnte, ohne daß
zu fürchten war, es werde wieder darin untergehen.

Einige leichte Vorfpiele davon hatte Calvin freilich fchon in diefem
Zeitraum des verhältnißmäßigen Friedens und Gelingens durchzumachen
gehabt. In fo gutem Vernehmen er auch im Ganzen mit dem Rathe der
Syndiks ftand, der noch aus den unmittelbar nach feiner Rückkehr erwählten Mitgliedern zufammengefetzt war, fo hatte fich doch fchon im Jahre 1543
ein erftes Anzeichen davon eingeftellt, wie fchwer es fein werde, die in den
„Ordonnances“ vorgefchriebenen Grenzlinien zwifchen der kirchlichen und
politifchen Gewalt durchweg inne zu halten, und die Selbftändigkeit der
kirchlichen Behörden unverletzt zu bewahren einer bürgerlichen Obrigkeit
gegenüber, auf deren Arm man fo vielfach angewiefen war, und in deren
Wefen der beftändige Widerfpruch gegen die Freiheit der Kirche überhaupt
zu liegen fcheint. Als einmal vor Oftern das Confiftorium verfammelt und
eben im Begriffe war, einige Ausfchließungen von dem bevorftehenden Abendmahle auszufprechen, trat plötzlich einer der Syndiks ein und erklärte der über-
rafchten Verfammlung, daß der Rath das Recht der Excommunication wieder
in feine eigene Hand zu nehmen gedenke und ihr darum unterfage, fich noch
weiter damit zu befchäftigen. Calvin ftand augenblicklich auf und erwiderte:
folch ein Befchluß könne nur durch feinen Tod oder feine Verbannung zur
Ausführung gebracht werden. Am folgenden Tage rief er feine Collegen zu-

*) Bei Bonnet, franz. Brieffammlung, 67.

sammen und verlangte eine außerordentliche Rathssitzung, in der man ihm Gehör gewähre. Der Magistrat wagte es nicht, das Gesuch abzuschlagen, und mußte nun eine lange und überaus entschiedene Rede des Reformators anhören, in der die ganze Frage noch einmal auf das Ausführlichste entwickelt und zum Beschlusse bezeugt wurde, daß an ein Abgehen von diesen Grundsätzen in keinem Falle zu denken sei. Alsobald brachte das die gewünschte Wirkung hervor. „Ohne alle Schwierigkeit," schreibt Calvin, „gestattete man mir, was ich wünschte, und ich denke wohl, die geheimen Aufreizer, die die Sache anzettelten, werden ihren Unverstand bereuen. Wenn sie auch noch nicht öffentlich bekannt sind, so lassen sie sich doch errathen*)."

Etwas gefährlicher wurde die Sache, als unter ziemlich heftigen Parteikämpfen, die Calvin sogar auf der Kanzel zu besprechen für nöthig hielt, der Rath erneuert werden mußte, und dabei mehrere Männer in denselben eintraten, denen er nicht viel Gutes zutraute. „Unter dem Vorwande, daß Christus regiere, wollen sie herrschen ohne Christus," schreibt er an Viret**), „doch wagt es noch Keiner, offen gegen mich aufzutreten." Indessen was die Behörden noch nicht wagten, wagte hie und da bereits das Volk. In den Rathsprotokollen (12. Dez. 1545) findet sich, daß eine Frau eingekerkert werden sollte, weil sie auf offener Straße Schmähungen gegen Calvin ausgestoßen hatte, jedoch durch die Verwendung des Beleidigten selber der Strafe für dies Mal noch entging***). Dagegen einen Vornehmen, der der an seiner Tafel das nämliche Vergehen im höchsten Maße†) sich hatte zu Schulden kommen lassen, widerfuhr dieß Schicksal wirklich, und Calvin gab den Richtern dabei zu verstehen, für diesen Fall wünsche er, daß das Gesetz in seiner vollen Strenge zur Anwendung komme. „Seine Freunde baten mich, Fürsprache einzulegen," äußert er darüber gegen Farel, „aber ich schlug es rundweg ab, außer auf die beiden Bedingungen hin, daß er eine Verdächtigungen gegen mich zurücknehme und die Ehre des Herrn unverletzt bleibe." Denn Calvin wußte wohl, was diese Vorkommnisse zu bedeuten hatten. Sie hatten keineswegs etwa nur einen persönlichen Grund und Ursprung, sondern erschienen vielmehr als die ersten zu Tage tretenden Aeußerungen einer seinen Bestrebungen durch und durch feindseligen Gesinnung, von der es nicht unbekannt war, wie viele Anhänger sie im Geheimen zählte, die alle nur auf eine günstige Gelegenheit warteten, um den Vernichtungskampf gegen ihn und sein ganzes Werk zu beginnen. Bereits hatte er in einer Schrift, die wir im nächsten Abschnitte ausführlicher werden zu

---

*) An Viret. Bonnet I, 353.
**) Bonnet I, 426, vom 12. Febr. 1545.
***) „Mit einer Mahnung freigelassen," heißt es, „auf die Bitte des besagten Meisters Calvin."
†) „Er raste so gegen mich, daß er nicht mehr bei Sinnen schien." An Farel. Bonnet II, 19.

besprechen haben*), ihre heillosen Grundsätze aufgedeckt und in ihrer Verderblichkeit dargestellt. Bereits auch waren in einem furchtbaren Prozesse, in
dem es um die Vergiftung der Stadt durch eine Pestsalbe sich handelte**),
einige der entsetzlichen Wirkungen zur Tage gekommen, die unter dem geringe-

---

*) Gegen die Libertiner, im Jahre 1544.

**) Calvin erwähnt desselben in einem Brief an Myconius vom 27. März
1545, in dem er erzählt, daß fünfzehn Frauenspersonen verbrannt werden
mußten, einige Männer „noch strenger bestraft, Andere im Gefängnisse
sich das Leben nahmen und noch eine gute Zahl in Untersuchung stehe."
— Das Nähere über die merkwürdige Angelegenheit, bei der übrigens die
Vergiftungsthatsache selber schwerlich so gefährlich war als die Absicht
des ruchlosen Gesindels, theilt Spon in seiner Histoire de Genève (I,
283 u. f.) mit. Da sie mit Calvin weiter nicht in Beziehung steht, so begnügen wir uns, den Auszug aus dieser Darstellung hier anmerkungsweise wiederzugeben, den das kürzere Werk Henry's (p. 202) enthält: „Vor
dem Gerichtshofe standen vierzig Leute, fanatisch und verwegen, mit dem
Ausdrucke der Wuth und des bösen Gewissens. Viele wurden verurtheilt.
Bald sah man noch fünfzehn Weiber nach dem Gerichtsplatz führen, um
wie es die damaligen Gesetze mit sich brachten, auf einer nahe gelegenen
Höhe lebendig verbrannt zu werden. Andere folgten nach. Ein und dreißig war ihre Zahl. Zuletzt wurden noch zwei dahin geführt, diese zeigten
Reue, und machten Calvin, der sie als Seelsorger begleitete, einige Geständnisse. Endlich aber wurden der Arzt und zwei seiner Gehülfen geviertheilt. Es waren dieß die Verpester der Stadt. Aus dem Processe ergab
sich Folgendes: Ein Verein von Frevlern hatte sich gebildet, welcher mit
dem Teufel einen Bund geschlossen; unter ihnen befand sich der Aufseher,
der Arzt und die Gehülfen des Spitals, wo die Pestkranken aufgenommen
wurden. Ihre Absicht war keine andere, als die Seuche über die ganze
Stadt zu verbreiten, indem sie mit dem Pestgift die Klinken der Thüren,
die Geländer an den abschüssigen Straßen und andere Stellen bestrichen.
Ihr Zweck dabei war Habsucht, denn zuletzt wollten sie die Nachlassenschaft
der Getödteten unter sich theilen; ihr Plan ging dahin, auf diese Weise
ganz Genf aufzulösen, um die Reichthümer der Stadt in die Hand zu bekommen. Mit dem Bösen hatten sie einen Bund geschlossen, um selbst
gegen die Ansteckung sicher zu sein. Was aber das Aergste in der Sache
war: es zeigte sich unter ihnen ein eigener Fanatismus für das Arge.
Nicht waren sie kalt oder schüchtern wie andere Frevler; wie hingerissen
durch die Größe der Sünde, äußerten sie eine wahre Begeisterung für die
That; Alles sollte zerstört werden, um Alles zu gewinnen, und sie selbst
wurden durch ihre Zauberkünste oder vielmehr ihren Glauben daran bewahrt
vor dem Uebel." — (Es versteht sich übrigens von selbst, daß diese Gräuel
nicht so schlechtweg der libertinischen Partei als solcher zuzuschreiben sind.
Nach der Aussage Beza's (im Leben Calvins) waren die Feinde vielmehr
geneigt, Calvin selber — man sieht freilich nicht recht, wie und warum? —
dafür verantwortlich zu machen. „Es läßt sich nicht sagen," schreibt er, „wie
viel Haß und Verleumdung Satan durch diese List über Genf und namentlich über Calvin brachte. Denn ihn machte man für Alles verantwortlich,
was in der Stadt geschah, als wäre er ihr unbeschränkter Regent gewesen!"

ren Volk durch dieselben hervorgebracht wurden. Um so mehr war er ent-
schloffen, überall wo sie sich hervorwagten, mit der schonungslosesten Strenge
ihnen zu begegnen, und in keiner Weise sich einer Nachsicht schuldig zu machen,
die in der That nichts Anderes gewesen wäre, als ein schwachmüthiges Preis-
geben seiner gesammten Schöpfung und der Wohlfahrt des ihm anvertrauten Volkes. —

Auch an Kämpfen und Widerwärtigkeiten anderer Art: an Angriffen
von Seiten der römischen Kirche und der Sekten, die zu Vertheidigungen oder
Gegenangriffen aufforderten und damit die Obliegenheiten Calvins zu einer
wahrhaft unbegreiflichen Höhe steigerten, hatte es in diesen Jahren nicht gefehlt. Was davon lediglich auf litterarischem Wege abgemacht wurde*),
werden wir später an den geeigneten Stellen zur Sprache bringen; hier berichten wir nur, was den geplagten Mann auch persönlich in Anspruch nahm
und Auge gegen Auge ausgefochten werden mußte.

Vor Allem ist da der Streit mit Sebastian Castellio erwähnenswerth.
Was wir von diesem Manne, den wir schon mehrmals zu nennen hatten,
wissen, macht im Allgemeinen den Eindruck eines gutmeinenden und durch
manche treffliche Eigenschaft ausgezeichneten Charakters, dem aber doch der
tiefere religiöse Sinn und das volle Verständniß des christlichen Glaubens
abging. Seine bedeutenden Geistesgaben und seinen Eifer für gelehrte Bildung hat ihm noch Niemand bestritten; und nicht ohne den besten Erfolg
diente er damit der höhern Schule in Genf, an die er, wie wir uns erinnern,
durch Calvins Vermittlung statt Matthürin Cordier's war berufen worden.
Aber unglücklicher Weise wollte er auch als Theolog eine Rolle spielen, und
seine kritische und historische Kunst auf die Bibel anwenden, wie er sie an
den Klassikern zu üben gewohnt war. Er hatte dabei keinen Sinn dafür,
wie wenig für die damaligen Zustände der Christenheit dergleichen sich eignete, ja wie gefährlich es werden mußte, in die aufgeregten, vielfach haltlos
gewordenen Geister noch neue Fragen und Zweifel hineinzuwerfen, die un-

---

*) Es sind nicht weniger als 9 Schriften solcher Art — theilweise von
bedeutendem Umfange —, die der Reformator in dem Zeitraum von
1541 — 1546 noch zu alledem hinzugefügt hat, was ihn sonst beschäftigte:
nämlich: 1) die Schrift gegen die Artikel der Sorbonne (1542), 2) die
Vorstellung an den Kaiser über die Nothwendigkeit einer Kirchenrefor-
mation (1543), 3) die Vertheidigung der Prädestinationslehre gegen Pighius (1543), 4) ein ironisches Büchlein über die Möglichkeit, alle Reliquien zu sammeln (1543), 5) ein polemischer Commentar zu einer Bulle
des Papstes Paul III. an Kaiser Karl V. (1544), 6) eine Schrift gegen
die Wiedertäufer (1544), 7) das schon erwähnte Buch gegen die Libertiner, 8) über das Verfahren derer, die mit evangelischer Gesinnung noch
die römischen Gebräuche mitmachten (Pseudonikodemiten 1545), 9) gegen
Caroli (1545). Wozu dann noch die Uebersetzung der Loci Melanchthons
und der Commentar zum ersten Korinther-Briefe kommt, beide Werke 1546.

möglich etwas Gutes schaffen konnten. Die Theologie lediglich als Wissenschaft betrachtend und von einer gewissen Eitelkeit und Originalitätssucht hingerissen, fing er im Jahre 1544 an, allerlei sonderbare exegetische Meinungen zu verbreiten, während er zugleich darauf drang, daß man ihm ohne Weiteres gestatte, die Kanzel zu betreten und ihn förmlich unter die Mitglieder der Geistlichkeit aufnehme. Namentlich über das hohe Lied Salomo's sprach er in einer ärgerlichen Weise sich aus, indem er es als ein unzüchtiges Lieseslied bezeichnete, das in einer Art von Trunkenheit geschrieben worden sei und schleunigst aus dem Canon gestrichen werden müsse. Ebenso stellte er den Artikel von der Höllenfahrt Christi schlechtweg in Abrede, verwarf die gemäßigte Erklärung des Geheimnisses, wie der Genfer Catechismus sie enthielt, und läugnete jede Möglichkeit einer Rückwirkung des gekreuzigten Erlösers auf die frühern Geschlechter*).

Mit viel größerer Schonung als bei andern ähnlichen Gelegenheiten drückte Calvin darüber seine Mißbilligung aus. Als der Rath bei ihm anfragte, wie man es mit der nachgesuchten Aufnahme des Mannes in das geistliche Ministerium zu halten habe, rieth er zwar auf das Entschiedenste davon ab, „da der in Frage Stehende einige eigenthümliche Ansichten hege," bezeugte aber im Uebrigen, welch' ein gelehrter und tüchtiger Lehrer er sei, und bat um eine Erhöhung seines Gehaltes, über dessen Geringfügigkeit er sich beklagte**). „Die Sache thut mir wahrhaft leid," schreibt er an Viret, „möchte er doch selber verständig genug sein, um zu erkennen, was sich für ihn schickt, oder irgend ein Ausweg sich zeigen, wie wir ihn zufrieden stellen können, ohne der Kirche etwas zu vergeben. Ich habe vor dem Rathe so vorsichtig als möglich geredet, um ihm keinen Verdacht zuzuziehen und seinem guten Namen nicht zu schaden." Aber damit gab der eigensinnige, streitlustige Gelehrte sich nun nicht zufrieden. Er selber brachte die Streitfrage vor die Behörde, legte den Rathsmitgliedern seine Meinungen in aller Ausführlichkeit dar***) und verlangte, sie in einer öffentlichen Disputation zu vertreten.

---

*) „ibiognomon" nennt ihn Beza: einen, der nach dem eignen Sinn denkt und handelt.

**) Rathsprotokoll vom 14. Jan. 1544. Der Rath gab den Bescheid: Castellio habe mit seinem Gehalte zufrieden zu sein und besser über die Schüler zu wachen. Merkwürdig genug ist es übrigens, daß die Entscheidung einer so rein kirchlichen Frage, ja, wie aus dem Folgenden erhellt, selbst das Urtheil über Orthodoxie und Heterodoxie hier ohne Widerspruch des Reformators der politischen Behörde überlassen wird. Wir erinnern dabei an das, was wir im ersten Kapitel dieser zweiten Abtheilung über die Gefahren einer Kirche sagten, die den Staat allzusehr zu ihrem Schutz und Dienst in Anspruch nimmt.

***) Le dit Bastian, le (livre de Salomon) repudie disant que quand il fit le chap. VII. „il estoit en folie et conduit par mondanité et non par le St. Esprit." Rathsprotokoll vom 28. Jan. 1544.

Um kein Aergerniß anzurichten, schlug man ihm das ab, erlaubte ihm aber, vor den versammelten Predigern auszusprechen was ihm auf dem Herzen liege, und es zu vertheidigen, so gut er es im Stande sei. Mit großer Heftigkeit that er das, jedoch ohne allen Erfolg; sodaß er in seiner Erbitterung Genf zu verlassen gedachte, „das unter der Tyrannei des einen Mannes seufze," und anderswo ein Unterkommen zu suchen. Ohne sich irgendwie durch sein Verfahren gereizt zu zeigen, ging Calvin ihm dabei an die Hand. In einem Empfehlungsschreiben an Viret bittet er seinen Freund, ihm alle mögliche Unterstützung zu gewähren, und wünscht von Herzen, daß er eine Stelle finde, die seinem Wesen angemessen sei und ihn besser befriedige. Die Meinung, die Castellio über ihn persönlich habe, wolle er sich so wenig als möglich zu Herzen nehmen. Auch da er nun hörte, wie der rücksichtslose Mann ihn in Lausaune lächerlich machte und sehr wegwerfend über seine Ansichten sich vernehmen ließ, blieb er in derselben freundlichen und versöhnlichen Stimmung gegen ihn. „Seinen Spott will ich willig und geduldig ertragen[*]," schrieb er, „leid thut es mir nur, wie er so völlig mich verkennt, daß es unmöglich ist, über meine Absichten ihm andere Gedanken beizubringen."

Und als Castellio unverrichteter Dinge nach Genf zurückkehren mußte, ohne doch durch das Mißlingen seiner Pläne irgendwie ruhiger und vernünftiger geworden zu sein, nahm er sich selber die Mühe, ihn von dem Unrechte seines Grolles zu überzeugen, und bat ihn in der freundlichsten Weise, ihm doch die Beschwerden rund heraus zu nennen, die er gegen ihn vorzubringen habe. Sie liefen am Ende lediglich auf die zwei Punkte hinaus, daß Calvin Castellio's Ansicht von dem hohen Liede so hart beurtheile, und daß er von seinen Collegen durch Schmeicheleien sich verderben lasse. Auf Beides wurde ihm befriedigende Antwort in aller Liebe und Güte. „Er wußte durchaus nichts mehr zu sagen," berichtet Calvin an Viret[**], „und ich war traurig für ihn, als er nun dennoch verdrossen wegging. Ich weiß, er hat die Ueberzeugung von mir, daß er meint, ich wünschte mehr als Andere zu gelten. Ob er dieß mit Recht oder Unrecht thut, darüber mag der Herr entscheiden. Ich glaube nicht, je einen Anlaß zu diesem Urtheil gegeben zu haben. Keine Mühe und Geschicklichkeit wollte ich sparen, wenn ich ihn irgendwie unterbringen könnte, ohne ihm doch wehe zu thun. Seinen Geist und seine Gelehrsamkeit schätze ich hoch. Wären sie nur mit mehr Takt verbunden und der Takt geleitet durch Klugheit, dagegen das übermäßige Selbstvertrauen ausgetrieben, das von seinem Geiste Besitz genommen hat."

Es ist überaus peinlich, zu sehen, wie wenig dieser Sanftmuth und Bruderliebe, die in der That „sich nicht erbittern ließ und Alles trug," das Be-

---

[*] Bonnet I, 370.
[**] Brief vom März 1544 bei Bonnet I, 385 und Henry II, 387.

nehmen Castellio's auf der andern Seite fort und fort entsprach. Durch die A[1]
wie Calvin ihm begegnete eher verletzt als beruhigt, und auf das Aeußers[1]
gereizt durch die Nichtbeachtung, der er in seiner Empfindlichkeit überall z[1]
begegnen meinte, benützte er kurze Zeit nach seiner Rückkehr jene Einrichtung
der „Congregration" dazu, seinem Aerger einmal öffentlich Luft zu machen,
und die verweigerte Disputation vor der Gemeinde nun doch herbeizuführen.
„Etwa sechzig Zuhörer," schreibt Calvin, „waren um uns versammelt, und
wir hatten eben die zur Erklärung vorliegende Stelle verlesen: „Uns be-
weisend als Diener Gottes in großer Geduld u. s. w." als er mit einem Male
aufstand und mit leidenschaftlicher Heftigkeit uns angriff, indem er einen
beständigen Gegensatz zwischen unserm Benehmen und dem der Apostel aufstellte, als wären wir keine Diener Christi. „Paulus," sagte er ungefähr,
„war ein Diener Gottes und wir dieneten uns selber; er war der Allergedul-
digste, wir die Ungeduld selbst; er habe die Nächte durchwacht, um für die
Erbauung der Kirche zu sorgen, wir wachten, um zu spielen und uns lustig
zu machen; er sei mäßig und nüchtern gewesen, wir Trunkenbolde; er und
die Christen seiner Zeit seien durch Empörungen verfolgt worden und wi[1]
machten uns zum Geschäft, sie anzuzetteln; er habe sich in's Gefängniß werfen lassen und wir würfen Andere hinein, wenn Einer ein Wort gegen uns
wage; er habe Gottes Macht gebraucht und wir stützten uns auf die Gewal[1]
der weltlichen Obrigkeit; er sei von Andern mißhandelt worden und wi[1]
mißhandelten Unschuldige." Und was willst du mehr? Es war in der Tha[1]
durchweg eine grausame und blutige Rede. Für den Augenblick schwieg ich
völlig, damit nicht ein größerer Streit vor so vielen Fremden entzünde[1]
würde, aber gleich darauf legte ich bei den Syndiks Klage ein. Denn e[1]
ließ sich ganz so an, als solle mit aller Gewalt eine Spaltung in der Kirch[1]
hervorgerufen werden*)."

Auf das hin war nun freilich für den unbesonnenen Ankläger kein längeres Bleiben mehr in Genf. Indem er mit dem festen Entschlusse nicht
mehr zurückzukehren, hinwegzog**), verlangte und erhielt er beim Abschied
noch ein Zeugniß Calvins, in dem zum letzten Male die gegenseitige Hochachtung und Gemeinschaft sich ausdrückt, die die beiden Männer früher
verbunden hatte. Von all' den unerfreulichen Eigenschaften, die Castellio i[1]
der letzten Zeit entwickelt, ist darin mit keinem Wort die Rede; dagegen seh[1]
entschieden ausgesprochen, daß sein Leben keinen Makel und sein Wisse[1]
keine Lücke gezeigt und er überhaupt seine Stelle so versehen habe, da[1]
man ihn ohne Weiteres in die Geistlichkeit hätte aufnehmen können, wär[1]
nicht seine gefährlichen Ansichten über das Hohe Lied und die Höllenfahr[1]

---

*) An Farel, vom 30. Mai 1544. Bonnet I, 392.
**) Uebrigens keineswegs seiner Stelle förmlich entsetzt und verwiesen, wi[1]
Beza irrthümlich bemerkt.

im Wege gestanden, von denen ihn abzubringen durchaus unmöglich gewesen sei *).

Indessen schien dem Unglücklichen die Strafe seines Eigensinns und seiner thörichten Rechthaberei durch sein ganzes späteres Leben hindurch auf dem Fuße zu folgen. Nie wieder brachte er es zu einer nützlichen und behaglichen Stellung, wie er in Genf sie genossen. In Basel in den bedrängtesten Verhältnissen lebend, hat er durch die Noth und das Mißtrauen, das ihm überall begegnete, immer mehr gegen Calvin sich erbittern lassen, und ist dann später in einer der heißesten Bedrängnisse, die über den großen Mann ergingen, ohne alle Rücksicht auf das vormalige Verhältniß mit in die Reihe seiner heftigsten Feinde und Schmäher getreten. Dort werden wir ihm wieder begegnen.

Es war dieß nicht die einzige Widerwärtigkeit solcher Art, die Calvin damals zu bestehen hatte. Seine Briefe sind voll von Spuren ähnlicher Erfahrungen, an denen er übrigens zumeist nur mit einem schmerzlichen Seufzen vorübergeht, ohne sich genauer darüber auszulassen. Bald sind es einzelne seiner Collegen, die in seiner Abwesenheit seiner Person und Lehre alles Schlimme nachsagen, oder ihm doch durch ihr Benehmen deutlich genug ihre tiefe Abneigung zeigen**). Bald ist es irgend ein untauglicher Mensch, der sich in eine geistliche Stelle drängen will und Calvin darum anfeindet, weil er sich dem entgegensetzt. Oder es waren die fortwährenden Streitigkeiten zwischen Genf und Bern, um deretwillen er von der einen wie von der andern Seite Verdruß und Anfechtung zu erleiden hatte, weil die öffentliche Stimme ihn als den Lenker und Entscheider aller öffentlichen Dinge bezeichnete***). „Kurz," ruft er Farel zu, „du kannst es nicht denken, was Alles von Lasten und Schwierigkeiten auf mich gehäuft wird, um mich zu erdrücken. Und doch was sollen wir uns bei dergleichen aufhalten? Vielmehr wollen wir vergessen, was man uns Böses zufügt." —

Daneben war er auch von häuslichen Leiden und Sorgen nicht verschont geblieben. Es war um diese Zeit, daß seine Frau nach einer schweren Entbindung mit einem dahinsterbenden Kinde zu kränkeln anfing und ihm damit manche schwere Stunde verursachte. Ihm selber erging es nicht viel besser. Wenn ihn ein Freund einmal um den Stand seiner Gesundheit befragte — denn sonst ließ er sich allerdings nicht darüber vernehmen —, so mußte er, wohl erwiedern: die fortwährende Schwachheit, die in seinem Körper wohne, und die Mattigkeit in allen seinen Gliedern sei der Pfahl in seinem Fleische, der seine Kraft hemme und seiner Wirksamkeit Abbruch thue mehr als irgend

---

*) Das Zeugniß ist abgedruckt bei Henry II, Beilage 13.

**) Brief an Viret. Bonnet I, 380.

***) An Farel I, 395.

etwas Anderes. „Außer einer Predigt und Vorlesung an jedem Tage," schreibt der rastlose Mann, der doch „mehr gearbeitet hat als sie Alle" und mehr als wir auch nur zu fassen im Stande sind, einmal klagend an den Herrn de Falais, „habe ich aus diesem Grund jetzt einen ganzen Monat kaum etwas thun können, ich schäme mich fast, so nutzlos zu leben! Aber wenn es Gott in seiner Gnade gefällt, sich meiner zu bedienen, wird er mich schon wieder losmachen und dieses hemmende Uebelsein von mir nehmen. Uebrigens hört er nicht auf, mich durch allerlei Mittel fort und fort anzuregen, damit ich nicht in Trägheit verroste*)." Freilich giebt dann derselbe Brief wieder Zeugniß genug davon, daß es mit solchem „Verrosten in Trägheit" noch nicht gerade große Gefahr hatte. Denn er muß die abgebrochene Art seines Schreibens damit entschuldigen, „daß er über zwanzig Mal darin unterbrochen worden sei, daß es ihm überhaupt kaum möglich werde, eine Zeile in Ruhe und Sammlung zu Papier zu bringen." „In viel Getümmel und Eile" wie es bei Moses und Ezechiel heiße, „müsse Alles von ihm abgethan werden." —

Was im Uebrigen in dieser Zeit Calvin noch beschäftigt hat: der Reformationskampf in Metz, die Verwendung für die erfolgten Waldenser, die verschiedenen Reisen durch alle bedeutendern Städte der Schweiz (Bern, Zürich, Schaffhausen, Basel, Aarau) bis nach Straßburg hin, die er um dieser Angelegenheiten willen unternahm, seine Bemühungen um die Einigung der schweizerischen und deutschen Kirchen, manche bedeutendere Arbeiten der Seelsorge, von denen seine Briefe Zeugniß geben: haben wir theils dem Biographen Farels, der in der einen und andern Sache die hervorragendere Rolle spielte, zur ausführlicheren Darstellung zu überlassen; theils werden wir an seiner Stelle darauf zurückkommen. Für jetzt muß uns vor Allem daran liegen, das in Genf begonnene Werk bis zu seiner völligen Durchführung und Befestigung zu verfolgen.   •

IV.

Der Kampf mit den Libertinern (1546—1547). — Die religiösen Libertiner und ihre Lehren. — Ihre Ausbreitung in Genf und ihr Bund mit den „Patrioten." — Litterarisches und kirchliches Entgegenwirken Calvins. — Margaretha von Navara als ihre Beschützerin. — Schreiben des Reformators an sie. — Erster offener Ausbruch der libertinischen Opposition in der Angelegenheit Peter Ameaur's. — Tumultuarische Bewegungen gegen die Prediger. — Streitigkeiten wegen der Aufführung eines Schauspiels. — Kampf mit der Familie Favre und Ami Perrin. — Versuch des Rathes, die Befugnisse des Consistoriums zu schmälern. — Die Verschwörung und das Lästerbuch Jacob Gruets. — Seine Hinrichtung. — Aufregung des Volkes über dieses erste vergossene Blut. —

---

*) Brief vom April 1546. Bonnet II, 29.

Zunehmende allgemeine Feindseligkeit gegen den Reformator. — Seine Aeußerungen darüber. — Erneute Feindseligkeit Ami Perrins. — Siegestrunkenheit der Libertiner. — Feste Haltung Calvins im Volkstumulte und vor dem Rathe. — Offizielle Versöhnung der streitenden Parteien. — Trübe Ahnungen Calvins.

Unter den verschiedenen ungesunden Geistesrichtungen und Sekten, die im Reformationszeitalter aus der allgemeinen Bewegung, von der die europäische Menschheit ergriffen war, auftauchten, hatte in Genf vorzüglich die der sogenannten „Libertiner" (nach Apostelgeschichte 6, 9), oder wie sie selber sich nannten: der „Spiritualen" (Geistigen) im Geheimen Beifall gefunden und Boden gewonnen. Woher sie stammte und mit welcher mittelalterlichen Häresie sie etwa zusammenhing, kann uns hier weniger interessiren *). Die Hauptsache, auf die es uns für das Verständniß des Kampfes, in den Calvin mit ihnen verwickelt wurde, ankommen muß, sind die Grundsätze, zu denen sie sich bekannten, und die Folgerungen für das sittliche Verhalten, die sie daraus zogen.

Und da läßt sich denn mit einem Worte sagen, daß sie in den Anschauungen sich bewegten, die man mit dem kirchengeschichtlichen Namen der „gnostischen" und dem philosophischen der „pantheistischen" bezeichnet; das heißt: auf der einen Seite lösten sie alle geschichtlichen Thaten, Offenbarungen, Ordnungen Gottes — auch die Person Christi und sein Werk — in bloße Gedanken und Ideen auf, die dadurch bildlich dargestellt werden sollten, und von denen sie bemerkten, daß Jeder mehr oder weniger nach seinem eigenen Gutdünken sie sich deuten möge; und auf der andern verwandelten sie auch das Wesen des persönlichen Gottes selber in einen bloßen Naturgeist, der unterschiedslos in Allem lebe und wohne und Jegliches wirke was überhaupt geschehe; sodaß keine Rede mehr sein konnte von irgend einem eigenen Bestande, Thun, VerantwortlichSein der sogenannten Geschöpfe.

Es ist, wie wir schon im vorigen Kapitel andeuteten, besonders die berühmte Schrift Calvins gegen sie**) die uns Aufschluß darüber giebt, in

---

*) Das Uebersichtlichste darüber giebt der Artikel Trechsels „Libertiner" in Herzogs Real Encyklopädie, der zugleich am Schlusse die weitern und ausführlichern Quellen aufzählt.

**) Sie ist ursprünglich den Predigern in Neuenburg zugeschrieben, die ihn aufgefordert hatten, gegen die Irrlehrer aufzutreten, und führt den Titel: „Aux ministres de l'Eglise de Neufchâtel contre la secte fanatique et furieuse des Libertins qui se disent spirituels." Genf 1544. Im folgenden Jahre in Genf neu gedruckt unter dem Titel: „Contre la secte fantastique des Libertins" u. s. w. und von Des Gallars später in das Lateinische übersetzt, findet sie sich unter den Tract. theol. der Amsterdamer Ausgabe p. 374. — Auf das Engste schließt sich daran der Brief an die Gemeinde zu Rouen gegen einen Franziskaner, der den „Libertinischen Irrthümern folgt." Genf 1547.

welcher Weise sie nun diese Grundanschauungen im Einzelnen weiter entwickelten.

Zuerst beschwert er sich darin über das betrügerische Spiel, das sie mit dem Gebrauche der Bibelworte sich erlaubten. Denn nicht anders als in Sprüche der heiligen Schrift pflegten sie, wenigstens wo sie zu Uneingeweihten redeten, ihre Sätze zu fassen, und doch sei ja nichts klarer, als daß ihr Inhalt denselben schnurstracks zuwiderlaufe, und die Bibel selbst ihnen lediglich als ein Gegenstand der Geringschätzung und des Spottes gelte wie alles Andere, was von einem lebendigen, heiligen Gott zeuge *). Ueberhaupt hätten sie — immer mit Berufung auf Christus und die Apostel — die sittliche List und Lüge in dieser Beziehung geradezu zum Systeme ausgebildet unter dem Titel „evangelischer Klugheit." — Unter Katholiken stellten sie sich katholisch und unter Reformirten reformirt. Seien die Gemüther dadurch betrogen und gewonnen, so wagten sie sich nach und nach mit ihren eigentlichen Meinungen hervor. „Es gebe nur Einen Geist" sagten sie, „jeder Geist und jede Seele sei ein Theil dieses Einen, des Göttlichen. Zwischen dem Schöpfer und dem Geschöpfe bestehe kein Unterschied. Gott sei Alles, der Werkmeister und das Werk. Darum sei es auch thöricht zu unterscheiden zwischen Bösem und Gutem, zwischen Zeitlichem und Ewigem, zwischen Teufel und Gott. Was wir als Böses und Teufel bezeichneten gehe so gut von Gott aus wie jedes Andere; Alles sei zu loben, Nichts strafbar, auch was der menschliche Unverstand den gottlosesten Frevel nenne, sei ein Werk Gottes. Das einzige wirklich Böse sei: wenn man noch an ein Böses glaube; wer sich noch für geschieden halte von Gott oder für ihm verschuldet, der gehöre in der That noch der Sünde und dem Satan. — Daß die menschliche Seele, die ja nur ein Ausfluß des Einen allgemeinen Geistes sei, nicht für sich selber ewig fortdaure, verstehe sich dabei von selbst; mit dem Tode löse sich der aus Erde gemachte Leib wie ausgelöschte Asche, und das Geistige verschwinde im Licht und vergehe wie Nebel. So lange der Mensch lebe sei er Gott — später nichts mehr **)."

Zu welchen Consequenzen für das praktische Leben das führen mußte, leuchtet von selber ein. Wenn es keine Sünde giebt, so giebt es — wie wir des Apostels bekanntes Wort (1 Joh. 3. 4) umkehren können —, auch kein

---

*) Zum Beweise hiefür führt Calvin an, wie eines ihrer Häupter für jeden Apostel seinen Spottnamen erfunden habe, Paulus den „zerbrochenen Topf" nenne; Thomas den „närrischen Jüngling," Petrus „den Gottesläugner," Matthäus „den Wucherer" u. s. w. „Hält man ihnen eine Schriftstelle entgegen," fährt er fort, „so erklären sie, man hänge am Buchstaben und müsse sie geistiger deuten. Ungern rede ich von diesen Gräueln, aber würde ich sie verschonen, so würde Gott weder meiner noch ihrer schonen können." Cap. IX der angef. Schrift.

**) Thèses des Libertins spirituel bei Gaberel 371.

Unrecht. Alles ist frei, rechtbeschaffen, sittlich gleichgültig. Der Fleisches-
dienst ist Geistesdienst, der Naturtrieb Gottes Ruf, die Gemeinschaft der
heiligen die Gemeinschaft des Eigenthums und der Personen. „Man darf
die Befriedigung seiner Bedürfnisse nehmen, wo man sie findet, und wer auch
die eigene Person irgend einem Verlangen weigert, streitet wider Gott*)."
Daß die Ehe wie alle andern Ordnungen und Institute dieser Art in diesem System nicht mehr die geringste Bedeutung haben können, fällt in die
Augen. Man darf und soll von dem Allem sich losmachen wie die Reigung dazu drängt. Die wahre geistliche Verbindung ist die, wo die Geister
übereinstimmen und Alles den beiderseitigen Gelüsten entspricht. — Kurz,
es geschah wieder, wie immer in solchen Fällen: die vornehmthuende, die
Gegensätze auflösende, schriftverachtende Geisttreiberei endigte folgerecht mit
der unbeschränkten Herrschaft des Fleisches, mit frecher Hinwegsetzung über
jede sittliche Schranke und der gemeinsten Lüderlichkeit. „Die ganze Lehre
gestaltete sich in ihren Resultaten zu einem Systeme genialer Lebensweisheit,"
nach einem unlängst gebrauchten Ausdrucke, wie es sich die ausschweifendste
Sinnlichkeit zu ihrer Rechtfertigung kaum besser zu wünschen vermag **)."

Dieß war es aber auch gerade, was ihr auf französischem Boden und
namentlich in Genf in manchen Kreisen Eingang verschaffte. Denn der
französische Romane ist nun einmal ein Mensch der Extreme. Entweder
neigt er prinzipieller Glaubenslosigkeit und Ungebundenheit sich zu, oder
der bestimmtesten religiösen Ueberzeugung und der ernstesten Zucht. Wie
auf der einen Seite ein Calvin mit seiner ganzen Art in Deutschland nur
schwer sich denken ließe, so würde auf der andern auch dieses libertinische
Wesen nicht leicht eine bleibende Stätte dort gefunden haben. In Frankreich
und dem in diesem Stücke fast noch französischen Genf konnte es im Gegentheile nicht ausbleiben, daß Beide nebeneinander entstanden und sich ent-
gegentraten. Entweder Calvinist oder Libertiner! Ein Mittleres gab es in
diesen Kreisen kaum, und giebt es im Grunde heutzutage nicht innerhalb
der französischen Welt.

Schon im Jahre 1537, als jene Wiedertäufer, deren wir an ihrer
Stelle gedacht haben, in Genf ihr Wesen trieben, hatten sich in ihrem Gefolge die libertinischen Lehren unter denen zu verbreiten angefangen, die in
der Reformation mehr nur die Befreiung von einer drückenden Autorität,
als die Erneuerung des religiösen Lebens willkommen hießen. Je weniger
nun aber in den folgenden Zeiten die Dinge nach ihrem Wunsche sich gestalteten, je entschiedener seit der Rückkehr Calvins die positive Seite der Re-

---

*) Wobei — inconsequent genug! — um die reichern Anhänger nicht zurück-
zustoßen, freilich der eigentliche Diebstahl „als der Liebe zuwider" getadelt wurde, daher Calvin die Parteihäupter mit treffendem Witz doctores
passivae caritatis (Lehrer der passiven Liebe) nennt.

**) Trechsel a. a. O.

formation sich herauskehrte und an die Stelle des vorigen Joches, welches doch der sittlichen Ungebundenheit nur sehr wenig Eintrag gethan hatte, ein anderes trat, das auf Fleisch und Blut bei weitem schwerer lastete: um so eifriger vertieften sie sich in die Grundsätze, die ihnen das Recht gaben, sich demselben zu entziehen und auch weiter ihrer natürlichen Reigung zu folgen. Eine Art von mißverstandenem Patriotismus kam noch hinzu und gab dem Widerspruche eine neue Kraft. Was Calvin eingeführt hatte, war dem alt-genferischen Wesen und Geiste durchaus zuwider; er selber war ein Fremder, die religiösen Flüchtlinge die sich aus allen umliegenden Ländern nach und nach um ihn her sammelten, gewannen einen immer augenscheinlicheren Einfluß auf die öffentlichen Zustände, der völlig dem neuen Systeme zu Gute kam. Sollten das diejenigen ertragen, denen das Gemeinwesen doch eigent-lich angehörte und die mit ihrem Blute seine Freiheit erstritten? Sollten sie auf ihrem eignen Boden Knechte werden eines fremden, verhaßten Zwan-ges? Von einigen Ausländern, die man aus Barmherzigkeit aufgenommen, Alles sich untersagen lassen was ihnen gewöhnt und angenehm war, bis auf die geringfügigsten Dinge herab? — Auf das Engste schloß dieser „poli-tische Libertinismus," wie man ihn nannte, an den religiösen sich an. — Wie beide im Wesentlichen aus denselben Motiven entsprangen, so dienten sie sich wiederum zur gegenseitigen Begründung und Unterstützung. Denn es ist ganz richtig was Trechsel[*]) bemerkt: gegen ein Prinzip läßt sich nur mit Erfolg auftreten, wenn man gleichfalls ein Prinzip ihm entge-genstellt. Und beruhten nun die Ordnungen Calvins auf der Grundan-schauung von der Autorität des göttlichen Wortes und der Pflicht der Heili-gung vor dem lebendigen Gott, so mußte es seinen Gegnern jeder Art äußerst erwünscht sein, dem mit einer andern Grundanschauung begegnen zu können, die den Schein der Religion bewahrend, doch dieß Alles aufhob und in Nichts auflöste.

Dem Scharfblicke des Reformators war es seit längerer Zeit nicht ent-gangen, was in dieser Weise sich vorbereitete. Während er durch die Mittel und von den eigenthümlichen Umständen unterstützt, die wir im vorigen Capitel dargestellt haben, dem offenen Ausbruche des Uebels zunächst zu wehren vermochte, bekämpfte er zugleich, wie in Schriften so auf der Kanzel, mit unermüdetem Eifer die Lehren selber, die den feindlichen Bestrebungen zum Hinterhalte dienten. Auf den tiefen Widerspruch wies er vor Allem hin, in dem sie zum menschlichen Gewissen stehen. Nie, sagte er, werde sich allen gegentheiligen Versicherungen zum Trotz ein Mensch wirklich inner-lich dazu berechtigt fühlen, seinem Nächsten die Frau aus dem Hause zu rauben. Möge man noch so entschieden behaupten, der Mensch sei göttli-cher Art, und nichts könne seine Gottheit beflecken: der Vater dem man

---

[*]) Im angeführten Artikel.

e Tochter wegführe und entehre, werde schnell seine Göttlichkeit vergessen den Verführer dem Gerichte überliefern *).

Zunächst mit einem der reformatorischen Kreise Frankreichs kam er ch solche Warnungen in einen unerfreulichen Conflikt. Zu denen, die ch den frommen Schein und die christlich klingenden Worte der libertini n Sektenhäupter sich am völligsten hatten berücken lassen, gehörte die ste Freundin und Beschützerin der französischen Reformation, jene religiös raus empfängliche geistvolle Schwester Franz des I., deren wir bei der rstellung der reformatorischen Bewegung in Frankreich verschiedene Male wähnung zu thun hatten, die Königin Margaretha von Navara. Bei aller srichtigkeit und Innerlichkeit hatte ihre Religiosität immer schon etwas bestimmtes und Verschwimmendes gehabt, das gegen jeden festen Lehr alt mehr und mehr indifferent sich zeigte. Mit dem spätern Alter und der merten Anbequemung an die katholischen Formen, der sie aus schwächlicher uschenscheu sich unterzog, mußte diese Neigung nothwendiger Weise sich zern; und als nun zwei der gewandtesten und glänzendsten libertinischen rtführer, Quintin und Pocquet, an ihrem kleinen Hofe zu Nerac unter t Titel religiöser Flüchtlinge sich einfanden, trafen sie einen für ihre utheistische Geheim = Lehre auf das Beste vorbereiteten Boden. Indem sie lezten Consequenzen ihres Systemes sorgfältig verhüllten, und um so ter hervorhoben, was für ein schwärmerisches und poetisch gestimmtes Ge l darin Anziehendes liegt, wurden sie bald die erklärten Lieblinge der :ftin; ohne es zu wissen noch zu wollen, war sie auf dem Wege, nach und h völlig in ihre Anschauungen sich zu verirren und den lezten Rest ihres naligen Glaubens daran zu geben. Da erschien das Buch Calvins ge-

*) Gaberel I, 373. „Die folgende Begebenheit," erzählt derselbe Geschichts= schreiber, „machte dabei nicht geringes Aufsehen und unterstützte auf das Anschaulichste die Bemerkungen Calvins. Ein Anhänger Quintins (eines der Hauptwortführer der libertinischen Philosophie) wurde von seinem Die= ner bestohlen. Indem er eben darüber wüthete, trat sein Schuster, gleich= falls ein, „religiöser Libertiner" ein und frug ihn nach der Ursache seiner Aufregung: „der Schurke, der Räuber von Bediente hat mir eine große Summe Geldes gestohlen, deren ich dringend bedarf. Aber die Gerichte werden den Spitzbuben zu finden wissen." Der Handwerker suchte den Zürnenden zu beruhigen und erinnerte ihn an die Grundsätze ihrer Ueber= zeugungen: „der Mann that nur was er mußte, er ist deßhalb nicht schlim= mer als Sie oder ich." Der Bestohlene antwortete darauf nichts; aber kurze Zeit nachher fand der Schuster eines Morgens seine Bude eben= falls ausgeraubt. Indem er gerade den Verdächtigen anzeigen wollte, traf ihn der Herr, dem der Unfall widerfahren war, und warf ihm vor, daß er nun seinerseits die Göttlichkeit seines Nebenmenschen zu schänden im Begriff stehe. Aber der Handwerksmann war weniger geduldig als er, antwortete ihm mit Schmähreden und war von da an für immer von der Sucht geheilt, Jedermann für Gott zu halten."

25*

gen die Libertiner, das namentlich mit diesen beiden Männern sich beschäftigte. Die leichtfertige Frivolität Quintins, die verderblichen Sätze Pocquets waren darin schonungslos aufgedeckt, sie selbst mit ihren Anhängern als die Widerchristen dargestellt, die zu gleicher Zeit den Vater und den Sohn läugnen. Im ersten Augenblicke empfand das die Königin als eine persönliche Beleidigung. „Sie hatte die Beiden so lieb und solches Zutrauen zu ihnen," sagt Beza*), „daß jeder Angriff gegen sie ihr Herz auf das Schmerzlichste verwundete." Und schienen die Anklagen nicht auch ihre eigene Person und Gesinnung zu treffen? Sie war sich bewußt, der Lehre die Calvin als die eigentlich libertinische darstellte, in keiner Weise anzuhängen, und sah in seiner Auffassung derselben nichts Anderes, als einen groben Mißverstand oder eine absichtliche Verläumdung. In einer Weise, die ihre Gereiztheit deutlich beurkundete, that sie das dem Reformator zu wissen, mit dem sie bisher im freundschaftlichsten Verhältnisse gestanden hatte **). Es hatte den Anschein, als wolle sie sich völlig von ihm lossagen, und mit ihrem ganzen mächtigen Einfluß in das Lager seiner neuen Gegner übergehen.

Diese Gefahr abzuwenden, schrieb Calvin jenen berühmten Brief an sie, der von jeher als eines der ausgezeichnetsten Exempel des zugleich freimüthigen und ehrfurchtsvollen Sinnes galt, wie er dem evangelischen Prediger den Großen dieser Welt gegenüber geziemt. „Gnädige Frau," sagte er ihr darin, „es thut mir Leid, Sie betrübt zu haben, außer insofern es zu Ihrem Heile dient. Denn eine solche Traurigkeit ist, wie Paulus sagt, etwas so Gutes, daß man, wahrlich! keine Reue darüber empfinden soll, sie verursacht zu haben. Indessen weiß ich wirklich nicht, wie dieß Buch Sie in solche Bewegung bringen konnte. Die Person die in Ihrem Auftrage mir schrieb, giebt als Grund an, daß es gegen Sie und einige Ihrer Diener gerichtet sei. Was nun Sie selbst betrifft, so beabsichtigte ich sicherlich nicht, irgendwie Ihre Ehre anzutasten, oder die dankbare Verehrung zu mindern, die alle Gläubigen Ihnen schuldig sind. Auch die königliche Majestät, zu welcher der Herr Sie erhoben hat, wollte ich nicht verletzen, denn wer mich kennt, weiß zur Genüge, daß ich die Fürstenthümer und die irdische Hoheit und Alles was zur Ordnung dieser Welt gehört, keineswegs der Verachtung Preis zu geben gesonnen bin. Die mit ihren Einflüsterungen Ihr Herz gegen mich erzürnen wollen, können darum im Grunde auf nichts Anderes ausgehen, als Sie von der Gemeinschaft mit der Kirche Gottes abzuziehen und Ihnen die Lust zu nehmen, dem Herrn Jesus in seinen Gliedern noch weiter zu dienen, wie Sie es bisher thaten. — Was aber weiter Ihre Diener angeht,

---

*) Im Leben Calvins.

**) Wir erinnern uns, daß Calvin von Angoulème aus ihren Hof besucht und ihre persönliche Bekanntschaft gemacht hatte. Seitdem hat er fort und fort in einem Briefwechsel mit ihr gestanden, von dem uns leider! außer der gleich zu erwähnenden Zuschrift nichts mehr erhalten ist.

so werden Sie doch Ihre Umgebung nicht höher achten als den Kreis, der einst unserm Erlöser folgte. Und wird nicht einer aus dessen Mitte ein Teufel genannt, während er doch an der Tafel seines Meisters saß und noch den Namen eines Apostels trug? Uebrigens habe ich nirgends darauf hingedeutet, ja vielmehr es verheimlicht, daß jene Männer mit Ihnen in Verbindung stehen. Konnte ich mehr thun? Sollte ich um dieses Umstandes willen davon ablassen, der Wahrheit gemäß zu reden und als vor Gottes Angesicht? O gnädige Frau, wenn Sie sich nur einmal überzeugt haben, daß ich in meinem Innersten gezwungen war so aufzutreten, und die Sache lediglich darstellte wie sie sich wirklich verhält, so werden Sie mich sicherlich nicht nur entschuldigen, sondern meinem Thun Ihren vollen Beifall schenken.

„Ich sehe die verderblichste und fluchwürdigste Sekte entstehen, die jemals die Welt befleckte. Ich sehe welchen Schaden sie anrichtet, welch ein Feuer sie anzündet, das Alles zu verzehren droht. Man fordert mich auf, hülfe zu bringen, und da der Herr mich nun einmal in dieß Amt gesetzt hat, so zwingt mich mein Gewissen, ihr entgegen zu treten, so gut ich es vermag. Nichtsdestoweniger habe ich noch gegen ein Jahr gezögert, in der Hoffnung daß das Uebel allmälig von selber erlöschen werde. Und wenn man nun einwirft, ich hätte ja gegen die Sache schreiben können ohne die Personen zu nennen, so vergißt man dabei, daß ich gerade vor diesen Personen selber warnen mußte, weil sie in betrügerischer Weise ihre Lehre vortragen, und durch mündliches Zureden die Seelen umgarnen und verderben. Ein Hund, gnädige Frau, bellt wenn er sieht, daß man seinen Herrn angreift, welch' ein Feigling würde ich sein, so ich stumm bliebe und keinen Laut von mir gäbe, wenn die Wahrheit Gottes in solcher Weise angegriffen wird! Ich bin überzeugt: Sie verlangen nicht, daß ich aus Rücksicht auf Sie der Vertheidigung des Evangeliums untreu werde, die Gott mir befohlen.

„Wenn Sie weiterhin sagen, daß Sie keinen Diener meiner Art sich wünschten, so bekenne ich gern, daß ich Ihnen allerdings noch keine großen Dienste erwiesen habe. Denn ich hatte keine Gelegenheit dazu, und Sie bedürfen derselben auch nicht. Aber an der herzlichen Neigung dazu fehlt es mir wahrlich in keiner Weise. So lange ich lebe, werde ich mich bestreben Ihnen das darzuthun, wo Gott mir Gelegenheit dazu giebt; und ob Sie gleich meine Dienstleistungen verschmähen, so soll mich das doch nicht hindern, Ihnen in aller Willigkeit und Demuth mich zu jeder Verrichtung darzubieten. Nicht als ob ich im Uebrigen je die Dienste und Höfe der Könige gesucht hätte! Ich bin vollkommen zufrieden mit dem Dienst des besten Meisters, der mich angenommen und in sein Haus aufgenommen und mir sogar ein Amt darin vertraut hat, das überschwenglich groß und herrlich ist, wie verächtlich es auch scheine in den Augen der Welt.

„Sie schelten mich endlich schwach und unbeständig, weil man Ihnen

gesagt hat, ich hätte bei drohender Bedrängniß Dieses und Jenes zurückgenommen. Aber man hat Ihnen damit eine Unwahrheit gesagt. Denn nie
hat mein Herr mich in die Lage gebracht, daß ich ein öffentliches Zeugniß
meines Glaubens abzulegen gehabt hätte. Würde er es gethan haben, so
will ich nicht zum Voraus meiner Treue mich rühmen, aber ich zweifle allerdings nicht daran, daß er mir mit seiner Kraft beigestanden wäre, in jeder
Weise seinen heiligen Namen zu verherrlichen. Ja, ich darf sagen, daß
nichts mir elender vorkommt, als Jesum zu verläugnen, um sein Leben oder
seine Güter zu retten, und so urtheilte ich auch, als ich noch in Frankreich
mitten unter den Verfolgungen stand, wie Mehrere mir bezeugen können.
Ich halte darauf, Ihnen dieß recht bestimmt zu sagen, damit in meiner
Person der Name Gottes nicht gelästert werde. Denn ob ich gleich nichts
bin, so hat es dem Herrn nun doch einmal gefallen, mich zu seinem Werkzeuge zu machen, um die Kirche zu erbauen, und ich merke wohl, daß man
durch solche Verläumdungen nicht eigentlich mich, sondern das Evangelium
in mir mit Schmach beladen will. Aber ich danke Gott, der dem Satan
keine solche Gewalt über mich gab, und selbst mit meiner Schwachheit Geduld hatte, indem er es niemals bis zu Banden und Qualen mit mir kommen ließ. — Und so, gnädige Frau, empfehle ich mich demüthig Ihrem besten
Wohlwollen, und bitte den Herrn Jesum, Sie in seiner Hut zu erhalten
und durch seinen Geist zu leiten, um in rechter Klugheit und Beharrlichkeit
Ihren heiligen Beruf zu erfüllen*)."

Es ist nicht recht klar, welchen Erfolg dieses Schreiben hatte. Nach
dem gelehrten Biographen Roussels**) hätte es auf die Königin keinen son-
derlichen Eindruck gemacht, vielmehr wäre sie nach wie vor dabei geblieben,
sich in eine mystische Andacht zu versenken, über der alle ausgeprägte Lehr-
anschauungen ihr verschwanden. Dagegen versichert Beza, daß die Bemühungen Calvins vollkommen das gewünschte Ziel erreichten, und die fluchwür-
dige Sekte aus Frankreich hinaus in die Niederlande zurückdrängten, aus
denen sie stammte***). Jedenfalls scheint sicher, daß die genannten Irrlehrer
den Hof von Nerac kurze Zeit nach diesen Vorfällen verlassen mußten.

Wie dem übrigens immer sei: unvergleichlich ernster und entscheidungs-
voller als dieser Geist mit einer entfernten Gönnerin, waren die Kämpfe,
die nun im Frühjahr 1546 in Genf selber ausbrachen und bald zum erklärten Streite um Sein oder Nichtsein der ganzen neuen Ordnung der Dinge
sich steigerten.

Um diese Zeit nämlich geschah es, daß die erst nur seltenen und ver-

---

*) Bonnet, französische Briefsammlung I, 111.
**) C. Schmidt, der Biograph Martyr Vermiglis: Gérard Roussel. Straß-
burg 1845. p. 125.
***) Leben Calvins.

einzelten Auflehnungen gegen die kirchliche Disziplin und den Reformator, der als ihre Verkörperung betrachtet wurde, immer häufiger und offener sich wiederholten, und nach ihrer ganzen Beschaffenheit als vorläufige Ausbrüche einer tiefer liegenden Verschwörung erschienen, welche im Stillen ihre Zeit erwarte. Es war zuerst die Gattin eines hochgestellten Mannes, des Peter Ameaux, die mit ihren libertinischen Grundsätzen hervortrat und auch in ihrem Lebenswandel ohne alle Scheu dieselben zur Schau trug. Ihr Mann, gleichen Sinnes mit ihr, hatte sich vormals geweigert, das Glaubensbekenntniß zu unterzeichnen, und ließ auch jetzt in den öffentlichen Gottesdiensten nie sich blicken. „Es sei ihm bequemer," sagte er, „seine Andachtsübungen unter seinem eigenen Dache vorzunehmen." Sie wurden Beide miteinander vor das Consistorium geladen; die Frau, die mit großer Frechheit auf ihren Sätzen beharrte, in das Gefängniß gesteckt, der Mann ernstlich verwarnt, und ihre Ehe getrennt, da sie nach der libertinischen Lehre von dem Gemeinschaftsrechte in geschlechtlichen Dingen, von beiden Seiten ihre sittliche Grundlage eingebüßt hatte.

In wildem Zorne ging Ameaux von dem Gerichte hinweg. Neben allem Andern war ihm Calvin schon lange auch deßhalb verhaßt, weil seine Spielverbote die Kartenfabrikation, die er früher betrieben, jedes Absatzes beraubt hatten. Indem er des Abends auf seiner Zunft beim Weine saß, brach er in die wildesten Schmähreden gegen die Geistlichen aus. „Calvin," sagte er, „sei ein abscheulicher, von Gott verfluchter Mensch; seit sieben Jahren predige er mit seinen Collegen eine falsche Lehre; er und seine Freunde wüßten die rechte, und er wolle das beweisen. Jener Heuchler lasse die Kinder kein Latein lehren, damit sie nicht hinter seine Irrthümer kämen; er wolle sich zum Bischof machen und die Obrigkeit unter sich bringen: die Beweise für das Alles seien zur Hand, mit Nächstem werde man sie veröffentlichen."

Das Consistorium, dem dieß alsobald hinterbracht wurde, ließ mit Gefängnißstrafe gegen ihn einschreiten. Aber der Muth seiner zahlreichen Freunde und Gesinnungsgenossen wuchs mit diesem ersten Beispiele eines entschiedenen Widerstandes, und kaum war die Sache bekannt geworden, so erwählte ihn der Rath der Zweihundert zum Mitgliede der Regierung, in der eben eine Stelle offen war.

Da wagte man es nun nicht, mit ganzer Strenge weiter gegen ihn vorzugehen. Der Rath der Syndiks wollte sich damit begnügen, ihn einfach auf das Rathhaus kommen und da im Stillen Abbitte thun zu lassen. Allein Calvin erklärte auf das Bestimmteste, daß er zu solch' einem leeren Schauspiel sich nicht einfinden werde; wie sonst immer, müsse auch in diesem Falle das Gesetz zu seinem vollen Rechte kommen. Aergerlich hierüber forderte der Rath die gesammte Geistlichkeit mit Ausnahme Calvins vor, und — offenbar um ihn zu demüthigen — stellte er die Frage an sie: ob denn in der That etwas Strafwürdiges an dem Lehren und Treiben ihres geschmähten

Collegen sich bemerken lasse? Aber es erfolgte keine Aeußerung, wie man sie vielleicht wünschte. Die Prediger bezeugten einstimmig, seine Lehre sei durchaus dem Worte Gottes angemessen und sein Lebenswandel, seine Treue, seine Bruderliebe so rein und christlich, wie man sie nur finden möge. — Der Reformator selbst trat am folgenden Tage mit ihnen Allen und dem ganzen Collegium der Kirchenältesten von Neuem vor die Behörde, und indem er sein Verlangen wiederholte, bemerkte er zugleich, daß wenn der Rath die Aeußerungen Ameaur's nur so leichthin abthue, die Prediger dieß als einen Beweis ansehen müßten, daß er den Inhalt derselben billige und sie demnach für schuldig halte, seit sieben Jahren eine falsche Lehre verkündigt zu haben. In diesem Falle aber gehörten sie selber vor das Gericht und beständen darauf, daß man eine Untersuchung gegen sie einleite. Das wäre nun freilich für die Regierung eine noch größere Verlegenheit gewesen, als die Verurtheilung ihres Mitgliedes. Nach langen Verhandlungen hob der Rath der Zweihundert seine Wahl auf, und der Lästerer wurde dazu verurtheilt, die Abbitte in jener feierlichen Form zu leisten, wonach der Schuldige im Hemde, mit bloßen Füßen, eine Fackel in der Hand und von den Gerichtsdienern geführt, durch die ganze Stadt ziehen mußte, zuletzt auf dem großen Platze niederknien und mit lauter Stimme um Vergebung seines Fehlers bitten.

Eine große Bewegung rief das in der Stadt hervor. Das Volk fing wieder an gegen die Prediger zu toben wie in jener Zeit, die ihrer Vertreibung vorangegangen war. Selbst in den Kirchen kam es zu ärgerlichen Auftritten. Als Raymond Chauvet auf der Kanzel in St. Gervais etwas ungeschickter Weise die Angelegenheit Ameaur's berührte, stand ein Theil der Versammlung unter lautem Getümmel auf und verließ das Gotteshaus. „Wohlan denn," rief der eifrige Prediger ihnen nach, „so müssen Pest, Krieg und Hunger wieder über euch kommen, um euch zur Vernunft zu bringen." Das erbitterte nun auch die Andern; auf Befehl des Rathes wurde Chauvet mit Gefängnißstrafe belegt, während zugleich eine Verordnung erging, die das Verlassen der Versammlung vor beendigtem Gottesdienst untersagte. Zwei Tage darauf fiel in der Predigt Calvins eine ähnliche Scene vor. Einige Soldaten die mit Geräusch in die Kirche traten, rief er an: „Das sei die Art wie unvernünftige Thiere sich aufführten," und erregte damit bittere Gegenreden, die mit Mühe gestillt wurden. Die Unruhe wuchs in der folgenden Nacht bis zu einem stürmischen Tumult; nur das energische Einschreiten der bewaffneten Macht und die Errichtung eines Schaffotes auf dem Platze von St. Gervais verhinderten das Schlimmste.

Gleich darauf fiel noch ein anderer Funken in die erregten Gemüther. Die Genfer waren, wie alle Südländer, leidenschaftliche Liebhaber dramatischer Vorstellungen, und gedachten auch unter den veränderten Grundsätzen, die jetzt ihr gemeinsames Leben regierten, keineswegs völlig darauf zu verzichten. Im Anfang des Frühjahres 1546 traten einige ehrbare Männer zusammen, um ihren Mitbürgern das lang entbehrte Vergnügen wieder einmal zu verschaffen. Das Stück, das sie dazu aufsetzten, entsprach völlig den herrschenden Anschauungen. Das Bild eines Volkes das durch Gottesfurcht zu Glück und Größe komme, sollte darin vorgeführt werden, und Calvin, dem man es vorher zur Durchsicht mittheilte, erklärte sich vollkommen davon befriedigt. Wie bei den national-religiösen Schauspielen der Griechen fand die ganze Bürgerschaft bei der Aufführung sich ein; sogar die Abendpredigt wurde um ihretwillen ausgesetzt *).

Aber dieser erste Genuß weckte nun die Lust zu weiteren in höherem Maaße, als es den geistlichen Führern des Volkes zuträglich schien. Schon einen Monat später verlangten die nämlichen Männer die Erlaubniß für ein anderes Stück, das den Titel „die Apostelgeschichte" führte. Das Manuscript wurde Calvin wieder eingehändigt, und kam dieß Mal mit der Bemerkung von ihm zurück: „Nützlicher sei es, sein Geld zu Liebeswerken zu verwenden, als zu häufigen Schaustellungen dieser Art. Er sage das zwar nicht im Sinne eines entschiedenen Tadels, aber doch als wohlgemeinte Vorstellung, denn vor Allem müsse man sein Gut so gebrauchen, daß es den Nächsten zum Heile diene." Indessen nahm der Rath nicht viel Rücksicht auf diesen Einwand, sondern ordnete die Aufführung des Schauspieles, auf öffentliche Kosten, während vier auf einander folgenden Tagen an: „Jedermann solle freien Zutritt haben, sogar die Falliten und gerichtlich Bestraften." Calvin fügte sich. Aber nicht so einer seiner Collegen, Michael Cop. In seiner nächsten Predigt in der Peterskirche ergoß er besonders über die spielenden Personen — Männer und Frauen aus den höhern Ständen — die ganze Fluth seiner Entrüstung. „Wer die Bühne besteige," rief er aus, „um diese Posse zu spielen, müsse von aller Scham verlassen sein. Die Schönen wollten dabei ihre Schönheit zeigen; die Häßlichen durch Glanz und Pracht und kostbare Stoffe sich ausputzen; das ganze Wesen werde nur schlimme Gelüste und unziemliche Reden unter den Zuschauern zur Folge haben." Die Schauspieler, von denen Viele anwesend waren, nahmen das höchst übel auf. Ein furchtbarer Aufruf erhob sich in der Kirche. Mit lautem Geschrei, unter Drohungen und Schmähungen stürmte die Menge gegen den Sitz Calvins, um den seine Freunde zum Schutze sich schaarten. Sein freundliches Zureden und eine besänftigende Predigt, zu der er unmittelbar darauf die Kanzel bestieg, hinderte sie für den Augenblick zu Gewaltthätigkeiten überzugehen; aber daß sie bei dem Rathe Klage führte und auf die strengste Bestrafung des Predigers drang, konnte er ihr nicht verwehren. „Die Sache war mir um so widerwärtiger," schreibt er an Farel, „da ich das Verfahren Michaels durchaus nicht billigen konnte. Ich

---

*) Gaberel I, 377.

setzte ihn ernstlich zur Rede, aber er beharrte steif und fest auf seinen Worten und mehrere der Brüder stimmten ihm bei." Indessen wäre es ihm als unbrüderlich und unwürdig erschienen, ihn nun um dieses übertriebenen Eifers willen den Gegnern Preis zu geben. Durch das tobende Volk hin führte er ihn an seinem Arm in den Rath, und erklärte, im Einverständniß mit der gesammten Geistlichkeit, daß sie ihren Collegen nicht verlassen, sondern die Folgen seiner Aeußerungen gemeinsam tragen wollten. Die Ankläger wiesen das zurück und forderten seine Entfernung; „sie hätten nichts mit Calvin zu thun," sagten sie, „dem sie alle Ehrfurcht zollten, der Schuldige allein sei zu vernehmen." Nach langem Hin= und Herreden, das nicht gerade eine freundliche Stimmung für die Prediger erweckte, brachte sie endlich die Achtung vor Calvin und das Zureden des Rathes dazu, ihr Begehren fallen zu lassen und mit einer erneuten Erlaubniß ihrer Aufführung sich zu begnügen. „Ich zürnte einigermaßen mit mir," schreibt Calvin, „daß ich nicht muthiger aufgetreten bin; wie gewöhnlich benahm ich mich zu zaghaft und schüchtern *)." Doch setzte er es durch, daß der Magistrat, um ähnliche Auftritte zu vermeiden, weitere derartige Vorstellungen untersagte, „bis die Zeiten sich wieder günstiger gestalteten."

In diesem unheimlichen Zustande fortwährender Reibungen und mit Mühe zurückgehaltener Feindseligkeiten befanden sich die Parteien in Genf, als eine an sich ziemlich geringfügige Begebenheit endlich das Signal zum vollen und offenen Ausbruche des Kampfes gab, — eines Kampfes, der nach achtjähriger Dauer nicht eher sein Ende erreichte, als bis die alte Genfer Bevölkerung, gleich jenem widerspenstigen Geschlechte Israels in der Wüste, in dieser oder jener Weise untergegangen, und ein neues Volk, das Gottes Hand herbeiführte, an seine Stelle getreten war.

Ganz besonders war in der kirchlichen Verordnung auch das Tanzen untersagt worden, das, wie es damals vorzukommen pflegte, mit allerlei Mummereien und unzüchtigem Wesen verbunden, mit den Anforderungen eines christlichen Wandels schlechterdings unverträglich schien. Auch hatte man sich bis dahin dem Verbote allgemein unterworfen; in den Jahren 1541—1546 findet sich kein Fall, daß eine Uebertretung desselben zu bestrafen gewesen wäre. Da kam es nun im April des Jahres 1546 vor, daß einige Männer, von denen Calvin nach ihrer bisherigen Gesinnung wie nach ihrer öffentlichen Stellung es am allerwenigsten erwartet hätte, sich auf einer Hochzeit zu Bellerive dem altbeliebten Vergnügen wieder ganz wie in frühern Zeiten überließen. Es waren der Oberhauptmann Ami Perrin, der sich einst für Calvins Rückkehr so thätig erwiesen, die Syndiks Corna und Amblard und einige andere Glieder der vornehmsten Geschlechter mit ihren Familien,

---

*) An Farel, bei Bonnet II, 47. Der Brief enthält die ausführliche Erzählung des Herganges.

die dieses üble Beispiel gaben, und damit jeder Zügellosigkeit der großen
Menge wieder Thür und Thor zu öffnen drohten. Unverzüglich schritt das
Consistorium gegen sie ein, ließ sie verhaften und nach drei Tagen in's Ver-
hör bringen. Aber da zeigte es sich nun bald, daß man es nicht nur mit
einer unbedachten Ausgelassenheit, sondern wenigstens bei einem Theile der
Angeklagten mit einer absichtlichen Auflehnung gegen die neue Ordnung der
Dinge zu thun hatte. Namentlich der alte Favre, Perrins Schwiegervater,
sprach in diesem Sinne sich aus. Er war einer jener politischen Libertiner,
wie wir sie oben schilderten, dem der „französische Tyrann" Calvin und
Alles was mit ihm zusammenhing, von Tage zu Tage verhaßter wurde.
Den Befehl über eine Compagnie der Bürgergarde hatte er zurückgewiesen,
wenn man irgend einen der französischen Flüchtlinge darin aufnehme, denn nur
mit guten und ächten Genfern wolle er es zu thun haben. Seinen Kindern
prägte er als ihre erste Pflicht es ein, der Vaterstadt wieder die alte Freiheit zurückzugeben und das gegenwärtige Joch abzuwerfen, wo und wie sie
könnten. Schon verschiedene Male hatten sie in einzelnen Fällen das versucht,
und waren deßhalb bestraft worden*); in ihrer wachsenden Erbitterung
schienen sie sich jetzt fast darüber zu freuen, daß ihnen einmal eine Gelegenheit gegeben werde, ihrem Hasse freien Lauf zu lassen. Mehr um das Consistorium zu ärgern, als um wirklich den Sachverhalt zu verhehlen, stellten sie
mit Ausnahme Perrins, Amblards und Cornas**), zuerst Alles in Abrede,
und erreichten so in der That ihren Zweck, Calvin und seine Collegen in die
höchste Entrüstung zu setzen. „Ich entbrannte vor Zorn," schreibt er an
Farel, „und wußte mir, da sie unserer heiligen Beschwörungen spotteten,
am Ende nicht mehr anders zu helfen, als indem ich Gott zum Zeugen anrief, und zugleich erklärte, die Wahrheit müsse ans Licht und wenn es mein
Leben kosten sollte." Als sie endlich gestanden, brach der Sturm der Erbitterung nur um so heftiger los. Er glaube kein Wort von dem was Calvin predige, sagte der alte Favre. Wer ihn grüße, den achte er als einen
Hund. Er sei der Mann der Freie zu Sklaven mache, der sie zwingen wolle
ihre Sünden zu bekennen und vor ihm auf die Kniee zu fallen. Indem man
ihn ins Gefängniß abführte rief er mit lauter Stimme das Volk zu Hülfe.

---

*) So erzählt Calvin in einem Brief an Viret (Lausanner Ausgabe 156), daß
    Einer von ihnen bei seiner Trauung den Kopf schüttelte, wo er bejahen
    sollte um die Handlung lächerlich zu machen, und überhaupt bei dieser Ge-
    legenheit die ganze Stadt mit Lärm erfüllte. Er wurde dafür acht Tage
    bei Brod und Wasser eingesperrt, und mußte öffentlich Buße thun. —
    Und wie manches Andere der Art ist noch vorgekommen! —

**) Diese beiden Letzteren bezeugten wirkliche Reue, nahmen Strafe und Er-
    mahnung willig hin, erklärten sogar, es sei nur gerecht, daß man die Gro-
    ßen eben so gut züchtige als die Geringen, und blieben nach wie vor treue
    Anhänger der Gesetze, nach denen sie verurtheilt worden. Gaberel I, 380.

„Freiheit! Freiheit!" schrie er durch die Straßen: „Calvin plagt euch mehr
als vier Bischöfe; aber ich wenigstens will ihn nicht als Herrn anerkennen;
tausend Thaler für den, der eine allgemeine Volksversammlung zusammen
beruft!" Mit noch leidenschaftlicherer Heftigkeit — nach Art der Frauen —
spie seine Tochter, Perrins Gattin, dem Reformator ihr Gift ins Angesicht. „Elender Mensch," rief sie ihm zu, „du willst die Favre zu Grund
richten, du willst unser Blut trinken, sei indessen gewiß: du wirst noch vor
uns Genf verlassen!" Aber Calvin hatte seine Fassung wieder gewonnen.
Mit großem Ernste erwiederte er ihr: Ihre Schamlosigkeit werde das Consistorium nicht hindern seine Pflicht zu thun, ihr Haus sei den Gesetzen so
gut unterworfen als jedes andere, ob es gleich dieselben am häufigsten über-
trete; wenn sie nicht durch das Joch Christi sich regieren lassen wollten, so
möchten sie eine neue Stadt bauen; so lange sie in Genf seien, hätten sie
unter die Ordnungen Genf's sich zu fügen, denn wenn gleich im Hause der
Favre so viel Diademe wären als wüthende Köpfe, so würde dieß doch nicht
verhindern daß Gott der Herr bleibe. — Ihr Gemahl hatte sich unterdessen
nach Lyon geflüchtet in der Hoffnung, die Sache werde durch Stillschweigen
begraben werden. Er erhielt dort einen Brief Calvins der noch ganz in dem
alten Freundschaftstone geschrieben war, und ihm auf das Herzlichste zu
redete, sich: nach dem Beispiele Cornas der verdienten Ahndung einfach zu
fügen und wieder zu der alten Gesinnung zurückzukehren. „Warum du das
nicht willst, warum du uns entflohen bist," schreibt er ihm, „begreife ich
nicht. Doppelt Maaß und Gewicht dürfen wir doch nicht haben; am allerwenigsten in der Kirche Gottes. Im Uebrigen kennst du mich und weißest
daß das Gesetz meines himmlischen Meisters mir so theuer ist, daß kein
Mensch in der Welt mich dazu bringen könnte etwas davon fahren zu lassen.
Nichtsdestoweniger bin ich gerne bereit, indem ich zur Erbauung der Kirche
und um deiner eigenen Seele willen dem Rechte seinen Lauf lassen muß,
doch deinen Namen, deinen Stand, dein Wohlsein so viel als möglich zu
schonen. Aus deinem Hause freilich gehen recht unerfreuliche Dinge aus
„ich solle mich hüten," sagen sie, „das schlummernde Feuer nicht anzublasen
sonst könnte mir noch Aergeres widerfahren als bisher." Aber dergleichen
Drohungen bewegen mich wenig; bin ich doch nicht um Ehre oder Gewinnes
willen nach Genf zurückgekehrt und werde mich persönlich wenig darüber
grämen wenn ich es wieder verlassen muß. Die Sorge für Kirche und Staat
hat mich willig gemacht zurückzukommen, und wenn wirklich etwas gegen
mich im Werke ist, so kann ich nur sagen: „Was du thun willst, das thu
bald." So lange ich aber noch an meiner Stelle bin, soll weder üble Behandlung noch Undankbarkeit an meiner Pflicht mich irre machen, und nur
mit meinem letzten Athemzug will ich aufhören für diese Stadt zu sorgen
und zu wirken, so lange Gott mir befiehlt in ihr zu leben."

In der That kehrte Perrin, an den auf Calvins Antrieb auch Farel

gleichen Sinn geschrieben hatte, binnen Kurzem zurück, und unterzog
äußerlich der auferlegten Strafe. Aber zu einer gründlichen Versöh-
ıg und Wiederherstellung des alten Verhältnisses kam es nicht mehr.
ꞏ Einfluß seiner Frau und seiner Schwäger, denen sein schwacher, jeder
:führung überaus zugänglicher Charakter nicht widerstehen konnte, die
letzte Eitelkeit, sein unruhiger Ehrgeiz, dem das Ansehen Calvins im
ge stand*), reizte ihn immer von Neuem auf und verkehrte binnen Kur-
. den letzten Rest der vormaligen freundschaftlichen Achtung in die unge-
eltste Abneigung und Feindseligkeit.

„Seine Frau," schreibt Calvin**), „ist eine unnatürliche Furie***).
ıe ihrer Verwandten ist so gereizt und hat ein so böses Gewissen, daß sie
:s Wort, das in der Congregation gesprochen wird, auf sich bezieht und
ın daheim mit jener all' ihr Gift ausspritzt. An Perrin selbst muß ich
ꞏr diesen Umständen fast verzweifeln, wenn nicht Gott ihm zu Hülfe
ımt. Zwar thue ich, was ich kann; ich gehe nicht nur zu ihm, sondern
dränge mich ihm fast auf. Aber dabei habe ich mich denn doch davor zu
eu, daß der an Schmeicheleien gewöhnte Mann meine Zuvorkommenheit
ıt mißbrauche und das Reich Gottes sich zum Spott wende." Einen
zenblick machte dieß Benehmen doch wieder Eindruck auf das leichtbeweg-
e Gemüth des hochgestellten Mannes†). Er bezeugte vor dem Rathe
ꞏ Hochachtung vor Calvin und versprach ihm selber alles Gute. Aber
ꞏge neue Verurtheilungen von Seiten des Consistoriums, welche seine
Schwäger und sein Schwiegervater sich bald darauf zuzogen††), zerrissen
Au wieder und dieß Mal für immer, das künstlich zusammengeflickte
undschaftsband. Wir werden ihm von nun an begegnen als einem der-

---

*) Calvin nennt ihn darum in seinen Briefen scherzweise wohl auch „unsern
   kleinen Cäsar," später als die Stimmung bitterer wurde: „Cäsar den
   Komischen und Tragischen."
*) An Farel bei Bonnet II, 56.
*) Man wird das in der That nicht zu viel gesagt finden, wenn man z. B.
   Folgendes von ihr liest: „Als sie eines Tages auf ihrem Spazierritte dem
   Prediger Abel Poupin begegnete, der kurz vorher sie und ihren Vater im
   Consistorium ernstlich zurechtgewiesen hatte, richtete sie ihr Pferd auf ihn
   hin, schrie ihn an, er habe geredet wie ein Hund und nicht wie ein Mensch,
   ritt ihn nieder, ließ ihn von dem Thiere mit Füßen treten und sprengte
   unter Hohngelächter davon. Gaberel 1384.
†) Vergl. den folgenden Brief an Farel vom 6. Oct. II, 1558.
†) Sie hatten nicht nur sich den größten Ausschweifungen überlassen, sondern
   auch erklärt, sie würden binnen Kurzem die Gewalt in Händen haben und
   dann den zurückgeholten schlechten Weibspersonen an den vier Enden der
   Stadt Paläste bauen. Als im Verhöre Calvin auf eine trotzige Rede bemerkte: „Mais nous sommes ici par-dessus vous," antwortete Gas-
   pard Favre voll Ingrimm: „Je le sois bien, et par-dessus tous!"

hauptsächlichsten Anführer aller der Parteien, die gegen Calvin und seine Einrichtungen sich erhoben. —

Indessen ruhte in der nächsten Zeit der Streit für einige Monate, da jede äußere Veranlassung dazu fehlte. Erst im Februar 1547 flammte er wieder auf, und wiederum war es der alte Favre, der den zündenden Funken in den aufgehäuften Brennstoff warf. Um wiederholter Ausschweifungen willen vor das Consistorium geladen, weigerte er sich jetzt geradezu, irgend eine Antwort zu geben, und erklärte, er habe Niemanden anders als seinem selbsterwählten Rathe Rede zu stehen. „Er war damals alt," sagt Bonnivard von ihm, „reich und durch das fortdauernde Lasterleben immer mehr verstockt." Seine ganze Verwandtschaft und Freundschaft nahm unverzüglich Partei für ihn. Indem man sich darauf berief, daß die kirchliche Strafgewalt durchaus auf die bürgerliche sich stütze, und ohne ihre Hülfe völlig machtlos sein würde, drang man in den Rath, von dieser günstigen Lage der Dinge einmal entschiedenen Gebrauch zu machen und die ganze Gerichtsbarkeit, zu deren Vollstreckung er seine Dienste leisten müsse, aus der Hand des Consistoriums ohne Weiteres in seine eigene zu nehmen. Und nicht ganz ungeneigte Ohren fanden diese Mahnungen. In einem Briefe an Viret beklagt sich Calvin: Die Behörde werde immer schwächer und farbloser, den Einflüsterungen der Libertiner immer zugänglicher, nicht auf Einen unter ihnen — den einzigen Morel vielleicht ausgenommen — könne er sich mehr mit vollem Vertrauen verlassen. Er bittet seinen Freund, doch selber nach Genf zu kommen, und ihn in den Stunden der Entscheidung durch seinen Einfluß zu unterstützen[*]. In der That ließ der Rath dieß Mal dem Consistorium die gewohnte Unterstützung nicht. Vielmehr wurde ihm bedeutet, es gehe oft allzu hastig und stürmisch zu Werke, man empfehle ihm mehr Vorsicht und Mäßigung. Im Uebrigen biete die Obrigkeit ihre Vermittlung an, um allen Streit niederzuschlagen und jeden Zwist zu versöhnen. Es kostete Calvin einige Selbstüberwindung, auf diesen demüthigenden Bescheid einzugehen, und doch glaubte er sich nicht berechtigt, ihn zurückzuweisen, da die gegen das Consistorium gerichtete Anklage ihm keineswegs ganz unbegründet erschien[**]. „Es ist beschlossen," heißt es demnach in den Rathsprotokollen[***], „daß der Streit und Haß, der zwischen den Geistlichen und dem Oberhauptmann Perrin, seiner Frau und andern Verwandten Favre's vorhanden sein könnte, friedlich vermittelt und Alle miteinander versöhnt werden. Doch soll der genannte Favre in Zukunft Gott und der Gerechtigkeit gehorchen wie jeder andere Bürger und sich möglichst bestreben, sein Leben zu bessern. Solche

---

[*] Bei Bonnet II, 92.
[**] So klagt er in dem angeführten Brief darüber, daß einige seiner Collegen durch ihre Predigten das Volk fortwährend unnützer Weise verletzten und in Aufregung brächten.
[***] Gaberel I, 387.

Versöhnung geschah dann auch in dem Consistorium, nachdem die Geistlichen nicht hart geredet, sondern gute und freundliche Vorstellungen gemacht hatten."

Indessen der alte Favre nahm sich die Ermahnung wenig zu Herzen. Während sein Schwiegersohn Perrin sich auf einer Reise befand, bewog er seine Tochter dazu, wieder offen an all' den Vergnügungen Theil zu nehmen, die durch das Gesetz verboten waren, und als sie darüber verhört werden sollte, sich dem Consistorium gerade so zu widersetzen, wie er es gethan hatte*). Der Rath wagte es nicht, sie jetzt noch weiter unter seinen Schutz zu nehmen; Vater und Tochter wurden auf unbestimmte Zeit aus der Stadt verwiesen. —

Aber unmittelbar an diese Vorfälle knüpfte nun ein bei weitem furchtbarerer Kampf sich an, der erste, in dem Blut vergossen wurde und die ganze entsetzliche Gefahr, die von Seiten der Libertiner drohte, zu Tage trat. „Jetzt gilt es Ernst," schreibt Calvin an Viret, „jetzt haben wir auf Leben und Tod zu kämpfen." An dem nächsten Tage, nachdem das Urtheil über Perrin's Frau und ihren Vater ergangen war, fand Calvin ein Papier auf der Kanzel, das ihn und seine Collegen mit dem Tode bedrohte, wenn sie auf dem eingeschlagenen Wege noch weiter fort gingen. „Das Volk brauche nicht so viele Herren," hieß es darin, „lange genug hätten sie jetzt ihre Tyrannei geübt, und was seien sie am Ende anders als abgefallene Mönche, mit denen man im Nothfalle kurzen Prozeß machen werde**)." Unverzüglich ließ der Rath die strengste Untersuchung anordnen; und der Erste, der als verdächtig verhaftet wurde, war ein gewisser Jakob Gruet, der von Anfang an als einer der eifrigsten Gegner der neuen Ordnung der Dinge sich hervorgethan hatte. Seine Papiere bestätigten nicht nur Alles, was man von ihm vermuthete, sondern deckten auch die ersten Keime einer förmlichen Verschwörung gegen die gegenwärtigen Zustände auf. Neben verschiedenen Schmähbriefen über Calvin und einem mit bittern Randbemerkungen bedeckten Exemplare seines Buches gegen die Libertiner, fand sich der Entwurf einer Denkschrift an das „souveräne Volk," worin die Abschaffung der kirchlichen Disziplin verlangt und mit einem fürchterlichen Ausbruche, bei dem das Blut von Tausenden fließen werde, gedroht wurde, wenn die Stadt noch länger dem Gehirn dieses einen melancholischen Menschen sich unterwerfe. Sogar an savoyische Herren hatte man sich zu diesem Zwecke um Hülfe gewendet, und sich bereit erklärt, die eben erworbene Freiheit wieder an das alte Abhängigkeitsverhältniß dahin zu geben, wenn nur die Freiheit des Sündigens

---

*) „Sie hätte uns fast überwältigt mit ihrem Geschrei," schreibt Calvin (an Viret, bei Bonnet p. 108), „wenn man sie nicht mit Gewalt hinausgebracht hätte."

**) An Viret bei Bonnet II, 109.

dadurch zurückerlangt und diesen eingedrungenen Franzosen der Untergang bereitet werde. Und noch mehr als dieß entrüsteten einige Blätter, welche die religiösen Fragen behandelten, die Gemüther. Denn mit einem Hohne ohne Gleichen ließen sie über die heiligsten Dinge sich aus. Die Schrift, der Erlöser selber, seine Mutter, die frommen Männer des alten und neuen Bundes waren darin mit Lästerungen überschüttet, die wie von der Hölle ausgespieen schienen. Man hat später, drei Jahre nach Gruet's Tod — in einem geheimen Winkel wohl verborgen — eine ausführlichere Abhandlung von ihm über dieselben Gegenstände und in demselben Tone gehalten, gefunden, die allgemeines Entsetzen erregte und durch Henkers Hand verbrannt wurde *). Die paar Seiten, die jetzt zu Tage kamen, scheinen der erste Entwurf zu dieser größeren systematischen Schmähschrift gewesen zu sein.

Für Calvin war es keinen Augenblick zweifelhaft, daß gegen solche Gräuel unverzüglich und mit ganzem Ernste eingeschritten werden müsse. Er beklagt sich, daß der Rath die Sache so lange hinziehe, daß es fast scheine, als habe der Angeklagte unter den Syndik's einige geheime Gesinnungsverwandte. „Ob er nun das Leben verwirkt habe oder nicht,“ schreibt er an den Herrn von Falais, „so sei es jedenfalls unter den gegenwärtigen Umständen höchst nöthig, die sich erhebenden Feindseligkeiten rasch und entschieden niederzuhalten **).“ Die eigenen Geständnisse des Verhafteten — freilich nach der Sitte der Zeit theilweise von der Tortur erpreßt — ließen dem Rathe auch bald keine andere Wahl mehr, als das Todesurtheil über ihn auszusprechen. Zugleich des Hochverrathes, der Feindschaft gegen alle sittlichen Grundlagen der menschlichen Gesellschaft und der Verachtung der Religion wurde er schuldig erklärt, und endigte demgemäß am 26. Juni auf dem Schaffote durch das Schwerdt. Die Angabe seiner Mitschuldigen hat er standhaft verweigert.

Indessen hatte dieses entschiedene Verfahren doch keineswegs die günstige Wirkung, die Calvin davon erwarten mochte. Dieses erste Blut, das dem neuen Systeme floß, rief vielmehr bei allen Gegnern desselben eine ganz unglaubliche Erbitterung hervor. Daß der Hingerichtete schon durch seinen Landesverrath sein Schicksal genügend verdient hatte, trat zurück hinter dem Anschein, daß er doch vornämlich für seine religiösen Ansichten habe büßen müssen. Er galt für einen Märtyrer der Freiheit, und seine Hinrichtung für den unwidersprechlichsten Beweis, daß die fremde Tyrannei auch vor dem Aeußersten nicht mehr zurückschrecke, wenn man die Hand gegen sie erhebe. Drei Tage nach Gruets Tode zeigte ein Quartiervorsteher dem Rathe an, daß mehr als zwanzig junge Leute sich verschworen hätten, Calvin und seine Collegen in die Rhone zu werfen. In den umliegenden Gegenden lief in der

---

*) Das Gutachten Calvins darüber siehe Henry II, Beilage 16.
**) Vergl. auch den Brief an Biret bei Bonnet II, 114.

That das Gerücht, er sei getödtet oder wenigstens ernstlich verwundet; die Stadt sei voll Kampf und Verwirrung, und eile ihrem Untergange zu *). „Und allerdings ist das Murren und die Unzufriedenheit besonders unter der Jugend nicht gering," schreibt Calvin an seinen französischen Freund **), „und hie und da bricht das Gift, das in ihrem Herzen sich ansammelt, auch offen gegen uns aus. Aber all' dies ist am Ende doch nur Rauch; sie haben mehr Muth und Entschlossenheit in uns gefunden, als sie vermutheten, und so sind alle ihre Drohungen nichts Anders als das windige Lärmen der Stolzen Moabs, vor dem Niemand erschrickt. Wenn es übrigens auch noch schlimmer kömmt, so erstaune ich nicht darüber. Noch ganz andere Empörungen sind einst gegen Moses und die Propheten angestiftet worden, obwohl sie über das Volk Gottes gesetzt waren; und solche Prüfungen sind uns heilsam. Bittet nur den Herrn für uns, daß seine Gnade nicht von uns weiche und wir durch seine Kraft den Gehorsam gegen ihn höher halten selbst als unser Leben. O wie viel mehr müssen wir uns doch scheuen, ihn zu beleidigen, als die Wuth der Gottlosen zu erregen, und wenn ich auch zuweilen fürchte, der Muth der Schwachen und noch Unbefestigten werde durch die fortwährenden Angriffe gebrochen werden, so bin ich doch auf der andern Seite der getrosten Zuversicht, daß der Herr die Stürme wieder stillen werde, ehe es dazu kömmt. Bis hierher wenigstens hat er sowohl uns den guten Willen gegeben, gegen das Uebel Stand zu halten, als auch denen, die neben uns stehen, die Standhaftigkeit verliehen, an unserer Seite auszuharren. Nur des Einen bedarf es, daß dieser gute Herr fortfahre, sein Werk zu stützen und zu führen." Und nicht anders redete er auf der Kanzel im Angesicht seiner zusammengeschaarten Feinde. „Wollte ich meiner Neigung folgen," rief er aus, „so würde ich Gott bitten, mich von dieser Erde hinwegzunehmen. Nicht drei Tage möchte ich in dem Unwesen leben, das man hier sieht. Und dabei wollen wir uns noch rühmen, eine Reformation begründet zu haben. Nicht Diener Gottes, Blinde mögen unsere Richter sein, denn mit Händen können sie unsere Nichtswürdigkeit greifen. Aber was gilt mir jede Rücksicht auf mich selber? Ich und wir Alle wir werden nicht ablassen, unsere Pflicht zu erfüllen und Haus und Kirche zu reinigen von Jeglichem was der Gnade Gottes unter uns im Wege steht."

Indessen erschien doch seine persönliche Lage von Tage zu Tage bedrohter und peinlicher. Es war das die Zeit, von der er in seiner Abschiedsrede an die Genfer Geistlichkeit auf dem Sterbebette sagte: „Wenn ich in den Straßen erschien, so hetzte man die Hunde auf mich, „nimm, nimm", rief man ihnen zu und sie zerrissen mir die Kleider und bissen mich in's Bein." Seinen Namen verkehrte man in Cain oder schmähte sich damit gegenseitig

---

*) Brief an Monf. de Falais und die „Gläubigen in Frankreich."
**) Herrn de Falais.

Collegen sich bemerken lasse? Aber es erfolgte keine Aeußerung, wie man sie vielleicht wünschte. Die Prediger bezeugten einstimmig, seine Lehre sei durchaus dem Worte Gottes angemessen und sein Lebenswandel, seine Treue, seine Bruderliebe so rein und christlich, wie man sie nur finden möge. — Der Reformator selbst trat am folgenden Tage mit ihnen Allen und dem ganzen Collegium der Kirchenältesten von Neuem vor die Behörde, und indem er sein Verlangen wiederholte, bemerkte er zugleich, daß wenn der Rath die Aeußerungen Ameaux's nur so leichthin abthue, die Prediger dieß als einen Beweis ansehen müßten, daß er den Inhalt derselben billige und sie demnach für schuldig halte, seit sieben Jahren eine falsche Lehre verkündigt zu haben. In diesem Falle aber gehörten sie selber vor das Gericht und bestünden darauf, daß man eine Untersuchung gegen sie einleite. Das wäre nun freilich für die Regierung eine noch größere Verlegenheit gewesen, als die Verurtheilung ihres Mitgliedes. Nach langen Verhandlungen hob der Rath der Zweihundert seine Wahl auf, und der Lästerer wurde dazu verurtheilt, die Abbitte in jener feierlichen Form zu leisten, wonach der Schuldige im Hemde, mit bloßen Füßen, eine Fackel in der Hand und von den Gerichtsdienern geführt, durch die ganze Stadt ziehen mußte, zuletzt auf dem großen Platze niederknieen und mit lauter Stimme um Vergebung seines Fehlers bitten.

Eine große Bewegung rief das in der Stadt hervor. Das Volk fing wieder an gegen die Prediger zu toben wie in jener Zeit, die ihrer Vertreibung vorangegangen war. Selbst in den Kirchen kam es zu ärgerlichen Auftritten. Als Raymond Chauvet auf der Kanzel in St. Gervais etwas ungeschickter Weise die Angelegenheit Ameaux's berührte, stand ein Theil der Versammlung unter lautem Getümmel auf und verließ das Gotteshaus. „Wohlan denn," rief der eifrige Prediger ihnen nach, „so müssen Pest, Krieg und Hunger wieder über euch kommen, um euch zur Vernunft zu bringen."· Das erbitterte nun auch die Andern; auf Befehl des Rathes wurde Chauvet mit Gefängnißstrafe belegt, während zugleich eine Verordnung erging, die das Verlassen der Versammlung vor beendigtem Gottesdienst untersagte. Zwei Tage darauf fiel in der Predigt Calvins eine ähnliche Scene vor. Einige Soldaten die mit Geräusch in die Kirche traten, rief er an: „Das sei die Art wie unvernünftige Thiere sich aufführten," und erregte damit bittere Gegenreden, die mit Mühe gestillt wurden. Die Unruhe wuchs in der folgenden Nacht bis zu einem stürmischen Tumult; nur das energische Einschreiten der bewaffneten Macht und die Errichtung eines Schaffotes auf dem Platze von St. Gervais verhinderten das Schlimmste.

Gleich darauf fiel noch ein anderer Funken in die erregten Gemüther. Die Genfer waren, wie alle Südländer, leidenschaftliche Liebhaber dramatischer Vorstellungen, und gedachten auch unter den veränderten Grundsätzen, die jetzt ihr gemeinsames Leben regierten, keineswegs völlig darauf zu ver-

chten. Im Anfang des Frühjahres 1546 traten einige ehrbare Männer
zusammen, um ihren Mitbürgern das lang entbehrte Vergnügen wieder einmal zu verschaffen. Das Stück, das sie dazu aufsetzten, entsprach völlig
den herrschenden Anschauungen. Das Bild eines Volkes das durch Gottes-
recht zu Glück und Größe komme, sollte darin vorgeführt werden, und
Calvin, dem man es vorher zur Durchsicht mittheilte, erklärte sich vollkommen davon befriedigt. Wie bei den national-religiösen Schauspielen der
Griechen fand die ganze Bürgerschaft bei der Aufführung sich ein; sogar die
Abendpredigt wurde um ihretwillen ausgesetzt*).

Aber dieser erste Genuß weckte nun die Lust zu weiteren in höherem
Maaße, als es den geistlichen Führern des Volkes zuträglich schien. Schon
einen Monat später verlangten die nämlichen Männer die Erlaubniß für ein
anderes Stück, das den Titel „die Apostelgeschichte" führte. Das Manuscript wurde Calvin wieder eingehändigt, und kam dieß Mal mit der Bemerkung von ihm zurück: „Nützlicher sei es, sein Geld zu Liebeswerken zu
verwenden, als zu häufigen Schaustellungen dieser Art. Er sage das zwar
nicht im Sinne eines entschiedenen Tadels, aber doch als wohlgemeinte Vorstellung, denn vor Allem müsse man sein Gut so gebrauchen, daß es den
Nächsten zum Heile diene." Indessen nahm der Rath nicht viel Rücksicht
auf diesen Einwand, sondern ordnete die Aufführung des Schauspieles, auf
öffentliche Kosten, während vier auf einander folgenden Tagen an: „Jedermann solle freien Zutritt haben, sogar die Falliten und gerichtlich Bestraften." Calvin fügte sich. Aber nicht so einer seiner Collegen, Michael Cop.
In seiner nächsten Predigt in der Peterskirche ergoß er besonders über die
spielenden Personen — Männer und Frauen aus den höhern Ständen —
die ganze Fluth seiner Entrüstung. „Wer die Bühne besteige," rief er aus,
„um diese Posse zu spielen, müsse von aller Scham verlassen sein. Die
Schönen wollten dabei ihre Schönheit zeigen; die Häßlichen durch Glanz
und Pracht und kostbare Stoffe sich ausputzen; das ganze Wesen werde nur
schlimme Gelüste und unziemliche Reden unter den Zuschauern zur Folge
haben." Die Schauspieler, von denen Viele anwesend waren, nahmen das
höchst übel auf. Ein furchtbarer Aufruhr erhob sich in der Kirche. Mit lautem
Geschrei, unter Drohungen und Schmähungen stürmte die Menge gegen den
Sitz Calvins, um den seine Freunde zum Schutze sich schaarten. Sein
freundliches Zureden und eine besänftigende Predigt, zu der er unmittelbar
darauf die Kanzel bestieg, hinderte sie für den Augenblick zu Gewaltthätigkeiten überzugehen; aber daß sie bei dem Rathe Klage führte und
auf die strengste Bestrafung des Predigers drang, konnte er ihr nicht verwehren. „Die Sache war mir um so widerwärtiger," schreibt er an Farel, „da ich das Verfahren Michaels durchaus nicht billigen konnte. Ich

*) Gaberel I, 377.

Wege gebracht, in denen die Kräfte sich wieder sammeln, und sein unter-
brochenes, gefährdetes Werk sich wieder einigermaßen befestigen konnte. Er
selber blickte dabei nichts weniger als getrost und hoffnungsvoll in die Zukunft. „Ich bin noch nicht entschlossen was ich schließlich thun will," schreibt
er an Viret, „aber das ist gewiß, daß ich die Art dieses Volkes nicht länger
tragen kann, selbst wenn es mich tragen wollte. Auch verstehe ich nicht
warum man zu große Strenge mir vorwirft und selbst bei dir sich über mich
beklagt. Wäre ich mir irgend eines Fehlers bewußt, so würde ich die Sach
nicht so schwer nehmen, aber was mich fast erdrückt, ist das fortwährend
Gefühl ihrer Verworfenheit und Schlechtigkeit. Doch das Stück des Lebens
das noch vor mir liegt, ist zu kurz, um mir viele Sorgen über mich selbe
zu machen." Und an Farel: „Du ermahnst uns zu ungebrochener Standhaftigkeit. Sei gewiß daß weder Gefahren noch Tumulte mich erschüttern
Aber oft fühle ich mich so verlassen und beschwert, daß ich wünsche, Gott
möge meine Aufgabe mir wieder abnehmen. Ein thörichter Wunsch! wirst
du sagen, und ich muß das wohl zugeben; aber was that Moses, diese
leuchtende Vorbild der Geduld? Klagte er nicht auch über die Bürde di
auf seinen Schultern liege? Solche Gedanken versuchen mich alle Augenblicke, und ich habe Mühe ihnen recht zu widerstehen. O daß Viret oder d
mir zu Hülfe kämst, und dich durch eigene Anschauung von dem Stande de
Dinge unterrichten könntest. Ich fürchte sehr, mein Einfluß in dieser Stadt
ist dahin*)."

V.

Fast neun Monate lang, bis zum September 1548, finden sich in den
Briefen Calvins keine der Klagen und Hülferufe mehr, wie sie der Drang

---

*) Vergl. über diese Vorgänge die Briefe Calvins bei Bonnet II, 132—13€
Gaberel I, 394—397. Beza, Leben Calvins.

immer neuer Kämpfe und Gefährdungen ihm auszupreffen pflegte. Und auch aus den anderweitigen Quellen wiffen wir, daß während dieser Zeit eine verhältnißmäßige Ruhe herrschte. Zwar daß die Dinge völlig nach seinem Wunsche gegangen wären, ließ sich nach den letzten Ereigniffen, in denen sein System keineswegs durchaus siegreich geblieben war, nicht erwarten. Das Disziplinargesetz und sein Hüter, das Consistorium, schienen ihre Furchtbarkeit einigermaßen verloren zu haben. Die alte Unordnung nahm wieder überhand und konnte nicht immer bestraft werden wie das Gesetz es vorschrieb, und was das Schlimmste war: die Stellung der Regierung zu den Parteien war durch einige neue Wahlen eine ganz andere geworden als bisher. Ami Perrin selbst war mit Anfang des Jahres in den Rath der Syndiks getreten; und die Majorität der Stimmen, die bis jetzt den Anhängern der durchgreifenden Reformation gehört, ging nun an die Gegenpartei über, von der sich kaum eine ernstliche Durchführung der Verordnungen erwarten ließ, die ihr so widerwärtig waren. Calvin der sich auf der Kanzel darüber beklagte, daß er bei der neuen Behörde nicht mehr die gehörige Unterstützung finde, erreichte damit nichts Anderes als eine demüthigende Rüge, wodurch ihm ernstlich untersagt wurde, „in den Tempeln gegen Vergehungen zu schreien, von denen der Rath nicht einmal Kunde erhalte*).“ Indeffen blieb doch der Ausbruch von offenen Feindseligkeiten vermieden, und Predigt und Seelsorge hatten im Ganzen ihren ungestörten Fortgang.

Gegen Ende September freilich wurde dieser Zustand durch eine höchst unangenehme Angelegenheit unterbrochen, die alle schlummernden Abneigungen wieder wach rief. Ein junger Genfer, Trolliet mit Namen, der als Eremit in Burgund gelebt hatte, war im Jahre 1545 nach seiner Vaterstadt zurückgekehrt und zur reformirten Kirche übergetreten. Der Rath, von seinen Verwandten dazu angetrieben, hatte darauf hin befohlen, ihm die erste Pfarrstelle zu übertragen, die erledigt werde. Aber Calvin, dem der junge Mann zu solchem Amte keineswegs tüchtig schien, hatte es rundweg abgeschlagen, und nach langer peinlicher Verhandlung es wirklich dahin gebracht, daß er mit einer Schreiberstelle an dem Gerichte sich begnügen mußte. Der ehemalige Einsiedler vergaß ihm das nicht, und suchte mit aller Beharrlichkeit des Haffes und der Rache nach einer Gelegenheit ihm den schlimmen Dienst zu vergelten. Die Bekanntschaft mit einem Diener Virets brachte ihm endlich was er wünschte. Durch seine Vermittlung mußte er sich einige Briefe des Reformators an seinen Freund zu verschaffen, in deren einem nicht eben die günstigsten Urtheile über die Genfer Bevölkerung und ihre Behörden sich fanden. „Das Volk,“ hieß es darin, „mißbrauche die Freiheit zum Deckmantel der Bosheit, und der Rath sei so heuchlerisch gesinnt wie die Andern, es sei wenig Gutes von ihm zu hoffen.“ Voll boshafter

---

*) Rathsprotokoll vom 9. Juli 1548.

Freude übersetzte Trolliet diese Aeußerungen ins Französische, und theilte sie Jedermann mit, der sie hören wollte. Bald circulirten sie in unzähligen Abschriften; in den Schenken las Einer dem Andern sie vor; die verletzte Eigenliebe gesellte dem alten Hasse sich bei, und von allen Seiten drang man in die Syndiks, die beleidigte Ehre der Stadt an dem fremden Eindringlinge zu rächen, der die empfangenen Wohlthaten mit solch' hinterlistiger Schmähung vergelte. Calvin, sobald er von der Sache vernahm, eilte selber in das Rathhaus und verlangte eine Untersuchung. „Mit Ernst," schreibt er*), „wies ich auf die Bosheit solch eines Benehmens hin, und zeigte wie nur Schlimmes daraus folgen könne. Als man den Brief mir vorlegte, erkannte ich ihn ohne Weiteres an und rechtfertigte mich wie die Umstände es erforderten**). Zunächst ließ man mich gehen, und hat mich auch bis jetzt nicht wieder vorgefordert, wie es beschlossen war. Sollten meine Feinde diesen Pfeil als Waffe behalten wollen, um mir zu schaden, so oft es ihnen bequem sein wird?" In der That schien das die Absicht. Die alten Gegner rührten sich mehr als je, das Volk wurde immer von Neuem aufgestachelt; der Rath zeigte eine Kälte die nichts Gutes ankündigte; ein scharfer Verweis den er endlich über Calvin aussprach, schien nur der Vorbote weiterer Maßregeln zu sein. „Es droht mir ein Angriff," schreibt der Reformator an Farel, „aber ich fürchte mich nicht, denn ich habe ein gutes Gewissen und was können sie mir Schlimmeres bereiten als den Tod? Dient es zur Vertheidigung der Wahrheit, so will ich diesen gern erdulden." Aber seine Freunde waren nicht der Meinung, es so weit kommen zu lassen. In aller Eile machte Viret von Lausanne, Farel von Neufchatel sich auf, um so gut sie es vermöchten, den bedrängten Mann mit ihrem Ansehen zu stützen und zu vertreten. Viret hatte ein Recht sich über die Unredlichkeit zu beklagen, die man mit seinen Briefen sich erlaube habe, und Farel redete zu seinen alten Bekannten von Genf — zu den „Kindern", die ihn „Vater" nannten — wie er es von der ersten Zeit der Reformation her gewöhnt war. „In der That, ihr Lieben," rief er dem Volke zu, „ihr solltet mehr Achtung haben für Meister Calvin. Wo ist Einer ihm gleich an Gelehrsamkeit? Wer übertrifft ihn an Treue und Eifer für den Dienst Gottes? Wer hat den Antichrist so gewaltig bekämpft wie er?" Dem Rathe hielt er mit seiner Ironie

---

*) An Viret, bei Bonnet II, 167.

**) Wie wenig er dabei übrigens der Wahrheit und seiner Würde etwas vergab, erhellt aus dem, was das Staatsprotokoll von seiner Vertheidigungsrede aufbehalten hat. Die Anklage der Heuchelei z. B. nimmt er keineswegs zurück, sondern bezeugt, daß er wirklich von dem damaligen Wesen diesen Eindruck erhalten habe. Das Uebrige habe er nicht geschrieben, um zu verläumnen, und es würde ihm leid thun, wenn sein Benehmen diesen Anschein hätte. Er bitte, ihm seinen Ausdruck nicht im Bösen, sondern zum Guten auszulegen. Galiffe p. 528.

die würdelose Empfindlichkeit vor, die er gegen einige arglos niedergeschriebene Worte zeige: „Calvin," sagte er ihm, „sei nun einmal nicht der Mann die Wahrheit zu verschweigen; wenn sie ihn behalten wollten, so müßten sie ihn nehmen wie er sei; auch einen Luther und Melanchthon und andere große Männer habe er mit allem Freimuthe getadelt; er denke wohl, was diese sich gefallen ließen, könnten sie sich auch gefallen lassen *)." Diese rückhaltslose Sprache, die die Kleinigkeit auf ihren wahren Werth zurückführte, verfehlte ihren Eindruck nicht. Die Bürgerschaft ging ruhig heim; der Rath schämte sich der ganzen Angelegenheit, und faßte den Beschluß, das Original des fraglichen Briefes Farel zu übergeben, damit er es Viret wieder zustelle.

Aber die ganze Stellung Calvins hatte darum doch durch den Vorgang sich nichts weniger als befestigt. Die Schmähungen und Wuthausbrüche jeder Art die ihn empfingen, wo er sich öffentlich zeigte, steigerten sich zu einem solchen Grade, daß der sonst nicht eben empfindliche Mann seine Klagen darüber vor den Rath brachte **), und es wie eine Gnade Gottes ansah, als Perrin und den Seinigen das Versprechen abgenöthigt wurde, ihren Anhängern dergleichen Beschimpfungen für die Zukunft zu untersagen. Wie sehr ihre Macht übrigens im Wachsen war, zeigten die Wahlen des Jahres 1549. Der am Anfang des vorigen Jahres aller seiner Würden entsetzte, dann gegen das Ende desselben bereits wieder in den Rath gewählte Perrin, wurde nun mit großer Mehrheit an die Spitze der Regierung gestellt und die wichtigsten Plätze mit seinen Gesinnungsgenossen angefüllt. Dem größern Theile der Geistlichen entfiel unter diesen Umständen der Muth. Wenigstens für den Augenblick, meinten sie, sei ein nachgiebiges Schweigen und sich Fügen das Einzige, was eine völlige Niederlage abwenden könne. Aber Calvin hielt gerade das Entgegengesetzte für nöthig. „Je drohender der Feind der göttlichen Wahrheit sich gegenüberstelle," sagte er im Kreise seiner Collegen, „je mehr er den Sieg bereits in Händen zu haben glaube und durch seinen Triumphgesang die Schwachen einzuschüchtern suche, um so entschiedener hätten sie hervorzutreten, Treue zu halten, Zeugniß abzulegen, der menschlichen Bosheit den heiligen Willen Gottes entgegen zu stellen und die menschliche Schwäche aufzurichten durch das Vertrauen auf seine unüberwindliche Kraft. Statt sich in vorsichtiges Schweigen zu hüllen, schlug er vor, daß im Gegentheile die Geistlichkeit mit einer feierlichen Ansprache an das Volk sich wende, in der sie zu allen ihren bisherigen Bestrebungen von Neuem sich bekenne, die gegenwärtige Schlaffheit strafe, und das Gelübde ablege, in dem begonnenen Kampfe gegen Unglauben und Sünde unerschüt-

---

*) Rathsprotokolle bei Bonnet II, 163, und Gaberel 407.
**) „Wenn ich über die Straßen gehe, rufen die Einen mir „Kain" nach, Andere pfeifen, Andere benennen ihre Hunde mit meinem Namen, Jeder beleidigt mich wie er kann." Bei Gaberel 408.

terlich auszuharren bis ans Ende. Keiner wagte es, eine Einwendun
machen. Die Schrift wurde aufgesetzt und dem Rathe mit der Bitte
gelegt — deren Gewährung man freilich kaum erwarten durfte —, de
auch seinerseits das darin Ausgesprochene sich aneignen, und als eine d
liche Obrigkeit die ganze Aufforderung unter seinem Namen an das
bringen möge. War es die Politik der Geistlichkeit in einer so wich
Sache nicht allein das Wort zu lassen? war es die unerwartete Entschl
heit der Prediger, die die Widerstrebenden verblüffte und unwillkürlid
Respekt erfüllte: gegen alle Hoffnung ging die Behörde auf das Gesuc
und die Häupter der Libertiner mußten ihre Namen unter ein Schrif
setzen, das die stärkste Verurtheilung ihrer Grundsätze enthielt und I
mann davor warnte, sich damit zu beflecken. Die überhandnehmende I
beachtung der Sittengesetze wurde darin mit ernsten Worten beklagt. I
rung und Geistlichkeit bekannten nicht Alles gethan zu haben was in
Pflicht liege, um dem entgegenzuwirken. Da und dort habe man sich
cherlei Schwachheiten und Nachlässigkeiten zu Schulden kommen lassen,
schlimme Folgen jetzt nur allzudeutlich zu Tage träten. Das römische I
tauche wieder auf, Unglaube, Aberglaube, Zauberei, Lästerung, Trunke
Ueppigkeit, unzüchtige Gesänge, Spiel, übertriebene Kleiderpracht, Hu
Wucher, Betrug und dergleichen mehr sei an der Tagesordnung. Die
tesdienste seien nicht mehr gehörig besucht, der Unterricht der Kinder ge
in Unordnung, von den Kanzeln herab wolle man sich nicht mehr st
lassen. Unmöglich könne das so weiter gehen, wenn nicht der Zorn G
auf das Höchste gereizt und gewisses Verderben über die Stadt geb
werden solle. „Darum erklären wir daß es unser fester Wille ist,
Fleiß und Ernst daran zu wenden, Alle miteinander, Große und K
zu einem christlichen Lebenswandel zurückzuführen, und befehlen h
einem Jeden, wer er auch sei, nach Stand und Gelegenheit hiezu die
zu bieten. Die Familienväter sollen ihre Häuser überwachen und Kinder
Gesinde zu Kirchenbesuch und Gottesfurcht anhalten. Unsere Beamten
über die strenge Beobachtung der Gesetze halten, und bei ihrer Vollziehun
keinem Ansehen der Person, vor keiner Gefahr einer Unruhe oder E
rung sich scheuen. Den Predigern wird aufgetragen, ihres Amtes mit
Ernst zu warten, und noch eifriger als bisher zu lehren, zu erma
die Sünde zu strafen, sich durch keine Menschenrücksicht binden zu l
sondern allein ihrer Pflicht gegen Gott und das gemeine Wesen eingede
sein*)."

So hatte sich auch hier wieder bewährt, daß es in den göttlichen
gen keine bessere Klugheit gibt als die alle Menschenklugheit hintanse

---

*) Das von Calvin verfaßte Aktenstück ist abgedruckt bei Gaberel, unte
„Pièces justificatives" p. 132.

Treue im Glauben und Gehorsam, welche einfach ausführt was sie von oben
her sich aufgetragen weiß.

Die drohenden Gefahren verschwanden wie von selber. Der Rath, der
durch die Proklamation sich gebunden hatte, mußte zunächst wohl oder übel
den Weg gehen, den er selbst darin vorgezeichnet. Die Geistlichen schöpften
neuen Muth, und ließen es ihrerseits nicht daran fehlen, der Mahnung der
Ansprache bestens nachzukommen. Der größere Theil der Bürgerschaft, des
unerwarteten Friedens froh, hütete sich wohl ihn zu stören, und nahm
wieder mit lebendigerem Eifer an dem kirchlichen Leben Theil. „Es war ein
Waffenstillstand den die Gnade Gottes selber Calvin für dieses Jahr ver-
mittelte," schreibt Beza *); „und wohl hatte er desselben nöthig, da zu dieser
Zeit das schwerste häusliche Leid ihn traf: der Tod seiner ausgezeichneten
Frau." Und auch der Reformator selbst spricht gegen seine Freunde in diesem
Sinne sich aus. „Trotz aller Anstrengungen der Gegner," schreibt er an Viret,
„sind die gottesdienstlichen Versammlungen weit stärker besucht als je, bei
der Sonntag-Morgenpredigt reicht das große St. Peter nicht mehr aus für
die zuströmende Menge; wir werden noch einen Frühgottesdienst in St.
Magdalena einrichten müssen." Selbst ein Todesurtheil das vom Consistorium gegen einen der libertinischen Führer Raoul Monnet beantragt wurde
weil er durch schändliche Bilder die Bibel verhöhnt und eine Schaar junger
Leute zu diesem Ende um sich versammelt hatte, stieß gegen alles Erwarten
bei den Syndiks auf keinen Widerstand. Es war allerdings mehr ein persönliches Rachegefühl, weil der Wollüstling auch ihre eigenen häuslichen
Verhältnisse vergiftet hatte, als der Ernst der Pflicht, was Perrin, Berthelier,
Vandel dazu bewog, dem Gesetze seinen Lauf zu lassen; aber für die Sache
selbst war der Erfolg derselbe; ohne daß eine einzige Stimme sich dagegen
erhoben hätte, endigte der unglückliche Spötter gegen Ende November (1549)
auf dem Schaffote.

Bis zum Frühling des folgenden Jahres gingen die Dinge so ihren
Lauf. Was um diese Zeit den Streit von Neuem anfachte, schien an und für
sich eine sehr gleichgültige Sache. In den „kirchlichen Verordnungen" war
es untersagt, die Kinder auf gewisse Namen zu taufen, wie Claudius, Bal-
thasar, Engel, Sonntag, Allerheiligen u. s. w. die bisher häufig im Gebrauche gewesen. Und nicht ohne guten Grund hatte man das verboten.
Denn nicht nur hingen manche derselben mit dem römischen Wesen zusammen und hatten für evangelische Christen gar keinen Sinn mehr, sondern
es war auch unzweifelhaft, daß sich allerlei abergläubische Vorstellungen an
sie knüpften, die bestimmte Benennungen als eine Art Zaubermittel betrachteten. So sollte z. B. „Claudius" ein langes Leben versprechen; „Bal-
thasar", der König der dem Jesuskinde die Myrrhen dargebracht, vor Krank-

*) Im Leben Calvins.

heiten bewahren; „Sonntag" einen frommen Sinn bewirken, und was dergleichen mehr war. Es begreift sich leicht, daß unter diesen Umständen die Geistlichkeit mit aller Entschiedenheit darauf beharrte, das Verbot durchzusetzen. Aber eine Reihe von Familienvätern, denen durch die letzten Veränderungen der Muth gewachsen war, lehnte sich nun eben so entschieden dagegen auf. Als ein Zeichen unerträglicher Tyrannei wurde es betrachtet und geschildert, daß die Eltern, die Pathen nicht mehr das Recht haben sollten, die Kinder nach ihren eigenen Namen oder sonst nach ihrem Geschmack zu benennen. Viele weigerten sich geradezu sie taufen zu lassen, wenn man ihnen dieß nicht gestatten wolle. Als das Consistorium hiegegen einschritt, brachten beide Parteien die Sache vor den Rath. Nach einer stürmischen und bittern Verhandlung konnte dieser nicht umhin, das gesetzliche Verbot im Allgemeinen aufrecht zu erhalten; doch ließ er die eine und andere Ausnahme davon zu, und schlug es den Geistlichen rundweg ab, daß jede Taufe auf einen der verpönten Namen für nicht geschehen gelten sollte. Dagegen erreichten sie das Andere, daß der alte Gebrauch aufgehoben wurde, wonach man die Täuflinge mit Musik und Trommelschlag zur Kirche zu bringen pflegte.

Von den libertinischen Syndiks fast offen ermuntert, jedenfalls in keiner Weise gehindert, versuchten es nun die Gegner, in einer andern Weise sich der lästigen Zuchtmeister zu entledigen. Durch fortwährende Beschimpfungen und Mißhandlungen gedachten sie ihre Geduld zu ermüden und ihnen am Ende das Leben in Genf unerträglich zu machen. Es schien als sei eine förmliche Verschwörung zu diesem Zwecke organisirt. Wo ein Geistlicher sich blicken ließ, wo sich einer gar unterfing, einen Verweis zu geben, da wurde er mit Hohn und Gelächter empfangen. Liederliche Haufen zogen ihnen nach wenn sie durch die Straßen gingen und überschütteten sie mit Schmähreden. Es war ein Ehrenpunkt, daß man Keinen von ihnen mehr grüßte, Keinem von ihnen mehr auswich, wenn man ihnen begegnete. Junge Leute, die noch kaum dem Knabenalter entwachsen waren, stießen so Calvin auf die Seite oder drückten ihn an die Häuser, indem sie mit ihm zusammentrafen. Und wehe dem — besonders etwa dem eingewanderten Franzosen! — der den Verhöhnten dabei zu Hülfe kommen wollte oder seine Entrüstung über ein solches Benehmen aussprach! Mit Steinen und bloßem Degen wurde er in seine Wohnung verfolgt, und konnte sich glücklich schätzen wenn es ihm nicht an das Leben ging. Einige Rathsmitglieder kamen zu den Sitzungen des Consistoriums in einem Aufzuge, als ob sie zu einem Tanze gingen und verlachten die Geistlichen die sie darüber tadelten. In den Stunden, da Calvin seine Vorlesungen hielt, versammelte sich eine pfeifende und lärmende Bande vor dem Gebäude und überhäufte ihn mit Schimpfworten als er heraustrat, um sich Ruhe zu erbitten. Schlimmer als das Alles erschien die zunehmende Verhöhnung des Cultus, der kirchlichen Lehre der heiligen Gesänge. Zu den Psalmmelodien wurden eine Menge unzüchtiger Lieder gedichtet und auf der Straße, ja sogar im Gottesdienste statt des biblischen Textes gesungen. Gelang es zur Seltenheit, ein derartiges Vergehen zu konstatiren und dem Gesetze gemäß zu bestrafen, so befreite doch der Einfluß der mächtigen Häupter die Schuldigen nach wenig Tagen wieder aus dem Gefängnisse*). Aber mit alle dem erreichten sie doch nicht was sie wollten. „Calvin," sagt Beza, indem er einzelne dieser Züge berichtet, „da er diesen Uebeln nicht abhelfen konnte, ertrug sie mit stiller christlicher Ergebung und einer unüberwindlichen Geduld."

Mitten in das Alles hinein kam auch wieder ein Angriff, der gegen die dogmatischen Anschauungen des Reformators gerichtet war. Wir werden später in einem besondern Abschnitt die litterarischen Streitigkeiten uns vorführen, in die er durch diese und andere Anfeindungen der nämlichen Art verwickelt wurde. Hier haben wir es nur mit der Seite der Angelegenheit zu thun, die mit seiner Stellung in Genf in Verbindung steht. Schon verschiedene Male hatte ihm da neben seinen übrigen Grundsätzen namentlich auch seine Lehre von der Prädestination Anklagen und Widerwärtigkeiten zugezogen. Ein Waadtländer Prediger z. B. in einem Dorfe an der Genferischen Gränze angestellt, der es nicht ertragen konnte, daß einige in seiner Gemeinde niedergelassene französische Flüchtlinge am Sonntage nach Genf in die Kirche zu gehen pflegten, hatte im Anfang des Jahres 1551 sich deßhalb im öffentlichen Gottesdienste auf das Bitterste über sie ausgesprochen, und sie als höchst verdächtige Menschen bezeichnet, „die den Erfinder eines neuen, falschen und gottlosen Lehrsatzes wie einen Abgott anbeteten." „Wie ein wüthender Päpstler hat er mich feindlich angegriffen," schrieb Calvin, und nahm den Schutz der Berner Regierung in Anspruch, damit solche unheilvolle Störungen des Friedens in Zukunft vermieden würden.

Er mußte kurz darauf erleben, daß eine noch viel auffallendere Störung derselben Art in seiner eigenen Kirche zu St. Peter sich ereignete.

Ein französischer Carmelitermönch, Hieronimus Bolsec, der die Kutte abgeworfen und dann als Arzt der Herzogin von Ferrara gedient hatte, war im Frühjahr 1551 nach Genf gekommen, und alsobald, zuerst nur im Geheimen, dann nach und nach sich an die Oeffentlichkeit hervorwagend, als Bestreiter der Calvinischen Lehre aufgetreten. Wie häufig bei diesen entlaufenen Mönchen scheint es nicht viel Besseres gewesen sein, als ein Ueberbleibsel der alten Klosterstreitsucht und das Verlangen, eine Rolle in der Welt zu spielen, was ihn zu diesem Benehmen bewog**). Wenigstens deutet

---

*) Vergl. über das Alles die Protokolle des Consistoriums in den Jahren 1550—1553. Gaberel gibt 413 u. f. einige Auszüge daraus.

**) „Er suchte sich," sagt Baum (Leben Beza's I, 161), „durch seine besondere Meinung bei den Gegnern des Reformators wichtig zu machen, und seiner ärztlichen Praxis dadurch Eingang zu verschaffen."

die Art seines Verfahrens vor Allem auf die Absicht hin, möglichstes Aufsehen zu erregen. Mit lauten Worten kündigte er überall an, daß eine Streitfrage obschwebe zwischen ihm und der Kirche von Genf, daß er eine zweite Reformation derselben herbeizuführen gedenke, da ihre gegenwärtige Lehre theilweise noch irriger sei als die der Papisten*). Selbst dem Consistorium reichte er eine Schrift ein, in der er in diesem Sinne sich aussprach, und Calvin mit Namen als einen Irrlehrer bezeichnete, der höchst unrichtige und seelengefährliche Ansichten verbreite. Aber, wie es sich denken läßt, kam er damit übel an. Nachdem Calvin selbst ihm nochmals mit freundlichen Worten, obwohl allerdings im Tone höherer Autorität, zugesprochen hatte, von seiner Thorheit abzulassen und in bescheidener Stille seinem Berufe nachzugehen, wurde er auf jene öffentliche Anklage vor dem Consistorium hin bedeutet, daß er am besten daran thäte, sich aus der Stadt zu entfernen. Höchlich beleidigt zog er sich nach Bevay zurück, und begann da mit neuem Eifer seine Polemik gegen die prädestinatianischen Lehrsätze, zu denen man auch in dieser Gegend sich bekannte. Viret und Beza, die damals in Lausanne neben einander wirkten, versuchten es so vergeblich wie Calvin, ihn durch gütliche Ermahnungen zur Ruhe zu bringen; die Provinzialsynode des Waadtlandes sah sich endlich gezwungen, zu erklären, daß sie „seinen verwirrenden Unsinn" nicht länger dulden würde, und nöthigte ihn dadurch, aus dem Bernerischen Gebiete wieder in die Nähe von Genf zurückzukehren.

Die Feinde Calvins, als sie das erfuhren, hofften seinen unverständigen Eifer zu einer neuen Bewegung gegen den Reformator benützen zu können**). Als am 16. Okt., wie gewöhnlich, jener Gottesdienst der Congregation Statt fand, in dem es Jedermann erlaubt war, das Wort zu nehmen, und der Pfarrer André von Jussy ihn durch eine Predigt über die Prädestination nach Joh. 8, 47***) eingeleitet hatte, trat Bolsec plötzlich aus den Zuhörern hervor, und mit um so größerer Kühnheit, weil er den Platz Calvins leer sah, widersprach er Stück für Stück der eben verkündigten Lehre. „Etwas Falscheres oder Gottloseres," sagte er, „lasse sich nicht denken. Wer so lehre, der mache Gott zum Urheber der Sünde und zum Tyrannen, der am Verdammen seine Freude habe. Es sei eine Lüge, daß Augustin so gelehrt; weder er noch irgend einer der Väter hätte dieser Sünde sich schuldig gemacht." Und zu dem erstaunten Volke sich wendend, forderte er es auf, sich vor einer Neuerung zu hüten, die wahrlich weder auf die Schrift

---

*) Vergl. die Briefe Calvins bei Bonnet II, 306 u. f. Ueberdieß Beza, Leben Calvins; Bayle, Art. Bolsec; Ruchat V, 456. Schweizer Centraldogmen I, 205 u. s. w.

**) Ruchat V, 457.

***) „Wer von Gott ist, der höret Gottes Wort; darum höret ihr nicht, denn ihr seid nicht von Gott."

noch auf das chriſtliche Alterthum ſich ſtützen könne. Der Erſte, der ſie vorgebracht, ſei kein Anderer und kein Bedeutenderer als Laurentius Valla, ein
nicht eben ſehr berühmter Mann aus Italien. Aber der kecke Redner er-
ſchrak nicht wenig, als nun mit einem Male eine Stimme ihm antwortete,
auf die er nicht gefaßt war. Calvin war während der Predigt unbemerkt in
die Kirche gekommen und hatte Alles mit angehört. Jetzt trat er dem Ankläger gegenüber, und mit der vollen Entrüſtung, die der heimtückiſche Angriff in ihm erweckte, wies er die Unwahrhaftigkeit, die Unwiſſenheit, die
Anmaßung ihm nach, die ſich in ſeiner Rede kund gegeben. Die verſchiedenen Berichterſtatter ſtimmen darin überein, daß er dabei eine Gelehrſamkeit,
eine Kraft des Gedächtniſſes, einen Scharfſinn, eine Gabe der Rede zeigte,
die Alles mit fortriß und faſt den Eindruck hervorbrachte wie jene Wunder-
thaten des Herrn, da das Volk anfing, Gott zu preiſen, „daß er den Menſchen
ſolche Gaben gegeben.“ Die bezüglichen Stellen der Schrift und Auguſtins
floſſen in ununterbrochener Reihenfolge über ſeine Lippen; „Jedermann
mußte glauben,“ ſagt ein Erzähler, „er habe ſich eben für dieſen Gegenſtand
auf das Sorgfältigſte vorbereitet.“ Dem erſchrockenen Mönche erſtarb das
Wort im Munde; verſtummt und verwirrt ſuchte er die Kirche zu verlaſſen,
als nun auch noch Farel, der gerade in Genf anweſend war, das Wort ergriff und ſeine Donnerworte über ihn ausſchüttete. Aber er ſollte nicht ſo
leichten Kaufes davon kommen. Eine anweſende Magiſtratsperſon ließ ihn
auf der Stelle verhaften und ins Gefängniß führen. Um Calvin verſammelten ſich unterdeſſen ſeine Collegen und reichten noch an demſelben Abend
dem Rathe ſiebenzehn Fragepunkte ein, über welche der Gefangene zu vernehmen ſei. Man ließ zuerſt die Theologen ſelber mit ihm verhandeln, „in
der Hoffnung, daß ſie ihn auf beſſere Wege bringen könnten;“ aber ohne
allen Erfolg. Namentlich berief ſich Bolſec darauf, daß der größere Theil
der ſchweizeriſchen Geiſtlichkeit auf ſeiner Seite ſtehe und daß im Grunde
Niemand anders als Calvin dieſe grauſame Lehre von der Erwählung vertrete*). Der Rath beſchloß auf das hin, die ſchweizeriſchen Kirchen um ihr
Urtheil zu befragen; und als dieſes im Allgemeinen gegen Bolſec ausfiel,
obſchon es den Wünſchen Calvins nicht durchweg entſprach, wurde ihm geboten, das Genfer Gebiet auf der Stelle zu verlaſſen, unter Androhung von
Prügelſtrafe, wenn er es je wieder betrete. Allerdings „eine raſche Juſtiz
bei ſo ſchwierigem Handel!“ wie ein neuerer Geſchichtſchreiber ſagt; aber
doch die einzige, die unter den gegenwärtigen Verhältniſſen, da jeder unnütze
Streit ſo überaus ſchädlich war, und dieſem durch und durch unwürdigen
Manne gegenüber zum Ziele führen konnte. Denn ſo hat er ſich in der Folgezeit zur Genüge bewieſen. Ueber zehn Jahre lang hat er noch, bald in Bern,

---

*) Nur über Zwingli, heißt es im Brief der Genfer-Geiſtlichen an die
Schweizerkirchen, habe er ſich auch noch ſehr mißliebig ausgelaſſen.

bald in Frankreich, bald im Waadtlande, die reformirten Kirchen beunruhigt, überall darnach trachtend, unter die Geistlichkeit aufgenommen zu werden, und überall um seiner Lehre und seines anstößigen Lebenswandels willen zurückgewiesen, bis er endlich 1563 wieder zur römischen Kirche zurückkehrte und da einer der erbittertsten, gewissenlosesten Feinde und Verläumder Calvins geworden ist. Seine „Lebensbeschreibungen" Calvins und Beza's (1577 und 1588) können als wahre Muster durch und durch lügenhafter und ohne aller Schaam in solch selbstersonnenem Lügenschmuze sich bewegender Schmähschriften glten. Sie sind eine der hauptsächlichsten Fundgruben geworden, aus denen die gleichgearteten römischen Polemiker seit drei Jahrhunderten all die unsinnigen Dinge schöpfen, mit denen sie das französische Volk bis auf diesen Tag über den wahren Charakter seiner großen Glaubensmänner betrügen. Und wer daran zweifeln wollte, daß der römische Lügengeist in unserer Zeit noch derselbe ist und derselben Waffen sich bedient wie damals, den mag die einfache Thatsache eines Andern belehren, daß die Schrift Bolsecs seit einigen Jahrzehnten zu verschiedenen Malen in Frankreich wieder abgedruckt worden ist*).

---

*) Es ist vielleicht von Nutzen, denen unsere Landsleute, die in ihrer naiven Unkenntniß des in den ächt römischen Kreisen immer noch herrschenden Geistes und Sinnes, von einer gerechteren Würdigung der Reformation durch die katholische Kirche und einer Verständigung mit ihr träumen, einige Proben der Polemik mitzutheilen, wie sie gerade jetzt in Frankreich wieder an der Tagesordnung ist. Man beachte dabei wohl, daß die Schriften, denen wir dieselben entnehmen, für das unwissende Volk bestimmt sind, und von der Gesellschaft des heiligen Franz von Sales unter der ausdrücklichen Approbation von sechs Carbinälen, vierzehn Erzbischöfen und zweiundfünfzig Bischöfen massenhaft unter die Menge geworfen werden. Wir wählen einige Stellen, die sich auf Calvin beziehen. In den „Causeries familières" p. 49 heißt es: „Calvin, ebenfalls ein früherer Priester, ward unnatürlicher Verbrechen überwiesen, und darum vom Henker öffentlich gebrandmarkt (diese Thatsache ist durchaus geschichtlich und selbst die neueren Protestanten wagen es nicht mehr, auch nur das Geringste dagegen einzuwenden)." — Andere Stelle p. 78: „Calvin wollte auch einmal ein kleines Wunder versuchen, aber leider! schlug es fehl. Er hatte einem Manne Geld gegeben, damit er sich todt stelle, um ihn dann aufzuwecken. Als er mit einer neugierigen Menge ankam, erklärte er bescheidentlich: es werde dieß der Beweis für die Göttlichkeit seiner Sendung sein; aber siehe da! die Hand Gottes hatte den Schuldigen im Ernst getroffen, und Calvin wäre fast gestorben vor Schreck, als er ihn wirklich todt in seinem Bette fand. Diese Geschichte ist überall als durchaus erwiesen anerkannt." Andere Stelle 225: „Calvin hauchte in der elendesten Weise seine boshafte Seele aus, an seinem Heile verzweifelnd, und den Teufel anrufend, unter den entsetzlichsten Blasphemien und Verwünschungen." — In der vom „Grafen von Segur, päpstlichem Hausprälaten und kanonischen Bischof von St. Denis" verfaßten Schrift: „Mes Tentations" ließ man

In Genf selbst dauerten übrigens die Nachwehen des Streites noch einige Zeit fort. Die Geistlichen glaubten wahrzunehmen, daß hie und da Gemüther sich beunruhigten und Zweifel an der Lehre in sich nährten, die ihnen doch als der Cardinalpunkt ihrer Theologie erschien; und als nun die Weihnachtscommunion sich näherte, wurde darum ausgemacht, daß Calvin in der Congregation vom 18. Dez. den Gegenstand ganz besonders behandeln, und hierauf seine sämmtlichen Collegen, sowohl die aus der Stadt als die vom Land, ihre Uebereinstimmung mit seiner Darstellung aussprechen sollten. Unter großem Zudrange des Volkes geschah das so; und Calvin erlebte die Freude, daß auch aus den Zuhörern eine nicht geringe Zahl der frömmsten und angesehensten Männer sich erhob, und „zur großen Erbauung der Versammlung" laut bezeugte, wie sehr sie in diesem wie in jedem andern Stücke mit ihren treuen Geistlichen sich Eins wüßten. Man ließ über diesen Akt ein Protokoll aufnehmen, das sofort gedruckt und dem Rathe am 1. Jan. 1552 „als Neujahrsgeschenk" überreicht wurde *)

Die Angelegenheit schien damit beendigt, als plötzlich jener Trolliet, den wir schon einmal als einen der rührigsten Feinde und Ankläger Calvins auftreten sahen, sie von Neuem aufnahm, und noch bestimmter als Bolsec es gethan hatte, unmittelbar gegen die Person des Reformators seinen Angriff richtete. Er hatte sich in der letzten Zeit immer enger an die Libertiner angeschlossen, war bei ihren Wahlsiegen in den großen Rath gekommen, und glaubte sich nun recht eigentlich dazu berufen, der Führer der theologischen Opposition zu werden. Nachdem er schon lange unter den Gesinnungsgenossen und in den Schenken damit groß gethan, daß es in seiner Hand liege, Calvin geradezu der Ketzerei zu überweisen und damit die Grundlage seiner Macht umzustürzen, trat er am 1. September 1552 mit einer formulirten Anklage vor den großen Rath, in welcher er den Reformator beschuldigte, Gott zum Urheber der Sünde zu machen und folgerichtig also auch das Weitere zu lehren, daß die Menschen zum Sündigen gezwungen

---

p. 12: „Calvin wurde bald schändlicher Verbrechen gegen die Sitten überwiesen, die man gar nicht nennen darf, und dazu verurtheilt, mit glühenden Eisen gebrandmarkt zu werden. So ging er seiner kirchlichen Einkünfte verlustig. Nach der Execution flüchtete er sich nach Genf, und da die Stadt eben mit ihrem Bischof in Hader lag, stellte er sich auf einen öffentlichen Platz, rief die Bürger zur Empörung auf und fing an, eine neue Religion zu predigen." — „Bonorai, ein protestantischer Geistlicher von Bern, schildert Calvin als Ehebrecher in Straßburg, als des Diebstahls überwiesen in Metz, als Sodomit in Basel, als bis zum Wahnwitz hypochondrisch in Genf." Und dergleichen wird, wie die sechs Auflagen der im gleichen Geist geschriebenen Biographien Luthers und Calvins von Audin beweisen, auch von den gebildeteren Klassen gelesen und geglaubt. Uns aber fällt dabei Joh. 8, 44 ein.

*) Ruchat V, 407.

nklägers überging und die rückſichtsloſeſten Schmähworte über
ete. Es kam gelegentlich ſo weit, daß der Reformator ſeinen
en nicht mehr anders Einhalt zu thun wußte, als indem er
mten Geiſtlichkeit den Gerichtsſaal verließ.
örde ging indeſſen mit der größten Ruhe und der möglichſten
it zu Werke. Die Theologen traten zurück und der Staats-
hm vorzugsweiſe die Sache in die Hand. Eine Anzahl Bücher,
gene zu ſeiner Vertheidigung verlangte, wurden auf Staats-
afft, oder Calvin lieh ſie ihm ſogar aus ſeiner eigenen Biblio-
eitern Klagen über die Unbequemlichkeiten und Entbehrungen
slebens half man ab ſo weit es thunlich ſchien*). In einem
em Calvin nicht zugegen war, zeigte ſich auch Servet ſelbſt
dgiebiger geſtimmt. Als habe er mit einem Male den ganzen
rnſt ſeiner Lage begriffen, bat er flehentlich, man möge ihn
, da er nichts gegen die Republik geſündigt. Bei der Heraus-
ücher habe er keine ſchlimme Abſicht gehabt; ſeine Verdammung
senfs und Deutſchlands nehme er zurück, habe er in einzelnen
t, ſo wolle er widerrufen. Da gerade ein Juſtizbeamter von
ngefunden hatte, der die Auslieferung des Entflohenen an das
nal verlangte, ſo ließ ihm der Rath die freie Wahl, von wel-
n Gerichtshöfen er ſein Schickſal entſchieden zu ſehen wünſche.
en Thränen warf er ſich nieder, und bat daß die Herrn in Genf
bleiben möchten; er wolle ſich Allem unterwerfen, was ſie über

Die Folgen aller dieser Demüthigungen ließen nicht auf sich warten. Die scheue Furcht, welche bisher die widerwillige Menge und ihre Häupter im Zaum gehalten hatte, war geschwunden, und offenbar bereiteten sie in übermüthiger Siegestrunkenheit sich vor, die letzten Schläge zu führen. „Die Ordnungen aller Art," sagt Beza vom Anfange des Jahres 1553, „nahmen in unglaublicher Weise überhand. Die Aufrührer griffen zu allen Mitteln und machten die äußersten Anstrengungen. Beinahe wäre es ihnen gelungen, die Kirche und das Gemeinwesen völlig zu zerstören; denn nachdem sie durch ihre Drohungen und ihre Ueberzahl alle diejenigen unterdrückt hatten, die die Freiheit unterstützen wollten, stießen sie die ihnen entgegenstehenden Mitglieder aus dem Rathe, schafften die Edikte ab, auf denen der gegenwärtige Stand der Dinge beruhte, entwaffneten alle Fremden*), so daß sie nur noch, wenn sie die Stadt verließen, einen Degen tragen durften, und trieben es, ohne weitern Widerstand zu finden, so, als hätten sie schon die unbeschränkte Herrschaft in Händen, nach der sie, ihren eigenen Eingeständnissen zu Folge, strebten**)." — „Sie sind in offenbarer Verschwörung gegen uns," schreibt auch Calvin selber, „sie werden einen Aufstand erregen; eine überaus schwere Last liegt auf meinen Schultern. Offenbar will der Herr von aller menschlichen Hülfe uns entblößen, damit wir auf ihn allein uns verlassen***)."

Nur ein starker Damm stand ihrer Allmacht und ihren zügellosen Gelüsten noch im Wege: Die Disziplin der Kirche, das Recht der Excommunication, welches das Consistorium nach wie vor und mit rückhaltslosem Ernste übte. Und zu verachten war dieses Recht und die daraus fließende Gewalt wahrlich nicht! Denn wie wenig auch den Libertinern für ihre Person daran liegen konnte, ob sie zur Kirchengemeinschaft und dem Genusse des heiligen Abendmahls zugelassen wurden, so blieb doch die Schande einer förmlichen Ausschließung nicht ohne eine sehr fühlbare Einwirkung auf das Volk, und mußte auch in ihnen selbst das unbequeme Gefühl erwecken, daß noch eine unbesiegte, selbständige Gewalt neben und über ihnen stehe, deren Gericht sie überall zu finden und zu treffen wisse.

---

darf an diesem Orte nicht verschweigen," sagt er, „daß dieser Feind Calvins im Angesichte des Todes ernstliche Reue bezeigte. Laut erklärte er, wie leid es ihm thue, Calvin verfolgt zu haben, und wie sein Gewissen keine Ruhe finde, bis er dafür Verzeihung erlangt. Calvin auf das hin tröstete ihn auf die allerherzlichste und freundlichste Weise, und erwies ihm alle möglichen Liebesdienste bis zu seinem letzten Athemzuge.

*) D. h. die zahlreichen religiösen Flüchtlinge, die namentlich aus Frankreich und Italien in Genf eine Zuflucht suchten, und begreiflicher Weise durchaus zu den Anhängern eines durchgreifenden Reformationswerkes gehörten.

**) Leben Calvins.

***) An Farel und Ambrosius Blaarer bei Bonnet II, 349 und 359.

Dieses Recht der Kirchenbehörde zu entreißen, und in die eigenen Händ zu bekommen, war also ganz natürlicher Weise das nächste Ziel, auf da ihre Bestrebungen sich richteten. Wir haben gesehen, wie schon früher di bürgerliche Obrigkeit, durch die von Calvin geordneten Einrichtungen selbe fast unvermeidlicher Weise dazu verlockt, ähnliche Versuche gemacht hatt aber vor dem ernsten Widerstande des Reformators wieder zurückgewiche war. Jetzt da die Umstände so viel günstiger lagen, war der Rath in sein gegenwärtigen Zusammensetzung entschlossen, das Unternehmen mit alle Nachdrucke wieder aufzunehmen und durchzuführen. Nach einer Gelegenhei dazu brauchte man nicht lange zu suchen. Schon vor anderthalb Jahre war einer der Führer der Libertiner, Philibert Berthelier, durch einen Spruc des Consistoriums von dem Abendmahle ausgeschlossen worden. Er hatt sich damals sofort bei dem Rathe beklagt, aber einen abweisenden Beschei erhalten, bei dem er sich zunächst beruhigte, so lange seine Gesinnungsgenof sen noch nicht die volle Gewalt in Händen hielten. Nun dieß der Fall wa forderten sie ihn selber auf, seine Klage von Neuem vorzubringen; und ohn dem Consistorium auch nur Nachricht davon zu geben, annullirten sie förm lich und feierlich seinen Spruch. Bei der bevorstehenden Herbstcommunio (1553) sollte Berthelier unangefochten wieder zu dem Tische des Herrn tre ten dürfen und der funktionirende Geistliche gehalten sein, ihm gleich jede Andern das heilige Abendmahl zu reichen. Es war besonders Ami Perrin zur Zeit immer noch erster Syndik, der dieses Urtheil abfassen ließ. Eine doppelten Ausgang hatte er dabei, wie Beza bemerkt, im Auge. „Entwede gehorchte Calvin den Befehlen des Rathes nicht, und dann würde es leich sein, ihn zu verderben, indem man ihn des Hochverrathes anklage; oder e gehorchte, und damit war das Ansehen des Consistoriums dahin und de Damm umgestürzt, der ihrer Bosheit und ihren Ausschweifungen noch ent gegenstand."

Aber Calvin war nicht der Mann, der in dergleichen Schlingen sic fangen ließ. Wo er zum Kampfe für die höchsten Güter herausgeforder wurde, da wartete er nicht, bis die Feinde an ihn herankamen, sondern gin sofort seinerseits ihnen entgegen, und nöthigte sie, entweder ihren letzten Ge danken zu enthüllen und ausgesprochener Maßen geradezu gegen Gott zu stre ten, oder sich in ihre eigene Falschheit und Halbheit wieder zu verwickeln un ihre Anschläge damit selber zu Falle zu bringen. Sobald er den Beschlu des Rathes vernahm, erschien er in seiner Mitte und nachdem er zuerst i freundlichem Zureden auseinandergesetzt, wie das eingeschlagene Verfahre nicht nur dem Rechte, sondern auch dem ausdrücklichen Gesetze schnurstra zuwiderlaufe, und die Zerstörung der Kirche zur Folge haben müßte, rief e mit erhöhter Stimme Gott und seine heiligen Engel zu Zeugen an, daß e eher den Tod erleiden werde als so schamlos das Mahl des Herrn entweihe denn was wäre dieser gottlose Mann an des Erlösers heiligem Tische ander

, so zu sagen, eine Standarte aufgepflanzt zum Zeichen der Niederlage
Heiligthums und zur Anlockung alles Schlechten und Verwerflichen*)?
er Senat," schreibt er selber, „wurde dadurch wenig bewegt; er erwie-
e, er finde an seinem Beschlusse nichts zu ändern." Aber in der That
: es den hauptsächlichsten Führern doch nicht wohl bei der Sache. Sie
nten den Reformator zur Genüge um zu wissen, daß er buchstäblich nach
en Worten handeln werde, und ließen so Berthelier unter der Hand zu
jen thun, es wäre ihnen lieber, wenn er für dieß Mal noch keinen Ge-
uch von seinem Rechte machte. Er aber wollte nichts versprechen, und am
:nde vor dem Abendmahlssonntage erzählte man sich in der Stadt, daß
folgenden Morgen die Libertiner sich in Masse zu St. Peter einfinden
rden und die Austheilung des Abendmahls sich mit Gewalt erzwingen.

Wirklich war die Kirche in der Frühe schon von einer unruhigen, be-
gten Menge angefüllt, unter der man Berthelier mit seinen Freunden ganz
der Nähe des Abendmahltisches unterschied. Die Geistlichen und Aelte-
n ihrerseits saßen in den Bänken des Consistoriums, ruhig und ernst,
schlossen, lieber die äußerste Gewalt zu erdulden, als die Pflicht ihres
ttes Preis zu geben. Der Predigt Calvins merkte man zuerst nichts Be-
:deres an. Gemessen und verständig, wie er zu reden pflegte, setzte er die
bingungen auseinander, die zum Genusse des Abendmahls berechtigen;
: am Ende kam er in scharfen, durchdringenden Sätzen darauf zu reden,
s auf der andern Seite die Verhöhnung und Entwürdigung desselben zu
enten habe, und schloß mit den Worten: „Was nun mich betrifft, so
set ihr wohl, daß Gott mir einen standhaften Muth gegeben, nachdem
ihn von seiner Gnade erfleht; und so lange ich hier bin, werde ich Ge-
uch davon machen, wie die Dinge auch stehen. Es gibt keine andere
zel für mein Verhalten, als die meines Meisters, und was dieser mir
schreibt, ist mir klar und gewiß. Schon Chrisostomus hat uns gelehrt,
er sterben als die heiligen Zeichen denen darreichen, die der Gemeinschaft
dem Leibe Christi für unwürdig erklärt sind. Wohlan denn, wenn
er zu diesem Tische herantreten wollte, dem das Consistorium es verbot,
:zeuge ich hiemit zum Voraus bei meinem Leben, daß ich mich zeigen
de wie ich muß und es mir befohlen ist**)."

Die Libertiner hatten allen ihren Muth zusammengenommen und sich
glichst fest darin gemacht, als sie in die Kirche traten; aber diesem
nne und dieser Ankündigung gegenüber hielt er doch nicht Stand. Als
Prediger von der Kanzel herunterstieg und die Gemeinde einlud, zum

---

*) Brief an Viret, Bonnet II, 405.
*) Durch Gautier sind uns von dieser Predigt, die erst etwa vor 50 Jahren
mit andern durch die Nachlässigkeit eines Genfer Bibliothekars verloren
ging, einzelne Fragmente erhalten.

27*

…chkeit zu wiederholen. Einige Randbemerkungen, mit denen er ines Gegners versah, waren Alles was er in dieser Beziehung nthalten nicht viel Anderes als Deklamationen des wahnsinnig mit einer reichen Auswahl von Schimpfwörtern untermischt*). …in Diener der Kirche sein," ruft er ihm zu, „und bist doch ein …kläger und Mörder. Wie lange, Erbärmlicher, wirst du fort …en zu verdammen die du nicht verstehst? Schämst du dich nicht …te zu machen und doch keine Gründe vorzubringen? Meinst du …lein durch dein Hundegebell die Ohren der Richter zu betäuben? …n Sinn der nichts fassen kann von der Wahrheit, du Elender! …nicht die Gründe der Dinge! durch den alten Zauberer betrogen, …s zu Holz und Stein machen**)." Der entrüstete Rath hielt es …das Schriftstück erst den Predigern zu neuer Erwiederung vorzu… …es an die Schweizerkirchen abgehen lasse, und eine viel ernste… …dere Widerlegung als es verdiente, wurde ihm aus Calvins Feder …lber mit Worten war hier offenbar nichts mehr auszurichten. …offen, mit denen die Abhandlung aus Servets Händen zurück… …ten noch die frühern an unsinniger Wuth und Bosheit. „Man …t Henry, „das Toben eines Rasenden zu hören indem man sie …a wohl, versuche es einmal zu leugnen daß du ein Mörder bist," …in den Reformator an, „ich will es durch Thatsachen beweisen. …heit mit Simon Magus wagst du selber nicht in Abrede zu …wird dir glauben und für einen guten Baum dich halten? In …bten Sache bleibe i …   …ürchte den Tod nicht."

nichts als deine Grammatik. Nicht durch die Schrift bin ich überwunden; ich stehe allein, aber Christus ist mein Beschützer."

Man kann es nach diesen Proben wohl glauben wenn Calvin von den folgenden mündlichen Verhandlungen behauptet: „Ich stand vor ihm in Demuth und Bescheidenheit als ob ich der Gefangene gewesen wäre, und mich über meine Lehre zu verantworten gehabt hätte. Obgleich er bei jeder Gelegenheit mir mit vollem Munde Schimpfworte zuwarf, deren selbst die Richter sich schämten, setzte ich ihm doch nicht härter zu; viel lieber schwieg ich in vielen Fällen. Uebrigens haben wir Geistliche unsererseits Alles gethan, um ihm eine durchaus freie Verhandlung über seine Sätze zu sichern. In der That, ich fürchte daß die Gutgesinnten mich fast einer zu großen Nachgiebigkeit und Weichlichkeit anklagen *)."

Am 21. September gingen die gewechselten Schriften mit Servets letztem Werke an die Kirchen von Zürich, Bern, Basel und Schaffhausen ab. Sie wurden alle gebeten, so schnell als möglich ihre Meinung über diese Angelegenheit mitzutheilen. Schon vorher hatte Calvin in Privatschreiben an die Leiter derselben, an Bullinger, Haller, Sulzer sich gewendet und ihnen die Sache, an der nun so Vieles hänge, recht ernstlich an's Herz gelegt. „Wir hätten gewünscht, daß man euch mit solchen Belästigungen verschone," schrieb er an den Erstern, „aber so steht es nun hier mit mir, und so sehr ist die Bosheit und Thorheit unserer Feinde gestiegen, daß ihnen Alles verdächtig ist was aus meinem Munde kömmt. Wenn ich sagen würde es sei am Mittag hell, so würden sie augenblicklich daran zu zweifeln beginnen **)." Aus einem andern Brief geht hervor, daß sogar ein förmlicher Staatsstreich der mit Servet verbündeten Partei zu befürchten stand, wenn die Sache sich noch weiter in die Länge zog, oder die auswärtigen Gutachten irgend einen Anhaltpunkt dazu boten. „Unsere Feinde," schreibt er an Farel ***), „machen gewaltige Anstrengungen, in der Versammlung des größern Rathes, die Mitte November Statt finden wird, durch Ueberraschung und Tumult etwas Unheilvolles durchzusetzen. Gut wäre es wenn Viret auf diese Zeit hieher käme; dich selber hoffe ich noch früher hier zu sehen, sobald die Servetische Angelegenheit wieder ernstlich aufgenommen wird." Es ist ganz richtig was Henry bemerkt: „Seine Lage war in der That nie gefährdeter als in diesen Tagen, da alle die verschiedenen Elemente der Opposition sich gegen ihn vereinigt hatten, die Regierung mehr oder weniger mit ihnen im Bunde stand, und er seinerseits keine andere Macht mehr besaß als die seiner moralischen Ueberlegenheit und der Autorität eines Willens der auf Gottes Willen sich stützt."

---

*) Modestiam meam bonis omnibus probatum iri confido, nisi quod mollities potius videbitur. Refutat 517.

**) Bei Bonnet II, 409.

***) 14. Okt. Bei Bonnet II, 416.

bald in Frankreich, bald im Waadtlande, die reformirten Kirchen beunruhigt, überall darnach trachtend, unter die Geistlichkeit aufgenommen zu werden, und überall um seiner Lehre und seines anstößigen Lebenswandels willen zurückgewiesen, bis er endlich 1563 wieder zur römischen Kirche zurückkehrte und da einer der erbittertsten, gewissenlosesten Feinde und Verläumder Calvins geworden ist. Seine „Lebensbeschreibungen" Calvins und Beza's (1577 und 1588) können als wahre Muster durch und durch lügenhafter und ohne aller Schaam in solch selbsterfonnenem Lügenschmuze sich bewegender Schmähschriften gelten. Sie sind eine der hauptsächlichsten Fundgruben geworden, aus denen die gleichgearteten römischen Polemiker seit drei Jahrhunderten all die unsinnigen Dinge schöpfen, mit denen sie das französische Volk bis auf diesen Tag über den wahren Charakter seiner großen Glaubensmänner betrügen. Und wer daran zweifeln wollte, daß der römische Lügengeist in unserer Zeit noch derselbe ist und derselben Waffen sich bedient wie damals, den mag die einfache Thatsache eines Andern belehren, daß die Schrift Bolsecs seit einigen Jahrzehnten zu verschiedenen Malen in Frankreich wieder abgedruckt worden ist*).

---

*) Es ist vielleicht von Nutzen, denen unsere Landsleute, die in ihrer naiven Unkenntniß des in den ächt römischen Kreisen immer noch herrschenden Geistes und Sinnes, von einer gerechteren Würdigung der Reformation durch die katholische Kirche und einer Verständigung mit ihr träumen, einige Proben der Polemik mitzutheilen, wie sie gerade jetzt in Frankreich wieder an der Tagesordnung ist. Man beachte dabei wohl, daß die Schriften, denen wir dieselben entnehmen, für das unwissende Volk bestimmt sind, und von der Gesellschaft des heiligen Franz von Sales unter der ausdrücklichen Approbation von sechs Cardinälen, vierzehn Erzbischöfen und zweiundfünfzig Bischöfen massenhaft unter die Menge geworfen werden. Wir wählen einige Stellen, die sich auf Calvin beziehen. In den „Causeries familières" p. 49 heißt es: „Calvin, ebenfalls ein früherer Priester, ward unnatürlicher Verbrechen überwiesen, und darum vom Henker öffentlich gebrandmarkt (diese Thatsache ist durchaus geschichtlich und selbst die neueren Protestanten wagen es nicht mehr, auch nur das Geringste dagegen einzuwenden)." — Andere Stelle p. 78: „Calvin wollte auch einmal ein kleines Wunder versuchen, aber leider! schlug es fehl. Er hatte einem Manne Geld gegeben, damit er sich todt stelle, um ihn dann aufzuwecken. Als er mit einer neugierigen Menge ankam, erklärte er bescheidentlich: es werde dieß der Beweis für die Göttlichkeit seiner Sendung sein; aber siehe da! die Hand Gottes hatte den Schuldigen im Ernst getroffen, und Calvin wäre fast gestorben vor Schreck, als er ihn wirklich todt in seinem Bette fand. Diese Geschichte ist überall als durchaus erwiesen anerkannt." Andere Stelle 225: „Calvin hauchte in der elendesten Weise seine boshafte Seele aus, an seinem Heile verzweifelnd, und den Teufel anrufend, unter den entsetzlichsten Blasphemien und Verwünschungen." — In der vom „Grafen von Segur, päpstlichem Hausprälaten und kanonischen Bischof von St. Denis" verfaßten Schrift: „Mes Tentations" liest man

In Genf selbst dauerten übrigens die Nachwehen des Streites noch einige Zeit fort. Die Geistlichen glaubten wahrzunehmen, daß hie und da Gemüther sich beunruhigten und Zweifel an der Lehre in sich nährten, die ihnen doch als der Cardinalpunkt ihrer Theologie erschien; und als nun die Weihnachtscommunion sich näherte, wurde darum ausgemacht, daß Calvin in der Congregation vom 18. Dez. den Gegenstand ganz besonders behandeln, und hierauf seine sämmtlichen Collegen, sowohl die aus der Stadt als die vom Land, ihre Uebereinstimmung mit seiner Darstellung aussprechen sollten. Unter großem Zudrange des Volkes geschah das so; und Calvin erlebte die Freude, daß auch aus den Zuhörern eine nicht geringe Zahl der frömmsten und angesehensten Männer sich erhob, und „zur großen Erbauung der Versammlung" laut bezeugte, wie sehr sie in diesem wie in jedem andern Stücke mit ihren treuen Geistlichen sich Eins wüßten. Man ließ über diesen Akt ein Protokoll aufnehmen, das sofort gedruckt und dem Rathe am 1. Jan. 1552 „als Neujahrsgeschenk" überreicht wurde *)

Die Angelegenheit schien damit beendigt, als plötzlich jener Trolliet, den wir schon einmal als einen der rührigsten Feinde und Ankläger Calvins auftreten sahen, sie von Neuem aufnahm, und noch bestimmter als Bolsec es gethan hatte, unmittelbar gegen die Person des Reformators seinen Angriff richtete. Er hatte sich in der letzten Zeit immer enger an die Libertiner angeschlossen, war bei ihren Wahlsiegen in den großen Rath gekommen, und glaubte sich nun recht eigentlich dazu berufen, der Führer der theologischen Opposition zu werden. Nachdem er schon lange unter den Gesinnungsgenossen und in den Schenken damit groß gethan, daß es in seiner Hand liege, Calvin geradezu der Ketzerei zu überweisen und damit die Grundlage seiner Macht umzustürzen, trat er am 1. September 1552 mit einer formulirten Anklage vor den großen Rath, in welcher er den Reformator beschuldigte, Gott zum Urheber der Sünde zu machen und folgerichtig also auch das Weitere zu lehren, daß die Menschen zum Sündigen gezwungen

---

p. 12: „Calvin wurde bald schändlicher Verbrechen gegen die Sitten überwiesen, die man gar nicht nennen darf, und dazu verurtheilt, mit glühenden Eisen gebrandmarkt zu werden. So ging er seiner kirchlichen Einkünfte verlustig. Nach der Execution flüchtete er sich nach Genf, und da die Stadt eben mit ihrem Bischof in Hader lag, stellte er sich auf einen öffentlichen Platz, rief die Bürger zur Empörung auf und fing an, eine neue Religion zu predigen." — „Bonorai, ein protestantischer Geistlicher von Bern, schildert Calvin als Ehebrecher in Straßburg, als des Diebstahls überwiesen in Metz, als Sodomit in Basel, als bis zum Wahnwitz hypochondrisch in Genf." Und dergleichen wird, wie die sechs Auflagen der im gleichen Geist geschriebenen Biographien Luthers und Calvins von Audin beweisen, auch von den gebildeteren Klassen gelesen und geglaubt. Uns aber fällt dabei Joh. 8, 44 ein.

*) Ruchat V, 467.

befragte, daß auch ein Bullinger und Melanchthon völlig einverstanden waren mit dem Verfahren, das man gegen ihn einschlug, ja es zum Theile ganz ausdrücklich forderten im Namen der Pflicht gegen Gott und die Kirche. Und nicht nur stimmten sie in diesem einzelnen Falle zu, sondern sind auch selber bei ähnlichen Gelegenheiten ganz ebenso zu Werke gegangen. In Zürich wie in Sachsen, in Basel wie in Schweden haben im Lauf dieses und des folgenden Jahrhunderts einzelne „Ketzer" und „Gottesläfterer" den Pranger oder das Schaffot besteigen müssen, ob sie gleich zum Theile sich nichts Anderes zu Schulden kommen ließen, als einen Widerspruch gegen die Prädestinationslehre oder eine abweichende Meinung über das Abendmahl. Wenn da unschuldiges Blut vergoffen worden ist, so fällt es wahrlich nicht den Grundsätzen und Männern der Reformation zur Last, sondern im Gegentheile dem nur allzulangsamen Fortschreiten und sich-Ausgestalten dieser Grundsätze, und der übermächtigen Gewalt, mit der die von Rom ausgegangene Weltanschauung auch diese ihre Gegner zunächst noch in einem Stücke ihres Wesens gefangen hielt. Es mag paradox klingen, aber das Richtige ist es doch, wenn auch für die protestantischen Blutgerüste und Scheiterhaufen nicht der Protestantismus, sondern eben jenes Rom verantwortlich gemacht wird, das seit Jahrhunderten die christliche Welt auf solche Grundlagen gestellt hatte.

Dieß ist das Eine. Ein zweiter Punkt, der für die Beurtheilung der Sache wohl muß im Auge behalten werden, ist die Rolle, in der Servet selber in Genf auftrat. Denn keineswegs etwa lediglich als der harmlose Flüchtling ist er da erschienen, dem ohne alle Veranlassung seinerseits Feindschaft und Gewalt wäre angethan worden, sondern wie wir in der Ueberschrift dieses Kapitels es andeuteten, er ist freiwillig, mit Bewußtsein und innerer Luft einen Kampf gegen Calvin eingegangen, in dem es um das Verderben des Einen oder Andern sich handelte. Er hat sich von den Libertinern dazu brauchen laffen, ihr Theologe zu werden, der dem Werke wie der Person des Reformators den Untergang zu bringen sich vermaß; und sein Dazwischenkommen erscheint nach dieser Seite hin einfach als ein neuer und weiterer Akt in dem gewaltigen Kampfes-Drama, in dem es um das Höchste und Heiligste ging, was für ein Menschen-Herz und ein Menschen-Gemeinwesen denkbar ist. Wer sich aber in einen solchen Kampf begiebt, der muß auch die Bedingungen deffelben auf sich nehmen, und diese Bedingungen waren in den damaligen Verhältnissen keine andern, und konnten keine andern sein, als der Tod durch Henkers Hand für den Unterliegenden*).

---

*) Besonders stark hebt dieß Rilliet in seiner ausführlichen, auf die Originalakten gestützte Geschichte dieses Prozesses hervor, der von Servet geradezu behauptet, daß er vornämlich als politischer Verbrecher und nur um seiner „Empörung" willen, den Tod erlitten habe. „La politique," sagt er p. 60, „joua un beaucoup plus grand rôle que la théologie dans ce

Zum Dritten endlich ist nichts ungeschichtlicher als die Annahme: der ganze Prozeß, seine Führung, sein Ausgang sei vor Allem in den Händen Calvins gelegen, so daß er zugleich als Ankläger und Richter dastehe und die ungetheilte Verantwortung desselben trage. Welchen Antheil Calvin wirklich an dem Prozesse gehabt hat, werden wir alsobald sehen. Im Uebrigen hat die unmittelbar vorangehende Darstellung zur Genüge nachgewiesen, daß gerade in der Zeit, da die Angelegenheit in der Schwebe war, im Jahre 1553, der Reformator bei den leitenden Behörden weniger Ansehen und Einfluß genoß als zu irgend einer Zeit vorher oder nachher: Seine Gegner hatten die unbestrittene Majorität im Rathe; er selber wurde mit dem unzweideutigsten Mißtrauen und Uebelwollen behandelt; statt daß er in die Staatsangelegenheiten sich hätte mischen dürfen, mußte er vielmehr jeden Nerv anstrengen, um die widerrechtliche Einmischung der bürgerlichen Obrigkeit in die kirchlichen Angelegenheiten zu verhindern. Da leuchtet es denn von selber ein, daß seine Einwirkung in keiner Weise das Bestimmende sein konnte. Nachdem Servet einmal verhaftet und der Prozeß gegen ihn eingeleitet war, ging derselbe einfach nach den bestehenden Gesetzen seinen Gang. Calvin wurde lediglich als der theologische Sachverständige gebraucht, der in diesem Falle dem Gerichte unentbehrlich war. Und auch was ihn selber betrifft, so geht aus seinen Briefen unzweifelhaft hervor, daß er die Sache keineswegs als seine besondere Aufgabe und Herzensangelegenheit betrachtete. Bei Weitem mehr nahm jener gleichzeitige Streit mit Berthelier, da das Recht der Excommunication in Frage stand, seine Seele und sein Interesse in Anspruch. Wo er des Servetischen Handels gedenkt, redet er weniger als ein Betheiligter davon denn als ein Berichterstatter, der seinen Freunden über das Mittheilungen macht, was in seinem Umkreise sich zuträgt.

Dieß sind die hauptsächlichsten Punkte, die bei der Beurtheilung der unglücklichen Begebenheit im Auge zu behalten sind, wenn nicht zu dem Unrechte ein neues Unrecht hinzugefügt werden und das richtige Verständniß des ganzen Charakters Calvins wie der Verhältnisse, in denen er sich bewegte, uns abhanden kommen soll. Die genauere Erzählung des Herganges, u der wir jetzt übergehen, wird uns das deutlich machen und bestätigen.

Eine eingehende Charakteristik der wissenschaftlichen Bestrebungen Servets und namentlich seiner theologischen Anschauungen liegt außerhalb der Gränzen unserer Aufgabe *). Zu Villa nuova in Aragonien, in demselben

---

procès; et il n'est pas douteux que si Servet avait réussi à faire envisager sa question comme dépouillée de toute conséquence pratique, l'issue de son procès n'aurait pas été sanglante." In wie weit das seine Richtigkeit hat, wird der Verlauf der Erzählung darthun.

*) Wer sich darüber zu unterrichten wünscht, vergleicht am besten das treffliche Werk Trechsels „die Antitrinitarier" (I, 68—150) und Henry im dritten Bande von p. 107 an. Der Erstere führt auch Arbeiten Heberles

Jahre, wie Calvin (1509) von christlichen Eltern geboren, war er in einem Do-
minikanerkloster erzogen worden, hatte dann in Toulouse die Rechtswissenschaft,
in Paris die Medizin studirt, und an beiden Orten sich schon frühe mit den
Schriften der Reformatoren bekannt gemacht, die einen gewaltigen Eindruck
auf ihn hervorbrachten. Wie ein Feuerfunken, der in ein Pulverfaß geworfen wird, wirkten sie auf seine reich ausgestattete, aber durch und durch
ungeordnete und phantastische Natur. Auch er fühlte sich alsobald zum Reformator berufen. Ein glühendes Verlangen ergriff ihn, sich mit hineinzustürzen in die große Bewegung der Geister, und in der neuen Gestaltung, die
aus der Gährung hervorgehen mußte, auch sein Talent und seinen Namen
zur Geltung zu bringen. Mit dem ganzen Feuer seiner südlichen Natur
und der ganzen Kraft seines alle Gebiete der Wissenschaft zugleich umfassen-
den und durchdringenden, ächt radikalen Geistes ging er alsobald daran,
das ins Werk zu setzen. Während er in Lyon und Paris über Mathematik
und Sternkunde vielbesuchte Vorlesungen hielt und in der Medizin durch
die Entdeckung der Gesetze des Blutumlaufs und seine Bestreitung der ara-
bischen Heilkunde allgemeines Aufsehen erregte, machte er es sich zugleich zur
Aufgabe, eine völlige Umwälzung der in der Christenheit bisher gültigen
religiösen Anschauungen herbeizuführen. Denn die Reformatoren gingen
ihm darin lange nicht weit genug. Nicht nur die damalige Gestalt der
Kirche, sondern auch die althergebrachten Grundlagen des Christenthums,
welche die Reformatoren auf das Sorgfältigste gewahrt und bestätigt hatten,
schienen ihm einer durchgreifenden Erneuerung bedürftig. Namentlich die
Lehre von der Dreieinigkeit erschien ihm in der hergebrachten Form unhalt-
bar und alles Uebrige verwirrend und verdunkelnd. Denn Gott sei eine
Einheit und könne keinen Unterschied in sich haben. Sohn und Geist seien
nur Ausstrahlungen seines Wesens, durch die er mit den Menschen in Verbindung trete. Sei einmal das Reich Gottes auf Erden vollendet, so daß
Christus und der heilige Geist den Zweck ihrer Sendung erfüllt, so werden
sie wieder zurückkehren und untergehen in dem Wesen des Vaters, der allein
Ewigkeit habe. „Die gegenwärtige Trinitätslehre," fügte er hinzu, — denn
geschichtliche Bildung darf man nicht bei ihm suchen, seine ganze Natur ist
ihr durchaus unzugänglich — „sei mit der Herrschaft der Päpste in der
Kirche entstanden, sie müsse auch mit dieser fallen."

An und für sich sind das Ansichten, die ja freilich in ihren weitern
Consequenzen die christliche Lehre von Grund aus zerrütten und verändern
müßten, die aber doch, in bescheidener Form, mehr frageweise denn als fest-
stehende Behauptungen vorgebracht, noch keineswegs als eigentliche Bestrei-

---

und Baurs über sein System an, mit denen ich mich nicht bekannt
machen konnte, da für uns der Mann doch eigentlich nur in seiner Berührung mit Calvin unser Interesse in Anspruch nimmt.

tung und Lästerung des Christenthums gelten könnten; sondern vielmehr nur als der wohlberechtigte Versuch eines originellen Denkers, eines der schwierigsten und tiefsinnigsten Probleme der Theologie einer neuen Prüfung und Bearbeitung zu unterziehen. Aber in solchem Sinne seine Meinung vorzutragen, war der heißblütige, ehrgeizige Spanier nicht gewöhnt. Wie er die Mediziner in Paris, die seinen neuen Aufstellungen nicht unverzüglich beitraten, ohne Weiteres die unwissendsten Leute des Erdbodens und eine Pest der Welt genannt, und die bisherigen Mathematiker und Astronomen mit einer Verachtung behandelt hatte, die ihn, mit allgemeinem Haß beladen, von dem Katheder zu weichen zwang, der ihm zur Ruhmesstätte hätte werden müssen: so ging er auch, gleich von seinem ersten Auftreten an, der alten Theologie und ihren Vertretern gegenüber zu Werke. Der einundzwanzigjährige junge Mann — denn in diesem Alter schon hat er sein Buch „von den Irrthümern der Dreieinigkeitslehre" geschrieben — verkehrte mit den alt bewährten und verehrten Vätern der reformatorischen Gemeinde, mit einem Bucer und Oekolampad nicht viel anders als mit Schülern, die ohne Weiters den Worten des Meisters sich zu unterwerfen haben. Ihre Lehre, die fünfzehn Jahrhunderte und die größten Männer der Kirche bekannt und ausgebildet, belegte er mit den verächtlichsten Schimpfnamen, wie sie ein wahrhaft religiöser Sinn unmöglich hätte auf die Lippen nehmen können. Die Personen der Gottheit nannte er Ausgeburten des Teufels, den dreieinigen Gott einen dreiköpfigen Höllenhund. Die herzliche, tragende Milde, mit der Oekolampad ihm nichts destoweniger entgegenkam, und seinen schwärmenden Feuergeist auf richtigere fruchtbringendere Bahnen zu leiten sich bemühte*), erfüllte ihn nur noch mehr mit dem stolzen Gefühle seiner weltgeschichtlichen Bedeutung. Weit entfernt sich von ihm belehren oder zurückhalten zu lassen, versuchte er vielmehr sein bisher noch ungedrucktes Werk gerade unter seinen Augen zur Veröffentlichung zu bringen, und kam wenigstens in so weit wirklich damit zum Ziele, daß er in dem benachbarten Hagenau einen Verleger dafür fand. Man mag in der Biographie Oekolampads nachlesen, was es in den zunächst liegenden Kreisen für einen Eindruck des Staunens und der Entrüstung hervorbrachte; nicht anders wirkte es, wo es weiter hinkam: bei Zwingli in Zürich wie bei Melanchthon in Wittenberg. „Guter Gott!" rief dieser aus, „müssen denn diese Fragen auch noch auftauchen? welche Verwirrung wird dadurch in die Kirche kommen." Denn das dürfen wir ja freilich nicht außer Augen lassen, wo wir die Männer der Reformation gegen diese weitergehenden „Schwarmgeister" mit einer gewissen Härte auftreten sehen, daß ihnen in dem großen Kampfe, in dem sie standen, nichts mehr am Herzen liegen mußte, als wenigstens das eigene Lager vor Verwirrung und Zwiespalt zu bewahren, und die Neuerung innerhalb der festen

---

*) Vergl. die Biographie Oekolampads p. 166 u. f.

Gränzen zu halten, welche das apostolische und altkirchliche Christenthum ihr setzte. Denn wohin wäre es mit der neu begründeten Kirche gekommen, wenn sich ohne weitern Unterschied Alles mit ihr hätte in Verbindung setzen dürfen, was an antikatholischen, auf die Schrift sich berufenden Meinungen irgend einer Art in jenen bewegten Zeiten auftauchte. Gerade was als ein Neues in die Welt eintritt und unter allseitiger Anfechtung sich erst einen Platz in ihr zu erkämpfen hat, muß am entschiedensten jedes fremde und störende Element abweisen, das sich anhängen möchte, und so bestimmt als möglich seinen Charakter darthun mit rücksichtsloser Ausschließung aller Verzerrung und Uebertreibung. Die Reformation hatte an und für sich schon der unvermeidlichen Arbeiten und Kämpfe genug; ganz abgesehen von allem Uebrigen konnte sie nicht wünschen, dieselben in der unzeitigsten Weise noch durch weitere, zwecklose Streitigkeiten vermehrt zu sehen, und den Verdacht auf sich zu laden, als sei es in der That der allgemeine Umsturz, den sie in ihrem Schooße trage.

Bei aller geistigen Begabung, in der er ohne Zweifel den größten Männern dieses großen Jahrhunderts — auch einem Calvin — ebenbürtig zur Seite steht, fehlte nun aber dem Spanier doch E i n e s zum wirklichen Reformator, und zwar das Hauptsächlichste von Allem: d e r C h a r a k t e r : Von irgend einem Ernste der Gesinnung, von irgend einem Gewissensdrange, der da spricht: „Ich kann nicht anders," von irgend einem stätigen, auf ein klares Ziel gerichteten Streben und Wirken war bei ihm keine Rede. In dieser Beziehung macht er mehr den Eindruck eines zuchtlosen, übermüthigen Knaben, der sich mit der verwegensten Frechheit Alles erlaubt was ihm durch den Kopf geht, und dann doch wieder vor der Ruthe zittert, als den eines Mannes, der mit entschlossenem Sinne an das Höchste sich wagt, und einer heiligen Ueberzeugung mit seinem Leben dient. Als er die allgemeine Empörung inne wurde, die er durch sein Werk hervorgerufen, und sich in Basel in den Händen des Gerichts sah, verstand er sich sofort zu einem Widerruf seiner hauptsächlichsten Sätze, und beeilte sich dann den deutschen Boden zu verlassen, auf dem man seinem romanischen Wesen mit so wenig Sympathie entgegenkam. Aeußerlich wie innerlich unstät und haltlos trieb er sich von da an, unaufhörlich den Aufenthaltsort und Namen wechselnd, in Frankreich und Italien herum. Seine leidenschaftliche Arroganz machte es ihm unmöglich sich in irgend einem der Wirkungskreise längere Zeit zu behaupten, die sein Talent ihm eröffnete. In religiöser Beziehung setzte er sich bald mit den Wiedertäufern in Verbindung, von denen er im dreißigsten Jahre sich taufen ließ, und nun den heiligen Geist empfangen zu haben meinte, bald lebte er wieder mit den Katholiken als Einer ihrer Gleichen, und machte sich nicht das Geringste daraus, um äußerer Vortheile willen, die vollste Treue und Hingebung für die Kirche zu heucheln, die er so oft als die schändlichste Ausgeburt der Hölle bezeichnet hatte. Seine „reformatorischen" Bestrebun-

gen verlor er übrigens dabei keiner Zeit aus dem Auge. Wo sich nur irgend
eine Gelegenheit dazu bot, drängte er sich an Diejenigen heran, die ihm als
die Wortführer der religiösen Bewegung erschienen, und suchte ihnen durch
jedes Mittel ein Verhältniß zu sich aufzuzwingen. Wir haben früher gesehen,
wie er so, während seines Aufenthaltes in Paris, auch an Calvin sich machte,
und eine öffentliche Verhandlung mit ihm zu provoziren bemüht war. Je
mehr er ihn dann in der Folgezeit als den bei Weitem bedeutendsten Geist
der reformatorischen Partei erkannte, um so mehr verlangte er darnach, auch
seinerseits von ihm anerkannt zu werden, ihn zu sich hinüberzuziehen, sich
im schlimmsten Falle wenigstens vor aller Welt mit ihm zu messen. Vom
Jahre 1540 an überschüttete er ihn unaufhörlich mit Briefen, in denen er
ihm bald demüthig und gleichsam um Belehrung bittend, bald heftig und
von oben herab die Unhaltbarkeit seiner Theologie darthat und sein eigenes
System als das große Heilmittel für alle Schäden der Kirche anempfahl.
Im Anhange gab sich der Reformator wirklich die Mühe, seine Fragen zu
beantworten und seine Einwendungen ziemlich eingehend zu widerlegen; als
er aber damit nicht das Geringste ausrichtete und es bald deutlich wurde,
wie es dem Spanier gar viel weniger um das Belehrt-werden als um das
Streiten selber zu thun sei, hielt er es für seine Pflicht abzubrechen, und
seine Zeit nicht länger an einen so nutzlosen, fast mit jedem Briefe gereiz-
teren und bitterer werdenden Verkehr zu verschwenden. „Deinen verworrenen Träumen beitreten," schrieb er ihm, „kann ich nun und nimmermehr.
Verzeihe daß ich so reden muß; die Wahrheit zwingt mich dazu. Ich hasse
dich nicht und verachte dich nicht, will dir auch nicht härter zusetzen. Aber
von Eisen müßte ich ja sein, wenn ich nicht bewegt würde, da ich mit solcher
Zügellosigkeit die seligmachende Lehre schmähen höre. Im Uebrigen mangelt
mir die Zeit, mich noch ferner mit deinen Entwürfen abzugeben; auch findest
du Alles was ich dir darüber sagen könnte, in meinem Buche vom christlichen
Unterrichte, auf das ich dich verweise." Der reizbare, eitle Mann fühlte sich
durch diese Abfertigung auf das Tiefste beleidigt. In einer großen Anzahl
von Briefen, die sich hinter einander folgten, warf er seinem Correspondenten
alle möglichen Lästerungen und Beschimpfungen zu und forderte ihn von
Neuem heraus, seine Lehre zu vertheidigen, wenn er irgend ein Vertrauen zu
ihr habe. Das Buch vom „christlichen Unterrichte," auf das er war verwiesen worden, schickte er mit bitteren und höhnenden Anmerkungen ihm zurück; „ein ganzes Convolut seiner ketzerischen Schriften," erzählt Calvin
selber, „lag bei, ja er machte sich sogar anheischig in Person hierzukom-
men und mir gegenüber zutreten wenn ich ihm sicheres Geleit verschaffe."
Aber dazu hatte der Reformator nicht die geringste Neigung; seine Geduld
war endlich gerissen. „Wenn er kömmt," schrieb er in auflodernem Aerger
an Farel, „so geht er nicht mehr lebendig von hier weg, wenn meine Meinung noch etwas gilt." Und dem Lyoner Buchhändler, der seine Correspon-

denz mit dem Spanier bisher vermittelt und ihn gebeten hatte, noch ein letztes mahnendes Wort an ihn zu richten, antwortete er in ausführlicherer Weise: „Ich will deinen Wünschen Genüge thun, obwohl ich geringe Hoffnung habe, ihn zur Vernunft zu bringen. Gott allein kann in ihm wirken daß er ein Anderer werde. Da er mir in einem so hochmüthigen Geiste geschrieben, habe ich seinen Stolz ein wenig niederdrücken wollen und härter mit ihm geredet als sonst meine Gewohnheit ist. Denn ich versichere dich, daß ihm nichts nothwendiger ist als Demuth zu lernen. Wenn Gott ihm und uns die Gnade erweist, daß diese Antwort ihm nützt, so werde ich mich darüber freuen; wenn er aber fortfährt in demselben Stile wie bisher, so verlierst du deine Zeit wenn du zu noch weitern Erwiderungen mich antreibst, denn ich habe andere Geschäfte die mich näher drängen, und müßte mir ein Gewissen daraus machen, mich noch länger mit ihm zu befassen; er tritt an mich heran wie ein Satan, um mich von den wahrhaft nützlichen Studien abzuhalten. Folglich bitte ich dich, sei mit dem Bisherigen zufrieden, wenn er nicht andere Saiten aufzieht."

Mit einer solchen Ungeduld erwartete der Spanier diese Antwort, daß der Vermittler sie durch einen besonderen Eilboten an ihn absenden mußte. Und ein bitterer Zorn ergriff ihn als er nun nichts Anderes darin fand als die einfache Wiederholung dessen was ihm bereits war angekündigt worden. So entschieden er sich zurückgewiesen sah, so entschieden setzte er, noch volle zwei Jahre lang, seine zudringlichen Angriffe und Aufforderungen fort, bis er sich endlich überzeugen mußte, daß wirklich Alles vergeblich sei, und Calvin bei dem bleiben werde, was er an Viret geschrieben: „Von mir wird er fortan nichts mehr herauszwingen; ich bin entschlossen nach dem Worte des Apostels zu thun, und diesen verzweifelt hartnäckigen, ketzerischen Menschen zu meiden." Indessen gelang vielleicht bei einem Andern was bei dem Genfer Reformator nicht geglückt war. Zunächst nach Lausanne, zu Viret, gingen nun die Briefe Servets; und als ihnen auch da wenig Beachtung wurde, wandte er sich wieder nach Genf zurück an einen der einflußreichern Collegen Calvins, an den schon mehrmals genannten Abel Poupin. „Das Evangelium das ihr habt," bemerkt er ihm unter Anderm in einem der uns erhaltenen Briefe, „ist ganz zerrüttet durch das Gesetz. Es ist ohne Gott, ohne den wahren Glauben, ohne gute Werke. An der Stelle des einen Gottes habt ihr einen dreiköpfigen Höllenhund; an der Stelle des wahren Glaubens eine unglückselige Träumerei, und die guten Werke achtet ihr nicht mehr als eitle Vorstellungen. Der Glaube an Christum ist euch nichts Anderes als ein Wort ohne Wirksamkeit, der Mensch ein bloßer Klotz und Gott ein Ungeheuer mit gebundenem Willen. Das Reich Gottes schließet ihr dem Menschen zu, indem ihr als einen eiteln Gedanken es darstellt. Wehe, wehe, wehe über euch!" Es war als ob eine geheimnißvolle Macht ihn mit unwiderstehlichem Zuge fort und fort zu der Stätte hintriebe, an der sein Schicksal sich

üllen sollte, und seinen Sinn verwirrte, daß er das Holz zu seinem Schei-
haufen schon zum Voraus mit eigener Hand zusammentrage. Denn man
an sich denken, was solche Aeußerungen für einen Eindruck machten. Nicht
r in Genf erweckten sie in allen Gläubigen die Ueberzeugung, daß der
ann der so rede, einer der boshaftesten Verläumder und Feinde der christ-
hen Wahrheit sei, sondern auch weit über Genf hinaus, bei all' den Kir-
n und bedeutenden Männern, die mit Calvin und seinen Freunden irgend-
e in Verbindung standen, wurde sein Name in der nämlichen Weise zu
em Gegenstand des Abscheus und der Verwerfung. Wo nur immer in
a Briefen der Zeitgenossen von ihm die Rede ist, erwähnen sie ihn als
en Frevler an allem Heiligen, als einen den Abgründen entstiegenen Geist,
: nicht werth sei, daß ihn die Erde noch länger trage.

Und Servet hatte unterdessen sein Bestes gethan, dieses Urtheil noch
immter über sich herabzurufen. Nachdem er zuerst an einer Bibelüber-
ung sich versucht, die seine Ideen sehr deutlich abspiegelte, und eben darum
:gends Beifall finden wollte, war er seit Anfang der fünfziger Jahre mit
: Abfassung eines Werkes beschäftigt, das er selber als das große Kriegs-
ınifest bezeichnete, welches der bisherigen babylonischen Gefangenschaft
: Kirche den Untergang ankündigen und dem wahrhaftigen Reiche Christi
ı Weg bereiten sollte*). Ganz besonders von der Apokalypse, deren ge-
mnißvolle Bildersprache sich von jeher zur Bedeckung und Begründung
:r möglichen Phantastereien hat müssen gebrauchen lassen, geht er darin
5. „Wir werden die göttliche Offenbarung von den frühesten Jahrhunder-
an aufdecken," hebt er in vermessenem Prophetentone an, „das große
heimniß des Glaubens, welches über allen Streit erhaben ist. Der Gott,
früher nicht gesehen worden, den werden wir nun sehen, da die Decke
ı seinem Antlitze hinweggenommen, wir werden ihn schauen iu uns selbst
chtend." Der Gedankengang des Buches, soweit er aus der verworrenen,
hochtrabendsten Mystikerstile auftretenden Darstellung sich erkennen läßt,
im Uebrigen seinen Grundzügen nach folgender. Als der Satz, auf dem

---

*) Der vollständige Titel desselben lautet: „Wiederherstellung des Christen-
thums. Zurückführung der gesammten apostolischen Kirche zu ihren
Grundlagen durch die Wiedererneuerung der wahren Erkenntniß Gottes,
des wahren Glaubens Christi, der wahren Lehre von der Rechtfertigung,
der Wiedergeburt, der Taufe, dem Genusse des Herrn im Abendmahl.
Und endlich auch: Darreichung des himmlischen Reiches an die Gemeinde,
nachdem die Gefangenschaft des gottlosen Babylon aufgehoben, und das
Reich des Antichristes mit den Seinigen zerstört ist." Bekanntlich hat die
Inquisition mit solchem Erfolge dem Buche nachgespürt und es unterdrückt,
daß höchstens zwei oder drei Exemplare der ursprünglichen Ausgabe übrig
geblieben sind. Indessen hat Murr in Nürnberg im Jahre 1791 das eine
derselben, das auf der Bibliothek in Wien sich befand, ganz genau, Zeile
für Zeile, wieder abdrucken lassen.

Alles beruht, erscheint die Behauptung des ei·nen und absolut untheilbaren Wesens Gottes. Eine direkte Wirkung auf die Welt ist darum undenkbar; vielmehr ist er durch einen unermeßlichen Abgrund von ihr getrennt. Die Vermittlungen, deren er sich bedient, das Band, welches das Endliche mit dem Unendlichen verknüpft, besteht in „der Welt der Ideen," deren jegliche persönlich und wirksam gedacht werden muß, von dem Wesen Gottes ausströmend und Abbilder der ewigen Wesenheiten. Von Gott unterschieden, ohne doch von ihm getrennt zu sein, beleben sie die Materie und verbinden· sie mit Gott. Es gibt also drei Welten, von denen jede ihren besondern Bestand hat und die doch auf das Innigste zusammenhängen: Gott, die Ideen, die Wesen oder Dinge. Diese letztern sind in den Ideen enthalten, die Ideen in Gott, Gott ist Alles und Alles ist Gott. — Der Mittelpunkt in der Ideenwelt, der Welt der göttlichen Kräfte, Eigenschaften, Worte, der Engel, wenn man der biblischen Sprache sich bedienen will, ist der Logos, das Wort im höchsten Sinne, Christus, der in sich alle Worte oder Ideen vereinigt. Als solcher ist er unmittelbar aus dem Wesen Gottes ausgegangen und heißt also der Sohn, durch den und in dem Alles das Leben hat. Ohne ihn bliebe Gott dem menschlichen Verständniß ewig unzugänglich; in ihm aber ist er geoffenbart; er ist das Licht Gottes, sein vollkommenstes Abbild, er ist Gott und gleichen Wesens mit ihm. Aber dieses ewige Wort ist zeitlich geworden in der Zeit, um die Menschennatur wieder emporzuheben aus dem Zustande der Erniedrigung, in die Adams Fall sie gebracht, sie zurückzuführen zur ursprünglichen Einheit, und die Menschen durch seine Mittlerschaft zu Kindern Gottes zu machen. Aehnlich wie mit dem Sohne steht es mit dem heiligen Geiste, durch den Gott der Welt sich mittheilt und auf den Menschengeist einen Einfluß ausübt.

Aber nicht nur nach seiner theologischen und spekulativen Seite, sondern auch nach seiner kirchlichen und praktischen Ausprägung sollte das „verderbte" gegenwärtige Christenthum durch dieß Buch gereinigt und erneuert werden. Die Heilslehre, die er da vorträgt, beruht namentlich auf der bestimmtesten Unterscheidung zwischen Erbsünde und Thatsünde. Die erstere führt keine eigentliche Schuld mit sich, ist lediglich Uebel und Krankheit, und hat darum auch nur den leiblichen Tod, aber keineswegs den Verlust des ewigen Heiles zur Folge. Dagegen wer dann später, im Alter der Erkenntniß, wirklich und mit Bewußtsein Sünde thut, der bleibt im Tode und ist dem doppelten Tode verfallen, aus dem er keine Errettung mehr hoffen kann. Daraus folgt denn von selber die absolute Verwerfung der Kindertaufe, die neben der Trinitätslehre als der zweite faule Fleck des bisherigen Christenthums bezeichnet wird. Erst im dreißigsten Jahre, zu derselben Zeit da Christus sich taufen ließ, solle die Taufe vorgenommen werden, und von da an ein Leben der Heiligung und der guten Werke anheben, ohne die, trotz alles Glaubens, Niemand in das Reich Gottes eingehen werde.

Für den mit der Dogmengeschichte Bekannten leuchtet es von selber
ein, daß die hauptsächlichsten dieser Gedanken an und für sich nichts weniger als neu sind, sondern schon in den ersten Jahrhunderten der Christenheit,
theilweise noch auf heidnisch-jüdischem Boden, — bei den Neuplatonikern
und Philo —, theilweise auf christlichem, — bei Sabellius, Photin und
Andern — vielfach auftauchten und die spekulativeren Geister beschäftigten.
Aber neu und unerhört war bei der Darstellung Servets auch in diesem
Buche wieder der Ton der alle Schranken überschreitenden Anmaßung und
höhnenden Bitterkeit, mit dem er seine Auffassung der in der Kirche gültigen
entgegenstellte. Mag der theologische Werth seines Systems im Uebrigen
sein welcher er will: über den religiösen Charakter des Mannes wird
Niemand mehr im Zweifel sein, wenn er auch nur eine Stelle liest, wie die,
in der er den kirchlichen Begriff von der Menschwerdung Gottes lächerlich
zu machen sucht. „Wenn das Wort als Weib Fleisch geworden wäre,"
ruft er da aus, „so hätten sie das Wort selbst (nämlich in seiner idealen unzeitlichen Existenzform) Sohn Gottes genannt, und dagegen das von ihm
ausgegangene Weib ein Menschenkind. Was doch offenbar darauf hinweist,
daß zwei Söhne müssen unterschieden werden. Und was wäre dann der
Sohn Gottes? Ein Weib und Mannweib*)! Nähmen die Engel in gleicher Weise einen Eselskörper an, so müßtet ihr auch zugeben: die Engel seien
Esel, die Engel stürben in einer Eselshaut, die Engel seien vierfüßige Thiere,
die Engel hätten lange Ohren. Nach derselben Logik würdet ihr auch zugeben müssen: daß Gott selbst ein Esel sei, der heilige Geist ein Maulesel,
und daß der heilige Geist gestorben sei, wenn der Maulesel stirbt. O ihr
allerverkehrtesten Vieher! Wundern kann es uns wahrlich nicht, daß die
Türken uns mehr denn Esel und Maulesel verspotten. Denn wir sind wie
Rosse und Mäuler die keinen Verstand haben**)." Und nicht anders drückt
er über die Kindertaufe sich aus, die er „einen verabscheuungswürdigen
Gräuel" nennt, „eine Ertödtung des heiligen Geistes, die Verwüstung der
Kirche Gottes, die Verwirrung des ganzen christlichen Bekenntnisses, die
Abschaffung der von dem Herrn eingesetzten Wiedergeburt, die Zertretung
des gesammten Reiches Christi***)."

Man mag die unsinnige Verwegenheit und Eitelkeit des Unglücklichen
daraus ermessen, daß er sich nicht scheute eine Abschrift dieser Arbeit eigenhändig an Calvin zu übersenden so wie sie vollendet war, und damit schon
vor ihrer Veröffentlichung den Schleier der Anonymität zu zerreißen, der
doch allein den Verfasser eines solchen Werkes vor dem Scheiterhaufen
schützen konnte. Aus seinen dringenden Mahnungen, die dann in einer Reihe

---

*) Ipse filius Dei esset tunc mulier, androgynos, masculo — foemineus.
**) Henry III, 101.
***) Trechsel 138.

von Briefen unaufhörlich sich folgen, geht hervor, daß Calvin das Manu-
stript bei sich zurückbehielt und es völlig zurückzubehalten gedachte. Ohne
Zweifel meinte er damit, das sonderbare Vertrauen das der fast von Sinnen
gekommene Mann ihm erwiesen, am besten zu rechtfertigen, und der Kirche
das Aergerniß eines solchen Angriffes, ihm selber das unvermeidliche Schicksal das derartige Lästerungen ihm zuziehen mußten, zu ersparen. Aber Servet hatte das Original in Händen behalten, und es wahrlich nicht dazu geschrieben, um es in seinem Pulte vermodern zu lassen. Wie Feuer brannte es
ihm in den Fingern, bis er es in die Welt hinausschleudern könne. Mit
einer unheimlichen Glut des Ehrgeizes und der Begeisterung freute er sich
auf das Aufsehen das es erregen, auf den Widerspruch den es finden, auf
den allgemeinen Umsturz den es hervorbringen werde. Wie der Engel Michael kam er sich vor, der mit dem Schwerte durch die Lüfte fliege und den
Drachen in die Wüste treibe*). Hie und da schwelgt er in seinem wunderbaren aus Fleisch und Geist gemischten Taumel fast in dem Gedanken, der
Märtyrer dieser neuen Offenbarung zu werden, und vermißt sich den Tod
herauszufordern**).

Bald sollte er geprüft werden, in wie weit es ihm Ernst damit sei.
Nach verschiedenen mißlungenen Versuchen einen Verleger für sein gefähr-
liches Buch zu finden, gelang es im endlich, in Vienne, wo er unter dem
Schutze des die Wissenschaft liebenden durch seine Heuchelei getäuschten Erz-
bischofs lebte, zum gewünschten Ziele zu kommen. Zwei Pressen wurden im
Geheimen errichtet, und unter Servets eigener Leitung von Michaelis des
vorigen Jahres bis zum Januar 1553 der Druck vollendet. Weder der
Drucker noch der Name des Verfassers war auf dem Titel angegeben. Fünf
Ballen Exemplare gingen nach Lyon ab, andere nach Chatillon, nach Frank-
furt, nach Genf; eines kam in die Hände Calvins.

Die katholischen Polemiker, die um ihre Inquisitoren und geistlichen
Blutrichter zu rechtfertigen, Calvin gar zu gerne zu einem Genossen derselben
machen möchten, haben an diesen Umstand die Behauptung geknüpft: Niemand anders als er sei es gewesen, der die Geistlichkeit in Vienne auf das
Werk aufmerksam gemacht und den unglücklichen Verfasser ihr verrathen
habe. Aber es ist längst nachgewiesen, wie sehr die Thatsachen dem widersprechen. Denn ganz abgesehen davon, daß man nicht das Geringste was
einem Beweise ähnlich sieht, hiefür beibringen kann, so hätte ja Calvin

---

*) Vergl. die Stellen aus der Restitutio bei Henry III, 126—128.
**) So in dem schon erwähnten Brief an Abel Poupin: „Ich weiß es
gewiß, ich werde für diese Sache sterben müssen, aber darum bin ich
nicht verzagt in meiner Seele, damit ich Jünger gleich werde meinem
Meister ...... Ich werde auf meinem Wartthurm stehen und schauen, und
sehen, was er sagen wird. Denn er wird kommen, gewiß er wird kommen und nicht zögern.“

schon seit langen Jahren die nöthigen Dokumente in Händen gehabt, um Servet bei den Katholiken zu denunciren, wenn das in seiner Absicht gelegen wäre. Daß er aber nie auch nur den geringsten Versuch dazu machte, läßt schon zum Voraus vermuthen, er werde auch dies Mal nicht anders gehandelt haben. Und diese Vermuthung wird durch sein ausdrückliches Zeugniß zur Gewißheit erhoben. „Wenn ich es gethan hätte," sagt er in seinem spätern gegen Servet geschriebenen Buche, „so würde ich es nicht läugnen, so wenig als ich läugne daß ich in Genf auf seine Verhaftung drang. Denn zur Unehre könnte es mir nicht gereichen. Hätte ich auch außerhalb Genfs ihn mit Feuer vom Himmel zerstört, so würde ich nur meine Pflicht gethan haben, da mir die ganze Kirche anbefohlen ist und nicht nur die kleine Gemeinde in dieser Stadt. Schon früher hat Servet selber dergleichen Fabeln von mir erfunden; sie sind nichts Anderes als frivole Verläumdungen."

Der weitere Hergang der Sache war vielmehr dieser. Zur Zeit als Servets Werk in Genf ankam, lebte dort ein vornehmer Franzose von Lyon, Wilhelm de Trie, der, wie so viele Andre, um des Glaubens willen, sein Vaterland verlassen hatte. Einer seiner Verwandten, Namens Ameys, der ein eifriger Katholik war, trieb ihn nun beständig dazu an, wieder zu der verlassenen Kirche zurückzukehren, und pflegte ihm zu dem Ende alle Gebrechen seines gegenwärtigen Bekenntnisses in möglichst grellem Lichte vorzuhalten. Eben in den Tagen, da man in Genf über das neu erschienene Buch in der höchsten Aufregung sich befand, schrieb er ihm über den Mangel an aller kirchlichen Disziplin und Ordnung, der angeblich in der reformirten Kirche herrsche, und verglich damit den umsichtigen, heiligen Ernst, mit dem man in der katholischen Christenheit die Einheit und Reinheit des Glaubens aufrecht erhalte. Im Angesichte der grundstürzenden Lästerschrift, die gerade aus einer erzbischöflichen Druckerei in die benachbarte reformirte Stadt war hinüber geschleudert worden, kam de Trie diese Behauptung etwas sonderbar vor. In lebhafter Erwiderung schrieb er zurück: in Genf würden die Laster Gottlob! besser bestraft als durch alle die geistlichen Gerichte Roms, und was die Lehre betreffe, so würde man bei aller Freiheit, die hier herrsche, doch nie dulden, daß der Name Gottes so gelästert werde und man so arge Grundsätze ausstreue wie es bei ihnen ungestraft, ja sogar unter dem Schutze eines Bischofs geschehe. Gute Christen führe man freilich bei ihnen zum Tode, aber ein Ungeheuer, der Jesum Christum als ein Götzenbild ansehe, alle Grundlagen des Glaubens zerstöre, alle Träumereien der alten Ketzer aufsammle, der selbst die Taufe der kleinen Kinder verdamme und eine teuflische Erfindung nenne, den lasse man in allen Ehren und ertrage ihn, als wäre er der beste Christ. Er theilte hierauf Einiges aus dem Buche Servets mit, und nannte den Verfasser wie die Druckerei, aus der es hervorgegangen. Als Beweisstücke legte er den Titel, das Register und die vier ersten

28*

Blätter des Werkes bei*). Ameys war, wie man sich denken kann, höchlich überrascht und betroffen. Unverzüglich überreichte er das Schreiben seines Verwandten dem Ketzerrichter Ory zu Lyon, und dieser legte es seinem Vorgesetzten, dem Cardinal Tournon vor, der mit blutigerem Griffel als irgend ein anderer der Prälaten Frankreichs seinen Eifer für die römische Orthodoxie in die kampferfüllte Geschichte jener Tage eingegraben hat. Das Schicksal Servets war damit entschieden. Er wurde augenblicklich verhaftet und vor Gericht gestellt. Aber die Beweise gegen ihn erwiesen sich als ungenügend, da er in Vienne unter dem Namen Villeneuve lebte, und die Urheberschaft des ihm vorgelegten Werkes mit aller Bestimmtheit und, wie es schien, ganz unbefangen in Abrede stellte. Auch aus dem angezeigten Verleger und den Druckergesellen war nichts heraus zu bringen, was die Aussage de Trie's bestätigt hätte. Die weltlichen Richter mußten erklären, daß sie auf die vorliegenden Dokumente hin den Spanier unmöglich in der Haft behalten könnten.

Der eifrige Ory wandte sich in seiner Verlegenheit wieder an die erste Quelle nach Genf. In einem eigenhändigen Briefe bat er de Trie um überzeugendere Beweise, da die bisherigen nicht ausreichten, und es ihm doch am Herzen liege, den Genfern zu zeigen, daß man auch in Frankreich die Ehre Gottes und des Glaubens liebe. Die Antwort, die der so Befragte auf dieß Ansuchen gab, läßt mit völliger Klarheit die Stellung erkennen, die Calvin zu der ganzen Sache einnahm. „Als ich den Brief schrieb," bemerkt er**), „den ihr denen übergabt, die darin der Nachlässigkeit angeklagt sind, glaubte ich nicht, daß die Sache so weit gehen würde. Meine Absicht war nur, euch bemerklich zu machen, was für einen schönen Eifer diejenigen haben, die sich Säulen der Kirche nennen. Nun es aber anders gekommen ist, so gebe Gott, daß der Handel wenigstens dazu diene, die Christenheit

---

*) Man hat gefragt, woher denn de Trie den Verfasser und Drucker gekannt habe, da doch das Buch selber keinen Aufschluß darüber gebe? und auch darin wieder die verfolgende und Nachstellungen bereitende Hand Calvins erkennen wollen. Henry antwortet darauf (III, 141): wahrscheinlich habe der Buchhändler Frellon zu Lyon, der frühere Vermittler zwischen Calvin und Servet, durch das neueste, alles Maß überschreitende Auftreten des Spaniers erschreckt, die Sache in Genf verrathen. Aber sollte eine derartige Annahme überhaupt nur nothwendig sein? Hatte Servet sich denn nicht schon vor dem Erscheinen des Buches in Genf als sein Verfasser bekannt gemacht? Und ist es wohl denkbar, daß Calvin diese Kunde mit ängstlicher Geheimnißkrämerei für sich behielt und nicht im Kreise seiner Freunde ganz offen davon redete? Auch der Drucker war bei den zahllosen Verbindungen zwischen Genf und den angränzenden französischen Landestheilen wohl nicht schwer zu erfahren, zumal da Servet sich hauptsächlich mit den protestantisch Gesinnten in Verbindung setzte, denen er als ein Bundesgenosse zu erscheinen hoffte.

**) Er ist an den erwähnten Verwandten gerichtet.

von solchem Schmuze zu befreien. Da ihr nun beſſere Beweiſe verlangt, ſo ſchicke ich euch hier einige von jenem Manne beſchriebene Blätter, auf denen ein Theil ſeiner Kezereien ſteht*). Es wird ihn das am beſten überführen, da er ſeine Handſchrift nicht verleugnen kann. Aber ich will euch geſtehen: ich habe große Mühe gehabt, ſie von Herrn Calvin zu erhalten. Nicht, daß er nicht wünſchte, daß ſolche verdammte Läſterungen unterbrückt werden, aber es ſcheint ihm, daß was ihn betrifft der er nicht das Schwert der Gerechtigkeit trägt, er die Pflich habe, die Kezereien vielmehr durch die Lehre zu widerlegen als durch ſolche Mittel. Doch ich bin ſo in ihn gedrungen und habe ihn beläſtigt, indem ich ihn darauf hinwies, daß der Vorwurf des Leichtſinns auf mich zurückfiele, wenn er mir nicht hülfe, daß er endlich nachgegeben und mir überlaſſen hat was meinem Schreiben beiliegt.“ Man ſieht, daß ſich Calvin hier einfach ſo benommen hat, wie ſich wohl ein Jeder von uns in ähnlichem Falle auch benehmen würde. Es iſt ihm widerwärtig, zur Verurtheilung eines Mannes beizutragen, über dem er ſich in keiner Weiſe zum Richter geſetzt fühlt, wie ſehr er auch im Uebrigen von ſeiner Schuld und Strafbarkeit überzeugt iſt; und doch kann er faſt nicht anders als auf das Verlangen ſeines Freundes eingehen, nachdem einmal die Sache dieſe Wendung genommen. Oder ſoll er dieſen als Lügner erſcheinen laſſen? Soll er die Wahrheit gefliſſentlich verbergen, und das Gericht, das ſich an ihn wendet, dazu nöthigen, vor den Lügen Servets ſich zurückzuziehen? Einen Augenblick mochte er dieß für das Pflichtgemäßere halten, wie aus der Aeußerung de Trie's hervorgeht; aber bei näherer Ueberlegung und unter dem Andringen des Freundes, der gleichſam ſeine Glaubwürdigkeit verpfändet hatte, konnte es nicht ausbleiben, daß er endlich nachgab.

Als dieſe neuen, ſchlagenderen Beweisſtücke, zu denen bald noch weitere ſich geſellten, in den Händen ſeiner Richter lagen, wäre für Servet nun die Gelegenheit da geweſen, die er mit ſo hohen Worten herausgefordert hatte, ſeine Ueberzeugung durch die blutige Weihe des Märtyrerthums zu beſiegeln. Alles, was gegen ihn ſprach, wurde ihm vorgehalten, und ein Eid von ihm gefordert, daß er der Wahrheit gemäß darauf antworten werde. Aber wie ſchnell verfliegt der Muth, der nur in dem Trotze des Fleiſches ſeine Wurzel hat! und wie ganz anders nimmt doch die Märtyrerkrone am fernen Horizonte ſich aus, als wenn ſie nun wirklich dargeboten wird und ergriffen werden ſoll! Auf das Jämmerlichſte verzagt und erſchrocken, ohne alle Manneswürde und Wahrhaftigkeit, iſt der vermeſſene Schwärmer, der die Welt um

---

*) Es waren das Blätter eines Exemplares des Buches vom „Chriſtlichen Unterrichte,“ das, wie wir oben erzählt, Servet mit giftigen Randgloſſen bedeckt Calvin zugeſchickt hatte, als dieſer ihn zur Beantwortung ſeiner Fragen darauf verwieſen.

iche Form; aber das sei auch nicht nothwendig; dergleichen Dinge
nach Umständen, Zeiten und Personen eingerichtet werden. Wie
i gebeten habe, schickten sie hier eine Darstellung ihrer Einrichtungen
hten aber durchaus nicht daß die Genfer ihre eigenen damit ver-

ich äußerten sich Basel und Schaffhausen; nur in sehr kurzen
rn, das damals gerade auf einem etwas gespannten Fuße mit den
nd. So viel war klar, daß man im Allgemeinen die durch Calvin
kirchliche Ordnung als durchaus in der Schrift begründet und
chend billigte, und auf das Dringendste von Allem abrieth was sie
tören oder in ihrer vollen Wirksamkeit hindern könnte.
Dessen waren die beiden Parteien sich ohnehin schon etwas näher
Nach jenem großen Versöhnungsakte beim Beginn des Jahrs
Geistlichen und Aeltesten mit freundlichen Worten sich an Berthe-
ot und ihn gebeten: wenigstens nur das zuzugeben, daß er sich
s Sacraments unwürdig gemacht und durch die Ausschließung
gerechtes Urtheil über sich empfangen habe. Bekenne er das, so
vollen Wiederversöhnung mit der kirchlichen Gemeinschaft und
orium nichts im Wege stehen. Es war nicht ganz leicht, den ge-
tzigen Mann hiezu zu bringen. Aber die Bitten seiner Freunde
stlichen Mahnungen des Rathes überwanden endlich doch seinen
. Am 25. Oktober machte er feierlich seinen Frieden mit der
Behörde und nahm hierauf an dem Abendmahle Theil.

Genfer Libertiner sich früher schon mit ihm in Verbindung gesetzt und ihm die Aussicht eröffnet hatten, durch ein Zusammenwirken mit ihnen Calvin verdrängen und für seine Anschauungen in ihrem Gemeinwesen sich eine Freistätte erobern zu können. Jedenfalls wird man kaum irren, wenn man, nach seinem ganzen bisherigen Benehmen, annimmt, daß dieselbe krankhafte Lust sich mit dem Reformator und seinem System zu messen, welche ihn seit Jahren erfüllte und immer wieder gegen Calvin hindrängte, im Geheimen mit auf ihn einwirkte, als er die gefahrvolle Straße einschlug, die ihn zu seinem verhängnißvollen Ziele führen sollte. „Ich weiß nicht, was ich davon sagen soll," bemerkt Calvin selber einmal, „es war als ob ein gottverhängter Wahnsinn ihn ergriffen habe, der ihn mit übermächtiger Gewalt dazu trieb, sich in den Abgrund zu stürzen*)."

Wie dem indessen immer sei: sehr geheim und unbemerkt langte er zuerst in Genf an, und fand in der kleinen Fremdenherberge Auberge de la Rose, die am See lag, ein Unterkommen. Es stand in seiner Macht, nachdem er einige Tage ausgeruht, seinen Weg nach Italien völlig ungehindert weiter fortzusetzen, da es ihm nicht an Geld fehlte und die Reisegelegenheiten alle Tage sich darboten. Aber offenbar hatte er etwas Anderes im Sinne. Ohne alle Vorsicht zeigte er sich seinen Wirthsleuten als den feinen, gebildeten Mann, der er war; führte mit den Gästen lebhafte Unterhaltungen, warf mit allerlei leichten Worten um sich, wie sie in dem gegenwärtigen, sittenstrengen Genf nicht unbemerkt bleiben konnten**), und verlängerte seinen Aufenthalt Tag für Tag, ohne daß Jemand wußte, welch' ein Geschäft ihn zurückhalte. Es ist zweifelhaft, ob er mit einigen der libertinischen Häupter oder andern Gesinnungsgenossen persönlich verkehrte; wenigstens sah man ihn häufig ausgehen und auch einige Male die Predigten Calvins besuchen. Am 13. August endlich — nach mehr als einem Monate seit seiner Ankunft — schickte er zur Abreise sich an. Er redete davon, daß er nach Zürich zu reisen gedenke und bestellte einen Kahn, der ihn den See hinauffahre. Eben war er im Begriffe, die Herberge zu verlassen, als ein Gerichtsdiener erschien und ihn im Namen des Rathes verhaftete.

Man hat sich in mancherlei Vermuthungen über den Grund dieses verlängerten Aufenthaltes ergangen, der die nächste Veranlassung zu der folgenden Katastrophe geworden ist. Und doch liegt die Lösung des Räthsels wohl ziemlich nahe. Unsere Leser werden sich aus dem Vorgehenden erinnern, daß eben um diese Zeit die Libertiner, von dem Rathe unterstützt, den Kampf gegen die calvinischen Institutionen mit aller Entschiedenheit aufgenommen hatten. Siegten sie, wie es in diesen Tagen fast den Anschein hatte, so ließ

---

*) Henry III, 151.
**) So antwortete er z. B. auf die Frage, ob er verheirathet sei: „On trouve bien assez de femmes sans se marier."

für Servet kein sicherer und willkommenerer Aufenthalt sich finden als Genf, und es war zum Verlassen der Stadt überhaupt keine Nöthigung mehr vorhanden. Ohne Zweifel gedachte er also abzuwarten, welche Wendung die Dinge nehmen würden; und erst als er wahrnahm, daß die gewünschte Entscheidung doch nicht so unmittelbar bevorstehe, oder als ein noch längeres Zuwarten ihm mißlich und gefahrdrohend erschien, entschloß er sich, seinen Wanderstab zunächst weiter zu setzen.

Aber nun war es eben zu spät geworden. Ein dunkles Gerücht von seiner Anwesenheit hatte sich verbreitet; Einigen, die ihn früher gesehen, war seine Erscheinung aufgefallen, als er die Kirche besuchte; sie hatten dem Consistorium von ihrer Entdeckung Anzeige gemacht, und durch dieses war die wichtige Nachricht dem Rathe übermittelt worden. Denn nicht anders betrachtete man damals die Gelegenheit, solch eines Menschen habhaft zu werden, als man etwa heutzutage den Fang eines der großen Revolutionsagenten ansehen würde, die die Länder Europa's durchstreifen, um sie zu erregen. Wie es jeder Anhänger des Bestehenden, sicherlich jede staatliche Behörde, ohne Weiteres als ihre Pflicht erachten müßte, den ihr bekannt gewordenen Aufenthaltsort eines derartigen Wanderers gehörigen Orts anzuzeigen und damit seinem Treiben endlich ein Ziel zu setzen: so, und ganz mit dem nämlichen Rechte, haben in ihrer Sphäre und von ihrer Ueberzeugung aus Calvin und das Genfer Consistorium in dieser Angelegenheit gehandelt. Calvin spricht sich darüber zu verschiedenen Malen mit aller Entschiedenheit aus. „Ich gestehe es durchaus," schreibt er an Sulzer*), „daß ich es war, der den zur unglücklichen Stunde hiehergekommenen Mann verhaften ließ. Denn ich hielt es für meine heiligste Pflicht, dieser Pest zu wehren, damit ihre Ansteckung nicht weiter sich verbreite. Aller Orten bricht die Gottlosigkeit hervor und macht Fortschritte, immer neue Irrthümer treten ans Licht und verwirren die Gemüther, und wie unthätig lassen Diejenigen sie gewähren, denen Gott sein Schwert übergab, um die Ehre seines Namens zu schützen! Wenn christliche Obrigkeiten sehen, wie die Vertreter des Papstthums so kühn und entschlossen ihren Aberglauben vertheidigen und in ungemessener Wuth das Blut der Heiligen vergießen: sollte sie da nicht eine tiefe Scham darüber ergreifen, daß sie so gleichgültig und muthlos sind, wo es um die Bewahrung der gewissen Gotteswahrheit sich handelt? Freilich gestehe ich ja gerne, daß uns nichts weniger geziemen würde, als ihre wilde Raserei nachzuahmen. Aber etwas Anderes ist es doch: die Gottlosen daran hindern, daß sie nicht jede beliebige Lästerung ungestraft ausstoßen; zumal wenn eine so offenbare Gelegenheit dazu gegeben wird, wie in diesem Falle."

Und von demselben Gesichtspunkte ging die politische Behörde aus.

---

*) Bei Bonnet II, 409.

a Michael Servet," heißt es in dem Rathsprotokolle vom 13. August,
rch einige Brüder*) erkannt und angezeigt worden ist, fand man für
, ihn ins Gefängniß führen zu laffen, damit er die Welt nicht länger
seinen Läfterungen und Ketzereien verpefte." Alsobald nach seiner Ver-
tung wurde er in den alten Kerker nahe bei St. Peter eingeschloffen; und
nach damaligem Genfer Rechte, keine Anklagen erhoben werden konnten,
e einen beftimmten Ankläger, der dann auch seinerseits sich mußte in das
ängniß setzen laffen, so nannte sich der Schreiber und Famulus Calvins
olas de la Fontaine als sein Gegner, und unterzog sich der Formalität
en ihm in Gewahrsam gebracht zu werden.

Es ift kein Zweifel, daß damals noch Niemand an den schrecklichen
sgang dachte, den der Prozeß nachher genommen hat. Calvin wenigftens
ugt, er sei nur der Meinung gewesen, durch einen Widerruf oder auf
end eine andere Weise die Frechheit des Mannes zu brechen und den
iftlichen Glauben gegen ihn sicher zu ftellen; eine ernftere Strafe habe
a nicht gedroht, und wäre ficherlich vermieden worden, wenn er sich nur
wenig gelehrig gezeigt und eine Hoffnung der Befferung gegeben hätte**).
er Servet fühlte sich hier, in der reformirten Stadt, auf einem andern
den als vor dem Ketzergerichte zu Vienne. Daß man ihm etwas Ernftes
hun werde, hielt er augenscheinlich für unmöglich, und war darum wenig
igt, irgend eine Rücksicht zu nehmen, oder im Angesichte des lang her-
bgeforderten Gegners seiner theologischen Ehre etwas zu vergeben.

---

*) Es geht aus dieser Angabe hervor, daß also keineswegs von Calvin allein,
wie man es gewöhnlich annimmt, die Anzeige ausging; wiewohl er ja
allerdings nach seinen eigenen Aeußerungen mit allem Eifer dazu mitwirkte.

**) In der Schrift „Widerlegung der Irrthümer Servets" p. 517: „Et de
fait, il n'ait eftè poinet en danger, comme je pense, detomber en
punition rigoureuse, s'il se fuft montré auculnement docile et qu'il
euft donné espoir de revemir à bien." Und an einer andern Stelle:
„Adde quod nullum instabat gravioris poenae periculum, si quo
modo fuisset sanabilis." Damit scheint es denn freilich wenig zu ftim-
men, daß er gleich in dem erften Brief an Farel, in dem er die Sache
berichtet, die „Hoffnung" ausspricht, den Mann zum Tode gebracht zu
sehen (Bei Bonnet II, 399). Wer seine Briefe gelesen hat, weiß indessen zur Genüge, wie sein reizbares, cholerisches Temperament im erften
Augenblicke, und namentlich in Auslaffungen gegen vertraute Freunde gar
manche Aeußerung auf das Papier warf, die so ernftlich nicht gemeint
war. Jedenfalls werden wir sicherer gehen, wenn wir, bei solch wider-
sprechenden Zeugniffen, an Diejenigen uns halten, die später, in Zeiten
der Ruhe und des vollen Bewußtseins niedergeschrieben wurden, als an
die Zornausbrüche, die mitten im Drange der Sache selber vorkamen.
In unserm Falle gilt diese Regel um so mehr, als Calvin sich seinen Antheil an der Verurtheilung Servets in keiner Weise zum Vorwurf machte,
sondern fort und fort vollkommen überzeugt war — und das auch ganz
offen aussprach —, daß er damit nur eine heilige Pflicht erfüllt habe.

Schon am 14. August — am Tage nach der Verhaftung — wu
Prozeß eröffnet. Calvin war die Aufgabe zugefallen, die Anklageschrift
ihn aufzusetzen, und noch in der Nacht vom 13. auf den 14. hatte er
Geschäftes sich entledigt. In 38 Artikeln, deren Inhalt man nach den
hergehenden sich von selber wird denken können, faßte er zusamme
die Lehre des Spaniers der Ketzerei und Gotteslästerung überwies.
aller Offenheit beantwortete sie Servet als sie ihm vorgelegt wurden
Autorschaft seiner Bücher erkannte er an; seine von der Kirchenlehre
chende Ansicht gestand er ein; seine Schmähungen gegen Calvin entsch
er damit daß Calvin ihn zuerst geschmäht und sich „wie trunken“
habe von seinen irrigen Meinungen; den Vorwurf der Gotteslästerun
er zurück und erklärte sich zum Widerrufe bereit wenn man eine solch
nachweisen könne. Dabei wollte er aber freilich nichts zurücknehmen w
Ausdrücken, auf die diese Beschuldigung sich gründete, nicht einm
„dreitheiligen Gott und Teufel mit drei Köpfen,“ zu dem er den dreie
Gott der kirchlichen Lehre verzerrt hatte *).

Da sich bald herausstellte, daß de la Fontaine dem Manne ni
wachsen war, bat der Rath die gesammte Geistlichkeit, Calvin ar
Spitze, bei den folgenden Verhören mit zu erscheinen. Auch die Häup
Libertiner und eine Anzahl anderer Bürger fanden sich ein, da m
große Kampf zwischen den eigentlichen Gegnern von Angesicht zu An
anheben sollte. Sie trafen in der That alsobald aufeinander. Calvi
damit an, daß er den Spanier geradezu anklagte, nicht nur das Ch
thum sondern überhaupt alle Religion umzustürzen. Denn wie sei ei
ligion noch denkbar, wo jeder Unterschied zwischen gut und bös, zr
Schöpfer und Geschöpf aufgehoben werde? Das aber sei die nothw
Folge der Grundsätze Servets, wonach Gott Alles sei und Alles
„Mit einer Frechheit die zum Wahnsinn wurde,“ schreibt Calvin **)
kannte der Unglückliche das an. Mit kaltem Lachen antwortete er, di
heit wohne allerdings auch in den Teufeln, so gut als in Holz und
Alles sei mit Göttern angefüllt ***). Entsetzt sprang ich auf und rief:
Unglückseliger! wenn irgend ein Mensch, diesen gepflasterten Fußbod
Füßen tretend, dir sagte, daß er die Gottheit mit Füßen tritt: wür
dich denn nicht solch' eines Unsinnes schämen? Er antwortete: vi
zweifle ich nicht daran, daß dieser Schemel oder was du mir sonst
die Substanz Gottes ist. Das ist nun einmal mein allgemeiner Gru
daß aus dem Wesen Gottes alle Dinge entstanden sind, und daß die
der Dinge der wesentliche Geist Gottes ist.“

*) Trechsel p. 285 u. f. Henry III, 155.
**) In dem schon erwähnten Briefe an Farel.
***) In der „Widerlegung Servets“ p. 521.

Es leuchtet von selber ein, welche unvereinbaren Gegensätze einander da gegenüberstanden; — unvereinbar wie der Theismus und der Partheismus, der Glaube an einen bewußten, lebendigen, persönlichen Gott und die Annahme einer bloßen Urkraft ohne alle selbstbewußte und sittliche Bestimmung, es immer sein werden. Und welche Repräsentanten dieser beiden Gegensätze waren da aufeinander getroffen! Der Eine, ganz durchdrungen von der Heiligkeit und Unantastbarkeit seines Gottesglaubens, nicht nur für seine Person darin wurzelnd mit allen Fasern seines Wesens, sondern auch im Innersten überzeugt, daß wer sich dawider erhebe, den Frevel begehe an Schöpfer und Geschöpfe der alle Gerechtigkeit des Himmels und der Erde gegen sich herausfordere, — der Andere, auch seinerseits wie Eins geworden mit dem was er ausspricht, bis zum Rausche begeistert und trunken von seiner geträumten Göttlichkeit, in seinem Gegner einen Todfeind seiner Person und seiner Größe erblickend, einen finstern Geist der gemeinen Beschränktheit, der niederdrückenden Tyrannei; wider ihn ankämpfend wie ein Gefangener der die Eisengitter seines Gefängnisses schüttelt, und mit grimmiger Verachtung knirscht über das träge, geistlose Metall das seiner frischen Lebenskraft nicht weichen will! Es war gar nicht anders möglich, als daß der Streit nach den ersten Erörterungen eine persönliche Wendung nahm, und die Funken herausbrachen, wie wenn Stahl und Stein zusammenschlagen. Besonders Servet, der in Calvin seinen Verfolger von lange her und den absichtlichen Anstifter seines Unterganges sah*), überließ sich seiner leidenschaftlichen Natur mit einer Heftigkeit, die alle Anwesenden gegen ihn aufbrachte. Die Richter bemerkten, dadurch allein schon mache er einen üheln Eindruck und erscheine strafbar; nachdem sie die Erwiderung Calvins vernommen hatten, die auch nicht gerade gemäßigt mag ausgefallen sein**), erklärten sie die Anklage vorläufig für bewiesen, und ordneten an, daß der Verhaftete zu weiterer Untersuchung im Gefängnisse behalten, sein Ankläger Nicolas de la Fontaine dagegen auf freien Fuß gesetzt werde.

Es folgte nun eine Reihe höchst unerquicklicher Verhandlungen, in denen ein jeder der von Calvin aufgesetzten 38 Anklagepunkte im Einzelnen durchgenommen und dem Angeklagten zur Verantwortung vorgelegt wurde. Unaufhörlich wiederholte sich dabei das Schauspiel des ersten Verhöres: die eindringende Logik Calvins, der mit steigender Entrüstung dem Gegner alle Consequenzen seines Systems aufdeckte, — und dem gegenüber bald der kalte Leichtsinn mit dem Servet die lästerlichsten Sätze ohne Weiteres zugab, bald die aufbrausende Leidenschaftlichkeit, die von den Einwürfen auf die

---

*) Calvin bemerkt das in seinem Briefe an Farel mit einem gewissen Erstaunen. „Mit bittern Worten wies er mich zurück, gerade als ob er mich als seinen besondern Feind betrachtete."

**) „Ich antwortete ihm wie er es verdiente." An Farel.

Person des Anklägers überging und die rücksichtslosesten Schmähworte über ihn ausschüttete. Es kam gelegentlich so weit, daß der Reformator seinen Wuthausbrüchen nicht mehr anders Einhalt zu thun wußte, als indem er mit der gesammten Geistlichkeit den Gerichtssaal verließ.

Die Behörde ging indessen mit der größten Ruhe und der möglichsten Unparteilichkeit zu Werke. Die Theologen traten zurück und der Staatsprokurator nahm vorzugsweise die Sache in die Hand. Eine Anzahl Bücher, die der Gefangene zu seiner Vertheidigung verlangte, wurden auf Staatskosten angeschafft, oder Calvin ließ sie ihm sogar aus seiner eigenen Bibliothek; seinen weitern Klagen über die Unbequemlichkeiten und Entbehrungen des Gefängnißlebens half man ab so weit es thunlich schien*). In einem Verhöre bei dem Calvin nicht zugegen war, zeigte sich auch Servet selbst milder und nachgiebiger gestimmt. Als habe er mit einem Male den ganzen furchtbaren Ernst seiner Lage begriffen, bat er flehentlich, man möge ihn doch loslassen, da er nichts gegen die Republik gesündigt. Bei der Herausgabe seiner Bücher habe er keine schlimme Absicht gehabt; seine Verdammung der Kirchen Genfs und Deutschlands nehme er zurück, habe er in einzelnen Punkten geirrt, so wolle er widerrufen. Da gerade ein Justizbeamter von Vienne sich eingefunden hatte, der die Auslieferung des Entflohenen an das dortige Tribunal verlangte, so ließ ihm der Rath die freie Wahl, von welchem der beiden Gerichtshöfen er sein Schicksal entschieden zu sehen wünsche. Mit strömenden Thränen warf er sich nieder, und bat daß die Herrn in Genf seine Richter bleiben möchten; er wolle sich Allem unterwerfen, was sie über ihn beschlössen**).

Ueberhaupt schien allmälig ein etwas anderer Geist über ihn zu kommen. Er gestand und bereute es laut, daß er in Vienne geheuchelt und die Messe besucht habe. Zu seinen Ueberzeugungen bekannte er sich mit mehr Mäßigung und zugleich mit mehr Festigkeit als früher. Als man ihm ankündigte, er werde nach dem Gesetze über die Ketzer gerichtet werden, das ihm wohl bekannt gewesen sei, bat er nicht mehr um Gnade, sondern erklärte, er werde bei seiner Sache bleiben und dafür zu sterben wissen. Henry legt das ohne Weiteres im besten Sinne aus***). „Es war um diese Zeit," sagt er, „als ob die Gnade Gottes das Herz des Mannes zu bewegen anfange, um ihn zum Tode stark zu machen." Aber historisch besser begründet dürfte wohl

---

*) Freilich hatte Servet durch sein Benehmen gegen Calvin und einige lügnerische Ausflüchte sich selber sein Spiel nicht wenig erschwert. Auf sein Verlangen nach seinem juristischen Beistande bemerkte z. B. der Staatsanwalt: man könne nicht darauf eingehen, da er sich als ein so ausgemachter Lügner und Verläumder gezeigt habe, dem das Recht solche Hülfe ausdrücklich untersage. — In den Prozeßakten bei Trechsel p. 307.

**) Que Messieurs fissent de lui tout a qu'il leur plairoit.

***) III, 168 u. f.

die Vermuthung sein, daß eine ganz andere Ursache als die Gnade Gottes — wir werden sogleich das Nähere besprechen — solche Veränderung in ihm hervorrief. Denn unerklärlich müßte es doch bleiben, wenn wirklich edlere Motive die bestimmenden gewesen wären, daß er gerade um diese Zeit sich in seinen Schmähreden fort und fort steigerte; ein Mal über das andere wiederholte er vor dem Gerichte: der persönliche Haß dieses verkehrten Mannes sei der einzige Grund seiner Leiden, es sei ein Unrecht, ihn diesem Haße zu opfern.

Es konnte bei dieser Stimmung keine Wirkung auf ihn hervorbringen, daß Calvin eine Zeit lang in milderem Tone zu ihm redete, und ihn eher zu bekehren suchte als nur seiner Schuld zu überweisen. Servet fertigte ihn kurz damit ab, daß er durch innere Sorgen verhindert sei, sich jetzt mit den Dingen zu beschäftigen die er vorbringe, und erhob im Weitern gegen das ganze bisherige Verfahren den Einwand, daß Glaubenssachen überhaupt nicht vor ein weltliches Gericht gehörten, sondern daß allein die christliche Gemeinde ihn zu richten habe. Calvin konnte freilich nach seiner Anschauung von den Pflichten der christlichen Obrigkeit unmöglich das gelten lassen. Indessen erklärte er sich doch bereit, wenn Servet es vorziehe, die fernern Verhandlungen in der Kirche vor dem Volke zu führen; und als sein Gegner dieß ablehnte, weil er die Genfer Kirche lediglich als die Kirche Calvins betrachten müsse, und von ihr an das Urtheil der auswärtigen Kirchen appellirte, so ließ sich der Reformator am Ende auch diesen Ausweg gefallen. Nachdem der Rath beide Theile hatte abtreten lassen, ordnete er an, daß die Streitenden, um alle Aufwallungen zu vermeiden, durch schriftlichen Verkehr die nöthigen Einleitungen hiezu treffen sollten, Calvin habe im Auszuge die hauptsächlichsten Irrthümer des Spaniers lateinisch zusammenzustellen, und Servet in einem Zeitraum den er sich selber bestimmen möge, seine Antwort darauf abzufassen. Sei das geschehen, so werde man die beiderseitigen Schriftstücke den schweizerischen Kirchen, mit denen man in der nächsten Gemeinschaft stehe, zusenden und ihr Urtheil erwarten.

Man sieht, daß die Dinge noch einmal die möglichst günstige Wendung für den Angeklagten nahmen. In seiner Hand stand es nun, durch eine gemäßigte Erklärung, in der er die empörendsten Schroffheiten seiner Sätze zurücknahm, die von ihm selbst aufgerufenen Richter freundlich für sich zu stimmen, und so durch ihren Spruch dem Aeußersten zu entgehen von dem er sich bedroht sah. Und das schien man auch allgemein zu erwarten. Calvin, der sonst die umfassendsten Arbeiten in kürzester Zeit vollendete, hatte sich vierzehn Tage dazu erbeten seine Anklageschrift aufzusetzen: offenbar in der Absicht dem Gefangenen Zeit zu geben um sich zu sammeln, und mit möglichstem Bedachte das entscheidende Aktenstück vorzubereiten, von dem sein Schicksal unwiderruflich abhing.

Aber da trat nun mit einem Male die verhängnißvolle Wendung ein, die die ganze Angelegenheit auf ein anderes Gebiet hinüberspielte, und den

Unglücklichen unrettbar in die Schlingen verwickelte, die er seinem Gegner zu legen gedachte. Statt das angerufene Urtheil der Kirchen abzuwarten, begab Servet sich plötzlich auf den Boden der politischen Parteikämpfe, und schloß in seiner ganzen Haltung jenem erbitterten Angriffe sich an, den die Libertiner in diesen Tagen, wie wir im vorhergehenden Abschnitte erzählten, gegen die Person und die gesammten Institutionen Calvins unternahmen.

Schon seit längerer Zeit hatte unter den Anhängern Calvins ein leiser Verdacht sich geregt, daß einige libertinische Häupter, ja sogar einige Mitglieder des Rathes — namentlich Berthelier und Perrin —, im Geheimen mit dem Gefangenen in Verbindung stünden und ihn zu seinem rücksichtslosen Widerstande ermuthigten. Die persönlichen Schmähungen gegen Calvin, in denen er sich fortwährend gefiel, schrieb man zu einem nicht geringen Theile diesen Einflüsterungen zu. Als er in der letzten Zeit mit einem Male so viel muthiger auftrat als vorher, ließ sich diese Umwandlung fast nicht anders erklären als durch die wachsende Aussicht auf den Sieg seiner Verbündeten, die gerade damals sich aufthat (Ende August), und die bestimmteren Zusagen, die man ihm demnach von ihrer Seite hatte zukommen lassen. Der Sekretär des Rathes bezeugt daß dem auch wirklich so war. „Einige der Vornehmen,“ sagt er, „begannen ihm Gunst zu erweisen und bestärkten ihn dadurch noch viel mehr in seiner Bosheit*).“ Und in dem Augenblicke da sie nun in der Berthelier'schen Angelegenheit den großen Hauptsturm gegen den Reformator ins Werk setzten, trat gegen alle Vermuthung, im vollsten Widerspruche mit dem was eben in seiner Sache war beschlossen worden, auch Servet als ein offener, erklärter Feind wider ihn auf und ging aus der Rolle des Angeklagten in die des Anklägers über. Statt seiner Vertheidigungsschrift reichte er zum allgemeinen Erstaunen dem Rathe eine Bittschrift ein, worin er erklärte, er wolle von dem Rathe der Zweihundert abgeurtheilt werden und bereite eine Anklage auf Todesstrafe gegen Calvin vor. Die genaue Kenntniß der Genferischen Verfassung und Gerichtsordnung, die sich darin kund that, deutete genugsam darauf hin, daß der Stoff dazu aus einem andern Kopfe als dem seinigen hervorgegangen war.

---

*) Bei Ruchat VI, 39. — Wie allgemein man hievon überzeugt war, beweist auch ein gleichzeitiger Brief des frommen Musculus in Bern an Bullinger, worin er über die Genfer Zustände ihm Mittheilungen macht und dabei sagt: „Der Genfer Kirche wird von des Satans Dienstknechten heftig zugesetzt. Wir haben also große Ursache, den im Kampf begriffenen treuen Dienern durch unser Gebet zu Hülfe zu kommen. Servet ist nämlich nach Genf gekommen, um sich den bösen Willen, den etliche Große gegen Calvin tragen, zu Nutze zu machen. Er hofft dort einen Platz zu finden, von welchem aus er auch andere Kirchen beunruhigen könnte. Bereits hat er angefangen seinen Saamen auszustreuen“ u. s. w. Heß, Leben Bullingers II, p. 83.

Mit seiner Appellation an die zahlreichere Versammlung drang er nun freilich nicht durch, wie lebhaft auch Perrin das Gesuch befürwortete. Dagegen seine Anklageakte gegen Calvin wurde wirklich am 22. Sept. der Behörde vorgelegt. Er forderte darin daß der Reformator völlig auf dem gleichen Fuße mit ihm behandelt werde; daß man ihn in denselben Kerker gefangen setze, und über den das Todesurtheil spreche, der als der falsche Ankläger und eigentliche Ketzer sich herausstelle*). Denn nicht er, sondern sein Gegner sei es, der durch schändliche Entstellungen die Wahrheit Christi unterdrücke und als ein zweiter Simon Magus die Kirche in unerhörter Weise verwüste. „Gerechtigkeit, Gerechtigkeit, Gerechtigkeit, gnädige Herren!" rief er am Schlusse seiner Vorstellung aus. In einer folgenden Eingabe entblödete er sich nicht, sogar die armseligen Besitzthümer des Mannes, mit dem er es zu thun hatte, zu seiner Entschädigung zu fordern**).

Jetzt freilich konnte von nichts Anderem mehr die Rede sein als von dem Untergang des Einen oder Andern. Sie sahen es auch Beide so an, und boten alle Mittel die ihnen zu Gebote standen gegen einander auf. Man hat es Calvin übel genommen, daß er die Angelegenheit auf der Kanzel zur Sprache zu bringen begann, daß er an seine Schweizer-Freunde und nach Deutschland schrieb, um überall die Augen auf den Streit zu richten und durch die Zustimmung der bedeutendsten Männer das Gewicht seines Urtheiles zu verstärken. Aber durfte er denn anders, wie jetzt die Dinge lagen, als Alles daran setzen um die Oberhand zu behalten? Durch seine eigene Entschließung hatte Servet es dahin gebracht, daß auf seine Person nicht die geringste Rücksicht mehr genommen werden konnte, daß seine Freisprechung, ja schon ein gemildertes Urtheil das ihn traf, für die ganze Stellung Calvins, für seine ganze Lebensarbeit, für das ganze Reformationswerk in Genf zu einer tödtlichen Niederlage geworden wäre. Und auf bloße Freisprechung oder Milderung seines Urtheiles ging er übrigens auch seinerseits gar nicht mehr aus. Jene Vertheidigungsschrift, die er für die auswärtigen Kirchen verfassen sollte, behandelte er als die unwichtigste Sache der Welt, die ihm lediglich Gelegenheit gab seine Beschuldigungen gegen Calvin mit erhöhter

---

*) Vergl. dieses Aktenstück bei Henry III, Beilage p. 71. „Je demande que mon faulx accusateur soit puni poena talionis, et que soyt detenu prisonier comme moi jusques à ce que la cause soyt deffinie pour mort de luy ou de moy ou aultre peine." Später besann er sich freilich, daß er es ja bis dahin als durchaus verwerflich erklärt habe, die Ketzerei mit dem Tode zu bestrafen, und redete darum in einer zweiten Eingabe nur noch von Verbannung: „doit non seulement estre condamné, mays extermine et dechace de vostre ville."

**) „Et son bien doyt estre adjugé à moy on recompense du mieu, que luy ma faict perdre, la qu'ile chose, Messeigneurs, de vous demande."

Leidenschaftlichkeit zu wiederholen. Einige Randbemerkungen, mit denen er die Arbeit seines Gegners versah, waren Alles was er in dieser Beziehung leistete, sie enthalten nicht viel Anderes als Deklamationen des wahnsinnigsten Hasses, mit einer reichen Auswahl von Schimpfwörtern untermischt*). „Du willst ein Diener der Kirche sein," ruft er ihm zu, „und bist doch ein gräulicher Ankläger und Mörder. Wie lange, Erbärmlicher, wirst du fortfahren, Sachen zu verdammen die du nicht verstehst? Schämst du dich nicht so viele Worte zu machen und doch keine Gründe vorzubringen? Meinst du einzig und allein durch dein Hundegebell die Ohren der Richter zu betäuben? Du hast einen Sinn der nichts fassen kann von der Wahrheit, du Elender! Du erkennst nicht die Gründe der Dinge! durch den alten Zauberer betrogen, willst du uns zu Holz und Stein machen**)." Der entrüstete Rath hielt es für nöthig, das Schriftstück erst den Predigern zu neuer Erwiederung vorzulegen ehe er es an die Schweizerkirchen abgehen lasse, und eine viel ernster und eingehendere Widerlegung als es verdiente, wurde ihm aus Calvins Feder zu Theil. Aber mit Worten war hier offenbar nichts mehr auszurichten. Die Randglossen, mit denen die Abhandlung aus Servets Händen zurückkam, überboten noch die frühern an unsinniger Wuth und Bosheit. „Man meint," sagt Henry, „das Toben eines Rasenden zu hören indem man sie liest." — „Ja wohl, versuche es einmal zu leugnen daß du ein Mörder bist," schreit er darin den Reformator an, „ich will es durch Thatsachen beweisen. Deine Gleichheit mit Simon Magus wagst du selber nicht in Abrede zu stellen. Wer wird dir glauben und für einen guten Baum dich halten? Zu einer so gerechten Sache bleibe ich fest und fürchte den Tod nicht." Zugleich wiederholte er so bestimmt und rücksichtslos als möglich seine pantheistische Lehre, durch die er ja am besten als den rechten Gesinnungsgenossen der Libertiner sich ausweisen konnte. „Allerdings," sagt er, „ist Alles Eins und Alles Gott. Du hörst es ja schon von den Kirchenvätern, daß ein und dasselbe Wesen es sei, das Jegliches trage. Ist es nun nicht Gott, so ist es der Satan. Den Fuß bewegend, sagtest du, er bewege sich doch nicht in Gott, also wirst du denn durch den Teufel getragen! Wir unsererseits wollen in Gott unser Wesen haben in dem wir leben, und auch du, obwohl du selber ein Teufel bist, wirst doch von ihm getragen!" — „Du lügst, du lügst, du lügst, du bösester elendester Unhold!" ruft er am Schlusse; „so groß ist deine Frechheit daß du über Dinge urtheilst die du nicht kennst, und weißt doch

---

*) Simon Magus, Betrüger, Lügner, Schwarmgeist, frecher Mensch, heimtückischer, Schamloser, lächerlicher Zwerg, Dämon, Mörder u. s. w. sind die gewöhnlichen Titel, mit denen er den Reformator anredet.

**) Es findet sich diese Erwiederung, wie Alles was Calvin und Servet schriftlich miteinander verhandelt haben, in den Vermischten Schriften Calvins. Fol. 510—508.

nichts als deine Grammatik. Nicht durch die Schrift bin ich überwunden; ich stehe allein, aber Christus ist mein Beschützer."

Man kann es nach diesen Proben wohl glauben wenn Calvin von den folgenden mündlichen Verhandlungen behauptet: „Ich stand vor ihm in Demuth und Bescheidenheit als ob ich der Gefangene gewesen wäre, und mich über meine Lehre zu verantworten gehabt hätte. Obgleich er bei jeder Gelegenheit mir mit vollem Munde Schimpfworte zuwarf, deren selbst die Richter sich schämten, setzte ich ihm doch nicht härter zu; viel lieber schwieg ich in vielen Fällen. Uebrigens haben wir Geistliche unsererseits Alles gethan, um ihm eine durchaus freie Verhandlung über seine Sätze zu sichern. In der That, ich fürchte daß die Gutgesinnten mich fast einer zu großen Nachgiebigkeit und Weichlichkeit anklagen *)."

Am 21. September gingen die gewechselten Schriften mit Servets letztem Werke an die Kirchen von Zürich, Bern, Basel und Schaffhausen ab. Sie wurden alle gebeten, so schnell als möglich ihre Meinung über diese Angelegenheit mitzutheilen. Schon vorher hatte Calvin in Privatschreiben an die Leiter derselben, an Bullinger, Haller, Sulzer sich gewendet und ihnen die Sache, an der nun so Vieles hänge, recht ernstlich an's Herz gelegt. „Wir hätten gewünscht, daß man euch mit solchen Belästigungen verschone," schrieb er an den Erstern, „aber so steht es nun hier mit mir, und so sehr ist die Bosheit und Thorheit unserer Feinde gestiegen, daß ihnen Alles verdächtig ist was aus meinem Munde kömmt. Wenn ich sagen würde es sei am Mittag hell, so würden sie augenblicklich daran zu zweifeln beginnen **)." Aus einem andern Brief geht hervor, daß sogar ein förmlicher Staatsstreich der mit Servet verbündeten Partei zu befürchten stand, wenn die Sache sich noch weiter in die Länge zog, oder die auswärtigen Gutachten irgend einen Anhaltpunkt dazu boten. „Unsere Feinde," schreibt er an Farel ***), „machen gewaltige Anstrengungen, in der Versammlung des größern Rathes, die Mitte November Statt finden wird, durch Ueberraschung und Tumult etwas Unheilvolles durchzusetzen. Gut wäre es wenn Viret auf diese Zeit hieher käme; dich selber hoffe ich noch früher hier zu sehen, sobald die Servetische Angelegenheit wieder ernstlich aufgenommen wird." Es ist ganz richtig was Henry bemerkt: „Seine Lage war in der That nie gefährdeter als in diesen Tagen, da alle die verschiedenen Elemente der Opposition sich gegen ihn vereinigt hatten, die Regierung mehr oder weniger mit ihnen im Bunde stand, und er seinerseits keine andere Macht mehr besaß als die seiner moralischen Ueberlegenheit und der Autorität eines Willens der auf Gottes Willen sich stützt."

---

*) Modestiam meam bonis omnibus probatum iri confido, nisi quod mollities potius videbitur. Refutat 517.

**) Bei Bonnet II, 400.

***) 14. Okt. Bei Bonnet II, 416.

Darüber freilich wie die Antworten der Schweizerkirchen ausfallen würden, durfte er sich bald beruhigen. Die Erwiederungen auf seine Privatschreiben lauteten ganz so, ja zum Theile noch stärker, als er es wünschte. „Der Herr," schrieb Bullinger, „hat euerm Senat diesen Spanier in die Hände gegeben. Lohnt er ihn nach Verdienst, so wird die ganze Welt sehen, daß man in Genf die Lästerer haßt und mit dem Schwerte der Gerechtigkeit, zur Ehre der göttlichen Majestät, hartnäckige Ketzer zu verfolgen weiß. Sollte aber auch die Sache fehlschlagen, so verlaß dennoch die Gemeinde nicht, damit das Unglück nicht noch viel größer werde. Kämpfe denn unerschrocken, vertraue auf Gott durch Christum, erflehe von ihm Rath und Hülfe, damit er dich aus dieser Drangsal errette; wir werden dir durch unser Gebet beistehen*)." Nicht anders sah Haller in Bern die Sache an. Von den Baslern, die von allen Seiten bestürmt wurden, damit sie nicht etwa von Castellio und seinen Gesinnungsgenossen sich bestimmen ließen, durfte man das Gleiche hoffen. Farel in seinem Eifer pries es als eine Verherrlichung Gottes, wenn derjenige durch den Tod falle, der so viel tausend Mal zu sterben verdient habe. Er ist nicht einmal recht damit einverstanden, daß Calvin die Qual des Scheiterhaufens ihm zu ersparen gedenkt. „Du handelst damit freilich christlich gegen einen wüthenden Feind," sagt er ihm, „aber ich bitte dich, verfahre doch so, daß nicht mehr so leicht ein Jeder es wage, neue Lehrsätze unter das Volk zu bringen und Alles ungestraft umzuwälzen, wie dieser es gethan hat**)."

Und diesen Aeußerungen entsprachen denn auch wirklich die amtlichen Gutachten vollkommen. Am schärfsten drückten die von Zürich und Schaffhausen***) sich aus, etwas milder die Berner, am mildesten und unbestimmtesten die Basler, die darum Calvin auch „die Klugen nennt, die es Allen recht machen wollen." „Wir vertrauen auf euch," schrieb der Zürcher Rath, „daß ihr dem schändlichen Menschen nicht länger Raum geben werdet zu seinen Lästerungen und Aergernissen. Unsere Geistlichen stimmen dem Meister Calvin in Allem bei, was er über seine Lehre sagt. Ueber die Strafe, die er verdient hat, wollen wir nichts entscheiden, obwohl keine Strenge groß genug ist, solchen Frevel zu vergelten. Der Herr möge euch in diesem Stücke mit seiner Weisheit erleuchten." Die Schauffhauser wollen nicht einmal daß man länger mit ihm verhandle, denn seine unsinnigen Träumereien mit Vernunftgründe zu widerlegen suchen, heiße nichts anderes als mit dem Verrückten verrückt sein. „Unterdrückt das Uebel, daß es nicht wie ein Krebs die Glieder Christi zerfresse." — „Wir bitten den Herrn," schreiben die Berner,

---

*) In der Briefsammlung der Amsterdamer Ausgabe p. 78.
**) Amsterdamer Ausgabe p. 71.
***) Von den ersteren sagt Calvin selber „Omnium vehementissimi." An Farel bei Bonnet II, 417.

„daß er euch seinen Geist der Vorsicht und Kraft verleihe, damit ihr diese Pest aus euern Kirchen und den andern Gemeinden entfernet, und überhaupt nichts beschließt was einer christlichen Obrigkeit unwürdig scheinen könnte. Mögen weder in eurer Kirche noch sonstwo ferner dergleichen Irrthümer und Spaltungen gesäet werden, sondern das Reich Christi zunehmen und die Ehre des Herrn *).“ Das Basler Gutachten endlich war von den Geistlichen selber verfaßt — die übrigen von der bürgerlichen Obrigkeit — und ging am ausführlichsten auf die Streitfrage ein. Alle alten Ketzereien, sagt es, seien durch Servet wieder erweckt worden; schon der selige Oekolampad habe mit ihm zu kämpfen gehabt, und es sei sicherlich nöthig sein Lästern zu unterdrücken. Dagegen wäre es sehr wünschenswerth wenn man das thun könnte ohne ihm selber zu schaden, nämlich so daß man ihn eines Bessern überzeuge und zum Widerrufe bringe. Sei das freilich nicht möglich, so müsse er allerdings nach der Pflicht einer christlichen Obrigkeit gezüchtigt werden, damit er nicht weiter schade und die letzten Aergernisse nicht ärger würden als die ersten **).“

---

*) Aus einem Brief Hallers geht hervor, daß die Berner Regierung bei der Nachbarschaft Genfs auch für ihr eigen Land Schlimmes glaubte fürchten zu müssen, wenn man dort nicht energisch einschreite. „Was die Genfer für Unruhen ausgesponnen,“ heißt es, „das müssen doch später wir ausessen.“

**) Die Gutachten sind sämmtlich abgedruckt in der Briefsammlung der Amsterdamer Ausgabe. — Wir fügen hier denselben anmerkungsweise noch einige weitere Urtheile hervorragender Männer jener Zeit in dieser Sache bei, um den immer neuen unverständigen Anklagen gegenüber, die durchaus Calvin allein und persönlich für den traurigen Fall verantwortlich machen wollen, es nach jeder Seite hin mit unwidersprechlicher Klarheit darzuthun, daß er lediglich als Sohn seiner Zeit und aus dem damals allgemein anerkannten Systeme heraus, nämlich dem erst erschütterten aber noch lange nicht völlig überwundenen römischen, gehandelt hat. Wie Bullinger, Oecolampad, Haller, Farel gesinnt waren und sich aussprachen, haben wir bereits vernommen. Lange vorher schon, gleich bei der ersten durch Servet hervorgerufenen Bewegung, hatte der sanfte Bucer, dessen Leben bekanntlich unter lauter Friedensstiften und Versöhnungsbestrebungen hinging, auf öffentlicher Kanzel ausgerufen: „der Mann sei werth, wo man ihn finde, ergriffen und geviertheilt zu werden.“ Und für noch merkwürdiger mag gelten daß auch Melanchthon, bereits betagt, und durch und durch ruhig und leidenschaftslos, wie er jetzt war, ganz in demselben Sinne sich äußert: „Liebster Bruder,“ schrieb er gerade im Jahr nach der Hinrichtung an Calvin, „ich habe deine Schrift gelesen, in der du des Servet entsetzliche Lästerungen so lichtvoll widerlegt, und ich danke dem Sohne Gottes, der in deinem Kampfe Schiedsrichter und Leiter war. Die Kirche Christi ist dir jetzt und für alle Zeit Dank schuldig. Eure Obrigkeit ist wahrlich bei dem Tode dieses Lästerers mit allem Rechte verfahren. Eure Urtheile in dieser Sache habe ich gelesen und lobe sie durchaus. Ich muß mich nur wundern, daß es Leute giebt, die diese Strenge zu tadeln wagen.“ — Von Beza und Biret versteht das Urtheil sich allzusehr von

29*

Beim Anblick dieser Schreiben verlor die libertinische Partei allen Muth. Namentlich die Mahnungen der Berner, der nahen und mächtigen Verbündeten, die sich zudem nie gerade einer besondern Parteilichkeit für Calvin verdächtig gemacht hatten, brachten einen Eindruck hervor, der alle gegentheiligen Gedanken niederschlug. „Die Unsrigen sind dadurch angereizt worden wie durch nichts Anderes," schreibt Calvin an Farel. Als am 23. Oktober die beiden Räthe sich versammelten, der kleine und der der Sechzig, um das Endurtheil zu sprechen, blieben die Häupter der Libertiner weg; Amy Perrin meldete sich krank. Nichtsdestoweniger dauerten die Verhandlungen drei Tage, und sehr verschiedene Meinungen tauchten auf. Einige stimmten für ewige Verbannung, Andere für ewiges Gefängniß, die größere Anzahl für Todesstrafe, wobei indessen die Stimmen sich wieder theilten in Solche, die die Hinrichtung durch das Schwert, und in Solche, die sie durch das Feuer vollziehen wollten. Nach den alten Gesetzen der Republik entschied die Mehrheit am Ende für den letzteren, den strengsten Vorschlag. „Um seiner entsetzlichen Lästerungen willen," heißt es in dem Urtheile, „gegen den Sohn Gottes, gegen die heilige Dreieinigkeit, gegen die Kindertaufe, und viele andere Artikel des christlichen Glaubens — Lästerungen zu grauenhaft um sie wieder zu sagen —, auf denen er doch trotz aller Abmahnungen fortwährend bestand, sodaß er sogar die wahren Gläubigen Atheisten und Zauberer nannte und mit andern Schmähworten überhäufte: beschlossen wir, die peinlichen Richter dieser Stadt, die wir die Christenheit von einer solchen Pest zu reinigen verpflichtet sind, daß Michael Servet von Villeneuve in Aragonien soll gebunden und auf die Stätte Champel hinausgeführt, dort an einen Pfahl befestigt und sammt seinen Büchern verbrannt werden bis er zu Asche wird, und ende so seine Tage um den Andern ein Beispiel zu geben, die etwa Gleiches thun wollten *)."

---

selbst und ist allzubekannt, als daß es erst der Beweise dafür bedürfte. — Musculus in Bern, eine der schlichtesten, frömmsten Seelen der damaligen Christenheit, fühlt sich doch gedrungen zu bezeugen: „Mir graut ob so schändlichen und gottlosen Lehrsätzen. Der Herr strafe diesen Satan und erhalte seine Kirche bei der reinen Lehre." — Aehnlich der berühmte, lutherische Dogmatiker Martin Chemnitz in seinen Locis. — Und der unsern Lesern wohlbekannte Peter Martyr Vermigli endlich hat noch drei Jahre nach dem Tode des Unglücklichen in einem öffentlichen Sendschreiben erklärt: „Nichts Anderes habe ich über ihn zu sagen, als daß er der lebendige Sohn des Teufels war, dessen pestbringenden abscheulichen Lehren überall verfolgt werden müssen; wahrlich! die Obrigkeit, die ihn durch den Tod gerichtet, ist nicht anzuklagen, da er kein Zeichen der Besserung gab, und seine Lästerungen auf keine Weise zu dulden waren." — Vergl. Henry, der diese Urtheile und noch andere zusammenstellt III, 215—223.

*) Das Urtheil ist in seiner ganzen Ausdehnung abgedruckt in der Beilage bei Henry III, 57. u. f.

Es war ein entsetzlicher Spruch, der auf Freunde und Gegner die gleiche Wirkung hervorbrachte. Perrin der ohne Zweifel durch seine Aufreizungen nicht wenig dazu beigetragen hatte, den Unglücklichen bis auf diesen Punkt zu bringen und dann doch in der Stunde der Entscheidung mit schlecht verhehlter Feigheit von ihm gewichen war, raffte sich jetzt, auf das Stärkste bei seiner Ehre angefaßt, von seinem fingirten Krankenbette auf, und wagte noch einen schüchternen Versuch, der Sache eine andere Wendung zu geben. Er verlangte daß man das Urtheil auch dem Rathe der Zweihundert zur Prüfung überweise, in dem seine Partei entschieden die Oberhand besaß. Da dieß indessen allem Herkommen und Gesetze widersprach, so beschied er sich wohl von vornherein selber, daß man nicht darauf eingehen werde. „In der That," schreibt Calvin, „wurde sein Verlangen ohne alle Diskussion abgewiesen. Morgen wird die Hinrichtung stattfinden." — Aber auch Calvin und seine Collegen wurden von dem Urtheile, das sie in dieser Härte kaum erwartet hatten, tief betroffen. Sie versammelten sich alsobald und reichten einstimmig das Gesuch bei dem Rathe ein, daß die Art der Todesstrafe doch gemildert und das Schwert an die Stelle des Scheiterhaufens gesetzt werden möge. „Wir haben indessen nichts damit ausgerichtet," schreibt Calvin an Farel, „aus welchen Gründen werde ich dir später mündlich auseinandersetzen *)." Diese Gründe bestanden wohl einfach darin, daß die Schwierigkeit die eben zu Tage getreten war, unter der Erregung und Getheiltheit der Gemüther zu einem Beschlusse zu kommen, den Räthen nicht gerade Lust machte, das einmal Erreichte wieder umzustoßen und den Streit von Neuem anheben zu lassen. Der Brief, in dem Calvin ihm das mittheilte, traf Farel übrigens nicht mehr in Neuenburg; er war bereits auf dem Wege nach Genf, um dem Verurtheilten in seinen letzten Tagen den Trost des Evangeliums an das Herz zu legen, den er von den Genfer Predigern, mit denen er so bitter verfeindet war, kaum würde angenommen haben.

Wie es gewöhnlich in den letzten Zeiten Derer der Fall ist, die mit Gewißheit dem Tode entgegensehn: so trat auch bei Servet, da er sich zu dem furchtbaren letzten Gange bereiten mußte, das Beste in seiner Natur und seinen Ueberzeugungen in beweglicher Weise zu Tage. Zwar den Christenmuth und die Todesfreudigkeit eines der Märtyrer, die das selbst erlebte Evangelium mit dem Tode besiegeln, darf man nicht bei ihm suchen; und wenn man seinen Scheiterhaufen z. B. mit dem zusammenhält, auf dem gerade zu derselben Zeit die fünf bekannten „Studenten von Lyon **)" für ihren evangeli-

---

*) In dem mehrmals erwähnten Brief bei Bonnet II, 417.
**) Oder auch von „Lausanne." Ihre Geschichte ist neulich wieder kurz und ansprechend in Pipers Evangelischen Kalender für 1860 von Pfr. Meyer in Lyon erzählt worden. Wir werden übrigens auch noch von ihnen zu reden haben.

schen Glauben starben und zeugten, so wird sein Benehmen eher einen kläglichen Eindruck machen, als zur Bewunderung herausfordern. Allein wenn auch nicht gerade Bewunderung, so doch ein rein menschliches und christliches Mitleiden erweckt es dem Beschauer, das durch keinen Zug entschiedener Unwürdigkeit in Gesinnung und Haltung gestört wird.

Ein erschütternder Augenblick war es, als am 26. Oktober um Mittag die Abgeordneten des Gerichtes bei dem Gefangenen eintraten, und ihm das Urtheil vorlasen, von dem noch nicht die geringste Kunde zu ihm gedrungen war. Um dieselbe Zeit am morgigen Tage, zeigten sie zugleich ihm an, werde dasselbe vollzogen werden. Wie betäubt saß er eine zeitlang da, als ob der Donner Gottes ihn getroffen; dann nach tiefen Seufzern, die in dem ganzen Saale wiederhallten, brach er in ein Winseln und Klagen aus das kaum noch einer Menschenstimme glich. Plötzlich erhob er sich, und mit Mark und Bein durchdringendem Jammer schrie er einmal über das andere in seiner spanischen Muttersprache: „Erbarmen, Erbarmen, Erbarmen *)!“ Aber bald wurde er wieder ruhiger, setzte sich nieder, und empfahl sich mit einem allgemeinen Sündenbekenntnisse der Barmherzigkeit des allmächtigen Gottes. Wir wissen nichts darüber wie er die Nacht zubrachte, aber am andern Tage war er offenbar gelassener und ergebener. Schon von früh an hatte sich Farel bei ihm eingefunden, und sprach in seiner treugemeinten, zu Herzen gehenden Weise ihm zu. Gegen seine Lehre freilich wollte Servet keine Einwendung mehr hören, und zeigte sich sehr gereizt, als Farel noch bis zu dem letzten Augenblicke ihm dieselbe zu widerlegen suchte**); aber auf die Gespräche über die Liebe Gottes und die Nothwendigkeit sich ihr allein anzuvertrauen, die man ihm vorhielt, ging er gerne ein. Sein Seelsorger erinnerte ihn dabei daran, daß wenn er als ein Christ sterben wolle, er erst mit Calvin sich versöhnen müsse, den er so oft geschmäht und mit so bitterm Hasse behandelt. Der Verurtheilte hatte nichts dawider; Calvin wurde herbeigeholt, und wie er erschien, von zwei Rathsherren begleitet, die einen Widerruf erwarteten, trat Servet auf ihn zu und bat ihn um Verzeihung für alles Unrecht das er ihm etwa angethan. „Ich antwortete freimüthig,“ schreibt Calvin selber***), „wie es die Wahrheit ist, daß ich nie irgend eine persönliche Beleidigung an ihm verfolgt habe. So zart als möglich erinnerte ich ihn daran, wie ich vor 16 Jahren in Paris auch mein Leben daran gesetzt, um ihn für den Herrn zu gewinnen und es

---

*) „Widerlegung der Irrthümer Servet's.“

**) „Als er mir nichts mehr zu antworten wußte,“ erzählt Farel in einem Briefe an Ambrosius Blaarer (bei Henry III, Beilage p. 73), „schleuderte er mir in alter Weise seine wilden Worte ins Gesicht: „Du lügst, du lügst, du Cajaphas, du wüster Zauberer“ und dergleichen mehr. Dann forderte er uns auf ihm doch zu zeigen, wo Christus der Sohn Gottes heiße; erst von seiner Geburt an beginne seine Gottessohnschaft.“ u. s. w.

***) In der oben genannten Schrift p. 511.

herrlich dahin gebracht hätte, daß alle Frommen ihm wieder die Hand ge= reicht, wenn er nur ein wenig Einsicht hätte zeigen wollen. Auch später, nach= dem er der Verhandlung ausgewichen, habe ich, wie er wohl wisse, durch ernste und freundliche Briefe ihn noch weiter ermahnt und zu belehren gesucht, kurz Alles an ihm gethan was in meiner Macht gestanden, aber durch meine einmüthigen Warnungen sei er nur gegen mich erbittert und endlich zu einer wahren Wuth hingerissen worden. Indessen von dem was meine Person be= treffe, wolle ich jetzt nicht mehr reden, sondern bäte ihn herzlich, er möge doch vor Allem daran denken, Vergebung von dem ewigen Gotte zu erflehen, den er so fürchterlich gelästert, da er ihn einen dreiköpfigen Höllenhund genannt, und von dem Sohne der Versöhnung, den er durch seine Träumereien entstellt und geschmäht. Auf das Alles erwiederte er mir nicht ein Wort. Da ich also schließen mußte daß mein Zureden nichts ausrichte, so wolle ich nicht weiser sein als die Vorschrift des Meisters es gestattet. Nach der Regel des heiligen Paulus zog ich mich von einem ketzerischen Menschen zurück, der verkehrt ist und sich selber verurtheilt hat. (Titus 3, 10 und 11.)" — So trennten sich diese beiden Männer.

Sobald er sich entfernt, drang Farel mit einigen Geistlichen vom Lande von Neuem in ihn. „Wir baten, ermahnten, flehten," schreibt er*), „aber wir erreichten nichts. Der Unglückliche schlug an seine Brust, bat um Ver= gebung, rief Gott an, schrie zu Christo, nannte ihn seinen Erlöser und Vie= les Andere, aber als den Sohn Gottes der in dem Menschen Jesu Fleisch ge= worden, bekannte er ihn nicht." Der Rath war den ganzen Morgen über versammelt gewesen, um einen etwaigen Widerruf entgegen zu nehmen oder die Ordnung gegen jede Störung aufrecht zu erhalten. Zur bestimmten Stunde wurde Servet vor ihn geführt und der Stab über ihn gebrochen. In demselben Augenblicke stürzte er nieder und schrie mit herzzerreißender Stimme, man möge ihn doch durch das Schwert hinrichten und nicht durch körperliche Qualen zur Verzweiflung bringen, sodaß er seine Seele zu Grunde richte. Habe er gesündigt, so sei es aus Unwissenheit geschehen, sein Sinn und Wil= len sei immer darauf gerichtet gewesen, die Ehre Gottes zu verherrlichen. „Wenn das der Fall sei," fiel Farel ihm in das Wort, „so müsse er erst eine Gottlosigkeit bekennen und bereuen, alsdann könne Gnade erfolgen." „Er leide unschuldig," rief Servet von Neuem, „er werde als ein Opfer des Hasses zum Tode geführt, möge Gott seinen Anklägern gnädig sein." Das hieß Farel eine unerträgliche Anmaßung. „Wie? du willst dich noch recht= fertigen," fuhr er ihn an, „nachdem du solche Gräuel begangen? Wenn du so fortfährst, überlasse ich dich dem Gerichte Gottes und gehe keinen Schritt weiter mit dir; ich gedachte dir beizustehn und Alle zum Gebete für dich auf= zurufen, indem ich hoffte du würdest durch dein Benehmen das Volk erbauen.

---

*) In dem oben erwähnten Briefe an Blaarer.

Thust du das, so verspreche ich dir daß ich nicht von dir weichen will bis du deinen letzten Athemzug vollendet hast. Auf das hin," fährt Farel in seiner Erzählung fort, „ließ er ab und sagte nichts mehr dergleichen." Aber nun wurde dem alten treuen Manne selbst das Herz bewegt, flehentlich drang er in den Rath, er möge der Bitte des Armen willfahren und seine Strafe mildern. Er erhielt zur Antwort: ein solcher Richterspruch könne nicht geändert werden, das Gesetz sei klar und die Frevel des Mannes zu groß.

So gingen sie denn hinaus an die Richtstätte bei Champel, eine kleine Anhöhe etwa zwanzig Minuten von der Stadt entfernt, in der lieblichsten Umgebung. Der ganze Kranz der malerischen Berge und Flüsse, die Genf's Lage so reizend machen, schließt sie ein. Aber wie wenig wandten sich jetzt die Augen und Gedanken auf diese Umgebungen! Durch die dichte Menschenmenge hin, von den Dienern des Gerichts umgeben, wanderten die beiden Männer, Farel fort und fort ermahnend und zusprechend, Servet mit lauter Stimme um Vergebung rufend für das was er etwa in Irrthum und Unwissenheit gesündigt; zuweilen Beide miteinander betend und zum Volk sich wendend, daß es in ihre Gebete mit einstimme*).

Kein hartes oder ketzerisches Wort, wie man es gefürchtet hatte, kam mehr aus dem Munde des Verurtheilten. Als Farel ihn noch einmal hinwies auf Vater, Sohn und Geist, wie die Kirche von ihnen lehre, gab er vielmehr zu, daß dieß im Grunde das Richtige sei, und bemerkte, daß er weniger in seinen spätern Büchern, als in seiner ersten unreifen Jugendschrift dagegen gestritten habe**). „Kurz," schreibt sein Begleiter, „der Herr verhinderte, daß sein Name und seine Wahrheit nicht durch offene Schmähungen angefochten wurde, obwohl wir allerdings nie ein offenes Bekenntniß seiner Irrthümer von ihm erhielten."

So langten sie auf dem Platze der Hinrichtung an. Ein Pfahl war darauf errichtet, mit Eichenholz, an dem noch die Blätter hingen, rings umher. Im Angesicht desselben warf Servet sich nieder und betete eine Weile still. Während dieser Zeit redete Farel das umstehende Volk an: „Seht ihr wohl, welche Gewalt dem Satan zu Gebote steht, wenn sich ihm Einer einmal überlassen hat. Dieser Mensch ist ein gelehrter Mann vor Vielen und vielleicht glaubte er recht zu handeln; nun aber wird er vom Teufel besessen, was euch eben so wohl geschehen könnte.***)" Servet stand wieder auf und Farel ermunterte ihn, einige Worte zum Volke zu reden; aber er seufzte nur aus seiner ringenden, angstvollen Seele: „O Gott, o Gott!" „Hast du denn nichts Anderes zu sagen?" drang Farel noch einmal in ihn. „Was kann ich Besseres sagen," erwiederte er, „als von Gott reden?" Damit

---

*) Farel an Blaarer.
**) Nach dem angeführten Briefe.
***) „Geschichte von Servet's Tod."

wurde er auf den Holzstoß gehoben und an den Pfahl festgebunden. Leider verstand der Henker in Genf sein Handwerk nicht so gut wie anderswo. Das aufgeschichtete Holz war noch völlig frisch und grün, die Schlinge, die man um seinen Hals befestigte, nicht geschickt genug gemacht, um ihn nach einigen Bewegungen zu erdrosseln. Auch ein mit Schwefel bestreuter Kranz, den man um seinen Kopf legte, damit er durch den Dampf alsobald erstickt werde, leistete nicht den gewünschten Dienst. Dringend bat er den Henker, er möge so verfahren, daß er seinen Leiden rasch ein Ende mache. Aber statt dessen zündete dieser das Feuer in der ungeschicktesten Weise an, und bald umhüllten den Lebendigen von allen Seiten die Flammen. Er schrie auf, daß das ganze Volk erzitterte und zurückbebte. Das nasse Holz brannte nur langsam im Kreise fort, ein starker Wind trieb überdieß den Rauch weg und hinderte die volle Wirkung des Feuers. Von peinlichem Mitleid ergriffen, rafften die Leute die Reiser zusammen oder schleppten Holzbündel herbei und warfen sie auf den Unglücklichen. Gegen eine halbe Stunde, wenn man dem feindlichen Berichte glauben darf, dauerte das jammervolle Schauspiel und die entsetzliche Qual, in der der Brennende beständig das Erbarmen Gottes anrief. Mit einem Male erhob sich seine Stimme, und zum sichern Zeugniß, daß er hartnäckig in seinem Glauben beharren und darauf sterben wollte, schrie er mit der letzten Kraft*): „Jesu, du Sohn des ewigen Gottes**), erbarme dich meiner!" — „gegen die Lehre der Dreieinigkeit," wie Henry sagt, „zum Trotz der ganzen christlichen Welt noch mitten aus den Flammen protestirend."

Als die Sonne am herbstlichen Himmel am höchsten stand und die Glocke am Thurme zu St. Peter zwölf schlug, hatte er ausgeduldet, und das Volk ging schweigend auseinander.

VII.

Fortgang des Kampfes mit den libertinischen Parteien und der endliche Sieg über sie (1554—1555). — Der Beginn des Jahres 1554. — Fortwährende Anfechtungen Calvins und bittere Stunden. — Die Fortsetzung des Streites um das Recht der Excommunication. — Calvins Schreiben an Bullinger in dieser Angelegenheit. — Zunehmende Feindseligkeit des Rathes. — Wachsende Bedeutung der französischen und italienischen Flüchtlinge und die Erbitterung der Libertiner gegen sie. — Günstige Gutachten der Schweizerkirchen über die Excommunicationsfrage. — Aussöhnung mit Bertheller. — Prinzipielle Entscheidung des Streites zu Gunsten der kirchlichen Behörde. — Völliger Sieg der reformatorischen Partei in der Wahl der Behörden und

---

*) „Ipse horrenda voce clamans," sagt der ihm günstige Bericht der angeführten Schrift.

**) Nicht: „du ewiger Sohn Gottes."

energische Benutzung dieses Sieges. — Vergebliche Widerstandsversuche der Libertiner. — Mißlingen derselben und Appellation an die Gewalt durch offenen Aufstand. — Vollkommener Sieg der Behörde und gänzliche Vernichtung der libertinischen Partei. — Letzte Bitterkeiten, die sich für Calvin daran knüpfen. — Feindselige Haltung der Berner Regierung gegen ihn und mannigfache Verläumbungen seines Benehmens. — Verantwortung des Reformators vor seinen Freunden. — Seine Auslassungen über die Nothwendigkeit seiner politischen Thätigkeit. — Ermunterungen und Tröstungen der Freunde. — Endliche Beilegung der Anstände mit Bern, vornämlich durch die Bemühung Calvins, und Aufnahme Genfs in das Schutzbündniß der Eidgenossenschaft (1558).

Unter den Segenswünschen seiner Freunde trat Calvin in das neue Jahr ein, nachdem das vorangegangene troß all' seiner Stürme und Gefahren doch am Ende mit einer Wendung zum Bessern und dem mehr oder weniger entschiedenen Unterliegen der offenen Angreifer geschlossen hatte. „Ich beschwöre dich, lieber Vater" rief Beza von Lausanne aus ihm zu, „fahre fort in deinem Wirken, und sei davon überzeugt, wie du es so oft erfahren hast, daß unsere gemeinsamen Gebete auf tausendfache Weise kräftiger sein werden, dich fest zu machen, als alle Anstrengungen jener Diener des Satans, dich zu stören." Indessen völlig gebrochen war die Gewalt dieser widerstrebenden Geister doch noch lange nicht; und wie sie immer von Neuem in jeder Weise es unternahmen, dem Reformator das Leben schwer zu machen, seine Einrichtungen umzustürzen *), seine Anhänger zu unterdrücken, wurde es ihm wohl zuweilen so trübe und bitter zu Muthe, daß er lieber alles Andere ertragen hätte, als noch länger unter diesen Verhältnissen auszuhalten. „Es waren die Tage gekommen," wie Henry sagt, „wo er fühlte, daß er nicht ohne Grund gezagt, als Farel ihm eine Pflicht daraus machte, nach Genf zurückzukehren." „Mit den gewissenlosesten Verläumdern," schrieb er in den ersten Tagen des Januar an Bullinger, „haben wir es zu thun; wir werden nie herauskommen aus dem Streite, einen Handel nach dem andern werden sie anrichten." — „Wenn ich die Wahl hätte," fügte er bald darauf hinzu,

---

*) Zu welcher Frechheit ihr Treiben in der Zeit, da die libertinische Partei die Majorität in der Behörde besaß, wieder herangewachsen war, zeigen z. B. die Rathsprotokolle von Anfang des Jahres 1555. „Einige junge Leute," heißt es darin, „sagten unter einander, man müsse dem Consistorium wieder etwas zu thun geben, und zogen nach einem lärmenden Nachtessen in Prozession durch die Stadt, Jeder ein Licht in der Hand, nach der Melodie der Psalmen die schändlichsten Verkehrungen dieser heiligen Lieder singend (z. B. statt: „Mon Dieu prète moi l'oreille Dans ma douleur sans pareille." — „Mon Dieu prète moi l'oreille, cent écus par la pareille, Répond moi cent francs chez Louis Franc" u. s. w.). Als sie davon hörten daß man sie verhaften wolle, stiegen sie mit Pistolen bewaffnet zu Pferde und sprengten durch die Straßen, indem sie riefen: bald würden Rath und Consistorium ihnen Rede stehen müssen" u. s. w.

,würde ich mich lieber auf ein Mal von den Papisten verbrennen, als ohne Ende von den Lästerungen zerreißen lassen, die mich von allen Seiten umgeben. Mein einziger Trost ist, daß der Tod mich bald erlösen wird aus diesem mehr als harten Dienste."

Und daran änderte es wenig, daß am Neujahrstage bei einer gemeinschaftlichen Mahlzeit, zu der Calvin vom Rathe geladen war, wieder ein feierliches Versöhnungsschauspiel war aufgeführt worden, und einen Monat darauf (. Febr.) das ganze Volk mit erhobenen Händen geschworen hatte, in Zukunft den Einrichtungen der Reformatoren Folge leisten zu wollen, allem Hasse zu entsagen, das Vergangene zu vergessen. „Was nützt das," schreibt Calvin an den eben genannten Zürcher Freund, „wenn nicht vor Allem das Recht der Kirche *) anerkannt wird, das der erste Grund dieses wüthenden Haders ist. Man hat sich begnügt, sich zum Zeichen der Versöhnung die Hände zu reichen und mit einem Eide zu betheuern, daß man nicht mehr arge Ungerechtigkeiten unterstützen wolle. Aber eben unter dem Vorwande dieses Friedens hat man nun auch die Kirchenordnung bei Seite gesetzt, das einzige Mittel zum Frieden. Ich meinerseits erklärte auf dem Rathhause, daß ich gern mit Allen mich versöhne, die das Geschehene **) bedauerten, daß ich aber nicht allein das Consistorium ausmache und hundert Mal lieber sterben werde, als etwas von dem aufgeben, was nicht mir als einzelner Person, sondern der ganzen Kirche zugehöre. Obgleich die Feinde für den Augenblick weniger Lärmen machen, so wird man doch bald wieder kämpfen müssen ***)."

Vor Allem schien die Entscheidung zunächst von den Antworten der Schweizerischen Kirchen abhängen zu müssen, denen, wie wir uns erinnern, die Frage des Excommunications-Rechtes zur Beurtheilung vorgelegt worden war. Neben dem offiziellen Schreiben hatte dabei Calvin auch privatim an Bullinger sich gewendet, und ihm die Anschauungen der Geistlichkeit sowie die Bedeutung, welche die Angelegenheit für die Genfer Zustände habe, ausführlich auseinandergesetzt. „Seit ich in diese Kirche zurückgekehrt bin," schrieb er ihm, „haben wir eine Form der Kirchenzucht gehabt, die, wenn sie auch an und für sich nicht vollkommen ist und viel zu wünschen übrig läßt, doch im Allgemeinen ihrem Zwecke entsprach. Es war nämlich ein Consistorium zur Ueberwachung der Sitten eingesetzt worden. Bürgerliche Gerichtsbarkeit hat dasselbe keine, sondern lediglich das Recht der Bestrafung aus dem Worte Gottes, und als die höchste Spitze derselben: die Ausschließung vom heiligen Abendmahle. Dagegen erheben sich nun die Feinde; und unter andern Kämpfen, mit denen die Werkzeuge Satans während dieser drei

---

*) Nämlich das Recht der kirchlichen Behörde, die Excommunication auszusprechen.
**) Die in Cap. V geschilderte Berthelier'sche Angelegenheit.
***) Anchat VI, 115.

Genfer Kirche*) sagt, als sei sein Geist in ihre Arme überg-
on nach sechs Monaten stand das Gebäude vollendet da; und
1559 konnte die Anstalt in aller Form eröffnet und von ihren
en bezogen werden.

eine denkwürdige, ergreifende Feier, deren Bedeutung Alle auf
empfanden, die am Morgen dieses Tages die Magistrate, die
ie Lehrer aller Schulen und die Auswahl der gesammten Bür-
der Peterskirche versammelte. „Es ist eine große Gnade und
it Gottes," heißt es in der dabei erschienen Proklamation, „daß
adt gegeben wird, zugleich eine Mutter der Frömmigkeit und
aft zu werden. Und noch höher werden wir diese herrliche Wohl-
müssen, wenn wir der Zeiten gedenken, in denen Solches zur
Wir kennen Alle die Stürme, die Jahre lang unser Gemein-
schleuderten: die Verschwörungen übelgesinnter Bürger, die
von Außen, die Mühen die Satan sich gab, diese Burg der
zerstören, welche täglich sein Reich bedroht und schmälert.
t uns dadurch die Ausführung unseres Planes unmöglich ge-
t; aber am Ende haben doch Beharrlichkeit und Gottvertrauen
walten. Freilich werden Einige dieß Unternehmen immer noch
igewagtes tadeln; aber wer auf die Führungen Gottes blickt
ist, nicht nach menschlicher Klugheit, sondern nach dem Glau-
unermessene Macht sich zu richten, wird anders urtheilen, und
riffen von der Größe und dem Segen des Werkes, von diesem
Beste hoffen." — Ein Jeder wußte, indem er das las, auf wen

·hrte*), wurde ausgerufen, und an Calvin die Bitte gestellt, der er gerne
ährte, auch ferner, „wie er es schon seit vielen Jahren gethan," die
logischen Vorlesungen zu übernehmen, und sich dabei des neuen Rektor
seines Gehülfen zu bedienen**).

Hierauf ergriff Beza das Wort und wandte sich, nach einer beredten
Preisung des Nutzens der Wissenschaften überhaupt, vor Allem an die
lesenden Studierenden. „Ich beschwöre Euch im Namen Gottes", rief
ihnen zu, „werdet euch selber nicht ungetreu. Berühmt ist jenes Wort
Plato: „Alle Wissenschaft die von der Gerechtigkeit abgelöst ist, ist
lediglich eine Geschicklichkeit und keine Wahrheit." Daß nun heidnische
Philosophen diesem Worte nicht völlig nachzukommen vermochten, ist natürlich genug. Aber ihr, wie werdet i h r euch entschuldigen können, so i h r dieses
es verfehlet, — ihr die ihr fast mit der Muttermilch die reine Erkenntniß
Gottes und seine Wahrheit eingesogen habt? Ihr seid hier zusammengekommen, nicht wie einstmals die Griechen, um ein Schauspiel von Geistes-
kräften aufzuführen, und einem eiteln Spiele der edelsten Kräfte beizuwohnen, sondern um mit Ernst einzudringen in die Erkenntniß der höchsten
Wahrheiten und aller guten Künste, damit ihr tüchtig werdet, den Namen
des Gottes zu verherrlichen, der Segen und Schmuck eures Vaterlandes
werden, und eines Tages mit getrostem Muthe dem höchsten Kriegsherrn
Rechenschaft ablegen zu können von dem heiligen Kampfe, zu dem Ihr berufen wurdet." Auch Calvin fügte dem noch eines seiner eindringlichen Worte
der Ermahnung bei. „Kurz zwar, wie er es gewohnt ist," heißt es in dem
Protokolle, aber sorgfältig und klar***) sprach er davon, wie dieß Unternehmen nicht aus der Menschen, sondern aus Gottes Gedanken und Rath
hervorgegangen, und forderte die Studierenden auf, solche Wohlthat anzunehmen, und sich ihr gemäß zu verhalten. Nachdem er hierauf, wie es schicklich war, die Anstalt dem guten Willen des Senates empfohlen, wandte er
sich zu den umstehenden Syndiks und Rathsmitgliedern selber, dankte ihnen
im Namen der ganzen Akademie für ihre Gegenwart bei dieser Feier, und
bat sie dringend doch zu beharren in einem so heiligen Sinne und einem so
herrlichen Werke; denn getrost dürften sie dabei auf die Güte Gottes sich
verlassen und Alles von ihr erwarten†). Auch den übrigen geehrten Männern,

*) So Anton Chevalier, der Schüler Vatable's und vormaliger Erzieher der
    Königin Elisabeth (Professor des Hebräischen); Franz Beraldus, früher an
    der Universität in Orleans (für das Griechische); Jean Tagout, Johannes
    Lanreatus u. a.

*) Vergl. die im Jahre 1859 zur Feier des dreihundertjährigen Jubiläums der
    Genfer Akademie vom Neuem veröffentlichte „Promulgatio legum Aca-
    demiae Genevensis".

') „Brevi quidem, ut solet, sed diligenti et accurata oratione."

†) In der That wurde auch die Anstalt binnen Kurzem gleichsam das Schooß-
    kind der Behörden, die Alles aufboten, was ihre beschränkten Mittel er-

.. ciner Stadt gegeben wird,
der Wissenschaft zu werden. Uni
that schätzen müssen, wenn wir
Reife gedieh. Wir kennen Alle l
wesen umherschleuderten: die A
Anfechtungen von Außen, die M
Frommen zu zerstören, welche t
Lange Zeit ist uns dadurch die A
macht worden; aber am Ende hat
den Sieg behalten. Freilich werde
als ein allzugewagtes tadeln; abe
und gewöhnt ist, nicht nach menschl
ben an seine unermessene Macht sich
vielmehr, ergriffen von der Größe 1
Anfange das Beste hoffen." — Ein A
vor Allem es sich bezog, und wessen
nächst der Gnade Gottes auch dies
Mehr als je richteten sich in diesen S
auf Calvin, der, kaum erstanden ve
blaß und abgezehrt in der Mitte
mächtiger die Versammlung ergriff t
thuung, die in seiner ganzen Haltu
schweigen stand er auf, und nachde
Rede den Beschluß des Rathes mitge
hingewiesen hatte, hob er A.......
(Rehet .

Tod verhaßt war? Ließ sich nicht, wenn der Zuzug in demselben Maße
anerte, der Augenblick zum Voraus berechnen, da diese Eindringlinge
Bahlen beherrschen, die Majorität in den Räthen besitzen würde? Und
i das der Fall war: wo blieb dann noch ein Raum für „das alte Genf,“
wer konnte sich noch dem eisernen Joche entziehen, das der Reformator
jerweise dem Unwilligen wie dem Willigen auf den Nacken legte, wo er
Macht dazu besaß?

Man muß wohl zugeben, daß von dem Standpunkte der Libertiner
ihre Abneigung gerechtfertigt genug erscheint, und daß sie nur für das
ie Wesen und Leben kämpften, indem sie diesen neuen Landsleuten, wo
wie sie konnten, sich in den Weg stellten. Aber ebenso natürlich und gefertigt ist es auf der andern Seite, daß Calvin und seine Freunde Alles
:n, um sie heranzuziehen, festzuhalten und den Reihen der Bürger einzu-
iben. Denn was galt dem Reformator das „alte Genf“ und die Herr-
it der alten Familien? Nicht nur war er selber ein Fremdling, der von
em traditionellem Patriotismus nichts an sich tragen konnte, sondern er
ı auch ganz bewußt und bestimmt darauf aus, dem ein Ende zu machen,
man dieß alte Genf zu nennen pflegte, das vormalige Gemeinwesen von
nd aus umzugestalten und ein neues an seine Stelle zu setzen. Nicht a n
für sich hatte ja überhaupt diese Stadt ihm Werth und Bedeutung,
ern vor Allem hielt er sie hoch als die geeignetste Stätte und den von
t selbst hingestellten Ausgangspunkt der Reformation für die romanische
t, und wenn er mit der rückhaltslosesten Hingabe Kraft und Leben ihr
nete, so meinte er damit keineswegs nur dieser kleinen, beschränkten Reif zu dienen, sondern dem ganzen großen Völker-Gebiete, als dessen
üssel und Rückhalt sie durch Lage und Sprache erschien. Ihm standen
die Einwanderer aus Frankreich und Italien um nichts ferner, als die
gebornen seiner gegenwärtigen Heimath. Eher mußten sie ihm noch taug-
r vorkommen für seinen Zweck und noch willkommener nach Abstammung
Herkunft. Indem er sie bei sich anlangen, um ihn herum sich sammeln
mußte es wohl ihn dünken: jetzt fange im Grunde sein Reformations-
erst recht an. Er konnte gar nicht anders, als es für seine höchste Pflicht
:n: die Mittel, durch die seine Aufgabe zu lösen war, nach und nach den
den derer zu entwinden, die diese Aufgabe von sich stießen, und den
ern zu überliefern, die mit Freuden auf den Ruf zu dem großen Gottes-
e eingingen.

Auf dem Boden dieser Frage, die mehr praktische Bedeutung hatte
alle andern, mußten demnach unvermeidlicher Weise die Parteien zur letz-
Entscheidung auf einander treffen. Mit den alten Mitteln des Hohnes
Spottes, der Aufreizung des Volkes, der Verfolgung und Unterdrückung
alltäglichen Leben begannen die Libertiner ihren neuen Feldzug. Die Re-
r des Consistoriums aus diesen Jahren sind voll von Erzählungen und

Klagen über die Beschimpfungen jeder Art, die diesen „frommen Brüdern und Märtyrern," ja auch ihrem Bekenntnisse und Glauben, angethan wurden. „He! ihr Franzosen," rief man ihnen zu, „liegt euch denn der brodene Gott so schwer im Magen, daß ihr euch so beeilt, euer Land zu verlaffen!" — „Ja, ja," hörte man Andre zu der Menge auf dem Markte sagen, „diese Leute, die um des Evangeliums willen dem Feuer entlaufen, bringen eine schöne Theurung in die Stadt, alle Preise haben aufgeschlagen, seit sie hier sind." Unter den Aermern ergoß man sich in bittere Klagen darüber, daß ein so großer Theil des Kirchenalmosens zu ihrer Unterstützung verwendet werde. „Seit diese nichtswürdigen Franzosen hier seien," hieß es, „bekomme kein Bürger mehr eine Gabe; in Frankreich oder Italien müsse man geboren sein, wenn man noch etwas gelten wolle." Man kann sich denken, daß es bei solcher Stimmung nicht nur bei Worten blieb. Denen, die sich als Handwerker niedergelassen hatten, suchte man die Arbeit zu entziehen, den Kaufleuten kaufte man nichts mehr ab; wer auf der Straße sich blicken ließ, war keinen Augenblick vor thätlichen Mißhandlungen sicher. Damit nicht zufrieden, ließ Perrin eines Tages einen förmlichen Sturm auf ihre Wohnungen und Verkaufsbuden ins Werk setzen. Eine gute Anzahl derselben wurden geplündert, und mehrere ihrer Inhaber retteten mit Mühe und übel zugerichtet das nackte Leben. Der Rath schritt dießmal mit Strenge ein; aber ohne damit im Wesentlichen etwas ändern zu können. Bei jedem neuen Einwandererzuge, der an der Quais oder der Porte neuve ankam, wiederholten sich ähnliche Auftritte.

Bald bot sich eine Gelegenheit, diesen „Fremdlingen" noch ernster und auf scheinbar gesetzlichem Wege zu Leibe zu gehen. Im Sommer 1554 kam von Bern aus die vertrauliche Anzeige nach Genf, daß der König von Frankreich sich der Stadt zu bemächtigen gedenke, und den Herzog von Guise bereits damit beauftragt habe, von den benachbarten Provinzen aus zu dem Unternehmen zu schreiten; einige Umstände deuteten darauf hin, daß er dabei auf geheime Einverständnisse in der Bürgerschaft selber rechne: und mit aller Begierde griffen die Libertiner das auf, um mit dem Verdachte die armen Schutzsuchenden zu beladen, die doch wahrlich! mehr als alle Andern ein Interesse daran hatten, nicht wieder in die Hände derer zu fallen, denen sie mit Aufopferung all des Ihrigen kaum entronnen waren. Aber was gelten der Menge die einleuchtendsten Gegengründe in solchen Momenten der Aufregung und Gefahr? Perrin, der der Sache hauptsächlich sich annahm, zweifelte nicht daran, daß das anklagende Wort nur ausgesprochen zu werden brauche, um einen Sturm hervorzurufen, der sie alle verderbe. Er erschien im Rath, und auf eine geheime Mittheilung aus Paris sich berufend, drang er darauf, daß man noch völliger, als es früher beschlossen war, alle Waffen ihnen abnehme, sie unter polizeiliche Aufsicht stelle und unverzüglich eine strenge Untersuchung einleite.

„Wer damit nicht einverstanden sei," schrie unterdessen die tobende
Menge vor dem Rathhause, „oder den Fremden die Waffen lasse, sei selber ein
Verräther und verdiene den Kopf zu verlieren."

Indessen hatte sich der gewissenlose Demagog doch in seiner Rechnung
geirrt. Der Rath, der das Unsinnige der Anklage einsah, ergriff zwar alle
Vorsichtsmaßregeln, die dazu dienen konnten die Gemüther zu beruhigen und
jede Möglichkeit einer Verrätherei abzuwenden, aber zu irgend welchen weiteren
Schritten ließ er sich nicht hinreißen. Und auch die Verdächtigten selber
verantworteten sich in einer Weise, die ihren Eindruck auf die Bevölkerung
nicht verfehlte. Einer der Angesehensten unter ihnen, der Syndik Lambert,
Bruder des Märtyrers von Chambery, trat von einer großen Anzahl seiner
Stammesgenossen begleitet, vor den Rath der Zweihundert, und deckte mit
ernsten, bewegten Worten, denen Jedermann die innere Wahrhaftigkeit ab-
fühlte, das Unwahrscheinliche und Unmögliche des Vergehens auf, das man
ihnen zur Last legte. „Zeige doch die Beweise dafür vor", rief er Perrin zu,
„daß wir uns selber wieder in die Hände dieser Catharina (von Medici)
überliefern wollen, die sich in dem Blute unserer Brüder badete. Wir sind
von verschiedener Abstammung, Sprache und Sitte; sollten wir dazu Eins
werden uns gegenseitig zu verrathen und aus dieser Freistätte zu vertreiben?
Wir haben Vaterland, Eltern, Freunde, unser irdisches Besitzthum dahinten
gelassen um den Geboten Gottes gehorchen zu dürfen, und nun sollten wir
den Zweck all' dieser Opfer selber wieder vereiteln und in schändlicher Treu-
losigkeit das in den Staub werfen was wir so theuer erkauft? In der That,
Herr Generalkapitain, Ihr Verdacht ist etwas sonderbarer Natur; vor zehn
Jahren, in viel bedenklichern Umständen redeten Sie anders. Auch im Namen
dieser Stadt, der ich jetzt angehöre und deren Vertrauen an diese Stelle mich
berief, dringe ich darauf, daß man denen Ruhe und Freiheit lasse, die Treue,
Frömmigkeit, Ehre und Gut in dieses Gemeinwesen bringen; es kann der
Republik nicht anders als zum Segen gereichen, wenn sie solche Bürger in sich
aufnimmt und bei sich zurückbehält*)?"

Der Angriff war damit für den Augenblick abgewehrt; und bald
wandte die öffentliche Aufmerksamkeit wieder der andern der obschwebenden
Fragen sich zu: dem Streite wegen des Excommunicationsrechtes, über das
die Gutachten der schweizerischen Kirchen allmälig einliefen. Besonders entscheidend war das der Züricher. Obschon im Namen der bürgerlichen Obrigkeit
verfaßt, trat es den Ansprüchen der politischen Behörde gegenüber in allen
Punkten auf die Seite der Geistlichen. „Schon lange," heißt es darin, „habe
man von den in Genf bestehenden Kirchengesetzen gehört und sie als trefflich
und schriftgemäß anerkannt. Man solle sich doch wohl hüten daran zu rühren,
namentlich in einem Zeitalter solcher Bosheit. In Zürich bestehe freilich nicht

---

*) Gaberel I, 430.

Thust du das, so verspreche ich dir daß ich nicht von dir weichen will bis du deinen letzten Athemzug vollendet hast. Auf das hin," fährt Farel in seiner Erzählung fort, „ließ er ab und sagte nichts mehr dergleichen." Aber nun wurde dem alten treuen Manne selbst das Herz bewegt, flehentlich drang er in den Rath, er möge der Bitte des Armen willfahren und seine Strafe mildern. Er erhielt zur Antwort: ein solcher Richterspruch könne nicht geändert werden, das Gesetz sei klar und die Frevel des Mannes zu groß.

So gingen sie denn hinaus an die Richtstätte bei Champel, eine kleine Anhöhe etwa zwanzig Minuten von der Stadt entfernt, in der lieblichsten Umgebung. Der ganze Kranz der malerischen Berge und Flüsse, die Genf's Lage so reizend machen, schließt sie ein. Aber wie wenig wandten sich jetzt die Augen und Gedanken auf diese Umgebungen! Durch die dichte Menschenmenge hin, von den Dienern des Gerichts umgeben, wandelten die beiden Männer, Farel fort und fort ermahnend und zusprechend, Servet mit lauter Stimme um Vergebung rufend für das was er etwa in Irrthum und Unwissenheit gesündigt; zuweilen Beide miteinander betend und zum Volk sich wendend, daß es in ihre Gebete mit einstimme*).

Kein hartes oder ketzerisches Wort, wie man es gefürchtet hatte, kam mehr aus dem Munde des Verurtheilten. Als Farel ihn noch einmal hinwies auf Vater, Sohn und Geist, wie die Kirche von ihnen lehre, gab er vielmehr zu, daß dieß im Grunde das Richtige sei, und bemerkte, daß er weniger in seinen spätern Büchern, als in seiner ersten unreifen Jugendschrift dagegen gestritten habe**). „Kurz," schreibt sein Begleiter, „der Herr verhinderte, daß sein Name und seine Wahrheit nicht durch offene Schmähungen angefochten wurde, obwohl wir allerdings nie ein offenes Bekenntniß seiner Irrthümer von ihm erhielten."

So langten sie auf dem Platze der Hinrichtung an. Ein Pfahl war darauf errichtet, mit Eichenholz, an dem noch die Blätter hingen, rings umher. Im Angesicht desselben warf Servet sich nieder und betete eine Weile still. Während dieser Zeit redete Farel das umstehende Volk an: „Seht ihr wohl, welche Gewalt dem Satan zu Gebote steht, wenn sich ihm Einer einmal überlassen hat. Dieser Mensch ist ein gelehrter Mann vor Vielen und vielleicht glaubte er recht zu handeln; nun aber wird er vom Teufel besessen, was euch eben so wohl geschehen könnte.***)" Servet stand wieder auf und Farel ermunterte ihn, einige Worte zum Volke zu reden; aber er seufzte nur aus seiner ringenden, angstvollen Seele: „O Gott, o Gott!" „Hast du denn nichts Anderes zu sagen?" drang Farel noch einmal in ihn. „Was kann ich Besseres sagen," erwiederte er, „als von Gott reden?" Damit

---

*) Farel an Blaarer.
**) Nach dem angeführten Briefe.
***) „Geschichte von Servet's Tod."

wurde er auf den Holzstoß gehoben und an den Pfahl festgebunden. Leider
erstand der Henker in Genf sein Handwerk nicht so gut wie anderswo. Das
aufgeschichtete Holz war noch völlig frisch und grün, die Schlinge, die man
um seinen Hals befestigte, nicht geschickt genug gemacht, um ihn nach einigen
Bewegungen zu erdrosseln. Auch ein mit Schwefel bestreuter Kranz, den man
um seinen Kopf legte, damit er durch den Dampf alsobald erstickt werde, leistete nicht den gewünschten Dienst. Dringend bat er den Henker, er möge so
erfahren, daß er seinen Leiden rasch ein Ende mache. Aber statt dessen zündete dieser das Feuer in der ungeschicktesten Weise an, und bald umhüllten
den Lebendigen von allen Seiten die Flammen. Er schrie auf, daß das ganze
Volk erzitterte und zurückbebte. Das nasse Holz brannte nur langsam im
Kreise fort, ein starker Wind trieb überdieß den Rauch weg und hinderte die
volle Wirkung des Feuers. Von peinlichem Mitleid ergriffen, rafften die
Leute die Reiser zusammen oder schleppten Holzbündel herbei und warfen sie
auf den Unglücklichen. Gegen eine halbe Stunde, wenn man dem feindlichen
Berichte glauben darf, dauerte das jammervolle Schauspiel und die entsetzliche Qual, in der der Brennende beständig das Erbarmen Gottes anrief.
Mit einem Male erhob sich seine Stimme, und zum sichern Zeugniß, daß er
hartnäckig in seinem Glauben beharren und darauf sterben wollte, schrie er
mit der letzten Kraft*): „Jesu, du Sohn des ewigen Gottes**), erbarme
dich meiner!“ — „gegen die Lehre der Dreieinigkeit,“ wie Henry sagt,
„zum Troß der ganzen christlichen Welt noch mitten aus den Flammen protestirend.“

Als die Sonne am herbstlichen Himmel am höchsten stand und die
Glocke am Thurme zu St. Peter zwölf schlug, hatte er ausgeduldet, und das
Volk ging schweigend auseinander.

VII.

**Fortgang des Kampfes mit den libertinischen Parteien und
der endliche Sieg über sie (1554—1555). — Der Beginn des
Jahres 1554. — Fortwährende Anfechtungen Calvins und bittere Stunden. — Die Fortsetzung des Streites um das Recht der Excommunication. — Calvins Schreiben an Bullinger in dieser Angelegenheit. —
Zunehmende Feindseligkeit des Rathes. — Wachsende Bedeutung der
französischen und italienischen Flüchtlinge und die Erbitterung der Libertiner gegen sie. — Günstige Gutachten der Schweizerkirchen über die
Excommunicationsfrage. — Aussöhnung mit Bertheller. — Prinzipielle
Entscheidung des Streites zu Gunsten der kirchlichen Behörde. — Völliger Sieg der reformatorischen Partei in der Wahl der Behörden und**

---

*) „Ipse horrenda voce clamans,“ sagt der ihm günstige Bericht der ange-
führten Schrift.
**) Nicht: „du ewiger Sohn Gottes.“

energische Benutzung dieses Sieges. — Vergebliche Widerstandsversuche
der Libertiner. — Mißlingen derselben und Appellation an die Gewalt
durch offenen Aufstand. — Vollkommener Sieg der Behörde und gänzliche Vernichtung der libertinischen Partei. — Letzte Bitterkeiten, die sich
für Calvin daran knüpfen. — Feindselige Haltung der Berner Regierung
gegen ihn und mannigfache Verläumbungen seines Benehmens. — Verantwortung des Reformators vor seinen Freunden. — Seine Auslassungen über die Nothwendigkeit seiner politischen Thätigkeit. — Ermunterungen und Tröstungen der Freunde. — Endliche Beilegung der Anstände
mit Bern, vornämlich durch die Bemühung Calvins, und Aufnahme
Genfs in das Schutzbündniß der Eidgenossenschaft (1558).

Unter den Segenswünschen seiner Freunde trat Calvin in das neue
Jahr ein, nachdem das vorangegangene trotz all' seiner Stürme und Gefahren doch am Ende mit einer Wendung zum Bessern und dem mehr oder weniger entschiedenen Unterliegen der offenen Angreifer geschlossen hatte. „Ich beschwöre dich, lieber Vater" rief Beza von Lausanne aus ihm zu, „fahre fort
in deinem Wirken, und sei davon überzeugt, wie du es so oft erfahren hast,
daß unsere gemeinsamen Gebete auf tausendfache Weise kräftiger sein werden,
dich fest zu machen, als alle Anstrengungen jener Diener des Satans, dich zu
stören." Indessen völlig gebrochen war die Gewalt dieser widerstrebenden
Geister doch noch lange nicht; und wie sie immer von Neuem in jeder Weise
es unternahmen, dem Reformator das Leben schwer zu machen, seine Einrichtungen umzustürzen *), seine Anhänger zu unterdrücken, wurde es ihm
wohl zuweilen so trübe und bitter zu Muthe, daß er lieber alles Andere ertragen hätte, als noch länger unter diesen Verhältnissen auszuhalten. „Es
waren die Tage gekommen," wie Henry sagt, „wo er fühlte, daß er nicht
ohne Grund gezagt, als Farel ihm eine Pflicht daraus machte, nach Genf
zurückzukehren." „Mit den gewissenlosesten Verläumdern," schrieb er in den
ersten Tagen des Januar an Bullinger, „haben wir es zu thun; wir werden
nie herauskommen aus dem Streite, einen Handel nach dem andern werden
sie anrichten." — „Wenn ich die Wahl hätte," fügte er bald darauf hinzu,

*) Zu welcher Frechheit ihr Treiben in der Zeit, da die libertinische Partei die
Majorität in der Behörde besaß, wieder herangewachsen war, zeigen z. B.
die Rathsprotokolle von Anfang des Jahres 1555. „Einige junge Leute,"
heißt es darin, „sagten unter einander, man müsse dem Consistorium wieder
etwas zu thun geben, und zogen nach einem lärmenden Nachtessen in Prozession durch die Stadt, Jeder ein Licht in der Hand, nach der Melodie
der Psalmen die schändlichsten Verkehrungen dieser heiligen Lieder singend
(z. B. statt: „Mon Dieu prête moi l'oreille Dans ma douleur sans
pareille." — „Mon Dieu prête moi l'oreille, cent écus par la pareille, Répond moi cent francs chez Louis Franc" u. s. w.). Als sie
davon hörten daß man sie verhaften wolle, stiegen sie mit Pistolen bewaffnet zu Pferde und sprengten durch die Straßen, indem sie riefen: bald würden Rath und Consistorium i h n e n Rede stehen müssen" u. s. w.

„würde ich mich lieber auf ein Mal von den Papisten verbrennen, als ohne Ende von den Lästerungen zerreißen lassen, die mich von allen Seiten umgeben. Mein einziger Trost ist, daß der Tod mich bald erlösen wird aus diesem mehr als harten Dienste."

Und daran änderte es wenig, daß am Neujahrstage bei einer gemeinschaftlichen Mahlzeit, zu der Calvin vom Rathe geladen war, wieder ein feierliches Versöhnungsschauspiel war aufgeführt worden, und einen Monat darauf (2. Febr.) das ganze Volk mit erhobenen Händen geschworen hatte, in Zukunft den Einrichtungen der Reformatoren Folge leisten zu wollen, allem Hasse zu entsagen, das Vergangene zu vergessen. „Was nützt das," schreibt Calvin an den eben genannten Zürcher Freund, „wenn nicht vor Allem das Recht der Kirche *) anerkannt wird, das der erste Grund dieses wüthenden Haders ist. Man hat sich begnügt, sich zum Zeichen der Versöhnung die Hände zu reichen und mit einem Eide zu betheuern, daß man nicht mehr arge Ungerechtigkeiten unterstützen wolle. Aber eben unter dem Vorwande dieses Friedens hat man nun auch die Kirchenordnung bei Seite gesetzt, das einzige Mittel zum Frieden. Ich meinerseits erklärte auf dem Rathhause, daß ich gern mit Allen mich versöhne, die das Geschehene **) bedauerten, daß ich aber nicht allein das Consistorium ausmache und hundert Mal lieber sterben werde, als etwas von dem aufgeben, was nicht mir als einzelner Person, sondern der ganzen Kirche zugehöre. Obgleich die Feinde für den Augenblick weniger Lärmen machen, so wird man doch bald wieder kämpfen müssen ***)."

Vor Allem schien die Entscheidung zunächst von den Antworten der Schweizerischen Kirchen abhängen zu müssen, denen, wie wir uns erinnern, die Frage des Excommunications-Rechtes zur Beurtheilung vorgelegt worden war. Neben dem offiziellen Schreiben hatte dabei Calvin auch privatim an Bullinger sich gewendet, und ihm die Anschauungen der Geistlichkeit sowie die Bedeutung, welche die Angelegenheit für die Genfer Zustände habe, ausführlich auseinandergesetzt. „Seit ich in diese Kirche zurückgekehrt bin," schrieb er ihm, „haben wir eine Form der Kirchenzucht gehabt, die, wenn sie auch an und für sich nicht vollkommen ist und viel zu wünschen übrig läßt, doch im Allgemeinen ihrem Zwecke entsprach. Es war nämlich ein Consistorium zur Ueberwachung der Sitten eingesetzt worden. Bürgerliche Gerichtsbarkeit hat dasselbe keine, sondern lediglich das Recht der Bestrafung aus dem Worte Gottes, und als die höchste Spitze derselben: die Ausschließung vom heiligen Abendmahle. Dagegen erheben sich nun die Feinde; und unter andern Kämpfen, mit denen die Werkzeuge Satans während dieser drei

---

*) Nämlich das Recht der kirchlichen Behörde, die Excommunication auszusprechen.

**) Die in Cap. V geschilderte Berthelier'sche Angelegenheit.

***) Kuchat VI, 115.

Perrin das Schwerdt zog. „Was wir jetzt thun, meine Herrn", sagte er, „das thun wir zur Ehre Genfs; Einer steht für den Andern und Alle für Einen." In wildem Tumulte löste die Versammlung sich auf. Die Führer eilten an die verabredeten Sammelplätze; die Boten wurden ausgesandt um vor den Häusern der Einverstandenen das Zeichen zu geben, daß das Unternehmen beginne.

Berthelier mit seiner Schaar, die meist aus Schiffsleuten bestand, hatte das Rathhaus auf sich genommen. „Es sitzen Verräther darin", rief er aus, indem er die Thore zu sprengen suchte; „diese Französlinge *) mögen jetzt hervorkommen, wer sich zeigt den schlagen wir nieder." Durch die untere Stadt brauste indessen der Ruf: „Zu den Waffen, zu den Waffen! die Franzosen wollen die Stadt plündern; auf sie los! auf sie los! tödtet wen ihr findet!" Der Syndik Aubert, der da wohnte, eilte mit dem Abzeichen seines Amtes auf die Straße hinab und gebot Ruhe. Statt aller Antwort schlug man ihn zu Boden und trat ihn unter lautem Hohngeschrei mit Füßen. Aber unerschrocken raffte er sich wieder auf, stellte sich an die Spitze einer Abtheilung der Thorwache die eben herbeikam und drängte nach kurzem Gefecht den Haufen in die Nebenstraßen zurück. Unterdessen war Alles in der Stadt über dem Lärmen erwacht und hatte sich bewaffnet. Im ersten Augenblick wußten die Wenigsten um was es sich handle; so wie aber der Kampfruf der Parteien es ihnen klar machte, zeigte sich auch, daß die Libertiner ebenso von der Mehrheit des Volkes verworfen wurden wie von der Mehrheit der Behörden. Mit Staunen und Schrecken sahen sie ihre empörerischen Aufforderungen überall zurückgewiesen, und Jedermann sich im Gegentheile dazu drängen die Truppen der Regierung zu verstärken. Da entfiel auch den Kühnsten der Muth. Auf den ersten Angriff stob die ganze Schaar auseinander. Was entrinnen konnte, floh aus der Stadt; eine gute Anzahl fiel als Gefangene in die Hände der Obrigkeit.

Nur sehr wenige Opfer hatte der Streit und Sieg gekostet.

Und doch war er überaus groß und erfolgreich. In dieser Nacht vom 18ten Mai ist der lange Kampf zwischen dem alten und neuen Genf, zwischen der zügellosen Freiheit des Fleisches und der heiligen Freiheit des Evangeliums wenigstens für diese Stätte ein für alle Mal entschieden worden. Der hemmende Widerstand, der sich der Wirksamkeit des Reformators bisher fortwährend in den Weg gestellt und seine beste Kraft in Anspruch genommen hatte, hörte jetzt auf. Er hatte Frieden, sein Geist beherrschte die Kirche und konnte ungestört nach innen und außen sie bauen. „Der Herr hat geholfen", ruft er aus, „da die Noth am größten war. Während wenig fehlte, daß wir Alle mit dieser Stadt untergingen, sind jetzt die Feinde untergegangen, und wir haben die Hände frei."

---

*) „Ces Francillons."

Was freilich seine eigene Person betraf, so kam er noch nicht alsobald zur Ruhe, sondern hatte bis auf die letzten Hefen die Bitterkeit zu schmecken, die jeder derartige Streit und Sieg für die Vorkämpfer mit sich bringt. Der Prozeß, der gegen die gefangenen Empörer angehoben und mit der ganzen grausamen Strenge der Zeit geführt wurde, die Todesurtheile die man fällte, die Feindseligkeiten, mit welchen die auf das benachbarte Berner-Gebiet geflohenen Verschworenen ihre Vaterstadt heimsuchten und auf das Empfindlichste beunruhigten: Alles wurde ohne Weiteres, von Feinden und günstiger Gestimmten, in der Nähe und Ferne, ihm zur Last gelegt, als der allein verantwortlich sei für Jegliches was in Genf geschehen, und mußte dazu dienen seinen Namen durch die ganze Schweiz hindurch von Neuem mit Haß und Schmach zu beladen. Namentlich Bern, das um verschiedener Ursachen willen, die wir später werden zu besprechen haben, in diesem Augenblicke mit Calvin äußerst unzufrieden war, that ihm Alles zu Leide was in seiner Macht stand. Seine Abgesandten behandelten die Genfer Regierung wie eine bloße Partei, mit der man über nichts gültig verhandeln, mit der man den eben ablaufenden Bundesvertrag nicht rechtskräftig erneuern könne. In den kirchlichen Differenzen, die seit längerer Zeit bestanden, zeigte es sich so feindselig als möglich, und schnitt jeden Verkehr seiner waadtländischen Unterthanen mit der Geistlichkeit der benachbarten Stadt ab. Dagegen begünstigte es offen die Vertriebenen, denen sein Land zur sichern Burg diente, von der aus sie alle Thore Genfs unsicher machten und seine Verbindungen überall unterbrachen. Die dringendsten Bitten und Vorstellungen, diesem Unwesen ein Ende zu machen, wurden mit schnöden Worten zurückgewiesen. Es kam so weit, daß der Berner Appellationshof sich gradezu für competent erklärte, den Prozeß gegen die Verurtheilten von sich aus zu revidiren und in aller Form einen Spruch erließ, der die Entscheidungen des Genfer Gerichts kassirte und die Wiedereinsetzung der Flüchtlinge in alle ihre Ehren und Güter verlangte*). Natürlich, daß man das in Genf ohne Weiteres als eine unerhörte Anmaßung zurückwies; aber die Lage der Dinge wurde darum um nichts erträglicher; und ganz unverkennbar hatten die Berner dabei die Absicht Calvin zum Gegenstand der Unzufriedenheit und Klagen zu machen, die solche Zustände am Ende nothwendiger Weise hervorrufen mußten. „Niemand als er", ließen sie sich vernehmen „habe die betrübenden Vorgänge veranlaßt, die die Genfer Republik eines Theils ihrer besten Bürger beraubt, und Niemand Anders als er stehe dem im Wege, daß es zu einer Versöhnung und Wiedervereinigung komme. Habe er doch an dem Prozeß gegen die Gefangenen persönlich den eifrigsten Antheil genommen, und sogar die Folterqualen mit beantragt, durch die man ihre Geständnisse erpreßte. Er wolle eben mit seinen

---

*) Ruchat VI, p. 190. — Hundeshagen, in dem mehrmals angeführten Werke, p. 301 u. f.

Franzosen die unumschränkte Herrschaft inne haben und verlange nun gar noch, daß Bern ihm dazu behülflich sei. Und doch sei es bekannt, daß ein unversöhnlicher Haß gegen Bern ihn erfülle. So lange sein Einfluß in Genf vorwiege, sei an keine Aussöhnung und neue Verbindung der beiden Republiken zu denken*)." — „Ist es nicht als wollten sie sich nicht zufrieden geben, bis sie mich umgebracht haben?" schreibt Calvin indem er das vernimmt. „Satan hat neue Mittel auf den Plan gebracht um das Werk Gottes zu stören, aber der Herr wird es aufrecht erhalten, ob auch unter dem Kreuze. Ein reines Gewissen vor ihm ist der beste Trost**)."

In einer Reihe ausführlicher Schreiben widerlegt er darauf alle die gegen ihn erhobenen Beschuldigungen. „Angenehmer war mir nichts", schreibt er an den Berner Zurkinden „und nichts hat mir in meinem bittern Leide so wohl gethan wie dein Brief. Denn wie die tiefste schmerzlichste Wunde fühle ich es im Herzen, daß es mit dem Bunde zwischen euch und uns für immer ein Ende haben soll. Freilich geben ja meine Gegner sich die Mienen als seien sie vom Gegentheile überzeugt, als wünsche ich das Band zerrissen zu sehen, aber wer nur ein wenig genauer über den Stand der Dinge und das Ziel meiner Bemühungen sich unterrichtet, wird sicherlich, und wäre er auch noch so ungerecht gegen mich gesinnt, anerkennen müssen, daß ich vor nichts so ängstlich mich zu hüten bestrebt war, und immer noch bin, als vor der Herbeiführung dieses Unheils. Als man über neue Bedingungen verhandelte***), habe ich nicht von mir aus daran Theil genommen, sondern der Senat selber hat mich zu sich entbieten lassen, um meine Meinung zu vernehmen. Du fragst mich, warum ich überhaupt in solche Geschäfte mich mische, die doch keineswegs meine Pflicht seien, und von so vielen Seiten mir schweren Haß zuzögen? Aber ich versichere dich: nur sehr selten und ungern rühre ich dergleichen an, nur die ausdrücklichsten Aufforderungen und das Gefühl der dringendsten Nothwendigkeit kann mich dazu bewegen. Ich weiß wohl, was die Gottlosen über diesen Punkt fabeln. Sie schreien aus: ich strebe mit aller

---

*) Bullinger an Calvin, 28. Sept. 1555.
**) An Bullinger bei Henry III, Beilage 8. und an Viret in der Amst. Ausgabe p. 103.
***) Im August 1555 war der Schultheiß Nägelin in Genf eingetroffen, um dem Rathe die Bedingungen vorzulegen, unter denen Bern den abgelaufenen Bundesvertrag wieder erneuern wolle. Sie waren aber so drückend und chikanös, daß es Jedermann einleuchtete, wie die mächtigen Nachbarn im Grunde auf nichts Anderes abzielten als die kleine Republik unter ihre völlige Botmäßigkeit oder wenigstens in ein unbedingtes Unabhängigkeitsverhältniß von ihnen zu bringen. Natürlich daß das stolze, auf seine Selbstständigkeit und Freiheit so eifersüchtige Völklein lieber Allem sich aussetzen wollte, als hierauf eingehen, und den Vertragsvorschlag unter diesen Bedingungen auf das Entschiedenste zurückwies.

ι Tod verhaßt war? Ließ ſich nicht, wenn der Zuzug in demſelben Maße
ſⷣauerte, der Augenblick zum Voraus berechnen, da dieſe Eindringlinge
Wahlen beherrſchen, die Majorität in den Räthen beſitzen würde? Und
ın das der Fall war: wo blieb dann noch ein Raum für „das alte Genf,‟
x wer konnte ſich noch dem eiſernen Joche entziehen, das der Reformator
ſcherweiſe dem Unwilligen wie dem Willigen auf den Nacken legte, wo er
Macht dazu beſaß?

Man muß wohl zugeben, daß von dem Standpunkte der Libertiner
s ihre Abneigung gerechtfertigt genug erſcheint, und daß ſie nur für das
gue Weſen und Leben kämpften, indem ſie dieſen neuen Landsleuten, wo
d wie ſie konnten, ſich in den Weg ſtellten. Aber ebenſo natürlich und ge-
ſtfertigt iſt es auf der andern Seite, daß Calvin und ſeine Freunde Alles
ιten, um ſie heranzuziehen, feſtzuhalten und den Reihen der Bürger einzu-
rleiben. Denn was galt dem Reformator das „alte Genf‟ und die Herr-
aft der alten Familien? Nicht nur war er ſelber ein Fremdling, der von
ſchem traditionellem Patriotismus nichts an ſich tragen konnte, ſondern er
ng auch ganz bewußt und beſtimmt darauf aus, dem ein Ende zu machen,
ıs man dieß alte Genf zu nennen pflegte, das vormalige Gemeinweſen von
rund aus umzugeſtalten und ein neues an ſeine Stelle zu ſetzen. Nicht a n
ıd für ſich hatte ja überhaupt dieſe Stadt ihm Werth und Bedeutung,
ındern vor Allem hielt er ſie hoch als die geeignetſte Stätte und den von
ıtt ſelbſt hingeſtellten Ausgangspunkt der Reformation für die romaniſche
ielt, und wenn er mit der rückhaltsloſeſten Hingabe Kraft und Leben ihr
dmete, ſo meinte er damit keineswegs nur dieſer kleinen, beſchränkten Re-
iblik zu 'dienen, ſondern dem ganzen großen Völker-Gebiete, als deſſen
ſchlüſſel und Rückhalt ſie durch Lage und Sprache erſchien. Ihm ſtanden
io die Einwanderer aus Frankreich und Italien um nichts ferner, als die
ıngebornen ſeiner gegenwärtigen Heimath. Eher mußten ſie ihm noch taug-
ſer vorkommen für ſeinen Zweck und noch willkommener nach Abſtammung
ıd Herkunft. Indem er ſie bei ſich anlangen, um ihn herum ſich ſammeln
h, mußte es wohl ihn dünken: jetzt fange im Grunde ſein Reformations-
ırk erſt recht an. Er konnte gar nicht anders, als es für ſeine höchſte Pflicht
lten: die Mittel, durch die ſeine Aufgabe zu löſen war, nach und nach den
ıuden derer zu entwinden, die dieſe Aufgabe von ſich ſtießen, und den
ıdern zu überliefern, die mit Freuden auf den Ruf zu dem großen Gottes-
rke eingingen.

Auf dem Boden dieſer Frage, die mehr praktiſche Bedeutung hatte
s alle andern, mußten demnach unvermeidlicher Weiſe die Parteien zur letz-
ı Entſcheidung auf einander treffen. Mit den alten Mitteln des Hohnes
ıd Spottes, der Aufreizung des Volkes, der Verfolgung und Unterdrückung
ı alltäglichen Leben begannen die Libertiner ihren neuen Feldzug. Die Re-
ſter des Conſiſtoriums aus dieſen Jahren ſind voll von Erzählungen und

das so widerwärtige Verläumbungen umliefen. Ein Schreiben des Zürcher Reformators selbst hatte ihm, in der schonendsten Weise, dieselben zur Kunde gebracht, und dabei tröstend auf das Beispiel eines Zwingli, eines Ambrosius und Chrysostemus hingewiesen, die sich hätten müssen gefallen lassen, daß sogar besser Gesinnte hie und da ihren Eifer gegen die Sünde als übertrieben angeklagt. „Obschon es nicht gerade angenehme Neuigkeiten waren, die du mir mittheiltest", antwortete ihm nun Calvin; „so danke ich dir doch dafür, daß du mir wenigstens eine Gelegenheit gegeben hast, mich zu rechtfertigen. Das Meiste freilich ist zu nichtswürdig als daß ich es zu widerlegen brauchte. Nur auf einen Punkt will ich etwas näher eingehen. Man breitet also aus, die unglücklichen Verurtheilten hätten unter den Qualen der Tortur im Kerker Falsches bekannt was sie nachher wieder zurücknahmen. Nun ist allerdings so viel wahr, daß die vier zum Tode Verurtheilten, als es zur Hinrichtung kam, in ihren Geständnissen Einiges änderten; aber wie wahrscheinlich es ist, daß man ihnen mit Gewalt etwas erpreßt habe, magst du aus dem Verlaufe der Dinge selber beurtheilen. Als sie befragt wurden *) war ich nicht zugegen, und obschon die Verläumder mich zum Leiter der Untersuchungen machen wollen, so soll man mich doch für den Schlechtesten aller Menschen halten, wenn ich auch nur der Berathung über diesen Fall beiwohnte. Ich besuchte die Gefangenen im Kerker, nicht um irgend ein Bekenntniß aus ihnen heraus zu bringen, sondern als ihr Seelsorger, von ihnen ausdrücklich berufen, mit obrigkeitlicher Erlaubniß. Und was die Qualen betrifft, die man ihnen anthat, so haben mich die glaubwürdigsten Augenzeugen auf das Bestimmteste versichert, das Ganze habe sich darauf beschränkt, daß sie an den Armen ein wenig in die Höhe gezogen wurden; die eigentlichen Marterwerkzeuge wurden ihnen lediglich gezeigt, wie es ja immer zu geschehen pflegt. Zuerst wurden zwei Brüder hingerichtet, deren Schuld klar genug erwiesen war, da sie mit dem Schwerdte in der Hand durch den Syndik selber waren gefangen genommen worden. Da sie nun nichtsdestoweniger läugneten, und mit den Richtern fast ihren Spott trieben, so war die Anwendung einiger Gewalt doch gewiß erlaubt. Oder sollte man sich von ihnen vorsagen lassen, daß gar keine Verschwörung bestanden? Sollten die Richter zugeben, daß ein so erwiesenes Verbrechen ohne Strafe bliebe? Und sobald sie nun peinlich befragt wurden, gestanden sie gleich beim ersten Male ein was man ohnehin schon wußte; gestanden es auch mir, ein Jeder besonders, von Neuem, da ich auf ihre Bitte zu ihnen kam, gestanden mir sogar noch mehr, als sie vor den Richtern bekannt, ohne daß ich meinerseits im Geringsten das Gespräch darauf gelenkt hätte. „Er bezeuge vor Gott", rief der Eine von ihnen aus, daß das die Wahrheit sei." Als sie dann sahen, daß es zum Tode ging, weiß ich

---

*) Doch wahrscheinlich nach der allgemeinen Sitte der damaligen Justiz durch die Tortur. Der Ausdruck lautet: „Quum de illis habita fuit quaestio."

nicht welch ein böser Geist sie dazu trieb, ihre Aussage wieder zu ändern; doch blieben auch da die Hauptpunkte von ihnen zugegeben. Da man nun den Ersten von ihnen zur Hinrichtung führte, befragte ich ihn vor allem Volke, ob er nicht freiwillig, da alle Zeugen und Richter fern waren, mir dasselbe eingestanden, was in der Verurtheilungsakte stehe? Als er das bejaht, fragte ich ihn weiter, ob ich ihn etwa durch Versprechungen dazu verlockt? und er antwortete: nichts dergleichen sei geschehen. „Was willst du also", sagte ich ihm, „daß du Einiges zurücknimmst, da doch Alles gleich sehr in der Wahrheit begründet ist? Siehe wohl zu, lieber Franziskus, daß du nicht mit einem befleckten Gewissen vor den Richterstuhl Gottes tretest." — Der Andre, der einst seine Mutter erschlagen und sein ganzes Leben hindurch der unseligste Verächter Gottes gewesen, hat nur sehr wenig zurückgenommen was ihn selber betraf, dagegen um so mehr die Zeugen, die wider ihr aufgetreten, mit Schmähungen überschüttet, sodaß er vor allem Volke ausrief: das sei jetzt der Lohn, den er aus der Genossenschaft des schändlichen Perrin davongetragen. Der Dritte erklärte plötzlich, sowie er verurtheilt wurde, Alles für falsch und erlogen was er doch eben erst Viret und mir aus freien Stücken gestanden. Es handelte sich dabei überdieß um ein Verbrechen, das die Richter ihm durchaus nicht zugetraut, sondern das er ganz von sich aus ans Licht gezogen hatte, und obwohl hierauf jene beiden Brüder es bestätigten und bis zum Tode bei ihrer Aussage beharrten, stellte er es nun doch auf das Hartnäckigste in Abrede. Der Vierte endlich, ein alter Ruhestörer und Bandenführer, hatte mir im Gefängnisse noch zu verschiedenen Malen gesagt: ihm widerfahre nur sein Recht wenn er hingerichtet werde, nachdem er ein so verbrecherisches Leben geführt; für ihn habe es keinen andern Weg gegeben, auf dem der Herr ihn hätte zur Buße bringen können. Wie er nun wieder anders redete, sprach ich ihm freundlich zu, sich doch an das zu erinnern was er mir freiwillig bekannt, worauf er erwiederte: ja gegen Gott habe er viel gesündigt aber nicht gegen den Staat. — So, mein lieber Bruder, haben diese Dinge sich zugetragen, du magst nun selber die Wahrheit vertreten, wo du sie entstellen hörst."

Schwer und empfindlich genug kam es freilich sein reizbares Gemüth im Uebrigen an, so durch die „bösen Gerüchte" hindurchzugehen, und da und dort das Bild seines Wesens auf das Ungerechteste entstellt und geschmäht zu wissen, ohne daß er doch im Stande war etwas Wesentliches dagegen zu thun. Fast in jedem seiner vertraulichen Briefe aus dieser Zeit spricht eine derartige Stimmung sich aus. „Obschon ich ja freilich mich rühmen sollte in dieser Schmach" heißt es in einem Schreiben an Farel, „welche die gehässigen und gottlosen Zungen auf mich häufen, weil sie nichts Anderes an mir lästern als was, wie ich gewiß weiß, wohlgefällig ist vor Gott und seinen Engeln: so möchte ich mich doch gerne in irgend einen Winkel verkriechen, wenn ich nur dadurch ihre Wuth zum Schweigen bringen könnte, die mein Anblick immer von

ssen. Wohl hie und da beläftigt oder bedroht, aber doch
en unangefochten von Frankreich, hat Genf im Reformationsze
en Weg fortsetzen können, ohne daß es einen Augenblick aufgehe
große Werkstätte der religiösen Bewegung für das Nachbarla
*).

efähr um dieselbe Zeit drohte von der Savoischen Seite her ei
ere und dringendere Gefahr. Der Sieger von St. Quentin, d
ndte und ehrgeizige Herzog Philipp Emanuel, der eben sein Stam
er aus den Händen der Franzosen zurückerobert hatte, begann
n Monaten des Jahres 1559 eine Reihe der geschicktesten diplom
achinationen, um sich in Genf, hauptsächlich im Anschlusse an d
ben Flüchtlinge und die Reste ihrer Gesinnungsgenossen in d
ieder eine freundlich gesinnte Partei zu bilden, und auch eini
ßreichsten Gegner durch Versprechungen und Zusicherungen d
nsten Art einer Erneuerung der savoischen Herrschaft weniger abg
machen. Bei den Libertinern hatte er in der That den gewünscht
und selbst von etlichen der Magistratspersonen glaubte sein Unte
der Bischof Allardet von Mondovi, nicht ganz unverrichteter Din
en zu müssen, — als einer der Spione zu seiner höchsten B
vahrnahm, wie sie mit den übergebenen Briefschaften in das Hau
ich begaben. Unverzüglich, an Allem verzweifelnd, reiste der Bisch
Nachricht hin ab; und die Antwort, die ihm gleich darauf folg
der That nicht anders, als ob sie von dem Reformator selber g

lvins Anregung ausgeschrieben, und tief bewegt versammelte sich das
lk in den Gotteshäusern zu seinen Predigern, um dem großen Schutzherrn
nfs, der nicht schlafe noch schlummre, Lob und Preis darzubringen für
wunderbare Errettung *).

Es ist merkwürdig, daß die erzürnten Feinde auch dies Mißlingen
derum Niemandem Anders zur Last legten als Calvin, „dem Manne
a Genf, dem Protektor von Genf," wie die spanischen und savoi-
n Diplomaten in ihren Depeschen beständig ihn nennen, und dessen
therungen man am Pariser Hofe wörtlich von Munde zu Munde gehen
**): „So lange dieser Mann an der Spitze der Republik steht", schrieb
dem neuen Fehlschlagen derselbe Bischof Allardet, dessen mißlungene
terhandlung wir eben erwähnten, „wird es unmöglich sein, sie zu über-
hen; er hat Dämonen in seinem Solde, um alle guten Plane zu ver-
ln." Und sechs Monate später, als die Nachricht vom Tode Calvins die
tischen Hauptstädte und Cabinete mit Jubel erfüllte, nachdem sie früher
n einige Male vergebliche Dankfeste um dieses Ereignisses willen gefeiert,
ätigte Granvella vollkommen diese Ansicht von seiner Bedeutung,
em er in seinen Depeschen von Madrid aus allen befreundeten Höfen be-
kte: „Es sei jetzt an der Zeit, von dem Tode des Mannes von Genf
tzen zu ziehen. Die katholischen Staaten müßten sich nun zusammen-
ließen und Ernst zeigen, damit das Elend der Kirche ein Ende nehme
d der Ketzerei das Haupt gebeugt werde. Seine Majestät sei völlig bereit,
Kräfte ihres Reiches zu diesem Zwecke zu verwenden ***)."

---

*) Vergl. Gaberel II, 398.

**) „Ich habe mich darüber gewundert," heißt es in einem Briefe Calvins an
Sulzer in Basel, 30. September 1560, „daß was ich an einen meiner
Freunde über die französische Angelegenheit schrieb, alsobald im geheimen
königlichen Rathe wiederholt wurde. Es sind wirklich meine eigenen Worte,
die ich als durchaus getreu anerkennen muß." — Daß Calvin übrigens in
der That der bringenden Gefahr gegenüber keineswegs unthätig geblieben,
geht unter Anderm aus einem Brief an Coligny aus dieser Zeit hervor
(Franz. Briefsammlung II, 372), wonach er diesem einflußreichen Manne
einen Boten sandte, um ihm die Lage der Stadt vorzustellen und seine
Hülfe in irgend einer Art in Anspruch zu nehmen. — Und auch später
noch einmal überschickte er ihm ein Memoire, um ihm darzuthun, wie es eben
sowohl im Interesse Frankreichs als Genfs liege, diese Republik mit in den
Bund aufzunehmen, den die französische Krone mit den Schweizerkantonen
abzuschließen im Begriffe stand. „Vergessen Sie uns nicht", heißt es in dem
begleitenden Briefe, „diese Stadt ist Ihnen durch höhere Rücksichten als nur die
politischen empfohlen, obwohl Sie auch nach dieser Seite hin ihr nicht dienen
können, ohne zugleich dem Könige zu dienen." Der Schluß des interessan-
ten Schreibens, in dem er sich anschickt, ihre Bedeutung des Weitern
auseinander zusetzen, ist leider! verloren (Franz. Briefsammlung II, 398).

*) Depeschen im Turiner Archiv, bei Gaberel I, 528.

niß mit den Bernern doch wahrlich nicht zum Schaden; wunderbar hat die Genfer Kirche zugenommen, ist zum großen Zufluchtsort aller Bedrängten geworden, läßt von sich aus die Botschaft des Evangeliums durch ganz Frankreich hin ausgehen, ist in jedem Stücke ein Vorbild und eine Leuchte. Die handeln nicht klug noch recht, die das alte Band leichthin zerreißen wollen; es könnte das nicht geschehen ohne den offenbarsten Schaden für das Reich Gottes. Und solltest du dich ihnen nun beigesellen? Solltest du die Bitte der Frommen zurückweisen, die wie mit e i n e m Munde zu dem Nämlichen dich auffordern? Ich bin es gewiß, daß das nicht Dein Sinn ist, und ermahne und bitte dich, mein Bruder: sei den Deinigen ein Führer und Rather, daß sie doch möglichst den Bernern sich anbequemen. Ja, fürwahr! ich beschwöre dich: bedenke was zum Frieden und zur Erbauung dient und schicke dich in die Zeit, denn die Zeit ist böse*)."

Es bedurfte übrigens dieser Ermahnung kaum. So lebhaft als irgend ein Anderer war Calvin davon überzeugt, daß die Erhaltung der gegenwärtigen Lage Genfs und alles dessen, was damit in Verbindung stehe, vornämlich auf seiner fortdauernden Verbindung mit Bern beruhe. Und wie gering erschienen ihm diesem höchsten allgemeinen Interesse gegenüber die persönlichen Kränkungen die er zu verwinden hatte! „Bullinger spricht mir dringend zu", schreibt er an Farel, „jede Trennung zu vermeiden. Wahrlich! vor dieser Anklage werde ich einst mich rechtfertigen können, da mir nichts mehr am Herzen liegt als das bisherige Verhältniß wieder anzuknüpfen und fortzusetzen." Indessen war das keineswegs die allgemeine Stimmung in der kleinen Republik. Voll Selbstgefühl und überaus eifersüchtig auf ihre Unabhängigkeit, wie ihre Bürger waren, überdieß durch das gehässige, hochfahrende Betragen der ehemaligen Verbündeten auf das Aeußerste gereizt, redeten sie in ihren Versammlungen wohl davon, lieber mit Ehren fallen zu wollen als falschen Brüdern gegenüber ihrem Rechte und ihrer Freiheit irgend etwas zu vergeben. Wie eine Vermählung des alten trotzigen Genfer Sinnes mit dem von Calvin ausgegangenen Geiste, dem Geiste der rücksichtslosesten Festigkeit und Gewissenhaftigkeit in den religiösen Dingen, erscheint es, wenn sie mitten in der ärgsten Bedrängniß, den katholischen Kantonen, die ihre Vermittlung anboten, sogar lieber das geringfügige Ansuchen abschlugen: durchziehenden Truppenabtheilungen derselben in Zukunft die Abhaltung einer Messe zu gestatten, als daß sie um diesen Preis ihre guten Dienste hätten erkaufen wollen**).

Es kam ihnen sehr zu Statten, daß diese Haltung allen Unbetheiligten Achtung und Theilnahme einflößte. Selbst die Katholiken erzürnten über die abschlägige Antwort sich nicht, sondern zeigten mit den reformirten Kantonen

---

*) H e ß, Leben Bullingers p. 259.
**) Ruchat VI, p. 190.

h geneigt, Genf in gleicher Weise wie Sontweil oder Mühlhausen in ihr undesverhältniß aufzunehmen, wenn Bern auf seinen ungebührlichen Forrungen beharre. Mit allem Eifer griff die Mehrzahl der Bürgerschaft im sten Augenblick diesen Gedanken auf. Er erschien als eine Gelegenheit ebenso m Bernern ihre Unbill zu vergelten, wie die eigene Unabhängigkeit sicher zu ellen. Aber Calvin behielt Ruhe und Einsicht genug, um sich nicht mit fortsißen zu lassen. Es war ihm klar, daß der Beistand der übrigen Schweizermntone den des nahe liegenden Bern unmöglich ersetzen und überdieß nicht nders erkauft werden könne als durch die tiefste Entfremdung dieses ältesten mb bewährtesten Bundesgenossen. Wie viele Ueberwindung es ihm auch nach erschiedenen Seiten hin kosten mochte: im Einverständnisse mit dem gleichgeknnten Rathe, ging er unter den gegenwärtigen Umständen mit verdoppeltem iifer daran, die Beziehungen mit dem stolzen Beschützer im Geheimen wieder mzuknüpfen oder wenigstens ihre Anknüpfung vorzubereiten. „Die Unsrigen nd durch die häufigen Beleidigungen so erbittert", schreibt er den 26. Nov. 556 an Bullinger, „daß es keine kleine Mühe ist sie zu versöhnen oder auch nr im Zaume zu halten. Vielleicht wird es dazu kommen müssen, daß ich icht nur nach Bern, sondern auch nach eurer Stadt eine Gesandtschaft schicke, aß ihr unser Volk ermahnt, das alte Verhältniß sich wieder gefallen zu lassen. Bir haben ganz im Stillen einen Abgeordneten ernannt, der dich und euren bürgermeister angehen soll, es von Neuem mit einer Vermittlung bei den lernern zu versuchen. Nur vier Leute kennen hier den Boten, nur acht wissen berhaupt von der Sache, damit ja kein thörichtes Aufbrausen Jener oder der nsrigen eure Bemühungen zum Voraus vereitle. Dringend bitte ich dich: mdle mit all' dem Eifer, den die Angelegenheit erfordert*)." Und unaufsrlich folgten sich von da an die Briefe ähnlichen Inhalts. Bald um seine lerwendung bei der Tagsatzung der Kantone bittet Calvin den einflußreichen reund, bald um seine Einwirkung auf die übrigen evangelischen Stände, damit sie alle miteinander auf die Berner ihren Einfluß gelten machten. Dann bildert er ihm wieder die steigende Noth seiner Stadt und beklagt sich über le Politik Berns, die offenbar darauf ausgehe, die Genfer durch Ermüdung mürbe zu machen.

Nach zwei Jahren solcher Sorgen und Bemühungen gelang es ihm endch in der That, wenigstens das Schlimmste abzuwenden und wieder einen träglichen Zustand der Verhältnisse herzustellen. Auf der einen Seite von en Schweizern gedrängt, auf der andern durch drohende Bewegungen des erzogs von Savoyen beunruhigt, fingen die Berner im Herbste 1557 nach nd nach an, ihren hohen Ton etwas herunterzustimmen. Sie ließen es geßehen, daß die Unterhandlungen zwischen den beiden Republiken in aller jorm wieder aufgenommen wurden; und die Frucht derselben war ein neues

---

*) Bei Hundeshagen Beilage I, p. 369.

Bündniß, für Genf bei Weitem günstiger als das bisherige, das die beiderseitigen Standeshäupter im Januar 1558 auf ewige Zeiten beschworen. Von
den Flüchtlingen war darin nicht die Rede. Nur noch durch vertrauliche Vorstellungen und auf dem Gnadenwege versuchte jetzt Bern etwas zu ihren Gunsten zu thun. Aber zu mehr als einigen Gefälligkeiten, die den guten Willen
für den wiedergewonnenen Verbündeten zeigen sollten, ließ auch diesen Versuchen gegenüber Genf sich nicht herbei. Es wollte sein Recht nicht beugen, den
endlich errungenen Frieden sich nicht wieder stören lassen; und wies bald, durch
den fortdauernden Trotz der Vertriebenen gereizt, jedes fernere Ansinnen
Berns in dieser Sache entschieden zurück. Noch einige Zeit spann sich der
Faden dieser Angelegenheit so fort; aber die Festigkeit der kleinen Republik
und ihrer Leiter behauptete doch am Ende vollkommen das Feld. Die Berner
entfernten die Flüchtlinge von der Genferischen Grenze, und Keiner von ihnen
ist jemals nach seiner Heimath zurückgekehrt.

Damit waren denn auch die letzten Nachwehen des großen, jahrelangen
Kampfes glücklich überwunden. In ungestörter Sicherheit, von Allen anerkannt und unterstützt konnte nun der Reformator daran gehen, seinem Werke
die letzten Schlußsteine einzufügen und es nach jeder Seite hin sich entfalten zu
lassen in seinen erneuernden und heiligenden Wirkungen.

VIII.

Calvin und die Genfer Kirche in der Friedenszeit. 1555—1564.
— Schilderung des kirchlich-religiösen Lebens nach dem Briefe Bergerio's.
— Der Mangel einer höheren Bildungsanstalt und eines theologischen Se-
minars. — Wiederholte Bemühungen Calvins um ihre Begründung.
— Endlicher Erfolg seiner Bestrebungen im Jahre 1558. — Freiwillige Gaben
der Bürgerschaft zu diesem Zwecke. — Errichtung des Gebäudes auf öffent-
liche Kosten. — Seine Einweihung und die Eröffnung der Anstalt im Juni
1559. — Theodor von Beza's Uebersiedlung nach Genf als ersten Rek-
tors derselben. — Calvin als Pädagog nach den von ihm entworfenen
Ordnungen für Unterricht und Erziehung. — Rasches und glänzendes
Aufblühen der neuen Anstalt. — Weitere Bemühungen Calvins für ihre
Hebung. — Ihre Bedeutung und ihr Einfluß auf das reformirte Europa.
— Ihre Einwirkung auf den öffentlichen Geist Genfs. — Die politische
Thätigkeit Calvins zum Schutze der Stadt und des Reformationswerkes
in den Verwicklungen mit Bern, Frankreich, Savoien und Spanien. —
Zeugnisse der katholischen Diplomatie über seine Bedeutung in dieser
Beziehung.

Die Friedenszustände sind bekanntlich überall schwerer zu schildern, als
die Kriege mit ihren äußerlich wahrnehmbaren, die Aufmerksamkeit des Be-
schauers mit Gewalt herausfordernden Thaten und Begebenheiten. Und namentlich aus jenen Jahrhunderten, von denen wir reden, die noch keine Cul-
turgeschichte kannten, sondern nach Gaberel's Ausdruck „immer nur das Böse

b Gewaltthätige aufzuzeichnen pflegten, nicht aber das Gute, das während r Zeiten der Ruhe ins Leben gerufen wurde," fließen die Mittheilungen eraus spärlich uns zu, die von den Friedenswerken der Reformation b den Fortschritten ihrer inwendigen Erneuerungsarbeit ein einigerahen genügendes Bild zu geben gestatteten.

„So hatte nun die Gemeinde Frieden," wie die Apostelgeschichte sich usdrückt, „und bauete sich und wandelte in der Furcht des Herrn": das ist n Wesentlichen Alles was wir über das Ergehen der Genfer Kirche nach r glücklichen Vollendung der vorangegangenen bittern Kämpfe zu sagen issen, nachdem wir die von Calvin gegebenen Ordnungen und Einrichangen, in denen ihr Leben sich bewegte, schon in einem frühern Abschnitte usammenfassend dargestellt haben.

Indessen ist doch durch eine glückliche Fügung ein Dokument auf uns ekommen, das, nach der Wahrnehmung eines zuverlässigen Augenzeugen och etwas ausführlichere Kunde darüber giebt, wie diese Einrichtungen un in ihren thatsächlichen Wirkungen sich äußerten und bewährten, und elch ein Bild überhaupt das Genfer Gemeinwesen darbot, als es jetzt öllig christlich und calvinisch geworden war. Es besteht dasselbe in dem elegentlich schon erwähnten Briefe des Grafen Vergerio, der im Jahre 1556 ls Flüchtling um des Evangeliums willen nach Genf gekommen, seinen atholisch gebliebenen Freunden die Zustände, die er da vorgefunden, nach llen Seiten hin eingehend auseinandersetzte.

„Es sind nun zwanzig Jahre," schreibt er, „daß diese Stadt den berglauben und die Abgötterei des Papstthums aus ihrer Mitte verannte; und mit Vergnügen sehe ich, wie die vornehmsten Bürger Eins arin sind, diesen glücklichen Stand der Dinge aufrecht zu erhalten und mmer wirksamer zu machen. Ich habe viele Kirchen besucht, die sich eformirte nennen, aber keine einzige war so vorgerückt in diesem Werke wie ie hiesige. Es giebt acht Geistliche in der Stadt, die zusammen ehn Predigten am Sonntage und zwei an jedem Wochenage halten, überdieß noch einen Jugendunterricht am Tage des Herrn. Zu m Ende versammeln sie die Kinder beider Geschlechter im Tempel, und lären ihnen ein Stück der christlichen Lehre oder der biblischen Geschichte, ber das dann die jungen Zuhörer ihrerseits befragt werden. Alles geht abei freundlich, einfach, klar zu; man sieht wie rasch die Kinder vorwärts mmen in der Lehre des Heils und wie gerne sie diese Nahrung genießen, die m ewigen Leben speist. Wie wenig wissen doch hievon unsere Papisten, nd wie wenig mögen sie eine derartige Mühe auf sich nehmen! Freilich sagen t: es sei auch nicht nöthig, daß man von seinem Glauben Rechenschaft zu eben wisse, es genüge wenn man erkläre: „Ich glaube was die Kirche laubt."

„Eine andere Einrichtung, die mir vortrefflich scheint, ist diese. Jeden Donnerstag treten die Geistlichen mit zwölf Bürgern zusammen, „den Aeltesten der Kirche," und wer sich nun irgend Etwas gegen die Ehre Gottes und des christlichen Bekenntnisses hat zu Schulden kommen lassen, wird vorgefordert und nach Befinden zurechtgewiesen oder bestraft. Schlagen die Mahnungen und Belehrungen aus dem Worte Gottes nicht an, so schließt man nöthigenfalls die Betreffenden von dem heiligen Abendmahle aus; darunter auch die, die in irriger Lehre beharren … Aber, werdet ihr sagen das ist ja eine Inquisition wie in Frankreich, Spanien und Italien! … Nichts weniger als das, sondern merket auf den Unterschied. Jene Inquisitionen bestrafen mit Gefängniß, Galeeren und Feuer die Bekenner der reinen Lehre Jesu Christi; das Genfer Consistorium dagegen sucht durch Güte und Ueberzeugung die Herzen der Wahrheit zu gewinnen und sie von den unfreiwilligen Irrthümern los zu machen, die in diesen Zeiten der verschiedensten Meinungen so schwer zu vermeiden sind. Neben der Reinhaltung der Lehre bildet auch die Reinhaltung des Lebens einen Gegenstand seiner Sorgfalt. Namentlich die ehelichen Verhältnisse werden in dieser Beziehung überwacht. Alle heimlichen oder gegen den Willen der Eltern geschlossenen oder durch allzugroßen Altersunterschied auffallenden Verbindungen sind verpönt. Die Ehescheidung ist gestattet, wenn Ehebruch die Ehe bereits gelöst hat. Im Allgemeinen erscheint das Consistorium wie ein Pflug, der alle Wochen das Unkraut wieder entwurzelt und hinauswirft, welches der alte Mensch in unsern Herzen und dem Ackerfelde des Herrn aufgehen läßt. Auch die Papisten reden, wie ihr wisset, mit vielen und hohen Worten von dieser Reinigung; aber wie kläglich sind doch die Resultate die bis jetzt dabei heraus kommen. Ein Glück, daß Genf nicht auf sie gewartet, sondern von sich aus Hand an das Werk gelegt hat! Es wäre wahrlich Zeit daß Alle ihm nachfolgten!"

„In den Gottesdiensten wird für Alles gebetet was den Völkern zum Segen dient: für die Könige, Fürsten, alle bestehenden Obrigkeiten. Einen höchst anziehenden Anblick bietet die Stadt an den Wochentagen wenn die Stunde der Predigt herannaht. Sobald der erste Glockenschlag sich hören läßt, schließen sich alle Buden, jedes Gespräch hört auf; jedes Geschäft wird abgebrochen, und von allen Seiten eilt man in das nächste Gotteshaus*). Dort zieht Jeder ein kleines Buch aus der Tasche, das die Psalmen in Noten gesetzt, enthält, und aus vollem Herzen, in ihrer Muttersprache, singt daraus die Gemeinde vor und nach der Predigt wie es in der alten Kirche zu ge-

---

*) In welchem Maße in der That die Gottesdienste besucht wurden, geht aus einer Notiz im Staatsprotokoll hervor, wonach Calvin um diese Zeit die Herrichtung einer neuen Kirche verlangte, „wegen des Zudranges des Volkes zu den Predigten, in denen nicht mehr Alle Platz fänden."

schehen pflegte. Allgemein bezeugt man mir, wie viel Trost und Erbauung das gewähre. Sind Kinder zur Taufe da, so wird die Ertheilung des Sakraments an den Gottesdienst angeschlossen. Die Gemeinde bleibt während des höchst einfachen Aktes in der Kirche versammelt. Der Vater des Neugebornen ist dabei zugegen mit einem Freunde, der als Pathe dient."

„Das heilige Abendmahl oder die Communion wird vier Mal des Jahres gefeiert: an Weihnachten, Ostern, Pfingsten und dem ersten Sonntage des September. Nichts erscheint feierlicher als diese Handlung, die in keiner der alten Kirchen würdiger kann verwaltet worden sein. Zwei Geistliche reichen den Gläubigen das Brod und den Wein, die dann die heiligen Pfänder selber zum Munde führen. Das Sakrament den Kranken in die Häuser zu bringen, ist nicht Sitte. Auch die Kinder dürfen erst daran Theil nehmen, wenn sie einmal im Stand sind seine Bedeutung zu verstehen. Und zwar wird hiezu nicht nur verlangt, daß sie Rechenschaft von ihrem Glauben geben können, sondern daß sie auch durch ihr Betragen als gute Christen sich erweisen. Um sich so viel als möglich über den Herzenszustand derer zu unterrichten, die zur Communion kommen, beobachten die Geistlichen das folgende Verfahren (und wollte Gott daß diese Einrichtung von allen christlichen Kirchen angenommen würde!): In der Woche, die der Abhaltung des Abendmahles vorangeht, theilen sie die Stadt in vier Quartiere, und gehen nun von den Aeltesten des Consistoriums begleitet, von Haus zu Haus. Jeder Bewohner ohne Unterschied wird herbeigerufen und über den Zustand seines Innern geprüft, einem Jeden die hohe Wichtigkeit und der Ernst der Handlung vorgehalten, zu der er sich anschickt*). Finden sie Jemanden schlecht vorbereitet, so ermahnen sie ihn väterlich sich fern zu halten, dagegen trösten sie die erschrockenen und verzagten Gewissen und weisen Alle hin auf die Fülle und die Bedingungen der göttlichen Barmherzigkeit in Christo Jesu."

„Die Gestorbenen werden auf zwei Kirchhöfen außerhalb der Stadt beerdigt. Keinerlei Ceremonien, keinerlei kostspieliger Aufwand zeichnet diese traurigen Tage aus. Auch ein Gottesdienst wird nicht gehalten, die Glocken nicht geläutet. Die vom Staat bestellten Träger tragen einfach die Leiche heraus, der die Verwandten und Freunde des Verblichenen folgen. Um so sorgfältiger werden die Kranken von den Geistlichen besucht und getröstet. Nicht mit ranzigen Oelen wie bei uns treten sie an die Leidenslager sondern mit dem aufrichtenden und heiligenden Worte der Schrift, mit herzlichem Gebet und der Salbung durch die Gnade des Herrn."

---

*) Es erhielt sich dieser Gebrauch in der Genfer Kirche bis in die Mitte des 18. Jahrhunderts. Ganz neuerdings ist er in Nîmes wieder eingeführt worden.

das so widerwärtige Verläumdungen umliefen. Ein Schreiben des Zürcher Reformators selbst hatte ihm, in der schonendsten Weise, dieselben zur Kunde gebracht, und dabei tröstend auf das Beispiel eines Zwingli, eines Ambrosius und Chrysostemus hingewiesen, die sich hätten müssen gefallen lassen, daß sogar besser Gesinnte hie und da ihren Eifer gegen die Sünde als übertrieben ange= klagt. „Obschon es nicht gerade angenehme Neuigkeiten waren, die du mir mittheiltest", antwortete ihm nun Calvin, „so danke ich dir doch dafür, daß du mir wenigstens eine Gelegenheit gegeben hast, mich zu rechtfertigen. Das Meiste freilich ist zu nichtswürdig als daß ich es zu widerlegen brauchte. Nur auf einen Punkt will ich etwas näher eingehen. Man breitet also aus, die unglücklichen Verurtheilten hätten unter den Qualen der Tortur im Kerker Falsches bekannt was sie nachher wieder zurückgenommen. Nun ist allerdings so viel wahr, daß die vier zum Tode Verurtheilten, als es zur Hinrichtung kam, in ihren Geständnissen Einiges änderten; aber wie wahrscheinlich es ist, daß man ihnen mit Gewalt etwas erpreßt habe, magst du aus dem Verlaufe der Dinge selber beurtheilen. Als sie befragt wurden *) war ich nicht zugegen, und obschon die Verläumder mich zum Leiter der Untersuchungen machen wollen, so soll man mich doch für den Schlechtesten aller Menschen halten, wenn ich auch nur der Berathung über diesen Fall beiwohnte. Ich besuchte die Gefangenen im Kerker, nicht um irgend ein Bekenntniß aus ihnen heraus zu bringen, sondern als ihr Seelsorger, von ihnen ausdrücklich berufen, mit obrigkeitlicher Erlaubniß. Und was die Qualen betrifft, die man ihnen anthat, so haben mich die glaubwürdigsten Augenzeugen auf das Bestimmteste versichert, das Ganze habe sich darauf beschränkt, daß sie an den Armen ein wenig in die Höhe gezogen wurden; die eigentlichen Marterwerk= zeuge wurden ihnen lediglich gezeigt, wie es ja immer zu geschehen pflegt. Zu= erst wurden zwei Brüder hingerichtet, deren Schuld klar genug erwiesen war, da sie mit dem Schwerdte in der Hand durch den Syndik selber waren gefan= gen genommen worden. Da sie nun nichtsdestoweniger läugneten, und mit den Richtern fast ihren Spott trieben, so war die Anwendung einiger Gewalt doch gewiß erlaubt. Oder sollte man sich von ihnen vorsagen lassen, daß gar keine Verschwörung bestanden? Sollten die Richter zugeben, daß ein so er= wiesenes Verbrechen ohne Strafe bliebe? Und sobald sie nun peinlich befragt wurden, gestanden sie gleich beim ersten Male ein was man ohnehin schon wußte; gestanden es auch mir, ein Jeder besonders, von Neuem, da ich auf ihre Bitte zu ihnen kam, gestanden mir sogar noch mehr, als sie vor den Richtern bekannt, ohne daß ich meinerseits im Geringsten das Gespräch dar= auf gelenkt hätte. „Er bezeuge vor Gott", rief der Eine von ihnen aus, daß das die Wahrheit sei." Als sie dann sahen, daß es zum Tode ging, weiß ich

---

*) Doch wahrscheinlich nach der allgemeinen Sitte der damaligen Justiz durch die Tortur. Der Ausdruck lautet: „Quam de illis habita fuit quaestio."

nicht welch ein böfer Geift fie dazu trieb, ihre Aussage wieder zu ändern; doch blieben auch da die Hauptpunkte von ihnen 'zugegeben. Da man nun den Erften von ihnen zur Hinrichtung führte, befragte ich ihn vor allem Volke, ob er nicht freiwillig, da alle Zeugen und Richter fern waren, mir dasselbe eingeftanden, was in der Verurtheilungsakte ftehe? Als er das bejaht, fragte ich ihn weiter, ob ich ihn etwa durch Versprechungen dazu verlockt? und er antwortete: nichts dergleichen sei geschehen. „Was willft du also", sagte ich ihm, „daß du Einiges zurücknimmft, da doch Alles gleich fehr in der Wahrheit begründet ift? Siehe wohl zu, lieber Franziskus, daß du nicht mit einem befleckten Gewiffen vor den Richterftuhl Gottes treteft." — Der Andre, der einft seine Mutter erschlagen und sein ganzes Leben hindurch der unfeligfte Verächter Gottes gewesen, hat nur fehr wenig zurückgenommen was ihn felber betraf, dagegen um fo mehr die Zeugen, die wider ihr aufgetreten, mit Schmähungen überschüttet, fodaß er vor allem Volke ausrief: das sei jetzt der Lohn, den er aus der Genoffenschaft des schändlichen Perrin davongetragen. Der Dritte erklärte plötzlich, fowie er verurtheilt wurde, Alles für falsch und erlogen was er doch eben erft Viret und mir aus freien Stücken geftanden. Es handelte fich dabei überdieß um ein Verbrechen, das die Richter ihm durchaus nicht zugetraut, fondern das er ganz von fich aus ans Licht gezogen hatte, und obwohl hierauf jene beiden Brüder es beftätigten und bis zum Tode bei ihrer Aussage beharrten, ftellte er es nun doch auf das Hartnäckigfte in Abrede. Der Vierte endlich, ein alter Ruheftörer und Bandenführer, hatte mir im Gefängniffe noch zu verschiedenen Malen gesagt: ihm widerfahre nur sein Recht wenn er hingerichtet werde, nachdem er ein fo verbrecherisches Leben geführt; für ihn habe es keinen andern Weg gegeben, auf dem der Herr ihn hätte zur Buße bringen können. Wie er nun wieder anders redete, sprach ich ihm freundlich zu, fich doch an das zu erinnern was er mir freiwillig bekannt, worauf er erwiederte: ja gegen Gott habe er viel gefündigt aber nicht gegen den Staat. — So, mein lieber Bruder, haben diese Dinge fich zugetragen, du magft nun felber die Wahrheit vertreten, wo du fie entftellen hörft."

Schwer und empfindlich genug kam es freilich fein reizbares Gemüth im Uebrigen an, fo durch die „böfen Gerüchte" hindurchzugehen, und da und dort das Bild feines Wesens auf das Ungerechtefte entftellt und geschmäht zu wiffen, ohne daß er doch im Stande war etwas Wesentliches dagegen zu thun. Faft in jedem feiner vertraulichen Briefe aus dieser Zeit fpricht eine derartige Stimmung fich aus. „Obschon ich ja freilich mich rühmen follte in dieser Schmach" heißt es in einem Schreiben an Farel, „welche die gehäffigen und gottlosen Zungen auf mich häufen, weil fie nichts Anderes an mir läftern als was, wie ich gewiß weiß, wohlgefällig ift vor Gott und feinen Engeln: fo möchte ich mich doch gerne in irgend einen Winkel verkriechen, wenn ich nur dadurch ihre Wuth zum Schweigen bringen könnte, die mein Anblick immer von

Wälder einen Zufluchtsort zu finden, zu dem die Treibjagden
ngslofen Verfolger nicht hindurchzudringen vermochten, und
Nöthen und Gefahren wußten fie fich von da aus hinüberzu
den freien Boden der kleinen Republik, die Gott wie ein großes
s an die Grenzen der Bedrängtesten hingestellt hatte. Gegen
ollen es gewesen sein, die so nach und nach in Genf anlangten,
auen, Kinder, Greise, den Todesschrecken auf den bleichen Ge-
Allem entblößt was zum Leben gehört, kaum noch im Stande
zu erhalten vor Erschöpfung und Entbehrung.

auf die erste Nachricht des Ueberfalles hatte Calvin einige ver-
ner an Ort und Stelle geschickt, um über das was sich zuge-
lichst schnelle und zuverläffige Kunde zu erhalten. Als fie zu-
nd den Hergang der Gräuel berichteten, deffen Zeugen fie gewesen,
e unverzüglich vor den Rath und bat ihn mit aufgehobenen
h noch in der elften Stunde zu verfuchen, was möglich fei, und
e Flüchtlinge, deren Eintreffen in Aussicht stehe, als Brüder
en, denen man mit Allem diene, was man befitze*). „Was
thun follen und können," schreibt er an Farel**), „ist uns noch
ar. Zuerst nun schicken wir einen Boten an dich, damit du die
it allen Kirchen an's Herz legest, und dann ist der Rath der
daß ich mich felber aufmachen und die verschiedenen Kantone be-
Gleich Morgen werde ich abreisen. Donnerstag bin ich, fo
n Bern. Hoffentlich verschafft mir der Schultheiß alsobald eine
dem Rathe, und dann setzen wir, wenn du abkommen kannst

Gequälter, daheim und draußen Gekreuzigter", ruft Farel ihm zu; „laß uns dem Herrn Dank sagen, daß er in so vielem Betrübendem doch auch so manches Erfreuliche uns schauen läßt! Vieles Schlimme wird offenbar und kränkt uns; manches Gute bleibt verborgen, aber seinen Segen genießen wir doch. Ja wir müssen allerdings das Böse vergelten, aber im Guten und durch Gutes thun; Christum haben wir uns zum Vorbilde zu nehmen, wie er Geduld übt, wie er um so eifriger denen Gutes zu thun trachtet, die darnach trachten ihm Uebels zu thun, und zwar wahrlich nicht in einem niedrigen, kriechenden, sondern in einem mehr als heldenhaften Sinne, der durch das Böse nicht überwunden wird. In dir wollte nun der Herr sich verherrlichen und darstellen wie du den Schaaren so vieler Feinde, die dich nicht nur verhöhnen, sondern auch schänden, zerreißen, niedertreten, mit ihren Dolchen durchbohren, doch immer mit getrostem Muthe dich entgegenwerfest. Er hat dir damit Gnade erwiesen, und was er in Schmach und Noth begann: im Triumphe und auf's Glücklichste wird er es vollenden. Und so bitte ich dich nur: lerne dem Herrn recht Dank sagen für die unermeßliche Güte und Barmherzigkeit, mit der er bisher dich umgürtet hat, befehl deine Feinde deinem Erlöser, trage Alles mit ruhigerem Muthe, schütte deine Klagen nur vor dem Gotte aus, der zu heilen versteht, oder vor Denen, die an dir sündigen, damit sie sich bekehren. Und wenn man etwa deinen Feinden Gleiches mit Gleichem vergelten will, so höre nur Wenige und glaube noch Wenigern, die dir Böses von ihnen sagen. Du siehest an Paulus, den du der Welt bekannter gemacht hast als Alle, wie er die ganze Gemeinde hoch hält um weniger Frommen willen. . . . . Aber wer, der dies liest, lacht nicht über mich, daß ich dir Solches schreibe? Soll „das Schwein die Minerva belehren*)?" Verzeihe es eben unserer Liebe zu einander**)."

Und fast noch ernster und dringender sprach Bullinger ihm zu, den Muth doch nicht zu verlieren, und durch die Feindseligkeit seiner Gegner, namentlich der Berner, sich doch nicht dazu treiben zu lassen, etwa auch ihnen gegenüber eine feindliche Stellung einzunehmen. „Du weißt", schreibt er ihm, „wie der Herr Bern dazu gebraucht hat, eure Republik sowohl von dem päpstlichen Joche als von der Herrschaft Savoyens zu befreien, und es ist kein Zweifel, daß ohne seinen starken Schutz der Krieg gegen euch schon lange wieder begonnen hätte. Vergiß das doch nie, auch wenn eure Verbündeten jetzt etwas anmaßender auftreten sollten als recht ist. Denke daran, daß du es mit Menschen zu thun hast, und daß alles Menschliche seinen Flecken hat; daß es ferner nie ein Bündniß giebt, in dem nicht der eine oder der andere Theil sich Einiges müßte gefallen lassen. Und bisher gereichte euch das Bünd-

---

*) Nach dem bekannten lateinischen Sprichwort: Sus Minervam docet, z. B. bei Cicero Acad. I, 4.

**) Am a. O. p. 107.

niß mit den Bernern doch wahrlich nicht zum Schaden; wunderbar ha
Genfer Kirche zugenommen, ist zum großen Zufluchtsort aller Bedrä
geworden, läßt von sich aus die Botschaft des Evangeliums durch
Frankreich hin ausgehen, ist in jedem Stücke ein Vorbild und eine Le
Die handeln nicht klug noch recht, die das alte Band leichthin zerr
wollen; es könnte das nicht geschehen ohne den offenbarsten Schaden fü
Reich Gottes. Und solltest du dich ihnen nun beigesellen? Solltest di
Bitte der Frommen zurückweisen, die wie mit einem Munde zu dem 2
lichen dich auffordern? Ich bin es gewiß, daß das nicht Dein Sinn ist,
ermahne und bitte dich, mein Bruder: sei den Deinigen ein Führer
Rather, daß sie doch möglichst den Bernern sich anbequemen. Ja, fürw
ich beschwöre dich: bedenke was zum Frieden und zur Erbauung dient
schicke dich in die Zeit, denn die Zeit ist böse *)."

Es bedurfte übrigens dieser Ermahnung kaum. So lebhaft als ir
ein Anderer war Calvin davon überzeugt, daß die Erhaltung der gegen
tigen Lage Genfs und alles dessen, was damit in Verbindung stehe, von
sich auf seiner fortdauernden Verbindung mit Bern beruhe. Und wie ge
erschienen ihm diesem höchsten allgemeinen Interesse gegenüber die persönli
Kränkungen die er zu verwinden hatte! „Bullinger spricht mir drin
zu", schreibt er an Farel, „jede Trennung zu vermeiden. Wahrlich! vor d
Anklage werde ich einst mich rechtfertigen können, da mir nichts mehr
Herzen liegt als das bisherige Verhältniß wieder anzuknüpfen und fo
setzen." Indessen war das keineswegs die allgemeine Stimmung in der
nen Republik. Voll Selbstgefühl und überaus eifersüchtig auf ihre U
hängigkeit, wie ihre Bürger waren, überdieß durch das gehässige, hochfah
Betragen der ehemaligen Verbündeten auf das Aeußerste gereizt, redete
in ihren Versammlungen wohl davon, lieber mit Ehren fallen zu wollen
falschen Brüdern gegenüber ihrem Rechte und ihrer Freiheit irgend etwa
vergeben. Wie eine Vermählung des alten trotzigen Genfer Sinnes mit
von Calvin ausgegangenen Geiste, dem Geiste der rücksichtslosesten Festi
und Gewissenhaftigkeit in den religiösen Dingen, erscheint es, wenn sie m
in der ärgsten Bedrängniß, den katholischen Kantonen, die ihre Vermitt
anboten, sogar lieber das geringfügige Ansuchen abschlugen: durchziehe
Truppenabtheilungen derselben in Zukunft die Abhaltung einer Meß
gestatten, als daß sie um diesen Preis ihre guten Dienste hätten erka
wollen **).

Es kam ihnen sehr zu Statten, daß diese Haltung allen Unbetheili
Achtung und Theilnahme einflößte. Selbst die Katholiken erzürnten übe
abschlägige Antwort sich nicht, sondern zeigten mit den reformirten Kant

---

*) Heß, Leben Bullingers p. 259.
**) Ruchat VI, p. 190.

h geneigt, Genf in gleicher Weise wie Sontweil oder Mühlhausen in ihr
Bundesverhältniß aufzunehmen, wenn Bern auf seinen ungebührlichen For-
erungen beharre. Mit allem Eifer griff die Mehrzahl der Bürgerschaft im
ersten Augenblick diesen Gedanken auf. Er erschien als eine Gelegenheit ebenso
den Bernern ihre Unbill zu vergelten, wie die eigene Unabhängigkeit sicher zu
stellen. Aber Calvin behielt Ruhe und Einsicht genug, um sich nicht mit fortreißen zu lassen. Es war ihm klar, daß der Beistand der übrigen Schweizerkantone den des nahe liegenden Bern unmöglich ersetzen und überdieß nicht
anders erkauft werden könne als durch die tiefste Entfremdung dieses ältesten
und bewährtesten Bundesgenossen. Wie viele Ueberwindung es ihm auch nach
verschiedenen Seiten hin kosten mochte: im Einverständnisse mit dem gleichgesinnten Rathe, ging er unter den gegenwärtigen Umständen mit verdoppeltem
Eifer daran, die Beziehungen mit dem stolzen Beschützer im Geheimen wieder
anzuknüpfen oder wenigstens ihre Anknüpfung vorzubereiten. „Die Unsrigen
sind durch die häufigen Beleidigungen so erbittert", schreibt er den 26. Nov.
556 an Bullinger, „daß es keine kleine Mühe ist sie zu versöhnen oder auch
nur im Zaume zu halten. Vielleicht wird es dazu kommen müssen, daß ich
nicht nur nach Bern, sondern auch nach eurer Stadt eine Gesandtschaft schicke,
daß ihr unser Volk ermahnt, das alte Verhältniß sich wieder gefallen zu lassen.
Wir haben ganz im Stillen einen Abgeordneten ernannt, der dich und euren
Bürgermeister angehen soll, es von Neuem mit einer Vermittlung bei den
Bernern zu versuchen. Nur vier Leute kennen hier den Boten, nur acht wissen
überhaupt von der Sache, damit ja kein thörichtes Aufbrausen Jener oder der
Unsrigen eure Bemühungen zum Voraus vereitle. Dringend bitte ich dich:
handle mit all' dem Eifer, den die Angelegenheit erfordert*)." Und unaufhörlich folgten sich von da an die Briefe ähnlichen Inhalts. Bald um seine
Verwendung bei der Tagsatzung der Kantone bittet Calvin den einflußreichen
Freund, bald um seine Einwirkung auf die übrigen evangelischen Stände, damit sie alle miteinander auf die Berner ihren Einfluß gelten machten. Dann
schildert er ihm wieder die steigende Noth seiner Stadt und beklagt sich über
die Politik Berns, die offenbar darauf ausgehe, die Genfer durch Ermüdung
mürbe zu machen.

Nach zwei Jahren solcher Sorgen und Bemühungen gelang es ihm endlich in der That, wenigstens das Schlimmste abzuwenden und wieder einen
erträglichen Zustand der Verhältnisse herzustellen. Auf der einen Seite von
den Schweizern gedrängt, auf der andern durch drohende Bewegungen des
Herzogs von Savoyen beunruhigt, fingen die Berner im Herbste 1557 nach
und nach an, ihren hohen Ton etwas herunterzustimmen. Sie ließen es geschehen, daß die Unterhandlungen zwischen den beiden Republiken in aller
Form wieder aufgenommen wurden; und die Frucht derselben war ein neues

*) Bei Hundeshagen Beilage I, p. 369.

Bündniß, für Genf bei Weitem günstiger als das bisherige, das die beiderseitigen Standeshäupter im Januar 1558 auf ewige Zeiten beschworen. Von
den Flüchtlingen war darin nicht die Rede. Nur noch durch vertrauliche Vorstellungen und auf dem Gnadenwege versuchte jetzt Bern etwas zu ihren Gunsten zu thun. Aber zu mehr als einigen Gefälligkeiten, die den guten Willen
für den wiedergewonnenen Verbündeten zeigen sollten, ließ auch diesen Versuchen gegenüber Genf sich nicht herbei. Es wollte sein Recht nicht beugen, den
endlich errungenen Frieden sich nicht wieder stören lassen; und wies bald, durch
den fortdauernden Trotz der Vertriebenen gereizt, jedes fernere Ansinnen
Berns in dieser Sache entschieden zurück. Noch einige Zeit spann sich der
Faden dieser Angelegenheit so fort; aber die Festigkeit der kleinen Republik
und ihrer Leiter behauptete doch am Ende vollkommen das Feld. Die Berner
entfernten die Flüchtlinge von der Genferischen Grenze, und Keiner von ihnen
ist jemals nach seiner Heimath zurückgekehrt.

Damit waren denn auch die letzten Nachwehen des großen, jahrelangen
Kampfes glücklich überwunden. In ungestörter Sicherheit, von Allen anerkannt und unterstützt konnte nun der Reformator daran gehen, seinem Werke
die letzten Schlußsteine einzufügen und es nach jeder Seite hin sich entfalten zu
lassen in seinen erneuernden und heiligenden Wirkungen.

VIII.

Calvin und die Genfer Kirche in der Friedenszeit. 1555—1564.
— Schilderung des kirchlich-religiösen Lebens nach dem Briefe Vergerio's.
— Der Mangel einer höheren Bildungsanstalt und eines theologischen Se-
minars. — Wiederholte Bemühungen Calvins um ihre Begründung. —
Endlicher Erfolg seiner Bestrebungen im Jahre 1558. — Freiwillige Gaben
der Bürgerschaft zu diesem Zwecke. — Errichtung des Gebäudes auf öffent-
liche Kosten. — Seine Einweihung und die Eröffnung der Anstalt im Juni
1559. — Theodor von Beza's Uebersiedlung nach Genf als ersten Rek-
tors derselben. — Calvin als Pädagog nach den von ihm entworfenen
Ordnungen für Unterricht und Erziehung. — Rasches und glänzendes
Aufblühen der neuen Anstalt. — Weitere Bemühungen Calvins für ihre
Hebung. — Ihre Bedeutung und ihr Einfluß auf das reformirte Europa.
— Ihre Einwirkung auf den öffentlichen Geist Genfs. — Die politische
Thätigkeit Calvins zum Schutze der Stadt und des Reformationswerkes
in den Verwicklungen mit Bern, Frankreich, Savoien und Spanien. —
Zeugnisse der katholischen Diplomatie über seine Bedeutung in dieser
Beziehung.

Die Friedenszustände sind bekanntlich überall schwerer zu schildern, als
die Kriege mit ihren äußerlich wahrnehmbaren, die Aufmerksamkeit des Be-
schauers mit Gewalt herausfordernden Thaten und Begebenheiten. Und namentlich aus jenen Jahrhunderten, von denen wir reden, die noch keine Cul-
turgeschichte kannten, sondern nach Gaberel's Ausdruck „immer nur das Böse

b Gewaltthätige aufzuzeichnen pflegten, nicht aber das Gute, das während r Zeiten der Ruhe ins Leben gerufen wurde," fließen die Mittheilungen raus spärlich uns zu, die von den Friedenswerken der Reformation ud den Fortschritten ihrer inwendigen Erneuerungsarbeit ein einiger- aßen genügendes Bild zu geben gestatteten.

„So hatte nun die Gemeinde Frieden," wie die Apostelgeschichte sich usdrückt, „und bauete sich und wandelte in der Furcht des Herrn": das ist m Wesentlichen Alles was wir über das Ergehen der Genfer Kirche nach er glücklichen Vollendung der vorangegangenen bittern Kämpfe zu sagen wissen, nachdem wir die von Calvin gegebenen Ordnungen und Einrich- ungen, in denen ihr Leben sich bewegte, schon in einem frühern Abschnitte usammenfassend dargestellt haben.

Indessen ist doch durch eine glückliche Fügung ein Dokument auf uns gekommen, das, nach der Wahrnehmung eines zuverlässigen Augenzeugen noch etwas ausführlichere Kunde darüber giebt, wie diese Einrichtungen un in ihren thatsächlichen Wirkungen sich äußerten und bewährten, und welch ein Bild überhaupt das Genfer Gemeinwesen darbot, als es jetzt völlig christlich und calvinisch geworden war. Es besteht dasselbe in dem gelegentlich schon erwähnten Briefe des Grafen Vergerio, der im Jahre 1556 ls Flüchtling um des Evangeliums willen nach Genf gekommen, seinen tholisch gebliebenen Freunden die Zustände, die er da vorgefunden, nach len Seiten hin eingehend auseinandersetzte.

„Es sind nun zwanzig Jahre," schreibt er, „daß diese Stadt den berglauben und die Abgötterei des Papstthums aus ihrer Mitte ver- nnte; und mit Vergnügen sehe ich, wie die vornehmsten Bürger Eins rin sind, diesen glücklichen Stand der Dinge aufrecht zu erhalten und mmer wirksamer zu machen. Ich habe viele Kirchen besucht, die sich formirte nennen, aber keine einzige war so vorgerückt in diesem Werke wie ie hiesige. Es giebt acht Geistliche in der Stadt, die zusammen hn Predigten am Sonntage und zwei an jedem Wochen- age halten, überdieß noch einen Jugendunterricht am Tage des Herrn. Zu em Ende versammeln sie die Kinder beider Geschlechter im Tempel, und klären ihnen ein Stück der christlichen Lehre oder der biblischen Geschichte, ber das dann die jungen Zuhörer ihrerseits befragt werden. Alles geht abei freundlich, einfach, klar zu; man sieht wie rasch die Kinder vorwärts mmen in der Lehre des Heils und wie gerne sie diese Nahrung genießen, die m ewigen Leben speist. Wie wenig wissen doch hievon unsere Papisten, nd wie wenig mögen sie eine derartige Mühe auf sich nehmen! Freilich sagen e: es sei auch nicht nöthig, daß man von seinem Glauben Rechenschaft zu eben wisse, es genüge wenn man erkläre: „Ich glaube was die Kirche laubt."

„Eine andere Einrichtung, die mir vortrefflich scheint, ist diese. Jeden Donnerstag treten die Geistlichen mit zwölf Bürgern zusammen, „den Aeltesten der Kirche," und wer sich nun irgend Etwas gegen die Ehre Gottes und des christlichen Bekenntnisses hat zu Schulden kommen lassen, wird vorgefordert und nach Befinden zurechtgewiesen oder bestraft. Schlagen die Mahnungen und Belehrungen aus dem Worte Gottes nicht an, so schließt man nöthigenfalls die Betreffenden von dem heiligen Abendmahle aus; darunter auch die, die in irriger Lehre beharren ... Aber, werdet ihr sagen das ist ja eine Inquisition wie in Frankreich, Spanien und Italien! ... Nichts weniger als das, sondern merket auf den Unterschied. Jene Inquisitionen bestrafen mit Gefängniß, Galeeren und Feuer die Bekenner der reinen Lehre Jesu Christi; das Genfer Consistorium dagegen sucht durch Güte und Ueberzeugung die Herzen der Wahrheit zu gewinnen und sie von den unfreiwilligen Irrthümern los zu machen, die in diesen Zeiten der verschiedensten Meinungen so schwer zu vermeiden sind. Neben der Reinhaltung der Lehre bildet auch die Reinhaltung des Lebens einen Gegenstand seiner Sorgfalt. Namentlich die ehelichen Verhältnisse werden in dieser Beziehung überwacht. Alle heimlichen oder gegen den Willen der Eltern geschlossenen oder durch allzugroßen Altersunterschied auffallenden Verbindungen sind verpönt. Die Ehescheidung ist gestattet, wenn Ehebruch die Ehe bereits gelöst hat. Im Allgemeinen erscheint das Consistorium wie ein Pflug, der alle Wochen das Unkraut wieder entwurzelt und hinauswirft, welches der alte Mensch in unserm Herzen und dem Ackerfelde des Herrn aufgehen läßt. Auch die Papisten reden, wie ihr wisset, mit vielen und hohen Worten von dieser Reinigung; aber wie kläglich sind doch die Resultate die bis jetzt dabei heraus kommen. Ein Glück, daß Genf nicht auf sie gewartet, sondern von sich aus Hand an das Werk gelegt hat! Es wäre wahrlich Zeit daß Alle ihm nachfolgten!"

„In den Gottesdiensten wird für Alles gebetet was den Völkern zum Segen dient: für die Könige, Fürsten, alle bestehenden Obrigkeiten. Einen höchst anziehenden Anblick bietet die Stadt an den Wochentagen wenn die Stunde der Predigt herannaht. Sobald der erste Glockenschlag sich hören läßt, schließen sich alle Buden, jedes Gespräch hört auf; jedes Geschäft wird abgebrochen, und von allen Seiten eilt man in das nächste Gotteshaus*). Dort zieht Jeder ein kleines Buch aus der Tasche, das die Psalmen in Noten gesetzt, enthält, und aus vollem Herzen, in ihrer Muttersprache, singt daraus die Gemeinde vor und nach der Predigt wie es in der alten Kirche zu ge-

---

*) In welchem Maße in der That die Gottesdienste besucht wurden, geht aus einer Notiz im Staatsprotokoll hervor, wonach Calvin um diese Zeit die Herrichtung einer neuen Kirche verlangte, „wegen des Zudranges des Volkes zu den Predigten, in denen nicht mehr Alle Platz fänden."

chehen pflegte. Allgemein bezeugt man mir, wie viel Trost und Erbauung das gewähre. Sind Kinder zur Taufe da, so wird die Ertheilung des Sakraments an den Gottesdienst angeschlossen. Die Gemeinde bleibt während des höchst einfachen Aktes in der Kirche versammelt. Der Vater des Neugebornen ist dabei zugegen mit einem Freunde, der als Pathe dient."

„Das heilige Abendmahl oder die Communion wird vier Mal des Jahres gefeiert: an Weihnachten, Ostern, Pfingsten und dem ersten Sonntage des September. Nichts erscheint feierlicher als diese Handlung, die in keiner der alten Kirchen würdiger kann verwaltet worden sein. Zwei Geistliche reichen den Gläubigen das Brod und den Wein, die dann die heiligen Pfänder selber zum Munde führen. Das Sakrament den Kranken in die Häuser zu bringen, ist nicht Sitte. Auch die Kinder dürfen erst daran Theil nehmen, wenn sie einmal im Stand sind seine Bedeutung zu verstehen. Und zwar wird hiezu nicht nur verlangt, daß sie Rechenschaft von ihrem Glauben geben können, sondern daß sie auch durch ihr Betragen als zute Christen sich erweisen. Um sich so viel als möglich über den Herzenszustand derer zu unterrichten, die zur Communion kommen, beobachten die Geistlichen das folgende Verfahren (und wollte Gott daß diese Einrichtung von allen christlichen Kirchen angenommen würde!): In der Woche, die der Abhaltung des Abendmahles vorangeht, theilen sie die Stadt in vier Quartiere, und gehen nun von den Aeltesten des Consistoriums begleitet, von Haus zu Haus. Jeder Bewohner ohne Unterschied wird herbeigerufen und über den Zustand seines Innern geprüft, einem Jeden die hohe Wichtigkeit und der Ernst der Handlung vorgehalten, zu der er sich anschickt*). Finden sie Jemanden schlecht vorbereitet, so ermahnen sie ihn väterlich sich fern zu halten, dagegen trösten sie die erschrockenen und verzagten Gewissen und weisen Alle hin auf die Fülle und die Bedingungen der göttlichen Barmherzigkeit in Christo Jesu."

„Die Gestorbenen werden auf zwei Kirchhöfen außerhalb der Stadt beerdigt. Keinerlei Ceremonien, keinerlei kostspieliger Aufwand zeichnet diese traurigen Tage aus. Auch ein Gottesdienst wird nicht gehalten, die Glocken nicht geläutet. Die vom Staat bestellten Träger tragen einfach die Leiche heraus, der die Verwandten und Freunde des Verblichenen folgen. Um so sorgfältiger werden die Kranken von den Geistlichen besucht und getröstet. Nicht mit ranzigen Oelen wie bei uns treten sie an die Leidenslager sondern mit dem aufrichtenden und heiligenden Worte der Schrift, mit herzlichem Gebet und der Salbung durch die Gnade des Herrn."

---

*) Es erhielt sich dieser Gebrauch in der Genfer Kirche bis in die Mitte des 18. Jahrhunderts. Ganz neuerdings ist er in Nimes wieder eingeführt worden.

„Wenn ein Geistlicher zu erwählen ist, so prüfen zuerst die Pfarrer den Candidaten über seine Lehre, und ziehen nach allen Seiten hin die ernstlichsten Erkundigungen über seine Sitten ein. Wird Alles in Ordnung erfunden, so stellen sie der bürglichen Obrigkeit ihn vor. Diese giebt ihre Zustimmung, und am folgenden Sonntage wird er nun, nach einer Predigt über die Pflichten des Geistlichen, der Gemeinde vorgeführt, mit der Ermahnung, wenn sie nichts gegen ihn einzuwenden habe, ihn als ihren Hirten aufzunehmen, da er als fromm, gelehrt und von rechtschaffenem Lebenswandel erprobt worden sei. Ihr sehet: es ist das die Art, wie in den alten Zeiten die Bischöfe erwählt wurden; während jetzt Pomp, Vergoldung, Oel und allerlei heidnische Ceremonien die Beistimmung und Fürbitte der Frommen in der Gemeinde ersetzen sollen."

„Was die kirchlichen Gebäude anbetrifft, so sind sie von jedem Zeichen des Aberglaubens und Götzendienstes gereinigt. Man sieht nichts darin als die Kanzel und die Sitze der Zuhörer."

„Die Klöster sind in Schulen verwandelt, in denen die Jugend die Wissenschaften des Lateinischen, Griechischen, Hebräischen und vor Allem die Wissenschaft des ewigen Lebens lernt. So sind diese Häuser zu Pflanzschulen der Tugend und Frömmigkeit geworden, während sie in unserm Italien, wie ihr Alle wißt, noch immer dastehn als die Schlupfwinkel aller Sittenlosigkeiten und Ausschweifungen."

„Für die Armen habe ich nie in der Kirche öffentlich sammeln sehen. Kein klingender Beutel wird hier mit großem Geräusche um die Ohren der Anwesenden geschwungen; und doch habe ich in der Straße noch nie auch nur auf einen einzigen Bettler getroffen. Als ich das Spital besuchte, löste sich mir dieß Räthsel bald. Ich sah ein, daß hier das Elend nicht nöthig habe, die christliche Liebe erst durch allerhand öffentliche Veranstaltungen anzuflehen, sondern daß man schon von selbst aus wahrhaft brüderlicher Gesinnung ihm reichlich zu Hülfe komme."

„In Summa: wenn ein Papist und besonders einer von jenen Räubern der Ehre Gottes, ein Legat, Inquisitor, Verhörrichter oder wie sie sonst heißen, diese Stadt beträte und das Alles erblickte was hier vorgeht, er würde ohne Zweifel voll Zorn und Schrecken sich aus dem Staub machen und rufen: die Genfer seien Lutheraner, Ketzer, Verworfene. Und wenn man ihn fragte: warum das? so würde er antworten: „Ich habe kein Weihwasser bei ihnen gefunden, keine Bilder, keine päpstlichen Erlasse, keine Ablaßverkündigungen, keine Gemälde, keine Reliquien, keine goldenen und silbernen Weihgeschenke, keine Glieder aus Wachs die von Wundern zeugen, keine Kerzen, keine Lampen, keine Kreuze, keine heiligen Fahnen, keine Mönchskutten, keine Meßgewänder, keine Chorknaben, keinen Unterschied der Speisen, keine Wochen ohne Fleischgenuß, keine Mutter Gottes, keine gekrönten Heiligen, kurz: nichts von dem Allem was die heilige apostolische und römische Kirche

ausmacht." O Genf, gelobt sei der starke Gott, der dieß Heidenthum aus-
rottete aus deinen Mauern! Möge er dir immer den Gottesdienst im Geiste
und in der Wahrheit bewahren*)."

Nur Eines schien in diesem Systeme der heiligen und Heil wirkenden
Schöpfungen noch zu fehlen, das der Reformator in der That schon lange
schmerzlich vermißt hatte, ohne daß es ihm doch bis jetzt unter den Kämpfen
und Unruhen der vergangenen Jahre möglich gewesen wäre, mit Ernst die
Hand daran zu legen: nämlich eine Anstalt für höhere wissenschaftliche Bildung und namentlich für Heranbildung von Dienern
des Evangeliums.

Schon in frühern Zeiten hatte Genf verschiedene Institute dieser Art
besessen. Zuerst das 1428 begründete, nach seinem Stifter benannte Collège
Versonnay, in dem man Grammatik, Logik und die sogenannten „freien
Künste" lehrte und die Kleriker der Stadt heranbildete; dann, als dieses
um 1480 zerfallen war, eine vom Staat ins Leben gerufene Unterrichtsanstalt
„zur Erziehung der jungen Leute in der Frömmigkeit und Tugend," die bis
zum Jahre 1531, dem Eintritt der Reformationsbewegungen, sich leidlich
aufrecht erhielt, und erst sich auflöste, als der katholisch gesinnte Rektor die
Stadt verließ, und kein andrer befähigter Mann für seine Stelle zu finden
war. Wohl hatten dann Viret und Farel die eingegangenen Vorlesungen
für kurze Zeit wieder hergestellt, und auch Calvin während seines ersten
Genfer Aufenthaltes sich daran betheiligt; aber durch die folgenden Stürme
und die Vertreibung der Prediger war dem bald ein Ende gemacht worden.
Als der Reformator im Jahre 1541 zu seiner alten Gemeinde zurückkehrte,
fand er Alles was in dieser Beziehung früher bestanden, bis auf den Grund
erloschen und zerstört. Wir haben bereits erzählt, wie er es eine seiner ersten
und dringendsten Sorgen sein ließ, diesen Schaden unverzüglich wieder gut
zu machen. Und was die niedrigen Schulen anbetraf, so kam er damit, wie
wir uns erinnern, in der That zum Ziele. Aber bei Weitem schwieriger war
es, die Hinzufügung einer eigentlichen Akademie zu Stande zu bringen, die
nach seinem Plane das bisherige Lehrsystem erweitern und vollenden sollte.
„Denn nichts," bemerkte Calvin dem Rathe, „gereiche einem Gemeinwesen mehr
zum Segen und zur Zierde als solch eine Anstalt, da Bürger und Auswärtige sich gründlich unterrichten könnten in Allem was Noth thue, und namentlich, was bei Weitem die Hauptsache sei, in der Wissenschaft von der wahren
Religion." Allein bei aller Anerkennung dieser Wahrheit fehlten dem kleinen,
von allen Seiten her in Anspruch genommenen Staate die Mittel, deren es
dazu bedurfte. Und kaum hatte die Behörde durch die unausgesetzten Ermahnungen des Reformators angefeuert, sich trotzdem mit heroischem Ent-

---

*) Aus dem in Zürich befindlichen Originalmanuscripte mitgetheilt bei Ga-
berel I, 813 u. f.

schlusse dazu angeschickt, die Hand an das Werk zu legen, und im Jahre 1552 bereits ein Haus zum Universitätsgebäude angekauft, als der Ausbruch der bürgerlichen Unruhen und die Veränderungen in der Zusammensetzung des Rathes Alles wieder unterbrachen und in Frage stellten. So lange diese Zustände dauerten, ließ sich nicht daran denken die Sache von Neuem aufzunehmen oder weiter darin vorzugehen. Das Einzige was Calvin thun konnte, war, daß er mit seiner eigenen Person eintrat, und zu all' seinen übrigen Geschäften auch noch einige theologische Vorlesungen übernahm, die wenigstens in Betreff der künftigen Diener des Evangeliums dem dringendsten Bedürfnisse zu Hülfe kamen.

Aber eben dieser Anfang ließ immer klarer zu Tage treten, wie unumgänglich nöthig es sei, nicht bei dergleichen vereinzelten Leistungen stehen zu bleiben, sondern den Gedanken des Reformators in seiner vollen Ausdehnung zur Verwirklichung zu bringen. Denn schon das Wenige was geschah, lockte Schaaren von Schülern von allen Seiten herbei. Namentlich die französischen Reformirten waren schlechterdings auf Genf angewiesen, wenn sie irgendwo Raum und Gelegenheit finden sollten, sich Prediger heranzubilden. Und wie nun die Kämpfe mit den libertinischen Parteien zur Entscheidung gekommen und auch die hemmenden Verwicklungen mit Bern ihre leidliche Erledigung gefunden hatten, schien kein Grund mehr vorhanden, noch länger mit dem zuzuwarten, was Jedermann als nützlich und nothwendig erkannte. Unmittelbar nach der Verständigung mit Bern, im Jahre 1558, wandte sich Calvin von Neuem an den Rath, und bat sich lediglich die Erlaubniß aus, da er die völlige Erschöpfung der Staatskasse wohl kenne, den Patriotismus und die Freigebigkeit der Bürger für das heilsame Werk aufrufen zu dürfen, das er schon so lange auf dem Herzen trage. Mit aller Bereitwilligkeit wurde ihm das gestattet, und die Syndiks fügten noch von sich aus eine Mahnung an die Notare hinzu, wonach sie bei der Abfassung von Testamenten ganz besonders diese neue Schöpfung ihren Clienten empfehlen sollten*). Es ist ein glänzender Beweis für das Vertrauen das der Reformator bei seinen Mitbürgern genoß, wie für den großartigen, opferbereiten Sinn, der auch damals schon in dem reformirten Genf lebte, daß er nach sechsmonatlicher Sammlung, bei der er es sich freilich nicht hatte verdrießen lassen, selber von Haus zu Haus zu gehen, die für jene Zeiten außerordentlich beträchtliche Summe von 10024 Goldgulden in die Hände des Rathes niederlegen konnte**). Und zu gleicher Zeit bot sich, wie durch eine höhere Fügung,

---

*) Rathsprotokoll vom 9. Sept. 1558.

**) Wie sehr auch da wieder die edeln Flüchtlinge Frankreichs und Italiens in Betracht kommen, zeigt die Liste der Geber, in der unter den ersten Beitragenden die folgenden Namen sich finden: Etienne de la Faye 50 Thlr.; Pierre d'Orsières 312 Gulden; Matthieu de la Roche 260 Gulden; Galeas Carraccioli 2954 Gulden u. s. w. Von den eingebornen Genfern widmete

) noch das Andre dar, wessen man bedurfte, was sonst wohl noch schwie-
r beizubringen gewesen wäre als Gold und Silber: die allerpassendsten
trefflichsten Lehrer, die sich nur wünschen ließen. Durch einen Streit
r das Excommunicationsrecht, der sich zwischen ihr und der Berner
zierung erhoben, sah sich ein beträchtlicher Theil der Waadtländer Geist-
en veranlaßt, ihre Stellen aufzugeben und nach Genf überzusiedeln, unter
:n neben manchen andern trefflichen Männern*), auch Theodor Beza,
feingebildete und fromme Edelmann, dessen Namen sich bald in eben
: Sinne und eben so unauflöslich mit dem Calvins verbinden sollte, wie
lanchthons und Luthers Namen verbunden erscheinen. Von allen Seiten
:nnte man dieß merkwürdige Zusammentreffen der Umstände als einen
:uf, nun unverzüglich die Hand an das Werk zu legen. Der Magistrat
:hl den Bau der nöthigen Gebäude augenblicklich in Angriff zu nehmen,
:ei man große Sorge darauf verwandte, Alles so zweckmäßig und erfreu-
als möglich einzurichten**); und Calvin wurde aufgefordert einen
:dienplan aufzusetzen, der nach sorgfältiger Prüfung des allgemeinsten
falls sich erfreute***).

Selten hat man einen Beschluß mit mehr Eifer und Freudigkeit aus-
ihrt, als diesen. Besonders Calvin zeigte sich von einer wahren Ungeduld
:iffen, das langersehnte Werk nun einmal vollendet vor Augen zu haben.
:chon eben um diese Zeit schwer erkrankt, ließ er sich, so oft es anging,
den Bauplatz tragen, und feuerte mit Mahnung und Bitte die Arbeiter
ihr Möglichstes zu leisten. Und es schien in der That, wie der Geschicht-

---

später der alte Freiheitskämpfer Bonnivard sein ganzes Vermögen der
Dotirung dieser Anstalt (Roset, mannuscrit sur les affaires du collège).

*) Z. B. auch Viret, der dann für kurze Zeit eine Predigerstelle in Genf
übernahm, jedoch bald nach Frankreich weiter zog, und Augustin Marlorat,
der Märtyrer von Rouen.

') „Auf die Höhen des Balomier", heißt es in dem Beschlusse, „soll das Haus
gestellt werden; von Osten nach Westen sich ziehend, in Winkelform, damit
ein Platz freigelassen sei, wo man sich in der frischen Luft ergehen könne.
Das Ganze werde so eine schöne Aussicht erhalten, und luftig genug sein,
um den Studierenden einen gesunden und angenehmen Aufenthalt zu bieten.

'*) Nach Ruchat (VI, 306) hätte er zwar ursprünglich die Gründung einer
vollständigen Universität gewünscht („aurait bien voulu qu'on eût pu
établir des docteurs pour toutes sortes de facultés"), sich dann aber
selber dahin beschieden, daß die Mittel des kleinen Staates das unmöglich
erlaubten, und mit einer Akademie sich begnügt. Ebenso Cellerier in seinem gelehrten Aufsatze über die Genfer Akademie im 4. Bande des „Bulletin pour l'histoire du protestantisme français". „Chose remar-
quable", sagt er, „Calvin cherche à organiser des chaires tout à fait
étrangères à la théologie, comme celles de droit et de médecine.
Ici ce n'est plus de l'église qu'il s'agit. C'est le pays tout entier
qu'il veut instruire et développer."

schreiber der Genfer Kirche*) sagt, als sei sein Geist in ihre Arme übergegangen. Schon nach sechs Monaten stand das Gebäude vollendet da; und
am 5. Juni 1559 konnte die Anstalt in aller Form eröffnet und von ihren
ersten Schülern bezogen werden.

Es war eine denkwürdige, ergreifende Feier, deren Bedeutung Alle auf
das Tiefste empfanden, die am Morgen dieses Tages die Magistrate, die
Geistlichen, die Lehrer aller Schulen und die Auswahl der gesammten Bürgerschaft in der Peterskirche versammelte. „Es ist eine große Gnade und
Barmherzigkeit Gottes," heißt es in der dabei erschienen Proklamation, „daß
es dieser Stadt gegeben wird, zugleich eine Mutter der Frömmigkeit und
der Wissenschaft zu werden. Und noch höher werden wir diese herrliche Wohlthat schätzen müssen, wenn wir der Zeiten gedenken, in denen Solches zur
Reife gedieh. Wir kennen Alle die Stürme, die Jahre lang unser Gemeinwesen umherschleuderten: die Verschwörungen übelgesinnter Bürger, die
Anfechtungen von Außen, die Mühen die Satan sich gab, diese Burg der
Frommen zu zerstören, welche täglich sein Reich bedroht und schmälert.
Lange Zeit ist uns dadurch die Ausführung unseres Planes unmöglich gemacht worden; aber am Ende haben doch Beharrlichkeit und Gottvertrauen
den Sieg behalten. Freilich werden Einige dieß Unternehmen immer noch
als ein allzugewagtes tadeln; aber wer auf die Führungen Gottes blickt
und gewöhnt ist, nicht nach menschlicher Klugheit, sondern nach dem Glauben an seine unermessene Macht sich zu richten, wird anders urtheilen, und
vielmehr, ergriffen von der Größe und dem Segen des Werkes, von diesem
Anfange das Beste hoffen." — Ein Jeder wußte, indem er das las, auf wen
vor Allem es sich bezog, und wessen Beharrlichkeit und Glaubenskraft man
nächst der Gnade Gottes auch diese Wohlthat wieder zu verdanken habe.
Mehr als je richteten sich in diesen Stunden Aller Augen bewegt und freudig
auf Calvin, der, kaum erstanden von seinem achtmonatlichen Krankenbette,
blaß und abgezehrt in der Mitte seiner Freunde saß, aber nur um so
mächtiger die Versammlung ergriff durch den Ausdruck der heiligen Genugthuung, die in seiner ganzen Haltung sich abspiegelte. Unter tiefem Stillschweigen stand er auf, und nachdem er zuerst in einer kurzen französischen
Rede den Beschluß des Rathes mitgetheilt und auf die Bedeutung des Tages
hingewiesen hatte, hob er Augen und Hände empor, und rief in brünstigem
Gebete den Segen Gottes auf die neue Anstalt herab, die zum Dienste seines
Reiches bestimmt sei und zur Pflege seiner ewigen Wahrheit. Dann trat
der Staatssecretair Michael Roset vor und verlas das Glaubensbekenntniß
und die Statuten, die für Lehrer und Lernende gelten sollten. Der Name
des von Rath und Geistlichkeit erwählten Rektors — Theodor von Beza —
und die der übrigen zehn Professoren, unter denen manche weit bekannte

---

*) Gaberel I, 500.

belehrte*), wurde ausgerufen, und an Calvin die Bitte gestellt, der er gerne willfahrte, auch ferner, „wie er es schon seit vielen Jahren gethan," die theologischen Vorlesungen zu übernehmen, und sich dabei des neuen Rektors als seines Gehülfen zu bedienen**).

Hierauf ergriff Beza das Wort und wandte sich, nach einer beredten Lobpreisung des Nutzens der Wissenschaften überhaupt, vor Allem an die anwesenden Studierenden. „Ich beschwöre Euch im Namen Gottes", rief er ihnen zu, „werdet euch selber nicht ungetreu. Berühmt ist jenes Wort des Plato: „Alle Wissenschaft die von der Gerechtigkeit abgelöst ist, ist lediglich eine Geschicklichkeit und keine Wahrheit." Daß nun heidnische Philosophen diesem Worte nicht völlig nachzukommen vermochten, ist natürlich genug. Aber ihr, wie werdet i h r euch entschuldigen können, so i h r dieses Zieles verfehlet, — ihr die ihr fast mit der Muttermilch die reine Erkenntniß Gottes und seine Wahrheit eingesogen habt? Ihr seid hier zusammengekommen, nicht wie einstmals die Griechen, um ein Schauspiel von Geistesübungen aufzuführen, und einem eiteln Spiele der edelsten Kräfte beizuwohnen, sondern um mit Ernst einzudringen in die Erkenntniß der höchsten Wahrheiten und aller guten Künste, damit ihr tüchtig werdet, den Namen eures Gottes zu verherrlichen, der Segen und Schmuck eures Vaterlandes zu werden, und eines Tages mit getrostem Muthe dem höchsten Kriegsherrn Rechenschaft ablegen zu können von dem heiligen Kampfe, zu dem Ihr berufen wurdet." Auch Calvin fügte dem noch eines seiner eindringlichen Worte der Ermahnung bei. „Kurz zwar, wie er es gewohnt ist," heißt es in dem Protokolle, aber sorgfältig und klar***) sprach er davon, wie dieß Unternehmen nicht aus der Menschen, sondern aus Gottes Gedanken und Rath hervorgegangen, und forderte die Studierenden auf, solche Wohlthat anzuerkennen, und sich ihr gemäß zu verhalten. Nachdem er hierauf, wie es schicklich war, die Anstalt dem guten Willen des Senates empfohlen, wandte er sich zu den umstehenden Syndiks und Rathsmitgliedern selber, dankte ihnen im Namen der ganzen Akademie für ihre Gegenwart bei dieser Feier, und bat sie dringend doch zu beharren in einem so heiligen Sinne und einem so trefflichen Werke; denn getrost dürften sie dabei auf die Güte Gottes sich verlassen und Alles von ihr erwarten†). Auch den übrigen geehrten Männern,

---

*) So Anton Chevalier, der Schüler Vatable's und vormaliger Erzieher der Königin Elisabeth (Professor des Hebräischen); Franz Beraldus, früher an der Universität in Orleans (für das Griechische); Jean Tagout, Johannes Laureatus u. a.

**) Vergl. die im Jahre 1859 zur Feier des dreihundertjährigen Jubiläums der Genfer Akademie vom Neuem veröffentlichte „Promulgatio legum Academiae Genevensis".

***) „Brevi quidem, ut solet, sed diligenti et accurata oratione."

†) In der That wurde auch die Anstalt binnen Kurzem gleichsam das Schooßkind der Behörden, die Alles aufboten, was ihre beschränkten Mittel er-

die in großer Anzahl sich eingefunden hatten, sprach er seinen Dank aus, und ermahnte schließlich besonders die Lehrer, ihrer hohen Pflichten jeder Zeit eingedenk zu sein als vor dem Herrn. Mit einem Gebete zu dem unsterblichen Gotte, dessen fördernder Gnade er diesen Anfang befahl, entließ er die Versammlung *).

Die Statuten und Ordnungen nun, wie sie bei dieser Feier verlesen und in Kraft gesetzt worden, sind im Wesentlichen die folgenden **).

Der erste Abschnitt handelt von den Pflichten der Lehrer. „Die Geistlichen," heißt es darin, „und die Professoren sollen dieselben nach bestem Wissen und Gewissen erwählen, und dann dem Rathe zur Bestätigung präsentiren. Zu guter Stunde soll ein Jeder in seinem Hörsaale sich einfinden, und keiner sich gestatten, von sich aus, ohne Erlaubniß des Rektors und Anweisung eines Stellvertreters eine seiner Lektionen zu versäumen. Beim Vortrage sollen sie in ihrer ganzen Haltung eines gemäßigten Ernstes sich befleißigen; sich keine Invektiven gegen die Schriftsteller erlauben, die sie auslegen, sondern sich darauf beschränken, ihren Sinn so treu als möglich auseinanderzusetzen. Finden sie darin etwas dunkel oder nachlässig behandelt oder unlogisch gedacht, so mögen sie ihre Schüler darauf aufmerksam machen, aber immer mit aller Vorsicht und Bescheidenheit. Was die Zucht betrifft, so sollen sie jedem Geschwätze wehren, die Ordnung aufrecht erhalten und ohne Ansehn der Person strafen wo es nöthig ist. Vor Allen haben sie ihren Unterricht darauf einzurichten, daß ihre Schüler Gott lieben lernen und das Laster hassen. Unter sich sollen sie einer brüderlichen und wahrhaft

---

laubten, um sie in Flor zu bringen. Noch im Jahre 1559 schenkte der Rath sieben Geistlichen und Lehrern das Bürgerrecht, um sie an Genf zu fesseln, und bat bei dieser Gelegenheit auch „nicht ohne eine gewisse Empfindlichkeit wegen bisheriger Geringschätzung" (Baum II, 33), den Urheber dieses ganzen neuen Lebens, Calvin, dasselbe anzunehmen. Denn während der fast zwanzig Jahre seines Aufenthalts hatte er es niemals begehrt. Er fühlte das, und für die Ehre dankend entschuldigte er sich, daß er sie nicht erbeten, weil er nicht Anstoß zu allerlei Argwohn habe geben wollen, zu dem viele Leute nur allzu geneigt seien.
*) Aus der oben citirten Promulgatio u. s. w.
**) Wir denken unsern Lesern einen Dienst damit zu erweisen wenn wir hier etwas ausführlicher sie mittheilen, da sie so ziemlich das einzige Dokument sind, aus dem wir Calvin als Pädagogen, in seinen Erziehungs= und Unterrichts=Grundsätzen, näher kennen lernen. Und mehr als billig ist bisher diese Seite seiner Wirksamkeit außer Augen gelassen worden. Wer z. B. den Artikel „Calvin" in der neusten pädagogischen Encyklopädie durchliest, wird darüber erstaunen, wie außerordentlich und ungenügend er ausfiel, und mehr von allem Andern zu reden weiß als von dem, worauf es dem Verfasser doch hauptsächlich ankommen mußte. — Am ausführlichsten hat unter den Bisherigen Baum in seinem Leben Beza's die betreffenden Aktenstücke benutzt.

halten bis ans Ende. Der Dienst Gottes, die Gnade, die er uns in seinem Sohne geoffenbart, die Herrlichkeit seines unvergänglichen Reiches ist etwas so Großes und Kostbares, daß es Niemanden viel kosten soll, durch die Hingabe eines Lebens gegen die Verderbnisse zu kämpfen, die dieß Alles zu nichte machen wollen. Das Fleisch läßt sich das allerdings nicht gern gefallen; aber wer im Glauben steht, dem ist es so zu Muthe; und der barmherzige Gott wird mehr und mehr die Gewißheit des rechten Glaubens dir in das Herz drücken, daß sie nimmer kann ausgelöscht werden.... Noch Eines habe ich vergessen: antworte deinen Feinden mit Ehrerbietung und Bescheidenheit, nach dem Maße der Kraft die der Herr dir geben wird. Ich sage das darum: weil es nicht Allen gegeben ist, die Gegner durch genügende Gründe zu überweisen, wie ja auch nicht alle Zeugen des Evangeliums große Gelehrte oder scharfsinnige Denker sind. Darum überlaß dich in aller Demuth dem Geiste Gottes; antworte einfach und ruhig nach deiner Erkenntniß und dem Worte der Schrift: „Ich glaube, darum rede ich." Deinem Freimuth und deiner Offenheit soll das aber allerdings keinen Abbruch thun; und in jedem Stücke darfst du dich am Ende getrost darauf verlassen, daß der in der Stunde der Noth dir nicht fehlen wird, der uns versprochen hat in den Mund zu geben was wir reden sollen, und unsern Feinden nicht das Feld zu lassen. — Da ich höre daß unser Bruder Peter Berger*) in demselben Gefängnisse mit dir sitzt, so bitte ich dich, ihn von mir zu grüßen und ihm dieses Schreiben mitzutheilen, das auch an ihn gerichtet ist. Laß uns ausharren in unserem Laufe bis wir bei unserm Ziele angelangt sind: beim fröhlichen Eingehen in das ewige Reich Gottes **)."

Es sind auch hier alle diese Wünsche und Bitten in Erfüllung gegangen, wie die Märtyrergeschichte Crespin's uns mittheilt. „Wohl," bekennt der Gefangene selber, „hatte ich große Kämpfe und Versuchungen zu bestehen. Die Qualen des Todes wurden mir vorgemalt, die Schande, die ich auf mich selber und meine Familie häufe, die Trauer meiner Mutter die vor Betrübniß zu sterben meine, und noch viel anderes Dergleichen mehr. Und gewiß wäre ich dadurch überwunden worden, hätte die Ermahnung die ich empfange und der heilige Geist des Herrn mich nicht gestärkt." — Am 15. Juli 1553 ist er dann den Feuertod gestorben, gleich seinen Vorgängern erfüllt mit dem Geiste des Gebets und voller Freude in dem Herrn ***)."

---

*) Ein in Genf ansässiger französischer Flüchtling, der drei Tage vor jenen fünf Studenten gefangen genommen worden war, und noch vor ihnen den Märtyrertod erlitt. Als auf dem Scheiterhaufen die Flammen ihn umringten, hielt er durch sie hindurch fortwährend seinen Blick gen Himmel gerichtet und verschied mit den Worten: „Ich sehe den Himmel offen, meine Seele ist beim Herrn." Cresp. Hist. des Martyrs. 243.

**) Bonnet, franz. Briefsammlung I, 367.

***) Crespin pag. 247.

Tag drei der Schüler, der Ordnung nach, das Unser Vater, das Glaubensbekenntniß und die zehn Gebote französisch herzusagen. Ist das geschehen,
so entläßt der Rektor Alle mit dem Segen des Herrn.

Am Mittwoch sind zwei Stunden besonders für die Fragen bestimmt,
welche die Schüler etwa ihren Lehrern vorzulegen haben, einige andere für
Ausarbeitung von freien Aufsätzen und Deklamationen der Schüler der obersten Classe, denen die der übrigen beiwohnen.

Der Samstag endlich ist der große Repetitionstag und der Tag der
Vorbereitung auf den Sonntag. Namentlich soll mit den jüngern Schülern
schon zum Voraus behandelt werden was in der Kinderlehre vorkommen wird.
Findet an dem Sonntage die Feier des Abendmahles statt, so hat einer der
Geistlichen in dem gemeinsamen Saal eine Vorbereitung zu halten, in der
er das Wesen des Sakraments auseinandersetzt und zu Gottesfurcht und
Einigkeit ermahnt.

Was dann weiter die einzelnen Classen angeht, deren sieben sind, so
sind als Unterrichtsgegenstände für die unterste (siebente) bestimmt: Lesen
und Schreiben und Aussprechenlernen des Latein. Für die folgenden: die
Anfänge der Grammatik und der Satzbildung, wobei jeder Zeit das Französische mit dem Lateinischen verglichen, und dieß letztere möglichst gesprochen
werden soll. In der fünften soll die Satzbildung weiter behandelt und mit
der Ausbildung des Stiles der Anfang gemacht werden, wobei die Hirtenge-
dichte Virgils zum Exempel zu dienen haben. Kleinere Aufsätze sollen sich
anschließen. — Die vierte beschäftigt sich eingehender mit der Bildung des
Stiles; die Briefe Cicero's werden dabei gelesen und Aufsätze darüber
gefertigt. Auch die Verskunst soll getrieben werden, indem man dabei der
Elegien Ovids sich bedient. Endlich wird mit dem Griechischen der Anfang gemacht. — In der dritten ist die griechische Grammatik und ihre
Vergleichung mit der lateinischen der Hauptgegenstand des Unterrichts. Zur
Lektüre und Erklärung sind bestimmt: die Schriften Cicero's von der Freundschaft und dem Alter, Virgils Aeneide, die Denkwürdigkeiten Cäsars und
die Reden des Isokrates. — Die zweite hat sich vornehmlich mit der
Geschichte zu beschäftigen, wobei Livius für die römische, Herodot,
Xenophon und Polybius für die griechische die Gewährsmänner sein
sollen. Von den Dichtern soll Homer gelesen werden. Zugleich hat man
mit der Dialektik zu beginnen, „ohne sich jedoch mit den Spitzfindigkeiten der
Rhetorik abzugeben.“ Samstags bildet das Evangelium Lucä in der Ur-
sprache den Lesestoff. — In der ersten und höchsten endlich wird mit der
Dialektik und Rhetorik fortgefahren. Namentlich soll man die Schüler dazu
anleiten, eine wohlgefügte und geschmückte Redeweise zu erlernen. Als Vorbilder, die man sorgfältig auslegt und anwendet, haben dabei zu gelten:
die besten Reden Cicero's und Demosthenes' nebst Homer und Vir-
gil. Zugleich soll man häufige deklamatorische Vorträge halten. In der

Stunde des Samstags werden einige **Briefe der Apostel** gelesen und erklärt.

Auf diese mehr vorbereitende Schule (Collegium) folgte dann die eigentliche **Akademie.** Die theologischen Vorlesungen, die an ihr gehalten wurden, waren vorzugsweise exegetische, wobei der eine der Dozenten das alte, der andere das neue Testament behandelte, und in zweiter Linie dogmatische. In der **Philosophie** sollte namentlich die Ethik des **Aristoteles** erklärt werden; neben ihm finden sich in den „akademischen Gesetzen" auch noch **Plato** und **Plutarch** als auf diesem Gebiete empfehlenswerthe Schriftsteller erwähnt. Was die sogenannten „realen" oder „exacten" Wissenschaften betrifft, mit denen man sich damals bekanntlich noch sehr wenig abgab, so sollten wenigstens die **Physik** und **Mathematik** nicht ganz leer ausgehen. Mindestens drei Stunden wollte Calvin ihnen zugetheilt wissen. Und ebenso ließ er in seinen Bemühungen nicht nach, bis für die **Medizin** ein besonderer Lehrstuhl errichtet war, der freilich durch manche ungünstige Umstände in Verfall gebracht, kurz nach seinem Tode wieder aufgehoben wurde*).

Wir übergehen was sich im Fernern über die äußern Einrichtungen, Ferien, Vertheilung der Lehrkräfte u. s. w. angeordnet findet; und theilen nur noch aus dem Glaubensbekenntniß Einiges mit, das jeder Lehrer und Schüler zu unterschreiben hatte, ehe er in die Anstalt aufgenommen wurde. Es ist dasselbe sehr ausführlich, und beginnt mit der feierlichen Zustimmung zu der Lehre, „wie sie im Catechismus dieser Kirche enthalten ist", und zu den verschiedenen ökumenischen Bekenntnissen mit Ausnahme des Athanasianischen, von dem wir wissen, wie wenig es Calvins Beifall hatte. Auffallend erscheint, daß dabei die „Irrthümer Servets und seiner Genossen" ganz ausdrücklich genannt und verworfen wurden. Im Uebrigen findet sich die Dreieinigkeitslehre nur in ihrer allgemeinsten Form erwähnt, dann folgen die Lehren von Gott, von der Schöpfung der Welt und des Menschen, der Erbsünde, der Erlösung und dem Erlöser, der Rechtfertigung durch den Glauben, dem Gebete: Alles in der Fassung der allgemeinen evangelischen Theologie, ohne irgend eine hervorstechende Eigenthümlichkeit. Der Prädestinationslehre ist merkwürdiger Weise mit keinem Worte gedacht. Stärker tritt in der Sakramentslehre die calvinische Auffassung hervor. „Sie sind unnütz," heißt es, „insoweit nicht der heilige Geist sich ihrer als seiner Werkzeuge bedient; ja sie werden zum Schaden, sobald man etwas Anderes in ihnen sucht als was zum Heile in Christo Jesu gehört. — Im Abendmahle belebt der Herr durch die geheime und unbegreifliche Kraft seines Geistes unsere Seelen, indem er die Substanz seines Leibes und Blutes ihnen mittheilt. — In der

---

*) Vergl. den schon erwähnten Aufsatz Cellerier's: „l'Academie de Genève", im 4. Band des „Bulletin pour l'histoire du protestantisme français."

Taufe giebt uns Gott wahrhaftig die Reinigung des inwendigen Menschen die er uns äußerlich abbildet." — Mit der Erwähnung und Anerkennung der von Gott eingesetzten Ordnung in den politischen Dingen, „dergemäß man verpflichtet ist den Gesetzen der Obrigkeit zu gehorchen, Steuern und Abgaben und Anderes der Art zu leisten und sich willig dem Joche der Unterwerfung zu beugen", schließt dann das merkwürdige Dokument, das die geistige Grundlage bilden sollte, auf dem das ganze Institut ruhte.

Und damit es nun ja in keiner Weise, wie das bei Bekenntnißschriften so häufig zu geschehen pflegt, zum bloßen, todten Buchstaben sich versteinere, sondern immerfort lebendige Gegenwart bleibe und gleichsam von Neuem geboren werde in den Geistern und Ueberzeugungen, wurde den Studierenden der Theologie ausdrücklich vorgeschrieben, jeden Monat über den einen und andern der darin enthaltenen Lehrsätze ausführlichere Thesen auszuarbeiten, die sie der Prüfung des Professors vorzulegen und dann in öffentlicher Disputation, in der Jedermann der es verlangte das Wort gegeben werden sollte, zu vertheidigen hatten. „Alle Sophistik," heißt es dabei, „alle unnütze Neugierde, alle kühne Ueberhebung die das Wort Gottes verderbt, alle Bitterkeit und Hartnäckigkeit des Streites sei aus diesen Uebungen verbannt, in frommem und wahrhaft religiösem Sinn soll von dem einen und andern Theile die Unterredung geführt werden. Der vorsitzende Theolog hat ihren Gang mit weiser Klugheit im rechten Geleise zu erhalten und etwaige Schwierigkeiten nach dem Worte Gottes zu lösen*)."

Und fast beispiellos war nun der Erfolg, der das so gegründete und geordnete neue Werk gleich von seinen ersten Anfängen an begleitete. Nicht weniger als neunhundert junge Männer, so ziemlich aus allen Nationen Europa's, ließen schon im ersten Jahre als regelmäßige Schüler sich einschreiben, und fast ebensoviel, zumeist Flüchtlinge aus Frankreich und England, bildeten sich in den theologischen Vorlesungen Calvins zu Evangelisten und Bibellehrern für ihr Vaterland aus**). Der Fortgang des Reformationswerkes in diesen Ländern, wie wir aus der Geschichte ihn kennen, wäre schlechterdings undenkbar gewesen ohne den geistigen Rückhalt und den un-

---

*) Die Verpflichtung auf das Glaubensbekenntniß wurde indessen zwölf Jahre nach Calvins Tode, 1576 wieder abgeschafft, „damit", wie es in den Motiven heißt, „auch Papisten und Lutheraner, die sonst von der Lehranstalt ausgeschlossen wären, an ihren Satzungen Theil nehmen können."

**) Unter ihnen auch der große Reformator Schottlands Johannes Knox, der eben von den französischen Galeeren kommend, noch im 50. Jahre seines Alters es nicht verschmähte, sich mit der Schaar der Jünglinge zu den Füßen des großen Lehrmeisters zu setzen. Welchen Einfluß derselbe auf ihn übte, ist bekannt genug. Kaum ein Anderer der reformatorischen Männer ist so in jedem Sinn ein Abbild Calvins geworden wie er. Ueber den Eindruck, den er von dem calvinischen Genf überhaupt erhielt, haben wir schon früher seine Aeußerungen mitgetheilt.

schöpflichen Quell von immer neuen, wohlgerüsteten Kräften, der ihnen damit zu Gebote gestellt wurde.

Die Correspondenz Calvins liefert den Beweis dafür, wie wenig er indessen an diesem glänzenden Beginne sich genügen ließ. Unaufhörlich zeigt er sich bemüht, noch diese oder jene Lücke auszufüllen und weitere bedeutende Kräfte heranzuziehen. Peter Martyr, Mercerus, Tremellius geht er hinter-einander in der dringendsten Weise darum an, mit ihren reichen Kenntnissen der aufblühenden Schule zu Hülfe zu kommen, „an der ihre Leistungen wahr-lich nicht verloren sein werden.“ Wenn auch der Gehalt gering sei und nicht wie man in Deutschland ihn zahle, so sei doch dafür die Wirksamkeit um so wichtiger. Die Blüthe Italiens sei um die Katheder versammelt; durch ganz Frankreich hin zerstreuten sich ihre Schüler als die Boten des Evangeliums; mit Wahrheit dürfe er sagen, daß wer sich hier zum Geistlichen bilde, gründ-lich und von Herzen dem Dienste Gottes sich zu widmen begehre*). „In der That ist es ein Wunder,“ ruft ein Zeitgenosse aus, „wie sie von allen Seiten zu den Lehrern heranstürmen. Ich schätze die Anzahl der frommen, jungen Männer, die heut zu Tage Meister Calvin täglich hören, auf mehr als tausend**).“

Und weit über seine Zeit und Person heraus hat auch hier seine segens-reichen Wirkungen entfaltet was er so ins Werk gesetzt. Es ist bekannt genug wie die Genfer Akademie vom Ende des sechzehnten Jahrhunderts an bis tief in das achtzehnte hinein zur großen Hochschule der literarischen und theologischen Bildung für das ganze reformirte Europa geworden ist. Die jungen Edelleute und Fürstensöhne aus Deutschland, Frankreich, Schott-land, Holland pflegten noch auf einige Zeit sie zu besuchen, nachdem sie in ihrem Vaterlande die Studien vollendet, und in der geistbelebten, durch und durch gebildeten Stadt ihre Kenntniß der französischen Sprache und die feinen Sitten sich zu holen, die man am besten zu finden meinte wo fran-zösisch gesprochen wurde. Die Geistlichen derselben Länder kamen heran, um hier an der Quelle kennen zu lernen was calvinische Lehre, Wissenschaft, Kircheneinrichtung heiße, und es ihrem Vaterlande zu überbringen als das Erbe des großen Mannes, den ihre Kirchen als ihren Gründer und Meister verehrten. Und zu welcher Männer Füßen durften sie da sitzen! Außer ihrem Stifter und seinem Freunde Beza hat die Anstalt einen Casanbonus zu ihren Lehrern gezählt, eine Hottomann, Franz und Alphons Turretin, Leclerc, Spangenheim, Pictet de Saussure, Karl Bonnet, und so viele Andere der trefflichsten Männer nach Gesinnung und Wissen, an die noch in der neuesten Zeit ein Merle d'Aubigné und Andere mit Ehren sich anschließen. Als

---

*) Vergl. die Briefauszüge aus dem Genfer und Berner Manuscripte bei Henry III, 390.
**) Bei Henry III, 391.

ihre Mutter und ihr Vorbild haben die Universitäten Hollands und die reformirten Akademien Frankreichs sie jeder Zeit anerkannt und geehrt. In beiden Ländern ist ausdrücklich festgesetzt worden — und gilt wenigstens in Frankreich noch bis auf diesen Tag —, daß der Besuch der Genfer Akademie den Studierenden angerechnet werden solle wie der einer eigenen Hochschule; „ja noch höherer Ehre werth seien die von dort kommen, denn über alle Städte rage diese empor an Ruhm der Wissenschaft und der Treue im Glauben!" Es ist nicht hoch genug anzuschlagen, welch' ein segensreicher Einfluß hievon auf die gesammte reformirte Christenheit ausgegangen ist. Denn welch ein Unterschied, ob ihr junger Adel in dem frivolen, sittenlosen Paris und am Versailler Hofe die nun einmal unvermeidliche „Civilisation" sich suchte, oder in dem sittenernsten glaubensverwandten Genf, dessen öffentlicher Geist ein christlicher war wie der wenig anderer Gemeinwesen! Und welch ein Band der lebensvollen immer sich erneuernden Einheit für die Kirchen der verschiedensten Länder, wenn sie so fortwährend in Gemeinschaft blieben mit der vorbildlichen Mutterkirche, auf der noch lange Zeit etwas ruhte von dem Geiste des Meisters, und Lehrer von ihr empfingen, die an derselben Stätte gebildet, auch in denselben Anschauungen sich bewegten und denselben Sinn in ihren Gemeinden pflanzten. Gewiß ist es zum großen Theile dieser Akademie Calvins zuzuschreiben, daß die reformirte Kirche trotz all ihrer nationalen Sonderungen und religiösen Eigenthümlichkeiten so lange Zeit hindurch die lebendige, glaubens- und liebes-kräftige Einheit gebildet hat, als sie sie im sechzehnten und siebenzehnten Jahrhundert sich darstellt.

Die größte Bedeutung aber, wie man sich denken kann, hat die Anstalt für die Stadt, in der sie bestand, selber gewonnen. Neben der erneuerten Kirche hat nichts Anderes so sehr wie sie dazu beigetragen, die wunderbare Umwandlung des alten Genf in das neue, des unbekannten, ruhmlosen, unbedeutenden Ortes in die welthistorische Stätte, die in der geistigen Geschichte Europa's eine der ersten Stellen einnimmt, zu Stande zu bringen. Denn in unglaublicher Weise erweckte sie in dem begabten, strebsamen, durch die religiöse Bewegung und das Vorbild seiner großen Lehrer auf die höchsten Fragen hingerichteten Volke die Lust und das Bedürfniß nach gründlichem Unterrichte und geistiger Thätigkeit. „Niemand," sagt ein Genfer Historiker*), „wollte mehr hievon ausgeschlossen bleiben. Wer sich nicht der Wissenschaft im eigentlichen Sinne des Worts widmen konnte, wie Kaufleute und Handwerker, lernte doch wenigstens in den Classen des Collegiums die alten Sprachen und machte mit ihrer Literatur sich bekannt. Ueberall nahm man an den Bürgern in ihrem ganzen Benehmen die Ueberlegenheit wahr, die ein gebildeter Geist verleiht. Zudem übten die akademischen Studien die in dieser Weise alle Schichten des Volkes berührten, den glücklichsten Einfluß auf

---

*) Gaberel I, 508.

as politische Leben. Jedermann besaß Bildung genug, um sich mit Verstand und Interesse daran zu betheiligen, wie das Wesen einer Republik es erordert. Auch konnte man von da an bald die Magistratspersonen unter allen Ständen wählen; der Fabrikant, der Geschäftsmann, der höhere Handarbeiter verließen ihren Beruf, um öffentliche Aemter zu übernehmen, denn ein Jeder hatte ernste und tiefgehende Kenntnisse genug, um dazu befähigt zu sein. In Mitten der größten Bedrängnisse der Republik bildete so die Individualität des Genfers immer kräftiger sich aus. Durch die allgemeine Verbreitung des Unterrichts blieb die Stadt bewahrt von den Nöthen der so genannten Proletarier-Klasse; die einzige Aristokratie, die in dem von Calvin gegründeten Gemeinwesen bestand, war die des Geistes, des Talentes, der Sittlichkeit, des Patriotismus. Unter den höchsten Ständen gab es binnen Kurzem eine Anzahl von Familien, in denen die Pflege der Wissenschaft, die Liebe und Aufopferung für sie fast erblich wurde. Und wo je eine derselben in ihrem Eifer nachließ, trat alsobald eine andere an ihre Stelle, so daß fort und fort die Leiter der Akademie und der Regierung aus der Mitte aller rechtschaffenen Bürger sich erneuerten. In den Tagen der Gefahr zeigte sich recht der Segen dieses Verhältnisses. Da ein vollkommenes Vertrauen die Bürger untereinander einigte, konnten sich in solchen Zeiten alle lebendigen Kräfte der kleinen Nation gegen den äußern Feind kehren, und die Republik war im Stande, den mächtigsten Gegnern Widerstand zu leisten, die sich zu ihrem Untergange verschworen hatten."

So prägte der hohe großartige Sinn Calvins immer völliger nach eder Seite hin sich aus in dem merkwürdigen, in seiner Art einzigen Gemeinwesen, das in der neuen Gestalt, in der es von nun an auftrat, wohl als eine Schöpfung bezeichnet werden darf, so weit überhaupt von einer Schöpfung des Menschengeistes die Rede sein kann. Die reinigende, umgestaltende Sauerrig-Natur des lautern Evangeliums hat in seinen Händen in einer Weise sich bewährt, wie kaum ein zweites Mal in der gesammten Geschichte der Christenheit. „Das Alte ist vergangen," durfte er im Rückblicke auf sein nächstes Lebenswerk mit dem Apostel lobend und dankend ausrufen, wie selten ein Mensch es ihm nachsprechen mag, „siehe es ist Alles neu geworden*)."

---

*) Wie Michelet es ausdrückt (Guerres de la Religion 104): „Die vollständigste Umwandlung, die sich denken läßt, mußte mit der Stadt vorgehen und ist in der That mit ihr vorgegangen, damit sie das werden konnte, was sie geworden ist: die große Leuchte und Schule und der Zufluchtsort der Nationen. Sich selber hat sie abschwören müssen; aus einer Stätte des Vergnügens, aus einer lebenslustigen Handelsstadt sich umgestalten in die Erziehungsstätte der Heiligen und Märtyrer, in die ernste Werkstatt, in der die Erwählten des Todes zubereitet und gestählt wurden (La fabrique des saints et des martyrs, la sombre forge où se forgeassent les élus de la mort). Das ist das Werk Calvins, der selber die vollendetste Gestalt des Märtyrerthums ist und der eiserne Gesetzgeber aus Gott."

schreiber der Genfer Kirche*) sagt, als sei sein Geist in ihre Arme übergegangen. Schon nach sechs Monaten stand das Gebäude vollendet da; und am 5. Juni 1559 konnte die Anstalt in aller Form eröffnet und von ihren ersten Schülern bezogen werden.

Es war eine denkwürdige, ergreifende Feier, deren Bedeutung Alle auf das Tiefste empfanden, die am Morgen dieses Tages die Magistrate, die Geistlichen, die Lehrer aller Schulen und die Auswahl der gesammten Bürgerschaft in der Peterskirche versammelte. „Es ist eine große Gnade und Barmherzigkeit Gottes," heißt es in der dabei erschienen Proklamation, „daß es dieser Stadt gegeben wird, zugleich eine Mutter der Frömmigkeit und der Wissenschaft zu werden. Und noch höher werden wir diese herrliche Wohlthat schätzen müssen, wenn wir der Zeiten gedenken, in denen Solches zur Reife gedieh. Wir kennen Alle die Stürme, die Jahre lang unser Gemeinwesen umherschleuderten: die Verschwörungen übelgesinnter Bürger, die Anfechtungen von Außen, die Mühen die Satan sich gab, diese Burg der Frommen zu zerstören, welche täglich sein Reich bedroht und schmälert. Lange Zeit ist uns dadurch die Ausführung unseres Planes unmöglich gemacht worden; aber am Ende haben doch Beharrlichkeit und Gottvertrauen den Sieg behalten. Freilich werden Einige dieß Unternehmen immer noch als ein allzugewagtes tadeln; aber wer auf die Führungen Gottes blickt und gewöhnt ist, nicht nach menschlicher Klugheit, sondern nach dem Glauben an seine unermessene Macht sich zu richten, wird anders urtheilen, und vielmehr, ergriffen von der Größe und dem Segen des Werkes, von diesem Anfange das Beste hoffen." — Ein Jeder wußte, indem er das las, auf wen vor Allem es sich bezog, und wessen Beharrlichkeit und Glaubenskraft man nächst der Gnade Gottes auch diese Wohlthat wieder zu verdanken habe. Mehr als je richteten sich in diesen Stunden Aller Augen bewegt und freudig auf Calvin, der, kaum erstanden von seinem achtmonatlichen Krankenbette, blaß und abgezehrt in der Mitte seiner Freunde saß, aber nur um so mächtiger die Versammlung ergriff durch den Ausdruck der heiligen Genugthuung, die in seiner ganzen Haltung sich abspiegelte. Unter tiefem Stillschweigen stand er auf, und nachdem er zuerst in einer kurzen französischen Rede den Beschluß des Rathes mitgetheilt und auf die Bedeutung des Tages hingewiesen hatte, hob er Augen und Hände empor, und rief in brünstigem Gebete den Segen Gottes auf die neue Anstalt herab, die zum Dienste seines Reiches bestimmt sei und zur Pflege seiner ewigen Wahrheit. Dann trat der Staatssecretair Michael Roset vor und verlas das Glaubensbekenntniß und die Statuten, die für Lehrer und Lernende gelten sollten. Der Name des von Rath und Geistlichkeit erwählten Rektors — Theodor von Beza — und die der übrigen zehn Professoren, unter denen manche weit bekannte

---

*) Gaberel I, 500.

Gelehrte*), wurde ausgerufen, und an Calvin die Bitte gestellt, der er gerne willfahrte, auch ferner, „wie er es schon seit vielen Jahren gethan," die theologischen Vorlesungen zu übernehmen, und sich dabei des neuen Rektor als seines Gehülfen zu bedienen**).

Hierauf ergriff Beza das Wort und wandte sich, nach einer beredten Lobpreisung des Nutzens der Wissenschaften überhaupt, vor Allem an die anwesenden Studierenden. „Ich beschwöre Euch im Namen Gottes", rief er ihnen zu, „werdet euch selber nicht ungetreu. Berühmt ist jenes Wort des Plato: „Alle Wissenschaft die von der Gerechtigkeit abgelöst ist, ist lediglich eine Geschicklichkeit und keine Wahrheit." Daß nun heidnische Philosophen diesem Worte nicht völlig nachzukommen vermochten, ist natürlich genug. Aber ihr, wie werdet i h r euch entschuldigen können, so i h r dieses Zieles verfehlet, — ihr die ihr fast mit der Muttermilch die reine Erkenntniß Gottes und seine Wahrheit eingesogen habt? Ihr seid hier zusammengekommen, nicht wie einstmals die Griechen, um ein Schauspiel von Geistesübungen aufzuführen, und einem eiteln Spiele der edelsten Kräfte beizuwohnen, sondern um mit Ernst einzudringen in die Erkenntniß der höchsten Wahrheiten und aller guten Künste, damit ihr tüchtig werdet, den Namen unres Gottes zu verherrlichen, der Segen und Schmuck eures Vaterlandes zu werden, und eines Tages mit getrostem Muthe dem höchsten Kriegsherrn Rechenschaft ablegen zu können von dem heiligen Kampfe, zu dem Ihr berufen wurdet." Auch Calvin fügte dem noch eines seiner eindringlichen Worte der Ermahnung bei. „Kurz zwar, wie er es gewohnt ist," heißt es in dem Protokolle, aber sorgfältig und klar***) sprach er davon, wie dieß Unternehmen nicht aus der Menschen, sondern aus Gottes Gedanken und Rath hervorgegangen, und forderte die Studierenden auf, solche Wohlthat anzuerkennen, und sich ihr gemäß zu verhalten. Nachdem er hierauf, wie es schicklich war, die Anstalt dem guten Willen des Senates empfohlen, wandte er sich zu den umstehenden Syndiks und Rathsmitgliedern selber, dankte ihnen im Namen der ganzen Akademie für ihre Gegenwart bei dieser Feier, und bat sie dringend doch zu beharren in einem so heiligen Sinne und einem so trefflichen Werke; denn getrost dürften sie dabei auf die Güte Gottes sich verlassen und Alles von ihr erwarten†). Auch den übrigen geehrten Männern,

---

*) So Anton Chevalier, der Schüler Vatable's und vormaliger Erzieher der Königin Elisabeth (Professor des Hebräischen); Franz Beraldus, früher an der Universität in Orleans (für das Griechische); Jean Tagout, Johannes Lanreatns u. a.

**) Vergl. die im Jahre 1859 zur Feier des dreihundertjährigen Jubiläums der Genfer Akademie vom Neuem veröffentlichte „Promulgatio legum Academiae Genevensis".

***) „Brevi quidem, ut solet, sed diligenti et accurata oratione."

†) In der That wurde auch die Anstalt binnen Kurzem gleichsam das Schooßkind der Behörden, die Alles aufboten, was ihre beschränkten Mittel er-

die in großer Anzahl sich eingefunden hatten, sprach er seinen Dank aus, und ermahnte schließlich besonders die Lehrer, ihrer hohen Pflichten jeder Zeit eingedenk zu sein als vor dem Herrn. Mit einem Gebete zu dem unsterblichen Gotte, dessen fördernder Gnade er diesen Anfang befahl, entließ er die Versammlung *).

Die Statuten und Ordnungen nun, wie sie bei dieser Feier verlesen und in Kraft gesetzt worden, sind im Wesentlichen die folgenden**).

Der erste Abschnitt handelt von den Pflichten der Lehrer. „Die Geistlichen," heißt es darin, „und die Professoren sollen dieselben nach bestem Wissen und Gewissen erwählen, und dann dem Rathe zur Bestätigung präsentiren. Zu guter Stunde soll ein Jeder in seinem Hörsaale sich einfinden, und keiner sich gestatten, von sich aus, ohne Erlaubniß des Rektors und Anweisung eines Stellvertreters eine seiner Lektionen zu versäumen. Beim Vortrage sollen sie in ihrer ganzen Haltung eines gemäßigten Ernstes sich befleißigen; sich keine Invektiven gegen die Schriftsteller erlauben, die sie auslegen, sondern sich darauf beschränken, ihren Sinn so treu als möglich auseinanderzusetzen. Finden sie darin etwas dunkel oder nachlässig behandelt oder unlogisch gedacht, so mögen sie ihre Schüler darauf aufmerksam machen, aber immer mit aller Vorsicht und Bescheidenheit. Was die Zucht betrifft, so sollen sie jedem Geschwätze wehren, die Ordnung aufrecht erhalten und ohne Ansehn der Person strafen wo es nöthig ist. Vor Allen haben sie ihren Unterricht darauf einzurichten, daß ihre Schüler Gott lieben lernen und das Laster hassen. Unter sich sollen sie einer brüderlichen und wahrhaft

---

laubten, um sie in Flor zu bringen. Noch im Jahre 1559 schenkte der Rath sieben Geistlichen und Lehrern das Bürgerrecht, um sie an Genf zu fesseln, und bat bei dieser Gelegenheit auch „nicht ohne eine gewisse Empfindlichkeit wegen bisheriger Geringschätzung" (Baum II, 33), den Urheber dieses ganzen neuen Lebens, Calvin, dasselbe anzunehmen. Denn während der fast zwanzig Jahre seines Aufenthalts hatte er es niemals begehrt. Er fühlte das, und für die Ehre dankend entschuldigte er sich, daß er sie nicht erbeten, weil er nicht Anstoß zu allerlei Argwohn habe geben wollen, zu dem viele Leute nur allzu geneigt seien.

*) Aus der oben citirten Promulgatio u. s. w.

**) Wir denken unsern Lesern einen Dienst damit zu erweisen wenn wir hier etwas ausführlicher sie mittheilen, da sie so ziemlich das einzige Dokument sind, aus dem wir Calvin als Pädagogen, in seinen Erziehungs- und Unterrichts-Grundsätzen, näher kennen lernen. Und mehr als billig ist bisher diese Seite seiner Wirksamkeit außer Augen gelassen worden. Wer z. B. den Artikel „Calvin" in der neusten pädagogischen Encyklopädie durchliest, wird darüber erstaunen, wie außerordentlich und ungenügend er ausfiel, und mehr von allem Andern zu reden weiß als von dem, worauf es dem Verfasser doch hauptsächlich ankommen mußte. — Am ausführlichsten hat unter den Bisherigen Baum in seinem Leben Beza's die betreffenden Aktenstücke benutzt.

christlichen Einigkeit sich befleißigen; komme ja ein Zwist vor, so sei er alsobald dem Rektor vorzutragen, und wenn diesem die Beilegung nicht gelinge, dem Capitel der Geistlichen, damit es durch seine Autorität schlichtend eintrete.

Der Rektor im Besondern solle ein Mann sein, der Gott fürchte, und zum Wenigsten von mittelmäßiger Gelehrsamkeit. Im Uebrigen friedlich und dienstwillig, nicht von herber und bitterer Art, damit er sowohl den Schülern in seinem ganzen Lebenswandel ein gutes Beispiel gebe, als auch mit Geduld die Unannehmlichkeiten seines Amtes trage.

Die Schüler weiterhin sollen zunächst in vier Abtheilungen vertheilt werden, nicht nach den Classen, sondern nach der Lage ihrer Wohnungen in der Stadt. Ueber jede derselben habe einer der Lehrer die Aufsicht zu übernehmen, und namentlich dafür zu sorgen, daß die dazu Gehörigen jedes Mal in der Kirche ihres Quartiers sich einfinden, wo man ihnen besondere Plätze angewiesen habe. Und zwar die folgenden Gottesdienste seien von ihnen zu besuchen: der Morgengottesdienst am Mittwoch, die beiden Predigten und die Kinderlehre am Sonntage. Wer ohne genügende Entschuldigung fehle, solle am folgenden Morgen in der Schule seine Strafe empfangen.

Im Schulgebäude haben sie im Sommer um sechs, im Winter um sieben Uhr sich einzufinden. Die Classen sollen in kleinere Abtheilungen von je zehn zerfallen und in diesen Abtheilungen Jeder seinen Platz lediglich nach seinen Fortschritten in der Wissenschaft erhalten, nicht nach Gunst, noch Alter, noch Familie. Der Erste dieser Zehn soll gleichsam der Aufseher der Uebrigen sein.

Die Lehrstunden beginnen mit Gebet, wie denn im Catechismus ein besonderes zu diesem Zwecke verfaßt ist, und jeder Einzelne hat es der Reihe nach mit Andacht zu sprechen*). Dann folgen anderthalb Stunden Unterricht, und hierauf das Frühstück, das ohne Lärm mit vorhergehendem Gebete abgehalten werden soll. ... Nach Vollendung der Lektionen spricht jede Classe das Unser Vater und eine kurze Danksagung.

Vormittags sollen sie um 11 Uhr in die Schule zurückkehren, und eine Stunde lang sich in Psalmen-Singen üben. Hierauf haben sie bis um ein Uhr Lektionen, dann eine Stunde zum Abendessen und zu freier Beschäftigung. Von zwei bis vier Uhr wieder Unterricht. Dann versammeln sie sich Alle, auf ein von der Glocke gegebenes Zeichen in dem großen Saal. Ist eine öffentliche Bestrafung nöthig, so soll sie da mit dem nöthigen Ernst und der passenden Ermahnung zugetheilt werden. Zum Schlusse haben jeden

---

*) In den theologischen Vorlesungen der freien Akademie in Genf besteht noch bis heute ein ähnlicher Gebrauch. Der vortragende Professor fordert einen der Studenten auf, die Stunde mit einem Gebet zu eröffnen, das frei aus dem Herzen gesprochen wird.

Tag drei der Schüler, der Ordnung nach, das Unser Vater, das Glaubensbekenntniß und die zehn Gebote französisch herzusagen. Ist das geschehen,
so entläßt der Rektor Alle mit dem Segen des Herrn.

Am Mittwoch sind zwei Stunden besonders für die Fragen bestimmt,
welche die Schüler etwa ihren Lehrern vorzulegen haben, einige andere für
Ausarbeitung von freien Aufsätzen und Deklamationen der Schüler der obersten Classe, denen die der übrigen beiwohnen.

Der Samstag endlich ist der große Repetitionstag und der Tag der
Vorbereitung auf den Sonntag. Namentlich soll mit den jüngern Schülern
schon zum Voraus behandelt werden was in der Kinderlehre vorkommen wird.
Findet an dem Sonntage die Feier des Abendmahles statt, so hat einer der
Geistlichen in dem gemeinsamen Saal eine Vorbereitung zu halten, in der
er das Wesen des Sakraments auseinandersetzt und zu Gottesfurcht und
Einigkeit ermahnt.

Was dann weiter die einzelnen Classen angeht, deren sieben sind, so
sind als Unterrichtsgegenstände für die unterste (siebente) bestimmt: Lesen
und Schreiben und Aussprechenlernen des Latein. Für die folgenden: die
Anfänge der Grammatik und der Satzbildung, wobei jeder Zeit das Französische mit dem Lateinischen verglichen, und dieß letztere möglichst gesprochen
werden soll. In der fünften soll die Satzbildung weiter behandelt und mit
der Ausbildung des Stiles der Anfang gemacht werden, wobei die Hirtenge-
dichte Virgils zum Exempel zu dienen haben. Kleinere Aufsätze sollen sich
anschließen. — Die vierte beschäftigt sich eingehender mit der Bildung des
Stiles; die Briefe Cicero's werden dabei gelesen und Aufsätze darüber
gefertigt. Auch die Verskunst soll getrieben werden, indem man dabei der
Elegien Ovids sich bedient. Endlich wird mit dem Griechischen der Anfang gemacht. — In der dritten ist die griechische Grammatik und ihre
Vergleichung mit der lateinischen der Hauptgegenstand des Unterrichts. Zur
Lektüre und Erklärung sind bestimmt: die Schriften Cicero's von der Freundschaft und dem Alter, Virgils Aeneide, die Denkwürdigkeiten Cäsars und
die Reden des Isokrates. — Die zweite hat sich vornehmlich mit der
Geschichte zu beschäftigen, wobei Livius für die römische, Herodot,
Xenophon und Polybius für die griechische die Gewährsmänner sein
sollen. Von den Dichtern soll Homer gelesen werden. Zugleich hat man
mit der Dialektik zu beginnen, „ohne sich jedoch mit den Spitzfindigkeiten der
Rhetorik abzugeben." Samstags bildet das Evangelium Lucä in der Ur-
sprache den Lesestoff. — In der ersten und höchsten endlich wird mit der
Dialektik und Rhetorik fortgefahren. Namentlich soll man die Schüler dazu
anleiten, eine wohlgefügte und geschmückte Redeweise zu erlernen. Als Vorbilder, die man sorgfältig auslegt und anwendet, haben dabei zu gelten:
die besten Reden Cicero's und Demosthenes' nebst Homer und Vir-
gil. Zugleich soll man häufige deklamatorische Vorträge halten. In der

Stunde des Samstags werden einige Briefe der Apostel gelesen und erklärt.

Auf diese mehr vorbereitende Schule (Collegium) folgte dann die eigentliche Akademie. Die theologischen Vorlesungen, die an ihr gehalten wurden, waren vorzugsweise exegetische, wobei der eine der Dozenten das alte, der andere das neue Testament behandelte, und in zweiter Linie dogmatische. In der Philosophie sollte namentlich die Ethik des Aristoteles erklärt werden; neben ihm finden sich in den „akademischen Gesetzen" auch noch Plato und Plutarch als auf diesem Gebiete empfehlenswerthe Schriftsteller erwähnt. Was die sogenannten „realen" oder „exacten" Wissenschaften betrifft, mit denen man sich damals bekanntlich noch sehr wenig abgab, so sollten wenigstens die Physik und Mathematik nicht ganz leer ausgehen. Mindestens drei Stunden wollte Calvin ihnen zugetheilt wissen. Und ebenso ließ er in seinen Bemühungen nicht nach, bis für die Medizin ein besonderer Lehrstuhl errichtet war, der freilich durch manche ungünstige Umstände in Verfall gebracht, kurz nach seinem Tode wieder aufgehoben wurde*).

Wir übergehen was sich im Fernern über die äußern Einrichtungen, Ferien, Vertheilung der Lehrkräfte u. s. w. angeordnet findet; und theilen nur noch aus dem Glaubensbekenntniß Einiges mit, das jeder Lehrer und Schüler zu unterschreiben hatte, ehe er in die Anstalt aufgenommen wurde. Es ist dasselbe sehr ausführlich, und beginnt mit der feierlichen Zustimmung zu der Lehre, „wie sie im Catechismus dieser Kirche enthalten ist", und zu den verschiedenen ökumenischen Bekenntnissen mit Ausnahme des Athanasianischen, von dem wir wissen, wie wenig es Calvins Beifall hatte. Auffallend erscheint, daß dabei die „Irrthümer Servets und seiner Genossen" ganz ausdrücklich genannt und verworfen wurden. Im Uebrigen findet sich die Dreieinigkeitslehre nur in ihrer allgemeinsten Form erwähnt, dann folgen die Lehren von Gott, von der Schöpfung der Welt und des Menschen, der Erbsünde, der Erlösung und dem Erlöser, der Rechtfertigung durch den Glauben, dem Gebete: Alles in der Fassung der allgemeinen evangelischen Theologie, ohne irgend eine hervorstechende Eigenthümlichkeit. Der Prädestinationslehre ist merkwürdiger Weise mit keinem Worte gedacht. Stärker tritt in der Sakramentslehre die calvinische Auffassung hervor. „Sie sind unnütz," heißt es, „insoweit nicht der heilige Geist sich ihrer als seiner Werkzeuge bedient; ja sie werden zum Schaden, sobald man etwas Anderes in ihnen sucht als was zum Heile in Christo Jesu gehört. — Im Abendmahle belebt der Herr durch die geheime und unbegreifliche Kraft seines Geistes unsere Seelen, indem er die Substanz seines Leibes und Blutes ihnen mittheilt. — In der

---

*) Vergl. den schon erwähnten Aufsatz Cellerier's: „l'Academie de Genève", im 4. Band des „Bulletin pour l'histoire du protestantisme français."

Taufe giebt uns Gott wahrhaftig die Reinigung des inwendigen Menschen die er uns äußerlich abbildet." — Mit der Erwähnung und Anerkennung der von Gott eingesetzten Ordnung in den politischen Dingen, „dergemäß man verpflichtet ist den Gesetzen der Obrigkeit zu gehorchen, Steuern und Abgaben und Anderes der Art zu leisten und sich willig dem Joche der Unterwerfung zu beugen", schließt dann das merkwürdige Dokument, das die geistige Grundlage bilden sollte, auf dem das ganze Institut ruhte.

Und damit es nun ja in keiner Weise, wie das bei Bekenntnißschriften so häufig zu geschehen pflegt, zum bloßen, todten Buchstaben sich versteinere, sondern immerfort lebendige Gegenwart bleibe und gleichsam von Neuem geboren werde in den Geistern und Ueberzeugungen, wurde den Studirenden der Theologie ausdrücklich vorgeschrieben, jeden Monat über den einen und andern der darin enthaltenen Lehrsätze ausführlichere Thesen auszuarbeiten, die sie der Prüfung des Professors vorzulegen und dann in öffentlicher Disputation, in der Jedermann der es verlangte das Wort gegeben werden sollte, zu vertheidigen hatten. „Alle Sophistik," heißt es dabei, „alle unnütze Neugierde, alle kühne Ueberhebung die das Wort Gottes verderbt, alle Bitterkeit und Hartnäckigkeit des Streites sei aus diesen Uebungen verbannt, in frommem und wahrhaft religiösem Sinn soll von dem einen und andern Theile die Unterredung geführt werden. Der vorsitzende Theologe hat ihren Gang mit weiser Klugheit im rechten Geleise zu erhalten und etwaige Schwierigkeiten nach dem Worte Gottes zu lösen*)."

Und fast beispiellos war nun der Erfolg, der das so gegründete und geordnete neue Werk gleich von seinen ersten Anfängen an begleitete. Nicht weniger als neunhundert junge Männer, so ziemlich aus allen Nationen Europa's, ließen schon im ersten Jahre als regelmäßige Schüler sich einschreiben, und fast ebensoviel, zumeist Flüchtlinge aus Frankreich und England, bildeten sich in den theologischen Vorlesungen Calvins zu Evangelisten und Bibellehrern für ihr Vaterland aus **). Der Fortgang des Reformationswerkes in diesen Ländern, wie wir aus der Geschichte ihn kennen, wäre schlechterdings undenkbar gewesen ohne den geistigen Rückhalt und den un-

---

*) Die Verpflichtung auf das Glaubensbekenntniß wurde indessen zwölf Jahre nach Calvins Tode, 1576 wieder abgeschafft, „damit", wie es in den Motiven heißt, „auch Papisten und Lutheraner, die sonst von der Lehranstalt ausgeschlossen wären, an ihren Satzungen Theil nehmen können."

**) Unter ihnen auch der große Reformator Schottlands Johannes Knox, der eben von den französischen Galeeren kommend, noch im 50. Jahre seines Alters es nicht verschmähte, sich mit der Schaar der Jünglinge zu den Füßen des großen Lehrmeisters zu setzen. Welchen Einfluß derselbe auf ihn übte, ist bekannt genug. Kaum ein Anderer der reformatorischen Männer ist so in jedem Sinn ein Abbild Calvins geworden wie er. Ueber den Eindruck, den er von dem calvinischen Genf überhaupt erhielt, haben wir schon früher seine Aeußerungen mitgetheilt.

rschöpflichen Quell von immer neuen, wohlgerüsteten Kräften, der ihnen damit zu Gebote gestellt wurde.

Die Correspondenz Calvins liefert den Beweis dafür, wie wenig er indessen an diesem glänzenden Beginne sich genügen ließ. Unaufhörlich zeigt er sich bemüht, noch diese oder jene Lücke auszufüllen und weitere bedeutende Kräfte heranzuziehen. Peter Martyr, Mercerus, Tremellius geht er hintereinander in der dringendsten Weise darum an, mit ihren reichen Kenntnissen der aufblühenden Schule zu Hülfe zu kommen, „an der ihre Leistungen wahrlich nicht verloren sein werden." Wenn auch der Gehalt gering sei und nicht wie man in Deutschland ihn zahle, so sei doch dafür die Wirksamkeit um so wichtiger. Die Blüthe Italiens sei um die Katheder versammelt; durch ganz Frankreich hin zerstreuten sich ihre Schüler als die Boten des Evangeliums; mit Wahrheit dürfe er sagen, daß wer sich hier zum Geistlichen bilde, gründlich und von Herzen dem Dienste Gottes sich zu widmen begehre[*]. „In der That ist es ein Wunder," ruft ein Zeitgenosse aus, „wie sie von allen Seiten zu den Lehrern heranstürmen. Ich schätze die Anzahl der frommen, jungen Männer, die heut zu Tage Meister Calvin täglich hören, auf mehr als tausend[**]."

Und weit über seine Zeit und Person heraus hat auch hier seine segensreichen Wirkungen entfaltet was er so ins Werk gesetzt. Es ist bekannt genug wie die Genfer Akademie vom Ende des sechzehnten Jahrhunderts an bis tief in das achtzehnte hinein zur großen Hochschule der literarischen und theologischen Bildung für das ganze reformirte Europa geworden ist. Die jungen Edelleute und Fürstensöhne aus Deutschland, Frankreich, Schottland, Holland pflegten noch auf einige Zeit sie zu besuchen, nachdem sie in ihrem Vaterlande die Studien vollendet, und in der geistbelebten, durch und durch gebildeten Stadt ihre Kenntniß der französischen Sprache und die feinen Sitten sich zu holen, die man am besten zu finden meinte wo französisch gesprochen wurde. Die Geistlichen derselben Länder kamen heran, um hier an der Quelle kennen zu lernen was calvinische Lehre, Wissenschaft, Kircheneinrichtung heiße, und es ihrem Vaterlande zu überbringen als das Erbe des großen Mannes, den ihre Kirchen als ihren Gründer und Meister verehrten. Und zu welcher Männer Füßen durften sie da sitzen! Außer ihrem Stifter und seinem Freunde Beza hat die Anstalt einen Casanbonus zu ihren Lehrern gezählt, eine Hottomann, Franz und Alphons Turretin, Leclerc, Spangenheim, Pictet de Saussure, Karl Bonnet, und so viele Andere der trefflichsten Männer nach Gesinnung und Wissen, an die noch in der neuesten Zeit ein Merle d'Aubigné und Andere mit Ehren sich anschließen. Als

---

[*] Vergl. die Briefauszüge aus dem Genfer und Berner Manuscripte bei Henry III, 390.

[**] Bei Henry III, 391.

diesem einen Gemeinwesen, sondern der ganzen Kirche des Herrn, der ganzen Christenheit verpflichtet sei, so gehörte auch in der That sein Herz und seine Arbeit dieser gesammten Gemeinschaft der christlichen Welt, soweit sie irgendwie seinen Dienst sich gefallen ließ. Im vollsten Sinne des Wortes gab es für ihn weder Grieche, noch Scythe, noch Jude, weder Franzose, noch Deutschen, noch Engländer, noch Italiener, noch Schweizer, noch Slave, sondern nur die neue Creatur in Christo, die er unter ihnen Allen zu zeugen und zu pflegen und an's Licht zu bringen bemüht war. — Wo immer ein Feind der Wahrheit aufersteht, da erscheint er ihm als sein Feind, und er tritt ihm entgegen mit seinen mächtigen Waffen des Geistes. Wo es immer eine Gemeinde zu bauen, zu ordnen, zu schützen gilt, da wird sie ihm zu seiner Gemeinde, und sein Herz, seine Kraft, seine Erkenntniß wendet sich ihr zu, als der von Gott ihm befohlenen. Er wird täglich von ihnen angelaufen, um mit dem Apostel zu reden*), er trägt Sorge für sie Alle. „Wer ist schwach", mag er mit ihm bezeugen, „und ich werde nicht auch schwach? Wer wird geärgert, und ich entbrenne nicht?" Alles überschaut er, weiß er und bringt er vor seinen Gott. „Er war die unternehmendste Natur, die es gab**)", ruft ein katholischer Polemiker aus, „Nichts in Europa war sicher vor der Brandfackel in seiner Hand, mit der er aller Orten das Feuer entzündete und schürte."

Vor Allem war es natürlich sein Vaterland, das an Genf angrenzende, sprachverwandte Frankreich, dem diese seine Thätigkeit zu Gute kam. Wir haben an seinem Orte bereits zur Darstellung gebracht, was er früher in dieser Beziehung geleistet hat: wie er nicht nur in Paris, sondern auch in Basel, in Ferrara, in Straßburg, in Genf während seines ersten Aufenthaltes bei Jeglichem, was er unternahm, zunächst an seine französischen Volksgenossen dachte und den Bedürfnissen abzuhelfen suchte, welche die religiöse Bewegung in ihrer Mitte hervorgerufen. Er hatte in der Hauptstadt ihre Gemeinde neu begründet und geordnet, hatte von Basel aus in jener unvergänglichen Vertheidigungsrede, die dem Buche vom christlichen Unterrichte vorangeht, ihre Sache vor dem Könige und ganz Europa geführt; hatte durch dieses Buch selber einen festen Grund der einheitlichen Lehre und Erkenntniß ihnen unter die Füße gegeben; hatte dann in Italien und Straßburg ihre Flüchtlinge um sich gesammelt und sie der Heimath zurückgesandt als die tüchtigsten Missionäre und Stützen der evangelischen Ueberzeugungen. Den Gefahren, die ihr inneres Leben und die Entschiedenheit ihres Bekenntnisses bedrohten, war er in jenen Sendschreiben über die Pseudo-Nikodemiten und an Gerard Roussel mit dem durchdringendsten

---

*) 2. Cor. 12, 28 u. 29.
**) Il estoit d'une nature remuante le possible pour l'advancement de sa secte." Pasquièr Recherches sur la France, VII, 911.

Ernste entgegengetreten; hatte ihnen Allen, wie jedem Einzelnen insbesondere, wen er kannte oder mit dem er in Berührung kam, den geraden Weg des Heiles gewiesen und den getrosten Muth von oben her in das Herz gerufen, der dazu gehörte diesen Weg zu gehen. Ganz von selber, ohne es zu wollen und zu suchen, war er durch das Alles zum geistigen Mittelpunkte der französischen Reformation geworden. Seine Lehrauffassung war binnen Kurzem die allgemein anerkannte und befolgte. Seine Anschauungen von der kirchlichen Ordnung und die Art, wie er in Genf dieselbe zur Wirklichkeit gebracht, galt für alle französischen Gemeinden als das Vorbild, dem kein anderes sich zur Seite stellen lasse, und nach dem man unbedingt sich zu richten habe. Die Verehrung, mit dem man seinen Namen nannte, das rückhaltlose Zutrauen, das seine Person genoß, die Begeisterung der Schüler, die zu ihm eilten oder von ihm kamen, überstieg Alles was in dieser Beziehung einem Menschen pflegt erwiesen zu werden. Bei ihm suchten die Gemeinden ihre Prediger, die Fürsten und Edelleute den bestimmenden Rath in den politischen Verwicklungen, die Zweifelnden Belehrung und Klarheit, die Verfolgten Schutz, die Märtyrer das mahnende und aufrichtende Wort zu freudigem Dulden und Sterben. Und wie das Auge eines Vaters über seine Kinder wachte Calvin mit der unermüdlichsten Liebessorge über alle diese Verhältnisse in ihren mannigfachen Verschlingungen und Anforderungen, und suchte für die ganze große Gemeinschaft seiner Glaubensgenossen in Frankreich dasselbe zu werden, was er für das kleinere Gemeinwesen war, in dessen Mitte er stand.

Es war zuerst und hauptsächlich die Stelle des Helfers und Beschützers, zu der er dabei aufgerufen wurde. Denn durch Verfolgung und Kreuz ging der Weg der französischen Reformation wie der keiner andern von ihren ersten Schritten an*); und unmöglich konnte, wer irgendwie Antheil nahm an ihrem Geschicke, sich dessen erwehren, daß er die bittenden Hände der Gequälten ganz von selber gegen sich ausgestreckt sah, und im Innersten sich dazu getrieben fühlte, Alles zu ihrer Erleichterung zu thun was in seiner Macht stand. Schon als er noch ohne großen Namen und Einfluß war, im Jahre 1537 unmittelbar nach seiner Ankunft in Genf, hatte Calvin auf das lebhafteste diese Verpflichtung empfunden. Um die kleine Gemeinde in Nîmes handelte es sich damals, in deren Mitte die Scheiterhaufen loderten,

---

*) Ihre Geschichte hat in neuerer Zeit so vielfache, treffliche und auf die verschiedensten Bedürfnisse berechnete Darstellungen gefunden, daß wir eines nähern Eingehens auf die Thatsachen, die im Folgenden zur Sprache kommen werden, uns sicherlich überheben dürfen. Wir erinnern nur an die gelehrten Werke von Ranke, Baum, Soldan, Polenz, und an die populären von Merle d'Aubigné, de Félice (in der deutschen Uebersetzung von Papst) und Buch, von denen das Eine oder Andere wohl Keinem unsrer Leser unbekannt geblieben ist.

indeß die Gefängnisse mit den Opfern sich füllten, die zu dem jammervollen Schauspiele bestimmt waren. Man hatte bisher in Genf mit ziemlicher Gemüthsruhe dergleichen mit angesehen, jetzt unter den andringenden Beschwörungen Calvins ergriff eine allgemeine Bewegung die Bürgerschaft und ihre Behörden. In aller Eile wurde ein besonderer Abgesandter nach Basel geschickt, um die Vermittlung dieses mit Frankreich befreundeten Standes anzurufen, und so ernstlich als möglich verwandte sich Calvin selber bei seinen dortigen Freunden, damit ohne Rücksicht auf politische Bedenken der ganze Einfluß aufgeboten werde, den die Regierung bei dem französischen Hof genoß. „Wir müssen den Armen helfen," schrieb er, „in ihrer äußersten Bedrängniß; laßt es nicht geschehen, daß die, die vielleicht schwächer sind im Glauben, erliegen unter der Last des Druckes. Oder sollten wir etwa das Blut der Heiligen gering achten, das so werth gehalten ist vor Gott? Christus selber ruft uns mit lauter Stimme zu ihrem Beistande auf; würden wir sie verlassen, so müßte der klagen, der für uns gestorben ist, daß wir ihn selber verlassen und vergessen haben in seinen theuersten Gliedern*)."

Ob die Verwendung wirklich zu Stande kam, und welchen Erfolg sie hatte, wissen wir nicht. Jedenfalls ließ sich Calvin, wenn sie vergeblich war, durch diesen ersten mißlungenen Versuch nicht abschrecken, ihn zu wiederholen, wo nur irgend die Möglichkeit dazu sich bot. Während seines Aufenthaltes in Straßburg finden wir ihn beim Ausbruche der großen Verfolgung im Jahre 1539 auch hier in den Rath und seine Collegen dringen, sich durch keine Menschenfurcht davon abhalten zu lassen, mit aller Entschiedenheit für die bedrängten Brüder einzutreten; und dieß Mal wenigstens kam eine stattliche Gesandtschaft der Deutschen und Schweizer zusammen, die ihres Eindruckes auf Franz I. nicht völlig verfehlte.

Immer von Neuem, wo er auch ist und was er unternimmt, tauchen von da an diese Anliegen in seinem Briefwechsel auf. Beständig thut er überallhin es kund, wie mit den „Gottesfürchtigen" in seinem Vaterlande verfahren werde, ermahnt die Freunde zur Fürbitte für sie bei Gott und Menschen, berichtet ihnen zur Stärkung ihres Glaubens was er von den letzten Tagen und Stunden des Einen und Andern erfährt, macht, so weit seine Stimme reicht, von seinem zunehmenden Ansehen Gebrauch, um auch den Großen und Mächtigen der Welt diese armen Dulder auf die Seele zu legen als mitbefohlene Glieder an dem e i n e n Leibe Christi. „Wahrlich du brauchst mich nicht erst anzutreiben," schrieb er an Viret, als im Jahre 1540 das grausame Edikt von Fontainebleau erschien, das jede Abweichung von der Kirchenlehre als Hochverrath zu betrachten und zu richten gebot, „meine Seele b r e n n t, wenn ich an diese Dinge denke und strengt jeden Nerv an

---

*) In der englischen Briefsammlung Bonnets I, 38.

eine Hülfe herbeizuführen. Die Brüder und der Senat*) sind bereit, das
ige zu thun; wir haben die deutschen Fürsten aufgefordert, sich uns an-
hließen; auch an die Königin von Navarra**) habe ich geschrieben, da
r ihrer Edelleute hier durchreiste, und sie um Christi willen gebeten, in
) einer Bedrängniß die Gemeinden nicht zu verlassen. O daß uns doch
Antwort würde, wie sie unserm sehnsüchtigen Flehen entspricht***)!"
Einen neuen Anlaß der traurigsten Art brachte das Jahr 1545. Das
e Christenvölklein der französischen Waldenser bei Merindol und
rières war von dem betrogenen Könige dem Cardinal Tournon gleich-
überliefert worden, um nach Lust und Gefallen mit ihm zu verfahren,
nichts Anderes hatte der päpstliche Würdenträger damit im Sinne, als
geradezu, bis auf den letzten Rest, hinwegzutilgen von der Erde. Durch
valt und Verrath zugleich wurden die arglosen Gemeinden überrascht und
der grauenvollsten Weise das anbefohlene Gericht an ihnen vollzogen.
einundzwanzig Ortschaften gab man den Flammen Preis, über dreitausend
nschen kamen um; die ganze männliche Jugend, deren man habhaft wer-
konnte, schleppte man auf die Galeeren, die kleinen Kinder, deren Mütter
ödtet worden, ließ man auf die ausdrückliche Anordnung der Geistlichen
er den verlassenen Trümmern liegen, damit der Hunger vollende was das
werdt der Soldaten nicht übernehmen wollte†). Aber mit alle dem er-
hte man doch nicht was beabsichtigt war. Einem nicht geringen Theile
gebirgskundigen Leute war es gelungen, in den Schlupfwinkeln der

---

*) Der Brief ist noch von Straßburg geschrieben.

*) Noch nicht Johanna von Albret, sondern die mehrmals genannte Marga-
retha die Schwester Franz I. — Der betreffende Brief ist leider verloren
gegangen.

*) Merkwürdig ist übrigens die umsichtige Gewissenhaftigkeit, mit der Calvin
in diesen Fällen zu Werke ging, um nirgends des Guten zu viel zu thun und
nicht in unwahrer Weise die Kirche mit dem Ruhm eines Märtyrerthums
zu erfüllen. In einem Briefe an Farel (Engl. Briefsammlung I, 140)
bemerkt er einmal: von einem der Hingerichteten habe es sich leider herausgestellt, daß er keineswegs dem lautern Evangelium gemäß gelehrt und
gewandelt habe, während auch vom Tode eines Andern die Berichte der
Augenzeugen nicht ganz so Liebliches aussagten wie die ersten unbestimmten
Gerüchte, und fügt dann bei: „Ueberhaupt meine ich, sollten wir die Regel
befolgen, daß wir selbst da, wo wir überzeugt sind, von unsern leidenden
Brüdern das Beste denken und sagen zu können, uns doch sehr in Acht
nehmen, nicht in Uebertreibungen zu verfallen. Namentlich müssen wir
darauf halten, daß nur die als rechte Märtyrer Christi gelten können, die
ebensowohl durch ihren Lebenswandel von ihm zeugten, als durch ihre
Todesstunde."

†) Für den nähern Hergang der ganzen Begebenheit verweisen wir namentlich auf die treffliche Schilderung in Baums Leben Beza's (Leipzig 1843)
I, pag. 240 u. f.

Felsen und Wälder einen Zufluchtsort zu finden, zu dem die Treibjagden der erbarmungslosen Verfolger nicht hindurchzudringen vermochten, und unter tausend Nöthen und Gefahren wußten sie sich von da aus hinüberzuflüchten auf den freien Boden der kleinen Republik, die Gott wie ein großes Rettungshaus an die Grenzen der Bedrängtesten hingestellt hatte. Gegen viertausend sollen es gewesen sein, die so nach und nach in Genf anlangten, Männer, Frauen, Kinder, Greise, den Todesschrecken auf den bleichen Gesichtern, von Allem entblößt was zum Leben gehört, kaum noch im Stande sich aufrecht zu erhalten vor Erschöpfung und Entbehrung.

Schon auf die erste Nachricht des Ueberfalles hatte Calvin einige vertraute Männer an Ort und Stelle geschickt, um über das was sich zugetragen, möglichst schnelle und zuverlässige Kunde zu erhalten. Als sie zurückkehrten und den Hergang der Gräuel berichteten, dessen Zeugen sie gewesen, führte er sie unverzüglich vor den Rath und bat ihn mit aufgehobenen Händen, doch noch in der elften Stunde zu versuchen, was möglich sei, und jedenfalls die Flüchtlinge, deren Eintreffen in Aussicht stehe, als Brüder zu empfangen, denen man mit Allem diene, was man besitze[*]). „Was wir freilich thun sollen und können," schreibt er an Farel[**]), „ist uns noch nicht recht klar. Zuerst nun schicken wir einen Boten an dich, damit du die Angelegenheit allen Kirchen an's Herz legest, und dann ist der Rath der Meinung, daß ich mich selber aufmachen und die verschiedenen Kantone besuchen solle. Gleich Morgen werde ich abreisen. Donnerstag bin ich, so Gott will, in Bern. Hoffentlich verschafft mir der Schultheiß alsobald eine Audienz bei dem Rathe, und dann setzen wir, wenn du abkommen kannst, zusammen unsere Reise weiter fort." Ehe er indessen aufbrach, fand er noch Zeit, auch für die ankommenden Flüchtlinge das Nothwendigste anzuordnen. Eine Collekte von Haus zu Haus wurde auf seinen Betrieb veranstaltet, welche die ersten Bedürfnisse deckte; Kleider und Speisen wurden an sie ausgetheilt; auf ihre dringenden Bitten um Beschäftigung, „da sie Niemandem zur Last fallen möchten[***])," stellte der Rath zur Arbeit bei den Festungswerken sie an, „einen Jeden nach seinem Stande und Wissen."

Ein weiterer Brief an Farel[†]) gibt den Bericht über die Reise und ihren Erfolg. „So kurz als möglich," schreibt er, „will ich dir das Resultat unserer Bemühungen mittheilen. Die Berner gewährten nicht nur was wir wünschten, sondern trieben auch die Andern an. Von Zürich schrieb man

---

[*]) Rathsprotokoll vom 4. Mai 1545.
[**]) In der englischen Briefsammlung I, 434.
[***]) „Diese braven Leute," heißt es in dem Rathsprotokolle vom 18. Mai, „wollen ihren Wirthen nicht zur Bürde werden. Sie kennen die Bedrängniß, in der sich die Stadt befindet, die eben durch die Pest verheert worden ist, und bitten inständig um Arbeit."
[†]) A. a. O. 436.

unverzüglich eine Versammlung aller evangelischen Stände nach Aarau aus,
mit der auch Basel und Schaffhausen sich einverstanden erklärten. Ich reiste
unterdessen nach Straßburg, aber in solcher Eile, daß ich nicht einmal
einen ganzen Tag dort zubringen konnte. Auf der Aarauer Versammlung
vermochte ich nicht völlig durchzusetzen, was ich wünschte. Umsonst wandte
ich mich noch einmal an die Räthe; sie blieben dabei, zuerst einen einfachen
Brief, der freilich in ernsten Ausdrücken abgefaßt sein solle, an den König
zu senden, und dann erst, wenn derselbe nicht ungünstige Aufnahme gefunden, eine feierliche Gesandtschaft an ihn abzuordnen. Indessen versprachen
sie weder Kosten noch Mühen sparen zu wollen."

Aber die Sache nahm nicht den gewünschten Fortgang, weil eine Anzahl
der einflußreichsten Männer, die durch Pensionen an das französische Interesse
gefesselt waren, ihr im Stillen entgegenwirkte; und kaum nach Genf zurückgekehrt, erhob darum Calvin von Neuem nach allen Seiten hin seinen
mahnenden und bittenden Hülferuf. An Bullinger in Zürich, an die Geistlichen in Schaffhausen, an Myconius in Basel, an Vadian in St. Gallen,
schreibt er an einem und demselben Tage*), um ihnen die Anklagen zu widerlegen, die man von gegnerischer Seite über die Verfolgten in Umlauf setzte,
und sie zu erneuten Bemühungen anzuspornen. „Soll denn Alles vergeblich
sein," ruft er dem Ersten zu, „was wir bisher zu Gunsten der unglücklichen
Leute gethan und erreicht? die Pensionäre des Königs haben durch ihre
tückischen Künste die Angelegenheit so zu verwirren gewußt, daß es den Anschein gewinnt, als dürften wir die nicht einmal mehr bemitleiden, die doch
für dieselbe Sache, die wir vertreten, das Grausamste erduldeten. Schon in
Aarau merkte ich, wie wenig diese Herren uns geneigt seien, oder wie sie
wenigstens unter der Hand auch dem ein gläubiges Ohr liehen, was unsere
Feinde von Frankreich aus verbreiteten**). Aber nie ist eine grundlosere,
und schändlichere Verläumdung ausgedacht worden. Ich bin über den Sach-
bestand genau unterrichtet, und setze meine ganze Ehre und Wahrhaftigkeit
zum Pfande, daß nichts von dem wahr ist, was man jetzt für die Ursache
des Unglückes ausgeben möchte. ... Unterdessen drängt die Zeit. Ueber vierhundert liegen in Ketten, täglich finden Hinrichtungen Statt; immer von
Neuem überschwemmen die wilden Schaaren das verwüstete Land. Sollen
wir es ruhig mit ansehen, wie dieß unschuldige Blut vergossen wird? Soll
die Wuth der Gottlosen fort und fort unsere Brüder in den Staub treten?
Machen wir damit nicht Christum und die Gemeinschaft der Seinigen zu
einem leeren Schall und Spott vor uns selber und der Welt? O theurer

---

*) 24. Juli 1545. Vergl. die Briefe in der englischen Briefsammlung I,
445—454.

**) Daß nämlich die Waldenser mit empörerischen Plänen umgegangen seien,
denen der König nothgedrungen habe zuvor kommen müssen.

Bruder, thue dein Aeußerstes, das erloschene Feuer wieder anzuzünden und wieder etwas Ernst in unsere Bemühnngen zu bringen. Jetzt, eben jetzt ist es Zeit dazu; wer seine Thränen einfach wieder abtrocknet und in Gleichgültigkeit zurücksinkt, wird mitschuldig sein an dem Tode dieser Gerechten."

Bei den Schweizern hatten diese Aufforderungen in der That den gewünschten Erfolg; aber bei dem Könige selber brachten die Vorstellungen, zu denen sie sich nun vereinigten, nicht den geringsten Eindruck hervor. „Er erstaune darüber," antwortete er, „daß die Schweizer in das sich zu mischen begehrten, was in seinem Reiche vorgehe, während er doch nie den Anspruch erhoben habe, in ihren Angelegenheiten mitzusprechen." Im tiefsten Schmerze stand Calvin im Begriff, sich allen Gefahren zum Trotz, selber nach Paris zu begeben und dem Könige zu Füßen zu werfen, als einige Tage vor der Abreise eine Krankheit ihn überfiel und an das Bett fesselte, über der die günstige Zeit verstrich*). Eine Gesandschaft der schmalkaldischen Verbündeten, die dem erneuten Bittgesuche der Schweizer sich anschloß, brachte dann wenigstens so viel zu Wege, daß Franz I. die Sache etwas anders ansehen lernte als bisher, und vor seinem kurz darauf erfolgenden Tode seinem Sohne auftrug, eine gerichtliche Untersuchung des Herganges anzuordnen. Die Unschuld der Waldenser wurde durch ihr Ergebniß vollkommen an das Licht gestellt, und dem geringen Ueberreste der Gefangenen die Freiheit zurückgegeben, die der größte Theil von ihnen zur schleunigen Auswanderung nach der reformirten Schweiz benutzte.

Und wie oft wiederholte sich nun Aehnliches, als die immer zunehmende und immer muthiger auftretende Reformation in Frankreich auch den Haß der Feinde in immer gesteigertem Maße hervorrief, und allmälig Geistlichkeit und Regierung, Parlamente und Pöbel zu einem furchtbaren Bunde des Widerstandes gegen sich vereinigte. Wir müssen es dem Biographen Beza's überlassen, die verschiedenen Unternehmungen darzustellen, durch welche die Genfer Reformatoren dem entgegenzuwirken suchten**). Ihre Bestrebungen zielten vornehmlich darauf ab, die Sache der Verfolgten zu einer gemeinsamen Angelegenheit der gesammten evangelischen Christenheit zu machen; und ein Mal über das andere hat Beza zu diesem Behufe, von Calvin durch Bitten und Briefe auf das Angelegentlichste aufgemuntert und unterstützt, die Schweizerkantone und deutschen Höfe bereist, von denen irgend

*) Ruchat V, 253.
**) Was wir hier davon mittheilen, sind nur einzelne Beispiele, da die Angelegenheiten dieser Art natürlicher Weise allzusehr sich ähnlich sehen, als daß wir nicht fürchten müßten, durch die ausführliche Erzählung noch weiterer Fälle die Geduld der Leser zu ermüden. Das Mitgetheilte wird ja ohnehin genügen, von der Arbeitslast, die der Reformator damit auf sich nahm, wie von dem Eifer, mit dem er die Sache sich angelegen sein ließ, einen Begriff zu geben.

eine Theilnahme sich erwarten ließ. Namentlich war es der mannhafte, warmherzige Otto Heinrich, der Kurfürst und Reformator der Pfalz, an den die Genfer in solchen Fällen sich wandten, und bei dem sie jeder Zeit das willigste Entgegenkommen fanden. Auch Calvin ist dabei verschiedene Male mit ihm in brieflichen Verkehr getreten. Als er bei jener bekannten Ueberraschung und Gefangennehmung der Pariser Gemeinde in der St. Jakobsstraße (4. Sept. 1557)*), die über 140 der trefflichsten Christen dem Scheiterhaufen zu überliefern drohte, Beza und Buddäus in höchster Eile zu einer dritten Reise nach der Schweiz und Deutschland antrieb, um zu retten was noch zu retten sei, und mit zahllosen Briefen an jeden einzelnen der bedeutenderen Männer sie ausstattete, schrieb er an ihn: „Ich weiß es ja wohl, daß Eure Hoheit im Grunde keiner besondern Ermahnung dazu bedarf, unserer armen Brüder sich anzunehmen und zu ihrer Erleichterung zu thun, was möglich ist. Nichtsdestoweniger aber ist die Sache so wichtig und dringend, daß Sie es mir sicherlich zu Gute halten werden, wenn ich nicht anders kann, als auch meinerseits dafür eintreten, so weit es in meiner Macht steht. Mit dem herzlichsten Danke haben wir es vernommen, wie Eure Hoheit erklärte, alle diese elenden, gedrückten Brüder seien Ihnen an das Herz gelegt, aber um so trauriger hat es uns gestimmt, daß man von der andern Seite her Sie durch allerlei Verläumdungen hievon abzuwenden suchte, oder Ihnen vorspiegelte, Ihre Vermittlung sei nicht mehr nöthig, da die Gefangenen bereits in Freiheit gesetzt seien. Die Wahrheit ist, daß man wohl einige der jüngern aus dem öffentlichen Gefängnisse entließ und in ihren Häusern bewacht, aber noch über dreißig schmachten in entsetzlichen Kerkern. Zudem wüthet die Verfolgung unausgesetzt fort. Auch in der Provence und der Dauphiné ist sie wieder ausgebrochen. Der König ist unzufrieden, daß man nicht noch strenger verfährt, und hat sich drei Cardinäle als Inquisitoren kommen lassen. Wenn er die Verfolgten als Sacramentirer bezeichnet, so thut er das nur, um die Theilnahme der deutschen Fürsten für sie erkalten zu lassen. Ich bezeuge vor Gott und seinen Engeln, daß in Frankreich Alle diesen Namen empfangen, welche die Opferung Christi in der päpstlichen Messe läugnen. Im Uebrigen folgen die französischen Brüder vollkommen dem was von mir öffentlich gelehrt wird und bedienen sich durchweg meines Catechismus. Was die Abendmahlslehre betrifft, so halten auch sie dafür, daß Christus uns in seinem Mahle wahrhaftig darreiche was er abbildet, und unsere Seele ebenso nähre mit seinem Fleisch und Blut, wie unser Leib durch Brod und Wein genährt wird. Ist es nun ein so großes Unglück, wenn über die Art dieser Vereinigung noch nicht vollkommene Uebereinstimmung besteht? Macht sie das der Theilnahme Eurer Hoheit unwürdig? Ist es nicht genug wenn wir unter einander Eins werden in dem Leibe

---

*) Vergl. darüber namentlich Baum I, pag. 295 u. f.

Christi? O daß doch auch Ihre Weisheit, Milde und Mühe etwas dazu
beitragen könnte, den unglücklichen Streit überhaupt zum Schweigen zu
bringen! Den Feinden des Evangeliums freilich ist nichts lieber, als Zwiespalt unter uns zu erregen und den Einen von dem Andern zu trennen, aber
durch ihre heimtückischen Einflüsterungen hindurch sollen uns immer die bedrängten Märtyrer Christi vor Augen stehen, an denen der wahre Sinn der
Verfolger uns klar wird, und die von aller Hülfe entblößt, flehentlich ihre
Hände nach uns ausstrecken*)." — In demselben Sinne schrieb der unermüdliche Fürsprecher auch an den Landgrafen von Hessen und den Herzog
Christoph von Würtemberg, dem er eben um diese Zeit seinen Commentar
zum Galaterbrief zueignete. „Dreimalhunderttausend Seelen," ruft er ihnen
zu, „schweben dort in Angst, denn sie sind Alle in Gefahr. Schon Einige
sind verbrannt; Viele werden in die Klöster gesperrt; damit sie sich nicht
gegenseitig zum Glauben ermuntern können, wird die Zunge ihnen abgeschnitten. Was wird daraus werden, wenn wir zu dem Allen schweigen und
nicht jeden Nerv anstrengen Hülfe zu leisten? O werfet alles Zaudern
weg und errettet die Elenden! Höret ihr nicht ihr Seufzen und Stöhnen,
das die Herzen tiefer als Eisen verwundet, und treibt es euch nicht zum
Beistande an?"

Auch dieß Mal blieben diese Bemühungen nicht ganz ohne Erfolg.
Zunächst eine Gesandtschaft der reformirten Schweizerstände, deren ausführliche Instruktion Calvin selber verfaßte**), und dann ein dringendes
Schreiben des Kurfürsten von der Pfalz gingen nach Paris ab, denen man
zum Theil das mildere Verfahren zuschreiben darf, das die Gerichte bald
darauf einschlugen. Die Todesurtheile hörten allmälig auf; und die in die
Klöster Gesperrten wußten nach längerer oder kürzerer Zeit zu entrinnen,
ohne daß die Mönche, denen ihre beständige Andacht ein verdrießlicher Vorwurf gewesen war, sich besondere Mühe gaben, sie wieder einzuholen***).

Aber mit solcher Fürbitte nach außen hin war nun die Theilnahme, die
Calvin an seinen leidenden Glaubensgenossen nahm, und die Hülfe, die er
ihnen leistete, noch bei Weitem nicht erschöpft. Unvergleichlich wichtiger und
erfolgreicher als die Verwendungen bei den fremden Mächten waren die
Tröstungen und Ermahnungen die er den zum Märtyrerthum Berufenen
selber in das Dunkel ihrer Gefängnisse hinein zukommen ließ, damit ihr
Glaube in der Stunde der Prüfung keinen Schiffbruch leide und das freuden-
reiche Wort des Lebens ihnen in Ohr und Herzen bleibe mitten in den
Bangigkeiten des Todes. „Es ist wunderbar," sagt der Katholik Pasquier,

*) Briefsammlung der Amsterdamer Ausgabe pag. 125.
**) „Welche Arbeit ihr mir auch auftragt," schrieb er an Beza, „ich bin zu
Allem bereit; selbst meine persönliche Gegenwart soll den Bedrängten nicht
fehlen, wenn sie ihnen nützlich sein kann."
***) Baum I, 318.

„wie seine Boten aller Wachsamkeit und Aufmerksamkeit zum Trotz in unsere Gefängnisse drangen, die mit armen Verführten angefüllt waren, und wie es ihm gelang, unaufhörlich durch seine Briefe zu ermahnen, zu trösten, zu befestigen, auch die zaghaften Gemüther dahin zu bringen, daß sie dem schmerzlichsten Tode mit Freuden entgegen gingen."

Aus dem Jahre 1552 stammen die ersten Briefe dieser Art, die uns aufbehalten sind. An jene bekannten fünf Märtyrer (oder Studenten, wie sie auch heißen) von Lyon*) sind sie gerichtet, die auf der Lausanner Akademie zu Evangelisten gebildet, alsobald bei ihrer Rückkehr in das Vaterland entdeckt und gefangen genommen, in noch ganz anderer Weise dazu berufen wurden, von der seligmachenden Kraft des Evangeliums Zeugniß abzulegen, als sie es im Sinne gehabt hatten. Sowie die Nachricht von ihrer Verhaftung nach Genf gekommen, hatte Calvin Alles was möglich war aufgeboten, um diese theuern jungen Leben zu retten, an die so viele Hoffnungen für die französische Kirche sich knüpften. Wieder wurden die schweizerischen Regierungen in Bewegung gesetzt, um ihre Fürbitte einzulegen, wieder gingen die Boten zwischen Genf, Bern und Paris unaufhörlich hin und her; selbst indem er zum Krankenbette Farels eilt, den man dem Tode nahe glaubte, beschäftigen den Reformator die Gefangenen in Lyon fast noch mehr als die Gefahr seines Freundes; von seinem Nachtlager in Lausanne aus bittet er einige in der französischen Stadt niedergelassene Schweizer auf das Inständigste darum, ihrer Nothdurft sich anzunehmen und die Abfertigung der Briefboten nach Paris zu beschleunigen**). „Die Herren von Bern," be-

---

*) Ihr Andenken hat der evangelische Kalender auf den 16. Mai, den Tag ihres Märtyrerthums angesetzt, und der Jahrgang 1860 enthält eine kurze Erzählung ihrer letzten Lebenszeit von Pfarrer Meier in Lyon. Die ausführliche, zu Grunde liegende Quelle findet sich in Crespin's Märtyrergeschichte und in der daraus gezogenen, durch den Buchhandel Jedermann zugänglichen Galerie Chrétienne (par Bonifas et Petitpierre, Paris 1837) I, pag. 68 — 330.

**) A Christoph et Thomas Zollikoffer. Bonnets französische Briefsammlung I, 377. Zu dem gleichen Zwecke schrieb er auch vorher schon an einen in Lyon ansässigen St. Galler, Johannes Liner, der zu den entschiedensten und treuesten Bekennern des Evangeliums gehörte: „Wir haben Alle Gott zu danken," sagt er ihm, „daß er Sie erwählt hat, um unsern armen Brüdern zu helfen und Sie so fest gemacht durch die Kraft seines Geistes, daß Sie durch nichts sich hievon abhalten lassen. Auch Sie selber werden ihm Dank sagen für die Ehre und Gnade, deren er Sie dadurch würdigt. Denn diese von den Menschen Verachteten sind ja Perlen vor dem Herrn, und was man an ihnen thut, das nimmt der Herr Jesus auf, als habe man es an ihm gethan. Freilich wird Satan nicht ermangeln, Ihnen Verschiedenes in das Ohr zu flüstern, um Sie zu erschrecken und abwendig zu machen. Aber lassen Sie Gottes Stimme die Oberhand behalten, wie sie es ja wahrlich werth ist. Nicht in Ihrer eigenen Kraft, nicht in irgend einer Rücksicht auf Menschen

merkt er ihm dabei, „haben sich mit so angelegentlichen Briefen an den
König gewandt, daß wenn sie je Etwas von ihm erlangen können, es dieß
Mal sein muß. Wolle Gott, daß dieß wirklich geschehe, wie wir es hoffen."
Indessen zum Vertrauen auf Menschen ermunterte er darum die Gefangenen
nicht. „Wir haben getreulich gethan was wir konnten," schreibt er in seinem
ersten Briefe an sie, „und alle Kinder Gottes beten für euch, wie es ihre
Pflicht ist, und die herzliche Liebe zu den Gliedern des einen Leibes Christi
sie dazu treibt. Aber doch dürfen wir nur die Zuversicht haben, daß, welchen
Ausgang eure Gefangenschaft auch nehme, wir uns darüber werden freuen
können in dem Herrn. Ihr seht, wozu er euch berufen hat; und zweifelt nun
nicht daran, daß je nach dem was er über euch kommen läßt, er euch auch
die Kraft geben wird seinen Willen zu thun. Denn so hat er es verheißen,
so haben wir es schon hundertfach erfahren; noch nie hat er die verlassen, die
durch ihn sich leiten ließen. Auch an euch hat er es schon bewährt, indem
er euch den Muth gab, den ersten Angriffen zu widerstehen. So vertrau
denn darauf, daß er das Werk seiner Hände nicht unvollendet lassen wird."
Im Weitern beantwortet er ihnen dann einige Fragen über verschiedene
theologische Punkte, die in den ersten Verhören zur Sprache gekommen
waren, und von denen sie seine Ansicht zu wissen begehrten. Die besten
Waffen, die sich den Vorwürfen der Feinde gegenüber finden lassen, giebt
er ihnen dabei an die Hand: Stellen der Kirchenväter, biblische Erklärungen, ausführliche Erörterungen der einen und andern Streitfrage,
wie er meint, daß sie auf die Richter am meisten Eindruck machen können.
Vor Allem auf die heilige Schrift weist er sie übrigens hin. „Was ich auch
immer sagen mag," fügt er bei, „es hätte wenig Werth, wenn es nicht aus
dieser Quelle geschöpft wäre, denn in der That, eines bessern Grundes als
die menschlichen Meinungen bieten, bedarf es, um uns über so gewaltige
Feinde, über Teufel, Welt und Tod obsiegen zu lassen. Nur der Glaube,
der aus dem Herrn kömmt, ist stark genug hiezu; Alles bewegt und erschüttert
uns, wo wir nicht in ihn gegründet sind. So zeiget, daß ihr wisset, an
wen ihr geglaubt und wisset, welch' ein Verlaß auf ihn ist."

Während neun Monaten schwebten die französischen und schweizerischen
Kirchen zwischen Furcht und Hoffen. Die Gefangenen hatten auf den Rath

---

führen Sie das begonnene Werk fort, sondern ganz und allein in ihm, der
uns verheißen hat uns zu bewahren bis ans Ende. Denken Sie auch daran,
wie diese Brüder in der That es werth sind, daß wir uns für sie einiger
Gefahr aussetzen; wären sie frei, so würde sicherlich kein Einziger von
ihnen zögern, sich wo es Noth wäre, zu Ihrem Besten in den Tod zu geben.
Und wie groß ist auch das: daß Ihr Dienst an ihnen nun dazu beitragen
darf, ihren Glauben noch zu stärken, ihr Vertrauen noch lebendiger zu
machen, zu ihrem kräftigen Ausharren mitzuhelfen bis zum Ziele." —
Franz. Briefsammlung I, 348.

er Freunde von dem obern geistlichen Gerichte in Lyon an das Pariser
rlament appellirt*); aber das Urtheil, das dieser höchste Gerichtshof im
hre 1553 sprach, bestätigte vollkommen das in Lyon gefällte: es lautete
f Hinrichtung durch den Scheiterhaufen. „In größerer Sorge und Trau-
keit als je," schreibt ihnen Calvin hierauf, „haben wir diese Tage verlebt.
ch zwar werden wir Einiges versuchen; aber unser Hauptanliegen ist doch,
ß Gott seine starke Hand über euch ausgespannt halte, und euch in keinem
ücke schwach werden lasse. Und in der That bin ich dessen in getroster
versicht. Schon seit lange habt ihr auf den letzten Kampf euch gerüstet,
n ihr werdet zu bestehen haben; und der in euch wohnt, ist stärker als die
elt. Wir unterdessen werden nicht ablassen für euch zu bitten, daß der
rr sich mehr und mehr in euerer Standhaftigkeit verherrliche, daß er durch
Tröstung seines Geistes euch versüße und lieblich mache was dem Fleische
ter ist, und eure Sinne so zu sich emporziehe, daß ihr im Blicke auf die
verwelkliche Krone der Ehren von Herzen bereit seid, ohne irgend ein Be-
tern zu verlassen was dieser Welt angehört."

Indessen auch die neuen Bemühungen, deren Calvin in diesem Briefe
h erwähnt, halfen zu nichts. Trotz aller dringenden Fürsprache der
hweizer verwarf der König das Begnadigungsgesuch und setzte auf die
itte des Mai die Hinrichtung fest. Wenige Tage ehe sie Statt fand, kam
s letzte Schreiben Calvins in die Hände der heiligen Bekenner. „Gott,"
gt er darin, „hat uns jedes Seil irdischer Hoffnung zerschnitten. Zu dieser
unde habt ihr eure Sinne und Gedanken nur noch auf den Himmel zu
hten. Gott der Herr will sich eures Blutes bedienen, um seine Wahrheit
versiegeln; bittet darum, euch so hingeben zu können in seinen Willen,
ß nichts euch hindert den Weg zu gehen, auf den er euch beruft. Denn
wisset, meine Brüder, daß wir uns müssen mit ihm in den Tod begraben
sen, wenn wir ihm sollen dargeboten werden zum Opfer; harte Kämpfe
illich werden euch noch bevorstehen, es wird euch ergehen wie dem Petrus:
in wird euch gürten und euch hinführen wo ihr nicht hinwollet. Aber der
rr hat gesiegt, und sein Sieg gibt euch die Bürgschaft daß auch ihr siegen

---

*) Der Raum erlaubt es uns leider nicht, uns mit ihnen selber eingehender
zu beschäftigen. Ihr Verhalten während des ganzen Jahres, das zwischen
ihrer Verhaftung und ihrem Märtyrertode lag, war das vollkommener
Christen, deren Seele im vollsten Sinne des Worts ihren Wandel im
Himmel hat und in keinem Stücke mehr dessen gedenkt, was hier unten ist.
Jeden ihrer Kerker machten sie zu einer Hütte Gottes, in der Tag und
Nacht die Kniee sich ihm beugten und die Lippen ihn priesen. Die Briefe,
die sie an ihre Verwandten richteten, sind wahrhaft apostolische Schreiben
in Ermahnung und Tröstung und Belehrung. Gefangene die mit ihnen
zusammengesperrt waren, sind durch ihren Anblick bekehrt worden, und
haben ihnen nach den Scheiterhaufen bestiegen, Gott lobend für die wunderbare Gnade, die er ihnen in der Tiefe ihrer Missethat erzeigt.

werdet. Und seid gewiß: kein Tropfen eures Blutes wird vergeblich fließen. Eure Bande sind bekannt geworden in der ganzen Christenheit, und die Nachricht eures Todes wird noch viel weiter bekannt werden zur Ehre Gottes und seines heiligen Namens. Denn was die Feinde auch thun mögen; sie werden sein Licht in euch nicht auslöschen können, es wird hinaus leuchten in die Welt und die Seele erwecken.

„Meine Tröstungen sind euch jetzt nicht mehr von Nöthen, da ich weiß, daß der himmlische Vater selber euch tröstet, und ihr auch eurerseits überzeugt seid, daß ihr nicht auf das Ungefähre hin aus dieser Welt gehet, sondern gehet euer Erbe in Besitz zu nehmen, nachdem euch Gott zu seinen Kindern angenommen. Und wenn euch das ohnehin schon gewiß ist, so wird es euch dadurch noch überschwenglich gewisser gemacht, daß euch der Herr verordnet hat zu Märtyrern seines Sohnes. Nur für einen Augenblick noch ist eure Herrlichkeit und euer Leben in Gott verborgen; die Zeit ist nahe, da das Hinfällige abgelegt wird und das Verwesliche sich verklärt. Jetzt besitzet ihr noch in Hoffnung, bald werden wir Alle mit einander im Reiche Gottes in der That besitzen und genießen was kein Ende mehr nimmt. — Meine Brüder, in tiefer Demuth empfehle ich mich euren Gebeten, und bitte auch meinerseits Gott für euch um eine immer reichlichere Fülle seiner Kraft und der Gaben seines heiligen Geistes *).“

---

*) Unsere Leser werden es uns zu Gute halten, wenn wir es uns nicht versagen können, wenigstens die letzten Augenblicke dieser Blutzeugen des Evangeliums nach Crespin's Aufzeichnung hier anmerkungsweise beizufügen. „Als sie das Urtheil gehört hatten,“ heißt es, „warfen sie sich nieder und beteten mit einer Inbrunst und Freudigkeit die Alle in Erstaunen versetzte. Psalmen singend und Gott lobpreisend wurden sie ins Gefängniß zurückgeführt. Um zwei Uhr holte man sie daraus ab, indem sie sich gegenseitig zu standhaftem Beharren ermunterten. Das Ende ihres Laufes, sagten sie sich, sei ja jetzt nahe und der Sieg gewiß. Auf den Wagen gesetzt, sangen sie den 9. Psalm: „Ich danke dem Herrn von ganzem Herzen,“ und obwohl man sie das Lied nicht endigen ließ, hörten sie nicht auf, Gott anzurufen und mit Worten der Schrift sich zu trösten. Dann begannen sie mit lauter Stimme das apostolische Glaubensbekenntniß herzusagen, indem ein Jeder einen Artikel sprach, um zu zeigen daß sie in der Gemeinschaft der einen christlichen Kirche verharrten. Die Schergen, die sie umgaben, versuchten sie umsonst daran zu hindern. „Wollt ihr uns für die kurze Zeit,“ antworteten sie ihnen, „die wir noch leben, verbieten unsern Gott anzurufen und zu preisen?“ — Als sie an der Richtstätte angekommen waren, stiegen sie mit frohem Muthe auf den Scheiterhaufen, die zwei Jüngsten voran, und ließen von dem Henker an den Pfahl sich binden. Der letzte, der den Holzstoß betrat, war Martial Alba, der Aelteste der Fünf, der im Gebete gelegen während man die Andern gebunden. Der Henker, da er mit den Uebrigen fertig war, riß ihn von den Knien auf und wollte ihn zu seinen Genossen an den Pfahl schleppen, als er noch um eine letzte Gnade bat. „Erlaubt mir,“ sagte er, „daß ich meine Brüder noch küsse

Aus einem der Briefe, die sie während ihrer Gefangenschaft an die ihrigen schrieben, läßt es sich ersehen, wie kostbar solche Tröstungen aus diesem Munde ihnen sein mußten, und welch' ein Vertrauen sie überhaupt in allen Stücken auf den Mann setzten, der durch kein irdisches Band mit ihnen verbunden aber zu ihrem Vater in Christo geworden war. Der Eine von ihnen, Anton Laborie, hatte sich vor Kurzem verheirathet, und rief nun in den letzten Tagen seiner jungen Frau zu: „Tröste dich damit, daß Christus dein Bräutigam ist. Bete ohne Unterlaß zu ihm um die Erkenntniß seines heiligen Wortes; fliehe die bösen Gesellschaften, suche die Gottesfürchtigen. Folge nicht deinem eigenen Sinn, sondern dem Rathe unserer wohlwollenden Freunde, **besonders aber dem Rathe des Herrn Calvin**, der es nicht zulassen wird, daß deine Angelegenheiten übel gehen, wenn du nach seinem Willen dich benimmst. **Denn du weißt, daß er durch den heiligen Geist geleitet wird.** Wenn du dich wieder verheirathest, was ich dir rathe, so bitte ich dich, höre seine Meinung, und thue nichts ohne ihn." — Welch ein Vermächtniß, das damit dem Reformator auf das Herz gelegt wurde, und mit welcher Treue wird er diesem letzten Willen nachgekommen sein[*]. Viele Andere der Märtyrer sind später dem Beispiele gefolgt[**]; und wie es ihnen von dem Richter zu einem der hauptsächlichsten Verbrechen gerechnet wurde, daß sie Calvins Schriften gelesen, mit ihm verkehrt, zu seiner Lehre sich bekannt, so achteten sie es ihrerseits als eine der lieblichsten Tröstungen, daß sie beim Scheiden aus der Welt ihre

---

ehe ich sterbe." Es wurde ihm erlaubt, und nun trat er zu einem Jeden und sagte: „Gott befohlen, Gott befohlen, mein Bruder," und die Andern, sich zu ihm hinneigend, so gut sie es konnten, grüßten sich Alle mit demselben Wort: „Gott befohlen, Gott befohlen, meine Brüder." Nach einem gemeinsamen Segenswunsche, den Martial über sie aussprach, küßte er dann auch den Henker und sprach zu ihm: „Mein Freund, vergiß nicht was ich dir gesagt." Er wurde hierauf neben die Andern angebunden und eine gemeinsame Kette um sie Alle gezogen. Man zündete das Feuer an und zog den Strick zusammen, der sie zu gleicher Zeit hätte erdrosseln sollen. Aber die Flammen verzehrten ihn, und noch ziemlich lange hörte man sie sich gegenseitig zurufen: „Muth, meine Brüder, Muth!" Dieß waren ihre letzten Worte in Mitten des Feuers, das bald die Leiber dieser tapfern Kämpfer und wahren Märtyrer des Herrn verzehrte."

[*] Aus einem spätern Briefe Calvins an die Märtyrer in Chambéry (Franz. Briefsammlung II, 64) ersieht man, daß die letzten Wünsche Laborie's in Betreff seiner hinterlassenen Frau wirklich in Erfüllung gegangen sind. „Was die nächste Angehörige dieses unseres seligen Bruders angeht," heißt es nämlich dort, „so hat sie sich willig und geduldig in den Willen Gottes ergeben lernen."

[**] Und nicht nur sie, sondern auch in Genf niedergelassene Flüchtlinge, die ferne von ihren Verwandten starben, haben vielfach in ihrem letzten Willen Calvin darum angegangen, die Vormundschaft über ihre Kinder zu übernehmen. So unter Andern ein Herr de Barennes, dessen im Testamente des Reformators beiläufig Erwähnung gethan wird.

Lieben in die Hände deſſen befehlen durften, der ihnen als der beſorgteſte und weiſeſte Vater galt, der den Gläubigen auf der Erde gegeben ſei. Wohl konnte er mit Wahrheit in ſeiner Schrift gegen Balduin ſagen: „Gott hat mir keinen leiblichen Sohn geſchenkt, aber dafür tauſend von Kindern aus der ganzen chriſtlichen Welt."

Faſt zu gleicher Zeit mit den jungen Leuten war auch ein Lyoner Bürger, Matthieu Dimonet mit Namen, gefangen geſetzt und zum Scheiterhaufen verurtheilt worden. Nicht perſönlich mit Calvin bekannt wie jene, empfing er doch von ihm denſelben ſeelſorgerlichen Beiſtand, der mit dem Troſte des Evangeliums und der freundlichen Gewißheit der herzlichſten Brüdergemeinſchaft über ſo manche bange und ſchwere Kämpfe hinweghob, wie ſie in ſolcher Lage ja wohl auch bei den Gläubigſten und Muthigſten nicht ausbleiben konnten. „Glaube mir," ſchreibt ihm der Reformator — und gewiß hätte er ſolche Verſicherung allen dieſen zum Leiden berufenen Brüdern zurufen können — „glaube mir, daß obwohl ich zu dieſer Stunde nicht die nämliche Anfechtung zu beſtehen habe wie du, ſo ermahne ich dich doch nicht als Einer dem dergleichen fremd wäre, ſondern in eben dem Sinne, in eben der Faſſung des Gemüthes, als ſäße ich mit dir gefangen. Was ich dir immer ſage, kommt aus keiner andern Quelle als aus dieſem Gefühle. Ich weiß, du biſt verhältnißmäßig noch jung und ſchwach im geiſtlichen Leben; aber zuweilen wählt ſich der Herr gerade ſolche aus, um die herrliche Wirkung ſeiner Kraft an ihnen zu erweiſen. Und trefflich haſt du in dieſer Kraft die erſten Angriffe deiner Prüfungszeit beſtanden. Auf dieſen Sieg verlaſſen darfſt du dich nun freilich nicht; ich fühle es in der herzlichen Gemeinſchaft mit dir gleichſam ſchon zum Voraus, wie Satan mit neuen Waffen dich beſtürmen wird. Halte darum an im Gebet und werde nicht müde zu flehen, daß der Herr ſelber ſein Werk an dir vollende. Gerade durch die Verſuchungen, die etwa noch über dich kommen, will ja der Heiland deiner Seele das erreichen, daß du in deiner Noth die völlige Unzulänglichkeit alles Eigenen erkenneſt und mit doppeltem Eifer an ihn dich wendeſt und auf ſeine Gnade vertraueſt. Denn durch Gewalt müſſen wir in unſerer Trägheit und Selbſtgerechtigkeit hiezu getrieben werden. Auch in dem erkenne mit klarem Auge eine Verſuchung des Böſen, wenn etwa deine Freunde und Verwandten unter dem Scheine erbarmender Theilnahme mit ihren Bitten und Beſchwörungen ſich zu dir herannahen; die das thun, ſind in Wahrheit deine bitterſten und tödtlichſten Feinde, denn um deinen Leib zu retten, verſuchen ſie, ſo viel an ihnen iſt, deine Seele ins Verderben zu bringen. Und wie ſehr ziehen überhaupt ſolche Erwägungen, wie ſie von den Menſchen uns vorgehalten werden, unſern Blick ab von dem Einen was Noth thut und ſtören unſere getroſte Ruhe in Gott. Darum ſieh dich vor und waffne dich! Faſſe beſonders die zwei Punkte in das Auge: welchen Kampf du kämpfeſt, und welche Krone denen verheißen iſt, die in dem Bekenntniſſe des Evangeliums aus halten bis ans Ende. Der Dienst Gottes, die Gnade, die er uns in seinem Sohne geoffenbart, die Herrlichkeit seines unvergänglichen Reiches ist etwas so Großes und Kostbares, daß es Niemanden viel kosten soll, durch die Hingabe seines Lebens gegen die Verderbnisse zu kämpfen, die dieß Alles zu nichte machen wollen. Das Fleisch läßt sich das allerdings nicht gern gefallen; aber wer im Glauben steht, dem ist es so zu Muthe; und der barmherzige Gott wird mehr und mehr die Gewißheit des rechten Glaubens dir in das Herz drücken, daß sie nimmer kann ausgelöscht werden.... Noch Eines habe ich vergessen: antworte deinen Feinden mit Ehrerbietung und Bescheidenheit, nach dem Maße der Kraft die der Herr dir geben wird. Ich sage das darum: weil es nicht Allen gegeben ist, die Gegner durch genügende Gründe zu überweisen, wie ja auch nicht alle Zeugen des Evangeliums große Gelehrte oder scharfsinnige Denker sind. Darum überlaß dich in aller Demuth dem Geiste Gottes; antworte einfach und ruhig nach deiner Erkenntniß und dem Worte der Schrift: „Ich glaube, darum rede ich." Deinem Freimuth und deiner Offenheit soll das aber allerdings keinen Abbruch thun; und in jedem Stücke darfst du dich am Ende getrost darauf verlassen, daß der in der Stunde der Noth dir nicht fehlen wird, der uns versprochen hat in den Mund zu geben was wir reden sollen, und unsern Feinden nicht das Feld zu lassen. — Da ich höre daß unser Bruder Peter Berger*) in demselben Gefängnisse mit dir sitzt, so bitte ich dich, ihn von mir zu grüßen und ihm dieses Schreiben mitzutheilen, das auch an ihn gerichtet ist. Laß uns ausharren in unserem Laufe bis wir bei unserm Ziele angelangt sind: beim fröhlichen Eingehen in das ewige Reich Gottes**)."

Es sind auch hier alle diese Wünsche und Bitten in Erfüllung gegangen, wie die Märtyrergeschichte Crespin's uns mittheilt. „Wohl," bekennt der Gefangene selber, „hatte ich große Kämpfe und Versuchungen zu bestehen. Die Qualen des Todes wurden mir vorgemalt, die Schande, die ich auf mich selber und meine Familie häufe, die Trauer meiner Mutter die vor Betrübniß zu sterben meine, und noch viel anderes Dergleichen mehr. Und gewiß wäre ich dadurch überwunden worden, hätte die Ermahnung die ich empfange und der heilige Geist des Herrn mich nicht gestärkt." — Am 15. Juli 1553 ist er dann den Feuertod gestorben, gleich seinen Vorgängern erfüllt mit dem Geiste des Gebets und voller Freude in dem Herrn***)."

---

*) Ein in Genf ansässiger französischer Flüchtling, der drei Tage vor jenen fünf Studenten gefangen genommen worden war, und noch vor ihnen den Märtyrertod erlitt. Als auf dem Scheiterhaufen die Flammen ihn umringten, hielt er durch sie hindurch fortwährend seinen Blick gen Himmel gerichtet und verschied mit den Worten: „Ich sehe den Himmel offen, meine Seele ist beim Herrn." Cresp. Hist. des Martyrs. 243.

**) Bonnet, franz. Briefsammlung I, 367.

***) Crespin pag. 247.

Der Raum unserer Darstellung erlaubt es uns nicht, alle die zahlreichen Trostschreiben dieser Art in derselben ausführlichen Weise unsern Lesern vorzulegen*). Nur aus denjenigen theilen wir noch Einiges mit, die der Reformator nach jenem Ueberfall in der Straße St. Jakob, dessen wir im Vorhergehenden gedachten, an die Gemeinde und ihre gefangenen Glieder in Paris richtete, für die er zu gleicher Zeit, wie wir gesehen haben, alle Freunde in der Nähe und Ferne in Bewegung setzte, um durch die dringendste Fürsprache bei dem Könige ihr Loos einigermaßen zu mildern. Es ist zuerst die hartgeprüfte, in die tiefste Bestürzung und Traurigkeit versetzte Gemeinde selber, an die er dabei sich wendet. „Wie bitter und schmerzlich die Nachricht von eurer Trübsal uns war," schreibt er ihr, „brauche ich euch nicht erst zu sagen. Ihr wisset es ja selber, daß wir als Glieder uns fühlen an einem Leibe und also von Allem mit betroffen werden was euch betrifft. Hätten wir irgend ein Mittel, euch unser brennendes Sorgen und

---

*) Besonders solcher, die an Lyoner Gefangenen gerichtet sind, finden Viele sich vor. Aus einem derselben an de Blois und Marsac, heben wir wenigstens in Anmerkung noch einiges Eigenthümliche hervor, das auf den Verkehr des Reformators mit diesen Märtyrern ein weiteres Licht zu werfen geeignet ist. „Ihr habt mich gebeten," schreibt er ihnen, „euch ein Glaubensbekenntniß zuzuschicken (zum Vorlegen beim Gerichte). Aber ich thue es nicht, weil Gott euch durch seinen heiligen Geist besser geben wird was euch dient und erbaut, als ich es vermöchte: Denn als neulich etliche unserer Brüder, die jetzt bereits Gott mit ihrem Tode gepriesen haben, mich ersuchten, das von ihnen aufgesetzte Bekenntniß durchzusehen und zu verbessern, habe ich es zwar mit großer Freude gelesen, weil ich auf das Tiefste dadurch erbaut wurde, aber irgend etwas hinzuzusetzen, irgend ein Wort daraus zu streichen, habe ich nicht über mich bringen können. Es kam mir vor: ich würde damit die Weisheit und Kraft des heiligen Geistes selber meistern, die so unverkennbar sich darin ausdrückt. Seid also nur getrost in diesem Stücke; gehet mit allem Muthe an das Werk und doch auch wieder mit aller Nüchternheit und Bescheidenheit; und seid gewiß was ihr Gott so darbringet nach dem Maße eures Verständnisses, ist ihm eben so angenehm als wüßtet ihr alle Offenbarungen der Engel, und wird ebensowohl die Gegner zu Schanden machen." — Indessen thut er ein ander Mal etwa doch was er hier zurückweist: „Ich habe das Glaubensbekenntniß unseres Bruders Girard gesehen," schreibt er an dieselben Männer, „und es ist rein und klar, eines christlichen Mannes würdig. Doch aber halte ich es für gut, wenn er sich über einige Punkte unterrichten wird, um noch bestimmter sich ausdrücken und den Anklägern noch völliger den Mund schließen zu können." Worauf dann eine Reihe von Belehrungen folgt, die an das fragliche Glaubensbekenntniß anknüpfen: über Messe und Abendmahl, über Maria, den freien Willen, die Klostergelübde u. s. w. Franz. Briefsammlung I, 397 und 401. Aehnliche, noch ausführlichere Erörterungen, ebenfalls von dem Märtyrer in einem köstlichen Briefe, der noch auf der Genfer Bibliothek bewahrt wird, sich erbeten, finden sich in dem Schreiben an Richard le Fèvre, a. a. O. 316.

verlangen nach eurer Aufrichtung thatsächlich zu beweisen, so würdet ihr es
noch deutlicher empfinden, wie ihr uns auf der Seele liegt. Aber außer dem
Gebete vermögen wir nicht viel. Wir haben im Uebrigen gethan, was wir
konnten; der Ausgang steht bei Gott; wie er indessen immer ausfalle:
zweifelt nicht, daß der Herr auf euch herabschaut mit den Blicken seiner
innigsten Barmherzigkeit und Liebe und eure Seufzer und Thränen gewißlich
erhören wird. Ach! wenn wir uns nicht auf seine Vorsehung verlassen, so
wird uns die geringste Ungelegenheit zu einem Abgrunde, der uns verschlingt!
Aber ihr habt ja diese Gewißheit, daß Gott aller seiner Geschöpfe gedenkt
und die nicht versäumet die ihn anrufen. Es ist wahr: überaus hart und
schwer ist, was euch widerfuhr, hart und schwer ist die Verwüstung die daraus
folgt; hart und schwer wird es euch sein, daß Gott zögert seine Hand aus-
zustrecken um euch zu helfen. Aber es steht auch nicht ohne Ursache geschrieben, daß er unsern Glauben prüfe und läutere wie Gold im Feuer. Mögt
ihr seine Hand sehen oder nicht: sie hütet ein jedes Haar auf eurem Haupte;
mag er gestatten, daß das Blut der Seinen vergossen wird: er hält doch ihre
Thränen kostbar und bewahrt sie auf wie in einem Gefäße. Er hat ohne
Zweifel zugelassen, was geschah, um daraus etwas Großes zu machen, was
alle unsere Gedanken übersteigt. Die bisher zum Märtyrerthum berufen
wurden, waren verächtlich vor der Welt, theils um ihres niedrigen Standes
willen, theils weil ihre Anzahl als eine geringe erschien. Jetzt sind auf ein
Mal Viele und Große*) betroffen, und wer kann es sagen, welch' eine herrliche Förderung seiner Sache er vielleicht dabei im Sinne hat? Was unterdessen e u ch obliegt, ist Geduld und Tragen nach dem Vorbild eures Meisters.
Ich weiß wohl, wie schwer das dem Fleische fällt; aber denket daran: wenn
die Feinde uns Böses zufügen, ist zugleich die Stunde gekommen, da es den
Kampf gegen uns selber und unsere Leidenschaften gilt. Und meinet nicht,
das sei allzuviel gefordert. Haben wir einen Hirten wie unsern Herrn, so
können und sollen wir auch wie Schafe, die nicht zürnen noch sich widersetzen, der Wuth der Wölfe begegnen. Gefällt es ihm, so wird er schon
einen Stab ausstrecken und den Feinden wehren. O habt nur recht ernstlich
darauf Acht, daß ihr nichts thut was sein Wort nicht erlaubt. Halten wir
stille im Gehorsam gegen ihn, so dürfen wir gewiß sein, daß er die Schläge
abwehrt, oder uns Kraft und Freudigkeit gibt sie zu tragen; gehen wir dagegen weiter als er es uns gestattet, so müssen wir fürchten, daß wir am
Ende den Lohn unserer Vermessenheit empfangen werden. Wir reden so,
nicht etwa um auf eure Kosten stark zu erscheinen, sondern weil wir wohl
wissen, wie leicht man in solchen Schreckenszuständen zu allerlei Unternehmungen sich hinreißen läßt, die über die rechten Schranken hinausführen.

---

*) Die Versammlung bestand zumeist aus Edelleuten und namentlich aus
Damen aus dem höchsten Stande.

Und doch wäre es ja besser, wir Alle gingen zu Grunde als daß das Evangelium Gottes irgendwie dem Tadel ausgesetzt würde, es gebe den Leuten zu Tumult und Aufruhr die Waffen in die Hand. Die Asche seiner Knechte läßt Gott Frucht tragen, aber Gewalt und Gewalt-Erwiederung schlägt er mit Unfruchtbarkeit *)."

Mit dem gleichen Boten, der dieses Schreiben überbrachte, ging auch eine besondere Zuschrift an die gefangenen Frauen ab, die sonst an die Paläste und den ganzen Luxus der Pariser vornehmen Welt gewöhnt, jetzt unter den ausgesuchtesten Entbehrungen und Quälereien in den luftlosen, finstern Kerkern des Châtelet schmachteten. Nur wie durch ein Wunder waren sie den Händen des wüthenden Pöbels, der das Versammlungshaus stürmte, lebendig entkommen, mit zerfetzten Kleidern, ausgerissenen Haaren, zerschlagenen Gesichtern, bedeckt von dem Speichel und Koth, den man von allen Seiten auf sie schleuderte. Und um nichts freundlicher als diese Rotten erwiesen sich ihnen die königlichen Richter. Jeder Fürbitte von Einheimischen und Auswärtigen zum Trotze schleppte man sie von Gefängniß zu Gefängniß, und kündigte den öffentlichen Feuertod in seiner schmählichsten Gestalt ihnen an, wenn sie auf ihrem Abfall von der Kirche beharrten. Die Erste, an der diese Drohung wahr gemacht wurde, war die Dame Philippine von Luns, die Wittwe des Herrn von Graveron; eine Frau, die durch ihre Sanftmuth, Lieblichkeit und Geduld Alle zu Thränen rührte, die in ihren letzten Wochen mit ihr verkehrten, und in der freudigen Standhaftigkeit ihres Sterbens der ganzen Zahl ihrer Mitgefangenen ein Vorbild christlichen Muthes hinterließ, das an Keiner von ihnen verloren war. Wenige Tage bevor sie den Scheiterhaufen bestieg (27. Sept. 1559), kam noch der Brief Calvins in ihre Hände, der den von Natur Schwachen und Zaghaften den Muth und die Stärke aus Gott mit einer Gewißheit des Glaubens in das Herz rief, vor welcher in diesen willigen Seelen die Stimme von Fleisch und Blut nicht mehr zu Worte kommen konnte.

„Wohl kann ich mir's denken, meine theuern Schwestern," hebt er an, „daß ihr bestürzt und erschrocken stehet in Mitten dieser so völlig unerwarteten härtesten Prüfungen, die mit e i n e m Male über euch gekommen sind. Euer Fleisch wird zagen und sich sträuben; und das nur um so mehr, je kräftiger Gott das Werk seines heiligen Geistes in euch wirken will. Und wenn schon die Männer voller Schwachheit sind und leicht zum Schwanken zu bringen: um wie viel mehr werdet i h r Solches empfinden, deren Natur noch schwächer und gebrechlicher angelegt ist? Aber gerade deßhalb dürfet ihr ja auf der andern Seite wiederum guter Zuversicht sein und dürfen auch wir gute Zuversicht zu euch haben. Denn eben in die Gefäße die nichts sind durch sich selber, gießt ja Gott am liebsten seine Herrlichkeit aus, und am

---

*) Franz. Briefsammlung II, 130.

mächtigsten ist seine Kraft in den Schwächsten. Ihr wisset was Paulus gesagt hat: „daß Gott erwählte was thöricht ist vor der Welt um das Weise zu Schanden zu machen, und was schwach ist vor der Welt um zu Schanden zu machen was stark ist, und das Unedle vor der Welt und das Verachtete vor der Welt und das da nichts ist, um zu nichte zu machen was etwas ist." Das soll euch ermuthigen, das soll die Schwachheit euerer Natur euch vergessen lassen, das soll euch antreiben zum unabläſsigen, gläubigen Gebete, daß der unvergängliche Same, der in eure Herzen gelegt ist, seine Frucht bringe zur Ehre Gottes und zum Heile eurer Seele.

„Denn in ganz besonderer Weise, meine theuern Schwestern, seid ihr ja dazu berufen, die Ehre Gottes an das Licht zu stellen. Wenn Männer mit Standhaftigkeit ausharren und das Bitterste erdulden, so mag die Welt es vielleicht ihrer natürlichen Kraft zuschreiben. Aber bei euch, wenn ihr solch ein Beispiel gebt, kann sie das nicht. Bei euch wird und muß es für Alle sichtbar werden, daß hier Gott selber sein Werk hat, und seine Herrlichkeit leuchten läßt aus den Gefäßen, die ihm sich ergeben. Je mehr die Gegner euch verachten und meinen über euch triumphiren zu können, um so mehr wird Gott sie durch euch beschämen und vor Aller Augen offenbaren, wie er aus den Kleinsten die Größten machen kann und aus den Unwissensten die Weisesten. Und heißt es nicht, daß es vor ihm weder Mann noch Weib gebe? Ist Christus nicht auch für euch gestorben und hat euch taufen lassen in seinen Namen und hat euch auferwecket zu einer lebendigen Hoffnung des Heiles? Könnte er euch da irgend etwas vorenthalten, was euch Noth thut? Indem er euch zu demselben Kampfe beruft, wie die Männer: zeigt er euch dadurch nicht, wie hoch ihr geachtet seid vor seinen Augen, und empfanget ihr nicht in dieser Thatsache selber schon die Verheißung, daß er seine Rüstung euch anziehen wolle und euch lehren wie ihr sie zu gebrauchen habt? Es kommt nur darauf an, daß ihr sie annehmet und euch willig regieren lasset durch ihn. Er hat versprochen, aus dem Munde der Kinder und Säuglinge sich ein Lob zu bereiten. Er hat versprochen denen ein festes und standhaftes Herz zu geben, die auf ihn trauen. Er hat ausgegossen seinen Geist über alles Fleisch und zur Weiſsagung berufen Söhne und Töchter, wie Joel es vorausgesagt. O seid darum nicht träge, ihn um das Alles zu bitten, nicht kleingläubig im Empfangen, nicht feige im Gebrauche seiner herrlichen Gaben!

„Und richtet eure Blicke auch auf die Vorbilder eures Geschlechts, wie die heilige Schrift sie euch vor Augen stellt. Welch einen Muth haben jene Frauen bewiesen, die dort um das Kreuz des Herrn standen, und ihn nicht verließen als alle Apostel sich zerstreuten und flohen! Welch einer Ehre ist jene Magdalene gewürdigt worden, der der Auferstandene zuerst erschien und die seinen Jüngern das ansagen durfte, was sie nicht fassen noch glauben konnten! Wird er euch weniger thun? Hat etwa seine Macht abgenommen,

oder sein Herz sich geändert? Gedenket ihr nicht der vielen tausend Blutzeugen eures Geschlechts, die euch schon vorangegangen sind und ihr Leben
nicht zu hoch achteten um den Namen des Herrn zu verherrlichen und sein
Reich zu verkünden? Ist ihr Opfer etwa vergeblich gewesen? Sind sie nicht
ebenso ein Segen und Vorbild geworden für alle Gläubigen wie die Männer,
die den Tod erlitten? Und was bedürfen wir der Beispiele von Alters her?
Umgeben sie euch denn nicht fortwährend die heiligen Schwestern in dem
Herrn, die vor den Menschen unerschrocken zu ihrem Erlöser sich halten, und
jenes sein Wort beständig im Herzen tragen und bewegen: „Wer mich verläugnet vor den Menschen, den will ich auch verläugnen vor meinem Vater
im Himmel; und wer mich bekennet vor den Menschen, den will ich auch
bekennen vor meinem Vater im Himmel." An ihrem Anblicke richtet euch
auf, wo eine Schwachheit euch anwandeln will und gedenket dessen, daß es
lauter Gnade ist, wenn wir dieses hinfällige vergängliche Leben hingeben
dürfen um den Preis der ewigen Seligkeit in der Gemeinschaft Gottes.
Denn dazu sind wir berufen vor Grundlegung der Welt; dazu hat die Barmherzigkeit Gottes euch erleuchtet; dazu will er euch verhelfen durch die
Prüfung, die er euch auferlegt hat und das Märtyrerthum, das euch bevor-
steht. Der Herr gebe euch die Gnade, dieß Alles wohl zu bedenken und
euch einzuprägen, damit ihr in allen Stücken seinem heiligen Willen euch
ergebt*)!"

Nur bei einer einzigen dieser Frauen, der Dame von Rentigny kam es
für kurze Zeit zu einem Schwanken und Straucheln. Die Leiden des Gefängnißlebens, die sie nun schon über ein Jahr erduldete, die Drohungen
der Richter, die Bitten und Thränen ihres Gemahls brachten sie endlich
dazu, zwar nicht geradezu ihr Bekenntniß zu verläugnen, aber doch in ihrem
Kerker eine Messe anzuhören, und die Gebräuche mitzumachen, mit denen der
katholische Zuhörer die Handlung zu begleiten pflegt. Sie war bisher im
Gegentheile eine der Entschiedensten und Standhaftesten gewesen, und in
einem Briefe, den Calvin ein Jahr vorher an sie besonders gerichtet**), hatte
er Gott mit Freuden Dank sagen können für den herrlichen Muth, mit dem
er sie ausgerüstet und das treffliche Vorbild, das sie allen Uebrigen vor
Augen stelle***). Es lautete anders was er jetzt an sie schrieb; obwohl es

---

*) Franz. Briefsammlung II, 145.

**) Wahrscheinlich ist an jede der Gefangenen solch ein besonderes Schreiben
abgegangen. Die meisten sind aber verloren. Außer dem eben erwähnten
ist nur noch das dem Fräulein von Longemeau übersandte uns erhalten
(a. a. O. 169).

***) Auch Beza in einem Briefe an die Zürcher drückt sich so über sie aus.
„Gerade die Vornehmste und am höchsten Gestellte unter den Gefangenen,"
schreibt er, „die Dame von Rentigny zeichnet am meisten durch heiligen, unerschütterlichen Muth sich aus. Die Gnade die der König ihr

immer noch aus der herzlichsten, erbarmendsten Liebe heraus geredet ist, die
das zerstoßene Rohr nicht zerbrechen will und den glimmenden Docht nicht
auslöschen. „Wahrlich wir wollen und können' nicht entschuldigen," sagt er
ihr, „was Sie gethan haben. Sie haben in der Treue und Standhaftigkeit
nicht ausgehalten, welche die Gläubigen von Ihnen erwarteten und Gott
von Ihnen forderte. Aber um das Eine bitte ich Sie: verzagen Sie deßhalb
doch nicht; lassen Sie vom Gefühle Ihrer Schuld und Schwachheit nicht so
sich überwältigen, daß Sie darüber Alles verloren geben. Denken Sie mit
rechtem, aufrichtigem Ernste der Ursache Ihres Falles nach. Sie werden
finden, daß Sie im Gebete sich nicht treu erwiesen, daß Sie nicht beständig
genug an Ihren Gott sich gehalten, daß Sie fremden und irdischen Rücksichten
gestattet haben, zwischen ihn und Ihr Herz sich zu stellen. Freilich sollen Sie
ja Ihren Gemahl lieben und ehren; es ist Ihre Pflicht, ihn durch jedes erlaubte Mittel zu gewinnen, und selbst, wenn er dem Gehorsam Christi sich
nicht unterwerfen wollte, würden Sie kein Recht haben, sich ihm zu entfremden. Aber ihm eine Ehrfurcht zu erweisen, die Gott die Ehre nimmt, sich mit
ihm zu versöhnen, sodaß Sie dadurch von Gott sich scheiden, in einem Frieden
mit ihm zu leben, der den Unfrieden und Zorn des himmlischen Vaters über
Sie herabruft, und um dieses irdischen und vergänglichen Ehebandes willen
das geheiligte ewige Band zerreißen, das mit dem Sohne Gottes, unserm
Erlöser uns verbindet: und urtheilen Sie selber, gnädige Frau, ob es nicht
besser wäre, hundertfachen Tod zu leiden als das zu thun! Und Sie sind in
Gefahr, daß es so weit kommt, wenn Sie noch weiter Gott versuchen. Noch
hält seine gnädige Hand Sie zurück: Sehen Sie wohl zu, daß er Sie nicht
fallen läßt! — O die herrlichen Zeichen der Erwählung, die an Ihnen offenbar geworden sind, geben uns ja wohl das Recht zu hoffen, daß der Herr
seine Gabe nicht wieder zurücknehmen, daß der gute Same, der in Ihrem
Herzen Wurzel geschlagen, empor wachsen werde bis zur vollen Frucht. —
Ihnen genauer bestimmen, wie und unter welchen Bedingungen Sie sich dazu
verstehen mögen, zu Ihrem Gemahl zurückzukehren, kann ich von hier aus
nicht', ich stehe den Verhältnissen zu ferne und kenne sie zu wenig. Nur ganz
im Allgemeinen bitte ich Sie noch einmal: gehen Sie überall gerade Wege,
und halten Sie fest an dem, daß wir vor Allem Gott zu gehorchen haben.
Neue Kämpfe werden kommen; vertrauen Sie dabei in keiner Weise auf sich
selber, sondern rufen Sie seine Hülfe an; und wo Ihnen Weisheit mangelt
in Ihren mannigfaltigen Verwicklungen, da bitten Sie ihn darum. Auch
ich werde nicht ablassen, für Sie zu bitten, daß er überall und in Allem
Sie darstelle als geleitet von seinem heiligen Geiste."

---

anbieten ließ, hat sie zurückgewiesen; durch die Bitten und Thränen ihres
Vaters und Gemahls hat sie sich nicht abwendig machen lassen. Bittet
nun nur darum, daß der Herr sie in solcher Glaubenskraft erhalte bis an
das Ende."

Es wird uns nach der Art unseres natürlichen Herzens als eines der nicht geringsten Wunder erscheinen, die aus der Wirksamkeit Calvins uns entgegentreten: daß solche Mahnungen des züchtigenden Ernstes und der rücksichtslosesten Aufrichtigkeit, an Personen gerichtet, die sonst nur die Schmeicheleien des Hofes und die schönen Worte gewöhnt waren, in denen der Franzose mit den Damen verkehrt, ihnen doch in keiner Weise als unpassend galten oder einer empfindlichen Stimmung begegneten, sondern nirgends anders als mit der tiefsten Ehrerbietung und dem bereitwilligsten Danke in Empfang genommen wurden. Auch bei dieser vornehmen Dame war das der Fall. Wie das geringste Gemeindeglied trat sie mit dem Ausdruck der tiefsten Reue und Beschämung vor die Versammlung der Gläubigen, bekannte ihren Fall, bat um Vergebung und Wiederaufnahme und versprach sich Allem zu unterziehen was die Aeltesten für nöthig erachten würden. Da es den Anschein hatte, als ob ihr Gemahl sie der ehelichen Pflicht zu entlassen wünsche, wurde ihr gerathen, dieß als eine Führung Gottes anzusehen und sich nach Genf zurückzuziehen. „Sie ging willig darauf ein,“ schreibt der Geistliche der Pariser Gemeinde an Calvin, „schon waren die Pferde zur Reise gekauft, als plötzlich ihr Gatte in eine so schwere Krankheit verfiel, daß sie nicht anders durfte, als sich zu seiner Pflege wieder zu ihm begeben*).“ Ihre Uebersiedlung nach Genf scheint dadurch für immer vereitelt worden zu sein; aber so lange wir in den Briefen der Zeitgenossen ihre Spur noch verfolgen können, erscheint sie als beharrend und wandelnd in dem Bekenntnisse des Evangeliums, zu dem sie nach der kurzen Stunde der Verläugnung sich wieder hatte zurückrufen lassen durch die mahnende Stimme ihres Hirten.

Indessen gibt es auch noch andere Arten des Märtyrerthums als das Erdulden von Kerkern und Banden und Scheiterhaufen. Noch schwerer ist's oft zu tragen und noch versuchlicher wirkt es auf das schwache Herz, wenn da geschieht, was der Herr den Seinen voraus ankündigte: daß auch ihre eigenen Hausgenossen werden ihre Feinde sein; wenn unter beständigen Anfechtungen von Seiten der Nächsten und Liebsten das Leben verläuft; wenn das bittende Auge nur auf Haß und Verachtung trifft wohin es sich wendet; wenn das ganze Dasein unter einem fortwährenden innern und äußern Drucke liegt, der die geängstete Seele auch von der einzigen Quelle des Trostes, von dem Dienste ihres Gottes, wegzudrängen sich anstrengt. Und wie unzählige Male traten unter den Kämpfen der französischen Reformation dergleichen Verhältnisse ein! Was vor den Gerichtshöfen, in den Rathsversammlungen, auf den Straßen und Plätzen der Städte öffentlich den Blicken sich darstellte: das rücksichtslose Bekennen und Eifern für die Wahrheit des Evangeliums im heißen Streite mit einer Leidenschaftlichkeit des Widerstandes und Unterdrückens die in der Geschichte kaum ihres Gleichen findet: das wiederholte

---

*) Briefe Rachams an Calvin, unter den Manuscripten der Genfer Bibliothek.

sich im Verborgenen mehr oder weniger fast in jedem einzelnen Hause, im
Schooße jeder einzelnen Familie. Wie manche bittern Leidensthränen sind
da geflossen, die Niemand gezählt hat als Gott, wie manches jahrelange
Märtyrerthum der schmerzlichsten Art, das in keinem Buche aufgezeichnet
wurde, hat denen sich angereiht, von welchen die blutgetränkten Blätter dieser
heiligen Geschichte uns Kunde geben! Namentlich waren es, wie es in der
Natur der Sache liegt, gläubige **Frauen**, die in solcher Lage sich befanden.
Denn von Anfang an hatte ganz besonders unter dem weiblichen Geschlecht
die französische Reformation begeisterte Jüngerinnen sich gewonnen; und
wenn nun ihr Gatten oder Brüder sich ihnen entgegenstellten: wer trat
dann für die Armen, Hülflosen ein, denen diejenigen zu den bittersten
Drängern geworden, die ihre natürlichen Stützen und Beschützer hätten
sein sollen?

Es hat etwas Rührendes, aus den Briefen Calvins zu ersehen, wie
auch **diese** Geängsteten mit dem vollsten Vertrauen an ihn sich wenden und
den Rath oder Trost von ihm erbitten, den sie sonst bei keinem Menschen
finden*). Und mit der bereitwilligsten Freundlichkeit theilt er einer Jeden
von ihnen mit, was die brennende Liebe zu ihren Seelen ihm eingibt. Zwar
irgend eine Art von Sentimentalität oder ein längeres Verweilen bei der mit-
leidigen Klage über ihre zeitliche Trübsal dürfte man auch in diesen Schreiben
nirgends suchen. Alles darin ist ernst, männlich, rücksichtslos gegen Fleisch
und Blut wie jegliche dergleichen Ermahnung die aus seinem Munde kam,
und der Rath oder Trost, den er ihnen ins Herz ruft, läuft immer darauf
hinaus: die Bitterkeit der menschlichen Anfechtung dadurch zu überwinden,
daß sie ganz und gar **ihrem Erlöser** zum Eigenthum sich ergeben, und
den Leiden dieser Welt sich zu entziehen, indem sie in jedem Stück vergessen
was hier unten ist und ausschließlich wandeln in dem was droben ist: in der
Gemeinschaft ihres erhöhten Herrn und der gewissen Zuversicht der Herrlichkeit bei ihm. „Wohl, gnädige Frau," schreibt er so an Madame de Cany,
die treffliche Schwester der Herzogin von Estampes, die von ihrem Gemahle
um ihres Glaubens willen auf das Härteste behandelt wurde, „wohl schnürt
es mir das Herz zusammen, was ich von der engen, grausamen Gefangenschaft höre, in der Sie jetzt gehalten werden. Aber deßhalb lasse ich doch
nicht ab, Sie zum Muthe und zur Beharrlichkeit zu ermahnen. Denn gerade
dann muß die Kraft der göttlichen Gnade sich an uns zeigen, wenn Satan
und die Feinde uns am härtesten bedrängen. Sie haben freilich wohl nicht

---

*) Denn daß dieß geschah, geht aus der Haltung der meisten hieher gehörigen
Schreiben Calvins hervor, die offenbar Antwort=Schreiben sind. Hie und
da wird das auch ganz ausdrücklich ausgesprochen, wie z. B. in dem Briefe
an Madame de la Roche=Posay, „j'ay esté fort resjouy voyant par vos
lettres la grâce et bonté de Dieu estre parvenne jusqu'à vous."
Franz. Briefsammlung I, 301.

gemeint, daß Sie in Ihrem eigenen Hause so harte Kämpfe würden zu bestehen haben. Aber immer mehr und mehr legt der Herr uns auf, und bereitet durch das Leichtere auf das Schwerere uns vor. Was Sie jetzt erleiden, sind nur Ruthenstreiche, während Andere bereits zu widerstehen haben bis in den Tod. Statt ungeduldig zu werden, machen Sie sich darum gefaßt, daß noch Härteres kommen kann. Was aber auch komme: geben Sie weder einer Versuchung der fleischlichen Trägheit nach, noch einer Regung der Verzweiflung Raum. Das beste Mittel dagegen ist: daß wir in die Verheißungen Gottes uns recht vertiefen, die wie Stufen uns zum Himmel erheben sollen, damit wir dieses hinfällige und vergängliche Leben verachten lernen; und wiederum auch die Drohungen Gottes recht erwägen, damit wir nicht vor denen uns fürchten, die nur den Leib tödten können, sondern vor dem, der Leib und Seele verderben kann in die Hölle. Scheuen Sie sich zu dem Ende nicht davor, das Gefühl Ihrer Sündhaftigkeit in Ihnen zu erwecken, seufzen Sie um ein ernstliches Mißfallen an Ihnen selber, und Sie werden darüber vergessen was Ihnen mißfallen könnte in Ihrem äußern Ergehen. Der Sieg aber kommt nicht von Ihrer Kraft, sondern von dem Herrn; er ist uns von Gott gemacht zur Zuflucht und zur Stärke und in ihm vermögen wir Alles."

„Halten Sie es nicht für etwas Besonders," heißt es in einem weitern Briefe an die Aebtissin eines Klosters, die zur evangelischen Ueberzeugung gekommen war, und mit schmerzlichen Klagen über ihre schwierigen Verhältnisse Calvin im Geheimen davon in Kenntniß gesetzt hatte; „halten Sie es nicht für etwas Besonderes, wenn wir um seines Namens willen vertrieben werden von Ort zu Ort, und auch unser Vaterhaus verlassen müssen, um in die Fremde zu flüchten; denn es kommt eine Stunde; da wir doch aus dem Allem auszugehen haben und dem Rufe des Herrn uns nicht mehr entziehen können. Ich begreife es wohl, daß Sie in der Knechtschaft, in der Sie sich gegenwärtig befinden, nicht im Stande sind, Gott in reiner Weise zu dienen, daß die Wuth und Grausamkeit der Ungerechten von allen Seiten Sie umgibt und Sie wie in Mitten des Feuers stehen. Aber nur um so mehr dürfen Sie nicht müde werden, und wenn Sie Land und Meer durchwandern müßten, eine Lebenslage aufzusuchen, da Sie nach dem Willen dieses guten Vaters im Himmel sich richten können. Wenn Sie daran denken, daß unser Leben unter dem Fluche liegt, und darum schlimmer ist als der Tod, so wir nicht nach dem Wohlgefallen Gottes wandeln: wird kein Band irdischen Wohlseins so fest sein, daß wir es nicht mit Freuden zerreißen, um ganz und allein ihm dienen zu können und seinen Frieden zu empfangen."

Eine Ungenannte weiterhin, die auf der Reise nach Genf von ihren Verwandten war entdeckt und in Verhaft genommen worden, erinnert er mit dringender Mahnung an ihre Pflicht: doch ja durch keine Menschenfurcht noch Menschengefälligkeit sich etwas abdingen zu lassen von der ganzen Entschiedenheit ihres Bekenntnisses*). „Man sagt mir," schreibt er ihr, „daß Ihre Verwandten Sie losgeben wollen, wenn Sie versprechen im Lande zu bleiben, und Ihnen dabei die Freiheit in Aussicht stellen, Gott unbelästigt nach Ihrem Gewissen dienen zu dürfen. Aber sehen Sie wohl zu, daß Ihnen das nicht zu einer Versuchung wird, sich in Ausflüchte und Zweideutigkeiten zu verstricken. In solcher Lage gebietet uns Gott, fest zu bleiben und das Bekenntniß unseres Glaubens nöthigenfalls mit unserm Blute zu besiegeln. Muthet man Ihnen irgend eine Art von Verläugnung zu, so ist die einzige Antwort die sich geziemt: Lieber sterben. Und damit es Ihnen an der Kraft hiezu nicht fehle, so richten Sie Ihre Blicke beständig auf den Sohn Gottes, der sein Blut auch nicht zu kostbar geachtet hat, als es unsere Erlösung galt, und auf die unvergängliche Krone im Himmel, die denen bereit liegt, welche recht gekämpft haben. Vor Allem weichen Sie nicht zurück! Das Eine und Große auf das es ankommt, ist ja dieß: daß wir immer vorwärts und vorwärts kommen, näher heran zu dem Kleinode unserer himmlischen Berufung."

In einem folgenden Schreiben an eine Edelfrau**), deren Gatte eben gestorben war, nachdem sie in ihrem Zusammenleben die bittersten Mißhandlungen von ihm hatte erdulden müssen, entwickelt der Reformator besonders die Aufgabe, die ihr jetzt gestellt sei: ihre gegenwärtige Freiheit in eine völlige Dienstbarkeit ihres Heilandes zu verwandeln und sich ihm in allen Stücken zur willigen und treuen Magd zu begeben, die Jegliches was sie besitze und vermöge, rückhaltslos zu seiner Verfügung stelle. „Rufen Sie sich in das Gedächtniß zurück," sagt er ihr, „mit welchen unaufhörlichen Seufzern Sie sich einst darnach gesehnt haben, Solches thun zu können. Jetzt da Ihnen Gott gewährt hat, um was Sie ihn baten***), erwartet er von Ihnen auch die Erfüllung Ihres Versprechens. Lassen Sie sich nicht erst dazu drängen und treiben, sondern kommen Sie von selber und mit Freuden

---

*) A une Dame Captive. Franz. Briefsammlung I, 401.
**) Madame de Pons, vielleicht die Schwägerin jener Anna von Parthenay, deren wir als einer der eifrigsten Schülerinnen Calvins während seines Aufenthalts in Ferrara erwähnten.
***) Ueber den Tod ihres Mannes hatte er im Vorhergehenden so sich ausgesprochen: „Wenn Gott Ihnen einen Mann gegeben, der Ihnen treu gewesen und in guter Eintracht mit Ihnen gelebt hätte, so wäre es jetzt von Nöthen Sie zu trösten und zu christlicher Fassung zu ermahnen. Aber weil der, der Ihnen lieb hätte sein sollen wie die Hälfte Ihrer selbst, Ihnen während seines Lebens lediglich eine harte Plage war, müssen wir eher annehmen, daß unser guter Gott Ihnen eine Wohlthat erweisen wollte, indem er ihn hinwegnahm. Und alle andern Mißhandlungen waren ja noch nichts im Vergleiche mit dem, daß er durch unselige Gefangenschaft Sie von dem reinen Dienste Gottes abhielt und daran hinderte dem Sohne Gottes die heilige eheliche Treue zu halten, zu der er Sie berufen."

seinem Willen entgegen. Erwägen Sie auch das, was Paulus sagt, daß zwar die Verheiratheten gleichsam getheilt sind und Zweien dienen, die Wittwen aber ganz und allein Gott sich hinzugeben haben. Freilich soll ja nichts, was es immer sei, uns an dem hindern, was wir unserm himmlischen Vater und dem treuen Erlöser, den er uns schickte, schuldig sind; allein es gibt doch Lagen, in denen das leichter oder schwerer ist, und je nach diesen Verhältnissen wächst unsere Schuld, so wir es versäumen. Sie berufen sich vielleicht auf Ihre Kinder, und ich weise das nicht zurück; aber um ihretwillen können Sie doch nicht dem untreu werden, der auch ihnen zum Vater gegeben ist. Die größte Wohlthat, die Sie ihnen erweisen können, ist ja ohnehin: sie den geraden Weg des Heiles zu führen. Ja, lassen Sie, gnädige Frau, jetzt in den Tagen der Ruhe den Eifer nicht wieder ersterben, den der heilige Geist in den Zeiten der Prüfung Ihnen in das Herz gelegt, noch durch Lässigkeit das von dem Herrn angezündete Feuer wieder auslöschen, das vordem in Ihnen brannte. Halten Sie es sich vor Augen, wie Gott die fallen läßt, die nach und nach einschlummern, und am Ende gar leicht zuläßt, daß sie völlig von ihm loskommen und verderben. Im Uebrigen möge die harte Zeit, die Sie einen Theil Ihres Lebens hindurch erduldet haben, Sie um so lebendiger an jene wahrhaftige Glückseligkeit und vollkommene Herrlichkeit denken lehren, die uns bereitet ist im Himmel, damit wir bei keiner irdischen Ergötzung uns verweilen, die doch nur vergänglich ist und immer ihren bittern Nachgeschmack hat und nie die Ruhe der Seele uns bringt."

Das gewöhnliche Hülfsmittel, das der Reformator, wenn anders die Umstände es erlaubten, diesen Gefährdeten in Vorschlag brachte, war das in den oben mitgetheilten Briefstellen schon einige Male berührte: die Uebersiedlung nach Genf. „Denn nur hier," schrieb er an die Wittwe des berühmten Budäus *), „werde es ihr möglich sein, Gott in voller Freiheit des Gewissens zu dienen. Würde er überzeugt sein dürfen, daß sie die Standhaftigkeit habe, auch in den Tod zu gehen und durch keine Gefahr sich beugen zu lassen, so würde er sicherlich diesen Rath ihr nicht geben. Aber wenn sie irgend wie zu fürchten habe, daß die Schwachheit ihres Fleisches sie an der Erfüllung ihrer Pflicht hindert, sodaß sie in einen fortwährenden Gewissenszwiespalt geriethe, dann bleibe nichts Anderes übrig, als daß sie solcher Möglichkeit sich entziehe." Freilich war es nichts Geringes, was er damit von diesen Personen verlangte; nichts Geringeres in den meisten Fällen, als das Dahintenlassen ihrer ganzen bisherigen Lebensstellung mit ihrem Behagen und Glanze, das Aufgeben ihrer Güter, das Ausscheiden aus Verwandtschaft und Freundschaft. „Daß Ihnen bei meinem Vorschlage viele Zweifel und Bedenken kommen müssen", sagt er in dem eben angeführten Briefe, „verstehe ich wohl. Ich weiß daß es hart

---

*) A Madame de Budé. Franz. Briefsammlung I, 180.

ist, seine Heimath zu verlassen, namentlich für eine Frau in Ihrem Alter und von Ihrem Stande. Aber diese Schwierigkeiten müssen uns durch höhere Betrachtungen aufgehoben werden, und was etwa noch davon zurückbleibt, dürfen wir getrost der Vorsehung Gottes befehlen*)."

Es entspricht völlig dem heiligen Ernste und der ungeschminktesten Wahrhaftigkeit, mit dem Calvin alle diese Fragen behandelt, daß er die so Gemahnten auf der andern Seite doch auch wieder vor der Vorstellung zu bewahren sucht, als sei mit der Flucht nach Genf dann Alles mit einem Male abgethan, und ihr inneres Leben in den Hafen der Ruhe eingelaufen, in dem es ihm nicht mehr fehlen könne. „Machen Sie sich vielmehr darauf gefaßt," bemerkte er der oben erwähnten Dame von La Roche, „daß auch hieher, wie überallhin das Kreuz Christi Ihnen folgen wird. Rechnen Sie darauf, daß Sie auch in dem Lande, in dem Sie mit Freiheit Gott nach seinem Worte anrufen können, mancherlei Anfechtungen werden durchzumachen haben. Denn so prüft eben der Herr unsern Glauben, und will zur Selbstverläugnung uns erziehen." Und an Frau von Budé schrieb er im Verlaufe seines ausführlichen Briefes: „Ich weiß wohl, daß Viele uns einwerfen, wir seien auch hier keine Engel, und sündigten da wie dort; und es ist das allerdings wahr. Aber wie das Sprüchwort sagt: zum Uebel noch ein anderes Uebel ist nicht gesund werden. Richtig ist es übrigens, daß Sie auch hier keine sichere Ruhe in jedem Stücke hoffen dürfen. So lange wir in dieser Welt leben, sind wir nun einmal nicht anders als die Vögel auf den Zweigen. So ist es Gottes Wille und gut für uns."

Zudem unterschied der Reformator wohl: wem er solche Rathschläge gab. Wie er es gegen Frau von Budé ausgesprochen: von wem sich erwarten ließ, daß er stark genug sei auch in Mitten der feindlichen Bedrängnisse seinem Glauben treu zu bleiben und den Namen seines Gottes zu bekennen, dem glaubte er vielmehr von der Flucht abrathen zu müssen als ihn

---

*) Wie sehr er dabei auf alle ihre Verhältnisse eingeht, zeigt z. B. die folgende Stelle. „Unter dem Uebrigen, was Sie bedenklich zu machen scheint, ist auch das: daß Sie eine Tochter zu verheirathen haben. Aber so wenig halte ich dieß für ein Hinderniß, daß es Sie im Gegentheile nur um so mehr anspornen sollte. Ich höre, daß Sie nicht nur mit der allgemeinen mütterlichen, sondern mit einer ganz besondern Liebe an ihr hängen. Nun, was wird ihr da mehr zum Heile dienen: dort durch eine Heirath unaufhörlicher Knechtschaft überliefert, oder hieher an eine Stätte geführt zu werden, wo sie getrost und christlich mit ihrem Gatten leben kann? Denn das dürfen Sie ja wohl von der Güte Gottes hoffen, daß er hier einen angemessenen Gemahl ihr zuführe, der ihr selber wie Ihnen zur Freude gereicht." (Diese Hoffnung ist, beiläufig gesagt, denn auch wirklich in Erfüllung gegangen. Das Fräulein von Budé hat im Jahre 1550 sich mit dem Herrn von Varennes, einem Lyoner Edelmann, der sich um der Religion willen nach Genf geflüchtet, zu glücklicher Ehe vermählt.)

dazu antreiben, und wies mit allem Ernste ihn darauf hin, daß der rechte Kriegsmann Gottes den Posten nicht verlassen dürfe, auf den der Herr ihn gestellt. „Wie gerne ich Sie auch bei mir sähe," schreibt er so einmal an einen Herrn von Marolles*), „und Ihrer brüderlichen Gemeinschaft genösse, so möchte ich Sie doch lieber zwiefach so weit als jetzt von mir entfernt wissen, wenn Sie dadurch Gott näher kommen und treuer seinen Willen erfüllen. Die Hauptsache ist, daß wir die Schwachheit unseres Fleisches in jedem Stücke überwinden, und wie lange der Kampf auch währe, weder die Geduld verlieren noch das Vertrauen: durch die Waffen, die Gott uns darreicht, über alle Listen des Satans triumphiren zu können."

Wir brauchen es kaum erst ausdrücklich zu bemerken, daß auch in diesen Fällen, so weit wenigstens ihr Ausgang sich verfolgen läßt, die Rathschläge des Reformators in der Regel wie Weisungen von oben her angesehen wurden, denen mit aller Willigkeit und Dankbarkeit gehorchte wer seine Seele zu erretten begehrte. Es hat etwas überaus Großartiges, wie auf die Stimme dieses einen Mannes hin, der doch nicht das Geringste besitzt von äußerer Macht und menschlichem Rechte des Gebietens, Hunderte und Tausende sich aufmachen aus ihrer Heimath und Alles verlassend um ihn sich sammeln als um den Wächter des Heiles, den Gott ihnen gegeben; und wiederum Andere Hunderte und Tausende von ihm ausgehen wohin er sie sendet, um unter zahllosen Leiden und Gefahren das Wort das sie von ihm empfangen, weiter zu tragen zu ihren Brüdern nach dem Fleische und ihr Blut hinzugeben zum Samen der Kirche. Wie eine kleine Völkerwanderung strömte es so aus Frankreich zu Calvin hin und wieder von Calvin nach Frankreich zurück, und in Allen, die wir irgendwie genauer kennen lernen, findet sich alsobald etwas ausgeprägt von seinem gottesmächtigen Sinne und Geiste.

2.

Die Seelsorge Calvins an den französischen Glaubensgenossen. — Ihre Ausdehnung und Mannigfaltigkeit. — Ihr Grundcharakter in der unbedingten Forderung ganzer Entschiedenheit des Bekenntnisses. — Die hierauf bezüglichen Schriften: „Ueber die Vermeidung des abergläubischen Wesens" und die „Entschuldigung an die Pseudo-Nikodemiten." — Die Rechtfertigung seiner eigenen Stellung zu diesen Forderungen. — Einzelne Beispiele durchgeführter Seelsorge. — Die

---

*) Ohne Zweifel der Ahnherr jenes trefflichen Märtyrers unter Ludwig XIV., Louis de Marolles, der taub gegen alle Verführungskünste des Hofes, und alle Bekehrungsversuche Bossuet's zurückweisend im Jahre 1692 auf den Galeeren von Marseille sein Leben endigte; einer der wenigen der französischen Edelleute jener Tage, welche die Schmach ihrer Brüder höher achteten als die Ehre und Schätze des Königs. „Denn er sah an die Belohnung."

Marquife von Rothelln und der Herzog von Longueville. — Die Familie
Châtillon (d'Andelot, die Gräfin von Roye, der Admiral Coligny und feine
Gemahlin). — König Anton von Navarra und Johanna von Albret.

Es verfteht fich im Uebrigen von felbft, daß der Reformator nicht erft
wartete, bis Verfolgung und Kerker und Todesgefahr an die Gläubigen heran=
kam, um ihnen mit dem Lichte des Wortes Gottes und den Mahnungen und
Zurechtweifungen, die zum Heile dienen können, zur Seite zu ftehn. Vielmehr
war er in allen Lagen und Verhältniffen „zur Zeit und zur Unzeit", wie der
Apoftel es ausdrückt, der erbetene oder unerbetene Seelforger feiner franzö=
fifchen Glaubensgenoffen, der die Gefammtheit überwachte wie die Einzelnen,
die Gemeinden wie ihre Hirten, die Höchften wie die Geringften, und fich Jedem
für verpflichtet hielt, welcher von nahe und ferne mit der evangelifchen Gemein=
fchaft in Verbindung ftand oder auf feine Meinung einen Werth legen konnte.
Die Bedürfniffe mit denen er es da zu thun hatte, die Anfragen, die an ihn ge=
ftellt wurden, die Antworten und Rathfchläge, die er ertheilte, erftrecken fich,
felbft nach den befchränkten Documenten die uns noch zugänglich find*), fo
ziemlich auf Alles was nur irgendwie der feelforgerlichen Einwirkung angehört
und nach dem Maße des Evangeliums gerichtet und geregelt werden kann. Nicht
nur Betrübte werden getröftet, Schwankende geftärkt, Unwiffende unterrichtet,
Träge angetrieben, Fehlende beftraft, Gefallene aufgerichtet, oder was fonft
in diefen Stücken das Amt eines jeden evangelifchen Predigers mit fich
bringt; auch nicht nur, wie im Befondern die Reformatorenaufgabe es er=
forderte, Gemeinden gegründet, Prediger ausgefandt, Irrthümer widerlegt,
den noch Unerfahrenen und Ungeordneten der Weg gewiefen, auf dem fie
zum Segen der Gemeinfchaft und eines feften Beftandes kommen können**),
fondern noch unzählige befondere Fragen und Vorkommniffe, die aus den
Verwicklungen der Zeit und den eigenthümlichen Verhältniffen der franzö=

---

*) Nach den Eindrücken, die ich in diefer Beziehung aus der noch vorhandenen
Correfpondenz des Reformators empfing, hat fich mir die Ueberzeugung
gebildet, daß wohl kaum mehr als ein Drittheil feiner Briefe uns er=
halten worden ift. Namentlich aus der frühern Zeit find fehr wenige auf
uns gekommen. In der fpätern Periode feines Lebens, da jedes Wort von
ihm ehrwürdig und bedeutend erfchien, hat man häufig von dem einen und
andern der wichtigeren Schreiben eine Copie genommen, die in den Archiven
aufbewahrt wurde. Daraus mag es fich denn erklären, warum — vorzüg=
lich in der franzöfifchen Correfpondenz — zumeift nur die Zufchriften an
die Hochgeftellten oder an ganze Gemeinden uns aufbehalten find.

**) Für alle diefe feelforgerlichen Thätigkeiten finden fich mannigfache Beifpiele
in der franzöfifchen Correfpondenz des Reformators. (So zum Exempel:
Belehrung über das reform. Bekenntniß und Beantwortung einzelner
Fragen und Zweifel in dem Schreiben an M. de Saint=Laurent I, 290.
— Beftrafung wegen fittlicher Vergehungen II, 461. — Aufforderung
an eine Genefene, fich dankbar zu erweifen II, 533. — Troftfchreiben bei
fchmerzlichen Verluften I, 295. u. f. w.)

fifchen Reformation entspringen, werden zu dem großen Lehrer und Schiedsrichter herangebracht und finden ihre Erledigung. Bald ift es ein Beamter,
der ihn um Rath fragt, ob Diefes oder Jenes, wozu feine Stellung ihn ver-
pflichte, nicht gegen das Evangelium ftreite*). Bald ein Sohn, der zu
wiffen wünfcht, ob er feinen katholifchen Vater, der ihn von dem Bekennt-
niffe des Evangeliums zurückhalten wolle, verlaffen dürfe und einen Brief
fich erbittet, den er dem Verlaffenen zum Abfchiede überfchicken könne**).
Bald fordern andere Verwandte ihn auf, ihrer Zugehörigen fich anzunehmen,
für die eben die Entfcheidungsftunde ihres innern Lebens angebrochen fei, und
mit feiner Ermahnung und Belehrung ihnen darin zu Hülfe zu kommen***).
Bald hat er über junge Leute die in Genf ftudieren, ihren Eltern Bericht zu
geben, und etwa ihre Sache zu vertreten, wenn fie gegen den Willen derfelben

---

*) So z. B. einmal ein Steuereinnehmer, der anfragt, ob er fich nicht der
Sünde der Regierung mit theilhaftig mache, wenn er eine ungefetzlich auf-
gelegte Abgabe (fie betraf den Klerus, für den fonft die franzöfifchen
Reformirten doch nicht große Sympathien haben konnten) eintreiben helfe,
wie er dazu aufgefordert werde? — „Ihr Gewiffen,“ antwortet ihm Calvin,
„kann dadurch nicht verletzt werden. Es ift Sache des Königs zuzufehen,
ob er Recht oder Unrecht thut. Wahr ift es freilich, daß wenn man mich
fragte, ob man folch ein verfuchungsvolles Amt überhaupt übernehmen
folle, fo würde ich davon abrathen. Wer aber einmal darin fteht, für den
ift es keine Sünde, wenn er die Pflichten deffelben erfüllt, nur daß es mit
aller Treue und Gewiffenhaftigkeit gefchehe.“ Franz. Brieffammlung I,
390. — Ein ander Mal möchte ein Parifer Parlamentsrath wiffen, ob er
feine Stelle beibehalten dürfe, da der Gerichtshof fich bei jeder Gelegenheit
den Reformirten feindlich zeige. „Es ift fchon ein allgemeiner Grundfatz.“
antwortet ihm darauf Calvin, „daß es nicht erlaubt ift, nur fo nach feinem
Gutdünken aus einer öffentlichen Stellung auszufcheiden. Noch weniger
aber dürfen Sie unter den gegenwärtigen Umftänden fo verfahren, denn
Gott kann Sie in Ihrem Amte vielleicht zum Beften der Seinigen gebrauchen. Wie Sie die Schwierigkeiten überfteigen follen, weiß ich Ihnen
freilich nicht im Einzelnen darzuthun. Schließen Sie eben die Augen gegen
Alles was kommen mag, und gehen Sie einfach wohin Gott Sie ruft.“
a. a. O. II, 540.

**) An M. d'Aubeterre a. a. O. 387. Natürlich gibt Calvin (nach Matth.
10, 37) ihm den Rath, feinen Entfchluß auszuführen und läßt in dem Briefe
an den Vater ihm fagen: „Eine überaus tiefe Betrübniß ift es mir, daß ich
dem Willen Gottes nicht folgen kann, ohne Sie zu betrüben. Denn noch
vielmehr als bisher fühle ich mich jetzt zum Gehorfam gegen Sie verpflichtet und angetrieben. Aber da mir Gott die Gnade erwiefen hat, euch
zu erleuchten und zu berufen, fo muß ich auch diefen Schmerz auf mich
nehmen. Denn nicht nach unferm Belieben dürfen wir ja Gott dienen,
fondern nach feiner Vorfchrift, die klar genug ift für Jeden, der fie fehen
will“ u. f. w.

***) So z. B. die Verwandten Coligny's während feiner Gefangenfchaft in
Gent und Johanna von Albret in Betreff ihres Gemahls.

gefährlichen Berufe eines Predigers des Evangeliums sich widmieten*).
..r es sind Verwirrungen und Zwistigkeiten in den Gemeinden, in die er
..end und schlichtend einzugreifen hat. Hier ist über einen Geistlichen
..eit entbrannt, den der eine Theil nicht mehr anerkennen, der andere nicht
..m lassen will. Dort drängt ein entlaufner Mensch sich ein, von dem die
..ubigen nicht wissen, in wie weit sie ihn als Diener des Evangeliums
..hen sollen oder nicht. An einem dritten Orte muß ein Prediger, um
..r oder jener Ursache willen, seiner Stelle entsetzt werden, und verlangt
..Erlaubniß zur Reise nach Genf, um sich vor dem Reformator zu recht-
..gen. Oder es sind endlich politische Angelegenheiten, in denen er um
..e Meinung und Unterstützung angegangen wird. Die Unzufriedenen
..en an, wie er ein Unternehmen gegen den Hof beurtheilen würde? Die
..pter der Bewegung nehmen seine Vermittlung in Anspruch, um ein An-
..n aufzubringen. Einige der Anführer im Kriege hat er zur Ordnung
..Menschlichkeit zu ermahnen. Andere daran zu erinnern, daß sie nicht
..eigene, sondern die Sache der Kirche vertreten, und darum vor Allem im
..e behalten sollen was das Interesse dieser erfordert.

---

*) Vergl. den Brief an seinen alten Jugendfreund Franz Daniel in der Franz.
Briefsammlung II, 284. Im Innern war derselbe wohl evangelisch gesinnt, aber äußerlich hielt er sich aller Vorstellungen Calvins ungeachtet,
immer noch zur katholischen Kirche, und sah es daher höchst ungern, als
sein Sohn sich heimlich von ihm entfernte und nach Genf ging, um sich
dort zum Evangelisten für sein Vaterland auszubilden. „Daß du hierüber
ärgerlich bist." schreibt ihm nun der Reformator, „begreife ich wohl. Aber
ich bitte dich doch, dich durch deine Leidenschaft nicht so verblenden zu lassen,
daß du den Finger Gottes verkennst, der sich darin offenbart. Hättest du
den rechten Muth und kämest du deiner Pflicht nach, so würdest du ihm selber
den Weg gewiesen haben, den er gegangen ist. Nun du aber in deiner
lauen Bedenklichkeit bleibst, so mißgönne es wenigstens deinen Kindern nicht,
wenn Gott sie aus dem Abgrunde befreit, sondern laß dir ihren Vorgang
vielmehr zum Beispiele dienen. — Was deinen Sohn selber betrifft, so
glaube ich der Ueberzeugung sein zu dürfen, daß nicht irgend eine leichtsinnige Neigung, sondern wirklich die Furcht Gottes ihn dazu getrieben
hat, seinen Entschluß zu fassen. Denn er beträgt sich hier überaus bescheiden und als ein gewissenhafter Mensch. Er hat noch nicht die geringste
Unterstützung von mir in Anspruch genommen, so gerne ich sie auch, nach
meinen bescheidenen Mitteln, um deinet= und seinetwillen ihm dargereicht
hätte. Vor Allem aber liegt es ihm und mir am Herzen, daß du ihm wieder
freundlich gesinnt werdest, und nicht darüber zürnest, wenn die Autorität
Gottes von ihm noch höher gehalten wird als die deinige." — Uebrigens hat
Calvin den jungen Mann später selber wieder veranlaßt, dem Willen seines
Vaters sich zu fügen und zum Studium der Jurisprudenz in das väterliche
Haus zurückzukehren. Nach einem Briefe in den Genfer Archiven verband
derselbe indessen doch bald darauf wieder das der Theologie damit, und erbat
sich zu diesem Zweck den Rath seines Lehrers.

Wir werden das, was diesem letztern Gebiete angehört — dem der Kirchenregierung und Politik — im nächsten Abschnitte in zusammenhängender Weise uns vorführen. Zunächst versuchen wir eine genauere Schilderung der seelsorgerlichen Thätigkeit im engeren Sinn des Worts, wie sie mit den innern Zuständen und Bedürfnissen der Einzelnen sich beschäftigt.

Es ist vornehmlich Eins was dabei den beständigen Grundgedanken, das A und O aller der Weisungen und Ermahnungen bildet, die von dem Reformator ausgehen; nämlich das bestimmteste Verlangen: Alles was mit dem römischen Kirchenwesen zusammenhänge als schlechtweg unverträglich mit der evangelischen Ueberzeugung anzuerkennen, und dieß im Leben und Benehmen dadurch zu erweisen, daß ein jeder Gläubige, unter welchen Umständen es immer sei, auf das Entschiedenste sich fern halte von dem Götzendienste und Aberglauben, den die verunstaltete Kirche von ihren Bekennern fordere. Wie mannigfaltigen Inhaltes die Briefe an seine Pflegbefohlenen im Uebrigen auch sein mögen, ob sie trösten oder ermahnen, anerkennen oder tadeln, ob sie ihre Leser im Kerker sich suchen oder auf dem Throne, an zarte Frauen sich richten oder an heldenstarke Männer: diese eine Aufforderung zieht sich durch alle hindurch und erscheint als das Erste und Nothwendigste was einem Jeden gesagt werden muß und nie genug gesagt werden kann. Hierin ist er unbeugsam und unerbittlich wie kaum in etwas Anderm; einfach „zwischen Tod durch Henkershand und Abfall läßt er, wie treffend gesagt worden ist[*]), mit schonungslosem Ernste seinen Gläubigen die Wahl;" irgend ein Drittes gestattet er ihnen nicht, und wer dennoch einen Mittelweg sich sucht, ist ihm nicht minder ein Zerstörer der Kirche und ein Verführer der Seelen, als wer sie geradezu abzieht von dem Bekenntnisse des reinen Evangeliums.

Es erscheint das auf den ersten Anblick überaus hart und ungerecht, wie es denn auch in jenen Tagen schon häufig genug Murren und Unzufriedenheit erregte. Aber die genauere Erwägung wird doch zu einer andern Ansicht der Sache kommen, und am Ende anerkennen müssen, daß es nicht nur der sichere und gerade, sondern auch der kluge und allein zum Ziele führende Weg war, der damit einer jeden Seele gewiesen wurde. Denn was zuerst das innere Leben des Einzelnen betrifft, so konnte dasselbe ja unmöglich zu irgend einer Festigkeit und Entschiedenheit sich durcharbeiten, so lange es in einer Heuchelei sich bewegte, die ihm jede kräftige Aeußerung verwehrte und fortwährend das Gewissen verletzen mußte. Vielmehr war die unausbleibliche Folge, daß wenn der Bann solcher Verstellung vor den Menschen nicht doch zuletzt unerträglich fiel und in der Kraft des Glaubens durchbrochen wurde,

---

[*]) Polenz, Geschichte des franz. Calvinismus I, 414.

er das halb frei gewordene Herz wieder mehr und mehr gefangen nahm, kraftlos machte, an die Unwahrheit gewöhnte und damit zu einem Zustande der
geistlichen Unklarheit und Unempfindlichkeit herabbrachte, der bei Weitem
gefährlicher war als der frühere Irrthum. Und warum, wenn nun doch
einmal auf die Länge ein solcher Stand der Dinge sich nicht halten ließ,
sondern mit einer bestimmten Entscheidung nach der einen oder andern Seite
hin endigen mußte: warum sollte dann das Unmögliche, in jedem Falle
innerlich Ungesunde und Gefährliche nichtsdestoweniger zuerst versucht, und
nicht lieber gleich von Anfang an mit dieser Entscheidung begonnen werden,
durch die der Gläubige aus der Menschen Hände in Gottes Hände sich
übergab? Jedes Hinhalten in solchen Dingen schlägt ja bekanntlich nur neue
Bande und Hemmnisse um die Seele, und das Erfolgreichste und Leichteste
zugleich ist immer der entschlossene Schritt auf den ersten Ruf, jenes „also-
baldige Zufahren, das sich nicht erst bespricht mit Fleisch und Blut," wie
es der Apostel von sich bekennt*). Freilich gehört zu solchem Benehmen das
lebendigste Durchdrungensein von der Wahrheit: daß gegen den geringsten
Schaden, den die Seele nimmt, der Verlust oder Gewinn der ganzen Welt
nicht in Anschlag kommen könne. Aber in dieser Wahrheit wurzelte ja eben
das ganze Wesen Calvins; was er dachte und lehrte, begründete und hoffte,
beruhte auf ihr, und nicht anders als einer jener ungetreuen Wächter, von
denen der Prophet sagt, daß sie das Wort Gottes verschwiegen und den
Gerechten nicht warnten in seiner Sünde, wäre er sich vorgekommen, wenn
er bei den dringenden Versuchungen dieser Art, denen die Gläubigen in Frankreich beständig ausgesetzt waren, ihnen nicht ebenso beständig in's Herz gerufen hätte was allein sie daraus erretten konnte.

Und zu dieser Rücksicht auf sie selber kam nun auch noch eine andere:
die auf die **Gesammtheit,** auf die **Kirche.** Denn wie sollte die Reformation sich Bahn brechen, wie sollte ihr Werk vorwärts schreiten, wenn
ihre Anhänger nicht unumwundenes Zeugniß für sie ablegten, wenn sie ihren
Glauben zurückhielten und verbargen, wenn sie in feiger Anbequemung dem
sich fügten, was doch gerade bekämpft und besiegt werden sollte? Und von
Keinem der zur Erkenntniß der Wahrheit hindurchgedrungen war, hielt es
nun Calvin für erlaubt, daß er der Theilnahme an dieser Arbeit, an diesem
Kampfe für die Ehre Gottes und die Errettung der Brüder sich entziehe.
Keiner sollte nur an sich selber denken, und für sich selber mit dem Besitze
des Heils sich begnügen, sondern Jeder für Alle leben und zumal für den
Herrn der ihm Gnade erwiesen. Ein Mal über das andere spricht er,
wie wir sehen werden, das in seinen Briefen aus. Größeres Unrecht kenne
er nicht, als durch das unverdiente Erbarmen Gottes die himmlische Gabe
empfangen, und diese Gabe nun nicht einmal leuchten lassen vor den Men-

---

*) Gal. 1, 16.

schen im Dienste des Meisters, damit ihnen das Nämliche widerfahre, sondern sie in schmählichem Undanke verbergen, gleich als käme sie von einem
Geber dessen man sich zu schämen hätte*). Und was thut es, wenn das
leibliche Leben darüber verloren geht? Wem das widerfährt: der gerade
hat seine Bestimmung am völligsten erfüllt und ist der höchsten Herrlichkeit
theilhaftig geworden. Denn worin anders liegt des Menschen Bestimmung,
und was Anderes macht seine Herrlichkeit aus, als von Gott gebraucht zu
werden, wie ein Kriegsmann sein Schwerdt gebraucht, oder ein Töpfer sein
Gefäß? „Hier bin ich! sende mich, ergreife mich, stelle mich wohin du
willst und wo du etwas auszurichten hast!" Das ist das eine große Wort,
in dem die Lebensaufgabe eines jeden Menschen für Calvin beschlossen liegt.
Mögen sie dahinsinken und zerbrochen werden, wie ein Heer in der Schlacht:
wenn nur der Wahrheit und dem Rathschlusse des ewigen Gottes damit
Bahn gemacht wird.

Und nun leuchtet es ja ein, daß nur durch die unbedingteste, rück-
sichtsloseste Treue auch im Kleinsten das ausgerichtet werden konnte, was in
dieser Zeit Noth that. „Unter den damaligen Umständen," sagt Henry**)
mit Recht, „kam für den Sieg des evangelischen Glaubens Alles auf den
Muth an; jede Heuchelei hätte die Kirche zu Grunde gerichtet. Mag es
uns fast übertrieben und fanatisch vorkommen, wenn jener Waldenser, dem
man die Wahl ließ ein Kreuz zu küssen oder von einem Thurme herunter geworfen zu werden, ohne Zögern das Letztere erwählte: die Reformation wäre
in den romanischen Ländern nicht begründet, nicht erhalten worden ohne solche
Gesinnung." Und ebenso ist es fein und richtig empfunden was Polenz***)

---

*) Das ist — man halte mir diese Zeit und Bemerkung zu Gute — denn
freilich ein anderer Grundsatz, als der in einem schnell berüchtigt gewordenen Briefwechsel zwischen zwei berühmten „Geistesheroen" sich ausgesprochen findet und von der „geistreichen" Herausgeberin mit unglaublicher
Unempfindlichkeit gegen alles sittliche Gefühl an die Spitze des Buches gestellt worden ist: wonach man „im Leben die Wahrheit nur denen
schuldig sei, die man tiefachte", d. h. nur den Gesinnungsgenossen,
von welchen man um dieser Wahrheit willen keine Anfechtung zu befürchten
habe. Wie würde es mit der Welt aussehen, wenn die Apostel, wenn die
Reformatoren, wenn alle die großen und heldenmüthigen Männer, die von
der Wahrheit gezeugt haben, an solche Maximen eines vornehm niedrigen
Egoismus sich gehalten hätten. Aber Gottlob! daß wir ein Evangelium
haben, das solchen Schwächlichkeiten gegenüber Mannhaftigkeit lehrt, ein
Lieben, Stark-sein, Zeugniß geben bis in den Tod. Wie überaus klein und
jämmerlich steht doch die bloße „Geistreichheit" des natürlichen Menschen
da im Vergleiche mit den Charakteren, die durch dieses geschaffen und
gebildet sind.

**) II, 337.
***) In seinem schon mehrmals citirten Buche: „Geschichte des Calvinismus."
Die im Texte angeführte Aeußerung citire ich aus dem Gedächtnisse, da ich

einmal bemerkt: daß nur die Gewiſſenhaftigkeit im Geringſten die Herzen ſo üben und ſtärken konnte, daß ſie dann den höchſten Prüfungen
und Zumuthungen ſich gewachſen zeigten. Wenn uns auch Manches
kleinlich und peinlich erſcheine in den Anordnungen Calvins: auf dieſen
„Kleinlichkeiten“ beruhe oft das Größte und Bewundernswertheſte in ſeinen Erfolgen. — Die Geſchichte hat in der That deutlich genug ihr Zeugniß hiefür abgelegt. Oder wer mag glauben, daß aus einem Dupleſſis-
Marnay, z. B. der Mann der wunderbarſten Treue, Standhaftigkeit, Gewiſſenhaftigkeit in allen Dingen geworden wäre, als welcher er in der Geſchichte
vor uns ſteht, wenn er nicht ſchon von Jugend auf jenen Sinn und Geiſt
eingeathmet hätte, der den dreizehnjährigen Knaben mitten unter dem mur-
renden Volke aufrecht ſtehen ließ vor der vorüberziehenden Monſtranz, während auf dem Greveplatze die Scheiterhaufen angezündet wurden für die
Verächter der Meſſe?

Schon im Jahre 1537, gleich bei dem erſten Anlaſſe da er mit ſeinen
franzöſiſchen Glaubensgenoſſen wieder in nähere Berührung trat, hatte
Calvin, wie wir uns erinnern, durch einige überaus ernſt gehaltene Schriften
— jene Sendſchreiben an den zum Biſchof gewordenen Gerard Rouſſel und
gegen Diejenigen, die ſich mit den Heiligthümern der Gottloſen beflecken *) —
in dieſem Sinn auf ſie einzuwirken geſucht. Aber es ließ ſich nicht erwarten,
daß damit die Uebelſtände, gegen die er kämpfte, mit einem Male beſeitigt
wurden. Vielmehr lag es in der Natur der Sache, daß ſie immer von Neuem
und in immer ſteigendem Maße ſich geltend machen, in je weiteren Kreiſen
auf der einen Seite die evangeliſchen Ueberzeugungen Eingang fanden, und
je gefährlicher es auf der andern ſich anließ ſie in Wort und Benehmen unumwunden zu bekennen. „Namentlich Einige der Vornehmern,“ heißt es in
Beza's Reformationsgeſchichte **), waren außerordentlich ſchwach und leicht
mit ſich ſelber zufrieden. Ohne alles Bedenken beſudelten ſie ſich mit den
offenbarſten Abſcheulichkeiten der römiſchen Kirche, ſodaß ſie ſogar die Ceremonien der Meſſe mitmachten, und dieß für ganz erlaubt erklärten, wenn
nur das Herz ſich nicht dabei betheilige. Die Andern, die das verwarfen und als eine Verleugnung anſahen, ſchickten einen beſondern Boten

---

ſie nicht wieder aufzufinden vermochte. — Ueberhaupt dürfte das ſonſt ſo
treffliche Buch durch ſorgfältigere Behandlung der Ueberſchriften und ein
noch anzufügendes ausführliches Inhaltsverzeichniß für den Forſcher
um ein Gutes brauchbarer werden.

*) Vergl. Buch II, Cap. IX dieſer Schrift.

**) Wir geben dem bekannten Buche dieſen gangbaren Titel, ohne damit die
Meinung vertreten zu wollen, als ſtamme es in der Geſtalt, in der es uns
vorliegt, unmittelbar aus Beza's Feder. In meinem Buche über Heinrich IV. (Baſel 1856) und einer Recenſion des Polenz'ſchen Werkes in der
Erlanger Ref. Kirchenz. (Jahrgang 1858) habe ich mich näher darüber ausgeſprochen, zu welcher Anſicht in dieſer literariſchen Frage ich mich bekenne.

nach Genf, ja bis nach Deutschland und Sachsen, um von allen berühmten Lehrern zu erfragen, wie sie die Sache beurtheilten."

Es war das wohl die nächste Veranlassung die Calvin dazu bewog, in einigen weitern noch schärfer gehaltenen Schriften*) seine frühern Rügen und Warnungen in der eindringlichsten Weise zu wiederholen. „Ich kann nicht begreifen wie es möglich ist," sagt er in der ersten derselben, „daß der größere Theil der Menschen und auch derer die sich Gläubige nennen, das fort und fort wieder zu thun sich erlaubt was er doch klar und bestimmt als von Gott verboten und ihm mißfällig erkannt hat. Gerade in der Frage um die es sich hier handelt, kenne ich Unzählige, die es nicht anders machen als Bileam, und sich die Miene geben, Gott immer von Neuem um seinen Willen befragen zu müssen, nachdem sie doch wahrlich! schon zur Genüge und auf das Deutlichste darüber unterrichtet worden sind. Aber sie wollen sich nicht unterrichten lassen, weil der Bescheid ihnen mißfällt, sie wollen so lange anhalten und Einwände bringen bis ihnen endlich gestattet werde, was doch nie gestattet werden kann. Sie suchen Schlafpulver, wie Ezechiel sagt, um ihr Gewissen einzuschläfern, sie wollen das Zeugniß empfangen, daß sie leben, während sie doch in der dringendsten Gefahr sind im Tode unterzugehen. Aber dazu werde ich wenigstens mich nimmermehr hergeben, da ich dazu berufen bin, in allen Dingen die klare Wahrheit zu bezeugen. Ich will von keiner Verstellung, keinen Ausflüchten, keiner Abschwächung der Gebote Gottes etwas wissen, sondern offen darlegen was ich als nützlich und unerläßlich zum Heile erachte, namentlich da ich ausdrücklich darum angefragt worden."

Die ganze Schwierigkeit, fährt er dann fort, liege in dem einen Punkte, daß wir gemeiniglich vielmehr darnach fragten, wie wir der Menschen Gunst uns erhalten, als wie wir Gott gefallen mögen. Man scheue sich davor, seine Person und sein Vermögen in Gefahr zu begeben, die Welt gegen sich aufzurufen, der Schmach und Verachtung sich auszusetzen, das Vaterland zu verlassen und in die Fremde zu flüchten, in der man entbehren müsse was man daheim in Fülle besessen. Es sei nun wirklich wahr, daß man durch

---

*) Ihre Titel sind: „Ueber die Vermeidung des abergläubischen Wesens, welches wider das aufrichtige Bekenntniß des Glaubens streitet, zugleich mit einer Entschuldigung an die Pseudonikodemiten" vom Jahre 1545. Dann vier Predigten über denselben Gegenstand (I. „über den zu fliehenden Götzendienst," II. „über das Erdulden der Verfolgung." III. „über die Schönheit des Hauses Gottes," IV. „über die freie Gottesverehrung"), aus dem Jahre 1552; und endlich die „Widerlegung eines ungenannten Holländers, der auf Grund der geistigen Natur des Christenthums behauptet, daß der Körper sich mit gewissen götzendienerischen Gebräuchen beflecken dürfe." Alle diese Schriften sind natürlich ihrer Bestimmung gemäß, ursprünglich französisch abgefaßt, und erst später in's Lateinische übersetzt worden.

ein offenes Bekenntniß seines Glaubens dem Allem sich aussetze: aber was solle denn Anders gelernt werden in der Schule Christi als die Verläugnung seiner selbst? Wer dem in irgend einer Weise sich entziehen wolle, der thue damit sicherlich den ersten Schritt zum Verderben. Denn indem er bald werde erkennen müssen, daß er durch seine Theilnahme an dem römischen Kirchenwesen doch nicht jeden Verdacht von sich entferne, werde er unvermeidlicher Weise nach und nach immer weiter gehen, mit keinem Worte mehr zu verstehen geben, auf welchen Glauben er sich gründe, jede Schmähung der göttlichen Wahrheit ohne Widerrede mit anhöre und am Ende soweit kommen, daß er, aus lauter Eifer seine Gesinnung zu verbergen, sich selber an dergleichen Aeußerungen betheilige. Und da werde es denn nicht mehr lange gehen, bis auch der letzte Rest des himmlischen Lichtes, mit dem sie begnadigt worden, wieder erlösche in ihren Herzen. Satan werde von ihrer Seele Besitz nehmen und sie in furchtbarer Verkehrung dazu antreiben, die bittersten Verfolger derselben Lehre zu werden, von der sie einst erkannt, daß sie aus Gott sei. Und das Alles nach eignem Willen und Verdienst. Denn wer die Wahrheit Gottes in Lügen verkehre, um damit seine Sünde zuzudecken, der dürfe ja nichts Anderes erwarten, als daß sie sich wider ihn wende und ihr Gericht an ihm vollziehe. Während die Schwachheit. die gerne möchte ihre Pflicht erfüllen aber nicht stark genug dazu sei, noch Geduld und Gnade finde und auf ihr Flehen Kraft empfangen werde, sei für den, der nach eiteln Vorwänden suche, und in solche Vorspiegelungen sich verstricke, nichts mehr zu hoffen. Er werde verloren gehen, weil er auch das letzte Stück christlichen Wandels verloren: Gott zu fürchten.

„Was aber ist nun zu thun? Vor Allem das: daß wir nicht an unserer Bequemlichkeit unsere Pflicht abmessen, denn sonst werden wir nie zum Willen Gottes hindurchdringen. Zum Andern: daß wir überhaupt auf uns selber gar keine Rücksicht nehmen und am allerwenigsten fragen, was unserm Fleische wohlthut. Zum Dritten: daß wir es in keiner Weise unser Hauptanliegen sein lassen, den Beschwerden und Gefahren zu entgehen, sondern vielmehr nur darnach trachten, wie wir immer völliger Gottes Eigenthum werden. Wenn wir dieß uns zur Richtschnur machen, so werden wir leicht in jedem einzelnen Falle wissen, was wir zu thun haben und keiner langen Erwägungen bedürfen."

Nachdem er hierauf mit bewunderungswürdiger Klarheit und Ueberzeugungskraft die verschiedenen Ausreden widerlegt, die theils auf den „doch immer noch christlichen Charakter" der römischen Kirche theils auf verschiedene Beispiele des Alten und Neuen Testamentes*), theils auf die alte

---

*) So sagt er z. B. über jenes Zugeständniß des Paulus, auf das man sich vielfach berief, sich mit den vier Männern, von denen die Apostelgeschichte berichtet (22, 24), reinigen zu lassen, um die Juden zu beschwichtigen: „War das etwa

Unterscheidung zwischen äußerm Mitmachen und innerm Gesinnt-sein sich stützten, wendet er sich mit gewaltigen Worten an den letzten Rest von Glaubensmuth und Glaubenszuversicht, die in den Gemüthern seiner bedenklichen Leser noch wohne. „Ihr fraget, was denn am Ende daraus werden sollte," ruft er aus, „wenn Alle unumwunden zu ihrem Glauben sich bekennen würden? Es giebt ein Wort der Schrift, das uns Antwort darauf ertheilt, jenes Wort, das dort Abraham zu seinem Sohne sprach, als der Knabe nach dem Opfer fragte: „der Herr wird es versehen, mein Sohn." Ein herrliches Wort, das mit Buchstaben von Erz in unser Herz eingegraben sein sollte, um uns immer vor Augen zu stehen, wenn wir in irgend einer Verlegenheit uns befinden, aus der wir keinen Ausgang wissen. Dürfen wir denn nicht Alles auf den Herrn werfen? Gibt er uns denn nicht Weisheit, wenn wir ihn darum bitten? Wird er unser denn nicht ebensowohl sich annehmen wie seines Knechtes Abraham? Aber unser Unglaube ist das Hinderniß, daß wir seine Güte nicht schmecken. Wenn uns Gott etwas befiehlt, kennt er dann etwa die Gefahren nicht, die damit verknüpft sind oder nimmt er keine Rücksicht darauf? So er sie aber kennt: fehlt ihm dann etwa die Macht ihnen zu begegnen? Oder wollen wir ihn der Unwahrhaftigkeit beschuldigen, als ob er nicht leistete was er verheißt: nämlich denen Hirte und Hüter zu sein, die auf seinen Wegen wandeln? O lasset uns nur seinem Worte folgen, und Gottes Weisheit wird die unsrige sein, und einen offenen Weg wird er vor uns aufthun. Denn vor Allem fordert er dieß Vertrauen von uns: daß wir blindlings seinen Geboten gehorchen, und Ende und Erfolg unsres Thuns mit getroster Ruhe ihm überlassen. Oder ist etwa deßhalb sein Gebot aufgehoben, weil tausend Gefahren sich vor uns aufthürmen, und tausend Aengsten von allen Seiten uns umringen? Wissen wir denn nicht, daß es ewig besteht, wenn gleich Erde und Himmel vergingen? Und eine thörichte Rede

---

ein von Gott verbotener Gebrauch? oder nicht vielmehr ein ursprünglich von ihm gebilligter, der wie alles Derartige im alten Bunde, nur nach und nach dem Lichte des Evangeliums weichen sollte? Gewiß dienten diese Dinge nicht mehr zum Heile, aber ebenso gewiß war ihr Gebrauch noch gestattet, wenn er irgendwie zur Erbauung der Seelen dienen konnte. Das ist es ja, was Paulus sagte: er sei den Juden ein Jude geworden und den Griechen ein Grieche, damit er Etliche für Christum gewinne. Aber welche Aehnlichkeit hat hiemit die päpstliche Messe? Widerspricht diese nicht ganz offenbar dem Worte Gottes, und enthält eine Abgötterei, die geradezu verboten ist? Wie dürfet ihr also jenes Veraltete, das Paulus damals noch wiederholte, mit dem durch und durch Verdorbenen und Verderblichen in eine Reihe stellen, von dem bei euch die Rede ist? Wenn kein Unterschied bestände zwischen Sich scheeren lassen und vor einem Geschöpfe die Kniee beugen, so wollte ich auch gerne gestatten, dem Beispiele des Apostels zu folgen. Aber so verschiedene Dinge für das Nämliche erklären heißt Himmel und Erde vermischen."

t es doch, wenn ihr einwerfet: durch offenes Hervortreten würden die Gläu-
gen sich selber den Feinden in die Hände liefern und damit überall die
irche ausrotten lassen, wo der Antichrist herrsche. O wenn ein Jeder von
nen, die hie und da zerstreut sind, auch nur halb seine Pflicht thäte: würde
keinen Winkel der Erde mehr geben, in dem nicht alsobald das Licht der
lahrheit aufleuchtete. In unserer Schwäche liegt die Kraft der Finsterniß
ıd in unserer Muthlosigkeit das Hinderniß unserer Befreiung. Und wenn
ıch an einem einzelnen Orte der Same Gottes wirklich ausgerottet würde:
ire er damit für immer vertilgt? Würde er nicht binnen Kurzem aus der
ntigen Saat mit neuer Lebenskraft aufsprossen? Würden nicht Drei und
ier erweckt werden, wo bisher nur Einer war? O welche Thoren werden
ir doch, wenn wir wider Gott streiten wollen!"

Auch hier kommt Calvin dann noch einmal auf das zurück, was er
jon in jenen frühern Schriften berührt: auf seine eigene gefahrlose Stellung,
ıß der heraus es ihm leicht werde, wie man nicht ohne Schein ihm vor-
rrfe, diejenigen zum Stand-halten zu ermahnen, auf die der Hagel der
efchosse sich ergieße. „Ich antworte darauf:" sagt er, „daß ich meine Pflicht
r Seelsorge an euch erfüllen muß, und nichts Anderes euch vortrage, als wozu
ich mein Gewissen drängt. Wenn ich anders zu euch redete, wäre ich ein
ottloser und Lästerer. Befände ich mich in derselben Lage, wie ihr, so würde
) zum Gebete meine Zuflucht nehmen, zum Gebete um die Kraft, die Ehre Got-
8 höher zu halten als mein Leben: und ich weiß, die Erhörung würde mir,
cht fehlen. Im Uebrigen handelt es sich ja nicht darum, was ich thun
ürde, da ich nirgends meinen eigenen Muth rühme, sondern die Frage ist
e, was unser Aller Pflicht ist: die eurige wie die meinige. Wer diese ver-
ßt, ist schuldig vor Gott, sei es ich, sei es Einer von euch. Was nützt es
erhaupt, immer auf mich zu blicken? Wenn ich anders lebe als ich lehre:
ınn wehe mir! denn ich bin durch meinen eigenen Mund gerichtet. Aber
ent das euch deßhalb zur Entschuldigung? „Ein Jeder" sagt der Apostel,
wird geprüft nach seinem eigenen Werk, und wird an sich selber Lob oder
adel haben, nicht an den Andern." Das ist die Weise der Welt, daß
an mit den Sünden des Andern die eigenen beschönigt, nicht die Weise,
e vor Gott gilt. Und glaubet nicht, daß ich ein Vergnügen daran finde, solche
umuthungen an euch zu stellen. Gott ist mir Zeuge, daß mein Herz blutet,
ınn ich eurer Bedrängnisse und Gefahren gedenke, daß ich unablässig mit
itten und Thränen vor ihm liege, er möge euch die Last erleichtern und nicht
gern mit der Erlösung. Auch ist es nicht meine Meinung, wo ich die Sache
rdammen muß, durchweg auch die Personen verdamme. Der Herr weiß,
aß ich von Vielen, die in Frankreich leben, überzeugt bin, sie
ien heiliger und vollkommener als ich. Zudem erkenne ich es
gern an, wie viel höhern Lobes die werth sind, die mitten im Abgrunde
r Gefahr in der Furcht Gottes sich erhalten, denn ich selbst, der ich nicht

so viele Versuchungen zu bestehen habe, sondern täglich Gottes Wort hört und verkündige. Selbst wenn sie fallen, so wird es ihnen leichter vergeben werden, als es bei mir der Fall sein könnte. So weit bin ich also davon entfernt, diejenigen die in den besprochenen Stücken noch schwach sind, aus der Zahl der Brüder auszustreichen, daß ich sie mit allen Uebrigen wahrhaftig ehre vor Gott und den Menschen, und sie einer höhern Stelle in der Kirche des Herrn für würdig erachte als mich selber*)."

Aber nichtsdestoweniger wendet er sich zum Schlusse noch einmal an sie mit herzlicher Bitte und Berathung. „Wenn ihr im Genaueren mich fragt, welchen Rath ich euch denn gebe," schreibt er, „so ist das Erste, daß ich euch auffordere auszuwandern aus eurer Heimath, und euch in ein Land zurückzuziehen, wo ihr nicht versucht werdet bis auf das Blut, da ihr solchen Angriffen noch nicht zu widerstehen vermöget. Erscheint euch das aber aus dem einen oder andern Grunde unthunlich, so gebt euch wenigstens alle Mühe, Jegliches zu vermeiden, was euch in Versuchung bringt; seid getreu im häuslichen Gottesdienste; lasset nicht ab zu bitten, daß für die bedrängte Kirche die Erlösung komme. Wo ihr etwa strauchelt und fielet, da stehet keinen Augenblick an, eure Sünde vor Gott zu bekennen, mit Seufzen und Thränen euch anzuklagen, ein rechtes Mißfallen an euch selbst euch zu erbitten, Alles hinwegzuwerfen, womit euer Fleisch und Blut sich entschuldigen

---

*) Aehnlich spricht er in der gleich zu besprechenden „Entschuldigung an die Nikodemiten," über diesen wie Henry sagt, „allerdings sehr kitzlichen Punkt" sich aus. „Wenn Calvin," läßt er da die Bestraften sagen, „so vielen Muth hat: warum kommt er dann nicht hieher, um uns durch sein Beispiel zu belehren? Er macht es wie die Feldherrn, die bei der Belagerung der Städte die gemeinen Soldaten mit flammenden Worten zum Stürmen anfeuern, während sie selber außerhalb der Schlachtreihen bleiben." Aber so hätten auch die ersten Christen zu den Aposteln reden können, als sie ähnliche Ermahnungen von ihnen empfingen. Der Fromme wird immer dankbar sein für jede Belehrung, die ihm zum Heile dient, der Gottlose immer einen Vorwand suchen und finden, um ihre Kraft abzuschwächen, sich selber zum Verderben. Was mich betrifft, so werde ich mich nicht rühmen, daß ich schon Vieles erduldet; aber das Eine bezeuge ich, daß es nicht an mir lag, wenn ich nicht öfter in Gefahr kam. Und da sie mich denn mit einem Feldherrn vergleichen: warum sind sie nicht so billig, sich damit zufrieden zu geben, wenn ich meine Feldherrnpflicht mit ganzer Treue und nach bestem Gewissen erfülle? Im Uebrigen täuschen sie sich auch darin, wenn sie meinen: ich sei gar so ferne von den feindlichen Geschossen. Denn wenn auch nicht für heute eine Verfolgung mir droht: so weiß Niemand was Morgen kommen wird. Ich bin wenigstens auf Alles gefaßt und bereit, damit die schwere Stunde nicht unvorbereitet mich treffe. Kommt sie einmal, so hoffe ich, daß die Gnade Gottes mir dazu helfen wird, seinen Namen ebenso durch mein Blut zu verherrlichen wie durch meine Zunge und Feder. Und mit keinem traurigeren Gemüthe werde ich dann mein Leben hingeben, als ich jetzt diese Worte niederschreibe.

möchte. Ihr werdet euch dann nicht an das Uebel gewöhnen, noch euch einschläfern, sondern durch den Empfang immer neuer Vergebung nach und nach stärker werden und euch einleben in den Herrn. Vor Allem aber haltet an am Gebet und hütet euch vor aller Heuchelei. Ich bin es gewiß, daß der Herr, der getreu ist, dann seine Hülfe senden wird und das götzendienerische Wesen hinwegtilgen von der versöhnten Erde."

Nicht ohne einige Empfindlichkeit scheint trotz dieses milderen und versöhnenden Schlusses, ein Theil der Betroffenen die Zurechtweisung aufgenommen haben, die durch solche Auseinandersetzung an sie erging. „Wenn es in den Sprüchwörtern Salomos heißt:" schreibt Calvin in dem folgenden Schriftchen, das er ironisch als eine „Entschuldigung" für das vorangegangene bezeichnet, „daß offene Züchtigung besser sei, als stumme Liebe, oder: daß es wohlthue wie Balsam auf dem Haupte, wenn ein gutmeinender Freund uns strafe, so gibt es Niemanden, der dem nicht beistimmte. Aber wenn man dann an sich selbst die Probe machen soll, so gewinnt die Sache ein anderes Ansehen. Auch euch ist es nun nicht anders ergangen, indem ihr darüber klagt, daß ich allzuhart und unmenschlich zu euch geredet. Ihr bleibet bei der elenden Ausflucht, daß ihr mit dem Herzen Gott dienen könnt; zu welchem Gebrauche ihr auch eure Leiber begebet. Das heißt mit andern Worten. daß ihr euch theilen könnet zwischen Gott und Teufel: dem Einen die Seele zuweisen und dem Andern den Leib. Alle freilich machen es nicht so; es gibt auch Solche, die von Herzen trauern über das Elend, in dem sie wider ihren Willen immer noch sich befinden; aber etliche schlagen geradezu die Ermahnungen in den Wind, beharren auf ihren Vorwänden, schmähen und lästern die, die ihnen ins Gewissen reden. Sie rufen mir zu: ich gehe lediglich darauf aus, sie zu kränken und zu verletzen und in Verachtung zu bringen, obschon sie ja wohl empfinden müssen, wie thöricht sie hiemit reden, und wie sie es nicht mit mir zu thun haben, sondern mit ihrem Herrn. O gewiß! Niemand würde sich mehr freuen als ich, wenn ich statt sie zu tadeln, aus vollem Herzen sie loben dürfte."

Es sind vornehmlich die Hochgestellten und Gebildeten, wie er dann weiter bemerkt, die galanten Herren am Hof und die bequemen Gelehrten in ihren Studierzimmern, die sich so gegen seine Worte verwahren und der Gemeinde dieß üble Beispiel geben. In lebendiger Schilderung führt er sie der Reihe nach vor, eine der verschiedenen Klassen nach der andern, in die sie sich theilen lassen, mit einem Anfluge von Witz und Spott, welcher doch dem tiefen schmerzlichen Ernste, der die ganze Rede erfüllt, keinen Eintrag thut.

Die Ersten, sagte er, sind diejenigen, die sich für Verkündiger des Evangeliums ausgeben, und auch in der That einen leichten Geschmack desselben mittheilen, fühlbar genug um das Volk anzuziehen. Denn da sie sehen, daß das Mönchsthum nicht mehr viel einbringt, so versuchen sie jetzt ihr Glück auf diesem andern, zeitgemäßeren Wege. Das Wort Gottes soll

35 *

es nun sein, das sie mit Ehren umgibt und ihren Beutel füllt; und so tragen sie einige Punkte desselben vor, thun aber Alles was sie können, um ihre Zuhörer davon abzuhalten, daß sie von der bloßen Lehre nicht zu That und Wandel hindurchdringen. Dabei rühmen sie sich noch ihrer Mäßigung und reden vom Aufbauen der Kirche Gottes. Statt Christo das Kreuz nachzutragen, machen sie ihm zum Koche, der ihre Küche versorge, und klagen den an, der an Pflicht und Gewissen sie mahnt.

„Die zweite Klasse besteht aus den zarten, vornehmen Herren, die es sich gerne gefallen lassen, das Evangelium zu empfangen, um einen Gesprächsstoff daran zu besitzen, über den sie mit den jungen Damen auf das Anziehendste sich unterhalten können. Nur die Freiheit behalten sie sich dabei vor, deßhalb durchaus nach ihrem Gefallen fortzuleben. Dazu gehören denn auch die weichlichen Höflinge und Fräulein, die nur Schmeicheleien zu kosten gewohnt sind und kein ernster klingendes Wort zu ertragen vermögen. Es dünkt mich, ich höre sie in ihrem Unterhaltungston sich gegenseitig ansprechen: „dieser Calvin möge jetzt einmal seine Feder zur Ruhe begeben, denn es übersteigt doch alles Maß, was er von uns verlangt. Wenn man ihm folgen wollte, würde er uns nicht nur zu Bettlern machen, sondern geraden Weges zum Scheiterhaufen führen. Ist das erlaubt, so auf die Leute einzudringen? Wenn er unsre Ruhe uns beneidet, und Alle herunterbringen will, wie sich selbst: was geht das uns an? Wir befinden uns ganz wohl wie wir sind; möge er mit seinem Schicksale zufrieden sein, und auch uns genießen lassen, was wir besitzen." Sie schließen damit, daß sie sagen: ich wisse nichts von der Welt und ihren Verhältnissen; und damit meinen sie dann sich an mir gerächt zu haben wie ich es verdiene. Nun wohl, es sei. Aber was werden sie dem Herrn antworten, auf den ich sie hinweise und vor dessen Gericht sie einmal stehen werden? Dort wird Witz und Gelächter nichts mehr gelten. Ja, das können sie wohl: die Gebräuche der alten Kirche verspotten und über die Bilder, die man anbetet, achselzuckend das Haupt schütteln; aber sie mögen doch ernstlich zusehen, ob ihr Götzendienst, nämlich der Dienst, den sie den Lüften ihres Fleisches darbringen, nicht noch viel mehr Gottes Zorn herausfordere. Oder die junge Dame mag mit leichtem Muth das Pfäfflein verlachen, vor dem sie vorher zitterte, weil er ihr zum Vertrauten ihres innersten Lebens aufgedrungen wurde. Es ist ihr bequem, von dem Zwange der Beichte sich befreit zu wissen; aber vor Gott muß sie darum nichtsdestoweniger zur Rechenschaft kommen. Jene innere Beichte des Herzens wird durch das Evangelium nicht abgeschafft; und etwas ganz Anderes ist es noch, vor Gott seine Sünden überschlagen und zusammenrechnen als vor dem Priester. Darum bitte ich sie nur um das Eine, daß wenn sie sich anschicken meine Mahnungen lächerlich zu machen und zurückzuweisen, sie daran denken mögen, wie sie dereinst nach eben dieser Lehre, die ich ihnen jetzt vortrage, werden gerichtet werden. An schöne

orte und Schmeicheleien, die ihnen gefallen, werde ich übrigens meine
Mühe nie verschwenden.

„Die dritte Klasse bilden die Gelehrten, welche die Religion in eine
wisse Philosophie verwandeln, mit der man es nicht zu ernst zu nehmen
braucht, sondern in deren Besitz man mit aller Ruhe und Sicherheit abwartet,
bis die Kirche wieder in einem erträglicheren Zustande sich befindet. Nur
fordere Niemand, daß sie hiefür euch selber etwas leisten, denn das brächte
Gefahr mit sich. Dabei entschuldigen sie zum großen Theile die Irrthümer
der Papisten; denn die große Menge könne nun einmal der Possenspiele
nicht entbehren. Zwar nicht alle Gelehrten sind so, aber doch ihrer genug.
Sie halten es für vollkommen genügend, in ihrer Seele darüber nachzudenken,
welches der rechte Stand der Dinge sein sollte, und befehlen ihn Gott, aber
mit ihrer eigenen Person einzutreten oder irgend eine Arbeit dafür zu übernehmen, unterlassen sie, als liege es nicht in ihrem Berufe. Ich bitte und
beschwöre sie, hierin andern Sinnes zu werden. Die da Sachwalter sind,
mögen ihre Kraft nicht darauf verwenden, eine so verderbliche Sache zu vertreten, die ihnen nichts einbringen kann, als Schmach und Verlust. Die
Richter sollen es sich nicht beifallen lassen, über das Wort Gottes zu Gerichte sitzen zu wollen, denn es ist nicht ihrem Spruche unterworfen, sondern
dem seinen. Die Aerzte sollen nicht mit unnützen Pflastern und Salben
das Uebel zudecken wollen, das unmöglich geheilt werden kann wenn es nicht
durchaus an das Licht kommt. Die Philosophen oder Dialektiker mögen sich
wohl hüten, daß sie die Wissenschaften, die Gott der Welt gegeben hat, um
Stützen der Wahrheit zu sein, nicht dazu verwenden, die Lüge zu schmücken;
denn so schwach ist die Wahrheit Gottes nicht, daß sie durch irgend welche
Narben oder Blendwerke entstellt werden könnte. Sind es aber gar Theologen,
von denen Solches zu sagen ist, so erinnere ich sie an den entsetzlichen Fluch,
der über Alle ausgesprochen wird, die das Böse gut nennen.

„Die vierte Klasse endlich findet sich unter den Kaufleuten und den be-
w/iglichen Bürgern, die es sich bequem machen in ihren Häusern, und in
dieser ihrer Bequemlichkeit nicht gestört zu werden wünschen. Und da sie nun
wähnen, ich nehme auf ihr Ruhebedürfniß nicht Rücksicht genug, so sind sie
keineswegs gewillt, mich als ihren Lehrer gelten zu lassen. Indem sie aber
einen Rath zurückweisen, meinen sie auch dem Urtheile Gottes entronnen
zu sein. Doch sind deren verhältnißmäßig wenige, da in diesen Ständen
noch mehr Einfalt wohnt, und sie nicht gebildet genug sind, um sich schöne
Gewände zu ersinnen, mit denen sie sich rechtfertigen.

„Diesen Allen aber," fährt er fort, zur Sprache des tiefsten Ernstes
rückkehrend, „diesen Allen aber, welcher Art sie auch seien, gebe ich zu
denken, daß der Herr ein für alle Mal gesagt hat: wer sein Leben in dieser
Welt lieb habe und bewahren wolle, der werde es verlieren. Wenn sie sich
nun damit zu entschuldigen suchen, daß sie der Todesgefahr sich aussetzen,

so sie den Worten der Schrift gehorchten: meinen sie durch solche Einreden den Herrn dahin zu bringen, daß er seinen Ausspruch zurücknähme? „Aber es geht über die Natur was du von uns verlangst," sagen sie. Gewiß! das wissen wir Alle. Allein auf die Natur sind wir auch nicht angewiesen. Wenn die Gläubigen der ersten Gemeinde so geredet hätten, was wäre aus dem Christenthum geworden! Wäre es nicht, wie eine Fehlgeburt, schon in seinen ersten Anfängen wieder erloschen? Wie sehr fürchte ich, daß die klare Erkenntniß der Wahrheit, die wir empfangen haben, am Ende nur dazu diene, unser Gericht zu verschärfen! Die ganze Theologie der alten Märtyrer bestand in diesen wenigen Punkten: daß der eine Gott angebetet und alles Vertrauen auf ihn gesetzt werden müsse; daß sein Dienst darin bestehe, zu Niemanden anders aufzuschauen, Niemanden anders anzurufen, noch im Sinne zu tragen als ihn; daß alles Gute von ihm komme und darum auch unser Leben ihm angehöre und seinem Dienste geweiht sein müsse; daß es endlich nirgends Heil und Leben gebe als allein in Christo. Eine so tiefe Erkenntniß dieser Dinge, daß sie viel darüber verhandeln konnten, besaßen sie nicht; mit dem einfachen Verständnisse der Grundwahrheiten gaben sie sich zufrieden. Aber mit diesem gingen sie dann muthig zum Scheiterhaufen oder zu andern Todesqualen. Selbst die Mütter trugen ihre Kinder dahin. Wir dagegen, die wir so große Gelehrte sind, und so beredt über jede Frage uns auszusprechen verstehen, wir begreifen nicht was es heißt, für die Wahrheit Gottes ein Zeugniß ablegen und vernachlässigen die Predigt, die lauter und wirksamer erschallt als alle schönen und ergreifenden Worte."

Um den Eindruck dieser Mahnungen zu verstärken und den Zweifelnden zu beweisen, daß er mit seiner Forderung nicht allein stehe, hatte Calvin auch einige Andere der hervorragendsten reformirten Theologen — Melanchthon, Bußer, Peter Martyr, die Zürcher Prediger*), um ihre Meinung über diese Fragen angegangen, und ließ nun ihre Gutachten zugleich mit seiner Schrift veröffentlichen. Sie stimmen ihm alle vollkommen bei, obwohl sie hie und da etwas milder sich ausdrücken. Gleich an der Spitze seiner Zuschrift bekennt sich Melanchthon auf das Ausdrücklichste zu dem Satze: „daß die bloß innere Anbetung nicht genüge, sondern auch ein äußeres Zeichen derselben, sei es ein feierliches Bekenntniß, sei es im Wandel und Benehmen, hinzukommen müsse. Und im Namen der Zürcher antwortet Bullinger: „Nicht nur mir, sondern uns Allen hat dein Büchlein auf das Beste gefallen; sowohl der herrlichen Gelehrsamkeit wegen, die darin zu Tage tritt, als besonders um der religiösen Reinheit und aufrichtigen Treue willen, auf die du darin dringst. Wir loben deine Frömmigkeit und deinen geraden Sinn, und

---

*) Auch an Luther hatte er, wie wir uns erinnern, deßhalb geschrieben, aber Melanchthon hatte den Brief nicht abzugeben gewagt. Vergl. p. 205 dieses Buches.

bitten, daß der Herr dich segne nach deiner treuen Arbeit. Da wir indeſſen gehört haben, daß Etliche widerſprechen, ſo bezeugen wir hiemit öffentlich, daß wir e i n e r Meinung mit dir ſind, und erſuchen dich, dieſes Zeugniß deinem Büchlein beizufügen, wenn du es wieder herausgiebſt*).“

Man wird es ſich nach dieſen Darlegungen von ſelber denken können, welches Gepräge die ſpezielle Seelſorge Calvins an ſeinen franzöſiſchen Glaubensgenoſſen in der Regel trägt. Sie iſt, mit e i n e m Worte die Anwendung der hier entwickelten allgemeinen Grundſätze auf die e i n z e l n e n Perſonen, die einzelnen beſondern Zuſtände und Verhältniſſe. Und mit Genugthuung erſieht man dabei, wie Manches das in der Theorie allzuſchroff und rückſichtslos erſcheint, ganz von ſelber wieder ſich mildert und gleichſam eine menſchlichere Geſtalt annimmt, indem es nun in der Praxis den bedrängten Gemüthern zugerufen wird, deren Lage zunächſt vielmehr Theilnahme und Mitgefühl erwecken mußte, als zum Richten und Strafen herausfordern. Zumal den F r a u e n gegenüber, bei denen der Reformator die Verfehlungen in dieſem Stücke mehr ihrer natürlichen Schwachheit, als dem Mangel an gutem Willen zuſchreiben durfte, ſchlägt er gemeiniglich nichts weniger als einen harten und ſtrengen Ton an. Mit herzlicher Liebe und Freundlichkeit, tröſtend, aufrichtend, ermunternd ſagt er ihnen was er für ſeine Pflicht erachtet. Mehr als e i n Mal bezeugt er ausdrücklich, wie leid es ihm thue, ſo viel Bitteres ihnen zumuthen zu müſſen, und doch ſei es nun einmal nicht anders möglich, ſie in das Reich Gottes einzuführen, als durch viele Trübſal. Schonungslos iſt er nur, wo er mit bewußter Gewiſſenloſigkeit es zu thun hat, oder einer Feigheit des Sinnes, die Gott nur dienen mag in ſoweit es kein Opfer koſtet und dem Fleiſche nicht weh thut. Da kennt er keine Entſchuldigungsgründe, kein Anſehen der Perſon, keine Zurückhaltung die das äußerſte und bitterſte Wort der Verurtheilung erſparte. Ohne alle Verhüllung legt er den Betreffenden vor Leben oder Tod, offenes Bekenntniß zum Herrn oder völlige Verläugnung ſeines Namens; wie ein Elias ruft er den Fürſten und Königen zu: „Ihr ſeid es die Israel verwirret! Wie lange hinket ihr auf beiden Seiten? Iſt Baal Gott, ſo wandelt ihm nach, iſt es der Herr, ſo gehorchet ihm.“

Wir ziehen es vor, ſtatt aus der reichen Fülle der hieher gehörigen Briefe ohne weitere Unterſcheidung die bezeichnendſten Stellen hervorzuheben, uns auf einige Beiſpiele zu beſchränken, an denen eine d u r c h g e f ü h r t e Seelſorge Calvins ſich verfolgen läßt, die auf mannigfaltige Erfahrungen

---

*) In den vermiſchten Schriften Calvins p. 450—457 (Amſterdamer Ausgabe). — Ueber den Sinn, der durch ſolche Mahnungen in der That unter den franzöſiſchen Reformirten geweckt wurde, vergl. P o l e n z I, 596 u. 597 und andere Stellen: „Agrippa d’Aubigné,“ heißt es dort, „konnte als er gefangen genommen und dem Inquiſitor überliefert worden war, von ſich ſagen, daß der Schrecken vor der Meſſe ihm den vor dem Feuer nahm.“

und Lebenslagen sich bezieht. Die Correspondenten des Reformators, an welche wir uns dabei halten, sind vornehmlich Solche, die unsere Leser auch sonst aus der Geschichte bekannt sein werden.

Eine der ersten hohen Personen, mit denen er so in Verkehr trat, war die Marquise von Rothelin, geborne Fürstin von Rohan, die Wittwe des Herrn Franz von Orleans und Schwiegermutter des Prinzen von Condé. Ihr hoher Sinn und fein gebildeter Geist hatte sich frühe zu der reformirten Lehre hingezogen gefühlt, für die sie in ihrer Familie, auf ihren Gütern, am Hofe, wo sie immer war und lebte, mit unermüdetem Eifer wirkte. Schon im Beginn der funfziger Jahre (sie war 1520 geboren) war sie Calvin und Farel auch persönlich näher gekommen; ein fortgesetzter Briefwechsel erhielt sie in unmittelbarer Verbindung mit den verehrten Lehrern, und verschiedene Male ist sie nach Genf gereis't, um den Reformator von Angesicht zu Angesicht zu sehen und an seiner mündlichen Zusprache sich zu erbauen. Der erste Brief an sie, der uns erhalten ist, datirt vom Januar des Jahres 1558. Es scheint daß die Marquise in jener Zeit der höchsten Aufregung und Gefahr, da überall die Scheiterhaufen loderten; und auch die Vornehmsten dem Feuertode oder Kerker nicht entgingen*), in einer überaus schwierigen Lage sich befand, die ihre Standhaftigkeit auf die härteste Probe stellte. „Freilich," schreibt ihr Calvin, „wäre es zu wünschen, daß Sie mit größerer Freiheit Gott dienen dürften; je mehr indessen die Hindernisse wachsen und je mehr Sie Gott darin stärkt und aufrecht erhält, um so mehr Gelegenheit giebt er Ihnen auch, seinen heiligen Namen zu preisen. Denn noch viel deutlicher wird ja unter diesen Umständen die Kraft und die Herrlichkeit seines Geistes offenbar, als wenn Sie nur so in aller Ruhe und Bequemlichkeit Ihr Christenleben führen könnten. Sie lernen da von selber: daß es nicht genug ist zu beharren, sondern daß es auch gilt, zu wachsen und zuzunehmen und zu den immer schwereren Kämpfen sich zu rüsten, zu denen Gott Sie etwa beruft. Denn in der That: jetzt ist die Zeit, da die Großen dieser Welt dem Worte des Apostels nachzukommen haben, wenn er bezeugt: er schäme sich des Evangeliums Jesu Christi nicht. Ueberall wird ja sein Name verlästert, überall seine höchste Majestät hintangesetzt; kaum daß hie und da sich Einer offen zu ihm bekennt. Sie aber, gnädige Frau, wenn Ihnen für den Augenblick der Muth und die Festigkeit hiezu noch fehlt, lassen Sie wenigstens durch solche Schwachheit sich nicht einschläfern, sondern vielmehr zu neuem Bitten und Flehen zum Herrn antreiben, daß er immer reichlicher seine Kraft Ihnen mittheile. Mit Freuden höre ich übrigens, wie es Ihnen in der That

---

*) Es war die Zeit, da der Generalhauptmann des Reichs, Franz d'Andelot, um seiner evangelischen Ueberzeugungen willen gefangen gesetzt und die in der St. Jakobsstraße überraschten Hofdamen der Hinrichtung überliefert wurden.

am Herzen liegt, etwas zu lernen in der Schule des Sohnes Gottes: und ist das nicht die höchste und gesegnetste Weisheit: unser ganzes Leben hindurch uns von ihm unterrichten lassen, und immer begieriger werden nach diesem Unterricht, der von der Welt uns löst und zum Himmel geschickt macht? Trotzdem aber bitte und ermahne ich Sie im Namen Gottes: lassen Sie nicht nach, straucheln und fallen Sie nicht! Sie kennen ja den Abgrund des gottlosen Wesens, wie er sich täglich vor Ihnen aufthut, und kennen auch die Herrlichkeit Ihres Berufes, die verheißene Ruhe im Himmel, die Güter des innern Lebens die uns schon hienieden gegeben sind."

Mit herzlichem Mitgefühl gedenkt er dann der harten Prüfungen und häuslichen Leiden, die ihr auferlegt wurden. Ihr Sohn, der Herzog von Longueville, war in der Schlacht bei St. Quentin in die spanische Gefangenschaft gerathen, und der größere Theil ihres Vermögens — eine Summe von 30,000 Goldthalern, die sie bei dem Herrn von Bern entlehnte — hatte geopfert werden müssen, um ihn loszukaufen. „Wohl wird Sie Alles das schwer angekommen sein," bemerkt ihr Calvin darüber, „aber doch ist es eine neue Gnadenführung Gottes, durch die er Ihren Sinn ganz und allein auf den Himmel richten will. Auf der einen Seite hat er durch die Zurückgabe Ihres Sohnes nur mit Maßen Sie gezüchtigt; auf der andern Ihnen gleichsam im Vorbeigehen, durch einen Vorschmack, gezeigt, was die Güter dieser Welt werth sind. Halten Sie übrigens fest daran, daß er nichtsdestoweniger keineswegs nur für das künftige Leben uns das Heil verheißt, sondern auch in diesem schon behüten und bewahren will mit Vatertreue*)."

Der frommen Mutter war es indessen nicht genug, ihren Sohn aus der leiblichen Gefangenschaft befreit zu wissen. Aus dem nächsten Briefe des Reformators ersehen wir, daß sie unmittelbar nach seinem Loskaufe es sich auf das Eifrigste angelegen sein ließ, auch seinen innern Menschen frei zu machen durch die lebenskräftige Freiheit des Sohnes Gottes, und mit dringender Bitte die seelsorgerliche Mithülfe Calvins dazu in Anspruch nahm. — „Ich habe mit Freuden erfahren, daß meine ersten Briefe von dem Herrn Herzog freundlich aufgenommen worden sind," schreibt er ihr darüber, indem er eine weitere Zuschrift an denselben ihr überschickt, „und da Sie mich nun versichern, daß mein Dienst ihn vorwärts bringen könne auf dem guten Wege, so hätte ich sicherlich nicht so lange gezögert, ihm von Neuem zu schreiben, wenn ich nicht fast die ganze Zeit über durch die heftigsten Schmerzen an Allem gehindert worden wäre. Uebrigens fehlt es ihm ja auch nicht an den trefflichsten, mündlichen Ermahnungen, die wohl noch mehr Eindruck hervorbringen werden, als meine Briefe, und von denen ich herzlich wünsche, daß er sie höre. Ich habe ihm zugleich ein Buch überschickt**),

*) Franz. Briefsammlung II, 179.
**) Seine Vorlesungen über die kleinen Propheten.

das er vielleicht mit einigem Nutzen lesen wird. Denn namentlich der Prophet Amos enthüllt und rügt die Laster eines Hofes mit dem heiligsten Ernste. In aller Einfalt, wie ein Hirte oder Landmann — welchem Stande er auch angehörte als er zum Propheten berufen wurde — geht er geradezu darauf los und sagt ungeschminkt heraus, worin sie sündigen. Sehr lieb wäre es mir darum, wenn Ihr Herr Sohn da beschauen wollte wie in einem Spiegel welche Verderbnisse zumeist im Schwunge gehen, wie sie von Gott angesehen werden und in welcher Weise er sich davor hüten kann."

Und ebenso spricht er auch ihm selber in der an ihn gerichteten Zuschrift seinen herzlichen Dank dafür aus, daß er seine Mahnungen so willig sich gefallen lasse und Freude daran habe. Denn sowohl um seiner eigenen Seele als um des Nutzens willen, den seine Bekehrung der ganzen Kirche bringen würde, erachte er es als einen hohen Gewinn, wenn er durch seine Dienst= leistung ihm einige Förderung schaffen dürfe für sein inneres Leben. „Darum," fährt er fort, „nehme ich mir auch die Freiheit, Ihnen von Neuem zu schreiben, denn ich vermuthe daß Sie in Mitten aller der Lüste und Ver= suchungen, die Sie umgeben, stets wiederholter Ermahnungen gar sehr be= dürfen. Nicht nur viele Dornen werden das Wachsthum des in Ihr Herz gestreuten Samens hindern wollen, sondern auch die Vögel des Satans werden kommen, um ihn wieder hinwegzurauben, ehe er nur recht einge= drungen ist. Um so mehr, gnädiger Herr, müssen Sie aller Hülfsmittel sich bedienen, durch die ein ernster Sinn und die Furcht Gottes in Ihnen erhalten werden kann. Ich meinerseits werde Ihnen dabei nicht fehlen, so weit es mir immer möglich ist. Sie sind noch jung, von hohem Stande, mitten in den Lüsten der Welt, denen auch die Stärksten unterliegen. Ueber das Hof= leben überhaupt will ich mich hier nicht weiter verbreiten. Nur von den Hochzeitsjubel, der jetzt gerade Paris erfüllt *), lassen Sie mich ein Beispiel nehmen. Ich bin zwar nicht so strenge, daß ich die Feste der Fürsten oder die Freudenbezeugungen verdammte, mit denen sie ihre Vermählungen feiern. Aber doch bin ich gewiß, gnädiger Herr, daß wenn Sie aus dem zerstreuenden Pompe sich wieder gesammelt haben und Einkehr halten in sich selbst, Sie das Gefühl empfinden werden, es sei das im Grunde nichts Anderes als nichtige Eitelkeit und Schaden für die Seele **). So aber müssen Sie Jegliches

---

*) Bei Gelegenheit der Doppelvermählung Philipps II. von Spanien mit der Prinzessin Elisabeth und des Herzogs Emanuel=Philibert von Savoien mit der Prinzessin Margarethe. Einen traurigen Gegensatz zu den aus= schweifenden Lustbarkeiten, in denen man sich dabei erging, bildete die grausame Verfolgung gegen die Reformirten, die gerade damals ihren Höhepunkt erreichte.

**) So schrieb er auch an die Marquise bei diesem Anlasse: „Ich zweifle nicht daran, daß die Lustbarkeiten dieser Tage Ihnen um so lästiger waren, da sie immer etwas an sich tragen, was den Frommen Grund zu Aergerniß

der Art auffassen lernen, zumal unter all dem gözendienerischen Wesen, indem Sie sich bewegen. Die stete Betrachtung des Wortes Gottes und die unabläßige Bitte um seinen Geist: das sind die Mittel, die uns durch dergleichen hindurch bei ihm festhalten und den endlichen Sieg uns verleihen*)."

Noch verschiedene Male wendet er sich weiterhin mit ähnlicher Zusprache an ihn: „Kein Opfer," schreibt er ihm in einem folgenden Brief**), „darf uns zu groß sein, wo es um unsere Pflicht gegen Gott sich handelt. Wenn uns der Herr zu wissen thut, daß er das Bekenntniß seines Evangeliums von uns verlangt, und wir müßten hunderttausend Leben dafür darbringen, so haben wir ihm zu gehorchen. Das ist es was er meinte als er sprach: „Wer Vater oder Mutter, oder Bruder oder Schwester, oder Weib oder Kind mehr liebe als ihn, der sei seiner nicht werth." Nun haben Sie, gnädiger Herr, darin einen großen Vorzug, daß Ihre Frau Mutter nichts mehr wünscht, als Sie gerade heraus in der Furcht Gottes wandeln zu sehen, und nur um so inniger sich freut, je offener und kräftiger Sie Ihren Glauben an das Evangelium zu Tage treten lassen. Auf andern Seiten freilich werden Sie einigen Hindernissen begegnen; aber übersteigen Sie dieselben muthig, und lassen Sie sich in keinem Falle dazu bringen, Gott zu rauben was sein ist, um den Menschen einen Gefallen zu erzeigen."

Für den Augenblick hatten diese Ermahnungen den gewünschten Erfolg. Als Beza zwei Jahre später am französischen Hofe verweilte, konnte er Calvin berichten: er habe dem Herzog von Longueville sammt seiner Mutter das Abendmahl gereicht, und Beide hätten von den römischen Irrthümern sich losgesagt. Kurz darauf unternahm der junge Fürst sogar eine Reise nach Genf, um dem Reformator persönlich seinen Dank abzustatten. „Mit einem glänzenden Gefolge von Edelleuten," sagen die Rathsregister, „ritt er in unsere Stadt ein. Die Herren Syndiks Roset, Baudichon, Chevalier Bernard begrüßten ihn im Namen der Regierung und Meister Calvin führte das Wort. Am folgenden Tage wohnte er der Predigt bei, die er mit vieler Aufmerksamkeit anhörte. Möge der Herr ihn fördern in der Reformation seines heiligen Evangeliums."

Aber dieser fürbittende Wunsch ging leider nicht in Erfüllung. Die Versuchungen des Hoflebens und des Ehrgeizes, vor denen der Reformator den vornehmen Pflegbefohlenen so treulich gewarnt, gewannen, kurz nach dem Tode Calvins, wieder die Oberhand über sein junges Glaubensleben und erstickten die fröhlich wachsende Saat. Seine Verheirathung mit der verwittweten Herzogin von Nevers, durch die er mit einer streng katholischen

---

und Trauer gibt. Und in der That sagt Paulus voraus, daß die Gläubigen kein Vergnügen haben an den Werken des Fleisches und den Lüsten der Welt, sondern er wiederholt seine Ermahnung, sich zu freuen in dem Herrn."

*) a. a. O. II, 267.

**) a. a. O. 287.

Familie in Verschwägerung trat, löste ihn allmälig von seinen frühern Verbindungen ab; und mit tiefem Schmerze mußte ihn seine Mutter zu den Irrthümern und dem Weltleben zurückkehren sehen, aus denen sie ihn für immer errettet geglaubt. Sie selber blieb dem evangelischen Bekenntniß unerschütterlich getreu bis an ihren Tod, der im Jahr 1587 erfolgte. In den Verwirrungen des Religionskrieges mehrmals gefangen genommen, und nach der Bartholomäusnacht mit dem Tode bedroht, wenn sie nicht in den Schooß der Kirche zurücktrete, hat sie keinen Augenblick ihren Glauben verläugnet, und in der ganzen Gegend, deren Herrin sie war, ein Andenken des Segens hinterlassen, wie es allein dem Gerechten verheißen ist*).

Einen Theil der mannigfachen Leiden, die so über sie ergingen, hat auch Calvin noch erlebt. „Ich zweifle nicht daran," schrieb er ihr zu der Zeit, da die Guisen das unglückliche Reich beherrschten und einen wahren Vertilgungskrieg gegen alle Bekenner des Evangeliums unternahmen, „daß Sie unter den gegenwärtigen traurigen Verhältnissen viele Unruhen erleben, und von allen Seiten sich bedrängt fühlen. Sie wissen aber, an wen Sie sich dabei zu wenden haben, um Hülfe zu erlangen. Lassen Sie auf den uns stützen, der alle Feinde unseres Heiles besiegt und alle Gewalt hat im Himmel und auf Erden, und wir werden uns nie getäuscht noch verlassen finden. Ich bitte Sie, gnädige Frau, wie viele Andere auch zögern und sogar zurückweichen, weichen Sie keinen Schritt breit ab von dem geraden Wege, sondern vollenden Sie siegreich den von Gott Ihnen geordneten Lauf bis zum Ziele. Denn wir sind Erlöste und zu Kindern angenommen; wir haben ein Erbtheil im Himmel, und wollen es nicht dahinten lassen. Wohl darf ich Gott loben über das was ich von Ihnen höre. Aber wo es um die Ehre des Höchsten sich handelt, können Sie nie so viel leisten, daß nicht noch Besseres zu wünschen wäre**)."

Indessen leistete sie doch getreulich was sich irgend von ihr erwarten ließ. Aller Gefahren ungeachtet, die damit verbunden waren, öffnete sie während des Religionskrieges ihre Schlösser den flüchtigen Glaubensgenossen, und wandte Hab und Gut daran, sie in Bedürfnissen wie Unternehmungen auf das Kräftigste zu unterstützen. „Nicht durch Ihre eigenen Briefe," schreibt ihr Calvin, „die kein Wort hievon erwähnen, wohl aber von Andern haben wir das gehört, und sind darum voller Freuden und Dank gegen Gott. Sie haben sich in Mitten der größten Gefahren der kleinen Heerde Christi nicht geschämt. Sie haben sich offen zu ihr bekannt; Sie haben Ihr Haus zu einer Rettungsherberge gemacht für die armen zerstreuten Schaafe, ein angenehmes Opfer vor Gott, den seine Gläubigen in der Errettung preisen durch Ihren Dienst. Und wenn die Boshaften Ihnen deßhalb zürnen, so mag es Ihnen genug sein, daß unser Herr versprochen hat: ein Glas kalten

---

*) Vergl. über sie Taillandier, Histoire du Château de Blandy (Paris 1854).
**) a. a. O. II, 289.

Waffers dem Kleinsten seiner Jünger in seinem Namen dargereicht, werde nicht unvergolten bleiben. — Unser himmlischer Vater aber halte Sie in seiner Hut, vermehre in Ihnen seine Kraft und lasse Sie wachsen in Allem was gut und heilsam ist*)."

Ein anderes hochberühmtes Geschlecht, mit dem wir den Reformator von frühe an in eine sehr enge und erfolgreiche Verbindung treten sehen, ist die altadelige, seit Jahrhunderten in den höchsten Würden des Staates und der Kirche sich bewegende Familie der Châtillon's, die eigentliche Helden-familie der französischen Reformation, in der ihr Geist und Charakter nach jeder Seite hin sich ausgeprägt hat, wie in keiner andern. An die drei Ge-schwister, den Admiral Caspar von Coligny, den Feldhauptmann Franz von Andelot, und die Gräfin von Roye, finden Briefe Calvins sich vor; mit dem ältesten Bruder, dem Cardinal Odet, ist er, verschiedenen Aeußerungen zu Folge, in gleichem Verkehre gestanden, ohne daß uns doch ein Dokument desselben erhalten wäre.

Der Erste, der seine Bekanntschaft suchte und seines seelsorgerlichen Beistandes genoß, war der jüngste der Brüder, Franz von Andelot, wie er denn auch zuerst aus seiner Familie den evangelischen Ueberzeugungen sich zugewandt hatte. Während einer Kriegsgefangenschaft, die ihn von 1551—1556 im Mailänder Schlosse festhielt, waren unter andern auch die Schriften Calvins in seine Hände gekommen, und hatten auf den geraden entschlossenen Mann alsobald die größte Wirkung hervorgebracht. Noch bekannten sich damals nur sehr Wenige aus den höhern Ständen zu der reformatorischen Lehre, und die einflußreiche Stellung, die d'Andelot im Staate einnahm**), der Gedanke an seine künftige Laufbahn, der das höchste Ziel in Aussicht gestellt war, die Rücksicht auf die streng katholischen Montmorencys, zu denen die Châtillon's von mütterlicher Seite her gehörten und mit denen sie bisher in allen Parteikämpfen Hand in Hand gegangen, schienen es rein undenkbar zu machen, daß der vornehme Edelmann, der in der Blüthe seiner Jahre und der Fülle der glänzendsten Erwartungen stand, an die verachtete und verfolgte Sekte sich anschließe, die nichts Anderes zu bieten hatte als Kerker und Scheiterhaufen. Und doch ist es so geschehen. In den Châtillons lebte neben einer seltenen Gewissenhaftigkeit und Treue des Pflichtgefühles eine Selbstständigkeit der Gesinnung und ein Adel des ganzen innern Wesens, der es ihnen als eine Unwürdigkeit hätte erscheinen lassen, irgend einem Menschen Einfluß auf das zu gestatten, was doch keinem Menschen unter-worfen war: auf ihr Gewissen und ihre Erkenntniß der Wahrheit. „Leben und Gut und Gehorsam für König und Land, aber das Gewissen für Gott

---

*) a. a. O. II, 499.

**) Schon im 24. Jahre war er zum Oberbefehlshaber der gesammten franz. Infanterie ernannt worden.

und uns selber," das ist etwa der Wahlspruch, den man über ihrer Aller
Lebensbilder setzen könnte*). Sowie der General einmal innerlich für die
Sache der Reformation sich gewonnen fühlte, bekannte er sich mit einer
Offenheit und Entschiedenheit dazu, die in jenen Tagen noch etwas Unerhörtes war in den Kreisen des hohen französischen Adels. Unvorzüglich führte
er auf seinen Ländereien den Genfer Ritus ein, predigte seinen Geschwistern
und Jedermann, mit dem er in nähere Berührung kam, die dringende Nothwendigkeit, seinem Beispiele zu folgen, und trat vermuthlich auch alsobald
mit dem Reformator selber in Verbindung**), der ohne es zu ahnen, ein so
mächtiges und erfolgreiches Lehramt an ihm geübt hatte.

Eine Zeit lang ging ihm das hin, ohne daß er viel darum angefochten
wurde. Heinrich II., der den biedern liebenswürdigen Mann für den tapfersten
Kriegsmann seines Königreichs erklärte und auch persönlich in hohen Gunsten
hielt, gab sich die Miene, als wisse er nichts von der Umwandlung, die mit
ihm vorgegangen, und da der König schwieg, wagte es kein Anderer seine
Stimme gegen ihn zu erheben. Aber auf die Länge konnten die Geistlichkeit
und die geschworenen Feinde der Châtillons, die Guisen, diesen Stand der
Dinge doch nicht ertragen. Der Cardinal von Lothringen bemerkte einmal
dem Könige, der Günstling, dem sein Herz und Ohr am meisten gehöre,
nehme so wenig Rücksicht auf ihn, daß er sich erlaube seine Religion überall
lächerlich zu machen und die bittersten Schmähungen gegen die Messe aus-
zustoßen. Er bitte seine Majestät, diese Verletzung seiner Würde und Verhöhnung der Gesetze nicht länger zu dulden. Heinrich versprach, ihn darüber
zu Rede zu stellen, und suchte dieß in der unverfänglichsten Weise zu thun,
indem er bei der nächsten Tafel wie beiläufig die Frage an ihn richtete: was
er von der Messe halte? Ohne Zweifel wünschte und erwartete er eine aus-
weichende Antwort, mit der er sich hätte zufrieden geben können. Aber Andelot, freimüthig von Natur und der Ermahnungen seines Lehrers eingedenk,
erwiederte gerade heraus: er halte sie für nichts Anderes als eine Menschenerfindung und unchristliche Abgötterei. Außer sich vor Ueberraschung und

---

*) Erst nachdem ich dieß niedergeschrieben, ist mir die Stelle in Beza's Chronik
zu Gesicht gekommen, wonach d'Andelot dem König das einmal wirklich
und fast wörtlich zur Antwort gegeben hat. „Je vous supplie, Sire,"
sagte er ihm „de laisser ma conscience sauve, et vous servir du
corps et des biens, qui sont du tout vostres."

**) Zwar sind uns vor dem nun gleich zu besprechenden Briefe keine Spuren
einer frühern Correspondenz zwischen den beiden Männern erhalten. Aber
nicht nur ungewisse Nachrichten über einen Besuch d'Andelot's in Genf,
unmittelbar nach seiner Gefangenschaft, sondern auch die Haltung dieses
Briefes, der ohne alle Einleitung, ohne alle Anknüpfung einer Bekanntschaft alsobald zur Sache selber übergeht — wie man einem altvertrauten
Freunde schreibt — deutet ganz bestimmt darauf hin, daß der Verkehr durch
denselben nicht erst angeknüpft, sondern lediglich fortgesetzt wurde.

Zorn warf ihm der König in leidenschaftlicher Aufwallung seinen Teller ins Gesicht, und befahl, ihn auf der Stelle zu verhaften. Er wurde zuerst nach Meaux geführt, und dann nach Melun, wo er in engem Gewahrsame gefangen saß.

Auf diesen Vorgang bezieht sich der erste Brief Calvins an ihn, den wir besitzen. Er ist ein Trost und Ermahnungsschreiben an den Gefangenen, mit dessen Schicksal man sich in Rom wie in Genf, in Madrid wie im Kreise der französischen Gläubigen mit einer Lebhaftigkeit beschäftigte, als hinge der Ausgang des Kampfes in Frankreich davon ab. Calvin freilich schreibt an ihn, ernst und ruhig wie immer, lediglich darauf bedacht, seiner eigenen Seele darzureichen, was unter den gegenwärtigen Umständen ihr nöthig sein mochte. Der Ton, in dem er das thut, schickt sich auf das Trefflichste zu dem Sinne des heldenmüthigen Kriegsmannes; es ist als spräche darin ein Waffengefährte in dem heiligen Kriege zu dem andern. „Ich zweifle nicht daran," sagt er, „daß Sie schon von lange her auf die Stürme und Angriffe sich gerüstet haben, die nicht ausbleiben konnten. Durch die erste Stunde hat Ihnen nun der Herr hindurchgeholfen, und wir danken ihm um so mehr dafür, als er damit vielleicht Großes beabsichtigt. Denn das müssen Sie beständig sich vorhalten: er hat Sie nun einmal vorangestellt, um ein Zeuge der Wahrheit zu werden, auf den Aller Augen gerichtet sind, und vor dem viele Thüren sich aufthun. Aber auch das Andere bedenken Sie: daß je augenscheinlicher er Ihnen im ersten Anlaufe zu Hülfe kam, um so mehr hat er Sie dadurch verpflichtet, nun auch weiter Treue zu halten. Es wäre leichter zu entschuldigen, wenn Sie sich gar nicht vorgewagt hätten, als wenn Sie jetzt wieder zurückwichen. Wohl empfinde ich es im Innersten mit, was schon Alles über Sie ergangen ist, und doch ist das erst der Anfang. Allein wenn es auch noch hundert Mal ärger käme: der Meister, dem Sie dienen, ist es wohl werth, daß wir widerstehen bis ans Ende und durch Nichts uns zum Abfalle bringen lassen. Wie oft haben Sie bisher für Ihren irdischen Fürsten Ihr Leben auf's Spiel gesetzt, und sind jedem Augenblick bereit, es wieder zu thun, weil Ihre Pflicht es so erfordert. Sollten Sie gegen den himmlischen Herrn und König, dem der Vater Alles untergeben, weniger Pflichten haben, seinen Feinden nicht auch in das Auge schauen, seinen Namen nicht auch erheben, das Blut, das er für uns vergossen, ihm nicht auch vergelten durch die Hingabe Ihres Lebens, seiner Ehre nicht auch nachtrachten, wie Paulus von sich rühmen kann, daß Christus sein Leben sei und Sterben sein Gewinn? Gewiß, gnädiger Herr, haben Sie selber schon heraus gefunden, daß die gefährlichsten Feinde diejenigen sind, die unter dem Scheine der Freundschaft sich zu Ihnen herzudrängen, um Sie wankend zu machen. An schönen Vorwänden fehlt es ihnen dabei nie, und recht ernstlich müssen Sie darum dem Beispiele des Apostels nachstreben, der durch schöne und schmähende Worte gleich unberegt hindurchging. Ihr

Theil ist jetzt das des Mofes, der, da er wohl hätte mögen groß fein am
Hofe Egyptens, die Schmach Christi für größern Reichthum achtete, denn
all' feine Schätze und Ergötzungen. Und der Apostel fagt es uns, wie er hiezu
gekommen ist. Er ist stark geworden, weil er sich an den hielt, den er nicht
sah, als sähe er ihn. So gnädigster Herr, heben auch Sie Ihre Sinnen
empor; schließen Sie die Augen gegen alle Zerstreuungen, die man Ihnen
etwa entgegenbringt; fühlen Sie sich schwach, so verlieren Sie den Muth
nur um so weniger, sondern denken Sie daran, daß seine Kraft gerade in
den Schwachen am mächtigsten ist. In allen Dingen aber befehlen Sie sich
in die Hände dessen, dem Ihr Leben theuer ist und der es vom Tode erlöset
hat, damit er über Sie verfüge nach seinem Gutdünken zu Ihrem eigenen
Heil. Und vergessen' Sie nicht: das Beharren kommt nicht von der Natur,
sondern ist eine Gnade von oben her; darum heben Sie Ihre Hände auf,
und bitten Sie darum, wie wir Alle, wie alle Kinder Gottes es mit Ihnen
und für Sie thun*).

In der That waren es zunächst diese „gefährlichsten Feinde in Freundes-
gewand," vor denen der erfahrene Seelsorger mit richtiger Voraussicht gewarnt, die dem Gefangenen am härtesten zusetzten und manchen schmerzlichen
Kampf verursachten. Kaum war er in Melun angekommen, so eilten seine
Gemahlin und sein Bruder, der Cardinal, herbei, der damals dem Evangelium noch durchaus gleichgültig gegenüberstand, und suchten auf alle mögliche Weise ihn dahin zu bringen, daß er durch irgend einen unschuldigen
Akt der Unterwerfung den Zorn des Königs beschwichtige. Aber mit ruhiger
Entschlossenheit wies d'Andelot jeden Schritt dieser Art zurück: „Morgen,"
schrieb er an die Geistlichen in Paris, „soll der Priester kommen, durch den
man mich will unterrichten lassen. Ich bitte Gott, er möge mir in den Mund
geben was ich reden soll, damit seine Wahrheit verherrlicht werde. Ich will
den Namen meines Erlösers preisen, sei es durch mein Leben, sei es durch
meinen Tod; Christus soll mein Leben sein, und Sterben mein Gewinn; es
ist mir befohlen, Gott zu fürchten und den König zu ehren, und ich will das
Eine thun wie das Andere**)." Und ebenso sprach er auch gegen seinen
Monarchen selber sich aus. „In Allem will ich Ihnen in herzlicher Demuth
gehorchen, nur da nicht wo ich Gott gehorchen muß. Ich bitte nicht um
mein Leben und auch nicht um meine Freiheit; denn gerne gebe ich Beides
hin zur Ehre Gottes und um meine Seele zu bewahren; aber dessen möchte
ich überhoben sein, daß mein treuer Eifer für Ihren Dienst in Widerspruch
geräth mit meinem Gewissen. Denn das preßt mir das Herz zusammen und
schmerzt mich mehr als alles Andere."

Nicht ohne einige Sorge hatte Calvin — durch d'Andelots eigene

---

*) Franz. Briefsammlung II, 195.
**) Genfer Manuscript bei Bonnet II, 203.

Briefe, die wir leider nicht mehr besitzen*) — von diesen versuchlichen Umständen Kunde erhalten. „Ich fürchtete dergleichen," antwortet er, „und es wird sich noch öfter wiederholen. Aber auch das haben Sie und wir wiederum erfahren, daß Gott getreu ist und seine Hand nicht wieder zurückzieht. Freilich hätte ich alles das Schlimme Ihnen noch lieber erspart gesehen, was vielleicht gelungen wäre, wenn Sie zu rechter Zeit sich vom Hofe zurückgezogen hätten. Läßt Gott Sie jetzt wieder frei, nachdem Sie ihm Treue gehalten bis an's Ende, so möchte ich Ihnen wohl rathen, diesen Schritt dann nicht länger aufzuschieben. Und wenn Sie etwa meinen, daß Ihre Verpflichtungen gegen Ihren Fürsten Ihnen das unmöglich machen, so vergessen Sie nicht, daß Gott durch seinen Propheten Hosea das Volk Israel einmal ernstlich darüber straft, daß es einem Befehle seines Königs gehorchte. Denn hinter einem Menschen will Gott nun und nimmermehr zurückstehen**).“

Wer sollte es nach Alle dem glauben, daß doch am Ende auch dieser Mann einen Augenblick schwach wurde und fiel? Noch war der eben mitgetheilte Brief Calvins nicht in seinen Händen, noch war er nicht einmal geschrieben***), als der Gefangene durch die lange Haft und das fortwährende Andringen der Seinigen ermüdet, sich endlich dazu bewegen ließ, ein Schreiben an den König abzuschicken, das in seinen zweideutigen Wendungen als eine Zurücknahme seines frühern Bekenntnisses gelten konnte, und jedenfalls dem Monarchen mehr Unterwerfung und Gehorsam versprach, als mit dem Gehorsam gegen Gott und das Gewissen verträglich war†). Und unmittelbar auf das halb verläugnende Wort folgte auch die That, die bei Freunden und Feinden als eine Verläugnung galt: Ein Altar wurde in der Gefängnißstube aufgerichtet und in d'Andelots Gegenwart eine Messe gelesen, ohne daß er durch irgend ein Zeichen einen Widerspruch gegen das Vornehmen geäußert hätte.

Der bisher so tapfere Mann mochte sich dadurch einigermaßen für entschuldigt halten, daß es Jedermann offenbar war und auch dem Hofe nicht verborgen blieb: wie er nur der Gewalt und zum Scheine sich gefügt habe, ohne in der That das Geringste von seinen Ueberzeugungen aufzugeben. In aller Eile schickte er einen besondern Boten an Calvin, um das Vorgefallene

---

*) „Monseigneur, depuis avoir reçu vos lettres.“
**) Franz. Briefsammlung II, 203.
***) Er ist vom 12. Juli 1558 und der Unterwerfungsbrief d'Andelots an den König vom 11. desselben Monats datirt.
†) Namentlich dankt er darin für die Zusendung des oben erwähnten Priesters, „dessen Gesellschaft ihm sehr angenehm gewesen und dem er Rechenschaft über seinen Glauben gegeben.“ Seine Religion sei nicht wie Einige es meinen. Im Uebrigen werde er seiner Majestät gehorchen, wie Gott es befohlen, und die Pflicht eines treuen Dieners es erfordere. Bei Bonnet (nach Genfer Manuscript) II, 220.

ihm von diesem Gesichtspunkte aus darzustellen, und that auch sonst das Möglichste, die erschrockenen Freunde zu beruhigen. Aber das laute Triumphgeschrei der Katholiken und die Thränen seiner Glaubensgenossen mußten ihn bald überzeugen, daß die Sache doch mehr zu bedeuten habe, als er sich einreden wollte. In tiefer Trauer kam die Pariser Gemeinde zusammen, wie um einen Bußtag zu begehen. „Wir sind die Elendesten unter den Elenden," schrieb ihr Geistlicher an Calvin; „so hat denn auch der fallen müssen, der unser Stolz und Triumph war, damit wir auf jede Weise gedemüthigt würden." Auch Calvin selber wurde durch die Nachricht auf das Schmerzlichste bewegt und beschämt. Längere Zeit verschob er seine Antwort in der Hoffnung daß der niederschlagenden Kunde bald eine bessere folgen werde; „erst als Ihr Bote auf die Rückkehr drang," sagt er, „und dringend ein Schreiben von mir begehrte, gab ich dieses ihm mit."

Zuerst auf die Entschuldigungsgründe geht er darin ein, mit denen der Gefallene sein Gewissen zu beruhigen suchte. „Einigen Schein haben sie allerdings," schreibt er, „aber nur vor den Menschen, nicht vor Gott. Denn für's Erste haben Sie den Schwachen Aergerniß gegeben, und werden vielleicht die Schuld davon tragen, daß Viele durch Ihr Beispiel verleitet, denselben Weg der Verläugnung gehen. Und zum' Andern ist es eine ernste Beleidigung Gottes, daß Sie die Menschen höher hielten als ihn, der uns geschaffen und erlöst und zu seinem himmlischen Erbe berufen. O sehen Sie doch, wie die Feinde der Wahrheit jubeln, daß es ihnen gelungen ist, nicht nur Ihren Glauben zu erschüttern, sondern Sie auch zur feierlichen Billigung dessen zu bringen, was Sie vordem für einen Gräuel erklärten! Sie haben in Ihrer Person gleichsam den Herrn Jesum selber besiegen lassen und seine Lehre mit Schmach bedeckt; zugleich über ihn und Sie singen sie jetzt ihre höhnenden Siegeslieder. Sie sagen: Ihr Fehler sei nicht so groß, weil man wohl wisse, wie Sie nur dem Zwange nachgegeben; aber denken Sie doch an die vielen Märtyrer, die noch unter dem Joche des Gesetzes lieber sterben wollten als vom Fleische eines Schweines essen; nicht um der Sache selber willen, sondern weil es ein Zeichen gewesen wäre, daß sie mit den Heiden sich gemein machten und den Gott Israels verließen. Sie mußten wohl, daß Ihre Feinde in derselben Absicht ihre Zumuthungen an Sie stellten, und daß Ihre Einwilligung nicht anders werde ausgelegt werden, als in diesem Sinne. Und doch haben Sie sich gefügt, haben Raum gegeben dem Lästerer, haben die Ehre Gottes, die Ihnen anvertraut war, wie in den Wind geworfen. O entschuldigen Sie sich nicht, Ihr Fall war tief und schlimm; gedenken Sie seiner nicht anders als mit der bittersten Traurigkeit.

„Ich weiß, diese Worte werden Ihnen im ersten Augenblicke hart vorkommen; aber ich spreche mit Paulus: „daß ich euch durch den Brief habe traurig gemacht, reuet mich nicht, so ihr nur betrübt worden seid zur Reue." Selbst wenn Sie darum bitten, daß Gott Ihrer schonen möge, so wäre es doch nicht gut, wenn die Brüder das thäten, denen die Aufgabe gestellt ist, Sie zur Erkenntniß Ihrer Sünde zu bringen. Es ist eine Gnade von ihm, daß er Sie so züchtigen läßt durch sein heiliges Wort, damit Sie sich selber richten und nicht gerichtet werden.

„Aber über das Maß freilich möchte ich Sie nicht betrüben, sodaß auch für die Zukunft der Muth Ihnen entfiele. Es ist genug, wenn Sie Ihren Fall recht wahrhaftig erkennen und bereuen, wenn Sie wieder zurückkehren auf den verlassenen Weg, wenn Sie durch verdoppelten Eifer zeigen, daß Sie nicht abgefallen sind, sondern nur für einen Augenblick schwach geworden. Allerdings wird Sie das schwer genug ankommen, aber einen andern Weg gibt es nicht, wieder gut zu machen was Sie begangen. Sie müssen sich mit Christo begraben lassen in seinen Tod. Sie müssen sein Mahlzeichen an Ihrem Leibe tragen, damit Ihr Leben in ihm offenbar werde. Prägen Sie sich in's Herz und machen Sie sich's zur Regel Ihres Lebens, was der Apostel schreibt: „Wir wandeln im Glauben und nicht im Schauen. Wenn aber unser Haus dieser irdischen Hütte einmal zerbrochen wird, so wartet unser Gott selbst in seiner heiligen Majestät mit der unverwelklichen Krone der Ehre *).“

D'Andelot ist diesen Ermahnungen treulich nachgekommen. „Oeffentlich bekannte er,“ erzählt Beza**), „daß er aus großer Schwachheit und Glaubenslosigkeit so gehandelt; verdammte jeder Zeit sein Benehmen bis zu seinem Tode, und suchte es auf alle Arten wieder gut zu machen.“ Als einer der geachtetsten Männer seines Landes und einer der muthigsten Vorkämpfer der Reformation ist er im Jahre 1569 im vollen Bekenntnisse des Evangeliums gestorben, von allen Parteien betrauert, als eine Zierde Frankreichs und ein Mann ohne Fleck und Tadel***).

Noch bei Weitem bedeutender als er, sowohl was die persönliche Stellung als was den Einfluß auf das Geschick der französischen Reformation angeht, erschien indessen sein älterer Bruder, der Admiral Caspar von Coligny, „vielleicht der berühmteste Mann der damaligen Welt,“ wie

---

*) a. a. O. 219. Der Brief ist übrigens nicht ganz erhalten. — Als ein Schreiben ähnlicher Art vergl. den schönen Trost- und Ermunterungs-Brief an einen abgefallenen und dann wieder zur Erkenntniß des Evangeliums zurückgekehrten Edelmann aus dem Dauphiné. A. a. O. 522 „Sie sind lange Zeit unnütz gewesen; bezahlen Sie jetzt mit doppeltem Eifer Ihre Rückstände gegen den Herrn. Statt durch das Andenken an Ihre vergangene Schwachheit sich niederschlagen zu lassen, möge vielmehr die Reue darüber und die herzliche Dankbarkeit gegen Gott, dessen unendliche Güte Sie wiederum erfahren, Sie mit neuem Glauben und getrostem Muthe erfüllen.“

**) Histoire eccl. I, 145.

***) Einige Zeugnisse dieser Art aus der Feder strenger Katholiken enthält die France protestante III, 417.

Ranke ihn nennt, und jedenfalls eine der vollendetsten, männlichsten Gestalten dieses heldenreichen Zeitalters. Eine edlere Frucht hat der Baum der französischen Reformation nicht getragen; einen in jedem Sinn größeren und patriotischeren Bürger Frankreich nie besessen, so weit seine Geschichte reicht*). „Hätte Calvin auch nur diesen ein en Schüler gewonnen," darf Henry wohl sagen, „so wäre er ein mächtiges Werkzeug geworden zur Verbreitung der Wahrheit." Denn als ein Schüler Calvins, wie sein Bruder, tritt er von Anfang an uns entgegen. Längere Zeit als dieser war er der neuen religiösen Bewegung fremd geblieben. Die gewissenhafte Beobachtung der römischen Kirchengebräuche schien ihm genügend, um sein Gewissen zufrieden zu stellen. Den dringenden Mahnungen d'Andelots und seiner trefflichen Gattin, die durch den Schwager zur evangelischen Ueberzeugung gekommen war, hielt er die weltkluge Erwägung entgegen, daß das Schicksal seines Hauses an ihm hänge, das er nicht muthwilliger Weise von seiner stolzen Höhe herabziehen dürfe; wer an der Spitze des Staates stehe, wie er, habe andere Rücksichten zu nehmen, als ein einfacher Privatmann und mit Wichtigeren sich abzugeben, als mit theologischen Streitigkeiten. Aber in dieser stolzen Sicherheit wußte Gott ihn zu finden — merkwürdiger Weise auf demselben Wege wie seinen Bruder! — und ihm darzuthun, welchen Werth dieß Alles habe. Bei der Erstürmung von St. Quentin im Jahre 1557, dem vierzigsten Jahre seines Alters, war er in spanische Kriegsgefangenschaft gerathen, und hatte nun in der Einsamkeit seiner fast über ein Jahr langen Gefangenschaft Muße, sich mit sich selber zu beschäftigen. Sein Feldherrnruhm, bisher der höchste Stolz seines Lebens, hatte durch die erlittene Niederlage, so unverschuldet sie auch war, einen Makel erhalten, den seine Neider auf das Beste in's Licht zu stellen wußten; die Gunst des Königs schien sich von ihm abzuwenden; eine der wohlbegründeten Hoffnungen seines männlichen Ehrgeizes nach der andern über seinem Haupte zusammenzustürzen. Zudem warf ihn eine Krankheit darnieder und brachte ihn an den Rand des Todes. Da wachte seine Seele auf und fing an, das Große groß achten zu lernen und das Geringe gering. Was er von seinem Bruder und seiner Gemahlin über das reine Evangelium vernommen, wurde ihm in diesen bangen Stunden zum liebsten Troste seines Innern und zur einzigen Stütze, an der er sich aufrecht hielt. Sowie er wieder von seinem Bette erstehen konnte, waren die heilige Schrift und die Bücher Calvins das Erste, was er von seinen Verwandten begehrte, und in vollen Zügen trank sein ernst gearteter inwendiger Mensch den Trost

---

*) Es würde zu weit führen, wenn wir hier die Bedeutung und das wechselvolle Leben des herrlichen Mannes im Nähern uns schildern wollten. Es ist zudem im Allgemeinen bekannt genug; und Solche, die sich genauer darüber zu unterrichten wünschen, verweise ich auf meine Aufsätze über ihn, im 11. u. 12. Bande der „Protestantischen Monatsblätter."

und die Wahrheit des Evangeliums, die sich ihm darin aufthat. Ob er dabei selber den Wunsch äußerte, von Calvin noch eine besondere Belehrung und Weisung zu empfangen — ob seine hoch erfreute Gattin sich in diesem Sinne an den Genfer Reformator wandte, oder der treue Seelsorger auf die Kunde von dem Geschehenen sich aus freien Stücken dazu getrieben fühlte, in dem entscheidenden Augenblicke ihm mit seiner Stärkung und Ermunterung zu Hülfe zu kommen, bleibt uns völlig im Dunkeln. Nur so viel ist gewiß, daß er in der That auch in dieses zukunftsvolle Gefängniß hinein einen jener Hirtenbriefe zu bringen wußte, von denen wie durch einen Zauber Muth und Entschiedenheit auszugehen pflegte in die Herzen.

Für beide Männer gleich ehrend und charakteristisch ist die Weise, wie er sich darin ausdrückt. Ohne Zweifel war es Calvin eine der erfreulichsten Aussichten, die sein Leben ihm noch gebracht: den berühmten, einflußreichen Helden für die reformirte Sache zu gewinnen, und mit heißem Gebete mag er in jenen Tagen darum gerungen haben, daß diese Hoffnung nicht zu Schanden werde. Aber doch thut er darum nicht das Geringste, um dem so sehnlich herbeigewünschten den großen Schritt leichter zu machen oder leichter erscheinen zu lassen. Kein Jota läßt er nach von der Strenge der Forderungen, die er im Namen eines ernsten, ganzen Christenthums glaubt erheben zu müssen. Indem er ihn mit lauter Mahnung ruft, ruft er ihn doch nicht anders als dort der Herr seine Jünger: „Wer mir nachfolgen will, der verlasse Alles was er hat und nehme sein Kreuz auf sich, denn er wird leiden müssen zu meines Namens Ehre." Was er dem bewegten Manne in Aussicht stellt, wenn er seiner Sache sich anschließen wolle, ist nichts Anderes als Kampf und Verfolgung und Verwerfung und Opfer. Aber man fühlt es ihm an, er hat dabei das Vertrauen zu dieser Seele, daß sie dadurch sich nicht werde abschrecken lassen.

„Viele Ermahnungen zur Geduld und zum Glauben bedürfen Sie nicht mehr," schreibt er ihm, „denn ich bin es gewiß und zudem wird es mir auch ausdrücklich bezeugt, daß unser barmherziger Gott Sie so gestärkt hat durch die Kraft seines Geistes, daß wir nur noch Dank zu sagen haben, nicht zu einem Weitern anzutreiben. Und in der That: darin besteht die wahre Seelengröße, Herr zu werden über seine Leidenschaften, und nicht nur Herr darüber zu werden, sondern sie auch Gott darzubringen als ein wohlgefälliges Opfer des Gehorsams. Indessen bei alle dem möchte ich Sie bitten, sich doch an solcher Tapferkeit nicht genügen zu lassen, sondern Ihre Gedanken noch darüber hinaus, noch höher zu richten: nämlich auch dessen gewiß zu werden, daß Gott nicht für nichts und wider nichts Ihnen diese Trübsal geschickt hat, sondern daß er Sie dadurch herausziehen wollte aus der Welt, gleichsam an einen besondern Ort, damit Sie da seine Stimme um so deutlicher vernehmen. Denn Sie wissen es ja zur Genüge, gnädiger Herr, wie schwer es ist, in mitten von Ehre und Reichthum und der Herrlichkeit der Welt das Ohr ihm darzuhalten. Sie wissen ja zur Genüge, wie die Zerstreuung uns hin und wieder zieht, und uns am Ende ganz von ihm entfernt hielte, wenn er sich nicht solcher Mittel bediente, um diejenigen zu sich zu führen, die er erwählt hat. Darum bitte ich Sie auf das Dringendste: nachdem Gott solche Gnade an Ihnen that und solche Muße Ihnen schenkte, so benutzen Sie dieselbe nun auch nach seinem Willen; merken Sie auf, gleich als ob er Ihnen in's Ohr flüstern wollte; lernen Sie immer mehr die Süßigkeit seiner Liebe schmecken, und vertiefen Sie sich in sein heiliges Wort; lassen Sie in sich anwachsen eine lebendige Wurzel des Glaubens, damit Sie von nun an feststehen in allen Versuchungen und beharren bis an's Ende. Freilich ist es ja wahr: es ist heutzutage Alles eher erlaubt, als Gott zu dienen im Geiste und in der Wahrheit; und auch Sie müssen sich zum voraus auf allerlei Bitteres gefaßt machen, das Ihnen widerfahren wird. Aber das ist kein Grund zur Trauer, das ist ein Grund zur Freude, wenn Sie gewürdigt werden, Schmach zu leiden um seines Namens willen. Ergeben Sie sich ihm in allen Stücken, lassen Sie sich leiten durch seinen Geist, erleuchten durch seine Offenbarung, stärken durch seine Gnade in allen guten Werken, und ich bin es gewiß: es wird Ihnen Heil widerfahren in Kürze, und wir werden Grund haben, ihm Lob zu sagen*)."

Zu gleicher Zeit richtete er an die Gemahlin des Gefangenen — mit der er dem Tone des Briefes nach vielleicht schon längere Zeit in Correspondenz gestanden — ein überaus herzliches Trostschreiben. „Daß die Gefangenschaft Ihres Gatten Ihnen hart fällt," sagt er ihr „ist natürlich; aber durch die Frucht, die daraus erwachsen ist, haben Sie doch gewiß jetzt schon sich überzeugt, daß Gott bei seiner Heimsuchung nur Gutes und Heil im Sinne hatte. Denn eben dadurch läßt er uns am meisten seine Güte schmecken, daß er die Freuden und Herrlichkeiten der Welt uns entzieht. Wie ein Adler nimmt er uns da unter seine Flügel, und lehrt uns mit David sprechen: „wenn ich nur ihn habe, so frage ich nichts nach Himmel und Erde." Gewiß haben Sie vordem nicht gemeint, daß Ihnen aus so bitterer Wurzel so süßer Geschmack kommen könne; aber Sie sehen nun selbst, wie es ein Anderes ist, ob Weltkinder Trübsal erfahren, ein Anderes ob die Erwählten Gottes. Uebrigens ist es ja immer noch erträglich, was Sie zu dulden haben, und bei Weitem nicht zu vergleichen mit dem, was auf vielen unserer Brüder liegt. Legen Sie jedenfalls Reichthum und Armuth, Hoheit und Niedrigkeit in gleicher Weise zu seinen Füßen. Sie sind jetzt noch hoch und reich, gebrauchen Sie was er Ihnen gelassen hat so, daß in keinem Stücke Ihr Herz daran hängen bleibt. Die Nachfolge unseres Erlösers ist zu dieser Zeit dornig und verhaßt wie kaum etwas anderes in der Welt, aber beben Sie darum nicht davor zurück, und erzürnen Sie lieber die ganze Erde gegen

---

*) Franz. Briefsammlung II, 230.

um Ihres Gottes willen, als das Geringste zu thun, „was ihm miß=
t*)." —

Und wo nun irgend in dem vielbewegten Leben des Admirals eine der
ßen, schweren Entscheidungsstunden eintritt, da er unter Gefahr und
upf für das Evangelium Zeugniß abzulegen oder die Sache seiner ver=
ten Brüder zu führen, oder an sich selber die Wuth und Bosheit der
ade in ihrer ganzen Bitterkeit zu erfahren hat: da sehen wir auch Calvin
hm herantreten, und mit seinen fürbittenden Händen, mit seinem männ=
en Gottestroste, mit seinem kräftigen Rathe ihm zur Seite stehen: ein Bund
ier Helden, in Gott gegründet und für Gottes Sache, wie dem suchenden
ße kaum ein zweiter sich bietet in der Geschichte dieser Welt und der Kirche.

Zum ersten Male im Jahre 1560 wurde Coligny zu der gefahrvollen
lle solch' eines Führers und Vertreters seiner gedrückten Glaubensgenossen
sfen. Eine sogenannte Notabelnversammlung sollte in Fontainebleau
mmenkommen, um wieder einige Ruhe herzustellen in dem tief erregten
zerrütteten Reich, das die Gewaltherrschaft der Guisen mit den reli=
en Verfolgungen auf das Aeußerste gebracht; und wie sehr man nun auch
Admiral von allen Seiten warnte, sich nicht in die Mitte seiner Feinde
egeben, wie dringend man auf das Beispiel der übrigen evangelisch=
innten ihn hinwies — selbst der bourbonischen Prinzen, die sich ferne
ten —, wie völlig er selber auch von den schlimmen Absichten der Ge=
thaber überzeugt war und die ernstlichste Gefährdung seiner Person
rußsah**): er hielt es für seine Pflicht, nicht zurückzubleiben, wenn sein

---

*) A. a. O. II, 233. Noch ein zweiter Brief an diese hochgesinnte Chri=
stin über die verlängerte Gefangenschaft ihres Gemahles findet sich p. 262.
Die Ermahnungen und Tröstungen sind im Allgemeinen dieselben, wie
in dem oben mitgetheilten Schreiben, nur die Stelle, die von dem Ge=
fangenen handelt, ist etwa noch mittheilenswerth. „Ich bitte Sie," schreibt
Calvin, „halten Sie Stand gegen Alles was kommen mag, denn so ge=
neigt er jetzt ist, sich Gott zu ergeben, so fürchte ich doch, daß die Miß=
billigungen und Drohungen seines Oheims (des Connetable von Montmo=
rency) oder die Bitten seines Bruders (des Cardinals Odet) einigen
Eindruck auf ihn hervorbringen. Denken Sie auch daran, daß es Ihre
Pflicht ist, durch Ihr Beispiel ihm Muth zu machen. Auch wir wollen
Gott bitten, daß er ihm größere Standhaftigkeit gebe, als der sie be=
wiesen, der so gut angefangen und doch nicht völlig beharrt hat (Anspie=
lung auf d'Andelot)."

*) „Als er sein Schloß verließ," heißt es in Beza's Chronik (I. p. 392),
„wollte er seiner Frau (einer der christlichsten und tugendsamsten ihrer Zeit)
die Gefahr verhehlen, in die er sich begab, und von der er keinen guten
Ausgang erwartete. Doch fügte er bei, daß er auf den Herrn hoffe, der
seine Kirche und dieß arme Reich nicht völlig werde verderben lassen, in=
dem er sie zugleich mit seinem ganzen Hause ermahnte, unter allen Um=
ständen dem Bekenntnisse des Evangeliums treu zu bleiben, daß sie als die

König ihn rufe, und die Gelegenheit nicht zu versäumen, da er in gesetzlicher Weise, vor Fürst und Reich ein Zeugniß ablegen könne für das Evangelium, das man verfolge wie eine Pest, statt es anzunehmen als das einzige Mittel des Heils. „Denn nur seine Meinung abzugeben über die gegenwärtige Verwirrung", sagte er, „sei er ja berufen und diese Meinung gehe dahin, daß der einzige Weg der Rettung in der Freigebung der evangelischen Predigt bestehe. Er würde ein Gewissenloser und Feigling sein, würde er diesen Rath für sich behalten." — Freilich ein Rath, auf dessen Aussprechen die bestehenden Verfolgungsedikte nichts Gringeres setzten als den Tod durch den Scheiterhaufen.

Mit hoher Freude vernahm das Calvin. „Wie loben wir Gott", schreibt er ihm, „daß er Ihnen solchen starken Muth gegeben, etwas zu wagen für seine Ehre und das Reich seines Sohnes! Freilich wäre es zu wünschen, daß Sie viele Genossen darin hätten. Aber wenn die Andern furchtsam und träge sind, so haben Sie eben an das Wort des Herrn sich zu halten: „Was gehen diese dich an? Folge Du mir nach." Denn an uns alle ist ja die Antwort gerichtet, die er dort auf die Frage des Petrus gab: „Herr was soll aber dieser?" Ein jeder gehe für sich selbst, wohin der Herr ihn ruft, auch wenn Keiner ihm folgt, und Gott wird einen Segen legen auf solchen Heldenmuth des Glaubens, wie er ihn bisher an Ihnen leuchten ließ, daß das Beispiel auch die Uebrigen nach sich ziehe. Und selbst wenn dem nicht so wäre, wenn die Welt blind und undankbar bliebe und all' Ihre Mühe verloren schiene: seien Sie getrost, gnädiger Herr, Gott und seine Engel sehen auf Sie herab und freuen sich Ihrer. Und in der That kann es Ihnen ja doch genug sein mit sicherer Hoffnung der himmlischen Krone warten zu dürfen, nachdem Sie bis an's Ende gekämpft und ausgeharrt zur Ehre des eingebornen Sohnes, in dem unser Heil beruht."

Die nächsten Briefe der beiden Männer drehen sich um die kurz vorher zum Ausbruch gekommene Verschwörung von Amboise, von der wir im nächsten Kapitel ausführlicher werden zu zeigen haben, welche Stellung der Reformator zu ihr einnahm. Ehe das Jahr 1560 zu Ende ging, gestaltete sich dann durch den Tod des jungen Königs Franz II., mit dem die Guisische Herrschaft ihr Ende erreichte, die Lage der Dinge etwas günstiger. In der Ständeversammlung zu Orléans sprach sich über die Hälfte der Deputirten für Gewährung der Gewissensfreiheit aus; die schlaue Catharina von Medici, die immer dem Stärkeren Recht gab, schien ganz damit einverstanden; voll der frohsten Hoffnung schrieb der Admiral nach Genf um einen Geistlichen, der in seiner Wohnung in Mitten der Hauptstadt selber das Evangelium verkünden könnte. „Wir haben, Gott sei Dank! einen Mann

---

Wahrheit zum ewigen Leben erkannt hätten, und es für Gnade zu halten, wenn der Herr sie zum Leiden berufe um seines Namens willen."

gefunden, wie Sie ihn wünschen werden", antwortete ihm Calvin darauf, „und ich zweifle nicht, daß er sich bewähren wird in der Erfüllung seiner Pflichten. Doch weiß ich noch nicht genau, wozu und in welchem Maß Sie ihn zu gebrauchen denken und erwarte eine Aufklärung darüber von Ihrer Güte. Unterdessen bitte ich Sie, gnädiger Herr, werden Sie nicht müde noch laß in einem so guten und heiligen Werke, an das man nicht nur eines, sondern dreißig Leben setzen sollte, wenn man sie hätte. Ich kann mir freilich die Schwierigkeiten und Hindernisse zum Theil denken, die Sie aufhalten oder abwenden möchten. Aber Sie wissen ja, wer Sie in diese Arbeit gesetzt hat und auf wen Sie daher sich auch stützen dürfen in Allem, was Ihnen begegnet. Ueber diese Welt hinaus müssen Sie dabei allerdings Ihren Blick richten, wie dann der Apostel uns ermahnet, unsern Anker in den Himmel auszuwerfen. Und mit je offenerem Muthe wir Gott unsern Dienst darbringen, um so mehr wird er ihn gedeihen lassen. Mag der Teufel wieder etwas brauen unter der Erde, wie es den Anschein hat: Gott besitzt gar wunderbare Mittel, seine Pläne zu nichte zu machen. Wie dem übrigens immer sei, unsre Pflicht ist einfach: geradehin den Weg zu gehen, den er uns weist."

Indessen gingen die hochgesteigerten Hoffnungen doch nicht so schnell in Erfüllung, als die mächtig aufstrebenden Reformirten es erwarteten. In einem folgenden Schreiben hielt der Reformator es für nothwendig, den trefflichen Mann, auf den sie alle sahen und dessen rücksichtslosen Christenmuth er sonst seinen Freunden mit der lebendigsten Anerkennung schilderte*), doch auch davor zu warnen, daß er nicht allzu ungeduldig vorwärts gehe, sondern in jedem Stücke, im Harren wie im Zufahren, im Verziehen wie im Bestehen, als ein Diener des Herrn sich erweise, der durchaus seiner Leitung sich unterwerfe. „Freilich", schreibt er ihm in diesem Sinne, „wäre es ja zu wünschen, daß das Reich Gottes noch schnellere Fortschritte machte in Ihrem Lande, und das Evangelium friedlicher seinen Weg gehen könnte, aber verwunderlich dürfen wir es deßhalb noch nicht finden, wenn der da alles nach seinem wunderbaren Rathe führt, die Geduld der Seinigen prüfen will und ihre Kämpfe verlängert, um sie dadurch zum höchsten hingebendsten Eifer anzutreiben. Sie werden binnen Kurzem erfahren, daß er deßhalb doch gegenwärtig ist und wacht. Nur werden Sie nicht müde und thun Sie nichts auf eigene Hand. Ein Pfand seiner Hülfe hat ja Gott in diesen letzten Tagen

---

*) „Nur der Treue des Admirals," schreibt er so am 25. Mai 1561 an Bullinger, „sind wir ganz sicher. Auf das Kräftigste muntert mein College ihn auf, den ich ihm zusandte. In der Nähe des königlichen Palastes läßt er öffentlich predigen. Alle Widersacher schreien, diese Frechheit sei nicht zu ertragen. Die Königin bittet mit Schmeichelworten es abzustellen, aber vergeblich. Lieber will er Alles über sich ergehen lassen, als umwenden."

uns doch auch wieder gegeben*). Lassen Sie aber auf der andern Seite auch nicht mit den Lässigen sich ein, die ihre Pflicht vergessen, sondern suchen Sie dieselben vielmehr durch Ihr Beispiel zu beschämen und zu bessern. Kurz, ich hoffe: Gott werde Sie überall und in Allem mit seiner heiligen Kraft und Klugheit ausrüsten, so daß Sie glücklich vollenden, was Sie beginnen durften durch seine Gnade."

Die Entscheidung rückte unterdem näher und näher. Das berühmte Gespräch zu Poissy kam zu Wege bei dem die erst noch verachtete und durch Feuer und Schwert verfolgte reformirte Lehre nun in der feierlichsten Versammlung der weltlichen und geistlichen Würdeträger König und Königin an der Spitze, offen vorgetragen wurde und geradezu den Anspruch erheben durfte, an die Stelle des römischen Kirchenwesens sich zu setzen. Entschiedener als je trafen dabei die Gegensätze aufeinander; zur höchsten Spannung war Alles gesteigert, da der Bruch nach dieser oder jener Seite hin unvermeidlich folgen mußte. Man kann sich denken, wie die Parteien alle ihre Kräfte zusammennahmen und anstrengten bis auf den letzten Nerv; „wer nicht für mich ist, der ist wider mich," mußte jetzt der Wahlspruch sein in dem Lager der Einen wie der Andern**) — Aber wann ließ je eine derartige klare Entscheidung, wie die Eifrigen unter solchen Umständen sie fordern, bei Allen sich erzwingen? „Noch mehr als die offenen Feinde der göttlichen Wahrheit," schreibt Calvin in diesen heißen Kampfestagen dem Admiral, „werden ohne Zweifel jene Vermittler Ihnen zu schaffen machen, die zwischen beiden Waffen schwimmen, und indem sie die gute Sache zu begünstigen scheinen, doch ihren Blick nur auf die Welt gerichtet halten und gänzlich von ihr abhängen***). Ich zweifle nicht, daß dieß fortwährende Schwanken und Wanken sie in nicht geringe Noth und Verlegenheit versetzt. Aber doch ist es eine gute Lehre für Sie, gnädiger Herr, aus der Sie erkennen mögen, wie es nicht mehr Grund noch Ufer gibt für den, der sich umtreiben läßt von der Eitelkeit der Welt, so daß Sie sich doppelt werden angetrieben fühlen, Ihren Anker recht tief einzusenken in den festen Grund im Himmel. Unter allen Umständen aber beschwöre ich Sie, unerschrocken auszuhalten, jedes Hinderniß zu verachten, das Sie zurück halten will, den guten Kampf zu kämpfen, bis Sie die Krone der Gerechtigkeit erlangt haben. Im Uebrigen bin ich dessen getrost, daß, der Sie in dieses Werk berufen hat, Sie nicht darin verlassen, sondern seine Hand über Sie ausgestreckt halten wird bis zum Ziele†)."

---

*) Ein königliches Edikt hatte die Freilassung aller um der Religion willen gefangen gehaltenen Protestanten angeordnet.

**) Das Nähere über diese glänzendste Periode der franz. Reformation vgl. in der Biographie Beza's von p. 92 an.

***) Damit war wohl besonders der König Anton von Navarra gemeint, von dem wir in dem Folgenden werden zu reden haben.

†) Franz. Brieff. II, 426.

Auch an Coligny's Gattin legte er einen Brief ähnlichen Inhaltes bei:
„Die Pflicht, die ich gegen Ihren Gemahl erfüllte," sagt er ihr, „wird mir,
wie ich hoffe, zur Entschuldigung gereichen, daß ich an Sie selber so lange
Zeit nicht mehr geschrieben. Aber vergessen habe ich Sie darum nicht, sondern
vielmehr Gott von Herzen dafür gedankt, daß er in Mitten der größten Versuchungen und Gefahren seine Gnade so reichlich in Ihnen vermehrt und
Sie so fest und treu erhalten hat in seinem Dienste. Wo einer schwach und
furchtsam war, da sind Sie ihm zum Vorbild und zur Beschützerin geworden.
Jetzt, gnädige Frau, müssen Sie daran denken, wie Sie nicht stehen bleiben,
sondern immer weiter vorwärts kommen mögen. Vergessen Sie, wie Paulus
von sich es sagt, was dahinten ist, blicken Sie nicht auf das zurück, was
Sie schon gearbeitet haben, sondern als ob Sie noch nichts gethan, strecken
Sie sich nach dem was übrig bleibt, bis Sie bei dem Ziele angelangt sind,
dem wir nachzutrachten haben durch unser ganzes Leben. Denn wenn jener
heilige Apostel, der doch wahrlich noch mit ganz anderer Tapferkeit gestritten
und andere Kämpfe durchgemacht hat, nichtsdestoweniger von sich bekennt,
daß er es noch nicht ergriffen habe, und sich zuruft, er hätte vergeblich gearbeitet, wenn er nicht aushielte bis an's Ende: wie wird es dann mit uns
stehen, die wir noch so weit hinter ihm zurückstehen? Darum bitte ich Sie,
gnädige Frau, bleiben Sie in dem, der allein das Heil und der Friede des
Volkes Gottes ist und streben Sie nach einem immer reicheren Maße jener
verborgenen Kraft aus ihm, die er denen, welche ihn fürchten, immer reichlicher und reichlicher darreicht nach seiner unbegrenzten Barmherzigkeit."

Zwei Jahre später, als sie eben von einem langen und schweren Krankenlager erstanden war, suchte ein weiterer Brief diese Heimsuchung ihr recht
fruchtbar zu machen, indem er an die Zwecke derselben sie erinnerte und an
den neuen Beweis der Güte Gottes, den sie durch ihre Errettung empfangen.
„Sie wissen, gnädige Frau," schreibt der Reformator ihr, „wie alle Züchtigungen, die wir aus der Hand unseres gütigen Vaters erhalten und alle
Hülfe, die er zur rechten Zeit uns zukommen läßt, in uns eine Frucht
schaffen sollen der Gerechtigkeit. Namentlich die Krankheiten haben solchen
Zweck. Denn einerseits sollen sie uns demüthigen, indem sie die Gebrechlich-
keit unseres Wesens uns wieder recht vor Augen stellen und auf der andern
uns dazu treiben, ganz allein zu der Barmherzigkeit Gottes uns zu flüchten,
nachdem wir unsere Armuth und Ohnmacht erkannt. Andere Male wiederum
sind sie gleichsam Medicin, um uns zu reinigen von der Weltliebe, die
noch in uns ist und alles Ueberflüssige aus uns hinwegzuschaffen, denn als
Boten des Todes gehen sie uns an, die uns lehren sollen, jeder Zeit gerüstet
zu sein zum Hinübergehen sobald es Gott gefällt. Sind Sie nun aber erlöst
worden vom Tode: so ist Ihnen das eine neue Bürgschaft, daß die Hand
Gottes auch aus allem andern Tode sie erlösen kann. Und daraus wird
Ihnen neuer Muth erwachsen, ihm von ganzem Herzen zu dienen und das

Leben, das er Ihnen geschenkt hat, immer vollständiger ihm darzubringen "*).

Was den Admiral betrifft, so ist es bekannt genug, welche Wendung
um diese Zeit sein Schicksal nahm mit dem der gesammten französischen Reformation. Die im Januaredikt von 1526 gewährte Cultusfreiheit wurde
schon drei Monate nachher durch das Blutbad von Vassy auf das Ungesetz-
lichste und Gewaltthätigste zu nichte gemacht. Die Guisen und ihr Anhang
bemächtigten sich des Hofes und fielen aller Orten über die Reformirten her.
Wollten diese sich nicht wehrlos hinschlachten lassen von den empörerischen
Großen und dem aufgehetzten Pöbel, so blieb ihnen nichts Anderes übrig,
als auch ihrerseits zu den Waffen zu greifen und Gewalt mit Gewalt abzu-
treiben. Nur nach langem Zaudern und mit schwerem Herzen entschloß sich
Coligny dazu, dessen treue patriotische Seele nichts so sehr zuwider war, als
der Bürgerkrieg mit all den Gräueln, die er unvermeidlicher Weise im Gefolge führte. Und in der That gingen im Lauf des jahrelangen Kampfes die
trüben Ahnungen, mit denen er ihn nach dieser Seite hin begonnen, auf
das Vollständigste in Erfüllung. Aus der Mitte der wilden Leidenschaften,
die aus der Verbindung von Parteiinteresse, von Religion, von Vertheidigung, Recht und Rache entbrannten, stiegen Gräuel und Verwicklungen
auf, die der menschlichen Natur sonst ferne liegen und auch den Edelsten
immer von Neuem an einem moralischen Abgrunde hinzuwandeln nöthigten.
Eine der Gelegenheiten, bei denen das am meisten zu Tage trat, war jene
meuchlerische Ermordung des Schlächters von Vassy, des Herzogs Franz von
Guise, durch einen reformirten Fanatiker, dem das ungerochene Blut seiner
Brüder keine Ruhe ließ. Bekanntlich hat derselbe dann unter den Qualen
der Tortur neben Andern auch Coligny als einen der Männer genannt, die
ihn dazu angetrieben, und wiewohl er das gleich darauf wieder zurücknahm
und die Akten des Prozesses nicht den Schatten einer Mitschuld auf dem
herrlichen Helden ruhen lassen, erwuchs ihm doch daraus eine Reihe von
Anklagen, Schmähungen und Widerwärtigkeiten, die seinen männlichen

---

*) Mit ächt französischer Feinheit und Höflichkeit ist der Eingang dieses Brie-
fes geschrieben. Die Admiralin hatte sich, wie es scheint, scherzhaft darüber beklagt, daß ein vorhergehendes Schreiben (das uns nicht erhalten
ist) ohne die Namensunterschrift des geliebten Lehrers und also gleichsam
anonym ihr zugekommen sei. Darauf antwortet ihr nun Calvin: „Ce
que ma lettre, vous fust envoiée sans y avoir mis le nom, n'advient
pas tant par mar sottise ou nonchallance que par la trop grande
hastiveté de M. de Bèze, lequel les print de moy estant malade, et
sans regarder s'il y avait nom ou date du jour, il les ferma et mit
au pacquet. Mais c'est bien assez que vous aiez deviné de qui elles
étoiont venues, car ma main n 'y eust guères adjousté de grâce (An-
spielung auf seine schlechte Handschrift) tant y a qu 'une autre fois je
y veilleray de plus près."

ehrenhaften Charakter bei weitem schmerzlicher berührten als all die äußern
Feindseligkeiten und Verluste, die er bisher erfahren.

Auf diese Verhältnisse beziehen sich die letzten Briefe Calvins an ihn,
die wir besitzen. Coligny hatte eine Vertheidigungsschrift abgefaßt und sie
nach Genf zum Drucke geschickt, von der nun der Reformator Veranlassung
nimmt, die Angelegenheit des Weiteren mit ihm zu sprechen. „Ich habe
Ihnen, gnädiger Herr," schreibt er ihm, „gleich nach der Nachricht, in aller
Eile, einen Brief zugesandt*), der wie ein Angstschrei lautete, da eine große
Bangigkeit mich übernahm. Freilich hatte ich ja alles Vertrauen zu Ihrer
Klugheit und Redlichkeit. Aber doch fraß mir der Zweifel das Herz, als hätten
Sie etwas Unbedachtes gethan, und Ihren Feinden Grund zur Anklage gegeben. Darum bat ich Sie, doch so bald als möglich Alles zu veröffentlichen,
was der Verläumdung Schweigen gebieten könnte. Denn nichts ist mir so
kostbar als Ihr guter Ruf; und ich danke Gott, daß Sie nun vorgesehen haben,
was ich wünschte." „Was Ihre Schrift angeht," heißt es in einem zweiten
Briefe, „so haben wir zunächst ihren Druck verzögert, da sich in der hierher
gelangten Abschrift einige Abweichungen von dem Originale finden**), die vielleicht einen üblen Eindruck gemacht hätten. Wir erwarten hierüber weitere Anweisung von Ihnen. Im Uebrigen habe ich dafür gesorgt, daß eine Uebersetzung
in das Deutsche und Lateinische veranstaltet wird, und hoffen von dem Schritte
den besten Erfolg. — Daß Sie wieder an den Hof gehen, haben wir mit
Freuden gehört, denn durch Ihre Abwesenheit hat es sich klar genug herausgestellt, wie viel Sie dort ausrichten können, und offenbar hat Gott Sie
nun einmal zu diesem Dienste bestimmt. Ich bitte Sie, halten Sie die Sache
darum nicht für etwas Geringes, sondern für etwas Großes, das mit aller
Treue betrieben sein will. Denn Ihr Angesicht, wie auch die Dinge stehen
mögen, setzt die Feinde in Schrecken. — Und so, gnädiger Herr, nehme Sie
der himmlische Vater unter seinen Schutz, mehre seine Kraft in Ihnen, lasse
Sie zunehmen im fröhlichen Gedeihen. Wir unserer Seits bitten für Sie
zu jeder Zeit"***).

Es ist das der letzte Segenswunsch, den Calvin über seinen großen
Mitstreiter aussprach. In den weitern gewaltigen und verwickelten Kämpfen,
die bald darauf für Coligny anhoben, stand ihm der ernste Freund mit seinem treuen Rathe und in Gott gewissem Sinne nicht mehr zur Seite. Aehnlich wie Luthern ist es Calvin durch Gottes Gnade erspart worden, die
äußersten Gräuel der Verwüstung zu erleben, die der Streit der Schwerter, in
welchen der Geisterstreit umschlug über die neugesammelte Gemeinde brachte.
Er ist gestorben, indem er hoffen durfte, daß der Friede von Amboise

---

*) Er ist leider, wie so viele andere verloren.
**) Das in Paris bereits erschienen war.
***) Franz. Brieff. II, 528—532.

die Gewissensfreiheit seiner Brüder in Frankreich für immer sicher gestellt habe. —

Von ganz anderm Charakter war der Verkehr des Reformators mit einem weitern hochgestellten Ehepaare, das auf die Geschichte der Reformation einen nicht minder bedeutenden Einfluß geübt hat, als die Châtillons, wenn gleich einen bei Weitem weniger klaren und erfreulichen: mit König Anton von Navarra und seiner Gemahlin Johanna von Albret. Zwar die Schuld der Letztern ist es nicht, wenn ihre Namen nicht eben so rein und Ehrfurcht gebietend in dem Andenken der evangelischen Christen fortleben, wie die des Admirals und seiner Lebensgefährtin. Sie erscheint dieser durchaus ebenbürtig in der Entschiedenheit der religiösen Ueberzeugung und dem männlichen Muthe des Bekenntnisses, und überragt sie noch an vielseitiger Geisteskraft und eingreifender Wirksamkeit. „Eine Debora des Evangeliums" nennt sie Baum *), die mit unerschrockenem Herzen seine Kämpfe geführt, und durch ihre reine liebliche Gestalt, durch ihre sittliche Haltung mitten in der allgemeinen Sittenlosigkeit des Hofes und der Zeit, durch ihre standhafte Entschiedenheit in den schwierigsten, gefahrvollsten Lagen schon bald nach ihrer Bekehrung zum Troste und Schmucke ihrer Glaubensgenossen geworden sei, zur „wahren Hugenotten-Königin," bei der, wie bei wenig Andern, zu sichtbarem Ausdruck gekommen, was die neue Predigt und Ordnung zu bringen verhieß **). Aber nur um so kläglicher stellt sich neben ihr die Erscheinung ihres Gatten dar, der in seinem ganzen Charakter und Wesen wie der ausgeprägteste Gegensatz zu Coligny dasteht, und darum auch eine geradezu entgegengesetzte Wirkung auf die Verhältnisse hervorgebracht hat. Denn was sich an ihm vor Allem bemerklich macht, ist der völlige Mangel an Treue und Beständigkeit. Von jeder Bewegung schnell ergriffen und mit fortgerissen, gab er doch keiner mit ganzem Herzen und nachhaltiger Ueberzeugung sich hin, sondern wandte sich ohne alles Bedenken alsobald wieder von ihr ab, wenn etwa die Wogen der entgegengesetzten Strömung höher gingen und ihn schneller zu einem gewünschten Ziele zu tragen versprachen. Denn über die kleinlichste Eitelkeit und die schwächlichsten Rücksichten auf sich selbst ist er niemals hinausgekommen, und hat endlich alles Andere und Höhere, das ihn eine Zeitlang ergriffen, im eigentlichen Sinne des Worts an diese niedrigsten Motive verrathen.

Es stimmt ganz mit dieser seiner Art überein, daß er unter den französischen Großen so ziemlich der Erste war, welcher der neuen evangelischen Pre-

---

*) Leben Beza's, II, p. 224 u. f.

**) In eingehender Weise habe ich sie in meiner Arbeit über den Uebertritt Heinrichs IV. (Basel 1856) zu schildern versucht, p. 113—127.

t in offenbarer Weise zufiel und mit aller Lebhaftigkeit ihre Förderung sich
gelegen sein ließ. Während die Châtillons noch völlig zurückstanden und
mentlich Coligny noch nirgends als ein Freund der Gemeinde genannt
rde, während auch die eigene Gemahlin sich, nach Beza's Ausdruck*),
ch überaus kalt benahm und in der Furcht gefangen blieb, ihre Güter zu
lieren und den Freuden der Welt entsagen zu müssen, „wenn sie eine andere
t der Gottesverehrung annähme", ließ der König, um das Alles unbe-
ümmert, in seinen Schlössern den Gottesdienst nach dem reformirten Ritus
richten, besuchte die Versammlungen der geringsten Gläubigen, die er
ne Brüder nannte, und trat mit Genf in Verbindung, um für sich selber
für sein Land die Anweisungen und Lehren zu erhalten, deren er zum
orwärtsgehen auf dem betretenen Wege bedurfte. Es zeugt für die feine,
rchdringende Menschenkenntniß Calvins, die sich auch in andern Fällen
merkwürdig bewährte und zuweilen fast wie ein prophetisches Voraus-
auen erschien, daß er trotz alle dem längere Zeit hindurch doch keine rechte
verficht zu dem Manne fassen konnte, und wenig wahrhaft Nutzenbrin-
ndes von ihm erwartete**). Erst als einer seiner Schüler ihm berichtete, er
be sich mehrere Stunden lang über die wichtigsten Punkte der christlichen
yre mit ihm unterhalten und ihn dabei in jedem Stücke überaus empfäng-
g und aufrichtig erfunden, gewann er eine günstigere Meinung und ließ
ı dazu herbei, zwei der ausgezeichnetsten Prediger, die ihm gerade zur
rfügung standen, an den kleinen Hof in Nerac abgehen zu lassen. Die
schrift an den König, die er ihnen dabei mitgab, ist die erste, die er an
sen Fürsten gerichtet hat, und läßt deutlich genug die noch etwas unge-
sse besorgliche Stimmung durchblicken, in der er sich ihm gegenüber befand.
ichdem er ihn zuerst aufgefordert, Gott für die gewonnene Erkenntniß zu
nken, und sich ihm zu jeder Dienstleistung angeboten, die dazu helfen könne
ı auf dem Wege des Heils vorwärts zu bringen***), erinnert er ihn dann
die Pflicht des unbedingten Gehorsams, die er Gott schuldig sei, und
ß nur um so mehr, je höher er ihn in dieser Welt gestellt. Denn auch bei

---

*) Hist. eccl. I, 204,

**) Vgl. die Aeußerungen des Reformators über ihn in dem von Bonnet (französ. Brieff. II, 164) mitgetheilten Briefstücke.

***) „Ich habe mir die Freiheit genommen, Ihnen zu schreiben, indem ich hoffe, daß Sie aus Ehrfurcht für den Meister, der sich meiner bedient, diese Zeilen gnädig aufnehmen, durch die ich mich selber und all' meinen Dienst Ihnen zur Verfügung stelle, wie und wo Sie ihn nur immer in Anspruch nehmen wollen. Und das um so mehr, da ich vernahm, wie freundlich und gnädig Sie mir gesinnt sind, sodaß ich hoffe, Ihnen mit einem Zuspruche nicht unerwünscht zu kommen, der auf nichts Anderes abzielt, als daß Gott in Ihnen verherrlicht und dadurch Ihr Heil und Wohlsein gefördert werde. Ich selber habe ja freilich nichts zu sagen, aber ich rede in dem Namen dessen, der auch über Sie Recht und Gewalt hat."

den irdischen Fürsten sei es ja so, daß sie gerade von ihren höchsten Beamten
den treusten und genauesten Dienst forderten, und die Könige dieser Erde
was seien sie anders als Gottes Beauftragte und Statthalter? Namentlich
auch die Pflicht des rückhaltslosesten Zeugnisses für die Wahrheit liege ihm
ob; denn um seiner hohen Stellung willen sei er schon ganz von selber ein
Licht auf einer erhabenen Leuchte, das Vielen zu leuchten habe und auf das
viele Augen sich richteten. Oder wer solle hervortreten, wenn er sich verberge?
Wer reden, wenn er den Mund geschlossen halte? „Erwarten Sie nicht eine
besondere Botschaft vom Himmel, sondern halten Sie sich einfach daran, daß
wo Sie immer sind und in welche Lage Sie immer geführt werden, Gott
Sie zu seinem Zeugen und zum Vertreter seiner Sache beruft. Schwierigkeiten dürfen Sie dabei nicht erschrecken; mit Zögern dürfen Sie sich nicht
aufhalten; wenn Gott uns heute eine Thüre aufthut, und wir benutzen sie
nicht, so ist zu fürchten, daß sie morgen wieder geschlossen sein wird. . . .
Zugleich erlaube ich mir, Ihnen ein kleines Schriftchen zu übersenden, das
ich vor zwölf Jahren verfaßte, als die Stände des deutschen Reiches zur
Schlichtung der religiösen Streitigkeiten versammelt waren*). Es wäre
mir lieb, wenn Sie die Muße fänden, es zu durchblättern, um sich daraus
zu unterrichten, welcher Weg unter den gegenwärtigen Umständen einzuschlagen ist. Nicht als ob ich von mir aus Ihnen eine Regel des Verhaltens
vorschlagen wollte, sondern weil ich überzeugt bin, daß es Ihnen willkommen ist, durch meinen oder eines Andern Dienst, mit Klarheit zu erkennen,
welches der Wille dessen ist, dem Sie vor Allem und in Allem zu gefallen
wünschen, damit Sie dann im Stande sind, darnach zu thun**)."

Auf das Zuvorkommenste und Ermuthigenste ließ sich der König in
seiner Erwiederung vernehmen. „Ihre Antworten", schreibt ihm Calvin in
seinen folgenden Briefen, „haben mir die Kühnheit noch vermehrt, der ich mich
bereits gegen Sie bediente, und die Umstände, in denen Sie zur Zeit sich
befinden***), machen es ja wohl besonders nöthig, Sie zu stärken zu den

---

*) „Supplication et remonstrance sur le faict de la chrétienté et refor-
mation de l'église."
**) Franz, Brieff. II, 163—169.
***) Der König von Navarra befand sich damals in Paris, wo der Kampf
zwischen beiden Parteien eben am heftigsten entbrannt war. Während
auf der einen Seite aller Orten die Scheiterhaufen brannten und die
Wuth der Verfolgung von Tag zu Tag sich steigerte, gewann auf der andern die evangelische Bewegung, auch in Mitten der Hauptstadt, immer
offenbarer Boden, und fanden jene berühmten Abendversammlungen mit
Psalmengesang auf dem „Pre aux Clercs" statt, bei denen der König von
Navarra mit seinem Bruder, dem Prinzen von Condé, regelmäßig sich einfand. „Ueberhaupt," sagt Beza, „schien damals sein Muth zu wachsen
mit den Gefahren. Als der Geistliche de la Roche-Chandieu gefangen genommen und in das Châtelet gesetzt wurde, ging der König am folgenden

Stürmen, die Satan gegen Sie rüstet. Denn da kommen die Stunden, da
es gilt zu widerstehen bis auf's Blut, und da auch die Stärksten straucheln
und fallen, wenn sie nicht Kräfte von oben her empfangen. Und auf welch'
anderm Wege, Sir, können Sie nun dieser theilhaftig werden, als wenn Sie
thun wie in den Psalmen geschrieben steht, daß Sie nämlich die Gebote
Gottes Ihre Rathsleute sein lassen und seine Rechte Ihre Wegweiser? Wie es
jetzt im Genauern mit Ihnen steht, weiß ich freilich nicht; aber ich bitte
und beschwöre Sie, gnädiger Herr, wenn Sie etwa sich im Beginn irgendwie schwach gezeigt haben sollten, wie ja die ersten Kämpfe uns gemeiniglich
noch nicht so ganz zubereitet finden, so fassen Sie wenigstens von nun an
Muth und verlassen Sie sich recht getrost auf den, für dessen Sache Sie streiten. Denn Ihre irdischen Vorzüge und Kräfte sind ja wohl gute Gaben,
aber hier richten sie doch wenig aus; hier wird es Ihnen nur gelingen,
wenn Sie ganz und allein auf seine Kraft sich stützen, auf seiner Hülfe
ruhen, unter seinem Schirm sich bergen, wenn Sie Alles, was er Ihnen
gegeben hat, ihm zum Opfer bringen und nichts Anderes mehr im Auge
haben als seinen Dienst. Denn was der König*) und seine feindlich gesinnten Rathgeber betrifft, so werden Sie doch nicht vermeiden können, daß er
Sie im Verdachte hat, noch mehr im Herzen zu denken, als Sie mit dem
Munde ausdrücken. Und ziemlicher ist es da offenbar für die Würde Ew.
königlichen Majestät, frei heraus zu sagen, was Sie meinen, zumal wo man
Sie irgendwie dazu auffordert. Wäre das aber auch nicht der Fall, so wissen Sie ja, daß Solches der Wille Gottes ist und Sie seinem Willen unbedingten Gehorsam schuldig sind."

Auf einige besondere Vorfälle in dem Haushalte des Königs bezieht
sich das nächste Schreiben, das der Reformator an ihn richtete. Außer
jenen beiden Geistlichen, die Calvin ihm zugeschickt, hatte nämlich der Fürst
schon seit längerer Zeit einen ehemaligen Augustiner, Peter David in seinem
Dienste, von dem es sich nachher herausstellte, daß er durch den Cardinal
von Lothringen im Stillen dafür gewonnen worden war, seinen Herrn allmälig wieder in die katholische Kirche zurückzuführen. Die einleitenden
Schritte, die er in diesem Sinne that, stießen nun aber bei einem jener
Genfer Kapläne, Franz von Bois-Normand, auf den lebhaftesten Widerspruch, und lieber als hievon abzulassen, wie der König es wünschte, oder
sich in die halbkatholischen Ceremonien zu fügen, die David in Uebung brachte,
gab der gewissenhafte Reformirte seine Stellung am Hofe auf und kehrte als

Tage selber in das Schloß, und führte ihn heil und gesund zurück in sein
Haus." Es war natürlich, daß unter diesen Umständen die Hoffnungen
der Reformirten vornämlich auf diesen Fürsten sich erstreckten, von dessen
Muth und Entschiedenheit es später auch in der That abgehangen hätte,
der ganzen Lage der Dinge eine andere Wendung zu geben.

*) von Frankreich, Heinrich II.

ein Entlassener nach Genf zurück. Aus dem Briefe Calvins geht hervor, daß er diesen raschen Schritt zwar keineswegs billigte, aber doch den König für den schuldigeren Theil hielt, dem er die ersten Schritte zur Beilegung des Zwistes glaubte zumuthen zu dürfen. „Es ist wohl richtig,“ sagt er, nachdem er seinen fürstlich Pflegebefohlenen zuerst gebeten, sich durch dergleichen Streitigkeiten nicht an der Wahrheit des Evangeliums irre machen zu lassen, „es ist wohl richtig, daß der Mann vielleicht etwas zu scharf und unbedacht zu Werke ging. Aber was ihn dazu trieb, war doch nur der Eifer im Dienste Gottes, der gewiß jeder Zeit eine nachsichtige Beurtheilung verdient. Glauben Sie mir, Sir, daß ich ihn von Grund aus kenne, da ich ihn nicht ziehen ließ, ohne ihn in jeder Weise erprobt und bewährt erfunden zu haben, und anders kann ich mir es nicht denken, als daß er sich dort erwiesen hat wie bei uns, und in Allem die Ehre seines Herrn suchte. Wenn er Sie nun beleidigt hat, indem er sich David widersetzte, so erwägen Sie doch wohl, aus welchen Gründen er so handelte, und fragen Sie sich dann selber, ob Ihnen diese Gründe nicht genügend erscheinen? Denn was mich betrifft, so kann ich nicht umhin, Ihnen zu erklären, daß ich in David wenig Sicherheit in der gesunden Lehre, dagegen um so mehr Eitelkeit und Selbstgefälligkeit erblicke, die ihn keineswegs geschickt macht zum Dienste des Herrn, so lange er nicht lernt etwas mehr von der eigenen Person absehen und sich demüthigen. Wenn nun Meister Franz auch zu dieser Ueberzeugung kam und in diesem Sinne zu denen redete, deren Seelen ihm anvertraut waren und die auf seine Weisungen sich verließen: darf man ihm deßhalb zürnen, oder können Sie selber wünschen, daß man um Ihnen zu gefallen, den Gott beleidige, dem Große und Kleine in gleicher Weise unterthan sind? Wenn er ferner in gewisse Ceremonien sich nicht schicken wollte, so bedenken Sie doch, welch ein tiefer Abscheu gegen den gräulichen Aberglauben, in den wir versunken waren, alle wahre Christen erfüllt, so daß sie ganz natürlicher Weise Jegliches mit Mißtrauen betrachten, was irgendwie wieder daran erinnert oder dahin zurückzuführen droht. Ich weiß wohl, gnädigster Herr, daß Sie selber sich durch manche Rücksichten Ihrer Stellung für gebunden halten und nicht völlig thun zu dürfen meinen, was Sie wünschen; aber ist diese Ihre Schwachheit, die an der völligen Erfüllung Ihrer Pflichten Sie hindert, ein Grund für die Andern, die Gott stärker gemacht hat, sich in der nämlichen Weise zu verhalten und ihr Gewissen mit verbotenen Dingen zu beschweren? Allerdings sollen sie in aller Bescheidenheit ihren Weg gehen und während sie sich unbefleckt halten vor Gott, doch auch Ihnen den schuldigen Gehorsam leisten; aber ebenso, Sir, wird es Ihre Pflicht sein, nichts von ihnen zu fordern, was Gott mißfällt und seinem Worte zuwider ist.... Der Mann, gnädiger Herr, gegen den Sie sich erzürnten, ist nun hier bei uns. Wir haben ihm zugesprochen und Weisung gegeben, wie es uns passend erschien. Da er aber die Kirche in Ihrem Lande trefflich erbaut und

Segen gearbeitet hat, so nehme ich mir die Freiheit, Sie im Namen
Gottes darum zu bitten, daß wir ihn wieder zu seinem Werke zurücksenden
dürfen, indem er sicherlich künftighin alle verwünschbare Mäßigung beweisen wird. Sie wissen, daß ich das nicht um meinet- und auch um seinetwillen
begehre, sondern lediglich um den Dienst Gottes zu fördern; und so hoffe ich
wohl, daß Sie mir willfahren, da es in der That keine geringe Verantwortung
ist, diejenigen zurückzuhalten, die das Reich des Sohnes Gottes zu bauen im
Stande sind ... Im Uebrigen, Sir, müssen Sie sich kräftiger zeigen als bisher; legen Sie frühe Ihre Waffen an, üben Sie sich im Worte Gottes, lassen
Sie sich dadurch belehren und ermahnen, damit mehr und mehr alle Menschen-
scheu aus Ihrem Herzen schwinde und die königliche Würde mit ihren
Ehren und Schätzen Sie nicht daran hindere, das sanfte Joch Jesu Christi
tragen, ohne das Niemand zum Himmelreich eingeht *)."

Wir wissen nichts darüber, welchen Erfolg dieß ernste, eindringende
Wort bei dem unbeständigen Fürsten hatte, für den der Höhepunkt seines
religiösen Aufschwungs offenbar schon vorüber war, und jene andere Zeit
eintrat, von der es heißt: Als aber die Sonne aufging (sich Trübsal und
Verfolgung nahte um des Wortes willen), da verwelkte es und dieweil es
nicht Wurzel hatte, ward es dürre. Jedenfalls ward es in Genf für nöthig
erachtet, noch etwas Weiteres an dem zweifelhaften Manne zu thun, als was
Franz von Bois-Normand leisten konnte, und im Juli 1560 ging kein Ge-
ringerer als Theodor von Beza nach Nérac ab, um das königliche Paar in
gründlichen Unterricht zu nehmen und zu entschiedenem Bekenntnisse der
evangelischen Wahrheit zu ermuntern. Das Genauere über seine dortige
Wirksamkeit müssen wir dem Biographen dieses Reformators überlassen, uns
genügt es zu bemerken, daß sie an dem Könige selbst nur sehr wenig Dauer-
haftes scheint ausgerichtet zu haben, während sie im Gegentheile an seiner
ihr ferner stehenden Gemahlin ihren Zweck vollkommen erreichte: „Als
bald darauf", erzählt Beza in seiner Chronik, „die Trübsal über sie kam **),
da sie nun die Nichtigkeit alles Vertrauens auf Menschen und aller menschlichen Hülfe fühlte, da erwachte in ihr, was sie von der Liebe Gottes vernommen, und sie floh zu ihm hin mit Demuth, mit Thränen und Seufzen,
daß sie gerade in der Zeit ihrer größten Bedrängniß sich öffentlich zu der
neuen Lehre bekannte."

Und diesem Bekenntnisse blieb sie dann auch in jedem Stücke treu als
Trübsal bald darauf einem erhöhten Glanze wich, und die bourbonischen

---

*) Franz. Brieff. II, 246—251. Das Schreiben ist vom Jahre 1558.

**) Nämlich jene Gefangenschaft ihres Gatten und ihres Schwagers Condé in
der letzten Zeit Franz II. Bekanntlich schien damals den Guisen, die den
Prinzen bereits hatten zum Tode verurtheilen lassen, der völlige Ruin
des bourbonischen Hauses unfehlbar zu gelingen, als der plötzliche Tod
des jungen Königs der Sache eine andere Wendung gab.

Prinzen eine Bedeutung und Stellung gewannen, welche sie ohne Weitres zu den Regenten des Reiches gemacht hätte, wenn sie die Männer gewesen wären, die herrenlosen Zügel entschlossen und einig in die Hand zu nehmen. König Anton wurde für den minderjährigen Karl IX. mit der Generalstatthalterschaft betraut und damit — wenigstens dem Rechte nach — zum mächtigsten Manne in Frankreich gemacht, der auf das Schicksal des religiösen Kampfes einen unberechenbaren Einfluß ausüben mußte, sowie er sich mit fester Entschiedenheit zu einer der beiden Parteien bekannte. Aber gerade jetzt schreckte er mehr davor zurück als je. Der Ernst, mit dem die reformirten Prediger zu ihm sprachen und an seine Pflicht ihn erinnerten, beleidigte seine unmännliche Eitelkeit; die sinnlichen Lüste, in welche die Medicäerin mit Bileams schändlicher Schlauheit ihn zu verstricken wußte, überwucherten bald den letzten Rest des innern Lebens, das vormals seinen Anfang in ihm genommen; einige kindische Schmeicheleien und Versprechungen, mit denen der König von Spanien ihn beehrte und seine Ländergier köderte, vollendeten schließlich die begonnene Wendung, und zogen ihn auch seinen Sympathien und seiner politischen Haltung nach von den Hugenotten hinweg mehr oder weniger entschieden auf die Seite ihrer Gegner. Am meisten hatte, wie man sich denken kann, seine Gemahlin unter diesem Wechsel zu leiden; wie ein beständiger Vorwurf erschien ihm ihr treues Beharren in der evangelischen Wahrheit; mehr und mehr verlor sie nicht nur allen Einfluß über ihn, sondern mußte auch erfahren, daß ihre Bitten gerade das Gegentheil von dem hervorbrachten was sie wünschte; es kam so weit, daß man kaum noch ihre Kinder ihr ließ, daß sie in seiner Nähe kaum vor persönlichen Mißhandlungen sicher war.

In den Briefen Calvins an die beiden Gatten spiegeln diese Verhältnisse sich ab, wie sie immer entschiedener sich entwickelten und ausprägten.

Zum ersten Male schreibt er an die Königin im Anfange des Jahres 1561, nachdem sie durch Beza's Vermittlung ihm einige Andeutungen über ihre Lage gegeben und ihn dringend gebeten hatte, wieder einige ermahnende Worte an ihren Gemahl zu richten. „Wir haben dieß, unserer Pflicht gemäß schon oft versucht", antwortet ihr Calvin darauf, „und ihn auf das Ernstlichste aufgefordert, sich zu ermannen. Indessen lege ich auf Ihren Wunsch hier ein neues Schreiben an ihn bei. — Was nun weiter Sie selber betrifft, so hat es mich mehr als ich sagen kann gefreuet, durch meinen Bruder (Beza) und Ihren Brief an ihn zu erfahren, wie mächtig Gott in so kurzer Zeit an Ihnen gearbeitet. Denn wohl war ja schon seit länger her einiger guter Samen in Sie ausgestreut; aber Sie erkennen jetzt selbst, daß wenn wir die Dornen der Welt wieder darüber aufwachsen lassen, und nicht täglich aus dem Worte Gottes ihn erneuern, er allmälig seine Kraft verliert und am Ende völlig dahin schwindet. Aber Gott hat es in seiner unendlichen Gnade nicht zu diesem Schlimmsten bei Ihnen kommen lassen. Aus dem sichern Schlafe, der dem natürlichen Menschen so angenehm ist, hat er Sie aufgeweckt und die Unruhe, die Sie jetzt in sich fühlen, der heiße Durst nach seiner Gerechtigkeit, und das Verlangen seinen Namen zu verherrlichen, ist tausend Mal glücklicher und wünschenswerther, als alle Vergnügungen, Lüste Bequemlichkeiten der Welt. Ergreifen Sie nun nur, gnädigste Frau, die Barmherzigkeit Gottes nach ihrem ganzen Werthe. Geben Sie sich nicht damit zufrieden, daß er Sie mit e i n e m Zuge aus der Finsterniß des Todes errettet hat, um Ihnen die Klarheit des Lebens in seinem Sohne zu zeigen, sondern lassen Sie den Glauben seines herrlichen Evangeliums auch in die innersten Tiefen Ihres Herzens eindringen und da zur lebendigen Wurzel werden, aus der wahrhaftige Früchte des Heiles erwachsen. Denn Sie haben es ja erfahren, wie wenig das halbe Wesen ausrichtet; das Wort Gottes wird in solchem Zustand kalt und unnütz, und die Kraft seines Geistes wendet sich weg. Wer solche unschätzbare Gnade empfangen hat, wie Sie, dem ziemet es doch wahrlich, sich von allem Andern loszumachen und dem Einen zu ergeben, der uns seinerseits so hoch verpflichtet*)."

In dem beiliegenden Briefe an den König wiederholen sich im Ganzen die alten Ermahnungen, nur mit noch gesteigertem Ernste und Eifer; „Ich werde nicht ablassen, Sie im Namen Gottes zu bitten und zu ermahnen, daß Sie doch Muth fassen mögen, mit Entschiedenheit gegen die Schwierigkeiten zu kämpfen, die Sie umlagern. Schauen Sie an den Preis: solch' ein Königreich wie das Ihnen untergebene, dem Sohne Gottes und der reinen Wahrheit des Heiles zurückerstatten zu dürfen. Sie sind der Herr im Lande, geben Sie das den Gegnern zu fühlen, die Ihre Gewalt antasten wollen, und zeigen Sie ihnen, daß alle Macht, welche Andere ausüben mögen, doch am Ende von Ihnen verliehen ist und ausgeht."

Der Fürst, dessen leicht beweglicher Geist solchen Mahnungen noch nicht ganz unzugänglich war, oder der es für gerathen hielt, den Beistand der Reformirten nicht völlig zu verscherzen, ließ das Alles ohne Empfindlichkeit sich sagen und antwortete darauf in einer Weise, die das Beste in Aussicht stellte**). Aber die Nachrichten, die von andern Seiten her umliefen, ließen den Reformator nicht lange in Zweifel darüber, was er von solchen Versprechungen zu halten habe. „Er wird immer biegsamer und unzuverlässiger," schrieb er eben um diese Zeit an Bullinger***), „freigebig mit Worten hat er

---

*) Franz. Briefs. II, 365—368.

**) „Sir", heißt es in dem folgenden Briefe Calvins: „der Brief, den Sie mir neulich zu schreiben geruhten, hat mir Erlaubniß und Muth gegeben, auch weiter die Ermahnungen an Sie zu richten, die der Stand der Dinge erfordert." — Es ist merkwürdig, wie diese ganze Art Antons von Bourbon sich später in dem Charakter seines bekanntern Sohnes, Heinrichs IV. wiederfindet, dessen innerer Lebensgang denn auch durchaus dasselbe Schauspiel darbietet, wie der des Vaters.

***) Brief vom 25. Mai 1561.

doch keine Treue und keinen Verlaß; zudem ist er durchaus in Wollüsten gefangen; das in solchen Künsten geübte Weib*) bringt alles Mögliche aus ihrem Zeughause hervor, um ihn immer von Neuem dazu zu reizen." Und mit dem Freimuth des Seelsorgers spricht er sich auch gegen den König selber in diesem Sinne aus. „Lieber", sagte er „möchte ich den Gegenstand nicht berühren, der Ihnen auf den ersten Anblick nicht sehr willkommen sein wird. Aber ich bitte an das zu denken, was Paulus sagt, daß wir zuweilen genöthigt sind, diejenigen zu betrüben, über welche wir uns billig freuen sollten und ob sie auch eine Weile betrübt werden, sodoch nur um hundert Mal mehr Segen davon zu empfangen, als wenn wir sie in Ruhe ließen und sie dadurch in einen Schlaf versenkten, der tödtlich würde. Und in der That, Sir, würden Sie nach Ihrer eigenen Weisheit es für ungetreu und verrätherisch erachten, wenn ich trotz meines Auftrags, in dem Namen des Gottes zu sprechen, der auch die Könige nicht zu schonen gebietet, Ihnen das verschwiege, was doch soll und muß frei heraus gesagt werden. Sie wissen wohl, daß ich dabei nicht einem leichtfertigen und grundlosen Geschwätze folge. Die Sache ist nur zu bekannt und erwiesen, mehr als ich es wünschte. Und verwundern wird es Sie nun nicht, gnädiger Herr, daß sie mich in nicht geringen Schmerz und Kummer versetzt, da sie sowohl Ihr eigenes Heil betrifft als auch das der Kirche des Herrn. Denn durch ein überaus schlechtes Mittel hat man Sie zu eben so traurigern Zugeständnissen gebracht, denen Sie unbedingt hätten widerstehen sollen. Thörichte und sündige Liebesangelegenheiten, sagt man mir, machen Sie kalt und lässig in Ihrer Pflicht; Sie haben sich umstricken lassen von Gehülfen des Satans, die weder Ihren Vortheil noch Ihre Ehre suchen, und Sie durch solche Verführungen an ihr Angel zu ziehen oder sonst zu ihrem willigen Werkzeuge zu machen gedenken. O gnädiger Herr! ich bitte Sie, denken Sie doch immer wieder an das, was Petrus sagt, daß es wahrhaftig genug ist, daß wir die vergangene Zeit des Lebens zugebracht haben nach den Lüsten und Schanden der Ungläubigen, daß so wir davon lassen, Gott sie uns vergiebt und die Menschen sie vergessen. Umgekehrt dagegen läßt, wenn wir zum Bösen zurückkehren, Gott wieder alle ihre Folgen über uns kommen, und ruft uns zu der Rechenschaft zurück, aus der er uns schon entlassen. Wachen Sie darum auf, so lang es noch Zeit ist. Erkennen Sie, daß die höchste Mannesehre und Mannestugend darin besteht, Ihre Lüste besiegen, von der Befleckung der Welt sich zurückziehen, die Begierden zähmen die Gott beleidigen, die Eitelkeiten unter die Füße treten die Sie auf Irrwege verlocken! Und glauben Sie nicht, daß Ihre königliche Würde die Schuld Ihrer Sünde mindert; im Gegentheile: sie erschwert dieselbe noch. Denn das Wort des Herrn bleibt bestehen: daß von einem Jeden wird gefordert werden je nachdem er empfangen hat. Und

---

*) Catharina von Medici.

che Mittel find Ihnen nun anvertraut! Welche Pflichten auferlegt! Sie
en den Staat regieren, Sie sollen die Verfolgten schützen, die Armen trösten,
ı Evangelium Freiheit schaffen und die Dinge nach seinen Vorschriften
nen. Vermögen Sie das ohne den Beistand der göttlichen Kraft? Und
dürfen Sie auf diese rechnen, wenn Sie innerlich befleckt und gebunden
)? Gnädiger Herr, trachten Sie nach nichts Anderm so sehr, als daß Sie
rinst untadelich erfunden werden vor dem himmlischen Richter und die un-
zängliche Krone der Ehren empfangen, die kostbarer ist als alle Reiche der
k*)". Aber das Alles war vergeblich geredet. Weder zum Guten noch
ı Schlimmen schien diese ernste Sprache, wie sie auch in einigen folgenden
iefen sich bemerklich macht, irgend einen nennenswerthen Eindruck auf das
estumpfte Gemüth des Empfängers hervorzubringen. Auf der einen Seite
icherte der schwache Fürst seinen strengen Mahner nach wie vor seiner Huld
) Gnade, und brachte es sogar über sich, ihn um noch fernere Schreiben
'er Art anzugehen; und auf der andern schlug er nichts desto weniger
kommen in den Wind was ihm vorgehalten wurde, und ging seine schmäh-
e Bahn so unbekümmert weiter, als ob keine der Zurufe und Beschwö-
gen an sein Ohr gedrungen wären, die ihn um Gottes willen zu Halt
) Rückkehr aufforderten. Es hat etwas Rührendes, daß während Alle
über nach und nach die Geduld verloren und ihn als einen Hoff-
igslosen aufgeben wollten: doch seine treue Gemahlin immer noch bei

---

*) Aehnlich redet Calvin gelegentlich auch zu des Königs Bruder, dem Prin-
zen von Condé, der allerdings in Bezug auf die Treue gegen das Bekenntniß mit dem schwachen, haltlosen Fürsten sich nicht vergleichen ließ,
— er erscheint vielmehr als einer der begeistertsten und ritterlichsten Führer
der französischen Reformation —, wohl aber in der Leichtbeweglichkeit
und Sinnlichkeit seines Wesens einige Aehnlichkeit mit ihm hatte. In den
verschiedenen Briefen, die der Reformator darum an ihn schreibt, bemerkt
er ihm unter Anderem einmal mit seinem gewohnten Freimuthe: „Die
Hauptsache freilich ist, gnädigster Herr, daß die heilsame Lehre des Evangeliums auch in Ihrem Lebenswandel sich zeigt, sodaß den Lästerern
der Mund geschlossen und den Guten ein erbauliches Beispiel gegeben
wird. Sie zweifeln nicht daran, daß wir für Ihre Ehre besorgt sind und
Ihr Heil auf dem Herzen tragen. Und obwohl wir nun nicht Alles glauben,
was über Sie geredet wird und überzeugt sind, daß Sie nicht daran denken,
Gott absichtlich zu beleidigen, so müssen wir Ihnen doch sagen, daß die
Liebeshändel mit den Damen, von denen wir hören, sich in keiner Weise
für Ihr Ansehen und Ihre Stellung geziemen. Die Frommen werden dadurch geärgert, die Boshaften machen daraus ihren Spott. Sie selber
aber werden unvermeidlicher Weise dadurch abgezogen von dem, was Noth
thut und Ihre Pflicht ist; denn selbst wenn Sie dabei nicht geradezu sündigen,
so kann es nicht anders sein, als daß mancherlei weltliche Eitelkeit mit
unterläuft; und Ihre Hauptsorge sollte sich doch darauf richten, daß die
Klarheit, die Gott Ihnen geschenkt, nicht wieder erstickt und endlich ausgelöscht werde." (Franz. Brieff. II, 539.)

Gott und Menschen Fürbitte für ihn that, und namentlich Calvin unaufhörlich aufforderte, seine Bemühungen noch nicht völlig einzustellen. „Von mir aus", schreibt der Reformator im December 1561 an den König, „würde ich es jetzt nicht mehr wagen, Sie mit Schreiben zu belästigen. Aber die Briefe der Königin, Ihrer Gemahlin, haben mich nicht nur dazu genöthigt, sondern mir auch jede Entschuldigung abgeschnitten, wenn ich es noch länger verschieben wollte. Denn seit Gottes Hand sie berührt und erweckt hat, giebt sie sich nicht damit zufrieden, nur für sich selber den rechten Weg zu gehen, sondern bittet und ermahnt uns auch in herzlicher Liebe, Alles aufzubieten, was möglich sei, um den Sinn und Muth in Ihnen zu wecken, dessen Sie bedürfen. O sollte Ihnen das nicht ein Sporn sein, gnädiger Herr, daß Sie als ihr Haupt sie nun auch durch Ihr Beispiel noch mehr anreizen, und mit ihr Eins werden in dieser höchsten und heiligsten Sache? Welch' eine Gnade Gottes, daß indem Sie in ihn sich einleben, Sie auch mit Ihrer Gemahlin immer enger verbunden werden, und so seinen Namen gemeinsam verherrlichen dürfen!" Aber alsobald wendet er sich von diesem lieblichen Gedanken zu der traurigen Thatsache, um deretwillen ihm die Königin die Feder in die Hand gezwungen. „Wir können es Ihnen nicht verhehlen Sir", fährt er fort, „Sie haben bis jetzt von dieser Gnade Gottes noch keinen rechten Gebrauch gemacht, Sie haben bis jetzt noch nicht von ferne geleistet, was Gott mit gutem Rechte von Ihnen verlangt. O fragen Sie sich doch selber, ob Sie auch nur auf dem halben Wege der Treue und des Bekenntnisses stehen, der Ihnen vorgezeichnet ist. Wahrlich! es ist Zeit, sich aufzumachen, daß nicht die Nacht komme und Sie unversehens überrasche. — Was uns aber am allermeisten betrübt hat, ist jene unselige Gesandtschaft nach Rom, zu der Sie sich hinreißen ließen und durch die Sie auf eine überaus traurige Weise Ihren Glauben verläugneten. Wir Alle weinen und seufzen und erröthen darüber, und ein tiefes Wehe geht Jedermann durch das Herz, der um die Ehre Gottes sorgt. Wir wissen es wohl: Sie werden Ausreden genug haben. Sie werden sagen, daß die Nothwendigkeit, Ihre Stellung zu sichern, Sie dazu getrieben habe, oder die Rücksicht auf Ihre Gegner, oder der Zustand des Reiches oder die Hoffnung, Ihr Eigenthum*) wieder zu gewinnen. Aber nichts von dem Allem wird vor Gott gelten oder Sie los sprechen. Und in der That: was nützte es Ihnen, wenn Sie die ganze Welt gewönnen und nähmen Schaden an Ihrer Seele? Verzeihen Sie, gnädiger Herr, diese Sprache, zu der nur die dringendste Nothwendigkeit uns treibt. Denn Ihre Seele ist uns auf das Herz gebunden und noch viel mehr die Ehre Gottes und die Förderung des Reiches Christi, von dem Ihr und unser Heil abhängt." — „Meinen Sie nicht, daß wir Sie durch solche Mahnungen zu einem stürmischen, unbedachten Handeln antreiben wollen. Vielmehr mißbilligen

---

*) Das Königreich Navarra, das Spanien dem Vater Antons entrissen.

wir auf das Ernstlichste alles schroffe und überstürzende Eifern, und würden es gerne zurückhalten, wenn wir könnten. Aber weil uns das nicht in jedem Falle möglich ist, so bitten wir Ew. Majestät, es nicht nur mit Nachsicht zu tragen, sondern darin auch eine Lehre für das Zögern der Großen zu erkennen, die Gott durch die Kleinen und Geringen beschämen will. Freilich sollen Sie ja Ihrem Lande und dem Könige die vollste Treue bewahren und kein anderes Gesetz kennen, als das Wohlsein des Volkes und die Ruhe Ihres Fürsten; aber dem widerspricht doch wahrlich nicht, daß Sie auch für die Ehre Gottes Sorge tragen, dem Aberglauben und Götzendienst entgegentreten und die gedrückte Gemeinde beschützen, in der das Evangelium verkündigt wird. Im Gegentheil gehört das Eine zu dem Andern, und nimmermehr wird der König ruhig über sein Land herrschen können, bis auch die Gläubigen in Ruh und Frieden ihrem Gotte dienen dürfen."

Es war dieß das letzte Wort, das der Reformator zu dem Könige redete. Im Januar 1562 hat Beza den Brief überreicht, und im Herbste desselben Jahres ergriff der Fürst die Waffen zum offenen Kriege gegen seine bisherigen Glaubensgenossen, und trug bei der ersten seiner Unternehmungen eine Wunde davon, der er unterlag. Auf seinem Sterbette verlangte er wieder nach dem Troste des Evangeliums und schied dahin halb bereuend und halb verzweifelnd: ein trauriges Beispiel der jämmerlichen Verkommenheit und Untauglichkeit in allen Dingen, zu welcher das Hinken auf beiden Seiten in der höchsten Lebensaufgabe führt.

In einem wie andern Ton konnte sich der Briefwechsel mit seiner Gemahlin bewegen, der seit jener ersten Zuschrift an bis zum Tode Calvins ununterbrochen fortging. Wie die Briefe des Apostels an seine Gemeinden, heben die Schreiben, die der Reformator an sie richtet, fast ausnahmslos damit an, daß er Gott Dank sage, so oft er ihrer und der Arbeit der Gnade an ihr gedenke, und der getrosten Zuversicht sei: der das gute Werk so kräftiglich in ihr angefangen, der werde es auch durch alle Kämpfe und Versuchung hindurch bewahren und vollenden bis an das große Ziel. „O daß ich das nur auch von Ihrem Genossen sagen könnte," fügt er dann wohl hinzu, „und ich weiß, wie Sie daran arbeiten. Lassen Sie sich dabei durch das lange Ausbleiben des Erfolges nicht muthlos machen und ermüden. In jedem Fall aber hüten Sie sich sorgfältig davor, sich irgendwie um sterblicher Geschöpfe willen von Gott zu entfernen, und halten Sie Ihr nach oben gerichtetes Steuer fest, wie sehr auch die Winde in der entgegengesetzten Richtung wehen"*). „Die bittern Leiden und Bedrängnisse, in denen Sie sich befinden," schreibt er ein ander Mal, „bewegen mir das Herz und lassen mich das innigste Mitgefühl empfinden. Aber besser ist es immerhin, in dieser Weise betrübt sein, als fröhlich oder gleichgültig zum Verderben. Eine dan-

---

*) Brief vom Dec. 1561. Franz. Brieff. p. 437—440.

kenswerthe Gottesgabe ist es ja wohl, wenn wir seiner Kindschaft uns freuen dürfen in Ruhe und Frieden; aber immer kann das nicht dauern, er muß uns von Zeit zu Zeit wieder prüfen und steile und schwierige Wege führen. Sie wissen es, gnädige Frau, daß es keinen Dienst Gottes ohne Kampf giebt. Die Weisen des Kampfes sind verschieden, aber zu welcher uns der Herr auch berufe: wir müssen bereit sein. Und Zeit genug hatten Sie ja, sich dazu vorzubereiten. Seit lange ist der König, Ihr Gemahl, von den Werkzeugen des Satans belagert und Schritt für Schritt haben Sie ihn sehen in ihre Netze gehen, bis er jetzt endlich sich offen gegen Gott und seine Gläubigen bewaffnete: Ich weiß wohl, daß die ersten Anläufe sich dabei gegen Sie richten werden. Aber hundert Mal stärker als ihre Künste und Mächte wird doch die herrliche siegreiche Kraft von oben sich erweisen! Nur, gnädige Frau, werden Sie nicht müde, fest zu bleiben. Stützen Sie sich auf Gott als Ihren Bürgen, dem wir nicht auf's Ungewisse hin gehorchen, sondern von dem wir mit Sicherheit wissen, daß er der Standhaftigkeit, die auf sein Wort sich gründet, einen guten Ausgang schenken wird, „denn der unsere Beilage bewahrt," sagt Paulus „ist getreu". Und wie hier in der Ferne werden Sie in unserm Gebete nicht vergessen, und sind gewiß, daß Gott unsere Seufzer und die Ihrigen erhören wird, so wir nur beharren in Demuth. Denn so kühn wir sein dürfen und sollen in der Führung seines Kampfes, so haben wir es doch lediglich unserer eigenen Sünde zuzuschreiben, daß der Lauf des Evangeliums so vielfach aufgehalten wird. Im Uebrigen gilt uns in Mitten unserer Aengsten und Nöthen das Wort des Paulus: „Freuet euch in dem Herrn, und abermal sage ich, freuet euch!"

Als ihr Gemahl gestorben war, nahmen die Ermahnungen und Weisungen eine etwas andere Haltung an, und richteten sich nun mehr an die Königin, der die vielfältigsten, wichtigsten Pflichten obliegen, als an die leidende, trostbedürftige Frau. „Sie thun wohl daran," schreibt er ihr im Beginn des Jahres 1563, „daß Sie Ihrer Pflichten für Land und Volk, die Ihnen Gott nun einmal auferlegt, sich nicht anders entledigen wollen, denn als eine Dienerin und Statthalterin des höchsten Fürsten, der Rechenschaft von Ihnen fordern wird. Solches ist nicht nur Ihre Pflicht, sondern auch Ihr größter Vorzug und Ihre höchste Ehre. Sie sind so hoch erhaben, nur damit Sie ihn erhöhen, und je höher einer gestellt ist, um so tiefer hat er sich vor dem Herrn aller Herrn, dem erlösenden Sohne zu beugen, und den Saum seines Gewandes zu küssen. Welcher Art nun Ihre königlichen Pflichten sind, will ich Ihnen nicht im Näheren auseinandersetzen. In das eine Wort faßt sie Paulus zusammen: daß es durch die Regierung der Fürsten uns möglich werden soll, ein ruhiges und stilles Leben zu führen in aller Gottseligkeit und Ehrbarkeit. Sie sehen, daß er die Furcht Gottes voranstellt vor die bürgerliche Tugend, und es so zu der ersten fürstlichen Pflicht macht, für einen reinen Dienst Gottes zu sorgen. Allerdings werden

Ihnen dabei viele Schwierigkeiten im Wege stehen, und Manche werden Ihnen abzurathen suchen; aber bedenken Sie dabei, daß wer in solchen Dingen irgendwie vor den Menschen sich fürchtet, dadurch zeigt, daß er Gott nicht fürchtet wie er soll, und keinen Glauben hat an seine unüberwindliche Stärke. Nur dieser eine Punkt ist es, gnädige Frau, den ich Ihnen recht vor Augen stellen möchte, weil er der wichtigste von allen ist und Alles daran hängt. Hören Sie auch nicht auf diejenigen, welche behaupten, die Fürsten hätten nichts damit zu thun, ob ihre Unterthanen christlich leben oder nicht, und sie in keiner Weise zu einem gottgefälligen Verhalten zu nöthigen. Denn die Schrift spricht anders; sie erklärt, daß ein jedes Reich untergehen werde, das nicht dem Herrn diene und seinem Gesalbten. Bewaffnen Sie sich nur getrost mit seinen Verheißungen. Lassen Sie Ihren Glauben den Sieg sein, der die Welt überwindet; werden Sie durch keine Menge, durch keine Feinde erschreckt, sondern wissen Sie, daß der Herr Zebaoth Ihre Burg ist und Ihr Hirte. Wohl höre ich, wie ringsumher Feinde Sie umgeben und Ihnen nachstellen*), aber fürchten Sie sich nicht vor ihnen, sondern halten Sie sich daran, daß Gott Sie nicht verlassen kann, so lange Sie seinen Willen ausrichten und seinetwegen angefochten werden. Indessen bin ich nicht der Meinung, gnädige Frau, daß Alles an einem Tage geschehen soll. Gott hat Ihnen einen klugen Sinn gegeben, der selber zu beurtheilen versteht, in welcher Weise die Sache in das Werk zu setzen ist, und was ich etwa noch zu rathen wüßte, habe ich dem Ueberbringer dieses anvertraut, auf dessen umsichtige Treue und Erfahrung Sie sich verlassen können."

Es fanden diese Rathschläge an der Königin eine so willige und entschiedene Schülerin, als sich nur wünschen ließ. Allen römischen Bannbullen und spanischen Drohungen zum Trotz führte sie mit muthiger, glaubensstarker Hand das Werk der Reformation in ihrem kleinen Gebiete durch, und gestaltete damit die gesammten Verhältnisse desselben in einer Weise um, der kaum etwas Anderes sich an die Seite stellen läßt, als die von Calvin in Genf durchgeführte Veränderung. Auf das Wirksamste ging ihr übrigens der ferne Rathgeber dabei an die Hand. Geistliche und Bücher oder was sie sonst bedurfte, wurden ihr von Genf aus geschickt, und der letzte Brief, den Calvin vier Monate vor seinem Tode an sie schrieb, ist eben der Besorgung dieser Angelegenheiten gewidmet. — Es bildet derselbe so den Uebergang von der Seelsorge, die der Reformator an den einzelnen Personen übte, zu seiner ähnlichen Thätigkeit an der Gesammtheit, an Gemeinden, Staat und Kirche in Frankreich, zu der wir nun weiter fortschreiten.

---

*) Auf der einen Seite der blutdürstige Hugenottenfeind Montluc, der Gouverneur der Guienne und Gascogne, und auf der andern Philipp II. von Spanien, der einmal in aller Form den Vorschlag machte, die Fürstin in ihrem kleinen Lande zu überfallen und seiner Inquisition zu überliefern.

3.

Calvin als Haupt und Leiter der reformatorischen Bewegung in Frankreich. Die Bedeutung seiner Schriften in dieser Beziehung. — Seine Sorge für die Gewinnung der erforderlichen geistlichen Kräfte. — Die Genfer Studenten und die aus ihnen gebildeten Arbeiter des Evangeliums. — Die Hülferufe der Gemeinde und die Bemühungen Calvins ihnen zu entsprechen. — Seine Sorgfalt in der Bestellung der Prediger und der Ordnung der Gemeindeverhältnisse. — Dringende Empfehlung an die Gläubigen, sich zu gottesdienstlicher Gemeinschaft zusammenzuschließen. — Genauere Vorschriften über die Bedingungen und die Art einer förmlichen Gemeindebildung. — Die Unmöglichkeit, die kirchliche Verfassung bis in ihre Spitzen (Synode und Generalsynode) auszubauen, und der einstweiligen Ersatz für diesen Mangel in der persönlichen Wirksamkeit Calvins. — Verschiedene Rathschläge in Betreff der Anerkennung und Duldung von Predigern. — Rücksichtslose Strenge Calvins in der Festhaltung und Bewahrung der einmal hergestellten kirchlichen Ordnungen. — Sein Verhalten in den politischen Verwickelungen und Kämpfen der französischen Reformation. — Das Tragische dieser Kämpfe. — Die bestimmte Abneigung Calvins gegen revolutionäre Selbsthülfe und jede Anwendung der Waffengewalt. (Verschwörung von Amboise.) — Ermahnungen zum Gehorsam, zum Frieden, zur Mäßigung nach begonnenem Kampfe. — Weise politische Rathschläge. — Günstige Hoffnungen. — Ausbruch des offenen Krieges. — Hülfreiche Betheiligung Calvins an seinen Bedürfnissen und Wechselfällen. — Strenges Rügen der darin vorkommenden Excesse (die Gemeinde in Lyon; der Baron von Adrets). — Der übereilte Friedensschluß und Calvins Urtheil darüber. — Der Gipfelpunkt seines Ansehens und Einflusses im letzten Jahre seines Lebens.

Es war im vollsten Sinne des Worts das Amt eines Bischofs nach der apostolischen und altkirchlichen Bedeutung dieser Stellung, das Amt dessen, der beaufsichtigt und leitet, der die Bedürfnisse aller Art auf dem Herzen trägt und für ihre Abhülfe sorgt, das Calvin an der werdenden reformirten Kirche seines Heimathlandes verwaltete. Denn weniger als irgend ein Anderer unter den Häuptern der Reformation beschränkte er sich darauf, nur den reformatorischen Anstoß zu geben und den allgemeinen Glaubens- oder Lehrgehalt unter das Volk zu werfen, wobei es den davon Ergriffenen selber überlassen blieb, ihn weiter zu verarbeiten und thatsächlich auszugestalten. Sondern wie bei ihm durchweg die Form mit dem Inhalte auf das Engste zusammenhängt, und die ganze Tendenz seiner Thätigkeit eine kirchenbildende ist, so läßt er auch überall, wo das von ihm verkündete Evangelium Herzen gewinnt und Gläubige findet, ihre Zusammenfassung in Gemeinden und die Ordnung ihrer gesammten Verhältnisse sich angelegen sein, und wirkt in dem weitern Kreise, der sich ihm anvertraut, in der nämlichen organisirenden züchtigenden, alle Seiten des Lebens zugleich erfassenden und reformirenden Art, wie er in der einzelnen Stadt und Kirche es that, der er im engern Sinne zugehörte.

Wenn man die französische Reformation, von dem Zeitpunkte an, da sie sich deutlicher in der Geschichte bemerkbar macht, in das Auge faßt — also ungefähr seit Heinrich's II. Thronbesteigung —, so wird man nicht anders sagen können, als daß sie in allen ihren Entwicklungen und Lebensfasern, menschlich geredet, durchaus von Calvin ausgeht und abhängig ist.

Zuerst schon dadurch, daß er in seinen Schriften ihr den ausgeprägten Lehrgehalt darreichte, auf dessen Grund sie eine feste Gestalt gewinnen konnte; und zugleich die religiöse Litteratur ihr bot, deren eine derartige Bewegung, sowohl was die Verbreitung ihrer Grundsätze, als was die Befestigung und Ausbildung derselben in den Gemüthern der Anhänger betrifft, nicht ohne den schwersten Nachtheil entbehren kann. Was allein das Buch vom „christlichen Unterrichte" nach diesen beiden Seiten hin-geleistet hat, entzieht sich aller geschichtlichen Berechnung. „Wie zahllose Feuerfunken," sagt ein katholischer Schriftsteller jener Tage*), „seien die Exemplare hingeflogen, an allen Orten den Brand mehrend und neue Feuer entzündend. Eine Menge ähnlicher Schriften habe sich alsobald daran angeschlossen und seine Wirkung unterstützt. Und nicht am wenigsten seien die durch Geist und Gelehrsamkeit ausgezeichneten Personen davon ergriffen worden. Denn die vielen Stellen aus den Kirchenvätern, die sie darin angeführt und gegen die Kirchenlehre gedeutet fanden, die scheinbare Begeisterung für die Wahrheit und das Wort Gottes, die Schönheit der Sprache, hätte Alle hingerissen und gewonnen, die nicht durchaus befähigt gewesen, sich ein eigenes Urtheil über diese Dinge zu bilden, während andererseits die katholischen Widerlegungen meistens zu spät gekommen, um diese Eindrücke zu verwischen." Und nicht viel weniger als dieses Werk werden die Auslegungen der biblischen Bücher gewirkt haben, die mit so hoher Meisterschaft einem der lebhaftesten Bedürfnisse der ganzen Zeit entgegen kamen, und nirgends auf etwas Aehnliches trafen, das sich ihnen von den Gegnern hätte an die Seite stellen lassen. Daneben fanden auch die gedruckten Predigten zahlreiche Leser, namentlich in den Kreisen der einzelnen zerstreuten Familien, die auf den Hausgottesdienst angewiesen waren, oder der erst in der Bildung begriffenen und durch den Druck der Verfolgung niedergehaltenen Gemeinden, denen noch Prediger und geordneter Cultus fehlten. Die Controversschriften ferner, sowohl die gegen das römische Wesen als die gegen die Verirrungen der Sekten gerichteten, waren theils geradezu auf Frankreich berechnet, so daß Calvin selber sie Französisch abfaßte**), oder sie wurden wenigstens unverzüglich in diese Sprache übertra-

---

*) Der Jesuit Daniel in seiner Histoire de France.
**) So die satyrische Schrift gegen die Reliquien: Advertissement très utile du grand profit, qui reviendroit à la chrestienté s' il se faisait

gen, und leisteten unter Feind und Freund durchaus den Dienst, zu dem sie bestimmt waren. Ueberhaupt mag es als ein Maßstab dafür gelten, welche Bedeutung die Schriften des Reformators für Frankreich gewannen, und welch' einen Leserkreis sie darin fanden, daß keine einzige derselben, die ursprünglich in lateinischer Sprache erschienen, unübersetzt geblieben ist, und zumeist nur wenige Monate vergangen sind, bis das neu herausgekommene Buch allem Volke in seinem Vaterlande zugänglich gemacht war *).

Aber wie hätte bei alle dem diese blos literarische Einwirkung auf die Länge genügen und für die Bedürfnisse zureichen können! Niemand mehr als Calvin selber war davon durchdrungen, daß keine religiöse Gemeinschaft sich in gesunder Weise zu entwickeln vermöge ohne die lebendige Verkündigung und Leitung, die allein von dem geordneten und wohlbestellten Predigtamt ausgehen kann. Wir erinnern uns, wie er von Anfang an darauf hingearbeitet hatte, seinen französischen Glaubensgenossen die Männer zu erwecken und heranzubilden, die sich hiezu tauglich erweisen möchten. Seine theologischen Vorlesungen, an denen kein anderes Geschäft ihn hindern durfte, seine Bemühungen um die Wiederherstellung und Erweiterung der Akademie, hatten vor Allem diesen Zweck im Auge: — „Schickt uns Holz, schickt uns Holz", schrieb er an die Gemeinde zu La Rochelle, „damit wir Pfeile daraus machen und sie euch zurückschicken!" Und in der That fehlte es weder an dem Material, das willig war, sich von seiner Hand bearbeiten zu lassen, noch an der dringenden Nachfrage nach den in dieser Weise zubereiteten Werkzeugen.

Wo nur immer in Frankreich ein junges, muthiges Herz, oder ein ernster gereifter Mannessinn von der evangelischen Verkündigung ergriffen wurde, richteten sich unwillkürlich seine Gedanken und Blicke nach dem Genf Calvins als dem großen Rüsthause der Waffen der Wahrheit, wie er sie sowohl für den eigenen Lebenskampf als für ihren Dienst nach außen hin bedurfte, zu dem unter den damaligen Umständen ein Jeder sich irgend-

---

inventaire de tous les corps saints et reliques, qui sont tant en Italie qu'en France, Allemaigne, Espagne et autres royaumes et pays 1543." Sehr häufig aufgelegt. Ebenso die Schriften gegen die Wiedertäufer, die Libertiner, den Mißbrauch der Astrologie. Lateinisch geschrieben, obwohl für Frankreich berechnet (aber eben mehr für die gelehrten Kreise) ist das Geist und Witz sprühende Büchlein gegen die Pariser theol. Fakultät: „Articuli à Facultate s. s. theologiae parisiensi determinati super materiis fidei nostrae, hodie controversis."

*) Man wird das Zeugniß, das in dieser Thatsache liegt, erst recht zu würdigen wissen, wenn man bedenkt, wie damals jeder irgend Gebildete (auch des weiblichen Geschlechtes) ohne Schwierigkeit das Lateinische las, sodaß also eine Uebersetzung fast nur für das „Volk" im besondern Sinne des Worts als Bedürfniß erscheinen konnte. Von den Schriften Luthers sind, unseres Wissens, verschiedene, wie z. B. die de servo arbitrio, nie oder erst in späterer Zeit in deutscher Ausgabe erschienen.

wie berufen fühlen mußte. Aus allen Provinzen der französischen Monarchie, aus allen Ständen und Berufen und Altern waren die Schaaren der Studirenden zusammengesetzt, die nach den Lehrsälen des Reformators strömten, oder sich glücklich schätzten irgendwie in persönlichen Verkehr mit ihm treten zu dürfen. Neben dem adeligen Jünglinge, dessen Wesen leuchtete von der hellen Glut der ersten Liebe zu seinem Erlöser und der sprühenden Begeisterung für seine herrliche Sache, stand der schlichte Handwerker mit seiner einfachen gehaltenen Art, der vielleicht Weib und Kind zu Hause zurückgelassen, aber die Pflicht gegen seinen Herrn höher achtete als alle andern, und als das ächte Bild der männlichen Treue erschien die sich in jedem Stücke leidet als ein guter Kriegsmann Jesu Christi. Hier fügte ein dem Kloster entflohener, redebegabter Mönch sich an, dort ein feingebildeter Student der Pariser Universität, der sein Studium der Jurispudenz oder der humanistischen Wissenschaften mit all den glänzenden Aussichten, die es bot, gegen den Dienst des Evangeliums zu vertauschen begehrte, auf dem Verfolgung und Bande und Scheiterhaufen standen. Bekehrte Väter und Mütter sandten ihre Söhne und segneten sie im Voraus zum Märtyrerthum ein. Die Braut ließ ihren Bräutigam ziehen, als der kein herrlicheres Amt erwerben könne, denn ein Mitarbeiter Gottes zu werden; ein Kreis von Freunden verließ zusammen die Werkstätte oder das Dorf, in dem sie ihre Felder bebauten, und gelobten sich Hand in Hand, sich mit einander tüchtig machen zu lassen zur Verkündigung des selig machenden Evangeliums und zur Erbauung ihres Volkes*). Auch katholische Schriftsteller werden ergriffen von dem Schauspiele, das dieser Anblick ihnen bietet. „Ein bewunderungswürdiger Kreis!" ruft einer aus, „da Alles Flamme und Gebet war, Studium, Arbeit, heilige Zucht. Wohl schwerlich hat es je in der Welt e ine zweite Universität und akademische Bürgerschaft gegeben, die sich dieser an die Seite stellen ließe!"

Und indem sie nun wieder von Genf ausgingen, leisteten sie denn auch in den meisten Fällen, was von einer solchen Gesinnung und einem Lehrmeister, wie sie ihn da gefunden, sich erwarten ließ. Calvin selber bestimmte ihnen gemeiniglich ihre Aufgabe und ihren Wirkungskreis. Die Einen zogen als Bibelkolporteure aus, mit mannigfacher List und Verkleidung die theure Last verbergend, an der in Genf mehr als dreißig Pressen arbeiteten, weniger besorgt um das eigene Leben, das freilich verloren war sobald sie einem der Wächter der Regierung in die Hände fielen, als um das kostbare Gut, das man ihnen anvertraut hatte und den Segen an den Seelen, den sie davon hofften. Andere wurden als Evangelisten ausgesandt, um ohne bestimmten Aufenthaltsort das Land zu durchreisen und überall den Saamen des Evan-

---

*) Für jeden Zug dieser Schilderung findet sich die Belege in Crespins Märtyrergeschichte, wenn man besonders die mitgetheilten Briefe der Märtyrer genauer durchgeht.

geliums auszustreuen, wo sich ihnen irgend eine Stätte, irgend eine Gelegenheit dazu biete. Wieder Andere waren zu eigentlichen Pfarrern an bereits bestehenden oder sich heranbildenden Gemeinden geordnet, und von ihrem Lehrer nach bestem Vermögen ausgerüstet mit den Gaben der Weisheit und der Erfahrung, deren sie dazu bedurften*). „Man hätte glauben sollen," schreibt ein französischer Katholik**, „daß während der Jahre, da der Fanatismus der Kriege das Land mit immer zahlreichern Scheiterhaufen bedeckte, sich der Eifer der Genfer Mission einigermaßen abgekühlt habe. Aber keineswegs! mit einer Regelmäßigkeit, die von dem Allem gar nichts zu wissen schien, ging sie nach wie vor ihren Weg weiter." Eben als unter der Gewaltherrschaft der Guisen und der Medicäerin die Verfolgungen am schonungslosesten wütheten, konnte Calvin an Bullinger schreiben: „Es ist unglaublich, mit welchem Feuereifer, ja mit welchem Ungestüm, meine jungen Leute sich dem Dienste des Evangeliums widmen. Sie verlangen ein Amt an einer Gemeinde unter dem Kreuz mit derselben Begierde, mit der Andere nach den Reichthümern der Welt und den Ehren der päbstlichen Würden trachten. Sie belagern meine Thüre, um einen Theil des Arbeitsfeldes zugewiesen zu erhalten. Sie streiten sich um die Posten, als ob das Reich Christi in allem Frieden bestände. Nie hatte ein Fürst eifrigere Höflinge als die meinigen. Oft suche ich sie zurückzuhalten. Ich zeige ihnen das furchtbare Edikt, welches jedes Haus zu zerstören gebietet, in dem ein Gottesdienst gehalten werde. Ich thue ihnen kund, daß in mehr als zwanzig Städten die Gläubigen von dem wüthenden Volke niedergemacht wurden, und daß noch Schlimmeres ihrer warten könne. Aber nichts kann sie aufhalten***)." Und in der That,

---

*) Freilich ist Calvin selber mit den Erfolgen seiner Lehrthätigkeit keineswegs immer zufrieden und beklagt gelegentlich als einen überaus ungünstigen Umstand, daß man die Leute so rasch ihm wieder abfordere und so gar wenig Raum zur Ausbildung ihnen gönne. „Es werden mir Manche abgepreßt", schreibt er an Peter Colonius (Amsterdamer Ausgabe 120), „deren ich mich wahrlich schäme. Nicht nur unsere Schule wird immer wieder ausgeschöpft, nachdem sie kaum gefüllt ist, sondern auch Handwerker nimmt man aus der Werkstätte. Manche der jungen Leute geben die beste Hoffnung, aber wirklich ausgereift ist selten Einer. Und den ältern Männern fehlt es gemeiniglich sehr an Gelehrsamkeit und Geschick."

**) Mignet, Journal des Savants 1556—1557."

***) Brief an Bullinger vom 24. Mai 1561. Es sei uns erlaubt, einige Beispiele davon mitzutheilen, in welcher Weise diese zu dem gefahrvollen Dienste sich drängenden Männer dann auch weiterhin denselben auffaßten und verwalteten. Einer von ihnen, aus der vornehmen adeligen Familie der de la Rive, war als Geistlicher nach dem Rovergne gesandt worden, und hatte dort durch seine Arbeiten, seinen Eifer, seine Beredtsamkeit binnen Kurzem fast die ganze Landschaft für das Evangelium gewonnen. Sein berühmter Name öffnete ihm die Schlösser des Adels und die Wohnungen der hohen Beamten. Vornehm und Gering sammelte sich von allen Sei-

waren andererseits auch die Hülferufe der heimathlichen Gläubigen so zahlreich und dringend, daß Keiner, der irgendwie den Willen hatte, etwas für
das Reich seines Erlösers und das Heil seiner Brüder zu thun, um ein

---

ten um ihn her, verehrte ihn als den heilbringenden Boten Gottes und
den unermüdeten Hirten ihrer Seelen. Aber der junge Mann hatte sich von
Genf aussenden lassen, ehe er sein theol. Studium zu Ende gebracht, und
die glänzenden Erfolge, die ihm geschenkt wurden, die Ehrenbezeugungen,
mit denen man ihnen überall entgegenkam, verblendeten ihn keinen Augenblick über das, was ihm noch fehlte. Sobald er daher die neugebildete Gemeinde einigermaßen befestigt sah, kehrte er wieder nach Genf zurück, um
in dem bescheidenen College zu St. Peter sich von Neuem zu den Füßen
Calvins und Beza's zu setzen, und das zu lernen was ihm noch abging.
Seine Gemeindegenossen konnten das nicht begreifen und meinten, eine
derartige Bescheidenheit überschreite das rechte Maß. Aber mit allem
Ernste antwortete er ihnen darauf, daß er in Genf gesehen habe, was zu
einem „vollkommenen Manne gehöre, der geschickt sei zu jedem guten
Werke," und daß ihm sein Gewissen keine Ruhe lasse, bis er Alles gethan
was in seiner Macht stehe, um auch seinerseits ein solcher zu werden. —
Erst als ihm nach nochmaliger längerer Unterrichtszeit Calvin das Zeugniß
gab, daß er nun in der That mit dem ausgerüstet sei, was einem evan-
gelischen Prediger zukomme, kehrte er wieder in seine Gemeinde zurück.
Ein anderer bedeutender Mann, über den die Register des Rathes,
der Compagnie vénérable und die Briefe Calvins Auskunft geben, war
Johann Macarel aus Laon in der Picardie. Im 29. Jahre kam er nach
Genf, um sich auf das evangel. Predigtamt vorzubereiten. Gleich von
Anfang an erkannte Calvin in ihm einen Geist und Charakter, dem wenig
Andere sich an die Seite stellen ließen, und als nun in der großen Ver-
folgungsnoth des Jahres 1558 die Gemeinde von Paris einen Prediger
verlangte, wußte er ihr keinen bessern zuzusenden, als diesen, wie sehr
er auch für seine Person gewünscht hätte, ihn in Genf selber festzuhalten.
Und als ob er an dem sichersten Orte der Welt stünde, trat nun der muthige
glaubensstarke Mann mitten unter den Verhaftungen und Hinrichtungen
auf, die ihm auf jedem Schritte begegneten. Seine Predigten waren „wie
in Feuer getaucht"; als eines seiner Gemeindeglieder gefangen gesetzt
wurde, erschien er an der Thüre des Kerkers, und verlangte zu ihm gelassen zu werden. Umsonst baten ihn seine Freunde dringend, sein Leben
doch nicht in dieser tollkühnen Weise auf das Spiel zu setzen. Vielmehr
erschien er, als man ihm den Einlaß verweigerte, vor dem Gerichtshofe
selber, der die Verfolgungsedikte einregistrirte und die Urtheile sprach und
indem er förmlich darum ersuchte, daß er als der Seelsorger der Gemeinde
seine gefangenen Gemeindegenossen besuchen dürfe, redete er zugleich den
Richtern auf das Ernstlichste in das Gewissen, wenn sie fortfahren sollten,
dem Bekenntnisse des Evangeliums zu wehren das doch die seligmachende
Wahrheit Gottes sei. Die heldenmüthige Treue, die sich in diesem Benehmen aussprach und die liebevolle herzliche Art, die er damit zu verbinden wußte, brachte solch einen Eindruck auf den Gerichtshof hervor, daß
er, statt den offenbaren Uebertreter der Edikte augenblicklich zu verhaften
und auf den Scheiterhaufen zu schicken, ihm seine Bitte gewährte, und

Stähelin, Calvin.   38

Arbeitsfeld verlegen sein oder auch nur des Gefühles sich erwehren könnte, daß jene auffordernde Frage Gottes: Wen soll ich senden? auch an ihn ergehe. Nicht weniger als zweiundsiebenzig Schreiben von Gemeinden und hochgestellten Männern theilt Gaberel allein aus den Jahren 1562—1564

---

die Kerker ihm öffnen ließ. „Nicht anders als ein Verurtheilter seine Begnadigung empfängt", heißt es, „empfing er diese Erlaubniß." Einigen, die in bewundernden Lobsprüchen über seinen Muth sich ergingen antwortete er: „Redet mir nicht von Muth, sondern von meiner Schwachheit. O wie fühle ich mich gedemüthigt im Angesichte dieser Brüder, die durch ein Wort ihre Freiheit gewinnen könnten, und die doch beharren bis an das Ende. Indem ich sie anblicke, diese Märtyrer, die nichts in der Welt scheiden kann von der Liebe Gottes in Christo, bitte ich um Gnade für die Mängel meines Glaubens; und der Seelsorger der wieder hinaustreten darf an das Licht des Tages, erscheint als ein armer unnützer Schüler neben dem, der lieber in den Banden bleibt, als Christum verläugnet." — Nach drei Jahren der Arbeit in Paris wurde er nach Genf zurückberufen, um dort mit Calvin und Beza zusammen zu wirken. Aber eine Pest, die eben ausgebrochen war, und wobei er es sich nicht nehmen ließ, den Dienst in dem Spitale zu versehen, raffte ihn nach wenig Wochen hinweg „zum großen Bedauern der Republik," wie die Register sagen, „und zum großen Schaden der Kirche. Er ist hingegangen zu seinem Erlöser, in der Blüthe seines Alters, bis zum letzten Seufzer beharrend in dem Bekenntnisse des Glaubens, den er so heiliglich gepredigt." —

„Als welch' ein Ehrentitel für Genfs Kirche", sagt Gaberel (II, 460) erschienen überhaupt diese jungen Geistlichen, die von seiner Akademie ausgingen. Die Gefahren, denen sie sich aussetzten, zählten nie mit in ihrer Berechnung. Die Kirchen, die einen Pfarrer verlangen, schildern ganz offen die Schwierigkeiten und Bedrängnisse, die er werde zu übersteigen haben; aber nie verlieren sie ein Wort über die größere oder geringere Annehmlichkeit der Stellen, über die Größe der Besoldung, über das Klima und was dergleichen mehr ist. „Seelen zu retten, Dörfer zu bekehren, schwankende Familien zu befestigen und zum Evangelium zurückzuführen," das sind die Beweggründe, die sie geltend machen und die Aussichten, die sie stellen. Indem der junge Evangelist den Ruf annimmt, sagt er damit jedem Gedanken an das diesseitige Lebewohl; unaufhörlicher Kampf gegen den Irrthum, fanatischer Widerstand, der Henker als letztes Argument, Anklagen, Beraubungen, Schaffotte, Scheiterhaufen: das sind die irdischen Belohnungen seiner Arbeit. Aber was gilt ihm dieß? Indem er mit ruhigem Ernst und Glauben sein Amt übernimmt, weiß und sieht er nur Eines: Jesum Christum und Jesum Christum den Gekreuzigten. Die Brüder, die ihm den Dienst übertragen, kennen aus persönlicher Erfahrung die leiblichen Nöthen und die geistlichen Segnungen die sich daran knüpfen. Aber die Einen wie die Andern legen das getrost in die Hände Gottes und unterziehen sich zum Voraus seinen geheimnißvollen Führungen . . . . . . Selten sah Genf die Missionare zurückkehren, die es zur Arbeit auf den französischen Boden ausgesendet. Unsere Register sind voll von Anordnungen der Abreise, aber von einer Rückkehr ist selten die Rede."

mit *), durch welche sie die vénérable Compagnie um die Ueberlassung von Geistlichen angingen, oder ihr junge Leute zusandten, die sich an der Akademie
zum Predigtamte in ihrer Heimath ausbilden sollten. In den französischen
Schreiben Calvins, die sich mit allgemeinern Anliegen und Interessen beschäftigen, kömmt fast unaufhörlich derselbe Gegenstand zur Sprache. Bald
kündigt er einer Gemeinde die Zusendung des gewünschten Predigers an, der
zumeist mit den empfehlenden Schreiben selber eintrifft. Bald entschuldigt er
sich bei einer andern, daß der Mangel an tauglichen Männern die Angelegenheit so lange verzögert habe, und betheuert ihr, daß er es seinerseits an keiner
Mühe und Fürsorge habe fehlen lassen. Oder er muß auch wohl das betreffende Gesuch geradezu abschlägig bescheiden, da nirgends eine Möglichkeit
vorhanden sei, ihm Folge zu geben, während er dann umgekehrt wieder einer
erst in der Sammlung begriffenen Gemeinschaft ohne ihre Aufforderung
einen Geistlichen übermacht, da er anderweitig vernommen habe, wie sehr sie
desselben bedürfe, und die Wichtigkeit des Ortes für die allgemeinen Verhältnisse es räthlich erscheinen lasse, den Posten unverzüglich zu besetzen. „Es ist
unglaublich", schreibt der Genfer Pfarrer de Beaulieu an Farel, „wie sehr
sich alle diese Bedürfnisse und Anliegen hier häufen. Von allen Seiten bittet
uns das arme Volk um Speise, und Niemand ist da der das himmlische Brod
ihm austheilt. Allein im Tournon und Agennois sind mehr als dreihun-
dert Gemeinden, die der Messen entsagt, ohne Prediger. Die Abgesandten
unserer französischen Brüder versichern mich, daß, wenn heute noch 4—6000
Geistliche zu haben wären, sie auf der Stelle ihre Anstellung finden würden**)."
Aus den Briefen Calvins ersieht man, daß die Genfer zuweilen ihre eigene
Kirche bis auf die dringendst nothwendigen Kräfte entblößten, um hie und da
einen dieser herzbeweglichen Nothrufe zu stillen. „Es ist unmöglich," schreibt
er einmal an die Pariser Gemeinde, „uns noch weiter zu berauben; einige
meiner Collegen sind in eurer Mitte, andere krank, ich selber kann mich kaum
noch schleppen, und doch muß ich gleichsam mit Gewalt der Kräftigste und
Ausharrendste sein***)."

Und was nun bei diesen Besorgungen, wenn man ihren demgemäß
unermeßlichen Umfang in Erwägung zieht, am meisten in Erstaunen setzt,
ist die außerordentliche Sorgfalt und Gewissenhaftigkeit, mit der sie
in der Regel von der einen wie von der andern Seite her behandelt werden.
Die Gemeinden in ihren Bittbriefen pflegen sich darüber eingehend auszusprechen, in welchem Zustande sie sich befinden, was bis jetzt von ihnen
gethan worden, welche Aussichten für evangelische Wirksamkeit die allgemeinen Verhältnisse des Ortes und seiner Umgebungen darbieten; hie und da

---

*) Pièces justif. 148—194.
**) Ruchat VI, 455.
***) Franz. Briefsammlung II, 379.

begehren sie wohl auch einen Mann mit Namen, von dem sie, nach seiner bisherigen Thätigkeit, die Zuversicht haben, daß er sich für ihre Verhältnisse besonders tauglich erweisen werde; und Calvin seinerseits versäumt es nie, in seiner Antwort möglichst bestimmt auf diese Verhältnisse einzugehen und den Prediger den er sendet, durch eine gedrängte Schilderung seines Wesens schon zum Voraus bei der harrenden Gemeinde einzuführen. „Nachdem wir uns von eurem Eifer und guten Willen überzeugt und den Namen Gottes angerufen haben", schreibt er so an die Gemeinde zu Angers, „bestellten und wählten wir den Bruder, den wir euch zusenden, als den Diener des Wortes Gottes unter euch. Wir haben allen Grund zu hoffen, daß er sich seiner Pflicht mit völler Treue entledigen wird. Denn fürs Erste haben wir ihn für einen Mann erfunden, der Gott fürchtet, der in Reinheit des Gewissens und Aufrichtigkeit gegen seinen Nächsten wandelt, der ein ehrbares Leben führt und Jedermann erbaut durch seinen Eifer. Es genügt, wenn wir euch in dieser Beziehung mittheilen, daß er seine Frau, die eben ihre Niederkunft erwartet, verläßt, um euch zu Hülfe zu kommen. Zum Andern ist er aber auch tüchtig durchgebildet und fest in seiner Ueberzeugung, sodaß er ein guter Lehrer derselben sein wird, und dabei doch bescheiden genug, um seine Gaben nicht zu überschätzen. Wer nach blendender Pracht der Rede trachtet, den wird er freilich nicht befriedigen, aber dergleichen werdet ihr ja auch nicht begehren; es wird euch genügen in schlichter und gerader Sprache so unterrichtet zu werden, daß der Geist Gottes sein Leben in euch zeugen kann. Kurz, wir zweifeln nicht daran, daß seine Arbeit an euch in jedem Stücke Frucht schaffen wird zur Ehre Gottes und zur Freude unser Aller. Nehmet ihn nun nur auch in einer Weise auf, aus der er euren guten Willen und Eifer erkennt, damit er um so mehr Muth empfange euch sein Bestes zu geben"[*]). Und ähnlich berichtet er gleich darauf der Gemeinde in Loudun über ihren neu bestellten Prediger Puinisson: „Wir haben ihn auf eure Bitte hin gewählt, weil wir ihn als genügend und tauglich kennen, euch treulich zu unterrichten. Was seine Kenntnisse betrifft, so ist er in der Schrift seit lange bewandert, und hat dabei jeder Zeit so auf die Hauptsache den Blick gerichtet gehalten, daß er in keiner Weise mehr für einen Neuling gelten darf. Sein Lebenswandel hatte schon zur Zeit, da er noch im Papstthum lebte, einen guten Ruf der Rechtschaffenheit und Unbescholtenheit. Wir zweifeln nicht daran, daß er somit auch durch sein Beispiel euch erbauen wird. Ueberdieß seht ihr ja aus seinem Kommen selber, daß er auch seine Person und sein Leben nicht schont, um euren Seelen Gutes zu thun. Wir bitten euch demnach: nehmet ihn auf als einen treuen Diener im Namen Gottes, wie wir ihn aussenden, und erweiset euch begierig nach der lautern Lehre des Evangeliums. Denn in dem Maße, als das Volk

---

[*]) Franz. Briefsammlung II, 72.

hr und Herz aufthut gegen seinen Prediger, in dem Maße thut sich auch
rz und Mund des Predigers auf gegen seine Zuhörer"*). In einem
iefe an eine ungenannte Gemeinde, die sich mehrere Prediger von ihm
eten, heißt es ein ander Mal: „Wir haben dafür gesorgt, daß euch zwei
änner zugeschickt werden, wie ihr sie begehret, beide frühere Lehrer von
ßer Treue und Einfalt. Ihr könnet versichert sein: sie werden euch in
r Aufrichtigkeit den Weg des Heiles verkündigen, den sie durch ihre eigene
fahrung wohl kennen. Auch ihre Gaben sind nicht gering und werden
h in jeder Weise zufrieden stellen. Im Uebrigen wißt ihr, daß sie in
rhältnissen sich befinden, die ihnen wohl erlaubten, in voller Ruhe und
rz ihrem Belieben gemäß ihr Leben zu führen, daß sie es aber vorzogen,
Alles dahinzugeben, und jetzt auch ihre Person daran setzen wollen, euch
dienen. Um so herzlicher werdet ihr sie empfangen, und durch euer Ver-
gen nach der Speise des Heiles sie anfeuern, auch ihrerseits das Mög-
ste zu thun, um Frucht in euch zu schaffen"**).

Aber nicht nur mit solchen G e m e i n d e n, die bereits zu einem gewissen
stande gekommen, hatte der Reformator es zu thun, sondern noch umsich-
re Fürsorge erheischten augenscheinlich jene andern Zustände, da die
ngelische Bewegung erst im Beginnen und Werden war, und es sich nun
gte: in welcher Weise sie weiter vorwärts schreiten und sich in die feste
tliche Gestalt fassen solle, nach der sie streben mußte? Wenn man die
rauf bezüglichen Briefe Calvins durchliest, findet man bald, daß er über

---

*) A. a. D. 76.
**) A. a. D. 271. — Aehnliche Beispiele an den Stellen 76, 123, 332, 552
und in vielen andern Briefen. In dem vorletzten der angeführten Schreiben spricht sich Calvin, dem Apostel Paulus ähnlich, auch über die auf
das Zeitliche bezüglichen Pflichten der Gemeinden gegen ihre Seelsorger aus: „Der Mann, den ich euch sende," sagt er, „läßt seine Familie
dahinten und zudem liegt seine Gattin krank. Wir bitten euch, hierauf
Rücksicht zu nehmen und ihren Bedürfnissen zu Hülfe zu kommen, da ihr
ja selber einseht, wie schmerzlich es einem Christen sein muß, die Seinen
unter diesen Verhältnissen zu verlassen. Denn wir können ihm bezeugen,
daß er nie daran gedacht hat, sich Güter dieser Welt zu gewinnen, und
seine Frau mit ihren Kindern also bittere Noth leiden müßten, wenn ihr
sie nicht unterstützet." Der letzt-genannte Brief endlich ist an die Königin
von Navarra gerichtet, die um die Zusendung einer ganzen Anzahl von
Predigern für ihr Land gebeten hatte. „Ich selber war krank," schreibt
er ihr, „und konnte darum den Auftrag Ew. Majestät nicht ganz so besorgen, wie ich es gewünscht hätte. Aber die Herren dieser Stadt, denen ich
die Sache empfahl, haben sich alle Mühe gegeben, und man hat endlich
ein Dutzend Leute für Sie gefunden. Wenn sie nicht ganz so ausgesucht
sind, als wir es wünschten, so bitte ich Sie, gnädige Frau, Nachsicht zu
haben, denn es ist das eine Waare, die man sich nicht nur so nach Begehr
verschaffen kann. Indessen hoffen meine Collegen, daß sie doch hinreichend
geschickt sein werden, um das Volk zu Ihrer Befriedigung zu unterrichten."

die Ordnung und Leitung dieser schwierigen Verhältnisse eine sehr bestimmte
Anschauung sich gebildet hatte, und sie durchweg nach einer und derselben
Regel behandelt, die von dem nüchternsten einsichtsvollsten praktischen Sinne
zeugt. Nämlich vor Allem kam es ihm darauf an, die Neubekehrten vor der
Vereinzelung und Zusammhangslosigkeit zu bewahren, zu der die feindselige
Ueberwachung der Verfolger und theilweise auch ihre lokale Zerstreuung sie
ja freilich fast mit Gewalt zu nöthigen schien, die aber, wo sie andauerte, unzweifelhaft die Wirkung haben mußte, die lediglich auf ihre eigene Glut beschränkten Feuerfunken allmälig wieder verglimmen und erlöschen zu lassen,
während sie doch durch ihre Vereinigung zu einem Feuer emporlodern konnten,
das Niemand mehr zu ersticken vermochte. Alle andern Rücksichten sollten
also vor dieser zurücktreten; kein Bedenken, kein Hinderniß irgend einer Art
ein Recht dazu geben, das zu unterlassen was allein das empfangene Heil
zu erhalten und kräftig zu machen im Stande war, wie es denn überhaupt
an und für sich schon zum Begriffe ächt christlichen Wesens unumgänglich gehörte. „Wenn ich euch sagen soll, was euch unter den Schlingen und
Feindseligkeiten, mit denen Satan alltäglich euch angeht, am dringendsten
Noth thut," schreibt Calvin an die Gemeinde zu Paris, „so ist es das, daß
ihr euch gemeinsam stärkt, gemeinsam übet und die Waffen führt, und
was auch geschehen möge, euch vor der Zerstreuung hütet, die unvermeidlich
immer Verderben nach sich ziehen würde. Wer sich von seinen Genossen getrennt hält und so einhergeht ohne Versammlung und Heerde, wird im Augenblick den Wölfen in den Rachen fallen. Mag es auch die Wuth der Feinde
noch mehr anspornen, wenn ihr euch so zusammenschließt, mögen sie euch
auch auskundschaften und Nachstellungen bereiten: von diesem Gute, von
dieser Pflicht dürft ihr euch keinen Augenblick entfernen. Denn es gibt keinen
bessern Schild und Wall gegen ihre Grausamkeiten, als mit einer Stimme
den anzurufen, welcher verheißen hat, mitten unter denen zu sein, die in
seinem Namen zusammenkommen"[*]). „Es ist gut, daß ihr betet, um euch
gegen die Anfechtungen zu stärken," rief er in dem gleichen Sinne den zerstreuten Gläubigen des Poitou zu, „aber thut dieß nicht etwa nur ein Jeder
für sich in seinem Kämmerlein, sondern thut es gemeinsam Alle mit einander.
Wie wollt ihr sonst der Schwachheit eures Fleisches widerstehen? Woher
wollt ihr sonst den Muth bekommen, euch von der Theilnahme an dem gözendienerischen und abergläubischen Wesen zu sondern und zu dem Bekenntnisse
hindurchzudringen, das wir Gott schulden und zu dem alle Christen berufen
sind[**])? Oder wie wird es euch möglich sein, die Welt zu verlassen, euch

---

[*]) Franz. Briefsammlung II, 2.

[**]) Es leuchtet von selber ein, wie wichtig gerade auch in dieser Beziehung
das sich An-einander-Anschließen und sich gegenseitig Kennen-lernen der
Neubekehrten sein mußte. Der Einzelne, der sich darauf beschränkte, lediglich in seinem Herzen, in verborgener Stille an das Evangelium zu glau-

rbauen, euch gegenseitig zu nähern durch Geben und durch Empfangen,
ihr es doch bedürfet? Es ist ja freilich wahr: Alles ist noch nicht
an mit der Theilnahme an solch' gemeinsamen Gebeten und der Predigt
Wortes, aber sie ist uns ein Hilfsmittel zum Weiterkommen, das Gott
r uns zugewiesen hat und das er auch von uns fordert als ein ihm an-
hmes Opfer. Mit Gefahren ist es allerdings verknüpft und ich weiß
l, wie ihr nie zusammen kommen könnt ohne Furcht und Angst. Aber ihr
ja trotz alledem unter dem Schutze des guten Hirten; und fürwahr!
größere Gefahren laufen die, welche von den Versammlungen sich ferne
en, dadurch nach und nach den Geschmack am Guten verlieren und der
machenden Wahrheit sich endlich ganz entfremden. Seid darum fest, be-
dig, getreu in diesem Stücke! Wer ein eigenes Haus hat, der mache sich
Ehre daraus, es Gott zu einem Tempel weihen zu dürfen. Wer es nicht
beklage sich nicht darüber, daß er vielleicht einen weiten Weg machen
l. Die Großen mögen den Kleinen mit dem guten Beispiele vorangehen,
wer das gute Beispiel sieht, schäme sich ihm nicht nachzufolgen. Ein
r gebe sich Mühe so Viele ihm möglich ist für Christum zu gewinnen;
nach reiflicher Prüfung und Erprobung nehmet sie dann in eure Ge-
lschaft auf. Aber keiner entdecke dabei, ohne die Zustimmung Aller,
ad einer lebenden Creatur eure Ordnungen und Aufenthaltsorte, damit
nicht durch Unvorsichtigkeit euch für nichts und wieder nichts in Gefahr
bet. Ich sage dies Letztere aus herzlichem Mitgefühle mit eurer Lage,
t etwa um euern Eifer zurückzuhalten. Vielmehr verlange ich von den
zelnen unter euch, daß sie durch alle Hindernisse hindurch die Gelegen-
:n, das Evangelium zu verbreiten, sogar suchen, wo sie sich nicht von
:r darbieten, damit ihr nicht etwa abnehmet, sondern zunehmet, und das
e nicht verlieret, das Gott euch dargereicht"*).

---

ben, erlag fast unvermeidlicher Weise der Versuchung: nach außen hin
immer noch das alte, gewohnte Verhalten zu beobachten. Da er keine
evangelische Versammlung besuchen konnte, kam es ihm nicht zum Bewußtsein, daß er auf beiden Seiten hinke und seine Gemeinschaft verleugne,
wenn er die römischen Gottesdienste noch mitmachte. Wie ganz anders
aber, wenn er sich an irgend eine Art von religiöser Gemeinschaft angeschlossen hatte! Da wuchs dann nothwendiger Weise mit dem Gefühl der
Zusammengehörigkeit auch das Gefühl der Scheidung von dem als verwerflich erkannten verlassenen alten Wesen. Da übte man ganz von selber
gegenseitig Zucht an einander, beschämte die Schwachheit und Feigheit;
überzeugte sich, daß man nicht zugleich zwei Herren dienen, nicht zugleich
an zwei Tischen sitzen könne. — Und wie sehr es Calvin daran lag, solche
Ueberzeugung, durch die unter den damaligen Verhältnissen der Bestand
der gereinigten Kirche bedingt war, zu pflanzen und auszubilden, haben
wir früher gesehen.

*) Franz. Briefsammlung I, 423, 431, II, 68 u. a. Stellen.

Und auch noch von einem andern Gesichtspunkte aus: dem mehr principiel-
len der allgemeinen Pflicht der Gemeinschaftsbildung, die das
Christenthum in sich trage, legt er den Gläubigen den Gegenstand an das Herz.
„Es ist eines der wesentlichsten Stücke des Evangeliums," schreibt er der
Gemeinde zu Angers, „daß Alle, die sich dazu bekennen, sich zu einem Leibe
vereinigen unter dem ewigen Haupte, daß sie in solcher Gemeinschaft sich
stärken durch die Güter und Mittel, die der Herr seiner Kirche gegeben hat,
daß sie sich versammeln, um untereinander seinen Namen anzurufen, um sich
gegenseitig zu unterrichten und zu erbauen aus seinem Worte." — „Es ist
der ausdrückliche Wille Gottes," bezeugt er einem andern Häuflein, „daß
wir nicht nur im Verborgenen ein Jeder für sich und in unsern Häusern Gott
dienen, sondern daß wir uns zusammenthun wie wir zusammengehören,
um aus einem Munde zu beten, und mit einander Leib und Seele ihm darbringen zum feierlichen Dankopfer. Sammelt euch, ihr kleinen Häuflein da
und dort, und bildet den Leib der Kirche ab, bis ihr euch offen, vor aller
Welt dazu vereinigen dürfet, oder eingehet in die Verklärung die ihn im
Himmelreiche schmückt. Denn auf einen Leib hin seid ihr angelegt, und
Gott wird sein Werk an euch vollenden."

Aber bei all dieser Betonung der Nothwendigkeit einer Gemeinschaftsbildung war Calvin auf der andern Seite doch weit davon entfernt, zur Erleichterung derselben irgend etwas von dem daran zu geben, was er zum ordnungsgemäßen Bestande einer christlichen Gemeinde für nöthig hielt, oder
die werdenden Anfänge alsobald schon auf das volle Ziel hinzudrängen:
auf das sofortige An-sich-nehmen all' der Rechte und Güter, womit der
Herr seine Kirche ausgestattet. „Er stellte," wie Polenz richtig es ausdrückt*),
„dem Sammelprincip das gleichwichtige Ordnungsprincip an die
Seite." Und dieses bestand ihm darin, daß als Gemeinde nur gelten
könne, was sich schriftgemäß organisirt und mit den hiezu erforderlichen
Organen eines geordneten Predigt- und Aeltesten-Amtes ausgerüstet habe.
Denn welch' eine Verwirrung und Zerrüttung aller Verhältnisse, welch' ein
verderblich-independentistisches Nebeneinanderstehen der einzelnen Häuflein,
das doppelt gefährlich war, weil es ohnehin durch die allgemeine Lage so
sehr begünstigt wurde, mußte daraus folgen, wenn sich jedes von ihnen nur
so ohne Weiteres auf eigene Hand als vollberechtigte Gemeinde konstituirte,
den Ersten, Besten, den Niemand geprüft, geweiht, verordnet zu seinem
Prediger berief, die Sakramente verwalten ließ ohne Aufsicht und Zucht,
und Keinen anerkannte, der das Alles zu überwachen, der ein Wort darein
zu reden habe. Entwickelten sich die Dinge in dieser Weise, so konnte offenbar von einer reformirten Kirche in Frankreich nimmermehr die Rede sein,
sondern es kam lediglich zu einzelnen Ansätzen und Bruchstücken der evan-

---

*) Geschichte des Calvinismus I, 419.

gelischen Bewegung, die da und dort auftauchten und sich festsetzten, um nach kurzer Zeit von dem verwüstenden Strome der Verfolgung wieder hinweggespült zu werden.

Als die rechte, zum Ziele führende Verfahrungsweise sah Calvin vielmehr die folgende an, die er denn auch in seinen Briefen den anfragenden Gläubigen unzählige Male auseinandersetzte. Nachdem die einzelnen Erweckten einer Gegend sich nach dem Zuge der Bruderliebe und dem Bedürfnisse der gegenseitigen Stärkung gesucht und gefunden, sollen sie zwar, wie wir es ihn eben empfehlen hörten, unverzüglich darauf denken, regelmäßige Zusammenkünfte untereinander einzurichten, die sie mit Allem ausstatten was zu ihrer Erbauung dienen kann: sie sollen beten, sie sollen sich gegenseitig mittheilen an Erkenntniß und Ermahnung was sie von Gott empfangen haben*), aber des Gebrauches der Sacramente, der das eigentliche Siegel und Kennzeichen einer förmlich konstituirten christlichen Gemeinden ausmacht, sollen sie sich noch enthalten. Denn es fehle ihnen zunächst noch an den Organen, deren es zu ihrer Verwaltung bedürfe, an dem ordnungsmäßig berufenen Prediger, der sie austheile, an dem Collegium der Aeltesten, das sie mit der umsichtigen Zucht umgebe, die ihren Mißbrauch und ihre Entweihung verhüte. Fühle sich aber die in dieser Weise herangebildete Gemeinschaft einmal entschlossen, stark und gläubig genug, um sich durch die Aufstellung solch' einer Behörde eine feste Gestalt zu geben und sich damit definitiv von der alten Kirche mit Allem was daran hänge zu sondern, und schenke ihr Gott weiter in irgend einer Weise einen Hirten, der die allgemeine Zustimmung auf sich vereinige: Dann sei die Zeit gekommen, wo sie den entscheidenden Schritt vorwärts thun könne, und zu einem Kirchenkörper werden, „welcher im Besitze der ganzen Fülle der evangelischen Heilsgüter sich von selber einfüge in den großen Leib der gesammten Kirche des Herrn. Und dieß solle ja freilich das Ziel sein, nach dem zu streben sie nicht ablassen dürften. Ja die Entbehrung der Sakramente, die sie bis dahin sich noch auferlegen müßten, habe ihnen mit zu einem Antriebe zu werden, um so eifriger nach den Mitteln zu trachten, die sie des Entbehrten würdig machten."

„Ein Doppeltes bedarf es, bis ihr zum Gebrauch der Sakramente kommen könnt", schreibt er so — um einige Beispiele anzuführtn — an die Gläubigen der Saintonge: „daß ihr nämlich durch Gottes Gnade weit genug gefördert seid, um für's Erste einen Kirchenkörper (un corps d'Eglise) zu bilden, der sich in der beschriebenen Ordnung erhält, und daß ihr ferner entschlossen genug werdet, um euch völlig von den Beflleckungen los zu machen, die unter euch vorhanden sind. Dagegen hieße es mit dem Ende beginnen,

---

*) Quand vous estes assembléz chacung peut apporter ce qu'il luy est donné de Dieu et selon que chacung a plus recu, il en doibt distribuer. Et ceux qui ne sont poinct encores tant avancéz, doibvent recevoir en toute humilité et modestie ce qui est mis en avant."

wenn ihr anders handeln wolltet, ja, ich bin nicht einmal der Meinung, daß ihr euch gar zu sehr beeilet, das Abendmahl zu besitzen; vor Allem thut vielmehr eine feste Ordnung Noth. Zudem würde es auch Niemandem erlaubt sein, euch die Sakramente zu spenden, ehe er euch als eine Heerde Christi erkennen kann, und eine Form der Kirche unter euch vorfindet." "Was die Verwaltung der Sakramente betrifft", heißt es weiter in einem Briefe an die Gläubigen im Poitou, "so gehet dabei so zu Werke, aßd ihr nicht anders als auf einen festen Grund bauet. Nämlich etwas Anders ist es zu lehren, und etwas Anders die Sakramente zu verwalten. Um einen Mann zu haben, der euch das heilige Abendmahl reicht, ist es vor Allem nöthig, daß er von euch einstimmig zum Hirten gewählt worden ist. Und das könnet ihr wiederum nicht, ohne daß ihr einen eingerichteten Kirchenkörper bildet. Nicht als ob wir von euch ein öffentliches Hervortreten und Bekenntniß verlangten, denn wir kennen die enge Knechtschaft wohl, in der ihr gehalten werdet und wissen, daß es genügt, wenn die kleine Heerde sich im Verborgenen versammelt. Beharret nur zunächst in den gemeinsamen Gebeten und der Verkündigung des Wortes, und wenn sich dann ein tauglicher Mann unter euch findet, der zum Hirtenamte berufen wird, so wird es seine Pflicht sein, euch die Sakramente zu reichen. Aber achtet dann darauf, daß diejenigen, die sich so versammeln, um sie in der Reinheit zu empfangen welche Gott gebietet, sich nicht etwa mehr mit dem päpstlichen Aberglauben vermengen, sondern wirklich von Allem ausscheiden, was unserm Herrn Jesu Christo entgegen ist. Uebrigens bedenkt, daß es uns nicht ziemet zu trennen was Gott verbunden hat, und daß man mit dem Abendmahle auch die Taufe haben muß. Denn wenn ihr, nachdem ihr an der Tafel unseres Herrn Jesu zusammen Gemeinschaft gehabt, eure Kinder dem Priester bringet, so ist dieß eine nicht zu duldende Besudlung. Wir sagen dieß nicht, um euch von dem was gut ist, zurückzuhalten, denn wir wünschen innig, daß ihr wie wir die Mittel und Kräfte genießet, die uns Gott verordnet, um unsern Glauben zu stärken. Aber besser ist es doch, sich eine kleine Zeit dessen zu enthalten, was gut und nützlich ist, als die heiligen Dinge durch Leichtfertigkeit zu entweihen. Wenn ihr darum erkennt, daß ihr das noch nicht erlangen könnet, was zur Verwaltung der Sakramente nothwendig ist, so seufzet zu dem Herrn, daß er euch fördere und euern Mangel ersetze, damit ihr nicht für immer der Güter beraubt bleibet, die er seinen Kindern hinterlassen; und vor Allem ringet darnach, sobald als möglich die Sünden abzuthun, die euch noch davon scheiden."

Man sieht, es hat diese ganze Einrichtung an dem entscheidensten Punkte noch etwas sehr Unbestimmtes und Unvollständiges, das nothwendiger Weise das Hinzukommen eines weiteren Elementes erforderte, wenn ihr Zweck nicht von vornherein verfehlt werden sollte. Denn wo blieb am Ende die Ordnung und die Bürgschaft für eine tüchtige Verwaltung des Predigtam-

tes (und damit auch der Sacramente), wenn jede Gemeinde völlig nach eigenem Gutdünken sich ihren Geistlichen wählen konnte ohne alle Aufsicht, ohne
daß auch nur irgend eine Behörde vorhanden war, welche die Vorgeschlagenen
prüfte und für würdig erklärte? Und wie konnte ferner die Forderung einer
ordnungsgemäßen Constituirung der Zersplitterung der Gläubigen in zahllose lediglich für sich bestehende Bruchstücke vorbauen, wenn jede der so geordneten Einzelngemeinden nun doch wieder ohne einen geregelten Zusammenhang
mit den andern blieb, und nirgends ein Mittelpunkt bestand, in dem sie
Alle zusammentrafen und zu einem Ganzen sich vereinigten? Es leuchtet von
selber ein, daß das bisher Betrachtete somit nur die unteren Stufen der von
Calvin beabsichtigten Organisation ausmachen konnte, und daß er als die
höheren vollendenden von Anfang an die Synoden im Auge hatte, — die
Provinzialsynoden und die Generalsynode — die zugleich beaufsichtigen und
zusammenfügen, zugleich die Einheit im Bekenntnisse herstellen und die Einheit im kirchlichen Verhalten. Aber wie ließen sich diese unter den gegenwärtigen Verhältnissen in einer Weise in's Leben rufen, daß sie alle diese Aufgaben zu lösen im Stande waren! Es blieb zunächst nichts Anderes übrig,
als daß gleichsam die bischöfliche um nicht zu sagen die monarchische
Verfassung an die Stelle der synodalen trat, und Calvin als der geborene
und allgemeine anerkannte Meister von sich aus jene Funktionen übernahm
und versah, die den Synoden zugedacht waren. Und so war es denn in der
That im Grunde nichts Anderes als seine Person, was den zerstreuten
Gliedern der französischen Reformation ihre Einheit gab und alles das leistete, wessen sie zu ihrer Zusammenfassung und Ordnung bedurften. Die
Geistlichen, die von ihm gesandt wurden, galten als geprüft und bestätigt. Die Bestimmungen, die von ihm ausgingen, als rechtskräftig und
verpflichtend, die Lehre, die er verkündigte, war die von vornherein angenommene, von der es sich von selbst verstand, daß sie das gemeinsame
Bekenntniß Aller sei. Er selber freilich war damit am wenigsten zufrieden; und wir werden auch in der That weiterhin zu erwähnen haben, wie
nicht ohne seine thätige Mitarbeit dieser provisorische Zustand allmälig
anfing, in den definitiven überzugehen, auf den er es von Beginn an abgesehen hatte.

Mit diesem provisorischen Charakter des Ganzen hängt es denn auch
zusammen, daß er in der Praxis gar manche Ausnahme von seinen Vorschriften gelten ließ, und hie und da z. B. die Berufung eines Geistlichen
anerkannte, die sich doch mehr von selber gemacht hatte als daß sie durch
regelmäßige Abstimmung und Wahl zu Stande gekommen wäre. Nach einer
gewissen Analogie des Patronatsrechtes sah er hervorragende christliche
Persönlichkeiten, welche Gläubige um sich geschaart und ihnen Erbauung gewährt hatten, von selbst als deren geistlichen Vater an, und bestätigte
ihnen durch seine Zustimmung das Predigtamt, das sie thatsächlich schon

Arbeitsfeld verlegen sein oder auch nur des Gefühles sich erwehren könnte, daß jene auffordernde Frage Gottes: Wen soll ich senden? auch an ihn ergehe. Nicht weniger als zweiundsiebenzig Schreiben von Gemeinden und hochgestellten Männern theilt Gaberel allein aus den Jahren 1562—1564

die Kerker ihm öffnen ließ. „Nicht anders als ein Verurtheilter seine Begnadigung empfängt", heißt es, „empfing er diese Erlaubniß." Einigen, die in bewundernden Lobsprüchen über seinen Muth sich ergingen antwortete er: „Redet mir nicht von Muth, sondern von meiner Schwachheit. O wie fühle ich mich gedemüthigt im Angesichte dieser Brüder, die durch ein Wort ihre Freiheit gewinnen könnten, und die doch beharren bis an das Ende. Indem ich sie anblicke, diese Märtyrer, die nichts in der Welt scheiden kann von der Liebe Gottes in Christo, bitte ich um Gnade für die Mängel meines Glaubens; und der Seelsorger der wieder hinaustreten darf an das Licht des Tages, erscheint als ein armer unnützer Schüler neben dem, der lieber in den Banden bleibt, als Christum verläugnet." — Nach drei Jahren der Arbeit in Paris wurde er nach Genf zurückberufen, um dort mit Calvin und Beza zusammen zu wirken. Aber eine Pest, die eben ausgebrochen war, und wobei er es sich nicht nehmen ließ, den Dienst in dem Spitale zu versehen, raffte ihn nach wenig Wochen hinweg „zum großen Bedauern der Republik," wie die Register sagen, „und zum großen Schaden der Kirche. Er ist hingegangen zu seinem Erlöser, in der Blüthe seines Alters, bis zum letzten Seufzer beharrend in dem Bekenntnisse des Glaubens, den er so heißiglich gepredigt." —

„Als welch' ein Ehrentitel für Genfs Kirche", sagt Gaberel (II, 460) erschienen überhaupt diese jungen Geistlichen, die von seiner Akademie ausgingen. Die Gefahren, denen sie sich aussetzten, zählten nie mit in ihrer Berechnung. Die Kirchen, die einen Pfarrer verlangen, schildern ganz offen die Schwierigkeiten und Bedrängnisse, die er werde zu übersteigen haben; aber nie verlieren sie ein Wort über die größere oder geringere Annehmlichkeit der Stellen, über die Größe der Besoldung, über das Klima und was dergleichen mehr ist. „Seelen zu retten, Dörfer zu bekehren, schwankende Familien zu befestigen und zum Evangelium zurückzuführen," das sind die Beweggründe, die sie geltend machen und die Aussichten, die sie stellen. Indem der junge Evangelist den Ruf annimmt, sagt er damit jedem Gedanken an das diesseitige Lebewohl; unaufhörlicher Kampf gegen den Irrthum, fanatischer Widerstand, der Henker als letztes Argument, Anklagen, Beraubungen, Schaffotte, Scheiterhaufen: das sind die irdischen Belohnungen seiner Arbeit. Aber was gilt ihm dieß? Indem er mit ruhigem Ernst und Glauben sein Amt übernimmt, weiß und sieht er nur Eines: Jesum Christum und Jesum Christum den Gekreuzigten. Die Brüder, die ihm den Dienst übertragen, kennen aus persönlicher Erfahrung die leiblichen Nöthen und die geistlichen Segnungen die sich daran knüpfen. Aber die Einen wie die Andern legen das getrost in die Hände Gottes und unterziehen sich zum Voraus seinen geheimnißvollen Führungen . . . . . . Selten sah Genf die Missionare zurückkehren, die es zur Arbeit auf den französischen Boden ausgesendet. Unsere Register sind voll von Anordnungen der Abreise, aber von einer Rückkehr ist selten die Rede."

sit *), durch welche sie die vénérable Compagnie um die Ueberlassung von Geistlichen angingen, oder ihr junge Leute zusandten, die sich an der Akademie
zum Predigtamte in ihrer Heimath ausbilden sollten. In den französischen
Schreiben Calvins, die sich mit allgemeinern Anliegen und Interessen beschäftigen, kömmt fast unaufhörlich derselbe Gegenstand zur Sprache. Bald
kündigt er einer Gemeinde die Zusendung des gewünschten Predigers an, der
zumeist mit den empfehlenden Schreiben selber eintrifft. Bald entschuldigt er
sich bei einer andern, daß der Mangel an tauglichen Männern die Angelegenheit so lange verzögert habe, und betheuert ihr, daß er es seinerseits an keiner
Mühe und Fürsorge habe fehlen lassen. Oder er muß auch wohl das betreffende Gesuch geradezu abschlägig bescheiden, da nirgends eine Möglichkeit
vorhanden sei, ihm Folge zu geben, während er dann umgekehrt wieder einer
erst in der Sammlung begriffenen Gemeinschaft ohne ihre Aufforderung
einen Geistlichen übermacht, da er anderweitig vernommen habe, wie sehr sie
desselben bedürfe, und die Wichtigkeit des Ortes für die allgemeinen Verhältnisse es räthlich erscheinen lasse, den Posten unverzüglich zu besetzen. „Es ist
unglaublich", schreibt der Genfer Pfarrer de Beaulieu an Farel, „wie sehr
sich alle diese Bedürfnisse und Anliegen hier häufen. Von allen Seiten bittet
uns das arme Volk um Speise, und Niemand ist da der das himmlische Brod
ihm austheilt. Allein im Tournon und Agennois sind mehr als dreihun-
dert Gemeinden, die der Messe entsagt, ohne Prediger. Die Abgesandten
unserer französischen Brüder versichern mich, daß, wenn heute noch 4—6000
Geistliche zu haben wären, sie auf der Stelle ihre Anstellung finden würden**)."
Aus den Briefen Calvins ersieht man, daß die Genfer zuweilen ihre eigene
Kirche bis auf die dringendst nothwendigen Kräfte entblößten, um hie und da
einen dieser herzbeweglichen Nothrufe zu stillen. „Es ist unmöglich," schreibt
er einmal an die Pariser Gemeinde, „uns noch weiter zu berauben; einige
meiner Collegen sind in eurer Mitte, andere krank, ich selber kann mich kaum
noch schleppen, und doch muß ich gleichsam mit Gewalt der Kräftigste und
ausharrendste sein***)."

Und was nun bei diesen Besorgungen, wenn man ihren demgemäß
unermeßlichen Umfang in Erwägung zieht, am meisten in Erstaunen setzt,
ist die außerordentliche Sorgfalt und Gewissenhaftigkeit, mit der sie
in der Regel von der einen wie von der andern Seite her behandelt werden.
Die Gemeinden in ihren Bittbriefen pflegen sich darüber eingehend auszusprechen, in welchem Zustande sie sich befinden, was bis jetzt von ihnen
gethan worden, welche Aussichten für evangelische Wirksamkeit die allgemeinen Verhältnisse des Ortes und seiner Umgebungen darbieten; hie und da

---

*) Pièces justif. 148—194.
**) Ruchat VI, 455.
***) Franz. Briefsammlung II, 379.

sondern nur von der Entfernung aus einwirken konnte." Besonders in einem Schreiben an die Gemeinde zu London tritt der ganze tiefe Ernst des heiligen Zornes zu Tage, mit dem er dergleichen Regungen begegnete. Neben den regelmäßigen bestellten Geistlichen hatte sich ihr ein Mönch als Prediger aufgedrängt, der durch seine stürmische Beredtsamkeit einen nicht geringen Anhang gewann und so mancherlei Unordnungen und Spaltungen hervorrief. Der Geistliche wandte sich darüber an Calvin, der nun im Namen der ganzen Genfer Geistlichkeit die wankelmüthige Gemeinde auf das Rückhaltloseste strafte und in die Schranken ihrer Ordnung zurückwies. Nicht mit dem gebräuchlichen „Meine Brüder," sondern wie Fremdlinge mit dem Titel „Meine Herren" redet er sie an, und hält ihnen alsobald vor, wie sie von Anfang an durch ihre Unruhe und Unbotmäßigkeit sich in der schlimmsten Weise hervorgethan, und nun von Neuem hiemit beginnen, nachdem er gehofft, daß die Länge und die Umstände der Zeit sie ein Besseres gelehrt. „Glaubet mir, auf diese Art werdet ihr schließlich der Geduld eurer Freunde ein Ende machen. Und in der That, ohne Gehorsam und Bescheidenheit wissen wir nicht, was das heißt, Christen sein. Was den Mönch betrifft, so sind wir höchlich erstaunt, daß wenn er sich dem Dienste der Kirche widmen will, er nicht auf erlaubtem Wege in dieselbe eingeht. Verwirrung dahin zu bringen, wo Gott Ordnung eingeführt hat, ist ein widergöttlicher Ehrgeiz und satanischer Stolz. Und ob er die Geschicklichkeit eines Engels besäße in Erkenntniß und Beredtsamkeit: wehe ihm, wenn er sich nicht dem gemeinsamen Glauben unterwerfen wird. Die zur Zeit des heiligen Paulus durch ihre prächtigen Reden sich geltend machen wollten, waren (möglicher Weise) so geschickte Leute als er. Und doch sehen wir, daß der Apostel sie nicht einen Heller werth geachtet. Aber wir möchten denn doch etwas von seinen Heldenthaten wissen, um ihn nach Verdienst zu schätzen. Und wenn wir solcher Auskunft nicht würdig sind: warum legt er nicht anderwärts Proben derselben ab, in Synoden oder sonst wo? Wenn ihr meinet, in dieser Sache selber schon genügende Richter zu sein, so macht ihr uns Schande, weil ihr sowohl nicht auf das Maß dessen achtet, was euch zusteht, als auch Dinge unternehmet, die euch in keiner Weise erlaubt sind. Und wäret ihr die scharfblickendsten Leute der Welt: in welcher Schule habt ihr gelernt, daß Privatpersonen einen Mann in ein derartiges Amt setzen können? Verflucht sei durchweg eine solche Frechheit, die nur dahin strebt, die Einheit der Kirche zu zerreißen. Aber um euch die Wahrheit zu sagen: bis euer Mönch uns wird vom Gegentheil überzeugt haben wird, halten ihn für ein eben so dummes als stolzes Thier, und seine verblendeten Anhänger für Verderber des Evangeliums. Zu unserm großen Schmerze sind wir genöthigt, so scharf mit euch zu reden, aber wenn ihr darauf beharret, euch an ihn zu halten, so wird eure Gemeinde von der Kirche sich trennen und mit einer kläglichen Zerstreuung enden. Wir bitten Gott, diesem Uebel zuvorzukommen und euch unter sein Joch zu bringen, damit ihr mit sanftem, willigem Geiste euch selbst verläugnet *)."

Und solche Sorgen waren nun nicht die einzigen, welche die Gemeinden und theilweise auch ihre Führer ihm verursachten. Bald gab es Streitigkeiten zu beurtheilen und zu schlichten, die sich zwischen dem Pfarrer und seiner Gemeinde erhoben, bald Zwistigkeiten auszugleichen und Spaltungen zu verhüten, welche durch die Verwirrung der bewegten Zeit im Schooße der Gemeinden selber sich aufthaten und sie auseinanderzureißen drohten **). Ein ander Mal galt es für die Durchführung und Beobachtung der kirchlichen Dißziplin einzutreten, unter deren ernste Zucht sich auch in Frankreich nicht jeder Nacken beugen wollte ***). Wieder ein ander Mal eine Gemeinde zu strafen, aufzuwecken, gleichsam noch mit rettender Hand zurückzuhalten, die bereits im offenbaren sittlichen und religiösen Abfalle begriffen war und dabei doch noch auf die Zugehörigkeit zur reformirten Kirche Anspruch machte †).

---

*) Franz. Brieff. II, 407. Aehnliche Ermahnungen in dem Briefe an die Gemeinde zu Straßburg II, 243, zu Rîmes 403 u. s. w.

**) A. a. O. 95—99.

***) „Aux Fidèles de France." A. a. O. II, 311. „Wir sind benachrichtigt worden, daß es Einige nicht gerne sehen, wenn man über ihren Glauben sie prüft, und so sie als nicht genügend erfunden werden, von dem Abendmahle sie ausschließt, bis sie weiter gefördert sind. Aber wollt ihr denn darüber zürnen, daß man Sorge trägt für euer Heil? Wollt ihr bleiben in eurer Sünde und soll man euch darin bestärken, damit ihr verderbet? Oder verstehet ihr den Unterschied nicht zwischen der päpstlichen Tyrannei der Beichte und dem sanften Joch unseres Herrn Jesu Christi? Wir zweifeln nicht, daß ihr die nöthigen Männer zum Amte der Ueberwachung und Züchtigung gesetzt habt. Diese ermahne ich nun, daß sie ihrerseits mit aller Mäßigung und Bescheidenheit sich benehmen, damit unter dem Schein der brüderlichen Zurechtweisung nicht etwa Verleumdung, Ungerechtigkeit, persönliche Abneigung sich eindrängen u. s. w."

†) Vgl. das wahrhaft apostolische Schreiben, in dem die Liebe und der Ernst eines Paulus wieder aufleben: „A une Eglise infidèle" II, 476—483. „Fürs Erste," heißt es darin nach einer wehmüthigen, herzbeweglichen Rechtfertigung und Klage darüber, daß er in solchem Sinne ihr schreiben müsse: „Fürs Erste höre ich von allen Seiten, daß eure ehemalige Liebe zum Worte Gottes sehr abgenommen hat, und euer Lebenswandel bezeugt, daß dieß nur allzuwahr ist. Ihr gehet dahin in ungeziemenden Reden, in Ausschweifungen und Fleischessünden, bei deren Anblick mich Angst und Schrecken ergreift. Statt euch gegenseitig zu erbauen, unterhaltet ihr euch mit schlechten Späßen, Verleumbungen, Aufreizungen ohne Maß und Ziel; daraus folgt dann Haß und Neid, und hie und da sogar offene Feindschaft. Das sind die Früchte, welche die Verachtung der Lehre erzeugt. O erkennet doch einmal, wie Unrecht ihr daran thut, und wie sehr ihr euch selber dadurch schadet, daß ihr nicht immer reicher zu werden begehret an der Erkenntniß Gottes, immer besser zu verstehen wünschet, welches sein heiliger Wille ist, und all' der Mittel euch fleißig bedienet, die er euch

In ähnlicher Weise war zu dem einen und anderen Geistlichen zu reden, der sich untreu erwies in seinen Pflichten oder das ungebundene Leben des katholischen Clerus, dem er vordem angehört, in seinem gegenwärtigen Verhältnisse weiter fortzusetzen Lust zeigte *). Es kam vor, daß solche Männer entweder von ihrer Gemeinde selber oder von Calvin geradezu nach Genf beschieden wurden, um sich dort zu verantworten und in die Hände des Reformators das Bekenntniß ihrer Sünde und das Gelübde der Besserung abzulegen, dem dann das verzeihende oder zunächst doch noch- richtende Urtheil aus seinem Munde folgte **). Dazwischen war es wieder nöthig, für die äußern Bedürfnisse armer und bedrängter Gemeinden zu sorgen; Geld für die Reisen der Missionäre herbeizuschaffen, die zu kirchlichen Zwecken bestimmten Sammlungen in den Gemeinden zu ordnen und anzufeuern ***). Nicht geringe Arbeit veranlaßten auch die Verhältnisse zu den andern Confessionen. Das eine Mal handelte es sich in allerlei einzelnen Fällen um die im Prinzip allerdings schon längst beantwortete Frage, in wie weit es erlaubt sei, noch an diesem oder jenem Institute oder Rechte festzuhalten, das mit dem römischen Kirchenwesen zusammenhing †). Bei einer andern Ge-

---

hierzu an die Hand gegeben. Hütet euch, hütet euch, daß ihr nicht beharret in solchem Sinne und den gegenwärtigen Gräueln, damit ihr nicht in die unwandelbare Verdammniß derer fallet, welche die Gnade erkannt und sie dann wieder verworfen haben, und so das verzehrende Feuer sich selber anzünden. Aber ich hoffe Besseres von euch und bitte, daß ihr mir bald schreibet, denn mein Herz ist sehr betrübt um euretwillen."

*) A. a. O. 453 — 455.

**) A. a. O. 448 u. 449. „Meister David ist auf eure Ermahnung hierher gekommen, um die Aergernisse abzuthun, die von ihm ausgegangen; und in der That hat er bekannt, daß er sich als Prediger des Königs von Navarra nicht benahm wie er hätte sollen; ebenso daß er sich dem Cardinal von Lothringen gegenüber nicht entschlossen genug zeigte, während er indessen in Abrede stellt, daß er die Auflehnung gegen die Richter für erlaubt erklärt habe. Zum dritten hat er gestanden, daß er als Gefangener in Lyon sich feige benommen, indem er die Messe anhörte, und die ihm vorgelegten Fragen nicht entschieden genug beantwortete. Darauf hin haben wir ihm noch einige andere Klagepunkte vorgehalten, über die er sich zum Theil rechtfertigen konnte. Weil aber die Aergernisse noch frisch sind, erklärten wir ihm, daß er zunächst nicht wieder als Geistlicher angenommen werden könne, da hierdurch ein schlimmes Beispiel des Ungehorsams gegen die Gebote Gottes gegeben würde." — Aus dem zweiten Brief: „Ich wünschte herzlich den Mann wieder in sein Amt einsetzen zu können, da ich ihn in der Wahrheit lieb habe und alles Gute ihm gönne. Aber da er, um sich zu entschuldigen, nicht ganz wahrheitsgemäß zu Werke gegangen ist und sich unlauter und zurückhaltend zeigte, so kann ich seine Reue noch für keine genügende halten. Ich wäre daher ein Heuchler und Lügner, wenn ich ihm ein Zeugniß gäbe, das ihm das Predigtamt wieder öffnete" u. s. w.

***) 3. B. II, 224.

†) So hatte er z. B. an Coligny sein Urtheil darüber abzugeben, ob sein Bruder Odet

egenheit mußten die Gemeinden davon abgehalten werden, sich ohne Weiteres
n den Besitz der kirchlichen Gebäude und Güter zu setzen, wo sie an einem
Orte die entschiedene Mehrzahl bildeten. Oder es kam auch vor, namentlich
bei den in Deutschland niedergelassenen Flüchtlingsgemeinden, und bei Gelegenheit des Gespräches zu Poissy — daß ungehörigen Zumuthungen und
Einwirkungen von der lutherischen Seite her zu begegnen war, welche
die Lehrreinheit aufzulösen und die klare Entschiedenheit der Ueberzeugungen
zu verwirren drohten *).

---

recht daran gethan habe, den bereits abgelegten Cardinalshut aus einem
gewissen Trotze, um seine Verachtung der päpstlichen Censuren darzuthun,
wieder anzunehmen, als man ihn in Rom excommunicirt hatte. „Wir
wissen wohl," schreibt der Reformator, „daß die Sache nicht die
Wichtigkeit hat, die ihr Einige beilegen wollen, aber auf der andern Seite
können wir sie keineswegs völlig billigen noch gegen die Ankläger vertreten. Vielmehr ist offenbar einige Schwachheit mit im Spiele." II, 529.
— Principieller und weniger nachsichtig bespricht er die Frage, ob über-
tretende Prälaten der römischen Kirche auch noch in der evangelischen Gemeinschaft ihre Besitzthümer bewahren könnten, in dem bekannten Briefe
an Beza nach dem Colloquium zu Poissy. „Der Bischof oder Priester, welcher übertreten will, aber zum Lehramte untüchtig befunden wird," heißt
es darin, „soll sich bescheiden, ein Schaaf der Weide Christi zu sein, erkläre
seine frühere Vokation als Mißbrauch und entsage Allem und Jedem, was
mit der von Christo in seiner Kirche eingeführten Ordnung streitet. Ist er
zum Lehramte tauglich, so suche er eine neue Berufung der Geistlichen
und der Gemeinde nach und halte sich überhaupt in Bezug auf Gehorsam
und Disciplin wie jeder Andere. Das frühere Leben betreffend, so mag
man es ruhen und begraben sein lassen, nur soll ihm vorgehalten werden,
daß er inskünftige seiner Pflicht und seinem Amte getreulich nachkomme.
Wer sich über diese Verfahrungsweise beschweren will, thut sehr Unrecht.
Denn so lange sie nicht der frühern Gotteslästerung entsagt, und sich anheischig gemacht haben, ihre Pflicht in der Kirche gehörig zu erfüllen, können sie von ihr doch nicht als Vorsteher anerkannt werden. Was die Einkünfte und Pfründen anlangt, so kann man ihnen, so lange die Dinge in
solcher Unruhe und Verwirrung sich befinden, aus einer gewissen Nachsicht, den Besitz derselben überlassen, doch mit der ernsten Weisung: sie
möchten wohl zusehen, wie sie dasjenige gebrauchen, von dem sie wissen,
daß es Gott angehört. Besser wäre es aber, sie würden sich, wenn sie so
sehr an diesen Gütern hängen, lediglich als weltliche Herren geberden,
und andere Predigern des reinen Wortes anstellen, über die sie dann im
Namen und Auftrag des Königs Inspection ausübten." Bei Baum
II, 449.

*) So hatte die Gemeinde in Wesel im Drange der Noth (da sie mit Aus-
treibung bedroht wurde, wenn sie nicht ein luther. Glaubensbekenntniß
unterschreibe) sich bereit gezeigt, in der Lehre von den Sakramenten einige
Concession zu machen, und das bei Calvin, den sie vorher doch noch darüber befragt, damit zu entschuldigen gesucht, daß ihr ja etwas geradezu
Unbiblisches doch nicht zugemuthet werde. Aber so wenig wie den Katho-

Das Interesse der geschichtlichen Anschaulichkeit und Genauigkeit würde eigentlich erfordern, daß wir nun den Gang der von Calvin in dieser Weise geordneten und geleiteten Reformationsbewegung in Frankreich in den hauptsächlichsten Phasen ihrer Entwicklung uns vorführten, und bei einer jeden derselben den Antheil im Besondern aufzeigten, welcher der Einwirkung des Reformators dabei zukömmt. Wir denken hiebei vornämlich an den großen Fortschritt, der durch die Bildung der ersten allgemeinen Synode und die Aufstel-

liken gegenüber wollte der Reformator in die sem Falle die geringste Verleugnung oder Verschleierung der Ueberzeugung gestatten. „Die Furcht hat eure Augen verblendet," schreibt er. „Oder ist es nicht recht widerbiblisch, wenn man beim Artikel der Taufe diejenigen verdammt, welche dafür halten, die Christen = Kinder seien schon von ihrer Geburt an geheiligt? Oder wenn in Betreff des Abendmahles gesagt wird: Judas habe ebensowohl den Leib des Herrn Jesu empfangen wie Petrus? und weiterhin: der Herr sei nach seiner menschlichen Natur allenthalben, sodaß jeder Unterschied zwischen seiner Gottheit und Menschheit aufgehoben wird? Und wenn ihr nun vorwendet, es handle sich hier nicht um ein eigentliches Bekenntniß, so ist das einfach eine Ausflucht, die eure Untreue beschönigen soll. Aber Gott ist kein Sophist und läßt durch dergleichen Künste sich nicht verspotten. Um euch geradezu herauszusagen, wie die Sache steht: so ist die Unterzeichnung der euch vorgelegten Schrift nichts Anderes als ein unaufrichtiges Sich = los = sagen von der Wahrheit Gottes, die uns doch theurer sein soll, als alle Wohnstätten der Welt, ja auch als unser Leben." — Und bei Anlaß des Gespräches zu Poissy, zu dem bekanntlich der Cardinal von Lothringen einige lutherische Theologen durch das Versprechen herangelockt hatte, die Augsburgische Confession zur Vereinigungsbasis annehmen zu wollen, wobei er natürlich lediglich beabsichtigte, die Protestanten selbst hintereinander zu hetzen, — drückt Calvin über diesen listigen Anschlag folgendermaßen sich aus: „Vor Allem aber, gnädiger Herr (Coligny), wachen Sie darüber, daß die Augsb. Confession nicht in's Spiel kömmt. Denn sie würde nur als eine Fackel dienen, um das Feuer der Zwietracht anzuzünden. Und zudem ist sie so mager ausgestattet, so rücksichtsvoll und dunkel, daß man unmöglich dabei kann stehen bleiben." (II, 428.) Und an den Prinzen von Condé, den der Herzog Christoph von Würtemberg ganz besonders bearbeiten ließ: „Wir haben erfahren, daß dieser Fürst den lutherischen Catechismus ganz ausdrücklich zu dem Zwecke in's Französische hat übersetzen lassen, um unsere Lehre von dem Abendmahle umzustürzen. Welche Verwirrung das anrichten muß, ist klar, und unsere Pflicht erfordert, sie so viel als möglich zu verhüten. Da das Ganze namentlich auch auf Sie berechnet ist, um Sie entweder von der reinen Einfachheit des Wortes, in dem Sie unterrichtet wurden, abzuziehen, oder Sie bei Ihren Glaubensgenossen verdächtig zu machen, so schiene es mir das Beste, wenn Sie Ihrerseits ein Glaubensbekenntniß veröffentlichten, das allen falschen Hoffnungen und allem verborgenen Geflüster ein Ende machen und auch sonst vielleicht manchen Segen stiften könnte." (II, 557.) Ueber diesen ganzen Versuch der Verdrängung des reformirten Bekenntnisses in Frankreich durch das lutherische und einige weitere Aeußerungen Calvins darüber, vergl. Baum, Leben Beza's II, 338 und 419 u. f.

lung des von ihr verfaßten Glaubensbekenntnisses im Jahre 1559 sich vollzog, und an jene wichtige Tage der ersten öffentlichen Vertretung der reformirten Doktrin vor Reich und Kirche und der alten Theologie in dem berühmten Gespräche zu Poissy. Aber die Schranken, die dieser Arbeit gesetzt sind, gestatten uns nicht das Allgemeine, das wir oben dargestellt haben, in solcher Art auch noch durch das Einzelne hindurch zu verfolgen und mit Beispielen zu belegen. Indem wir in Betreff der erwähnten Entwicklungspunkte theils auf die zahlreichen Geschichtswerke über die französische Reformation*), theils auf die Biographie Beza's verweisen, die sich eingehender damit beschäftigen wird, müssen wir unseres Theils uns darauf beschränken, noch eine weitere Einwirkung Calvins auf die Zustände Frankreichs in gedrängten Zügen zur Anschauung zu bringen: nämlich seine Stellung zu den politischen Verwicklungen und Verhältnissen, welche die reformatorische Bewegung in diesem Lande nach sich zog.

Denn fast nirgends so sehr als hier hat sich bekanntlich während des Reformationszeitalters das Politische und Religiöse vermengt und in einander geflochten. Ich habe dieß an einer andern Stelle**) das eigentlich Tragische in dem Geschicke der religiösen Erneuerung in Frankreich genannt und darauf hingewiesen, wie sie dadurch mit ihrem eigensten Wesen und ihren innersten Prinzipien in einen unheilbaren Widerspruch gerieth, der die Nerven ihrer besten Lebenskraft lähmte und gleich einen verdunkelnden Schatten wieder um das helle Licht sich legte, das sie angezündet hatte und vor sich hertrug. Aber zugleich habe ich auch beifügen dürfen, daß nicht irgend welchen einzelnen Personen und ebensowenig der reformirten Gemeinschaft in ihrer Gesammtheit die Schuld hievon beizumessen ist, sondern daß diese Zustände wie ein unentrinnbares Verhängniß aus der Mitte ihrer merkwürdigen, durch die verwickeltsten Verhältnisse hindurchgehenden Geschichte sich erhoben. Denn nicht lediglich die rechtmäßige Obrigkeit war es, welche die Bekenner der neuen Lehre verfolgte und mißhandelte; so lange dieß geschah, hielten sie stille ohne eine Hand zu erheben; sondern es traten auch Zeiten ein, da die obrigkeitliche Gewalt fast verschwand hinter den um den Vorrang streitenden Parteien, und gerade die reformationsfeindliche Faktion zugleich als die politisch widerrechtlichste und gewaltthätigste erschien. War es da anders denkbar, als daß die Flamme der Verfolgung auch eine Flamme des Widerstandes und Befreiungskampfes anzündete? Daß die

---

*) Namentlich auch das mehrerwähnte Werk von Polenz „Geschichte des französischen Calvinismus" (Band I, Gotha 1857). Vergl. besonders Cap. 15 u. 17. Ebenso enthält Henry ausführlichere Data.

**) In meiner Arbeit über den Uebertritt Heinrichs IV. vergl. im II. Cap. den Abschnitt: „Die politischen Verwicklungen und die französische Reformation."

Auflösung der Ordnung in den obersten Regionen nach allen Seiten hin ihre Wirkung erstreckte? daß die religiös und politisch Verletzten sich gegenseitig fanden und zusammenschlossen? daß, wie Soldan*) sich ausdrückt, selbst der positive Gehorsam des Calvinismus der in Glaubensverfolgungen das Märtyrerthum als den einzigen erlaubten Satz gegen die Obrigkeit anerkannte, den calvinischen Adel nicht mehr fesseln konnte, als zu dem religiösen Gesichtspunkte noch ein aller Franzosen gemeinsamer, bürgerlicher und nationaler hinzukam?

Wie man übrigens diese Verhältnisse immer beurtheilen möge: so viel ist jedenfalls gewiß, daß für das Irrige und Verkehrte, das etwa von reformirter Seite dabei unterlief, Niemand weniger verantwortlich gemacht werden kann als Calvin. Nicht nur, wo es um eine prinzipielle Auseinandersetzung des Wesens der Obrigkeit und der Pflicht der Untergebenen sich handelte, hat er sich ganz entschieden an jene Regel des Apostels gehalten, wonach alle Obrigkeit vor Gott sei und der sich ihr widersetze, Gottes Ordnung widerstrebe**), sondern auch in jedem einzelnen Falle der Praxis ist er durchweg

---

*) Geschichte des Protestantismus und Frankreichs bis zum Tode Karls IX., Leipzig 1855, I, 311.

**) Wir erlauben uns bei diesem Anlasse Einiges mitzutheilen, aus der höchst bemerkenswerthen, durch und durch selbstständigen und originellen Darstellung, welche das Buch vom christlichen Unterrichte über diesen Gegenstand enthält.

„Was den Stand der Obrigkeit betrifft,“ heißt es da zuerst im 4. Abschnitte des 20. Capitels (4. Buch), „so hat unser Herr nicht nur bezeugt, daß er ihn als recht und heilsam ansieht, sondern er hat uns auch die Würde desselben noch ganz besonders empfohlen. Denn um es mit einem Worte zu sagen: „Götter“ werden die genannt, die über uns gesetzt sind, und nicht leicht hat einer es mit diesem Titel zu nehmen. Vielmehr wird dadurch ausdrücklich festgestellt, daß sie einen Auftrag von Gott haben, daß sie von ihm eingesetzt sind und überhaupt durchweg ihn darstellen als seine Stellvertreter. Zuerst für die obrigkeitlichen Personen selbst hat das eine große Bedeutung. Denn es muß sie dazu antreiben, mit heiliger Scheu und Gewissenhaftigkeit ihre Pflicht zu thun und ihnen zugleich Muth und Trost geben in den vielen Schwierigkeiten, die ihr Amt mit sich bringt. Oder wie mögen sie irgend ein Unrecht mit sich niedersetzen lassen auf ihrem Stuhl, von dem sie wissen, daß es der Thron des heiligen Gottes ist? Wie können sie eine gottlose Verordnung mit ihrer Hand unterzeichnen, wenn sie bedenken, daß sie nur die Gebote Gottes damit niederschreiben sollen? Ebenso aber ist nun für die Unterthanen jene Erkenntniß von hoher Wichtigkeit. Denn sie lernen dadurch die Obrigkeit nicht etwa nur als ein nothwendiges Uebel ansehen, wie es Einige thun, sondern sie kommen dazu, dieselbe nach der Vorschrift des Petrus, zu ehren und heilig zu halten. Und daraus folgt denn von selber der ganze und volle und freiwillige Gehorsam, der auch den schwachen und unmächtigen Magistraten sich unterwirft, weil er weiß, daß hinter ihm der mächtige wohlgerüstete Gott steht, der da wohl im Stand ist, seine Ordnungen und Beauftragten

und auf das Bestimmteste nach dieser Anschauung Verfahren, wie sehr auch zuweilen die Lage der Dinge zum Gegentheile reizen mochte. Was er im April 1560 an die Gemeinde zu Valence schrieb: „Es werden jetzt

an denen zu rächen, die sie verachten. Freilich wird solcher Gehorsam nicht immer leicht gemacht. Es ist ganz wahr, daß der größte Theil der Fürsten sich von dem geraden Wege zu entfernen pflegt, und entweder in träger Fleischeslust seiner Pflicht vergißt oder in habsüchtigem Sinne Recht und Gesetz verkauft, oder um seiner Vergnügungen willen das arme Volk jämmerlich belastet und aussaugt, oder auch geradezu Schandthaten begeht wie ein Räuberhauptmann, der nicht Eigenthum, noch Unschuld, noch heilige Sitte achtet. Und da wollen sich nun Manche schwer davon überzeugen, daß solche Menschen dennoch als Fürsten anerkannt werden sollen und man ihnen zu gehorchen, ja sie als Abbilder des Gottes zu achten habe, von dessen Wesen sie keine Spur an sich tragen. Allein nicht nach unsern Gefühlen, sondern nach dem Worte Gottes haben wir uns zu richten. Und dieses sagt uns nun klärlich: daß wir allen unsern Vorgesetzten Gehorsam schuldig sind, wenn sie auch nichts weniger thun, als was sich für sie geziemt. Denn in solchem Falle seien sie uns eben von Gott gesetzt zur Strafe, aber in jedem Falle von ihm gesetzt und ausgestattet mit seiner Würde und Majestät ... Nicht oft genug kann ich das wiederholen, da unser Herz immer wieder Ausflüchte sucht und die Neigung hat, sich dem Joche zu entziehen, von dem es sich allzuhart gedrückt meint. Hiegegen giebt denn auch der sonst ganz richtige Satz keinen Einwand ab: daß die Regenten doch auch ihrerseits Pflichten haben gegen die Regierten. Oder hat etwa der Vater keine Pflichten gegen das Kind, der Mann keine gegen das Weib? Ist es aber deßhalb dem Kinde oder dem Weibe irgendwie gestattet, den Eltern und Gatten minder zu gehorchen, weil dieselben ihre Pflichten gegen sie verletzen und ungerecht und grausam gegen sie verfahren? Ueberhaupt steht es ja ganz im Allgemeinen so, daß wir nicht darauf zu sehen haben, wie der Andere sich seiner Pflicht gegen uns erledigt, sondern lediglich das im Auge zu behalten: was uns obliegt und befohlen ist." (Abschnitt 6, 22, 23, 24, 25, 29.) — Folgendermaßen endlich drückt er über die verschiedenen Arten der Verfassung und Obrigkeit sich aus. (Abschn. 8.) „Wenn man dieselben untereinander vergleicht, so ist es schwer zu sagen, welche die beste ist, so ähnlich sind sie in ihrem ganzen Wesen.

Man zählt drei Hauptgattungen: Monarchie, d. h. Herrschaft eines Einzigen, Aristokratie, d. h. die Herrschaft der Vornehmen und Angesehenen; und Demokratie, d. h. die Volksherrschaft, da jedes Glied des Volkes Theil hat an der Macht. Nun ist es allerdings wahr, daß der Einzelne, in dessen Hand die Gewalt liegt, leicht zum Tyrannen wird, aber eben so wahr, daß wo nur die Vornehmen regieren, sie gar leicht in einen Sinn des Hochmuths und der Ungerechtigkeit verstrickt werden, oder wo das Volk die Herrschaft bestellt, es in Unordnung und Aufruhr ausbricht. Indessen darf man doch vielleicht sagen, daß eine Verfassung, in der das Volk eine gewisse Freiheit besitzt, vorzuziehen ist; nicht zwar an und für sich, wohl aber darum, weil die rechten und sich selbst beherrschenden Könige so selten sind. Aus diesem Grunde ist es immer sicherer daß mehrere, an der Re-

schwere Kämpfe kommen; aber wie dem auch sei: stärket euch, um nicht der
Wuth der Feinde mit der Hülfe des fleischlichen Armes zu widerstehen, sondern um in Geduld die Wahrheit des Evangeliums festzuhalten, und bittet
euren Vater im Himmel um seine Bewahrung": das ist der Grundton,
der durch alle die Briefe dieser Art hindurchklingt, die Ermahnung, die er
unaufhörlich an die gequälte oder emporstrebende, hie und da zur Erhebung
der Waffen sich anschickenden Gemeinde richtet.

„Gewiß," äußert er z. B. gegen die Gläubigen in Angers, als sie
eben unter der Wuth der grausamsten Verfolgung seufzten, die das ganze
Land zerrüttete, „gewiß wünsche ich ja so sehr als Einer von euch ein wirk-
sames Heilmittel gegen die jammervolle Noth aufzufinden, die jetzt auf euch
liegt. Aber dasjenige, das euer Abgesandter zur Sprache brachte, kann ich
darum doch nicht billigen. Denn es ist frevelhaft und unnütz zugleich.
Freilich merkte ich wohl, daß er es dennoch nicht aufgegeben habe, und der
Erfolg hat gezeigt, daß ich ihn richtig beurtheilte. Aber ich bitte euch, meine
theuren Brüder, lasset euch nicht in solche Unternehmungen ein, und zürnet
mir auch nicht darüber, als läge mir eure Rettung nicht am Herzen, wenn
ich sie auf das Bestimmteste mißbilligen muß. Wisset ihr denn nicht, daß
auch die Verfolgungen von Gott geordnet sind und ihren Segen haben?
Oder ist euch die Kampfesweise unbekannt, die unser Herr uns zeigt: das
Leben zu erhalten, indem man es hingiebt? Freilich kömmt das unsere
Schwachheit schwer an, aber es hat die Verheißungen Gottes, während dagegen sein Segen nicht darauf ruhen kann, wenn ihr der Gewalt Gewalt
entgegensetzt; denn das hat er verworfen. Ich kenne eure Bedrängniß, ich
fühle sie mit, aber weder ich noch irgend eine Creatur im Himmel oder auf
Erden hat das Recht, euch von der Beobachtung eines göttlichen Gebotes loszusprechen. Wenn ihr leidet, ohne daß ihr dabei sündiget, so bleibt
euch der Trost, daß Gott euch mit Erbarmen anschaut und gewißlich seine
Hülfe senden wird zu seiner Zeit. Lasset ihr euch aber durch das Unrecht
zum Unrecht reizen, so werdet ihr nicht nur die gewünschte Frucht dabei
doch nicht gewinnen, sondern auch überdieß noch euer gutes Gewissen ein-

gierung Theil nehmen, die sich gegenseitig helfen und beaufsichtigen und
die Willkür des Einzelnen verhindern. Denn so ist es jeder Zeit durch
die Erfahrung bestätigt worden, und auch Gott selber hat sich zu dieser
Einrichtung bekannt, als er sein Volk darin erhalten wissen wollte, bis er
in David das Abbild unseres Herrn ihm sandte. Und in der That ist ja
der beste Stand der öffentlichen Dinge der, da eine gemäßigte Freiheit vorhanden ist die andauern kann. Wer in solchen Verhältnissen lebt, mag sich
glücklich preisen und Alles anwenden, um dieselben aufrecht zu erhalten.
Und auch die Regenten eines freien Volkes haben die heilige Pflicht dafür
zu sorgen, daß die Freiheit desselben, deren Hüter sie sind, sich unter ihren
Händen nicht vermindere oder ganz verloren gehe. Unterließen sie das, so
wären sie Unwürdige und Verräther."

büßen, und innerlich zu fühlen bekommen, daß ihr sein Wort gebrochen habt. Ihr seid von euerm Herrn ausgerüstet, um Glauben zu halten, aber nicht um denen zu widerstehen, die er nun einmal zu Regenten über euch gesetzt. Die Welt mag anders denken und über solche Grundsätze lachen; ihr aber gehöret nicht mehr der Welt an, und habt auf nichts Anderes zu sehen, als daß ihr Gott angenehm seid und euer himmlisches Erbe erlanget*)."

Ja, nicht einmal den durchaus widergesetzlichen Angriffen gegenüber, wie sie hier und da von aufgewiegelten Volkshaufen ausgingen, wollte Calvin einen bewaffneten Widerstand gut heißen. „Wir wissen wohl," schreibt er der Gemeinde in Aix, „daß es ein recht schöner und scheinbarer Vorwand ist: man widerstehe nicht der geordneten Gerechtigkeit, sondern nur einem Volkshaufen, wider den die Gegenwehr erlaubt, ja sogar geboten sei, da die Gesetze einem Jeden die Waffen gegen die Räuber in die Hand geben. Aber welche Gründe und Vorwände man auch anführe: unsere ganze Weisheit muß darin bestehen, nach der Vorschrift unseres Herrn und Meisters zu thun, der uns gebietet, unsere Herzen in Geduld zu fassen. Und in der That können wir ja nichts Besseres vornehmen, als unter seinen Schatten uns beugen, wenn solche Wetter über uns hereinbrechen. Greifen wir aber zu den Waffen, so hindern wir ihn, uns zu Hülfe zu kommen. Und darum ermahnet uns Paulus, uns nicht selber zu rächen, sondern Raum zu geben dem Zorne Gottes; indem wir darauf vertrauen, daß er sein Volk erretten werde nach seinen Verheißungen, nachdem die Wuth der Feinde sich nach seiner Erlaubniß ausgetobt**)."

Man wird es von selber vermuthen, daß sich dem Reformator bei solcher Gesinnung auch jene besser geordneten und von höher gestellten Personen in das Werk gesetzten Widerstandsplane wenig empfohlen, die in der bekannten Verschwörung von Amboise zum Ausbruche kamen. Nicht gegen den unmündigen und willenlosen König, sondern gegen die widerrechtliche Tyrannei, welche die Guisen in seinem Namen in staatlichen und religiösen Dingen ausübten, sollten sie gerichtet sein, und lediglich darauf abzielen, den Monarchen aus der Hand dieser Fremdlinge zu befreien, damit der berechtigte Einfluß der Prinzen von Geblüte sich wieder geltend machen könne, von denen das Land ein königliches Regiment erwarten dürfe, statt des recht- und gewissenlosen Parteiregimentes. Fast der ganze Adel des Reiches — auch ein großer Theil des katholischen — nahm an dem Bunde Theil; der gebildete

---

*) Franz. Brieff. II, 90—94.
**) A. a. D. 392. Die Antwort, welche die Gemeinde auf dieß Schreiben gab, ist uns in den Manuscripten der Genfer Bibliothek erhalten. „Gott gab uns die Gnade," heißt es darin, „Ihren heiligen Ermahnungen zu gehorchen, wie wir denn auch den guten Willen dazu haben und gerne von Ihnen lernen. Möge der Herr die Mühe Ihrer Arbeit für uns Ihnen vergelten und Sie segnen mit seinem reichsten Segen."

Bürgerstand war mit seinen Tendenzen einverstanden, und bereit sie zu unterstützen; die bourbonischen Prinzen ließen es sich gefallen, als die geheimen Häupter zu gelten und gaben dadurch dem Ganzen einen gewissen Anschein von Gesetzlichkeit. Da durfte man denn wohl die Hoffnung hegen, daß auch Calvin seine Bestimmung nicht völlig verweigern werde, von der für die Beruhigung der Gewissen und die Theilnahme der gesammten reformirten Gemeinschaft so Vieles abhing. Schon acht Monate, ehe das Unternehmen an das Licht trat (was bekanntlich am 16. März 1560 geschah) traf ein Abgeordneter der sich bildenden Verschwörung bei ihm ein und legte ihm ganz im Allgemeinen die Frage vor: ob es den Kindern Gottes nicht erlaubt sei, der Tyrannei, die auf ihnen laste, Widerstand zu leisten, und welche Mittel hiefür zu Gebote stünden? „Da ich nun sah," schreibt Calvin an Coligny, indem er ihm diese Vorgänge erzählt — und wir theilen diese Erzählung in ihrer ganzen Ausführlichkeit mit, da sie das klarste und treuste Bild seines Verhaltens uns giebt — „da ich nun sah, daß schon Einige mit diesem Gedanken sich befreundet hatten, so antwortete ich ihm sehr entschieden, daß man von jedem derartigen Versuche abstehen müsse, und bemühte mich, ihm darzuthun, wie derselbe sowohl gegen die Gebote Gottes gehen würde als auch der Welt in einem höchst ungünstigen Licht erscheinen, sodaß unmöglich etwas Gutes daraus entstehen könnte. Indessen fehlte es ihm nicht an einer Antwort, die einen gewissen Schein der Wahrheit hatte. „Es handle sich nicht darum", sagte er nämlich, „irgend etwas gegen den König oder seine Autorität zu unternehmen, sondern nur eine den Landesgesetzen entsprechende Regierung herzustellen, da der König sich in noch unmündigem Alter befinde. Und in jedem Verzuge sei Gefahr; von Stunde zu Stunde könne man eine entsetzliche Metzelei erwarten um die armen Gläubigen auszurotten." Ich antwortete einfach: der erste Tropfen Blut, den unsere Leute vergößen, werde Ströme desselben hervorrufen die ganz Europa überschwemmten. Lieber sollten daher wir Alle hundert Mal umkommen wollen, als den Namen des Christenthums und Evangeliums solcher Schmach aussetzen. Dagegen gab ich ihm zu, daß, wenn die Prinzen von Geblüte ihre angeborenen Rechte öffentlich in Anspruch nähmen, um damit dem Gemeinwesen zu dienen, und die Parlamente diesen Anspruch anerkennten, es dann allen guten Unterthanen erlaubt sei, für ihre Sache einzutreten. Alsobald fragte er mich: ob denn das besagte Unternehmen nicht dadurch schon rechtmäßig werde, daß nur überhaupt ein Prinz von Geblüte daran Theil nehme, wenn auch nicht der ersten Ranges*)?" Auch darauf erhielt er indessen unverzüglich eine verneinende Antwort. Kurz:

---

*) Der erften Ranges war König Anton von Navarra, der zwar wohl von der Sache wußte, aber doch in keiner Weise seinen Namen dabei genannt wissen wollte. Dagegen ging sein jüngerer Bruder, der Prinz von Condé, schon offener darauf ein.

ich wies ihm so entschieden Alles zurück, was er mir vorbrachte, daß ich wohl hoffte, er werde ein für alle Mal davon abstehen. Darum redete ich auch Niemanden von der Sache, weil ich damit nur Verwirrung und Bewegung erregt haben würde.

„Um so mehr aber war ich erstaunt, als nun bald darauf La Renaudie*) aus Paris anlangte, und mir erzählte, man habe ihm die Führung des Unternehmens übertragen, das er mir wieder mit allen möglichen Vorwänden beschönigen wollte. Ich versichere Sie, gnädiger Herr, daß er sogar Ihren Namen dabei nannte. Aber sein wildes unbesonnenes Wesen machte mir den schlimmsten Eindruck, mit allem Ernste stimmte ich seinen hohen Ton herab, und hielt ihm alle möglichen Gründe vor, um ihn zum Aufgeben seiner unseligen Thorheit zu bewegen. Höchst enttäuscht und ärgerlich verließ er mich, und setzte nun seine Bestrebungen im Geheimen fort, indem er die Leichtfertigen (nämlich unter den französischen Flüchtlingen in Genf) an sich zu ziehen oder wenigstens einige Geldmittel zusammenzubringen suchte. Einer von denen, die er so um eine Beisteuer angegangen, theilte Viret die Sache mit, der sich beeilte, mich davon in Kenntniß zu setzen. Unverzüglich bat ich den Herrn von Beza, den Menschen wieder zu mir zu bringen, und strafte ihn nun in Gegenwart mehrerer Zeugen**) auf das Ernstlichste darüber, daß er von meinem Namen einen lügenhaften Gebrauch gemacht. Er stellte das durchaus in Abrede und gestand offen zu: er würde der schamloseste Lügner sein, wenn er sich dergleichen hätte zu Schulden kommen lassen, da er ja gerade das Gegentheil aus meinem Munde vernommen. Indessen gingen die Intriguen ihren Gang. Statt nach Hause zu gehen, wandte sich La Renaudie in das Waadtland und wußte Manche zu gewinnen, die dann wieder Andere an sich zogen. So wie ich das vernahm, that ich wieder Alles, um dem Uebel zu begegnen. Aber jeder der Verdächtigen, den ich zu Rede stellte, läugnete mir seine Theilnahme ab, oder behauptete, daß er sich nur darauf einlasse, um den Ausbruch zu verhindern. Mit tiefem Schmerze folgte ich diesen Wendungen und oft genug hat man mich damals ausrufen hören: „Wehe mir! das glaubte ich nicht erleben zu müssen, daß ich so allen Einfluß verliere bei denen, die sich doch Gläubige nennen! Muß denn die Genfer Kirche von ihren eigenen Kindern sich verachten lassen!" Kurz ich war voll

---

*) Bekanntlich der militärische Führer der Verschwörung.

**) Aus einem Briefe Calvins an Bullinger, der den Hergang in ganz ähnlicher Weise erzählt, ersieht man, daß diese Zeugen, die von Calvin ausdrücklich zu diesem Zwecke versammelten Genfer Geistlichen waren. „Im Beisein meiner Amtsbrüder," heißt es dort, „habe ich ihm die Grundlosigkeit seiner Behauptung mit scharfen Worten nachgewiesen, ja ich bezeugte ihm, daß er schon in Paris mit Gewißheit erfahren hätte, wie sehr ich gegen solchen Anschlag sei."
Der Brief findet sich mitgetheilt in Baums Beza II, 99.

Betrübniß und Seufzen. Der Rath, der vernommen, daß etwas im Werke sei, obschon er keine bestimmte Kunde davon hatte, ließ bei Trompetenschall verbieten, daß irgend Jemand Theil daran nehme und ließ privatim in den Häusern ähnliche Weisungen ergehen. So kam es, daß von hier nur Wenige im Geheimen auszogen und wir nicht mehr wußten, was unter der Erde fortgebraut wurde. — Noch mit einem Andern hatte ich ähnliche Verhandlungen, der jetzt bei Gott ist, und den Sie wohl kennen, gnädiger Herr*). Als man ihn zuerst zu gewinnen suchte, nahm er es fast wie einen Scherz und wies der Ehrfurcht gemäß, die er mir und meinen Rathschlägen zollte, es rundweg ab, sich irgendwie daran zu betheiligen. Aber nach und nach müssen sie ihm doch beigekommen sein, denn gegen seine sonst offene Natur fragte er mich, ob er nicht zu seinem Bruder reisen dürfe, der ihm viele Sorgen mache. Vielleicht war dies mehr nur ein Vorwand, aber offenbar lag ihm auch daran, nicht für einen Feigling zu gelten; besonders da La Renaudie sich bei ihm gerühmt hatte, daß auch Sie, gnädiger Herr, bei dem Unternehmen mitbetheiligt seien. Ich antwortete ihm: wenn mein Rath ihm etwas gelte, so unterlasse er die Reise. Und als er mir betheuerte, daß er sich gewiß in nichts einlassen würde, wiederholte ich ihm: „Ich kenne Sie, sind Sie einmal dort, so können Sie nicht an sich halten: bleiben Sie hier." Worauf er zugestand, daß allerdings, wenn Sie einen Aufruf erließen, er es nicht wagen würde zurückzubleiben. Auch das ließ ich ihm aber nicht gelten, sondern bemerkte: „Sind Sie denn noch so gar zurück in Gottes Schule, daß Sie übel thun um eines Menschen willen! Halten Sie den Herrn Admiral wirklich so hoch, so thun Sie ihm den größten Dienst damit, wenn Sie von einem Unrechte ihn abhalten und ihm gerade heraus sagen, daß ich ihm im Namen Gottes zu wissen thue, er sündige, wenn er sich in dergleichen verstricken lasse." Indessen hatte ich in Betreff Ihres Verhaltens keine große Besorgniß, da ich überzeugt war, der Anstifter habe sich Ihres Namens ohne allen Grund bedient. Aber der arme Edelmann ließ sich hiervon nicht überzeugen. Nachdem er noch fünf bis sechs Male mit mir gesprochen und sich für den Augenblick überwunden gegeben hatte, erklärte er am Ende doch: er finde keine Ruhe, bis er sich persönlich zu Ihnen begeben. Und ich glaube, daß das in der That seine Absicht war. Aber so widerwärtig war mir die Sache, daß ich auch dieß nur mit dem größten Leidwesen geschehen ließ und ihm mit unverhohlenen Verdrusse den Rücken wandte, als er vor seiner Abreise noch einmal zu mir kam und mir die Hand zum Abschiede bot.

„Wenn man mich nun aber fragt, warum ich nicht noch bestimmter mich widersetzt, so antworte ich: daß ich die Sache für's Erste nicht für so gefährlich hielt, sondern als eine Kinderei verachtete, und darum der Meinung war,

---

*) Es ist damit der Herr von Villemongis-Bricquemont gemeint, der nach dem unglücklichen Ausgang der Verschwörung auf dem Blutgerüste endete.

werde von selbst zu nichte werden. Zum Andern aber wollte ich das Blut
erer Brüder nicht verrathen und noch viel weniger die Unschuldigen mit
Schuldigen in's Verderben bringen, während ich ohnehin keinen rechten
Zweg wußte, um dies Unternehmen zu verhindern. Nichtsdestoweniger
ich ich mit Herrn Coignet, dem Gesandten der schweizerschen Cantone bei
Könige, und bezeugte auch sonst überall, daß, wenn ihre Thorheit zum
sbruche komme, ich als der geschmähteste Mann der Welt dastehen werde,
ein Verräther der Kirche, als ein Hinderniß des Werkes Gottes, als ein
zner der Freiheit und was dergleichen mehr ist. Ja, selbst in den öffent-
en Predigten habe ich mich so ausgesprochen und so eifrig als möglich
diese Absichten bekämpft. Es sind dieselben Wort für Wort mit dem
tum des Monates und des Tages aufgezeichnet worden, und es wird dar-
zur Genüge hervorgehen, daß ich wahrlich keine Doppelrolle gespielt oder
h in Stillschweigen gehüllt habe, damit die Sache im Geheimen doch ihren
f habe.

„Als nun das Unternehmen den bekannten Ausgang nahm*), war ich
lich sehr schmerzlich davon berührt, aber keineswegs überrascht: ich hatte
jeder Zeit voraus gesehen und mehr als ein Mal bemerkt, ich werde als
nur allzuwahrer Prophet erfunden werden. Hätte es in meiner Macht
anden, in wirksamerer Weise vorzubeugen, so würde ich gewiß keine Mühe
part haben, wie ich schon gar manches andere Unternehmen der
t von weiter Hand her verhinderte, ohne daß irgend Jemand
Königreiche etwas davon wußte..... Das nun, gnädiger Herr,
der Hergang der Sache, in so weit sie mich berührt; die lautere Wahrheit,
ich vor Gott bezeuge, und die ich freilich nur in so weit darstellte, als ich
thun konnte, ohne Andern dadurch zu schaden**)."

---

*) Es mißlang bekanntlich gänzlich und brachte einer großen Anzahl der Theil-
nehmer den Tod durch Henkershand.

*) Franz. Briefsammlung II, 382—391. Aehnlich spricht der Brief an den
König (p. 373—378) sich aus und außerdem die Zuschriften an Blaurer
(Amsterdamer Ausgabe p. 143. „Da sie sahen," heißt es unter Anderm,
„daß ich die Sache nicht billigen wollte, hielten sie es für das Beste, mich
darüber zu täuschen,") und an Jacob Sturm, von denen die letztere noch
vor dem unglücklichen Ausgange geschrieben ist. „Als diejenigen, welche
die Andern zu diesem Unternehmen bewogen," schreibt Calvin darin, „mich
im Anfange um meinen Rath fragten, so antwortete ich frei heraus, die
ganze Art und Weise, die Sache anzugreifen, gefalle mir nicht, und noch
weniger könne ich sie an und für sich selber billigen." (Bei Baum aus
dem Zürcher Manuscripte II p. 99.) Wodurch denn die boshafte Bemerkung Bossuet's zu nichte gemacht wird, daß Calvin erst das Fehlschlagen
des Unternehmens abgewartet habe, um sich durch seine leichte und wohl-
feile Verurtheilung desselben rein zu waschen. — Andere Aeußerungen Calvins finden sich noch in den bezüglichen Briefen Beza's und werden wohl in
dessen Lebensbeschreibung zur Sprache kommen.

Aber mit dem Fehlschlagen dieses ersten Versuches einer bewaffneten Ergebung war nun die Sache noch keineswegs beendigt. Vielmehr ließ sich Alles dazu an, das eben vernommene Prophetenwort Calvins wahr zu machen, daß der erste Tropfen vergossenen Blutes sich in eine Quelle verwandeln wird, die das ganze Land mit Blutströmen tränke. Denn indem die Guisen ihren Sieg in einer Weise benutzten, die auch den letzten Schein einer gesetzmäßigen Regierung in dem rücksichtslosen Wüthen der Parteileidenschaft untergehen ließ, fühlten sich, ganz natürlicher Weise, nun auch die widerstrebenden Elemente aller Rücksichten entbunden und hielten sich ihrerseits an dieses nämliche Recht der Gewalt und der Waffen, das man gegen sie in Anwendung brachte. Durch das gesammte Reich hindurch lösten sich die Bande der Ordnung und des Zusammenhaltens; Alles erfüllte sich mit Kriegslärm und Blutvergießen. Wo die Katholiken die Stärkern waren, ging man daran, die Reformirten auszurotten bis auf die letzten Glieder ihrer Familie, bis auf die Häuser, in denen ein Mal eine Versammlung gehalten oder ein Psalm gesungen worden. Wo im Gegentheile die Protestanten die Oberhand besaßen, rissen sie ohne Weiteres die oberste Macht und das gesammte Eigenthum der gegnerischen Kirche an sich. In einer ganzen Reihe von Städten durfte Niemand mehr eine Messe halten; die ganze Bevölkerung galt als protestantisch geworden. Aus den gottesdienstlichen Gebäuden wurden die Bilder hinaus geworfen, die Reliquien auf die Straßen verstreut, an der Spitze der psalmensingenden Schaaren zog ein Prediger in sie ein und feierte den Cultus nach der Weise von Genf. Die Truppen, die das hindern wollten, schlug man zurück, die heißblütigsten unter den Edelleuten ließen sich vernehmen, daß sie für jeden hingerichteten Evangelisten einen Priester einfangen würden, um Gleiches mit Gleichem zu vergelten.

Man kann sich denken, wie Calvin das Alles beurtheilte. Als der sichere Weg zur Zerstörung der ganzen evangelischen Erneuerung erschien ihm das eingeschlagene Verhalten. „Durch Tumult und Waffen", schrieb er mit schmerzlicher Klage an Peter Martyr, „meinen die Unsrigen die Freiheit erlangen zu können, die doch auf einem ganz andern Wege gesucht werden sollte. Mein Gutachten haben sie verachtet und entschuldigen sich damit, daß einer der Ersten in Frankreich sie auffordere, die Waffen zu ergreifen. Aber was sollen alle diese Beschönigungen, sobald sie Blut vergießen? Einige freilich haben uns gehorcht und stehen jetzt noch fest und bereiten sich muthig auf den Tod*)." In seinen Zuschriften an die Gemeinden oder ihre Geistlichen, in denen er auf diese Verhältnisse Bezug nimmt, spricht durchweg dieselbe tiefe Verletzung und Empörung sich aus, die es nicht ertragen mag, die Ehre des Herrn in dieser Weise gelästert und die Zukunft der Kirche gestört zu sehen, während man doch seinen Namen im Munde führt und für ihre Erbauung

---

*) Bei Henry III, Beilage 14.

zu wirken vorgibt. „Meint nur nicht", ruft er einmal aus, „daß ich es mißbillige, wenn die Obrigkeit gegen solche Wüthende einschreitet; ich zürne ihnen nicht minder als der König und würde nicht minder die Strafe an ihnen vollziehen, die er in seinen Edikten verordnet*)." „Oder habt ihr ein Recht darüber zu klagen," schreibt er an die Gemeinde zu Sauve, „daß ihr euch jetzt in bitterer Bedrängniß befindet und einer traurigen Zerstörung entgegenseht, nachdem ihr euern Gegnern selber in der muthwilligsten Weise die Gelegenheit dazu gegeben? Ich meine: jene wahnsinnigen Ausbrüche, da ihr die Bilder verbranntet und die Kreuze niederschluget. Und der euch hätte davon zurückhalten sollen, hat euch vielmehr dazu angetrieben**)! Ja sogar jetzt beharret er noch mit unerträglicher Verstocktheit darauf, daß er recht gethan, daß er nur seinem Gewissen damit gehorcht habe. Aber er zeige uns doch ein Wort Gottes, das ihn hiezu ermächtigte? Niemals hat der Herr uns befohlen, die Götzen zu zerstören, außer ein Jeder in seinem eigenen Herzen, und im Oeffentlichen die Obrigkeit, der er dazu Gewalt gegeben. Nicht als ob wir die Bilder rechtfertigen wollten; wie gerne gäbe ich mein Leben darum, wenn keines mehr stehen bliebe in der Welt. Aber Gehorsam ist besser als Opfer, und so haben wir vor Allem darnach zu fragen, was uns erlaubt und geboten ist . . . . . Ihr aber, meine lieben Brüder, da eurer Verführer sich nicht will belehren lassen, so scheidet euch von ihm und thut ihn hinweg aus eurer Mitte! Bekennt öffentlich, daß ihr gesündigt, erklärt allem Volke, daß ihr euch hinreißen ließet zu dem, was sich nicht geziemt, und errettet so, wo es noch möglich ist, euch selbst und eure Brüder vor dem Blutdurste der Feinde!" „Ihr hebt euch ungebührlich in die Höhe", hatte er schon früher der Gemeinde zu Paris bemerkt, „und nehmet die Tempel in Besitz. Aber ihr wisset, daß wir dem niemals oder höchstens in wenigen Ausnahmefällen beistimmten. Hat man es dennoch gethan, so hat man es gethan mit Verachtung unserer Ermahnung. Fährt man aber darin fort: wohlan, so ziehen wir unsere Hand zurück, und überlassen den Gang der Dinge dem Willen des Herrn. Aber ein hartes Wetter wird sicherlich kommen und diese Glut abkühlen***)."

Aber was vermögen in solchen Zeiten der fieberhaften Erregung die bittenden und warnenden Worte! „Einiges wohl, hie und da sogar Vieles", schreibt der Reformator gegen Ende des Jahres 1560 an Bullinger, „haben unsere Bemühungen ausgerichtet, und die eine oder andere Gegend vor dem furchtbaren Brande bewahrt, der in ihr auszubrechen drohte. Aber auf die Länge können es meine Abmahnungen doch nicht verhindern, daß die Unsrigen sich der Tempel bemächtigen oder an öffentlichen Orten ihre Predigten

---

*) Aus den Genfer Manuscripten bei Henry II. Beilage p. 164.
**) Ohne Zweifel der Geistliche der Gemeinde.
***) Franz. Brieff. II, 381.

halten. Selbst die von hier ausgesandten Brüder werden mit fortgerissen, und entschuldigen sich damit, daß eben kein Privathaus dazu ausreiche Versammlungen von vielen Tausenden zu halten." Und in einer andern Zuschrift an denselben Freund. „Immer noch nehmen sie die Tempel an sich, da sie sonst keinen Raum haben. Die Sache geht jetzt etwas ordentlicher zu, aber doch wollte ich lieber und hielte es für besser, sie gehorchten mir. Auch die furchtbaren Edikte schrecken sie nicht zurück, es ist alles aus den Fugen, und Niemand wird die Macht haben, es wieder in Ordnung zu bringen."

Indessen nahmen die Ereignisse eine Wendung, die doch wieder bessere Hoffnungen zuließ. Der junge König, unter dessen Namen die Guisen ihre auflösende Gewaltherrschaft ausgeübt hatten, starb plötzlich hinweg; und wie nun die Dinge am Hofe und im Lande standen, hatten die Reformirten allen Grund zu erwarten, daß der vorwiegende Einfluß jetzt in die Hände ihrer erklärten Freunde der Bourbons und Chatillon's übergehen werde. Auch Calvin in seiner dankbaren Freude für die Errettung, meinte nicht anders, als daß es so kommen müsse. Es ist uns eine Denkschrift von ihm erhalten, die er unmittelbar nach dem Eintreffen der frohen Nachricht an die Geistlichen in Paris abgehen ließ, um dem Könige von Navarra, von dem er wahrscheinlich dazu war aufgefordert worden, die geeignetsten Wege zu bezeichnen, auf denen man ohne weitere Verwirrung oder Gesetzesverletzung zu einer neuen Ordnung der Dinge kommen könne. Mit einer seltenen staatsmännischen Klarheit und Umsicht überblickt er darin die allgemeine Lage und Stimmung und deutet die verschiedenen Hauptpunkte an, in denen die Entscheidung liege. Für's Erste räth er dem gefangenen Prinzen von Condé davon ab, sich nur so ohne Weiteres in Freiheit setzen zu lassen, und meint, er habe Alles aufzubieten, um durch einen förmlichen Richterspruch freigesprochen zu werden. Denn sowohl seine eigene Ehre erfordere das, als auch die Rücksicht auf die andern Gefangenen, denen seine Schuldloserklärung mit zu Gute kommen müsse. Zum Andern bringt er darauf, — und dieß bezeichnet er als das Wichtigste, — daß man der Königin Mutter (Catharina von Medici) die vormundschaftliche Regierung nicht allein überlasse*), denn sie sei ein Weib und eine Italienerin, sondern unverzüglich die Stände des Reichs einberufe um zur Einsetzung eines Regentschaftsrathes zu schreiten. Und zwar dürfe diese Maßregel nicht etwa von den Guisen ausgehen, sondern diejenigen hätten ihre Leitung zu übernehmen, die das nächste und natürlichste Recht zur Regierung besäßen. Allerdings werde es nicht ganz leicht sein, jenen Usurpatoren die Gewalt zu entwinden, und es könne sich fragen, ob man dieß erst durch die Stände, bei denen ein förmlicher Prozeß gegen sie ein-

---

*) Bekanntlich war der Nachfolger Franz des II., Karl IX., um diese Zeit noch nicht volle elf Jahre alt.

zuleiten wäre oder gleich im Augenblicke versuchen solle? Er seinerseits halte
dafür, das schnellste Einschreiten sei das gerathenste, damit sie die Frist
nicht dazu benutzten, sich von Neuem in der Gewalt zu befestigen. Zunächst
genüge es, sie durch irgend eine anderweitige Beschäftigung von der obersten
Leitung der Dinge zu entfernen; das eigentliche Gericht über sie würde dann
die Versammlung der Stände in die Hand zu nehmen haben. Zum dritten
sei dem unerträglichen Zustande der religiösen Verhältnisse abzuhelfen. Nach
seiner Meinung gehe man dabei am besten von jenem ersten freundlichen
Edikte aus, das noch unter der Regierung des verstorbenen Königs erschienen*), wonach wenigstens das Petitioniren in der religiösen Frage für erlaubt gelten sollte. Es sei freilich wahr, daß dasselbe nie wirklich in Kraft
getreten und alsobald wieder aufgehoben worden. Aber an diese Gewaltthat
habe man sich nicht zu kehren, sondern vielmehr auf das königliche Wort sich
zu berufen, das nicht wieder gebrochen werden könne. Aus dem Rechte des
Petitionirens aber werde sich leicht auch das Weitere entwickeln lassen: das
Aufhören der Verfolgungen gegen die ruhigen Bürger und die Erlaubniß,
sich der Messe zu enthalten und zu einer andern Art von Gottesdienst zu
versammeln. Denn irgend eine Religion und Gottesverehrung müsse der
Mensch doch haben. Dabei billige er es aber nun durchaus, wenn man auf
jedes Hinausgehen über diese einfache Erlaubniß die strengsten Strafen setze,
und überhaupt Sorge dafür trage, diese ganze Bewegung zu ordnen und in
Ordnung zu erhalten**).

„Eine leichte Aufgabe," schließt er dann, „enthalten freilich diese Rathschläge nicht. In Ruhe und Frieden leben kann der König***) nicht mehr,
wenn er ihnen nachkommen will. Aber ich mache es wie die Aerzte, welche
Alles anordnen, was heilsam sein könnte, damit die Kranken wenigstens das
Eine und Andere davon thun. Indessen fürchte ich wohl, daß auch nicht
einmal dieses Wenigere geschehen wird, so lange der König von diesem Gewebe umsponnen bleibt, das jetzt seine Fäden um ihn schlingt. Sagen Sie
ihm das mit rechtem Ernste, und sagen Sie ihm, daß er in solchem Falle
nicht nur niemals dazu kommen wird, meinem guten Rathe zu folgen, weil
eine Zerstreuung um die andere ihn davon abhält, sondern daß er damit
auch Gott daran hindert, ihn je zu einem wirklichen Gedeihen kommen zu
lassen. Bitten Sie ihn, den 101. Psalm zu lesen, aus dem er lernen kann,
wie Gott bei Niemanden wohnt, der sich nicht reiniget von seinen Beflecken-

---

*) Das Edikt von Amboise (18. März 1560).
**) „Alle diejenigen," führt er des Näheren aus, „die sich dazu bekennen, haben
sich an einem jeden Orte bei den Beamten und Leuten des Königs auf-
zeichnen zu lassen, und die hervorragendsten Glieder der Gemeinschaft sollen
für Alle verantwortlich sein, und sich für Solche stellen die etwa durch
irgend eine Auflehnung der Verordnung zuwiderhandeln."
***) Es ist der König von Navarra gemeint.

gen. Und je weicher und verführbarer seine Natur ist, um so mehr soll er Sorge darauf verwenden, keine andern Umgebungen um sich zu haben, als die ihn zum Guten ermuntern: Endlich sagen Sie ihm: ich bitte ihn, mich damit zu belohnen, daß sein Benehmen mir von nun an eben so viel Freude bereite, als es mich bisher Thränen gekostet"*).

In einem andern Memoire von dem gleichem Datum werden den Glaubensgenossen die nothwendigen Weisungen gegeben, wie sie bei der Einberufung des allgemeinen Conciles sich zu verhalten haben, das die französische Königin schon lange in Aussicht gestellt, und von dem es nun nach der neuesten Wendung der Dinge, nicht mehr so unmöglich schien, daß es in's Leben trete. Sowohl in Betreff des Ortes der Zusammenkunft, als auch der Personen, als auch der Art der Verhandlung sollten sie sich von vornherein die vollste Freiheit wahren, sagt ihnen der Reformator. Was den Ort angehe, so müsse er sicher sein und nach allen Seiten hin mit der übrigen Welt korrespondiren können, damit nicht wieder Alles im Winkel und bei verschlossenen Thüren abgemacht werde. In Anbetracht der Personen könne dem Papst oder seinem Stellvertreter am Ende die erste Stelle überlassen werden, wenn er sich unbedingt dem Concile unterwerfe und die Beschlüsse desselben, ob sie nun auf die Lehre oder die eingerissenen Uebelstände oder seine angemaßte Herrschaft sich bezögen, anzuerkennen gelobe. Auch die Bischöfe werde man nicht zurückweisen dürfen, obschon man in keinem Falle zugeben könne, daß sie allein das Stimmrecht besäßen. Neben ihnen müßten die erwählten Abgeordneten der Reformirten vollkommen gleiche Rechte genießen und ihre Sache in aller Freiheit darlegen können. Was endlich die Art der Verhandlungen betreffe, so dürfe nicht mehr nach der alten Sitte verfahren werden, wonach die Freunde einer Reformation einfach ihr Begehren mündlich oder schriftlich einzureichen, und die Herren Prälaten dann unter sich darüber zu berathen und darauf zu antworten hätten was ihnen beliebe. Sondern in offener Versammlung Aller müsse die Verhandlung vor sich gehen und die Möglichkeit gegeben werden, jeden Einwurf alsobald zu beantworten. Die Reihenfolge, die dabei als die geeignetste erscheine, sei diese: zuerst die Differenzen in der Lehre vorzunehmen, dann die Ceremonien, und endlich die Frage des Kirchenregiments zu besprechen. Als die hauptsächlichsten Punkte der Lehrdifferenz habe man zu betrachten: Ob allein die Schrift als die maßgebende Regel für den Dienst Gottes angesehen werden müsse, oder ob auch noch Menschen ihre Gesetze beifügen und diesen Gesetzen eine Verpflichtung für die Seelen zuschreiben dürften. Hier würden dann die Gelübde, die Beichte, das Cölibat u. s. w. zur Sprache kommen. Dann werde es sich fragen: welches der Grund unserer Hoffnung auf die Seligkeit sei, und ob wir durch unsere Werke oder durch das freie Erbarmen Gottes errettet wer-

---

*) Franz. Briefsammlung II, 345—349.

den? Auf den freien Willen, die Genugthuungen, das Fegfeuer und dergleichen mehr werde dann die Rede kommen. — Uebrigens sei es von großer Wichtigkeit, daß das Concil in der That ein allgemeines und nicht nur das eines einzelnen Landes sei. Denn nimmer werde es sonst seinen Zweck der Beilegung der Streitigkeiten erreichen; sondern vielmehr nur dazu dienen, das Feuer der Zwietracht noch mehr zu entzünden. Auf nichts hätten die Freunde der Reformation mehr hinzuarbeiten, als daß solch eine Versammlung zu Stande komme. Wer sich ihr nicht fügen und damit zu Frieden und Einigkeit zurückkehren wolle, der sei in Wahrheit ein Schismatiker *).

Man ersieht aus dem einen und andern dieser Dokumente, wie weit von Allem was „revolutionär" heißen könnte, die Gesinnung Calvins, auch in den aufregendsten und versuchlichsten Lagen, sich entfernt hielt, und wie sehr ihm vielmehr daran lag, daß selbst in der Arbeit des Kampfes und der Tageshaltung Alles ehrlich und ordentlich zuging, nach dem Willen des Gottes der ein Gott der Ordnung ist. Hätte die katholische und guisische Partei auch nur einigermaßen zu einem ähnlichen Verhalten sich bereit finden lassen, so wäre Frankreich sicherlich das namenlose Elend der Verwüstung und Zerrüttung erspart geblieben, das die vier folgenden Jahrzehnte der Religionskriege ihm brachten; und die Reformation — freilich dann vielleicht in einer etwas andern Form, als der streng Calvinischen — würde sich für die gesammten Lebensverhältnisse als eine Quelle jener Erneuerung und Entwicklung haben erweisen können, deren dieses Land nicht minder dringend als andere bedurfte, deren Vereitlung und Unterdrückung es heute noch in seiner innern Haltlosigkeit und beständigen Unzufriedenheit auf das Schmerzlichste empfindet.

Aber die Dinge gingen bekanntlich nicht nach dem Sinne des Reformators. Nachdem man eine Zeitlang allerdings die Hoffnung hatte hegen dürfen, es werde die gemäßigte, der religiösen Freiheit günstig gestimmte Partei die Oberhand behalten und die schwebenden Fragen mit Ruhe und Billigkeit ihrer Lösung entgegenführen, nachdem sogar bereits ein königliches Edikt, das sogenannte Jänner-Edikt, die Verfolgungen gegen die Reformirten eingestellt und ihnen die Abhaltung öffentlicher Gottesdienste gestattet hatte, ja durch das Gespräch zu Poissy, in dem die Neuerer zum ersten Male vor König und Reich ihre Ueberzeugungen in freiem Worte vortragen durften, ein Anfang zu dem in Aussicht gestellten Concile gemacht schien **): wurde im

---

*) Franz. Briefsammlung II, 350.

**) Freilich erwartete Calvin nicht gerade viel davon. Nützlicher schiene es ihm, schreibt er an Coligny, wenn der König dazu gebracht werden könnte, sich, ohne übrigens seine Religion zu ändern, mit England, dem protest. Deutschland und den reformirten Schweizerkantonen zu einem Proteste gegen das Concil zu Trient zu verbinden, das aller Freiheit und Oekumenität entbehre. Franz. Brieff. II, 427.

Frühjahre 1562 durch die plötzliche gewaltthätige Erhebung der katholischen Häupter all das hiemit Angebahnte wieder umgestürzt und der große Geisteskampf in unwiderruflicher Weise der Entscheidung durch die äußern Waffen anheimgegeben. Umsonst hatten die geistlichen Führer der Protestanten Alles aufgeboten, um diese Wendung der Dinge zu verhindern[*], umsonst die Gemeinden sich dießmal ohne Widerspruch ihrer mahnenden Stimme gefügt und auch den belästigendsten Bedingungen des Ediktes rückhaltlos unterworfen, umsonst stand Gesetz und Obrigkeit, Recht und versöhnlicher Sinn in allen Stücken auf ihrer Seite: es zeigte sich nun, daß die Gegner kein andres Recht kannten als die Gewalt und kein andres Gesetz als ihren glühenden Haß. Sollte nicht die gesammte reformirte Bevölkerung wehrlos hingeschlachtet werden, wie jene Gemeinde zu Vassy, mit deren Ermordung Guise die königliche Verordnung zerrissen, so blieb nichts Anderes übrig, als gegen das Schwert zum Schwerte zu greifen und dem meuchelmörderischen Angriff die offene Vertheidigung entgegenzusetzen.

Auch Calvin wollte und konnte das nicht hindern. Zwar eine ausdrückliche Billigung des Krieges, zu dem die protestantischen Großen nun unverzüglich sich rüsteten, vermöchte ich nirgends in seinen Aeußerungen nachzuweisen, wie denn überhaupt die Briefe verloren sind, in denen sein erster Eindruck über die Gräuelthat von Vassy und ihre Folgen sich aussprach. Aber aus der ganzen Art und Weise, wie er sich zu dem Unternehmen verhielt, aus dem Ton, in dem er darüber redete, aus der freudigen Bereitwilligkeit, mit welcher er Beza dem protestantischen Heere sich einreihen ließ und ihm in seinen Geschäften zur Seite stand, geht deutlich genug hervor, daß er hier jenen Fall einer pflichtmäßigen Schilderhebung vor Augen zu haben glaubte, von dem er schon in dem „christlichen Unterrichte" sagt: „Wer zum Hüter gesetzt sei über gesetzliche Freiheiten und sie doch nicht vertheidige, der mache sich einer schweren Sünde schuldig." Denn als solche Hüter konnte er ja wohl den zweiten Prinzen von Geblüt, den Fürsten von Condé, und die Elite des französischen Adels ansehen, die für die Aufrechterhaltung des königlichen Edikts einstanden, zumal die Königin Mutter selber dazu aufgerufen hatte, den Anmaßungen der Guisen entgegenzutreten. Und wie im Frieden, so auch in dieser Kriegszeit schloß er nun seiner Glaubensgenossen mit all' der Theilnahme sich an, die in seiner Macht stand. Bald ist er damit beschäftigt die nöthigen Geldmittel herbeizuschaffen, um die fremden Miethstruppen zu bezahlen, und bewegt zu diesem Ende die Genfer Regierung zu einem ansehnlichen Darlehn, oder wendet sich an die Gemeinden, um sie zu einer ausgiebigen Beisteuer zu ermuntern[**]. Bald geht

---

[*] Vergl. Baums Beza II, 500 u. f.

[**] So z. B. in Langueboc. „Machet euch auf und gebet ein Jeder nach seinem Vermögen. Denn in eine so gefährdete Lage hat uns Gott gerathen laffen, daß die elendeste und schrecklichste Verwüstung uns unmittelbar

er die reformirten Schweizerkantone darum an, die Werbungen für die Guisen zu verhindern und ihre Truppen zu der protestantischen Armee stoßen zu lassen *). Bald sendet er ein Glaubensbekenntniß an die in Frankfurt versammelten deutschen Fürsten, um die französischen Brüder von den Verläumdungen zu reinigen, die man gegen sie ausgestreut, und ersucht die Königin von Navarra, sie durch eine außerordentliche Gesandtschaft zu einer kräftigen Unterstützung der Bedrängten und Hülfsbedürftigen zu veranlassen **). Oder er steht überhaupt den Führern der Bewegung, an die er manchen Boten abschickt, mit seinem Rathe in irgend einer derartigen Angelegenheit zur Seite. Den Gang des Heeres begleitet er unaufhörlich mit seinen Gebeten und Ermuthigungen. In den Briefen an seine Freunde sind die Nachrichten aus „Gallien" immer das Erste, was er ihnen mittheilt und in hoffnungsvollerem oder schmerzlicher erregten Tone mit ihnen bespricht. Tag und Nacht ist seine Seele von dem „Makkabäerkampfe" erfüllt; in Ahnungen und Träumen glaubt er die Vorfälle voraus zu erfahren, die auf dem Schlachtfelde sich zutrugen. Gichtkrank lag er am Tage der Schlacht von Dreux auf seinem Lager, wie Beza uns erzählt, als er die Kriegstrommeten auf das Stärkste

---

bevorzustehen scheint. Wohl weiß ich, daß Gott am Ende Mittel genug hat, um seine Kirche, auch wenn sie untergegangen ist, wieder aufzuwecken und über unserer Asche sich ein neues Volk in's Leben zu rufen. Aber sollen wir es hierauf ankommen lassen und uns selber das Thor der Gnade verschließen? Es ist nur zu gewiß, daß die Trägheit und Nachlässigkeit der Gemeinden, und nicht zu sagen: ihre Knickerei uns mehr Schaden that, als sich sagen läßt. Wie mancher Unglückliche hat es mit seinem Leben büßen müssen, daß Andere nichts von ihrem Gelde opfern wollten." Franz. Brieff. II, 474. — Wie sehr übrigens der mit den Gütern dieser Welt so kärglich ausgestattete Mann nichts destoweniger auch von sich selber aus Hülfe zu leisten bemüht war, geht aus einem Schreiben an die Königin von Navarra hervor, worin er sie um die Berichtigung eines Anlehens ersucht, das ihr Gemahl bei ihm aufgenommen. „Als er nämlich in großer Verlegenheit sich befand," schreibt er, „fragte er bei mir an, ob ich ihm nicht mit etwas zu Hülfe kommen könne? Ich that was ich vermochte, so daß ich ihm aus dieser Stadt bis an 40000 Franken versprach. Als es nun an's Bezahlen ging, wußte ich nicht, wohin mich wenden, denn ich bin nie ein Finanzmann gewesen, und kann Sie versichern, daß das Wenige, das ich besaß, so zu sagen Nichts, bis auf den letzten Heller, bis auf den Bedarf, aus dem ich meine tägliche Nahrung anschaffen sollte, erschöpft war. Aber Gott sei gelobt! endlich geschah die Bezahlung, die der verstorbene König dem Herrn von Beza wieder zu entrichten versprach, wie er es Ihnen bezeugen wird. Ich sage dieß nicht um meinetwillen, um auch nur einen Heller von dem wieder zu bekommen, was ich dazu gegeben, sondern meiner Freunde wegen, die mir aus jener Noth geholfen, und um so zu sagen meine Ehre, die ich ihnen verpfändet, wieder von ihnen einzulösen." A. a. O. 521.

*) An Bullinger 15. Aug. 1562.
**) Franz. Brieff. II, 493.

schmettern hörte und seine Freunde zu sich rufen ließ, um mit ihnen zu beten, weil sicherlich etwas Großes vorgehe. „Möge es, wenn es zur Schlacht kommt, nur ohne viel Blutvergießen abgehen," hatte er kurz vorher an einen Freund geschrieben. „Unaufhörlich und von ganzem Herzen bitte ich Gott darum, daß er lediglich die Häupter schlage und des Volkes verschone. Denn mehr als genug des Blutes ist schon geflossen*)."

Aber noch schmerzlicher als das kriegerische Blutvergießen an und für sich berührte den Reformator auch hier wieder das unordentliche, zügellose, gewaltthätige Wesen, das lang andauernde kriegerische Zustände nun einmal unvermeidlich nach sich ziehen, und von dem sich auch die Gemeinden und ihre Führer nicht immer frei hielten, wo sie sich zum Gebrauche der Waffen genöthigt sahen. — Während bei dem großen protestantischen Heere unter Condé und dem Admiral, dessen Anfangs überaus strenge Mannszucht sich nach und nach zu locken begann und der gewöhnlichen Art des Soldatenlebens Platz machte, Theodor von Beza die Stelle des unabläßigen Zuchtpredigers versah, und Calvin sich darauf beschränkte, ihn immer von Neuem dazu aufzumuntern und anzutreiben, erhob er selber seine mahnende und strafende Stimme mehr gegen das, was in seiner Nähe sich zutrug: gegen die Gewaltthaten, zu denen die Reformirten in Lyon sich hatten hinreißen, oder die Grausamkeiten die der Baron von Adrets im Dauphiné sich zu Schulden kommen ließ.

In der erstern Stadt hatte die zahlreiche protestantische Bevölkerung, unmittelbar vor dem Ausbruche des Krieges, sich durch einen kühnen Handstreich der Gewalt bemächtigt, und unter der Führung ihres leidenschaftlichen Predigers Ruffi sie nun dazu verwendet, in einem wilden Bilder- und Reliquien-Sturme Alles zu zerstören, was an das römische Wesen erinnerte. Sie mußten wohl, wie wenig Beifall sie damit bei Calvin finden würden, und während sie sonst jeder Zeit im lebendigsten Verkehr mit Genf gestanden, kam jetzt keine Zeile von ihren Gliedern oder Vorstehern an den Reformator, die ihm von der durchgreifenden Veränderung ihrer Lage Kunde gegeben hätte**). Aber seiner Aufmerksamkeit, deren sie dießmal so gerne überhoben gewesen wären, entgingen sie darum doch nicht. „Wir haben von anderer Seite her," schreibt er ihnen, „die nöthigen Nachrichten über euch bekommen, und große Betrübniß haben sie uns verursacht. Zwar wissen wir wohl, wie man in dergleichen Bewegungen nicht so völlig sich mäßigen kann, daß jeder Exceß vermieden bliebe, und wüßten es zu entschuldigen, wenn nur das eine oder andere Unerfreuliche vorgekommen wäre. Aber es giebt Dinge, die geradezu unerträglich sind und um derentwillen wir härter an euch

---

*) An Petrus Colonius. Briefsammlung der Amsterdamer Ausgabe p. 170.
**) „Mais depuis le changement qui est advenu à Lyon, nous n'avons point reçu un seul mot ny de vous ny de la compagnie des anciens."

schreiben müssen als wir es wünschten. Denn Verräther wären wir an Gott und an euch und an der gesammten Christenheit, wenn wir das schweigend zudecken wollten, was zu unserm großen Bedauern in eurer Mitte geschehen. Es ist schon an und für sich nicht erfreulich, wenn ein Prediger sich zum Kriegsführer macht, aber noch viel ärger ist es, wenn man von der Kanzel herabsteigend die Waffen anlegt, und der Gipfel aller Ungebührlichkeit, vor einem Gouverneur der Stadt mit der Pistole in der Hand zu erscheinen und ihn mit Gewaltthat zu bedrohen. Denn wirklich folgende Rede, mit der er ihn angegangen, hat man uns berichtet: „Mein Herr, Sie müssen thun, was wir wollen, denn wir haben die Macht in Händen." Wir sagen es euch gerade heraus: solch ein Wort ist uns ein Greuel gleich dem Allerverabscheuungswürdigsten*). Nicht minder hat der Tumult uns angeekelt, der darauf folgte, die zahlreichen Austreibungen und andere Dinge, deren Abscheulichkeit die noch Schwankenden anwidern, ja dem Evangelium entfremden mußte, während die Frommen und Rechtschaffenen wenigstens die bitterste Scham und Betrübniß darüber empfinden. Und damit noch nicht genug, habt ihr auch das platte Land durchstreift, um Beute zu machen und Vieh zu rauben; und deß Alles haben die sich nicht geschämt, die sich Diener des Worts Gottes unter euch nennen! Und in der jüngsten Zeit habt ihr zu dem Allen noch ein Neues hinzugefügt, als ihr den Raub aus der Kirche St. Jakob öffentlich versteigertet und um 1200 Thaler verkauftet! Die Hauptschuld hievon trifft allerdings Herrn Rust. Aber auch ihr Alle habt daran Theil, da ihr es hättet verhindern können und es nicht thatet. Es ist mir nicht möglich, mit Ruhe von diesen Dingen zu reden, deren Hören mir schon das Herz durchschnitt und mit Bitterkeit erfüllte. Ungeschehen machen kann man sie jetzt freilich nicht mehr; aber wenigstens darum bitte und flehe ich euch im Namen Gottes: gebet euch alle Mühe, das begangene Unrecht wieder zu sühnen und machet von Stund an all dieser Räuberei und Dieberei ein Ende. Denn lieber sich von solchen Leuten trennen und sie ausstoßen, als das Evangelium mit Schmach bedecken, indem man sie gewähren läßt. Schon das ist unbedacht: Verwüstungen in den Kirchen anzurichten, aber es läßt sich doch einigermaßen entschuldigen, wo es im ersten Eifer und aus einer gewissen Frömmigkeit geschieht. Dagegen von dem Beutemachen wird Niemand das behaupten wollen. Denn wie darf man rauben was öffentliches Gut ist? Ich wiederhole es euch, wollt ihr nicht von allen rechten Leuten gehaßt und verabscheut werden, so schafft unverzüglich Ordnung, damit dergleichen sich nicht mehr wiederhole**)!"

In dem gleichen Sinne ist seine Zuschrift an den Herrn von Adrets ge-

---

*) „Nous vous disons rondement que ce propos nous a esté en horreur comme un monstre."
**) Franz. Brieff. II, 465.

gehalten, der nur für sehr kurze Zeit des Lobes sich würdig erwiesen hatte, das Calvin in frühern Briefen ihm ertheilt, und von dieser anfänglichen Mäßigung dann zu einem Benehmen übergegangen war, zu dem glücklicher Weise kein zweites Beispiel in der Geschichte der reformirten Führer sich findet *). „Manches Ungehörige, das am Anfang vorgekommen, haben wir stillschweigend hingenommen," sagt ihm der Reformator. „Aber seit Sie nun die oberste Leitung der Geschäfte in Händen haben, wird es in der That Zeit, einen andern Weg einzuschlagen, statt immer weiter auf dem begonnenen vorwärts zu gehen. Namentlich kann es nicht geduldet werden, daß die Soldaten ein Recht darauf zu haben meinen, die Kirchen zu berauben und Kelche, Reliquienschränke oder andere Geräthe als ihre gute Beute zu betrachten. Dergleichen ist eine entsetzliche Schmach für das Evangelium, und giebt wahrlich! Raum dem Lästerer. Auch bin ich ganz gewiß, daß der Prinz von Condé und alle die Herren auf unserer Seite solche Thaten nicht nur mißbilligen, sondern auch verabscheuen und als den ärgsten Schandfleck unserer reinen und heiligen Sache ansehen. Sie werden, wie ich überzeugt bin, nicht anders gesinnet sein wollen, und darum bereit sein, auch ohne viel Bitten und Mahnen zur Unterdrückung solcher Unordnungen die Hand zu bieten. Als das einzige Mittel hiezu erscheint mir nun aber eine öffentliche Aufforderung an Alle, die sich dergleichen Gut angeeignet haben, dasselbe binnen acht Tagen wieder unversehrt zurückzustellen, wofern sie nicht als Diebe und Räuber behandelt werden wollten. Das Nämliche wäre den Hehlern und Käufern zu drohen, im Falle sie innerhalb der genannten Frist nicht von ihrem Besitze Anzeige machen. Hilft das nicht völlig, so wird es doch etwas helfen und den Schmähsüchtigen den Mund schließen."

Noch weiter geht der Reformator in einem Briefe, der an die Gläubigen des Dauphiné überhaupt gerichtet ist. Schon das gleichgültige Mitansehen und Hinnehmen der Kriegsexzesse bezeichnet er da als eine schwere Versündigung, für welche die Gemeinde Buße thun müsse; und nicht minder spricht er mit herber Mißbilligung gegen die hie und da auftauchende Gesinnung sich aus, die an dem äußern Kampfe Freude zu finden begann und sich auf die Theilnahme daran etwas zu Gute that, als auf einen Dienst für die Sache Gottes. „Zwei Hauptpunkte", schreibt er, „muß ich euch noch an das Herz legen, nachdem ich hoffen darf, daß ihr die vorigen Uebel möglichst wieder gut zu machen bestrebt seid. Das Erste ist das: daß ihr nicht dem Beispiel derer folget, die sich einbilden, daß sie Wunder wie viel für ihren Herrn gethan, weil sie zum Schutze seiner Kirche gegen tyrannische Gewalt, welche die königlichen Edikte

---

*) Er trat auch in der That, als man von reformirter Seite seine grausamen Raubzüge nicht dulden wollte, wieder zu der katholischen Partei zurück, und wandte nun unter ihrem Schutze seine Räuberwaffen gegen die bisherigen Glaubensgenossen, ohne daß wir etwas davon hören, daß ihm auch da wieder eine ernste Einsprache begegnet wäre.

umstoßen wollte, die Waffen getragen, sich Gefahren ausgesetzt, ihre Güter verloren. Ja, Einige unter ihnen sind sogar unsinnig genug sich zu rühmen, daß man es lediglich i h n e n zu verdanken habe, wenn man überhaupt noch das Evangelium offen bekennen könne! — Zum andern aber lege ich es euch an's Herz, daß die Zügellosigkeit und Ungebundenheit, die der Krieg mit sich zu führen pflegt, sich nicht etwa in eurer Mitte festsetze und irgendwie von euch zugelassen werde. Habt ihr überhaupt an diesem Uebel Theil gehabt, so ist es nun um so mehr eure Pflicht, das Heilmittel dagegen zu suchen. Wir löschen sie aus eurem Gedächtnisse aus die sich unordentlich aufgeführt, damit ihr nicht noch länger in ihre Gemeinschaft und Nachahmung verstrickt bleibet. Ihr könnt jetzt mit einer gewissen Freiheit euch versammeln zum Gottesdienste, zum Hören seines Wortes, zur Stärkung eures Glaubens, zum Gebrauche der Gnadenmittel: wohlan, so wendet eure ganze Aufmerksamkeit nun auf d i e s e Dinge und suchet damit wieder gut zu machen, was früher geschehen. Was im Uebrigen uns noch fehlt, wie z. B. der Zusammenhang mit allen andern Gläubigen in diesem Lande, das ertraget eben mit Geduld und Ruhe, indem ihr daran denkt, wie es des Vaters Willen ist, daß der Sohn herrsche mitten unter seinen Feinden. (Pf. 110, 2.) Und wenn ihr es fast nicht ertragen könnet, daß die himmlische Wahrheit, die über Alles erhaben sein sollte, so verachtet daliegt und das Aergste erdulden muß, so bietet nur zuerst eure eigenen Kräfte auf, um die Irrenden auf den rechten Weg zu bringen. Und kaum durch etwas Anderes werdet ihr das wirksamer thun als durch eine strenge Beobachtung jener Ordnung der Diszziplin, die euch als eine Genossenschaft Christi erkennen läßt, der Gott selber gleichsam vorsteht. Denn immer von Neuem werfen uns ja die Ankläger vor: wir suchten nur eine ausschweifende und zügellose Freiheit. Ihr aber zeiget ihnen, daß ihr das Joch des Antichristes zu keinem andern Zwecke abgeworfen habet, als um das Joch Christi auf euch zu nehmen. Aber freilich ist das nicht eure Meinung. Die ihr früher von Seiten der Papisten Alles euch gefallen lassen und unter ihren unerträgliche Lasten euch geschleppt, wollet jetzt von der milden Ordnung des Evangeliums nichts wissen und lebet wie völlig gelöst von jeder Zucht. Aber wie der Geist keine Wirkung ausüben könnte auf den Körper ohne die Vermittlung der Nerven: so kann das Evangelium sich nicht als die Heilung eurer Uebel erweisen ohne durch das Mittel der Disziplin. Darauf weist auch der Apostel hin, wenn er sagt: „Gott sei nicht ein Gott der Auflehnung, sondern des Friedens," und daß ihr hiernach handelt, hiernach jede schlimme Störung von euch weiset: dazu sollte allein schon der Name „Reformirte" euch verpflichten."

Der Krieg nahm bald darauf vorläufig ein Ende, aber freilich keineswegs ein solches wie Calvin es gewünscht. Es ist bekannt genug, wie der in der Schlacht bei Dreux in Gefangenschaft gerathene Prinz von Condé seine Freiheit im Frühjahr 1563 um einen Friedensschluß erkaufte, der ebensowenig der militärischen Stellung der Reformirten als den Forderungen entsprach, zu denen sie in Betreff der religiösen Frage berechtigt waren. Die Ernsteren unter ihren Führern, wie namentlich Coligny und Beza sahen das Abkommen fast wie einen Verrath an, und waren im Innersten empört über die Leichtfertigkeit, womit die Sache so vieler Gemeinden, ja des Evangeliums selber um persönlicher Interessen willen Preis gegeben worden. „Wer dieß abgeschlossen," rief der Admiral aus, „habe nicht bedacht, was Gott gebühre und schmählich mit ihm getheilt! Mit diesem einen Federzuge seien mehr Gemeinden zu Grunde gerichtet als die Feinde in zehn Jahren hätten thun mögen." „Ueber die Bedingungen des Friedens", schrieb Beza in dem gleichen Sinne an seinen Freund, „will ich dir lieber mündlich meine Meinung darlegen, als jetzt schriftlich darüber absprechen. Nur so viel sage ich, daß als Alles am besten stand und die Feinde in der größten Bedrängniß waren, sich eines Males gewisse Leute fanden, die ohne uns nur zu fragen, die ganze günstige Lage zu nichte machten."

Und auch Calvin konnte nicht anders urtheilen, so sehr es ihm jeder Zeit am Herzen gelegen hatte, daß der entsittlichende, alle Bande lösende Bürgerkrieg möglichst bald zu einem Ziele komme. „Die Bedingungen des Friedens," schrieb er mit unverhehltem Schmerze an Condés Schwiegermutter, die Gräfin von Roye, „sind völlig zu unserm Ungunsten. Mehr als je haben wir Gott darum anzurufen, daß er Mitleiden mit uns habe und das Schlimmste von uns abwende. Ich kann es Ihnen nicht verbergen, daß Jedermann den Leichtsinn des Fürsten unrecht findet, und noch mehr die Eile, womit er allein die Sache abschloß. Wohl scheint es, daß er mehr an seine eigene Sicherheit dachte, als an die gemeine Ruhe der armen Gläubigen." Aber diese Regung der Anklage und des Unwillens gegen den Menschen ging ihm doch alsobald unter in der unbedingten Ergebung in den immer gerechten und seligen Willen Gottes, ohne den solches ja nicht hätte geschehen können, und der sicherlich auch in diesen dunkeln Fügungen seine ewigen Gedanken der Liebe und Gnade verfolge. „Das Eine," fährt er in seinem Briefe fort, „ist genug um uns Schweigen aufzuerlegen: daß wir wissen und erkennen: Gott will von Neuem uns prüfen. Wir wollen unser Haupt beugen und uns demüthigen vor ihm; mag die Wendung der Dinge uns jetzt auch noch so sonderbar erscheinen, er hat die wunderbarste Aushülfe in seiner Hand. Ich werde Alles thun, um die Unzufriedenen zu beschwichtigen und zur Niederlegung der Waffen zu bewegen. Lieber wollte ich, daß wir alle umkämen, als von Neuem in die Zerrüttung zurückkehren, die wir erlebten."

Und in dem nämlichen mildgestimmten, im Glauben resignirten Tone schrieb er denn auch an den Prinzen selber, der sich in einem eigenhändigen Briefe wegen der Friedensbedingungen bei ihm entschuldigt und ihn um eine günstige Aufnahme derselben gebeten hatte. „Ich glaube es gern, gnädiger Herr," antwortete er ihm darauf, „daß es nicht leicht war Besseres zu er-

langen, wie Sie es wohl gewünscht hätten. Auf der andern Seite bitte ich
Sie aber freilich es auch nicht übel zu nehmen, wenn Manche ein Mehreres
begehrten. Sie selber sind ja im Grunde dieser Meinung. Hat uns Gott
weniger gegeben als wir hofften, so müssen wir uns eben beugen unter seine
Hand, und im Uebrigen fort und fort das Unsrige thun, um seine Gnade
immer treulicher zu benutzen und sein Reich immer weiter auszubreiten. Ich
bin gewiß, gnädiger Herr, daß auch Sie hiezu entschlossen sind und bitte Sie,
es freundlich aufzunehmen, wenn ich in den Schwierigkeiten, die Sie fortwährend
umgeben, mir einige Andeutungen darüber erlaube, wie das geschehen kann.

„Für's Erste kömmt nun Alles darauf an, daß Sie mit Ihrem ganzen
Ansehen für die wirkliche Ausführung der günstigeren Bestimmungen des
Friedenstraktates eintreten, denn sonst werden dieselben ein todter Buchstaben
bleiben und die Feinde uns wieder Alles zum Nachtheile zu wenden wissen,
wie wir es schon so oft erlebten. Zum Andern müssen Sie darauf halten,
daß Sie in der Behandlung der Geschäfte bei jedem Anlasse von dem ganzen
Gewicht unterstützt werden, das die Unsrigen in die Wagschale werfen können,
damit die Gegner nicht wieder die Oberhand gewinnen und der Gewalt zu
unserm Nachtheile sich bemächtigen. Daneben wird sich nun noch manche
Gelegenheit bieten, dem Laufe des Evangeliums freiere Bahn zu machen.
Freilich begreife ich wohl, daß nicht alles in einem Tage sich machen läßt,
aber das können wir doch thun: fortwährend auf der Wache stehen und
eifriger arbeiten als jemals. Hat Ihnen Gott die Kraft gegeben, seine Sache
mit so unschätzbarem Muth durch das Schwert zu vertheidigen, so wird
er Ihnen nun auch die Hand dazu reichen, durch alle andern Mittel das
gute Werk zu fördern, das er begonnen. Je mehr es ihm überhaupt gefällt,
uns zu prüfen und auf die Probe zu stellen, um so mehr haben wir Grund
uns zu bewähren und in keinem Stücke an uns selber zu denken.“

Auch zu andern Führern redete er in derselben ermuthigenden und
mahnenden Sprache. „So wir uns nur demüthigen in Geduld und auf die
Hülfe Gottes harren,“ schreibt er an den Herrn von Crussol, „so zweifle ich
nicht daran, daß sich noch Alles zum Guten wenden wird. Nur den Muth
oben behalten, nur beharrlich und treu sich erweisen! Und Ihnen liegt das
um so mehr ob, da Gott Ihnen die Gnade erwiesen, Sie wie ein Beispiel und
ein Spiegel allen Andern vor Augen zu stellen. An den Prinzen habe ich,
Ihrer Aufforderung gemäß, geschrieben, aber freilich nicht ganz so, wie Sie
es mir angedeutet. Denn das Schwarze weiß zu nennen, geht allzusehr
gegen meine Natur und meine Ueberzeugung. Dafür habe ich die Sache überhaupt nur sehr kurz und gemäßigt berührt. Auch die Schreiben des Admirals
habe ich beantwortet und ihn gebeten, seine Hand nicht im Unmuthe von der
gemeinsamen Angelegenheit abzuziehen“*).

---

*) Franz. Brieff. II, 501.

Daneben kam er nun auch dem Versprechen auf das Treulichste nach, das er in einem dieser Briefe gegeben, mit seinem ganzen Einflusse dahin wirken zu wollen, daß Alles dem Frieden sich füge und lieber seine theuersten Hoffnungen fahren lasse, als die Autorität des Oberhauptes anzutasten oder die Wiederherstellung der Ruhe zu verzögern. Aus den Briefen an seine Freunde geht hervor, daß ihm das mehr zu thun gab, als man meinen sollte, da der Unmuth über die Bedingungen des Abkommens die gesammte reformirte Bevölkerung durchdrang, und man sich zudem im Laufe der Kriegsereignisse nur allzusehr daran gewöhnt hatte, für sich selber zu stehen und nach eigenem Ermessen zu handeln. Namentlich war es die Frage, ob die zweite Stadt des Reiches, das wichtige Lyon, von den Reformirten nur so ohne Weiteres geräumt werden solle, mit der er sich beschäftigen mußte. Denn der Prinz von Soubise*), der darin commandirte, war keineswegs der Meinung, daß er hiezu verpflichtet sei. „Nicht allein von dem Prinzen von Condé," sagte er, „sondern von der ganzen reformirten Gemeinschaft habe er den Auftrag erhalten, den Platz zu behaupten; er würde ihr Interesse verrathen, wenn er ohne eine genügendere Bürgschaft als der Traktat von Amboise biete, ihn den Händen der Feinde überlieferte." Aber auf Calvin machte dieser Einwand wenig Eindruck. „Wir leben in einer Zeit," schrieb er ihm, „in der Gott uns prüfen und demüthigen will, darum müssen wir den Versuchungen Stand halten, wie schwer sie auch sein mögen. Sie wollen meine Meinung darüber wissen, wie Sie sich in der Lage zu verhalten haben, die ohne Sie herbeigeführt wurde. Nun, gnädiger Herr, die Sache steht hier nicht so, daß Sie erst in einer Rathsversammlung, in der Sie stimmberechtigt sind, Ihre Meinung abzugeben hätten, sondern es ist alles beschlossen und fertig. Wären Sie an Ort und Stelle gewesen, so hätten Sie ja freilich Ihr Leben daran setzen müssen, um mit allem Freimuthe dem Uebel zu widerstehen, das im Anzuge war. Jetzt aber, nachdem der Beschluß ergangen, frägt es sich einfach: was Ihre Pflicht ist und was Ihr Vermögen? Und zwar verstehe ich unter diesem Vermögen nur das was Gott Ihnen erlaubt, und nichts mehr. Und nirgends sehe ich, daß er einem Befehle zu widerstehen gestattet, von dem man nicht läugnen kann, daß er rechtmäßig ergangen ist. Gereicht er zum Unheile: nun so will Gott uns dadurch züchtigen, und wir haben uns stille zu verhalten. Er hat Sie einst mit dem Schwerte umgürtet, er nimmt es jetzt wieder aus Ihren Händen: wir haben uns in das Eine wie in das Andere zu fügen." Und in einem zweiten Briefe, als der Prinz immer noch mit der Unterwerfung zögerte und durch verschiedene Schreiben die Ansicht Calvins über diesen Punkt umzustimmen suchte: „Ich muß immer darauf zurückkommen, daß Sie im Auge behalten, was erlaubt und möglich ist. Wie können Sie mit gutem Gewissen den

---

*) Ueber sein Verhältniß zu Calvin vergl. p. 100 dieses Bandes.

Kampf fortſeßen, nachdem Gott Ihnen die Waffen aus der Hand genommen? Ja, wie dürfen Sie auch nur zögern und Ausflüchte ſuchen, da Sie keinen Grund eines Rechtes für ſich haben? Denn wo wir lediglich, nach unſerer eigenen Willkür handeln, wird nie etwas Gutes daraus folgen. Im Uebrigen bin ich allerdings nicht der Meinung, daß Sie den Platz ohne Weiteres dem Erſten, Beſten überliefern, ohne auch nur Ihre eigene Perſon ſicher zu ſtellen. Suchen Sie ihn vielmehr in möglichſt geeignete Hände zu übergeben, und nehmen Sie dabei auch auf die Intereſſen der Gemeinde jede Rückſicht, die möglich iſt. Solch einen kurzen Aufſchub kann Ihnen Niemand als Empörung oder Troß gegen den König auslegen. Ich weiß es wohl: Ihre Leute werden die Unterwerfung ſchwer verdauen können, und bin auch ſonſt nicht blind gegen die Nachtheile, die daraus folgen; aber auf das Alles antworte ich mit Abraham: „Der Herr wird es verſehen“, und füge die Mahnung des Apoſtels bei: „Er iſt getreu, der uns berufen hat, und wird uns nicht laſſen verſucht werden über unſer Vermögen.“ — Als bald darauf der Marſchall von Vieilleville in die Gegend kam, der in der That für den Mann gelten konnte, wie Calvin ihn gewünſcht: „nicht ungeneigten Gemüthes und unparteiſch geſinnt“, überlieferte Soubiſe ohne weitere Widerrede die Stadt in ſeine Hände.

Wir ſchließen hiemit das Bild der Beziehungen Calvins zu der reformirten Genoſſenſchaft ſeines Vaterlandes, da für's Erſte dieſe zuletzt geſchilderten Bemühungen ſeinem Ende nur um wenige Monate vorausgingen, und zum Andern während der kurzen Zeit da er noch lebte, keine neue Wendung der Dinge eintrat, die ſeine Thätigkeit wieder in beſonderem Maße in Anſpruch genommen hätte. Das Mitgetheilte genügt, um einen Begriff davon zu geben, was der Reformator auch dieſen ſeiner Hirtenpflege nicht unmittelbar anbefohlenen Gemeinden nach jeder Seite hin geweſen iſt, und welche Stellung einer auf dem unbedingteſten Vertrauen beruhenden Leitung und Ueberwachung er zu ihnen einnahm. Es iſt ſelbſtverſtändlich, daß dieß mit der nächſtfolgenden, freilich nur kurzen, Epoche der ruhigen Conſolidirung und Entwicklung nicht anders wurde. Vielmehr meint Henry grade dieſes Jahr nach dem Frieden von Amboiſe als den Zeitpunkt betrachten zu können, da ſein Einfluß auf die Geiſter und Herzen wie auf die geſammten Verhältniſſe die höchſt mögliche Stufe erſtieg, und er, troß der räumlichen Entfernung wie einer der theokratiſchen Richter-Propheten des Alten Teſtaments unter ſeinen heimiſchen Glaubensgenoſſen daſtand. Die Gemeinde zu Paris, in der Hoffnung dadurch in jeder Weiſe zur Leuchte für das ganze Land zu werden, erbat ſich ihn zu ihrem Prediger, und auf das Lebhafteſte unterſtützten die Großen ihre Bitte, an deren Gewährung man freilich in Genf nicht denken konnte. Die Vornehmſten der Uebertretenden ſchrieben an ihn, und hielten sich erst für wirklich aufgenommen, wenn sie seiner zustimmenden Antwort sich erfreuen durften. Den Flüchtlingen und künftigen Schülern der Akademie, deren Züge nach Genf sich wandten, erschien die Stadt, in der ihr Meister wohnte und seinem Werke eine Stätte bereitet, wie ein zweites Jerusalem, wie ein Heiligthum der Ehre Gottes. Wenn sie von den Höhen des Jura, wo die blaue Rhone zwischen den Felsen ihren Weg sucht, zum ersten Mal ihrer Thürme ansichtig wurden, fielen sie mit Freudenthränen auf die Kniee zum Gebete und begrüßten sie mit Lobgesängen. Fürsten und Fürstinnen waren unter ihrer Zahl; wer nicht persönlich seine Bekanntschaft machen konnte, hielt es für eine hohe Auszeichnung wenigstens ein Blatt von seiner Hand zu besitzen. — „Ja, wie viel geringer ich auch bin als David", ruft Calvin mit tiefer Bewegung wohl auch dieser Verhältnisse gedenkend in seiner Vorrede zu den Psalmen aus, „so darf und muß ich mich doch in einem gewissen Sinne mit ihm vergleichen. Denn wie ihn der Herr von der Heerde seiner Schafe nahm und zur höchsten Würde emporführte, so hat er auch mich aus den kleinsten und niedrigsten Anfängen so hoch erhoben, daß ich jetzt des ehrenvollsten Amtes Verwalter bin: ein Verkündiger und Herold des Evangeliums". — Und wohl mag er im Hinblick auf Frankreich noch weiter hinzusetzen, was er an die Pariser Gemeine schrieb, als er seinen Commentar über den Daniel ihr zueignete: „Ich habe mein Vaterland trotz aller seiner Lieblichkeit nicht allzu schmerzlich entbehrt, weil es der Wahrheit keine Stätte gönnen wollte; aber trotzdem habe ich es wenigstens nie vergessen, noch der Sorge für das Volk mich entschlagen, dem ich entsprossen. Ich denke: ihr habt der leuchtenden Beweise genug in Händen, wie ernstlich und dringend ich euch zu nützen bestrebt war, und wenn ihr meine Abwesenheit beklagt, so habt ihr doch keinen Nachtheil davon zu empfinden gehabt, sondern vielleicht nur um so reichlichere Früchte eines brennenden Eifers empfangen. Eure Sache ist es nun, meine Brüder, Glauben zu halten, eure Kräfte zu gebrauchen in der Kraft Gottes, nach eurer Erkenntniß zu thun und eure Herzen fest zu machen durch Gnade, daß die Wahrheit unter euch einen festen Bestand gewinne und ihr in der Wahrheit. Wie sehr ich mir es angelegen sein ließ, aller Störung und Trübung derselben zuvorzukommen, brauche ich euch nicht erst zu sagen. Der höchste Richter und seine Engel und ihr Alle seid meine Zeugen, daß es nicht an mir lag, wenn das Reich Christi so mannigfach beschädigt und aufgehalten wurde. Und ich darf Gott Dank dafür sagen, daß meine Arbeit mit dazu geholfen hat, das eine und andere Hinderniß wegzuräumen aus seiner königlichen Segensbahn*)."

---

*) Amsterdamer Ausgabe, Briefsammlung p. 151 — 154.

Inhaltsverzeichniß.

Viertes Buch.

Das Reformationswerk in Genf und die Kämpfe zu seiner Durchführung und Behauptung.

Fünftes Buch.

Die Wirksamkeit Calvins außerhalb Genfs und sein Einfluß auf die Gestaltung der aus der Reformation hervorgegangenen Kirchen.

I. Calvins Einwirkung auf Frankreich.